"十一五"国家重点图书出版规划
教育部哲学社会科学研究重大课题攻关项目

中国传统法律文化研究

······ 总主编 曾宪义 ······

狱与讼：
中国传统诉讼文化研究

主　编　胡旭晟

撰　稿　人（以撰写章节先后为序）

胡旭晟	李交发	夏新华
徐忠明	李鼎楚	刘军平
郭　建	党江舟	张兆凯
郑牧民	胡之芳	汪世荣
王晓天	毛　健	胡平仁
袁兆春	高其才	田东奎
蒋传光	孙丽娟	韩秀桃
尤韶华	苏亦工	张晓庆

中国人民大学出版社
·北京·

《中国传统法律文化研究》
秘书处

负责人：庞朝骥　冯　勇　蒋家棣

成　员：(按姓氏笔画排列)

马慧玥　王祎茗　吴　江　张玲玉

袁　辉　郭　萍　黄东海

中国人民大学法律文化研究中心　　组织编写
曾宪义法学教育与法律文化基金会

目　录

第一编　精神与原则

第二编　司法机构与诉讼参与人

第三编 运行机制

第四编　特殊的司法

引　论

　　研究法律文化不可能不专门地探讨"诉讼"，在我们看来，这主要是因为，一方面，法律最重要的功能之一就是化解矛盾、处理纠纷，而这种功能的现实运作就是"诉讼"；另一方面，人们早已注意到，"纸上的法"与"实际的法"总是存在着差距，普遍性的法律只有转化为现实的行为方能得以实现，倘若只考察抽象的法律条文，我们的确难以把握法制的真实状态，而要了解"实际的法"，要掌握法制的真实面貌，我们就必须关注"诉讼"，尤其必须考察"诉讼"的实际运作过程。

一、"狱"、"讼"之意义

　　古代中国标明"诉讼"的文化范畴和法律术语是"狱讼"。据中国早期的著名历史文献《周礼》记载，早在西周就"以两剂禁民狱"、"以两造听民讼"。汉代郑玄注云："狱谓相告以罪名者"，"讼谓以财货相告者"①。大致而言，西周的"狱"相当于现代之刑事诉讼，"讼"则近于民事诉讼。当然，"狱"、"讼"之别在后世中国传统社会已不再那么严格，至少是远不如现代刑事诉讼与民事诉讼那样界线分明。② 不过，"狱讼"或单独的"狱"与"讼"作为中国古代表达诉讼活动的专有名词是没有疑问的，且频繁地出现于各种文献典籍之中，比如《周礼·秋官·小司寇》云："凡命夫命妇不躬坐狱讼"、"以五声听狱讼"；《晏子春秋·内篇》及《谏下篇》云："狱讼不席"；《礼记·月令》云："仲春之月……止狱讼"；《国语·周语》云："君臣、父子无狱讼"；《礼记·王制》云："凡听五刑之讼，必原父子之亲，立君臣之义，以权之"，等等。秦汉以后则多以"断狱"、"听讼"、"决讼"等来指称各级官吏的司法审判活动，以"告讼"、"兴讼"、"息讼"等来描绘民众的诉讼行为。总之，"狱"与"讼"可以一般地代表中国传统社会里的司法审判、诉讼活动及其他各种诉讼文化。

　　对于任何一个社会而言，"狱"、"讼"恐怕都是不可避免的客观存在，正所谓"自生民以来莫不有讼也。讼也者，事势所必趋也，人情之所断不能免也。传曰：（有）饮食必有

---

① 《周礼·秋官·司寇》及郑玄注。
② 但同时也必须指出，根据我们的研究，中国古代的"狱"、"讼"之别实际上比现今学界大多数人的印象要大一些，详见本卷有关章节，尤其是第五章中"司法机构"一节及第十章中"期间与时效"一节。

讼"①。在这种意义上，研究人类社会、尤其研究其法律，都必须研究其"诉讼"状况。然而，对于"中国传统法律文化"这样一个研究课题而言，"狱讼"（或"诉讼"）则还具有另外一些特别的意义。

首先，"狱讼"的考察使"中国传统法律文化研究"真正由抽象的法律条文向法制运行复杂多样的实际状态落实。20世纪以来，我国学术界对中国法制发展史的研究在主流倾向上总是过于注重抽象的法律条文，在潜意识里总是将国家颁布的一般规则当作实际的法律生活本身，而其实，假如说"纸面的法律"与"实际的法律"之间存在差距是一切文明社会的普遍现象，那么这种差距在中国古代社会可能更为突出。② 这一方面是由于中国古代法的"伦理法"性质（因为"伦理法"的规则在许多时候所注重的乃是道德宣示的作用，而非强制实施的功效），另一方面则是因为古代中国最讲"经"、"权"之道，尤重"权"字一诀（有了"权"字诀，法律的一般规则就常常被顺理成章地"灵活处理"掉）。③ 这样一来，要掌握古中国法制运行的实际状况，要揭示中国传统社会里真实的法律生活，就不能不考察其"狱讼"的现实运作和全部的诉讼文化。

其次，"狱讼"的考察使"中国传统法律文化研究"真正具有"文化"研究的意义。在我们看来，所谓"文化"，它不仅仅是活生生的，而且更是一个社会所有成员共同参与、共同创造的，"法律文化"同样如此。但我们以往的研究大多只局限于对中国古代国家制定法的研究，而国家法严格说来只是少数社会精英的作为，其中不仅没有广大普通民众的身影，甚至也难见下层胥吏的踪迹，这显然不是中国传统社会里全部的法律生活和真实的"法律文化"。事实上，只有密切关注"狱讼"的实际运作，我们才能真正看到幕友胥吏的作为和下层民众的身影；只有认真考察"春秋决狱"、"家族司法"和"调解"等特殊的司法形式，我们才能真正发现文人士子的智慧和乡绅耆老的创造；只有仔细分析社会的诉讼心理和诉讼态度，我们才能真正了解一个民族最深层的法律生活理念……我们认为，对于法律的"文化"研究和"传统"研究而言，这些都是不可或缺、且至关重要的。

最后还需指出的一点是，对"狱讼"的考察还将使"中国传统法律文化研究"获得一种"从制度分析转向过程分析"（日本学者棚濑孝雄语）的方法论意义，因为"狱讼"的主要意义就在于它代表着一个社会解决纠纷的过程，而对这种过程的重视可以有效地避免我们将学术视野过分地收敛于制度本身，同时促使我们关注法律现实生活中各种主体（人）的积极作用，从而有助于我们去揭示真实的法律和真正的法律生活、法律文化。

二、传统中国狱讼之流变

中国传统法律文化源远流长，诉讼的历史也同样如此。据《尚书·尧典》记载："帝曰：'吁！嚣讼可乎？'"说明早在4500年前的尧舜时期，就产生了诉讼。既然产生了诉讼，就需要有解决争讼的机关。故《尚书·舜典》记载："帝曰：'皋陶，蛮夷猾夏；寇贼奸宄。汝作

---

① （清）崔述：《无闻集·讼论》。
② 对于古中国法律条文与社会现实之间的差距，瞿同祖是20世纪中国学界少数几位有深刻认识的学者之一，这在其代表作《中国法律与中国社会》一书（尤其是"导论"和"婚姻"一章）中可以清楚地看出。
③ 关于中国古代司法实践中的"经、权"之道，本卷"结语"部分做了适当阐述。

士，五刑有服。'"于是皋陶被任命为"士"，即司法官，成为"中国法官之始祖"①。关于审判的方法，据传皋陶经常用一种独角兽来帮助审理疑难案件。"獬鹰者，一角之羊也，性知有罪。皋陶治狱，其罪疑者，令羊触之，有罪则触，无罪则不触。"②而且在当时的司法中还有了"慎刑"思想，区分故意和过失，避免株连和滥用刑罚。《尚书·大禹谟》所载皋陶的一段话充分反映了这一点："帝德罔愆，临下以简，御众以宽。罚弗及嗣，赏延于世，宥过无大，刑故无小，罚疑惟轻，功疑惟重，与其杀不辜，宁失不经。"

　　夏商时期，随着国家的诞生，诉讼制度较之前的传说时代有了很大发展。夏朝在中央设"大理"，地方置"士"、"蒙士"，分别掌管中央和地方司法权。商代则将中央最高审判机构改称司寇，并在司寇以下设置"正"、"史"等审判官，而地方司法官员仍称为"士"或"蒙士"。据《礼记·王制》所说："成狱辞，史以狱成告于正，正听之；正以狱成告于大司寇，大司寇听之棘木之下；大司寇以狱之成告于王，王命三公参听之；三公以狱之成告于王，王三宥，然后制刑。"可见商代的重大案件审理一般须经史与正的初审、大司寇的复审、三公的再审三级，最后报请商王批准。在证据方面，夏商时期采神示证据制度，遇疑难情况，以卜辞及誓言为据来决断。夏代还设置了关押犯人的监狱"圜土"，商代因袭之，并另设关押要犯之监狱，称为"囹圄"。

　　西周时期，刑事诉讼与民事诉讼已经有了区分。据《周礼》记载："以两造禁民讼，入束矢于朝，然后听之。""以两剂禁民狱，入钧金三日，然后致于朝，然后听之。"其中郑玄注曰："讼，谓以财货相告者。""狱，谓相告以罪名者。"从中我们可以看出，所谓"讼"即是民事案件，而"狱"也就指刑事案件。这无疑反映出当时人们认识的深化。然而，由于在当时特别是之后各个朝代，民事案件常常也用刑事处罚的方式解决，导致两者的区别并不明显，所以，本卷中的狱讼一词大多是笼统地指代中国传统社会的纠纷解决机制，包括民事诉讼和刑事诉讼，一般不将二者刻意区分，而分别作专门的论述。

　　在借鉴夏商两代经验和教训之基础上，西周的司法制度趋于完备。除周王掌最高司法权外，在中央设大司寇辅佐周王处理全国法律事务，另设小司寇作为大司寇的属官以及其他的司法属吏，负责具体案件的审理、监狱的管理以及刑罚的执行等。在地方则有乡士、遂士等，负责所在地区民事纠纷和轻微刑事案件的处理。西周时期，不论民事案件还是刑事案件，都以当事人或受害人自诉为主。轻微的案件可以口头起诉，重大的案件则须提交书面文状。根据上面的引文，我们知道刑事案件的书面文状称"剂"，民事案件的文状称"傅别"，而且双方当事人还须交纳"束矢"或"钧金"，作为民事或刑事案件的诉讼费。在审理的方式上，西周时期形成了"五听"制度，即辞听、色听、气听、耳听、目听。"五听"制度具有一定的心理学基础，说明当时中国的司法文化已达至一个相当高的水平。除"五听"之外，当时的司法官在审理案件时也很重视证据的作用。《尚书·吕刑》上说："有旨无简不听"，也即不能仅以动机或口供定案，还须有相关的书证和物证，并确立了"命夫命妇不躬坐狱讼"、疑罪从赦以及"刑罚世轻世重"等原则。作出判决之后，法官须当众宣读判决，即"读鞫"。当事人不服判决的，可以要求重新审理，称为"乞鞫"，但要受时间限制。此

①　徐朝阳：《中国诉讼法溯源》，16页，台北，"商务印书馆"，1972。
②　《论衡·是应篇》。

外，西周时期还确立了法官责任制度。《尚书·吕刑》记载了"惟官、惟反、惟内、惟货、惟来"的"五过"制度，法官有此"五过"之一者，就应受到法律的惩罚。

春秋战国是古中国经济、政治、社会、文化极大发展的时期，出现了"礼崩乐坏"的局面，社会矛盾激化，人们之间的纠纷大量出现，诉讼增多。此一时期也是中国历史上一个大分裂、大动荡、群雄并起与争霸之时代。众多诸侯国各自为政，大都进行了不同程度的改革，其司法制度亦呈现出各自不同的特点。例如司法机构及其官职的设置方面，齐国的司法官称"士"，楚国称"司败"，晋国的司法官称"理"，秦国则称"廷尉"，等等，不一而足。司法机关的职权及具体的诉讼程序亦各有不同。但随着社会、经济的发展，其诉讼也明显呈现出一些共同的特点。案件的审理过去主要是因原告提起而开始，而春秋战国时期，尤其是战国时代，诉讼的模式主要采纠问式，国家主动指控犯罪。加之声势浩大的成文法运动使这一时期的审判有了更明确的标准和依据，也增加了诉讼过程中的争论，法庭辩论遂得到发展。此外，最高统治者强化了对司法权的控制，加重了司法官的责任。① 这些都反映出中国传统司法制度发展的新趋势。

秦代是中国历史上第一个中央集权制的王朝，在吸取之前夏、商、西周以及各诸侯国经验的基础上，其诉讼制度获得更大发展，也对之后各朝代产生了深远影响。当时的诉讼状况，司法机关有中央、郡、县三级。廷尉为主管刑狱的最高司法官，下设廷尉正、廷尉监协助廷尉治理刑狱。郡、县两级则实行司法行政一体制，其行政首长郡守和县令或县长同时掌管郡县的司法审判。在基层则设亭长、游徼以及乡啬夫、有秩等，由他们负责当地的诉讼和赋税事务。

秦代启动诉讼的方式主要有两种：一是官诉，即官吏代表国家对犯罪人提起诉讼；二是个人起诉，包括受害人向司法机关提起诉讼或第三人对犯罪者的告发。秦朝践行法家学说，"依法治国"，极大地扩大犯罪化的范围，"重刑轻罪"，实行邻里连坐、什伍连坐，鼓励告奸，所谓"不告奸者斩，告奸者与斩敌首同赏，匿奸者与降敌同罚"②，结果导致诉讼繁多，受刑处者不计其数，造成"劓鼻盈篾，断足盈车，举河以西不足以受天下之徒"③ 的局面，社会矛盾激化。秦律在鼓励甚或强迫人们告奸的同时，也对一些诉讼进行了种种限制，比如将告诉分为公室告和非公室告。据秦简《法律答问》记载："子告父母，臣妾告主，非公室告，勿听。"即子告父母、奴隶告主的案件为"非公室告"，官府不予受理。若当事人坚持告发，则告者将受到处罚。其他的一般性案件都是"公室告"，任何人均可向官府提起控诉。

在诉讼过程中，秦代非常重视收集人证和物证以及对现场的调查和勘验。当然，秦代仍将口供作为主要证据，且允许通过刑讯获取口供，但刑讯一般情况下不被提倡，当时的法律规定："能以书从迹其言，毋笞掠而得人情为上，笞掠为下。"④ 而且必须是在不如实回答问题、狡辩时，方可依法进行拷打。此外，秦律还规定，要将案件审讯的经过、在场人员和被告人的口供、使用的证据以及刑讯情况等具体、详细地记录下来，以便于案件的判决和事后复查。秦代的审讯记录以及在此基础上整理出来的案情报告，在《封诊式》里被称为"爰

---

① 参见张兆凯主编：《中国古代司法制度史》，173～175 页，长沙，岳麓书社，2005。
② 《史记·商君列传》。
③ 《盐铁论》卷十。
④ 《睡虎地秦墓竹简》，245～246 页，北京，文物出版社，1978。

书"。按秦律的规定，当事人对判决不服的可以"乞鞠"，即可以要求对案件进行重新审判，这是我们目前所见最早的允许请求复审的法律规定。①

汉承秦制，仍设廷尉为中央主要诉讼机关。据《后汉书·百官志》记载："廷尉……掌平狱……凡郡国讞疑罪，皆处当以报……掌平决诏狱。"可见廷尉主要负责审理中央百官的犯罪案件，掌管天下刑狱，负责郡国上报的疑难案件，以及审理皇帝交办的特别案件（称之为"诏狱"）。在中央除廷尉之外，丞相、御史大夫、尚书等机关亦具有部分审断案件之职权。在地方，郡守、刺史、县令或县长等行政官员，同时也是地方审理案件的司法官。不过，主要的民事纠纷都交由设置于乡的三老、有秩、尤其是啬夫来处理。

较之秦代，汉朝法制发展的主要特点之一是法制的儒家化，诉讼方面也当然地受到儒家思想极大的影响和渗透。首先，在对待民间争讼上，汉代更加强调用儒家道德去教化，以息事省讼或通过调和解决矛盾。据《后汉书·吴祐传》记载：吴祐任胶东相时，"民有争诉者，辄避阁自责，然后断其讼，以道譬之。或身至闾里，重相和解"。其次，在儒家"慎刑"思想指导下，汉代的审判除实行独任制外，还创制了"杂治"这样一种类似合议制或会审制的审判组织形式。对于某些重大案件由皇帝临时指派若干官员会同审理。《后汉书·孝明八王列传》记载："治燕王狱时，御史大夫桑弘羊子迁亡，过父故吏侯史吴。后迁捕得，伏法，会赦，侯史吴自出系狱，廷尉王平与少府徐仁杂治反事。"据史书记载，当时的许多重大疑难案件都是通过这种方式审理的。这种审理方式能够发挥集体的智慧，有利于防止疏漏、片面和徇私舞弊，减少冤、假、错案的发生，是后世"三司推事"和会审制度的渊源。再次，"亲亲得相首匿"原则得以确立。在儒家思想的影响之下，公元前69年，汉宣帝颁"首匿"诏，称："父子之亲，夫妇之道，天性也。虽有患祸，犹蒙死而存之。诚爱结于心，仁厚之至也，岂能违之哉！""自今子首匿父母，妻匿夫，孙匿大父母，皆勿坐。其父母匿子，夫匿妻，大父母匿孙，罪殊死，皆上请廷尉以闻。"② 这是孔子"父为子隐，子为父隐"思想在法律上的最初体现。最后，儒家思想对汉代诉讼最大、最显著的影响莫过于"春秋决狱"。其首倡者为董仲舒，在遇到没有法律依据的疑难案件或者法律的规定与儒家思想相距甚远时，则以《春秋》等儒家的经义作为定罪量刑的依据。这样一种司法方式特别强调对犯罪人主观方面的考察，所谓"春秋之听狱也，必本其事而原其志；志邪者不待成，首恶者罪特重，本直者其论轻"③。这在事实上是考察犯罪人的犯罪动机和目的是否符合儒家的道德以及情理，若符合，即便造成了严重的后果，亦可免除或减轻处罚；若不符合，即便没有造成什么后果甚或行为尚未实施，也要给予重处。这种司法形式一方面弥补了法律的漏洞和不足，也促进了我国古代犯罪构成理论的完善，从史料上记载的"春秋决狱"案例来看，它在一定程度上也减轻了刑罚的残酷性；当然，另一方面，它也容易造成司法实践中司法官上下其手、罪行擅断、故意出入人罪等问题。总之，春秋决狱极大地推动了传统法律的儒家化，对后世的司法实践产生了深远影响。

魏晋南北朝时期，经历了长期的分裂、动荡，战争连绵不断，政权更迭频繁，这影响了法制的稳定发展，但另一方面，该时期各王朝的统治者为在动乱中求得生存和发展，也比较

① 参见刘海年：《战国秦代法制管窥》，200 页，北京，法律出版社，2006。
② 《汉书·宣帝纪》。
③ 《春秋繁露·精华》。

重视法制建设，重视社会矛盾的解决。所以这一时期的诉讼制度和实践亦获得逐步完善和发展。(1) 政治机构的分工逐渐严密化、合理化，中央出现了专门审理案件的机构——大理寺（北齐改廷尉为大理寺）。从此，司法机构的名称不再以官衔相称。东汉末年，由于社会矛盾尖锐，农民起义频繁发生，原来设立的用于巡检地方的各州刺史，开始在镇压农民起义的过程中发挥重要作用，并逐渐发展成为地方最高一级行政长官。相应地，地方司法机构亦由原来的郡、县两级演变为州、郡、县三级。这一时期皇帝也加强了对司法的控制，经常直接干预或者亲自参加案件的审理。如魏明帝对司法活动特别关注，曾于太和三年（229 年）特意把平望观改为听讼观，将其变成凌驾于廷尉之上的临时最高法庭，"每断大狱，常幸观临听之"①。南朝宋武帝及其后的宋文帝、宋孝武帝也经常在华林园、延贤堂等处"听讼"决狱，尤其是宋孝武帝特别重视听讼，他曾下诏：今后凡重要案件一律立即上奏，由其亲自裁断，不得拖延。② 北周武帝亦经常在正武殿"听讼"决狱，以至燃灯秉烛，夜以继日。③ (2) 统治者为安抚人心，缓和紧张的气氛，建立稳定的社会秩序，对人们的诉权设定了很多的限制。魏文帝曾于黄初五年（224 年）下诏限制邻伍相告："令谋反大逆乃得相告，其余皆勿听治；敢妄相告者，以其罪罪之。"④ 为防止讼事拖延，曹魏时改变汉代上诉制度，规定："二岁刑以上，除以家人乞鞫之制。"⑤ 北齐文宣帝时禁止囚犯告诉，"天保七年，豫州检使白剽为左丞卢裴所劾，乃于狱中诬告裴受金，文宣知其奸罔诏令按之，果无其事，乃敕八座议立案劾格，负罪不得告人事"⑥。(3) 确立"服制审判"（《晋律》首创）、"八议"（《新律》）等体现儒家思想的诉讼原则。对于亲属之间的犯罪，依据丧服规定的亲等来处理。卑幼杀伤尊长，关系愈近定罪愈重，反之减轻；对于财产犯罪，恰好相反。对于涉及"亲"、"故"、"贤"、"能"、"功"、"贵"、"勤"、"宾"等具有特殊身份者的犯罪，不能用一般诉讼程序来裁决，而需通过"议"这一特殊程序来减轻处理，体现了统治阶层的诉讼特权。(4) 尽管这一时期的法律对刑讯进行了严格限制，但在"刑乱国用重典"思想的指导下，实践中刑讯盛行，并出现一些非常残酷的刑讯手段。南朝梁武帝时创立了"测罚"之制。对不招供的犯人"断食三日，听家人进粥二升，女及老小，一百五十刻乃与粥，满千刻止"⑦。南朝陈武帝时又创"测立"之法。对拒不招供的囚犯，"以土为垛，高一尺，上圆，劣容囚两足立。鞭二十，笞三十讫，著两械及杆，上垛。一上测七刻，日再上。三、七日上测，七日一行鞭。凡经杖，合一百五十，得度不乘者，免死"⑧。(5) 在诉讼程序上形成了直诉制度和死刑复核制度。直诉指不依诉讼等级直接诉于皇帝或钦差大臣，是一种特别上诉程序。传说西周时期就有路鼓、肺石之制，但非定制。而在晋武帝时期曾设登闻鼓于朝堂外，百姓可以击鼓直接向皇帝鸣冤。这为后世各代所继承。这一时期对死刑的适用也十分慎重，规定死刑案件在执行前须上奏皇帝复核。魏明帝青龙四年（236 年）曾下诏："廷尉及天下狱官，诸有死罪具狱以

---

① 《三国志·魏书·明帝纪》。
② 参见《宋书·孝武帝纪》。
③ 参见《周书·武帝纪》。
④ 《三国志·魏书·文帝纪》。
⑤ 《晋书·刑法志》。
⑥ 《隋书·刑法志》。
⑦ 《隋书·刑法志》。
⑧ 《隋书·刑法志》。

定，非谋反及手杀人，乞语其亲治，有乞恩者，使与奏。"① 据《魏书·刑罚志》记载，北魏律规定："当死者，部案奏闻。"这一制度对后世司法制度产生了很大影响。

隋唐是我国古代的鼎盛时期，随着政治、经济的全面发展，诉讼制度亦日益成熟、完善。在中央，皇帝以下设大理寺、刑部、御史台三大司法机构。大理寺是中央最高审判机关，负责审理中央百官以及京师徒刑以上的案件，并负责重审刑部转送的各地疑难案件等。大理寺的判决须交刑部复核，其审判亦须受到御史台的监督。刑部和御史台也参与部分案件的审理。并且，刑部还设有都官司、比部司、司门司作为唐代中央受理民事诉讼的机关。唐代地方司法机关有州、县两级，州刺史和县令既是地方的行政长官，又兼理地方司法，他们既受理刑事案件，也受理民事案件。州刺史和县令属下分设司法参军、司户参军与法佐、法史，协助刺史和县令分别处理刑事案件和民事案件。在京都、东都和其他重要地区还有府的建置，府设府尹，是府的行政长官，同时负责审理辖区内的重要案件。

在起诉方面，案发后，被害人或其近亲属等可以向官府告发。发生犯罪案件，有关官吏和五家相保的邻里必须及时向所在官府告发，否则要追究刑事责任。"诸监临主司，知所部有犯法，不举劾者，减罪人罪三等。纠弹之官，减二等。""即同伍保内，在家有犯，不纠者，死罪，徒一年；流罪，杖一百；徒罪，杖七十。其家惟有妇女及男年十五以下者，勿论。"② 特别是发生谋反、大逆及谋叛等重大犯罪案件，知情不告者将受到严厉的刑处。告状须写明时间和事实，诬告他人的，根据不同情况分别给予相应的处罚。起诉和上诉必须逐级而上，不得越诉，否则会受到处罚。《唐律疏议·斗讼》规定："诸越诉及受者，各笞四十。"为维护伦理纲常，唐律对告发犯罪作出了更多的限制，如将汉朝的"亲亲相隐"发展为"同居相为隐"，凡同财共居的家庭直系亲属、期亲、大功亲及外祖父母、外孙、孙之妇、夫之兄弟及兄弟妻，有罪可以互相隐瞒不告发，法律不追究其刑事责任。

在审判组织的形式上，除有大理寺卿、刺史或县令一人主持审判的独任制之外，唐朝还开创了"三司推事"的会审制度，即凡承办皇帝交办的"制狱"、地方转来的重大案件或疑难案件，由刑部侍郎、御史中丞和大理寺卿组成联合法庭，共同审判。

在证据方面，口供仍然是诉讼中的主要证据，因此，通过刑讯逼取口供也被允许，但唐律对刑讯进行了严格限制。《唐律疏议·断狱》规定："诸拷囚不得过三度，数总不得过二百，杖罪以下不得过所犯之数。拷满不承，取保放之。"而且对"八议"官员以及老、小、废疾者，禁止使用刑讯。除通过刑讯求得口供之外，唐律还确立了"众证定罪"原则。"三人以上，明证其事始合定罪。""若赃状露验，理不可疑，虽不承引，即据状断之。"③ 在证据确凿时，即使犯罪人不招供，亦可根据证据定罪。这是重大的历史进步。

对于案件的判决，《唐律疏议·断狱》规定："皆须具引律、令、格、式正文，违者笞三十。"这已经具有了罪刑法定的意蕴或萌芽。当然，对于法律没有规定的情形，唐律也确立了类推适用原则。"诸断罪无正条，其应出罪者，则举重以明轻；其应入罪者，则举轻以明重。"④ 作出判决以后，法官应向罪犯及其近亲属宣读判决书，对判决不服的，可以申诉或上

① 《三国志·魏书·明帝纪》。
② 《唐律疏议·斗讼》。
③ 《唐律疏议·断狱》。
④ 《唐律疏议·名例》。

诉。死刑案件，须先交刑部复核，然后报请皇帝裁定。唐律规定死刑执行前还须进行复奏。贞观初年，唐太宗一度将京师的死刑案件由三复奏改为五复奏，各州的死刑案件三复奏。到《永徽律疏》时法定为三复奏。当然，对于"谋反"等重罪，一复奏即可。这一制度反映了初唐统治者的"慎刑"思想以及唐代死刑制度的完善。

两宋之际，中国社会的经济结构发生了很大变化，商品经济获得巨大发展。社会关系复杂化，民事纠纷大量涌现，诉讼频仍。为适应社会发展的需要，宋朝统治者十分重视法制建设，并在吸收唐朝法制成果的基础上进行了创新，取得了巨大的成就。而其司法制度也独具特色，达于中国传统司法制度之顶峰。

宋初承袭唐制，大理寺为中央最高审判机关，但宋太宗时，为加强对司法权的控制，在宫中设了审刑院，当时凡属上奏的案件，皆须送审刑院备案，再交大理寺断复，然后再返回审刑院评议，由知院或评议官写出书面意见，奏请皇帝裁决。审刑院甚至经常直接审理案件，这导致大理寺一度成为慎刑机构，并不开庭审理，大理寺的官员亦由其他官员兼理。宋神宗元丰年间，大理寺才恢复其固有的审判大权。宋代地方司法机构有路、州、县三级，其中州、县两级仍然是行政兼理司法的体制。与前朝不同的是，宋朝在路一级设立了专门的地方司法机构提点刑狱司，监督本路的司法审判工作，也审理辖区内的疑难案件。

由于两宋期间社会矛盾尖锐，外部威胁严重，因此统治者鼓励告奸，对隐瞒不告、官司不纠者给予惩罚。《宋刑统·斗讼律》规定："诸强盗以及杀人贼发，被害之家及同伍即告其主司。若家人同伍单弱，比伍为告。当告而不告，一日杖六十。""诸监临主司知所部有犯法不举劾者，减罪人罪三等，纠弹之官减二等。"但对于诬告和纠举不实的则要反坐。中国传统社会的诉讼一般均按审级逐级进行，越级诉讼历来受到禁止。宋朝的统治者也继承了这一原则，但随着社会矛盾的激化，自北宋末年开始，逐渐放宽了越诉之禁。南宋时期更是增立了"越诉之法"①，以利用民众的力量加强对州县官吏的监督，缓和社会矛盾，巩固其统治。

为保障农业生产与维护社会关系的稳定，宋朝还确立了限制诉权的"务限"法和民事诉讼时效制度。《宋刑统·户婚律》规定："所有论竞田宅、婚姻、债负之类，取十月一日以后，许官司受理，至（次年）正月三十日住接词状，三月三十日以前断遣须毕。"受理期间为"务开"，非受理期间为"入务"。为防止无期限的兴讼，宋代还对不同形式的产权纠纷规定了不同的诉讼时效。例如因分家析产导致的纠纷，诉讼时效为三年，三年之后起诉的，不予受理；因遗嘱继承发生的纠纷，诉讼时效为十年②；因典当产生的纠纷，诉讼时效为三十年。③ 到南宋时，更加缩短了这些诉讼时效，以适应所有权转移加快的形势。

在案件的审判方面，宋代建立了独具特色的鞫谳分司和翻异别勘制度。在狱案审判中，宋代统治者将审（鞫）与判（谳）分开，审问案情的官员无权断刑，检法断刑的官员也无权过问审讯，使之互相牵制，不易作弊，此即"鞫谳分司"。在宋代，徒刑以上的案件经过初审后，均由没有参加审讯的、依法无须回避的其他官员再次提审案犯，核实供词，案犯如无异词，则可检法议刑，如有异词，则须由另一机构重审。这就是所谓的"翻异别勘制"，其中又分"移司别推"和"差官别推"。移司别推指将案件交由同级的其他司法官复审。差官

---

① 《宋会要辑稿·刑法》。
② 《名公书判清明集》卷五。
③ 参见《宋刑统·户婚》。

别推指由上级司法机关派遣官员对案件进行复审。这有利于保证司法的公正，是中国传统诉讼制度的巨大进步。

此外，宋代的证据制度亦有很大的发展，在将口供作为基本证据之外，物证、书证、勘验结论等证据受到极大的重视。南宋郑克的《折狱龟鉴》卷六云："证以人，或容伪焉"，"证以物，必得实焉"。物证理念获得突破。在民事诉讼中，契约被视为主要证据。宋代的检验制度也十分完备，法医学得到极大发展，出现了宋慈的《洗冤集录》、桂万荣的《棠阴比事》等不少法医学名著，对世界法医学作出了重要贡献。

元朝是第一个由少数民族建立的全国统一的政权，其诉讼制度和实践亦颇有特色。首先，元朝司法机构的设置十分繁杂。大理寺被取消，以大宗正府为中央司法机关，而且权力甚大，不受御史台的监督。元中叶以后，大宗正府的审判权逐渐归于刑部。宣政院是最高宗教审判机关，其下属的地方机构为宣慰司，负责涉及僧侣的宗教案件的审理。作为军事机构的枢密院及行枢密院，则专门负责军事案件的审理。路、府、州、县等各级地方政权仍实行行政兼理司法的体制。元朝诉讼机制的另一重要特点是代理制度的设置。虽然据传在西周时期也曾有过诉讼代理的影子，但元朝第一次在法律中规定了代理制度，且适用于老年人、疾病者以及退休或暂时离任的官员。据《元史·刑法志·诉讼》记载："诸老废笃疾，事须争诉，止令同居亲属深知本末者代之。""诸致仕、得代官，不得已与齐民讼，许其亲属家人代诉，所司毋侵扰之。"也即这两种人涉讼时，可由其亲属家人代为诉讼，这是我国诉讼制度史上的一大飞跃。

明清时期随着专制集权的加强，其诉讼制度也呈现出新的特点。首先，在中央司法机构的设置上，刑部和大理寺的职能与之前相比发生了对换，刑部变成了中央主要的审判机关，大理寺则成为复核慎刑机关。地方政权中，在省一级专设刑按察使司掌管司法审判等事务。而州、县两级则仍是行政兼理司法。明朝在普通司法机关之外，还一度设置厂、卫特务司法机构，它们由宦官操纵，直接听命于皇帝，不受法律约束，对正常的法律秩序造成了严重的破坏；至清朝，有关旗人的案件由各州的理事厅、内务府慎刑司等机构进行审判，一般司法机关无权过问。宗室贵族的案件则由宗人府审理。其次，在起诉方面，明清的律例要求一般情况下须通过递交诉状来书面提起，并且诉状还须写明原、被告、证人以及代写诉状人的姓名与住址等情况，以便传唤。诬告者要受到严厉的处罚。起诉和上诉必须逐级进行，一般不得越诉。而且明清时期尤其强调调解，将其作为解决民事纠纷甚至轻微刑事案件的主要机制和必经阶段。一般先由民间的族长、里正、里长等进行调解，他们调解不成的再提交至基层审判机关，这些官方机构也必须先行调解，只有调解不成，然后才能进行审理、判决。再次，明清时期形成了完备的会审制度。除由都察院、刑部、大理寺的长官组成"三司会审"之外，还形成了朝审、大审、热审、秋审等规范化、制度化的会审形式。最后，刑名胥吏与幕友对诉讼的影响和控制明显加剧。由于各级官员出身科举以及这一时期统治者对法律知识的轻视，导致官员对法律条文和司法审判十分生疏，他们也不屑于刑审事务，于是不得不聘请刑名胥吏与幕友作为私人法律助手和顾问，这些人员也实际操纵着当时的司法审判，尤其是清朝，刑名幕友盛极一时，导致"清朝与胥吏共天下"之局面。

1840年鸦片战争以后，随着政治、经济、社会环境的变化和西方文化的冲击，中国传统的司法制度逐渐解体。尤其是清末法制改革之后，中国传统的诉讼体制发生根本改变，逐步建立起一套西方式的现代诉讼纠纷解决机制。但这一新的诉讼模式的完全确立和在实践中切实地发挥作用，则仍是一个长期的历史过程。

三、中国传统诉讼文化之特质

通过全面考察中国传统诉讼文化之流变，我们不难看出，在中华民族数千年的历史长河中，其诉讼文化同样源远流长、生生不息，内容异常丰富。不仅如此，中国古代的诉讼传统还形成了它十分独特的"司法机构与诉讼参与人"、"运行机制"、"精神与原则"，以及许许多多"特殊的司法"方式。所有这些内容，特别是其与众不同的"价值取向"、"诉讼原则"及同样独具风格的"春秋决狱"、"家族司法"和"调解"等司法形式，都是中华民族生活智慧的结晶，也是其人生经验的表达，它们无不集中反映出中国传统诉讼文化的独特性质与风貌。倘若对这些内容加以抽象和概括，我们便可发现，与西方传统诉讼文化和中国现代诉讼文化相比，中国传统的主流诉讼文化具有以下主要特质：（1）诉讼的道德化；（2）司法的行政化与诉讼的非专门化和非职业化；（3）诉讼的人情化与艺术化；（4）诉讼的低程序化；（5）司法的个别化和非逻辑化。

（一）诉讼的道德化

中国古代法最根本的特征之一就是道德法律化、而法律又道德化。在这种大背景下，中国传统社会的诉讼运作自始至终充满着极其浓厚的道德色彩。首先，从观念上看，"诉讼"这一形式本身，在当事人一方就被公认为是不道德、不光彩的，而在司法官一方则也不单单是为了裁决纠纷，而毋宁说是为了维护道德、弘扬道德，源自西周的古训"明刑弼教"一直在强化着各级官吏的诉讼道德化理念。这种在"诉讼"正式开始之前就已久久环绕在司法官和各方当事人心头的道德观念从根本上决定了诉讼运作的道德化。可以说，中国古代的"司法"几乎极少以忠实地执行法律为目的，其宗旨通常全在于贯彻伦理纲常。当然，按照西方社会的传统，或者依据现代社会的常识，真正的"司法"当以忠实地执行法律为天职；但在中国古代社会却是另一番景象。假若直观地讲，传统中国社会"诉讼"之目的有两点：一是平息争端，二是实现道德精神；但这两点在古代中国司法官那里原本是相互贯通、甚至不加区分的，而其根本则在后者。这是其诉讼道德化的理念基础。

在诉讼的实际运作过程中，道德化是其最显著的特征。这里涉及法律与道德在司法审判中的作用和关系问题。一般而言，中国古代法是宗法伦理的产物，法律本身就贯彻着传统道德的精神，依法审判通常也有助于其道德目的的实现，此时的司法官们自然会懂得一手抓道德、一手抓法律。但假如法律本身的规定有疏漏，或者不遵守现有法律能更好地实现其道德精神，这时，人们所看到的就将是完全道德化的诉讼运作。儒家著名经典《礼记·王制》强调："凡听五刑之讼，必原父子之亲，立君臣之义以权之"，这即是说，断狱决讼首先要用"君臣之义"、"父子之亲"这些道德原则和精神去衡量，而不是首先讯问事实情节。正是秉着这样的精神，清人所编《牧令书辑要》在谈到"诉讼"之事时说道："凡关宗族亲谊，必须问明是何称呼，系何服制"①，然后再去讯问事实之是非、罪责之轻重。这些都绝不只是书中的说教，而同时还是诉讼的实际状况。清代康熙年间，陆陇其（后官至四川道监察御使）

---

① （清）《牧令书辑要·刑名上·审理杂案》。

任某地知县，有兄弟二人因财产争讼状告县衙。这位陆知县开庭时根本不按正常诉讼程序进行审理，既"不言其产之如何分配，及谁曲谁直"，也不作判决，"但令兄弟互呼"，"此唤弟弟，彼唤哥哥"，"未及五十声，已各泪下沾襟，自愿息讼"①。在这里，司法官（陆知县）令兄弟二人互相呼唤对方称谓（"名"），意在让他们各自体会"名"下之"实"，体会各自所负的道德义务，使其明白兄当"友"（爱护）于弟、弟当"悌"（敬重）于兄的道德伦理；至于争讼双方的是非曲直和财产分割，陆知县已经无心去管了。所以有人说，古时法官办案的第一原则就是："人有争讼，必谕以理，启其良心，俾悟而止。"②

在中国早已家喻户晓的明代清官海瑞曾总结出一套自己的办案经验，颇值得玩味，他说："凡讼之可疑者，与其屈兄，宁屈其弟；与其屈叔伯，宁屈其侄；与其屈贫民，宁屈富民；与其屈愚直，宁屈刁顽。事在争产业，与其屈小民，宁屈乡宦，以救弊也；事在争言貌，与其屈乡宦，宁屈小民，以存体也。上官意向在此，民俗趋之。为风俗计，不可不慎也。"③ 这即是说，假如事实之是非曲直无法查清而又不得不结案，便可以伦理之是非准则来决断；若兄弟相讼、叔侄相讼、官绅与小民相讼，则应依兄尊弟卑、叔（伯）尊侄卑、官绅尊小民卑的伦理原则来判决。宋代曾任湖南安抚使的真德秀在一篇给同僚及下属的咨文中说："继今邑民以事至官者，愿不惮其烦而谆晓之，感之以至诚，诗之以持久，必有油然而兴起者……至于听讼之际，尤当以正名份、厚风俗为主。"④ 反之，在中国传统社会里，倘若有司法官执著于法律、而将伦理原则搁于一边，那必定会招致非难。明人吕坤"曾见尊长与卑幼讼，官亦分曲直用刑"，他即批评该官"愚不可及"，认为"遇有此等，即（便）尊长万分不是，亦宜宽恕；即（便）言语触官亦不宜用刑"。否则，"人终以为因卑幼而刑尊长也，大关伦理之教"⑤。由此可见，古代中国诉讼运作的道德化已经成了一种社会性的意识形态和普遍要求（这一点在"春秋决狱"、"家族司法"和"调解"等"特殊的司法"中自然表现得更为突出和更为显著一些）。

诉讼运作的道德化必然导致或者说必然包括司法判决的道德化，其突出表现是，判决常常主要依据伦理道德，而并不严格依据法律而作出。在许多场合，司法判决与其说是法律文书，还不如说是道德宣言。唐代书法家颜真卿为抚州刺史时，有书生杨志坚"嗜学而居贫"，其妻嫌其贫穷，要求离婚。颜刺史接案后，满怀激愤，挥毫判曰："杨志坚早亲儒教，颇负诗名，心虽慕于高科，身未沾于寸禄。愚妻睹其未遇，曾不少留。靡追冀缺之妻，专学买臣之妇，厌弃良人，污辱乡闾，伤败风教，若无惩戒，孰遏浮嚣？妻可笞二十，任自改嫁，杨志坚秀才饷粟帛，乃置随军。"⑥ 纵观整个判决，除了赞扬被告苦读之外，通篇都是对原告的道德谴责，根本不曾引用任何法律条文，而完全凭借一般的道德伦理进行判决。这种撇开法律而径直依据人情、伦理判决案件的情况，绝不仅仅存在于某一朝代，它的历史往上至少可

① 《陆稼书判牍·兄弟争产之妙判》。

② 《金华黄先生文集·叶府君碑》。

③ 《海瑞集·兴革条例·刑属》。着重号系引者所加，文中所谓"争言貌"指其事关乎礼仪，所谓"存体"指乡宦小民有贵贱之别，须存大体。

④ 《名公书判清明集》卷一。

⑤ 《实政录·刑戒》，"三莫轻打"条。

⑥ 《旧唐书·颜真卿传》。

以追溯至汉代的"春秋决狱",往下至晚清依然如此。这倒并非由于中国古代的司法官们要蓄意地贬低法律,而是因为他们深知现实的法律和诉讼本以维护纲常伦理为宗旨。当援引法律条文能够最有效地实现这一目的时,他们自然会严格地依律法判决;但若引用法律反而会妨碍这一宗旨,或者不引用法律而直接依据儒家伦理和现实社会的"情理"能更好地实施道德教化时,他们就会毫不犹豫地置法律于不顾,在古代中国独特的文化背景里,这并不算违法(至少不会有人追究其不依律例之责),而是在更灵活、更有效地"司法"。

这样的诉讼运作自然决定了中国古代判决独特的精神和风格。一方面,在古中国的判决里,法官引用最多的并不是法律条文,而是先圣前贤的诗文语录和感人事迹,因为对于道德教化来说,圣人的教诲和先贤的榜样及其他伦理典故比之于法律条文显然要有力得多。① 所以,在判决一起改嫁之妇谋占前夫财物的诉讼时,宋代法官胡颖引了汉代陈孝妇 16 岁而嫁,夫死后养姑 28 年不改嫁的故事进行教育。② 在前引颜真卿判决离婚案时,既引了正面典型"冀缺之妻"(春秋晋国人),也用了反面教材"买臣之妇"(西汉时人)。而为后世所敬仰的民族英雄文天祥在一篇不足四百字的判决书里竟遍引孔子、孟子、子贡以及《大学》的有关学说,引文及道德说理(而非法理分析)所占比重之大令人注目。③ 另一方面,中国古代判决书的基本模式是:法官们先对当事人进行一番道德的说教或指责,然后引用或不引用法律条文作出裁决(那种仅以"准结"、"销案"、"附卷"等寥寥数字判决的公式腔、书吏体判词除外)。所以,在古代中国,传诵一时的司法判决通常都是"寓教于判"的道德檄文,诸如"你们兄弟俩,名字叫'仁'而不知'仁',名字叫'义'而不知'义':以祖宗之微产,伤手足之天良"④;"夫同气同声,莫如兄弟,而乃竟以身外之财产,伤骨肉之至情,其愚真不可及也……所有产业,统归兄长管理,弟则助其不及,扶其不足……从此旧怨已消,新基共创,勉之,勉之"⑤;"父尸未寒,挥戈涉讼,何颜以对祖、父于地下,何颜以对宗族于人间"⑥;及前引颜真卿判书"厌弃良人,污辱乡闾,伤败风教,若无惩戒,孰遏浮嚣";等等。这些"妙判"或推己及人、循循善诱,或动之以情、晓之以理,或大义凛然、严词斥责,其道德风采,恐怕连中世纪崇尚说教的英国法官们也要自叹弗如。

(二) 司法的行政化与诉讼的非专门化、非职业化

严格说来,诉讼的职业化与专门化直至近代社会才真正实现,但在西方,早在古希腊思想家亚里士多德提出"政体三机能"之说时,司法就已被设置为一种独立于立法、行政之外的独立职能;到古罗马,则已经出现了独立的法律家职业阶层(虽然主要是法学家,而非司法官),这对于西方诉讼文化的发展产生了深刻影响。到中世纪,欧洲的司法体系(尤其在英国)已经实现了相对程度的职业化和专门化。但中国传统社会则不同,在 20 世纪之前,其司法始终是行政化的,因而其诉讼始终未能实现哪怕是相对程度的专门化和职业化。

在中国传统社会里,可以说自始至终都没有过与"行政"相对应的"司法","司法"只

---

① 另一个与之互为因果的因素,是中国古代司法官们非法律的教育经历和人文素养。
② 参见《名公书判清明集》卷一。
③ 详见《文山先生全集》卷一、卷二。
④ 《陆稼书判牍·兄弟争产之妙判》。
⑤ 《陆稼书判牍·兄弟争产之妙判》。
⑥ 《袁子才判牍·兄弟争产之妙批》。

是"行政"应有的一种职责，因而既不存在专门化的司法系统，也没有职业化的司法队伍。从组织机构上看，虽然历朝历代在中央都设有主管司法审判的部门，但它们都是中央政府的组成部分，同时也并不具有垄断性的专属司法权。唐朝以后，虽然出现了相对稳固的"三法司"一类的司法审判机制，但这里不仅无所谓"司法独立"，而且"三法司"本身并没有单独的从下而上的审判组织系统，除"三法司"之外，其他中央国家机关也均有一定的司法之责。在地方，同样没有专门的法官和单独的审判组织体系，司法审判只是地方长官的诸多行政职责之一，或者说只是地方政权诸多政务之一种，所以中国的司法管辖与司法审级几乎完全等同于行政管理与行政级别，司法官员则由此而完全从属于行政长官（这种制度格局到20世纪仍然基本未变）。有的地方机构以司法审判为主要事务（如清代省一级的按察使司），看似专门的司法机关，但实则同时兼管其他若干方面的行政事务，并非现代社会里专门化的司法机关。①

从司法队伍来看，虽然中央司法机构与地方行政长官以"刑名"为其主要职责，但中国古代极少设立专职的司法官，尤其国家制度本身并不将司法官设置为一种专门的职业体系，各级司法官员通常也并不将"司法"视为其职业和本行，无论是作为司法官员，还是担任其他官职，对于他们都基本上不存在角色差异，职位的变化也不存在专业或职业上的障碍和感觉；他们审理案件只是履行行政职能、治理所辖百姓之一种手段；在他们看来，诉讼运作也几乎不需要具备任何专门的法律职业技能，因而中国传统社会里极少有职业的法律家（lawyer），更不存在独立的法官阶层。这种状况的造成既与古代中国司法的行政化与诉讼的伦理化相关，也与当时的教育和考试（官吏选拔）制度有关。

中国古代官员（包括司法官）所接受的教育和训练几乎都是儒家经典和道德礼义，他们通常并不将法律作为一种专门的学问来学习、钻研和训练，甚至还视其为等而下之的东西；国家对官吏的选任同样体现出这种倾向。魏晋时人卫觊说："刑法者，国家之所贵重也，而私议之所轻贱也。狱吏者，百姓之所悬命，而选用之所卑下。王政之弊，未必不由此也。"②唐、宋试士虽有明法一科，但不为时人所重；唐时开科取士，其择人有四事，"判"亦为其中之一，即虚构案情，让应对者设身处地，假作判官。所以今观唐人文集，内中多有"书判"，而张鷟所著"书判"专集《龙筋凤髓判》更流传至今。然而此制丝毫没有增进士人的法律训练，因为"这种书判，讲究辞章，注重用典，却不必具引律文，照顾现实。其为司法文书是虚，经营文章是实"③。于是，到宋代便有苏轼"读书万卷不读律"之说。明、清以制义取士，更无人读律。可以说，传统的教育和考试制度既扼杀了专门人才，更阻碍了职业法律家（尤其是职业法官）阶层的形成。这种状况反过来又影响了法律制度的发展，因为既然没有一个独立而自觉的司法官职业阶层，那么各级官吏们就不可能为捍卫法律的尊严而进行有组织的奋斗，也难有人从制度和技术的层面去思考和改革诉讼的弊端。

不过，上述情形绝不意味着中国传统社会真的不需要任何专门的法律人才，早在秦、汉

---

① 现代中国依然常常让司法机关去承担许多非法律的行政事务，其根本原因固在于社会结构本身，但也未尝不是古代传统的残留。

② 《魏书·王觊传》。着重号系引者所加。

③ 梁治平：《法意与人情》，105页，深圳，海天出版社，1992。

时期，世代相传的专习法律之家已然不少，到明、清两代，不仅律学比之秦、汉更为兴盛[1]，而且诉讼的专门化和职业化也已明显地成为一种社会的客观需要，只不过，这种需要受到了当时国家制度和官方意识形态的多方抑制。比如，从机构设置上看，清康、乾年间，曾有人多次奏请设立专门的"恤刑"一职，最后因遭乾隆帝驳斥而作罢，但从这以后却在各省兴起了"发审局"之制。[2] 发审局又称"总局"、"谳局"，专门办理全省案件之复核以及秋审和其他司法事务，非常类似于近代之"省高等审判厅"，但它并未获得国家的正式认可，因而并非国家正式编制，属于临时性机构，以致嘉庆皇帝曾言"各省毋庸设立总局"。然而，后来发审局非但没废，反而发展成"常设的临时性机构"，各省均有，这反映出此时没有专门的司法机关已难以保证诉讼的正常运作。

从人员方面看更形如此，其突出标志便是明清两代刑名幕友的异常发达和讼师的迅速膨胀。由于各级官吏平日不习法律，而司法审判的专业化要求越来越高，于是听讼断狱之事便不得不经常依靠谙熟律例的刑名幕友。刑名幕友在明清两代不仅已成为一种相当发达的职业，而且已接近于职业法律家的边缘。只可惜，这种几乎职业化、专门化了的"司法工作者"却无法名正言顺地主持和参与诉讼。相比较起来，明清两代另一种同样颇为兴盛的法律职业"讼师"还要悲惨些，他们不仅不能合法地参与诉讼，而且为世人所贱视、为国家所深恶、为法律所严禁。在中国传统社会里，刑名幕友与讼师恐怕是仅见的两种专门化的法律职业，他们发达于明、清两代（中国传统社会的晚期），固然反映了社会发展的某种内在需求和客观趋向，但他们之不能正当地参与诉讼，则集中反映出中国传统诉讼的非专门化和非职业化特征。

（三）诉讼的人情化与艺术化

中国传统诉讼文化素以维护礼教、追求"秩序"、漠视"权利"为其基本的价值取向，这容易给人以印象，似乎古代诉讼是不通人情、扼杀人性的。但实际情形往往并非如此。法律因人而设，诉讼因人而行，这其中不可能没有人性的东西隐含着。只是，不同民族对于"人性"的看法各不相同，因而其表达方式也迥然有别。对古中国来说，标明"人性"的概念恐怕主要是"人情"，而由这方面着眼，则中国传统诉讼文化恰恰是十分"人情化"的，也因此而十分"艺术化"的。

东汉时，钟离意为县令，县民房广为父报仇系狱，其母病死，广闻之而号泣狱中。钟县令顿生恻隐之心，乃放房广出狱奔丧，并说："不还之罪，令自受之"。房广料理完丧事即自动返回狱中。又有一位虞延，任淄阳令时，每至岁时伏腊，辄遣囚徒各自归家，囚徒感其恩，皆应期而还。[3] 在这里，县令纵囚与囚犯归狱，都无不显现着人性或人情的因素。

在中国古代司法实践中，这种人性（情）化的作为数不胜数。据宋人撰《三朝野史》记载，马光祖任县令时，有位穷书生翻墙与邻家少女幽会，被人发觉，捆送官府。依当时法律，"无夫奸"应处"徒二年"或"杖八十"之刑，但马县令则认为少男少女幽会乃人之常

---

① 关于明、清两代的律学状况以及中国古代的律学传统，详见胡旭晟、罗昶：《试论中国律学传统》，载《浙江社会科学》，2000（4）。

② 详见郑秦：《清代司法审判制度研究》，47~49页，长沙，湖南教育出版社，1988。

③ 以上二事皆出自《初学记》卷二十。

情，因而有意成全，于是当庭以"逾墙搂处子"为题令书生作诗一首。读罢书生诗作，马县令十分高兴，亦当场填词一首作为判决："多情爱，还了半生花债柳债；好个檀郎，室女为妻也不妨。杰才高作，聊赠青蚨三百索；烛影摇红，记取媒人是马公。"判决不但没有对犯"无夫奸"之罪的少男少女依法处以刑罚，反而赏其三百两银子，并在公堂之上为之做媒，使有情人终成眷属。马县令此判为时人所传颂，被夸为"通人情"。清代书画家及大诗人郑板桥为县令时，有一年轻和尚与尼姑通奸，众人执之以报官。依《大清律》，凡人相奸杖八十或徒二年，僧道犯奸加凡人二等。但郑板桥却禁不住动了恻隐之心，非但不依法重罚，反而成人之美，信笔题诗，判令二人还俗结为夫妻。其诗判曰："一半葫芦一半瓢，合来一度好成桃，从今入定风规寂，此后敲门月影遥；人性悦时空即色，好花没处静偏娇；是谁了却风流案？记取当年郑板桥。"①

这种人情味十足的判决历代皆有，但最著名的莫过于"乔太守乱点鸳鸯谱"。故事中乔太守的判决曰："弟代姊嫁，姑伴嫂眠，爱女爱子，情在理中。一雌一雄，变出意外。移干柴近烈火，无怪其燃；以美玉配明珠，适获其偶。孙氏子因姐而得妇，搂处子不用逾墙；刘氏女因嫂而得夫，怀吉士初非炫玉。相悦为婚，礼以义起。所厚者薄，事可权宜……独乐乐不若与人乐，三对夫妻，各谐鱼水。人虽兑换，十六两原只一斤；亲是交门，五百年决非错配。以爱及爱，伊父母自作冰人；非亲是亲，我官府权为月老。已经明断，各赴良期。"②

这类人性（情）化的判决几乎都十分明显地违背了法律规定，但都同样明显地赢得了各方当事人和社会舆论的称颂，国家也并未追究其违法裁判之责。何以如此？这在清朝道光年间刑部对一起案件的批复中有过精彩的说明。当时有百姓周四居父亲之丧期而娶周氏为妻，既违刑律"居丧嫁娶"之条，又犯"同姓相婚"之罪。依法，判其离异应属当然，然而刑部对此案的批复却是："律设大法而体贴人情。居丧嫁娶虽律有明禁，而乡曲小民昧于礼法，违律而为婚者亦往往有。若必令照律离异，转致妇女之名节因此而失。故例称：揆于法制似为太重或名分不甚有碍，听各衙门临时斟酌，于曲顺人情之中仍不失维持礼法之意。凡属办此种案件，原可不拘律文断令完娶。若夫妻本不和谐，则此种违律为婚，既有离异之条，自无强令完娶之理。所有该司书辨周四居丧娶周氏为妻一案，自系临时斟酌，于律例并无不合，应请照办。"③

那么，这是否意味着中国传统诉讼散漫无章、不依法而行？其实，且不管唐以后历朝法律中"断罪皆须引律、令、格、式正文"的规定，单从古代大量的历史文献即可看出，中国古代司法官基本上还是照章办事、依律而为的。只不过，中国传统诉讼（以及整个中国古代法）的基本价值取向之一就是贯彻伦理的精神，而中国古代伦理学的精髓与要义之一，就是既重"经"，又讲"权"。"经"是礼义，是原则；"权"是变通，是灵活。历代贤哲对于"权"之一字均有许多精彩的阐述。《论语·子罕》："可与立，未可与权"；皇侃义疏："权者，反常而合于道者"。《孟子·离娄》："男女授受不亲，礼也；嫂溺援之以手，权也"，赵岐注："权者，反经而善者也。"《春秋繁露·玉英》："夫权虽反经，亦必在可以然之域。"《全唐文》卷四○四冯用之《权论》："夫权者，适一时之变，非悠久之用……圣人知道德有

　① 转引自范忠信等：《情理法与中国人》，237 页，北京，中国人民大学出版社，1992。
　② 关于"乔太守乱点鸳鸯谱"的故事，详见（明）冯梦龙：《醒世恒言》卷八。
　③ 《刑案汇览》卷七。着重号系引者所加。

不可为之时，礼义有不可旋之时，刑名有不可威之时，由是济之以权也。"可见，只要是"反经而善者"，即属于"权"；"权"之所用，不仅是不得已而为之，而且是实现"善"、贯彻"经"之所必需。正因为这个道理，所以每当"刑名有不可威之时"，高明的司法官们便"济之以权"，于是便出现了那许许多多"通人情"的判决，诉讼也因此而十分地人性化、艺术化了。

北宋太宗年间，四川安崇绪进京状告其继母在其父生前已被休弃，而今又企图霸占其父遗产，致使其生母与他二人生活无着。后查明，其父生前并未休弃其继母，依据宋代法律，安崇绪控告继母当处绞刑。但当时多数大臣认为，原告因遗产被夺、生母生活无着才将继母告到官府，实出于孝心，值得同情；再者，原告系独子，如依法处死，则其父将无辜而受绝嗣之罚，其生母亦将无处托身，于情于理均不通。此案最后判决如下：遗产全部判归原告安崇绪，但其继母须由其供养，不得有缺。① 显然，如此判决远比机械地执行法律更合于"仁道"和人道，自然也更为百姓所称道，而其中不仅贯通着"人情"，而且包含着"理"。

当然，"经"、"权"之道，古今中外皆然，但在司法实践中将"权"之一字运用得如此普遍而出神入化者，恐怕也只有古代中国方能做到，这其中无疑蕴藉着传统中国独特的人生智慧。宋代张齐贤为丞相时，外戚有分财不均而"相诉讼"者，屡断不能决，官司一直打到宋真宗那里。张齐贤请理，乃启讼者至相府，问明两造都认为对方所得多于自己，即命双方写定供状，然后调换各自所分财产，交换文契，诉讼就此止息。② 后人谈及此判，无不认为"此案难翻"。清代段光清任县令时审断的一起案件则让我们体会到另一种智慧。其时乡人甲与店主乙争讼。甲不慎踏死乙之雏鸡一只，乙诡称鸡雏虽小，却系异种，饲之数月，可重达九斤，依时价，鸡一斤值钱百文，故索偿九百钱。段县令问明底里，假意允诺，先命甲照索偿之数赔乙，事毕，该县令忽又唤回二人，对乙说："汝之鸡虽饲数月而可得九斤，今则未尝至九斤也。谚有云：斗米斤鸡。饲鸡一斤者，例须米一斗，今汝鸡已毙，不复用饲，岂非省却米九斗乎？鸡毙得偿，而又省米，事太便宜，汝应以米九斗还乡人，方为两得其平也。"乙语塞，只得遵判而行。③ 类似此种风格的判决，在中国古代的各种文献典籍、尤其野史笔记中常可见到，有学者因而感慨道："审之以道德，辨之以真伪，断之以是非，这或者是一般清明的判官可以做到的，但在这样做时不露声色，欲抑先扬，寓贬于褒，执法于'游戏'之中，却需要另一种特别的智慧。"④

不过，以上案例还算不得古中国最浪漫、最艺术化的听讼法。据林语堂《苏东坡传》载，苏轼任职杭州时，一扇子店主欠债不还，被人告到官府。在法庭上，店主申诉苦况，称年前父亲去世，留下债务若干；今春多雨，扇子滞销，偿还不能，实出无奈。东坡听后并不责怪，却命他取来一捆扇子，当堂挥毫泼墨，不多时，便将二十把团扇扇面题写画成，遂交店主拿去还债。时人闻知消息，早已候在门外，所以扇子一出门即被抢购一空，结局自是皆大欢喜。但这种浪漫的理讼方式，却也只有文人才能作出，而在中国历史上亦是屡见不鲜。

---

① 详见《宋史·太宗本纪》。
② 详见（南宋）郑克撰：《折狱龟鉴》卷八，《严明》。该条下还附引了王延禧任沅江令时所断兄弟分财案，其判法与张齐贤基本相同。
③ 详见徐轲编撰：《清稗类钞》，《狱讼类》。
④ 梁治平：《法意与人情》，121 页。

前已叙及，中国传统社会的司法官们几乎全是文人出身，他们虽然不曾接受专门的法律训练，但却饱读诗书，大多精通文学艺术，且行事风格也常常带着文人雅士的挥洒、浪漫，由此不仅衍化出上述种种独具匠心的决讼方式，而且妙笔生花，成就了无数传诵古今的艺术化判词（判决书）。前文提及唐人书判，无不极尽文章之妙，所以明人称赞《龙筋凤髓判》"辞极藻绚，用事奥赜"，视之为文学作品，并为之作注。唐代"书判"虽是虚判，却不可能不对这些士人入仕后的实判产生影响。南宋《折狱龟鉴》卷八"严明"类载有五代之后晋时张希崇的一道判决："父在已离，母死不至。虽云假子，幸二十年养育之恩；倘是亲儿，犯三千条悖逆之罪。其为伤害名教，岂敢理认田园。其生涯尽付嫡子所有，讼者与其朋党，委法官以律定刑。"这种判词风格，显与唐人书判有着直接的渊源关系（是书编撰者郑克在按语中亦清楚地指明"希崇之判，盖本于唐之试判"）。

从史料上看，唐人应试而虚拟之书判甚多，而当时法官的实判记录却甚少。目前已知实际的司法判决录以南宋《名公书判清明集》最早，内中判书大多用词浅显，文风质朴，与唐人书判迥然有别（这或许与当时社会一般文风的演变有关），而与清代判牍大体相仿，显然更贴近于实际的社会生活。但在极尽朴素的同时，这些判书依然保有浓厚的文学色彩，仍能给人以某种艺术的享受。比如，在吴革判叔侄争业一案中，其判决书开篇便是一串对仗句式："盛荣与盛友能（系原告与被告——引者注）为从叔侄，富贵盖有不同，衅隙已非一日；友能必饶于财，素无周给之恩；盛荣乃饶于舌，遂兴连年之讼。"[1] 比之于今人惯常所见的那种枯燥刻板的"八股"公文式判决，这种判书显然要生动而有灵气得多。

当然，中国古代也有许许多多简略、枯燥如"准结"、"销案"之类的公文化判词，但其他骈体、散文体，甚至诗判、词判（如"西江月"、"踏莎行"之类）等各种艺术化判词也同样层出不穷。本节前引各例人情化的判词莫不如此，而据林语堂《苏东坡传》载，苏轼通判杭州时，竟将一起风流和尚杀人案的判词写成了小调："这个秃奴，修行忒煞，云山顶空持戒。只因迷恋玉楼人，鹑衣百结浑无奈。毒手伤心，花容粉碎，色空空色今安在。臂间刺道苦相思，这回还了相思债。"至于《今古奇观》里乔太守制作的那篇乱点鸳鸯谱的判词通篇以骈丽行文，左旋右抽，文采飞扬，更是堪称古典文学的大手笔。

（四）诉讼的低程序化

中国传统社会始终以自给自足的小农经济为根基，在这种自然经济条件下生长起来的中国古人，其观察和把握世界的方式相比较而言通常较为直观和具象，由此形成的中国传统思维方式也主要是"经验—实用"型的，而非"抽象—超越"型的；这种民族性思维方式的特点是重判断而轻分析、重结果而轻过程、重实体而轻程序。在这种文化背景中逐渐发展起来的中国传统诉讼文化，尽管在其漫长的历史演进中建立了一系列较为良好的诉讼制度，如御史监察制度、法官责任制度、回避制度、验尸制度、直诉制度、会审制度、死刑复核复奏制度、录囚制度等等，其中的尸体检验制度还形成了相当严格而完备的程序规定，也尽管到中国传统社会后期（特别是清代），其司法活动的程序化程度已有很大提高（如清代许多钦案处理的程序化），但从总体上讲，其程序法的发展仍然是较为落后的，而低程序化则构成了中国传统诉讼文化的又一重要特质。

---

① 《名公书判清明集》卷六。

中国古代立法的重点历来都是实体法（刑法），而非程序法。在清末沈家本修律之前，成文法典不可谓不发达，但却从无诉讼法典，"诉讼断狱，附见刑律"，历来都只是作为刑律之一部分而加以规定，且所占比重既轻，又未单独成篇，如唐以后历朝都基本散落在律典之"斗讼"、"捕亡"、"断狱"各篇之中。这反映出中国传统社会对于"诉讼"或程序尚缺乏足够的重视和正确的理解，因而不仅相关的立法技术较为落后，而且对诉讼运作的程序规制相当有限。

这种程序规制的薄弱首先表现在古代中国对于民事诉讼与刑事诉讼缺乏明确而科学的划分。尽管据《周礼》记载，周代刑事诉讼称"狱"、民事诉讼称"讼"，后世也时有对"户婚"案件与"刑狱"案件略加区分者（如唐朝州之"司法参军"与县之"司法"掌刑狱，州之"司户参军"与县之"司户"掌户婚），似乎两者有所区别，但实际上，从法定诉讼程序来看，古代中国的全部诉讼活动都笼统地适用着来自同一部法典的同一套程序（即刑事诉讼程序），这里根本不存在明确的所谓民事诉讼与刑事诉讼的划分，哪怕审理田宅、钱债、家庭婚姻、继承案件，原则上亦须适用刑律中所规定的那些诉讼程序（再者，这些所谓的"户婚"案件也绝非都是现代意义上的民事案件，其中相当一部分应属刑事案件）。

当然，传统中国诉讼的低程序化更多地还表现在其法律中的程序规定既残缺不全，又往往是模糊不清的。在这里没有专门的刑事侦查程序，侦查活动与审讯工作合一；没有专门的起诉程序，起诉实际上就是向官府控告或检举犯罪；古罗马那种由商业活动所需要、所产生的固定的起诉范式在这里是不存在的；没有专门的刑事逮捕程序，法律上对于逮捕罪犯的机关、条件和手续等均无明确的规定和限制，无论是州、县等司法机关逮捕，还是乡、里、亭、保等基层组织捕送，或者是普通百姓扭送，都一概称之为"捕"；这里也没有现代意义上的上诉程序，而对未生效判决的"上诉"与对已生效判决的"申诉"更是几乎不加区别。最后一点不得不提及的是，中国传统社会对于民事关系的调整主要不是依靠国家司法程序，而是大多付诸社会组织自我调处，这是中国古代民事诉讼的基本特点，然而对于社会组织如何调处民事纠纷（包括家族司法与民间调解），法律上却没有任何程序规定。总之，古中国对于诉讼运作的程序规范是相当粗糙而不完备的。

中国传统诉讼文化的低程序化特征还突出体现于庭审过程中。大体而言，古代中国的法定庭审程序如下：先依次个别讯问原告、被告及相关的证人；如各执一词，则让他们进行对质；若仍然不服，最后实施刑讯拷打。① 这样的程序设置显然是相当简略而粗糙的，然而，即便是这种发达程度不高的庭审程序，它也不是一概适应，更不是被严格遵守的。

首先，在古中国的司法实践中，最大量的诉讼活动乃是州县的所谓"自理案件"，即"户婚"之类民事案件和轻微刑事案件的审理。对于这些案件的审理，州县官们几乎都以调处息讼为首要原则，而很少按照上述法定的刑事化庭审程序运作。可以说，由州、县官主持和参与的调处息讼构成了中国传统社会实际司法审判生活的主要画面，而对于这种最经常的

---

① 古代中国对于庭审程序规定得较为详细而具代表性的是明朝。《明会典》记载如下："其引问一干人证，先审原告词因明白，然后放起原告，拘唤被告审问；如被告不服，则审干证人，如干证人供与原告同词，却问被告，如各执一词，则唤原被告干证人一同对问，观看颜色，察听情词，其词语抗厉颜色不动者，事即必真；若转换支吾，则必理亏，略见真伪，然后用笞决勘；如不服，用杖决勘，仔细磨问，求其真情。"显然，这是一种完全刑事化的庭审程序。

法庭调处，当时的法律恰恰没有规定它的程序，以致在审判实践中，法官们调处息讼的方式花样百出、各尽其妙。

其次，如前所述，中国古代伦理学最重"经""权"之道，而那些饱读诗书的古代法官们又大多谙熟于"权"之一字。这一广泛适用于诉讼过程之中的"权"，一方面，若以现代法律语言视之，即"自由裁量"，而对于此种普遍存在的"自由裁量"活动，中国古代法上却没有任何严格的程序规范①；另一方面，这些司法官们在灵巧地运用"权"字诀时，恐怕不只是涉及实体问题，也常常会将法定的程序"权"在一边，前引清康熙年间陆知县审理兄弟争产一案便根本未按正常的诉讼程序进行，而是"但令兄弟互呼"。其他或如前引段县令执法于"游戏"之中，或如苏东坡泼墨释讼者，他们又几时想过要严格依法定程序听讼？这种诉讼的低程序化特质，一方面给了中国古代的司法先贤以自由挥洒的广阔空间，使他们不仅如"八仙过海，各显神通"，而且能够率性而为，创造出无数令人叹为观止的人情化、艺术化诉讼场景；但另一方面，这也使得中国传统诉讼过于随意任性，极容易滋生司法专横和司法腐败，也极容易损害法律本身所应有的严肃性和权威性，从而在根本上不利于法制的发展，而古代中国屡见不鲜的司法黑暗更与此有着直接的因果关系。

（五）司法的个别化与非逻辑化

前已分别论及中国传统诉讼文化的"道德化"、"非专门化"、"非职业化"、"人情化"、"艺术化"及"低程序化"等各项重要特征，值得注意的是，上述各特征不仅相互之间存在一定程度的因果关系，而且它们还共同演绎出中国文化的另一重要特征，即司法的个别化与非逻辑化。

所谓司法的个别化，乃是指这样一种诉讼倾向，即司法官在诉讼过程中所追求和注重的乃是使具体个别案件的处理结果尽可能公正而合乎情理，至于案件的裁判是否依据或符合一般规则（尤其是法律）则不具有根本的重要性。这种倾向恰恰是中国诉讼传统的一大特征，而其学理支撑则是中国古代伦理学所津津乐道的"经"、"权"之道。相对于司法实践而言，所谓"经"便是严格执法，所谓"权"则是用人情、伦理去替代或纠补法律之不足，以谋求案件结果之公正（即所谓"反经而善者"）。在这里，"经"（严格执法）固然是常道，但事实上，对于中国古代清廉的司法官们来说，他们之所以在大多数诉讼活动中依律法裁判（持"经"），那是因为他们认为这样可以实现案件结果的公正而合乎情理；一旦严格执法不能达此目的，他们马上就会"济之以权"，依"人情"、"天理"而非法律裁判。显然，为他们所看重的，乃是每个具体案件处理的妥当性，或者说，他们所追求的，乃是诉讼运作过程中的具体正义，而不是法律的一般规则（"经"）之实现，不是总体上和制度上的法律公正。比如，在著名的"乔太守乱点鸳鸯谱"一案中，依法律，主人公（玉郎、慧娘）不仅无法成婚，而且已犯"无夫奸"之罪，应处徒刑，就连其双方父母也犯有"纵子女犯奸"之罪，应予重责。而乔太守绝非不知法律，但他并没有依法而行，而是着重考虑了此案的具体情境，即所谓"情在理中"、"变出意外"、"礼以义起"、"事可权宜"等等。由此，其判决不仅没有

---

① 谈到法官的"自由裁量"，众所周知的是英美法系最为发达，然而同样众所周知的是，英美法系的程序法（包括其程序正义理论）也是全世界最为发达。将英美法系与中国古代做一比较，也许我们不得不思考：普遍存在的"自由裁量"若无严格的程序来规范，其后果将会如何？

依法对各方当事人予以责罚，反而"将错就错"、成人之美。其结果，不仅当事人满心欢喜，而且社会舆论对于乔太守是"人人诵德，个个称贤"。公平地说，这的确是当时所能作出的最完美的判决。只是，国家法律的一般规则被抛在一边却已无人去管了。古代中国那些人情化、艺术化的判决多半都是如此，而它们也无不为百姓大众所称颂，这说明司法的个别化在中国原有着广泛而深厚的社会和文化根基。

也正由于这种司法的个别化有着广泛而深厚的社会和文化根基，所以它不仅为各级官吏所实行、为普通民众所拥护，而且还获得了皇帝的支持。清朝嘉庆年间，鉴于当时条例、成案泛滥成灾，与司法"划一"之要求大相矛盾（此亦是司法个别化之恶果），有御史上条奏请"将刑部办理秋审'章程'通行各省"。以现代的法律学立场来看，这是一种使司法规范化、使法制统一化的合理主张，然而却因其不合时宜而遭嘉庆皇帝断然驳斥："至于秋审时某项应入情实，某项应入缓决，以及可矜、留养种种区别之处，全在法司衡情准法，随案详求……焉有拘定'章程'，毫无变通之理？"① 在这里，嘉庆皇帝的批驳实质上就是一种司法个别化主张，是以"司法个别化"来反对和否定了法制的形式化和司法的规范化，而在古代中国独特的文化背景里，它又确有其正当性与合理性。所以，前引道光年间刑部批复周四居丧娶周氏一案时反复强调各衙门应"临时斟酌"，而不可拘泥于律文。

中国古代司法的个别化倾向在其证据制度方面亦有所体现，这就是传统中国社会基本上不实行形式证据制度，判断证据、认定案情，主要依靠法官个人的临场决断，其操作方法主要就是著名的"五听"断狱。所谓"五听"即"以五声听狱讼，求民情：一曰辞听（观其出言，不直则烦）；二曰色听（观其颜色，不直则赧然）；三曰气听（观其气息，不直则喘）；四曰耳听（观其听聆，不直则惑）；五曰目听（观其眸子，不直则眊然）"②。这种相当艺术化、运用起来也非常个别化的证据制度始终为历朝所重视，且一直沿用到清末。如在唐代，"依狱官令，察狱之官，先备五听"③。明朝惠帝为太孙时，有人抓来七个盗贼，太孙审视一番后对太祖曰："六人皆盗，其一非之。"经审讯，果然如此，问太孙如何知之，答曰："周礼听狱，色听为上，此人眸子瞭然，顾视端详，必非盗也。"④ 在古代中国独特的文化氛围里，这种如同看相术一般的听讼法自有其屡屡奏效的时候，但其功效究竟如何，却全因法官的"法眼"和疑犯的表现而异，因而实质上还是一种通向"司法个别化"的制度（假如它还称得上是一种制度的话）。

对于中国古代司法的个别化，德国著名的思想家（也是中国学研究的"伟大的外行"）马克斯·韦伯曾从另一个角度做过一番评价，他说："中国的法官——典型的家产制法官——以彻底家长制的方式来判案，也就是说，只要是在神圣传统所允许的活动范围内，他绝对不会根据形式的律令和'一视同仁'来进行审判。情况恰恰根本相反，他会根据被审者的实际身份以及实际的情况，或者根据实际结果的公正与适当来判决。"⑤ 在这里，韦伯的着眼点乃是中国古代法的如下根本性缺陷："缺乏……形式的法逻辑。"而实际上，司

---

① 《大清会典事例》卷八四九，刑部，断狱，有司决囚等等，历年事例。
② 《周礼·秋官·小司寇》。括号中为郑注。
③ 《唐律疏议·断狱》，"讯囚察辞理"条及疏义。
④ 《明会典》卷六十五。
⑤ ［德］马克斯·韦伯：《儒教与道教》，洪天富译，174 页，南京，江苏人民出版社，1995。

法的个别化就是不依据一般的普遍规则，因而也就是诉讼的非逻辑化。

　　一般而言，法学乃是与逻辑学关系极为密切的科学；尤其是司法，它往往是一个自觉或不自觉地运用逻辑进行推理和判断的过程。然而这种联系在不同的文化背景和文化传统中不仅有程度的差别，有时还会有完全不同的表现形态。近人唐德刚对此便有过一番生动的描述，他说："'法律'是最讲逻辑的，因而个个律师都是逻辑专家；而律师在西方社会里的地位——从古希腊罗马到今日英美法苏——那还了得！可是我们传统中国人（古印度人也是一样）最瞧不起所谓'写蓝格子的''绍兴师爷'和'狗头讼师'。我们'仲尼之徒'一向是注重'为政以德'的。毫无法理常识的'青天大老爷'动不动就来他个'五经断狱'。断得好的，则天理、国法、人情、良心俱在其中；断得不好的，则来他个'和尚打伞'，无法（发）无天，满口革命大道理，事实上则连起码的逻辑也没有了。西方就适得其反了。西方的律师，诉讼起来，管他娘天理、人情、良心，只要逻辑不差，在国法上自有'胜诉'。因而他们的逻辑也就愈发展愈细密了。"① 当然，这并不意味着中国古代的司法总是在蓄意地破坏逻辑、违反逻辑，而只是说明，在传统中国的诉讼运作中，伦理、人情之类的考虑总是高于法律本身的逻辑，当法律逻辑的运用有助于伦理、人情的实现时，其司法判决自然会是合乎逻辑的，但反之则否。这就是所谓中国传统诉讼文化的非逻辑化特征。

　　这种司法的非逻辑化特征在中国古代主要有两种表现形式：一是以自然现象和其他典故来类比和推导社会现象与法律的因果关系，由此作出司法判决；二是直接以人伦道德来推翻或替代法律本身的逻辑而作出判决。第一种情形源于古代重"譬如"的"贤人作风"，如孟子便以日月之食喻君子之过，以草上之风喻君子之德，以水之就下、兽之走圹喻民之归仁②，等等。这种思维方式在后来的司法实践中常常表现出来，比如汉代董仲舒在以经义决狱时就引《诗经》"螟蛉有子，蜾蠃负之"而推出养父子关系等同于亲父子关系；宋人审理一起"庵僧盗卖墓木"案，其判决书如下："许孜，古之贤士也，植松于墓之侧，有鹿犯其松栽，孜泣，叹曰：鹿不念我乎。明日，其鹿死于松下，若有杀而致之者。兽犯不违，幽而鬼神，犹将声其冤而诛殛之，矧灵而为人，岂三尺所能容哉！"③ 这种奇怪的"逻辑"，与远古的占卜裁判法、后世的拈阄断案法一样，所反映的，都是司法的非逻辑化。

　　相比而言，第二种情形在中国古代要更为普遍得多，那些人情化、艺术化的判决大多如此，前引海瑞的那一段判案原则也不例外。宋代法官吴革审理过一起不动产（房屋）纠纷案，寡妇阿章及其孙要求赎回 11 年前典与（后查明并非典与而是卖与）徐麟的两间房屋及宅基地，此房现已于 9 年前由本案被告徐十二（系阿章之小叔子）依亲邻条法赎为己有。此案在审理过程中遇到两个重要法律问题：其一，原告作为寡妇和卑幼无权买卖房产，该项交易依当时法律应属无效；其二，此案已过诉讼时效，依法不在可赎之例。按照现代的法律逻辑，其判决结果如何可想而知，但在古代社会则全然不同，且看吴法官怎样判决。判决书首先指出，依"律之条令，阿章固不当卖，徐麟亦不当买"，因而合乎逻辑地裁定（依矛盾律）应是宣告买卖关系无效。然而法官却话锋一转，说道："但阿章一贫彻骨，他无产业，夫男

　　① 葛懋春、李兴芝编辑：《胡适哲学思想资料选（胡适的自传）》（下），123 页，上海，华东师范大学出版社，1981。
　　② 详见《孟子》"公孙丑下"、"滕文公上"、"离娄上"等篇。
　　③ 《名公书判清明集》卷九。

俱亡，两孙年幼，有可鬻以糊口者，急于求售，要亦出于大不得已也"，从而又承认了这一非法交易的效力。紧接着，判决书又谈到诉讼时效问题："经隔十年有余，若以寡妇、卑幼论之，出违条限，亦在不应受理之域。向使外姓辗转得之，在阿章已断无可赎之理。"现代读者看到此处，定以为法官马上要驳回原告之诉讼请求了，然而事实并非如此，判决书最后以原被告间的叔嫂关系为由，宣称被告"合该念其嫂当来不得已而出卖之意，复幸其孙可自植立，可复旧物，以为盖头之地。楚人亡弓，楚人得之，何忍迫之出外，而使一老二孤无所归乎！"① 可见其通篇充满着逻辑矛盾。这种司法运作的风格，与莎士比亚剧作《威尼斯商人》中那起著名的法律纠纷案所展示出来的严格得近乎残酷的逻辑化运作，同样形成了一种残酷的对比。

上述司法的个别化、非逻辑化与中国传统诉讼文化的道德化和人情化、艺术化等特征有着十分直接的因果关系。事实上，诉讼的道德化乃是司法个别化和非逻辑化的主要文化基础。在谈到中国古代司法判决中的种种逻辑矛盾时，有学者评论说："如果我们将这种种矛盾放到儒家伦理的大背景之下，便会发现只有这样的矛盾才能达到伦理层面上的大和谐。伦理上的和谐要以司法中的反逻辑为代价正反映了我国传统司法制度的一个重大弊病所在，它使得司法乃至整个法律制度总是处于一个维护礼治秩序工具的从属地位。"② 而人情化即反理性化，即非逻辑化；至于艺术则总是意味着个性化，因而艺术化必然导致个别化；同时，程序的本质就是规则化、理性化、一般化、普遍化，因此，所谓诉讼的人情化、艺术化、低程序化等等，它们与司法的个别化、非逻辑化原是同一事物的不同侧面和不同表现形态，它们的相互结合、甚至彼此不分，才真正共同构成了中国传统诉讼文化的特质。

（六）小结

一种文化的特质既往往是长期发展演变的结果，又总是适应该社会的特定需要而产生的，因之，相对于其所处的时空背景而言，其合理性无疑要远多于不合理性，甚至可以套用一句俗话：存在即合理；即便是相对于文化的现代发展而言，其优与劣、价值与缺陷也无不同时维系于此。这是我们评价中国传统诉讼文化之特质的基本前提与立场。

诉讼的道德化乃是古代中国道德文化的必然产物，也是所谓中华"伦理法"的具体表征；尽管一切民族的司法都不能不带有或多或少的伦理道德色彩，但全部诉讼的运作达至如此"道德化"的程度却不能不说是中国传统文化的特质。这一特质使得传统中国的司法为捍卫当时社会的主流道德，从而为中华民族"礼义之邦"的造就立下了汗马功劳。只不过，在这一过程中，国家的法律被经常性地牺牲掉了；但在当时的中国人看来，这是无关紧要的，因为那时的政治是德治政治，那时的社会是礼治社会，那时的法律原本就是为实现德治和礼治服务的，在诉讼过程中为社会伦理而牺牲国家法律不惟是必然的，而且有其相当的合理性。但自从进入近代以来，情形便渐渐有了根本性的变化：现代中国所追求的乃是法治，在积极谋求法律与道德相统一的同时，我们断不能为了迁就某种道德而让司法牺牲国家法律；在这样的时代背景下，诉讼道德化的传统对于我们就显然是弊大于利，因而也是应予纠

---

① 《名公书判清明集》卷六。

② 贺卫方：《中国古代司法判决的风格与精神》，载《中国社会科学》，1990（6）。作者在文中还指出，传统司法判决的逻辑性同时还受到了其语言载体（文言文与诗化语言）的伤害。

正的。

以现代眼光来看，司法的行政化和诉讼的非专门化、非职业化，无疑是阻碍中国古代法发展的一个重大因素，自近代以来，世界法制发展的潮流无一不是司法的独立化和诉讼的专门化、职业化，这也正是现代中国"法治"建设的基本要求和重要内容之一。然而中国的古代传统也绝非毫无可取之处，至少，传统中国那样一种对于司法官人文素养和道德素质的高标准要求也正是现代"法治"条件下法律职业者所必备的素养，假如还考虑到 20 世纪下半叶中国司法官整体人文素养较为低劣这一现实情况，那么我们的古老传统就显得愈加可贵而又值得借鉴了。也正是由于古代中国的司法官们无不饱读诗书，大多极富人文修养，这才产生出无数令人叹服的艺术化判决，其判词充盈着文采、洋溢着灵气，那才显得生动、才叫人觉得亲切、才真正是"万物之灵"的造化呢。反观 20 世纪下半叶中国大陆的判决书，不仅简单得几乎每一个识字者均能制作，无法令人信服，而且呆板、枯燥得就像机器所造一般，直让人感到生硬、疏远；而这又未尝不是当代中国法院判决"执行难"的缘由之一。

在中国传统诉讼文化的特质中，我们印象最为深刻的莫过于那"反经而善"的"权"，它是传统诉讼人情化、艺术化、个别化、非逻辑化以及低程序化等特质背后的灵魂。其实，所谓"经"，即通常所言之原则的确定性，而"权"，则是规则的适应性，因而"经""权"之道实为所有受规则支配的人类都必然面临的问题和必须掌握的技巧，各民族间的差别仅在于程度之不同。然而，在司法实践中，将"权"之一道运用得如此普遍而出神入化，那实在是中华民族独有的人生智慧；也正是依靠这种人生智慧，中国的司法先辈们才能够创造出那许许多多各尽其妙、皆大欢喜的人情化、艺术化判决。只不过，中国的传统社会也真的"权宜"得太多、太滥，加之，其时的司法官们原本就少有法治的精神而"权"之运用又缺乏相应的程序规则（此二者当是中华法系的经权之道与英美法系的自由裁量权之根本区别），因而，其负面后果，重则导致司法黑暗，轻则引发司法个别化和非逻辑化。这种司法的个别化和非逻辑化传统使得中国的司法官们习惯于就事论事，只从个案"公平"来思考和决断，只追求具体纠纷处理结果的"公正"，而忽略"形式理性的法"（韦伯语），忽略法律的内在逻辑联系和整体关系，忽略法律乃是一种普遍化的原则和制度，从而也忽略总体上和制度上的法律公正之实现。这样的司法传统和思维方式，实在是现代"法治"之大敌。由此观之，若要将传统的经权之道转化为合乎现代法治要求的自由裁量，则必须满足两个前提条件：一是司法者们具有坚定的法治信念，二是"权"之运用有严密的程序规制。

一般而言，诉讼法即程序法，诉讼的低程序化无疑是对事物本质的违犯，至少与事物本身的发展要求背道而驰。或许可以说，尽管中国传统诉讼文化（包括其艺术化、人情化等特质）的确凝聚着中华民族独特的人生智慧，也尽管其中蕴藏着许许多多值得今人借鉴的优秀制度和原则、精神（比如"和谐"精神、"仁道"原则、调解传统以及判词的优美化等等），但从总体上看，中国传统诉讼文化乃是附属于自然经济和礼治社会的特定范畴，一旦进入发展商品经济和民主"法治"的现代社会，它就必然为更高形态的诉讼文化所取代。

四、本卷之范围、重点与结构

就论题本身的含义而言，本卷的范围涵盖了"中国传统诉讼文化"的各个方面，从国家的制度规定到诉讼的实际运作状况，从国家统治精英的理念与作为到普通民众、乡绅耆老和下层胥吏的心理、观念与行为，等等，都是我们应当予以研究的课题。但是，限于本书的篇幅，也限于史料和我们目前的时间、精力与学力，本卷将不得不有所取舍，有所侧重。

关于中国古代诉讼文化，我国学界已有过一些初步的研究，也取得了一些可喜的成果，但从总体上看，其侧重点基本都局限于国家的诉讼制度。① 有鉴于此，我们将采取"轻其所重，重其所轻"的原则，从而将本书的重点放在：（1）探讨中国传统诉讼的精神实质和文化内涵；（2）挖掘中国传统诉讼的文化特质；（3）搜寻中国传统社会里最基层与最隐秘的诉讼状态，以期藉此从一个侧面揭示出中国传统社会里独特而真实的法律生活。基于这样的考虑，我们对于历代法典所确立的诉讼制度将尽可能在论述上从简，即便论及也尽可能更多地关注其所蕴涵的文化意义。与此同时，我们的笔墨将更多地洒向中国传统诉讼文化所独有的价值取向、精神风貌、内在底蕴、文化特质和具体的生动形态等等。

本卷的主体部分在结构上由"精神与原则"、"司法机构与诉讼参与人"、"运行机制"、"特殊的司法"四编构成，这种安排主要基于我们对中国传统诉讼之过程的理解：从第一编到第三编是一个从内在到外在、从抽象和宏观到具象和微观（相对而言）的过程（第一编里四章的顺序安排同样出于这种逻辑的考虑），从第三编到第四编则是一个从普遍到特殊的过程。但是，第四编所论"特殊的司法"相对于第一编所论根本精神而言非但不是疏离、反而是靠拢和最充分、最集中的展现；也正因为如此，"调解"才被安排为最后一章，因为在我们看来，"调解"这种"特殊的司法"最为淋漓尽致地展示了中国传统的主流法律（诉讼）文化的价值取向和文化特质，因而，该章对于调解所做的深层文化分析在相当程度上代表着我们对于整个中国诉讼传统、甚至全部传统法律文化的深层次理解。

---

① 这方面较有影响的学术成果，20 世纪上半叶有徐朝阳先生的《中国诉讼法溯源》、《中国古代诉讼制度》（商务印书馆），下半叶有陈光中、沈国峰的《中国古代司法制度》（北京，群众出版社，1984），王云海主编的《宋代司法制度》（郑州，河南大学出版社，1992），郑秦的《清代司法审判制度研究》（长沙，湖南教育出版社，1988）。如果说这些著作基本上还局限于制度领域的话，那么进入 20 世纪 90 年代以后，一批青年学者的成果则已开始突破这种局限，其中较有影响的是：贺卫方的论文《中国古代司法判决的风格与精神》（载《中国社会科学》，1990(6)），梁治平的《法意与人情》（深圳，海天出版社，1992），以及范忠信等著的《情理法与中国人》（北京，中国人民大学出版社，1992）中的相关章节。我们很愿意将本书看作是在他们的启发下所做的继续努力。

第一编

精神与原则

第一章

价值取向

中国传统法律文化之所以能够在数千年间保持强大的生命力，并最终成为一种长久的法律传统，其重要原因之一，就在于它有一种稳定而一贯之价值体系。这种价值体系能够对置身其中的每一个人的法律观念和法律活动进行引导和调整，从而使得中国传统法律文化能够在漫长的历史长河中始终朝着一个深邃、稳定而有力的总体方向和终极目标发展。作为传统法律文化的有机组成部分，中国传统诉讼文化同样有其贯穿始终、渗透于各个方面的价值取向，这种价值取向支配着中国传统社会里国家和个人的诉讼观念和诉讼活动，也从根本上决定着中国传统诉讼文化的性质和特征。欲了解中国传统诉讼文化，当由此入手。

从总体上看，中国传统诉讼文化的价值取向以"和谐"精神与"无讼"理想为总原则，其具体取向有四：一是维护"秩序"，二是贯彻伦理纲常，三是漠视权利，四是贱讼与息讼。而在这些具体取向中，第一点主要贯穿于刑事诉讼领域，第三、四点主要体现于民事诉讼领域，第二点则不分主次地横贯刑、民诉讼两个领域，并将二者联结，揉合成为一个不可分割的整体。

第一节
"和谐"精神与"无讼"理想

一、"和谐"与"无讼"的社会理想

自古以来，中国人理想中的社会都是"和谐"的社会，而"无讼"则是其首要条件。早在春秋战国时期，不管是道家的"小国寡民"，还是儒家的大同社会，各家各派心目中的理想王国，尽管具体的描述互不相同、各尽其妙，但基本的精神却高度一致，这就是人与人之间、人与自然之间，和睦融洽、安宁无争。

对于"和谐"世界而言，首要的条件并不是物质生活的丰富与个人权利的实现，而是"无争"、"无讼"。孔子曰："不患寡而患不均，不患贫而患不安。盖均无贫，和无

寡，安无倾。"① 倘若人们因财利相争、斤斤计较，就会破坏人与人之间的和睦，假如再进一步上升为诉讼，那就更会破坏整个世界的和谐与宁静，甚至可能引发无穷的灾难和世界的衰败，所以，《易经·讼卦》言："讼，惕，中吉，终凶。"也正因为如此，中国文化的主要奠基者孔子才明确提出了中国传统诉讼文化中的"无讼"理想，他说："听讼，吾犹人也，必也使无讼乎！"② 实际上，"无讼"理想不过是"和谐"理想在法律领域的具体落实。依据这样的逻辑，大家都应当淡泊物质利益，相互礼让，和和睦睦，不争不讼，那才是理想的太平社会，或正如明人王士晋所说："太平百姓，完赋役，无争讼，便是天堂世界。"③ 这种对于"和谐"与"无讼"理想的憧憬和追求在根本上规定了中国传统诉讼文化的性质，并成为其贯穿始终的总体价值取向。

二、"和谐"与"无讼"的伦理意义与审美价值

在这里，我们必须进一步指出的是，"和谐"与"无讼"的理想之所以能成为中国传统诉讼文化价值取向的总原则，这与"和谐"与"无讼"本身在中国传统社会里独特的伦理意义和审美价值有着直接的关系。

从伦理上讲，谦让、和气、不争，这既是个人的美德，也是一个地方的良好风尚，而中国古代社会最根本的行为规范——"礼"——也恰恰是用来促进"和谐"，使人世间所有的人都不起冲突、不生争端的，正所谓"礼之用，和为贵"也。因此，在古代中国人看来，道德高尚者不会"滋讼"，风俗纯朴善良之地不会有讼；只有当世风日下、道德堕落之时，人们才会争财争利、相讼于庭。几乎可以说，在当时一般人的心目中，"诉讼是道德沦丧的结果；一个人的道德越坏，就越喜欢打官司；一个地方、一个社会的普遍道德水平较低，那里肯定就会多讼"④。

从审美上看，中国古代社会在数千年间始终以"和"为美。⑤ 这种审美观念极大地强调了对立面的均衡统一，而把均衡的打破以及对立面的相互矛盾和冲突视为应予竭力避免的灾难；同时，这种审美观念不只是涉及美的外在感性形式，而且延伸至社会政治领域，从而倡导"政通人和"之美，强调整体社会的和谐统一是美的。依据古代中国这种流行的审美观念，"诉讼"不仅不美，反而恰恰是对美的破坏，用老百姓的话说就是"现丑"或"丢丑"，因为，就其本质而言，"诉讼"恰恰是对立双方（原告与被告，或称"两造"）的相互矛盾和冲突，就其表现形式而言，它又正是对均衡或"和谐"的打破。反过来，只有消除了纷争和刑杀，实现了高度和谐与统一的"无讼"境界，那才是美的呈现。

上述伦理与审美，或者说善与美两方面的观念相结合⑥，势必使得"和谐"与"无讼"在中国传统文化价值体系中占有至关重要的地位，并由此深刻地影响到中国传统诉讼文化的

---

① 《论语·季氏》。
② 《论语·颜渊》。
③ 《得一录》卷一，《宗祠条规》。
④ 范忠信等：《情理法与中国人》，169 页。
⑤ 详见李泽厚、刘纲纪：《中国美学史》，第一卷第二章之第一节，北京，中国社会科学出版社，1984。
⑥ 研究中西文化比较的学者们大多认为，在真、善、美三者之中，西方偏重于强调"美"与"真"的统一，而中国文化则偏重于强调"美"与"善"的统一（从而也更加追求所谓的"尽善尽美"）。

发展。

三、"和谐"与"无讼"的政治价值

"和谐"与"无讼"的理想在中国古代还具有其独特的政治价值，因为它们一方面关乎政治统治秩序的稳定与维护，另一方面则涉及各级官员的职责和政绩，这无疑也是中国传统诉讼文化以"和谐"与"无讼"为终极价值取向的重要原因。

众所周知，中国传统社会是一个中央集权、君主专制的宗法社会，其最稳固的政治基础就在于那些胆小怕事、安分守己、逆来顺受、从不争利益不诉讼的"顺民"和尊卑有别、长幼有序、相互谦让、互不争讼的和睦安宁秩序；而维持此种秩序、造就此种顺民的最佳手段之一，便是倡导"和谐"，尤其是"无讼"。反过来，若无此"和谐"与"无讼"，则传统的社会秩序一日难存，专制君主的统治秩序亦难以维持，这正如顾炎武所说："人聚于乡易治，聚于城易乱……聚于城，则徭役繁，狱讼多，欲民之有恒心，不可得也。"① 所以，息狱讼、求"无讼"、求社会和睦，这是中国古代各级官员的首要职责。

清人刘礼松云："夫听讼而使民咸惕然内讼以至于无讼，此守土者之责也。"② 清代皇帝亦训令地方官吏说："州县官为民父母，上之宣朝廷之德化以移风易俗……由听讼以驯致无讼"，应努力做到"讼庭无鼠牙雀角之争，草野有让畔让路之美，和气致祥"③。这就是说，虽然古时官吏以居官听讼为第一功夫④，但其真正的职责，却并不在天天明断案件，而在超越于具体案件之上、为实现"无讼"与"和谐"而努力。与此相适应，各级官吏的最大政绩，并不在于他们成功地审理了多少件民、刑诉讼案件，而在于他们是否通过种种努力，使得百姓"民风淳朴"，使得人们"皆以争讼为耻"、"几致刑措"，等等。比如西汉时，韩廷寿"为东郡太守，以德为治，三年之间，令行禁止，断狱大减，为天下最"，郡内"二十四县莫复以词讼自言者"⑤，这就是这位太守的最大政绩。所以学者们指出，在中国古代，"所有想标榜自己政绩的统治者，几乎都不约而同地用'几致刑措'、'刑措而不用'、'囹圄空虚'之类的话来为自己树碑立传，这体现了他们的一个共识，只有实现'无讼'，才是实现了真正的、根本意义上的理想世界，才算是真正的政绩"⑥。显然，有这样一种贯穿始终、并为朝廷上下一体认同的政治理念作为背景，"和谐"与"无讼"理所当然地会成为中国传统诉讼文化之最根本的价值取向。

四、"和谐"与"无讼"的诉讼价值

然而，理想终归是理想，无论是"和谐"世界，还是"无讼"天堂，都如海市蜃楼一般，可望而不可即，都只能存在于人们的美好愿望之中。现实的世界，却总是冲突不断，争讼不止。所以，古中国的诉讼文化，包括各种诉讼组织和诉讼制度等，都源远流长、生生不

---

① 《从政遗规·日知录》。其所谓"恒心"，即安定之心也。着重号系引者所加。
② 《判语录存》序。其所谓"内讼"即自省，"守土者"指地方官吏。着重号系引者所加。
③ 《钦颁州县事宜》，《顺治朝》。着重号系引者所加。
④ 类似的说法很多，比如清代蒲松龄在《聊斋志异·冤狱》中说："讼狱乃居官之首务"。
⑤ 《汉书·韩廷寿传》。
⑥ 范忠信等：《情理法与中国人》，165 页。

息地发展开来。但是，对于中国传统社会而言，"和谐"与"无讼"的理想绝不是毫无意义的，其至绝不是无足轻重的，它们不但作为一种永恒的理想长驻在中国人（无论是官僚还是百姓）的心中，而且作为一种终极的目标，规定着中国传统诉讼文化的总体发展方向，作为一种最根本的价值取向，引导着各项诉讼机制的建构，规范着各种诉讼活动的进行，并支配着人们的诉讼心理和诉讼观念。

"和谐"的理想社会虽不可得，但这种理想却已化作一种精神，弥漫在中国传统诉讼文化的各个层面：在刑事领域，刑罚的执行须讲究时日，以求人类与宇宙之"和谐"；在民事领域，某种实体的权利是否得到法庭的认可，需要考虑其所涉及的各种伦理关系，以求家族与邻里之和谐；各种因民事"细故"而生之纠纷，各界当力求和解、不使成讼，已成讼者，各级司法官员亦当尽力和而息之，以求社会之和谐。因为这"和谐"与"无讼"之根本的价值取向，中国传统的诉讼文化才格外地强调维护"秩序"，才格外地重视纲常礼教而漠视权利，也才有了中国传统的主流文化中上下一体的厌讼、贱讼之诉讼心理和息讼之诉讼倾向，也才有了中国无比发达的调解传统。

第二节
维护"秩序"

中国古人所憧憬的"和谐"世界与"无讼"天堂，其最现实的表征，其实就是一种尊卑有别、长幼有序、相互谦让、互不争讼、和睦安宁的社会秩序，以及人与自然和谐统一的宇宙秩序，因此，在中国传统的法律价值体系之中，"秩序"乃是居于核心或主导地位的价值目标，具有某种压倒一切的重要性。同样，作为整体法律文化的有机组成部分，中国传统诉讼文化也以维护"秩序"为其首要的具体价值取向。

作为中国传统诉讼文化的价值取向，其对于"秩序"的维护，从大的方面讲，首先是维护宇宙自然秩序，然后依次是国家政治秩序、社会等级秩序和家族伦理秩序，而其重点则在于维护国家政治秩序和家族伦理秩序。

一、维护宇宙自然秩序

依照中国古代的观念，人、社会与自然、宇宙乃是一个有机的整体，并且，宇宙和自然有其自身的意志和运行规律，因而，人类法制的运行、诉讼的安排应当合于、或从属于宇宙的自然秩序，并进而实现、维护宇宙的自然秩序。比如，根据儒家众多经典（包括《周礼》、《礼记》、《大戴礼记》、《左传》、《吕氏春秋》）的说法，宇宙间一年四季的运行各有其内在的规律和意义，其中，春、夏两季乃是万物生长、创造生命的季节，此时，人间的司法运作就不能违背天意而毁灭生命，不能行刑杀人，而只能顺应天意去施恩布德，去清理监狱、改善囚犯境况，去平反冤情、赦宥天下；到秋、冬两季，万木萧条，不仅许多自然生命在此时得以终结，而且宇宙间一片肃杀之气，人间的司法正应乘势审理犯罪、行刑惩恶。这便是《礼记·月令》所说：仲春之月，"命有司，省囹圄，去桎梏，毋肆掠"，孟秋之月，"戮有罪，严断刑"；后世中国之秋冬行刑与秋审朝审等制，不仅均由此发展而来，而且历朝历代还有许多详尽的制度规定。基于同样的道理，在中国古代社会，自然灾异的发生常常会促使皇帝大赦天下，促使各地官员实施"录囚"，因为中国古人相信，宇宙间有一种严整有序的自然秩序，任何人世间的冤抑不平之狱都会破坏这种秩序，从而诱发自然灾异，降祸于人类，而赦罪、录囚等则是对自然秩序的恢复和维护，有免灾、邀福之功效。

二、维护国家政治秩序

维护国家政治秩序是中国传统刑事诉讼的首要价值目标，这主要集中体现于当时有关控告犯罪（起诉）的各项政策和惩处犯罪的有关时限规定上。

前已叙及，古代中国崇尚"无讼"、不喜狱讼，历代对于控告、起诉之事均有许多限制，然而，每当事关统治者的根本政治利益时，法律非但不限制诉讼，反而加以（百姓）控告和（官府）受理之强制性义务，从而显示出一种国家政治秩序高于一切的价值取向；而其间有关诉讼时限的规定更是进一步强化了这种价值取向。

有国家，自然便有惩罚犯罪、维护政治秩序的刑事诉讼。但古代中国真正自觉地将国家政治秩序视为刑事诉讼的首要价值目标，这还是开始于春秋战国时期的法家。针对当时儒家将家族亲情置于国家利益之上、倡导"父子相隐"的观点，以商鞅、韩非为代表的法家明确主张国家政治秩序高于家族伦理秩序，不但坚决提倡和奖励"告奸"，而且对隐匿犯罪者坚决予以打击，这就是"令民为什伍而相收司连坐，不告奸者腰斩，告奸者与斩敌首同赏，匿奸者与降敌同罚"①。这种奖励告奸的政策还延伸到了官吏之间："守法守职之吏有不行王法者……周官之人，知而讦之上者，自免于罪，无贵贱，尸袭其官长之官爵田禄。"② 商鞅甚至鼓励人们为维护国家政治秩序而蔑弃伦理亲情地"告奸"，其中包括主动向国家告发自己的亲属，认为告奸行为不应为亲属关系所妨碍，这叫"不害于亲"③。在这种思想观念的指导下，秦朝有关控告犯罪的法律发展得相当全面而具体。

自汉以后，虽然随着儒家思想的复兴，法家倡导的"首匿连坐"之法几乎被废止，而"亲亲得相首匿"原则却被制定为法律，但历朝仍然程度不同地实行着奖励控告犯罪（尤其是政治犯罪）的政策，假如官府应受理而不予受理，那会受到严厉处罚。特别是当事关"谋反"、"谋大逆"、"谋叛"等涉及国家根本政治利益的犯罪时，历朝历代的态度都不仅坚决、严厉，而且完全将其他法律原则排除在一边：法律规定"亲属容隐"（亲属犯罪，相互之间可以隐瞒不告），但若犯谋反、谋叛、谋大逆，则隐瞒者必受重罚；法律严禁奴告主、严禁卑幼告尊长，但若遇谋反、谋叛、谋大逆，则非告不可；法律严禁以匿名文书告发犯罪，但若涉及谋逆以上政治重罪，则"理须闻奏，不合烧除"④。凡此种种，均充分表明，对于中国传统刑事诉讼而言，维护国家政治秩序乃是首要的目标和价值取向。

众所周知，自然经济是一种时间观念比较模糊、效率概念比较淡薄的经济形态，与此相适应，以之为根基的中国古代诉讼文化对于诉讼时限也往往并不当真，真正例外的情形恐怕

---

① 《史记·商君列传》。
② 《商君书·赏刑》。
③ 《商君书·禁使》。
④ 《唐律疏议·斗讼》，"投匿名文书告人罪"条疏议。

就是事关国家政治秩序的谋反、谋叛、谋大逆官司了。历朝法律都严格规定，对于谋叛以上政治重罪，官府接到控告而不立即受理，以及在接受控告后不立刻去突击逮捕者，都将受到严厉制裁。① 对于案件的审理，早在西周时期，出于慎刑的考虑，曾规定审问以后必须经过一定的期间才能判决。② 但后来为了及时打击犯罪，许多朝代都制定决狱程限，规定必须在限定时间内审判完毕，不得拖延，否则将根据不同情形分别给予处罚。③ 但在实际生活中，只有事关谋叛以上犯罪时，这些法定的审判期限才被严格遵守，违反者也才真正受到处罚。

与此相关的另一个问题是行刑时间。一般犯罪案件，死刑执行要受到秋冬行刑等各种严格制度的限制，但若是谋反、谋叛、谋大逆等政治性重罪，则不再受到任何限制，一经皇帝裁决，就立即执行，此所谓"决不待时"。到清朝咸丰年间，当太平天国农民起义从根本上威胁到国家的政治秩序时，惊恐万分的统治者还创造了有名的"就地正法"（后来还曾颁行《就地正法章程》），使各地官府能够不受任何程序限制地镇压敌对势力，维护既存政治秩序。

三、维护社会等级秩序

中国传统诉讼文化维护"秩序"的价值取向还体现于各项诉讼制度及其运行对社会贵贱等级秩序的强调和贯彻，由此，等级特权原则构成了古代中国第一大诉讼原则。④

四、维护家族伦理秩序

不过，相比较而言，对于家族伦理秩序的维护可能是中国古代诉讼文化关注更多的一个方面，只不过，倘若换一个角度来看，这方面的内容又同时从属于另一个价值取向——"贯彻伦理纲常"（详见下文），因而此处无意全面阐述，只拟选取两点作为例证略加分析。

首先进入我们视野的，乃是中国古代为维护家族内部的伦理秩序而确定的十分独特的控告（起诉）政策：一方面是严格限制子孙、卑幼告父祖、尊长；另一方面则赋予父祖、尊长以控告子孙、卑幼的特权，以确保家族能够顺利地按照"父为子纲"、尊卑分明的伦理秩序运转。早在秦代，法律就明确地将"子告父母，臣妾告主"列为"非公室告"，规定"非公室告，勿听；而行告，告者罪"⑤。这就是禁止卑幼告发尊长，如果卑幼不听劝阻，仍行控告，官府非但不予受理，而且要追究卑幼之罪，并施以刑罚。自汉以降，几乎历朝法律都严禁子孙控告父母、祖父母，禁止奴婢、部曲控告主人，惟有谋反、谋叛、谋大逆等重罪例外。但另一方面，尊长不但可以控告卑幼的罪行、从而获得"大义灭亲"之美名，而且父母可随意以"不孝"之罪名呈控子孙，并请求官府代为惩治，即便父母请求将子女处死，在通常情况下，不管是非曲直如何，司法机构都不会拒绝，同时还不要求呈控人提供证据，因为

---

① 有关的法律规定很多，比如唐朝，《唐六典·刑部》规定："凡告言人罪，非谋叛以上，皆三审之。"即告一般的犯罪，官府必须三次告知（每次别日）控告者慎重行事后，方才正式受理，惟独谋反、逆、叛例外。相反，《唐律疏议·斗讼》"知谋反逆叛不告"条规定：诸知谋反及大逆者，密告随近官司，不告者，绞。知谋大逆、谋叛不告者，流二千里……官司承告，不即掩捕，经半日者，各与不告罪同。"

② 详见《尚书·康诰》、《周礼·秋官·小司寇》及《春秋公羊传·宣公元年》等等。

③ 详见《通典》卷一四四、《宋史·刑法志》、《明律·刑律·断狱·淹禁》，尤其是《清史稿·刑法志》等史籍。

④ 详见本卷第三章"诉讼原则"之第一节"等级特权原则"，此处不再赘述。

⑤ 《云梦秦简·法律答问》。

法律上明文规定："父母控子，即照所控办理，不必审讯。"① "如果法官追问谁是谁非，便等于承认父母的不是，而否认父权的绝对性了。"②

此外，为了维护家族秩序的稳定与和睦，西汉以后历代法律都规定，只要不从根本上危及国家的政治秩序，对于一般性的犯罪，家族成员相互之间均可隐瞒，即便官府已经发觉，也不得叫他们出庭作证或出具证词。违背此项规定的法官将受到刑事处罚。但倘若是某些亲属之间相互侵害，则不再适用亲亲相隐之律。③ 这种例外，看似与亲亲相隐律相悖，实则归属于同一个价值取向：维护家族伦理秩序。

第三节
贯彻伦理纲常

一、纲常伦理：诉讼运作的最高准则

众所周知，中国古代社会以家族为本位，宗法的伦理精神和道德原则在西周便已渗入并影响着整个社会。特别是西汉以后，儒家伦理的原则日益支配和规范着法制的发展；至隋唐，"礼"被奉为法律领域最高的价值评判标准，儒家以"三纲五常"为核心的伦理道德体系更成为在各个领域进行立法、司法的直接准则，由此，"伦理法"成为中国古代法的根本特征之一，也成为中国法律传统的代名词。

在这种大背景之下，中国古代的"司法"严格说来并不以忠实地执行法律为目的，毋宁说，其宗旨全在于贯彻伦理纲常，因之，纲常伦理也成为当时诉讼运作的最高标准，甚至直接依据，这便是西汉以后历代"经义决狱"、"春秋决狱"和"以礼决讼"等法律现象（甚或法律运动）的实质和意义所在；到隋唐，随着"礼法结合"与"引礼入律"历程的完成，"经义决狱"之类似乎不再盛行，法律亦明文规定"诸断罪皆须引律、令、格、式正文"④，但事实上，在中国古代社会，各级法官断狱决讼始终都是情、理、法多重标准并重，州县审理民事案件更常常不具引律例条文⑤，甚至到清代，民事诉讼中仍时常有经义决狱的案例，并传为美谈。⑥ 只不过，在这多元决讼标准之间，仍有"一以贯之"的东西存在，这就是伦理纲常。可以说，不管在隋唐以前的"春秋决狱"时代，还是在隋唐以后强调律例的时代，贯彻和捍卫儒家伦理纲常都是中国传统诉讼文化的基本价值取向之一。

---

① 《清律例·刑律·斗殴·殴祖父母父母》，乾隆四十二年例。
② 瞿同祖：《中国法律与中国社会》，15页，北京，中华书局，1981。
③ 参见《唐律疏议·斗讼》"告祖父母、父母绞"条、"告期亲尊长"条；明律与清律之《刑律·诉讼》"干名犯义"条。
④ 比如《唐律疏议·断狱》"断罪引律令格式"条规定："诸断罪皆须引律、令、格、式正文，违者笞三十。"
⑤ 在唐以后的许多判例判词集（比如宋代的《名公书判清明集》）中，我们经常可以看到这样的案例。
⑥ 清代名幕汪辉祖在其《佐治药言》"读书"中记载了他在秀水县佐幕时办过的一件陶姓继承纠纷疑难案件，汪氏最后直接依据《礼记》的文句和原理进行判决，大为上司赏识。

贯彻和捍卫儒家伦理纲常，这种在西汉以后得以全面确立的诉讼价值取向早在西周时期就已开始出现。西周有个重要的诉讼原则——"凡听五刑之讼，必原父子之亲，立君臣之义，以权之"①，这就是说，大凡审理案件，都必须用"父子之亲"、"君臣之义"这些道德原则去权衡。这一原则到西汉"春秋决狱"（或称"经义决狱"）盛行时又进一步发展为"原心论罪"（或"论心定罪"），即所谓"志善而违于法者免，志恶而合于法者诛"②。从表面来看，这一原则讲的是司法官员在审理、判决案件时应特别注重犯罪嫌疑人的动机（"志"），应以动机之"善"、"恶"作为判决其是否有罪及罪行轻重的最后依据；而实质上，这一原则表达的是一种贯彻和捍卫伦理纲常的诉讼价值取向，是一种为了维护伦理道德之"善"、"恶"而不惜牺牲国家法律的诉讼倾向，因为，此处衡量动机之善恶的标准无疑是儒家伦理纲常、而非国家法律；而"违于法者"可以"免"，"合于法者"可以"诛"，在这里，国家法律不恰恰是被司法和诉讼牺牲掉了么？贯彻和捍卫伦理纲常的诉讼价值取向不正表现得淋漓尽致么？

至隋唐以后，因为礼、法已经结合，国家法律与儒家伦理纲常的分离和矛盾不再如汉代那样经常和尖锐，但贯彻和捍卫儒家伦理纲常的诉讼价值取向无疑没有丝毫的变化，比如明代即有人明确主张："明刑所以弼教，凡与五伦相涉者宜屈法以伸情。"③ 在这里，为了"伸"伦常之"情"不还是可以"屈法"么？到了 20 世纪上半叶，一个著名的案例让我们再次领略了"志善而违于法者免"的古代"原心论罪"原则，也再次感受到贯彻伦理纲常的传统诉讼价值取向：1935 年，女杰施剑翘为报父仇而亲手击毙了军阀孙传芳，在其自首后，天津地方法院初审依法判处有期徒刑 10 年，然而在社会各界（包括当局要员）强大的舆论压力下（这种强大的舆论本身即可反映出中国人的诉讼价值取向），始则是河北省高等法院为其减刑3 年，减刑理由是施氏杀人"动机"出于"孝道"，"情可悯恕"；次则是当时的国民政府主席林森发布特赦令，赦免其所有刑罚，其理由是该女子"发于孝思，奋力不顾，其志可哀，其情尤可原"④。

二、维护孝道：独特的诉讼是非观

在中国古代，伦理纲常首重孝道，其诉讼文化对它自然也是爱护有加，但凡涉及孝道，只要不从根本上危及国家政治秩序，社会的诉讼观念和国家的诉讼运作都会将"孝"的伦理凌驾于国家法律之上。在这方面最能集中体现出中国传统诉讼文化之价值取向的莫过于各种复仇案件的处理，前述施剑翘案不过是晚近最著名的例证，而在中国古代，类似的案例数不胜数，在各种史籍中几乎比比皆是；这些案件不仅往往在最后均能得到标榜"以孝治天下"的皇帝的赦宥，而且各级司法官员常常旗帜鲜明地采取了一种将伦理纲常凌驾于国家法律之上的立场。

东汉灵帝光和二年（173 年），文弱女子赵娥（后来成了各种传统剧目赞颂不绝的著名烈女）为报父仇，竟用双手卡死一个须眉大汉，完成了一件轰动全国的壮举。不过，这里真正

---

① 《礼记·王制》。
② 《盐铁论·刑德》。
③ 《明史·刑法志》。着重号系引者所加。
④ 详见施羽尧等：《女杰施剑翘》，北京，北方文艺出版社，1985。着重号系引者所加。

值得我们注意的并不是这起复仇案件的本身，而在于案件进入诉讼程序之后司法官员的表现以及社会的反应。依当时法律，凡复仇而杀人者，依律问斩；此案当如何处断，原本再简单不过。然而，受理此案的法官感于赵娥的"孝行"，竟然置国家法律于不顾，在法庭上示意赵娥逃走了事，他自己则摘下乌纱帽，准备弃官不做，一同逃走。当赵娥拒绝逃亡时，这位法官竟命人强行将其车载回家；而这位法官的作为则受到了当时社会舆论的一致称赞。① 然而，还有比这更登峰造极的。东汉齐国有孝子为复仇而杀人，齐国相桥元获知后极为同情、赞赏，拟为之开脱罪责，不料县令路芝却依法将孝子处死。桥元大怒，竟命人将路芝缚束，大杖杀之，"以谢孝子冤魂"②。上级司法官吏居然将依法处死孝子（也是凶犯）的下级司法官吏处死，这尽管并非中国古代社会的普遍现象，但也堪称中国一绝，同时也足以表明中国传统诉讼文化之独特的价值取向。

对于伦理纲常，特别是孝道的维护，上文所言袒护复仇孝子只是其中的一个方面，与之相对应的则是各级司法运作常常无原则、无条件地捍卫家长对于子女的特权。前文已经述及，父母可随意以"不孝"之罪名呈控子女，并请求官府代为惩治，即便请求将子女处死，司法机构也不会拒绝。除"不孝"之外，家长和法官们更经常运用的罪名是"违反教令"，而无论是"不孝"还是"违犯教令"，单看实体法上的规定全然显示不出其中的奥妙，只有考察实际的司法运作，我们才能体会到它们的无穷威力，因为对于"不孝"和"违犯教令"，各级司法机关在诉讼过程中往往并不要求所犯子孙有非常明显的劣迹，常常只要稍稍不合祖父母、父母之意即可治罪，倘若因子孙不顺长辈而导致长辈自尽身亡，其处罚就更重了；有时责任完全不在子孙，甚至曲在尊长，各级官府仍旧照样判决，并能获得上级支持。此类案件在清代《刑案汇览》中随处可见。如清嘉庆年间，河北徐庚申之父以上好木材烤火取暖，徐庚申见之异常可惜，即温言劝阻，谁知其父非但不听劝告，反而喝令他快搬木材来烧，庚申心中有气，不予理睬，其父大怒，起身追赶殴打，不慎一跤跌死。而官府受案后亦不问情由，即照子孙违反教令例将徐庚申判处绞监候。③ 道光年间，陕西民妇柴赵氏之婆母王氏要吃荞麦面，柴赵氏虑及荞麦性冷，而王氏一向腹痛，忌食性冷之物，因而不肯顺从，谁知王氏由此气愤难消，悬梁自尽，最后官府亦将柴赵氏杖一百流三千里。针对这些情形，瞿同祖先生评论说："所谓违犯教令有时是很含混的，虽然子妇并无过失，亦无违犯之处，也不能不如此办理。究竟谁是谁非，是否违犯教令，法司对于这些客观的因素是不大注意的。"④ 因为，从根本上说，中国古代司法官员首先关注的乃是伦常问题，而非是非问题，这全由传统诉讼文化的主流价值取向所致。

当然，这并不是说中国古代的司法官员全然不讲"是非"，而只是意味着传统中国有其独特的诉讼"是非"观。在这里，"'是非'，毋宁说是系于身份的。我错了因为我是他的儿女。他的话和行为是对的，因为他是我的父亲"⑤。此所谓身份，在古代中国的正式说法叫"名分"，而在法律上的表述和制度上的确定方法则是"服制"。

---

① 详见《后汉书·列女传》；（晋）皇甫谧：《列女传》。
② 详见《太平御览》卷四八一，引谢承《后汉书》。
③ 详见《刑案汇览》卷三十四。
④ 瞿同祖：《中国法律与中国社会》，119 页。
⑤ 瞿同祖：《中国法律与中国社会》，15 页。

三、制度设定：价值取向的具体显现

服制是中国传统社会里一项十分奇特而又至关重要的法律制度，尤其在诉讼文化领域，它最为集中地凸显了贯彻伦理纲常的价值取向，因为对当时的人们而言，服制不同，则名分不同；名分不同，则是非不同、权利义务不同。所以，自元朝开始，各朝法典都载有丧服图，明、清两代更将丧服图置于律首。由此，在实体法上，服制不同，则定罪量刑不同、权利义务不同；在诉讼法上，只要事关伦常，明服制便成为司法审判的第一道程序。在实际的诉讼运作过程中，官府审案必须首先问明双方当事人相互如何称呼，以确定是否有亲属关系，然后须查明属何服制，以弄清亲密程度如何，再然后才可着手裁判。尤其对于亲属之间的争讼，假如服制不明，司法官员便无法裁判。

清乾隆年间，直隶王必俭过继给胞叔为子。胞叔死后，王必俭与胞叔之小妾发生口角，并一怒之下将其摔死。然而，王必俭与其胞叔小妾究竟属何服制，礼制上并无规定。这种礼制上的缺漏让司法官们大伤脑筋，几经周折之后，刑部官员仍然决断不下，无奈之余，便以服制问题应由礼部负责为由，将此案移送礼部，请其确定服制。而礼部官员因传统礼制中没有此种亲属关系之明文规定，亦不敢明确答复，便宣称"此案属刑案，如何治罪应由刑部自行酌办"，仍将案件踢回刑部。刑部对此颇为愤怒，申言"服制攸关之案，必先定服制，乃可科以刑名"，再次将案件送回礼部。最后，礼部官员只好硬着头皮斟酌再三，确定其服制属小功，并报请皇帝批准。在服制确定以后，刑部才真正进入实体性的审判阶段，并依殴杀小功尊长律处王必俭绞监候。① 司法官员之所以如此慎重，乃因服制事关伦理纲常，事关诉讼宗旨，故不可不慎重行事。但因法典所载服制图不可能将全部亲属关系包揽无余，许多案件便因服制之争议而久拖不决。清道光年间，清河县吕起随父过继给本房叔祖，但仍然十分孝顺本生祖母吕宋氏。不料在继祖母病危时，吕起无心得罪了吕宋氏，后者心胸狭窄，竟因此悬梁自尽。吕起收监后，司法官员又遭遇了服制上的障碍，因吕起过继后与其本生祖母属何服制，礼制上同样缺乏明确规定，由此引发县、府、台三级司法机构之间的争论，公文往来驳顶数年仍无结果，致使案件始终无法进入实体性的定罪量刑阶段，最后，吕起瘐死狱中。②

古代中国贯彻和捍卫伦理纲常的诉讼价值取向在其他许多司法制度中同样得到了明显的体现。比如，关于判决的执行，中国古代素有一项独特而有趣的制度，即"存留养亲"与"存留承祀"③。依此项制度，被判死刑或流刑之案犯，若系家中独子，或家中祖父母、父母年迈无人奉养，此时可不照原判决执行，而改换其他刑罚，以留香火、继宗嗣，或让其回家尽孝；寡妇虽未年老，但若守节满 20 年，其独子亦可申请留养，以矜其贞烈之志。凡此种种，其主要着眼点均在于伦理纲常。不过，"存留"之制又有许多限制，而这些限制也同样出于贯彻伦理纲常之需，比如，据《大清会典事例》卷七三二载：独子杀人案件，若被杀者也是独子，不准存留（但若被杀独子是不孝子则仍可）；或杀人者原系在他乡游荡之不孝子，

---

① 详见（清）《刑部通行章程》卷上。

② 参见《服制顶驳》卷上。

③ 笔者认为，"存留养亲"与"存留承祀"作为中国古代一项独特的刑罚执行制度，兼具实体法与程序法之双重意义。此处取其程序法之意义。

亦不准存留；若独子所犯之罪属于奸盗诱拐等恶性伦理案件，不准留养；曾经"忤逆"父母、触犯刑名而被父母逐出家门者，不准留养；未老之寡妇虽然守节满 20 年，但若曾经改嫁，则不得申请留养；等等。而在中国古代并无明确的法律依据但在司法实践中却颇为盛行的"代刑"之制①，同样体现着传统诉讼文化贯彻伦理纲常的价值取向。

第四节
漠视权利

众所周知，中国传统社会是一个男耕女织、自给自足、基本上不依赖商业的小农社会，这种生产生活方式决定了古代中国不但难以生长出以调整商品生产和商品交换关系为主要目标的发达的"私法"，而且也难以生长出与民事契约相关的发达的权利义务观念。在这里，发达起来的，乃是与"亲亲尊尊"、"重农抑商"相适应的"重义轻利"观念，而这种"重义轻利"的义利论不但构成了"儒者第一义"②，并且成为中华民族规范民众、引导社会的价值导向。这种价值导向"规范着全民族的价值评价与价值选择，渗透在、制约着社会生活的各个方面。从普通而平凡的民俗生活到重大的典章制度，都无不深受传统义利论的指导与定向"③。正是在这种"重义轻利"民族价值导向的支配下，"漠视权利"成为了中国传统诉讼文化的又一重要价值取向。

中国传统诉讼文化漠视权利的价值取向主要体现于两个方面：一是诉讼运作轻视民众实体法上的民事权利，二是诉讼文化几乎不承认当事人在程序法上享有任何诉讼权利。

一、轻视实体法上的民事权利

如前所述，中国传统社会里总的价值导向是重义轻利，这影响到法律关系的调整，无论是债务、买卖还是租佃、雇佣、婚姻、继承等等，纠纷的处理在原则上都应当重义轻利。这种实体法本身的价值取向自然也制约着人们的诉讼观念，致使中国古代社会，无论官府、还是民众，都在诉讼上极度轻视民事权利，大凡有关财产的纠纷，向来被视为无关紧要的"细故"，若非比较大的争讼，官府一般是不大理的。自魏晋以后，中国古代法律明文禁止对刑事犯罪的起诉擅不受理，违者以犯罪论；但却从不规定对一般民事纠纷即所谓"民间词讼"拒绝受理时的责任，这并非立法上的疏漏，而恰恰是一种国家价值取向的产物。民众通常也不敢随意将这些"细故"诉至官府去麻烦官老爷们，而更多的是在乡邻调和之下自我解决了事。所以有人说，儒家"无讼"的倡导实质上是"重让而非争"，是"有义务而无权利"④。可以说，

---

① 详见瞿同祖：《中国法律与中国社会》，60～62 页。

② 《朱子文集》卷二十四。

③ 张国钧：《中华民族价值导向的选择（先秦义利论及其现代意义）》，7 页，北京，中国人民大学出版社，1995。

④ 曹德成：《中国法系研究发微》，载《中华法学杂志》，七卷四期（1948 年）。转引自范忠信等：《情理法与中国人》，161 页。

在中国古代，"对民事关系的调整，依靠的主要不是国家司法程序而是社会组织自己"①。这恐怕是整个中国传统社会民事诉讼的基本特点。

倘若这些"细故"纷争在邻里间无法化解而讼至官府，那么无论一般民众还是司法官员，都会在内心深处认为这是"滋事"，当事人只有"蒙恩"才能获得官老爷升堂审断。但官府在受理这种"细故"讼端之后，通常是不会立即"开庭"审理的，官老爷们还是会觉得这等小事不值得自己亲自审讯，他们会找来乡保、族老等等，责令后者去调解，然后报官府"销案"或"告结"。调解的过程当然通常都是息事宁人、"和稀泥"的过程。假如几经调处依然不能解决，官府当然不得不下判了，但审理这种民事案件与其他人命盗案不同，它不一定要援引律例，不但"自行审理"，连结案形式也并无硬性规定，而是"自行"决定；此外，这种"细故"案件因在官府看来是无关紧要的小事，所以县州全权管辖，不必逐级审转，可以一审终审。

尤其值得注意的是，在审理这些民事案件时，由于无须援引律例，司法官们自由裁量的余地极大，因而其内在的诉讼价值取向也表露得更为显著。此时，法官们最经常的做法是：为伦理关系而牺牲当事人的合法权利，或者说为"义"而牺牲"利"（只有当"利"与"义"不发生冲突时，合法的财产所有权、债权等"利"才会得到充分的保护）。如清人陆陇其任嘉定县令时，有黄仁、黄义兄弟俩争夺祖宗遗产，久讼不决。陆县令接案后，不问是非曲直，挥毫即判。在判书中，这位县太爷晓之以"义"、动之以情，极尽道德教化之能事，最后说："你们兄弟俩，名字叫'仁'而不知'仁'，名字叫'义'而不知'义'：以祖宗之微产，伤手足之天良……你们的过错，要狠心地改；如果不改，则按律治罪，决不宽恕。"② 在这里，伦理关系和道德准则一再被强调，而遗产究竟怎样处理、双方的权利义务关系如何，则只字未提，而这样的判决还常常作为"妙判"为人们所传诵。清光绪年间，顺天府宝坻县某寡妇因向其故夫之兄"借贷未允"而捏词诬告，双方因此多次成讼，而官府却不问皂白，屡次依兄应济弟之孤寡之义劝令其兄"量力资助"③。针对司法实践中这种过分重视伦理关系而漠视财产权利的倾向，清人樊增祥曾有过严厉批评："往往无理者薄责而厚赉，有理者受累而折财。问官之自命循良者，于被讹之家，劝令忍让，曰全骨肉也；于诬告之人，酌断财产，曰恤贫寡也。此等断法，几乎人人如是。"④

二、漠视程序法上的诉讼权利

中国传统诉讼文化在程序上对当事人诉讼权利的漠视就更为明显了。首先，在称呼上，当事人对司法官要称"老爷"、"大人"、甚至"仁天老父台太老爷"之类，自称则是"小的"（已婚妇女还可称"小妇人"，未婚女子可称"小女子"）。若是自诉案件，讼至官府不是当事人应有的权利，而纯属"滋事"，所以需要"叩乞仁明太老爷做主"或"施恩"，由此，司法官升堂问案对当事人而言乃是一种恩赐（叫"蒙恩"）。审判开始以后，当事人不仅无权与司法官平起平坐，而且还必须跪于堂下（通常是原告跪在左面，被告跪在右面），连证人及其

---

① 郑秦：《清代司法审判制度研究》，205 页。

② 《陆稼书判牍·兄弟争产之妙判》。着重号系引者所加。

③ 案出清顺天府宝坻县刑档。转引自曹培：《清代州县民事诉讼初探》，载《中国法学》，1984（2）。

④ 《新编樊山批公判牍精华》卷三。着重号系引者所加。

他诉讼关系人也不例外（除非是享有"八议"特权之人）。① 至于在诉讼过程中受法官呵斥、受衙役杖击，那是经常之事。若是刑事被告身陷囹圄，刑讯逼供，更无"权利"可言；甚至不仅案犯，还有乡邻地谊、干连证佐（相关证人）、事主尸亲（被害人家属）等等，一经到官，都要处于一种羁押或半羁押状态，均基本失去人身自由。

此外，对于"判书"（判决书），法律上没有统一要求，一般而言，判词（包括批语）乃是地方官对于诉状的批示，通常写在呈状之上，口头宣判，并不送达，这种判词形式表明，中国传统诉讼文化不承认当事人有任何程序上的诉讼权利，当事人就连获得一纸判决文书的权利也没有，有时，当事人为了抄录判词，还得花钱打通关节。对于一般民事案件，不但是县州一审终审，而且不管当事人满意与否，都须由其出具"甘结"，向官府请求结案，并保证"再不滋事"等等；有时甚至需要其监护人或乡邻族党出具"保状"，吁请保释结案，经此一再"请求"，官老爷才予批示："准结"或"姑准免究销案"等等。

对于徒刑以上刑事案件，州县初审后，须详报上一审级复核，层层审转。但这种逐级审转程序并不以当事人上诉为依据，与现代诉讼法上的"上诉"制度完全不同，它"并非是对当事人负责，而是对上司负责"，"考虑的不是被告人的什么诉讼'权利'，而是为完成上下官府间的公事"②。可以说，就连古代中国统治者们作为"仁政"来标榜的"登闻鼓"、"告御状"等司法制度，从本质上讲，也不过是为老百姓提供一种向官府"称冤"、寻求"清官"庇护和皇上恩典的方式和途径，而并非赋予民众以某种诉讼权利。所以，尽管中国传统社会里的诉讼当事人事实上或客观上会享有某些"权利"，但其司法体制、乃至整个诉讼文化的立足点却并不在保障其"权利"，甚至其基本的价值取向就是不承认当事人的诉讼权利。与此相适应，为诉讼当事人提供法律服务的"讼师"在古代中国始终未取得其合法的诉讼地位，传统法律甚至根本就不允许讼师的存在。

当然，说中国传统的主流诉讼文化漠视权利，这绝不意味着其国家司法不追求正义，只不过，它有着自己独特的正义观。这种正义观一方面体现于其"重义轻利"的义利论，另一方面，从法制层面来看，更体现在国家司法对于实质正义（而非程序正义）的注重，以及对于个案公正（而非制度公正）的谋求。③

第五节
贱讼与息讼

在中国古代的诉讼传统中，最具特色、也最具文化底蕴的，恐怕还是弥漫于社会上下的

---

① 《周礼・秋官・小司寇》"凡命夫命妇不躬坐狱讼"疏曰："古者取囚要辞，皆对坐"。据此，在中国传统社会的早期（比如西周），原告与被告是对坐于法庭的。但后来则变成了跪着受审，这种变化始于何时，尚待进一步考证。但可以肯定的是，跪着受审直至清末变法才得以改变，如《大清刑事民事诉讼法草案》第15条规定："凡审讯原告或被告及诉讼关系人，均准其站立陈述，不得逼令跪供。"

② 郑秦：《清代司法审判制度研究》，153～154页。

③ 详见本书"引论"之"三、中国传统诉讼文化之特质"。

厌讼、贱讼之诉讼心理，以及由此导致的息讼之文化趋向。①

一、厌讼、贱讼之诉讼心理

前文已经述及，倡导"和谐"精神、追求"无讼"理想乃是中国传统诉讼文化总的价值取向，这种精神和理想从一开始就对中华民族的诉讼心理产生了深刻影响，使得中国传统社会里的人们大多都将"诉讼"视作不祥之事，古老经典《易经·讼卦》中关于"讼"、"终凶"的断语在后世经常出现于各种言论和诗文之中，从而鲜明地标识出古代中国人对待诉讼的一般态度。

依据中国传统社会的道德标准，作为"人"（或者"君子"）应当重义轻利、谦和礼让，人与人之间相互争讼乃是道德沦丧的表现，一个人若为自己的财产利益而兴讼则更是道德败坏的标志。所以，一般的社会心理都倾向于这样一种"共识"：有德之人不会兴讼，民风淳朴、善良之地必定少讼；相反，一个人道德越败坏就越喜欢打官司，一个地方的普遍道德水平越低就越多争讼，一个时代越世风日下就越是积案如山。东汉陈宠在一次上疏中列举出当时西州地方有三大腐败现象："西州豪右并兼，吏多奸贪，诉讼日百数"②，明确地将诉讼多视为社会腐败的一大表征而要求坚决治理。中国古代的著名清官海瑞曾在《兴革条例·吏属》中对"诉讼"之起因有一番颇具代表性的解释，他说："词讼繁多，大抵皆因风俗日薄，人心不古，惟己是利，见利则竞⋯⋯"清代袁枚任知县时，有兄弟三人争夺遗产，父死七天（旧礼称"满七"或"终七"）后投诉县衙。袁知县见状大怒，挥毫即判："父尸未寒，挥戈涉讼，何颜以对祖、父于地下，何颜以对宗族于人间！"并当即治三人以"不孝"之罪。③ 在这里，这位才子知县的愤怒隐含着一个观念和心理上的前提：诉讼是不道德、不光彩的，在丧父之际涉讼则更是道德败坏。

正由于"讼"是道德败坏的标志，是不光彩的同义语，所以，中国古代大凡描述"诉讼"活动及诉讼参与者的词汇几乎都是贬义的。比如"滋讼"、"聚讼"、"兴讼"、"争讼"、"健讼"、"好讼"、"讼棍"、"讼师"、"好讼之徒"、"讼学"、"讼术"、"讼辞"、"包揽词讼"等等。尤其"滋讼"一词，用得最多，义如"滋事"，在古人眼里便是"无事生非"、挑起矛盾的同义语，其厌恶、鄙弃之情溢于言表。既然一般争讼者已被视为道德败坏，那么靠策划、甚至煽动诉讼为生计的"讼棍"（"讼师"）自然就更是无耻之尤了。现代"律师"在古代中国的对应物"讼师"几乎总是被斥之为"讼棍"或"好讼之徒"，那是些十足的贬称，几可译作"道德败坏之徒"；在中国古人的描绘中，他们大多都是"獐头鼠目"、"尖嘴猴腮"、"鬼头鬼脑"、"皮笑肉不笑"的面目可憎之辈；他们的"包揽词讼"当然都属于败坏道德的下贱勾当，与他们有关的"讼学"、"讼术"、"讼辞"则是"群相鄙弃"的"害人之术"和"道德败坏者的卑鄙伎俩"；到明清时期出现的各种"讼师秘本"更被视作专事"架词唆讼"的坏书，向为律例所严禁。

社会的观念和心态"厌讼"、"贱讼"，而在中国古代的文化背景下，整个诉讼的过程、包括诉讼程序的设计也确使诉讼参与者不得不"贱"、不得不"厌"。前已述及，中国传统诉讼文

---

① 本节的写作主要参考了范忠信等所著《情理法与中国人》的"民事篇"第一、二、三章，谨此致谢。

② 《后汉书·陈宠传》。

③ 参见《袁子才判牍·兄弟争产之妙批》。

化几乎不承认当事人在程序法上有任何诉讼权利，这就使得诉讼参与者们在全部诉讼过程中根本不可能保持自己作为"人"所应当拥有的尊严。首先，当事人需要克服许多心理障碍、带着某种道德上的愧疚感或耻辱感去官府投递诉状；投诉之前，又难免去找"黑市"讼师求助，难免受"讼棍"敲诈愚弄、颐指气使。到了官府，自然先要受到卑贱衙役（胥皂）的呵斥、刁难；若是命盗刑案，当事人、证人、甚至被害人亲属等往往即被羁押，失去人身自由。到了法庭上，先是自我称呼就须自我贬低，再于众目睽睽之下"跪供"，便更觉低人一等了；至于受官老爷训斥、受衙役杖击，那是再经常不过的事情。随后又难免成为街头巷尾的话柄，成为邻里嘲笑的对象。可以说，整个诉讼的过程就是要让人蒙羞、给人耻辱、使人下贱（只要进了官府，一般当事人就连当时最低贱的衙役皂隶也不如）。

基于上述原因和现实，"打官司"、参与诉讼，被公认为是当众丢人、大损"面子"之事。不仅一般民众如此看待，就连主持诉讼的司法官也抱持同样的心理和态度。清朝光绪年间，陕西秦中某地有一文官之遗孀与其继子相讼至县衙，该地知县樊增祥在原告呈词上批道："士族涉讼，且系男女涉讼，男女而又系母子涉讼。此等官司，本县所不忍问也……该氏孀妇跪堂，大不好看。伊即不为现在之子顾声名，亦当为已故之夫留体面……"同时又在被告呈词上批道："……况翁氏又系体面人家，两造到堂，母子对讦，成何事体?!"① 同是这位樊知县，又在另一对举人互讼的呈状上批道：尔等"平日名声俱好……构成讼案，本县深为不悦。公庭跪质有何体面?"② 可见，在这位知县大人看来，诉讼使人体面丧尽，凡顾及脸面、名誉之人当尽力避免诉讼。不仅如此，在古人看来，打官司还会损及祖宗、家庭的大面子，正如南宋文人陆游所云，"纷然争讼，实为门户之羞"，"门户之辱"③，都把兴讼视为有辱全家全族的大丑事。所以，在中国传统社会里，不但文人士大夫厌讼、贱讼，就连普通百姓也十分厌恶打官司，以致形成这样一些普遍化的诉讼心理："家丑不可外扬"，哪怕家庭（族）内部纷争不断，也要尽量对外遮掩，更不能讼至官府；"屈死不告状"，宁愿不分清是非曲直而受尽委屈，也不愿撕破情面去告状；"宁私了不官了"，宁可将纠纷在私下里解决，也不愿诉至法庭去公断；等等。所以，一般人均以一生未进"法院"为荣，一般家族则在修谱时以"阖族和睦，历久无讼"相标榜。而在清代顺天府宝坻县的刑房档案里，凡是百姓向官府请求息讼的呈状和"甘结"，到处都是这类语句："乡农之人，以无事为荣"，"永断藤葛，实不敢再劳天心"，"素仰天台受民如子、息事宁人之至意"，"回家安分度，再不敢争吵滋事"，"情愿出具妄告甘结，再不滋事"，等等。

有时，古代中国人的"厌讼"、"贱讼"还会达到一种天真、可笑的地步，如晋代名吏邓攸为书生时，太守贾混"以讼事示邓攸，使攸决示"，以测试其才能，谁知邓攸"并讼牒亦不肯视之"，还振振有词地说：孔子曰听讼吾犹人也，必也使无讼乎，您怎么忍心叫我做这等下流之事呢？而贾太守非但不以为怪，反而十分欣喜，并将女儿许配邓攸。④ 在这里，邓攸的表现、太守的反应，以及史籍的记载本身，都足以表达出中国古代传统的诉讼价值取向。

---

① 《樊山全集·批判二》。
② 《樊山全集·批判四》。
③ 《陆游诸训·戒子录》。
④ 详见《晋书·良吏传·邓攸传》。

总之，中国传统社会里的这种厌讼、贱讼心理，并非为个别人所特有，而是为全社会普通共有；也不只是在某一时期才流行，而是在数千年里经久不衰，并经长期积淀、终而成为一种民族的传统心理。① 其深刻影响，在整个 20 世纪的中国社会（尤其是乡村）仍可清晰地看到。

二、息讼之文化趋向

由中国传统诉讼文化之"和谐"精神与"无讼"理想，由社会上下"厌讼"、"贱讼"之诉讼心理，便必然导致古代中国息讼之文化趋向。因为，于个人而言，息讼、止讼乃是爱惜自己"面子"、保持自身品德、维护家族声誉之所需；于国家而言，"息讼"、"去讼"则更是维护礼教、弘扬道德之大事业。所以，从远古时代开始，中国人就把息讼、止讼当作了自己的理想。据《史记·五帝本纪》载，在舜年轻时，"历山之农者浸畔"（农民常为田疆地界发生争讼），雷泽"河滨之渔者争坻"（渔民常为居所及渔获争讼），舜便先后来到历山、雷泽两地，悉心开导，耐心劝解，不出一年，不仅争讼全息，而且"历山之人皆让畔"，"雷泽之人皆让居"。尧帝正是感于舜之道德高尚，善于教化，有"息讼"、"止讼"之奇才，方将王位禅让予他。在后世的文献记载中，大凡儒家圣人似乎都是息讼、止讼的高手。周公辅佐"成康之治"，使"天下安宁，刑措四十余年不用"，"民和睦，颂声兴"②。孔子为鲁国大司寇，劝讼息讼，几至"让畔让居让长"的"无讼"境界。③ 在这种意识形态的影响下，"息讼"成为了古中国全社会共同努力的方向，正如清代贤臣循吏们所主张的："不能使民无讼，莫若劝民息讼。"④

为了劝民息讼，在中国传统社会里，从皇帝到各级官员到乡绅族老，无不倡导止讼之善、宣讲诉讼之害，形成了一种强大的宣传声势和教化氛围。比如清朝，从顺治、康熙开始，各种圣训、圣谕常常都离不开"息讼"这一重要内容，并要求州县官亲自下乡宣讲。康熙《圣谕十六条》中以下诸条均与"息讼"有关："和乡党以息争讼"、"明礼让以厚风俗"、"敦孝弟以重人伦"、"笃宗族以昭雍睦"、"息诬告以全良善"、"训子弟以禁非为"等等。⑤ 至于各级官员，则无不以"息讼"、"止讼"作为自己政绩的标榜，而国家也无不以此作为考核政绩的重要标准，因此，各级官员倡导"息讼"尤为积极。宋代著名司法官胡颖居然在一篇判决书中力陈诉讼之害处："词讼之兴，初非美事，荒废本业，破坏家财，胥吏诛求，率徒斥辱，道途奔走，犴狱拘囚。与宗族诉，则伤宗族之恩；与乡党讼，则伤乡党之谊。幸而获胜，所损已多，不幸而输，虽悔何及。"⑥ 而清代两江总督裕谦曾专门撰《戒讼说》一文，也历数诉讼之十大坏处，如"坏心地"、"耗资财"、"伤天伦"、"结怨毒"、"损品望"、"招侮辱"、"失家教"等等，并痛陈"诉讼"之违背"五常"，劝民息讼止讼。这位裕大人还将此

---

① 不过，说中国传统社会厌讼、贱讼，这仅仅是就其主流文化而言，例外的情况也是有的，这主要出现于以下两种情形之下：一是少受儒家主流文化熏陶的山野之地常常民风彪悍且好讼、健讼，二是宋代以后简单商品经济较为发达的江浙等地。

② 《史记·周本纪》。

③ 参见《孔子家语·相鲁》。

④ 《福惠全书》卷十一。

⑤ 参见康熙《圣谕十六条》，载《圣祖实录》，康熙九年十月癸巳。

⑥ 《名公书判清明集》卷四。

文印刷后发至辖区百姓，令州县官广为宣传，并多次重刊，"以期兴仁讲让，俗美风淳，勉副本府劝民无讼之至意"①。明代哲学家王阳明为地方官时，反复告诫百姓："心要平恕，毋得轻易忿争；事要含忍，毋得辄兴词讼"，并推行"十家牌法"，要求"十家之内有争讼等事，同甲即时劝解和释"，劝解无效才可见官。②清代某县衙门前曾有一副对联："尔小民有闲暇各勤尔业，众百姓若无事莫进此门"③。这是县太爷为劝人息讼止讼而张贴的。清道光年间，四川某地方官曾出《劝民息讼告录》，并以自家"经验"现身说法，向百姓宣讲"息讼"的好处："……一切口角细故，原是百姓们常有的，自有一定的道理。若实在被人欺负，只要投告老成公道的亲友族邻替你讲理，所以和息也就罢了，断不可告官讦讼……就算有十分道理也要忍气，牢牢记得本官的话，只要投告亲族和息，就吃点亏总比到官较有便宜……本县在江西也是百姓，我家二百年来不敢告状讦讼，暗中得了多少便宜，也只是忍气的好处，你们不可辜负我教你一片苦心……"④如此苦口婆心，其息讼、止讼之理念可见一斑。

不仅皇帝和各级官吏为"息讼"而极尽宣传、教化之能事，一般文人同样力倡息讼、止争。据宋人范公偁撰《过庭录》一书记载，当时有位老学究曾作《戒讼录》一首，为众人传诵："些小言辞莫若休，不须经县与经州，衙头府底陪茶酒，赢得猫儿卖了牛。"在一般文人教导子孙的文字中，"息讼"、"止讼"往往都是其中必不可少的重要内容。明代朱柏庐的《治家格言》反反复复地劝家人"居家戒争讼，讼则终凶"⑤。明人王士晋劝本族子弟止讼的《宗祠条规》历数诉讼之害，叫人触目惊心："盖讼事有害无利：要盘缠，要奔走；若造机关，又坏心术；且无论官府如何廉明，到城市便被歇家撮弄，到衙门便受皂呵叱，伺候几朝夕方得见官。理直犹可，理曲到底吃亏；受笞杖，受罪罚，甚至破家。忘身辱亲，冤冤相报害及子孙。"⑥甚至专以代人诉讼为生计的"讼师"也有人撰文劝人息讼。如《刀笔菁华》载，清乾隆年间，江苏吴县讼师诸轼作《解铃人语》曰："事情无论巨细，既已涉讼，长官必须和而息之，庶可免人胜负不休……在涉讼者亦宜得休便休，不可固执不化……如有无为之争，悉凭亲友劝谕；即有些微委曲，务宜容忍，则亦临崖勒马，江心补楫之一道也。"

在上述精英文化的影响下，中国传统社会基层流行的各种乡规民约和家法族规也常常将"息讼"、止讼列为其中的重要内容。如清代安徽桐城《祝氏宗谱》规定："族众有争竞者，必先鸣户尊、房长理处。不得遽兴讼端，倘有倚分逼挟恃符欺弱及遇事挑唆者，除户长禀首外，家规惩治。"江苏晋陵《奚氏宗谱》云："或因小愤而涉讼，渐至破家，或因争产而涉讼，反至失业，'讼则终凶'。"江西南昌《魏氏宗谱》强调："族中有口角小忿及田土差役账目等项必须先经投族众剖决是非，不得径往府县诳告滋曼。"浙江萧山《朱氏宗谱》曰："和乡里以息争讼。居家戒争讼，'讼则终凶'，诚笃言也。如族中有因口角细故及财帛田产至起争端，妄欲涉讼者，家法必先禀明本房房长理处，或理处不明方许伊赴祠禀告祖先，公议其是非，令其和息。"湖北获溪《章氏家乘》规定："凡同族争闹不能和解，当先遍告族长、支

① 《勉益斋偶存稿》之《戒讼说》、《饬发戒讼说檄》。
② 参见《王文公全书》之《十家牌法告谕各府父老子弟》、《申谕十家牌法》。
③ 转引自范忠信等：《情理法与中国人》，166 页。
④ 刘衡：《庸吏庸言》。
⑤ 转引自范忠信等：《情理法与中国人》，183 页。
⑥ 《得一录·宗祠条规》。

长代为剖晰曲直。倘不诉知尊长径自控官者，无论曲直，族长、支长传至祠堂重责，并摈祭若干年。"① 由此不难看出一般民间对待诉讼的态度。

当然，古代中国"息讼"之文化趋向和努力主要仍集中于司法领域，其主要载体与操作者便是各级司法官吏。由于"息讼"乃是官方和民间共同遵循的价值取向，而当事者又能藉此获得好的声名和政绩，于是各级司法官（尤其是地方官）总是乐于挖空心思、想出各种办法来"息讼"。关于中国古代的息讼之术，国内已有学者进行过专门研究。有的学者认为，古代中国司法官吏最惯常使用的息讼之术有四种：一是"拖延"术，即受审案件后以拖延的方法来促使诉讼当事人主动放弃和撤销诉讼；二是"拒绝"术，即对于一般所谓"民间词讼"常常不予受理，以减轻讼累、阻却兴讼之路；三是"感化"术，即在诉讼过程中本着"以德化人"之心，恳切劝谕，使当事人主动息讼，这是古代司法官最经常使用的手法，它几乎构成了中国古代司法审判的基本内容和模式；四是设"教唆词讼"罪，将鼓励、怂恿他人兴讼或私自代拟诉状者以"教唆词讼"罪论处。② 还有的学者则将这些古代的息讼招数归纳为三类："第一是道德感化，以绝讼源；第二是多方调解，以消讼意；第三是惩罚讼徒，以儆效尤。"③ 这些息讼之法常常花样百出，不断翻新，正所谓"戏法人人变，技巧各不同"，它们一方面折射出中国古代诉讼文化独特的价值取向，另一方面也构成了中国诉讼传统之丰富而又怪诞的一面。

第六节　简评

一种文化的价值取向不仅决定着该文化的发展方向和生命力的强弱，而且最能够集中反映出该文化的精神、特征、优劣甚至前途和命运。就中国传统诉讼文化的价值取向而言，"和谐"精神与"无讼"理想作为其最高原则和宗旨集中表达了中华民族自远古以来所憧憬和追求的美好理想，这些理想的确不乏其长久的合理性，因为不管人类的文明如何发达，世态炎凉与冷冰冰的利害计较都终究不是社会的理想，反之，人际的和谐与社会的温情却总有其不朽的价值和无穷的魅力；也正因为如此，古代中国诉讼文化中的"无讼"理想与对"和谐"的不懈追求，不但给人以审美观念上的满足，并且还得以在一定程度上抵消由于当时的诉讼运作过分强调"秩序"、"伦常"和过分忽略"权利"、"平等"所可能产生的各种弊害，从而使得当时的民众能够获得一定的安宁和满足，也使得当时的社会能够获得一定的稳定和发展。或许，这种古代中国的理想和追求本身，以及由此衍化出来的发达的调解机制，它们不但是引人注目的中华特色和东方经验，而且永远都不会失去其启迪现代世界的价值。

"秩序"乃是与人类法律永相伴随的基本价值，因为它是维持人类生存、保障社会发展的必要条件，所以，维护和追求"秩序"乃是一切人类法律的共性。只不过，置身于远古东方特定时空背景之下的中国人对于"秩序"有其独特的理解，他们不仅使"秩序"具有了某

---

① 以上族谱，均转引自郑秦：《清代司法审判制度研究》，223 页。
② 详见马作武：《古代息讼之术探讨》，载《武汉大学学报》（哲社版），1998（2）。
③ 详见范忠信等：《情理法与中国人》，185～200 页。

种压倒一切的重要性，而且其内涵界定也异乎寻常地宽广。在中国传统诉讼文化里，其所维护的"秩序"首先是宇宙自然秩序，然后依次是国家政治秩序、社会等级秩序和家庭伦理秩序，其重点则在于维护国家政治秩序和家庭伦理秩序。而对于"秩序"的过分强调又必然导致中国古代诉讼文化过分地重视伦理纲常和过分地漠视权利。尽管维护伦理是一切法律体系的重要使命，也尽管"重义轻利"在古代中国有其特定的合理性，但无合理限度地为伦常而牺牲"权利"毕竟限制了中国传统社会的发展，尤其是阻碍了商品经济的发育；而这种"漠视权利"的诉讼传统对于亟须发展市场经济和民主政治的现代中国社会来说，无疑是相当有害、且须努力革除的。

"厌讼"、"贱讼"之诉讼心理与"息讼"之文化趋向恐怕是中国传统诉讼文化中最独特、也最怪诞的一面。在古中国特定的文化背景下，由"和谐"精神、"无讼"理想衍生出"厌讼"、"贱讼"与"息讼"有其历史的必然性。然而，这种对待"诉讼"的基本心理和态度，其本身却是极有缺陷的，它们对于现代社会的发展更是极为有害的。

中国古人对"诉讼"这种社会活动形式（而非内容）进行价值判断、并给予否定性评价，这在某种意义上集中反映了中国传统社会流行的道德偏见。而其实，作为人类古已有之、且无法摈弃的一种纠纷化解方式，"诉讼"本身非但不是"恶"，反而有其不可替代的合理性。当然，古代中国也并非全然缺乏这方面的真知灼见。清代崔述认为："自生民以来莫不有讼也。讼也者，事势所必趋也，人情之所断不能免也。传曰：（有）饮食必有讼。"① 又说："两争者，必至之势也，圣人者其然，故不责人之争，而但论其曲直。曲则罪之，直则原之，故人莫肯为曲，人皆不肯为曲则天下无争，然则圣人不禁争乃所以禁争也。"② 这种识见，包括其略有些理想化的"息讼"、"无讼"之道，都比古代许许多多赫赫有名的道德大师要高出一筹。人类历史的经验表明，作为和平时期化解社会争端的最后一道防线和机制，"诉讼"对于社会的正常发展至关重要，在社会关系异常复杂的市场经济时代尤其如此。而对于当今中国的发展来说，倘若缺乏全社会对待"诉讼"的正确理解，倘若没有社会大众健全的诉讼心理，我们的"法治国家"是绝不可能"建设"起来的。

---

① （清）崔述：《无闻集·讼论》。
② 《无为集·争讼》。着重号系引者所加。

第二章

理论指导

中国传统诉讼法律文化迥异于世界其他诉讼法律文化，呈现浓厚的伦理性表征，别具特色。同时，它也和其他诉讼法律文化一样，有其固有的理论基础和理论要素，然而，其理论基础和要素又强烈地体现着中国传统政治、经济和文化结构下的诉讼法律文化个性，概括起来主要为：诉讼理论指导的"德"耶？"威"耶？司法审判的"宽"耶？"严"耶？刑罚施用的"轻"耶？"重"耶？并且，传统诉讼中的德威、宽严、轻重问题往往又显现出一种即此非此，即彼非彼，彼此间既同又异、既异又同的较为复杂的关系。因此，在探寻、把握传统中国诉讼法律文化时，必须对德威、宽严和轻重关系做一番实质性研究，方能揭示时间长达数千年之久且内容极其浩繁复杂，同时又颇具规律性的中国传统诉讼法律文化之真谛。

第一节
德威之辩

一、德、威释义

我们也许常常为中华民族"礼义之邦"的头顶桂冠而感自豪和自信，同时也常常为传统中国的"政暴刑残"而愤慨和费解。实际上，矛盾、复杂的社会政治、经济和文化结构与维护统治的特殊运作方式铸成了中华民族特有的社会心理和素质，体现在法律治理和诉讼操作之德治与律治（即传统之"法治"）、法宽与刑苛、法定与比附、法判与情判等一系列问题上，必然表现为相互的矛盾性和认识的多元性。如是认识问题时，自然会首先想到：中国传统诉讼法律文化究竟是以"德"还是以"威"作为其理论指导？因此，辨析德威问题时，必须首先阐释其义。

（一）"德"之义

"德"字在中国古代社会是一个长期被人们高歌的概念，也是历朝统治者反复弹奏的一个主旋律。早在尧舜时期就开始讲"德"重"德"了。《尚书·皋陶谟》记载皋陶与禹在舜帝前讨论关于如何治理国家时有一段很值得注意的对话。皋陶曰："允迪厥德，谟明弼谐。"禹曰："俞！如何？"（意为皋陶说："只要相信并按照先王的道德处理政务，这样就能使谋略实现，大臣之间也就能团结一致，同心同德了。"禹说："对啊！如何才能这样？"①）接着皋陶提出了"九德"②的概念，认为只要人们具有这九种品德且体现在自己的行为中，就能把国家治好，事情办好，即所谓"日宣三德，夙夜浚明有家。日严祗敬六德，亮采有邦。翕受敷施，九德咸事，俊乂在官，百僚师师……庶绩其疑③。显见，皋陶把"德"提到多么重要的高度：对统治者来说，用德"在知人，在安民"，能"有家"，能"有邦"。

在文字出现后的殷周时期，我们根据甲骨文和金文考察"德"之义可能更具体和清晰些。甲骨文中"德"字为"𢔌"，反映商代"德"之义。按照武树臣教授的观点，"商代之'德'突出了一种尚武的暴力色彩。当时的统治者深信只要运用武力，就能获得财产……便可以长久地维系政权"④。基于此，我们不难体味到，商代"德"之义与以往相比较，它从笼统的"政行"深细到"政刑"含义，开始与法律、刑罚发生内在联系，一方面强调统治者要"施实德于民"，"有积德"⑤；另一方面，也许是最有意义的地方，统治者把"敢动用非罚"与"亦不敢动用非德"统一起来。⑥并且更进一步认为以法律惩治犯罪，奖赏善行必须以德，即《尚书·盘庚》所谓的"无有远迩，用罪伐厥死，用德彰厥善"。《尚书·高宗肜日》还强调："民有不若德，不听罪，天既孚命正厥德。"众所周知，殷商一朝是中国古代"神判法"最盛行的时期，又是用刑残酷之朝，尽管于开国之初，在"用罚"时尚能注意到"德"的温和气度，但不久以后亦赤裸裸地宣扬用刑的"天定性"，同样也发展到"正厥德"的天定性，因而有异于稍后西周的"德罚"观。

西周"德"字由甲骨文中"𢔌"变为金文中的"德"，最值得注意的地方是"德"字开始增加一个"心"（心）。这个"心"的出现，标志着"德"的一种全新意义，它具有质变的价值。首先，它标显出由重神到重人的"德罚"观的转型，表征着法律文化上从"神判"到"人判"的过渡。⑦其次，在此基础上开启了"德罚"关系更紧密的内在逻辑运动——强调"德之说于罚之行"⑧，因此提出了"明德慎罚"⑨、"罪人不孥"⑩等一系列新的诉讼法律思想。⑪

西周时期由心组合的"德"字，开始真正蕴涵着"重人"基础上的"德性"，事实上，

----

① 王世舜：《尚书译注》，成都，四川人民出版社，1982。
② 《尚书·皋陶谟》："宽而栗、柔而立、愿而恭、乱而敬、扰而毅、直而温、简而廉、刚而塞、强而义"，是为九德。
③ 《尚书·皋陶谟》。
④ 武树臣：《中国传统法律文化》，177页，北京，北京大学出版社，1994。
⑤ 《尚书·盘庚》。
⑥ 参见《尚书·盘庚》。
⑦ 参见李交发：《论中国古代神判法到人判法的历史嬗变》，载《求索》，1992（2）。
⑧ 《尚书·康诰》。
⑨ 《尚书·康诰》。
⑩ 《孟子·梁惠王下》。
⑪ 关于此类论述者还见于《尚书·康诰》：治理国家"衣（依）德言"，"用其义刑义杀"，"乃非德用（治）"。《召诰》："王其疾其德"，"王敬作所，不可不敬德"。《君奭》："弗永远念天威……惟人。"《多方》："罔不明德慎罚"。《立政》："惟羞刑暴德之人"。《吕刑》："德威惟畏，德明惟明"，"罔不惟德之勤，故乃明于刑之中"，"有德惟刑"，等等。

也只有当"重人事远鬼神"后才能产生，也只有在此基础上才能将"德"与"刑"真正结合，并且作为立刑和施刑的指导思想。春秋战国以后，社会政治法律思想家们将其解释为一种伦理道德观念，故《左传·桓公二年》说："在心为德"。汉人疏为："德是行之未发也"，或谓"德，谓人之性行"①。《周礼·师氏》汉人注为："德行内外之称，在心为德，施之为行。"《说文解字》解释"德"从心从直，外得于人，内得于己；或曰德者得人，亦指用淳美德操，威名于人。可见"德者得人"和以"德操感人"，正是"德"在"人判法"下的精义所在，也是西周"德"之义的一种理论升华：一方面在很大程度上摒弃了西周前存在的"德"者得物的成分；另一方面又强调"德"者要求人（实际上是要求贤人）治理社会须运用规范，包括道德的、法律的手段。

由此可见，把"德"看成一种"习惯法"②，或解释为一种"财产和利益"③的概念是值得商榷的、不准确的。有如上述，不难发现"德"字一出现，其义即为"德行"、"德性"、"德品"之类，至少也是主要包含此义，继而升华为一种法律（包括习惯法）理念，而主要不是别的什么。也正是因为它的这种属性，我们才能理解：在以血缘关系为纽带、以宗法制度为特征的中国的传统社会，"德"能"早生"又"早熟"，并一开始就能出现与政治法律"联姻"、"融通"等一系列异常有趣问题，以及西周以来数千年历史中"德"总是从精神上主导着法律各层面的建设等传统理论问题。

（二）"威"之义

中国古代很早就出现了"威"字，"威"者"畏"也，正如《礼记正义》所云："威训畏"。无论"威"或者"畏"，从字义上看无非是：一为使人惧畏之感，故《说文大字典》释"畏"为："畏，恶也，从甶，虎者，鬼头而虎爪，可畏也。"二是表征着一种高高在上的尊严，不可蔑视和侵犯。故《康熙字典》释为："威，尊严也。"有如一个家庭的长辈："妇称姑为威"，犹"子称父为严"④。

"威"作为一种法律理论和意识形态，主要表现在以下三个方面："德威"、"天威"和"刑威"。如前所述，"德"在中国古代出现很早，由于它作为一个政治法律理念，运用在政治法律层面，因而形成一种"威"，即"德威"，而且，"德盛者威广"，"德布则功兴"⑤。因而形成"威"的第一种理论形态——"德威"。这是一个重要的而往往又容易被人忽视的方面，其具体功用和意义，待俟后述。

据传说，中国很早就有"法"（实为刑），起码可以追溯到黄帝时期。《商君书·更法》

---

① 《左传·成公十六年》。

② 陈晓枫主编的《中国法律文化研究》认为"德"本是氏族习惯法的概称，在春秋战国以后，被解释为一个伦理道德的观念。又说由于"德"有"循"和"行"的字义，而早又需"正"和"当"，行字又有行道的含义，因此这是借喻"行正道"而指遵循氏族的习惯法（参见陈晓枫主编：《中国法律文化研究》，76～77页，郑州，河南人民出版社，1993）。又，何新所著《诸神的起源》也根据"德"字字义的演化，认定"德"的本义为习惯法。

③ 武树臣所著《中国传统法律文化》认为商人有"德"的概念，但未超出"财产"、"利益"的范围，还不是理念形态的东西。到周代"德"才超越了财富和利益的旧界限，成为统治阶级应当具备的一种资格和品质（参见武树臣：《中国传统法律文化》，175～176页）。

④ 《说文大字典》。

⑤ 《新语·道基第一》。

载："伏羲神农教而不诛，黄帝尧舜诛而不怒。""教而不诛"说明有教化手段，尚无刑罚措施。"诛而不怒"则为实施刑罚但不株连家属。又据《新语·道基第一》记载：到了尧舜时期，"皋陶乃立狱制罪，悬赏设罚，异是非，明好恶，检奸邪，消伏乱，民知畏法"。看来，在中国很早就注意到了"刑威"问题，而不是以往的简单、直接的"不诛"与"诛"的手段运用，刑罚开始被置于"刑威"的意识指导下。由此，这种理论和意识形态又不断地得以发挥和运用，乃至最终走向工具论的极端。

在中国饶有趣味的问题当是"天威"，以及"天威"与"刑威"的结合。华夏文明是一种"早熟文明"，由于在血缘关系、农耕经济条件下，人们在求索调整人际关系、人天关系时，对于众多自然现象无法理解，对自然现象带来的频频变故和重重灾祸也无法抗拒，人们在束手无策之际形成了一个人格化的"天"和"天威"，而且，这个"天"与"天威"又恰恰能为统治者所利用。如在夏商周时期，最高统治者君王便认为自己是"天"的人间代理，他的身躯是天的化身，他的权威是天的权威的体现。这种体现之最完整、集中的方面是在君王的刑罚统治手段上，因而形成一种不可抗拒的"威"或"畏"，它是名副其实的"刑威"，更是不可名状的"天威"。中国最早宣扬刑罚理论的《周易》所体现的思想便是典型说明。《周易正义》卷三曰："雷电噬嗑，先王以明罚勅法。"疏曰："……噬嗑之象，其象在口，雷电非噬嗑之体，但噬嗑象外物，既有雷电之体，则雷电欲取明罚法可畏之义。"[1] 这段话用白话文表述其义即为："雷电交击，犹如咬合，象征刑罚。先王由此得到启发，明察刑罚轻重，整饬法令条文，从而威治天下。"[2] 在古代"天威"与"刑威"结合的理论阐释表现在：一是君主代天行治——"离南面向明而治，故曰威如"[3]；二是君主代天作罚——"听予一人之作猷"，"惟辟作威"[4]，以"刑赏以驭其威"[5]；三是君主代天行罚——"济济有众，咸听朕言，非惟小子，敢行称乱，蠢兹有苗，用天之罚"[6]。"予誓告女：有扈氏威悔五行，怠弃三正，天用剿绝其命，今予维共行天之罚。"[7] "夏多罪，天命殛之……尔尚辅予一人，致天之罚。"[8] 即使到了重人事、讲"人判"的西周，类似的记载也很多。如周公在《尚书·多士》中说："我有周佑命，将天明威，致王罚，敕殷命终于帝"，"予亦致天之罚于尔躬"……所以《汉书·刑法志》在总结这个问题时，相当精要地作出结论："刑罚威狱，以类天之震曜杀戮也；温慈惠和，以效天之生殖长育也……故圣人因天秩而作五礼，因天讨而作五刑。"[9] 而且，这一理论思想的影响在汉以后仍然是声宏响巨。

只不过古代思想家们在讲诉讼理论时，似乎更重视的是德和德之威，认为刑"非以立

---

① 《周易正义》卷三记载："噬嗑，亨，利用狱。"疏曰："……此卦之名，假借口象以为义，以喻刑法也。凡上下之间有物隔。当需用刑法去之，乃得亨通，故云噬嗑，亨也。利用狱者，以刑除隔间之物，故利用狱也。"

② 《白话三玄·噬嗑卦》。

③ 《周易尚氏学》卷五注。

④ 《尚书·洪范》。

⑤ 《周礼·天官》。

⑥ 这为大禹在征讨有苗前发出的誓师令。参见《墨子·兼爱下》。

⑦ 这为夏启征伐有扈氏时口颁的军令。参见《史记·夏本纪》。

⑧ 这为商汤王讨伐夏桀时发布的军令。参见《尚书·汤誓》。

⑨ 《左传·昭公二十五年》也有记载："为刑罚威狱，使民畏忌，以类其震曜杀戮；为温慈惠和，以效天之生殖长育。"

威"，只是以之辅德之治。然而形成如此认识，又是以后经过长期德威理论之争的结果。

二、德威之争

（一）西周三公之争与周公贵德理论

约在公元前 11 世纪初，历史上爆发了著名的牧野之战，周军攻入殷都，商王自焚，殷商灭国，西周建统。以小临大的西周建国后，面临"邦畿千里"的统治区，特别是面对众多"殷顽民"的现实，武王"皇皇若天下之未定"，周公大有"如履薄冰"之感。西周如何进行统治，确属一大棘手又不能不立即着手解决的异常重大的难题。为此，围绕着统治思想（当然也包括诉讼理论）的确立发生了一次大臣中的德威之争。据《说苑疏证·贵德》记载，当时在大臣之中有三种不同的主张：

一是激进也是简单避事的太公主张：他从爱其人兼爱一切，憎其人兼恶一切的认识出发，认为对于殷商遗民应采用"咸刘厥敌，使靡有余"的政策，即为了巩固新政权，将殷商旧民统统杀光，一个不留。

二是缓和也是一般常施的邵公（或曰召公）的主张：他从不可过激，要区别对待的认识出发，提出对殷民"有罪者杀之，无罪者活之"的政策，即为了维护统治，杀掉那些有罪于西周政权的人，保留其无罪于西周政权的人。

三是最具政治远见，影响深远的周公主张：他从对民重教育感化，使其做新民的认识出发，提出了"使各居其宅，田其田，无变旧新，惟仁是亲"的政策。①

三种主张争论的实质，无非是"贵德"还是"重威"（刑威）的问题。通过争论，武王最终肯定了周公的主张。因此，周公"贵德"理论被确立为西周法制建设的指导思想，并集中体现在周公制礼和吕侯制刑等一系列法律活动中，特别体现在西周的诉讼活动中。

1. 提出"以德配天"、"明德慎罚"的法律思想

虽然周公把"德"与"天"结合起来，但实质上是周公对殷商神权法的一种反观，认为无"德"无"天"，有德佑人，就是强调即使要得到"天助"也要有"德"，即"皇天无亲，惟德是辅"②。何况"民之所欲，天必从之"③。最后还是人本位，"天"服从于人；德是根本，"天"辅于德。从法律文化角度看，它具有深刻的时代思想的转型意义。尤其是"明德慎罚"观，它完全脱钩于"天"，强调人主一切，德高一切，并且强调把"明德"落实在"慎罚"之中。如果认为"明德"的主要内容是"保民"，那么"慎罚"就是"保民"措施的具体化。

"明德慎罚"的内容至少可以包括：实行教化的思想，德刑结合的思想，德重刑轻的思想，等等。这是中国古代法律思想、诉讼理论的一次巨大进步，它奠定了法律领域唯物主义无神论和进步的司法审判理论的基本模式。特别是到了西周中期穆王时期，吕侯按照周公明德慎罚思想制定了一部"荒度作刑，以诘四方"的法典——《吕刑》。对此，我们不妨试举

---

① 三种主张又见于《尚书大传·大战篇》，与《说苑疏证》稍有不同。太公曰："爱人者兼爱其屋上之乌，不爱人者及其胥余。"召公曰："有罪者杀，无罪者活，咸刘厥敌，毋使有余烈。"周公曰："各安其宅，各田其田，毋故毋私，惟仁之亲。"

② 《左传·僖公五年》引《周书》，又见《尚书·蔡仲之命第十九》。

③ 《左传·襄公三十一年》引《泰誓》。

《吕刑》思想的几个方面，稍加说明，便可知悉。第一，贯彻"明德慎罚"思想，倡导德化，反对滥刑。正如《吕刑》所说："德威惟畏，德明惟明"，政令的威严使人感到惧畏，德教的实行使人悦服，德之威胜于刑之畏，故提倡"士制百姓于刑之中，以教祇德"，即司法要使臣民不犯罪免于刑，就要劝德教于民，同时，施用刑罚也要"咸中有庆"，审理案件准确，刑罚要适中，让"明德"体现在"慎罚"中。第二，规定了刑罚的种类和适用原则。适用"五刑"、"五罚"和"五过"时，实行"五刑不简正于五罚，五罚不服正于五过"的原则，因而体现了刑罚施用中的"明德慎罚"精神。第三，实行证据定罪，"无简不听"的制度，防止司法独断，冤错无辜。第四，规定司法官选任条件、应有素质和应负责任。《吕刑》主张"哲人惟刑"，即让有德之人司刑，做到"直能端辩之，博能上下比之"。

2. 提出诉讼中罚观

周公为了保证"明德慎罚"宗旨的实现，提出了诉讼"中罚"观。《尚书·立政》记载周公告诫之言：司法官"式敬尔由狱，以长我王国，兹式有慎，以列用中罚"。根据《尚书正义》解释："列用中罚"为"列用中常之罚，不轻不重"。为此，周公强调：第一，司法必须择人——"庸庸"①，即"任用那些应当受到任用的有德之人"充当司法官。第二，依法断罪，不杀无辜。《尚书·无逸》记载："不永念厥辟，不宽绰厥心，乱罚无罪，杀无辜，怨有同，是丛于厥身。"这一思想同样在《吕刑》中得以充分体现：强调审判时要"惟察惟法"，"哀敬折狱，明启刑书胥占，咸庶中正，其刑其罚，其审克之"。还有，在比附定罪时，遇轻罪重判者，应改为轻罪执行；遇重罪轻判者，应改为重罪执行②，目的在于司法不滥刑，不纵刑，刑罚适中。第三，慎察犯人供词，防止冤错。《尚书·康诰》规定："要囚，服念五六日至于旬时，丕蔽要囚。"即指对于犯人供词，要反复考察一段时间，在确无疑义时，再决定用刑。这个思想同样也在《吕刑》中作出明文规定："察辞于差，非从惟从……狱成而孚，输而孚。"要求主持审判的司法官，要认真考察犯人供词，如果事实确凿，而供词不实者依事实而定罪；如果供词有出入时，需细察是非曲直而变更之。如此或依供词定罪，或变更供词定罪，就能体现"明德慎罚"，既能取信于民，也能悦服于囚。

（二）春秋战国儒法之辩

西周初年"三公"德威之争及其贵德结果的出现，无疑有力地指导了西周数百年诉讼法律文化的建设。但是，由于春秋战国政治关系、经济结构的重大变化，新兴地主阶级在建构封建诉讼法律文化时，如何对待旧有的法律文化遗产，如何建造新的法律理论基础，又现实地成为政治法律思想家们必须解决的一大问题。这样，在西周三公之争后又再次发生儒法两家之辩（虽然当时有诸家之辩，但实际上以儒法两家为代表）。通过这次激烈的长达数百年之久的德威之辩，其结果真可谓耐人寻味：一方面再次升华了德与威的理论意蕴，另一方面又创造了一个否定性理论成果，并且这一理论成果表现出重大的实践价值。

1. 儒家"贵德"

儒家秉承西周（周公）的思想，从孔子到孟子都"贵德"，并且，儒家的"贵德"说建立在一种厚实的认识论基础上，成为一种较完善的理论形态。

---

① 《尚书·吕刑》。

② 《尚书·吕刑》载："上下比罪……上刑适轻，下服；下刑适重，上服。"

孔子认为"德"是政治统治中最根本的东西,处于最中心的位置,它"譬如北辰,居其所而众星拱之"①。按康有为的看法是,"德,元也,为至极"②。因此,主张"为政以德"。孟子继承发挥了孔子的思想,认为政治统治中以"力"服人者,不能从根本上解决问题,充其量只能做到使人口服而心不悦,而"以德服人者,中心悦而诚服也"③。并且认为统治者只有行德,才能以小胜大。正如他所言:以"德行仁者王,王不待大","欲王者莫如贵德"④。

基于以上认识,儒家的先师们把"德"的理论尽其所能地融于诉讼法律思想结构中,形成儒家重礼轻刑的德威诉讼观。孔子继承并发展了周公"明德慎罚"思想,重德轻刑,在中国古代第一次比较明确地提出了被后儒总结的"德主刑辅"思想,主张在"为政以德"基础上对民"道之以德,齐之以礼",并且认为其德威比"道之以政,齐之以刑"⑤ 的刑威要大得多,它不仅能防止犯罪,而且能消除犯罪的根源;同时,布德还能很快见效,正如《孟子·公孙丑上》中引孔子之言那样:"德之流行,速于置邮传命。"因此,儒家思想家们异常"重德",极其重视推行"德治",以德教为上策,轻视刑威(但不是儒家不讲刑威,只是以其作为一种补充)。⑥ 故此孔子提出了一个重要思想:"导德齐礼"为主,"导政齐刑"为辅,"刑者德之辅"⑦。

2. 法家"重威"

作为儒家"贵德"对立派的法家思想家从"以力服人"的认识论出发,认为儒家的"贵德"思想是不足为训的,因为在"当今争于气力"的时代,"如欲以宽缓之政,治急世之民,犹无辔策而御悍马,此不知患也"⑧。在法家那里,他们确也正视了当时的社会现实:天下汹汹,孳孳为利,人们皆为利来又为利往,除此之外,别无其他。如在国与国之间,"强国事兼并,弱国务力守"⑨。在君和臣之间,"臣尽死力以与君市,君垂爵禄以与臣市"⑩。在民与民之间,由于人多物少,为了获取生活物质,也必然以力相争。即使对于一点点的物质获得也莫不如此:"一兔走,百人追之",籍力而获。"力多则人朝,力寡则朝于人。"⑪ 加之,法家思想家人性的理论预设,认为人性恶是天生的,永远难迁,因而注定了人生来好利恶

---

① 《论语·为政》。

② 康有为:《论语注》卷二。据此,中国历史上孔子首次从哲学认识上将"德"看成一种"形而上"的、在任何时候都是绝对的、永恒的东西。而《美国学者论中国法律传统》中所引汉森的"孟子第一次使道德成为形而上的、先于语言而存在,并对所有人在任何时间都是绝对的永恒的东西"的话是不准确的。

③ 《孟子·公孙丑上》。

④ 《孟子·公孙丑上》。

⑤ 《论语·为改》。

⑥ 如《论语·颜渊》说:"子为政,焉用杀? 子欲善而民善矣! 君子之德风,小人之德草,草上之风必偃。"《孟子·公孙丑上》也说:"以力假仁者霸,霸必有大国;以德行仁者王,王不待大……以力服人者非心服也,力不赡也,以德服人者,中心悦而诚服也。"《荀子·大略》也说:"君人者,隆礼,尊贤而王……礼者,政之挽也。为政不以礼,政不行矣。"又说:"礼者,治辨之极也,强国之本也,威行之道也,功名之总也……故坚甲利兵不足以为胜,高城深池不足以为固,严令繁刑不足以为威。"(《荀子·议兵》)荀子所谓"隆礼"、"尊贤"实际上即指"德"的作用。

⑦ 《春秋繁露·天辨在人》。

⑧ 《韩非子·五蠹》。

⑨ 《商君书·开塞》。

⑩ 《韩非子·难一》。

⑪ 《韩非子·显学》。

害——"饥而求食，劳而求佚，苦则索乐，辱则求荣。"① 这种"人性恶"必然带来"社会乱"。作为统治者要治国驭民，"贵德"无补于世，只有"贵威"才是治民之良方，救世之秘诀。并且，法家思想家还深深认识到，"威"不是"德威"而是"刑威"。在法家那里，即使讲"德"，他们也坚定地认为"德生于刑"。正如《韩非子·开塞》赤裸裸地说："此吾以杀刑之反于德，而义合于暴也。"可见，法家对"刑德"理论的重视和狡辩，完全有悖于儒家思想。

显然，法家"贵威"之说，实际上即"重刑"之论。此论又在两个递进层次上展开且形成一种较为完善、严密的理论特色。

首先，重视法令的作用。认为"法令者民之命也，为治之本也，所以备民也。为治而去法令，犹欲无饥而去食也，欲无寒而去衣也，欲东而西行也"②。商鞅还有一个坚定的观点也是在当时颇具影响的主张：治国"不贵义而贵法"③，统治者"不可以须臾忘于法"④。实质上法家"贵法"即为"贵威"。因为在法家那里，"以法治国"和"释法任私"的结果全然有异，关键在于能否保持着一个居高制下的"威"，缺乏"威"，在家不能制子，于国难以驭民。相反，即使固骄于爱和德的人也能"听于威也"，而且"民必畏之"⑤。如是，民畏法，乱止之，奸禁之，国治之。

其次，重法必重刑，重刑即重威，重威方至治。商鞅在《商君书·赏刑》中说：治理好国家，防止和杜绝犯罪，重法是唯一手段。在此基础上，他认为要真正达到目的，只重视法还是不够的，必须重刑罚，因为"禁奸止过，莫如重刑"，"重刑，连其罚，则民不敢试，故无刑也"⑥。主张轻罪重刑，一案株连，方能达到用法施刑之目的——以刑去刑。所以，商鞅如此肯定："行罚重其刑者，轻者不至，重者不来，此谓以刑去刑，刑去事成。罪重刑轻，刑至事生，此谓以刑致刑，其国必削。"⑦ 为了强调重刑贵威的作用，商鞅尖锐地批评了儒家重德轻刑的主张。儒家一贯主张，重刑伤民，轻刑亦可止奸，又何必用重刑？法家则认为儒家此论迂腐，不可经世致用，因为"夫以重止者未必以轻止也，以轻止者必以重止矣"⑧。之所以这样，就在于重刑之威，即"所谓重刑者，奸之所利者细，而上之所加焉者大也；民不以小利蒙大罪，故奸必止者也"⑨。因为人们都会感知："夫奸，必知则备，必诛则止；不知则肆，不诛则行。"而作为君主则更应明于此理。因此，法家总是大声疾呼："故明主之治国也，众其守而重其罪，使民以法禁"⑩；行"重刑"使民畏之，"听于威也"，达于利也。

综上所述，儒法两家思想分别凸显出这样一种根本对立的理论：儒家倡"德生威"，以德去刑，至于刑措；法家崇"威生德"，以刑去刑，达于国治。

---

① 《商君书·算地》。
② 《商君书·定分》。
③ 《商君书·画策》。
④ 《商君书·慎法》。
⑤ 《韩非子·五蠹》。
⑥ 《商君书·赏刑》。
⑦ 《商君书·靳令》。
⑧ 《韩非子·六反》。
⑨ 《韩非子·六反》。
⑩ 《韩非子·六反》。

应该说，儒法两家在德威之辩上，都显示了各自的理论特色，不能简单对待、评价之。但在当时，法家理论似乎更具有时代实践价值，完全可以说，法家理论之花结出了时代之果，秦国用此之道，循着"刑生威，威生强，强生秦"的实践之路，不仅挽救了西陲弱小之国险遭困厄的命运，而且在不长的时间里，反而由弱变强，最终创造出扫平六国，统一中国的伟绩。强秦之建立，无可辩驳地证明了法家理论的重大价值。

(三) 汉以降"贵德"主导，德威兼施

德威之争，经过西周、春秋战国两次激烈的论辩，无论"贵德"之论，还是"重威"之倡，都有过其辉煌的历史、重要的理论意义和实践价值，可谓各领风骚几百年。但是，在治国行法上，诉讼审判中究竟哪种理论是历史的真正青睐者，尚难分伯仲。直到汉代以后才真正解决问题，且形成自汉至清近两千年始终难变的主旋律：贵德轻威，德威兼用说。

1. 历史的震撼，深刻的检讨

秦从弱小立国、迅速完成统一大业，到国祚不永、速速败亡，这是一次巨大的历史震撼。人们对其暴兴暴亡、成为一个历史的匆匆过客，无疑想探其究竟，总结教训。因此，汉以来的政治法律思想家们在不断探索，深刻反思。其探索和反思后的结论又非常众口一词：秦因重威轻德而败亡。规律性的东西是重威只能维系一时，贵德方能长久，诉讼之道，贵德不重威。

汉初陆贾在总结秦二世而亡的经验教训后提出"德盛者威广，力盛者骄众，齐桓公尚德以霸，秦二世尚刑而亡。故虐行则怨积，德布则功兴"。陆氏的"功兴"系指"百姓以德附，骨肉以仁亲，夫妇以义合，朋友以义信，君臣以义序，百官以义承……守国者以仁坚固"[①]。可见，贵德是首要的，因此，无论治国制法，还是依法治罪，都是"德仁为固，仗义而疆"。对于德，"学之者明，失之者昏，背之者亡"[②]。但是，陆贾等汉初思想家毕竟不是先秦儒家或法家单一思想的承继者，事实上，他们是在总结各家思想精华基础上形成自己的理论特色，所以他们在主张"圣人贵德"的同时，也注意到法家重威。对于前者，在陆贾等人的思想中自不待说，即使对于后者，我们从他们的言论中也会一目了然：陆贾认为人是"好利恶难，避劳就逸"的，因此必须"立狱制罪，悬赏设罚"，目的在于"异是非、明好恶、检奸邪、消伏乱，民知畏法"。同时，他还清醒地看到社会上为什么存在"败上下之序，乱男女之别"，"乱者无所惧"的现象；又能目睹"社稷复存，子孙反业"的拨乱反正事实。他认为原因之一就在于"威"之存否。因此他提出了"威不强还自亡，立法不明还自伤"的观点。而且，他更进一步指出："恃刑者民畏之，归之则附其侧，畏之则去其域。"[③] 由此可见以陆贾为代表的汉初思想家基本的德威观理论。但是必须清楚的是，他们的德威观理论层次是分明的，即"设刑者不厌轻，为德者不厌重"的德威主辅的互用观。[④]

2. 正统诉讼理论确立

汉代是封建正统法学的建立时期，也是正统诉讼理论的确立时期。陆贾等人的德威理论

---

① 《新语·道基》。
② 《新语·道基》。
③ 《新语·至德》。
④ 参见《新语·至德》。

到董仲舒时期发展为一种长期影响整个封建社会的诉讼法律文化理论——德主刑辅、任德不任威。董仲舒和陆贾一样，善于总结历史经验教训，认为西周"尚德"，以造"成康之隆，囹圄空虚四十余年"，天下大治；秦朝"尚威"重刑，"师申商之法，行韩非之说"，"重以贪暴之吏，则戮妄加，民愁亡聊，亡逃山林，转为盗贼"①，结果二世而败。故此，他主张"尚德"不"尚威"；重德教，轻刑罚。为了论证其主张的正确性和德威与刑罚之关系，他附会以阴阳学说，认为天道在阴阳，阴主刑，阳主德，而且天道"任阳不任阴"，故"重德"不"重威"，也就是治国治民，"务德不务刑"。需要说明的是，这里的贵德不重威，是讲德威的主从关系，不是讲要德不要威。正如《汉书·刑法志》总结的那样："文德者，帝王之利器；威武者，文德之辅助也。夫文之所加者深，则武之所服者大；德之所施者博，则威之所制者广。"

需要指出的是，汉代正统法学确立后的诉讼理论的要义，在于刻求德生威，相对蔑视刑生威，但也不是不讲刑威，只是认为刑生威只有在德的指导下，才能产生和发挥施刑的功用（详见后述）。故此形成较前不同的基本也是定型的诉讼理论模式，并且，这个理论的产生从周公、孔子到法家（秦国、秦朝）再到董仲舒，经过一个相当长的历史磨合过程：肯定——否定——否定之否定（德主威辅，德威兼用）。

从上可见，中国古代长期的德威争论，至董仲舒时已成为一种被统治阶级完全接受的正统理论，汉以后历代思想家都承袭董说，一贯至底，直到封建社会的结束而消声（但其影响仍然存在）。

虽然汉以后，不断出现过董说的批判者，有所谓反正统思想的存在，如汉之桓谭、王充，唐之柳宗元，宋之范仲淹、王安石，明之张居正，明末清初的"三大家"，但未见对德威理论的实质性驳难，也更无条件和勇气改变德威理论结构的基本关系。

三、德威之理论指导

于前，如果我们经过分析，得出了作为治国手段的教化与刑罚之实施和诉讼工具之运用的理论基础是贵德主导的德威观的结论，那么，德威观（实际上的贵德观）的理论指导价值又是如何体现呢？也许这个问题更需我们做进一步的分析，只有通过这种分析，才能真正揭示中国传统诉讼法律文化独特的个性和历史的魅力。

（一）"德"——传统诉讼总的理论指导

中国古代很早就有了民、刑诉讼分离的历史，至少在西周时期形成了一种较为典型的形态，无论从文献记载，还是从出土铭文中都能得到证明，表现在诸如司法机关设置、概念的使用、诉讼费的规定和证据制度的不同标志上（具体论述从略，但可参见《尚书》、《周礼》和西周铭文）。然而，无论民事诉讼或者刑事诉讼，古代中国都具有自身的特色，与世界其他几个文明古国的诉讼制度有着显著的不同点。原因何在？关键在于诉讼理论基础的相异，即中国古代诉讼以"德"为主导。②

---

① 《汉书·食货志》。
② 学术界有不同的看法，如张民生《中国古代刑民诉讼之分别与比较》一文认为"民事诉讼之理论基础为德；刑事诉讼之理论基础为威"。该文载《江海学刊》，1990（1）。

　　为什么中国诉讼的理论基础是"德"？这首先要从中国早期文明的制约性上分析。众所周知，中国是世界四大文明古国之一，很早就产生了古代文明，然而，正如前述，它是一种"早熟"但不"成熟"的典型的东方文明。它是在比较特殊的自然环境，以及由此而形成的农耕经济基础上孕育、发展的产物，因此，它具有独特性和不成熟性。如果我们顺着这个思路去认识问题就不能不深究到这样一个前提：中国早期文明发源于黄河中下游平原这个特殊的地理板块环境。它三面环山，一面临海：西部横卧太行山和秦岭山脉，北部阻隔着燕山山脉，南部有大别山、黄山山脉，东部出头为渤海、东海。在三面环山一面环海的中间谷地是一广袤的平原丘陵地带。由于这一地带，在当时自然条件良好：土地松软，易于开垦；雨量充沛，利于农耕；气候温和，便于生存；资源丰富，易于发展。所以中华民族祖先聚居、辛勤劳作于此，也不断思索于此，于是产生了早熟的农业文明。尔后尽管历经数千年的发展，华夏民族融合了中原四周的匈奴、女真、契丹、蒙古和南方各少数民族，疆域不断扩大，但仍然还是"中原"环境的扩位，依旧为三面大山阻隔，一面大海尽边，和以往一样，实少同世界其他民族频繁、直接的政治、经济和文化的交往（当然不是没有，但毕竟是凤毛麟角）。因此，它是决定中国古代文明具有特质的一个原因。

　　构成中国古代文明特质的另一因素是，生活在比较优越自然环境中的人们，往往易于满足对自然界的获取，缺乏人对自然的征服，相反却擅长于人与人的纵横理论。加之，生活在农耕社会的人与人的关系业也已错综复杂（包括政治关系、经济关系和伦理关系）。集中起来主要反映在"家"与"国"两个范畴中：在"家"中体现出父子、夫妻、兄弟间伦理关系；在"国"中反映出君臣、君民、臣臣、民民等层层政治关系。由于中国古代以家为基础，以宗法制度为纽带，家国同态、家国一体，实际上家是微缩的国，国是扩大的家。因此，家庭父子、夫妻关系必然扩广为国家君臣、君民关系；兄弟关系伸延为臣与臣、民与民关系。又由于在家，伦理关系的核心是"孝"，进而形成父为子纲，夫为妻纲；同时又强调子孝之父慈，弟悌之兄爱。其反映在国，必然由"孝"成"忠"，同样在强调"忠"时又注意到君仁、臣爱与民和。而且，我们的祖先还深深体味到：只有父慈子孝、兄友弟悌才能齐好家；也只有君仁民忠、臣爱民和才能治好国。可见，齐家是前提，治国为目的。这样，齐家与治国平天下是同一概念。那么，作为以治国平天下为终极政治目的的统治阶级，又如何治国？这实际上又要思考如何齐家。因此，必须解决人们上下左右各个层面上的政治和伦理关系。这点又恰好为我们祖先的一种擅长思维和独特悟性，它有别于西方民族擅长的人与自然的思考，因而构成中华民族的一个突出个性。

　　怎样治国？我们的祖先设计出治国求安、求强、达大同的理想方案，特别是大同世界，这实际上是其为之奋斗、梦求实现的终极目标，也是最令人憧憬的美好天堂："大道之行也，天下为公，选能与贤，讲信修睦。故人不独亲其亲，不独子其子，使老有所终，壮有所用，幼有所长，矜寡孤独废疾者，皆有所养。男有分，女有归。货恶其弃于地也，不必藏己；力恶其不出于身也，不必为己。是故谋闭而不兴，盗窃乱贼而不作，故外户而不闭。是谓大同。"① 多么诱人的人间仙境，人际关系亲如一家，长幼有秩，矜寡不欺，无盗贼，息争斗，无奸邪，真是一个人人为我、我为人人的极致道德世界。

---

　　① 《礼记·礼运》。

如何实现大同世界理想，又是我们祖先孜孜以求的大课题。故此设计："圣人……制礼教，立法设刑，动缘民情，而则天象。"① 也就是指治国要有"二柄"：教与刑。无论教化还是行罚都要"缘民情"，"则天象"。"民情"是什么？有如上述，在家国一体的古代，"国政的原型实际上乃是家务，国法是家规的放大，国家内乱或国民争讼是家内不睦的延伸。因此，一国犹一家，以亲情和睦为上。处理国民争讼一如排除家庭纠纷，调解为主，辅之以刑，以求得和谐"②。在"重和谐"的民情中，国家诉讼的模式，犹如家庭父母子女兄弟的息争排解的方法："为政者如父母，人民是赤子……事实上，知州、知县就被呼为'父母官'、'亲民官'，意味着他是照顾一个地方秩序和福利的'家主人'。知州、知县担负的司法业务就是作为这种照顾的一部分的一个方面而对人民施与的……可称之为父母官诉讼。"③ 正如日本学者滋贺秀三所言：探讨中国的诉讼文化，"也许可以从父母申斥子女的不良行为，调解兄弟姐妹间的争执这种家庭作为中寻求"。依此，家庭中的亲情伦理性决定了国家诉讼的特质表征，"和谐"的伦理价值取向又必然地确立为国家诉讼价值观。

又何为"则天象"？中国异于西方民族，轻淡人与自然的对立性，注重"天人合一"观，故人则天而动，则天而成。如施用教化和刑罚时都是则天象而成：所谓"刑罚威狱，以类天之震曜杀戮也"④，"观雷电而制威刑，睹秋霜而有肃杀。惩其未犯而防其未然，平其徽缫而存乎博爱，盖圣王不获已而用之"⑤。而且，古人认为天道之不可违，"则天而行"是"人君之道"，有道之君遵而万事成，犹如尧、舜、禹、汤、文、武之盛，"由此而已"。

由上所述，我们不难看出齐家治国平天下之要诀："和谐"为上。进而言之，运用两个基本治国手段时，又将以"德"为指导原则，即教化以"德"为理论基础，施刑以威同样以"德"为理论指导。进而言之，我们将它对应于诉讼中民事诉讼和刑事诉讼时，也都以"德"为指导原则，这就不难理解了。故《尚书·尧典》反复调整："克明俊德，以亲九族，九族既睦，平章百姓，百姓昭明，协和万邦，黎民变时雍。"《尚书·皋陶谟》也不厌其烦地宣扬："允迪厥德，谟明弼谐。""日宣三德……有家；祗敬六德……有邦……九德咸事。"既然"德"有如此重要之作用：调整人际关系、规范人们行为、解决非与是、辨明罪与非罪，自然，无论民事诉讼还是刑事诉讼，就理所当然地都要以"德"为指导，达到齐家、治国、平天下，实现大同世界的理想。

但是，由于民事诉讼与刑事诉讼毕竟有其质的不同，一为是非之澄清，二为罪否之辨断，因此，"德"这一总指导又表现出不同的分原则。

（二）民事诉讼中"和"的理论指导

"和"是一种伦理意境，无疑折射出"德"的光彩。对民事诉讼而言，是非之辨在诉讼中毕竟是鼠雀小事，但是，如果小事不让则大事坏，想至"和谐"是万难的，因此"和气生财"、"协和万邦"之类警语箴言乃如黄金一般闪亮；人们（包括诉讼的主体、客体）无不以

---

① 《汉书·刑法志》。
② 张中秋：《中西法律文化比较研究》，323 页，南京，南京大学出版社，1991。
③ ［日］滋贺秀三：《中国法文化的考察》，载《比较法研究》，1988（3）。
④ 《汉书·刑法志》。
⑤ 《唐律疏议·名例》。

"和"作为一把万能钥匙，在诉讼中通过"调停"、"德化息讼"，打开过多少是是非非的锈锁，解开了多少重重复复的死结，结果寻得了多少平平安安的氛围与和和睦睦的情境。故此千百年来人们总是乐此不疲，犹视珍宝。

（三）刑事诉讼"中"的理论指导

刑事诉讼是解决罪与非罪的手段，通过刑罚措施得以最终实现，它不似民事诉讼可以调解化解纠纷、澄清是非那样简单，因此，人们往往认为刑事诉讼的理论基础是"威"，谈不上"德"。其实我们只要深究其理，不难发现中国古代刑事诉讼是"德"主下的"威"，且"德"通过"中"体现"威"，刑不"中"则罚不"威"，因此，"中"就成由"德"派生的刑事诉讼的理论指导。

从理论上看，中国古代早在西周之际就形成了这样一个原则：以"德之说"指导"罚之行"，强调"典狱非讫（止）于威，惟讫（止）于富（福）"①。即"主持审理案件的，不完全用刑威解决问题，而是用德教解决问题，为民谋利"②。在刑事诉讼中区别罪与非罪是最基本的原则，不冤错好人，也不漏网罪人。目的是改造罪犯，使去恶从善；教化人们，使远罪避刑；最终达到和民事诉讼那样维护"和谐"的自然秩序。因此，施刑用罚不只达于立威，而应当终于惩一劝百，为人造福，故形成刑事诉讼的指导原则——"中"。"中"作为刑事诉讼的理论基础，主要从以下几个方面得以体现。

首先，提出刑事诉讼的"中罚"观。早在西周初年，周公强调刑罚要适中。《尚书·立政》载："式敬尔由狱，以长我王国，兹式有慎，以列用中罚。"即认为司法官要特别谨慎用刑，不要一味地只讲威刑罚处，绝对地迷信刑威的作用，那样是难以完全奏效的。只有"克明德慎罚，不敢侮鳏寡、庸庸、祇祇、威威、显民"，才能"昭治国之道之民"。

其次，强调用刑应用于应惩处之人，不枉错不应被刑之人。即使对于应处刑者，也不要刑罚过重，应"列用中常之罚，不轻不重"。因为刑罚适中，则"咸中有庆"，也只有这样才能充分发挥刑罚的最大作用——"乃大明服，惟民其勒懋和，若有疾，惟民其毕弃咎"③。这里明确地道出了一个深刻而有意义的道理："立刑以明威"，不在于只强调刑处，特别是重罚身体，如果这样，刑罚充其量只能达到"残人肢体，给人痛苦"的目的，而"刑威"的目的在于治人之"病"，通过用"药"（刑罚），"使民毕弃咎"，以后不敢试法。即让人们知晓："对犯罪最有力的约束力量不是刑罚的残酷性，而是刑罚的不可摆脱性。"④ 反是，其弊大矣，正如道家老子深刻指出的那样："民不畏死，奈何以死惧之"。这就充分说明，"威"以"德"为指导，"中"为具体体现，"中罚"唯求"刑威"，"刑威"为了德民。由此不难认识到，"中"在刑事诉讼中的理论指导作用。

然而，纵观中国古代社会诉讼法律文化德威理论的指导，虽然常见历史周期性地变奏着"刑用重典"曲。如秦之严刑峻法，唐末五代凌迟处死，宋之刺配、廷杖，明初之重典治世，明清之"五军"和文字狱等等，但其效果又如何？其适用时间又有多久？可以说，重典思想

---

① 《尚书·吕刑》。

② 王世舜：《尚书译注》，271 页。

③ 《尚书·康诰》。

④ ［意］贝卡利亚：《论犯罪与刑罚》，黄风译，59 页，北京，中国大百科全书出版社，1993。

也好，酷罚手段也罢，不都是在"德"的指导下很快或及时地得以矫枉过正吗？所以到明代，历史上第一位对此做系统总结的封建法律思想家丘浚在肯定"德主刑辅"的重要性和必要性后，将"德"理解为反对酷刑，"轻徭薄赋，省刑戢吏"，"从民之欲，为民之利"①；"假刑以立威，尤不仁之政之大者也"，"人君之酷刑，皆足以失人心而亡国"②。即使到了封建社会最后一个王朝的清代，思想家们也无不深刻认识到："治之及人也浅，德之及人也深，法之禁人也难，教之禁人也易。今日之治，苟非量德教以正人心，虽曰议法无益也……使不先正人心，而徒恃区区之法，议法者日益精而刑法者日益巧，法之弊未有已也。"③

至此，关于中国传统法律文化理论指导原则，完全可以得出如下结论："庆赏刑威，无非至德。"④ 诉讼"尤务以德化民，不事刑威"⑤。

当然，德作为理论主导并不意味威的作用消失，应该说，事实也是威（刑威）也有其不可忽视的作用。正因如此，它同样也具有诉讼的理论指导性，如刑者本来就具有"致生死之命，详善恶之源，剪乱除暴，禁人为非"⑥ 的作用，不仅如此，还能"立刑以明威，防闲于未然"。只不过作为一种诉讼理论指导，它不能与德等量齐观，而且，它只能在德的指导下，与德结合，才能达到较理想的诉讼目的。否则，威不能立，刑可以致残，如前所述的秦王朝的诉讼历史就是典型说明。

第二节
宽严之辩

一、法宽与刑严

传统法律的工具性功能特征，决定了社会对法与罚的须臾不可或缺性的法律认识："刑为盛世所不能废，而亦盛世所不尚。"⑦ 统治阶级深深懂得立法是重要的，用刑更为重要。然而传统立法与用刑施罚往往不相统一，常生矛盾。这种矛盾首先在立法中显露，而立法的矛盾又必然带来司法的龃龉。大家知道，中国自古以来形成了成文法传统，历朝统治者首先是制定普遍适用的基本法典，而在基本法典的制定上，由于受到西周以来礼治和儒家宽仁思想的巨大影响，特别是汉代儒家思想开始被确立为法律的主导思想后，无不强调立法"务在宽简"⑧，标榜"除苛惨之法，务在宽平"⑨。而实际上，在制定基本法典以外，大量的敕、格、诰、例等其他法规又不断地被创制。由于这些法律规范缺乏一体性，而且其法律效力

---

① 《大学衍义补·遇盗之机》。
② 《大学衍义补，简典狱之官》。
③ 伍承乔：《清代吏治丛谈》，卷一，台北，文海出版社，1973。
④ 《皇朝经世文编》卷九十一。
⑤ 《清代吏治丛谈》卷一。
⑥ 《晋书·刑法志》。
⑦ 《四库全书总目·按语》。
⑧ 《旧唐书·刑法志》。
⑨ 《旧唐书·刑法志》。

甚至大到可以"代律"、"破律"之程度，又加之不少司法官又乐用这些律典以外的法律规范，因此，司法中宽严的不稳定态势必然出现，而且形成为一种诉讼模式。

完全可以说，它不仅体现为个别和暂时的现象，而且铸成为一种传统社会的诉讼心理。如商朝制有"汤刑"和"官刑"，其外，为什么诸如醢刑、脯刑、炮烙刑等法外刑、法外酷刑又堂而皇之地登堂入室。其中原因之一就在于此。如果说，商代之情形或不带有普遍性，那么在汉初正统法学出现后，德主刑辅思想和"恤刑"制度形成后的封建诉讼就更能体现其属性了。故此，我们试举几个事例或许最能说明问题。例一，汉代有一著名中央司法官杜周，身居廷尉之高职，在司法审判中不惟法律，只秉皇帝之意旨，"所欲活则傅生议，所欲陷则予死比"①。或有人质问批评之，他却理由十足地说："三尺（法）安在哉？前主所是著为律，后主所是疏为令，当时为是，何古之法乎！"② 杜周之论，可谓一针见血。例二，宋代以后，以敕破律、以例更律现象更是盛于前朝。王安石用神宗之敕，而不依《刑统》之律判决"阿云之狱"③ 就是典型。例三，朱元璋偏爱《大诰》，重典治吏惩民，强调犯罪者如有《大诰》可减一等处刑，无《大诰》者则加重一等施罚。这又说明什么？只要知此数端，其中奥妙不就一目了然吗！

立法与司法相矛盾。如前所述，成文法传统的国家，往往有一个难以克服的矛盾，即立法的相对被动性和司法的相对主动性矛盾。众所周知，制定成文法典、法律的程序是比较严格的，而且法典、法律的制定与实施是讲究循序渐进性的，这倒不是立法者的随心所欲，恣意所为，而是客观规律、学理之要求。用现代法学理论解释（其实古代立法者也是深谙于此的）是，成文法的制定决定于这样一个基本前提：当时法律的主、客体关系是否产生、发展、成熟和定型，具备了这个条件，意味着成文法呼之即出。否则，不是说明立法者之恣意妄动，就是立法者的主观臆造。这样制颁的"法律"严格意义上称不上法律，如果硬要一意孤行地制定和实施，其结果，它不是一件"虚器"，就是一部"恶法"，无不庶几无闻。因此，在这点上，我们的先祖们是冷静的、谨慎的和理性的。正因如此，制颁法律就是理性思考和科学操作的漫长过程，即从法律的主、客体关系出现到成熟、定型，再到法律制定、颁行，前后确需时日，而且是一个相当长的时间过程。如历史上《北齐律》经十六年而成，《明律》甚至"三十年始颁行天下"④ 就是证明。然而客观事实是，在这个相当长的时间内，社会关系又是不以人的意志为转移的异常活跃，由于规范这种社会关系的法律又空乏缺无，于是一个严重的问题出现了：法律存在"盲区"。而国家或统治阶级从维护自身利益和"社会和谐秩序"出发，必然不能容忍社会违法犯罪的肆意横行，势必频出措施，或援用旧有法律，甚至是已经被废的法律；或功利性地创设临时性法规，甚至是法外重法酷刑。如历史上奴隶制五刑在汉初文、景二帝时被废后、新的封建制五刑在隋唐始立的数百年中，历朝屡兴"肉刑兴废论"，其参与争论者不仅包括一般的司法者，而且集合了不少著名的政治法律思想家，乃至明君圣主。是不是诸如班固、杜预、韩愈等人的认识落后于文、景二帝而酷爱残肢害体之刑？恐怕不能简单作出如是之结论。其真正的、深层的原因就在于如何有效地在"盲

---

① 《汉书·刑法志》。
② 《汉书·杜周传》。
③ 《宋史·许遵传》。
④ 《明史·刑法志》。

区"内"除恶塞源"、"止奸绝本",维护社会秩序和巩固国家统治而不惜用旧法重刑。虽然在数百年长期的肉刑"兴废之争"中,奴隶制五刑始终没有恢复,但是个别刑种的复现却又是历史事实。因此,上述几种矛盾的存在以及其矛盾运动的结果,决定了中国传统诉讼中宽严理论的不定式状态的客观、长期存在,也正是这种诉讼宽严理论的不定式恰好成了后人认识上一个难解的谜。

二、司法时宽时严

司法的一个重要原则是执法适中,宽严适度。这个"中"和"度"应是一个符合科学认识的法定,而不是一种随意的不定。然而事实是,由于中国古代特殊的经济结构、伦理背景、专制传统,传统诉讼往往宽严因时而异,也因人、因情而不同,于是历史上司法时宽时严的现象十分突出和非常流行,其理论实践的价值表征就是目不暇接的不可思议的宽大或严酷难定的司法审判。然而,诉讼实践,其宽也好,其严也罢,皆是宽严理论指导下形成的一个个自圆无缺的环,而且环环相扣,接成了中国古代一条长长的宽严随时的诉讼之链,真乃中国历史上一道独特的诉讼景观。

在中国古代第一次明确提出诉讼宽严理论的思想家,当为春秋时期的郑国子产。他的宽严理论是:"夫火烈,民望而畏之,故鲜死焉;水懦弱,民狎而玩之,则多死焉,故宽难。"[1] 作为当时新兴力量代表的思想家子产,直面现实中司法宽严不同带来的后果,颇有感慨。故以形象的比喻而道出了其思想主张:诉讼宁严勿宽。对于子产的理论,如果我们将它置设于历史的逻辑发展的情境中,确乎费解。子产之前,商朝法律(立法与司法)严酷,这为公认的历史事实,西周宽仁,这也属不争的时代定论,而且,商严亡国,周宽强世,作为一条可贵的历史经验,一直为后继者所领悟和津津乐道。子产如是主张,似乎有乖常识。但是如果从子产的理论产生的背景中,更从其所代表的阶级利益上洞察问题,那么就不足为怪了。

众所周知,无论殷商、西周都实行奴隶制法——一种"刑不可知"、"威不可测"的秘密法。它与新兴地主阶级的制定法,主张法"布之于众"的理论,要求显明刑罚的社会作用的思想大异其趣,而作为当时新兴地主阶级代表的思想家子产,他敢于在历史上率先打破旧的传统,公布成文法,当然也会无畏地蔑视奴隶制法。特别在当时,西周之礼业已土崩鱼烂,新的法律体系尚处初创之时,社会在转型之中。过去那个被动、盲从的社会,已经出现思想的解放、约束的消失。在这种时代背景下,新兴地主阶级的政治法律思想家们,为了自身阶级的利益,敢于直面社会、正视现实,运用新的法律治世,因此悟出了一个重要的诉讼宽严理论。尽管子产理论颇显直观、浅薄,但它毕竟具有"筚路蓝缕,以启山林"之功。

真正给宽严理论以浓墨重彩,涂上辩证色调并对中国社会影响声宏响巨的思想家,当属稍后的孔子。据《左传·昭公二十年》载孔子之言:"善哉!政宽则民慢,慢则纠之以猛;猛则民残,残则施之以宽。宽以济猛,猛以济宽,政是以和。"这里,虽然孔子同意子产宽法难治的观点,但是最精彩的地方不在这里,而在孔子认识到了严法的不可绝对强调,也许

---

[1] 《左传·昭公二十年》。

一味严刑带来的结果比宽法造成的影响更恶劣和消极，因此，主张严宽相济，才是理想的治世之道。对于此，或许我们可以放言：孔子思想，真乃善之善者也！

的确，孔子之后的数千年的诉讼历程，无论其诉讼实践还是诉讼理论都有力地证实了具有强大的生命力，也确实使人反观到任何时期一味严刑，无不都是严刑者自食恶果的道理。嬴政的秦王朝如此，明初朱姓皇帝亦如是。如果我们再做进一步的分析，孔子具有生命力的诉讼理论，乃是一种建立在进步的"仁者爱人"民本思想基础上的理性认识，无疑，它在历史上闪耀过炫目的光亮。难怪几千年后的清朝雍正也深受其思想的影响，认为"但能利民，则宽严水火皆所以为仁，而劳怒非所恤。如不能利民，则刑名教化皆足以为病，而廉惠非所居。益谬拘臆见，薄务虚名，不以民事为事，不以民心为心，固未能奏效者"①。至此，中国古代宽严在理论层面上确立了一种"正态"的诉讼理论指导观。

但是，当我们打开汗牛充栋的史籍时，就不难发现宽严理论在"正态"实际运作时的"负态"标显。这样，理论和实践的二律背反就显得十分地耐人寻味。尽管它早已成为一个古老的、有趣的历史话题，但无论从哪个角度上看，都值得我们破解其谜。因为宽严诉讼理论不仅于当时，抑或在今日，乃至明天都将是一个困惑人的难题。这样说来，昨天密码的破译，实乃具有今天法制建设中经验的获取，本土资源的利用价值。因此，总结数千年诉讼理论（宽严理论为其中一个重要理论）乃现代法制建设之必需。顺此思路，我们又不能不做更进一步的研究，寻找其中带规律性的东西。

（一）宽严理论的惯性伸张

有如前述，中国古代社会宽严理论自春秋子产提出，孔子趋于完善，似乎完成了其理论发展的全过程，而且其理论发展呈现出连续性和层面性。连续性系指几千年间理论的不断升华，指导的日益见重。层面性系指由于中国古代社会超稳定专制结构的基因制约，诉讼的宽严理论总处于一种不稳定的状态。即总体说来随着君主专制体制的越来越强化，"法者，帝王之具"的认识愈来愈根深蒂固于统治者，宽严问题从理论层面越来越主宽，而在实践层面上越来越从严（当然也有不少从宽的时期和实践）。宽严的二律背反规律，终于形成历史发展阶段上一个接一个的宽——严，严——宽；整体上宽——严——宽或严——宽——严相间的诉讼实践怪圈。这是总的趋势，如果能如是认识问题便可见怪不怪了，而且能理出一些实质性的东西。故此，我们有必要剖析之。

西周时期新思想兴、新制度兴，诉讼"中罚"观的确立，开始形成诉讼法律发展中"明德慎罚"法律观，宽为主导的诉讼实践的启程。正如周公所说：司法要"克明德慎罚，不敢侮鳏寡……显民"②。《尚书·无逸》也要求司法官"不永念厥辟，不宽绰厥心，乱罚无罪，杀无辜"。同时，在西周诉讼中规定了区分故意、过失、惯犯和偶犯的司法审判原则，即所谓"敬明乃罚，人有小罪，非眚，乃惟终，自作不典……乃不可不杀。乃有大罪，非终，乃惟眚灾……时乃不可杀"③。还规定诉讼中要慎察犯人供词，防止发生冤狱错案，等等。这些思想和原则的出现，实乃当时审判慎罚、诉讼主宽的表现。

---

① 《皇朝经世文编》卷十五。
② 《尚书·康诰》。
③ 《尚书·康诰》。

然而，西周"美景"不长，旋即天下汹汹，礼崩乐坏。值此春秋战国之际，各种诉讼思想有如坚冰破释下的翻涌波涛，诉讼宽严理论首次以多元形态凸显于世。如前所述的子产主张、孔子思想，还有法家理论、道家见解……各显峥嵘。特别是孔子儒家宽严思想更具有影响力，它一方面继承了西周的诉讼理论，另一方面又直接启蒙了汉朝正统诉讼思想，而且，自此以后，其基本主张就成了封建诉讼的一个似乎万难逆改的理论指导。翻开历史，耳熟能详的现象是，无论司法官或思想家，甚乃封建皇帝，总是口念宽严之经："务从宽恕"①，谨戒"严苛"。汉代思想家不就开始高唱"谨身率先，居以廉平，不至于严，而民从化"②的宽平曲吗？封建统治者为了体现这一思想主旨，甚至把汉兴以来的严法峻刑降至最低限度。如当时汉律有"死刑六百一十，耐罪千六百九十八，赎罪以下二千六百八十一"条，有似"秦之繁法如脂"，于是最高统治者命"三公、廷尉平定律令，应经合义者，可使大辟二百，耐罪、赎罪二千八百，并为三千，悉删除其余令"③。

至隋唐之世，隋文帝"除苛惨之法，务在宽平"④。唐代是公认的一个诉讼从宽的时期，特别在前、中期。据《旧唐书·刑法志》说：唐之立法"务在宽简，取便于时"，并强调"治狱当以平恕为本"⑤。即使在诉讼趋严的宋代以降，各朝也总是喋喋不休地伴唱诉讼从宽的理论歌，不敢轻易悖违传统的诉讼主张，甚至连好用折杖法、刺配刑和行廷杖的宋太祖也常说："禁民为非，乃设法令，临下以简，必务哀矜……近朝立法，重于律文，非爱人之旨也。"⑥尚严重罚的明太祖朱元璋，也同样不忘"法贵简当"，且以宽平精神更定大明律诰五条。到明成祖朱棣时还敕令全国："为治之道，在宽猛适中……勿恣情纵欲，干犯国典常刑。必钦必敬，慎勿以身试法。"⑦清朝在明代基础上形成一系列完备、定型的会审制度最能体现统治阶级的诉讼主张，如其中的秋审、朝审之制，从主观上看就是为了贯彻诉讼从宽的思想。正如雍正帝所言："用刑之际，法虽一定，而心本宽仁。"⑧因此，在一年一度的秋审、朝审判决时，出现诸如停勾、减等、留养承祀做法，其目的在于存法外之仁，戒峻酷之刑，以昭慎重。故提倡"凡情有可原者，务在缓减"，并以此标榜"宽严之用，务在得中"⑨。

综上所述，中国传统诉讼从宽理论似乎长期一以贯之。但是，这只是问题的一面，我们在探讨问题时还不能不注意到另一面，即诉讼宽严理论的实践面的特点和个性。

（二）宽严实践的凹型标显

诉讼之宽严，从实践的阶段性上看，大致可以认为，封建社会前期主要特点是诉讼从宽，后期逐渐从严（以唐朝为界限）。

我们知道，宽严理论之所以首先由春秋子产提出，而不是西周著名思想家周公，这绝非

---

① 《后汉书·陈宠传》。
② 《汉书·循吏传》。
③ 《后汉书·陈宠传》。
④ 《旧唐书·刑法志》。
⑤ 《资治通鉴》卷一一九三。
⑥ 《宋史·刑法志》。
⑦ 转引自单远慕、刘益安：《中国廉政史》，202页，郑州，中州古籍出版社，1991。
⑧ 《大清会典事例》卷八四六。
⑨ 《大清会典事例》卷八四六。

偶然，它是当时深刻的时代变革和思想转型的产物。众所周知，西周以"惟仁之亲"为认识前提，以"明德慎罚"为法制原则，从一定意义上说，它促成了西周的一代之治，重礼尚德成为一种适合的治世理论和规范。虽然当时尚未及时提出诉讼宽严理论，但它已是一份后世不可不继承的优秀法律文化遗产，同时，也为春秋子产理论的提出准备了思想资料。自春秋礼崩乐坏，世乱频仍，以力相并局面形成后，关于怎样执法才能有力调整和指导复杂的诉讼关系，统治阶级在思索，政治思想家们在探讨，以什么作为诉讼的理论指导问题就成了当时需要解决的时代课题。而作为中国历史上第一位制定、公布成文法的子产，当然是深思熟虑在前。因此，他曾对继任者说，治理好国家，防止民乱，只有具有德仁的人用宽大政策才能奏效，不然的话，还不如用严厉的政策为好，就像人们见到烈火就害怕一样，因而不敢玩火，不敢玩火时，被火烧死的人就少。相反，流水柔弱，人们好玩，结果被水淹死者多。子产的生动比喻，道出了一个深刻有力的道理，诉讼宽严理论指导要以严为主。

进入战国之际，尽管有人主严（典型代表为法家），有人主宽（典型代表为儒家），二派争雄，各执一端，也难分高下。但自汉代儒家思想主导后，至隋唐盛世时，诉讼理论最终结束儒法两争，宽严执法，以宽为主，且逐渐成为一种法律文化和社会诉讼心理。据自汉至唐各代史籍记载的从宽执法的思想和实践基本成为一条主线，至于以宽执法的循吏良官、典型事例，可谓俯拾皆是。这里，我们仅举一个"中性"、也或许颇具异议的案例为证，可能会更有力地重彩主题。据《幽闲鼓吹》卷二记载：唐代法官张延因办一起大案，组织缉捕罪犯。有一天公案上出现一张"钱三万贯，乞不问此狱"的纸条。第二天，又有一张"钱十万贯，乞不问此狱"的纸条。张延见后，果然不再过问此案。当人问他原因时，他说：钱十万贯，已可通神，我是怕因此得罪于神而遭祸报，故不敢再办此案了。张延停办此案，固然是官吏贪赃枉法的典型表现。除此以外，我们如果从法律文化和社会诉讼心理上对此做更深一步的分析，那么或许更能了解古代法官办案从宽（即诉讼从宽）的文化内蕴和实质性因素。

从本案分析所引发的一个问题，即古代存在的浓厚的"福报"观念问题，它是解析诉讼从宽的一个不可不特别注意的因素之一。由于中国传统法律文化受佛教文化影响，"不杀生及因果报应观念深入人心以后，执法官吏多斤斤于福孽之辨。以为杀人系造孽行为……为了怕诛及无辜，报应自身，往往以救生为阴德，不肯杀戮，一意从宽"[1]。甚至"官吏遇有可以开脱之处无不曲为开脱"[2]。对此，作为中国封建社会末期的一代名幕和廉吏的汪辉祖，更是有其亲身体会，且说得更加淋漓尽致："州县一官作孽易，造福亦易……昭昭然造福于民，即冥冥中受福于天；反是则下民可虐，自作之孽矣。余自二十三岁入幕，至五十七岁谒选人，三十余年所见所闻敕令多矣。其于阳遣阴祸亲于其身，累及子嗣者……天之报施捷于响应。是以窃禄数年，凛凛奉为殷鉴，每一念及，辄为汗下。"[3] 因此，"今之法家惑于罪福报应之说，多喜出人罪以福报"[4]。

缘由之二是依情从宽。当涉及缘情诉讼时，首先我们不能不为古代中国异彩纷呈的"情判"而叹为观止。同时，也会因"情判"带来的种种结局而感到啼笑难止。"情"在中国古

---

[1] 瞿同祖：《中国法律与中国社会》，260 页。

[2] 瞿同祖：《中国法律与中国社会》，261 页。

[3] 汪辉祖：《学治说赘》。

[4] 《朱文公政训》。

代确乎是一个不定的变数，可谓"风情"万种，当它一与"法"结合时，诉讼便显千姿百态，宽也由"情"，严也由"情"，宽与严在"情"中犹似一块可以任人捏揉的小泥团，一时是人，一时又是鬼。关于这方面的实例的确太多，我们仅举一例说明之。据《汉书·薛宣传》记载：薛况之父薛宣因遭申咸"诋毁"，薛况为父报仇则教使杨明报复申咸，结果申咸被杀伤。按照汉津规定，杨明、薛况应处死刑，但因"情"却减等处刑。原因就是"子复父仇"是为"孝"，"孝"又是一种最大的"情"，而"原情定罪"又是诉讼中的一条铁则，即"志善而违于法者免，志恶而合于法者诛"①。这里所指之"志善"、"志恶"即"情"之善恶的代名词。像薛况、杨明此类案件判决因"情"从宽的情形，在古代诉讼中可谓不胜枚举。故清代张船山总结说：因历朝"以仁孝治国，凡遇仁人孝子，无不曲法施恩"②，执法从宽。就此，雍正皇帝概括为："凡情有可原者，务从缓减。"③

当然，除此以外，也还有其他原因，决定了从汉至唐诉讼从宽的历史发展的基本态势。但自宋开始，司法从严的主线逐渐显现。虽然正统法学确立以后，儒家思想主导，但由于封建社会进入一个特殊发展时期，君主个人独裁极端发展，阶级矛盾，社会关系更趋复杂和激化，作为"工具价值"的法律，更显示出其赤裸裸的镇压刑处功能。宋以后的历代封建统治者，虽然口头上总是不停地哼着宽仁的曲子，但实际上高悬霸主的鞭子，屠杀的刀子。正如宋代思想家朱熹所认为的那样："天下大乱，民遭陷溺，亦与以权授之，不可守先王之正道也。"④ 朱熹这里所说的"权"是指"严"，"正道"是指"宽"。因此，他明确主张治国"以严为本"⑤，甚至还上书皇帝"要深于用法"、"果于杀人"⑥。由此，宋朝凌迟刑的法定，明朝在《明律》外产生充满血腥味的《明大诰》，特别是明代"厂卫"涉讼，剥皮刑的确立，更是诉讼从严的火中烧油。至清朝军流刑的完善，文字狱的勃兴，更使封建社会诉讼从严达其极致，标显出封建社会后期司法的愈来愈严。

为了说明问题，我们试举"断狱程限"为例，就足可为证。唐中期以前，法律没有法官破案、审狱的期限规定，相反，为了防止冤错案件，特别在慎重死刑方面，为了不错诛无辜，宁可延长时日，实行"复奏"制度。实行"三复奏"还虑恐谨慎不够，又行"五复奏"制度。司法官深深感知到对于案件的侦查审结，特别对于大要案件的侦审颇费时日和精思，如果不适宜地要求司法官在规定期限内完案，更容易使用刑讯逼供，轻信口供，演成冤错，这为无数历史事实所证明。因此，郑克在《折狱龟鉴》卷二《王利》中说得很中肯："治狱贵缓，戒在峻急，峻急则负冤者诬服；受捕者贵详，戒在苟简，苟简则犯法者幸免。惟缓于狱而详于捕者，既不失有罪，亦不及无辜，斯可贵矣。"从唐代宪宗时期开始有对司法官审断案件的期限规定：大理寺检断案件不超过二十天，刑部复核不超过十天，由刑部发回大理寺重审为十五天。后又对审案期限进行修正，区别大、中、小案件，分别规定为三十五至二十天。宋代初期仿行唐制，后数经变动后，规定大案为十二日，中案为九日，小案为四日，

---

① 《盐铁论·刑德》。
② 《清朝名吏判牍》。
③ 《大清会典事例》卷八四六。
④ 《孟子集注·离娄上》。
⑤ 《朱子语类》卷一〇八。
⑥ 《朱文公文集·戊申延和奏札一》。

而且规定诉讼标的价值二十缗为大案，十缗以上为中案，十缗以下为小案。明代规定对于缉捕期限，以事发日开始一月内破案，超过期限者，捕役笞二十，超过期限愈长受刑愈重。案件事实基本搞清后，司法官必须在三天内作出判决，判决后十天内执行。违限三日者笞二十，每三日加一等，罪止杖六十。如因拖延案件造成在押被告死亡者，被告为死罪，法官处杖刑六十；为流罪者，法官处杖刑八十；为徒罪者，法官处杖刑一百；为笞、杖罪者，法官处徒刑一年。清朝审案程限更为严格，规定州县案件（笞、杖刑案件）二十日内结案，人命案件，州县在三月内初审完结，将被告和卷宗解府，府限一月内解省按察使司，按察使司一月内解督抚，督抚一月内奏报皇帝，并将案卷移送刑部。另对强盗案件、抢劫案件、徒罪案件、凌迟案件都有严格的层层上解审案规定。①

应该说，法律规定断狱程限是必要的、可取的，它对防止狱讼淹滞等司法弊端的产生具有积极作用。但是如果规定得不科学，脱离实际的徒具形式的"严立程限"，恰如真理向前一步就成谬误一样，不仅不能体现其积极作用，反而会贻害种种。对此，请注意时人程元凤（宋理宗时监察御史）的批评："今罪无轻重，悉皆送狱，狱无大小，悉皆稽留。或以追索未齐而不问；或以供款未圆而不呈，或以书拟未当而不判。狱官视以为常，而不顾其迟，狱吏留以为利，而惟恐其速。奏案申牍既下刑部，迟延日月，方送理寺；理寺看详，又复如之。寺回申部，部回申省，动涉岁月。省房又未遽为呈拟，亦有呈拟而疏驳者，疏驳岁月又复如前。辗转迟回，有一二年未报下者，可疑可矜，法当奏谳，矜而全之，乃反迟回。有矜贷之报下，而其人已毙于狱者；有犯者获贷，而干连病死不一者，岂不重可念哉！"②

这里，应该特别指出的是，第一，唐以前也有诉讼从严的实践（秦朝最为典型，这里以汉为始点，但即使在汉唐间，也有尚严时期），宋以后也不乏诉讼从宽的表现和实际运作。我们所指的宽与严只能相对而言，断不可绝对化。如是认识问题就清楚了从秦经汉唐至明清诉讼宽严理论发展和实践的严——宽——严的凹型图式结构。第二，出现宽严理论发展的阶段性特点的原因是十分复杂的，对于其中重要原因之一的"因情"而宽或而严的问题，无论前期或后期都是一个既可让司法官上下其手，又可使其身处两难境地的较普遍性问题。如清朝蓝鼎元曾审理的一宗广东潮阳县武装"抗税案"就很能说明问题。此案判决如果从严，山门城赵姓一族约千人"罪当死"，当然会祸及"案内无辜之人"。如果从宽，又怕有玩法轻纵之嫌。结果只好熟练地操起情判法："你们罪名可大啦！现在为自己扬名，对你们残暴行刑，我不忍心；但叫我把法律放在一边，对你们宽赦，我也不能这样做。如今姑且暂时把你们羁押监狱，待你们收积欠粮米补交完毕，再行审理，好吗？"这样，蓝鼎元果然因情"从宽审拟，枷号一二人，余皆薄责"③。此案明确地表明，当司法官在传统的因情而判的法律文化影响下，难免走入宽严的两难境地，但一旦从宽判决后，又是感到何等地自慰。

---

① 参见郭建：《古代法官面面观》，59～61页，上海，上海古籍出版社，1993。

② 《宋史·刑法志》。

③ 蓝鼎元所撰《鹿洲公案·山门城》记载：蓝氏与赵佳璧为首的抗税人对话，"余曰：'噫，汝等既来，吾亦不忍杖杀也。升平世界，焉有颠倒谬戾之人如汝等所为哉！吾恨不早缚汝曹，尽尸诸市。所以姑容至今，虑汝有冤情耳！今日有冤，宜即申说，并所以抗拒之故，一一为我言之'。赵佳璧等皆叩首曰：'我等实无冤情，亦不敢抗拒，止乡愚无知，积习固然。其初视若儿戏，其后畏日深，莫敢向迩，是以迁延自误，至于此极。今已知罪当死，但悔不可追，望垂宽恩，留一生路。'余曰：'汝等罪名大矣！酷虐吹求，我不忍；宽者废法，我亦不能。今姑暂置之狱，俟将积逋粮米补纳全完，方行审拟，可乎？'"

正如蓝氏判决此案后感慨的那样："执法严而用法宽，想见仁人君子之象。"①

三、宽严相济

实际上，中国古代诉讼严也好，宽也罢，都不是依法断狱，它与科学的诉讼观是相背离的。因为任何的古代宽与严往往都只会给诉讼带来无尽的消极影响和灾祸。如上所述的唐以前的从宽带来不少诉讼实践中"淹滞狱讼"的弊端；而宋以后的从严，又是诉讼中大量"兴盛刑讯，顿生冤案"的决定性因素。为此，历史上众多政治法律思想家总是不断地在理论上主张既戒宽缓又避峻严。因为"宽"则多纵罪，是为不可取；"严"则伤民又危国，亦为不足训。正如唐代陆贽所言：如果"禁防滋章，条目纤碎，吏不堪命，人无聊生，农桑废于征求，膏血竭于笞箠，市井愁苦，家室怨咨，兆庶嗷然，而郡邑不宁矣"②。如果说这是影响经济发展、社会安宁的伤民表现，那么更为严重者则是危及封建君主和国家，即所谓"刑谪太峻，禁防伤严，上下不亲，情志多壅，乃至变生都辇，盗据宫闱"③。但是在诉讼实践中，由于众所周知的原因，做到又何其难也。于是更多的思想家则主张诉讼宽严结合，交替使用，相辅而行，这就成了一个封建诉讼的经典理论。自孔子总结出"宽猛相济"理论后，为什么历代政治法律思想家都对此津津乐道，视为传统诉讼理论上的圣言铁则，努力将它贯彻到诉讼实践中，且得到历代统治阶级的首肯，少有真正的批评反对者，知此就顿释其惑了。

关于孔子总结的诉讼宽严理论主张，虽不正式见于《论语》，但载于其他文献者有两处。一是见于《左传·昭公二十年》："仲尼曰：'善哉！政宽则民慢，慢则纠之以猛，猛则民残，残则施之以宽。宽以济猛，猛以济宽，政是以和。'"二是见于《礼记·杂记》："子曰：……张而不弛，文、武弗能也；弛而不张，文、武弗为也。一张一弛，文、武之道也。"的确，孔子诉讼宽严（即其宽猛或文武之道）理论对后世影响很大，唐朝思想家吕温谈及执法宽严时，仍不厌其烦地重复孔子的思想，主张宽严并用："宽则人慢，纠之以猛；猛则人残，施之以宽"，因此要"宽以济猛，猛以济宽"④。可谓完全继用，少有异议和新诠者。

直至明末清初之际，大概只有王夫之才对这个理论转换视角，重新审视，并赋予它全新理论意义。王夫之认为孔子的"猛"不是"严"，而是一种执法走极端，而且认为"宽以济猛，猛以济宽"，不是宽严相结合，而是两个极端手段的交替使用，其结果不会带来"政是以和"，而只会出现"行之不利而伤物者多矣"的可怕局面。并且进一步说："夫严犹可也，未闻猛之可以无伤者。"⑤　"猛则国竞而祸急……其以戕贼天下无穷矣！"⑥　王夫之则认为："严者，治吏之经也。"执法"严"，即指严惩贪吏："严下吏之贪，而不问上官，法益峻，贪益甚，政益乱，民益死，国乃以亡。""严之于上官，而贪息于守令，下逮于簿尉胥隶，皆喙息而不敢逞。"⑦　在这里不难看出，王夫之对"严"的界定是严格的，也是全新的。一是

---

①　蓝鼎元：《鹿洲公案·山门城》。

②　《陆宣公翰苑集·论述迁幸之由状》。

③　《陆宣公翰苑集·奉天论赦书事条状》。

④　《唐人三集·吕衡州集》卷十。

⑤　《读通鉴论》卷八。

⑥　《读通鉴论》卷八。

⑦　《读通鉴论》卷二十八。

"严"不为"猛",不是严以待民,王夫之的宽严主张实际上是"宽以养民"、"严以治吏",不走极端。二是宽严关系应该体现在"宽以养民"和"严以治吏"的价值目标实现上,并且认为"宽以养民"以"严以治吏"为保证措施,只有这样"二者并行",不"以时为进退"、"无择于时"而行,才能真正达到政是以和。可以说,王夫之是站在朴素的民主思想的立场上,从批判性地总结前人思想成果的高度上宏发此论的,它不失为传统的宽严理论注入了活力和带来了生机。但是,尽管如此,他的宽严理论也不可避免地带有局限性,在这里恕不赘述。

理论指导实践,特别是当一种被社会接受,并且具有影响的理论形成后,它便使社会的实践者自觉或不自觉地信条般遵循着,传统的宽严诉讼主张便为如此,因此,它无可避免地演绎出一幅内容丰富的中国古代宽严理论实践的历史长卷,其实践的价值既表征着积极的意义,也凸显出消极的影响。

三国时期魏国贾逵为豫州刺史时,由于"天下初复,州郡多不摄……长吏慢法,盗贼公行",天下真乃一片混乱。他到官数月中,"考竟其二千石以下阿纵不如法者,皆举奏免之"①。贾逵以严治郡,而不以宽主政,成绩斐然。故此曾得到魏文帝的高度称赞:贾逵"真刺史也"。并且"布告天下,当以豫州为法"②。同时,他又能"惠施于百姓",颇得百姓之誉。对此,《三国志》作者评曰:贾逵"精达事机,威恩兼著,故能肃齐万里"③。可见,执法宽严相济确不失其有效性和事功性。

自然,针对具体情况、不同世态,执法严有严的收获,宽有宽的得益,宽严相济更不失其整肃、治世之功,同时也都不漏其百出的弊端。众所熟知的秦朝尚"严刑峻法"、"督责益严",不仅没有带来秦朝的国祚长享、社会安定,相反,在统一天下的大好形势下很快出现"奸邪并生,赭衣塞路,囹圄成市"的可怕局面。④ 不几多时,赫赫事功、强大统一的王朝迅速走向暴亡败国的绝路。这显属以严执法败国之典型一例。相反,汉初反思秦亡之教训,刻意宽缓,行无为而治,但是在"四夷未附,兵革未息"之际,"三章之法何以御奸"?因此,诸侯坐大,吴楚七国作乱,内患屡兴,匈奴频侵,高祖困厄平城,外祸顿起。终于造成社会"干戈日滋,行者赍,居者送,中外骚扰相奉,百姓抏敝以巧法,财赂衰耗而不澹"⑤ 的混乱局面,带来王朝岌岌可危的可怕情境。这又是诉讼从宽的一个绝好的注脚(可惜往昔之观点,往往只看到反秦政后的"安定"和"繁荣",却忽视了这一点)。况且,事实证明的是每当一严或一宽后,势必出现严后的畸宽或宽后的畸严,并且它已成为带规律性的东西。如秦朝严刑酷法(畸严)后即出现无为而治(畸宽);无为而治(畸宽)后紧接着的是汉武帝时期的"有为而治"(畸严)。据史籍记载,武帝承汉初之弊,不得不推行高度的政治统一、思想统一和法制统一;信奉近于法家思想的"公羊"儒学;颁行严令、推行峻法、重用酷吏。这种"畸严"局面,直至昭帝时期还仍然保持"武帝时形成的严刑峻罚的风气"⑥。所谓社会无不

① 《三国志·魏书·贾逵传》。
② 《三国志·魏书·贾逵传》。
③ 《三国志·魏书·贾逵传》。
④ 参见《汉书·刑法志》。
⑤ 《汉书·食货志》。
⑥ 高恒:《秦汉法制论考》,160 页,厦门,厦门大学出版社,1994。

"颇言狱深，吏为峻诋"[①]。正如《汉书·黄霸传》所载："昭帝立……遵武帝法度，以刑罚痛绳群下，由是俗吏上严酷以为能。"

那么宽、严司法，究竟孰是孰非？思想家们在注目观之，潜心研之，因此，在汉昭帝时终于爆发了一次著称于史的"盐铁会议"之争。实质上它是一场关于宽严治国的手段和法宜宽平还是法宜严酷的理论之辩。以桑弘羊为代表的主严派，从汉初"三章之法不可以为治"的认识出发，认为治国理民要靠立严法、施严刑。即他们主张法律不能不严密，执法不可不严厉，因为"令者所以教民也，法者所以从督也。令严而民慎，法设而奸禁。网疏则兽失，法疏则罪漏"[②]。他们针对贤良文学派主张的立法简、执法宽，犹如康庄大道之说，用心良苦地以汉初疏于立法，宽于执法带来的"弛道不少也，而民公犯之"的事实加以驳斥，果断地主张："立法制辟，若临百仞之壑，握火蹈刃，则民畏忌，而无敢犯禁矣。慈母有败子，小不忍也。严家无悍虏，笃责急也。今不立严家之所以制下，而修慈母之所以败子，则惑矣。"[③] 相反，贤良文学派则主张约法省刑，因为法律制定多，反而"民不知所辟"，不仅是人民，连官吏也"不能遍睹"，其结果官吏断案，不是"疑惑"，就是"或浅或深"。这样，不仅不能严法治国理民，反而是"断狱所以滋众而民犯禁滋多也"[④]。因此，他们同样也是颇有心计地以秦朝立法"繁如秋荼"，执法"密于凝脂"而迅速亡国的历史教训说明之；以汉初高祖"约秦苛法"而"泽流后世"的事实佐证之。可见，汉之盐铁会议之争，两派都围绕着诉讼宽严理论的辩难，各执一端，针锋相对，不失为传统理论的一次冲突和深化。但是，可惜的是，汉之"盐铁会议"之争，并未从诉讼理论上解决宽严问题；反之，历史的传统在反复地演绎着。

如上所述，执法从宽，其后则必趋严；执法从严，其后又必是宽。总之，宽、严执法都为极端执法，即使是宽严相济，也是两个极端手段的结合连用，其严重后果，势必引起众多政治思想家们更深层次上的认识。如《唐律疏议·进律疏》在总结以往历代王朝执法经验基础上，深刻领悟到"轻重失序则系之以存亡，宽猛乖方则阶之以得丧"的道理。确乎，斯言美哉！宽严求平才是不少思想家和有为统治者真正追求实现的境界，尽管它是历代任何统治者难以真正做到的历史事实。在这点上，可以说直到清朝时期，中国社会在经历了多少个严而宽、宽而严、宽严相济的圆圈运动后，也在目睹耳闻了多少由此带来悲剧和喜剧后，清朝的统治者和思想家才比较冷静地悟出了一个值得肯定的道理，认为儒家的"恤刑"、"慎罚"并不是一味讲宽；自宋以来的繁法重刑也不是盲目地主严，而是历朝都不忽视宽严适"平"。即所谓"从来帝王用刑之际，法虽一定，而心本宽仁"[⑤]。以宽仁之心行严格之法，以严峻之举体宽仁之心，无论宽严，"失出失入"皆失平，同时也强调"失出失入皆如律"。这样，它既能防止司法官的过严残民，又能杜绝司法官的过宽纵罪，诉讼达到"渐为平允"的目的。

我们知道，清承明制，与以往唐宋执法比较，严其所严，宽其所宽。即使在其"严"刑之中的死刑监候案件，经秋审和朝审后，一方面有"情实"的判决（关押一年后仍执行死

---

① 《汉书·杜延年传》。
② 《盐铁论·刑德》。
③ 《盐铁论·刑德》。
④ 《盐铁论·刑德》。
⑤ 《大清会典事例》卷八四六。

刑），也有"缓决"、"可矜"和"留养承祀"的宽处。无论严至死刑，轻至宽宥，都必须经皇帝、大臣们集议会审，目的在于尽量做到执法持平，尽量不失宽严，尽管事实上难以做到而流于形式，但理论上仍不失其积极意义。对此，《大清会典事例》卷八四六记载的几朝皇帝均有较深刻的认识，如雍正帝认为："凡情有可原者，务从宽减，而意非主宽；凡法无可贷者，便依斩绞，而意非主严。"乾隆帝也津津乐道："应酌情准法，务协乎天理之至公，方能无枉无纵，各得其平……朕毫不存从宽从严之成见。"又说："朕临御万机，乾纲独断，宽严之用，务在得中。"连嘉庆帝也强调司法审判"不得预存从宽、从严之见，用昭平允"。应该说，历史上几千年之久的宽严诉讼理论，至此终于有了一个比较正确的认识，成为一种比较成熟的思想。虽然这种认识，其来也晚，其行也难，但是总结历史经验，无疑对后世乃至今天仍有其理论和实践的价值。

第三节
轻重之辩

一、施刑轻重之基本发展态势

（一）商周之际轻重之态

商周之际是中国法制历史上一个极其重要的时期，即中国古代法律文化的第一次转型时期，神权法开始动摇，人判法开始确立，法律思想、法律规范和法律文化都处在转型变化之中。由于新旧法律思想、制度与文化的冲突和变化，作为诉讼的重要内容的施刑原则，必然异常地凸显出时代发展的特点。作为典型的"商重周轻"之诉讼理论，便构成了中国诉讼发展中第一种形态。

众所周知，商朝以刑罚畸重、残酷而著称于史，从"弃灰于公道者断其手"的微轻行为处以重刑的"殷之法"① 开始，编织出一张法繁刑酷的罗网。违法背令者，小则杀，大则族，从商朝开国君主汤王开始无不如此，降至商朝末年还盛行法外酷刑。据《汤誓》记载汤王之言：你们不听从我的命令，我就杀了你们和你们的妻子儿女，绝不宽待（"尔不从誓言，予则孥戮汝，罔有攸赦"）。如果犯有不善不道、不按正道办事、恣意放肆、不恭敬国王、曲巧诈伪和胡作非为者，我就割掉你们的鼻子，再杀掉，并且还要斩尽杀绝你们的后代（"乃有不吉不迪，颠越不恭，暂遇奸宄，我乃劓殄灭之无遗育，无俾易种于兹新邑"②）。如果说商朝前期的这种重刑形态，比起夏朝的"与其杀无辜，宁失不经"的司法思想就已显得那样的触目惊心了，那么商末的刑重罚酷才更显其特点：纣王荒淫暴虐，极重刑辟，使用将人捣成肉酱的"醢刑"，细割肢体晒成肉干的"脯刑"，为博一笑而使人"膏铜柱"的"炮烙刑"，"观其心"的"剖心刑"等等。由于商之重刑滥罚，结果"邦畿千里"的"大邑殷"，牧野一

---

① 《韩非子·内储说》。
② 《尚书·盘庚》。

战，顷刻灭国。

西周时期一变殷商重刑传统，在继承其"五刑"制度的基础上，"用其义刑义杀"，不是一味地崇尚重刑酷罚，而是提出了颇具影响的"以德配天"、"明德慎罚"思想主张，确立了谨慎用刑的司法原则。周公在开国之初就反复强调："克明德慎罚，不敢侮鳏寡、庸庸、祗祗、威威、显民。"① 认识到治国安邦要尚德慎刑、勿欺鳏寡、用可用之人、敬可敬之人，即使惩处犯罪也要昭治国之道于民。说到底，西周强调的"治国之道"莫要于重教化，先教化，后刑罚，谨刑慎罚。这从西周对于殷民的态度便可知悉了。作为自己敌人的殷遗民在西周开国时，怎样对待之，或曰杀光之，或曰杀留兼之，或曰"毋庸杀之，姑惟教之"。聪明的西周统治者没有采用过激的简单的政策与用严刑重罚消灭之手段，相反，用先教育、后刑处，并且贯彻"德之说于罚之行"思想，谨慎用刑，便促成了西周一代轻刑之制。这样，以"德"为指导的轻刑原则在中国法制史上以理论和实践相结合的形态首次确立，并且对后世极具影响。

（二）儒法轻重之争与汉唐趋轻之态

如果说西周之际提倡轻刑，主要是直观的历史借鉴的结果，其理论的粗朴、实践的重视是其特色的话，那么春秋战国之际，各种法律思想学派更注重从理论的层面论辩轻与重，且以其理论的严谨性、思维的辩证性为特征形成诸子百家之争的恢弘局面，其中最有影响力的主要是儒法两家。儒家以"仁"为基础，以"德"为主导，主张德主刑辅，宽仁轻刑；法家以"力"为基础，以"严"为指导，倡导重刑轻罪。两家观点相左，尖锐对立，形成了施刑轻重的理论大论争。

儒家以孔、孟为旗手，继承西周的轻刑思想传统，并予以理论的升华，提出儒家自己的轻刑薄罚观。首先，孔子继承周公的"中罚"主张，提出了"中庸"刑罚观。孔子说："中庸之为德也，其至矣乎！民鲜久矣。"② 康有为《论语注》解释为："中者，无过无不及之名。庸，常也。"而"常"者，"典彝法则刑范"也。③ 但需说明者是，孔子这里所说的"中庸"，不是取刑罚轻重之中，调和折中之法，而是指施用刑罚要掌握犯罪的决定性因素，抓住主要矛盾，准确定罚科刑，不搞轻视德的"重刑重罚"，这是一种富于哲学思考的中罚观的深层见解，是相对法家偏爱的重刑轻罪的对立刑罚观和施刑主张。孔子为了做到这一点，提出的具体措施为：

第一，以礼率刑，刑得其中。正如孔子所言，"礼乐不兴，则刑罚不中；刑罚不中，则民无所措手足"④。孔子认为刑罚不偏重、适"中庸"，必须以礼为指导。因为"夫礼所以制中也"；反之，刑罚定滥必酷。

第二，司法机关选拔官吏要举直错枉。《论语·子路》记载："先有司，赦小过，举贤才。"就是强调"有司"需得其人，国政"益修"的主张。对于选拔司法官吏而言，"举直错

---

① 《尚书·康诰》。
② 《论语·雍也》。
③ 参见《尔雅·释诂》。
④ 《论语·子路》。

诸枉,则民服;举枉错诸直,则民不服"①。举用正直正道之人,废弃邪枉之徒,因为司法官只有"直"才能"直道"施法用刑,不枉人、不纵囚、不亲人、不仇人,执法用刑无偏。

第三,司法审判,必察事原情。孔子要求司法审判首先必察其事,即"众恶之,必察焉;众好之,必察焉"②。司法官不能以"好"、"恶"行法。同时,对于"好"、"恶"也不可附和漫听,道听途说,必须深探其事而得真伪,同时,强调不可"片言"断狱。因为,"片言",单辞也,单辞断案,易生冤狱。而冤狱又往往由刑重而生,因此,防止冤狱出现的前提是反对重刑。虽然这里孔子所讲的动机是指"原父子之亲"的"亲"和"立君臣之义"的"忠",但也体现了将行刑罚,必明"犯意"的思想。作为几千年以前的法律思想家,孔子注意到定罪科刑的客观事实与主观动机的结合,这不失为一种比较先进的原则,值得充分肯定。

作为孔子之后的另一位儒家大师,孟子坚持"德主刑辅"的传统,同样主张先德后刑,在其司法思想中,坚定地反对严刑峻法,提倡"省刑罚,薄税敛"③。他认为在当时汹汹之乱世,民不得安:"老弱转乎沟壑,壮者散而之四方"④,民负重荷,被重刑压得喘不过气来,而统治阶级"争地以战,杀人盈野;争城以战,杀人盈城"⑤。孟子认为各国滥施重刑,不仅失民心,而且会"危国","身弑国亡",贻害无穷。统治者只有做到"省刑罚"、"不嗜杀人",才能赢取民心,使"天下之民皆引领而望之矣"⑥。

因此,孟子提出几项值得注意的主张。第一,对待死刑,必须特别慎重。对待死刑的态度是标明施刑之轻重的最突出的表征之一,因为死刑最容易使刑重致滥,滥及无辜,株连无罪,以致"无仁"到"民之憔悴于虐政"。可见,孟子的司法思想是主张对于死刑应慎之又慎:"左右皆曰可杀,勿听;诸大夫皆曰可杀,勿听;国人皆曰可杀,然后察之,见可杀焉,然后杀之。"⑦ 第二,对于滥杀无辜的人要给予严厉制裁。正如他所说:"无罪而杀士,则大夫可以去;无罪而戮民,则士可以徙。"⑧ 第三,提出"生道杀民,虽死不怨"的主张。孟子在死刑问题上,并不是无原则地主张宽纵。相反,却认为危害社会的罪大恶极者,要予以惩处,并认为这不是滥刑重罚。如果姑息其罪,则失刑罚之社会儆尤作用。但他重视的是杀人"得其情",行不忍人之刑,行不忍人之罚,在审判中应存"常求其生"之心,慎重办案,反对不负责任,草菅人命,甚至故入人罪。⑨ 如果这样,犯罪者也不会死而有怨,社会也不会有滥施重刑之讯,真正做到杀一人而教育千万人,"死一人所以生千万人也"⑩。

法家以商、韩为代表,鼓吹重刑,形成一种典型的重罚主张。先秦时期"天下汹汹"已成定势,天下之民,对于财利,猖狂以夺,已成习性。如何认识社会,治理乱世?作为法家

---

① 《论语·为政》。
② 《论语·卫灵公》。
③ 《孟子·梁惠王上》。
④ 《孟子·梁惠王下》。
⑤ 《孟子·离娄上》。
⑥ 《孟子·梁惠王上》。
⑦ 《孟子·梁惠王下》。
⑧ 《孟子·离娄下》。
⑨ 参见俞荣根:《儒家法思想通论》,312页,南宁,广西人民出版社,1992。
⑩ 《大学衍义补·慎刑宪》。

代表人物的商鞅，从人性恶出发构建了其治国的理论。正如他在《商君书·算地》中所说："民之性，饥而求食，劳而求佚，苦则索乐，辱则求荣，此民之情也。"他提醒统治阶级必须认识到"好恶者，赏罚之本。夫人情好爵禄而恶刑罚"① 的深刻道理，并及时运用相适应的又卓有治效的赏罚措施，才能治理好国家。因为"法令者，民之命也，为治之本也，所以备民也。为治而去法令，犹欲无饥而去食也，欲无寒而去衣也，欲东而西行也"②。可见商鞅对以法治理社会的高度重视。如果说他的思想主张是有异于儒家的法律理论，那么真正能体现其法家思想特质的倒是他在"重法"基础上的"重刑"理论。

商鞅鼓吹刑为社会须臾不可或缺，而且认为"重刑"又是"力"的表现和"力"的源泉。它的巨大的直接的作用在于"禁奸"、"止过"、防乱和安民。因此，他在《商君书·赏刑》篇中说："重刑，连其罪，则民不敢试。民不敢试，故无刑也。夫先王之禁，刺杀，断人之足，黥人之面，非求伤民也。"在这里，商鞅的重刑理论所表现出来的不只是为重刑而重刑，也不是为"伤民"而重刑，而是通过重刑，使畏刑而不被刑，最后达到消灭刑的刑罚观。从这点上看，其思想有值得肯定的地方。但无论怎么说，商鞅的刑罚观还是有其偏颇的地方。众所周知，社会不可去刑，当然也不能施用重刑，但如果一味地迷信重罚，滥施重刑，那就大显其谬也。而商鞅的大谬之处就在其"重刑轻罪"说。在他眼里，重刑主义是一个颠扑不破的真理："行罚重其轻者，轻者不至，重者不来，此谓以刑去刑，刑去事成。"如果相反，"罪重刑轻，刑至事生，此谓以刑致刑，其国必削"③。不管是商鞅重刑主张的良苦用心也好，还是其理论凸显出来的"刑生力，力生强，强生威，威生德"的法家刑罚观也罢，都最终难掩其赤裸裸的重刑残民的暴戾理论的实质，其理论的偏颇性，其实践的有害性也是立时可见的。

韩非是法家重刑理论的另一个突出代表，他在继承商鞅重刑思想的基础上，变本加厉地鼓吹重罚主张，当商鞅重刑理论遭到儒家驳难时，韩非态度鲜明地捍卫商鞅重刑理论旗帜，批驳儒家的思想。当时儒家提出"重刑伤民，轻刑可以止奸，何必于重哉！"④ 他针锋相对地予以驳斥，其锋芒所现，寒光闪闪。

第一，指出"轻刑"乃乱之术也。韩非子认为对于犯罪，如果施用轻刑，就不能给予犯罪以足够的惩治，达到教育他人的目的，反而觉得犯罪后虽处以刑，但仍有所得，结果社会动荡不安，人们傲慢法令，犯罪不止。即"所谓轻刑者，奸之所利者大，上之所加焉者小也。民慕其利而傲其罪，故奸不止也"⑤。并且，韩非子把人们对待刑罚重轻的态度比作对待高山与低坻者，由于人们傲慢它，熟视无睹，反而颠跌者多。韩非认为"山者大，故人顺之；坻微小，故人易之也"，犹如人们对待刑重刑轻一样，"今轻刑罚，民必易之。犯而不诛，是驱国而弃之也；犯而诛之，是为民设陷也。是故轻罪者，民之坻也。是以轻罪之为民道也，非乱国也，则设民陷也，此则可谓伤民矣"⑥。对社会广大人民而言，轻刑做法不是福

---

① 《商君书·错法》。
② 《商君书·定分》。
③ 《商君书·靳令》。
④ 《韩非子·六反》。
⑤ 《韩非子·六反》。
⑥ 《韩非子·六反》。

而是祸，是统治者事先预设的陷阱、最终的伤民措施。因此，轻刑万不可为、万不可倡。

第二，宣扬"重刑"用，奸尽止。韩非认为社会犯罪是客观存在的事实，对于犯罪只有采用重罚的手段才能防止，舍此无它。即"必诛则止，不诛则行"。而且只有诛必重罚，才能从根本上杜绝犯罪。故曰："重一奸之罪，而止境内之邪，此所以为治也。重罚者盗贼也，而悼惧者良民也，欲治者奚疑于重刑。"因为刑重不是意在伤民，而是志在止奸，如果人们在犯罪后，只受到轻罪，而当轻罚的"苦度"少于犯罪中所获得的"甜度"时，人们就不会停止犯罪。相反，重刑轻罪，犯罪中所得到的愉悦轻于刑罚中的痛苦时，才能有效制止犯罪。这种做法虽然以一个或某一种犯罪显得"禁也急"，但从根本上、长远利益上说是乐民之道，并非伤民之举。正如韩非子所言："法之为道，前苦而长利；仁之为道，偷乐而后穷，圣人权其轻重，出其大利，故用法之相忍，而弃仁人之相怜也。"从此出发，韩非子尖锐地反驳了儒家主张轻刑、反对重刑的批评，肯定重刑的积极作用："是以上设重刑者，而奸尽止，奸尽止，则此奚伤于民哉？""故明主之治国也，众其守而重其罪。"

综上所述，春秋战国时期，刑罚轻重之争，可谓针锋相对，水火不容，而且从比较深刻的理论层面上展开。儒家轻刑理论（从孔子开始，下及孟子，抑或荀子，虽然荀子思想带有儒法合融性特点，不完全同于孔孟思想）都是强调"德"指导下的轻刑罚罪，形成一种比较完善的轻刑理论。法家重刑理论主要从商鞅到韩非子抑或李斯、嬴政（李斯、嬴政主要是韩非理论的伟大实践者）都以"力"为逻辑起点，主张重刑轻罪，至韩非时定鼎为一代重刑理论。

然而，在诸子百家争鸣时代，究竟谁是谁非，难以定论，只有通过实践才能检验。耐人寻味的结果是，嬴政以商韩理论为指导，结出了法家理论的一大硕果——结束汹汹乱世，建立强大的大一统秦王朝，似乎向人们昭示：法家理论是时代抉择的优胜者，儒家理论不可避免地成为失败者。可是秦王朝建立不久，二世而亡，强大的秦王朝仅扮演了历史舞台上的一个"暴兴暴亡"的匆匆过客的角色，法家理论面临着时代的反思和重新认识。因此，汉朝建国后，统治阶级和思想家们可谓众口一词地喊出："悉更秦之法"，以秦亡为殷鉴，历史在深刻地反省法家理论。在实践短暂的道家"无为而治"理论后，便速兴儒家恤刑轻罚理论，历史又好像在说明，儒家理论具有强大生命力。在这种背景下，汉以前没有解决的孰优孰劣问题势必再一次争鸣于世。

由于先秦儒法两家各有特色，其实践也各显利弊，但相比之下，似乎"攻之不足而守之有余"的儒家思想更利于大一统王朝的统治。因此，汉武帝开始建构正统法律思想时，便以儒家法律思想为主导，并且兼容了法家、道家的一些法律理论和主张，体现为表面上的"罢黜百家，独尊儒术"，实际上的"霸王道杂之"。尤其是"武帝、宣帝皆好刑名，不专重儒"，天下事皆决于法。当时法吏张汤从狱掾升迁为御史大夫后，积极推行先秦法家的思想和措施，特别崇尚重刑，因此成为汉武帝时一代酷吏的典型代表。同时，又有以董仲舒为代表的儒者在司法实践中动辄以《春秋》决狱，司法官也"莫不援引经义以为据依"。可见在汉代前期，儒法两家施刑轻重的理论还未最终定论，预示着一场新的用刑轻重之争，必然再起。

于是，在汉昭帝时终于爆发了法制史上一次重要的施刑理论的轻重之辩（此为盐铁会议争论的重要内容之一）：以桑弘羊为代表，虽然口谈"春秋之法"，但实赞"商韩之学"；贤良文学虽然也承认"法势者，治之具"，但意在祖述文武和孔孟。贤良文学派从儒家"刑罚中"、民心平的观点出发，反对重刑。他们认为刑罚对于社会来说虽然必不可少，但只是一种起辅助作用的措施，德化才是社会和国家治理的主要手段。正是从这里出发，贤良文学派认定，如果施用重刑，其结果必然表现为，刑罚本身会失去作用，最终出现社会的麻木感："罢马不畏鞭策，罢民不畏刑法。"① 如果出现这种状况，严刑重罚又有何作用呢？严刑重罚只会造成社会的不安和不稳定。刑罚施用的目的在惩处犯罪，通过惩处犯罪达到教育的目的，使社会少犯罪甚至不犯罪。但是，如果"法令众，民不知所辟"，刑罚重，民不知所措，那么社会混乱就会应时而生。秦法繁于秋荼，法网密于凝脂，结果，二世移祚，不可逆转。他们认为从秦败亡的历史教训中，完全可以得出这样一个深刻的道理："政严则民谋主。"② 如果社会发展到如此地步，人民揭竿而起就难料时日了。

桑弘羊一派则从法家的重刑止暴、以刑去刑的观点出发，认识到儒家的"礼不足以禁邪"，相反，只有"刑法可以止暴"。主张治理国家必须做到立法完备，执法严厉，刑罚苛重。认为只有"令严"才"民慎"，"法设"才"奸禁"。因此，他们提出"重刑轻罪"主张，其调子如同法家："千仞之高，人不轻凌，千钧之重，人不轻举。商君刑弃灰于道，而秦民治。故盗马者死，盗牛者加，所以重本而绝轻疾之资也。"又说："盗伤与杀同罪，所以累其心而责其意也……故轻之为重，浅之为深，有缘而然。法之微者，固非众人之所知也。"③ 桑弘羊派除了欣赏、赞同轻罪重刑外，还极力推崇法家严酷的株连政策。他们认为家庭中，父子、兄弟相亲相爱，亲情伦理融于一体，而且父兄具有教育子弟之责，家庭犹如一个不可侵害的生命体，如果在家庭中罪一罚众，譬"若身体相属，一节动而知于心"④，特别是犯禁者"以知为非罪之必加，而戮及父兄，必惧而为善"⑤。

综上所述，盐铁会议之争，实为先秦儒法诉讼理论之争的再现与延伸，如果说先秦儒法之争没有真正解决刑罚轻重问题，那么这次就不一样了。从当时两派各持的观点看，虽然表面上谁也不让谁，谁也不服谁，但是实际上，轻刑主张取得最后胜利。我们知道，西汉初年至武帝时期，随着"独尊儒术"的出现与"德主刑辅"思想的确立，轻刑主张的胜利在形式上已经完成，只是实践中轻重两种思想的交锋仍然如故。

汉武时酷吏垄断司法，重刑遍及社会，同时，"春秋决狱"勃兴于社会，轻刑主张又在矫正着重罚。正是在这种背景下发生了"盐铁会议"之争，贤良文学的轻刑主张，犹如在势均力敌的轻重较量中给轻刑理论以强大的助推力，为汉以后轻刑思想主导司法审判起了重要的作用。历史事实也是如此：东汉末年兴起以《春秋》之义注释律学的高潮，魏晋南北朝引礼入律进一步发展，立法从宽，司法从轻。西晋时期一部"蠲其苛秽，存其清约，事从中典，归益于时"⑥ 的法典的制定，实际上标志着古代法律制度由繁入简，由重趋轻。如其减少重罚条文，对妇女处刑宽大，省禁锢相告之条，轻过误老少妇女的规定等等，无不体现了用刑从轻的主旨。紧接着一部"法令明审，科条简要"的《北齐律》问世，定律十二篇，从

---

① 《盐铁论·诏圣》。
② 《盐铁论·周秦》。
③ 《盐铁论·刑德》。
④ 《盐铁论·周秦》。
⑤ 《盐铁论·周秦》。
⑥ 《晋书·刑法志》。

形式上完成了由繁至简的改革过程，从内容上进一步体现了从重到轻的发展趋势。魏晋南北朝分裂局面的结束，重新统一的隋王朝，为正统法律思想的最终建立和省刑轻罚的最后定型起了决定性作用。文帝时期制定《开皇律》的指导原则就是"实行轻刑恤罚，蠲除苛法严刑"。如《开皇律》把"枭首轘身"、"枭轘及鞭"统统废除，古往今来对此称赞不已。《隋书·高祖纪》载：隋律（开皇律）"以轻代重"，"尽除苛惨"。思想家赵绰说："陛下行尧舜之事，多存宽宥。"今人也说："《开皇律》在自秦至隋的历代中国封建法制中，确实是比较轻简的法律。"① 而隋律又直接影响唐律的制定，即由繁入简、"取合时宜"、"得古今之平"的唐律就是以开皇律为蓝本制定的。

因此，明代薛允升赞曰：唐律"绝无偏倚蹉驳之弊"②。即指唐律从立法思想、立法内容看，都是一部法宽刑轻的法典。

（三）宋明清用刑"重其所重、轻其所轻"特殊之态

可以说，中国古代社会法制至唐定鼎，刑罚至唐适中，实际上是刑罚最轻的时期。自宋开始，由于传统社会进入后期发展阶段，为了维护以皇帝为中心的极端专权统治，用刑开始趋重，至明随着极端专权统治的完成，刑罚亦发展到最典型的重典治世时期。

宋朝之初，一方面沿用唐制（包括律、令、格、式），也参用五代之制，可谓还保持着唐代轻刑之传统；另一方面又由于宋代阶级矛盾、民族矛盾较前朝异常尖锐和复杂，于是国家实行高度集权，严加防范："收敛藩镇，权归于上，一兵之籍，一财之源，一地之守，皆人主自为之也。欲专大利而无受其大害，遂废人而用法，废官而用吏，禁防纤悉，特与古异，而威柄最为不分。"③ 由此认识出发，宋朝从制定《宋刑统》开始，法网繁密，而且法律内容"细者愈细，密者愈密，摇手举足，辄有法禁"④。同时，宋代也从建隆时期开始实施重刑。对此，《宋史·刑法志》如是说："太祖太宗颇用重典，以绳奸慝。"后来继续沿用重刑，使宋代法律"有重于旧律"，即刑重于唐律。这里不妨试举一例加以说明：宋代对盗贼犯罪处刑相比唐律大大加重。宋太祖建隆三年（962 年）敕规定："从今以后凡犯窃盗，赃满五贯处死刑；不满五贯，决脊杖二十，配役三年；不满三贯，决脊杖二十，配役二年；不满二贯，决脊杖十八，配役一年。"⑤ 而唐律规定盗窃得财，一尺杖六十，一匹加一等，五匹徒一年，五匹加一等，五十匹加役流。两相比较，宋律比唐律处刑重得多。更为甚者，《宋刑统》卷二十《共盗并赃依首从法》"臣等参详"记载："如已经官司两度断遣，至第三度更犯，不问赃物多少，处死。"就是说只要是第三次犯盗罪，不论前科赃物多少，一律处死刑。而唐律规定只是"前后三犯徒者，流二千里，三犯流者，绞"。特别到仁宗以后又立《盗贼重法》和《重法地法》，规定凡犯盗窃罪，本人处死刑，妻子编外（发配千里），财产赏告人。这为唐律中所没有。

除此以外，说明宋代刑重于唐律者，最有说服力的要数下列二端：一是宋代立法的最大

---

① 倪正茂等：《中华法苑四千年》，62 页，北京，群众出版社，1987。

② 薛允升：《唐明律合编》。

③ 《水心别集·始议二》。

④ 《水心别集·法度总论二》。

⑤ 《宋刑统·贼盗·强盗窃盗》。

特色是编敕，司法也重敕，而敕规定的刑罚又重于律。如朱熹《朱子语类·法制》说道："律轻而敕重，如刺面编配"，即指宋代使用律中所没有的所谓四刑兼用的杖脊、刺面、流配和徒役。这实际上是唐律中没有规定的重刑。二是大量使用法外刑。据《宋志》所载：太宗时期开封府审理王元吉案时，"系缚榜治，谓之'鼠弹筝'，极其惨毒"。连太宗也惊叹："京邑之内，乃复冤酷如此，况四方乎?"至于理宗时期，狱吏施刑无所不用其极，更是甚于前朝。所谓"擅置刑具，非法残民"，诸如使用"掉柴"、"夹帮"、"脑箍"、"超棍"等法外酷刑，使人"痛深骨髓，几于殒命"。甚至在死刑执行上，也是残酷已极，最使人触目惊心的重刑是凌迟处决。据《朴通事谚解》记载：行凌迟刑时，"于刑人法场植一大柱，缚着罪人于其上。刽子用法刀，剔其肉，以喂狗，而只留其骨，极其残酷"。据陆游所见，施刑中"肌肉已尽，而气息未绝，肝心联络，而视听犹存"①。因此而遭到人们反对，甚至连官吏也议为"非法"。《诸臣奏议·恤刑》中载有当时蕲州钱易的一段话便是明证。他说："非法之刑……至于今日乃或行之……不从法司所断，皆支解脔割，断截首（手）足，坐针立钉，钩背烙筋及计杂用刑者。身具白骨，而口眼之具犹动；四体分落，而呻痛之声未息，置之闤以示徒众。四方之外，长吏残暴，更加掊造取心、活剥，所不忍言。"

　　明朝时，善于总结历代治国经验的朱元璋似乎体察到宋之以重而亡、元之"以宽而失"的道理，同时，也随着皇帝极端专权体制的确立，朱元璋一面强调"重典治国"、"刑用重典"，一面又高喊"轻刑"，因此，形成了中国封建社会后期一个很具特色的"重其所重，轻其所轻"的用刑理论和实践。

　　明太祖朱元璋建明后，目睹社会各种非常尖锐的社会矛盾，加之亲睹元朝灭亡的历史教训，明确指出："吾治乱世，刑不得不重。"② 因此，在着手法制建设时，首先就制定了一部"有乖中典"的重刑法律——吴元年律。接着制定的洪武七年律也是一部重刑法典，虽然它的篇目"一准于唐"，但其中条文畸重者达七十多条。如果说吴元年律和洪武七年律是两个重刑法典的话，那么明朝最能代表重刑主义的法典则是《明大诰》。朱元璋在洪武十八年（1385年）前虽然利用吴元年律和洪武七年律惩处犯罪，但是社会仍然"犯者相继"，于是"出五刑酷法以治之，欲民畏而不犯，作《大诰》昭示民间，使知所趋避"③。从性质上看，《大诰》是中国古代封建社会空前绝后的一部专门刑法典。从内容上看，刑罚异常残酷，诸如墨面纹身、挑筋、断指、刖足、断手和阉割等等。《大诰》严刑重罚如此之多，主要原因是朱元璋认为重刑可以"去刑"。正如他自己说的那样，重刑可以"使臣民知畏"，"不敢轻易犯法"。至洪武三十年（1397年）始颁于天下的《大明律》，虽然号称是"轻重适宜"的"中典"，但实际上仍是一部重刑法典。从洪武三十年律与吴元年律和七年律比较而言，有些刑确实从轻（如伦理犯罪方面），条文也减少，问题是，在洪武三十年（1397年），朱元璋将《钦定律诰》附于明律正文之后，与正文具有同等法律效力，而《钦定律诰》的146个条文都是体现重刑的典型规定，这样就使明律又变成异常重刑的法典。而且这种律诰汇编的法典不仅是施用于洪武永乐时期，而且是要求"子孙守之"，永远不得修改。虽然到后期已废《律诰》部分，但它仍然比较长期地适用于明朝。而且更要看到的一个问题是，即使废去

　　① 《渭南文集·条对状》。
　　② 《明史·刑法一》。
　　③ 《御制大明律序》。

《律诰》的明律，仍有一个突出的刑罚适用特点：与唐律比较，"重其所重，轻其所轻"。就是指对于重罪（诸如十恶中谋反、谋大逆、谋叛），明律处刑比唐律更重，这才是明律重刑主义的根本表征。对轻罪（诸如伦理道德方面的犯罪，如不孝罪等）处刑比唐律更轻，这又是历代学者认为明律具有"轻刑"性质的论据。但不管怎样，这种"重其所重，轻其所轻"的特点，正好构成了中国古代诉讼发展中的第三种理论形态。

在这里，我们还有必要从实践层面分析一下"重其所重，轻其所轻"的问题，以揭示其理论的社会价值所在。在"重其所重"方面，如犯谋反重罪，唐律规定谋反者本人处斩刑，其父及子女 16 岁以上者受连坐处绞刑，其余亲属处流刑以下刑罚。而明律则规定，同样犯谋反重罪，犯罪者本人处凌迟刑，其祖父母、父母、子、孙、兄弟及同居之人，不分异姓，及伯叔父、兄弟之子，凡年 16 岁以上，不限籍之异同，不论笃疾残废，一律处斩刑。又如犯"强盗"重罪，唐律规定，犯强盗罪假如已行不得财者，处有期徒刑二年。假如已行得财者，则根据赃数大小、是否持械或有无杀伤人行为，分别按律处刑。明律对此种犯罪处刑则为：已行不得财者，处杖一百流三千里刑；已行得财者，则不分首从，一律处斩刑。两者相比较，可见明律比唐律重得多。在"轻其所轻"方面，诸如犯"典礼及风俗教化"等一般犯罪（即所谓轻罪）中的"不孝"罪——"祖父母、父母在，子孙别籍异财"，唐律对不孝者处以徒刑三年，而明律只处以杖一百，两者之刑相差很大（五等）。

值得注意的是，刑罚施用中往往"重其所重"至极端，而"轻其所轻"很有限。朱元璋及其继承者为了巩固自己的统治，挥舞着重其所重的大棒，可以随心所欲地过限施刑，不管是熊罴之宿将，或善谋之文臣；也不管其是否有罪或罪之大小，只要属欲除之人，可以随便加上重罪罪名处以极刑，而且不惜广连蔓株，一网打尽，甚至可以不惜违反法律规定罪及不应连坐者。如发生在洪武九年（1376 年）的"空白文册"案和洪武十八年（1385 年）的郭桓贪污案，中央各部高官（六部左右侍郎）和各级地方官吏株连被杀者达七八万之多。又如洪武十三年（1380 年），宰相胡惟庸等人被杀后的十年，明太祖以"胡案"余党的罪名，再次杀掉八个开国功臣，株连达三万人。正是朱明王朝的"重其所重"政策和理论的实践，才真正把中国古代重刑酷罚推向了无以复加的高度。相比之下，明之"轻其所轻"就显得不足挂齿了，从而充分说明有明一代崇尚重刑苛罚的价值取向。至于明代其他诸如新创的"廷杖"、"军流"（特别是其中的"终身"充军和"永远"充军）、特务组织的横行肆虐，不也是更能说明问题？！

在"清承明制"的封建季世，基本法典《大清律》实际上是《大明律》的再版，篇目相同，条文基本相等（仅少 24 条），刑罚施用也"准依明律"[①]。即在清代仍然继承"重其所重，轻其所轻"的传统。如果要说其发展的地方，倒是在"重其重罪"上更有特色，这或许又是清律更甚明律的地方，主要表现在刑罚上往往重于律的例大量被创制和使用（当然也有些较轻刑罚的例）和惩处思想犯罪的文字狱达到登峰造极的地步。

如上所述，中国古代诉讼轻重理论发展史基本呈现出这么一种态势：轻重之争不定态（先秦到汉初）——刑罚趋轻态（汉唐）——刑罚趋重态（宋明清）。整个几千年的较为复杂的发展规律暗含着理论的生命力越来越弱，而封建专制的霸道和刑罚施用的残酷却越来越强

---

① 《清世祖实录》卷五。

劲，这正好符合了中国古代封建专制不断强化的发展规律。

二、轻重理论之阐析

对于中国传统的诉讼历史，只要我们稍做清理，一幅特殊的让人难以置信的用刑轻重不定的动态画卷顿时展现于眼前。这就不禁让人发问，在儒家德主刑辅、哀仁折狱主导下的中国古代诉讼，为什么"德"不能真正主导，"仁"不能真正贯彻。相反，往往出现"德"主下的刑呈苛峻，"仁"掩下的罚显严酷。而且，尽管历代不断有人对此针砭其弊，直陈其害，也不能达至"中罚"和"得其平"的境界，时轻时重的诉讼历史犹如一匹脱缰的野马，难以驾驭，究竟其原因是什么？对此，我们不能不从其理论层面进行分析。

法律和刑罚乃历史发展之产物，它随着历史而出现、发展，同样也将随着历史消亡而消亡，因此，法律与刑罚在它的自身运动中，因世而异。经过前面的分析，我们清楚地认识到中国古代在其法律运动中，刑罚适用总呈现出马鞍形发展轨迹，总不能在刑罚适中的主轴线上直线伸展。相反，总是激烈地震荡，形成畸轻畸重状态。如果深究其原因，恐怕应归之于"势"的发展和所谓早已形成的"三国三典"理论（刑新国用轻典，刑平国用中典，刑乱国用重典）的指导。

（一）"势"之所趋

"势"的发展总是从野蛮到文明，从落后到进步，谁也无法抗拒和扭转。但"势"的发展又是复杂多变的，它既决定于"势"的实际内容，也受制于"势"的多变因素。但归根到底决定于"势"的实际内容——治世方法。我们知道，治世方法大体可分为"专制独裁"式和"民主政体"式，不同的治世方式决定了不同的法制模式和异样的刑罚适用，因而呈现出不同的刑罚适中态或刑罚的轻重不定态，而刑罚的轻重不定态又必然走向刑罚的畸轻畸重。中国古代传统社会从国家产生开始就形成君主专制统治体制——朕即国家。全国服从君主一人："听予一人之作猷"，"惟予一人有佚罚"①。"普天之下，莫非王土；率土之滨，莫非王臣"②。君言即法，法效最高——"前主所是著为律，后主所是疏为令"③。由于中国古代这种"势"的作用，国家即一人（君主）一姓（王姓）之国家，刑罚乃一人一姓治世之工具，为了一人一姓之利益，刑罚随意用，鞭子随意抽。因此，刑罚因势轻重乃必然之趋势。另外，由于刑罚使用过极，物极必反，社会鼎沸，人们怒吼，必然造成封建统治的岌岌可危，或者迅速崩溃，这时，统治阶级又不得不收敛一时，休息人们，薄赋社会，政宽刑轻。如是之政，轻重岂不随"势"。

历史上商代以刑罚残酷著称于史，"尔不从誓言，予则孥戮汝，罔有攸赦"④。对于"不吉不迪"（不按正道办事）、"颠越不恭"（狂妄放肆）、"暂遇奸宄"（欺诈奸邪）的行为，不仅将本人处死，而且要株连家族，斩草除根。⑤ 甚至大量使用法外重刑，动辄将人剁成肉酱

---

① 《尚书·盘庚上》。

② 《诗经·小雅·北山》。

③ 《汉书·杜周传》。

④ 《尚书·汤誓》。

⑤ 参见《尚书·盘庚中》。

（醢刑）、细割身体将肉晒成肉干（脯刑）、剖膛取心（剖心刑）等等，刑罚残酷致极。西周时期，鉴于商朝刑滥罚酷而亡国的教训，为了巩固奴隶主政权，刑罚从轻，提出和实施一系列反商暴政严刑的主张和措施："克明德慎罚，不敢侮鳏寡"①，"予罔厉杀人"（不要枉杀人）②，要求司法官要"敬于刑"、"永畏惟罚"、"哀敬折狱"、"非佞折狱，惟良折狱"③ 等等。事实说明，西周的轻刑尚德思想指导了其重德轻罚的实践，取得了比较满意的效果，把"邦畿千里"的大国治理得秩序井然，强盛一时。

继周以后的统一国家秦朝，是在"诸侯异政"的基础上建立的封建专制王朝，秦始皇为了皇权永固，万代传承，又出现一种新的"势"，使秦朝不得不抛弃西周的礼治，实行法家的重法严刑主义，企图以刑去刑，达到大治。所以，对于社会犯罪，小则轻罪重罚——"刑弃灰于道者"；大则株连甚广——"夷三族"，甚至邻里相坐，上下相连……刑罚不可谓不重。刘邦建汉以后，统治阶级和思想家们深深感知到要巩固封建政权，适应"势"的发展，又不得不来一个矫枉过正，行"无为而治"——法定"三章"，休息民生，安定社会。汉初简法轻刑的结果，确实带来了"悉更秦之法"的事功——出现了中国封建社会的第一个太平盛世"文景之治"。但是，三章法难以御奸，封建大一统之"势"在发展中强烈地要求：变无为而治为有为而治。适此之时，雄才大略的汉武帝实行积极有为的政策："外事四夷，内兴功利"，急功进取，颁典制律，又开始繁法重刑，以治社会；一代新儒董仲舒也适时神化儒学，改造儒学，使服务于汉朝封建专制的法律思想日趋完善——古代正统法律思想由此确立，其结果完全适应了地主阶级加强专制皇权和统治人民的需要。

魏晋以降，直至明清，刑罚轻重之施用，也都是根据封建政权统治之"势"而定。其中最能说明问题者是明初时期的境况。朱元璋在元末农民起义中建立政权后，他看见了元朝"以法变宽松"而失国的事实，总结出"元氏昏乱，威福下移，法度不行"④，法制"纵弛"，刑罚不重（其实元朝非为轻刑之朝）乃元朝灭国之根本原因。有识于此，朱元璋在建明以后，非常自觉地认识到要巩固封建统治，必须"反元政，尚严厉"，故在建国之后，"当先正纲纪"⑤；刑"非猛不可"⑥；"刑不得不重"⑦。正是在这种理论的指导下，明初"重典治吏、治民"的立法、司法实践，可谓把封建刑罚施用推向极致，令明朝之先者、洪武之后者都只能望其项背，不能与其比肩。

（二）"三国三典"之所导

"三国三典"，即"刑新国，用轻典"；"刑平国，用中典"；"刑乱国，用重典"⑧。这是古代经典的世轻世重的治国理论，自西周提出以后，便一直为后世法律思想家所演绎。春秋法家思想家子产将其推向"重"："夫火烈，民望而畏之，故鲜死焉；水懦弱，民狎而玩之，则

---

① 《尚书·康诰》。
② 《尚书·梓材》。
③ 《尚书·吕刑》。
④ 谷应泰：《明史纪事本末》，卷二。
⑤ 谷应泰：《明史纪事本末》，卷二。
⑥ 刘基：《诚意伯文集》，卷一。
⑦ 《明史·刑法一》。
⑧ 《周礼·秋官·大司寇》。

多死焉，故宽难。"① 子产认为治国用刑，轻刑不如重罚，故坚定地主张重刑轻罪，达至去刑之目标，体现了法家的重刑思想。后经法家重要代表商鞅、韩非的理论发展，形成一个完整的重刑治国的理论体系："行罚重其轻者，轻者不至，重者不来，此谓以刑去刑，刑去事成；罪重刑轻，刑至事生，此谓以刑致刑，其国必削。"② "重一奸之罪而止境内之邪，此所以为治也……欲治者奚疑于重刑。"③ 法家子产、商鞅、韩非的重刑理论经李斯、秦始皇的精心实践，形成秦朝一代严刑酷法之治，在中国历史上把重典治国推向巅峰。

儒家孔子将"三国三典"和子产"火水"理论发展为"宽猛相济"的治国思想，认为治国既要用"宽"治，又要用"猛"治，缺一不可，而且主张交替使用，才能国治民安，国是以和。实际上，无论西周的"三国三典"理论，还是孔子的"宽猛相济"主张，都是以律治国，诉讼审判上或因地域、时空不同而分别强调轻重不同的刑罚而已，但是其中缺失的仍是一个刑罚轻重适用的"度"或标准，也正是因为如此，中国传统诉讼，施刑用刑，总呈现的是一条轻重不定的震荡线。

值得注意的是，任何一种诉讼理论的提出，以及受这种理论影响而形成的一种诉讼实践，总是在理论的求索中、实践经验的积累中，不断地由不科学逐渐趋向科学和理性，而且，这一过程是漫长的，甚至是痛苦的。但是，我们认识一种社会现象，包括法律现象，必须与其紧密相关的国家"自然状态"连接起来看问题，方能真正理解这种社会现象、法律现象存在的必然性和合理性。

中国传统社会，无论奴隶制社会的夏商周，还是封建制社会的秦汉唐宋明清，均为高度的专制集权之世，法律施用、诉讼之进行，皆为治国之工具，故其强烈的法律工具价值便凸显出来。为了治好国、稳定社会秩序，维护专制统治，必然根据其需要而相应调整立法和施法，诉讼审判在其长期运作中，也就必然呈现一种轻重不定态。众所周知，中国传统社会的发展规律，总呈一种缓慢的又相对稳定的发展趋势，周期性的治乱相依，一乱一治，一治一乱，不仅表现为频繁的朝代更替，也反映在无数的君主在位统治时（即君主在位的前期后期的不同，即便是圣明的君主亦如此）。为适应这种政治统治的需要，显然，诉讼审判的"轻态"不行，诉讼审判的"重态"亦不可取，太多的历史教训已经昭示在前：商纣的严刑，秦朝的酷法，都被后世认为是亡国的原因、诟病的标本。同样，汉初的黄圣之治，也不是治世的经典。因此，社会只能适应形势发展而用以世轻世重理论、宽猛相济主张。特别是当正统法律思想于西汉开始建构以降，以孔子思想为代表的儒家主张占有主导地位，无疑，孔子的宽猛相济的诉讼法律思想铸就了中国诉讼文化的万世之生命，指导了历朝亘古难变的诉讼之实践。时用重典后必施轻刑，间行宽法后踵继严典，施刑轻与重，总是在不断地交替使用，自汉至清两千年中，诉讼之实践，莫不循此规律，周期性地惯性地向后伸展。

---

① 《左传》昭公二十年。
② 《商君书·靳令》。
③ 《韩非子·六反》。

第四节 简评

从理论上看，诉讼制度如何运作和发展，无非是要正确解决德威、宽严和轻重三个根本性的理论问题。然而，对于这三大理论问题，似乎古今中外都没有很好地解决，中国古代显得更为突出。自汉代以来，儒家思想成为主导法律理论，儒家所倡导的德、宽、严主张在强烈地起着作用，左右着几千年诉讼理论的形成和发展。但是，封建专制的国家又总是用威、严、重的法家思想维护、巩固自己的统治，或许在实然上更具好感和更愿乐用。这样，几千年的传统诉讼史就是一幅德威、宽严和轻重之争的色彩斑斓的多彩画，理论和实践上（特别是实践）的时威时德、时宽时严、时轻时重总是反复出现或交替使用，始终没有形成一种比较成熟和稳定的理论形态和运作模式。

何以至此呢？原因固然是复杂的，但起码有一点是至关重要的，那就是中国传统的政治、经济、文化结构和特质所起的决定性作用。如果从这里出发，认识传统诉讼的理论问题，肯定会有助于我们比较正确地理解德威、宽严和轻重之争的诸多理论问题。当然，我们在探讨这三大理论问题时，千万不可片面化和绝对化，因为它们本来就是相依而立、相互为用的一种实然形态，自然也各有其应有的价值及其理论对立的重要诱导性和制约影响，也许正是这一点，才真正显示了中国传统诉讼法律文化的独特之处。因此，在讨论古代诉讼理论时，最重要的是对它进行科学的梳理，明其是、知其非，总结点带规律性的东西。

第三章

诉讼原则

中国传统法以刑为主，向来重实体，轻程序，其刑法原则不仅发达，今世学者对它也倍加关注，研究成果颇多，难以枚举。然而，学界对中国传统诉讼原则的研究却极显薄弱，这不利于全面、正确地认识中国传统法律文化的特质。其实，中国传统诉讼文化源远流长，反映在每个历史时期的司法实践中，其诉讼原则同样丰富多彩。我们认为，贯穿于整个诉讼过程中，能够对各个不同的历史时期的司法活动起指导作用的诉讼原则是有限的。综合归纳起来，主要有以下几个原则：等级特权原则、宗法伦理原则、仁道矜恤原则以及有罪推定和刑讯逼供原则等。诉讼过程中的等级特权原则与作为刑法原则的等级特权原则略有不同，它侧重于等级法律特权在司法诉讼活动中的具体表现，如"八议"法律特权及"请"、"减"、"赎"、"官当"等司法适用规则，限制奴告主，限制卑告尊，凡命夫、命妇不躬坐狱讼及良贱不平等，种族特权上的诉讼不平等。宗法伦理原则不仅是中国历史上特有的一项政治原则，也是一项基本的法律原则，它贯彻于各个部门法之中，在诉讼过程中主要体现为"相隐"和"五服"制下维护尊卑伦常的诉讼规则。仁道矜恤原则体现了历代统治阶级的"恤狱"、"慎刑"思想。在封建统治者的眼里，仁政和德主刑辅最集中的表现就是慎刑恤罚。为了标榜仁政、宣扬德治，统治者在司法诉讼中采取的主要措施有矜老恤幼、存留承祀、登闻鼓直诉、录囚、死刑复奏等，遇重大冤情，当事人甚至还可以拦车驾向皇帝直诉。"有罪推定"相对于"无罪推定"而言，更符合中国古代的诉讼实情，它是我国从奴隶社会继承下来的传统，体现出刑律的残酷和诉讼程序法的落后。封建时代，司法专横、刑讯逼供、纠问诉讼等情更是家常便饭。本章的基本研究方法是把有关刑法原则和制度置于特定的司法运作中进行取舍，抽象出符合历史真实的诉讼原则，并辅之以大量的司法判例充分论证，且略加评论，以求正于学界。

第一节
等级特权原则

儒家思想主要源于西周"礼治"。礼重尊卑贵贱,等级森严,所谓"天有十日,人有十等"。在贵族内部,等级不同所享特权也不同,"名位不同,礼亦异数",级别愈高,特权愈多。因而,儒家思想主导的中国古代法律的一个重要宗旨是确立"尊卑长幼之序",赋予封建贵族、官僚和家长、族长以特殊法律地位,享受各种法定的和习惯的特权。等级特权原则的内容在中国古代司法制度上相当丰富。不过,在这里,我们要侧重讨论的是"这些特权阶级不受司法机构与普通法律程序拘束的情形"①。

一、"八议"原则

中国古代法是特权法,人们在法律地位上的不平等,最集中反映在"八议"之中。所谓"八议",就是有八种人犯了法可以不按法定的程序进行审判,并享有减免刑罚的特权。八议的对象是:一曰议亲;亲,指皇帝的内外亲属,包括皇帝袒免以上亲及太皇太后、皇太后缌麻以上亲,皇后小功以上亲。二曰议故;故,指皇帝的故旧,是长久相处或长期侍奉皇帝的故旧。三曰议贤;贤,指有大德行的贤人,即所谓有封建德行的代表人物和为人楷模的"贤人君子"。四曰议能;能,指有大才能者,即有治国治军才能,帮助皇帝统治,起大作用及为人效法的那些人。五曰议功;功,指对封建国家有大功勋者。六曰议贵;贵,指二品、三品以上的官员和一品爵位以上的贵族官僚。七曰议勤;勤,指忠于职守,日夜操劳,忘私为国之人。八曰议宾;宾,指前朝已退位和"禅让"的国君和贵族。

"八议"起源于周代的"八辟",《周礼·小司寇》有"以八辟丽邦法,附刑罚"的记载。当时的八辟,即已确定为亲、故、贤、能、功、贵、勤、宾,与后世完全相同。如何"附"法,《周礼》没有具体说明,但由此可以推及周代已有了等级特权的司法原则。八议形成为司法制度开始于汉朝。汉朝对"廉吏"、"宗室"及各级官吏就已实行了"有罪先请"的制度,并"规定上造及内外公孙、耳孙有罪当刑及当为城旦春者,都可降为鬼薪、白粲"(《汉书·惠帝纪》)。但此时八议尚未系统化,也没有普遍化。及至曹魏,八议首次入律,历来就存在的特权司法和儒家关于八辟的法律思想被确定为正式的法律原则和制度。唐沿隋制,《名例律》对八议的适用对象、主要内容和执行程序等都作了明确而严密的规定。唐以后至清的各朝法律中,八议更是不可或缺的司法原则,特别是明、清律中的八议适用范围更加广泛。八议者不管犯什么罪,司法机关都不能自行审理,而要一律奏请皇帝。

上述"八议"之人犯了死罪,该如何处置,《唐律疏议·名例·八议》规定:"诸八议者犯死罪,皆条所坐及应议之状,先奏请议,议定,奏裁。流罪以下,减一等。其犯十恶者,不用此律。"这段话包含三层意思:首先,这些特权者犯了死罪,要先交大臣会"议",议其

---

① 瞿同祖:《中国法律与中国社会》,208 页。

所犯之罪及应处刑罚，然后再奏请皇帝裁决，司法机关不能随便处理，即所谓"若犯死罪，议定奏裁，皆须取决宸衷，曹司不敢与夺"①。其次，八议之人如犯的是流罪以下之刑，依规定，"流罪以下，减一等"处罚，司法机关依此定例，照章办理，不必奏请皇帝。再次，对八议之人罪行的减免，规定了一个限制性条件，即"其犯十恶者，不用此律"。十恶为不赦之罪，严重危及皇权，故即使是八议特权阶层，也死罪不得上请，流罪以下不得减罪。在这一特别程序的保护下，绝大多数贵族和官僚的犯罪都能轻易地得到宽宥和优待。如唐高宗永徽年间，华州刺史肖令之贿案，皇帝怒，欲杀之，而御史大夫唐临援引唐律有八议之规定而上奏，最后肖令得免死罪，配流岭南。②

此例属于"八议"特权中之"议亲"和"议贵"。而属于"议功"者之例也不少，特别是汉代"引经决狱"者常以经义为据，为有功于国者犯罪进行辩解，使他们免受法律追究，此时，审判机关不得按一般程序定罪判刑。如《汉书·田延年传》载，宣帝初，大司农田延年因"主守盗三千万，不道"，被劾。御史大夫田广明提出，废昌邑王时，田延年有功。"《春秋》之义，以功覆过"，请求赦免田延年的贪污罪。上应其所请。又《后汉书·马援传》载，伏波将军马援因用兵失算，遭受重大损失，被梁松陷害。马援死后，朱勃上疏以"以功覆过"为据，请求为他平反："臣闻《春秋》之义，罪以功除，圣王之祀，臣有五义。若援，所谓以死勤事者也。愿下公卿平援功罪，宜绝宜续，以厌海内之望。"

从上述事实中我们可以看出，这些特权阶级基本上不受司法机构及普通法律程序拘束，法司不能依法逮捕他，审问他，更不能判决他的罪名。这种人只受最高司法官皇帝的命令，只有他才能命令他的法官去审问，也只有他才能宣判其罪名，加以执行。③"八议"之中，除"议亲"、"议贵"、"议宾"三项在形式上有一定标准外，其余"五议"皆"简在帝心"，即取决于皇帝的个人意志。因此，"犯法则在八议，轻重不在刑书也"。

八议制度的适用范围，不同朝代虽略有不同，但其基本含义没有变化，通过这种特别程序，形成了一个区别于普通平民的特殊团体，其结果，如同一位西方学者所说的那样，"这样，在广大未受过教育的平民和少数受过教育、从理论上说非世袭的文人官僚之间，法律以另一方式正式划定了一条区别其地位的鸿沟"④。

封建社会享受司法特权的实际上不止八议者，统治阶级中还有更多的人通过上请、例减、听赎、官当等方式，享有不同程度的司法特权，从而可以减、免或易刑。

请，指凡皇太子妃一定范围的亲属，八议者一定范围的亲属和五品以上之官，犯十恶以外之死罪，法司无权直接裁决，必须奏请皇帝裁决。根据唐律规定，其具体程序是：法司"条录请人所犯应死之坐"、"应请之状"及"录请人所犯，准律合绞、合斩"，"不缘门下，

---

① 《唐律疏议·名例·八议》。
② 此案详情，《通典》卷一六七载：永徽二年（652年）七月，华州刺史肖令之前任广州都督，受左智远及冯益妻等金银奴婢。诏付群臣议奏，上怒，令于朝堂处死。御史大夫唐临奏曰："……以令之受委大藩，赃罚狼藉，原情取事，死有余幸。然既遣详议，终须近法。臣窃以律有八议，并依《周礼》旧文，务其异于众臣，所以特制议法。礼，王族刑于僻处，所以议亲；刑不上大夫，所以议贵。明知审其亲贵，议欲缓刑；非嫉其贤能，谋致深法。今议官必于常法之外，议令之重，正与尧舜相反，不可为万代法……"诏遂配流岭南。
③ 参见瞿同祖：《中国法律与中国社会》，211页。
④ ［美］D. 布迪、C. 莫里斯：《中华帝国的法律》，朱勇译，25页，南京，江苏人民出版社，1995。

别录奏请，听敕"①。如应请之人犯流罪，则减一等处理。可见"请"的法律特权是"议"的法律特权的延伸。减，指七品以上官，及应请者的亲属，流罪以下可减一等。"赎"，适用于九品以上官，及七品以上官的亲属。流罪以下可以钱赎罪，事实上死罪也可以收赎，在唐律中明确规定了各种刑罚的赎罪金额。"官当"，适用于一般官吏，即以其官品的等级抵罪，如：五品以上官，一官可抵"私罪"徒二年，"公罪"徒三年。如有兼官，则先以高者抵罪，再以低者抵罪。如罪小官大，抵罪以后留官收赎，如果罪大官小，则余罪收赎。如因"官当"去官者，一年以后仍可降原官一等任用。在唐律中还有"免所居官"的规定，凡免官者"比徒二年；免所居官者（现职），比徒一年"。凡因罪免所居官者，一年后，降原级一等叙用。"减"、"赎"、"官当"的程序与"请"大致相同而略简。

二、"尊卑"原则

中国古代，在儒家思想、伦理观念的主导下，主奴之间和家族内部的尊卑等级甚严，体现出上下有别的封建伦理。反映在诉讼中，为了维护主人和尊亲属的特权，历代法律都不同程度地限制奴婢和卑幼控告主人和尊长。

在中国传统社会里，主奴之间的法律地位是极不平等的。家奴多由买卖而来，有时则由于投靠，或国家对功臣的赏赐。他们一旦属于主人以后，便完全丧失其自由及人格，全由主人任意处分。因此，奴婢不是诉讼主体，如果奴婢告发主人犯罪，就处以刑罚。限制奴告主，是中国古代诉讼制度中一个重要表现，早在秦律中，已有臣妾告主人，不受理，而且告者有罪的规定。《睡虎地秦墓竹简·法律答问》记载："臣妾告主，非公室告，勿听……而行告，告者罪。"②"臣"，男奴隶；"妾"，女奴隶。就是说，男奴女婢不能向司法机关告发主人对自己的"擅杀"、"刑"、"髡"的伤害行为，司法机关也不能受理，如果奴婢坚持告，告发之奴婢就要受到刑处。唐律则不仅规定奴婢不能告发主人犯罪，而且连主人的亲属犯罪也不能告发。《唐律疏议》载："诸部曲、奴婢告主，非谋反、逆、叛者，皆绞；告主之期亲及外祖父母者，流；大功以下亲，徒一年。诬告重者，缌麻，加凡人一等，小功、大功，递加一等。"③元朝法律同样规定："诸奴婢告其主者，处死。本主求免者，听减一等。"④辽法，主非犯谋反、大逆及流罪、死罪者，其奴婢无得告首。⑤清律规定："凡奴仆首告家主者，虽所告皆实，亦必将首告之奴仆，仍照律从重治罪。"⑥

此外，明清时期，因雇佣关系在经济领域的发展，出现了一种特殊的主奴关系，即雇主与雇工的关系。法律将雇工告主，与奴婢告主同列在一起，只是刑罚减轻一等。如《大明律·刑律五·诉讼》"干名犯义"条规定："若奴婢告家长及家长缌麻以上亲者，与子孙卑幼罪同。若雇工人告家长及家长之亲者，各减奴婢罪一等。"乾隆二十年例规定："凡旗下家奴告主犯该徒者，即于所犯附近地方充配，不准枷责完结，俟徒限满日，照例官卖，将身价还

---

① 《唐律疏议·名例·皇太子妃》。
② 《睡虎地秦墓竹简》，196 页。
③ 《唐律疏议·斗讼·部曲奴婢告主》。
④ 《元史·刑法四·诉讼》。
⑤ 参见《辽史·刑法志》。
⑥ 《大清律例·刑律·诉讼·干名犯义》。

给原主。"可见雇工的地位是介于奴婢与常人之间的。

如同西方学者所观察到的，"中国古代的各朝法律都确认家族内部这种基于性别、辈分、亲疏程度的不同身份，而这种家族内部的身份差别甚至比一般的社会地位差别更为复杂"①。家族内身份的尊卑区别决定了卑幼的诉讼权利必须受到限制，这突出反映在告发犯罪的权利上。中国古代法律虽规定亲属相犯，可以"听告"，但不管怎样，卑幼告发尊长是严格限制的。一般性的原则是：控告尊亲属，要按具体的尊卑亲疏关系而处以不同的刑罚，越是近亲刑越重。《唐律疏议·斗讼》规定："诸告祖父母、父母者，绞。""诸告期亲尊长、外祖父母、夫、夫之祖父母，虽得实，徒二年。其告事重者，减所告罪一等……告大功尊长，各减一等；小功、缌麻，减二等。""诸告缌麻，小功卑幼，虽得实，杖八十；大功以上，递减一等。"由此可见，卑幼与尊长在诉权上极不平等。

特别是在子为父隐的诉讼观念影响下，如子孙告发父母、证实父母有罪，都是伤天害理的事。南朝时宋人蔡郭认为："鞠狱不宜令子孙下辞明言父祖之罪，亏教伤情，莫此为大。"此说得到朝廷认可，所谓"朝议咸以为允，从之"②。这段话可以说明，在宗法等级制度下，卑幼的权利是难以得到保障的。历代的法律都严格制裁子孙告祖父母、父母的行为。汉衡山王太子爽坐告父不孝弃室。③东汉时齐王晃及弟利侯刚与母太姬宗更相诬告，有司奏请免晃、刚为庶人，徙丹阳，帝不忍，诏加贬削。④元朝虽以游牧民族入主中原，也严格制裁卑幼告祖尊长的行为，法律上明定："诸子证其父，奴讦其主，及妻、妾、弟、侄不相容隐，凡干名犯义为风化之玷者，并禁止之。"⑤元英宗时，驸马告父谋反，帝曰："人之事亲，有隐无犯，今有过不谏，复讦于官，非人子之所为。"命斩之。⑥

如果是诬告，则对卑幼的处罚在反坐的基础上加重。如清道光三年（1823年）"张志谦诬告胞兄张愫棍蠹害民情"一案⑦，根据法律，如果控告是实，张愫应照"棍徒扰害、拟军"。但经审理证实是张志谦诬告，又根据法律规定，卑幼告期亲尊长，无论所告是否属实，卑幼皆得受罚，因与同居相隐原则违背，故张志谦诬告胞兄，落得个于充军役上加罪三等，发遣新疆当差的下场。

三、其他特权原则

（一）贵族官僚的诉讼代理制

诉讼代理制是对官吏在诉讼上的特殊优待。此项规定最早见于《周礼》之"凡命夫、命妇不躬坐狱讼"。命夫指大夫以上的奴隶主贵族，命妇指大夫以上奴隶主贵族的妻子，他们在诉讼中如当庭对质，特别是与平民涉讼而对簿公堂，无形中就亵渎了奴隶主贵族的尊严，因此，他们以涉足公堂为耻。为存其体面，法律保护这种不平等的特权，无论其为原告或被

① ［美］D. 布迪、C. 莫里斯：《中华帝国的法律》，21 页。
② 《宋书·蔡郭传》。
③ 此案详情参见《史记》卷一一八，《衡山王传》。
④ 参见《后汉书·齐武王缜传》。
⑤ 《元史·刑法四·诉讼》。
⑥ 参见《新元史·刑法志》。
⑦ 参见《刑案汇览·刑律》。

告，均不使与平民对质，平民不能当面控诉他，他也无须亲到公堂向法官答辩，必要时，可派下属子弟代替。以《曶鼎》为例，此案中曶和限是两个奴隶主贵族，曶是朝中要员，世代豪门。限是王室工作人员，他俩是诉讼当事人，但在全部审理过程中从未出现，而是各自指派其部下代理出庭。直到判决执行，领取那五名奴隶时，曶才出场。显然这是从维护特权者的利益出发所实行的诉讼代理制。

体现特权的诉讼代理制正式规定于法典，始于元代。元朝法律规定："诸职官得代及休致，凡有追会，并同见任，其婚姻、田、债诸事，止令子孙、弟、侄陈讼，有司辄相侵陵者究之。"① 又云："诸致仕得代官，不得已与齐民讼，许其亲属家人代诉，所司毋侵扰之。"② 明、清也允许官吏在婚姻财产案中，令其家人代理诉讼。

此外，贵族官僚在中国古代还享有据众证定罪不受拷刑及不行刑于市等各项司法特权。自唐以后，历朝明文规定，享有优待特权的上层贵族官僚犯罪，不受拷刑，且须据众证定罪，法官违背此制，故加拷讯者，会受到法律的制裁。唐律对"据众证定罪"的规定极严格，就是说，在依靠证人、证言定案的情况下，必须"三人以上明证其事，始告定罪"。仅有二人证实，不能定罪；如果有五个证人，"若三人证实，二人证虚"，也不能定罪。明清律的规定和唐律略同。凡应八议之人不合用刑拷讯，皆据众证定罪，违者以故失入人罪论。清律还规定三品以上人员革职拿问，不得使用刑夹，如有不得不刑讯之事，必须奏请皇帝。可见防制极严。

此种做法旨在保全特权等级的面子。不仅如此，在判决的执行上，也体现出公开的不平等。《周礼》中记载："凡有爵者与王之同族，奉而适甸师氏以待刑杀。""凡王之同族有罪不即市"③。也就是说，凡是有官爵的人和王之同族有罪当死者，刑"不即市"，而要押赴负责耕种王田的"甸师氏"那里去秘密地执行，以保全贵族的脸面。汉朝时，朝廷大臣犯罪当死，为了不致屈辱于狱吏，不致公开抛尸露骨而损于他们的高贵身份，多采取自杀的方式，或逼令自杀于家。如汉成帝对犯罪的翟方进说："今赐君上酒十石，养牛一，君审处焉。"④ 对大臣赐牛酒，本是朝廷送给大臣的一种告病之礼，用这种礼物对待犯罪当死的大臣，言外之意是说，该大臣死于家以后，就好像病老告终了。用这样的办法，免去了公开行刑，而保全大臣之体。唐朝也规定："五品以上犯非恶、逆以上，听自尽于家。七品以上及皇族、若妇人犯非斩者，皆绞于隐处。"⑤ 如武宗会昌元年（841 年）九月，库部郎中、知制诰纥于泉等人的奏文称："准刑部奏：犯赃官五品以上，合抵死刑，请准狱官令赐死于家者，伏请永为定格"，武宗诏谕："从之"⑥ 可见，公开的等级不平等在刑罚执行上是何等鲜明。

（二）种族特权与诉讼不平等

等级特权原则在古中国某些历史时期还有一种特殊的表现形式：种族间的诉讼不平等。

① 《元史·刑法一·职制上》。
② 《元史·刑法四·诉讼》。
③ 《周礼·秋官·小司寇》。
④ 赵翼：《陔余丛考》，卷十六。转引自陈光中、沈国峰：《中国古代司法制度》，173 页，北京，群众出版社，1984。
⑤ 《唐六典·刑部》。
⑥ 《旧唐书·刑法》。

当一种族为另一种族所征服并统治时，统治者、征服者，总是以优越的及支配的地位自居，对被征服者、被统治者采取歧视的态度，在社会、经济各方面皆予以不平等的待遇及严格的限制，并明确规定在统治者制定的法律中。元代蒙古人、色目人、汉人、南人四个等级层次井然，政治上的特权以蒙古人最高，色目人次之，汉人、南人最下。而蒙人和汉人间的斗讼最足以表现种族间在法律上的不平等。

《元史·刑法志》明文规定："诸蒙古人与汉人争，殴汉人，汉人勿还报，许诉讼于司。"[1] 这段话有三层含义：（1）汉人不许还手；（2）但许诉讼有司；（3）一经还手便不得诉讼有司，取消诉讼权。蒙古人犯罪在审断时也有许多法定的特权，除犯死罪及犯真奸盗罪，被加以监禁或散收外，犯其余轻重罪名皆以得对证，有司不得加以拘执，逃逸者始监收。刺字不适用于蒙古人、色目人。

元朝的司法管辖也贯彻了种族不平等的精神。例如："诸蒙古人居官犯法，论罪既定，必择蒙古官断之，行杖亦如之"，"诸四怯薛及诸王、驸马、蒙古、色目之人犯奸盗诈伪，从大宗正府治之"[2]。大都所属蒙古人并怯薛军站色目人与汉人相犯者，归宗正府处断。其余路、府、州、县汉人、蒙古、色目词讼，悉归有司刑部掌管。

至清代，满族人的地位永远在汉人之上，但满、汉人的法律地位并不像元代那样苛刻不平。在"以夷变夏"的指导思想下，清朝统治者在制定有关旗人法律地位的规范时，始终努力做到：坚决维护旗人享有特殊法律地位和司法特权，而又坚持全国法制的统一，使关于旗人的特殊司法制度统一于全国的司法制度之中。[3] 旗人（主要指满族人，也包括满族化了的八旗蒙古、汉军，在清代的法律用语和民间都称呼"旗人"、"在旗的"，而不称呼"满族"人）的特权地位与司法管辖主要通过以下几个方面表现出来：

第一，"理事厅"管理旗人民、刑案件

"理事厅"组织设于康熙年间，原非单独的一级政权机关，是理事同知、通判办事的机构，主要办理旗务、旗籍、旗人诉讼事务。理事同知、通判设在八旗驻军的都邑关津与旗人聚居的地方。理事同知、通判是地方文职官，都由旗人担任，专门负责联络八旗驻军与当地政权的关系及处理有关旗人事务，但理事同知、通判不是地方行政长官，无地方之责。

第二，旗、民交涉会审

清代八旗军队镇守京师和全国关津重镇，在京称为"八旗禁旅"，在外称为"八旗驻防"。驻防旗人带有家属，旗人与当地汉民交往日增，纠纷不免发生。有关旗、民交涉的普通刑事犯罪应提起会审，但民事案件可不会审。《大清律例》规定："凡旗人谋、故、斗杀等案，仍照例令地方官会同理事同知审拟。""凡各省理事厅员，除旗人犯命盗重案，仍照例会同州、县审理外；其一切田土、户婚、债负细事，赴本州、县呈控审理。曲在民人，照常发落；曲在旗人，录供加看，将案内要犯审解该厅发落。"[4] 如前述所言，理事同知、通判专司旗人诉讼事，旗人犯罪，由该厅审理发落，自可得到优待。不仅如此，即使会审查明旗人罪该徒、流、军、遣等，按照《大清律例》中为旗人特设的"犯罪免发遣"专条也可分别折合

---

① 《元史·刑法四·斗殴》。

② 《元史·刑法一·职制上》。

③ 参见郑秦：《清代司法审判制度研究》，59 页。

④ 《大清律例·刑律·诉讼·军民约会词讼》。

鞭责枷号。这样的司法制度明显有利于旗人，他们可以有恃无恐，自恃地方官不能办理，因而骄纵，地方官亦难于约束，是以滋事常见。

第三，皇族的司法特权

清朝皇族（宗室、觉罗）享有极特别的法律地位，有关皇族的司法审判由专管皇族事务的宗人府办理。《大清会典》规定："凡宗室觉罗之讼，则会户部、刑部而决之。户婚、田土之讼，系宗室，由（宗人）府会户部，系觉罗，由户部会（宗人）府。人命、斗殴之讼，系宗室，由（宗人）府会刑部，系觉罗，由刑部会（宗人）府。"① 由此可知，皇族涉讼，无论是刑事，还是民事，宗人府均有管辖之责，但不是单独办理，而需与户部、刑部会审，会审地点在宗人府，凡"贝勒以下皆传至府讯问"。亲王、郡王不能传讯，应行文讯问，必须传问者，应奏请皇帝批准后，方可传唤。② 皇族的民事纠纷，像继嗣、宗籍、婚姻嫁娶，均直接由宗人府审办，其他任何国家机关无权过问。应当说，特定的专理满人案件的司法机关系统的创设，是清朝民族歧视的产物。

第二节
宗法伦理原则

宗法伦理原则的根基是中国古代社会独具特色的"宗法制"。所谓宗法制，就是自西周时期创立的根据亲属关系的长幼、嫡庶、远近来决定政治上不同的地位或权利关系，实现国家政治机器与王族的家族组织结构合一的制度。与之相适应的国家的维系和统治章法，即所谓"宗族章法"，就是宗法伦理原则。③ 宗法伦理原则是在周代宗法制形成过程中逐步形成和完善起来的，其核心是"亲亲"、"尊尊"，其中"亲亲"是第一位的，是更核心的，"尊尊"从属于"亲亲"。儒家主张，寓"亲亲"于"尊尊"之中，宗法政治就彻底构成了。宗法伦理原则曾深深地影响了中国法律传统，决定了中国法律传统的性格与特征。另外，作为为政治服务的工具，中国法律传统一直以维护宗法社会组织及原则为使命，精心设计布置合乎宗法原则的体制，严厉打击有害宗法体制和原则的行径。

宗法伦理原则贯彻于中国古代诉讼制度及司法活动的情形甚多，其中集中体现为相隐不为罪和依服制审判。

一、亲属相隐

"亲亲相为隐"的法律原则及相关制度，最能反映"亲亲"、"尊尊"伦理的实质。所谓亲亲相隐，是指一定范围的亲属之内，相互隐瞒犯罪事实，不予告发或作证，此举不受法律制裁。"为亲者讳"、"为尊者讳"，以掩饰"亲者"、"尊者"的过错或罪恶的方式表达对"亲者"、"尊者"的无原则的乃至有害公共秩序的"爱"和"敬"，这是宗法伦理原则支配诉讼

---

① 《大清会典·宗人府》。
② 参见《大清会典·宗人府》。
③ 参见范忠信：《中国法律传统的基本精神》，87 页，济南，山东人民出版社，2001。

活动的极端表现。它把宗族内的尊卑贵贱长幼原则及"贱事贵，卑事尊，少事长"的伦理义务变成了法律原则和义务，以国家强制力保证宗法伦理义务的实现。

这一诉讼主张最早是先秦儒家提出来的。《礼记·檀弓》载："事亲有隐无犯"。《孟子·尽心上》中孟子主张舜将可能犯杀人罪的父亲"窃负而逃"。《论语·子路》载，叶公语孔子曰："吾党有直躬者。其父攘羊，而子证之。"孔子曰："吾党之直者，异于是：父为子隐，子为父隐——直在其中矣。"

在孔子看来，父子相隐是正直的行为，是孝，孝是道德的，凡符合道德的也就是合法的，倒是不相隐会受到道德的谴责，甚至法律的惩罚。这是典型的以礼率法，以伦理屈法。这种隐匿，对国家法律秩序的破坏再明显不过，但对血缘伦理秩序有明显的保护和巩固作用。正因为如此，战国时期，高举法治大旗的法家就坚决反对和批判父子相隐的原则。

随着秦王朝的解体，法家严刑重罚的以刑去刑思想也失去了其往昔的辉煌，儒家思想重新崛起。西汉独尊儒术后，汉儒不仅将"父子相隐"原则运用于司法实践，并以春秋决狱附会之，而且进一步发挥，将儒家这一理论正式上升为"亲亲得相首匿"的法律原则。

据《通典》所载，大儒董仲舒曾依据上述原则审判过一个疑难案子：甲无子，从道旁拾弃儿乙作为儿子。乙长大后犯杀人罪，把情况告诉了甲，甲将乙隐藏起来。对甲犯什么罪，应处什么刑，当时众说不一。董仲舒认为，乙虽非甲亲生，但同亲子一样，谁也不能改变这一事实。"春秋之义，父为子隐"，甲可以藏匿乙而不应当坐罪。

董仲舒提出"亲亲得相匿"后，至汉宣帝时始定为法律。宣帝地节四年（前66年）下诏云："父子之道，天性也。虽有患祸，犹蒙死而存之。诚爱结于心，仁厚之至也，岂能违之哉！自今子首匿父母，妻匿夫，孙匿大父母，皆勿坐。其父母匿子，夫匿妻，大父母匿孙，罪殊死，皆上请廷尉以闻。"[①] 这说明汉代首匿相隐的范围为三代，卑者隐匿尊者不为罪，尊者原则上也可以隐匿卑者，但若犯死罪，则要请示廷尉定夺。其他亲属间仍不得首匿。在魏晋南北朝时期，不仅提出了反对强迫亲属之间互证有罪，反对株连亲属；而且还把容隐亲属的范围从原先的"父母、子女、夫妻、祖孙"之间扩大至平辈的兄弟姐妹之间。相隐或首匿的容许范围到《唐律》已相当广泛了，它由汉之三代扩大为"同居"，规定："诸同居，若大功以上亲及外祖父母、外孙，若孙之妇、夫之兄弟及兄弟妻，有罪相为隐；部曲、奴婢为主隐，皆勿论。即漏露其事及摘语消息，亦不坐。其小功以下相隐，减凡人三等。"所谓同居，据疏文："谓同财共居，不限籍之同居。虽无服者，并是。"[②] 从这里可以看出，唐代容隐的范围已经扩大到了毫无血缘关系的部典、奴婢。《唐律》规定的"同居相为隐"，无论在相隐的范围方面，还是在相隐的内容方面，乃至相隐的限制方面都比汉以来至隋各朝的规定更系统、完备。

由于《唐律》对于亲属容隐制度的范围和内容等都作出了详细和完善的规定，宋、元、明、清各代基本上都承袭了唐朝关于亲属容隐制度的规定，最多只是根据不同的社会形势略加改动。随着社会关系的紧张，阶级矛盾的剧烈，明清律对于子孙控告尊长的所谓"干名犯义"之罪的处罚比唐朝要大为减轻，同时，还规定了亲属容隐以及干名犯义都不得适用于谋

---

① 《汉书·宣帝纪》。
② 《唐律疏议·名例·同居相为隐》。

反、谋叛、谋大逆等严重的国事罪。此外，为巩固社会伦理秩序，明清时代容隐亲属的范围进一步扩展到妻亲，以及雇主与雇工之间。如《明律》规定："凡同居，若大功以上亲，及外祖父母、外孙、妻之父母、女婿，若孙之妇、夫之兄弟及兄弟妻，有罪相为容隐，奴婢、雇工人为家长隐者皆勿论。若漏泄其事者，及通报消息，致令罪人隐匿逃避者，亦不坐。其小功以下相容隐，及漏泄其事，减凡人三等，无服之亲减一等。"① 清律的规定与明律相同。

亲属容隐明显是对国家的无限权力作了一些限制，使国家的司法权力在家庭的帷幕前不得不止步。但是，这种限制必须有一个前提或条件，这就是对国家的根本利益没有过分的伤害。如果超出这一限度，就不准相隐，隐则有罪。② 因此，历代法律对于亲亲相容隐，均规定了一些不适用的情况：

第一，自汉至明清，几乎都规定了谋反、谋大逆、谋叛等国事罪不准相隐。如唐律规定：谋反及大逆"密告随近官司。不告者，绞"③。目的在于亲亲相容隐原则的实行必须服从于皇权和封建统治的根本利益。这充分反映了国重于家，忠重于孝的宗法伦理。家族与国，忠与孝，在并行不悖或相成时，两皆维持，但在两者互相冲突而不能两全时，则国为重，君为重，而忠重于孝。

第二，亲属相犯并听告。《唐律疏议》规定："即嫡、继、慈母杀其父，及所养者杀其本生，并听告。"告期亲以下尊长或告缌麻以上卑幼相侵犯，即侵夺财物或殴打其身，"自理诉者，听"。明律在唐律基础上规定得更明确："及嫡母、继母、慈母、所生母，杀其父，若所养父母杀其所生父母，及被期亲以下尊长侵夺财产，或殴伤其身，应自理诉者，并听告。不在干名犯义之限。"④ 之所以这样规定，旨在维护封建的家庭关系，维护孝道，因为孝道是"子为父隐"的内在精神，"子为父隐"正是亲属相隐的核心所在。

综上所述，亲亲相隐在我国古代的发展，经历了由绝对的单向容隐到一定程度的双向容隐；容隐主体范围由部分亲属扩大到一切具有主从关系的人之间；视容隐为义务，不隐则定罪；容隐罪名上由无限制到对国事犯罪的限制；容隐行为的范围不断扩大，并且根据亲属之间亲疏关系的远近确定容隐行为的范围。这反映出亲亲相隐在我国古代主要是基于儒家宗法伦理的内在要求而产生，并随着儒家伦理在古代社会不同时期的影响力而变化发展。

伴随亲属相隐而来的，还有不许亲属在法庭上作证，如果子女证实父母有罪，反而要受刑罚。梁武帝时，建安一妇女犯罪，其子景慈作证，"云母实行此"。法官虞僧虬认为，"案子之事亲，有隐无犯。直躬证父，仲尼为非。景慈素无防闲之道，死有明日之据。陷亲极刑，伤和损俗，景慈宜加罪辟"，结果被流放交州。⑤ 唐、宋、元、明、清的法律甚至明文规定，根据法律应当相隐的亲属都不得令其作证，官吏如有违反要处杖刑。如《唐律疏议·断狱》"议请减老小"条规定，凡是法律规定属于容隐范围内的亲属，法官"皆不得令其为证，违者减罪人罪三等"。明、清律在此基础上，还规定了原告不得指被告的子孙、弟、妻及奴婢为证，违者也要治罪。

---

① 《大明律·名例律·亲属相为容隐》。
② 参见范忠信等：《情理法与中国人》，102 页。
③ 《唐律疏议·斗讼·密告谋反及大逆》。
④ 《大明律·刑律·诉讼·干名犯义》。
⑤ 参见《南北朝刑法志》。

二、服制审判

翻开明律和清律，便会看到几幅丧服图表置于律前。《大明律》中的丧服八图包括《丧服总图》、《本宗九族五服正服之图》、《妻为夫族服图》、《妾为家长族服之图》、《出嫁女为本宗降服之图》、《外亲服图》、《妻亲服图》、《三父八母图》。其中最有代表性的是《本宗九族五服正服之图》，它清楚地表明了以男子为中心的封建大家庭体系和家庭内部亲友之间的尊卑远近关系。我们的祖先很聪明地把亲属成员的身份地位同他死后受到族人哀悼祭祀的等级联系在一起，创造了一种融伦理内容于其中的衡量尽度——五服制度。五服，就是五种不同的丧服，即斩衰、齐衰、大功、小功、缌麻。五服制度渊源于亲属成员间的哀悼和祭祀，即亲属间因血缘关系的远近而有所区别，主要在于哀悼者的不同服饰（丧服）和守丧祭祀时间（丧期）长短不同。一般是亲属关系越近，丧期即越长，所穿的衣服装饰也越粗劣；反之，则丧服依次缩短、服饰上的哀悼标志也越少。大致在西周形成固定的规格，《礼记》、《仪礼》将丧服礼制加以归纳，按哀悼人与死者的亲疏远近分为五个等级，正式形成了五服制，且一直流传下来，及至唐开元年间、宋政和年间、明洪武年间也小有变化。在中国法律文化传统中，丧服制不仅仅是丧葬时服饰的区分，也是封建大家族内部划分尊卑远近关系的一项重要标志，因而五服亲等在封建法律中至关重要。准五服以制罪，不仅是一项重要的刑法原则，也是维护封建宗法尊卑伦常的一项极为重要的诉讼规则。作为立法原则，它体现为在立法确定有关亲属相犯行为的罪名刑等时，根据亲属关系的亲疏、尊卑作出区别规定；作为司法原则，它表现为司法官在审判时常常以伦理的是非取代案件事实上的是非。

早在魏晋时期，五服制作为一种定罪量刑的规则就存在于司法实践之中。据《宋史·何承天传》记载，东晋时余杭人薄道举犯罪，按规定是将他的期亲以上的亲属充为兵丁。依当时服制，伯叔父母属期亲，从父兄弟只属大功亲，地方官府将薄道举的叔母及两位大功兄弟抓走，这种做法遭到何承天的反对，他认为地方官不依法为事，大功亲不应被抓走。这个例子说明晋代法律已将服制关系纳入其中。

在以后的各朝法律中，亲属相犯几乎毫不例外地都依靠双方的服制关系来决定罪之有无和刑之轻重。一个司法官，只懂刑律条文，不懂五服亲制，是根本无法办案的。明服制乃是中国古代诉讼的第一道程序。他必须要掌握的规则就是：五服制所代表的亲属关系对量刑的影响，表现为一种双向加减，即按亲属服制的亲疏而递增或递减，卑犯尊则加重，尊犯卑则减轻。这一点在亲属相犯、亲属相奸、亲属相盗几种犯罪的审判中表现尤为突出。

如亲属相殴，根据唐律规定，尊长殴卑幼处罚比凡人轻，而卑幼殴尊长，处罚则比凡人重。[①] 具体而言，相殴伤不重：尊长犯卑幼，不坐；卑幼犯尊长，加重。敢殴祖父母、父母者，为"恶逆"，入"十恶"，处斩刑；如相殴伤重，尊长犯卑幼比凡人递减，减至期亲尊长以上殴卑幼虽折伤亦不坐，而卑幼犯尊长则比凡人递加，加至殴期亲尊长折伤即处流三千里；如相殴伤重致死，卑幼殴死尊长一概处斩，尊长殴死卑幼则期以下尊长处绞，期以上尊

① 参见《唐律疏议》卷二，《名例》"十恶"条；卷二十二，《斗讼》"殴伤妻妾"、"妻殴詈夫"、"殴缌麻兄妹"、"殴兄妹"、"殴詈祖父母、父母"条。

长处流，祖父母、父母仅处徒。唐以后，各朝法律在司法实践中关于亲属相殴的处罚原则与唐律相同，只是在量刑上稍有差异。如清道光六年（1826 年）"殴大功以下尊长"案：闭启彰因期亲胞弟闭启平行窃为匪，主使小功服侄闭见广、闭秀菁帮同捆缚，将闭启平沉塘溺毙。此案中，闭见广、闭秀菁二人是闭启彰堂兄弟的儿子，按《服制图》，闭见广、闭秀菁杀死小功尊长，若没有其他可减轻刑罚的法定情节的话，应处斩监候刑。此案最后判决结果是：闭见广、闭秀菁"迫于尊长下逼，勉从下手"，"与有心谋杀尊长者迥然不同，自应照本律问拟，骈首以重伦常。仍援例夹签声明，以示矜恤"①。判决书中没有提到对本案的主犯闭启彰作何处理。这说明，在古代中国，尊长对卑幼的特权以及司法中的优越地位。

而亲属相奸败坏礼教，悖于人情，所以在司法实践中，历代法律对此类逆伦案处罪极重，称之为"禽兽行为"。

唐律具体规定了亲属相奸的刑罚，因等级名分不同而有差异：奸父祖之妾、伯叔母、姑、姊妹、儿媳孙媳、兄弟之女者，处绞，即使奸父祖所幸之婢女，也要处徒刑三年；奸堂祖母、堂姑、堂伯叔母、姑、堂姊妹、姨母、兄弟之妻者，流二千里，强奸得处绞刑，奸其他有服亲及有服亲之妻妾、妻前夫之女、同母异父姊妹者徒三年。明、清两代量刑比唐更重，且把无服亲属也纳入了亲属相奸从重处罚的范围。清代更规定，凡亲属相奸，不得援引相隐原则逃脱制裁。如嘉庆二十二年（1817 年）"亲属相奸案"：山西人李张氏因孀居多年，渐生淫念，竟与其亡夫前妻之子李明则通奸。李明则本自幼为继母所抚养，竟也置母子名分于不顾。案发后，晋省督抚依律，比照"奸伯叔母"条，将李张氏、李明则处以斩立决。②又道光元年（1821 年）"亲属相奸案"：山东人张泳苞与缌麻服弟张泳超之女白姐通奸，败露后，白姐羞愤自尽。此案中，张泳苞与张泳超为缌麻亲属关系，而与白姐是五服之外的亲属关系。尽管如此，该省督抚仍根据"奸妇拟徒"例及"奸同宗无服亲"律，处杖一百、徒三年、枷号四十日之刑。③从这里，我们也可以看到，清代，族外婚制是在严刑峻法的保护下强制推行的。

如亲属相盗，其处罚的严厉程度与亲属之间亲近程度成正比，即亲属关系越近，处罚越重。但是，如果是亲属间窃盗犯罪，则处罚原则恰好相反，即当事人之间的亲属越近，其处罚却越轻；五服之内的亲属相盗，其处罚比普通窃盗罪轻。如《唐律疏议·贼盗》规定：凡盗缌麻、小功亲属财物者，减凡人一等；盗大功亲者，减凡人二等；期亲，减凡人三等处罚。而凡人盗窃，不得财产者笞五十，得财一尺杖六十，至五十匹外加役流。依此推算，亲属相盗的处罚是较轻的。明、清时代，亲属相盗从轻处罚的范围扩大到无服亲和外姻亲属。

民事诉讼中的这一有趣现象，反映了古代中国人的一种根深蒂固的古老的家庭财产观念："家庭财产由家庭所有成员共同享有，任何人都不得享有具有排他性的独占权。"④因此，凡属同宗亲属，不论亲疏远近，道义上都有救济的义务，故对偷窃财物的穷亲戚在法律上加以宽宥，以维护封建大家族的稳定与和睦。

由此可见，无论是对亲属相杀、相殴，还是对亲属相奸、相盗的处罚，都是以名分尊卑

---

① 《刑案汇览·刑律》。

② 参见《刑案汇览·刑律》。

③ 参见《刑案汇览·刑律》。

④ ［美］D. 布迪、C. 莫里斯：《中华帝国的法律》，27 页。

作为刑罚加减的分界，以服制亲疏作为处罚轻重的准绳。故"欲正刑名，先明服纪。服纪正，则刑罚正，服纪不正，则刑罚不中矣"①。明人海瑞的做法就是典型代表："凡讼之可疑者，与其屈兄，宁屈其弟；与其屈叔伯，宁屈其侄……以存体也。上官意向在此，民俗趋之。为风俗计，不可不慎也。"②"体"就是宗法伦理秩序。明人吕坤在谈其办案经验时更明确地阐明了"准五服以制罪"的司法原则。"曾见尊长与卑幼讼，官亦分曲直用刑，此乃愚不可及。不知卑幼讼尊长，尊长准自首，卑幼则问干名犯义。遇有此等，即（便）尊长万分不是，亦宜宽恕；即（便）言语触官亦不宜用刑。人终以为因卑幼而刑尊长也，大关伦理之教。"③只要是亲属之间的讼案，首先讲求尊卑名分，不可先问曲直。"万分不是"的尊长也要宽恕，从伦理上讲，错的首先是卑幼。这种"伦理之教"就是"亲亲"、"尊尊"的宗法伦理。清人徐栋说：审理诉讼案件时，"凡事关宗族亲谊，必须问明是何称呼，系何服制"④。司法不是先调查事实、分清是非，而是先弄清谁尊谁卑，先弄清伦理上的名分义务，这正是"准五服以制罪"。

第三节
仁道矜恤原则

"仁道"是儒家法思想的一个重要内容，孔子不遗余力地进行道德的说教，提倡仁者"爱人"，要求"克己复礼"，建立了一个以"仁"为核心、以"复礼"为目的的思想体系，作为整个儒家的理论基础。在"仁道"的基础上，儒家重视人事，强调德治，主张慎刑和恤狱。在司法活动中体现出的仁道原则，主要通过以下三个方面的一些主要措施表现出来：

一、以德司法

"德"字在中国古代社会是一个长期被人们高歌的概念，也是历朝统治者反复弹奏的一个主旋律。早在尧舜时期就开始讲"德"重"德"了。《尚书·皋陶谟》中记载皋陶与禹在帝舜前讨论如何治理国家时，皋陶曰："允迪厥德，谟明弼谐。"意为只要相信并按照先王的道德处理政务，这样就能使谋略实现，大臣之间也就能团结一致，同心同德了。

将"德"体现在诉讼活动中要从西周讲起。西周灭商，统一中原后，围绕着统治思想的确立发生了一次大臣中的德威之争。太公主张将殷遗民统统杀掉，一个不留；召公主张对殷民"有罪杀之，无罪活之"；周公则提出"使各居其宅，田其田，无变旧新，惟仁是亲"的政策。武王最终肯定了周公的主张，因而周公"贵德"理论确立为西周法制建设的指导思想，又集中体现在周公制礼和吕侯制刑等一系列法律活动中，特别体现在西周的诉

---

① 龚瑞礼：《五服图解》。
② 《海瑞集·示府县状不受理》。
③ 吕坤：《实政录·刑戒·三莫轻打》。
④ 徐栋：《牧令书辑要·刑名上》。

讼活动中。①

周公提出"以德配天"、"明德慎罚"的法律思想。西周中期穆王时期，吕侯按照周公明德慎罚思想制定了《吕刑》。从《吕刑》中我们可以看到以德配天的思想如何指导诉讼活动。首先，施政者要倡导德化，反对滥刑。《吕刑》说："德威惟畏，德明惟明"，即政令的威严使人感到畏惧，德教的实行使人悦服；所以提倡"士制百姓于刑之中，以教祗德"，即司法要臣民不犯罪免于刑，就要劝德教于民。其次，规定了刑罚的种类和适用原则。适用"五刑"、"五罚"和"五过"时，实行"五刑不简正于五罚，五罚不服正于五过"的原则，因而体现了刑罚施用中的"明德慎罚"精神。再次，实行证据定罪，"无简不听"的制度，防止司法独断，冤错无辜。最后，《吕刑》还主张"哲人惟刑"，即让有德之人司刑，做到"直能端辩之，博能上下比之。"

周公为保证"明德慎罚"宗旨的实现，提出了诉讼"中罚"观。《尚书·立政》记载周公告诫之言：司法官"式敬尔由狱，以长我王国，兹式有慎，以列用中罚"。根据《尚书正义》解释："列用中罚"为"列用中常之罚，不轻不重。"为此，周公强调：第一，司法必须择人——"庸庸"，即任用那些应当受到任用的有德之人充当司法官。第二，依法断罪，不杀无辜。《尚书·无逸》说："不永念厥辟，不宽绰厥心，乱罚无罪，杀无辜，怨有同，是丛于厥身。"第三，慎察犯人供词，防止冤错。《尚书·康诰》规定："要囚，服念五六日至于旬时，丕蔽要囚。"即对于犯人供词，要反复考察一段时间，在确无疑义时，再决定用刑。

春秋战国时期，儒家提倡"德生威"，以德去刑，至于刑措；法家崇"威生德"，以刑去刑，达于国治。孔子继承、发展了周公"明德慎罚"思想，重德轻刑，在中国古代第一次比较明确地提出了被后儒总结的"德主刑辅"的思想。具体而言：其一，主张为政以德，实行德治。孔子说："道之以政，齐之以刑，民免而无耻；道之以德，齐之以礼，有耻且格。"②即用政令、刑罚规范之，人虽可不犯罪，但不能根除犯罪；施用德化礼教，可以从根本上杜绝犯罪。其二，用刑施罚，不可弃之。孔子认为"政宽则民慢，慢则纠之以猛"。主张对人民用刑，惩治犯罪。其三，先教后刑。孔子虽然主张用刑，但反对滥刑酷杀，并强调先"教之"，后刑之。其四，德刑并用，宽猛相济。孔子认为德化与刑处不可孤立使用，应该相互为用。孔子还继承了周公的"中罚"主张，提出了"中"、"中庸"刑罚思想。孔子认为，首先，应以礼率刑，刑得其中。《论语·子路》说："礼乐不兴，则刑罚不中；刑罚不中，则民无所措手足。"礼乐必须成为刑罚的指导，这样刑罚方能适用；反之，刑罚必滥。其次，孔子认为必须选用优秀司法人才。司法官只有"直"才能"直道"施法，执法无偏，刑罪适中。再次，司法审判，必察事原情。孔子要求折狱首先必察事，"众恶之，必察焉；众好之，必察焉"③。对于"好"、"恶"不可附和漫听、道听途说，必须探究事情的真伪。原情即犯罪动机，实指"原父子之亲"的"孝"，"立君臣之义"的"忠"。根据是否有"忠"、"孝"的动机，科刑时区别对待。上述主张都体现出孔子把德治思想充分运用在司法中。

因为秦国由弱变强的兴盛无可辩驳地证明了法家理论的重大价值，所以孔子以德司法的

---

① 参见李交发：《中国传统诉讼法律文化德威之辩》，载李交发：《法律文化散论》，119 页，北京，人民法院出版社，2004。

② 《论语·为政》。

③ 《论语·卫灵公》。

思想未在春秋战国时期起到显著的作用。然而，随着秦的暴兴暴亡，人们开始深思历史的教训，以孔子为首的儒家思想在汉代被重新挖掘，大放异彩，形成了自汉至清近两千年始终难变的主旋律：德主刑辅、贵德轻威。汉初陆贾在总结秦二世而亡的经验教训后提出"德盛者威广，力盛者骄众，齐桓公尚德以霸，秦二世尚刑而亡。故虐行则怨积，德布则功兴"。董仲舒附会以阴阳学说，来论证"尚德"不"尚威"；重德教，轻刑罚。

在司法实践中，"德"字指导司法官吏适用律条，或者径直将伦理规范引入司法领域，作为法规的补充。"德主刑辅"的传统，使统治者在立法用刑时，总不免要先奢谈一阵道德教化；在司法时，期望体现"德政"；在审狱时，要以"心存仁义"为准则。有时，甚至对君主、王朝的评价也以刑措不用为标准，如汉文帝时冯唐竟以文帝"法太明"为非。① 凡此种种，都是为了突出"德主"之位，体现以德司法的崇高境界，这与"仁者司法"的理想是相辅相成的。

二、以情断案

"仁者司法"有一个重要原则，就是注重对被告人行为动机的考察，主要依动机的善恶去决定其罪刑的轻重和有无，即所谓"志善而违于法者免，志恶而合于法者诛"②。司法官在判决案件时，首先考虑是否合乎情理，至于是否合法，乃是次要的，只有合情合理（哪怕不合法），方可称之为"仁政"。可见封建国家一方面要求官吏援法定罪，不得"违法徇情"；但另一方面，为了夸张统治者的德化仁政，加强与民心的沟通，在特定情况下也主张"执法原情"、"原情定罪"。这与古代中国特殊的国家结构、经济结构、文化结构特征息息相关。"血缘关系基础上的家国一体，孝忠基础上的社会文化，农耕经济基础上的等级特权，决定了古代司法官在审案中认识情理的法律渊源上，颇显偏颇，在渗入法律的情理因素外，更关心的是法外情，特别是在人情、天理与法律发生冲突时，尤其如此。加之，受儒家思想影响至深的司法官，就不可避免地钟爱于情理，谙熟于情审术，不惜以情干律，以情破律。"③

以情断案的例子在古代司法实践中不胜枚举。除具引圣人语录、道德故事之外，古人断案大量地使用义、礼、天理、人情一类的字眼，这些都是判案的依据，其效力并不低于正典的法律条文，甚至有时比它们更高。《名公书判清明集》所载判词中，多有"酌以人情为不安"、"情法两尽"、"非惟法意之所碍，亦于人情为不安"之语。特别是胡石壁明确指出："法意、人情实同一体，徇人情而违法意，不可也，守法意而拂人情，亦不可也。权衡于二者之间，使上不违于法意，下不拂于人情，则通行而无弊矣。"清人汪辉祖尝言："幕之为学，读律而已，其运用之妙，尤在善体人情。盖各处风俗往往不同，必须虚心体问，就其俗尚所宜随时调剂，然后傅以律令，则上下相协，官声得著，幕望自隆。若一味我行我法，或且怨集谤生。古云，利不百不兴，弊不百不除，真阅历语，不可不念也。"④ 可见古人十分重视"情"在审理案件中所起的作用。

宋人郑克所著《折狱龟鉴》中收集了不少以情断案的案例，其中黄霸抱儿一案值得回

---

① 参见《史记·冯唐传》。
② 桓宽：《盐铁论·刑德》。
③ 李交发：《中国传统的审判方式与技巧》，载李交发：《法律文化散论》，272 页。
① 汪辉祖：《佐治药言》。

味。"前汉时，颖川有富室，兄弟同居，其妇俱怀妊。长妇胎伤，匿之。弟妇生男，夺为己子。论争三年，不决。郡守黄霸使人抱儿于庭中，乃令娣姒竞取之。既而，长妇持之甚猛，弟妇恐有所伤，情极凄怆。霸乃叱长妇曰：'汝贪家财，固欲得儿，宁虑或有所伤乎？此事审矣！'即还弟妇儿，长妇乃服罪。"① 在该案中，根据封建礼教原则，确立嫡长子对妯娌二人至关重要，因而他们的争执至为激烈不难想见。在如此重大的问题上，黄霸抓住了本案最关键的问题——母子情，因为只有真正的母亲才会痛惜儿子受伤，所以认定弟妇为小儿的真正母亲，由此体现出情理裁判的特点。

《宋史·太宗本纪》中记载这样一个以情断案的典型案例：北宋太宗端拱元年（987年），四川广安人安崇绪来到京城（开封）控告其继母冯氏，说冯氏在其父生前已被其父休弃，现在又趁其父亡故，企图霸占其父的全部遗产，致使他和生母蒲氏二人生活无着落。大理寺受控后，不问情由，先依"告祖父母、父母者，绞"的律条判安崇绪死刑。宋太宗认为此判不妥，就开会讨论，会上大臣们也争执不下，有人认为此案的关键在于弄清冯氏是否确已被休，如已被休弃，则安崇绪与继母冯氏的母子名分已绝，安本人无"控告继母"之罪，可以继承遗产。但后经调查，冯氏并未被休弃，故大理寺坚持原则。有趣的是，尽管案情如此，但以尚书右仆射李昉为首的四十多位大臣仍反对大理寺的判决，其理由是：第一，蒲氏虽是小妾，但毕竟是安崇绪的生母，与冯氏虽同为母辈，但亲疏有别，安崇绪是因遗产被夺，生母生活无着，才将继母靠到官府，这是出于孝心，值得同情。第二，如判安崇绪死刑，则安家独子被杀而绝嗣，其生母蒲氏更是无依无靠，于情于理均不应该。李昉等人的建议，虽不合法，但合乎情理，合乎"仁道"，故宋太宗最后作出如下判决：遗产（主要是田产）全部判归安崇绪，冯氏也由安崇绪供养，不得有缺。

以情断案的实例令今人无不感叹这些古代司法官对法意与人情的融通。"他们依据法律，却不拘泥于条文与字句；明于是非，但也不是呆板不近人情。他们的裁判常常是变通的，但是都建立在人情之上，这正是对于法律精神的最深刻的理解。"② 不过，值得注意的是，古人以情断案，其所谓的"人情"的实质是"亲亲"、"尊尊"血缘伦理，以情断案不过是以渲染圣君仁慈的方式来宣扬封建纲常名教。所以，以情断案是礼刑相佐、明刑弼教在司法实践中的具体化。

三、慎刑恤狱

（一）以"宽仁之心行严格之法"

清代雍正皇帝曾与群臣论及秋审时，不无自豪地说："朕惟明刑所以弼教，君德期于好生，从来帝王于用刑之际，法虽一定，而心本宽仁。"③ 这即所谓的"以宽仁之心行严格之法"，它集中体现了传统的恤刑慎刑思想对清代统治者决狱断罪的深刻影响。乾隆皇帝对待秋审也有类似的论述："秋审为要囚重典，轻重出入生死攸关……应酌情准法，务协乎天理之至公，方能无枉无纵，各得其平……朕毫不存从宽从严之成见，所勾者必其情之不可恕，

---

① （南宋）郑克：《折狱龟鉴》，杨奉琨校释，312页，上海，复旦大学出版社，1988。
② 梁治平：《法意与人情》，236页，北京，中国法制出版社，2004。
③ 《大清会典事例》卷八四六。

所原者必其情之有可原。"显然，清朝皇帝是以一种博大、宽宏、仁爱的自我意识君临天下，执法原情，追求所谓的"王者司法"的境界。

其实，自小就受到严格的中国传统文化教育的清朝皇帝们有此仁道矜恤之心，并不是什么奇异之事，它只不过是传统的恤狱慎刑思想在清代秋审中的体现。中国传统文化博大精深，传统诉讼文化亦丰富多彩，秋审只是清代一项最重要的慎刑制度。除此之外，中国古代的慎刑恤刑制度还包含更加丰富的内容，如矜老恤幼、留养承祀、赦免、悯囚、录囚、复审、会审、直诉及死刑复核等制度。

矜老恤幼是统治者标榜仁政，讲求"仁者司法"的一项重要内容。出于矜恤，对老、幼、有疾之人及妇女在刑罚上的减免和拘禁上优待的规定，早在西周就有"三赦之法"："一赦曰幼弱，再赦曰老耄，三赦曰蠢愚。"① 西周的矜老恤幼制度为后世所继承和发扬，各朝的法律和皇帝的诏令都有宽减老幼刑罚的规定。在汉代，法律详细规定："年八十以上，八岁以下，及孕者未乳，师、侏儒，当鞫系，颂系之。""年未满七岁，贼斗杀人及犯殊死者，上请廷尉以闻，得减死。"② 对妇女处刑从轻，"及妇人从坐者，自非不道，诏所名捕，皆不得系。当验问及就验，女徒顾山归家"③。唐代则将这类规定纳入法典，以"老幼及疾有犯"条列入唐律之名例律，并在法律适用上，采取从轻原则："诸犯罪时未老疾，而事发时老疾依老疾论。""犯罪时幼小，事发时虽大，依幼小论。"关于妇女的宽宥，唐律中的"妇人怀孕犯罪"、"拷决孕妇"条也有规定。唐律的这些比较系统化的规定，一直沿用到清朝末年，其间虽稍有变化，但总的矜恤原则是不变的。道光六年（1826 年），年仅 15 岁的江苏人戴七携带镰刀到地里割草，适遇 25 岁的彭柏子等人在地里收割黄豆，地上撒满黄豆，当时有几个拾豆。戴七顺手拾一把放在粪箕，彭柏子独不准，并追骂戴七，欲夺粪箕，戴七逃走，彭柏子追赶上去并殴打戴七，戴七情急之下顺手用镰刀向后抵挡，不料砍伤彭柏子心坎，致使彭柏子死亡。此案的审决结果是，死者年长，理曲逞凶，戴七年仅 15 岁，因被长期欺侮，致毙伤人命，事出有因，诚属可矜，故"秋审入矜减流"，即由绞监候刑减至流刑。④

"存留养亲"是指家有老人需要侍养，但家中无成年人的情况下，被判处流刑的人可以免予发遣，以留下来照料老人。而"存留承祀"是指罪犯本人为独子，其父母年老或病弱，如犯监候死刑罪，可以免其死罪，改处他刑以承继香火。若父母双亡，而罪犯本人又是继承人中的唯一男性，在此情况下，也可纳入"存留承祀"之列，不执行死刑，改处他刑。

早在北魏时期，法律就准许父母年老无人侍养的死刑犯申请免死，留一条性命好孝养双亲。唐朝的法律中对此项制度有比较详细的规定：第一，存留养亲的条件，一个是祖父母、父母因年老、疾病需要有人侍养，另一个是除流刑囚犯，家中再无 21 岁以上、59 岁以下的成年人。第二，存留养亲的适用，是除谋反、大逆等"十恶"以外的一切犯罪。第三，存留养亲的程序，是流刑案件由承办机关上报省司批准即可。第四，存留养亲的效力，是存留养亲的条件存在的整个期间，一旦条件消失，即家中有了成年人，或受侍养的老人死去一周年

① 《周礼·秋官·司刺》。
② 《汉书·刑法志》。
③ 《后汉书·光武帝纪》。
④ 参见《刑案汇览·刑律》。

以后，存留之囚犯，则要"并从流配之法"。

清代秋审制度直接承袭明代的朝审，而明代朝审又渊源于两汉以来的录囚。录囚，就是皇帝或中央和地方长官讯察决狱情况，对囚犯进行审录，以平冤纠错，或督办久系未决之案的一种慎刑恤狱法律制度，也是一种特殊诉讼程序。录囚之制始于汉代，唐代又称虑囚，作为一项特殊诉讼制度固定下来成为定制。宋元时期虑囚制相沿不改，到明清时期，虑囚制发生了很大变化，发展演变为审录制。录囚大致可以分为中央和地方长官定期录囚或不定期录囚以及皇帝亲自录囚等三种情况。

录囚制的实行，是统治者在司法实践中奉行慎刑恤狱原则的产物，它在一定程度上保证了法律的正确适用，起到了申理冤滞、抑制贪赃枉法的作用，有利于维护社会安定。从上述可以看出，悯囚、录囚制度虽是统治者标榜仁道，使所谓"圣王仁及囹圄"，在狱政管理上的改良措施，但它在一定程度上体现了统治阶级的慎刑恤狱思想，客观上维护了封建法律秩序，有利于缓和、防止阶级矛盾的激化。

会审制度是由定期录囚发展而来，可由中央司法机关会同审理，或派员会同地方司法机关审理重大或疑难案件的特别复审程序，以清代最为严密完善。相对于录囚制度，会审制度具有稳定性和规范化特点。会审推疑的方式在唐代就已经出现，对重大疑难案件由中央三法司或九卿会审，即所谓"三司推事"和"九卿议刑"之制。明代开始形成会官审录之制、在外恤刑会审之制、朝审、热审等制度。清朝进一步发展了明朝的会审制度，除"大审"制被废除外，热审、朝审都被继承。尤其是将朝审发展为"秋审"、"朝审"两大审判。而这中间，特别是秋审制度"使死刑的审理与复核纳入了前所未有的严格的法律程序中"，"这种死刑缓刑复核的制度，在中外法制史上无疑是独特的"[①]。它是自古以来录囚发展的最完备形式，集中体现了传统的"恤刑"思想对清代统治者决狱断罪的深刻影响。

复审包括申报复审和申诉复审两种制度。

申报复审制度是古代诉讼中上级审判机关考查下级审判机关工作，并纠正其错误判决的一种基本制度。此项制度的形成源于下级审判机关对疑罪重案必须在拟定判决以后，向上级审判机关申报复审定判的程序上的要求，反映了历代统治者慎刑理冤的思想。

早在西周就已存在逐级复审的制度。《礼记·王制》云："成狱辞，史以狱成告于王，王听之；正以狱成告于大司寇，大司寇听之棘木之下；大司寇以之成告于王，王命三公参听之；三公以狱之成告于王，王又三，然后制刑。"可见，在西周，案件的审判结果要上报，进行逐级复审，从史、正、大司寇以至于王，然后才确定刑罚。汉代也对疑罪规定了申报上级司法机关决断的规定。《汉书·刑法志》云："狱之疑者，吏或不敢决，有罪者久而不论，无罪久系不决。自今以来，县道官狱疑者，各谳所属二千石官，二千石官以其罪名当报之。所不能决者，皆移廷尉，廷尉亦当报之。廷尉所不能决，谨具为奏，傅所当比律令以闻。"隋、唐以后，申报复审的制度趋于完备。

申诉复审即犯人或其家属不服判决，提起申诉，而由审判机关重新审理的制度。这种制度，秦朝就已存在，称为"乞鞫"。《睡虎地秦墓竹简》载："以乞鞫及为人鞫者，狱已断乃听，且未断犹听也？狱断乃听之。"这说明，在秦朝，官府即已允许当事人和他人在判决

---

① 郑秦：《清代司法审判制度研究》，171 页。

以后提出申诉，请求再审。而且，秦确有因乞鞫而再审改判的实例。《史记·樊郦腾灌列传》载，汉高祖刘邦年轻时，因开玩笑伤夏侯婴，被人告发。由于刘邦当时担任亭长，被加重处罚。刘邦不服，乞鞫说自己没有伤夏保婴，夏也为他作证，于是案件重审，刘邦得以免罪。

汉承秦制，乞鞫制度仍被沿用。唐的法律不再使用"乞鞫"一词，但仍有不服判决允许申诉并对案件重新审理的规定。《唐律疏议·断狱》规定："诸狱结竟，徒以上，各呼囚及其家属，具告罪名，仍取囚服辩。若不服者，听其自理，更为详审。"唐以后，历代基本沿用此制，只是在对提出申诉的限制上各有不同。如清代规定了上控程序，即被告及其亲属在司法机关应受理而不受理，审理过程中司法官有抑勒画供、枉法裁决行为，或判决不公时，向上一级司法机关进行控告。直诉即对冤情重大者允许直至京师向中央司法机关乃至皇帝申诉，请求处理。如汉文帝时缇萦上书救父即是最著名的一例。由于中国古代司法制度中行政与司法分别不严，故直诉也是用行政手段救济司法审判之错误的一种措施，也是当事人不得已而为之的最后申冤方式。这种特别的申诉方式主要有击登闻鼓、立肺石直诉，申冤者直接向朝廷上表章或拦车驾鸣冤等几种形式。

死刑复核制度，是指向皇帝复奏死刑判决，得到批准后方可执行死刑的制度。古代诉讼中的死刑复核制度，就是把决定死刑的权力集中到中央司法机关和皇帝手里。死刑复核制度始见于北魏，《魏书·刑法志》载：魏世祖定制，凡死刑"皆由皇帝临问，无异辞怨言，乃绝之。诸州国之大避，皆先谳报，乃施行"。隋代始定三复奏，唐代则是"在京者，行决之司五复奏；在外者，刑部三复奏"[1]。宋元时期死刑仍须皇帝核准，到明清时期，死刑复核制度臻于完备。明清的死刑，分立决和秋后决两种。由中央司法机关和最高司法、审判官皇帝掌握死刑的决定权，有利于较好地贯彻慎刑方针，防止滥杀现象的出现。

（二）慎刑恤狱制度在司法实践中的积极作用

慎刑恤狱法律制度的形成有其深厚的思想渊源，像中国古代许多重大的制度一样，也可以在先秦思想中找到其理论上的源流。

"哀矜折狱"是孔子提出的著名刑事司法主张，所谓"上失其道，民散久矣。如得其情，则哀矜而勿喜"[2]。后儒将"哀矜折狱"标榜为"恤刑"。明代丘浚进一步阐释为："哀者，悲民之不幸；矜者，怜民之无知；勿喜者，勿喜己之有能也。呜呼！圣门教人，不以听讼为能，而必以使民无讼为至。"[3]

"生道杀民"是孟子提出的又一重要的慎刑恤狱原则。《孟子·尽心上》说："以生道杀民，虽死不怨杀者。"意思是说：（执政者）遇到死狱，应以"求其生"之道来谨慎审理，确系罪大恶极，求其生而不得，为了广大人民的生存，不得已而将其处死，那么，其死也是罪有应得，无从怨恨了。[4]"生道杀民"曲折地体现出孟子仁政之法的仁义价值观、民本

---

① 《唐六典·刑部》。
② 《论语·子张》。
③ 丘浚：《大学衍义补》卷一六〇。
④ 对"生道杀民"含义的理解，古人多存歧义，这里采纳了俞荣根先生的阐释。参见俞荣根：《儒家法思想通论》，314 页。

主义和慎刑恤狱思想等。这种司法人道主义原则，在长期的封建专制司法制度下，时常被提倡和加以弘扬。如存留养亲制度，在明清时期作为一项"仁政"措施颇受朝廷的重视，其批准手续也比较严格，具体要求为：犯人本人告称，被养之亲提出申请，由邻居、保族长及地方官吏出具证明，核实等等。明律的规定略同唐律，而清代律典不仅继承前代的主要制度，康熙、雍正、乾隆、嘉庆、道光等朝还就留养问题专门制定了许多条例，形成了比前代更为周密的制度。司法实践中，此类案例也很多。如道光六年（1826 年），四川人廖馨因与人争闹，顺便用竹铳吓放，结果误伤其小功服叔廖其述，致其身死。根据清律"卑幼殴小功尊属、故杀亦斩"的规定，廖犯被判斩立决。但后经查明，廖犯的父亲廖其贵已年高 71 岁，只有廖馨这一独子，故督抚依照法律程序，将罪犯"取结送部、题请留养"①。统治者如此重视这项制度，是因为它正是儒家"仁政"学说的具体体现，也是"孝"这一宗法原则的体现，即所谓"以仁孝治天下"。虽然此项慎刑恤狱措施着重考虑的并不单是行为的直接因果关系，而是维护宗法社会人际关系的和谐，但它符合国法人情，因而对司法方面的积极作用就十分明显了。

慎刑恤狱思想及其制度作为司法仁道原则的一项重要内容，它的形成不仅是统治者标榜仁政的产物，也是司法经验的总结。

从历史上看，建立新王朝的统治者都注意吸取旧王朝法制成败的教训。商纣王的暴政促使周公提出"明德慎罚"思想；秦帝之严刑峻法，二世而亡的教训，使汉初统治者奉行"约法省禁"；唐初统治者牢记"水可覆舟"的教训，主张"安人理国"，重视德礼为本。因此，慎刑恤狱法律制度与其说是封建统治者统治策略的改变，毋宁说是历代王朝司法经验的积累。

正是基于这一认识，"审慎法令"、"宽简刑政"、与民休息、缓和阶级矛盾便成为慎刑恤狱制度得以确立和不断完善的重要原因。如赦免，既是历代王朝的一项大典，借以宣传朝廷的"德政"，皇帝的"恩惠"，同时也是儒家推行其"明德慎罚"、仁政、礼教学说的一项重要内容。②《尚书·舜典》最早提到了赦免："眚灾肆赦"。赦免制度在汉朝逐步确立。汉朝是实行赦免较多的一个朝代，刘邦在位 12 年，大赦 9 次；景帝在位 16 年，大赦 5 次；武帝在位 55 年，大赦 18 次；元帝在位 15 年，大赦 12 次。汉以后历代王朝各种形式的赦免层出不穷，名目繁多，唐太宗的纵因更是独具特色。《唐书·刑法》载："六年，亲录囚徒，闵死罪者三百九十人，纵之还家，期以明年秋即刑；及期，囚皆诣朝堂，无后者，太宗嘉其诚信，悉原之。"由此可见，赦免已成为中国古代政治生活中一项重要内容。

总之，慎刑恤狱制度是中国封建社会特定历史条件下伦理人情影响司法活动的典型。儒家主张"德礼为本"、"政教为用"，要求以德服人，实行感化政策。所谓矜恤，更富于情感的因素。在此思想影响下，历代统治不仅在言辞上宣扬仁道矜恤，标榜仁政，而且在司法实践中也确有相应的举止，尽管其目的是要缓和矛盾，稳固统治，但在客观上，其积极作用是不可否定的。

---

① 《刑案汇览·名例》。
② 参见倪正茂：《中华法苑四千年》，334～337 页，北京，群众出版社，1987。

第四节
其他原则

一、有罪推定原则

所谓"有罪推定"原则，就是刑事被告人一经被告发，在未经法院判决之前，已被推定为有罪，并以罪犯对待。

有罪推定是中华民族传统法心理的一个重要方面[①]，反映了司法活动中司法人员和普通民众的一个基本心理基础："没有罪怎么会把你抓到这儿来？""好铁不打钉，好人不当兵"，好人也不上公堂，上了公堂就不是好人。于是，"不打不招"成了一条定则，因为不是好人的人都是"贱骨头"，即使"查无实证"，也由于"事出有因"，免不了皮肉受苦。与此相应，一旦被怀疑违法犯罪，甚至进班房，就会人格降等，为舆论所不齿。特别是涉及伦常问题，那就是"与其信其无，不如信其有"了，一辈子受白眼和非议。上述心理的产生显然是受到了儒家所提倡的"无讼"、"贱讼"观念的影响，因为在古人眼中，"讼"是道德败坏的代名词。但是，另一方面，有罪推定也是中国古代刑律残酷、司法专横、历行纠问式诉讼的客观反映。

有罪推定原则的出现可以上溯到我国奴隶社会。《尚书·大禹谟》有"罪疑惟轻"的规定，即对于有犯罪嫌疑而不能证明其有罪时，从轻处罪。虽然从轻，但在实际上还是作为罪犯对待，这就是一种"有罪推定"。

秦律继承了奴隶社会这种有罪推定的原则，其具体表现是：

第一，把未判决的刑事被告人以罪犯对待。在秦的诉讼过程中，只要是父母、主人控告自己的儿子和奴隶，官府就可以立即对被告人采取人身强制措施，即逮捕系狱，实际上即以罪犯对待刑事被告人。《法律答问》载："免老告人以为不孝，谒杀，当三环之下？不当环，亟执勿失。"[②] 这是父亲以不孝罪名告发亲生儿子，要求法庭处以死刑的案例，官府不但认为不需要经过"三环"，即"三宥"的程序，甚至认为不必经过调查和证实，就对被告人"亟执勿失"，即逮捕系狱。在《告臣》和《黥妾》两份爰书中，都记载了主人捆送自己的奴隶去官府，要求处以"城旦"和"黥劓"的刑罚，官府立即受理，按主人的要求加以处理。而《法律答问》中还说到了一人被推定为盗牛犯，在未判决前已"系一岁"以上，即当作罪犯已被监禁了一年多。

第二，刑事被告人依法对诉讼负有举证责任。相对于"无罪推定"原则而言，在"有罪推定"原则下，一经他人告发，刑事被告人就被推定为有罪，在实际上被剥夺了对自己行为进行辩护的权利，而留给他的仅仅是证明自己有罪的举证责任。这一点在秦的诉讼过程中，

---

① 俞荣根先生将中华民族传统法心理归结为七个方面：权即法、法即刑、贱诉讼、重调解、轻权利、有罪推定、重预防。参见俞荣根：《儒家法思想通论》，13～20 页。

② 《睡虎地秦墓竹简》，195 页。

具体地表现在"自首"、"自出"或"自告"的法律规定上。《法律答问》载："把其假（借）以亡，得及自出，当为盗不当？自出，出亡论。其得，坐赃为盗；盗罪轻于亡，以亡论。"①携带借用的官有物品逃亡，如果被捕获，就依法以盗窃罪论处；如果是自首，就依法以逃亡罪论处。

第三，司法官吏有权刑讯刑事被告人。刑讯是对刑事被告人履行举证责任的法律保证，也是"有罪推定"原则与"无罪推定"原则的一项根本区别。秦律允许刑讯，所谓"诘之极而数讵，更言不服，其律当治（笞）谅（掠）者，乃治（笞）谅（掠）"②。秦二世时，丞相李斯被赵高诬为谋反，拘于图圄中。"赵高治斯，榜掠千余，不胜痛，自诬服。"③ 在千余次拷掠下，李斯屈打成招。

这是"有罪推定"便于统治阶级制造冤、假、错案最恶劣的表现。④

秦律中的这种有罪推定原则几乎完全为后世历代王朝所继承。由于中国古代司法机关隶属于行政、侦审不分，故职掌审判的官员发现犯罪后，总是先入为主，主动纠查犯罪，摆出一副"父母官"的架势。而作为"小民"的当事人在"父母官"前总是战战兢兢，如履薄冰。因此，"有罪推定"原则反映了一个最基本的事实，即审判官与当事人（包括原告和被告）之间的不平等。这种不平等的地位生动地表现为法官端坐高堂，当事人跪着受审。《水浒》第二十二回中描写县官审问杀人案时说："知县听得有杀人的事，慌忙出来升堂……知县看时，只见一个婆子跪在左边，一个汉子跪在右边。"这是符合史实的。这种跪着受审的情况到清末变法时，才开始改变。如《大清刑事民事诉讼法草案》第 15 条规定："凡审讯原告或被告及诉讼关系人，均准其站立陈述，不得逼令跪供。"可以说，在中国古代司法制度中，只要儒家的"贱讼"观念存在，且在审判中历行纠问式诉讼和刑讯逼供，有罪推定的原则就一定会存在。

二、刑讯逼供原则

正如前文所述，有罪推定是中国古代刑律残酷、司法专横、历行纠问式诉讼的客观反映。因此，在纠问式审判方式下，司法官是审判的主体，被告人是客体，审判中为了使被告服罪往往使用刑讯手段。刑讯的目的在于获得口供，口供在古代司法中被认为是定案的主要的、权威的证据。

在中国古代司法中，证据原则很早就被提出来了。《周礼》说"正之以傅别、约剂"，唐律及明律等法律法典也有"据众证定罪"的规定。中国古代的法律虽然没有像近现代那样，对证据种类作出明确的规定，但从有关法律和记载中仍然可以看出古代证据制度包含的内容，即除被告人口供外，主要还有盟誓、证人证言、物证书证以及勘验结果等，它们对于正确适用法律、定罪量刑都是十分重要的。但由于口供的权威性，我们在这里只重点讨论刑讯这一"最古老的司法原则"⑤。

---

① 《睡虎地秦墓竹简》，207 页。
② 《睡虎地秦墓竹简》，246 页。
③ 《史记·李斯传》。
④ 参见栗劲：《秦律通论》，299～302 页，济南，山东人民出版社，1985。
⑤ 倪正茂：《中华法苑四千年》，322 页。

　　刑讯逼供之所以能成为一项重要的司法原则，不惟是它作为一项制度出现得早，更重要的是在中国古代纠问式审判中，刑讯作为获取证据的有效方式，对案件的审理侦破往往起着举足轻重的作用。

　　中国古代的刑讯制度起源于西周。《礼记·月令》载："仲春之月……命有司，省囹圄，去桎梏，毋肆掠，止狱讼。"孔颖达注"掠"为"捶治人也"。可见西周已有刑讯求口供的做法。

　　刑讯至晚在秦时就合法化和制度化。秦简《封诊式》"治狱"说："治狱，能以书从迹其言，毋治（笞）谅（掠）而得人请（情）为上；治（笞）谅（掠）为下；有恐为败。"① 在另则《讯狱》中亦有刑讯条件和爰书的规定。秦以后到明、清，间或有人抨击刑讯，但法律上始终规定在审讯中可施加拷打，并逐渐建立了一套周备的刑讯制度，特别是《明律》和《清律》卷首均载有《狱具图》，开列了讯、杖等刑具的名称和尺寸。

　　总体而言，刑讯手段在先秦时期审判中相对较少使用，而在秦汉至清时期则大量使用。西周时期是"新制度确立"时期，司法审判领域由过去的神判法转型为人判法，重人的司法审判制度开始确立。随之也就建立了为专制统治服务的纠问式审判方式。② 当时虽有"棰楚之下，何求而不得"的审讯心理，但毕竟还未普遍化和法律化。秦汉以后情况就不同了，这时纠问式审判已普遍运用，刑讯已合法化，这样，合法刑讯和法外刑讯更为普遍。汉代以后，受儒家仁道思想的影响和指导，虽然对拷讯进行了一定的抑制，但在君主专制条件下，这简直是件可望而不可求的事。历史事实是，唐代察狱之官可以对"事状疑似，犹不首实者，然后拷掠"③。清朝更是明确对"强、窃盗、人命，及情罪重大案件正犯，及干连有罪人犯，或证据已明，再三详究，不吐实情，或先已招认明白，后竟改供，准夹讯"④。正因为立法允许刑讯，故司法实践中，刑讯就如一匹脱缰之马，无可制约。

　　历代司法官如此乐用刑讯制度，原因已毋庸多言。中国古代证据制度的特别之处是"重视被告人口供的口供主义"⑤。故在中国古代的诉讼中，被告人口供是最重要的证据，没有被告人的供认，一般是不能定罪的。唐律规定：拷讯被告人，"拷满不承，取保放之"⑥。而且要反拷告诉人，即"诸拷囚，限满而不首者，反拷告人"⑦。又规定：属于议、请、减、老、小、废疾不得拷讯的人，"皆据众证定罪"。《清史稿·刑法三》也说："断罪必取输服供词。律虽有众证明白即同狱成之文，然非共犯有逃亡，并罪在军、流以下，不轻用也。"这表明，在古代，所有其他证据的法律效力都不及口供高，人证、物证都只能作为辅助性证据，并且必须在有口供的情况下才能发挥作用，如无口供，仅凭其他证据不能定案；反之，如有口供而无其他证据即可定案。即使对八议等人的"众证定罪"也是有限度的，司法实践中拷打八议者也并不稀奇。

---

　　① 《睡虎地秦墓竹简》，245 页。
　　② 参见李交发：《西周审判心理思想试探》，载《人文杂志》，1991（5）。
　　③ 《唐律疏议·断狱·讯囚察辞理》。
　　④ 《大清律例·刑律·断狱上·故禁故勘平人》。
　　⑤ 陈光中、沈国峰：《中国古代司法制度》，90 页。
　　⑥ 《唐律疏议·断狱·拷囚不得过三度》。
　　⑦ 《唐律疏议·断狱·拷囚限满不首》。

由于拷讯是诉讼中的一个合法程序，因而在古代中国，这种野蛮的没有人道的刑讯方法，不仅被法官看成是有效的惩处犯罪的手段，而且被视成是正当的。费孝通在《乡土中国》一书中有一段精彩的话可为证："在旧小说上，我们常见的听讼，亦称折狱的程序是：把'犯人'拖上堂，先各打屁股若干板，然后一方面大呼冤枉。父母官用了他'看相'式的眼光，分出那个'獐头鼠目'，必非好人，重加呵责，逼出供状，结果好恶分辨，冤也申了，大呼青天。这种程序在现代眼光中，会感觉到没有道理。但是在乡土社会中，这却是公认正当的。否则为什么这类记载包公案、施公案等等能成为传统的畅销书呢？"①

刑讯在中国古代诉讼制度中虽然是合法的，但主司在审案过程中原则上依律进行拷囚，不得违制，否则要负相应的刑事责任。唐朝要求审判官在审判时"先备五听，又验诸证信，事状疑似，犹不首实者，然后拷掠"。若不以情审察及反复参验，而任意拷囚者，依律规定：主司"合杖六十"②。对刑讯的施行和限制性条件，唐律在总结前代的基础上，规定得更为具体：第一，拷打不得过度、过数。《断狱律》规定，拷囚的次数总计"不得过三度"，而且依《狱官令》规定：拷囚，每讯相去二十日，总数不得超过二百，如"拷满不承"，则"取保放之"。第二，惩治拷打有疮病者。法律规定罪囚有疮病要"待差"（等待痊愈）而拷，如不待愈复而拷讯，依律规定：主司"杖一百"，"以故至死者，徒一年半"。第三，拷打的部位。依《狱官令》："决笞者，腿、臀充受；决杖者，背、脚、臀分受。须数等。拷讯者，亦同。笞以下，愿背、腿分受者，听。"如果违制，司法官要处以"笞三十"的刑罚。致囚犯死者，处以刑罚徒刑一年。③第四，惩治拷讯有特权者及老幼废疾。有特权者，是指《名例律》规定的议、请、减者；老幼废疾者，是指年70岁以上、15岁以下，及一支废、腰脊折、疾哑、侏儒等。这些人在审讯时"皆据众证定罪"。违规拷讯的主司要依律惩治，致罪有出入者，依故及失出入人罪法论处。此外，法律还规定司法官违法拷讯妇女，以及使用法定刑具以外的其他拷讯工具，均应负刑事责任。

宋朝沿袭唐的规定，宋初曾对刑讯作过较严格的限制，但不久又严刑如故。明、清时期，刑讯制度又进一步发展，甚至突破了唐律的规定，反映了极端专横的封建司法制度的本质和黑暗。

三、调处息讼原则

在儒家思想支配下，贵和持中，贵和尚中，成为几千年来中国传统文化的特征。与此相应，中国传统诉讼文化形成了"无讼"的价值取向。所谓"无讼"，即没有或者说不需要争讼。它直接来源于儒家创始人孔子所言："听讼，吾犹人也，必也使无讼乎！"④这句话成为了后世无数宣扬无讼论者的必言之语。无讼是执政者一直追求的目标，要实现无讼，就应当调处息讼。作为一项重要的诉讼原则，调处息讼在中国古代由来已久，不仅积累了丰富的"东方经验"，而且形成了一整套的制度。具体而言，存在官府调处和民间调处两大调处息讼的方式。

---

①　费孝通：《乡土中国》，55页，北京，三联书店，1985。

②　《唐律疏议·断狱·讯囚察辞理》。

③　参见《唐律疏议·断狱·决罚不如法》。

④　《论语·颜渊》。

(一) 官府调处

司法调处是诉讼内调处，是由作为司法官的州县官主持和参与的调处息讼。早在西周时期司法官就开始注重以调停案件为己任。据《周礼·司徒》记载，当时国家专设司法官"调人"，其重要职责就是"掌司万民之难，而谐和之"。春秋时期，孔子不仅宣扬调解息讼的重大意义，并且身体力行，充当出色的司法调解角色。《荀子·宥坐》记载，孔子任鲁国中央司法官时，曾遇到一宗父告子不孝案。孔子不是首先依法审理，而是先将父子二人拘禁起来，并且三个月不加审问，让他们父子俩自己去反省，目的是期望这对父子通过反省，不兴讼事，自行和调。结果，其所预期的目的终于实现了："父子相拥而泣"，主动要求止讼且发誓"终身不讼"。孔子的行为长久地影响着后世司法官的法律意识和司法行为，使司法官扮演了一个重要的社会角色——诉讼调停者。

司法官吏通常以言辞相劝，晓以大义，使讼者退而自责，甘心息讼，倘有不从，便以威刑相加。清代名判之一的汪辉祖认为，词讼之起，大多系邻里口角、骨肉参商细故，要么是不肖之人从中播弄，因此于审理之时须以义导之，使能悔悟。倘其间有亲邻调处，吁请息销，官府当予以矜全。①

有时司法官也通过现身说法的途径，调处纠纷，达到息事宁人的无讼境界。据《汉书·韩延寿传》载：西汉宣帝神爵三年（前59年），左冯翊韩延寿出行巡查属县。至高陵，有百姓兄弟二人由于田产纠纷，前来投诉。韩延寿感叹道："我为一郡表率，不能宣明教化，造成百姓骨肉之亲相互诉讼，既伤风化，又使当地贤明的长吏与乡民蒙受耻辱，责任在我，应当先行退职。"当天称病不处理公务，在传舍闭门思过。该县县令、县丞、蔷夫、三老也自己囚禁起来等候论罪。于是，诉讼的双方当事人及其家族相互责难，兄弟两人亦深感懊悔，自己髡首肉袒前来谢罪，愿以田地相让，至死不再争讼。韩延寿闻讯大喜，与二人想见饮酒，加以勉励。他还转告县里，强调用息讼调解的方法解决民间纠纷。②

州县官还通过裁决文书的形式，使境内百姓重伦理道德，止讼、息讼。宋代有不少判词通篇充满了息讼的劝告，如《名公书判清明集》第十卷《叔侄争业令禀听学职教诲》判词如下："'听讼，吾犹人也，必也使无讼乎！'当职德薄望浅，不足以宣明德化，表率士风，而使乖争陵犯之习见于吾党，有愧于古人多矣！否则威之，挞以记之，正惧有所不容但己者，而诸友乃能举责善之谊，以启其良心，使其叔侄之情不远而复，岂非区区所望于学校之士者与？示周德成叔侄，仰即日禀听明朋友教诲，遂为叔侄如初。若或不悛，则玉汝于成者，将不得不从事于教刑矣！"③

由于封建时代考察官吏的重要标准是讼清狱结，所以官府以息讼为目的，时常强制性地进行调解。其结果是往往迫使当事人屈从于官方意志，以致损害当事人的利益。在现存清朝《顺天府档案》中这样的例子不在少数。如骆二告生员李长龙兄弟用铁锄打伤其父骆自旺（李家长工）致死一案，经过"调解"，李家"情愿帮助厚葬"，骆家自认死者"委因家贫愁

① 参见梁治平：《追求自然秩序的和谐》，222页，北京，中国政法大学出版社，2002。
② 参见张晋藩：《中国民事诉讼制度史》，42～43页，成都，巴蜀书社，1999。
③ 《名公书判清明集》卷十，《叔侄争业令禀听学职教诲》。

急，自服洋药身死、并无别故"①。这样，一桩本来被告要处重刑的人命大案，在原告"情愿"息讼的具结下轻松了结了。可见调解息讼的温情纱幕下，掩盖着严酷的阶级压迫实质。

（二）民间调处

民间调处是中国古代比较常见的社会生活现象，它一般是由亲邻、族长或其他乡里基层组织调处解决纠纷，而不去官府申告。它所解决的主要是田土户婚之类的民事纠纷和不一定按国家司法管辖去告官审理的轻微刑事纠纷。民间调处的形式多样，适应性强，因而广受民众的欢迎。秦汉时期的乡啬夫，"职听讼"，负有调解职责。唐朝乡里讼事，则先由里正、村正、坊正调解。至宋代民间调节已经普遍化了，司法官对于民间争讼，一般均采取先行调处，争取息讼。元朝司法机关鉴于"民诉之繁，婚田为甚"，为了减轻承受力，缓和社会矛盾，广泛适用调处。《至元新格》规定："诸诉婚姻、家财、田宅、债负，若不系违法重事，并听社长以理谕解，免使荒废农务，烦扰官司。"② 明代为息讼，纠正"民风浇薄"的状况，甚至规定户婚、田土、斗殴等纠纷凡不经里老而径诉于县者，便是越诉，从而使民间调处成为强制性调解纠纷的制度。此外，还在各州县及乡里设立了申明亭，"凡民间应有词状，许耆老里长准受于本亭剖理"③。清代康熙朝修订《圣谕十六条》明确规定了"和乡党以息争讼"的内容，说明统治者已深知利用民间力量调解息讼，不仅节约了官府的资源，而且里老们的道德名望使争讼双方相信他们会公平裁决，从而更易使纠纷得到合理解决。

随着宗族势力的扩大和族权的加强，宗族调处成了民间调处最重要的环节，乡规民约和宗法族规为民间调处提供了更广泛的依据。宗法制度影响下的中国古代社会，表现为宗法血缘关系与国家政治关系的高度结合。宗族作为一个社会共同体，它同样是以血缘关系为其内部构成联结纽带，在"家国一体"观念影响下，宗族法成为国家法律的重要补充形式。所谓"家之有规，犹国之有典也，国有典，则赏罚以饬臣民，家有规，寓劝惩以训子弟，其事殊，其理一也"④。宗族法以家族伦理关系为基础，并将其作为立法与司法的重要标准和依据。

宗族组织在我国源远流长，而宗族法在东汉时期作为个别现象就已存在。三国时魏人田畴率族聚居，"为约束相杀伤、犯盗、诤讼立法，法重者至死，其次抵罪，二十余条。又制为婚姻嫁娶之礼，兴举学校讲授之业，众皆便之"⑤。从宋代开始，宗族组织在基层社会普遍建立，并相应制定宗族法，以调整宗族内部的各种社会关系。到明清两代，各地宗族法在内容和形式上都有了长足的进步，清代尤其如此。

宋朝以后发展成熟起来的宗族组织及其宗族法规，积极承担了宗族内部一部分轻微刑事案件和几乎全部民事纠纷的法律调整任务。国家也往往授权支持或认可家族组织和族长的司法权力。如元代规定："诸诉婚姻、家财、田宅、债负，若不系违法重事，并听社长以理喻解，免使荒废农务，烦扰官司。"⑥ 在清代，如族内发生民事纠纷和轻微刑事案件，其投告和审理的程序在各地宗族法中多有具体而细致的规定，如合肥邢氏宗族法规定："凡族中有事，

① 《顺天府档案 107 号》。转引陈光中、沈国峰：《中国古代司法制度》，140 页。
② 《新元史·刑法志》。
③ 《大明律集解附例·刑律·杂犯》。
④ 《仙源东溪项氏族谱·祠规引》。
⑤ 《三国志·魏书·田畴传》。
⑥ 《新元史·刑法志》。

必具呈禀于户长，户长协同宗正批示：某日讯审。原被两造及词证先至祠伺候。至日原告设公案笔砚，户长同宗正上座，各房长左右座。两造对质毕，静听户长宗正剖决，或罚或责，各宜禀遵，违者公究。"[1] 清代由家内息讼更明定于各宗族谱中，因为，在统治者看来，"一家之中，父兄治之；一族之间，宗子治之"，君臣、父子、夫妇、兄弟等尊卑关系都有常礼可循，根本不应有民事争执，一般婚姻和继承钱债等民事问题，要交由宗法家庭以"家法治之"，非万不得已不对簿公堂"烦扰官司"。宗族法的这种双重作用，虽然不利于国法中民本法律关系的发展，但有利于维护家庭内宗法等级秩序，保护父权、夫权和族权。

调处息讼原则的形成有其深厚的社会的、思想的和政治的根源。它根植于中国古代以血缘为纽带、聚族而居的农业经济社会；形成于儒家以和为贵，重视和谐、人伦、礼义的浓厚文化氛围中；实现于封建专制国家追求秩序和稳定的封建统治手段中。从实际情况看，大量民事纠纷在审理之前已经在家族、乡里内部调处息讼，真正呈诉到官，审理结案的是很少一部分。应该说我国古代的调处息讼有其存在的合理性：它有利于社会秩序的稳定，有助于特定领域内人们相互关系的和谐，减轻了诉讼当时人的讼累，有时更有利于纠纷的良性解决。然而，它的负面影响也是显而易见的：它磨灭了民众的主体意识和权利意识，顿挫民众为自己权益而斗争的精神，强化了伦常礼教对民众的思想控制。此外，通过州县官、族长、保甲长等人主持调处，调处的结果体现了宗族与国家的愿望，却往往背离了当事人的意志。

第五节　简评

诉讼原则对司法实践具有指导性，又最能反映出一个时期司法制度的特色。我们在前面集中了大量的笔墨论述了中国传统诉讼文化中的五个最基本的诉讼原则以及各自所包含的极为丰富的内容，从中可以体会到，与中国古代社会的特征相适应，中国古代的司法制度到处充斥着宗法伦理、等级特权、刑讯逼供的气息。当然，我们也不能因此而全盘否定，毕竟，这就是中国的特色。所以，实事求是地评价中国传统诉讼文化中的诉讼原则是必要的。

中国传统诉讼文化的特质之一是诉讼的道德化。[2] 在诉讼的实际运作过程中，自始至终充满着极其浓厚的道德色彩。中国古代法是宗法伦理的产物，法律本身就贯彻着传统道德的精神，依法审判通常也有助于其道德目的的实现。简言之，传统中国社会"诉讼"之目的有两点：一是平息争端，二是实现道德精神。但假如法律本身的规定有疏漏，或者不遵守现有法律能更好地实现其道德精神，这时，人们所看到的就将是完全道德化的诉讼运作了。

宗法、特权是中国古代社会的两大最基本的特征，两者相辅相成，密切相关。宗法以血缘为纽带，在一个典型的宗法制社会中，所有的人都按照血缘关系的远近，被组织在一定的

---

[1] 《刑氏宗谱·家规》。

[2] 关于中国传统诉讼文化的特质，胡旭晟先生将其归纳为五点，即诉讼的道德化，司法的行政化与诉讼的非专门化和非职业化，诉讼的人情化与艺术化，诉讼的低程序化，以及司法的个别化和非逻辑化。这种归纳是合理的。笔者认为，这也是对中国传统诉讼原则的另类解读。详见胡旭晟：《试论中国传统诉讼文化的特质》，载《南京大学法律评论》，1999 年春季号。

亲属集团如家庭、宗族之中。以血缘关系结成的家是社会的基本细胞，而家的无限扩大便构成国，它同样是宗法性质的。中国古代社会又是等级制的社会，即所有的人都按其所处社会经济地位被划分为不同的等级，并依等级的高低卑尊分享政治、法律上的权力或权利。宗法社会是一个以维护尊卑伦常为要义的多阶梯的等级结构，而等级特权既是宗法制的产物，反过来又促进和巩固宗法制度，所谓"序尊卑、贵贱、大小之位，而差外内、远近、新故之级"①，此之谓也。

宗法等级特权观念扩展和渗透到社会关系的各个领域，司法领域犹然。儒家著名经典《礼记·王制》载："凡听五刑之讼，必原父子之亲，立君臣之义以权之。"这就是说，断狱决讼首先要用"君臣之义"、"父子之亲"这些道德原则和精神去衡量，而不是首先讯问案件的事实情节。"八议"及"请"、"减"、"赎"、"官当"等司法适用规则，既是等级特权的表现，当然更是宗法社会的产物。亲亲相隐和依服制审判等司法原则既是宗法制的核心内容，当然也是为了维护尊卑伦常、君臣父子等级特权社会的稳定与和谐。可见，宗法特权成为中国传统诉讼原则之精神内核。当代中国追求的是法律面前人人平等，任何诉讼上的特权虽与传统有千丝万缕的牵连，却与法治的精神背道而驰。因而，诉讼道德化的传统并无借鉴意义，应予摒弃。

中国传统诉讼文化还洋溢着浓厚的人情味。虽说是法律制度，却要体现一种情感，实现一种伦理价值。受此影响，历代统治者以"仁政"相标榜，以"王道"或"道统"自居，故在不背离宗法特权的前提之下，大多还要在司法活动中，做些"约法省刑"、"矜老恤幼"、"泣辜慎罚"、"尽牢大赦"之类的举动，以成所谓"仁者之刑"或"仁者司法"的美名。② 如自北魏以来流行于司法中的"留养存祀"与"存留养亲"制度之所以备受封建统治者称道，是因为此种制度是孝道在法律中的具体体现。③ 这说明，在传统中国的法律文化中，立法和司法所着重考虑的并不单是行为的直接因果关系，而往往更注重于维护宗法社会人际关系和谐与"情"和"理"的贯彻。前述北宋安崇绪状告继母一案，其判决结果就远比机械地执行法律合乎"仁道"和人道，自然也更为百姓所称道，这中间同样贯通着"人情"，而且也包含着"理"。客观地说，统治者在司法中讲求仁道矜恤，并采取了一系列恤刑、慎刑的措施④，维护了封建法律秩序，增加了法律适用的准确性。

中国古代国家产生的特殊途径导致了各级行政长官兼理司法，因此，自秦汉以降，为适应专制主义统治的需要，中国古代诉讼实行纠问式诉讼，审判机关有权主动追究犯罪，积极介入，兼施起诉和审判双重职能。而诉讼参与人所享有的诉讼权利甚微，特别是被告人更处于基本上无权的地位。司法官实行有罪推定，刑事被告人一经被告发，不管有无证据证明他（她）有罪，在未经法院判决之前，就已被推定为有罪，被当作罪犯对待。如此，被告人哪有权利可言。这种程序上的不正当就难以保证实体权利的合理实现，加之刑讯逼供的合法化、制度化、普遍化，最终导致中国古代诉讼审判的黑暗与野蛮。"合法的"刑讯稍加超越，

① 《春秋繁露·奉本》。
② 参见范忠信等：《情理法与中国人》，148 页。
③ 参见 [美] D. 布迪、C. 莫里斯：《中华帝国的法律》，133 页。
④ 明代丘浚《慎刑宪》一书，系统地阐发了古代慎刑、恤刑的思想，其目的有"申冤狱之情"、"慎眚灾之赦"、"存钦恤之心"、"戒滥纵之失"等，可资借鉴。

即为滥刑，滥刑正是"合法"刑讯发展的必然结果。至于自立名目的非刑及惨无人道的状况，更是不绝于史。实际上，在刑讯是法定审判程序的制度下，各种令人发指和不寒而栗的非刑是会源源不断"创造"出来的。同时，在古代，对刑讯持反对态度的大有人在，如西汉时的路温舒就把狱吏刑讯当作汉从秦继承下来的最大弊政。① 今天看来，刑讯当然应该批判，有罪推定当然应当否定，我们的各级司法人员应该以史鉴今，否则，保障人权、公正司法从何谈起?!

---

① 路温舒是小狱吏出身，后任廷尉史，深知刑讯的残酷。他于汉宣帝即位时（前 73 年）上了一道有名的奏疏："夫人情安则乐生，痛则思死。捶楚之下，何求而不得？故囚人不胜痛，则饰辞以视之；吏治者利其然，则指道以明之。"（《汉书·路温舒传》）

第四章

民间诉讼意识

　　从文化人类学的视角来看，所谓民间法律意识，是指文化小传统层面的法律思想、法律观念或法律意识，它与文化大传统层面的帝国官方和精英阶层的法律思想、法律观念或法律意识不同，属于百姓大众的法律思想、法律观念或法律意识。当然，它们之间也有内在的互动关系。① 另一方面，就目前所见的资料而言，很难寻找"纯粹"言述民间社会平头百姓的法律意识的东西。因而，为了"追寻"和"倾听"他们的法律意识，我们主要使用了时下学界已经基本达成共识的那些能够反映传统中国的民间法律意识的材料，诸如野史杂记、传说故事、民间文学、司法档案（状词和诉词）。必须指出，有些资料最初可能出自民间，然而一旦形诸笔墨，稍成条理，也就难免会被改写，操刀笔者的法律意识也就必然"侵蚀"或者"污染"那些原本自然存在的资料。据此，这里所说的民间法律意识乃是一个相对的概念，它所讲述的法律故事，仅能反映民间法律意识的概貌而已。总之，我们只能在帝国官方与民间社会，文化精英与乡野草民的"关系结构"中把握民间法律意识的模糊面貌。

　　一来由于民间百姓大众没有系统成熟的法律意识，二来由于这种法律意识如今尚未受到学者的关注和研究，以致我们无法在此进行详尽的检讨。故而，我们所能做的，仅仅是选择与草民百姓日常法律生活最相关切的法律问题，藉此"管窥"一下他们的法律意识。

---

　　①　就传统中国法律文化而言，尚有两个问题须要稍作分疏：一是，帝国官方的法律意识与精英阶层的法律意识尽管颇有重叠的地方，可是两者并不完全等同；二是，帝国官方或精英阶层的法律意识与民间百姓的法律意识虽然有着非常重要的分野，但是它们也有非常有趣的重叠和互动。关于传统中国的官方文化和精英文化与高层文化和民间文化的富有启发性的讨论，也可参见［美］史华兹：《古代中国的思想世界》，程钢译，9～10 页、420～430 页，南京，江苏人民出版社，2004。

第一节
诉讼：申冤与权利

检阅明清时期的法律文化资料，我们可以发现一些有趣的问题。在诉讼文书中，小民百姓为何用"诉冤"而非"权利"的修辞策略来表达自己的诉讼愿望？有待进一步追问的是，所谓"冤抑"的含义是什么？哪些又是造成"冤抑"的原因？与此相关，在"诉冤话语"与"权利保障"之间又有什么样的内在关系？对此，我们来作一个初步的考察。

一、冤抑的由来

（一）浅说"冤抑"的含义

冷佛《春阿氏谋夫案》开篇就说："人世间事，最屈在不过的，就是冤案；最苦恼不过的，就是恶婚姻。"可见，不平与冤抑，在中国人眼里是何等令人揪心的事情！

这里，我们先得解释一下"冤抑"的基本内涵。明朝佚名所编《龙图公案》卷九《兔戴帽》讲述了一个著名清官包公平反冤狱的故事。其中，这样写道：

> 包公奉旨巡行天下，来到湖广，历至武昌府。是夜详览案卷，阅至此案，偶尔精神困倦，隐几而卧。梦见一兔头戴了帽，奔走案前。既觉，心中思忖："梦兔戴帽，乃是'冤'字。想此事自有冤枉。"次日，单吊杨清一起勘审。①

这一描述非常生动，然而解释并不准确。东汉许慎所著《说文解字》释谓：

> 冤，屈也。从兔，从冖。即兔在冖下，不得走，益屈折也。

这使我们想到一只原先活蹦乱跳的兔子——就像"动如脱兔"这个成语形容的那样，被拘在狭小笼子里不得动弹的"屈折"情景。可见，所谓"冤"是指物性自然状态受到外部力量的压迫而被扭曲。然而"冤"尚非仅仅是指被冤抑者遭遇别人冒犯、欺凌、摧残之类的外部伤害，好比《汉书·息夫躬传》所说"冤颈折翼，焉得往兮"的情形；也指由此造成的被冤抑者内心郁积，宛转不得排遣引起的怨气和愤激，亦即精神遭受的压迫和扭曲，一如屈原投江之前所写《楚辞·九章·怀沙》抒发的那种"抚情效志兮，冤屈而自抑"的沉冤莫伸的悲怆情感。无疑，这是一种深层的伤害。② 至于"抑"字，乃是遭受他人压迫而被扭曲的意思，与"冤"相连，似乎只是为了强化"冤"之不得伸张罢了，别无深意。

从日常法律用语来看，"冤"多数是被用作强调"无辜受罪"和"非法被害"的意思，一如《论衡·时调》所谓"无过而受罪，世谓之冤"是也。这种"无辜受罪"或者"非法被害"的情形，在法律语境里，约有两种情况：一是，无端遭到别人的侵犯和伤害，这时，家

---

① （明）佚名：《龙图公案》卷九，《兔戴帽》。
② 对于"冤"的解释，参见陈焰：《"三言两拍"公案故事研究：从中国法律史视角的考察》，中山大学2003年硕士学位论文，12页。

族邻佑、地保长老、司法机构都是"诉冤"的地方;二是,被冤抑者受到司法机关的不公待遇,譬如"冤假错案"之类,从而导致"冤"上加"冤"的不平和怨愤。

要而言之,"冤"由"枉"而生,所谓"冤枉"两字,即是写照。而"枉"与"直"相对,处事不直、不平、不公,乃至恃财、仗势、豪横、欺侮、威逼、凌虐,都是产生"冤"的根本原因,所谓"事枉人冤"① 就是这个意思,也是各种诉状的修辞用语。

特别需要指出的是,民间百姓往往把"冤"当作利益冲突的一种修辞手段和诉讼技术,比如,不把打官司称作告状或诉讼,而是喊冤或诉冤。尤其是,对冲突或纠纷当中处于弱势地位的小民百姓来说,每每将"诉冤"作为耸动官府的一种修辞手段和诉讼技术,一种话语策略,实际上,彼此所争的还是各种"权利"和利益。这种"诉冤"的话语策略背后,既包含了道德主义的法律观念的因素,也包含了弱势群体(小民百姓)的诉讼策略的成分。这是因为,在官僚眼里,争利乃是小人之举,诉冤却是正当的要求;帝国官僚基本上是从道德角度来看待诉讼和解决纠纷的,这与民间观点稍有差异。具体来讲,民众关心的是利益,道德仅仅是修辞;官僚着眼的是道德,利益是附带的东西。

(二)源于民间的"冤抑"

植根在广袤土地上的中国古典社会,既是一个"低头不见抬头见"的熟人社会,也是一个以"自身"为核心层层展开的伦理社会。这个"自身"好比一块被抛入湖面的石头,由此激起的一轮一轮的荡漾延伸的波纹,就是"伦理"的绝妙写照②,这是中国古人确定"群己权界"的基本准则。由于血缘家族组织与"拟制"家族关系构成社会的基础,也由于人们生于斯、长于斯、老于斯、葬于斯,彼此熟悉,故而"人情"和"伦理"也就成为维系社会秩序的基本纽带。当然,名目繁多的契约仍有非常重要的作用。理想上,这种"情理"社会应该保持互谅互让、和谐融洽的人际关系。实际上,正是人际关系的相互涵融,以及随之而来的物质利益的模糊界限,乃至"情理"本身的含混和非实定性,最易引发矛盾和冲突。这是因为,符合儒家经典要求的"情理",只是君子才能遵循的行为规范,小人未必如此;一旦利益当前,小人争之唯恐不及。孔子那句"君子喻于义,小人喻于利"③ 的名言,说的就是这个意思。所以,传统中国并没有纠纷,而是被"人情"遮蔽了;也非缺乏争讼,而是被道德话语掩盖了。出于维护社会秩序的动机和意图,官僚精英采取的是"息讼"的纠纷解决策略,追求的是"无讼"的社会理想,而民间百姓措意的是自身的物质利益,两者在法律意识上有着某种断裂。这是我们理解和把握民间"冤抑"产生的历史语境。

那么,导致民间"冤抑"产生的原因又是什么呢?

1. 纵向身份结构导致的冤抑

在中国古典社会里,无论精英还是平民,对儒家提倡的孝道大多能够奉行如仪——内心的真实感情如何,难以定夺,至少面子上是这样;基于孝道建构起来的身份关系,也就成为人们日常生活和为人处世的基本准则。但是,在这一人际关系非常紧密的熟人社会里,彼此之间的利害关系在众目睽睽下恰如"小葱拌豆腐,一青二白"地摆在那里;另一方面,对乡

---

① (明)冯梦龙:《醒世恒言》卷二十,《李玉英狱中讼冤》。

② 参见费孝通:《乡土中国》,25 页;梁漱溟:《中国文化要义》,79~80 页,上海,学林出版社,1987。

③ 《论语·里仁》。

野百姓来说，物质匮乏，生活艰辛，因此，彼此之间常为锱铢小利（鼠牙雀角）发生竞争。这样一来，兄弟伯叔、姑嫂妯娌之间难免也会发生冲突和纠纷。一旦祸起萧墙，而以分家析产、宗祧承继（其实也是争夺财产）为甚，受到欺凌和伤害的弱者自然感到无限之"冤抑"，为着捍卫自己的利益，就会踏上"诉冤"之路。

值得注意的是，家族作为传统中国身份社会的原型，也是一个生活共同体和伦理共同体，父慈子孝、兄友弟恭、怜寡恤孤，乃是维护家族和睦的道德原则；因此，家族成员之间的矛盾、冲突和纠纷，比诸其他社会成员之间的竞争，也就更具道德的意味。在词状里，尊长侵犯卑幼，每每用"恃尊欺卑"作修辞；相反，卑幼冒犯尊长，往往以"恶逆灭伦"来表达。作为典型弱势群体的寡妇，为了唤起同情，对自己用"苦守节惨"来诉说；对被告以"欺寡凌孤"作缘饰。总而言之，道德话语成了"诉冤"的包装。

2. 横向契约锁链引发的冤抑

从"伦理"角度来看，越到边缘，"伦理"的痕迹越是淡薄，越是模糊，渐渐在视野中消失。伦理社会的人际关系也复如此。就法律而言，随着血缘伦理渐次淡化，道德作为维持社会秩序工具的价值，同样也在不断削弱；恰好相反，法律或者确切地说契约的作用逐步强化。特别是随着"唐宋转型"的出现，近世社会的面貌和性格逐渐浮出水面：一者，土地国有制（均田制）的全面崩溃，土地私有制的普遍发展，土地交易日益频繁。二者，国家经济管制的松懈和开放，比如市场管制的放松；宋代以降，商品经济确实有了长足的发展。三者，随着商品经济发展而来的是，平民文化的兴起，经济伦理不断冲击官僚精英的道德伦理。四者，原本出自伦理道德（礼和义）的国家法律，与源于民间日常生活的惯行，尽管仍有互动的情形，但是它们之间的"断裂"同样引人注目。[①] 由于伦理道德的淡化，经济利益的凸显，契约成了维护这种社会的重要纽带。我们只要翻检一下留存至今的各类契约文书和官府档案[②]，对这样一种色彩斑斓的景象，会有十分深刻的印象。其中，土地房产交易和借贷引起的冲突和纠纷，非常突出。

虽说抵押、绝卖土地房产和钱粮借贷，乃是随着人们经济状况的起伏波动作出的理性选择，并非表明卖方、借方一定就是经济上的弱者；即使买方和贷方，也非证明就是经济上的强者。这是因为，这些经济往来每每所值无几。不过，在日常生活中，卖方和借方大多属于弱者。可是，一旦到了要靠抵押、绝卖土地房产——农民的命根和祖宗的遗产，或者依赖借债度日的境地，已与厄运降临不远。诚如《金瓶梅》所写：

> （应伯爵）说道："哥，该当下他的。休说两架铜鼓，只一架屏风，五十两银子还没处寻去。"西门庆道："不知他明日赎不赎？"伯爵道："没的说，赎甚么？下坡车儿营生。及到三年过来，七本八利相等。"[③]

---

① 梁治平非常强调习惯法与国家法之间的断裂。参见梁治平：《清代习惯法：社会与国家》，北京，中国政法大学出版社，1996。据笔者看来，习惯法与国家法除了"断裂"之外，它们之间的"互动"尤为值得我们重视。参见徐忠明：《思考与批评：解读中国法律文化》，144～158页，北京，法律出版社，2000。

② 参见张传玺主编：《中国历代契约会编考释》，北京，北京大学出版社，1995；田涛、[美] 宋格文、郑秦编著：《田藏契约文书粹编》，北京，中华书局，2001；四川大学历史系、四川省档案馆编：《清代乾嘉道巴县档案选编》（上、下），成都，四川大学出版社，1989、1996。

③ （明）兰陵笑笑生：《张竹坡批评金瓶梅》，2版，660页，济南，齐鲁书社，1991。

在这种情况下，如果把纠纷呈告到衙门，作为弱者的他们，在词状里就会以"豪恶霸产"或者"恃财骗吞"来鸣冤申诉；与此相反，强者每每使用"藉命图赖"这样的说法对付"要钱没有，要命倒有一条"的所谓弱者。

（三）源于衙门的"冤抑"

秦汉以来，中华帝国的政治框架基本上出自法家的构想，然而，儒家的伦理道德也是这个巨型帝国的千年一贯的政治原理；所谓儒法合流或者礼法结合，即是对这一帝国治理模式的简洁概括。基于法家的治理思想，特别强调社会秩序控制的暴力作用；本着儒家的治理精神，为了确保社会秩序的和谐，更加措意"心治"和"自治"的重要意义。前者强调"刑"的功效，后者突出"礼"的价值。随着周初"民本"思想的兴起，庶民的政治作用也被统治阶级所认识，所谓"天视自我民视，天听自我民听"① 一句，就是这一认识的著名表述。后来，儒家提倡"仁政"和"德治"的要义，落实下来，乃是薄赋轻徭和德主刑辅。鉴于暴秦速亡，并且亡于"土崩"（民众反抗和社会崩溃）的不远殷鉴，历代帝皇都把"与民休息"和"约法省刑"当作政治理想。对民间百姓来说，除了当兵纳粮这个不能逃脱的义务，不入衙门、不受刑责居然也是一种人生理想，而"天高皇帝远"与"三十亩地一头牛，老婆孩子热炕头"就是这一理想的通俗表达。当然，孙中山先生所谓"一盘散沙"的著名概括，同样源于这样的历史语境。可是，理想是一回事，现实是另外一回事。考诸历代史乘，我们千万不要忘记，帝国衙门既是民众"诉冤"的地方，又是制造"冤抑"的渊薮。

那么，官府造成民间"冤抑"的原因又是什么呢？

1. 苛政导致的"冤抑"

圣人孔子和亚圣孟子早就说过"苛政猛于虎"② 和"制民之产"③ 一类的话，秉承儒家的"民本"政治理想，帝制中国的赋税徭役（正项）并不繁重；可是，正项之外尚有各种名目的陋规，清代的"耗羡"原本就是陋规，后来经由雍正皇帝的批准而被合法化，留作本省官僚的津贴（养廉银）和各类衙门的办公费用。④ 陋规之外，又有胥吏、衙役、长随的名目繁多、毫无节制的需索，与"耗羡"加在一起，数量远远超过正项钱粮。对载册农民来说，他们视国家正项赋税徭役为应尽的义务；但是，对胥吏、衙役、长随的超额勒索（枉取），就会生出"冤抑"的感觉。所谓"催科勒耗苛于虎，课赎征镪狠似狼！天理岂能为粟米，良心未得做衣裳"⑤ 的诗句，既是对这种强取豪夺的描写，也是满腔怨愤的抒发。而"衙蠹叠害"或"蠹役索诈"之类的文字，在司法档案中屡见不鲜；百姓细民为了消除衙蠹诈害，不得已而"宪辕喊冤"或"赴辕鸣冤"也是常见之事。⑥

2. 司法衙门制造的"冤抑"

帝国司法衙门制造的"冤抑"更是民间资料反复描述的事情。探考古体"法"的本义，

---

① 《孟子·万章》引据《尚书·泰誓》。
② 《礼记·檀弓》。
③ 《孟子·尽心》。
④ 参见 ［日］佐伯富：《清雍正朝的养廉银研究》，郑樑生译，台北，"商务印书馆"，1996。
⑤ （清）西周生：《醒世姻缘传》，30页，济南，齐鲁书社，1993。
⑥ 参见四川大学历史系、四川省档案馆编：《清代乾嘉道巴县档案选编》（下），213页以下。

原有"通过司法实现正义"① 的意蕴。因此，许慎《说文解字》释谓："灋，刑也，平之如水；廌，所以触不直者去之。"这一解释恐怕是对中国早期司法（神判）传统的概括，与法律人类学的研究成果可以互证互释。这里，虽然"法"与"刑"可以相互释证，凸显出来的是刑罚的暴力功能；但是"法"依然具有正、直、平的意思，表明司法官员即便实施惩罚，也要保持正直和公平。② 法官俨然是"平"的象征，汉代著名法官张释之就说：

> 法者，天子所与天下公共也。今法如此而更重之，是法不信于民也。且方其时，上使立诛之则已。今既下廷尉，廷尉，天下之平也，一倾而天下用法皆为轻重，民安所措其手足？惟陛下察之。③

释之所言，可谓意味深长。撇开"法者，天子所与天下公共也"不谈，一句"廷尉，天下之平也"的议论，已经足见司法唯求"公平"的深意。总之，对司法来讲，审判不直、不平，便是枉法，这是导致"冤抑"的根本原因。换一角度来看，在小民百姓眼里，衙门本来是一个"讲理"的去处，恰如俗语"八个金刚抬不动个'理'字"所说的那样；曾几何时，衙门倒变成了唯有"戥子声、算盘声、板子声"④ 的地方，而不再是"讲理"的所在。在这种情况下，"冤抑"岂可避免，也难怪俗话有"何处衙门不冤枉"的叹息。

帝国司法衙门制造"冤抑"的主要情形有三：

（1）刑讯逼供。由于刑讯逼供是传统中国的合法制度，因此，无论官方正史还是民间故事均有大量的描述；其中，既有正面的记载，也有猛烈的抨击。其实，小民百姓不把听讼断狱叫作"审官司"而是称为"打官司"本身，也可以看出他们对刑讯逼供的基本态度。窦娥之冤，乃是屈打成招的悲剧故事。在戏剧中，楚州太守桃杌喝道："人是贱虫，不打不招。左右，与我选大棍子打着。"结果，

> （窦娥被打得来）不由我不魄散魂飞。恰消停，才苏醒，又昏迷。捱千般打拷，万种凌逼，一仗下，一道血，一层皮。打得我肉都飞，血淋漓，腹中冤枉有谁知！

为了挽救婆婆，孝妇窦娥只好"情愿我招了罢"⑤。一桩千古奇冤由此诞生。晚清谴责小说家李伯元《活地狱》描写酷吏桃源县知县魏伯貔（也许，名字取自"剥皮"的谐音）的刑讯逼供的残酷手段——"任你铜浇兼铁铸，管教磨骨与扬灰"，真是惨不忍睹，结果当然是

---

①　日本学者滋贺秀三曾说，欧洲的"法"是指通过特定诉讼获得的"正义结果"的意思。参见［日］滋贺秀三等：《明清时期的民事审判与民间契约》，王亚新等译，6～7页，北京，法律出版社，1998。当然，滋贺教授并不认为中国古代的"法"也有同样的意义。对此，笔者尚有异议，参见徐忠明：《皋陶与"法"考论》，载徐忠明：《法学与文学之间》，北京，中国政法大学出版社，2000。

②　往深里说，所谓"刑"和"平"（也有"秤"的意思）的含义，其实与西方的司法（正义）女神（也是"法"的象征）手中的宝剑和天平正相一致。有关西方的司法（正义）女神的解说，参见冯象：《正义的蒙眼布》，载冯象：《政法笔记》，144～159页，南京，江苏人民出版社，2004。

③　《史记·张释之列传》。

④　在中国古人眼里，理想的政治应该是"无为"的政治，在衙门里，人们只能听到"吟诗声，下棋声，抚琴声"；与此相反，所谓"戥子声，算盘声，板子声"乃是讽刺官府苛剥残贼小民百姓的意思。清代吴敬梓《儒林外史》（105页，北京，人民文学出版社，1962）就有这样描述。这里，笔者把"唱曲声"改作"抚琴声"，与"琴治"相对。

⑤　徐燕平编注：《元杂剧公案卷》，27页，北京，华夏出版社，2000。

"招亦死，不招亦死"①，只得"招了再说"。

（2）贪赃枉法。做官发财，这是中国民众的普遍心态，所谓书中自有"千锺粟"和"黄金屋"之类的诗文，都是为了激发人们读书做官，进而做官发财的欲望。因此，关键问题不在于是否发财或者能否发财，而在于如何发财。也就是说，如果取财有道，取财有节，那么无论皇帝还是民众，都会予以默许，乃至宽容。俗话"三年清知府，十万雪花银"一言，尽管颇具"反讽"意义，但是，也多少反映出中国古人对清官尚且不抱幻想的现实态度。为官一任，居然敛财十万银两，如若按照现在的比价衡量，无疑是个超级贪官。在一定程度上，打官司要花钱是小民百姓的共识；可是，一旦到了"天下的官司倒将来，使那磨大的银子罱将去"②，甚至"有钱者生，无钱者死"的地步，那还有"正义"可言吗？在这种情况下，钱就是理，官司输赢不是有理而是有钱。有笑话说：

> 一官最贪，一日拘两造对审，原告馈以五十金，被告闻知，加倍贿托。及审时，不问情由，抽签竟打原告。原告将手作五数势曰："小的是有理的。"官亦以手覆曰："奴才，你虽有理。"又以手一仰曰："他比你更有理哩。"③

（3）法律知识不够。一来，由于传统中国仕进制度以科举为正途，以儒家经典、诗赋策论为考试范围，重在人文涵养而非专业知识；二来，专制帝国反对民间私习法律、诉讼一类的知识，以便实现思想控制，也是为了禁绝民间拥有"挑战"帝国权力的武器。这种正面引导规训与反面禁止打击并用的政治辩证法和治理术，终于导致士人官僚"读书万卷不读律"的结局。可是，不懂法律又要治理这个巨型帝国，发出"致君尧舜知无术"④ 的感慨，也就没有什么可以奇怪的了。面对乡土社会，诗声、棋声、琴声的治理固然美妙，然而中华帝国的政治结构已经足够复杂，这种治理模式肯定不能奏效。所以，不少官僚主张必须通晓起码的法律，例如清代名幕汪辉祖就有专门的议论。⑤ 针对这类糊涂官员，有笑话讽刺说：

> 一青盲人涉讼，自诉眼睛。官曰："你明明一双白眼，如何诈瞎？"答曰："老爷看小人是清白的，小人看老爷却是糊涂得紧。"⑥

这种黑白颠倒、是非不分的官僚，想要他们胜任听讼断狱的职责而不制造"冤抑"简直是缘木求鱼，绝不可能。如果遇着"糊涂＋贪酷"，"惟知钱和酒，不管公和正"⑦ 的官僚，哪有百姓的活路！当然，笔者也不是要一味指责科举考试造成的"反专业化"的弊病。其实，对传统社会来说，无论专业化抑或职业化，都是一个悬得过高的

---

① （清）李伯元：《活地狱》，上海，上海书店，1994。

② 《醒世姻缘传》，70 页。

③ （清）游戏道人：《笑林广记》卷一，《古艳部·有理》。

④ 上引"读书万卷不读律，致君尧舜知无术"乃是苏轼所作。转引自徐道邻：《法学家苏东坡》，载徐道邻：《中国法制史论集》，309 页，台北，志文出版社，1975。

⑤ 参见汪辉祖：《学治说赘》，"律例不可不读"条专论。

⑥ （清）游戏道人：《笑林广记》卷一，《糊涂》。

⑦ （清）游戏道人：《笑林广记》卷一，《不明》。

现代标准。①

二、权利与申冤

（一）"权利"意识的源流与特点

传统中国法律文化究竟有无权利意识或者权利概念？这是一个争论已久，尚无定论的问题。② 为了深入把握这个问题，我们先来辨析汉语"权利"的含义。《荀子·君道》曾说："按之于声色、权利、愤怒、患险，而观其能无离守也。"稍后《史记·魏其武安侯·附灌夫》也有"家累数千万，食客日数十百人，陂池田园，宗族宾客为权利，横于颍川"的记载。所引"权利"两字，显然与西方法律中的权利概念不同，都是"权势和财货"的意思。而《商君书·算地》另有一说："夫民之情，朴则生劳而易力，穷则生知而权利。易力则轻死而乐用，权利则畏罚而易苦。"这个"权利"，则是"度而取长，称而取重，权而索利"的意思，也即"权衡和利益"的含义。其要义是，因权生利或者以权谋私③；它的人性基础，就是性恶——趋利避害。据此，权力与财富每每互为倚重，所谓"富贵"是也。

显而易见，这一词源考证对于我们把握传统中国的"权利"的意蕴，可能未必奏效。或许，检讨中国本土的"权利"意识，我们尚须另谋出路。④

我们再来分析一下其他的相关资料。《慎子·逸文》记有："一兔走街，而人追之，贪人具存，人莫诽者，以兔为未定分也。积兔满市，过而不顾，非不欲兔也，分定之后，虽鄙不争。"⑤ 何以人人追逐一只所值甚微的兔子呢？这是因为，兔子的产权未定，所以人人可以取得兔子的先占"权利"；与此相反，一旦兔子的产权明确，即使"鄙盗"也不敢枉取。由此可见，这个"分"颇有"群己权界"的意味——财产"权利"的界限。在这种情况下，我们说"分"有"权利"的朦胧意识，也是未尝不可的事情。与此同时，这个"分"也是君王进行政治统治和维护社会秩序的关键，故而，先秦诸子大谈"分"的政治作用和法律意义。荀况认为：凡人皆有欲望，而且又是社会动物，如果不给"群己权界"划出廓限，必然导致由

---

① 即使特别强调只有西方才出现了职业（专业）官僚的马克斯·韦伯也认为，在欧洲，按照分工原则的专业官吏体制，在历时五百年的发展中，才逐渐出现形成的。也就是说，到了16世纪，在财政、军事和司法三个领域，专业官吏体制才在较为先进的国家中取得了明确的胜利。参见［德］韦伯：《韦伯作品集·I·学术与政治》，钱永祥等译，212～213页，桂林，广西师范大学出版社，2004。

② 有关"权利"用法的详尽讨论，参见李贵连：《话说"权利"》，载《北大法律评论》，第1卷第1辑，115～127页，北京，法律出版社，1998。笔者声明：本章凡是提到西方权利概念，不加引号；相反，凡是讨论中国传统法律中的"权利"概念，一律加上引号，以示区别。

③ 参见秦晖：《吏治改革：历史与文化的反思》，载赵汀阳主编：《论证》，第3辑，313页，桂林，广西师范大学出版社，2003。

④ 事实上，由于传统中国"权利"两字具有"权势和财货"与"权衡和利益"的意思，所指与西方文化语境中的"权利"的意蕴完全不同，因而从"权利"两字来追溯传统中国的权利意识可能犯了一个方向性的错误。这是因为，用"权利"两字来翻译西方法律文化中的权利（right），乃是近代中国法律翻译史上的结果。关于近代中国"权利"观念之演变的讨论，参见金观涛、刘青峰：《近代中国"权利"观念的演变——从晚清到〈新青年〉》，载《"中央"研究院近代史研究所集刊》（台北），第32期。

⑤ 《商君书·定分》也有同样的故事，只是文字稍有出入而已。

"争"而"乱"的结局,礼仪法度乃是圣人"定分止争"的工具。①

在农业社会,土地是财产的基础,我们就以土地产权作为分析的例子。

当然,有人可能会说,这仅仅是文化精英关于"权利"的隐喻,或许未必能够证明小民百姓也有这种法律意识。此话有理,然而并不全面。《诗经·大田》中有句"雨我公田,遂及我私"的著名诗文,是说"井田"中的公田与私田问题。需要说明的是:其一,"私"字从"禾",或许意味着私有观念源于农业生产;当然,井田本身尚非土地私有制度,所谓公田和私田,是指设定于井田(国有土地)上的"权利"与义务的差异。其后,韩非释"私"为"自环"②,从文字训诂来看,未必准确,但是以此表达私有"产权"观念的兴起,应该没有什么疑问。其二,在井田上劳作的是那些众人、庶人、野人、农夫,他们不是精英,而且知道设定于井田上的"权利"和义务。③ 就此而言,所谓"群己权界"的意识,一般百姓肯定具备。这里,我们大可不必过于教条地区别精英与民众之间的思想差异。其三,虽然孔子曾说《诗经》属于"雅言"④,属于士大夫的标准语,后来更是成为儒家经典,但是,从"六经皆史"的角度来看,原本也是史官掌握的历史文本,不过以"观采风谣"的眼光来看,也未尝与民间文化全然无关。据此,《诗经》中的不少内容应该属于当时社会的共同知识。⑤ 这首与农夫生活密切相关的诗文,显然为他们所熟知。

春秋时期鲁国推行"初税亩"的政策,乃是我国土地私有制度史上的一个著名事件,由于确定了土地的私有产权,故而税制也发生了相应的变化。特别是商鞅实施"废井田,开阡陌"的土地私有化政策,此乃"富国强兵"和"奖励耕战"的基础。其后,随着秦皇嬴政统一六国,混一海内,颁布"使黔首自实田"的法律,即国家命令"黔首"申报土地,实行土地登记制度,一来确认土地产权,二来承担赋税义务。至此,完成了全国性的土地私有化运动,涉及境内所有臣民。因而,土地私有产权也是当时社会各个阶层的共识。从今往后,中华帝制时期的土地制度基本上都是这一模式。当然,北魏隋唐推行的"均田制"(国有制)属于例外。宋代以降,随着"均田制"的瓦解,商品经济的深入发展,尤其是明清时期人地关系的新发展、新矛盾,土地交易更加频繁,所谓"千年田,八百主"的俗谚,即是生动的写照。与此同时,地权关系也日益复杂,诸如绝卖、典卖、指当、永佃、地面、地骨之类的名称(法律术语)就是这一景象的反映。在这种情况下,人们对于设定在土地上的各种"权利"和义务的法律关系,应有更为深切的意识;也就是说,每次土地流转,其实都是一次重新确定土地"权利"的认知活动,也会重新唤起交易双方的"权利"意识。

民众对于土地之上的"权利"意识如此,对于其他一切可能成为私产的东西又何尝不是这样呢?可见,从发生学的角度来看,传统中国民众的"权利"意识源于私有财产。

---

① 参见《荀子》中的《礼论》和《富国》。另外《慎子·君人》也说:"法之所加,各以其分。"《商君书·开塞》特别强调法律"作为土地、货财、男女之分"的重要意义。

② 《韩非子·五蠹》写道:"古者苍颉之作书也,自环者谓之厶,背私谓之公,公私之相背也,乃苍颉固以知之矣。"

③ 关于"井田"产权问题的具体讨论,参见赵冈:《中国古代的井田制、私有产权与市场经济》,载刘梦溪主编:《中国文化》,1990(2);张宇燕:《从孟子的井田制看产权理论》,载张宇燕:《说服自我》,42~46页,北京,三联书店,1997。

④ 《论语·述而》说:"子所雅言《诗》、《书》、执礼,皆雅言也。"

⑤ 对此问题的讨论,参见余英时:《士与中国文化》,117~124页,上海,上海人民出版社,2003。

有待解决的根本问题有二：一是，既然作为传统中国农民生存命根的土地私有产权已有如此全面成熟的发展，何以没有形成关于"土地权利"的一套解释系统或知识系统，一如古罗马以来的西方法律传统呢？这确实是一个非常棘手的问题。在古希腊，由于"爱知"的知识传统，以及城邦民主政治的公共生活，发展出了完备的论辩术和逻辑学；在古罗马，因为城邦政治能够容纳职业法律家的存在，论辩术、逻辑学与法律学有着相互促进的良性互动关系。这种局面，对法律知识体系的建构起了非常重要的作用。[①] 中国的情形恰恰相反，随着春秋时期世袭社会的崩溃，尽管也曾一度出现"学在民间"的繁荣景象，民间法律知识的传播也曾活跃于世，邓析传授讼学、教民诉讼即是例证，其至法家的兴起同样与这一政治氛围和知识背景有关。但是，君主专制的权力性格始终没变，所以，任何有碍君主权力的知识都不能"合法"存在，也就妄论发展。这就是说，在专制权力下，知识（尤其是政治法律知识）发展的前景只有两种，要么迎合权力，要么走向地下，乃至绝迹；结果，法家和儒家先后融入政治权力结构；而邓析却因为"三难子产"和"是非无度"——挑战国家权力和法律权威而惨遭杀害，后来的讼师，作为法律专家只能活跃于社会边缘，而不能登进于帝国庙堂。随着名学始祖邓析被杀，与法律相关的中国本土的"论辩术"和"逻辑学"也渐次衰弱。[②]

事实上，即使作为帝国统治的有力工具的刑法，在传统中国也没有得到充分的研究和发展，其中的法律知识体系同样处于相对"自然"的状态，相关的研究基本上是一种技术的作业——"律"的解释学，所谓"律学"就是这样一种学问。[③] 在笔者看来，如要真正领悟传统中国律学的真髓，尚须与"礼学"结合起来进行研究。对此，目前的研究有所忽略。至于调整民间土地关系的法律，也就更难引起统治阶级的重视。尽管土地属于农民的命根，帝国税收的基础；但是，帝制时代对土地的关注，主要出于税收和管理的需要，而非关注土地的"权利"内涵。另外，基于道德主义思想的支配，法律看重的是伦理问题，而非财产利益；故而，在法律话语上，帝国官方不太可能认真清理土地关系包含的"权利"意蕴。

可是，不能就此一笔勾销经由两千余年发展的在土地上设定的各种"权利"关系；而只能说，这些"权利"关系仅仅处于"事实"状态，仅仅处于"默识意会"状态，或者说是一种"权利"的感觉，而非自觉境界，更没有被大张旗鼓地宣示出来，诏告天下。

民间社会因为知识水平的制约——与帝国的统治策略有关，从而导致，士人官僚出于固守道德教条而不屑于探讨法律的学问，乡野百姓由于目不识丁而不能够研究法律的学问。可问题是，在日常法律生活中，已经逐步发展出了各种各样的土地惯习——诸如绝卖、典买、指当、永佃、地面、地骨之类的东西[④]，我们在民间契约中也能读到和辨识相应的设定于土地之上的"权利"关系，并且从中也可以体悟小民百姓的"权利"意识。可是，我们基本上

① 关于罗马法学家之于罗马法的作用的讨论，参见［意］桑德罗·斯奇巴尼：《法学家：法的创立者》，载《比较法研究》，2004（3）。关于罗马法的知识体系的讨论，参见徐国栋：《共和晚期希腊哲学对罗马法之技术和内容的影响》，载《中国社会科学》，2003（5）。

② 据笔者看来，春秋时代邓析之被杀，秦代之焚书坑儒，清代之编撰《四库全书》诸事，可以说是政治权力对任何可能危及帝国统治的知识传统及其载体（人与物）的压抑和摧毁。与此相反，汉代以降儒家之制度化，隋唐伊始科举取士之举措，又是帝国权力机构操控知识与收编知识阶层的手段。

③ 关于"律学"的宏观研究，参见何勤华：《中国法学史》，北京，法律出版社，2000。

④ 参见梁治平：《清代习惯法：社会与国家》，81～110 页；［美］黄宗智：《法典、习俗与司法实践：清代与民国的比较》，67～110 页，上海，上海书店出版社，2003。

还是难以据此整理出这些"权利"的法律知识体系。[①] 就此而言，我们可以说，传统中国民众具有的是"权利"实践，而非"权利"话语或者知识体系。

二是，既然传统中国已有比较发达的土地私有制度，也不缺乏相应的"权利"意识，那么，究竟应该如何理解这种土地私有制度和"权利"意识呢？

首先，在"普遍皇权"下，土地产权的终极根源出自皇权，一如《诗经·小雅·北山》那句"普天之下，莫非王土；率土之滨，莫非王臣"所谓。即使到了帝制时代，这一理念依然如此，没有实质性的变化。据此，传统中国的土地"权利"与皇权有着这一"形而上"的抽象关系。[②] 也正因为这样，土地私有化的"权利"边界和"权利"结构多少有些模糊不清的地方；与此相关，土地所有权也或多或少有些债权的意味。国家登记地权，似乎与民众签订了一纸契约，从而确定了两者之间的"权利"和义务关系，亦即农民交纳赋税，国家保护农民的各项土地"权利"。或许，这是"家产制"国家权力对土地秩序的影响所致。对此，我们在汉高祖刘邦与乃父的对话中可以非常清楚地感觉到。《汉书·高帝纪》载曰：

> 上（刘邦）奉玉卮为太上皇寿，曰："始大人常以臣亡赖，不能治产业，不如仲力。今某之业所就孰与仲多？"

可见，在皇帝视天下国家为私产的语境里，民间土地产权或多或少受到了制约。

其次，就民间法律意识而言，土地交易——世业、租佃、典买、绝卖，这些概念极其鲜明地道出了设定在土地上的各种不同的"权利"关系，小民百姓也十分清楚每个概念所要表达的法律意义。值得注意的是，在土地交易时，由于人们非常关注土地的"来历"——"上手老契"。因此，有人认为，这样一来，随着土地的不断转移，土地产权就像一条绵延不绝的、波动不停的债权关系（来历与管业）的契约锁链。如果这样的话，每次土地流转，并且报请官府登记确认，也只是对契约关系的重新肯定。可是，在这种情况下，国家真正关心的不是土地"归谁"所有，而是土地管理和赋税征收；同样道理，民众关心的也不再是土地的所有权，而是经营权。[③] 但问题是：在农民心目中，所有权与经营权尽管在"收租"这个意义上，确实差距不大；不过，两者的内涵毕竟差异甚大，比如买田与租田，不仅价格不同，前者贵后者贱；而且税租比例也有不同，税低租高；尤其是对"祖业"来说，其中尚有情感和道德伦理的特殊内涵。事实上，即便在法律（国家法和习惯法）上，世业与租佃、典买也有不同。故而，一概抹杀其中的差异，恐怕也非的论。如果着眼于"权利"而言，所谓"债权"也是一种权利和义务关系，因此，并不影响本文的基本观点。

最后，就土地"权利"而言，传统中国基本上不存在"个人"所有这种法律概念，这与传统中国对"个人"的独特理解有关。[④] 也就是说，在传统中国，所谓土地私有，只是与

---

① 所谓难以整理传统中国有关"权利"的法律知识，这并不意味着没有这样的知识；或许，只是由于目前中国法律史研究尚未找到合适的办法来建构传统中国有关"权利"的法律知识。对此，大木雅夫教授所著《东西方的法观念比较》（北京大学出版社 2004 年版）一书，也有同样的看法（参见该书第 155 至 156 页）。

② 也有学者从"象征地权"的角度来检讨传统中国土地产权的独特意义。参见张小军：《象征地权与文化经济——福建阳村的历史地权个案研究》，载《中国社会科学》，2004（3）。

③ 参见［日］寺田浩明：《权利与冤抑》，载《明清时期的民事审判与民间契约》，197 页以下。

④ 据笔者看来，传统中国的"个人"与社会关系网络不可须臾分离，而且具有强烈的道德意蕴；换句话说，它是社会关系网络中的"个人"，而非西方那种原子式的个人。关于传统中国"人"的独特意蕴的讨论，参见［美］唐纳德·J·蒙罗：《早期中国"人"的观念》，庄国雄、陶梨铭译，上海，上海古籍出版社，1994；［美］郝大维、安乐哲：《先贤的民主——杜威、孔子与中国民主之希望》，第七章"中国式的个人"，南京，江苏人民出版社，2004。

国有相对的概念，一如《明史·食货志》所说："明土田之制，凡二等：曰官田，曰民田。"而"民田"非指"个人"私有，而是各种形式的民间私有；其中，家族共同有所乃是最为重要的私有形式。另外，由于亲邻权和先买权的存在，对土地自由流转造成一定程度的限制。亲属先买权可能源于维护家族共同体的需要，包括情感、经济和道德；邻佑先买权的设定，恐怕主要出于国家土地管理和赋税征收的需要，也许尚有维持村落共同体的功能。

以上我们之所以特别考察土地"权利"问题，是因为土地属于传统中国农业社会最为重要的生活资源和生产资料；而且，在土地上日益形成和设定的各种"权利"关系，也是最为复杂的问题。至于其他"权利"，相对比较明确，而且容易把握。必须指出，在传统中国社会里，关键不是有没有"权利"的问题，而是有什么样的"权利"的问题；也非是否符合近代西方权利观念的法律界定问题，而是领悟传统中国"权利"的独特意蕴问题，通过解读传统中国"权利"内涵能否推展或者更新对于权利问题的法律理论。

（二）从诉讼看"权利"与"诉冤"

从中华帝国法律的基本倾向来看，宗旨显然不是维护"权利"和实现"权利"这样一个西方法律文化中的根本问题。李悝《法经》所谓"王者之政，莫急于盗贼"一言表明：法律乃是政治的延伸，捍卫君权的工具，而不是保障民众"权利"的武器。尽管张扬民众权利的本质，乃是约束国家权力①；但是，这种法律理念与中华专制帝国的政治品格决然不同。就此而言，传统中国法律文化的基本性格，只能是一条条、一组组"禁令"的集合，而非各种"权利"的授予。据此，学者认为，传统中国法律文化没有"权利"观念。②这是对的。不过，一旦我们说出"这是我的东西，你不能随意拿走"的话，那么，我们也就发现，即便传统中国法律也必须加以维护而不能熟视无睹，听任这种侵犯财产行为的发生。否则的话，我们实在不能理解何以明清时期的民间诉讼如此繁多，以致成为一个"诉讼爆炸"③的社会。综合起来，我们或许可以说，考察传统中国的"权利"意识，需要一种反向的思维路径。也就是说，当帝国法律禁止一种行为（不得偷盗）时，这是一种"义务"性的规定；与此同

---

① 当然，这是自由主义的权利观念。其实，辩证地看，张扬权利也非仅仅旨在制约国家权力，如若没有国家权力的存在，处于丛林中的人们似乎也是难以实现权利的。换一句话，离开了国家权力，权利也是难以得到切实保障的。对国家权力与民众权利之关系的分析，参见［美］霍尔姆斯、桑斯坦：《权利的成本——为什么自由依赖于税》，北京，北京大学出版社，2004。

② 参见梁治平：《寻求自然秩序中的和谐》，北京，中国政法大学出版社，1997。

③ 虽说"诉讼爆炸"这一用语容易使人想起美国学者奥尔森所著《诉讼爆炸》（The Litigation Explosion：What Happened When America Unleashed the Lawsuit，Dutton，Truman Talley Books，1991）一书描写的美国诉讼的情形，但是，对于一个农业社会来讲，清代中国普遍出现的"好讼"或者"健讼"的景象，我们把它称作"诉讼爆炸"或许并不为过。事实上，也确实有学者把清代中国称为"诉讼社会"。参见［日］夫马进：《讼师秘本〈萧曹遗笔〉的出现》，载《日本学者考证中国法制史重要成果选译·明清卷》，490页，北京，中国社会科学出版社，2003；［日］寺田浩明：《中国清代的民事诉讼与"法之构筑"——以〈淡新档案〉的一个事例作为素材》，载易继明主编：《私法》，第3辑第3卷，306页，北京，北京大学出版社，2004。另外，也确实有学者以诉讼多少来考量一个社会的"权利"意识之强弱。参见［日］川岛武宜：《现代化与法》，北京，中国政法大学出版社，1994；［日］大木雅夫：《东西方的法观念比较》，北京，北京大学出版社，2004。两位学者的具体结论刚好相反，但是，这不影响本文的论述。

时，也就意味着默许、承认乃至保障一种财产"权利"①。其实，儒家提倡"制民恒产"和"藏富于民"的思想，本身也是要求帝国法律能够确保民众的私有产权。故而，黄宗智认为，在法律实践中，民事权利得到了确实的保护。②

不必讳言，上述那种曲折拐弯的解读和分析，听起来似乎有些别扭。但是，这种观点并非真的无法想象，不可理解。这是因为，基于维护政治统治和社会秩序之目的，帝国法律禁绝一切破坏这一秩序的行为，也就成了理所当然的事情。这样一来，法律公开宣告的权力话语和秩序话语就遮蔽了日常生活的"权利"实践。不过，我们应该知道，无论如何，表达出来的话语都无法真正反映现实的需要，也无法满足实践的需要。换句话说，法律表达与法律实践常常难免出现"心口不一"的毛病。可以说，对法律话语来说，法律实践既是一种"隐蔽"的表达方式，也是一种人们可以通过观察感觉的"外显"的法律现象。另一方面，在法律实践中，确保民众的财产"权利"同样具有维护政治统治和社会秩序的功效。只是，与刑事犯罪不同，侵犯"权利"的行为对帝国统治和社会秩序来说，危害不是根本性的。

关键问题在于：帝国法律的"公开文本"并不一定能够表达民间社会百姓大众的真实思想，换句话说，百姓大众的法律实践或许另有一种逻辑和风格。对他们来说，在法律上公开宣告什么也许并不重要，而日常生活展现出来的实际利益可能更有价值。这种"展现"其实是一种"隐蔽"的展现，对帝国法律的"公开文本"具有承认、抵触、改写的作用。③ 我们来看一篇简短的清代"当约"文书：

> 今将己名下受分田宅四丘，长田一连三丘，榜上田九丘，凭众出当与牟尚朝名下耕种。当日议定当价铜钱一十六串整。入手现交，并无折算。内有厢房一向，柴山一段，一并在内。其钱无利，田无租。不拘年限，照日钱退田回。恐口无凭，立当约有拘。④

通篇所说，只是标的、双方的"权利"义务，全然没有什么禁止性的条款，与《大清律例·户律》中的"典买田宅"的行文风格毫无相同之处。可见，民间契约与帝国法律之间有着明显的差异。前者关注的是实际利益，不乏"权利"意识，似乎与现代契约并无根本不同⑤；后者是对违反"典买"法律的惩罚，涉及"不税契"、"不过割"、"重复典买"方面的行为，明显是着眼于国家利益和社会秩序。在这个意义上，民间契约倒像是帝国法律的一个底盘，一种语境，而帝国法律则是对这种契约安排的维护。换句话说，一旦有人违反契约，并且被控告到衙门，将会受到帝国法律的惩罚；正是通过惩罚，契约关系才能得到重新确认和维护。这里，我们可以发现，尽管传统中国的国家权力具有"吞噬"社会权力的特征，但是，社会权力与国家权力之间仍有必要的分工；与此相应，民间法与国家法之间也同样出现

---

① 以往学者每每认为，传统中国法律属于"义务本位"的类型。但是，如果我们承认"权利与义务"具有一种相互性的话，那么"义务"的背后即有"权利"的存在。必须指出的是，传统中国也没有"义务"这样的法律概念，所谓"义务本位"的说法，其实也是一种解释性的建构。

② 参见［美］黄宗智：《法典、习俗与司法实践：清代与民国的比较》，52 页。

③ 这一说法，受到下文的启发，参见郭于华：《"弱者的武器"与"隐蔽的文本"——研究农民反抗的底层视角》，载 http://www.gongfa.com/guoyhnongminfankang.htm。

④ 四川大学历史系、四川省档案馆编：《清代乾嘉道巴县档案选编》（上），120 页。

⑤ 关于古今契约之异同的辨析，参见俞江：《"契约"与"合同"之辨——以清代契约文书为出发点》，载《中国社会科学》，2003（6）。

了制度性的分工和合作。① 如欲理解传统中国的土地秩序、社会秩序和"权利"状况，我们必须在这样一种国家与社会的"关系"结构中作出解释，得到把握。

现在，我们再来讨论一下"权利"与"申冤"之间的关联。

可是，一旦我们进入民间契约纠纷与国家司法的领域，情况变得愈加复杂。首先，从各种民事诉状来看，"权利"和"诉冤"往往同时并存。兹引"乾隆五十八年正月二十四日季正海禀状"节文稍作分析。禀状写道：

> ……本月二十二日，蚁弟正河自往耕田，被长荣等凶阻，纵子李心林，目无尊长，逞凶朋殴，掌伤正河两肋、胸膛，幸费孔芝救尚未殴毙。逆等恶威不息，听费正纲唆使，复至正河家打毁神龛家具，凶威莫故。蚁知投明约邻郑歧山、廖正荣等看明可讯。今蚁弟受伤难移，为此奔首急验拘究。②

这份"禀状"的省略部分，乃是两造身份（季正海和李长荣是堂叔侄）的介绍与押佃契约的基本内容。非常清楚的是，原告的措辞全然属于刑事伤害的话语，其中虚实真假一时难以辨析——笔者手头的证据（资料）不足，难以揭示案情的真相；不过，无论如何，原告这样撰写禀状，他的意图乃是为了表明被告欺人太甚，而原告则忍无可忍，藉此可以起到"诉冤"和"耸动"官府的效果。可问题是，原告为什么要采取这样一种办法提起民事诉讼呢？此乃因为，官府基于道德主义的法律观念和息争厌讼的司法态度，再加司法资源（衙门人手和办案经费）的短缺，也就无法回应提交衙门的林林总总的诉讼案件。在这种情况下，如若原告仅仅提出简单的押佃纠纷的事由，那么司法官员很有可能将其视作"细故"而不予理睬，或者批给地方社会自行调处息讼；所以，为了迫使官府受理案件，必须采取"诉冤"的策略才能奏效。这里，"诉冤"也就成了原告的一种诉讼策略或者话语技术，而非提起诉讼的真实意图。对两造来说，他们真正关心的还是纠纷包含的实际利益，或者"权利"和义务，那些诉诸感情、道德，乃至夸大情节，只是词状的"缘饰"罢了。

其次，为了达到"诉冤"之目的，原本轻微的纠纷、简单的情节会被夸大，所谓"架词设讼"即是指此。俗语"无谎不成状"或"歪打官司邪告状"表明，要使官府受理案件，非得采取"添油加醋"的手段才行。对此，车王府曲本《四进士》有一很好的解释：

> 这是我们做状子的由头，这叫："牛吃房上草，风吹千斤石，状子入公门，无赖不成词。"③（这种说法，在《四进士》中曾出现了两次）

此外，身为"钦点河南巡按"的毛朋假扮讼师，居然在状子里添加"霸产典卖"和"刺杀保童"这些子虚乌有的情节。这一做法，目的也是为了"耸动"官府。如果"冤情"太小，不足以引起官僚的重视，那么案件同样会被拒绝。可见，由于利益或者"权利"冲突而引起的纠纷，不仅被当作"冤抑"来看待，而且"冤抑"还要足够的严重；否则，案件仍然

---

① 这与昂格尔的判断有所不同。昂格尔认为："古代中国的封建时期缺乏国家与社会的分离。"［美］昂格尔：《现代社会中的法律》，86 页，北京，中国政法大学出版社，1994。当然，昂格尔所说是指先秦时期，而非帝制时期。顺便指出，有的学者对"民间法"的概念表示不满。参见［日］寺田浩明：《超越民间法论》，载谢晖、陈金钊主编：《民间法》，第 3 卷，1～13 页，济南，山东人民出版社，2004。
② 四川大学历史系、四川省档案馆编：《清代乾嘉道巴县档案选编》（上），216 页。
③ 刘烈茂等主编：《车王府曲本菁华·明清卷》，259、267 页，广州，中山大学出版社，1992。

会被拒之门外。即使无冤可诉，人们还会采取制造"冤情"的其他手段：比如，使用榉柳树叶伪造伤痕、自残自毁，乃至通过自杀方式"诉冤"，它们大多成为"弱者"的"诉冤"武器。① 这是因为，一旦成为严重的刑事案件，官府也就必须受理，此乃地方官员的职责所在。

顺便指出，中国古人普遍制作"谎状"尚有其他原因。譬如，官僚与百姓对财产利益的评判标准不同，也是导致百姓是否告状，以及官僚是否受理案件的重要因素。原因在于，"在中国农民眼中，每一粒谷子都是珍贵的"②，所以，他们会把些小纠纷闹到衙门；而在官僚看来，这种纠纷可能毫无意义，从而拒绝受理。在《龙图公案》卷六《夺伞破伞》中，包公这样说道："五分银物，亦来打搅，衙门一处虽设十个官，亦理不得许多事。"③ 当然，这个故事还有更深的内涵值得挖掘。其一，州县衙门是集权的一人政府④，大小事情都要长官亲自处理，确实忙不过来，拒绝受理这类些小民事案件似乎有理；也正因为如此，帝国法律每每要求基础社会自行调处民事纠纷，以便减轻讼累。其二，出于人情社会的实际状况的考虑和维护熟人社会秩序的需要，州县衙门压抑那些"鼠牙雀角"之争，拒绝那些为了争夺"蝇头小利"引起的诉讼，实际上都是为了使乡土社会免遭因细微纠纷而导致"和谐"的社会秩序被破坏。其三，从法律经济分析的角度来看，官府启动司法程序需要成本投入；更为重要的是，这种官司对两造而言往往得不偿失，一如宋人范峋《诫讼诗》所谓：

> 些小言词莫若休，不须经县与经州。衙头府底赔杯酒，赢得猫儿卖了牛。⑤

在这个意义上，衙门拒绝受理民间诉讼，并非全然无视民众的"权利"要求，而是帝国司法机构的能力有限。另外，也与民众的利益计算有关。

必须指出的是，在得不偿失的情况下，作为原告的小民百姓一定要打官司，可能纯粹是出于"争气"和"诉冤"。如若为了"争气"（意气之争、出口恶气）或者"诉冤"（真有冤情），那么，即便"赢得猫儿卖了牛"抑或"赢得芝麻赔了瓜"也会在所不惜。这与俗话所谓"屈死不告状"构成一对相反相成的矛盾。在"屈死不告状"的诉说背后，可能是由于两造权势财力的悬殊差异，弱势一方无可奈何；也可能是因为官府的普遍腐败，衙门已经不是百姓"讲理"的去处，而是"八字衙门朝南开，有理无钱莫进来"的罪恶渊薮。在这种情况下，再打官司显然毫无意义，惟有"屈死"而已。

再次，从司法实践来看，帝国官僚其实并非一味禁止民间把纠纷提交衙门，而且受理案件之后，也非简单采取刑事制裁，一打了之，完全置两造的"是非错对"和"权利"义务于不顾，而是采取多元的解纷办法和惩罚手段。

其一，释法原情。传统中国既是一个身份社会，也是一个伦理社会，如若两造争讼，身份、伦理、道德、人情，往往成为听讼断狱的重要依据。例如海瑞就说：

---

① 有关这一问题的讨论，参见下文。

② ［美］D. 布迪、C. 莫里斯：《中华帝国的法律》，225 页。

③ 康熙也有类似的说法。参见 ［英］S. 斯普林克尔：《清代法制导论》，张守东译，94 页，北京，中国政法大学出版社，2000；［法］达维德：《当代主要法律体系》，漆竹生译，487 页注释 2，上海，上海译文出版社，1984。非常遗憾，未能找到康熙言词的出处。

④ 参见瞿同祖：《清代地方政府》，范忠信、晏锋译，北京，法律出版社，2003。

⑤ 凌濛初：《二刻拍案惊奇》卷十。

凡讼之可疑者，与其屈兄，宁屈其弟；与其屈叔伯，宁屈其侄；与其屈贫民，宁屈富民；与其屈愚直，宁屈刁顽。事在争产业，与其屈小民，宁屈乡宦，以救弊也。事在争言貌，与其屈乡宦，宁屈小民，以存体也。①

其二，情理兼顾。中国古人向有"礼法出于人情"和"律设大法，礼顺人情"的说法，因此一旦发生纠纷，是否"情输理亏"和"情法难容"乃是必须予以认真考量的问题；对司法官员来讲，能否做到"情理兼顾"和"情法两尽"也是衡量纠纷解决水平的基本尺度。清代名幕汪辉祖曾经说过"幕之为学，读律尚已，其运用之妙，尤在善体人情"，以及"法有一定，而情别千端，准情用法，庶不干造物之和"②。如果说法律难免教条和僵化，那么"情理"就有灵活和弹性的衡平作用。其实，俗话所谓"过得乡场，过得官场"，也是充分考虑社会舆情和价值观念的意思。③

其三，理顺摆平。在不少个案中，我们发现，司法官员每每注重"理顺"错综复杂的案件情节，努力"摆平"纠纷各方的社会关系，而非仅仅着眼于或者满足于具体纠纷的解决；此外，"大事化小，小事化了"也是基本策略。就此而言，对两造之间的"权利"义务，尽管司法官员不能说是毫无顾忌，然而更多的是设法谐调社会关系、稳定社会秩序。这种在社会秩序结构中理顺矛盾、平息冲突、解决纠纷的策略，使得保障"权利"成了一个相对次要的问题。处于特殊社会关系结构中的原被两造，对这种"理顺摆平"的纠纷解决方式，往往予以默认。而这，不仅是因为小民百姓的日常生活难以超越既有社会关系的制约，而且也是因为官府的权威——在"理顺摆平"时，司法官员难免采取压服的强硬措施，小民百姓也难免屈服顺从。当然，这种"说服与心服"④的调解手法，也非常人能够胜任愉快。

其四，依法断案。在刑事审判尤其是大案要案中，适用法律一般比较严格；但是，在解决民事纠纷时，法律是否同样成为听讼的依据，学者尚有争议。⑤根据我们阅读宋元明清部分判牍文书的感受，可以说，尽管"情理"的作用很大，可是司法官僚在听讼时或多或少都会考虑法律的依据；换句话说，法律的指引作用或多或少也会影响裁判。况且，如若错判民事案件，虽然法律责任不像刑事案件那么严格、那么重大，但是，一旦小民百姓"缠讼"不息，进而上告越诉，也会引起上峰的注意，甚至"吊刷"案件。这样一来，对有关官僚的前程多少也会有些影响。值得注意的是，基于杜预"审名分，忍小理"⑥的法律解释原则，在民事审判中，司法官僚"量事之大小，推情之轻重"的自由裁量权力始终存在，应该没有疑

① 陈义钟编校：《海瑞集》（上册），117 页，北京，中华书局，1962。

② 汪辉祖：《佐治药言》，"须体俗情"；汪辉祖：《学治续说》，"法贵准情"。

③ 参见季卫东：《中国司法的思维方式及其文化特征》，载西北政法学院主编：《第三届"法律方法与法律思维"研讨会论文》，25 页。

④ ［日］高见泽磨：《现代中国的纠纷与法》，何勤华等译，北京，法律出版社，2002。

⑤ 参见［美］黄宗智：《民事审判与民间调解：清代的表达与实践》，78 页；何勤华：《清代法律渊源考》，载《中国社会科学》，2001（2）；［日］滋贺秀三：《清代诉讼制度之民事法源的概括性考察》，载《明清时期的民事审判与民间契约》，25～26 页；［日］寺田浩明：《清代民事审判：性质及意义》，载《北大法律评论》，第 1 卷第 2 辑，610 页注释 1，北京，法律出版社，1999；王志强：《南宋司法裁判中的价值取向》，载《中国社会科学》，1998（6）；王志强：《〈名公书判清明集〉法律思想初探》，载《法学研究》，1997（5）。

⑥ 《晋书·杜预传》。

问。① 这与传统中国情理社会的特征本身有关。

总之，除了第一种情况（海瑞的话）可能完全无视两造的实际利益或者"权利"义务之外，无论"诉冤"也好，"情理"裁判也好，"理顺摆平"也好，以及"依法听断"也罢，对小民百姓来说，他们真正关心的是纠纷涉及的实际利益或者"权利"义务，运用"诉冤"的话语，基本上是出于"耸动"官府之目的，出于试图占据道德优势的位置，是一种诉讼策略和技术。何况，在实际纠纷中确实存在各种"冤抑"因素和"冤抑"案件。就司法官员的裁判而言，虽然经常适用"情理"这种多少只能意会、无法言传、难以实定的规范，然而情况并非完全如此。假如滋贺秀三所说"法律是情理海洋的冰山一角"② 的隐语尚有道理的话，那么法律这种"实定"的规范恰好证明，情理也是可以并且能够被实定化而成为法的。③如果这样理解的话，所谓"情理不过是一种修辞"的说法，恐怕尚有修整的余地。尽管官僚可能依据由"禁令"组成的法律来听讼断狱，可是，纠纷包含的实际利益和"权利"义务，无论如何也是必须予以照顾，并且予以保护的东西。据此，我们必须在维护社会秩序的视野里考察官方保障"权利"的特点，在诉讼策略的语境中辨析"申冤"的意蕴。

尚有三点需要作出进一步的申说：第一，司法官员在作出裁决时，除了保护"权利"以外，对"恶行"或者"欺人太甚"的案犯，还会予以刑事惩罚，明清时期基本上采取杖责、枷号之类的刑罚。④ 第二，这种"恶行"或者"欺人太甚"的行为，其实还应包括"缠讼"和"嚣讼"一类的行为，这是中华帝国司法官僚的道德主义意识形态的反映。第三，百姓诉讼告状或者诉冤，尽管没有直接采用"权利"的话语形式；但是，在两造彼此建构纠纷争点时，双方之间"我的你的"这样的界限背后，实有"分"的意思。据笔者看来，这是中国古人关于"权利"的本土说法。据此，我们不能一味依据西方的权利理论来理解传统中国的"权利"意识，恰恰相反，我们必须更多采用常人的态度，从"权利"实践的角度来解说这个问题。⑤ 与此相关，面对诉状当中充塞的"诉冤"话语，我们必须关注其中的深层意蕴——在"诉冤"话语下挖掘"权利"的诉求。总之，我们不能被诉状的"诉冤"话语所蒙蔽。

通过上面的简要分析，笔者认为：尽管传统中国法律没有将保障"权利"作为核心来规定，然而我们不能由此否认传统中国社会的民众也有比较强烈的"权利"意识。原因在于，虽然传统中国法律没有直接对"权利"作出规范，但是民间法律文书并不缺乏"权利"的安

---

① 有关的讨论，参见季卫东：《法治秩序的建构》，120～125 页，北京，中国政法大学出版社，1999。

② 参见［日］滋贺秀三：《清代诉讼制度之民事法源的概括性考察——情、理、法》，载《明清时期的民事审判与民间契约》，36 页。张伟仁教授不同意滋贺秀三关于"法律与情理"的隐语，参见张伟仁：《学习法史三十年》，载许章润主编：《清华法学》，第 4 辑，284 页，北京，清华大学出版社，2004。

③ 林端教授基于法律社会学的立场提出了"法律多值逻辑"（法律多元）的意见，据此认为"情理"也是法律。参见林端：《韦伯论中国传统法律——韦伯比较社会学的批判》，台北，三民书局，2003。

④ 在笔者看来，这类刑罚的意义不仅旨在唤醒案犯的道德意识，而且更是为了提升公众的道德意识。至于能否收到这类刑罚设置的预期效果，那就另当别论了。有关的法理学分析，参见［美］埃里克·A·波斯纳：《法律与社会规范》，沈明译，133～167 页，北京，中国政法大学出版社，2004。

⑤ 大木雅夫认为，耶林《为权利而斗争》所要表达的是思想，乃是法律家的想象，未必就是普通民众的观念。他说："西洋的'为权利而斗争'的思想，尽管看似优美动听的口号，但它未必是西洋民众的现实法律意识。"［日］大木雅夫：《东西方的法观念比较》，144 页。在笔者看来，这是一个很好的提醒。

排，并且，明清时期日趋增长的民间诉讼，本身也是"权利"意识觉醒和高涨的体现。另一方面，由于帝国官方一贯秉承道德主义的意识形态，因此，为了"耸动"官府，民众必须采取"诉冤"（欺人太甚和恶言恶行）的修辞策略，然而这种修辞底下也不乏主张"权利"的现实诉求。这里，我们必须努力把握说出来的"诉冤"话语与隐伏其间的"权利"诉求之间的平衡——拨开"诉冤"话语的迷雾，揭示话语底下裹挟的"权利"的真相。

第二节
诉讼：态度与策略

在传统中国社会里，小民百姓之间如若发生"鼠牙雀角"的纠纷，迫不得已而必须采取诉讼方式解决纠纷，他们会有什么态度和应对措施？又表达了怎样的法律意识？采取怎样的诉讼技巧？下面，我们来对这些问题进行讨论。

一、诉讼态度：健讼与惧讼

通说认为，西方人好讼，中国人厌讼或者贱讼。这既是一个事实判断，也是一个价值判断。这种意见，表面看来似有道理，其实未必。尽管时下的西方（尤其是美国）已经到了"诉讼爆炸"的令人困扰的境地；而传统中国却一再提倡"息讼"之道，追求"无讼"的天人和谐的境界。西方人是否果真好讼，不无疑问，美国总统林肯就曾奉劝美国人民不要热衷于诉讼。[①] 如果西方人真的一贯好讼，德国法儒耶林大可不必撰写"为权利而斗争"这篇著名论文。这也表明，传统德国人似乎不是那么好讼。至于传统中国人是否果然"厌恶"诉讼，同样令人怀疑。当然，我们这么说，并不是要否认中西法律文化存在诉讼态度方面的巨大差异，而只是想提醒人们不要过分强调它们之间的对立。

孔子曾经说过："听讼，吾犹人也，必也使无讼乎。"[②] 此言背后的根据，当然是"礼之用，和为贵"的思想；达到这一理想境界的手段，不外是道德教化；至于它的终极渊源，就是"天人合一"的理念。后世儒家认为，天人感应相通，合而为一，天道之自然和谐的秩序应该成为人类社会秩序的样板和准则。据此，儒家倡导爱人、孝顺、忍让、不争，提倡教化为先，德治为本；即使发生纠纷，提起诉讼，也要设法调处息讼；即使调处息讼不成，迫不得已而用刑罚，也要通过刑罚达到"无刑"的效果。由此一转，我们来看法家，尽管商鞅主张重刑，但也以"去刑"为皈依，期盼"至德"的理想社会。道家更是效法自然，顺从天道，提出"小国寡民"和"绝圣弃智"的思想，同样反对争讼。墨家既有"兼相爱，交相利"的说法，自然不会认为争利、争讼是什么好事。后世信奉儒家思想的帝国官僚，大多咏叹这种"无讼"的高调，否认诉讼的正当性和合理性——《易经》所谓"讼则终凶"是也。

---

① 美国人"好讼"与其开国时期"多元化"的社会构成以及"异质性"的思想信仰极有关系。也就是说，由于缺乏传统资源的依托，美国人不得不从法律中寻求解决纠纷的途径。参见［美］史蒂文·苏本、玛格瑞特·伍：《美国民事诉讼的真谛》，蔡彦敏、徐卉译，1～9 页，北京，法律出版社，2002。

② 《论语·颜渊》。

这是传统中国官僚精英有关诉讼（厌讼和贱讼）的基本价值取向。然而到了清代，终于有人出来反对儒家的"息讼"老调。崔述指出：

> 自有生民以来，莫不有讼。讼也者，事势之所必趋，人情之所断不能免者也。①

他的基本理由是：其一，即便圣人尧舜也不能消灭诉讼，何况后世的凡人官僚；其二，提倡息讼只能是为强者张目，而使弱者忍气吞声。

崔述之论，确有见地。

其实，所谓"无讼"只是一种社会秩序的道德理想而已，而"息讼"也仅仅是一种弥消纠纷的手段罢了。因为"曲高"，故而必然"和寡"。精英官僚的理想话语，未必符合社会的实际情形，也未必符合民间百姓的胃口，甚至未必就是帝国官僚的实践指针。事实上，帝国官僚也未必不知道一味提倡"无讼"，只能导致对于诉讼的压制；一味提倡"息讼"，也只能产生人为的讼累。实际上，随着宋代社会经济的急剧变迁——土地交易日趋频繁，其他商品交易在时间、空间、数量、价值上的迅速展开，"好讼"的风气逐渐形成，人们到处都能读到"好讼"、"健讼"、"嚣讼"的记载②，所谓"舌唇细故而致争，锥刀小利而兴讼"③的说法，也不鲜见。与此同时，民间也出现了"习律令，性喜讼"④的现象。明清以降，这种"好讼"的风气，更是愈演愈烈，以致精英官僚哀叹道德沦丧，世风浇漓。明清时期"公案"文学的繁荣，讼师秘本的流播，都与这种"好讼"的社会风气有关。可见，民间百姓的法律意识与官僚精英并不等同；这种隐蔽的、悄无声息的、潜滋暗长的民间法律意识，倒是非常真切地反映了现实社会的日常景象，也多少消解了官僚精英有关"无讼"的道德话语。

在司法实践中，地方衙门受理的案件也以民事诉讼为主。根据学者的估算，清代州县民事案件约占全部"自理"案件的50%。⑤ 黄宗智指出：

> 在清代后半期，县衙门每年处理五十至五百个民事案子，好些县可能每年在一百至二百件。平均而言，每县每年大概有一百五十件左右。⑥

黄宗智教授进一步指出：清代民事诉讼的统计数字显示，在一定程度上，清代已是一个"健讼"社会。假设每县平均人口为三十万，每年约有一百五十个案子闹到县衙，那么一年当中每二千人就有一个新案子，一年当中每二百户就有一户涉讼。⑦ 可见，对民间社会的小民百姓来说，一旦自身利益或者"权利"遭到侵犯，他们在提起诉讼时并不担心在道德上有何障碍；故而，所谓"厌讼"和"贱讼"难以表达他们的法律意识。

综上所述，传统中国的平民百姓颇有"好争"和"好讼"的性格，这是他们的日常生活

---

① （清）崔述：《无闻集·讼论》；顾颉刚编订：《崔东壁遗书》，701 页，上海，上海古籍出版社，1983。有关的讨论，参见陈景良：《崔述反"息讼"思想论略》，载《法商研究》，2000（5）。

② 参见陈景良：《讼学、讼师与士大夫——宋代司法传统的转型及其意义》，载《河南省政法管理干部学院学报》，2002（1）；邓建鹏：《健讼与息讼——中国传统诉讼文化的矛盾解析》，载许章润主编：《清华法学》，第 4 辑，176～200 页，北京，清华大学出版社，2004。

③ （宋）真德秀：《真西山集》卷四十，《潭州谕俗文》。

④ 《欧阳文忠公全集·导士外集》卷十一。

⑤ 参见曹培：《清代州县民事诉讼初探》，载《中国法学》，1984（2）。

⑥ ［美］黄宗智：《民事审判与民间调解：清代的表达与实践》，171 页，北京，中国社会科学出版社，1998。

⑦ 参见［美］黄宗智：《民事审判与民间调解：清代的表达与实践》，173 页。

体现出来的真情实况。然而，俗话"屈死不告状"一言，又当怎样理解呢？事实上，这仍然是对于传统中国平民百姓的诉讼心态的概括，只不过说的是另外一种情形。

我们必须牢记的是，理解和解释任何一种社会现象，切忌固持"单向度"的立场，而应该采取"多元化"的视角，把它置于特定历史语境当中加以考量，作出解释。传统中国社会的小民百姓"好讼"或者"健讼"无疑是事实，他们"畏讼"或者"惧讼"也不是虚构。这是因为，在不同语境中，人们表现出来的态度（厌讼抑或好讼、畏讼）会有差异，他们的行为选择（提起诉讼还是忍气吞声）也会有所不同，这是极其正常的现象。况且，我们现在读到的资料只是真实历史的"雪泥鸿爪"而已，或者说，它们都是真实历史的"片面"记载罢了。因此，在言述民间法律意识时，一要看语境，二要将这些零星记载整合起来，从而构成百姓不同情景之下的法律意识的整体认识。

俗话"屈死不告状"，其实与传统中国伦理思想中的"忍"很有关系。譬如《尚书》记有："必有忍，其乃有济；有容，德乃大。"而《论语》也说："小不忍则乱大谋。"提倡"君子无所争"和"君子矜而不争"的道德伦理；至于《老子》则把"忍"提升到了"天道不争而善胜，不言而善应"的"形而上"的高度。民间流播甚广的《忍经》和《劝忍百箴》更将"忍"作为中国古人（从帝皇将相到平民百姓）处世行事的相与之道，所谓"万事之中，忍字为上"是也。可见"忍"是善，些小琐事，如果能"忍"，纠纷自然弥消。史书有载：

> 曹节素仁厚，邻人有失猪者，与节猪相似，诣门认之，节不与争。后所失猪自还，邻人大惭，送所认猪，并谢。节笑而受之。①

相反，"争"是恶，不仅损人，而且损己；不仅损身，而且损财。所谓

> 人心有所愤者，必有所争；有所争者，必有所损。愤而争斗损其身，愤而争讼损其财。此君子所以鉴，易之损而惩愤也。②

这里，孝顺尊长、雍睦邻佑的积极有为的道德伦理，由此退而成为谦抑不争、克己忍让的消极态度。在理想上，当然可以一忍再忍，但是，在大是大非上，孔子毕竟说过"是可忍孰不可忍"的话。对小民百姓来讲，在切己利益上，也有不能"忍"的情形。故而，有人能忍，有事可忍；也有人不能忍，也有事不可忍的情况。况且，一味忍让，对社会秩序的良性运作也会造成意想不到的灾难。虽然"忍"属于"好人"应有的品格，可是，如果从"坏人"的视角来看，也许"忍"恰好成了软弱可欺的表现，反而助长"恶言恶行"的泛滥。值得指出的是，提倡"忍"的处世态度，或许正是文化精英的统治策略，小民百姓未必如此。

总体来说，如果原、被告两造身份相当，一旦乡里社会无法解决纠纷，提起诉讼乃是非常自然的事情；假定两造权势财力相距悬殊，由于权势可以指使官府，财富能够贿买官僚，处于势单力薄地位的弱者，恐怕难免隐忍含屈。这是"屈死不告状"所要表达的基本含义。就事情本身而言，固然属于"冤屈"；但是，从"隐忍"的态度来看，有时未尝不是一种理性的选择。当然，一旦忍无可忍，弱者也有抵抗的武器：架词设讼、上告越诉、拦驾叩阍、上访直诉、自残自毁、依尸告状、利用妇女老人出头告状，等等，这些都是各种史料经常提

---

① （元）许名奎、吴亮：《忍经·劝忍百箴》，22页，长春，吉林摄影出版社，2003。
② （元）许名奎、吴亮：《忍经·劝忍百箴》，49页。

及的反抗方式。对这些行为，帝国法律均有禁止性的规定。实际上，利用诉讼手段本身就有借助政治权威抵抗强势对方的意图。在百姓看来，权力阶位越高，越能超越具体的社会利益格局，也就越能保持司法公正，因此，诉讼本身也就成了一种行动策略，一种权力技术。如若碰到吏治腐败的场合，即便权势财力尚可的涉讼者，也不免含冤忍屈，这是因为，官僚、胥吏、长随、衙役的敲诈勒索的情况随处可见；何况那些势单力薄的当事人。据此，所谓"屈死不告状"反映的是特定语境中的诉讼心态。

在某些情况下，"屈死不告状"也可能是一种夸张的说法。比如，诉讼可能会对既有的人情社会造成冲击乃至破坏，经过一番利弊权衡或得失比较，当事人选择了隐忍的策略，这是明智的做法。虽然当事人不至于真的"屈死"，然而，屈于"人情"而隐忍毕竟也是常见的事情。这一态度正可说明民间百姓对于"人情大过天"的深刻理解。可见，导致百姓惧讼的因素，既有双方权势地位的差异和官府的敲诈，也有人情的羁绊。

总之，对历史上的具体行动者（诉讼当事人）来说，究竟应该采取什么态度、策略和行动，要看个人性情、社会风气、制度环境、吏治状况而定。从法律社会学的视角来看，每个案件都有它的社会构成，不可一概而论。也就是说，每个案件的不同社会构成，将会影响诉讼的结果。[①] 同样道理，每个纠纷也有不同的社会构成，也会影响两造的诉讼态度和诉讼策略。尽管小民"无知"，但是，他们并不缺乏"权衡利弊"的常识和理性。正是在这种"趋利避害"的常识指引下，小民百姓才能作出"告状还是屈死"的行动计划。这种说法可能引起某种误解，以为"告状还是屈死"是出于小民百姓的自愿选择。其实，笔者想说的是，在一定条件下，"告状还是屈死"确实也是一种被逼无奈的诉讼策略。

我们再来考察一下传统中国平民百姓"屈死不告状"的基本原因。帝制时期的帝皇每每认为，必须设置诉讼障碍，使百姓视诉讼为畏途，以便减少诉讼。比如，康熙就曾说过这样的话。这里，我们根据各种资料，描摹一下小民百姓"畏讼"或者"惧讼"的情形。

第一，经济原因。俗话"靠山吃山，靠水吃水"表明，人们的谋生之道取决于他们的职业。孟子所说"仰事俯畜"乃是人生的基本需要。但是，官府衙役的正当收入唯有伙食费（公食银）而已；有时，就连这点微薄的伙食津贴也被扣剋，由此，要求他们"枵腹从公"无疑是强人所难。他们的生财之道，也只能是借"近水楼台"来"得月"——百姓诉讼，便是他们收入的源泉。诚如京剧《苏三起解》所说：

> 大门里不种高粱，二门里不种黑豆，三班衙役不吃打官司的，吃谁去？

难免弄到"公人见钱，犹如苍蝇见血"的地步。即使读圣贤书起家的官僚，只怕也是"千里为官只为财"的德行。清人所谓：

> 世人呼初入仕途者为下炉，言精铁至此，皆熔化也。[②]

由此可见，官场好比镕炉，即使"精铁"之人，也难免会被熔化；官场好比污浊酱缸，即使"清廉"之官，同样难免遭到熏染。对赃官墨吏，人称"白面盗贼"，实属生动写照。

---

① 参见［美］唐·布莱克：《社会学视野中的司法》，郭星华等译，北京，法律出版社，2002。

② （清）包世臣：《齐民四术》卷八。

因为他们过着室内的生活,很少曝晒阳光,所以脸色大都苍白。① 如果不幸碰到那些"灭门的知县"(俗话)承审案件,后果更加不堪设想矣!可怕的是,一旦官僚与衙役沆瀣一气,狼狈为奸,小民百姓还有什么官司可打?俗谚:"堂上一点硃,民间千滴血";"火到猪头烂,钱到公事办";"廷尉狱,平如砥,有钱生,无钱死"。即是指此。

第二,其他原因。早在汉代即有"前有召父,后有杜母"的称谓;宋代以降,地方官也被人们叫作"父母官"这种充满温馨的称呼。② 然而"君要臣亡,不得不亡;父要子死,不得不死",也是对皇权专制和父权专制的流行看法。对小民百姓来讲,州县长官具有双重身份——君权和父权的特征;因此,老百姓与父母官之间的地位,可谓天悬地隔。州县长官高高在上,公案耸立,号称老爷,可以拍案和撒签打人;小民百姓匍匐地面,丹墀低下,只是蚁民,唯有口称冤枉和该死。一坐一跪,一高一低,一个打人,一个该死,这是"支配与屈服"的权力符号,也是"威严与奴颜"的精神象征。③ 那些"不入衙门"的朴质农民,听见一阵阵响彻云霄的升堂衙鼓,一连串震慑人心的声声堂威,看见一排排如狼似虎的衙役,一列列夹棍刑杖,已然胆战心惊,如何能够从容陈述?对此,各种文学作品多有征引:

> 冬冬衙鼓响,公吏两边排;阎王生死案,东岳摄魂台。

可以看出,小民百姓"屈死不告状"乃是出于惧怕心理。④ 此外,刑讯逼供的合法使用,乃至非法滥用,导致案件尚未了结,皮肉之苦已经饱受,这使人们必须认真掂量是否提起诉讼这个要害问题。所谓"随你凶奸似鬼,公庭刑法不相饶"⑤ 并非虚言。还有其他一些原因,诸如帝国司法体制,人情社会和伦理社会的结构。

总体而言,所谓"无讼"、"贱讼"和"息讼",基本上是帝国官方与官僚精英的诉讼观念的表达和解决纠纷的手段,与道德主义的国家治理模式、精兵简政的权力结构、乡土社会的治理方式有关;至于"健讼"、"畏讼"或"惧讼",更主要是民间社会小民百姓的诉讼意识,与他们的现实利益、纠纷的社会构成、吏治的普遍腐败有关。

二、诉讼心态:把事情闹大

(一)制度与思想

为了深入理解平民百姓何以形成"把事情闹大"的诉讼心态的真实内涵,我们必须探讨这种心态的由来。其实,上面讨论的"诉冤"话语与这种心态也有关系。

1. 集权中国的政治结构和组织原理

虽说中华帝国是一个专制社会,然而这一专制权力也有自身的局限,就是帝国权力止于州县衙门。对基层的乡土社会,只能采取比较间接的控制方式,比如半官半民的乡里组织。⑥

---

① 参见萧公权:《调争解纷——帝制时代中国社会的和解》,载〔美〕汪荣祖编:《中国现代学术经典·萧公权卷》,854 页,石家庄,河北教育出版社,1999。

② 参见(清)钱大昕:《十驾斋养新录》卷十。

③ 对"身体姿势"的政治学讨论,参见〔德〕埃利亚斯·卡内根:《群众与权力》,冯文光等译,272~278 页,北京,中央编译出版社,2003。

④ 具体的研究,参见徐忠明:《法学与文学之间》,110~111 页,北京,中国政法大学出版社,2000。

⑤ (明)冯梦龙:《古今小说》卷二十八。

⑥ 参见赵秀玲:《中国乡里制度》,北京,社会科学文献出版社,1998。

这种政治权力的设计，早在商鞅变法时期已经初具规模；秦汉帝国在继承了这一政治遗产的同时，又有不少修改和完善以便适应治理幅员辽阔的巨型国家的要求。此后，帝制中国的政治权力格局基本没变，只是皇帝专制和中央集权日趋强化。与此同时，随着宋明以来商品经济的繁荣发展，以及人口的迅猛增长，社会权力也呈现上升的趋势，人们的社会生活空间有了很大的扩展。

建基在农业经济上的中华帝国，它的政治制度的宗旨只有一条：集权。实现"集权"的措施有二：皇帝集权和中央集权。皇帝集权以中央集权为条件，中央集权以控制地方政府的权力为基础，两者互为因果。为实现皇帝集权，必须分散中央政府的事权，并使各个部门之间形成相互制衡的格局。为控制地方政府的权力，避免造成"尾大不掉"、地方威胁中央的态势，必须精简机构，减少官员人数。导致州县衙门"一人政府"的这种制度设计的缘由，不出于此。如欲实现这一政治构想，尚有一条政治原理"忠君、爱民"必须严格遵循。法家（儒家亦然）特别强调前者，这是因为，皇帝乃是孤家寡人，独居深宫，故而"思虑不到、耳目不及"的情形在所难免，这就要靠各级官僚的忠诚。在承认皇权专制的前提下，儒家非常强调爱民，这是因为，他们或多或少已经看出"绝对的权力必然导致绝对的腐败"（阿克顿语）这一政治铁律的深刻意味；德治和爱民，其实可以视作儒家试图通过"道德权力"实现制约政治权力之目的。然而，这是一种非常软弱的约束，每每难以奏效。另有一个政治技术守则：能、勤与清、慎。法家非常重视官僚的"能与勤"的能力和品质，因为偌大帝国如要得到有效治理，没有行政才干和管理效力，那是断断不能奏效的。儒家基于"爱民"的信仰，特别强调官僚的"清与慎"的道德品格。因为他们确信，光有政治能力而没有道德素养，也是难以治理国家的。孟子所谓"徒善不足以为政，徒法不足以自行"，说的就是这个道理。汉武帝首倡、历朝历代秉承的"儒法合流"的治理模式，基本上反映了帝制中国的政治哲学和吏治原理。在政治实践中，法吏注重实效，雷厉风行，因而法家思想更受帝皇的重视；由于儒吏往往华而不实，中看不中用，所以儒家思想仅被当作吏治的一种堂皇缘饰，一种政治实践的修辞话语。当然，这种修辞并非真的毫无意义。就司法而言，儒家的"爱民"情结无论如何也是民众采取"把事情闹大"的道德基础和制度基础；因为，如若民众没有对于官府"爱民"的信仰，他们大可不必把纠纷闹到衙门。

必须指出的是，这种"粗枝大叶"的治理模式，也与农业产出有限，以及随之而来的税收瓶颈的制约有关。这就是说，帝制中国的"正项赋税"出自农业，无论古今，农业经济的产出能力始终有限；并且，本着"薄赋轻徭"的道德理念，"正项赋税"自然不能过多，否则就是苛政。故而，在制度意义上，中华帝国的财政收入显然无法承受庞大的官僚机构的行政经费，也无法支付人数繁多的官僚的薪水；采取"精兵简政"的组织原则，乃是理所当然的事情。在司法领域，地方政府尽量把民事纠纷留待民间自行解决，甚至拒收案件也同样是可以理解的事情。因为官府审理民事纠纷和刑事案件，还有费用必须承担。据说，一个案件经过各级衙门相继审理之后，所有的花费可能达到五十两银子之多。① 这确实是一笔不小的费用。不过，也有更加昂贵的例证，比如《清史稿》卷三八一《姚文田传》就说：

---

① 参见（清）丁日昌：《抚吴公牍》。转引自［美］欧中坦：《千方百计上京城：清朝的京控》，载［美］高道蕴等编：《美国学者论中国法律传统》，479 页，北京，中国政法大学出版社，1994。

即如办一徒罪之犯，自初详至结案，约需百数十金。案愈巨则费愈多。递解人犯，运送粮饷，事事皆需费用。若不取之于民，谨厚者奉身而退，贪婪者非向词讼生发不可，吏治更不可问。

所谓"每办一案，招解有费，押送有费"① 的描述表明，对经费一向紧张的地方衙门来说，与其接受诉讼，不如留待基层自理。有时，对官僚来讲，担忧费用压力远远胜于处理案件或者实现正义。② 当然，这与传统中国不收诉讼费用的制度安排有关。③

但是，我们必须谨记在心，这仅仅是一种"理想形态"的权力结构和治理模式。对直接面对百姓大众的州县衙门来说，一人政府自然无法胜任愉快。司法、税收、户口、邮驿、教育、治安、公共事业、祭祀典礼，以及其他杂务，光靠一个州县长官，四五个数量不等的额设（国家编制）吏员——那种"领持大概者，官也；办集一切者，吏也"④ 的治理模式，显然不足任事。这样一来，名目繁多、人数庞大（多至数千）的胥吏、衙役，就被用来参与具体的管理事务。⑤ 加上胥吏、衙役来源复杂，品流不一，尽管一时强化了帝国衙门的治理，然而，本身也带来了治理的困境。俗话"任你官清似水，也难逃吏猾如泥"的尴尬局面，也就难以避免；其结果是，治理胥吏、衙役本身也成为了帝国官僚处心积虑、寝食不安的有待解决的问题。可想而知，原本那种精兵简政的理想政府体制，终于被纷繁复杂的治理现实淹没了。这是帝制时代的平民百姓必须面对的政治现实，他们的诉讼心态与这样一种"理想与现实"悖谬的困境息息相关。换句话说，小民百姓到底"诉"还是"忍"，也就成了一个问题。既然衙门小事不理，是否"把事情闹大"也就成了百姓诉讼行动的策略。

2. 压制社会的组织网络与道德教化

秦汉以降，中华帝国即有"幅员辽阔、交通困难"的地理特征，以及"千里不同风，百里不同俗"的社会风貌。这一空间结构，乃是任何制度建设都必须给予认真考虑的一个内生变量，因而，也是任何统治当局都不能回避的一个根本问题。秦皇嬴政统一中国以后，推行"书同文、车同轨"的政策，对于强化中央集权统治来说，不仅具有象征性的文化意义，而且具有根本性的政治作用。

然而，如何实现对郡县底下留出的社会空间进行有效的控制？这是一个难题。秦汉时期

---

① 郭嵩焘：《御史潘斯濂所陈两条始终办理情形片》，载《郭嵩焘奏稿》，248 页，长沙，岳麓书社，1983。

② 参见［美］欧中坦：《千方百计上京城：清朝的京控》，载［美］高道蕴等编：《美国学者论中国法律传统》，479 页。

③ 虽然传统中国没有法定的诉讼费用，可是，在司法实践中，衙门承差费用有时也要两造负担。对此，各地的具体做法并不相同。另外，诉讼费用征收与否，也会影响小民百姓的诉讼行动。有关的史料记载，参见王有光：《吴下谚联》，卷四"图准不图审"。有趣的是，王有光所记涉及诉讼费用对诉讼率之高低的影响，值得全文抄录："素史氏曰：余家青浦、嘉定接壤。尝入青县，邑尊悬示通属词讼事件，岁以百计。嘉邑悬示者，岁以千计。何繁简相悬至此？大凡词讼俗名官私。官者，情理之曲直；私者，经差之使费也。青邑原被两造争，事可从缓。嘉邑经差止归被告一面，即倾家而不顾。青民一时之愤，缓则渐销，或经居间劝处，遂不至于成讼。嘉邑呈状者争先而进，亲友解纷不及，亦不便于解纷，恐后控者之为被告。是必装点情词，以图一准，已足泄愤，后来质审之虚实，不及计矣。此嘉邑事件之所由多也。"

④ （清）王恽：《秋涧集》卷四十六，《吏解》。

⑤ 参见瞿同祖：《清代地方政府》；总体研究，参见赵世瑜：《吏与中国传统社会》，杭州，浙江人民出版社，1994；Bradly W. Reed, *Talons and Teeth: County Clerks and Runners in the Qing Dynasty*, Stanford, Stanford University Press, 2000。

基层社会的组织结构基本上是：乡、亭、里。具体是指：

> 大率十里一亭，亭有亭长。十亭一乡，乡有三老、有秩、啬夫、游徼。三老掌教化，啬夫职听讼、收赋税，游徼缴循、禁贼盗。①

一县四乡，一里二十五家，里也是户籍编制的基础。② 这些组织具有"半官半民"的性质，从而有助于国家权力深入到基层社会；如果配合"什伍编制"的管理办法，帝国权力对"编户齐民"的控制，可谓非常严密。这一"伺察＋连坐"的制度，无疑是一张"群众监督"之网。这是法家路线的反映，那种声称民间自治的说法，恐怕与这一情形邈不相涉。尽管随着"唐宋转型"的出现，尤其是明清以后，基层组织（譬如保甲、里甲、里老、乡约之类）有了很大的变化；特别是社会权力的上升，比如士绅阶层的兴起，他们日益成为官民交涉的桥梁；再如，宗族组织的出现和繁荣，以及各种各样的行帮组织、民间会社，雨后春笋般地蓬勃发展起来，这些都是官民之间的中间结构；与此同时，人们的社会生活空间，也有明显的拓展。秦汉时代奠定的乡里社会的组织结构和控制原理，基本上被继承了下来，而且，对强化社会基层控制的意图和努力，明清皇朝始终没有放松。

乡土中国已被诸多学者描绘成为雍睦和谐的农民日常生活的空间场域，对乡民个人来说，首先是充满亲情的家族；接着是和和美美的左邻右舍，皆以叔伯兄弟相称，真是温情浓郁。由此，我们就看到了一幅如画的景致：

> 在错落有致的场屋空地上，一群孩童嬉戏玩耍，三五老者豆棚闲话；鸡鸭牛羊三三两两，自在觅食，散漫鸣叫；尚有蓝天白云，青山绿水，或者晚霞残阳，袅袅炊烟，啾啾宿鸟，牧童短笛，随风飘荡。恰如一幅洋溢着宁谧和美的田园风光！③

明清时期，民间尚要定期宣讲圣谕，进行人伦道德教化，不外乎是变着法子要求人们：父慈子孝、兄友弟恭、夫唱妇随、和睦乡里、农桑为本、男耕女织、忍愤息讼、不犯刑宪、共享太平、全都成为家族的孝子顺孙、义夫节妇，国家的忠臣顺民。④ 无论家规族法、乡规民约抑或皇帝的圣谕诰谟、国家的律令典章、衙门的告示训令，虽然内容各有不同，但精神

---

① 《汉书·百官公卿表》。

② 具体的讨论，参见严耕望：《中国地方行政制度史：秦汉地方行政制度》（甲部），4版，245～251页，台北，"中央"研究院历史语言研究所，1997。

③ 必须指出的是，这种田园生活虽然美妙，其实非常脆弱，因为"桃花源"毕竟属于虚拟，一旦与国家权力（衙门的各色人等）接触，美妙瞬息之间就被打破。笔者读《儒林外史》第一回，就有这种感觉。

④ 从纠纷与息讼的角度来讲，随着儒家正统地位的确立，那些秉承儒家思想的帝国官僚一直试图用上述办法来消解争讼与维护"和谐"的社会秩序。例如，汉代基层社会的三老，就是从事教化的专门人员，而循吏更是身体力行，积极推行教化（移风易俗）和息讼活动；明代的乡约和里老，也有非常重要的教化作用和纠纷解决功能；清代虽有变化，但基本上也是延续这一思路，诸如宣讲"圣谕"，发挥宗族、乡里、会社之类的社会组织的纠纷解决功能。对这些问题的研究，参见完颜绍元：《千秋教化》，福州，福建人民出版社，2004；余英时：《士与中国文化》，129～216页，上海，上海人民出版社，1987；瞿同祖：《中国法律与中国社会》；赵秀玲：《中国乡里制度》，北京，中国社会科学出版社，1998；王兰荫：《明代之乡约与民众教育》，载吴智和主编：《明史研究论丛》，第二辑，275～299页，台北，大立出版社，1984；韩秀桃：《〈教民榜文〉所见明初基层里老人理讼制度》，载《法学研究》，2000（3）；常建华：《乡约的推行与明朝对基层社会的治理》，载朱诚如、王天有主编：《明清论丛》，第4卷，1～36页，北京，紫禁城出版社，2003；[日]中岛乐章：《明代后期徽州乡村社会的纠纷处理》，载《日本学者考证中国法制史重要成果选译·明清卷》，40～84页。

却完全一致，均以道德教化为宗旨。真是一轴弥漫着人伦亲情的风俗画卷！这里，没有一丝帝国权力的影子，乡民过着悠悠自在的日子。

美妙是美妙，然而，一如电影《山杠爷的悲剧》描绘的那样，在乡土社会中，除了温情关爱，其实也有难以忍受、无法诉说的压抑和羞辱。在层层叠叠的社会组织网络中，从己身起，房户、家族、宗族、保甲、乡约，一圈一圈展开，己身（个人）只是这一社会组织网络中的一个纽结而已，完全没有独立存在的合理空间。用来编织这一组织网络的纵横交错的绳索，便是上述名目繁多的规范。它们强调的宗旨只有一个，即是"无我"；贯穿的精神唯有一条，亦即"无违"。从积极方面来说，是"孝"；由消极方面来看，是"忍"。一个"忍"字，道尽传统中国社会的压制性格。鲁迅先生《狂人日记》发出"礼教吃人"的呐喊，就是对"忍"的彻底批判，也是对这一社会组织网络和道德教化的批判。正是在这种社会组织网络和道德教化的双重压制下，诉讼或申冤无疑具有冲破种种秩序压制的特性。为使诉讼或申冤奏效，必须赋予它力量，而"把事情闹大"无疑是一种可行的办法。

（二）心态与行动

据笔者看来，把事情闹大，既是一种诉讼心态，又是一种行动策略。这种诉讼心态的基本意涵，就像俗话"会哭的孩子有奶吃"表达的那样。其一，他们确信，假定默不作声，官府也就无法得知（听到）自己的冤抑；而且，如果声音不够洪亮，同样难以引起官府的重视。有趣的是，诸如"喊冤"、"鸣冤"以及"击鼓鸣冤"这些术语，所要强调的都是"声音"对于传达冤情的重要意义。其二，他们深知，州县衙门这个"一人政府"不仅庶务繁忙，而且办案经费非常有限——这与帝国衙门的司法资源匮乏有关，无法处理那些琐碎细小的纠纷，故而，必须"把事情闹大"才能引起官府的注意，迅速作出处理。其三，一旦基层社会不能伸张他们的冤抑，就把希望寄托在衙门身上，因为他们相信衙门是一个"讲理"的地方，也是一个可以讨回"公道"的地方；即便当地衙门不成，总有这样的地方，上告越诉、叩阍直诉就是这种信念的体现，最后的希望则是仁慈的皇帝。其四，所谓架词设讼、谎状、诉冤，其实与"把事情闹大"也有内在的关联，前者是指把原本琐碎细事说成大事，它们的动机和目的皆是为了耸动官府，这是乡野百姓告状诉讼的行动策略。其五，这种"把事情闹大"的诉讼心态和行动策略，尚有一个目的，就是给基层社会施加压力；上告越诉、叩阍直诉，乃是给没有作出公平处理（是否公平要看两造的理解和感觉）的地方官僚施加压力，这种压力来自上级衙门的介入和干预。其六，受到俗话"大闹大好处，小闹小好处，不闹无好处"这种普遍的社会心理的影响。原因在于，人们总是相信，如果没有冤抑，如果冤抑已经得到抒发或者伸张，他们何苦经县越州，风餐露宿、不辞辛劳，甚至不惜倾家荡产，不断上告上访？当然，结果未必能够如愿以偿，这是因为，帝国官僚每每把它视为刁民缠讼、嚣讼，不仅不予理睬，而且还要给以惩罚。其七，由于地方衙门未能及时地、公平地解决词讼案件，以致酿成大案。产生这种结果的原因可能有二：一是，两造根本没求助官府的意思，只是通过"私斗"来解决冲突；二是，有意制造更大的争端，迫使官府介入，达到告状之目的。

在"把事情闹大"的诉讼心理支持下，小民百姓可能采取以下诉讼策略[①]：

---

① 这里，我们仅仅讨论几种常见的告状方法，其他诸如利用妇女、老人、讼师等情形暂时从略。

1. 谎状

俗话"歪打官司邪告状",乃是对于谎状的生动刻画。所谓谎状,就是将小事说成大事,甚至凭空而讼,毫无根据。从传统中国法律来看,谎状具有"告状不实"或者"诬告"的意思。说到诬告,自从商鞅变法伊始,已经实施"反坐"的原则。从《唐律疏议》以来,告状必须"明注年月,指陈事实,不得称疑"①已为通例;而"如虚坐诬"或者"如虚重惩",也是明清时代状词末尾的惯常用语。到了清代,设置代书、规范词状格式、限制词状字数,都是为了杜绝谎状。②可是,谎状依然屡禁不止,乃至泛滥成灾。原因不外乎是衙门漠视些小事情;小民百姓为了耸动官府,引起重视,只得使用谎状的手段。出人意料的是,某些"市饮争詈"的微末细故,原告竟以"跳杀救命"捏词越控。③就此而言,如若官府不能正视纠纷,不把纠纷当作正常乃至合理的社会现象,那么谎状也就难以避免。与此相反的是,官府深知告状难免架词设讼,难免虚构诬告,往往予以驳回,拒绝受理。这样一来,就会出现案件在"官、民"之间"推来挤去"而无法及时解决的局面,从而导致纠纷不断升级。从现代法律观点来看,纠纷对于社会秩序的发展颇有积极作用,成为制度变迁的一种动力,这是因为,纠纷本身具有暴露现行制度的缺陷的功能;但是,在中国古人眼里,纠纷对于社会秩序乃至天道秩序只有破坏的作用,没有什么积极的意义。在这种情况下,衙门就会采取压抑告状的态度。

2. 缠讼

在司法档案判牍和公案文学作品中,我们可以读到一些累月经年,换过数任官僚,经过各级不同衙门,乃至进京告状的案件和故事。有时,这些纠纷的起因确实只是一些琐碎的事情,然而,原、被两造却不惜身家性命,不断缠讼,很有不达目的誓不罢休的气概,恐怕并非事出无因。萧公权曾说:虽然中国乡村的农民以性好"和平"而著称,可是一旦基本利益发生危机,或者人身受辱、家族声望受损,个人情绪将被激发起来,他们仍然会为任何一种想象得到的事情进行争执和斗争。④为了争得财产、出口恶气、挽回面子、保住声望,缠讼即是一种基本手段。有时,缠讼还变成了一种"图赖"的方法,与正常的财产纠纷、出气争气、挽回面子不同,只是无理取闹而已。在人命案件中,缠讼显得非常凸出,原因与"人命关乎天"或者"人命大如天"的思想有关;也就是说,人命案件的冤抑最为深重,也最为强烈,故而,此屈不伸、此冤不报,难以吐气、不得扬眉。事实上,缠讼基本上属于贫弱阶层的诉讼心态和行动策略。这是因为,他们手中没有任何社会资源可以利用,与衙门也无任何

---

① 刘俊文点校:《唐律疏议》,478~479 页,北京,法律出版社,1999。

② 参见(清)黄六鸿:《福惠全书》卷十一,《词讼》。顺便指出,从档案研究方法的角度来看,对"谎状"的解读,必须特别留心其中"虚构"的事实,由此揭示原、被两造为何"虚构"事实,以及"虚构"什么事实。通过这一途径,发现"虚构"事实与案件真相之间的张力。对此方法上的反思,参见〔美〕娜塔莉·泽蒙·戴维斯:《档案中的虚构——十六世纪法国司法档案中的赦罪故事及故事的叙述者》,杨逸鸿译,台北,麦田出版社,2001。事实上,所谓"诉冤"的话语表达,有时就是这样一种诉求的修辞策略——虚构冤情,它与案件(纠纷事实)没有什么关系。引申一下,在学者断定中国古人没有"权利"意识时,他们的依据乃是因为,在诉状中惟有"申冤"——只有对"冤情"的诉说,而没有对"权利"的主张。其实,我们完全可以转换思考问题的方向,诉冤乃是为了迎合帝国衙门的道德取向;实现"权利"才是小民百姓诉讼的真正目的。

③ 参见(明)颜俊彦:《盟水斋存牍》,405~406 页,北京,中国政法大学出版社,2002。

④ 参见《萧公权卷》,858 页。

关节可通，所以，唯有"缠"或"闹"一途。① 据此，考察缠讼，乃是理解传统中国小民百姓诉讼意识的重要进路。有人可能会问：为了些小事情而缠讼，案件怎么能被衙门受理呢？事实上，也许"讼由"确实微小，无足轻重，然而，缠讼的特殊意义在于"缠讼"行为本身，而非作为"讼由"的纠纷事实。缠讼具有放大"讼由"的功能——越级控诉，可以给地方衙门造成一种来自外部的压力；京控直诉，更能起到给整个帝国司法机构施加压力的功效。而案件一旦引起皇帝的垂顾和追究，有关官僚的前程将会受到影响，不仅可能乌纱不保，而且还会引起性命堪忧的严重后果。在这个意义上，缠讼也是"把事情闹大"的一种形式。另一方面，对缠讼行为来讲，司法官僚每每仅给予缠讼者杖责的处罚。这种处罚并不严重，也正因为如此，决意缠讼者大多甘愿冒险，大不了杖责而已。

3. 自杀

法国作家阿贝尔·加缪曾经指出：

> 只有一个哲学问题是真正严肃的，那就是自杀问题。②

谁拥有支配生命的最高权力③，确实是一个根本性的哲学问题。莎士比亚的《哈姆雷特》也有"生存还是死亡？这是问题所在"的深刻追问。重生，或许是传统中国哲学思想和宗教信仰的根本特征；俗话"好死不如赖活"似乎也反映了中国民众对生命的基本态度。当然，这话多少有点忽略生命的精神价值，而仅仅关注肉体生存的缺陷，在许多社会里，自杀都是重要的宗教、文化、社会和法律问题。传统中国法律没有禁止"自杀"的规定；然而，它有对于"威逼致人自杀"的惩罚。由于"人命关天"是中国民众的普遍信仰，也因为"杀人者死"是法律的自然正义的基本原则，传统中国法律亦然，故而，自杀或者利用尸体夸大纠纷的争点，或者进行令人难堪的图赖，也就成为弱者的诉讼武器。

在《醒世姻缘传》里，作者写了这么一个故事：浪荡子姚大舍先娶计氏为妻，又纳妓女珍哥为妾；大舍宠爱珍哥，冷落计氏，致使妻妾不和。一天，珍哥诬赖计氏与和尚、道士通奸，导致两人发生激烈的冲突，以致大舍要休计氏。当然，计氏不肯善罢甘休，"算计要把珍哥剁成肉酱，再与姚大舍对了性命"。但是觉得自己身小力怯，万一失手，落入他人之手，必定苦不堪言；然而担个私养和尚、道士的污名，岂能消受？因此，决定自杀。④ 后来，计氏的父兄抱冤告状，案件结果如何，这里暂且不必追问。非常清楚的是，计氏自杀的动机显然是为了报复大舍和珍哥的欺凌和羞辱。当然，也有"以死明志"的动机和目的。

在《龙图公案》卷八《箕帚带入》中，也有一个类似的故事：李秀如生性妒忌，诬陷弟媳张月英与丈夫黄士良通奸，致使张月英产生"此疑难洗，污了我名，不如死以明志"的想法，终于自缢身亡。这是文学故事，然而，也能反映传统中国民众的诉讼心态。

---

① 即使今天，上访也是社会上的弱势群体采取的斗争策略。其实，上访也有"缠讼"的意味。只是，在学理上，现在的上访属于行政范畴，而非司法领域，对民众来说，两者之间的界线没有如此严格。

② ［法］乔治·米诺瓦：《自杀的历史》，林佶等译，3 页，北京，经济日报出版社，2003。

③ 从宗教角度看，自杀既是对赋予我们生命的上帝的侮辱，也是对上帝恩赐的拒绝。参见［法］乔治·米诺瓦：《自杀的历史》，引论，4 页。欧洲中世纪，刽子手属于贱民，不受法律保护；但是，由于刽子手杀人不受处罚，这被认为是至高无上的特权，故而他们深受人们的崇敬。具体的讨论，参见［德］布鲁诺·赖德尔：《死刑的文化史》，郭二民编译，146～147 页，北京，三联书店，1992。

④ 参见（清）西周生：《醒世姻缘传》，63 页。

在档案和判牍里，同样也有这类案件的记录。清代有一案例：婆婆嫌面饼太硬，要吃饺子，儿子儿媳声言面饼已做，允诺日后再做饺子，后婆婆自尽。判决以"不孝"来严惩儿子儿媳。① 婆婆的自杀可能并无诉讼的意图，但是致使婆婆自杀的后果，也必然会引起官府的追究。据此，虽然不能说是诉讼或者申冤策略，但是效果并无不同。在某种情形下，乡愚小民的自杀，既是一种要挟的手段，也是一种泄愤的方式。

在《盟水斋存牍》中，记有一个"藉死图赖"的案件。这是一个案中案：案一，胡居贤等人将家信和 65 两银子寄托欧阳乘登，后来乘登遇风覆舟，意欲干没银两，说是银子已经沉河，无法打捞；遂致居贤兴讼，乘登羁狱病死。案二，死者老母萧氏不肯罢休，就以人命上控；为着安抚死者老母，顺德县令判给萧氏二十六两银子作为安葬费用；居贤又以"抄杀相抵"（反诉）架词设讼。② 这是一起"依死图赖"的案件。说到底，本案之目的也是要把事情闹大。这里，人命也就成了一种夸大词讼的修辞手段，一个赢得诉讼的武器。③ 与自杀属于同类性质的"把事情闹大"的诉讼策略，还有"自残"行为。④

传统中国的平民百姓之所以惯用"人命"作为诉讼的幌子，显然与"人命关天"这种观念有关；与此同时，也与帝国法律有关。因为法律规定，凡是人命案件，地方衙门必须即刻受理，马上着手尸体检验；因此，地方司法档案文书常有"卑职随即单骑减从，带领刑仵，前诣尸所"⑤ 这样的记载。而且，对此地方司法官员的司法责任也要大于词讼案件。小民百姓"窥破"了帝国法律的意图以及司法官僚的心思，从而采取这一诉讼策略。然而问题总是相反相成。有时，正因为破案难、时间紧、经费缺、责任重、处罚严，反而导致地方衙门讳盗不报，甚至压制报案之人，以致地方社会秩序遭到严重的破坏。

4. 械斗

关于械斗，目前的研究基本上集中于清代。就清代而言，械斗严重的地区包括：广东、福建、江西、湖南、广西、浙江等省；另外，直隶、山东、安徽、江苏等省也时有发生，时有所见。所谓械斗，乃是宗族、乡村、土客（土著居民和外来移民），间有土匪参与的规模大小不等的武斗或者私斗。械斗之风的炽盛，与民情、民风、吏治、司法等诸多因素息息相关。从帝国权力控制的角度来看，表面上是民间私事的械斗，实际上反映的是国家权力、权威、法律的削弱和失控。⑥ 尽管帝制中国的治理模式的基本理念是"爱民"，然而，真正把小民百姓的福祉当作施政根本的官僚，可谓少之又少。皇帝真正关心的是税收和秩序，希望百姓成为良民、顺民；官僚热衷的是敛财和乌纱，因此拒讼、讳盗之事每每发生。正是在这种情况下，"老百姓学会了不要去依赖他们的地方官，而且实际上还要尽一切可能地避免和官

---

① 第一历史档案馆刑部档案（全宗号 16—29）各省秋审缓决 20 次以上拟准减等清单（顺序号 22818）。

② 参见（明）颜俊彦：《盟水斋存牍》，377～378 页。

③ 写完本稿之后，读到日本学者研究"依尸图赖"的专题论文，可以参考［日］上田信：《被展示的尸体》，王晓葵译，载孙江主编：《事件·记忆·叙述》，114～133 页，杭州，浙江人民出版社，2004。

④ 有关的讨论，参见张全民：《中国古代直诉中自残现象试探》，中国法律史学会暨中国儒学与法律文化研究会 2001 年学术年会论文。

⑤ 《清代巴县档案汇编》（乾隆卷），78 页，北京，档案出版社，1991。

⑥ 参见刘平：《被遗忘的战争——咸丰同治年间广东土客大械斗研究》，249 页，北京，商务印书馆，2003。对民间盛行的"勇于私斗，怯于寇战"的行为，中国古人早就有所议论。参见钱穆：《儒礼杂议之一——非斗》，载钱穆：《中国学术思想史论丛》，卷二，106～115 页，合肥，安徽教育出版社，2004。

府直接打交道"①。

　　顺便一提，这种避免与地方官打交道的做法有二：其一，民间发生的婚姻、钱债和田土之类的些小纠纷，通过基层组织自行解决，这与帝国治理的基本要求吻合；其二，采取"自力救济"的办法，摆平争执和冲突，械斗就是办法之一种。

　　导致民间械斗之风炽盛的基本原因如下：其一，官吏玩视词讼。民俗凶悍固然是械斗的原因之一，不过探究肇衅之由，大都出于户婚、土地细事。司法官僚对词讼案件，不是迁延时日，就是听断不公，致使原、被两造私愤难泄，仇怨相报，没有底止；甚至不准起诉，时间一久，百姓也就不愿报案。这类纠纷的解决办法，不是私和，就是私斗。② 其二，官吏勒索两造。史载帝国官僚"每逢听讼，未看词纸，先查粮册"，目的是要摸清两造的家资财力。有钱，曲可为直；无钱，是反作非。"无钱者困受其冤，有钱者苦遭其剥"。不论有钱无钱，总是没有好处③，百姓只得规避衙门。其结果是，纠纷的解决同样只有二途：私和或者私斗。其三，官僚讳盗讳斗。尽管侦察、缉捕、审理命盗案件属于州县长官的基本职责，但是，这些案件往往也是最难缉捕和审理的案件。而帝国的官吏处分则例却非常繁密，极其严峻，稍有处断不慎或不当，便有罪愆，因此，为着身家性命，为着保住乌纱，他们的应对措施就是讳盗、讳斗。④ 矛盾和冲突不得解决，冤抑不得申释，必然仇怨难泄，转而私斗或械斗。尽管械斗的起因多种多样，但是与衙门的态度、腐败、能力密切关联，也与官民之间（官僚无视民瘼、玩视民间纠纷，以致百姓不信官僚）的极度隔膜，深有关系。

　　这样一来，械斗也就成为"把事情闹大"的一种行动和策略；只不过是，这种"把事情闹大"与谎状、缠讼和自杀有着很大的差异。因为，在皇帝和官僚眼里，械斗挑战了国家权力，破坏了帝国法律，扰乱了社会秩序，简直形同叛逆。⑤ 据此，似乎难以视作"把事情闹大"的一种诉讼策略。然而，在某种情形下，私斗、械斗也会成为上控、京控的事由。⑥ 在这个意义上，我们仍然可以将械斗看作"把事情闹大"的一种手段。当然，有组织、大规模的械斗，又与普通的私斗、械斗有所不同，处理也会差异。

　　综上所述，就"把事情闹大"而言，谎状和缠讼是比较典型、比较普遍的诉讼心态和申冤策略，而自杀（包括自残）和械斗相对少见一些。另外，自杀基本上是平民百姓在绝望与期待中采取的极端措施，尽管也有诉讼策略的某些特征，但是并非严格意义上的诉讼策略，而是给死者家属采取诉讼或者申冤行动提供了机会和借口；对械斗来说，只是在纠纷没有得到及时或适当解决的情况下，民间采取的自力救济的行动。一句话，谎状和缠讼乃是"把事实闹大"的自觉行为；械斗，具有"把事情闹大"的客观效果，既是一种"私的解决"的极端办法，也有希望官府介入的意图；自杀似乎介于两者之间。

---

① 《萧公权卷》，855 页。

② 参见（清）黄爵滋：《会议查禁械斗章程疏》，载《黄爵滋奏疏》卷十四。

③ 参见《太平天国》（三），3 页，上海，上海人民出版社，1958。

④ 参见（清）徐庚陛：《覆本府条陈积弊》，载《不自慊斋慢存》卷五。

⑤ 参见（清）张之洞：《请严定械斗专条折》。转引自王树楠编：《张文襄公全集》卷十四，奏议十四。

⑥ 参见邵鸿：《利益与秩序——嘉庆二十四年湖南省湘潭县的土客仇杀事件》，载《历史人类学学刊》，第 1 卷第 1 期，2003 年 4 月；刘平：《被遗忘的战争——咸丰同治年间广东土客大械斗研究》，279～375 页。

第三节
申冤：人物与途径

在传统中国社会里，小民百姓如若遭遇"冤抑"，将会采取什么态度？一旦"冤抑"不得平反，将会诉诸什么途径释放"冤抑"？又表达了怎样的法律意识？现在，我们来对这些问题进行必要的分析。

一、清官与侠客

（一）清官与申冤

清官信仰，说到底是传统中国的一种民间信仰。它源于这样的历史背景：社会和政治越黑暗越腐败，无权无势和孤立无援的庶民百姓也就越祈盼清官出世；希望清官能够为民做主，与民除害，解民倒悬，救民于水深火热之中。这是中国历史上的一个普遍现象，也是清官故事和清官信仰得以千年流播和传颂不绝的根本原因之所在。

那末，究竟什么是"清官"呢？

我们从"清"的意涵谈起。所谓"清"，乃是传统中国有关官吏的一种政治品格和道德准则。对此，史书多有记载。《尚书·尧典》说："夙夜惟寅，直哉惟清。"《易·豫》讲："圣人以顺助，则刑罚清而民服。"孔子更把"清"看作一种令人景仰的崇高德性，蕴涵"不因财物累心"的意思，尽管"清"尚未达到"仁"的境界。[①] 法家也是如此。《韩非子·外储说左下》记有这样一段对话：

> 桓公问置吏于管仲，管仲曰："辩察于辞，清洁于货，习人情，夷吾不如弦商，请立以为大理。"

而"清洁于货"，根据陈奇猷的解释，是指"不贪污财货也"[②]。由此可见，那时，"清"已是一种政治伦理和职业道德。其实，"清"也是帝国法律竭力提倡和维护的一个重要准则，虽然法律并没有从正面作出规定。也就是说，官吏必须达到什么样的标准才称得上"清"，并不清楚；与此同时，也没有规定"清"的具体内容。但是，法律严格禁止官吏"贪"和严厉惩罚官吏"贪"。在某些特定时期，惩罚"犯赃"官吏可谓毫不容情。明太祖朱元璋就是一个典型。而这，恰好从反面肯定了官吏必须保持"清"的道德准则。即便到了现代社会，要求官吏必须保持"清"，仍然是一个职业伦理与政治法律的重要问题。

稍可注意的是，真正成为传统中国官方和民间品评官吏职业道德标准之一的所谓"清官"，则是一个比较晚起的概念。不过，作为一种历史文化现象，至少到了宋代，"清"已是

---

① 参见《论语·公冶长》。有关"清"的资料与评论，参见王子今：《权力的黑光——中国封建政治迷信批判》，174～177页，北京，中共中央党校出版社，1994。

② 陈奇猷校注：《韩非子集释》（下），698页，上海，上海人民出版社，1974。

官吏必须重视的基本政治准则。① 清官意识的流行，约在 13 世纪。金元之际的元好问《薛明府去思口号》写道："能吏寻常见，公廉第一难。只从明府到，人信有清官。"② 此诗可以看作清官意识流行的一个重要象征。据说，宋太祖赵匡胤鉴于吏治腐败，率先把后蜀皇帝孟昶所撰"诫谕辞"中的"尔俸尔禄，民膏民脂；下民易虐，上天难欺"勒石树于衙门，作为官箴。③ 这四句诗，可能流传很广。④ 其实，传统中国的清官文学（诗词、小说、杂剧、南戏、各种地方戏曲、宝卷）也是宋元以后渐次流行起来的，恐怕并非巧合。

值得指出的是，传统中国清官意识尽管在官方正史记载中有所反映，然而，更为主要的是在民间社会的持久和广泛的流播，迄今已有七八百年的漫长岁月。换句话说，清官基本上是一种民间意识、民间信仰。根据数量浩繁的清官文学和故事资料的记载，我们完全可以想象，是庶民百姓塑造了清官的形象，维持了清官的信仰。一句话，清官是民间社会的平民百姓为自己创造的理想官吏，也是平民百姓以自己的心灵和情感来供奉的"神"；或者套用韦伯"理想类型"的概念，我们可以说，清官是平民百姓创造一个法律方面的"奇理斯玛"式的神性人物。对统治当局尤其是皇帝来说，虽然他们也提倡清官，但是"忠臣"肯定更加符合皇帝的口味，这是帝制中国政治权力结构的内在要求。原因在于：其一，对官僚来说，他们的权力来自皇帝的恩宠，尽忠可以视作一种回报；对皇帝而言，担心官僚权力可能侵蚀自己的权力，故而，要求他们尽忠，清廉与否并非根本问题。其二，帝制时期官僚的正项薪水一般不高，所以要求他们"枵腹从公"必无可能；明清时期，官僚薪水更低，贪官污吏自然更多，提倡清官的呼声也很高，可是清官很少很少。其实，忠臣同样不多。

然而，清官信仰历久不衰的根本原因又是什么呢？首先，平民百姓祈盼清官，这一事实表明，在传统中国政治领域，赃官墨吏充塞，吏治腐败，政治黑暗，贪赃枉法则是最为显著的表现形式。⑤ 其次，平民百姓崇敬清官，奉之若"神"，这一事实说明，在传统中国政治领域，清官少之又少，可谓凤毛麟角，而贪官污吏触目皆是，清官信仰只是一种无谓的心理幻想——"画饼充饥"而已。最后，平民百姓迷信清官，这一事实表明，在传统中国政治领域，皇权国家与民间社会之间没有一个基本界限；与专制国家相比，民间社会的政治力量非常薄弱，无法与国家抗衡。在这种情况下，平民百姓的出路有三：一是忍耐，二是造反，三是盼望清官和明君。这样一来，清官也就成了"拯救"小民百

---

① 参见王子今：《权力的黑光——中国封建政治迷信批判》，177 页。

② 引自《辞海》（缩印本），957 页，上海，上海辞书出版社，1980。

③ 孟昶"诫谕辞"共有 24 句："朕念赤子，旰食宵衣，言之令长，抚养惠绥。政存三异，道在七丝，驱鸡为理，留犊为规。宽猛得所，风俗可移，无令侵削，无使疮痍。下民易虐，上天难欺，赋舆是切，军国是资。朕之爵赏，固不逾时，尔俸尔禄，民膏民脂。为民父母，莫不仁慈，勉尔为戒，体朕深思。"引自刘鹏九主编：《内乡县衙与衙门文化》，122 页，郑州，中州古籍出版社，1999。

④ 明代说唱词话《包龙图陈州粜米记》即有"尔俸尔禄，民膏民脂；下民易虐，上天难欺"的句子。参见朱一玄校点：《明成化说唱词话丛刊》，139 页，郑州，中州古籍出版社，1997。据说，此诗在当时衙门里，都有勒石树碑，可见流传之广。由此也可推测，老百姓对此诗也是有所耳闻的。

⑤ 当然，我们也不可忘记，文学叙事和民间信仰有时不乏对官方政治和司法的批判，也许，清官信仰就是一个例证。据此，我们不能因为清官故事中的批判话语而全然否定传统中国政治和司法的常态情形。

姓的救星。① 总之，如果没有政治制度的结构性的改造，清官信仰肯定不会消失。必须指出，这并不是说清官话语真的无足轻重，毫无意义。不管怎样，清官信仰对传统中国的吏治或多或少有些道德上的"规劝"作用，对平民百姓也或多或少有些心理上的"治疗"功效。

各种资料显示，清官也有不同的类别：一是沽名钓誉。这种清官每每以"不要钱"作标榜，其实，不仅无能，而且残酷。这种清官具有虚伪性和欺骗性，肯定不是好官，以致有人指出："赃官墨吏固不好，清官则也未必佳。"② 原因在于：

> 赃官可恨，人人知之；清官尤可恨，人多不知。盖赃官自知有病，不敢公然为非；清官则自以为我不要钱，何所不可，刚愎自用，小则杀人，大则误国。③

二是平庸无能。这类清官只是清廉爱民，而无行政和司法上的才能。譬如，车王府曲本《奇冤报》所写眉州正印官常静安，就是一个"律法治民，两袖清风"的清官，也是"与民做主"的好官，然而"我自愧无才能官星不显"，"断不出民冤枉自愧含颜"④。可见，他对侦破和审理案件一窍不通。如此清官，也会误事殃民。

三是严苛残酷。在历史上，清官不乏酷吏，而酷吏也有清官；因此，清官和酷吏每每难以作出鲜明的区别。例如，包公和海瑞的清廉爱民自然没有疑问，然而，在民间故事中，他们显得非常残酷。《清风闸》塑造的包公形象，就是一个非常残酷的清官、酷吏；《海公大红袍》刻画的海瑞也是一个极其峻苛的清官。

四是通权达变。包公、海瑞的形象，往往有些"凶神恶煞"的味道，虽然颇具"法不容情"的刚直品性，但是，却与人情、常理相背。可敬，而不可爱。除了这种类型的清官，另有一种能够曲体人情，非常可爱的清官。譬如《乔太守乱点鸳鸯谱》的故事，写的即是如此善解人意的官僚。⑤ 如果太守坚持依律断案，不能妙用"情在理中，变出意外"和"礼以义起，事可权宜"的原理，不仅棒打鸳鸯，而且还要治罪惩罚。

五是清慎勤能。这是最为理想的清官，他们有着廉洁奉公、慎重民瘼、勤政爱民、办事卓有实效的特征。可以说，这类清官属于绝无仅有。在中华帝国历史上，要算被康熙誉为"天下第一廉吏"的于成龙⑥，似乎具有这些方面的优秀品德。作为历史叙事的包公，或许也属于这类清官；但是，在民间故事中，包公与酷吏比较接近。

现在，我们再来讨论"清官与诉冤"这一话题。

第一节的讨论显示，造成"冤抑"的根本缘由，不外乎是地方上的豪强恶霸、无赖光棍

---

① 清代著名说书艺人石玉昆所著《三侠五义》（15 页，北京，华夏出版社，1994）第三回，叙述宁老先生给包公取"官印"一事，颇有象征意义。文曰："一个'拯'字，取意将来可拯民于水火之中；起字'文正'，取其意'文'与'正'，岂不是'政'字么？言其将来理国政，必为治世良臣之意。"需要指出的是，"文正"两字，与史无证，属于说书艺人的杜撰；但是，其中体现出来的意思可谓深长——良臣治国之目标，就是救民于水火之中。说到底，民众期盼清官的意图，不外如此。

② 引自邓云乡：《汪辉祖及其著述》，载邓云乡：《水流云在杂稿》，193 页，太原，北岳文艺出版社，1992。

③ （清）刘鹗：《老残游记》，203 页，济南，齐鲁书社，1981。

④ 刘烈茂等编：《车王府曲本菁华·宋卷》，322~566 页，广州，中山大学出版社，1991。

⑤ 参见（明）冯梦龙：《醒世恒言》卷六。

⑥ 参见《清史稿·于成龙传》。

欺凌贫弱孤单，帝国衙门里的官僚、胥吏、衙役肆意敲诈平民百姓。清官作为打击这些腐恶势力的英雄，必须具备这样一些道德品格（刚直不阿、铁面无私、清正廉洁、忠于君主、体恤民情）才能胜任。在传统中国，最为著名、最有影响的清官包公，就是这样一个典范官僚。① 俗话说"关节不到，有阎罗老包"，即指包公的"刚正不阿"的品格。据《宋史·包拯传》的记载，包公的清官形象大体包括：性峭直，恶苛刻，务敦厚，甚嫉恶，尚忠恕，不苟合；平素廉洁，衣服、器用、饮食一如布衣百姓；并且定下家规："后世子孙仕宦有犯赃者，不得放归本家，死不得葬大茔中。不从吾志，非吾子若孙也。"杂剧《陈州粜米》说："做官的要了钱便糊涂，不要钱方清正"；"包待制为官尽忠报国，激浊扬清；如今朝里朝外，权豪势要之家，闻待制大名，谁不惊惧？诚哉，所谓古之直臣也！"《合同文字》说：包公"清耿耿水一似，明朗朗镜不如"。《留鞋记》说："老夫廉能清正，奉公守法。"传奇《珍珠记》讲："包文拯明如镜，清如水，不受人私，不怕权贵。"明代说唱词话《刘都赛》讲："包相清正，与万民做主，不受天下财物，清似潭中水，明如天上月。"②

在民间流传广泛、家喻户晓的包公案、海公案之类的清官故事，基本上是描写小民百姓"诉冤"与清官平反"冤狱"的故事。也就是说，一旦司法衙门无法平息乡野百姓的"冤抑"，或者，司法官僚审断案件不公以致造成新的"冤抑"——冤上加冤，人们就会祈盼清官降临，把案件提交清官审理。在小民百姓眼里，清官就是这样一些平反"冤抑"的行家里手，并且具备公正无私、不畏权贵的道德品格。

根据现存资料的描述，清官平反"冤抑"的情形约有：

第一，摧折权豪势要。他们属于皇亲国戚一类的特权阶层，利用权势欺压小民百姓，制造种种"冤抑"。著名杂剧《陈州粜米》所写刘衙内就是"打死人不要偿命，如同房檐揭一个瓦"的货色，他们时常"拿粗挟细、揣歪捏怪、帮闲钻懒、放刁撒泼"，见着别人的东西，"白拿白要、白抢白夺"。刘衙内的儿子刘得中、女婿杨金吾被举前往陈州粜米赈灾，不惟哄抬米价，屡土糠土；抑且依仗皇帝"有敕赐紫金锤，打死勿论"的特权，大肆苛剥灾民，打死老汉张撇古。小撇古进京鸣冤，为父报仇；恰好包公请了皇帝敕赐的势剑金牌，前往陈州查勘，终于"冤抑"得以释放。③

第二，打击贪官污吏。杂剧《神奴儿》描写"水面打一和，糊涂做一篇"——"天生清耿又廉洁，萧何律令不曾精，才听上司来刷卷，登时谎的肚中疼"的县官，不会断狱，将案子委托给"只因官人要钱，得百姓们的使，外郎要钱，得官人的使，因此唤做令史"的赃吏宋令史审理。令史贪图被告王腊梅之夫李德义贿赂，将原告陈氏屈打成招。包公犒赏边军回京，复审案件，发现其中的暧昧情弊，证人何正到庭作证，死者神奴儿的鬼魂上堂诉说情由。结果，赃官得到惩罚，冤抑获得平反。④

---

① 其实，仅仅以"清廉"而言，无论正史记载还是民间传说，包公与明代海瑞、清代于成龙相比，都要逊色很多；从"刚直"来看，著名的"海瑞骂皇帝"的故事，比起包公"言吐愤激，唾溅帝面"也不逊色。然而，他们二人赢得的"名声"却不如包公。包公的典范意义，可见一斑。

② 有关的资料和讨论，参见徐忠明：《包公故事：一个考察中国法律文化的视角》，376～377 页，北京，中国政法大学出版社，2002。

③ 参见《包待制陈州粜米》，载吴白匋主编：《古代包公戏选》，109～153 页，合肥，黄山书社，1994。

④ 参见《神奴儿大闹开封府》，载吴白匋主编：《古代包公戏选》，265～294 页。

第三，惩治地痞流氓。例如《龙图公案》有一故事：金华府潘贵，妻子郑月桂，儿子才满八月。一日，一同前往祝贺岳父郑泰生辰，乘船时，子饥，月桂哺乳，左乳下面的黑痣被光棍洪昂瞧见。下船后，光棍与潘贵争夺月桂，扭到府衙。知府升堂问案，光棍以月桂左乳下面黑痣作证据，知府就此将月桂判给洪昂，倒把潘贵重责二十。恰值包公拜见府尹，得以重审此案。询问月桂和潘贵简况，二人所言合辙；而光棍所答不对头称。包公判道：洪昂重打四十，发配塞外充军。① 至于清官平反其他"冤抑"的故事，可谓不胜枚举。

必须指出的是，清官信仰实际上是一出被清官话语遮蔽了的超级悲剧，反映了传统中国政治、法律、文化的真正悲剧；清官信仰暴露了传统中国的平民百姓缺乏独立自主的个体意识，一种由集权专制长期奴役而养成的顺从人格。而且，清官无论如何"爱民"，说到底，也只是皇帝的"看家恶狗"② 罢了；这就是说，清官的背后是皇权。如果没有皇权，清官也就没有栖身之处，所谓"救民水火"的理想，根本无法实现。③

（二）侠客与申冤

如若将清官与侠客作一比较，我们可以发现，前者属于体制内的申冤主体，后者则属于体制外的申冤主体；前者端赖法律和皇权，后者却仰仗自身的信念和本领，而且每每超越法律之上，甚至破坏法律、挑战皇权，故而具有"以武犯禁"的特征。与清官一样，政治越腐败，社会越黑暗，无权无势和孤立无援的庶民百姓，也就越祈盼"赴士之厄困"的侠客降临，仗剑行侠，匡扶正义；希望侠客能够为民做主，与民除害，解民倒悬，救民于水深火热之中。在传统中国社会，两者都是为民请命和伸张正义的象征。

那末，究竟什么是"侠客"呢？

关于侠客，学者曾有种种不同的解释。为了简化问题，我们先从"侠"的概念说起。所谓"侠"，最早见于韩非的论述。他说："儒以文乱法，侠以武犯禁。"④ 进而，韩非把"游侠"与"私剑之士"并举，并且认为他们具有"聚徒属、立节操以显其名，而犯五官之禁"的特征。⑤ 而"剑"则是一种身份和地位的标志，也是中国古代男子用来彰显仪表和风度的服饰。⑥ 可以推测，"侠"应当与武士有关，或许源于武士阶层。⑦ 但是，对"侠"的精神面貌和社会功能，韩非的这种描述依然不够清晰。及至《史记·游侠列传》，"侠"的基本特征才算有了一个轮廓。司马迁说：

> 今游侠，其行虽不轨于正义，然其言必信，其行必果，已诺必诚，不爱其躯，赴士之厄困。既已存亡生死矣，而不矜其能，羞伐其德，盖亦有足多者焉。

在解释写作《游侠列传》的动机时，太史公又讲："游侠救人于厄，振人不赡，仁者有

① 参见（明）佚名：《龙图公案》卷九，《黑痣》。

② 《包待制陈州粜米》，载吴白匋主编：《古代包公戏选》，131 页。

③ 参见徐忠明：《法学与文学之间》，53～54 页。

④ 《韩非子·五蠹》。

⑤ 需要说明的是，早期的"私剑之士"究竟是否属于"侠"的范畴，学者尚有不同的意见。钱穆认为，早期的"侠"乃是藏养"私剑之士"的权贵，而"私剑之士"本身并非"侠"。参见钱穆：《中国学术思想史论丛》，卷二，116～120 页。

⑥ 参见陈山：《中国武侠史》，6 页，上海，三联书店，1992。

⑦ 此说也有争议，参见钱穆：《中国学术思想史论丛》，卷二。

采；不既信，不倍言，义者有取焉。"由此可见，侠客具有救人厄难、振人不赡的社会功能和讲信义、重然诺的精神气质。这也是平民百姓祈盼侠客和信仰侠客的原因之所在。

学者指出：在二十五史中，只有《史记》与《汉书》辟有《游侠列传》专篇，自《后汉书》迄《明史》，均无游侠列传，这正可以看出东汉以后，游侠已经没落，不再为史家所重视。[①] 这里涉及两个问题：其一，东汉以后，游侠已经没落。这一断案似乎表明，东汉以后侠客已经衰息，退出江湖。事实上，处于庙堂之外的侠客，一直活跃于江湖，出没于社会底层；特别是在"上不明，下不正，制度不立，纲纪废弛"[②] 的失范时期，由于帝国权力控制能力的衰弱，正式制度的腐败，从而给侠客的纵横驰骋留出了广阔的社会空间；他们甚至扯起杏黄大纛，揭明"替天行道"的宗旨，作出一番轰轰烈烈的壮举，梁山好汉的传奇故事即是例证。其二，东汉以降，官方史籍不再记述侠客，这仅仅表明了中华帝国形成之后，中央集权和皇帝专制已成历史事实，任何胆敢挑战皇权和触犯法律的行为，都是犯罪，必将遭到禁止，受到打击。在这种情况下，那些"以武犯禁"的侠客，当然无法获得官方史家的认同；换句话说，要求官方史家记述游侠的英雄故事，自然不再可能。况且，史书是否记载与事实是否存在并非一事；这种记载的阙如，或许只是史家意图的变化而已。

值得指出的是，在具有民间性格（非官方）的文学作品（非历史）中，游侠一直是一个基本的主题，乃至成为一种文学样式——侠义文学。魏晋诗歌、唐代传奇、宋元话本、明清小说，对游侠都有描写，他们也是百姓喜闻乐见的故事。仗剑行侠和快意恩仇，可谓传统百姓的千古梦想。特别是宋明以来，随着文化权力的下移，平民知识水平的提高，适合平民百姓口味的通俗侠义故事的流传更加广泛，这说明了游侠作品深受平民百姓的喜爱；即使到了当今，新派武侠小说、影视作品也是人们喜闻乐见的艺术样式。[③] 所谓侠客不为史家所重，官方史籍不再记述侠客的英雄传奇，并非表明侠客已经没落；恰恰相反，这一情形倒是说明，在侠客问题上，官方意识与民间意识之间已出现了断裂。也就是说，官方史籍不再记述侠客，乃是有意压抑侠客；民间文学讴歌侠客，正是出于寄托梦想。另外，侠客叙事的民间化趋势，这本身就表明了侠客崇拜是一种民间心态的反映。进一步说，如若侠客果真业已衰息，这更证明，面临厄难而又孤立无援的民众唯有用文学的虚幻想象来填补现实生活的空白。从这一角度来看，侠客文化正可用来透视民间百姓大众的法律意识和法律信仰。

唐代李德裕《豪侠论》指出：

> 夫侠者，盖非常人也。虽然以诺许人，必以节义为本。义非侠不立，侠非义不成，难兼之矣。

李德裕的话可能失之夸张，然而强调侠客以"义"为本的特征，可谓切中要害。所谓"行侠仗义"四字，也表明了"义"是侠客的灵魂。在传统中国文化里，"义"的意涵非常丰富复杂，不易把握。对侠客来讲，能否称得上"侠"，关键不在侠客的武功高强与否，而在是否

---

① 参见孙铁刚：《秦汉时代士和侠的式微》，载《"国立"台湾大学历史学系学报》，1975（2）。

② 荀悦：《汉纪》卷十。

③ 参见陈平原：《千古文人侠客梦》，载《陈平原小说史论集》（中），916～1016 页，石家庄，河北人民出版社，1997；曹亦冰：《侠义公案小说史》，杭州，浙江古籍出版社，1998；曹亦冰：《侠义小说史话》，沈阳，辽宁教育出版社，2000。

符合"义"的要求。据此，"救人于厄困，振人于不赡"与"路见不平，拔刀相助"的侠客行为，都是"义"的精神体现。

现在，我们再来讨论一下"侠客与法律"的关系问题。

首先，随着国家这个凌驾于社会之上的公共权力机器的出现和强化，原本属于社会固有的自力救济的权力，也就逐步被"收归"国家所有，那种自主生杀、快意恩仇的行为也不再被国家所能容忍。如今，国家决意垄断管理社会的全部权力，包括管理、裁决和剥夺个人生命的权力。与此同时，随着法律的不断完备，人们的社会行为也有法律加以调整，那种超越法律之外的专杀行为，当然属于禁止之列。在这种情况下，侠客的自主生杀、快意恩仇的"独断专行"的举动，不仅挑战、侵犯和窃取国家权力，而且蔑视、破坏和违反国家法律。因此，基于国家本位立场的韩非指责"以武犯禁"的侠客，乃是非常自然的事情。班固也认为，侠客"以匹夫之细，窃生杀之权，其罪已不容诛矣"①。从伦理上讲，侠客所行之"义"就是他们心目中的法律，似乎足以与帝国法律抗衡。尤其重要的是，侠客盛行之时，也是政治权力衰弱，帝国法律驰坏，赃官墨吏猖獗之时；这时，本着"替天行道"这一最高的"道义"，侠客的行侠仗义也就有了正当性和合法性的基础。总而言之，侠客的"私权"与国家的"公权"一直处于相互冲突之中，一直处于此消彼长的拉锯状态之中。而这，恰好是帝国法律不能容忍侠客的真正原因。

其次，侠客活动的社会空间是江湖，是绿林，这些都是帝国权力难以深入，也无法进行有效控制的地方，也是帝国法律不到的去处。在某种程度上，江湖和绿林乃是一个隐喻，意涵一个与"庙堂之上"相对的地下社会或者秘密社会。由于侠客的使命是铲除奸邪、消除不公、匡扶正义，因此，江湖和绿林也是一个理想社会。在这个社会里，尚有按照"替天行道"、"兄弟聚义"、"有福共享，有难同当"、"杀富济贫"的原则建构起来的江湖规矩，一套具体而微的组织机构和行为规范。这种法律就是与国家法相对的民间法。在传统中国社会，一旦王朝露出摇摇欲坠的迹象，江湖世界常常成为民众向往的理想世界。那些组织严密的江湖社会或者绿林世界，尽管不乏李逵"杀到东京，夺了鸟位"的本能和冲动；然而侠客基本上都遵守"只反贪官，不反皇帝"的伦理准则，甚至抱有"要做官，杀人放火受招安"的强烈愿望，希望自己能为圣君效力，搏个"封妻荫子"的结果。一部《水浒传》讲的就是这样一个从江湖英雄到朝廷鹰犬的侠客故事。还有一些绿林好汉，也每每成为清官手下的爪牙，诸如《三侠五义》、《彭公案》、《施公案》之类，皆是证据。

最后，尽管侠客之仗义行侠不乏自报冤仇的情形，《水浒转》所述"武松杀嫂"和"血溅鸳鸯楼"即是著名例证；然而，赴他人厄难，却是侠客赢得世人赞美和崇敬的根本原因。这是因为，社会总有不平，人间总有黑暗；尤其是在王纲解组、法律废弛、道德沦丧的时候，情况更是如此。恶霸欺凌良孺，强梁压榨贫弱，乃至权贵苛剥细民之类的事情，总是难免。一如张潮《幽梦影》所说：

> 胸中小不平，可以酒消之；世间大不平，非剑不能消之。

如若遭遇这等厄困，无权无势、孤立无援的小民百姓惟有祈盼侠客降临，铲除强暴，杀坏权

---

① 《汉书·游侠列传》。

贵，拯救自己。我们说过，平民百姓遭到权豪势要、贪官污吏、地痞流氓的欺凌，清官就是他们的救星；但是，清官的作为只能依据法律而不得超越法律之外。据此，假定碰到"王法治他不得"的情形，那就只好求助侠客的解救，所谓"幸亏有那异人、侠士、剑客之流去收拾他"①。在这个意义上，小民百姓诉冤的途径，也就有了一个基本的阶梯：首先是官府、其次是清官、最后是侠客。这就是说，如果衙门能够平息百姓的冤抑，那么清官也就无关紧要；一旦衙门腐败黑暗，制造冤抑，那么清官就是平反冤抑的理想人物；毕竟，清官也是可遇不可求的"珍稀"人物，这样一来，侠客即是小民百姓的最后的一点希望。当然，这并不是说，侠客就是随处可见的英雄好汉；其实，他们也是"珍稀"人物。

如若侠客果真能够"赴士之厄困"而仗剑行侠，自然很好，值得敬仰；但是，也有一班一味快意恩仇、睚眦必报、嗜血成性、自掌生杀权柄的所谓侠客，他们的存在恐怕只能说是国家与社会的灾难。传统中国文学名著《水浒传》所写武松和李逵，尽管我们也能看到他们行侠仗义的行径，然而其中表现出来的是"嗜血成性"和"滥杀无辜"的特征。例如，武松为替施恩报仇而"醉打蒋门神"尚有一丝侠义心肠；说到底，其实也是江湖上的"黑吃黑"罢了。武松替兄报仇而"杀嫂"乃是因为阳谷县官收受贿赂，拒绝受理案件，"杀嫂"纯属被逼无奈，所以，也有一定的合理性和正当性。但是，武松为己复仇而"血溅鸳鸯楼"，只能说是滥杀无辜、嗜血成性。②　再如，小说七十三回有一故事，说是李逵杀了通奸的一对男女之后，因为"吃得饱，正没消食处"，于是乎"就解下上半截衣裳，拿起双斧，看着两个死尸，一上一下，恰似发擂的乱剁了一阵"。这简直是把杀人当儿戏。梁山好汉当中不乏开黑店、劫客商、吃人肉的行止；也不乏些小睚眦、动辄杀人的举动。③　据此，对侠客的"仗义行侠"我们不能一味赞美，只看它的正面意义。

与清官信仰一样，尽管侠客有着"安得剑仙床下士，人间遍取不平人"④ 的匡扶正义和扶助弱者的积极意义，然而，侠客信仰实际上反映出来的也是传统中国政治、法律、文化的真正悲剧。诚如学者所说：

> 一个民族过于沉溺于"侠客梦"，不是什么好兆头。要不就是时代过于混乱，秩序没有真正建立；要不就是个人愿望无法得到实现，只能靠心理补偿；要不就是公众的独立人格没有很好健全，存在着过多的依赖心理。⑤

二、复仇与报应

（一）私的申冤途径：复仇

在法律史上，无论中外，不论古今，复仇都是一个基本问题。说到底，法律所要解决的许多问题，皆与复仇有关，复仇就是法律的一种原始形态——部落法或者习惯法；有所不同

---

①　参见《七剑十三侠》，载《陈平原小说史论集》（中），940 页。

②　参见愚墨：《武松：好汉还是贼盗?》，载《中山大学法律评论》，1999 年第 1 卷，北京，法律出版社，1999。

③　参见愚墨：《礼法的话语与实践：水浒与女性》，载《中山大学法律评论》，2000 年第 1 卷，北京，法律出版社，2000。

④　引自（明）冯梦龙：《醒世恒言》卷三十。

⑤　《陈平原小说史论集》（中），942 页。

的是，谁来复仇？依据哪些准则来复仇？通过什么途径来复仇？在初民社会，由于尚无公共权力，每个家族成员都有复仇的权利和义务（强制性的义务）；随着公共权力的出现，复仇渐次受到限制，乃至完全禁止。在现代社会，似乎已经没有复仇存身的可能，但是，复仇的意识并没有完全消失。况且"罪罚相当"这样的刑法原则，其实与"以牙还牙，以眼还眼"这种"同态复仇"原则有着内在的关联，可以说，只是"同态复仇"原则的自然延伸而已。现在，社会成员自掌生杀的复仇权力已被国家独占；国家"收缴"民众的复仇权力，乃是为了避免由"冤冤相报"而造成的社会灾难，即避免社会因为毫无节制的复仇而同归于尽。值得指出的是，复仇制度本身也有一种"平衡"机制——要求社会成员不要无辜侵犯别人，否则将会遭到对方的复仇。正是这种约束机制，给社会带来了秩序与和平。在这个意义上，复仇成了法律发展的一种动力机制。也正因为如此，霍姆斯认为法律起源于复仇。①

早期中国的国家诞生于酋邦之间血雨腥风的杀伐争战，血缘家族构成了政治国家的基础，因此，复仇这一氏族社会的部落法或者习惯法得以保留下来。在中国，复仇不仅是法律的原始形态，而且也是文明时代法律和道德的重要内容。约略来讲，先秦基本上是复仇的自由时代，然而《周礼·地官·调人》对复仇已经有所制约，有所规范，采取"避仇"和"书士"的办法。针对复仇可能造成"冤冤相报"的危害，孟子曾说："杀人之父者，人亦杀其父；杀人之兄者，人亦杀其兄。"② 汉魏以降，复仇逐步遭到国家法律的禁止，当然，也有例外。③ 元朝法律规定，儿子为父亲复仇，杀死仇人，不必抵罪，只交五十两烧埋银；明清法律稍加变通，准许儿子登时杀死仇人，否则治罪。④ 在道德上，复仇依然受到赞许。这种法律与道德之间的背离，诚如韩愈所说："不许复仇，则伤孝子之心，而乖先王之训；许复仇，则人将倚法专杀，无以禁止其端矣。"可问题是："礼法二事，皆王教之端，有此异同，必资论辩。"⑤ 另外，传统中国法律尚有"私和人命"的禁令。这一律条的意图不外乎是要求被害之家通过司法途径报仇申冤，然而也有"引诱"复仇的意味。⑥ 这种法律与道德之间的背离，法律自身的模棱两可恰恰表明，复仇乃是传统中国血缘社会百姓大众的根深蒂固的思想。在复仇问题上，精英官僚与平民百姓的想法比较一致。

儒家虽说"仁者，爱人"，但是，也讲"爱有等差"。在传统中国的"伦理社会"中，复仇也有等差。在《礼记·檀弓》中，孔子指出：

> 父母之仇，寝苫，枕干，不仕，弗与共天下也；遇诸市朝，不反兵而斗。兄弟之仇，仕，弗与共国；衔君命而使，虽遇之不斗。从父昆弟之仇，不为魁；主人能，则执兵而陪其后。⑦

而《礼记·曲礼》说："交游之仇，不同国。"可见，复仇同样必须遵循"伦理"的要求。伦

---

① 参见［美］波斯纳：《法律与文学》，增订版，63 页，北京，中国政法大学出版社，2002。

② 《孟子·尽心下》。

③ 事实上，汉代的复仇风气还是非常浓厚的。参见［日］牧野巽：《汉代的复仇》，载《日本学者考证中国法制史重要成果选译·通代、先秦秦汉卷》，434～501 页，北京，中国社会科学出版社，2003。

④ 参见瞿同祖：《中国法律与中国社会》，70～74 页。

⑤ 具体内容，参见《旧唐书·刑法志》。

⑥ 参见［英］S. 斯普林克尔：《清代法制导论》，94 页。

⑦ 为了保持文理通顺，引文稍有调整。

理差序不同，复仇的权利和义务也有差异。当然，在日常复仇过程中，这一原则并非那么教条。就法律而言，处置方法也有不同。比如《周礼·地官·调人》记有：

父之仇，辟诸海外；兄弟之仇，辟诸千里之外；从父兄弟之仇，不同国；君之仇视父，师长之仇视兄弟，主友之仇视从父兄弟，弗辟，则与之瑞节而以执之。

后世法律亦然。① 这一等差的道德基础即是"孝道"。《公羊传·隐公十一年》所谓"子不复仇，非子也"表明，复仇是神圣的义务，强制的责任。对有仇不报的子孙来说，便是"忍辱之子"，"无耻之孙"，安得苟活人世之间。

流传广泛的"赵娥复仇故事"便是一个例证。赵娥的父亲赵安被李寿所杀，三个兄弟相继病故，作为弱女的赵娥矢志复仇，"父母之仇，不同天地共日月者也。李寿不死，娥亲视息世间，活复何求？今虽三弟身死，门户泥绝。而娥亲犹在，岂可借手于人？"于是日夜磨刀霍霍，终于手刃李寿，割下首级，到官自首。② 特别令人震惊的是，一些孩童也能时刻铭记复仇的强烈责任和神圣义务。根据《隋书·列女传》记载：王某被兄嫂所杀，唯有三女，分别只有七岁、五岁、二岁，却也决意复仇；长大之后，姐姐与二妹密谋："我无兄弟，致使父仇不报，吾辈虽是女子，何用为生？我欲共汝复仇，汝意如何？"二妹泣从姐命，是夜踰墙而入，杀了仇人，祭告父亲，到县请罪。③ 这两个事例虽然引据正史，但是却能反映平民百姓的复仇意识。原因在于：第一，她们都是幼弱女性，尚且铭记"父母之仇，不共戴天"的责任和义务；第二，赵娥自首，乡民百姓倾城往观，而且"为之悲喜慷慨嗟叹"和赞美倾倒，正可说明复仇是何等深入人心。④

复仇，除了"孝"的道德基础之外，尚有"义"的伦理基础。⑤ 对复仇者来讲，复仇乃是"义不容辞"的神圣责任。赵娥复仇，"海内闻之，莫不改容赞善，高其大义"。荀悦也说："犯王禁者罪也，复仇者义也。"⑥ 这里的"义"既有"适宜"的意思，它说明了复仇具有正当性和合理性；也有"道义"、"荣誉"和"正义"的意思，俗话"不报此仇，誓不为人"就包含了这些意思，复仇是"为人"的前提条件。也正因为如此，尽管法律禁止复仇，但是"道义"要求孝子必须报仇——这是伦理的强制；否则，即是没有"荣誉"不知"羞耻"的猪狗，甚至猪狗不如。孟子曾说人与禽兽之间的区别"几希"，而"几希"的内容就是人知道伦理道德。他说："羞恶之心，人皆有之。"因此，对孝子来说，父母之冤仇不报，死不瞑目。根据《后汉书·何颙传》记载：何颙的"友人虞伟高有父仇未报，而笃病将终，

---

① 如《唐律疏议·贼盗》"祖父母父母夫为人杀"，《宋刑统·贼盗》"亲属被杀私和"，《大明律例·刑律·人命》"尊长为人杀私和"，《大清律例·刑律·人命》"尊长为人杀私和"等条。
② 参见（晋）皇甫谧：《列女传》。转引自瞿同祖：《中国法律与中国社会》，76～77 页。
③ 引自瞿同祖：《中国法律与中国社会》，79 页。
④ 关于复仇的资料，参见王立、刘卫英编著：《中国古代复仇故事大观》，上海，学林出版社，1998。
⑤ 在传统中国社会，"仁"虽然被孔子视作最高的道德规范或者境界，然而"义"却是建构社会秩序的一个基础性的伦理准则。君臣之义、父子之义、夫妇之义、兄弟之义、朋友之义、师生之义，这是中国社会秩序的伦理基础，其他义田、义仓、义冢、义事、义士、义兵、义举之类，不一而足。具体的讨论，参见刘伟航：《三国伦理研究》，192～264 页，成都，巴蜀书社，2002。
⑥ （汉）荀悦：《申鉴》二，《时事》。

颙往候之，伟高泣而诉。颙感其义，为复仇，以头醮其墓"①。

基于"义"的复仇，尽管属于"私的解决"，是一种自力救济，与国家"公的解决"有着明显的冲突；然而，人们还是勇于复仇的根本原因在于，在民众眼里，道义高于法律。从赵娥等人自首来看，她们深知法律禁止复仇，但是仍然决意复仇，可谓义之所在，奋不顾身，恰好说明"义"是高于"法"的诉求。因为复仇是一种释放"冤抑"的途径，一种伸张"正义"的方式，故而，即使天崩地裂，也在所不惜。据此，赴死复仇，是"勇气"的体现；复仇以后，又能俯首就法，视死如归，更是一种"勇气"的渲染。借用唐人元稹《侠客行》中的"侠客不怕死，只怕事不成"的诗句，我们也可以说：复仇不怕死，只怕事不成。这是由"义"而产生的"勇"，所谓"义勇"恐怕就是这个意思。

复仇还有一个道德基础，就是"报"。什么是"报"呢？杨联陞指出："报"有很广泛的意义，包括"报告"、"报答"、"报偿"、"报仇"、"报应"，等等。中心意义则是"反应"或者"还报"，这是中国社会关系的基础。中国人相信行动的交互性（爱与憎，赏与罚），在人与人之间，人与超自然之间，应有一种确定的因果关系。当一个中国人有所举动时，他会预期对方有所"反应"或者"还报"②。简单说来，"报"也是"礼尚往来"的意思——强制性的礼物交换；换句话说，人们之间的交互往返必须遵循"对等互惠"的原则，它是"正义"的要求。这种"对等互惠"的原则，构成了传统中国社会的基础。据此，"报"不仅强调还报，而且要求对等。就复仇而言，有仇必报乃是"报"的内在要求；与此同时，复仇必须遵循加害与报复之间"相当"的原则，所谓"杀人者死，伤人者刑"或者"以牙还牙，以眼还眼"说的都是这个意思。可见，"报"要求加害与复仇之间保持平衡，这是社会秩序得以维系的基础；否则，无论加害不报抑或报复过当，都会造成"冤抑"。但是，在具体复仇过程中，这一"报"的原则往往难以遵循。譬如《水浒传》第三十一回"张都监血溅鸳鸯楼"描写武松的复仇举动，就是一个很好的例证。先是飞云浦杀了两个公差，而后潜回鸳鸯楼杀掉张团练、张都监和蒋门神；然而不够解气，武松更是见一个杀一个，见两个杀一双，杀得血流满地，尸首狼藉，共计杀了十九人。他说："一不做，二不休，杀了一百个，也只是这一死。"武松一路杀完，又说："我方才心满意足，走了罢休。"这种滥杀无辜的背后深藏的动机，乃是"便吃一刀一剐，却也留得一个清名于世"。

因为担忧"冤冤相报，何时得了"的循环复仇，故而，无论加害者还是复仇者，都会产生所谓"斩草除根"的杀人动机。著名的复仇故事《赵氏孤儿》即是一例。按照纪君祥《赵氏孤儿》的描写：春秋时代，晋国武将屠岸贾为人阴险奸诈，忌妒文臣赵盾，数次暗害未能得逞，于是，就在晋灵公跟前造谣诬陷，终于致使赵盾一家三百余口被杀；并且假传灵公之命，逼迫赵盾之子驸马赵朔自杀，将怀有身孕的公主囚禁起来，意图斩草除根。赵盾的门客程婴和灵公的旧臣公孙杵臼冒死救下赵氏孤儿，并由程婴抚养成人，终于为死者报仇雪恨。所谓"我将这二十年积下冤仇报，三百口亡来性命偿"③。撇开其他问题不谈，这种血腥的相互仇杀，一是为着达到"报"的平衡，二是为着避免"报"的无限循环。屠岸贾非要赶尽杀绝赵盾一家三百余口，乃是担心赵盾家人的复仇；相反，赵氏孤儿复仇灭

---

①　《后汉书·郅恽传》也有类似的故事。

②　[美]杨联陞：《中国文化报、保、包之意义》，49页，香港，香港中文大学出版社，1978。

③　（元）纪君祥：《赵氏孤儿》，载徐燕平编注：《元杂剧公案卷》，316页，北京，华夏出版社，2000。

掉屠岸贾满门三百多人，既是"报"的要求，恐怕也有"冤冤相报"的担忧。

必须说明的是，复仇并非仅仅是指仇杀，其他的伤害或者侵犯也会导致复仇；也就是说，只要有"冤抑"，就会有复仇。也不仅是指私人之间的相互报复，通过司法程序也可达到复仇的目的，只是在习惯上人们不将这种申冤方式称作复仇。复仇的形式也是多种多样的，个人之间的复仇，家族之间的复仇，村落之间的复仇，甚至国家之间也有复仇。

（二）神的申冤途径：报应

如果复仇是一个道德问题，那么报应则是一个宗教问题。在传统中国，报应除了精英思想的影响，尚有民间宗教的影响；或者说，报应主要来自民间宗教的影响。马克思曾经说过一句名言：宗教是人民的精神鸦片。信然！中国历朝历代的帝皇将相，对"精神"控制的价值一向独有心会；所谓"神道设教"四字，业已道出其中的奥秘。不过，在没有宗教或者信仰衰微的日子里，生活世界的意义从何而来？这是一个值得深思的问题。

在法律史上，法律与宗教一直关系密切；不仅法律背后的终极根据源于宗教，而且内容和形式也与宗教有关，甚至法律知识也被宗教人士（巫师和祭司）独占。就法律意识而言，假如人间的法律不堪凭信，假如人间的罪恶得不到及时有效的惩罚，假如"冤抑"得不到释放和平反，那末，把希望寄托于超验的神灵，实施精神的惩罚，也就成为一种无奈的选择，乃至必然的选择。通过报应机制，人们可以求得一种心理补偿。人们建构包公的神话故事，就有类似的功能。说到底，在人间法律"缺席"甚至制造罪恶的情况下，报应便是人们可以凭借的最后一点希望。在报应的背后，尚有劝善的意图。这种劝善，其实也是"规训"的手段或者策略。总之，报应体现出来的意涵，即是关于"公平"与"正义"的想象与诉求；也就是说，报应乃是"罪与罚"之间的一种精神平衡——罚恶赏善或者有罪必罚。

传统中国报应思想的来源颇为复杂，概括起来约有三种：一是儒家的经典传统，二是本土的道教信仰，三是外来的佛教思想。比如《尚书·汤诰》记有"天道福善祸淫"之言，《周易·坤·文言》也有"积善之家必有余庆，积不善之家必有余殃"之说，《周易·系辞》则有"善不积不足以成名，恶不积不足以灭身"之语。早在先秦思想时期，这种相信自然和神灵的报应观念就已产生。[1] 到了汉代，作为道教第一经典的《太平经》又提出了"承担"（命运的分担）概念。有人指出：某些罪恶可能只是上一代少数人犯下的，但是，其结果及于家族子孙后代和同乡。[2] 例如《太平经》就说：

> 凡人之行，或有力行善，反常得恶；或有力行恶，反得善，因自言为贤者非也。力行善反得恶者，是承负先人之过，流灾前后积来害此人也。其行恶反得善者，是先人深有积蓄大功，来流及此人也。能行大功万万倍之，先人虽有余殃，不能及此人也。[3]

---

① 学者指出，这种"善恶报应"的宗教思想信仰，自中国有文字记载的历史开始，一直是中国宗教的基本信仰。而且认为，这是一种真正的替天行道。简要的讨论，参见［美］包筠雅：《功过格——明清社会的道德秩序》，杜正贞、张林译，28、29页，杭州，浙江人民出版社，1999。

② 参见杨联陞：《中国文化中报、保、包之意义》，59页。关于"承担"概念的简要讨论，参见陈霞：《道教劝善书研究》，4～8页，成都，巴蜀书社，1999。

③ 王明编：《太平经合校》（上），2页，北京，中华书局，1960。

汉代以降，随着佛教传入中国，并成为传统中国的一大宗教，报应信仰更为流行。佛教认为，众生尚未达到"神界"之前，总是处于生死轮回和因果报应的痛苦之中。所谓"善有善报，恶有恶报"的观念，乃是基本信仰。东晋高僧慧远所作《三报论》和《明报应论》的文章，系统地阐述了报应思想，流播甚广，影响甚巨。而后，随着儒、道、佛三教逐步合流，宋、明以来，因果报应思想也就成为民间宗教当中最具广泛影响的思想信仰之一。作为文学叙事的小说、戏曲、说唱、宝卷，也起到了推波助澜的作用。① 例如，在包公故事中，就有大量关于报应的说法，很多作品往往伴有相应的"劝诫"意图，这一特色与宋、明以降的"功过格"与"劝善书"的流行，颇有关系。②

现在，我们以包公故事为例来讨论一下"申冤与报应"问题。

在包公故事中，涉及报应的故事很多，兹作归纳如下③：第一种，没有直接使用报应概念。话本《三现身》说"寄声暗室亏心者，莫道天公鉴不清。"④ 杂剧《留鞋记》讲"人间私语，天闻若雷；暗室亏心，神目如电。"⑤ 传奇《还魂记》谓"万事劝人修碌碌，举头三尺有神明。"⑥ 第二种，直接使用报应概念。杂剧《陈州粜米》有"虽然是输赢输赢无定，也须知报应报应分明"⑦；杂剧《认金梳》有"善有善报，恶有恶报，不是不报，时辰未到。这地是有青天，报应昭彰"⑧；京剧《乾坤啸》有"青天不可欺，未曾择意早先知，善恶到头终有报，只争来早与来迟"⑨。第三种，属于"阴司"或者"冥判"的叙述，乃是非常典型的报应故事。在《龙图公案》里，即有"久鳏"、"绝嗣"和"善恶罔报"、"寿夭不均"之类的专篇故事。值得注意的是，这种诉诸"天道"与"报应"的叙事，反映出来的是传统中国两种法律秩序——"王法"与"神法"之间的互动关系——支持与背离的格局。包公故事提及的所谓"阴司法令"⑩，在民间信仰上，对阳世"王法"具有批判的价值和功能。这一法律结构，具有类似于西方自然法与国家法之间的关系。

作为人间的"王法"秩序，就理想而言，不仅是君主或者帝皇的人为法度，具有理性建构的特点，而且，也是"天道"的反映与表达，所谓"则天顺时"的法律思想，即是简明扼要的言述；因此，也有"替天行道"的意涵；进而，还是文化传统与社会生活秩序的反映和

① 有关的讨论，参见刘兴汉：《"因果报应"观念与中国话本小说》，载《吉林大学社会科学学报》，1997（5）；王引萍：《三言因果报应与编撰意图论析》，载《固原师专学报》，1998（5）；孙逊：《中国古代小说与宗教》，238～252 页，上海，复旦大学出版社，2000。

② 关于"功过格"的研究，参见［美］包筠雅：《功过格——明清社会的道德秩序》；［日］酒井忠夫：《功过格的研究》，载刘俊文主编：《日本学者研究中国史论著选译》，第七卷《思想宗教》，497～542 页，北京，中华书局，1993。关于"劝善书"的研究，参见陈霞：《道教劝善书研究》；游子安：《劝化金箴——清代善书研究》，天津，天津人民出版社，1999。

③ 有关这一方面的讨论，亦可参见刘恒妏：《由包公系列小说看传统中国的正义观》，载《月旦法学杂志》，1999（10）。

④ 程毅中辑注：《宋元小说家话本集》（上），68 页，济南，齐鲁书社，2000。

⑤ （明）臧晋叔编：《元曲选》，第三册，1271 页，北京，中华书局，1958。

⑥ 吴白匋主编：《古代包公戏选》，424 页。

⑦ 吴白匋主编：《古代包公戏选》，122 页。

⑧ 《孤本元明杂剧》，涵芬楼藏版，3、12 页。

⑨ 《古本戏曲丛刊三集》，《乾坤啸》（下卷），35 页 a。

⑩ （明）佚名：《龙图公案》卷八，《善恶罔报》。

表达。总而言之，一如帝皇是"天下、国家"的代表，故而"王法"也应该是"公意"的体现。① 在政治运作和社会生活中，所谓"王法"每每成了帝皇"私意"的体现——既是帝皇个人意志的体现②，也是帝皇权力运作的一种技术。因此，原本用来张扬"天视自我民视，天听自我民听"的无私王法的意涵，也就变得隐而不彰。在理想意义上，即使无私王法确实存在，然而，诚如俗语"歪嘴和尚念歪了经"所谓，那些执行"王法"的"歪嘴和尚"——帝国官僚，也有自己的私欲和私利。由此，他们不可能真正做到"奉法守职"这一司马迁在《史记·循吏列传》中提出的职业伦理的要求。从而"王法"意涵的正义的理想，也就不可能仅仅靠他们来实现。作为民众信仰的包公故事，就是对于这一问题的深刻揭露。③ 在这种语境里，人们建构包公这个"虚幻"色彩极其浓厚的形象，乃是意图让他担当实现"王法"与"天道"的双重使命。也就是说，包公不只是"王法"的守护者和执行者，也是"天道"的解释者和执行者。其实，这恰恰是人们赋予包公"日间断阳，夜间理阴"的"神性"能力的意图所在。包公额头奇特的"月牙"图案，恐怕就是"夜间理阴"这一"超越"能力的象征。④ 这样一来，包公也就成了含冤负屈的小民百姓的希望，正义的象征。

包公故事有关报应的叙述，早在宋代即已出现，包公死后变做"阎罗王"和"东岳速报司"的传说⑤，话本《三现身》表达出来的报应观念，都是例证。元代杂剧也有这一方面的渲染，及至明清时期，关于报应的叙述更有泛滥的趋势，一些"阴司"或者"冥判"故事，即是报应的专篇描写；清代的包公京剧，对报应的叙述也非常热衷，特别是《普天乐》和《奇冤报》两本，反复出现报应的言述。

在《陈州粜米》中，陈州发生连年灾荒，六料不收，致使一郡苍生强半流离；面对此情此景，皇帝决意赈济，确定粮价，派出专职官员，此乃上承"天意"和下附"民意"的举措；其实，也是"王法"的一种表达方式。然而担当赈济的权豪势要趁机盘剥贪污，中饱私囊；不仅如此，甚至打死无辜灾民。这是对"王法"的肆意践踏，也是对"民意"的极端无视；一郡灾民的"冤抑"，一个无辜死者"冤抑"由此产生。对于贪污中饱的权豪势要，法律已经无可奈何。⑥ 本剧戏文也说：

> 我是那权豪势要之家，累代簪缨之子，打死人不要偿命，如同房檐上揭一个瓦。⑦

这种无辜者蒙冤，杀人者不死的人间法律与中国古人有关"人命关天"和"杀人者死"的自然正义观念不相吻合。在"王法"上，鉴于杀人尚有种种情节之差异，未必一概抵命，

---

① 汉文帝时代的廷尉张释之，在处理一起"犯跸"案件时说过"法者，天子所与天下公共也"的名言。可见，法律乃是皇帝、官僚、百姓共同遵守的规范。故事详见《汉书·张释之传》。

② 汉武帝时代的杜周有一句名言："三尺之法安出哉？前主所是著为律，后主所是疏为令，当时为是，何古之法乎！"可见，法律成了皇帝"私意"乃至"肆意"的体现，而非"公意"的体现。参见《汉书·杜周传》。

③ 亦可参见王瑷玲：《洗冤补恨——清初公案剧之艺术特质与其文化意涵》，载熊秉真主编：《让证据说话——中国篇》，68～87页，台北，麦田出版股份有限公司，2001。

④ 参见丁肇琴：《俗文学中的包公》，257～259页，台北，文津出版社有限公司，2000。

⑤ 参见（宋）司马光：《涑水记闻》，卷十，190页，北京，中华书局，1989；亦见《宋史·包拯传》和元遗山《续夷坚志》诸书的记载。

⑥ 根据《元史·刑法志》的记载，元代法律规定："诸蒙古人因争及乘醉殴死汉人者，断罚出征，并全征烧埋银。"郭成伟点校：《大元通制条格》，436页，北京，法律出版社，1999。

⑦ 吴白匋主编：《古代包公戏选》，110页。

况且一概抵命显然不合"人为正义"的要求。在民间百姓的思想中，杀人者死乃是报应观念的固有意涵。凌濛初《初刻拍案惊奇》卷三十篇首诗云："冤业相报，自古有之。一作一受，天地无私。杀人还杀，自刃何疑？如有不信，听取谈资。"接着"入话"即有类似的解说：

> 话说天地间最重要的是生命。佛说戒杀，还说杀一物，要填还一命。何况同是生人，欺心故杀，岂得不报？所以律法上最严杀人偿命之条。汉高祖除秦苛法，止留下三章，尚且头一句就是"杀人者死"，可见杀人罪极重。但阳世间不曾败露，无人知道，哪里正得许多法？尽有漏了网的。却不那死的人，落得一死了，所以就有阴报。

换句话说，阳世法律未必一定抵命，然而，阴司律法不会轻饶。据此，只有"以命抵命"才算公道。在《普天乐》中，阴间判官说："一命抵一命，就是冤冤相报。"所谓"害一人偿一命有何相争？"包公也说："杀一人偿一命理所该当。"① 那末，面对"从来个人命事关连天大，怎容他杀生灵似虎如狼"的情景，怎样才能释放"冤抑"呢？在权力的操作技术上，包公凭携皇帝敕赐的"势剑金牌"，采取先斩后奏——"赦未来，先杀坏"的办法；在执法理由上，包公确信"总见的个天理明白"；还让死者之子"手报亲仇"。唯有如此，才能体现"无私王法"② 的价值取向。在这个意义上，死者的"冤抑"得到了释放，贪污中饱和枉杀无辜的罪犯遭到了报应，从而"王法"的缺失得到了弥补，具有超越意义的"天理"得到了张扬，人间的"王法"秩序与超越的"天道"秩序得以平衡。

我们再来解读一个"阴司"或者"冥判"的故事，进而考察包公故事中的报应作为一种"正义"的言述，又有什么特点。如果说包公故事揭露出来的仅仅是"王法"的某种缺失或者漏洞的话，那末，少数"阴司"或者"冥判"故事显示出来的，乃是对"王法"的真正反讽。在《龙图公案》卷七《善恶罔报》里，作者这样写道："阳世糊涂，阴间如电。"这就表明，存在着一种优于"王法"的"阴间法令"。故事略谓：西京三代积善之家姚某，周人之急，斋僧布施，修桥补路，种种善行，不一而足，倒养出不肖子孙，破汤家产。与此相反，东京宋家宗室赵某，倚了金枝玉叶，谋人田地，占人妻女，种种恶端，不可胜数，却养出绝好子孙，科第不绝，家声大振。姚某死后不服，具告包公案下。包公所写的判词，当然出自"积善之家必有余庆，积不善之家必有余殃"的信条。③ 无论判决如何，这个故事至少透露出了"阳世糊涂"的批判意识。再如，在《龙图公案》卷八《屈杀英才》里，作者写道："阳法无眼，阴有公道"这八个字，透显出来的深层意涵，乃是对人间法律实践的彻底绝望，转

---

① 刘烈茂等主编：《车王府曲本菁华·隋唐宋卷》，507、542、548 页，广州，中山大学出版社，1993。

② 吴白匋主编：《古代包公戏选》，151 页。在他们看来，王法与冥法应该保持一致。在《普天乐》里，柳金蝉说："论王法阴与阳俱是一样。"柳金蝉还说："奴原道阴与一般报应。"包公也讲："阴阳一理，执法无私。"包公也是如此自我期许："理阴阳必须报应清爽，也免得军民笑此事荒唐。"本剧还借凶犯之口说："阴与阳王法俱一样，叹人生何必作恶逞强？"刘烈茂等主编：《车王府曲本菁华·隋唐宋卷》，513、610、638、654、668 页。

③ 故事中的包公，特别阐述了"积德行善"贵在"心田要好"的观念。一方面，包公指出姚某周济布施并非出自"心田"，而是沽名钓誉；另一方面，包公又说赵某的种种恶行，乃是家奴狐假虎威，借势行恶，因此判家奴下油锅。最终凸显的还是"皇天报应，昭昭不爽"的信仰。

而诉诸一种理想的法律——"阴间法令"。就这个故事本身而言，它的第一旨趣，就是批判科举考试的黑暗和腐败；它的第二旨趣，则是批判人间法律不能满足民众的正义祈盼，转而诉诸"阴间法律"的正义幻象。这种"幻象式的正义"叙事，不仅有着批判人间法律的功能，可以说是一种"批判法学"；而且，也有"心理补偿"的价值，可以说是一种"治疗法学"——马克思所谓"宗教是人民的精神鸦片"一言，它的寓意就在于此。可见，对于那些被许多学者斥责为"迷信"和"荒唐"的包公故事，我们实在不能一笔勾销，而是应该进行深入研究，作出切合于中国文化语境的解释。

第四节　简评

人是一种社会动物，在朝夕相处的共同生活过程中，难免产生摩擦、矛盾和冲突；由于人的禀赋和能力各有差异，也就必然会有强者和弱者之别。因此，恃强凌弱的情况同样不可避免。在理想上，官府作为公共权力的代表，具有保护百姓利益和安危的责任，但是官府尚有自己的特殊利益，况且官府是由官僚来运作的，他们每每也会借机谋利，作出种种敲剥小民的事情。据此，产生"冤抑"是非常自然的事情。

一旦小民百姓遭遇不平冤抑之事，鸣冤喊屈乃是事理之所必然，事势之所必趋。通过上面的讨论，我们可以发现，民间"冤抑"释放的基本路径是：依靠乡土社会固有的秩序力量来解决，诸如家族组织、乡里社区、各种行会、同乡会馆的调解之类；然而"以民治民"往往难以取得纠纷解决的实际效果，缺乏权威的约束机制。如此一来，纠纷就会处于悬而未决的"板荡"状态，成为社会秩序的不安定因素。这时，官府就会介入纠纷之解决。然而，作为"一人政府"的州县衙门，或者因为庶务繁杂无暇顾及，或者由于漠视民间细故，通常会将民事细故案件批给乡土社会自行解决，从而形成民间社会与帝国官府之间的互动关系。这种互动关系，既会产生"良性"的效果，官府成为民间纠纷解决的外来权威，对于民间调解具有权威的约束力量；也会导致"恶性"的循环，出现官府与民间之间"推来挤去"的困境，致使案件无法得到及时有效的解决。

在这种情况下，小民百姓的诉讼心态与申冤策略即是"把事情闹大"，缠讼与谎状即是明显的例证。在日常法律生活中，并非所有案件都能由官府来解决，而且，官府也未必能够做到公正合理，有时，甚至"制造"冤假错案。于是，在绝望与期待中，平民百姓采取了极端的举措——自杀与械斗，以此迫使官府正视纠纷，重视冤抑。但是，由于帝国衙门的腐败和帝国官僚的无能，通过官府解决案件，获得公正的结果，也非易事。于是，在新的绝望与期待中，小民百姓产生了对于清官与侠客的祈盼。当然，衙门、清官、侠客三者之间存在着交叉与重叠。总体而言，从诉讼心态上来说，有一个屈服于人情、寄望于国法，乃至寄望于超自然力（报应）的过程。从冤抑释放途径来讲，有一个从自力救济到公力救济，而又重新回到自力救济的往复来回的路径。采取何种诉讼策略，小民百姓尚要权衡利弊、计算诉讼成本。另外，社会风俗、道德观念等，也是制约他们采取诉讼行动的重要因素。

在诉讼或者申冤这一法律的空间中，我们可以看到民间法律意识涉及各个层面：从乡土社会到帝国衙门，由江湖之远到庙堂之上，从世俗社会到超验天国或者阴曹地府（报应和冥判），由"冤抑"修辞到"权利"诉求，用语言（谎状）诉冤到身体（自杀或者自残）诉冤，从个人复仇到集体（械斗）复仇。由此可见，从诉讼或者司法这一特殊领域来考察传统中国的民间法律意识，无疑是一个极佳的视角。

第二编
司法机构与诉讼参与人

第五章

司法机构与诉讼当事人

人类自有生民以来，便有是非曲直问题。是非曲直的论断，随着人类历史的发展，其手段也不断地创新完善，先简单温和，后复杂强力，人类诉讼便产生了。实际上，当社会公共权力（脱离社会又凌驾于社会之上的公共权力）形成后，社会以国家的形式出现，以强力手段调整社会关系，以法律武器辨非定罪，于是，司法组织便应时而生，诉讼关系也就长育定型。中国几千年的文明史，实际上也是几千年的诉讼文化史，并形成一套独具特色的诉讼文化运行机制，包括独具特色的司法机构的创设与运行、诉讼关系、审判形式、狱政制度，等等。

第一节
司法机构

一、中央司法机关

中国历史上很早就有民、刑诉讼之分，因此，也就有了刑、民诉讼机关的分别设置。

（一）刑事诉讼机关

1. 远古"士"或"司寇"制

《尚书·舜典》所载："帝曰：'皋陶，蛮夷猾夏，寇贼奸宄。汝作士，五刑有服，五服三就。五流有宅，五宅三居。惟明克允。'"[①] 很明显，当时的"士"就是负责刑事诉讼的机关，专理刑事犯罪，并以五刑、五流之刑惩治犯罪。只不过需要说明的一点是，在秦以前，

---

① 意即舜帝说："皋陶啊！外族部落时常来侵扰我们，他们在我国境内为非作歹、抢掠人民的财产。要你担任司法官，根据犯人罪行大小施用五刑，罪大者行刑于原野，次者行刑市、再次者行刑于朝，如果不能行五刑就处以流刑，也要根据罪行大小分为五种，分别流于九州之外，四海之内三等不同地方。不管处以何种刑罪，都要明察案情，公平论断。"

司法机关与司法官往往称谓同一，未及官署与官名之细分。

夏商时期的中央司法机关（或司法官）一般称为"士"或"司寇"，大致都为沿用尧舜时期的传统并予以发展而成。至西周时期，随着诉讼的发展，司法机关设置也进步了。如中央刑事诉讼机构的设置：中央设大、小司寇，下属有士师与士。大司寇"以五刑纠万民"，并"帅其属而掌邦禁，以佐王刑邦国"①。小司寇辅助大司寇，"以五刑听万民之狱讼，附于刑，用情讯之，至于旬乃弊之"②。士师之职则为"掌国之五禁之法，以左右刑罚"③。士师以下还设各种"士"达十八种之多，其职责无不都是或"听其狱讼、察其辞"；或"掌建邦外朝之法"；或"以赞司寇听狱讼"；或"掌司斩杀戮者"，等等。④

从《周礼》记载看，西周中央司法机关相当完备，从司寇到士凡官属六十一种，官吏近三百人，自成体系。但是，这里有三点特别值得指出：一是西周中央司法机关"司寇"相对夏商两代而言，它已发展为专门司法机关，不再兼有军事机关职能，所谓"司寇掌邦禁、诘奸慝、刑暴乱"乃其专掌也。但是，司寇在"以两剂禁民狱"外，也审理民事诉讼，所谓"以两造禁民讼、入束矢入朝，然后听之"⑤。二是《周礼》上记载的中央司法机关分工明细、上下一体，难免渗入后人的溢美之词和憧憬之想（因《周礼》乃后人之作，非"先君周公制周礼"的那部《周礼》）。三是西周是一个"新制度兴"的重要时代，是由神权法向人判法转型而定的时代。因此，司法重人代替以往的司法重神，司法机关空前扩大，职掌也空前分工缜密。

2. 秦汉廷尉制

西周之制经春秋战国之际的继承与发展，形成秦汉两代的廷尉之制。秦朝是中国历史上第一个大一统的中央集权的专制国家，中央设专职的司法机构廷尉，下设左右正、左右监及平、掾史等属官。廷尉乃专职司法机构（或官吏），从廷尉二字之义便可知晓："廷，平也，治狱贵平，故以为号。"⑥"尉，罚也，言以罪罚奸非也。"⑦ 西汉张释之也认为："廷尉天下之平也，一倾，天下用法皆为之轻重。"⑧ 由此可知秦之廷尉之特殊身份、地位和职责。汉承秦制，中央司法机关虽在西汉景帝和哀帝时曾两次改为大理，但都很快复为廷尉。汉之廷尉制度的发展主要表现在两个方面：一是廷尉仍为审判机关，而且作为地方郡国审判的上诉审，即对郡国疑难案件的复审；同时还直接审理皇帝交给的重大案件。二是由于汉代尚书制度的出现，尚书也兼有司法审判职能，到成帝时期，在尚书仆射之下所设的三公曹尚书也能"主断狱"。东汉以后，在尚书令下所设的二千石曹也可"主辞讼事"。这样，三公曹、二千石曹与廷尉同掌司法审判之事宜。

3. 魏晋南北朝中央司法机构开始成熟

数百年的动荡、分裂失去了政治上的稳定和经济上的繁荣，却收取了学术和理论上的丰

---

① 《周礼·秋官·司寇》。
② 《周礼·秋官·司寇》。
③ 《周礼·秋官·司寇》。
④ 参见《周礼·秋官·司寇》。
⑤ 《周礼·秋官·司寇》。
⑥ 《汉书·百官公卿表注》（唐代颜师古语）。
⑦ 《太平御览》卷二三一。
⑧ 《汉书·张释之传》。

硕。从法律上看，较成熟的、颇具影响的法典制定不是偶露峥嵘，而是频频面世；重要的法律内容、制度被史无前例地创立。各国统治者为了巩固自己的政权，采取一系列健全和扩大司法机构的措施，包括开始建立独立的官署、健全的机构、明确的司法职能，其重要标志是自北齐开始建立大理寺。如果说北齐以前基本沿袭秦汉之廷尉制（其中三国吴时设过大理），使中央审判机关的官署未曾独立，至少也是不甚清楚，那么自北齐设大理寺后，开始官署与官名的分离，官置为大理寺，卿、少卿、丞为长官；正、监、平、律博士、明法掾、司直明法等四十余人为属官，而且各官皆有明确的职能规定。虽然北周曾有过短暂的复古之举，依《周礼》建六官，将大理寺改为大司寇，但至隋兴，旋即又"改周之六官，其所制名，多依前代之法……（置）大理……分司统职焉"①。大理寺官有正、监、评、司直、律博士、明法、狱掾等。

4. 唐宋"三司"体系的建立

中央司法机关经过魏晋南北朝时期的发展至隋唐已趋完备，形成中央"三司"（刑部、大理寺、御史台）制度。仍以大理寺为中央刑事审判机关，大理寺卿、少卿为主官，丞、正、司直、评事等为属官，其职责为审理中央百官犯罪和京师重大案件（徒以上案件），复审刑部移送的地方疑难案件。同时，大理寺长官还与刑部、御史台长官共同会审重大案件，形成所谓的"三司推事"制度。

宋承唐制，继续实行"三司"制度，仍以大理寺掌"折狱、评刑、鞫狱之事"②。值得指出的是，由于宋朝开始进入中国传统社会后期发展阶段，皇帝为了高度集权，在中央司法机关的设置和职能上也开始出现一些新的特点。主要表现在：一是存在建官而不任以事、任事而不命以官的做法。如大理寺以朝官一员或二员判事，一员兼少卿，目的在于皇帝高度集权。二是太宗时期又在宫中设审刑院，其地位十分显赫，凡属上奏大案，都必须先送审刑院，再下大理寺、刑部评断，然后再送审刑院评议，最终由皇帝决定。审刑院设置至神宗元丰官制改革后才被撤销，大理寺、刑部始复原职。另外，宋朝一段时间内，中央行政机构（中书）、军事机构（枢密院）、财政机关（三司）也都有权进行审判活动。

5. 明清的"三法司"体系

宋亡元兴后，元朝一度撤销了大理寺，将大理寺审判职能归入刑部，同时又设置宗正府作为审判机关，专门管辖蒙古和色目人与汉人相讼的案件，此外还设置了宣政院（宗教管理机关）作为最高宗教审判机构，管辖僧侣的重大案件。但是到明清时，中央司法机构在唐宋"三司"体系基础上建立了"三法司"制度：刑部、大理寺和都察院。但值得注意的是：一是明清"三法司"的分工与唐宋"三司"的分工相比发生了重大的变化。刑部成为"受天下刑名"的审判机构，相当于唐宋时的"大理寺"；大理寺为"驳正"案件的复核机构，与唐宋时的刑部相似；都察院掌"纠察"，与唐宋御史台职能一样。二是刑部的机构与职能扩大，洪武二十三年（1390年）改宪部，比部、司门、都官为四科，另设十二部。宣德年间，改为十三清吏司，分别管辖全国十三省及京师各衙门的案件。清初刑部设十四清吏司，后增至十

---

① 《隋书·百官志下》。

② 《宋史·职官志》。

七个①，在尚书、侍郎领导下，分管各省司法审判事务。此外，刑部还设督捕司（专掌追捕逃人）、秋审处（专理秋审事务）、律例馆（专司修订《大清律例》）、提牢厅（专理南北两监）、减等处（专理赦免事务）、赎罪处（专掌官员以钱罚罪事务）、赃罪库（专掌收缴赃款）、司务厅（掌收发文书事宜）等十几个部门。

（二）民事诉讼机关

夏商之际，由于资料乏载，民事诉讼机关是否与刑事诉讼机关分设尚不敢妄言，但自西周开始，民事与刑事诉讼是分开审理的，即除设司寇以外还专设审理民事案件的司法机关。《周礼·地官司徒》记载：国家"乃立地官司徒，使帅其属而掌邦教，以佐王安扰邦国"。其司法职能与刑事司法机构——司寇完全有异。司徒作为民事诉讼机构也自成体系，从大司徒、小司徒、乡师到调人、媒氏等达数百人之多。其职责一律为理"讼"不审"狱"。其中，大司徒之职为："凡万民之不服教，而有狱讼者，与有地治者听而断之，其附于刑者归于士。"② 汉代郑司农解释为："与有地治者听而断之，与其地部界所属吏共听断之。士谓主断刑之官。"也就是说，诸如"地治"之类纠纷都由民事诉讼机构审理；如属刑事犯罪则由专门的刑事诉讼机关审断。"调人"之职责为"掌司万民之难而谐和之"；"媒氏"之职责为"掌万民之判"，即"凡男女之阴讼，听之于胜国之社"。但如果属刑事诉讼者则一律"归之于士"，民事诉讼机关无权审判。

西周以后，民事司徒机关逐渐演变为"尚书台"中的"民曹"（秦汉）、度支尚书、左民尚书和右民尚书（魏晋），专理田宅等民事诉讼。隋唐以后发展为民部、户部主断民事。全国大小诉讼机关如遇民事诉讼之疑难问题都要征求或请示户部的意见。可见户部为全国最高民事案件的裁决机构。只是在传统专制社会中民事诉讼被视为鼠牙小事，并未像刑事诉讼那样被统治者所见重。因此，民事诉讼沿着中央见轻、地方见重的轨迹惯性下滑，最后定型为县即为民事诉讼的初审机构又是终审机构（特殊情况、特殊时期除外），中央民事诉讼机构实际上已名存实亡，民事诉讼职能也日益萎缩乃至于无。

二、地方司法机关

（一）先秦地方司法机关

自夏朝建立国家开始，地方形成统治区域，所谓"茫茫禹迹，划为九州"，地方司法机关也即开始建立，相传夏朝地方司法机构称为"士"或"理"，商朝设有"士"或"蒙士"。但由于可信资料缺乏，难言其详。时至西周，根据《周礼》等有关记载表明，建立在血缘关系和宗法制度基础上的西周封邦建国制度，决定了宗周的四方封国，实际上为地方政权，在各诸侯国中都设有一套比较成型的司法机关，而且基本上民、刑有分。负责地方民事诉讼的机构直属地方司徒系统，有乡师、乡大夫、州长、党正、比长、县师、司市、调人、质人等近六十种之多③；它们基本按两种划分行使司法职能，一是按地域（即辖区）管辖其乡、其

---

① 清初刑部十四清吏司为：江南、浙江、福建、四川、湖广、陕西（兼管甘肃、新疆）、河南、江西、山东、山西、广东、广西、云南、贵州。后增直隶、奉天二清吏司，又分江南为江苏、安徽二司，共十七司。

② 《周礼·地官·司徒》。

③ 参见《周礼·地官·司徒》。

州、其党、其闾、其比因"政令教治"或"戒令政事"所引起的民事诉讼，二是按行业职业管辖因"市之治教"、"国之公牛"、"祭祀之牲牷"、"市之货贿"、"市之征布"而发生的诉讼。负责地方刑事诉讼的机构如乡士、遂士、县士、司刑、司刺、司约等近六十种，则直属于秋官司寇。[①] 其职责主要是各掌"其乡之民"、"其遂之民"、"其县之民"发生的狱讼。

春秋战国之际，自商鞅法制改革（前 361 年）开始，中国古代社会逐渐完成了从封国制向郡县制的过渡，各个诸侯国普遍推行郡县制度，郡县为地方两级行政机关，也为两级司法机构，各级行政长官即为各级司法长官，管辖地方民刑案件。

（二）秦汉地方司法机关

秦朝地方司法机关也为郡县两级，郡守、县令长（大县为令、小县为长，秦简中又称为大啬夫）兼理地方各级司法事宜，审理辖内民刑案件；并在郡内设郡丞，县内设县丞作为副官协助长官掌理司法事宜。县以下还设有乡（啬夫）作为乡一级的司法官吏，负责民事案件的审理。

汉代鉴于秦朝未行封国而"孤立之败"的历史教训，并行地方郡县制与封国制两套组织体系，形成郡国、县的两级司法体系，至东汉后期又变为州、郡、县三级司法体系。州刺史、郡太守、县令（长）操掌地方各级司法审判权，同时，郡设佐官郡丞和属吏决曹掾史，县设佐官县丞和属吏狱掾史等协助司法审判。而且，县一级还派出乡啬夫代表县负责乡的民事诉讼。[②]

另外，从秦至汉还存在一个特殊的地方司法机关，即京师地区的"内史"，汉武帝时改为京兆尹，其司法职能为既独立审理辖内事件，又依诏审理事关中央官吏的重案大案。所谓"京师之内，三辅（指左冯翊、右扶风、京兆尹）分治之，其讼狱自论决之，不之廷尉也"[③]。

（三）魏晋南北朝地方司法机关

这时期地方司法机关为州、郡、县三级设置。州为地方最高司法机关，州刺史既为行政长官也为司法长官，权力极重，特别是州刺史身兼持节或假节后，便操生杀大权，审理民、刑案件。郡、县两级亦由郡守（太守）、县令兼理司法。县为基层司法机关，县一级审判的案件统经郡一级司法机关复判后方能生效。

（四）隋唐地方司法机关

隋唐大一统封建王朝的重建，结束了数百年之久的魏晋南北朝分裂局面，随着封建正统律学的成熟和定型，古代司法机关的设置也随之而定型，对后世的影响颇大。地方司法机关在隋初文帝的行政体制改革中，将州、郡、县三级改为州、县两级设置，唐袭隋制。州设刺史，县设县令一人，均为地方各级的司法长官，其司法职责为"掌察免滞，听狱讼"[④]。隋唐地方司法机关已不像前朝那样权重，能够操掌生杀予夺大权，它受司法职能管辖原则和司

---

① 参见《周礼·秋官·司寇》。

② 乡啬夫只有民事调解权，无案件审判权。

③ 沈家本：《历代刑法考》。

④ 《唐书·百官志》。

法监督制度的制约，确立县只能审断轻罪（笞杖刑）案件，对于徒以上重案只能初审后报州一级司法机关；州只能审理徒刑以下案件，流刑须申报大理寺审理，再送刑部复核；死刑则由大理寺和刑部报请皇帝裁决。州县两级都设有协助刺史、县令"审理案件"的司法佐官，州设司法参军协助刑事审判——"掌鞫狱定刑，督捕盗贼"；设司户参军协助民事审判——"掌婚姻、土地、债务之讼"。县也设司法、司户等属官，分别协助民、刑审判事宜。另外，唐朝在两都（京都长安、陪都洛阳）以及特殊地区还设置"府"，设府尹，地位同于州。

（五）宋元地方司法机关

宋朝地方司法机关设置为路、州（府、军、监）、县三级。路为地方最高司法审级，始建于宋太宗时期，路一级行政长官为转运使，开始一般不具有审判职能，但掌漕运，后来太宗太平兴国以后，"边防、盗贼、刑讼……皆委于转运使……于是转运使于一路之事，无所不总也"①。至此，刑事诉讼便成为转运使的职责之一。路还设专门司法机构——提点刑狱司，其主要职责为"掌察所部之狱讼而平其曲直，所至审问囚徒，详核案牍，凡禁系淹延而不决，盗窃逋窜而不获，皆劾以闻，及举刺官吏之事"②。即在司法上主要负责审理州县稽留不决，按谳不实的民刑上诉案件，当然主要是刑事上诉案件。

州为地方第二审级的司法机关，设知州事和通判州事各一人，通判州事为副官，知州总理州事，"其赋役、钱谷、狱讼之事……皆总焉"③。通判负责"兵民、钱谷、户口、赋役"方面的"狱讼听断之事"。知州、知判以下设司法属官，诸如录事参军，司理参军，司户参军和司法参军等。州一级司法机关内分两个法院，州院（或府院）和司理院，其开始有比较清晰的分工，州院主要审理民事诉讼案件，司理院主要是审理刑事诉讼案件，后来州院也兼管刑事诉讼。县为地方第一审机关，知县（县令）为长官，既掌一县之行政，也执一县之司法——"掌字民治赋、平决狱讼之事"④。其佐官有县丞、主簿和县尉。县丞协助知县或县令"受接民讼"。主簿也参与民事审判，对于诸如"斗讼相高"、"婚田未决"、"畜产交夺"、"契券不明"者，"助令长评而决之，使刑罚得其中"⑤。县令以下无属官（与唐代不一样），只有属吏，如押司、录事、录事史、佐史等，宋徽宗政和以后有推司、典书、狱子等，但都是参与司法的专职幕吏。⑥

元朝地方司法机关设置大致为行省、路、府（州）、县四级。行省本为中央派出机关，仿中央机构设置为行中书省、行枢察院、行御史台，也具有司法职能。路（总管）、府（府尹）、州（知州或州尹）、县（县尹）兼理行政司法事务。但在地方各级机构中都设有管事官达鲁花赤一人，其地位高于各级长官之上，可以直接审判犯罪，因而呈现元代司法审判的复杂多元性特点。

---

① 《文献通考·职官一五》。
② 《宋史·职官七》。
③ 《宋史·职官七》。
④ 《宋会要辑稿·职官》四八之二五。
⑤ 《小畜集》卷十六，《单州成武县主簿厅记》。
⑥ 参见王云海主编：《宋代司法制度》，52页，郑州，河南大学出版社，1992。

（六）明清地方司法机关

明代地方司法机关为省、府（直隶州）、县（州）三级设置。省为明代地方最高审级，设提刑按察使司为专门审判机构，设提刑按察使一人，"掌一省之刑名"①。府设知府一人，除管一府之政外，还兼"平狱讼"之责，下设推官一人，其职为"理名"。县设知县一人，既"掌一县之政"，也有"严缉捕，听狱讼"之权。②

清代在明代地方三级司法机关的基础上增设督抚级。作为设在数省或一省的总督或巡抚实际上是清代地方的最高司法审级，省按察司虽名义上作为一级司法机关，实际上成了督抚的附属机构，所谓"外省刑名，遂汇总于按察使司，而督抚受成焉"③。府直隶州、厅设知府为司法长官，县设知县为正印官，州、县司法主官下设诸多的刑名幕吏协助司法事务。

明清两朝的司法审级管辖是，州县只能判决笞杖罪，以及独立审理"自理词讼"的民事案件。徒罪以上案件，只能定拟审核，没有审决权。省一级也只能判决徒罪，所谓"寻常徒罪，各督抚批结"④。流以上罪则要"专案咨部核复"。

三、准司法机关

（一）特务组织

中国封建社会由前期的以君主为核心的中央集权制向后期以君主极端个人专权为标志的封建专制统治体制转变，这一过程至明业已完成。其完成的重要标志是政治上废除丞相制度，军事上废除大都督府，司法上宦官参与司法和设立特务组织。明代特务组织虽不是司法机关，但实际上是一种特殊的"非法"的司法机构。由于它的存在和活动没有法律的依据，故称之为"准司法机关"。

特务组织的设置始于明，也盛于明，影响于清。明朝特务组织称为"检校"、"厂卫"。"卫"指锦衣卫，"厂"指"东厂"、"西厂"和内行厂，都是由皇帝直接掌握的兼有司法职能的一种机构，职掌侍卫、缉捕、刑狱，又不受正式的司法部门（大理寺、刑部和都察院）节制，也不受法律约束，直接由皇帝指挥调遣且能擅自拘捕官民。

明初朱元璋时期由于文字狱的实行，党争酷烈，朱元璋为了更有效地镇压官民的异行和反抗，首先设立了"检校"这种特务人员。由于当时"检校"只有侦查权而无捕人权和审判权——"专主察听在京大小衙门官吏不公不清，及风闻之事"，所以朱元璋又于洪武十五年（1382年）改立"锦衣卫"。锦衣卫本由过去的皇帝禁卫军"拱卫司"、"率军都尉府"转变而来，由过去的只管侍卫发展到兼管皇帝禁卫、罪犯缉捕、案件审判多种职能。锦衣卫还设有监狱——"诏狱"。锦衣卫对所有"盗贼奸宄"犯罪，无论街途沟洫，都可以"密缉而时省之"。即对全国官民，也包括军人，都拥有侦查审判之权。特别对于政治犯罪，或皇帝过问的案件一般都由锦衣卫审处，所谓"天下重囚，多收系锦衣卫断治"⑤，或皇帝"有诛戮，辄

---

① 《明史·职官志》。

② 参见《明史·职官志》。

③ 《清史稿·刑法志》。

④ 《大清律例·断狱·有司决囚等第》。

⑤ 夏燮：《明通鉴》卷六。

下镇抚司杂治，不由法司"①。

东厂设立于明成祖朱棣时期，东厂建立之初主要是用于对付"建文党"的一个特殊机构，后来作为专门的"缉访谋逆妖言大奸恶等"案件的司法组织。它由皇帝最亲信的太监直接领导，有"番子"数百人至千余人，分赴各官衙和各地从事特别活动。西厂是明宪宗成化时期设立的，西厂规模比东厂更大，人员比东厂也多出一倍，从京师到全国各地都遍布其隶役，就连宗室亲王也在其监视之中。内行厂设立于明武宗正德年间，内行厂的权力更盛于东厂、西厂，凌驾于朝廷一切机构之上，其在审讯中的镇压手段更加残酷。

这样，明代的厂卫组织便成了一套庞大的准司法系统，在宦官的直接指挥下，对朝廷内外的官府衙门、文臣武将、庶民百姓，以其周密的侦伺监视、残忍的审讯手段而著称于史。正如《明史·冯琦传》所载："厂卫未有不相结者，狱情轻重，厂能得内，而外庭有扞格者，卫则东西两司房访缉之，北司拷问之、锻炼周内。"而且，厂卫审讯，横生株连之祸，"或以一人而牵十余人，或以一家而牵数十家"；或"有株连，立见败"②。厂卫用刑在中国历史上也是罕见的残酷，有如《明史·刑法志》所云："专以酷虐钳中外，而以厂卫之毒极矣。"宦官魏忠贤掌厂卫时在北京城侦查审判的一起案件就足以说明：有五个人饮酒于旅店，中有一人说到魏忠贤恶贯满盈，不久当败。其余的人或默言不语，或惊骇不已，劝其慎言。此人大声说：魏忠贤虽然蛮横，也不能将我剥皮，我怕什么？说者语音刚落，忽然有人进来，对号后抓走，又将其余的人抓去。将说话之人的手和脚都钉在门板上。魏忠贤对四个人说：此人说不能剥其皮，今天让我试试。说罢马上命人用沥青浇灌其身体，用椎子敲打，不一会"举体皆脱，其皮壳俨若一人"③。

清朝雍正时为了加强专制统治，再次恢复明代的特务组织，只是这些特务不再由宫内宦官充任，而是专用大批职业特务，以之对官吏和百姓进行秘密侦察和控制。

（二）民间组织

1. 基层半行政性组织

中国古代自秦始建郡、县两级地方司法机构后，历代都以县为地方第一审。县以下虽有由县派出的行政官吏，但不构成县以下的司法机关设置，不过也存在一种没有审判权只有调停权的机构，我们称之为基层半行政性组织，它是民间"准司法"机关的一种。秦朝县以下设乡，乡下有亭。乡之主要行政官吏为啬夫，乡啬夫"职听讼、收赋税"④，"亭长，主亭之吏……民有讼诤，吏留平辨，得成其政"⑤。"听讼"、"平辨"不是判决民事案件，而是做"平徭役、理怨结"的调解工作，如调解不成，基层官吏验问后，将结果上报县，甚至往往是诉讼当事人上诉于县的民事案件，先由县下转乡啬夫传讯、验问。如汉代"侯粟君所责寇恩事"一案最为明证。原告粟君向居延县起诉后，居延县将此案先移乡啬夫，"都乡啬夫宫

---

① 《明史·职官志五》载：锦衣卫设镇抚司掌刑名与军匠。明成祖永乐年间又新立北镇抚司，专理治狱。而后专以旧镇抚司为南镇抚司，专理军匠和本卫刑名。

② 《明史·冯琦传》。

③ 《幸存录》卷下。

④ 《汉书·百官·公卿表》。

⑤ 《史记·高祖本纪》。

以廷所移甲渠候书召恩诣乡……乃爰书验问"①。秦汉以后，无论是魏晋南北朝时的基层官吏，隋唐的乡、里、邻、保，还是宋之镇寨、明清之乡保，都只有调解平讼权，"不得捕乡村盗贼及受词讼"②。乡保组织通过村民大会商定的乡保"村落法"调整民事关系，强制推行乡规民约。

2. 家族性组织

在家国一体的中国，家族在社会政治、经济和"司法"方面占有不可忽视的地位，起了重要的作用。家的很早产生和集家为族的宗族组织是国的统治基础，家齐族睦而国治，这是古人的一个基本认识，家法族规是国法的一种重要补充与延展，为了巩固国家统治和稳定社会，执行家族法的家族性组织也就在国家司法机关之外合理又合法地存在了。这些家族组织都有家族之内的宗族事务管理权，包括执行家法族规的司法管理权。中国古代家族性司法机构越到封建社会后期就越趋完善和精细：家有家长，犹如"严君"；房有房长，执掌宗祠、辅佐族事；族设族长，总理族务。在古代中国，家族法俨然国家法一般，刑罚仿效于国家法成其体系，家族长有如司法官。③

3. 行（帮）会性组织

中国古代有众多秘密形式的帮会和公开形式的行会，由于特殊的国情和政治因素所致，它们都有自己的"法律"，帮会和行会就成了一种特别的地方准司法机构。如天地会设正副龙头、军师、新副，下设掌钱财的"本有"，掌监察的"蓝旗"，掌军政的"红旗"等。帮会会员如违规犯罪，帮会首领依规责罚，或由老大（正副龙头）逼令自杀，或由"红旗"执行刑罚，对于犯死罪者"三刀五斧莫轻饶"。又如四川的袍哥会（或称哥老会）会规规定，如果袍哥犯规后，召开帮会，由管事点名后，犯者跪下，由管事宣布犯罪情由，大爷（帮会最高首领）依其罪行轻重予以惩罚：轻者"红棍"处罚，即用一根染红的棍子打屁股；重者"黑棍"处罚，即用一根染黑的棍子打屁股；对于犯罪最重者，则处以残酷的肉刑，所谓"要脚给脚、要手给手"，或者"三刀六个眼"，即把三把尖刀安置在地上，犯者赤身扑下去，穿透身体，形成六个刀口的死刑。④

行会组织作为民间组织，把同行业的人们组织起来，制定同行业共同遵守的行规，推选出权威机构用行规调整行业成员的社会关系，对违犯行规者实行处罚，乃至可以作出处死的裁决。如清代苏州的金箔坊有个叫董司的人违规多收一个学徒又不肯辞退。行会召开大会，宣布"董司败坏行规，应当千刀万剐以平众怒"。于是就剥光董司的衣裤，把他捆在柱子上，行会首领命令众人咬董司的肉。众人蜂拥而上，你一口、我一口，顷刻之间，董司血肉模糊，气息奄奄。⑤至于轻犯者，"罚钱"者有之，"罚脆"者亦有之，"议革"者还有之。⑥

---

① 《居延汉简》甲乙编。
② 《宋史·职官二》。安徽潜阳《李氏族谱》卷一载："有不平先鸣户长，再投乡保，复论情实，从公劝释。"
③ 详细论述参见本书第十八、十九两章。
④ 参见刘黎明：《契约·神裁·打赌》，35 页，成都，四川人民出版社，1993。
⑤ 参见刘黎明：《契约·神裁·打赌》，45～46 页。
⑥ 清代长沙靴帽业行规规定："与处处同行来此合伙开店者罚银五两。"长沙裱糊业行规规定："内行不准与外行隐瞒合伙，查明公司议革。"转引自刘黎明：《契约·神裁·打赌》，46 页。

第二节
审判组织形式

一、独审制

独审制是审判的主要形式，无论是在古中国的奴隶社会或是封建社会，无论是民事诉讼或是刑事诉讼案件。在神判法下主要由司寇、士等司法官独自审理案件。西周《𫗴匜》铭文记载一起刑事案件的独审情况：两个奴隶主贵族为了五个奴隶的所有权争讼于官府后，由司法官伯杨父一人独审。司法官伯杨父受理诉讼后进行庭审，首先宣告牧牛有罪，罪名有两个：一是"女敢以乃师讼"——下级告上级罪，二是"女上挺先誓"——违背誓言罪，二罪并罚："我义（宜）（鞭）女（汝）千，幭剧女（汝）。"即司法官对牧牛处以鞭一千和处幭剧（墨）之刑。接着，司法官伯杨父鉴于牧牛认罪态度好又改判："今我赦女（汝）（鞭）女（汝）千，黜剧女（汝）。"即仍处鞭刑一千，墨刑改为较轻的不戴黑巾的黜剧刑。紧接着，司法官伯杨父再次宽赦为："今大赦女（汝），（鞭）女（汝）五百，罚女（汝）三百爰（锾）。"即宽大为鞭刑减半，处五百鞭打，不处墨刑，罚金三百爰（锾）。从这个案件的审判全过程看，都是一个司法官独自完成的。另一件铭文《曶鼎》也记载了一件诉讼的审判情况：西周中央司法官刑叔在某个地方独审一件"违约"案件。一个奴隶主贵族曶用一匹马、五捆丝买另一个奴隶主贵族限的五个奴隶。订约后，限两次违约，曶以违约罪诉之于官府，司法官刑叔受理该案。最后判决：你卖了东西，不能违约，把五个奴隶"付曶，母（毋）卑（使）式于嗣（曶的下属代替曶出面立约者）"。该案之判决仍然是司法官"东宫"独审完成。

秦汉以降，封建制度定型后，形成严格的审级制度，从第一审级的县到中央最高审级的廷尉或刑部或大理寺，中间有郡、州、府，或省、督抚审级（因时代不同，中间审级亦不同）。其中第一审级的县担负着最大量的审判任务，但无论民事诉讼还是刑事诉讼都是独审制占主导地位，而且是县令（长）主持审判，虽然"宋以前，刑狱一般由佐官或狱吏代审，长官只是签发有关文书或判决书，临决时审问一下而已"[①]。但无论是佐官、狱官的代审，或是长官徒具形式的主审，其实质都为独审制。《居延汉简释文合校》有这样一段记载："大昌里男子张宗责居延甲渠收虏隧长赵宣马钱凡四千九百二十，将召宣诣官，[先]以[证]财物故不实，臧二百五十以上，[辞]已……"说明的是张宗诉赵宣于官府，要求其偿还马钱，司法官"将"把被告赵宣传讯到官府，首先向赵宣交代不如实提供证言应负的法律责任，然后开始讯问。讯问究竟以何种形式进行，因简文残缺、不得而知，但材料真实地反映了汉代推行的独审制情况。

宋代以降的封建社会后期，无论从古籍记载，或在戏剧小说中，乃至在今天的很多影视

---

① 王云海主编：《宋代司法制度》，267 页。

中都能看到古代审案的场面：一个法官，正襟危坐于台上，两班衙役，诸多刑具齐列堂前，台上法官吆喝一声，带上被告，开始堂审，好一派阴森森的气氛，反映出传统的独审制度的长期运用。只不过，不同于宋以前的是，此后都为长官独审，特别在县一级。这就是民间常说的中国古代县太爷亲自坐堂审判的制度。

封建社会后期强调长官独审案件，主观上是统治阶级想改革以往佐官、特别是狱吏代审制带来的弊端，以革除历代的刑狱冤滥，因此，严格要求长官躬亲折狱听讼。故从宋太祖开始，"诏诸州长吏，凡决徒罪并须亲临"①。仁宗时期又下诏："纠察在京刑狱并诸路转运使副，提点刑狱及州县长吏，凡勘断人案，并须躬亲阅实，无令枉滥淹延。"② 对于这一主官独审制度，统治阶级还以立法的形式加以规定："州县不亲听囚，而使吏鞫者，徒二年。"③ 当然，论及主官独审制时也不能绝对化，因为有两个问题值得注意：一是若主官出差，佐官属吏仍可独审案件。如宋代县令不在，可由丞或主簿代替审案。时人陈襄任建州浦城主簿时，"会邑缺令，公独当县事。每听讼，必使数人环列于前，私谒者无所发"④。二是长官独审制并不完全意味着长官自始至终地一人审理，特别在县以上（不含县）的司法审级中。如宋代州以上负责勘鞫的司理参军、录事参军等，在审讯中仍起了相当的作用。"大辟公事自今令长吏躬亲问逐，然后押下所司点检勘鞫，无致偏曲出入人罪。""郡之狱事，则有两院治狱官，若某当追，若某当讯，若某当被五木，率俱检以禀，郡守曰可，则行。"⑤

二、会审制

中国古代对于重大案件、疑难案件往往不采用独审方式，而是实行会审制度。会审制度，严格地说起源于唐代，制度化于明清。

（一）早期会审制

由于魏晋时期律学的兴起，法律理论有长足的发展。刘颂提出了有影响的诉讼职能分立的理论，即"监司"——"以法举罪"、"狱官"——"案劾尽实"、"法吏"——"据辞守文"的理论。在此基础上，唐代开始建立司法机关"三司"制，即以大理寺为审判机关，刑部为复核机关，御史台为监察机关。由于审判事宜主要由大理寺主持，加之审判方式又主要为独审判，统治阶级为了使审判宽恕仁平，确立了对复杂案件的"三司推事"制度，即对重大疑难案件一律由大理寺、刑部和御史台三司长官会同审判。据《续通志》卷二五七记载："（顿子敏）诱梁正言家奴支解之，弃涧中，家童上诉，诏捕顿吏沈璧及他奴送御史狱。命中丞薛存诚、刑部待郎王播、大理卿武少仪杂问之。"像审理这种大案都是由大理寺、刑部和御史台的长官或副长官参加，又称为大三司使。如果由刑部员外郎、御史、大理寺官组成的会审，则称为小三司使。《唐会要》卷五十九也记载了这样一件案件的审理：唐贞元十二年

① 《燕翼贻谋录》卷三。
② 《续资治通鉴长编》卷九十九。
③ 《通考》卷一六七，《刑六》。
④ 《事类备要后集》卷八十，《县官门·主簿》。
⑤ 《事类备要后集》卷八十，《县官门·主簿》。

（796 年）五月，"信州刺史姚骥举奏员外司马户南史赃犯……命监察御史郑楚相、刑部员外员裴澥，大理寺评事陈正仪充三司，同往覆按之。"

在元代出现一种比较特殊的"约会"制度，这种会审特指因民族、户籍、职业不同的人发生轻微刑事案件，则由官府召集各自的直属上司共同审理。所谓"诸僧、道、儒人有争，有司勿问，止令三家所掌会问"①。当然，元朝的这种会审方式并不具有典型性，也不具有普遍性。真正的会审制度成熟于明清时期，且具有典型性。

（二）明代会审制

明代的会审制主要有以下几种：

1. 三司会审

明朝是中国封建社会后期专制主义极端发展时期，君主极端专权，因此，在司法权方面，明太祖洪武十七年（1384 年）诏令"天下罪囚，刑部，都察院详议，大理寺覆谳后奏决"②。从此开始建立了明初的会审制度。当时，刑部为中央最高审判机关，大理寺为中央复核机关，都察院为中央监察机关，时称三法司，即一切大狱重囚，由三法司会审，最终由皇帝裁决的制度，称为三司会审。

2. 圆审

《明史·刑法志》曰："情词不明或失出入者，大理寺驳回改正，再问驳至三、改拟不当，将当该官吏奏问，谓之照驳。若亭疑谳决，而因有番异，则改调隔别衙门问拟。二次番异不服，别具奏，会九卿鞫之，谓之圆审。"这段话的大意为：情状文词不清楚，或发现过失出入人罪，大理寺驳回刑部更正；重审后又驳回达三次，如改定罪名仍不恰当，将主审官吏奏劾问罪，这种程序称为"照驳"。如果没有疑情，但罪名判定时，囚犯却翻供否认，就改换到其他衙门审理裁决。第二次再翻供不服判决时，则列状详奏，由九卿会同审讯，这称为"圆审"。简单地说，就是凡遇有特别重大、复杂案件，由三法司会同其他朝臣共同审理，最后由皇帝裁决的制度。

3. 大审

明朝重视特务统治，陆续设立诸如锦衣卫、东厂、西厂、内行厂等组织。特务组织由宦官统领，绝对忠实于皇帝。因此，特务组织参与司法，且具有特别权力、不受三法司之节制，也不受法律之约束，甚至在一些重大案件的会审中起主导作用。如大审就是绝好的说明。所谓"大审"，即由"司礼太监一员会同三法司堂上官，于大理寺审录，谓之大审"③。这种特殊的会审之制在明宪宗成化时期定制，且"每五年辄大审"。至万历二十九年（1601年）后停止大审，但在万历四十四年（1616 年）又恢复施行。

4. 热审

热审是指每年从小满后十天开始到六月末停止的对轻罪判决的会审制度。据《明史·刑法志》记载，开始"止决遣轻罪"，后扩大到"徒流以下"。此制始于明成祖永乐年间，开始

---

① 《元史·刑法志》。
② 《明史·太祖本纪》。
③ 《明史·刑法志》。司礼太监是司礼监的主管太监，明代宦官机构共有 12 监，其中第一监为司礼监。堂上宦即衙门长官。

实行热审制度时，仅行于京师，不在全国实行，而且不具真正意义的会审性质。鉴于此，正德时期兼管大理寺的工部尚书杨守随奏议："每岁热审事例，行于北京而不行于南京。五年一审录事例，行于在京，而略于在外。今宜通行南京，凡审囚三法司皆会审，其在外审录，亦依此例。"杨议经明武宗"诏可"后，每年一次的热审实行于两京（北京、南京），五年一次的"审录"实行于全国。

5. 朝审

朝审制度是明朝最重要的一项会审制度，正式确立于明英宗时期。据《明史·刑法志》记载："天顺三年令岁霜降后，三法司同公、侯、伯会审重囚，谓之朝审。历朝遂遵行之。"①明朝朝审制度虽正式确立在明英宗时期，但其渊源很久远，远可溯至汉代的"录囚"制度，近可联系到明初"会官审录"的做法。正是明初的这一做法才奠定了朝审制度的基础。将明初"会官审录"制的内容与明之朝审、乃至清之秋审内容进行比较，就再清楚不过了。"命法司论囚，拟律以奏……继令五军都督府、六部、都察院、六科、通政司、詹事府，间及驸马杂听之，录冤者以状闻，无冤者实犯死罪以下悉论如律，诸杂犯准赎。永乐七年令大理寺官引法司囚犯赴承天门外，行人持节传旨，会同府、部、通政司、六科等官审录如洪武制。十七年令在外死罪重囚，管赴京师审录……"②

(三) 清代会审制

清朝时期会审制几同明制，有所变化的主要是秋审制度和九卿会审。

1. 九卿会审

清的九卿会审基本同于明朝的圆审，凡属重大案件，由三法司会同五部（吏、户、礼、兵、工五部）及通政使会审，称为"九卿会审"。它是中央的最高审级，但判决的执行仍须由皇帝最后核准。

2. 秋审

秋审是在明朝朝审制度基础上发展形成的，是复审地方各省死刑案件（监候案件）的制度。因为在每年秋天举行，故称秋审。它是清朝一项重要的会审制度，故又有"秋审大典"之称。早在清初顺治元年（1644 年）刑部侍郎党崇雅就提出："旧制凡刑狱重犯，自大逆、大盗决不待时外，馀俱监候处决。在京有热审、朝审之例，每至霜降后方请旨处决。

---

① 另据《明会典·刑部·朝审》记载："天顺二年令每岁霜降后，该决重囚，三法司会多官审录，著为令。"《明史·英宗后记》载："是月（天顺三年十月），命法司会廷臣，岁岁霜降录囚，后以为常。"又据董康《秋审制度》载："天顺二年九月二十五日诏旨：人命至重，死者不可复生，自天顺三年为始，每至霜降后，但有该决重囚，著三法司奏请会多官人每，从实审录，应不冤枉，永为定例。钦此。"关于参审人员，据《明会典》记载，会审官员包括三法司、五府九卿衙门与锦衣卫各堂上官等。参见中国政法大学法律古籍整理研究所：《中国历代刑法志注译》，903 页注释 1，长春，吉林人民出版社，1994。

② 《明史·刑法志》。但永乐十七年（1419 年）前对外省死罪重囚的审录措施有所不同，采用派员下去审录。《刑部·恤刑》记载："凡在外五年审录。洪武二十四年差刑部官及监察御史分行天下，清理狱讼。正统六年令监察御史及刑部大理寺官分往各处，会同先差审囚官详审疑狱。十二年差刑部、大理寺官往南北直隶及十三布政司、会同巡按御史、三司官审录，死罪可矜、可疑及事无证佐可结正者，具奏处置，徒流以下减等发落。"

在外直省，亦有三司秋审之例，未尝一丽死刑辄弃于市。望例区别，以昭钦恤。"① 由于清初战事频繁，尚顾不上考虑一系列重要的司法审判制度的建立，因此至顺治十年（1653 年）以后才列入议事日程。顺治十五年（1658 年）十月刑部决议："各省秋决重犯，该巡按会同巡抚、布、按等官，面加详审，列疏明开情理真应决、应缓、并可矜疑者，分别三项，于霜降前，奏请定夺。"② 康乾时期，秋审制度趋于规范化。即每年秋天各省督抚对案件（斩绞监候案件）先行审核，提出判决意见，并将"刊刷招册"分送九卿、詹事、科道备阅。八月在天安门外金水桥由九卿、詹事、科道以及军机大臣、内阁大学士等会同审理。审理程序大体按三阶段进行。首先是刑部看详、核拟。看详即审核案卷，"分别实、缓、矜、留，出具看语"③。其次是会审与具题。刑部做好会审准备工作后，于会审前半月将会审文件（秋审招册看语等）分送各参加会审的机关。到预定日期各官员齐集会审地点进行会审。会审后，以刑部名义向皇帝具题。全部案件分实、缓、矜、留四本，其中情实类还要另造黄册随本进呈。皇帝按一定的格式批示。④ 经皇帝批示后的缓决、可矜、留养承祀的案犯的秋审程序到此结束，依法执行。只有情实的案犯，还要进行下一道程序。最后是复奏和勾决。复奏是死刑执行前向皇帝复奏，以示皇帝"钦恤慎罚之至意"，慎重死刑之思想。复奏后还要照例奉旨"著候勾到"。勾到即勾决，是在皇帝亲自主持下，批准情实犯的死刑执行。皇帝勾决时有两种情况出现，勾决和免勾。勾决的罪犯被执行死刑，免勾的罪犯留下年再行秋审。⑤

3. 朝审

清朝朝审制度同样源于明朝的朝审制，只是限于对京师监候死刑案件的会审，确立于顺治十年（1653 年）。是年刑部批准："朝审事宜日期，于霜降后十日举行，将情实、矜疑，有词各犯分三项，各具一本请旨。其情实各犯奉有御笔勾除者，方行处决。"⑥ 朝审程序是，刑部堂议，经核定具奏后，将有关文件分送九卿、詹事、科道等官，定期（每年八月初）在金水桥西会同审理，拟定情实、缓决、可矜、留养承祀，请旨裁定。朝审不同于秋审之处在于，朝审时在押因犯必须现场审录，刑部承办朝审事宜的是广西司，即其他各司都要将核拟的朝审案件汇齐到广西司办理题本。朝审和秋审一样都是清代一个重要的死刑案件会审制度。

---

① 《清史稿·刑法志三》。

② 《世祖实录》卷一二一。秋审结果，在以后由三种变为四种，即情实、缓决、可矜和留养承祀。

③ 《清史稿·刑法志》载："刑部各司，自岁首将各省截止期前题准之案，分类编册发交司员看详。初看用蓝笔勾改，复看用紫，轮递至秋审处坐办，律例馆提讯，墨书粘签，一一详加斟酌，而后呈堂核阅。"

④ 皇帝的批示是，对情实本批"这情实某某著复核、册留览"。对缓决本批"某某俱监候缓决"。对可矜本批"这情有可矜犯某某依法免死，减等发落"。对留养承祀本的批示尚不清楚，详见张晋藩：《清朝法制史》，645～647 页，北京，中华书局，1998。

⑤ 勾到日，皇帝穿素服，升坐御案后，大学士、军机大臣、内阁学士、刑部尚书、侍郎跪于右，记注官立于左。由内阁学士宣读勾到题本，皇帝执朱笔（有时由大学士执笔），按名单勾到或免勾，即在案犯名字上画一勾或不画勾。被勾到者执行死刑，在京者由刑部派员去西市行刑，地方各省者在勾单文件送达之日行刑。

⑥ 《世祖实录》卷七七。

第三节　当事人

在人类历史上，人类个体间、群体间权益冲突的解决，经历了由"自力救助"到"公力救助"的发展过程。当国家出现后，一个由国家强制力维持的法律秩序建立了起来，公力救助开始在社会纠纷解决上取代私力救济。随之，人们为了保护自身利益和权利，开始诉求于国家公权力。国家运用公权力在实行公力救助上与权益冲突及其危害程度的多样性相适应，其方式也是多种多样的，包括行政救助、仲裁、调解、诉讼等。其中诉讼是最古老也是最为规范的公力救助形式，它几乎与国家一样古老。有诉讼就会有诉讼当事人，但是在等级专制的封建王朝里，法律首先是作为阶级统治的工具而发挥作用的。在诉讼审判活动中我们也看不到体现平等交换意见的精神，作为司法官永远高高在上，而且当事人之间的诉讼地位也极不平等。

一、范围

与司法审判机关同样属于诉讼主体的诉讼当事人，主要包括原告和被告。但是中国古代特殊的国家性质、等级观念，又决定了当事人的复杂性，确定当事人的范围要考虑当事人的诉讼能力和诉讼权利，而诉讼能力和权利又与年龄、性别、身份、等级等因素有关。

从古代的有关法律和古籍的相关记载可以看出，考察当事人的范围须注意以下几个方面的因素：

(一) 责任年龄条件

1. 刑事责任年龄

按照现代的诉讼理论，在刑事诉讼中，责任年龄问题可以决定当事人是否具备诉讼行为能力，能否成为刑事诉讼中的被告。

古代法律中较早见到刑事责任年龄规定的是在秦（包括战国秦国和统一秦朝时期）。[①] 值得注意的是，秦律中规定的责任年龄是以身高而不是以具体的年龄为标准的，这种以身高来定"年龄"的计算方法在法律制度史上比较奇特，而且缺乏科学性，显然，这与当时未实行年龄登记制度有关。[②] 通过对出土的秦简所载的几个涉及责任年龄的案件的分析，从其中多次出现的"小未盈六尺"、"高未盈六尺"、"高六尺"等字样可以看出，秦律是以身高六尺作为责任年龄的标准的，据学者考证，男必须在身高 6.5 尺，女必须在身高 6.2 尺以上（秦 1 尺相当于现 23.3 厘米，上述标准即 1.5 米左右，按年龄换算在 15 至 16 岁），如果身高未到

---

① 亦有人认为最早规定于西周，见之于《礼记·曲礼》："耄与悼，虽有罪不加刑焉。"八十、九十岁曰耄，七岁曰悼，即七岁以下，八十、九十岁以上的人其行为虽然构成罪，但不施刑处，不能成为诉讼当事人。

② 秦国直至秦始皇十六年（前231年）才"初令男子书年"。在此之前，秦政府一直未能在全国范围内实行严格的登记年龄的制度。所以，在规定法律上的责任年龄时，就采用了较为原始的身高标准。参见张全民：《秦律的责任年龄辨析》，载《吉林大学学报》（社科版），1998（1）。

这个标准，就不能成为诉讼的当事人（指被告）。如秦简《法律问答》中记载："甲盗牛，盗牛时高六尺，系一岁，复丈，高六尺七寸，问甲何论？当完城旦。"意指某甲盗牛时身高六尺（按秦律规定"未盈六尺"不当论规定），囚禁一年后长到六尺七寸时，处以完城旦刑。

自秦以后，责任年龄以当事人实际年龄作为标准具体规定在历代的法律上并逐步完善。到了唐代，有关刑事责任年龄的规定已十分具体完备。如《唐律疏议·名例》规定："诸年七十以上、十五以下及废疾，犯流罪以下收赎（犯加役流、反逆缘坐流、会赦犹流者，不用此律，至配所，免居作）。八十以上、十岁以下及笃疾，犯反、逆、杀人应死者，上请；盗及伤人者，亦收赎（有官爵者，各从官当、除、免法），余皆勿论。九十以上、七岁以下，虽有死罪，不加刑（缘坐应配没者不用此律）。"从这一规定可以看出，凡 70 岁以上、15 岁以下以及病残的人，犯流刑以下的罪，处赎刑（犯加役流、反逆缘坐流及会赦犹流的，不适用本条法律，但到流放地，可免服劳役）。对于 80 岁以上、10 岁以下以及严重病残的人犯反罪、大逆罪和杀人罪应判死刑的，要上请皇帝裁决；犯盗窃和伤人罪的，亦可用钱赎罪（有官职及爵位的，都依官当、除名、免官的办法处理），其他犯罪不负刑事责任。90 岁以上和 7 岁以下的人即使犯有死罪（应理解为包括反、逆罪在内），亦不处刑（因父亲、祖父犯反、逆罪而缘坐处流刑发配和收为奴隶的子女，不适用本条法律）。①

2. 民事责任年龄

在民事诉讼方面，个人的民事行为能力对确定当事人的范围有重要影响。但是关于个人的民事行为能力在中国古代并没有专门的法律概念，不过有相近的概念，这就是"成丁"。"成丁"作为一个责任年龄概念，有时并不与近代民法的民事行为年龄完全相当，它最初的设定只是具有政府赋税意义，表示男子可以独立承担政府的赋役，进而演变成为成丁的人有了独立的处理自己财产的能力。这就意味着具备了诉讼能力，可以成为诉讼当事人，为一定的诉讼行为。由于缺乏相应的法条规定，所以只能从其他的法律规定来推定当时社会及法律观念上承认一个人有足够的能力来处理自己的财产问题的年龄。

《宋刑统·户婚律》引唐《户令》："诸男女三岁以下为黄，十五以下为小，二十以下为中，其男年二十一为丁，六十为老。"同时唐代的《田令》规定，男子在 18 岁以上就可以受田。《旧唐书·食货志》载："武德七年始定律令：……丁男中男给一顷。"《唐六典·户部·户部郎中》引唐开元七年（719 年）令："诸给田之制有差，丁男、中男以一顷（中男十八以上者，亦依丁男给）。"《通典·食货二·田制下》载："大唐开元二十五年令：……丁男给永业田二十亩，口分田八十亩、其中男十八以上，亦依丁男给。"《白氏六帖·事类集》卷二十三引唐《授田令》："其中男十八以上，亦依丁男给。"满 18 岁可受田而不必承担赋役，这是唐朝的"德政"。北齐、隋代的法令都规定男子 18 岁以上为成丁，受田并承担赋役。《唐律疏议·户婚律》"违律为婚"条载："其男女被逼（违律为婚），若男年十八以下及在室之女，亦主婚独坐。"可见，其也将 18 岁作为成年的标志，18 岁以下的人被认定为没有独立意志、没有行为能力，违律为婚的罪名由主婚人承担。而 18 岁以上者就要对自己的行为负责。②

---

① 参见钱大群：《唐律译注》，41～42 页，南京，江苏古籍出版社，1988。

② 参见陈鹏生主编：《中国法制通史》，第 4 卷，453 页，北京，中国法制出版社，1999。

法律通过责任年龄来确定哪些人具备诉讼能力，对于在法律上不具有诉讼能力的老幼者，如果涉讼，一般的做法是采取家人亲属代讼的形式。如宋太祖乾德四年（966 年）诏令："七十以上争讼婚田，并令家人陈状。"① 实际上是禁止其亲自提起诉讼。到元明清时期，基本沿袭唐宋的规定，如《元史·刑法志》载："诸老废笃疾，事须争诉，止令同居亲属深知本末者代之……"明清法典规定基本相同，以《大清律例》为例："其年八十以上，十岁以下，及笃疾者，若妇人，除谋反、叛逆、子孙不孝，或己身及同居之内，为人盗诈、侵夺财产，及杀伤之类，听告。余并不得告。"②

（二）生理方面的要件

患有严重疾病者不能成为诉讼当事人，这里主要是指患有精神病和"废疾"的人其诉讼能力受到限制。据《周礼·秋官·司刺》记载，两周时期有"三赦之法"的规定："一赦曰幼弱，再赦曰老耄，三赦曰蠢愚。"关于"蠢愚"，东汉郑玄在《周礼·秋官·司刺》注中解释道："蠢愚，生而痴騃童昏者。"即指患精神病的人，至于是否包括后天性精神病，尚不明确。但到了封建法律发展最为完善的唐朝时，对于像老小及废疾者等犯罪的刑事责任问题作了详尽、缜密的规定，这些规定是中国古代刑法中关于刑事责任能力的最完善的制度性规定。唐律规定"蠢愚"者不负刑事责任，也就是意味着"蠢愚"和"废疾"不属于诉讼被告的范围。

对于涉及这类人的讼争，现代的做法是设置代理人制度，在我国古代也有相似的规定见载，即令家长亲属代之。如宋代太宗时期规定："废疾者，不得投牒，并令人以家长代之。"③《元史·刑法志》中记载："诸老废笃疾，事须争诉，止令同居亲属深知本末者代之。"显然，这类人也不具有在诉讼中作为原告的资格。

（三）身份方面的要求

中国古代法律的主要特征表现在家族主义和阶级概念上，而两者却是儒家意识形态的核心。④ 在儒家思想、伦理观念积厚的古代中国，尊卑甚严，为了维系尊尊、亲亲的宗法原则，从西周时就确立了子不得告父、卑不得告尊的起诉制度。这一制度的确立，意味着他们之间不能同时成为诉讼当事人。这种制度的设立是基于这样的一种伦理逻辑："父子将狱，是无上下。"⑤ 如果父子相告，兄弟相诉，就会破坏父子兄弟之间的亲情伦理。这在后来直接发展为"亲亲得相首匿"的原则。

就立法而言，至少在秦律中就有了相关的规定，即"非公室告"的规定，即"子告父母……非公室勿听……而行告，告者罪"⑥。至汉代，其范围进一步扩大："自今子首匿父母、妻匿夫、孙匿大父母，皆勿坐。其父母匿子、夫匿子、大父母匿孙、罪殊死，皆上请廷尉以

① 《宋会要辑稿·刑法》。
② 《大清律例汇辑便览·刑律·诉讼·见禁囚不得告举他事》。
③ 《续资治通鉴长编》卷七十六。
④ 参见瞿同祖：《瞿同祖法学论著集》，8 页，北京，中国政法大学出版社，1998。
⑤ 《国语·周语》。
⑥ 《睡虎地秦墓竹简·法律答问》。

闻。"① 也就是，汉律明确规定祖、父、孙三代之亲不能在诉讼中同时成为当事人。《唐律疏议·名例》中又规定："诸同居，若大功以上亲及外祖父母、外孙、若孙之妇，夫之兄弟及兄弟妻，有罪相隐……皆勿论。"可见到唐代，亲属之人不能同时充当诉讼当事人的范围进一步扩大。明清之法律规定虽有些变化，但基本同于唐。对于违反这一原则控告于律应当相隐的亲属，要论罪处刑。如唐律规定："告祖父母、父母，处绞刑；告期亲尊长、外祖父母、夫、夫之祖父母，符合事实，处徒刑二年；如所告罪重大，以减所告罪一等论处。"至于司法官吏在审理案件时，不得让于律可相容隐的亲属和家人作证，若违律遣证，该官吏"减罪人罪三等"处罚（即按罪犯应处的刑罚减三等处罚）。

"亲亲相隐"原则的范围到唐律时扩大到部曲和奴婢，也就是说，属于部曲或奴婢身份的人，其诉讼权利也受到一定的限制，不得控告主人（谋反、谋大逆、谋叛等危害社稷、背叛君国的大罪除外），并有为主人容隐的义务，在这种情况下他们不可以与主人同时成为诉讼当事人。事实上，中国古代限制奴婢控告主人的规定最早见于秦律中，秦律中有"臣妾告主，非公室告，勿听……而行告，告者罪"②。法律上实际以子孙的待遇视同奴婢，唐、宋律中部曲、奴婢告主和子孙告父祖一样，同处绞刑。③ 而且唐律还把奴婢不能告发主人犯罪扩展到连主人的亲属犯罪也不能告发，被告的主人亲属与主人之间的关系越亲，则奴婢告主的处分就越重。"诸部曲、奴婢告主，非谋反、逆、叛者，皆绞；告主之期亲及外祖父母者，流；大功以下亲，徒一年。诬告者重者，缌麻，加凡人一等，小功、大功，递加一等。"④

到了明清时期，法律还规定了雇工人也不能告主，如果告主则被定罪，予以刑处："若奴婢告家长及家长缌麻以上亲者，与子孙卑幼罪同……若雇工人告家长，及家长之亲者，各减奴婢罪一等。"⑤

对于身贵位尊之人，早在西周，虽有"礼不下庶人，刑不上大夫"的法律原则，而其实，西周时期庶人既有礼，大夫也被刑。但是，值得注意的是，有身份地位的统治阶级，成为诉讼当事人时却有别于庶人（民众），从而成为特殊的当事人，享有某些特权。在诉讼中"命夫命妇不躬坐狱讼"⑥，也就是说，大夫以上的贵族以及他们的正妻成为刑事、民事诉讼的原、被告时，可以自己不到庭，由他们的下属代其出庭。同时，当奴隶主贵族成为被告，而且要被处刑时，不处残酷的宫刑，即所谓"公族无宫刑"⑦，而用其他刑代替之。

（四）关于妇女

关于妇女是否具有诉讼权利、能否成为诉讼当事人，在我国历史上不同的时期有不同的规定。秦简《封诊式·出子》记载了这么一个案件：某女甲白天与邻里大女子因争而起殴斗，大女子把某女甲摔倒在地，经同里公士赶来劝解，两人停殴分开，时甲已怀身孕六月，回到家后感到肚子痛，夜里流产。甲抱着流产的胎儿作为证据，控告因大女子殴打她而导致

---

① 《汉书·宣帝纪》。
② 《睡虎地秦墓竹简·法律答问》。
③ 参见《唐律疏议·斗讼·部曲奴婢告主》；《宋刑统·斗讼律·奴婢告主罪》。
④ 《唐律疏议·斗讼》。
⑤ 《大清律例汇辑便览·刑律·诉讼·干名犯义》。
⑥ 《周礼·秋官·小司寇》。
⑦ 《礼记·文王世子》。

流产。由此看来，似乎妇女也拥有一定的起诉权。值得注意的是，到了元朝，却有"不许妇女诉"① 的规定。在元朝即使全家没有男子，又是非告不可的案件，也只能由族中亲属代诉。很显然，这个时期的妇女是不能成为原告的。

到了清朝，也有类似的记载，如《大清律例会通新纂》中"越诉条"附例规定："生监、妇女、老幼、残疾无抱告者不准。"关于"抱呈"（即"抱告"），《六部成语》的注释为："遗族属，家丁代为告官也"，也就是由别人代为告状，这有点类似于现代的"代理"制度。虽然历代法律上存在妇女直接进行诉讼的禁止性条款，而且受传统的"三从"伦理规范的约束，妇女参与诉讼活动受到限制，但是通过对清代所流传下来的有关判牍、档案等实际诉讼资料进行阅读分析，就会发现，尽管受到礼法制度的种种限制，但妇女的诉讼权利却是存在的，且在某些时候表现出比男子还要优越的主动性，这种主动性已经在一定程度上获得了社会的认可。②

二、诉讼地位

在等级社会里，法律以公开维护封建等级制度为己任。作为统治阶级的身贵位尊之人享有法律特权，同时法律还区分良人和贱民，良人是指广大的平民，而贱民则包括部曲、奴婢、官户和工乐户、杂户和太常音声人等。他们在法律上处于不同的地位。

在等级观念的影响之下，拥有精英意识的贵族士大夫们本来就以涉足公堂为耻，尤其是与平民发生讼争而对簿公堂，更被认为是一件有辱身份的事情。所以代表主流意识并掌握国家法律机器的贵族官僚们，通过法律确认他们在诉讼上的特权，造成了士庶在诉讼上的不平等地位。关于贵族在诉讼上所享有的特权，早在《周礼·秋官·小司寇》中有记载："治狱之吏，皆有严威，恐狱吏褒尊，故不使命夫命妇亲坐，若取辞之时，不得不坐，当使其属或子弟代坐也。"③ 这是关于"命夫命妇不躬坐狱讼"的记载。可以看出贵族士大夫们无论作为案件的原告或被告，均可以不用亲自出庭与平民对质。在《元律》中我们也可以看到这方面的规定："诸职官得代及休致，凡有追会，并同见任，其婚姻、田、债诸事，止令子孙、弟、侄陈讼，有辄相占陵者究之。""诸致仕得代官，不得已与齐民讼，许其亲属家人代诉，所司毋侵扰之。"④ 曾有一段时期，若遇官员与百姓争讼，官员可以书面应诉（公文行移）而不必赴官应对。明清时期开始禁止有司以公文行移，违者有罚，如《明律例》和《清律例》的"官吏词讼家人诉"都规定："凡官吏有争论婚姻、钱债、田土等事，听令家人告官对理，不许公文行移，违者笞四十。"⑤ 除了在法律上确保贵族官僚的特权外，在司法的实践中，受阶级意识的影响，司法官往往对于涉讼的士大夫有衣冠同类之感，在与平民的诉讼中，法律的

---

① 《元典章·刑部十五》。

② 吴欣通过对清代有关档案和判牍资料的考察，统计出238件由妇女进行诉讼的案件，其中有216件是在丈夫出现意外（包括死亡、外出、疾病或被关押在牢狱中）的情况下由妻子出面进行诉讼，12件是在丈夫无任何意外的情况由妻子进行诉讼的。参见吴欣：《清代妇女民事诉讼权利考析——以档案与判牍资料为研究对象》，载《社会科学》，2005（9）。

③ 《周礼·秋官·小司寇》，贾公彦疏。

④ 《元史·刑法志》，"职制止"、"诉讼"。

⑤ 《明律例·刑律·诉讼》，"官吏词讼家人诉"；《清律例·刑律·诉讼》，"官吏词讼家人诉"。

天平不免向士族倾斜。这种存在于法律规定以外的意识，显然是具有重大的法律上的实效的。①

作为拥有特权的统治阶级，其内部也是存在等级的。所以如果发生诉讼，也同样存在诉讼地位的不平等，主要表现形态是在诉讼中宁屈下级、不罚上司。一个突出的案例是西周时期《傗匜》铭文记载了一个叫牧牛的下级和叫傗的上属因五个奴隶的所有权归属发生诉讼，司法官伯杨父判牧牛败诉，其中有一条理由为"女敢吕乃师讼"，即牧牛你怎敢向你上属傗提起诉讼。这体现出牧牛起诉上级的举动是很难得到司法者的支持和认同的。

在封建社会，具有特殊权利的诉讼当事人莫过于所谓"八议"者及其亲属和九品官吏，特别是"八议"者和五品以上官吏更为特殊。中国古代肯定统治阶级犯罪后有"轻重不在刑书"②的法律特权，故对于"八议"者和九品职官在法律中规定了因等次不同而异的法律特权。其法律地位不同于普遍民众，在于他们分别享有"议"、"请"、"减"、"赎"、"官当"的特权，因而也决定了他们是古代中国一群特殊的诉讼当事人。

在特殊的当事人中，还有一种值得一提的人是"丹书铁券"拥有者。丹书铁券是封建皇帝给予那些所谓于国于帝有大功或大恩的人一种特别的享有法律特权的凭证。历代法律中并无此规定，它由皇帝临时作出决定赐予，一旦拥有这种凭证，就享有极大的法律特权，甚至比"八议"者的特权还大，不仅本人，而且祖孙几代都长久享有。汉朝开国君主刘邦就曾赐"丹书铁券"于功臣，据《汉书·高帝纪》记载：刘邦"与功臣剖符作誓，丹书铁券，金匮石室，藏之宗庙"。唐朝的丹书铁券更精致，颁发丹书铁券仪式更隆重，规定的法律特权更大。据陶宗仪《辍耕录》记载：在镶金的瓦形铁券上明书"卿恕九死，子孙三死，或犯常刑，有司不得加责"。因此，我们能够经常看到戏剧、影视上拥有丹书铁券的人肆无忌惮地无视国法、危害社会的情节，绝非子虚乌有之事。这些人实际上是更特殊的诉讼当事人。

第四节　简评

由于古代中国长期实行专制统治，皇权至上，而且随着历史的发展，专制统治越来越强化，司法权也越来越依附皇权，它无所不用其极地为专制统治服务，为皇权保驾。因此，司法机关设置也越来越复杂，特别是自宋以后，在普通司法机关以外诸如审刑院、厂卫、步军统领衙门等特殊司法机关的设置，都有力地维护了皇权，因而，就从一定程度上说，它也苟延了腐朽的封建统治的生命。对今天来说，其重视司法机关的设置，特别是因世而立改的传统，也仍然不失其历史和现实借鉴的价值。当然，其作为一种皇权的护身器与封建国家的镇压工具，以及司法机构崇尚法律镇压的工具性价值取向，这些都是值得认真清

---

① 参见瞿同祖：《瞿同祖法学论著集》，247 页。
② 《礼记·曲礼（上）》。

理和彻底否定的。在诉讼制度上，受儒家的等级结构社会秩序观的影响，强调法律应区别对待处于不同层次的社会成员之间的关系，诉讼当事人的诉讼权利和地位是由他们的年龄、身份以及在家庭和社会中的等级地位来决定的，这些与现代诉讼理念和人权观念不符的东西，都是应该扬弃的。此外，古代中国司法中维护少数人的法律特权，呈现出法律面前的人人不平等，造成了一些社会恶果，这就给今天进行法治建设留下了深刻的历史教训。

第六章

司法官

在长达数千年的中国古代，法吏自成体系，从中央到地方，机构庞大，职责明确，吏员众多。但是，当探讨司法官问题时，应注意到的是，法吏体系的建立有一个从简单到繁杂的发展过程，司法官职责也有个从兼职到专职的演变，司法长官基本上是中央独立、地方兼任。除此以外，还应注意到的是，由于中国古代国情的特殊性，除依法设置法吏外，还存在自为存在的"准司法官"之类。更值得引起重视的是各朝依法规定了司法官的各种法律责任。对于诸如上述等等问题，特于本章论列。

第一节
名称与职责

一、最早传说中的司法官

根据《春秋·左传》记载：在黄帝轩辕氏时，以"白云"为司法官；炎帝神农氏时，以"西火"为司法官；共工氏时，以"西水"为司法官；太昊伏羲氏时，以"白龙"为司法官；少昊金天氏时，以"鸟"为司法官。[①] 颛顼高阳氏时的司法官叫"金正"，其职责为"专掌刑罚"和"主盗贼"。由上可见，中国在夏国家出现以前，就已经有司法官了。后世有很多人不相信这些记载，以为是"荒诞不经"。但我们认为，对一个国家或民族而言，神话不都是荒诞无稽的编造，何况是严肃的记载和传说呢？加之，从理论上说，人类社会是由简单向复杂发展进化的。当人类还刚刚处在脱离动物属性的低级阶段以及

---

① 《左传·昭公十七年》载："昔者黄帝氏以云纪，故为云师而云名；炎帝氏以火纪，故为火师而火名；共工氏以水纪，故为水师而水名；太昊氏以龙纪，故为龙师而龙名。那高祖少昊挚之立也，凤鸟适至，故纪于鸟，为鸟师而鸟名：凤鸟氏，历正也……爽鸠氏，司寇也。"

母系氏族时期时，复杂的生活自然在以简单的方式应付。但是，当人类将进入文明的门槛前，社会的分工已经在细化，社会的关系更复杂，社会事务的管理也日趋严密。因此出现夏朝以前的祝鸠氏为司徒，主教民；鹍鸠氏为司马，主法制；鸤鸠氏为司空，平水土；爽鸠氏为司寇，主盗贼。① 司法官在此时产生是必然趋势，只不过当时的司法机关与司法官无分、两个概念一个名称罢了。当然，对当时司法官的职责要进一步弄清楚，不是一件易事，尚有待于史料和出土遗存的进一步发掘。然而，皋陶作为中国历史上的第一位司法官，是得到比较普遍承认的事实。《尚书·舜典》载："帝曰：皋陶，蛮夷猾夏，寇贼奸宄，汝作士，五刑有服。"② 也就是说，舜禹时期的司法官（司法机关）即为"士"，皋陶是"最早"的司法官。

二、司寇系统的司法官及其职责

夏商两代的司法官称大理、司寇、士等。除此以外，商代盛行神判法，司法审判重鬼神轻人事，故巫、史、祝、卜也属于司法官。无论大理、司寇、士，还是巫、史、祝、卜等都是两职兼于一身的。前者大致都与兵制有关，即军事官兼司法官；后者都是与祭祀有关，即祭祀官兼司法官。但都因资料缺乏，详情难考。

西周是奴隶制发展的兴盛时期，其司法官仍称司寇和士。还有处理民事诉讼的司徒。司寇分为大司寇和小司寇，职责分明。大司寇之职责：一是用法律（邦典）帮助国王治理邦国，安定四方。二是审判重大案件。即"以两造禁民讼，入束矢于朝，然后听之。以两剂禁民狱，入钧金三日，乃至于朝，然后听之"③。三是负责监狱管理。即大司寇"以圜土聚教罢民。凡害人者，置之圜土而施职事焉，以明刑耻之。其能改过，反于中国；其不能改，出圜土杀"④。小司寇之职责：一是协助大司寇处理政事，审判案件，用法律维护社会治安。包括以五刑听万民之狱讼，以八辟丽邦法、附刑罚……在大小司寇之下设士师、司师、司圜、掌戮、司隶、布宪等61种属官，其下又设府、史、胥、徒等办事执役人员。他们或按行业或按地域掌管地方或行业司法工作。

司徒是西周专门处理民事诉讼的机关，职官有大司徒1人，小司徒2人，下设乡师、上士、中士、旅下士。其下又同样设府、史、胥、徒等属吏。⑤ 其职责为：大司徒掌管全国土地与人口之数，帮助国王安邦养民，审断因民事发生的诉讼，如果是属刑事案件则移于刑事诉讼机关审理。⑥

① 参见《左传·昭公十七年》。
② 关于皋陶的记载还多见于别处：如《史记·五帝本纪》载："舜曰：皋陶，蛮夷猾夏，寇贼奸宄，汝作士，五刑有服。"《尚书·大禹谟》载："帝曰：皋陶……汝作士，明五刑。"《竹书纪年》："舜之三年，命皋陶作刑。"《尚书·皋陶谟》载："皋陶曰：……天聪明，自我民聪明。天明畏，自我民明威"，"刑期于无刑，民协于中"，等等。
③ 《周礼·秋官·司寇》。
④ 《周礼·秋官·司寇》。
⑤ 参见《周礼·地官·司徒》。
⑥ 《周礼·地官·司徒》载：大司徒"掌建邦之土地之图与其人民之数，以佐王安扰邦国"；"凡万民之不服教而有狱讼者，与有地治者而断之；其附于刑者归于士"。

大司徒之下的属官也都有明确的职责分工。① 春秋战国时代是中国由奴隶制法向封建制法转型的时期，法吏系统呈现出过渡时期的多元性特点，有的国家仍称司寇，有的国家称"理"，还有的称"司败"，并形成各自的法吏系统。地方开始由郡县长官兼理司法长官，为以后长期的地方政法合一制奠定了基础。

三、"两司"系统的司法官及其职责

1. 中央官吏与职责

（1）审判官吏及职责

秦汉两朝中央司法官都称为"廷尉"，职掌"刑辟"，主要负责审理皇帝下诏的大案和审理地方上报的疑难案件。因此，廷尉地位很重要，为朝廷九卿之一；作用很特殊，象征着正义与公平，所谓"廷，平也，治狱贵平，故以为号"②；"廷尉天下之平也，一倾，天下用法皆为之轻重，民安所错其手足？"③ 因此，廷尉戴有一种具特殊象征意义的法冠——獬豸冠。廷尉之下设左右正、左右监和掾史等属官，协助廷尉处理司法审判事宜。

（2）监察官吏及职责

中国历史上御史监察制度始于秦汉，御史作为一种重要的司法官屹立于朝。秦朝中央最高监察官称御史大夫，位上卿，与丞相、太尉同列三公，职掌国家文书档案、群臣章奏、下达皇帝诏令、典正法度、纠举百官之责。同时，还负有监督法律、法令实施之责。御史大夫副为御史中丞。④ 其职能为："在殿中兰台，掌图籍秘书，外督部刺史，内领侍御史员十五人，受公卿奏事，举劾按章。"⑤ 御史大夫、中丞之下设有侍御史，其职责亦为"纠诸不法"⑥。汉朝御史监察制度在秦的基础上进一步发展，御史台成为独立机构，官员有御史大夫1人、中丞2人及主要属官御史45人。其职责为：御史大夫"典正法度、以职相参，总领百官，上下相监临"⑦。御史中丞"外督部刺史，内领侍御史员十五人，受公卿奏事，举劾按章"⑧，以"佐天子，专掌纠劾"为己任。⑨ 侍御史（45名御史中除留寺理事的30员外的15

---

① 《周礼·地官·司徒》载："乡师之职：各掌其所治乡之教而听其治。以国比之法，以时稽其夫家众寡辨其老幼、贵贱、废疾、牛马之物，辨其可任者与其施舍者，掌其戒令纠禁听其狱讼"；"乡大夫之职：各掌其乡之政教禁令"；"州长：各掌其州之教治政令之法。正月之吉，各属其州之民而读法，以考其德行道世而劝之，以纠其过恶而戒之……掌其戒令与其赏罚"；"媒氏：掌万民之判……凡男女之阴讼，听之于胜国之社；其附于刑者，归之于士"；"司市：掌市之治教，政刑、量度、禁令"；"质人：掌成市之货贿、人民、牛马、兵器、珍异。凡卖儥者质剂焉……犯禁者举而罚之"。

② 《汉书·百官公卿表》，颜师古注。

③ 《汉书·张冯汲郑传》。

④ 汉制，御史大夫下有御史中丞。西汉末，御史大夫改为大司空，晋以后又不常置御史大夫，御史中丞遂成为事实上的御史台长官。自东汉至南北朝，中丞的威权颇重。后魏一度改称御史中尉。唐宋虽置御史大夫，亦往往缺位，而以中丞代行其职。明代改御史台为都察院，都察院之副都御史即相当于前代之御史中丞。又，清代因巡抚兼右副都御史，故亦称巡抚为中丞，相沿为俗。

⑤ 《汉书·百官公卿表》。

⑥ 《汉官仪》卷上；《汉旧仪补注》卷上，四部备要本。

⑦ 《汉书·朱博传》。

⑧ 《汉书·百官公卿表》。

⑨ 参见《山堂考索（续）·台谏》。

员称侍御史)的职责主要是"掌察举非法,受公卿群吏奏事,有违失劾举之"①。

2. 地方官吏与职责

(1)审判官吏及其职责

秦汉时期地方司法机关为郡、县两级,郡守(汉景帝时改为太守)、县令(长)为其长官。其职责为:郡守,掌治其郡,包括赏罚、司法、监察等权力。县令(长),掌治其县,负责全县的司法审判工作。郡守之下设有郡丞、决曹掾史、辞曹掾史。其职责是协助郡守处理全郡司法事宜,审判重大案件。县令(长)之下设县丞协助处理"典知仓狱"之事,也就是秦简中见到的县丞有询问告发人、证人,审讯被告和参与勘验和司法调查的权力。值得特别指出的是,秦汉两代在地方京师地区的司法长官是一个地位特殊的官吏,它不仅兼京师地区的行政、司法大权,而且兼有中央和地方审判官的双重职权。秦朝及汉初以内史"掌治京城",汉武帝以后,更名为京兆尹,又设左冯翊、右扶风号称"三辅",分别管辖区内的民刑案件。正如沈家本《历代刑官考》所说:"京师之内,三辅分治之,其讼狱自论决之,不之廷尉也。"

(2)监察官吏及其职责

秦朝在地方三十六郡设置监郡御史,称为监御史。主要职责掌监察,但此时还不是专职地方监察官,还兼有其他行政职能。②汉初在地方未设监御史,自惠帝开始部分地区恢复了御史,"其后诸州复置监察御史"③。汉武帝时期,为了加强中央集权,更加重视对地方郡国的监察,废以往监察不力的监御史制度,建立刺史制度,分全国为13个监察区,置13州部刺史,职"掌奉诏六条察州"④。即以汉武帝亲自制定的"六条"规定监州,也就是所谓的"六条问事"。"六条"内容为:

一条:强宗豪右田宅逾制,以强凌弱,以众暴寡。

二条:二千石不奉诏书、遵承典制,倍公向私,旁诏守利,侵渔百姓,聚敛为奸。

三条:二千石不恤疑狱,风厉杀人,怒则任刑,喜则淫赏,烦扰刻暴,剥截黎元,为百姓所疾、山崩石裂,袄祥讹言。

四条:二千石选署不平,苟阿所爱,蔽贤宠顽。

五条:二千石子弟,恃怙荣势,请托所监。

六条:二千石违公下比,阿附豪强,通行货赂,割损正令也。

另外,在京师和京畿七郡设司隶校尉⑤,其职掌是"察举百官以下及京师近郡犯法者"⑥,这样,汉代便基本形成了中国古代较严密的地方监察制度。

3. 魏晋南北朝时期的变化

该时期是中国历史上司法机构"两司"制向"三司"制的演变时期,其一是,北齐把廷尉扩大为大理寺,其长官为大理寺卿,副长官为少卿和丞,下设正、监、平各1人,律博士

---

① 《后汉书·百官志》。

② 如《汉书·严助传》载:秦始皇时,曾派郡监御史名初主持开凿灵渠。《史记·高祖本纪》载:"秦泗川监平将兵围丰。"

③ 《文献通考·职官考十五》。

④ 《汉书·百官公卿表》。又据《汉书·地理志》载:十三州部为冀州、兖州、青州、徐州、扬州、荆州、豫州、益州、凉州、幽州、并州、交趾、朔方。

⑤ 京畿七郡为:河内、河南、河东、京兆尹、左冯翊、右扶风、弘农。

⑥ 《后汉书·百官志》。

4 人，明法掾 24 人，司直、明法各 10 人。这标志着司法机构（寺）与官职（卿）的分离。其二是，南北朝时期的尚书省设有掌管司法事务的尚书，为隋唐以后的司法机构——刑部及其司法长官——刑部尚书的建立打下了基础。

四、"三司"系统的司法官及其职责

1. 中央司法官吏与职责

（1）中央审判官及其职责

唐宋时期审判机构大理寺长官为大理寺卿，副职为少卿 2 人，属吏有大理正、大理丞、主簿、司直、评事等。其职责为"掌鞫狱、定刑名，决诸疑谳"①、"掌邦国折狱详刑之事"②。京师徒罪以上、地方流罪以上案件由大理寺审判。先由大理丞、大理正拟决，后经大理寺卿、少卿裁决。

明清时期中央审判机构为刑部。刑部官员有尚书、左右侍郎、司务厅司务、各省清吏司、郎中、员外郎等百余人或数百人不等。"掌天下刑罚之政令，以赞上正万民。凡律例轻重之适，听断出入之孚，决宥缓速之宜，赃罪追贷之数，各司以达于部，尚书、侍郎率其属以定议，大事上之，小事则行，以肃邦犯。"③ 具体包括六个方面的职能：核拟全国死刑案件；办理秋审、朝审事宜；审理京师案件；批结全国军流遣罪案件；管理复杂的司法行政事务④；主持修订律例等。

（2）中央复核官及其职责

唐宋时期复核机关为刑部，长官为尚书，副长官为侍郎、尚书，下设刑部、都官、比部、司门四曹。各曹以郎中、员外郎为长官，并有主事、令史、书令史、掌固等属官。⑤ 职"掌律令、刑法、徒隶，按复谳禁之政。"⑥ 宋代官制改革后，刑部尚书主管全国刑狱之政令，侍郎与尚书共同负责制勘、体量、奏谳、纠察、录问等事。都官郎中、员外员主掌徒、流、配隶。凡在京百司吏职补换更替，以功过减展磨勘及诸路州军编配、羁管等事，皆置籍管理。比部郎中、员外员掌勾复中外账籍。司门郎中、员外郎掌门关、津梁、道路之禁令，对过往官吏、军民、商贩诈伪之事，进行调查。宋太宗淳化年间，朝廷为了高度集权，防止大理寺和刑部官吏枉法舞弊，设立宫中审刑院，作为复核机关，以朝官知院事，设评议官多员。每有奏案，先由详议官随同知院事备案后下大理寺和刑部断复，再交审刑院评议，最终由皇帝裁决。⑦ 实际上，审刑院官吏地位显赫，在司法审判中作用重大。只是审刑院存在时间不长，至神宗官制改革后被废立，其职权划归刑部。

---

① 《通典·职官七》。

② 《旧唐书·职官志》。

③ 《大清会典·刑部》。

④ 《大清会典》卷五十七《刑部》载：刑部办理各种造册汇题，考核地方各省案件处理情况，管理本部郎中、员外郎、主事等官员；管理本部吏员事务；颁发刊刻经奏准皇帝通行全国的案例、事例、章程等；管理筹集秋审经费；等等。

⑤ 参见《通典·职官五》。

⑥ 《新唐书·百官志》。

⑦ 《续资治通鉴长编》卷三十二，淳化二年八月乙卯："凡狱具上奏者，先由审刑院印讫，以付大理寺刑部断复以闻，乃下审刑院评议，中复裁决讫，以付中书，当者即下之，其未允者，宰相以闻，始命论决。"

明清时期，大理寺成为三法司中"审复"机构。明代大理寺以寺卿、少卿为正副长官，左、右丞各1人，下属官有各寺的寺正、寺副、评事等，一般不审理案件，专掌复核，同时参与重大案件的会审。清代大理寺设满、汉卿各1人，满、汉少卿各1人，下设左右寺等单位。左、右二寺各设寺丞3人，下设评事、经承，分掌核办京内外刑名案件。京内重大案件，由二寺官员会同各道御史在刑部承办司会审，各以供词呈报卿与少卿，三法司长官再进行会审，意见一致奏报皇帝裁决，意见不一致时，由左、右二寺官另拟稿呈堂，送刑部、都察院酌议，或者由三司各自分别奏请皇帝裁决。对地方各省重大案件，由左、右寺官评推所拟罪名和据引法律是否准确，预拟意见呈卿、少卿，如与刑部送寺定稿意见相符时则会稿签发。如存在不同意见，又与刑部协商不成，大理寺有权单独奏请皇帝裁决，具有与都察院相同的"异议权"。但是，实际上清代大理寺在会审中并无多大权力，实权大都操于刑部之手，所谓"清则外省刑案，统由刑部核复。不会法者，院、寺无由过问，应会法者，亦由刑部主稿。在京讼狱，无论奏咨，俱由刑部审理，而部权特重"①。

（3）中央监察官及其职责

唐宋时期御史台为中央最高监察机构，唐代御史台官吏配置大抵定位在："御史大夫一人，中丞二人；御史大夫之职，掌邦国刑宪典章之政令，以肃正朝列。中丞为之。侍御史四人，令史十五人，书令史二十五人；掌纠举百僚，推鞫狱讼。主簿一人，管事二人，掌印及受事发辰，勾检稽失。殿中御史六人，令史八人，书令史十人；掌殿廷供奉之仪式。监察御史十人；令史三十四人；掌分察百僚，巡按郡县、纠视刑狱、肃整朝仪。"② 可见，唐代监察机构为"一台三院制"，即御史台由台院、殿院和察院组成。宋代也基本上沿用此制，少有变化。如果要说变化的话，大概一是宋朝御史制度以中丞为台长，即以御史中丞行御史大夫之职责，侍御史知杂事为副。二是御史台察院几乎无"巡按郡县"之责，只着力于中央之监察——"御史专领六察"③。但"六察"范围扩大，权力增重。

值得一提的是元朝加强了中央监察职能，主要表现在元朝御史台官员地位（尤其是品秩）提高、权力增重，可以说是空前绝后的。《元史·百官志》载："御史台大夫二员，从一品；中丞二员，正二品；侍御史二员，从二品；治书侍御史二员，正三品；掌纠察百官善恶，政治得失……殿中司殿中侍御史二员，正四品……凡大朝会，百官班序，其失仪失列、则纠罚之……察院秩正七品，监察御史三十二员，司耳目之寄，任刺举之事。"其权力之重，我们仅从最低品秩的七品御史的重要作用便可知其大概。据吴澄《送监察御史刘世安赴行台序》所说："夫服七品之服，而自一品以下之官府莫不畏惮。地无远近，事无大小，官之得失，民之利病，有闻无不得言，有言无不得行。"

明初对监察制度的改革，结束了自唐代开始建立的一台三院制，开始了明清都察院制。

---

① 《清史稿·刑法志三》。

② 《唐六典·御史台》。但《新唐书·百官三》载："台院有令史七十八人，殿院有书令史十八人，察院有计史三十四人，令史十人，掌固十二人。"与《唐六典》稍有不同。

③ 谢维新《合璧事类》载："唐台案有六监司。元丰二年，李定请复六察，于是御史专领六察。元丰三年，御史台言：请以吏部及审官东西院、三班院，隶台察；户部三司及司农寺，隶户察；刑部、大理寺、审刑院，隶刑察；兵部、武学、隶兵察；礼祠部、太常寺，隶礼察；少府、将作等，隶工察。从之，其后大正官名……以六察官为监察御史。"

明代以左、右都御史为长官，同时设十三道监察御史。都御史的职责是纠劾百司，辨明冤枉，提督各道，为天子耳目风纪之司。一是拥有弹劾权：对百官"奸邪"、"乱政"和"猾茸贪冒坏官纪"等行为实行弹劾；二是参加重大案件的会审，凡"大狱重囚会鞫于外朝，偕刑部、大理寺谳平之"。特别是会审特别重大案件，与刑部、大理寺、五部尚书和通政使共同审理。监察御史的职责：一为弹劾权。所谓"十三道监察御史，主察纠内外百司之官邪，或露章面劾，或封章奏劾"①。二是参与司法审判。在京，凡遇大狱重囚之审判，监察御史与大理寺、刑部官员共同审理。出巡在外，所谓："按临所至，必先审录罪囚，吊刷案卷，有故出入者理辨之。"②

明代中央监察除都察院外，还设置六科给事中即吏、户、礼、兵、刑、工六科。每科设给事中1人为长官，左、右给事中各1人为副。六科给事中职责一为弹劾六部百官的违法犯罪，二是参与司法审判。"凡三法司奏旨于午门前鞫问罪囚，掌科官亦预。"③ 值班登闻鼓楼，受理击登闻鼓上诉。如遇决囚时有投牒诉冤者，则有权"停刑请旨"④。

清朝自乾隆定制后，设左都御史为都察院长官，掌院事，满、汉各1人；左副都御史为都察院副长官，协理院事，满汉各2人；属官设经历司经历、都事厅都事等等⑤，其职责大体为"掌司风纪，察中外百司之职，辨其治之得失与其人之邪正。率科道官而各矢其言责，以饬官常，以兼国宪……凡重辟则会刑部、大理寺以定谳，与秋审、朝审"⑥。具体分工为左都御史主持院事：察核官常、纠失检奸、像参朝廷大议、会审重大案件……左副都御史协助主官履行职权。另外，设京城五城察院（东、西、南、北、中五城）巡城御史2人（满、汉各1人），由都察院派遣监察御史和六科给事中充任，掌察京城诸事，主管京城司法治安，实际上带有地方官性质。还设有"稽察内务府御史处"经承2人，其职责为稽察紫禁城内之事，核查内务府钱粮之事，带有财物监察色彩。"宗室御史处"宗室御史2人，经承3人，掌察宗人府银库钱粮册籍及盛京宗人府优恤银颁发等事，同样带有对宗府的财务监察色彩。清初六科给事中沿袭明制，雍正、乾隆时期转隶于都察院，主要以监察、弹劾百官违法行为为要务，同时参与会审案件、监考会试、巡视京营、巡盐、巡仓、巡查……

2. 地方司法官及其职责

唐代地方司法官为县令、府尹、州刺史，即地方行政、军事长官兼任之。地方司法长官亲自"掌察冤滞，听狱讼"⑦。但由于府尹多设置于两都和冲要地区，一般不必亲自折狱听讼⑧，然而仍要与州刺史一样每年巡视所属各县行录囚，检查在押犯的情况。唐代地方长官下属的直接承办案件的属吏增多，县有司法佐、史、典狱，府州设法曹参军（或司法参军）、户曹司户参军等官吏，负责鞫狱定刑，督捕盗贼和审理民事案件。

宋朝地方司法官，路为提点刑狱（公事），州为知州，县为知县。其中州长官以及相当

---

① 《明史·职官志》。

② 《明史·职官志》。

③ 《明会典》卷二一三。

④ 《明史·职官志》。

⑤ 参见《清史稿·职官志》、《皇朝文献通考·都察院》。

⑥ 《大清会典·都察院》。

⑦ 《唐书·百官志》。

⑧ 参见熊先觉：《中国司法制度简史》，41页，太原，山西人民出版社，1988。

于州一级的府、军、监长官掌管所辖地区的司法事宜，除下设尹1人外，还设有判官、推官4人，轮流审理案件；设司录参军1人，处理户口婚姻等民事诉讼。知县为县司法主官，负责一县的司法事宜，"平决狱讼之事"。主要属官有县丞、主簿和县尉。路一级的提点刑狱虽为中央在地方的司法派出官，但实际上成为了地方最高一级的司法官，其职"掌察所部之狱讼而平其曲直，所至审问囚徒，评复案牍，凡禁系淹延而不决，盗窃逋窜而不获，皆劾以闻，及举刺官吏之事"①。

元朝地方政权为省、路、府（州）、县四级，各级都设有达鲁花赤1人，由蒙古人或色目人担任。达鲁花赤权力很大，可凌驾于各路总管和府、州、县尹之上，直接鞫勘罪囚。省设提刑按察司和肃政廉访司，为全省最高司法官，监督各路的司法事宜，对各路审断不当案件，除上报中央司法机构外，也可自行审理。

明朝在地方行政机构省、府（直隶州）、县（散州）三级中，省设提刑按察使1人，职掌一省刑名按劾之事。下设副使、佥事协助司法审判工作。另外，省之布政使也有过问狱讼的权力，但不专职。府设知府，职掌狱讼，属官有推官，佐理司法。县有知县1人，职掌"一县之政，严缉捕，听狱讼"②。知县下设佐吏2人，掌管钱粮事务，也可参与断案。

清朝地方司法分四级设置：县（厅、州）、府（直隶州、厅）、司、院。③县的司法长官为知县或知州，掌一县或一州之政令，亲理诉讼，"自行审理一切户婚、田土"等纠纷，以及斗殴、轻伤、偷窃（40两以下）等案件，对于人命、强盗、拐骗、邪教、私盐、窝赌等应判处徒刑以上案件，则"拟罪"上报，作为上一审级定罪的基础。府设知府，司法职能是"决讼检奸"，复核县上报的刑案，复审州、县解来的人犯，对于翻供或证据不准确案件有权驳回重审。复审与州县初审无异，"看语"（拟罪意见）再上报定罪。"司"是指省设按察使司，长官为按察使，主持一省刑名事务④，复审府一级的上报案件，对徒刑案件进行复核，对军流、死刑案件进行复审，发现错案有权进行驳斥，或发回重审，或发至他县更审。如无须驳回的案件，则加上"审供无异"的看语上报督抚定案。院是指一省之长官的总督和巡抚⑤，同时也是一省之最高司法长官，为地方最高审级。督抚对军流案件进行复核，对死刑人犯进行复审。复审如与司、府、县审供相同，则作出看语，专案具题皇帝，同时揭帖副本咨送刑部与大理寺。案件复核后则咨报刑部，听候批复。徒刑案件，督抚则可作出具有法律效力的终审判决。

---

① 《宋史·职官七》。

② 《明史·职官志》。

③ 据《大清会典》卷四《吏部》载："总督巡抚分其治于布政司，于按察司，于分守、分巡道；司、道分其治于府，于直隶厅，于直隶州；府分其治于厅、州、县；直隶厅、直隶州复分其治于县。"如按此说，清代地方司法机关则可认为有省、道、府、县四级。

④ 按察使、布政使、都指挥使号称三司，同为一省的最高官员，至清代由于总督巡抚正式成为一省之长官，按察使与布政使（都指挥使已取消）实际上已成为督抚的属官。尽管如此，按察使仍然是主持一省司法审判事务的官员。

⑤ 清代一般每省设一巡抚，两三省设一总督。前期全国设有总督8个（直隶、两江、闽浙、湖广、两广、陕甘、四川、云贵）巡抚12个（山东、山西、河南、江苏、安徽、江西、福建、浙江、湖南、陕西、广西、贵州。直隶、四川、湖北、广东、云西等省巡抚由总督兼位）。清末又增新疆、台湾、奉天、吉林、黑龙江等巡抚和东三省总督。

3. 地方监察官及职责

唐代对地方监察，除中央御史台的察院外，还有皇帝钦派巡察使分监察区进行监察。察院的监察御史巡按州县，主要是推鞫狱讼，各道巡按是一种经常性的地方巡回检查制度，各道巡察使甚至是地方长官，监察范围很广。如开元年间全国置十道监察区后，十道巡按以六条巡察州县："其一，察官人善恶；其二，察户口流散，籍帐隐设，赋役不均；其三，察农桑不勤，仓库减耗；其四，察妖猾盗贼，不事生业，为私蠹害；其五，察德行孝悌，茂才异等，藏器晦迹，应时用者；其六，察黠吏豪宗兼并纵暴，贪弱冤苦不能自申者。"①

宋代的地方监察很有特点，中央御史台察院不负责巡按州县的职权，主要由"监司"（转运使司、提点刑狱司和提举常平司）和"监州"（通判）负责。为了加强对州县地方官的监察，在州一级设通判，掌管监察："建隆四年，诏知府公事并须长吏、通判签议连书，方许行下……职掌倅贰郡政，凡兵民、钱谷、户口、赋役、狱讼听断之事，可否裁决，与守臣通签书施行。所部官有善否及职事修废，得刺举以闻。"② 在州以上设路，路首先是中央在地方所设的监察区，路之三使（转运使、提点刑狱使、提举常平使）首先是监察官，称为监司官，其职责为"朝臣外置监司以为耳目之官，提振纲纪。天下官吏有贪墨而不廉者，有违越而无操者，有残毒而害民者，有偷惰而弛职者，一切使之检察其实以闻，朝廷听赖以广聪明于天下而行废黜"③。但值得注意的是，宋代虽然重视地方监察，其监察职权也很广泛，但他们都不是专职监察官，而且互不隶属，都是独立进行监察，直接向皇帝负责。

元代创设了由行御史台和诸道肃政廉访司组成的两级地方监察。行御史台为地方最高监察机构，官员设置基本仿行中央御史台，只是监察御史数量略少。诸道肃政廉访司是地方上的基层监察组织，到至元年间全国定制为 22 道，各道肃政廉访司设有肃政廉访使、副使各 2人，佥事 4 人，还有经历、知事、照磨廉管勾、书吏、译史等 28 人，所有监察官吏各自行使其职责。

明代地方监察可谓机构全、官吏多、权力重，前所未有。按照组织系统而言可分为三：一是设置按察司、按察分司。据《明史·职官志》规定，官员设按察使 1 人，副使、佥事若干。其属有经历、知事、照磨、检校、司狱。其职责是：按察使"掌一省刑名按劾之事。纠官邪、戢奸暴、平狱讼、雪冤抑，以振扬风纪，而澄清其吏治。""副使、佥事，分道巡察，其兵备、提学、抚民、巡海、清军、驿传、水利、屯田、招练、各专事置，并分员巡备京畿"④。按察分司置于道府州县，设试佥事数百人，其职责为"人按二县，凡官吏贤否、军民利病，皆得廉问纠举"⑤。二是设十三道监察御史⑥，这是由中央监察机关派往地方的监察官，分道监察，每年八月出巡所分管的监察区。监察御史官微权重，"代天子巡狩，所按藩

---

① 《新唐书·百官志》。
② 《宋史·职官七》。
③ 《资治通鉴长编》卷四〇一。
④ 《明史·职官志》。又《明会典》卷四十引世法录：朱元璋曾诏令按察司官员说："凡宪之设在整肃纪纲、澄清吏治、非专理刑，尔等务明大体，毋拘绳墨之末。"可见明代按察司与都察院一样，同为"风宪衙门"，重在监察。
⑤ 《明史·职官志》。
⑥ 十三道监察区为浙江道、江西道、福建道、四川道、陕西道、云南道、河南道、广西道、广东道、山西道、山东道、湖广道、贵州道。

服大臣、府州县官诸考察，举劾犹专，大事奏裁，小事立断"①。三是设督抚监察。明代往往在地方发生重大事变之时，派出更高级别的都御史带衔出巡（加巡抚、总督衔）。其职责为"兴利除弊，均赋税，击贪浊，安善良，惟巡抚得以便宜从事。"② 另外，还拥有对地方官吏的人事、军事和行政的监察权。③

清代地方监察在明制基础上更趋完善和严密，形成有特点的地方监察机制。一是督抚虽为地方最高行政、司法长官，但还负有监察之责：总督"掌厘治军民，综治文武、察举官吏、修饬封疆"④。巡抚"掌考察布（布政使），按（按察使）诸道，及府、州、县官吏之称职不称职者，以举劾而黜陟之"⑤。二是提刑按察使虽为专门司法官，但仍然掌管地方监察工作。按察副使、佥事专司巡察，纠举百官之违失，其属官经历、知事等也有"勘察刑名"、"检察系囚"的职权。三是采用地方兼职监察与专门监察相结合的方法，即在中央都察院下设15道监察御史⑥，每道设掌印监察御史及监察御史，由满汉官员充任，职掌"纠举内外百官之官邪。在内：刷卷、巡视京营、监文武乡会试、稽察部院诸司；在外：巡盐、巡漕、巡仓等，及提督学政。各以其事专纠察"⑦。

第二节
法律责任

一、违法受讼和不受讼的法律责任

中国古代法律强调司法官依法受理词讼，如有依法应受理而不受理，或依法不能受理而受理者，都是违法犯罪行为，要承担相应的法律责任。主要包括以下几个方面：

1. 应受理而不受理

就目前资料所载，早在西周时期就有了明文规定：司法官不受理应该受理的诉讼，应受

① 《明史·职官志》。
② 《明史》卷一五九。
③ 《明会典·考察通例》载："凡在外官员，有旌异、保留、纠劾之例，今抚按官皆得行之。所至地方有不时论劾，有复命举劾。"《古今图书集成》卷五十六《铨衡典》载："国初兵事专任武臣，后曾以文臣监督，文臣重者曰总督，次曰巡抚。"海瑞曾订《督抚应天条约》说，凡整饬兵备、缉追捕欠、查核仓库、考核官箴、均徭里甲等行政均在其管辖之内。
④ 《清史稿·职官志》。
⑤ 《皇朝文献通考》卷八十二。
⑥ 十五道为：京畿道设掌印监察御史、监察御史，满汉各一人，分理直隶，盛京刑名；河南道、浙江道、山西道皆设掌印监察御史、监察御史，满汉各一人，相应分理各地刑名；江南道设掌印监察御史，满汉各一人，监察御史，满汉各三人，分理江南刑名；山东道设掌印监察御史，满汉各一人，监察御史，满汉各二人，分理山东刑名；陕西、湖广、江西、福建、四川、广东、广西、云南、贵州等道，均设掌印监察御史，满汉各一人，不设监察御史，相应分理各地刑名。至光绪年间增为20道（析江南为江苏、安徽二道，析湖广为湖北、湖南二道，增辽沈、甘肃、新疆等道），真正按省分道"专司纠察"。
⑦ 《皇朝文献通考》卷八十二。

到法律的惩处。① 如果说，西周时期的法律规定尚属相当原则和粗疏，那么后代在此基础上逐渐趋于明细和完善。唐律中明确记载，按法令规定应该受理的诉讼，司法官应马上受理审判，如果推诿、压制不予受理，则构成司法官犯罪行为，处以笞刑五十；如果总计不受理的有四件，处刑是杖刑六十；不受理案件达十件者，处以杖刑九十为止。② 唐代一般地禁止越诉；但如果司法官阻碍合法上诉，处以笞刑五十。对于"邀车驾及挝登闻鼓"等直诉，司法官不受理则"加罪一等"。特别是对于重大犯罪的控告，如谋反、谋大逆、谋叛等罪，官府接到控告后，如果不立即受理，进而突击逮捕，时误半日的，司法官员的法律责任是与"知而不告"的犯罪相等，处以流刑二千里或死刑绞刑。③ 司法官违法不受讼的法律责任制度自唐定型后，宋元明清各朝沿袭之。④

2. 不应受理而受理

由于中国古代集权的专制统治、等级森严、特权突出，以及漠视民众权利等各种缘故，因此，在诉讼方面相应规定了种种限制性措施。如果司法官吏违背规定，受理依法不能受理的诉讼，理所当然地构成违法犯罪，要承担法律责任。秦简中规定了"非公室告"（父母告子女盗其财物，子女、奴婢告父母、主人对其擅用刑）案件、"州告"（指罪人，其所告且不审，又以他事告之）案件、"家罪"（指父伤害家人、奴婢或儿子杀伤父亲的畜牲或盗窃父亲的财物，在其父死后才有人告发）案件，司法官都不能受理。如果受理，司法官要承担法律责任。可惜的是，究竟承担何种刑事责任，则语焉不详。自唐开始直至清朝，司法官违法受理案件的法律责任则已具体化、制度化。主要有下列几种情形：

（1）受理越诉的法律责任

古代形成了比较严格的逐级诉讼制度，除了特殊情形外，司法官不能受理越级起诉，如果受理，司法官要负法律责任。比如《唐律疏议·斗讼·越诉》规定："凡诸辞诉，皆从下始。从下至上，《令》有明文。谓应经县，而越向州、府、省之类，其越诉及官司受者，各笞四十。"

（2）受理匿名信的法律责任

中国古代禁止用匿名信告发犯罪。利用匿名信告诉，司法官不能受理，如果受理，构成犯罪。在法典中明文专条作出规定的始于唐朝，据《唐律疏议·斗讼》"匿名书告人罪"条记载：对于投匿名信告发，"官司受而为理者，加等……辄上闻者，徒三年"。意指司法官受理匿名信，按送书人的罪加重二等，判处徒刑二年。得匿名信的告案上报奏闻皇帝的，判处

---

① 《十三经注疏》上《周礼注疏》卷三十六《禁杀戮》："攘狱者，遇讼者，以告而诛之。"按郑玄解释，"攘狱者，距当狱者也；遇讼者，遇止欲讼者也"。又说"攘，犹却也，却狱者，言不受也"。贾公彦进一步解释为"却狱者，言不受也"。谓人有罪过，官有文书追摄，不肯受者。

② 《唐律疏议·斗讼·越诉》载："若应合为受，推抑而不授者，笞五十；三条加一等，十条杖九十。"其后以"疏议曰"开头对此作进一步解释："依令听理者，即为受。推抑而不受者，笞五十。'三条加一等'，谓不受四条。杖六十，十条罪止杖九十。"

③ 《唐律疏议·斗讼·密告谋反大逆》载："官司承告，不即掩捕，经半晴，各与不告罪同。"对此，以"疏议曰"开头解释道："官司承告谋反以下，不即掩捕，若经半日者，谓经五十刻，不即掩捕，各与'不告'罪同。不告属指"知谋反及大逆者，密告随近官司。不告者绞。知谋大逆、谋叛，不告者，流二千里。"

④ 详见《宋刑统》卷二十二"告反逆"、卷二十四"越诉"；《元史·刑法志》"诉讼"；《明律·刑律·诉讼》"告状不受理"条等史籍。

徒刑三年。

（3）受理诉状格式不合要求的法律责任

《唐律》规定：司法官如果受理可疑不明的诉状进行审判，比照所告之本罪，减轻一等处刑。所谓诉状可疑不明，是指未注明时间年月，所陈犯罪事实不清可疑者。

（4）受理老少笃疾者告一般罪的法律责任

古代已经注意到了老少和笃疾之人由于生理条件所限缺乏独立的行为能力，也由于传统法律思想中"恤刑"理论的影响，同时还由于统治阶级重视对危害君主和国家等严重犯罪的惩处，因而相对轻视对一般性犯罪的论刑，并在法律中作此规定。比如《唐律疏议·斗讼》"囚不得告举他事"条说：年老年少以及身患重病的人，除对于犯谋反、谋大逆、谋叛罪、子女不孝罪和缺少供养罪，以及他们在同居之内被人所侵犯等项外，其余一概不许告发。如果告发，司法官不能受理，否则按所推勘的告举罪减三等处刑。① 除此以外，诸如在押囚犯、赦免以前的事告发者，以及亲告乃论之罪而无亲告者等，司法官都不能受理，否则承担相应的法律责任，处以相应的刑罚。②

二、违法审讯的法律责任

在这方面主要是违法刑讯的法律责任。古代刑讯制度起源于西周，禁止违法刑讯的制度亦开始于西周。《礼记·月令》载："仲春之月……命有司省囹圄，去桎梏，毋肆掠。""掠"指"捶治人"。意为要求司法官在春季的第二个月不得刑讯人。秦律规定在审问犯人时，犯人辞穷，多次欺骗，改变供词，拒不服罪时，可以依法进行刑讯拷打。③ 魏晋南北朝时也有类似法律规定。④ 虽然可以看出从西周至魏晋，法律上有了对刑讯的种种限制，强调依法刑讯拷问，但司法官违法刑讯拷问需承担怎样的法律责任，可以说律缺明载。直到唐宋以后，才建立完善的法官违法刑讯的责任制度。

其一，《唐律疏议·断狱》"讯囚察辞理"引《狱官令》说：司法官只有在"验诸证信，事状疑似，犹不首实"的情况下才能"拷掠"，否则，违法拷讯的司法官要处以"杖六十"的刑罚。同时《唐律疏议·断狱》"决罚不如法条"还规定进行拷讯时，必须施于法定部位："决笞者，腿、臀分受；决杖者，背、腿、臀分受，须数等。"如果违制，司法官要处以"笞三十"的刑罚。致囚犯死者，处以刑罚徒刑一年。辽金元时期亦有类似规定，而明清法律的相关规定更为详细。⑤

---

① 《唐律疏议·斗讼》"囚不得告举他罪"条载："即年八十以上，十岁以下，及笃疾者，听告谋反、逆、叛、子孙不孝及同居之内为人侵犯者，余不得告。官司受而为理者，各减所理罪三等。"对此，以"疏议曰"开头解释道："老、少及笃疾之罪……惟知谋反，大逆、谋叛、子注不孝及阙供养，及同居之内为人侵犯者，如此等事，并听告举。自余他事，不得告言。如有告发，不合为受。官司受而为理者，从'被囚禁'以下，减所推罪三等。假有告人徒一年，官司受而为理，合杖八十之类。"另见《明律·刑律·诉讼》"禁囚不得告举他事"条；清律同条。

② 参见《唐律疏议·斗讼》"囚不得告举他事"、"殴伤妻妾"、"子违反教令"、"妻妾殴詈夫父母"等条；明清律中《刑律·诉讼》"禁囚不得告举他事"、"骂詈"等条。

③ 《睡虎地秦墓竹简·封诊式》载："诘之极而数池，更言不服，其律治（笞）谅（掠）者，乃治（笞）谅（掠）。"

④ 详见《魏书·刑法志》。

⑤ 详见《元史·刑法志》；《明律·刑律·断狱》"决罚不如法"条、"故禁故勘平人"等条例。

其二，《唐律疏议·断狱》"拷囚不得过三度"记载刑讯有法定的限度："诸拷囚不得过三度，数总不得过二百，杖罪以下不得过所犯之数……若拷过三度及杖外以他法拷掠者，杖一百；杖数过者，反从所剩；以故致死者，徒三年。"同时，该条还规定：当拷讯时，如果囚犯身长疮疾或身患疾病，不等待囚疮好病愈就拷讯的，司法官应处以杖刑一百。如果对囚决以杖刑、笞刑者，司法官应处以笞刑五十。如果对于囚犯在疮病未好就进行拷讯，以及对其执行杖刑、笞刑罪而致死者，司法官应处以徒刑一年半。假若依法行杖，囚犯又恰好在此期间偶然身死的，对司法官则不予论罪。但对此，仍由主管长官以下官员亲自去检验囚尸，弄清没有其他原因致死，且具文立即报告上司，如果长官等不立即勘验的，则应负刑事责任，杖六十。同时，该条还规定依法拷囚限满后不释放的，司法官也要负刑事责任。

其三，《唐律疏议·断狱》"八议请减老小"条规定了对依法不能拷讯之人进行拷讯的责任。"诸应议、请、减，若年七十以上，十以下及废疾者，并不合拷讯，皆据众证定罪，违者以故失论。"即承担的刑事责任是按故意出入人罪或过失出入人罪论处。宋律规定基本同于唐律。明清法律在继承唐宋法律的基础上规定得更具体。①

中国古代法律还规定了司法官对妇女违法拷讯要负刑事责任。此项责任制度可能起源于汉朝，以儒家思想为主导的正统法学自汉朝开始建立后，随之产生的恤刑原则中就规定："其著令：年八十以上，八岁以下，及孕者未乳、师、侏儒，当鞠系者，颂系之。"② 由此可推及怀孕妇女在犯罪后妊娠期间是不准拷讯的。对于此项规定，尤其是司法人员违法的具体责任最早、最完整的记载见于《唐律疏议·断狱》"拷决孕妇"条。宋代以后，历朝法律都继承这一制度。宋唐一制，明清相近。如《明律·刑律·断狱》"妇人犯罪"条记载：孕妇犯罪以后，依律应拷讯的，先交给其丈夫看管，到产后期满一百天时才行拷讯。如果司法官在孕妇未产时进行拷讯，因此而致其流产的，承担的刑事责任是减伤害罪三等处刑；因此致死人命的，则要处以杖刑一百，徒刑三年。如果产后未满百日而拷讯的，比照未产而行拷讯减一等处刑。即使犯死罪，也必须在产后百日才处刑。如未产而拷讯者，或产期未满而决者，或其过限不决者，司法官承担的刑事责任分别是杖刑八十、杖刑七十和杖刑六十。过失者，各减其三等处刑。

其四，不用法定刑具拷讯的法律责任。在法律中明确规定刑具者，据目前资料所见，大致始于汉朝。自汉至魏晋南北朝都强调"拷讯如法"，必须使用法定刑具。③ 但如果法官不使用法定刑具进行拷讯时，究竟需承担何等刑事责任，不很清楚。自唐开始，法律有明确规定，司法官依法拷讯囚徒时，必须使用法定的"讯囚杖"、"常行杖"和"笞杖"，禁止使用其他拷讯工具。如果"杖长短粗细不依令者"，笞打司法官三十，以此故意致人死命者，则徒刑一年。④ 宋律沿袭唐律规定，并且屡有禁止之令，如真宗在景德四年（1007年）针对黄梅县尉使用非法拷讯工具造成冤案的事实，一是严惩黄梅县尉潘义方，二是诏令各地销毁一切非法刑具："应有非法凡囚之具，一切毁弃，提点刑狱司察之。"⑤ 明清法律对于拷讯工具

---

① 详见《明律·刑律·断狱》"老幼不拷讯"条。

② 《汉书·刑法志》。

③ 详见《汉书·刑法志》。

④ 参见《唐律疏议·断狱》。

⑤ 《续资治通鉴长编》卷六十七，景德四年十月乙卯。

及违法责任所作的规定则更为严格、详细。①

三、违法裁判的责任

1. 不依律判决的责任

中国素来强调成文法的适用，司法官办案时，必须严格遵循成文法律，早在西周时期，就已形成制度。《吕刑》反复强调司法官在惩处犯罪时，要严格遵循法律——"惟敬五刑"，一定要按法律办案——"惟察惟法，其审克之"；只有依律判决才能做到审判公允——"明启刑书胥占，咸庶中正。其刑其罚，其审克之"②。如果不是依法判决，而是曲法断案，所谓"惟官、惟反、惟内、惟货、惟来"，即司法官在断狱中或依仗自己的权势，或乘机勒索财物，或贪赃枉法，由此产生错误，司法官承担的法律责任和审理的所犯之罪的刑罚一样——"其罪惟均"③。

战国、秦朝时期，封建法制始建，开始形成依法刑处司法官违法裁判的制度。特别至魏晋时期，律学长足发展，律学家注重从理论上阐述、研究法律的诸问题，对于如何对待依律定罪的问题也成为一个研究课题。晋代律学家刘颂提出："律法断罪，皆得以法律令正文，若无正文，依附名例断之……法吏以上，所执不同，得为异议。如律之文，守掌法之官，惟当奉行律令……惟得论释法律，以正所断，不得援求诸外，论随时之宜，以明法官守局之分。"④刘颂的这个理论经过大臣的充分讨论后被正式规定在法律中："守文直法，臣吏之节也"；"今法素定，而法为议，则有所开长，以为宜如（刘）颂所启，为永久之制"；"执法断事，既以立法，诚不宜复求法外小善也。若常以善夺法，则人逐善而忌法，其害甚于无法也"⑤。由此可见，在魏晋时期，法律规定司法官要严格以律断罪，否则是要承担法律责任的。在此基础上，唐宋法律进一步明确为："诸断罪，皆须具引律、令、格、式正文，违者笞三十。"⑥ 而明清法律对引律断罪的要求及法律责任规定得更加严格、更加明确。⑦

2. 出入人罪的责任

在审判案件中，司法官因故、失加重或减免犯人罪责的都要承担刑事责任，这种法律规定大致始于西周。司法官在司法审判中犯"五过之疵"：惟官、惟反、惟内、惟货、惟来，其罪惟均。⑧ 即因依仗权势、挟嫌报恩、受女人影响、收受贿赂、受人请托而出入人罪者，都实行"反坐其罪"的原则。

秦汉时期法律中规定司法官犯"失刑"、"纵囚"、"不直"等故失出入人罪者，都要负法律责任。⑨ 究竟对违法的司法官怎样处理，《法律答问》对故意行为所犯的不直和纵囚罪的司

---

① 详见《明律·刑律·断狱》"故禁故勘平人"条，《皇明制书》下册所载《问刑条例》，及《清史稿·刑法志》等史籍。
② 《尚书·吕刑》。
③ 《尚书·吕刑》。
④ 《晋书·刑法志》。
⑤ 《晋书·刑法志》。
⑥ 《唐律疏议·断狱》。
⑦ 参见《明律·刑律·断狱》"断罪引律令"条。
⑧ 参见《尚书·吕刑》。
⑨ 详见《睡虎地秦墓竹简·法律答问》。

法官处刑是："廷行事，吏为诅伪，赀盾以上，行其论。有废之。"即对司法官处以罚一盾以上钱以外，还要撤其职并永不续用。汉承秦制，也有"出罪为故纵，入罪为故不直"的法律规定。①

自唐至明清，法律对司法官的责任问题规定得具体、明确。大致主要有如下几个方面的内容：

一是故意出入人罪的责任。

故意出入人罪包括两个方面：一是故意出人罪，二是故意入人罪。"诸官司入人罪者，若入全罪，以全罪论；从轻入重，以所剩论；刑名易者，从笞入杖，从徒入流，亦以所剩论，从笞杖入徒流，从徒流入死罪，亦以全罪论。其出罪者，各如之。"② 唐律中的入全罪负全罪的责任，似如西周"其罪惟均"的处罚。"从轻入重，以所剩论"，正如《唐律疏议》解释的那样，假如从笞刑十入于笞刑三十，所剩为二十；徒刑一年入于一年半，所剩为徒刑半年。即司法官要负的刑事责任是笞刑二十和徒刑半年。"刑名易者"，即刑名改换的，如应处笞刑的却改换为杖刑，对司法官也应按所剩下的杖刑罪论处。对应处徒刑的却改处流刑，按流刑三等（流二千里、二千五里、三千里）都比照多处徒一年为所剩对待，司法官员的刑事责任为徒一年。如在流刑中从轻入重，即流二千里入于二千里五百里，或三千里，都比照多判处徒刑半年对司法官处刑；如入于加役流，则按劳役二年为所剩罪对司法官进行判罪。把徒、流入死罪的，则应按照完全枉判他人死刑的法律规定判处司法官以死刑。所谓故出人罪者，是按所减轻的罪予以刑处。如从死刑减轻或流刑，则以徒刑或流刑刑处司法官。对此，明清时期最有代表性的法律规定如下："凡官司故出入人罪，全出全入者，以全罪论。若增轻作重，减重作轻，以所增减论，至死者坐以死罪。"③ 根据明律该条注释，它与唐宋不同的地方在于：故意于人之罪的，如果入于徒罪的，每入于徒一等折杖刑二十，每入于流罪一等折合徒刑半年，入于死罪并已决者，折合死罪刑处司法官。相反，故意减重为轻者，也依此计算处罚。

二是过失出入人罪的责任。

唐律规定过失出入人罪也构成犯罪，也要负刑事责任，不过它与故意出入人罪相比，刑罚有所减轻。对此《唐律疏议·断狱》规定："即断罪失于入者，各减三等，失于出者，各减五等。若未决放及放而还获，若囚自死，各听减一等。"这就是指过失出入人罪，也分别全罪及所剩的不同情况比照故意犯对司法官减等处刑；过失入人以罪的减三等处刑；过失出入以罪的，减五等处刑；从笞刑入人于杖百，于所剩罪上减三等；入罪至徒刑上减三等，处杖刑八十；失出于死罪的，减五等处徒刑一年半。明清法律的规定也大致相同。④

另外，在审判中司法官要负的责任，还包括惩治缘坐没官不依法，法官受赃枉法，法官赦前断罪不依法，法官违法错判徒流死罪等方面的法律责任。

---

① 参见《汉书·功臣表》。
② 《唐律疏议·断狱》。
③ 《明律·刑律·断狱》"官司出入人罪"条。
④ 参见《明律·刑律·断狱》"官司出入人罪"条。

四、违法执行判决的责任

1. 执行死刑不复奏的责任

"复奏"之制是中国古代诉讼制度中一项重要制度。司法机关判决死刑后，必须奏请皇帝核准后才能执行，否则司法官构成犯罪，要承担刑事责任。一般认为，死刑复奏之制出现于北魏时期，史载："当死者，部案奏闻"①；正式形成制度则在隋律中。据《隋书·刑法志》记载："死罪者，三奏而后决。"唐律沿袭隋之传统，实行三复奏制度，同时，还实行五复奏和一复奏制度。司法者违反这种规定，便构成犯罪，承担刑事责任。据《唐律疏议·断狱》记载："诸死罪囚，不待复奏报下而决者，流二千里。即奏报应决者，听三日乃行刑，若限未满而行刑者，徒一年。即过限，违一日杖一百，二日加一等。"

宋代相比唐代而言大有减少复奏次数的趋势，宋朝统治者鉴于大量案件积压淹滞的情况，为了减轻刑狱淹滞的不利影响和压力，对复奏制度做了变通②，但对于"死罪囚不待复奏报下而决者"的责任与唐律中规定相同。同时，宋代还明确了"不应奏而奏"的责任。虽然在这方面是否"科罪"，经过几次反复后，至宋宁宗庆元年间最后规定为"自今有司奏谳死刑不当者，论如律"③。明清时期坚持死刑案件"三复奏"制度，并同样规定了司法官违制的责任。④

2. 违时令行刑的责任

受阴阳理论的影响，古代中国形成了一条秋冬行刑（执行死刑）的原则，这个思想理论最初出现于西周的"协日刑杀"。古人认为行刑是执行"天罚"，要符合天意，而春夏是阳气所主的季节，万物生长，一派生机，不能执行死刑；而秋冬是阴气所主，万物萧条，正是执行死刑的时间，加之经汉代董仲舒附会，认为天道之大道者在阴阳，阳为德，阴为刑。"人君奉天出治，当顺天道肃杀之威，而施刑害杀戮之事。"⑤因此两汉坚持秋冬行刑制度，将死刑执行定于立秋之后，冬至之前，即所谓"断狱不尽三冬"⑥，并且，执行死刑还定在每月的"望后"（下半月）。魏晋南北朝时期也大致如此。但在隋唐以前，司法官违反时令执行死刑应负何种刑事责任，由于史籍尚缺明确记载，难见其具体制度规定。

自唐开始，司法官违时令行刑的责任趋于制度化。根据唐宋法律规定，如果违时令执行死刑，司法官要负的刑事责任是："诸立春以后，秋风以前，决死刑者，徒一年。其所犯虽不待时，若于断屠月及禁杀日而决者，各杖六十。待时而违者，加二等。""待时而违者"是指秋分以前，立春以后，及断屠月、禁杀日不得行刑，故违时日者，加重二等，处杖刑八十。⑦明清时期继承唐宋制度，只是减轻了刑事责任。⑧

---

① 《魏书·刑罚志》。
② 参见《宋史·真宗二》；《续资治通鉴长编》卷五〇二，元符元年九月辛酉。
③ 《事类备要外集·刑法门·详谳》。
④ 参见《明律·刑律·断狱》"死囚复奏待报"条。
⑤ 《礼记·月令》。
⑥ 《后汉书·陈宠传》。
⑦ 参见《唐律疏议·断狱》。
⑧ 参见《明律·刑律·断狱》"死囚复奏待报"条。

3. 违法执行非死刑的责任

对于死刑以外的流、徒、杖、笞等罪判决后，执行刑罚必须按法律规定，否则，司法官要承担相应的刑事责任。唐朝以后对于徒刑和流刑执行要按规定，不得违反程限。

第一，徒流案件判决后，要将罪名告诉其家属，要罪囚服罪，如果罪人不服，要求复审，司法官要受理，不能立即执行刑罚。否则构成犯罪，唐宋法律规定刑事责任是笞五十，明清法律规定的刑事责任是笞四十。[①]

第二，徒流罪犯判决后，无疑问时，应按规定及时送配罪犯，对淹禁稽留不送的行为给予刑处："诸徒流应送配所，而稽留不送者，一日笞三十，三日加一等；过杖一百，十日加一等，罪止徒二年。"[②] 明律规定："凡狱囚情犯已完……审录无冤，别无追勘事理，应断决者，限三日断决，应起发者，限一十日内起发。若限外不断决，不起发者。当该官吏三日笞二十，每三日加一等，罪止杖六十。因而淹禁致死者，若囚该死罪，杖六十，流罪杖八十，徒罪杖一百。杖罪以下杖六十，徒一年。"[③]

第三，对判处徒刑的刑徒，如果掌领囚徒的官吏不令其服役，根据唐代法律规定，要负的刑事责任是："诸领徒应役而不役，及徒囚病愈不计日令陪役者，过三日笞三十，三日加一等，过杖一百，十日加一等，罪止徒二年。"[④] 明律则规定，"拘役徒囚应入役而不入役，及徒囚因病给假，病已痊可，不令计日贴役者。过三日笞二十，每三日加一等，罪止杖一百。若徒囚年限未满，监守之人故纵逃回，及容令雇人代替者，照依囚人应役月日抵数徒役，并罪坐所由受财者，计赃以枉法从重论。"[⑤]

第四，对违法不执行笞杖刑应负的法律责任。笞杖轻罪判决后进行笞、杖时，司法官不依法执行笞杖刑，主要表现在捶打部位的违法，捶打工具的违法和捶打中换人的违法。如是，司法官要负相应的刑事责任，具体规定已如前述。

第三节
处事风格与角色意识[⑥]

一、循吏与酷吏

1. 循吏

循吏者，司马迁定义为"奉职循理，亦可以为治，何必威严"[⑦] 之官吏，这是历史上首次为"循吏"所作的定义。以后逐渐具体化为循吏能"养之以仁，使之以义，教之以礼，随

---

① 详见《唐律疏议·断狱》、《明律·刑律·断狱》"狱囚取服辩"条。

② 《唐律疏议·断狱》。

③ 《明律·刑律·断狱》"淹禁"条。

④ 《唐律疏议·断狱》。

⑤ 《明律·刑律·断狱》"徒囚不应役"条。

⑥ 参见李交发：《古代中国司法官的处事风格与角色意识》，载《湘潭大学社会科学学报》，2001 (6)。

⑦ 《史记·循吏列传》。

其所便而处之，因其所欲而与之，从其所好而劝之。如父母之爱子，如兄之爱弟，闻其饥寒为之哀，见其劳苦为之悲，故人敬而悦之，爱而亲之"①。由此可见，大致是奉公守法，断狱平恕，亲人爱民的官吏即为循吏。

由于在中国古代社会，司法机关、特别是地方各级司法机关都是多种职能合一，实际上行政官吏、军事官吏兼任司法官吏，真正的司法官不是太多。因此，各级循吏或良吏实际上是多种社会角色的混合物，其中"断狱平恕"、"留心听断"是其职能之一。作为司法官角色的循吏，却是社会最受欢迎的官吏，是历史高歌的清官廉吏。也由此，其声名远播，这也是其处事风格和角色意识的最好注脚。

其一，捍卫法律不惜以死的精神。尽管中国古代是长期的封建专制，所制定、实施的法律仅是治民的工具和驭臣的鞭杖，加之最高统治者的命令制诏不仅是法，而且是最具法律效力的法——所谓"金口御言"，出言即法，制定法随时可成为"口授法"（姑且称皇帝之言为口授法）的奴婢。由此势必造成这样一种黑暗、混乱的执法现象：国家制定法不具权威，"口授法"为法律的"法律"，司法官在执法时，往往是惟言不惟法。对此，西汉杜周有一个绝妙的解释："三尺安在哉？前主所是著为律，后主所是疏为令，当时为是，何古之法乎！"②很明显，在这位汉朝中央司法官的眼里，法律不是过去和现在所制定的法律，而是皇帝们所说的话。诸如此类之人，与其说是执法之吏，不如说是人主之猎犬，根本谈不上任何意义上的忠于法律、公平执法。但是，不可否认的事实是，历代奉公守法、严肃执法、公平断狱的司法官也大有人在，他们甚至不惜以死面对皇帝的颐指气使，维护国家法律的严肃性。他们的处事风格是严肃、果敢，他们的角色意识是忠于法律，他们是不惜以死的司法官。

早在春秋战国时期，就出现过以死殉律的司法官。李离身为晋文公的中央司法官，由于部下审断案件乖违法律，误置人于死罪。他就把自己囚禁起来，认为应当以死来赎罪。晋文公原谅他：这是部属的过错，罪责不在于你。但李离并不开脱自己，说：他身为官长，享受高额的俸禄，如今审理该案有了差错，并误置人于死，不能把罪责全推诿给部属，自己有责任。并且还说：司法官应遵守法条规定，刑罚有了疏误，自己就应该接受刑罚，不然，何以为法官呢？最后还是伏剑自杀而死。③如果说李离的以身殉法，并非与皇帝的直接冲突所致，那么一些敢于冒犯龙颜、忠于法律的司法官更是难能可贵，值得钦敬。

唐代循吏李素立，在唐高祖武德年间担任监察御史。高祖对当时一些"犯法不至死"的罪囚亲下诏令，统统处以死刑，特命李素立立即执行。但李素立坚决反对这种不依律处刑的做法："三尺之法，与天下共之，法一动摇，则人无所措手足。陛下甫创鸿业，遐荒尚阻，奈何辇毂之下，便弃刑书？"一个官仅七品的司法官竟敢如此谏阻和批评龙飞九五、口含天宪的皇帝，真有依律不依言、敢犯龙颜朕命的大无畏精神，这已属不易了，但更使后人钦服的是，李素立在对高祖进行谏阻和批评后，还敢抗命以行："臣忝法司，不敢奉旨。"④李素立冒着生命危险，抗旨护法，真正从一个侧面映现出古代循吏的处事风格和优良品质。

① 《隋书·循吏传》。
② 《汉书·杜周传》。
③ 参见《史记·循吏列传》。
④ 《旧唐书·列传·良吏上》。

在历史上最能体现这种处事风格和司法角色的例子，还当数唐代著名司法官戴胄。戴胄任大理寺少卿时，唐太宗对官吏柳雄（时为温州司户参军）伪造门荫（履历）一事非常恼怒，下令处以死刑，并令大理寺直接承办此案。但戴胄却按法判处柳雄徒刑，并对太宗解释说，此案既已由司法机关处理，不至死罪不能处以死刑。唐太宗很不满意，又另派人去行刑，戴胄竟冒死劝阻，并且接连几次阻止行刑，最后还是维护了法律的庄严性——唐太宗只好宣布赦免柳雄的死罪。① 关于这场唐初官吏伪造门荫案件的处刑之争，《旧唐书·戴胄传》记载了戴胄与至尊皇上的针锋相对的对话。这次对话非常精彩，气氛又异常紧张，但反映的主题却十分的鲜明。不妨摘录如下：

事由：唐太宗诏令：凡伪造门荫以"荫子"入官者，允许自首免罪，不自首者案发后处死刑。时逢一些"荫子"官吏案发，大理寺卿戴胄断狱：不处死刑，只断为流刑。

争论：唐太宗责备：我已下令不自首者死，你却擅改为流刑，这是示我于天下不信，你想"卖狱"吗？

戴胄反对：陛下既把此案交付大理寺审判，就不能亏法。

唐太宗愤怒：你只顾自己守法，难道想让我失信于天下之人吗？

戴胄毫不退让：法律是立天下之大信，言语只是一时喜怒而发，是小愤，陛下要忍小愤而存大信，如果因一时喜怒而违反大信，我真替陛下可惜。

结局：唐太宗接受了戴胄的意见，戴胄捍卫了法律的"大信"。

其二，执行法律惩处恶吏的胆识和勇气。中国古代法律虽然于官民有别，法律是官吏特权的护身符，故有长期以来的"刑不上大夫"之谓。但实际上也不尽然，打开史籍，"刑过不避大夫"的司法官大有人在，他们是敢于秉公执法、搏击豪强、惩治恶吏的执法者。不管他们是充当封建帝王的鹰犬也好，是属于民众之"父母官"也罢，从司法角度上看，其忠于法律、法不阿贵的精神是值得充分肯定的。

东汉初年有个"强项令"董宣，他执行法律不畏皇权，敢于坚决惩治为恶的皇亲国戚。他于皇帝敢据法以争，于恶势力敢依律绳之，颇有声誉。他任洛阳县令时，糟糕的京城秩序，不断的权贵犯罪，使人头痛不已。有一次，光武帝刘秀的侄女湖阳公主的家奴竟敢在城里白昼杀人，县府捕吏不敢进公主官邸缉拿凶犯。董宣则毫不畏惧，邸外候等。一天当凶手与公主外出时，董宣拔刀横路，怒斥公主，处死恶奴。光武帝知道后大怒，派人抓来董宣，并欲当场处死。可董宣临危不惧，据法以争：如果陛下纵容家奴杀人，怎能治理天下？② 说完，董宣一头撞向柱子。不得已，光武帝只好退一步，命董宣向公主叩头，赔礼道歉。董宣不肯，光武帝派人强按其头，董宣却两手支地，死不低头。最后，光武帝也只好笑着说：让"强项令"出去吧。由此，京师秩序大为好转，往日蔑视法律的豪强贵戚、内外官吏皆"莫不震粟"。而董宣也被人们赞为"卧虎"，歌为"枹鼓不鸣董少平"③。

在历史上像汉代董宣一样敢于以律惩顽的司法官，可谓代有其人。如魏晋南北朝时期的郦

---

① 参见《旧唐书·戴胄传》。
② 《后汉书·酷吏列传》载："陛下圣德中兴，而纵奴杀良人，将何以理天下乎！"
③ 《后汉书·酷吏列传》。"枹鼓"，指当时以杖击鼓报警；少平即董宣之字。宋朝范晔收董宣之事录入酷吏传，不知何意，董宣实为良吏也。

道元①；唐朝的薛季昶、杨谭②，以及大名鼎鼎的包拯、海瑞等人都属此类。

其三，情理系狱，充当和调者。在伦理厚积、道德至上的宗法社会里，虽然有制颁成文法的传统，也有"诸断罪皆须引律、令、格、式正文"③的法律规定，甚至还有"断罪皆当以法律令正文。若无正文，依附名例断之。其正文、名例所不及，皆勿论"④的进步主张。但是，情理与法律，天生姻缘，司法审判中的情理情结使司法官常常不得不扮演一个轻视、歪曲甚至抛弃法律而只重情准理的道德教化者和案件调和者，他们的价值取向无非是调停息讼，体现"中庸"与和谐。这不仅贯穿于民事诉讼，而且也体现在刑事诉讼中，可以说是中国古代司法审判中一道醒目的风景线。⑤

古代中国早在西周时期就重视调解息讼了，司法官注重以调停案件为己任。据《周礼·司徒》记载，当时国家专设司法官"调人"，其重要职责就是"掌司万民之难，而谐和之"。春秋时期的大思想家孔子可以称为诉讼调解之大师和先驱。他的诉讼价值观集中表现在"必也使无讼"⑥的大同社会的实现，因此极力宣扬"道之以政，齐之以刑，民免而无耻；道之以德，齐之以礼，有耻且格"的主张。⑦孔子不仅宣扬调解息讼的重大意义，并且身体力行，充当出色的司法调解角色。据《荀子·宥坐》记载，孔子任鲁国大司法官时，曾遇上这样一宗父告子不孝案。孔子不是首先依法审理，而是先将父子二人拘禁起来，并且三个月不加审问，让他们父子俩自己去反省，目的是期望这对父子通过反省，不兴讼事，自行和调。结果，其所预期的目的终于实现了："父子相拥而泣"，主动要求止讼且发誓"终身不讼"。

孔子的行为真可谓"万世师表"，长久地影响着后世司法官的法律意识和司法行为，使司法官成为调解员这一社会角色意识基本定位。因此，自孔子之后出现了仇览（汉代）、况达（唐代）、陆陇其（清代）等等不胜枚举的良官循吏，他们为政一生，办案一生，无不凸显出一种重要的社会角色——诉讼调停者。他们各自的一生中也都无不例外地留下了许许多多令后人津津乐道的调解息讼的著名案例。

---

① 参见《魏书·酷吏传》。

② 据《旧唐书·列传·良吏上》记载，薛季昶为河北道按察使时，"又有藁城尉吴泽者，贪虐纵横，尝射杀驿使，截百姓子女发以为髢，州将不能制，甚为人吏所患。季昶又杖杀之。由是威震远近，州县望风慑惧"。据《旧唐书·列传第一百三十五·良吏下》记载，杨谭"开元初，迁侍御史。时崔日知为京兆尹，贪暴犯法。谭与御史大夫李杰将纠劾之。杰反为日知所构，谭廷奏曰：'纠弹之司，若遭恐胁，以成奸人之谋，御史台固可废矣。'上以其言切直，遂令杰依旧视事，贬日知为歙县丞"。

③ 《唐律疏议·断狱》"断罪引律令格式"条。

④ 《晋书·刑法志》。

⑤ 应该说，调解息讼不只是存在于中国，在古代东方其他国家也如此。如古印度强调"国王本人及其臣仆都不应该教人起诉"（《摩奴法论》，140 页，北京，中国社会科学出版社，1986）。"他们不喜欢打官司，因此，他们无论抵押还是寄存都不发生诉讼"（崔连仲等选译：《古印度帝国时代史料选辑》，北京，商务印书馆，1989）。《俄国历史概要》（上册），北京，商务印书馆，1994）记载，俄国古代在乡村设置"乡村的调解法官"，专司乡村的诉讼调解。《古兰经》也规定"如果两伙信士相斗，你们应当居间调停"，"秉公调停，主持公道"。但是，从调停诉讼的历史渊源、时空背景来看，可以说，其他东方国家不能与中国比肩而立，以礼息讼止讼是中国古代司法官应具备的一项基本素质和重要任务。

⑥ 《论语·颜渊》。

⑦ 参见《论语·为政》。

2. 酷吏

假如说中国古代司法队伍是一个由"秀女"和"悍夫"组成的方阵，其中充当调解角色的循吏是一群既受统治阶级青睐，又被广大子民高歌的秀女，那么另一个面目狰狞的"悍夫"群体则是历朝心狠手辣的酷吏。一般地说，社会给酷吏的画像定格为：持法任术，尊君卑臣，夺策鞭挞宇宙，悬斧肆猛社会者。

其一，君主的鹰犬。

专制社会，实行专制统治，皇帝高高在上，俨然一个大家庭的家长，集国家统治权于一身，其下豢养着一支庞大的官吏队伍，他们绝对地忠于君主，在办案过程中，为达目的，不择手段，不顾刑章。

汉代张汤，属历史上一个很著名的酷吏，喜欢"锻炼成狱"，动辄一案诛连上千人，处死数百人。他身为廷尉后，审理淮南王刘安案，受株连者上万人，其中"二千石豪杰数千人，皆以罪轻重受诛"①。汉代另一位著名的酷吏杜周，一生中唯以君主意旨办案，主要精力也是秉旨案办"诏狱"。每当办案时，不惜把包括证人、罪人家属在内，少则几十人多则数百上千人都拘押于长安，甚至关押在狱的高级官吏（二千石以上者）也不下百数人。他不依法令办案却又能平步青云，从一个小吏达至朝廷司法大臣御史大夫。究竟原因何在？恐怕原因很简单：君主之鹰犬，必被君主所喜爱。

的确，充当君主杀手的司法官，在君主掌操法律、运用权力的过程中，其作用真不可小视。因他们对于维护极端的封建专制，对于君主不遗余力地清除异己力量，镇压所谓的"逆臣乱民"，往往是做常人之不敢为、不忍睹之事。其带来的惨烈结局，充满着泪与血的控诉。历史上有一个例子最具典型性：这就是在唐初，有动辄"妄杀数千人"的周兴②，亦有"按制狱，少不会意者，必引之，前后坐族千余家"的来俊臣③……一群君主的鹰犬，搞得当时社会乌烟瘴气，司法混乱不堪，腥风血雨满朝，呼冤叫屈遍世。

其二，百姓的恶魔。

如上所述，酷吏为了忠实地充当好君主的鹰犬，在古代中国讲仁德的社会里崇尚严酷，一案株连数十数百家，一人犯罪连坐数十数百人，社会视酷吏为虎狼，甚至社会喊出了"宁见乳虎，无值宁成"之怒。④ 除此以外，酷吏大都乐于并善于动用严刑拷掠，残肢害体，使人痛楚不堪。为了成立罪名，逼立口供，动辄严刑。酷吏们一般深谙一个至理：捶楚之下，何求而不得。正是如此，历代名目繁多、惨无人道的审讯用刑不胜枚举。更有甚者，酷吏在审讯中总是变着法儿，无所不用其极地使用酷刑。审讯中被"榜笞数千，刺剟，身无可击者"⑤ 有之；至使掠去拷酷、惨苦无极、"死者大半"、"肌肉消烂"⑥ 者有之；更有被讯之人求生不能、求死不得。⑦

---

① 《汉书·淮南衡山济北王传》。
② 参见《新唐书·酷吏传》。
③ 参见《新唐书·酷吏传》。
④ 参见《史记·酷吏列传》。对宁成酷吏，当时人们视之如虎，甚至母老虎。
⑤ 《史记·张耳陈馀列传》。
⑥ 《后汉书·章序本纪》。
⑦ 如宋初有个叫王元吉的人，被继母诬告入狱，司法官为求口供成立其罪，使用"鼠弹筝"的酷刑。王元吉身体受到极大折磨，痛楚难忍，只求速死。

在此方面，用刑残暴，达至登峰造极者，唐初酷吏可为代表。特录《旧唐书·酷吏（上）》中的一段记载，以资佐证："俊臣每鞫囚，无问轻重，多以醋灌鼻，禁地牢中，或盛之瓮中，以火环绕炙之，并绝其粮饷，至有抽衣絮以啖之者。又令寝处粪秽，备诸苦毒。自非身死，终不得出。每有赦令，俊臣必先遣狱卒尽杀重囚，然后宣示。又以索元礼等作大枷，凡有十号：一曰定百脉，二曰喘不得，三曰突地吼，四曰著即承，五曰失魂胆，六曰实同反，七曰反是实，八曰死猪愁，九曰求即死，十曰求破家。复有铁笼头连其枷者，轮转于地，斯须闷绝矣。因人无贵贱，必先布枷棒于地，召囚前曰：'此是作具。'见之魂胆飞越，无不自诬矣。"

大概学史者无不知悉，唐为一代清明之世，执法施刑也是最轻之时期，且属古代刑讯的"文明"时代。如前所述之所用酷刑，虽是女主执政时期的特殊情形，但它不是偶然现象，而是专制体制下的必然结果。正因如此，所以至明清末世，随着专制之加剧，酷吏之滥刑滥讯节节以长，使得社会惶恐不安，人们对于诉讼的恐惧感达于极致，有一句民谚说得很形象，也很中肯："活人躲衙门，死人躲地狱。"① 在人们的心目中，衙门犹如地狱，酷吏活似阎王。对此，孙中山以其亲身所经历的一事做了注脚。特引如下："一次，我曾去访问一位知县的审案堂，并应邀参加一种新发明的名叫'白鸟变形'的审讯方法。受刑者被剥光衣服，全身贴满五六寸长两寸宽的纸条，看上去像一只白鸟。然后点燃纸条。这一方法反复使用，直到身上起疱。随后将浓盐水涂满全身。受害人的痛苦非语言所能形容。我看着这令人毛骨悚然的表演，心如刀绞，痛苦不亚于受害者本人。我再也抑制不住自己的感情，便托词走开，在一间私室中饮泣。过了不久，县衙中的胥吏走过来对我说：'擦盐水真是一举两得的妙法，既使被告受到不可忍受的痛苦，也更易让它招供，又可预防因烧灼而引起血液中毒。'"②

二、"青天"意识

在专制社会中，无"民主"有"明主"，有"青天"。"青天"意识是专制社会一种普遍存在的社会意识。官吏以做"青天"而光荣和自豪，民众以有"青天"出现和存在而满意和放心。于此，大概古代中国社会尤为突出，所以，打开浩繁的历史典籍，随处可见"青天"为民呼喊、为民申冤、为民做主的记载，其或为了民意和民利，不惜直犯龙颜，冒"天下之大不韪"。因此，"青天"司法官在历史上地位很高，在人民中口碑很好，是社会上一座高耸入云的丰碑。"青天"意识是清官行为的一种思想指导和价值取向。对于司法官而言，首要者乃是法律的公平、公正（当然是相对而言的），在司法上适中尚宽，勿求酷烈，仁恕断狱。正如古人所言："为官长当清、当慎、当勤，修此三者，何患不治乎?"③ 因此，以"清"、"慎"和"勤"修身司法者，乃"青天"意识的集中表现。

1. "清"

清廉品德是为官的必要条件，更是执法的必备前提条件。司法官执掌法律，断人是非，判人罪否，权力很大。因此，社会上的各种人都愿与其接近，特别在是非顿生、诉讼提起之

---

① 孙中山：《中国的司法改革》，载《近代史研究》，1984（2）。
② 孙中山：《中国的司法改革》，载《近代史研究》，1984（2）。
③ 《世说新语·德行第一》。

际，行贿者、行请者势所难免。如果司法官没有拒贿、拒请的品质，势必造成审判的不公正。因此，清官比较自觉地注意自身人格完整和高尚品质的完善。明朝著名的清官轩輗，任浙江按察使时，身穿青布袍，家无佣人，妻子操持家务，三天买一斤肉。即使朋戚到来，也只上一个菜。任满离浙时，全部的家当仅有一个包裹。在任上他从不受请赴宴。一次在毫无办法之际，接受了同僚的请客。回家后他拍着肚子说："这里面有赃物了"。自此后，不管怎样，对他来说，请不到宴，送不进家。这无疑为他公正执法提供了条件，他也由此以"情操闻天下"①。

清朝康熙时期司法官张克嶷曾微服私访，破获一起多年未破的途中杀亲夺妻案。判决前，有官吏衔命为请，并贿以黄金四百锱。张克嶷却不为上有命、下有钱所动，公正执法，并痛斥来者："吾官可罢，狱不可鬻也。"最终将罪犯"卒寘诸法"，被人称为"青天"②。

2. "慎"

"慎"，即"慎乎法"，"慎于刑"，在诉讼活动中不弃律，不尚酷，不惟官而屈法，不为民而酷法。当然，在封建社会中，这样的清官是相当难做的，但在传统"民本"思想指导下，亦有很多司法官深深意识到，身任司法官必须"执天下之衡"求"天下之平"。历史上以法家思想为主导的司法官商鞅、韩非之类，以及历代酷吏等，都是刑不厌酷、法不厌重的司法官，他们照例是进不了"青天"行列的。只有受礼治思想和儒家法律思想指导的司法官，才有资格成为"青天"，为民申冤，宽平执法。汉朝张释之官为廷尉，一次审理危害皇帝的"犯跸案"，依法处以罚金四两。结果汉文帝大怒说，你怎么敢只判罚金四两？面对至高无上的皇帝，张释之坚持说："法者天子所与天下公共也。今法如此而更重之，是法不信于民。且方其时，上使立诛则已。今既下廷尉，廷尉，天下之平也，一倾而天下用法皆为轻重，民安所措其手足？"③

在封建专制制度下，一个司法官宁肯冒生命之险，坚持依法断狱，顶住皇帝的压力和怒斥，也异常地忠于法、慎于法，其精神实乃可贵。历史上类似张释之的司法官并不鲜见。如晋代之刘颂④，唐代之李乾佑⑤、戴胄⑥，等等。

不过，"青天"意识在封建社会前期不如后期突出。宋朝以后，随着封建专制开始极度强化，社会矛盾也日趋激化，体现在司法领域，更是重典治世，重典治盗贼。为了统治的巩固，刑罚的滥用与酷烈，更为前期所不能比。在此背景下，社会的不公，冤错案件的迭出，官吏的恣意用刑，幕友的舞文弄墨，更加剧了司法审判的黑暗。黑暗的司法、野蛮的狱政，使人们更盼望"青天"的面世和"青天"的做主，而一部分受传统遗风影响的清廉之吏也自觉或不自觉地主持正义、为民申冤，比以往更赢得社会的赞扬。同时，一部分司法官做"青天"的意识也更加强化。认识了这一点，我们对于宋、明、清时期出现宋代的"包青天"包

---

① 《明史·轩輗传》。

② 《清史稿·列传·循吏一》。

③ 《史记·张释之传》。

④ 据《晋书·刘颂传》载，刘颂的司法主张为："夫人君所与天下共者，法也。已令四海，不可以不信以为教。"

⑤ 唐代殿中侍御史李乾佑针对唐太宗欲违法以贪污罪处死一官吏一案，据律以争，并批评唐太宗："法令者，陛下制之于上，率土尊之于下，与天下共之，非陛下独有也。"《旧唐书·列传第三十七》。

⑥ 据《旧唐书·戴胄传》记载：戴胄与唐太宗曾围绕"伪造门荫"罪是否处死刑问题，君臣意见针锋相对。

拯、明代的"海青天"海瑞、清代的"施青天"施世纶等等著名大"青天"，也就不足为怪了。

海瑞、包拯和施世纶之所以成为中国历史上最被人津津乐道的"青天"，关键是他们在封建末期污浊的吏治、黑暗的司法中，能做到慎于法、慎于刑，刚毅无私，能够有办案处事的"公"与"明"。也正是这点，才激励了许多正直官吏的直道行法和坦荡为政，甚至能使我们听到"为官不为民做主，不如回家卖红薯"的民众知音。至于包拯被人们装饰成一个半神半人的青天司法官：或说他"明镜当空，物无不照，片言可折狱也"；或说"包公所断之案，尝阅一过，灵思妙想往往有鬼神不及觉；而信手拈来，奇幻莫测，人人畏服"①。这只是戏曲中的青天包公的形象，当然也是人们内心企盼的司法官形象。其实包公并没如此神通广大。但是有两点很值得注意：其一，值得钦敬的人格力量。正如《宋史》所载："包公性峭直，寡色笑，平生无私书，不妄取，不苟合"。所以被认为"自古而下，闻风敬畏，遇无头没影之案，即云：非包爷不能决……以其刚毅无私，遂以神明况之"②。其二，秉"公"办案，断狱以"明"的优秀品质。包公之所以"青天美誉古今"，就在于其"公"与"明"。大抵宋以后，能否成为"青天"就在于"公"与"明"二字。也许正是这些方面才铸造了真正包青天的性格和气质，也许正是这些方面才定格了中国古代为民高歌的"青天"价位。所以清朝嘉庆时期李西桥如是认为："夫人能如包公之公，则亦必能如包公之明；倘不存一毫正直之气节，左瞻右顾，私意在脑中，明安在哉！"③

由于宋代包拯的"青天"意识被定位，实际上也决定了中国古代"青天"的基本体貌，也正由于"青天"意识的定位，一方面使作为司法官主体的价值观得以确立，另一方面又作为一种法律文化深深扎根于民众中，所以"青天"意识的影响极为深远。明代的海瑞可以说是当时的包拯，是明代最有影响的"青天"。尽管他在审理疑难案件时常常不太讲是非标准，而只从"存体"和"顾情"出发简单了事下判。④ 但这丝毫不影响这位"古怪的模范官僚"海"青天"的高大形象。根本原因就在于他一般处理案件时，守于法，慎于行，充分重视法律的作用且执法不阿⑤，甚至具有为了伸舒民意，买好棺材，诀别家人，奏疏皇帝的勇气。

3. "勤"

勤是优秀司法官必具备的条件之一，被誉为"青天"的司法官更不待说。因为，司法审判是一个异常复杂和相当严肃的工作，从受理诉讼到判决的全过程，都要进行法律的慎思、证据的获取（证据包括口供的取得不是轻而易举的）、审判技艺的运用，等等。任何优秀的司法官对此是从不敢偷懒和懈怠的，作为"青天"的司法官就更注重和讲究它。这就需要"勤"："勤思"和"勤政"。

清朝有一个先为名幕后成名吏的汪辉祖，堪为司法官的典范，无论他在任幕还是任吏期

---

① 《包公案》序。

② 《包公案》序。

③ 《包公案》序。

④ 《海瑞集·兴革条例·刑属》载："与其屈兄，宁屈其弟；与其屈叔伯，宁屈其侄。与其屈民，宁屈富民；与其屈愚直，宁屈刁顽。事在争产业，与其屈小民，宁屈乡宦，以救弊也。事在争言貌，与其屈乡宦，宁屈小民，以存体也。"

⑤ 参见黄仁宇：《万历十五年》，139页，北京，三联书店，1997。

间，每判一个案子都勤于思考，因为他认识到法律上由不慎重带来的后果必然是"出入人罪"，轻则使人皮肉受苦，重则剥夺生命；或者使犯罪者逍遥法外。故此，他一生办案从不敢怠慢，马虎以对。正如他自己所言："尽心奉职，昭昭然造福于民。"① 他23岁入幕，57岁入官，在三十多年中目见不少"阳遣阴祸亲于其身，累及子嗣者"；"不能造福，亦不肯造孽者"；"勤政爱民，异于常吏之为者"，三种不同的人具有三种不同的报应。对此，汪辉祖颇有感慨："是以窃禄数年，凛凛奉为殷鉴。"②"殷鉴"者无非是"勤政"带来的福报，造孽带来的阴遣。

三、"父母官"意识

古代中国是一个建立在血缘基础上的宗法制国家，国与家关系紧密，亲情伦理渗透于社会的各种关系中，其中父子关系演绎成君臣、臣民关系。因此，齐家的模式就是治国的经验。正是在这种文化背景下，一部分有识官吏深深懂得：对于广大民众而言，一旦"父母（官吏）代谋其生计，代恤其身家，启教其思想，未有不翻然悔觉者"③。因此官吏要"巡历乡村，询民疾苦"，善于、愿意接近民众，缩小吏民间的距离，然后宣布教化，如是，则统治效果显而易见："州县官为民父母，上之宣朝廷德化，以移风易俗；下之奉朝廷法令，以劝善惩恶……法令行而德化与之俱行矣。"④

这样，中国封建社会的"父母官"意识就形成了：一部分优良官吏刻求之，广大老百姓企盼之，最高统治者提倡之。所以身为州县长官的州牧（知府）县令（长），由于直接统领老百姓，就以"父母官"自居之，老百姓也习惯于以"父母官"称呼之。在这种情境下，随着地方长官在政治、经济、文化和司法上自觉或不自觉地为民做主、为民申冤、为民求利等举措的制定与实施，社会的"父母官"意识也随之而强化，特别在封建社会的后期更加突出。

清代被称为"听讼如神，果有包孝肃遗风"的蓝鼎元任潮阳县令时，由于本县发生一起"欠租抗粮"事件，弄得吏民关系很紧张，最终演变为一起武装抗税案。对于这起案件，蓝鼎元没有以武力镇压，法律惩处，而是以"父母官"之身份，劝导解释，比较好地解决了问题。关于其中"父母官"意识的体现与影响，我们引用蓝鼎元的一席话，或许很有说服力。当吏民关系最紧张时，蓝鼎元出面说：事件发生"至今已有半年之久，为何不到县控告？……本县令绝不会包庇衙门差役，以至辜负你们士民的一片希望。你们士民把我看做是你们的父母，而我也把你们士民看做自己的儿女，衙役不过是使唤奔走的奴仆，比较起来，哪比得上我们父子的深厚情谊呢？这个道理非常明白，你们不必担心害怕，尽管向本县令说吧！"⑤ 县令与县民犹如家长与子弟，家长开导教训，亲情其前，做主其后，怎能不化解矛

---

① 汪辉祖：《学治说赘》。

② 汪辉祖：《学治说赘》。

③ 《皇朝经世文编·敬陈风化之要疏》。

④ 《钦颁州县事宜》。

⑤ 蓝鼎元：《鹿洲公案·山门城》。原文为："汝等有所不甘？则此半年之久，何不一来控告？……本县断不庇护衙役，以辜汝等士民之。汝士民以本县为父母，本县视汝士民为子，衙役奔走仆隶，孰与父子之亲？此理甚明，汝等何所惧惮，而不试向本县一言耶！"

盾呢？

的确，具有"父母官"意识的司法官，从客观上说，在一定程度上能为民伸张正义。正因如此，"父母官"一方面赢得了人民的爱戴，另一方面也得到了最高统治者的赞许，在封建统治秩序中扮演了一个不可忽视的重要角色。清代甘汝来，康熙年间任涞水县令时，对于擅据民舍、蹂躏田苗、殴击平民的侍卫毕里克勃然怒斥："今为天子抚百姓，肯令君辈鱼肉小民耶！"同时，"遂挥令看管，置其家丁于狱"，极大地打击了当地恶势力，被康熙皇帝赞为"不畏强梁，真民父母也"①。《清代吏治丛谈》卷一《张伯仁为江南第一清官》记载，张伯仁任福建巡抚时，"毁淫祠，赎女尼为民妇，治尚严明，贪吏奸胥则尽置之法，政教大行"。后遭人诬告坐罪，天子辨诬免罪后，深得江南士民之欢庆："天子圣明，还我天下第一清官，焚香结泉，拜龙亭，呼万岁者至数十万人。"还有数万人赴京师跪疏谢恩："愿各减一龄，益圣寿万万岁，以申真实感激之忱，而闽省士民亦不谋而合，若赤子之庆慈父母也。"

总之，在古代中国一国犹如一家、一家亦如一国的社会理念下，官吏处理纠纷与案件，以安定与和谐为目的，重教化调停，辅行以刑罚，处理国民争讼几以排除家庭纠纷为模式，充分体现了中国古代社会司法官们普遍浓厚的"父母官意识"。因此日本学者滋贺秀三指出："探索中国诉讼的原型，也许可以从父母申斥子女的不良行为，调停兄弟姐妹间的争执这种家庭的行为中来寻求。为政者如父母，人民是赤子，这样的譬喻从古以来，就存在于中国的传统中。事实上，知州、知县就被呼为'父母官'、'亲民官'，意味着他是照顾一个地方秩序和福利的'家主人'。知州、知县担负的司法业务就是作为这种照顾的一个部分的一个方面而对人民施与的，想给个名称的话可称之为'父母官诉讼'。"②

第四节　简评

在中国古代特定的诉讼法律文化情境下，虽有比较发达的司法机关、司法官吏体系，但是，司法是不独立的，司法官吏并不真正具有独立的司法品格和应有的素质，偌大一个国家，君主才是真正的司法官，也是真正的立法者，他金口御言，出言即法，这种"法"才是中国古代真正具有"权威"的行为规范。司法官的司法不过是其意旨的充分体现而已，如果有违其意旨者，司法官既无存身之地也无司法之权了。正因古代中国司法的实质是"皇权司法"，便决定了中国司法一般意义上的虚脱性和非人民性，因此，司法官的"人主鹰犬"（相对皇权而言）角色是起主导地位的，而其对法律的忠诚和献身精神是非常次要的。由此，司法官终生的任务就是如何秉旨断狱，为了巩固皇权，维护专制，不惜牺牲法的公平和衡石斗量作用，刻意使之成为皇帝驭民的鞭子、杀人的工具。在中国古代为什么酷吏代有其人，无法无天，却能平步青云，根本原因就在于他们忠实地实行"皇权司法"，即使由此带来狱政黑暗，社会鼎沸，也能够受到皇帝的认可和无视。又为什么中国古代会出现"青天"老爷，

① 《清代吏治丛谈·涞水令之德政》。
② ［日］滋贺秀三：《中国法文化的考察》，载《比较法研究》，1988（3）。

而且越是在封建社会后期，社会的"青天"意识越强，其原因就在于司法腐败时，人们希冀出现法律的真正化身，解人们之倒悬，一旦出现"青天"，就立即受到人们的赞美；同时，"青天"司法在终极目的上也符合皇权的需要，故一时也能赢得皇帝的默认甚至肯定。因此，司法官在社会中的"清官"和"酷吏"角色分明，这又是中国古代诉讼法律文化的一大特色。另外，由于古代中国的行政司法合一制度的长期实行，司法官从本质上看，首先不是司法官，而是行政官，这样必然形成司法的行政化趋向，司法的目的也无非是实现"普天之下莫非王土、率土之滨莫非王臣"的境界，因此，在古代历史上几乎所有的行政机关和行政官吏都有相应的司法权，特别是对重大疑难案件的会审权，由此而派生的维护统治阶级利益的特殊机构（如厂卫、步军统领衙门、理藩院等）更拥有特殊司法权。这又构成了古代诉讼法律文化的又一显眼的景观。

第七章

幕 吏

第一节 书吏

书吏是古代各级政府机关文职工作人员的总称。一般都是从民间选拔或征发具有一定读写能力的平民来承担。书吏享有免除一般徭役的特权，也有可能上升到官僚阶层。

书吏在历代的司法审判中起到操作、执行各种具体的司法程序，以及制作与管理各类司法文书的重要作用。古代社会中法官大多是流动性很大的职业文官，往往并不是熟悉法律具体适用技能的专业人士，而书吏却因为长期在政府机关任职，熟悉本地本部门的情况以及法律的贯彻适用的具体操作方式，因此往往在实际诉讼过程中起的作用相比较于他们的地位大很多。

一、书吏的身份

古代官吏联称，官掌印发命令，吏执笔作文书，国家一般政务大多要经过书吏的操作才具体而微，化为有形的书面指令发往全国各地，发往社会各方面，实现朝廷的统治功能。书吏算得上是衙门里的"职员"、"办事人员"，也是衙门里的重要角色。在古代没有纸张的时代，官府的指令文书都是写在竹木简上的，书吏一手执笔一手执刀，发现写错了，就用刀把竹木简削去一层重写，用笔用刀是书吏的专长，因此"刀笔"二字也就成了书吏的代称。即使到了普遍用纸的时代，这个代称依旧流传。

（一）选拔机制

从秦汉时的制度来看，书吏是一个开放的系统，身家清白、行为端正的平民，到达服役年龄后，就可以参加官府的选拔考试成为政府职员。根据湖北张家山汉墓出土竹简中的《史律》记载，"试史"的考试内容是《史籀》十五篇（字书），应试的学童能够"讽"（诵读）其中5 000字以上的，"乃得为史"，获得充当书吏的资格。通过上一级政府机关派出的"大史"主持"八体"（8 种字体）的考试，并获得第一名的，可以充当"其县令史"，而成绩排在最后的不得为史。以后每三年仍然要考试一次，成绩最优秀者要送到中央朝廷"以为尚书卒史"①。睡虎地秦墓出土竹简《编年记》，名为"喜"的人，于秦王政元年（前 246 年）"始傅"（开始服役），到三年（前 244 年）八月开始成为一名"史"，次年十一月正式授职为安陆县政府的"史"，六年（前 241 年）四月，晋升为安陆县的"令史"。七年（前 240 年）正月，调任鄢县为"令史"。到十二年（前 235 年）四月，"喜治狱鄢"，成为一名司法审判方面的低级官员。②

在秦汉史籍里，也可以发现很多的事例。比如韩信，"始为布衣时，贫无行，不得推择为吏"③。为吏还必须经过一定的见习时期，称为"试吏"。如汉高祖刘邦的起家，即"试为吏，为泗水亭长"，于正式进入沛县官吏编制之前，先在泗水亭长的岗位上试职。同乡夏侯婴在县署当差做公车司御，常来亭舍与刘邦聊天，"已而试补县吏"。因与刘邦打闹受伤，刘邦坚决不承认，夏侯婴亦一口咬定是自己不小心弄伤的，"掠笞数百"，终不改口，结果两人都逃脱罪名。刘邦就在亭长职位上转正，夏侯婴不久也补为沛县"令史"④。试吏的见习时间约为一年。在试用见习期间发生过错的就不能晋升，如《汉书·酷吏传》中的王温舒，就有过"试县亭长，数废"的记录。

秦汉开创的这种书吏选拔任用制度在后代有很大的变化。到了三国两晋南北朝时期，很多书吏的职位被作为民间百姓必须承担的一项"差役"，尤其是与赋税征收有关的一些职位都向民间进行摊派。不过西晋时的令典《泰始令》，有《选吏令》，与《贡士令》对称，很可能还是专门的选拔书吏篇章。以后南梁、南陈的令典也都有《选吏令》，但可惜都很早就已失传。隋朝的《开皇令》不再设置这样专门的篇章。唐朝的令典继承了隋令的编制体例，但现在能够看到的《选举令》条文中没有选拔书吏的内容。以后只有南宋的《庆元令》还保留了《吏卒令》的篇目，其他各朝代的另典都不再有关于书吏的篇目。明朝的《大明令》有《吏令》，但只是作为朝廷六部编排体例，与书吏没有关系。

（二）特权与待遇

自商鞅变法以来，秦的社会等级主要以二十等军功爵位来划分，而且这一制度一直保留到了西汉的初年。从现在能够看到的西汉初年的《赐律》有关皇帝恩赐臣下的标准，是将书吏与最低几级的爵位并列，"不更比有秩，簪袅比斗食，上造、公士比佐史"。皇帝恩赐臣下酒食的标准，基本原则为"秩百石而肉十二斤、酒一斗"（每俸禄百石赐予十二斤肉，一斗酒）；"斗食、令史肉十斤；佐史八斤，酒七升"⑤。因此可以说，一旦成为书吏就进入到社会特权阶层的初始阶段。

在古代社会，作为社会特权阶层的首要特权象征，就是可以免除普通百姓必须承担的劳役。按照张家山汉墓竹简中《史律》的规定，开始学习史、卜的学童，就可以有五次出钱雇用他人来顶替自己每年为期一个月的"更役"。年满五十六岁的史、卜，或者是已经作为书吏服务满二十年的，都可以这样免除八次"更役"；年满六十岁的可以免除十二次。已经担

---

① 《张家山汉墓出土竹简》，203 页，北京，文物出版社，2001。

② 参见《睡虎地秦墓竹简》，3 页。

③ 《史记·淮阴侯列传》。

④ 《史记·樊郦滕灌列传》。

⑤ 《张家山汉墓出土竹简》，159 页。

任五百石以下的"有秩"小官满了十年的，也可以免除十二次更役。①

秦汉时书吏都是拿俸禄的，一般将书吏及下级官员称为"斗食"级别，根据《汉书·百官公卿表》，官员的俸禄以年多少"石"（粮食的计量单位）为标准，大臣中最高级别"三公"为"万石"，朝廷各部门的长官以及地方郡守为"二千石"，县级长官为"六百石"，而"四百石"是划分官员与"职掌人"的标准，"百石"为"长吏"与"少吏"的标准。根据颜师古注："斗食，月俸十一斛；佐史，月俸八斛也。"按照当时一般的口粮标准，一个成年人一个月的口粮是三石左右，也就是说一个佐史的俸禄可以养活两个半人。

（三）上升的空间

在战国秦汉时期，"吏"是一个总称，包括了后代的官员与书吏。"官"一般是指政府机构，长官称为"长吏"，低级官员称为"少吏"，书吏称为"史"。官员和书吏之间不存在截然的界线。事实上，当时统计官吏总数时，往往是将低级官员与书吏合计为"职掌人"。比如东汉统计，秩四百石以上的内外文武官员7 567人，秩四百石以下的"内外诸色职掌"145 419人，两者合计152 986人。② 实际上在职业文官制度形成的战国时代，绝大多数文官应该都是从这样的办事员、书记员逐步升迁上来的。即使是到了有多种文官来源的西汉，文官里的大多数还是有过当书吏的经历的。按照马端临《文献通考》一书中的统计，在《汉书》列传部分，有29个人都是有这样的书吏经历的，要占到皇族以外全部传记人物的12%以上。

但也就是在西汉时期，文官的出身途径多样化，大官僚子弟可以通过"任子"制度来当官，有钱人家可以自费充当皇帝的侍从"郎"来获取当官机会，读书人更是可以通过"察举"制度直接到朝廷任官。刀笔书吏出身的官员长期在严格的公文世界里活动，难免办事死板、缺乏想象力，因此在官场上往往要被其他出身的官员嘲笑。"任子"出身的汲黯，就曾在朝廷上当面斥责书吏出身的廷尉张汤，说"天下谓刀笔吏不可为公卿"③。

随着察举以及后来的科举制度的日益完善，书吏的上升空间不断萎缩，而且在官场上普遍遭到歧视。西晋时统计内外文武官员有6 836人，仍然将低级官员与书吏混同计算，"内外诸色职掌"为111 836人。④ 不过西晋已有专门的《吏员令》来规定各政府部门的书吏的编制，显然书吏与官员之间已开始有差别。

在三国时期开始将书吏的职位当作百姓必须承担的差役向民间摊派，书吏的实际地位不断降低。《旧唐书·张玄素传》记载，张玄素在隋朝是由刑部的刀笔小吏升迁为县尉，唐太宗时期为光禄大夫、太子左庶子。有一次唐太宗在朝会时问他的出身，他回答是县尉，可唐太宗又追问他在县尉以前的身份，张玄素只是含混回答是未入流。想不到唐太宗还继续追问下去，张玄素口不能答，面红耳赤。散朝后竟然"面如死灰"，几乎无法走出宫殿。后来是褚遂良专门上书唐太宗，请太宗考虑到大唐朝用人不拘一格的政策，以后不要在殿堂上追问臣下的出身。可见到了唐代，刀笔吏出身已经是令人难堪的经历了。因此唐代中期杜佑编写

---

① 参见《张家山汉墓出土竹简》，203页。

② 参见《通典》卷三十七。

③ 《史记·汲郑列传》。

④ 参见《通典》卷三十七。

《通典》，统计当时编制内的官吏数量，就是官和吏分开计算，不再采用汉晋时"诸色职掌人"混同低级官员与书吏的办法。他统计的官吏总数为 368 668 人，其中官员为 17 686 名，书吏的数目是 350 982 名。

两宋时期科举选官制度已完全成熟，书吏虽然还是选官的出身之一，但是实际上能够升迁为官已经相当的困难。因此在进行官员数目统计时，一般已不再对书吏进行统计，完全将书吏与官员截然区分为两大集团。影响到流传下来的文献都是单独统计官员的数量。比如马端临在《文献通考》中记载"宋内外官员数"："元丰间南丰曾巩议经费言景德官一万余员，皇祐二万余员，治平并幕职州县官三千三百余员，总二万四千员。"

秦汉以后书吏上升空间最大的时期是元代。蒙古王朝入主中原后，虽然也曾开科举取士，但是据统计前后总共只有一千多人，因此元朝建立以后主要是依靠汉族书吏来组建施行统治的文官集团。根据《元史·选举志》，原则上书吏满 120 个月服役期就获得选官的资格，按照服役部门的不同，书吏可以获得从六品以下的各级官员的任官资格。

书吏的地位在元朝也有很大的提高，据说仅次于官员。如谢枋得《叠山集·送方伯载归三山序》中所述："滑稽之雄，以儒为戏者曰：'我大元制典，人有十等，一官二吏，先之者，贵之也。贵之者，谓其有益于国也。七匠八娼，九儒十丐，贱之也。贱之者，谓无益于国也。嗟乎卑哉！介乎娼之下、丐之上者，今之儒者。'"传说南宋遗民郑思肖所著《心史》，也称元朝制度："鞑法（蒙古法令）：一官二吏，三僧四道，五医六工，七猎八民，九儒十丐"。但是元朝仍然沿袭前代的做法，将官与吏截然分为两个不同的体系，分别进行统计。比如《元典章》统计全国的官员数目为 26 690 员，没有涉及书吏总数。

（四）明清时期书吏地位的变化

三国两晋时期已经逐渐将书吏职位作为民间的差役，而且从五代北宋开始，县以下的政府机构都逐渐被裁撤，原来作为书吏体系很重要组成部分的"乡官"职务都被改成了"职役"。即朝廷将基层政府的很多事务，诸如治安防范、征收赋税、运输物资、教化百姓等等，都"摊派"到民间，由百姓轮流为政府提供无偿的服务。这种职役名目繁多，主要有"衙前"（承包物资输送）、"里正"（负责催征赋税）、"弓手"（治安巡逻）等等。这个办法被以后各代沿袭，导致书吏的性质由政府雇佣人员转向民间义务服役者。

元代吏治腐败，导致社会矛盾激化。被排斥于文官统治集团之外的士大夫大多认为这是由于书吏组成文官主体的缘故，这样总结的历史教训对明初的统治者留下深刻印象。明太祖朱元璋多次表示不能让书吏掌权，他编定的特别刑事法令《大诰》，从重处罚犯法的书吏。他的主要谋臣刘基专门写了《官箴》儆戒官员，其中说："人有恒言，遇吏如奴。竖防固堤，犹恐或窬。"提醒官员要把书吏当作奴婢，时刻加以提防。在明太祖手定的《大明律》里也专门有一条"吏卒犯死罪先斩后奏"，允许长官自行处置犯法书吏。这也表示出以绅士阶层为主体的官员对于书吏的蔑视，这是一种自命为成功者对于失败者的蔑视，也是一种身处特权阶层人士的优越感表露。

出于这样的历史背景，明清时期各地地方衙门里的书吏的性质为民间承担的一项"差役"，所以也叫"吏役"。将书吏的身份转换为普通百姓，不再是政府雇佣人员。从理论上讲，书吏不再是被选拔出来的平民中识字的优秀分子，而是被征发强制服役的普通平民。国家发放的报酬称为"役俸"，有别于官员们的"俸禄"。明代一般每月的俸米在一石到五斗之间，清朝改发银两，也不过每年十几两。书手、书办的待遇更差，每年只有七八两"工食银"。顾名思义，工食银是给他们在工作时的食物费用，恰似今天的伙食补贴。到了清朝康熙元年（1662年），以书办自有"陋规"收入为理由，将其工食银一概革除。按照当时的生活标准，一个人一个月的伙食费用大约为一两银子，书吏的"工食银"仅够他自己吃饱，是没有办法养活家人的。

明代书吏在服役供职一定年限后，经考核无过错，即为"考满"，可以获得一个做官的出身。起初朝廷各衙门书吏考满要五六年，地方衙门书吏考满要9年，以后改为朝廷5年、地方6年。而且出身的资格按照书吏所供职的衙门的规格而定，比如一品官衙门书吏"提控"考满得从七品的出身，按照从七品官职候缺排队补官。以下递减，如五品官衙门供职的"司吏"考满得从九品出身。六品至九品官衙门典吏考满后都只能获得未入流出身。州县衙门的书吏如果想当大一点的官，就必须想办法转到高级衙门里去供职。按照规定，书吏每3年一考，转补上级衙门书吏。如知县衙门里的司吏3年考核通过，转至上级五品或六品官的州衙门供职为典吏，再3年转府衙供职，再3年转省布政使司供职。依此类推，爬到一品官衙门总要二十多年。书吏获得做官的出身后可以去朝廷吏部选官，但是书吏出身的候选人原则上只能选基层佐杂官职（比如县丞、主簿、典史、巡检、驿丞之类）。到了清代，书吏出身做官也只能就此为止，一般不能再往上升迁。

虽然明清时期做书吏待遇如此之差，又没有特权阶级的社会地位，但明清时却有很多人愿意做书吏。因为，做书吏也有莫大的好处。

其一，做书吏就可以免除自身的其他种种差役，获得一个免役的权利。比如明末小说《醒世姻缘传》第四十二回提到："报了农民，就要管库、管仓、管支应、管下程、管铺设、管中火。若赔了，倾家不算，徒罪、充军……纳了司吏，就可以免纳农民。"显然，当普通农民承担的劳役杂役极其繁杂。这部小说的人物侯小槐，原来开一个小小的药铺，是个市民，因得罪了地方上的恶霸，清查黄册时差点被划为农民。急得他赶紧凑了三十多两银子疏通，在省布政使司纳了个"挂名书吏"，才得以免役。

其二，书吏的社会地位毕竟要高于一般的百姓。仅就衣着而言，就可以和平民不同。法律上他们可以穿长衫（不过颜色只能是黑色的），和秀才一样结一根长长的"儒绦"衣带，脚蹬靴子。而普通百姓就只能穿短衫、穿高帮鞋。明朝时书吏头戴一种有着前仰后俯方顶的帽子，两旁还伸出一对小翅，有点像官员的乌纱帽。走在路上俨然高人一等。另外更重要的是，书吏有着弄权的好处，可以满足人们的权势欲望。明清时代表官府和老百姓打交道最多的是书吏，老百姓对书吏也有种种尊称。明初一般沿用宋元时的称呼，叫"押司"，或沿古称叫"令史"，尊称"提控"。有的地方称呼书吏为"外郎"，也有的地方称"师傅"，或尊称"相公"。对于年纪大的尊称"老先生"。

其三，书吏的收入也是相当可观的。虽然官府发放的役俸、工食少得可怜，但是按照不成文的陋规，书吏每干一件稍稍涉及钱财或者是要由他们出面的政府事务，都要从中得到点好处，算是没有明文规定的"手续费"。这在严格意义上当然是违法，不过全靠役俸、工食，就没有人愿意干书吏这一行了。明清两代统治者对此总是睁一只眼、闭一只眼。只有像海瑞这样的"硬骨头"清官才敢对这种陋规开刀，他在当浙江淳安知县时，一次就革除本衙门官员、书吏的陋规59项，而且他自己以身作则，情愿终年吃素，不拿一毫俸禄以外的钱财。

这才把书吏的陋规给破掉一时。

其四，书吏毕竟是步入特权阶层的一个门道，尽管这个门道已被压缩得非常之艰难，可仍然还是通往做官的一条小路。不过有主官的推荐、受到朝廷的奖励、出钱谷捐纳，都可以缩短这个考升、考满的年限。明代小说《醒世恒言》第三十六卷"蔡瑞虹忍辱报仇"中说："大凡吏员考满，依次选去，不知等上几年。若用了钱，挖选在别人前面，指日便得做官，这谓之'飞过海'。"并且说"绍兴地方惯做这项生意，所以天下衙官，大半都出绍兴"。

由于以上的这些原因，明清时书吏还是社会上一些粗通文墨者不错的出路。以至于明清时实际上书吏的位置都要用钱买，付出一笔几十两甚至上百两银子的"顶首银"才能名登卯册。

二、书吏的分类和等级

儒家经典《周礼》（《周官书》）中有很多西周时期在各政府机关设置办事人员"胥"、"史"的记载（各有159处、259处），无论这是否确实是西周的制度，至少可以说明在该书成书的年代，政府机关里普遍设置专职的办事职员已经极为常见。秦汉以后的各个朝代都设置了严密的制度，将书吏按照职能以及服务的机关进行分类，设定晋升的各个等级。

（一）秦汉时的掾吏分工与职责

根据湖北睡虎地秦墓出土竹简和湖北张家山汉墓出土竹简，秦汉时期政府职员等级相当复杂。最低的职员为"史"，以上为"佐"；上级职员为"令史"，可以独当一面处理事务、出外代表官府勘查、询问当事人并做笔录。令史以上就是"斗食"、"有秩"级别的低级官员，以及丞、尉等年俸禄三百石的官员、县令（长）等六百石官员。

秦汉时期各地方政府仍然有很大的独立的人事权力，正如王夫之所说，"汉之太守，去古诸侯也无几，辟除、赏罚、兵刑、赋役皆得以专制"①。郡守一般由中央朝廷派出，县令大多也是如此。但是郡守的政府机关、县政府机关原则上是在当地组建，组成人员大多在本地"辟举"。《史记·汲黯传》的"集解"引"如淳"曰："律：太守、都尉、诸侯内史，史（按：应为丞之误）各一人，卒史、书佐各十人。今总言'丞史'。"但是实际上各地政府编制不尽相同、配备的职员人数也不一样。比如尹湾东汉墓葬出土的《东海郡吏员簿》记："太守吏员廿七人。大守一人，秩□□□。大守丞一人，秩六百石。卒史九人，属五人，书佐九人，用算佐一人，小府啬夫一人。凡廿七人。都尉吏员十二人。都尉一人，秩真二千石。都尉丞一人，秩六百石。卒史二人，属三人，书佐四人，用算佐一人。凡十二人。"《东海郡集簿》略记为："大守一人，丞一人，卒史九人，属五人，书佐十人，啬夫一人，凡二十七人。都尉一人，丞一人，卒史二人，属三人，书佐五人，凡十二人"②。东海郡守有官吏一共是27人，其中除了二千石的太守、六百石的郡丞外，其余25人都是属于当时的"职掌人"书吏大类的。与太守衙门平行的郡都尉（军事指挥官）衙门也是如此，除了都尉和丞，书吏的人数也有十人。看来所谓"律"所规定书吏编制数只是一个原则规定，由各郡具体掌握。同样，可以推想各地的县衙门书吏配备也有所不同。比较极端的事例，如据《后汉书·

---

① 《读通鉴论》卷二十二。
② 《尹湾汉墓简牍》，155页，北京，中华书局，1997。

百官志》注引《汉官》，东汉时的京城洛阳，县衙门的"员吏七百九十六人"。一般的县也总要在上百人左右。

各地方政府书吏员额不一，分工也有所不同。习惯上按照职责的不同区分为"曹"办事。有的按照方位分为东西曹，有的按照职责分"曹"，如户曹、田曹、时曹（主农时节气）、水曹（主水利之事）等，有专门负责追捕、治安的"贼曹"。主管的职员称为"掾"（由边缘的字义引申为辅佐、帮助），主管本衙门书吏管理事务的"主吏掾"，主管各乡监督事务的"廷掾"，等等。① 负责司法事务的往往称为"狱掾"，如《史记·项羽本纪》有"蕲狱掾"、"栎阳狱掾"；《曹相国世家》有"沛狱掾"。

（二）唐宋的书佐分工与职责

唐代制度依然非常严密，在中央朝廷服务的书吏分为负责公文起草管理的令史、抄写公文的书令史、管理库房的亭长、提供办公服务的掌固等多种类别。根据《旧唐书·职官志》统计，仅在中央朝廷主要政务机构"三省"服务的令史就有356人，书令史619人。其中刑部及其各司有令史47人，书令史90人，亭长6人，掌固18人；大理寺有"府"28人、"史"56人、"狱史"6人，亭长4人，掌固8人，"问事"（审讯人员）148人。御史台有"主事"2人，令史25人，书令史41人，"评事史"14人。

唐代地方政府中设置的书吏也非常多。根据《旧唐书·职官志》记载，地方各州设置司功、司仓、司户、司兵、司法、司士六曹，各设置"典狱"、"问事"等专职的书吏，以及作为民间服役的"白直"，总数也有几十人；各县设置司户、司法曹，每曹有"佐"二到四人、"史"四到八人。此外也都设典狱、问事等与司法事务有关的专职书吏。

两宋时期，中央朝廷制度由隋唐演变而来，据《宋史·职官志》统计，朝廷都省六部的书吏编制仍有数百人。其中主管司法的刑部司在北宋时分为十二"案"（办公室），书吏编制定为52人，南宋时"分案十三：曰制勘，掌凡根勘诸路公事；曰体量，掌凡体究之事；曰定夺，掌诉雪除落过名；曰举叙，掌命官叙复；曰纠察，掌审问大辟；曰检法，掌供检条法；曰颁降，掌颁条法降敕；曰追毁，掌断罚追毁宣敕；曰会问，掌批会过犯；曰详覆，掌诸路大辟帐状；曰捕盗；曰帐籍，掌行在库务、理欠帐籍；曰进拟，掌进断案刑名文书"，而编制的书吏仅35人，平均每案三名都不到。大理寺"分案十有一，置吏六十有九"，平均每案有六个书吏。御史台设置的书吏要少很多，书令史4人，"六察书吏"9人。而地方官府的书吏大多已作为征发的"职役"，一般不作为专职的政府职员处理。

（三）明清的典吏

明朝在京城朝廷的书吏地位较高，最高的是在朝廷五军都督府供职的"提控"、在朝廷六部供职的"都吏"，次一等的是"掾吏"、"令史"，普通的书吏则为"典吏"。在都察院供职的高级书吏称"书吏"，在各省布政使司供职的叫"通吏"，在以下各级官府衙门供职的书吏分为"司吏"、"典吏"、"承发"三级。这样复杂的级别是为了让书吏感觉到逐步升迁的满足感，因为这是在书吏考满为官员后所很难体会到的。清朝入关后，仍沿袭明朝制度，不过这些等级已没有多少实际意义。一般在朝廷宗人府、内阁、翰林院、都察院的胥吏，称"供

---

① 参见《史记·萧相国世家》。

事"；礼部书吏别称"儒士"。府以上的书吏都可统称为"经承"，而在州县衙门供职的书吏都可统称"典吏"。

明清每个基层州县衙门一般都设有吏、户、礼、兵、刑、工六房书吏，分别负责有关事务。有些大的州县还会在房下再分科。每房、科的主管书吏称之为"司吏"，普通的书吏称"典吏"、"承发"。在各房、科从事誊录、抄写的叫"书手"、"书办"，不算正式的书吏，但民间往往统称为"吏书"，不作具体细分。

基层州县衙门中吏房司吏号为州县衙门的第一号书吏，各房书吏有事禀告长官，习惯上都应该由吏房司吏转达，吏房司吏是衙门全体书吏的领班、代言人。其办公的地点也是最靠近大堂。吏房主要掌管本州县内书吏的选拔、补充、考核；办理本地绅士选官的具体手续，比如出具"结状"（身份保证书）、办理登记事项、保管有关的档案等等；掌管本地城乡各种"地方"如甲首、地保、乡约等人员的选拔登记等等。有的州县吏房还掌管办理捐纳监生、贡生的手续（大部分州县是由礼房负责的）。

户房在州县衙门的六房里排行第二，所管的事务最杂最多，机构最庞大，人员也最多。据清代徐文弼《吏治悬镜》一书中列举的户房事务："定实征，金催头，点库吏，除杂溉，革保歇图差，革官银匠。分限比，立比簿，对串票，流水簿，日报簿，选柜书。慎拆封，审存解。理漕务，定编审。清丈量，稽屯田，报开垦。办灾伤，备荒欠，筹赈济。缉私茶，渔芦课，征杂税。"举凡州县衙门有关财政钱粮、户口耕地的一切事务，都归户房打理。此外，还有很多州县户房还负责处理有关田土、房宅、钱债等方面的诉讼事务。有的州县在户房之下再设若干个科、"总"的机构，分别负责特定的事务。如添设漕科、粮科、税房、粮总、税总等名目的办事机构。一个户房往往有上百个工作人员，算得上是衙门第一大职能部门。

州县六房中礼房的职责最不规范。明初《到任须知》规定州县礼房职责为祭祀鬼神、存恤孤老、表彰孝子顺孙义夫节妇、组织本州县的童生生员考试这样四项。而清朝《吏治悬镜》记载的州县礼房事务为："岁科考试，行香祭祀，敬礼城隍，迎春东郊，救护日月，旌表节孝，乡饮酒礼。讲乡约，立义学，判婚姻，定继承。"比明朝的规定多了处理婚姻、继承诉讼的职能。而保存至今的台湾的淡水厅档案中的"八房办案章程"，又排列为"婚姻、祀产、祭祀、祀典、学租、行香、唱礼、祈祷雨晴、寺税、庙僧、道士、团头、屠户，及寻常奸情、控争坟山、示禁卖买鸦片、栽种英菽（罂粟）"。诉讼事务的比重更大。看来州县礼房的事务明显是不统一的，各州县都按照本地惯例行事。

兵房负责地方治安及警察事务，常常在兵房之下又设置南科、北科，有的州县又从兵房分出铺长房。兵房一般有一位司吏，几位典吏，几十名书手、书办。清州县兵房的具体事务据《吏治悬镜》记载为"办驿递，安腰站，立驿局。抄差牌，选差役，拨差马，应大差。饬铺司，救失火。禁私宰，捕蝗蝻。设卡房，建栅栏。"习惯上兵房还掌管本衙门所有衙役的登记注册、点卯挂号。

刑房主要办理有关的司法审判事务。《吏治悬镜》列举为："验尸伤，定凶手，禁打架，判自杀，禁威逼，办盐案，究窝家，审同伙，起赃物，饬刺字，断勾决，审奸情，驭捕役，查徒犯，驱娼妓，禁赌博，防私铸，究假银，严邪教，除反叛。"州县衙门的主要政务是司法审判，所以刑房的事务也是六房中头等重要的。有的州县还在刑房下分设房、科。刑房除司吏外一般要有三四个典吏，相当数量的贴书、书手，一房内的办事人员往往要有上百人。

工房的主要职责是维修州县衙门所属的公共建筑物：城墙、城门、州县衙门本身、文庙、驿馆、仓库、各处神坛等等。也包括社会公益性质的建设项目，如整修道路、河堤、沟渠等等。有的州县还把社会救济事业如养济院、育婴堂等也划归工房管理。明朝时实行军、民、匠、灶四民分别管理的户口制度，其中的手工业工匠的匠户和制盐专业户灶户也归工房管理。清朝对户口不作如此划分，工匠不归工房管理。

州县衙门的书吏都是有编制的，编制内的为"经制吏"。这种编制是很紧缩的，按照清末光绪年间的《大清会典》统计，全国 1 448 个州、县、厅（设于少数民族聚居地区、和州县平级的行政机构），共有经制典吏 15 809 人，平均每个州县还不到 11 人。不过实际上这种编制都是开国时期定下的，后来的官员甚至皇帝都不愿背上违反祖制的罪名，尽量不予修改。虽然随着人口增加、社会发展，衙门事务越加庞杂，但书吏的编制数额总不见长。衙门里为了办事就召不少"贴书"、"贴写"、"帮差"等名目的人员，总称"非经制吏"。还有很多人为了逃避官府差役，出钱在衙门书吏的"卯册"（点名册）上买一个书吏的名义，这叫"挂名书吏"。所以实际上州县衙门里的书吏要比官多得多，一般总有上百名，有的州县竟然会达一两千人。清人侯方域说："天下之官冗，而胥吏更多，每县殆不止千人。"[1] 另一位清代政论家游百川说："州县为亲民之官，所用胥吏，本有定额，乃或贴写、或挂名，大邑每至二三千人，次者六七百人，至少亦不下三百人。"[2] 除此以外，府、道、司、督抚及中央部院衙门也有大批胥吏，一般尊称为"经承"。由此看来，全国总计胥吏约有一百四五十万人之多。

三、书吏在审判活动中的作用

（一）受理案件

民间起诉，总是要自行到衙门，受理的第一道程序一直是有关此项职务的书吏。即使是紧急报案，也是要口头陈诉后由书吏记录。这个过程在秦汉时称为"传爰书"，即做成标准的笔录文本，使司法程序得以开动。湖北云梦睡虎地秦墓出土的一组《封诊式》文书，主要就是司法笔录的"爰书"标准格式，不少是接受报案的"爰书"。比如"争牛"、"告臣"、"告子"等等，都是受理案件的这种"爰书"。

以后历代沿袭这样的案件受理程序。《宋史·包拯传》载，包拯以龙图阁直学士身份出任开封府府尹，为了防止书吏在受理案件时刁难、勒索诉讼当事人，改革诉讼程序，规定打开衙门的大门，让诉讼当事人能够直接到大堂前，当面向他起诉。包拯在案件审判过程中，不受任何方面的"请托"、"关照"，严格依法审理。为政刚严，执法如山，宦官贵戚为之敛手。京师百姓中流传谚语："关节不到，有阎罗包老。"包拯为人天性不苟言笑，人以包拯笑比黄河清。满开封府城乡妇女老幼皆知其名，因为他曾加职"天章阁待制"，人呼曰"包待制"。"阎罗包老"原来是形容他的清廉持正，但后来民间传说里逐渐演变为形容包拯是白天断阳间案件、夜间断阴间案件的神话人物。从这一段记载中，可以得知，当时一般情况下，民间起诉是由书吏受理的。

---

① 《皇朝经世文编》卷二十四。

② 《清经世文续编》卷二十二。

明朝开始就规定，州县长官必须和包拯一样亲自接受民间的起诉，不得经过书吏的转手。所有的诉讼当事人起诉时，必须当面向地方基层的州县长官提交书面诉状，由州县长官亲自作出是否受理案件的决定。书吏不再有受理案件的职责，只是作为帮助长官受理案件时的记录、陪同者。当长官作出是否受理案件的批示后，由书吏作出抄件进行公布、通知当事人。

（二）调查与取证

从湖北云梦睡虎地秦墓出土的秦《封诊式》来看，当时秦国制度上，书吏承担案件调查取证的职责。当地方基层政府接到报案后，一般总是"命令史某"前往勘查现场、主持检验尸体或身体、询问知情人或者邻居等等。比如《贼死》、《经死》、《穴盗》等，都有令史受上级委托，前往现场进行调查，并将调查经过与结果做成"爱书"报告上级的记录。

书吏的这一职责在以后的朝代里被逐渐减轻。现场勘验、调查往往被指定由官员亲自进行，书吏只是随同前往进行文书记录。比如宋慈《洗冤集录》里记载的宋代制度，规定由县尉主持尸体的检验，书吏随同记录而已。明清制度要求地方州县长官亲自主持现场勘查、尸体检验，书吏作为随行人员，参与勘验工作的安排、记录勘验文书。

（三）审判的记录

从很早以前开始，书吏就是将语言转换为文字记录的第一责任者。主审者专心审讯，对话过程由书吏执笔记录。湖北云梦睡虎地秦墓出土的《封诊式》里有很多爱书就是这种询问的笔录。以后历代的法庭，都是由书吏记录审讯。

（四）文件的制作

书吏的重要功能是制作各类公文，尤其是司法方面的公文种类繁多。比如在受理案件后，就要由书吏制作传唤被告、证人的书面文件。这在明清的时候称为"牌票"，简称为"票"。以后也称为"勾票"、传票，如果是现行罪犯，还需要制作"拘票"。

在法官作出裁决后，有关裁决的公文也是由书吏起草制作。比如《梦溪笔谈》记载，包拯为官严明，可是不免被书吏要弄。有个人犯法后，按律当受"脊杖"，他只得事先去贿赂值堂书吏。书吏受贿后，对这个人犯说："老爷审讯后，一定会命我写成责状，这时候你就大喊冤枉，我会乘机帮你，可是也会挨一顿打。"果然，包拯升堂审案，命令书吏准备写"责状"。犯人按书吏吩咐，大声哭叫，分辩不已。那书吏假装大声骂道："不过是打一顿脊杖，打完快滚，何必多啰唆！"包拯一听，马上对这书吏卖弄权势产生了厌恶之心，下令将这书吏当堂臀杖一通。可是如果再判罚那罪犯脊杖，却不正好被那书吏说中？于是反过来将那个犯人的脊杖也改成臀杖，从轻发落。不料正好落入那书吏的圈套。

一个案件结案后，刑房书吏制作"服辩"（认罪书）或"遵依"（或称甘结，指"情甘遵命"，表示服从判决），要当事人画押。并作"罚单"，按照判决罚银、罚谷数目，划定期限，交给受罚人。所有的该案诉讼文书都要由刑房粘连成卷，一案一卷宗，放到架阁库保存。

（五）执行的督促

历代法官判决后往往还要由书吏作出督促当事人执行判决的文书，有时也会指派书吏进行监督。秦汉时查抄罪犯的家产，是由书吏进行，如湖北云梦睡虎地秦墓出土的《封诊式》中的"封守"，就是由当地的乡官（当时也属于书吏系列）奉县丞书面命令进行查抄罪犯家产。当事人缴纳物资进行"赎刑",也要由书吏进行物资的清点。

明朝开始大量裁撤基层官员编制,各地基层衙门的监狱一般也由书吏进行日常管理。一般需要轮流值夜,这称"提牢"。刑房书吏还要查点狱囚,检查各种戒具及各道门锁,防止狱卒欺凌囚徒。然后向州县长官报告。

第二节 幕友

幕友又称幕客、幕宾,俗称师爷。其名称中的"幕"有两层含义,一层是指幕友参与主人的机密事务,是所谓"入幕之宾";第二层意思由古代"幕府"自治的意思引申而来,历代军事行动时允许战区指挥官有相当大的人事自主权力,可以自行招聘下级官员"幕僚"来组织指挥机构"幕府"(古代军事指挥机关设置在军队的帐幕中而得名),幕友也是由长官自行礼聘而来,因此也可以"幕"为名。幕友名称中的"友"、"宾"之类的字眼,表示其并不具有正式的官方身份,只是以官员的私人朋友、私人顾问的身份来参与政务,如果获得了官方的任命就成为"僚"而不再是"友"了。俗称"师爷"也是因为幕友作为官员礼聘的顾问,其地位相当于礼聘的教师,与"东家"对称"西席",是居于"宾师"之位,官员以下的书吏衙役都必须尊称为"师老爷",简称为师爷。

一、出现幕友佐治的时代背景

至晚从战国时四大公子养士时起,中国政治舞台上出场人物的身后总少不了门客帮闲。这些人或出谋划策,或代笔捉刀,或随吟清谈,或承宣接洽,各为其主、各持其务,一直是政治上的重要角色。不过直到晚明清代,门客幕友才成为各项政务不可或缺的人物,幕友佐治才得到法律及社会的广泛认可,才成为一种专门的学问——幕学。

出现幕友帮助官员处理政务的惯例,有着复杂的社会历史文化背景,概括而言,大概有以下几个方面。

(一)全面科举选官制度的弊病

明清时的制度要求州县官是全能型人才,无论司法、行政、教育、军事都能拿得起放得下,可是为这一全能型职位所准备的训练实在有限,甚至可以说是完全没有。

自隋唐创科举选官制后,通过科举考试出任为官一直是"正途"。唐宋时虽以诗赋考选官员,但士子考取进士后并不马上担任独当一面的长官,一般还要经过吏部考试熟悉公文格式,再任一个任期的县尉、大理评事之类的佐官,见习锻炼为官之道,然后才能出任长官。

明清时改以八股文考选官员,考试内容是演练某一经义,号为"代圣人立言","许言前代,不及本朝"①,完全是空头文章。可是"及登第入仕之后,今日责之礼乐,明日责以兵刑,忽而外任,忽而内调,是视八股朋友竟为无所不知、无所不能之人"②。特别是新科进士

① 《日知录》卷六。
② 《经闻类编》卷四。

即派到基层州县独当一面，结果新官上任时，往往对实际政事毫不知情，倘若无人帮助，确实难以胜任。因此《钦颁州县事宜》中说州县官"刀笔簿书既无习于平日，刑名钱谷岂能请于临时？全赖将伯助兹鞅掌"。

（二）过度压缩的政府编制

中国古代政府机构的演变有一个奇怪的趋势：基层"亲民官"总是越来越少，而上层治官的官总是越来越多。战国时法家著作《商君书》主张"明主治官不治民"，后世虽以儒学为政治主流思想，但在实践上似乎正是按《商君书》的理论在执行。以最基层的县级政府而言，秦汉时县有县令、县丞、县尉，县令可以自行选任掾吏，处理各项政务。唐、宋、元时，一县至少有五六位有品级的官员，二三十位无品级的官佐。到了明清，县级官员有品级的不过两三人而已。

就编制上而言，一县之中，县官（称"知县"，也称"大堂"、"正堂"、"正印"。正七品）一人，下有"佐贰官"：县丞（正八品）、主簿（正九品）、典史、税课大使、河泊所官、仓大使（皆未入流）；"杂官"：巡检（从九品）、驿承（未入流）等。县官以下的这些官总称"佐杂"，实际上并不满员配备。据《大清会典事例》统计，全国州（清代有两种州，一种是与府同级的直隶州，一种是与县同级的属州）、县官共 1 448 人，州县佐杂官共 3 046 人，平均每一州县不过 2.1 人而已。往往一县之中除正印官外仅主簿或典史、巡检一员。

除了官员的绝对数额减少外，更值得注意的是，相对于所治之民，官的数额更少。唐代两万户就可成立一州，下辖数县，仅州政府编制上即有有品官十人，无品官三十多人。自元朝起，江淮以南一万至三万户的县只算是中级县，明清时南方一个县的户口数可抵唐代两三个州，但官员却寥寥无几，只及唐宋时的几分之一。

与基层政府编制趋于缩减的趋势相反，基层政府长官的职责却日趋加重。秦汉至唐宋，县级政府的属官可以独当一面处理政务，如秦汉的县狱掾、唐宋时的县司法佐、司户佐都能审理民刑案件，长官只做最后的宣判而已。但明清时法律规定，一县政务由正印官统管，如司法审判方面，从勘验现场、检验尸伤、指挥侦查到审讯口供、正式判决都必须由正印官亲自到场，不准假手佐杂。

基层政府厉行"精兵简政"，而上层机构却一再膨胀。秦汉唐宋时基层政府机构一般只要接受自己直属上司的领导与监督，而明清时县级政府除了要接受直属上级——府的领导外，还要受省布政使司派出的"分守道"、省按察使司派出的"分巡道"以及中央朝廷派至各省的"巡按御史"监督。而各省学政、军事、漕运、盐法等各专职衙门，也经常派官员四出至州县巡察，督促各项专门政务的执行。州县官面对众多的上司，必须时时妥善应付，稍有失误，便会导致参劾、罚俸、降级，甚至革职拿问。所以清代官场流行一句谚语："州县官如琉璃屏，触手便碎。"①

（三）文化教育的普及与读书人的出路

在中国古代，读书人的出路只有做官这一条正途。读书人所读之书就是专讲"修身、齐家、治国、平天下"的"职责之书"，这些书不外乎要人做忠臣孝子而已。在家行孝无生计

---

① 《学治臆说》。

可言，只有替皇帝做官治民，才能求得俸禄，才能奉养双亲，才能光宗耀祖，才能忠孝两全。读了书不能为君效劳，博取俸禄，读书人就会觉得是白白读书，觉得无面目立于天地覆载之间。而且读书人为皇帝效劳也是法律义务，如明太祖发布的特别刑事法令《大诰》中就特立一条"寰中士夫不为君用"，规定不愿出仕为官的士大夫要处死刑。

另外，当时中国社会所能提供给读书人的用武之地也并不多。社会主体经济是自给自足的农业，"日出而作，日入而息"。农业的主要经营方式是一家一户的小农经济。即使是拥有"千顷田"的大地主，一般也并不集中经营，而是把土地分成几十亩、十几亩的小片分别出租给一家一户的佃农，每年收取占收获量 1/2 的地租，具体经营并不用操心——缺乏集约化、商品化的农业并不需要复杂的知识来经营。城市工商业虽然从绝对数额来看规模巨大，但在整个社会经济中的比重并不很大。3/4 的商业分散于农村的集市，长途贩运商业比例较低，且不依靠严密的法律及公开的会计制度来维持，所以也就不需要读书人来提供法律上、经营上的服务。

读书人的"华山一条路"是做官，而政府官僚机构规模则受到财政、人事的制约，不可能趋向无穷大。尤其在君主专制政体下，如果官僚队伍及准官员、享有特权的士大夫阶层过于庞大，就会对皇权本身产生威胁。所以古代皇帝总是煞费苦心地维持国家财政与官员队伍、准官员队伍，以及皇权专制势力与社会士大夫阶层势力之间的平衡。在这一方面，清朝统治者最为成功——通过对参加科举考试人数、取中名额、考试次数的精心控制，有效地掌握了附属于皇权的士大夫数量、规模及其分布。而且为了防止官僚队伍中的士大夫力量过强，清朝皇帝又允许用银子"捐纳"为官，以这种"异途"官员和满族贵族官员来抑制士大夫势力。由于这种控制，清代读书人想出仕为官，就不得不努力攀爬一个层层台阶都极为陡峭的大金字塔。这个金字塔的基础是数以千万计的读书人。而早在识字的启蒙教材里，就开始灌输"读书做官"的儒学传统，因此理论上，每个识字者都有着出仕为官的心理准备或主观要求。

读书人通过县官主持的每三年两次的"县试"、知府主持的"府试"而得以进入金字塔底层为"童生"。全国童生总数估计为两三百万人。各省学政每三年主持两次"院试"，童生参加院试如能考取，就成为一名"生员"（俗称秀才）。生员在理论上不过是县、府官办学校的学生，但却能够享受很多政治、法律上的特权，诸如可以礼见地方官而不用下跪、可以不受体罚、免去差役，成绩好的"廪生"还可获得政府发放的"膏火银"等等。所以考取生员就算是进入准官员的特权阶层——士大夫阶层或"绅士"阶层。这是金字塔的第一层台阶，录取名额限制极严。19 世纪时，全中国 1 741 所官学，每次录取 25 089 人，录取率仅为百分之一二而已。所以能爬进这第一层台阶的读书人，已是相当不容易了。当时全国生员总人数约为四十六万人，他们可以考"五贡"进入第二层台阶（五贡指五种贡生，即恩贡、拔贡、副贡、岁贡、优贡。贡生是京师国子监学生，以"贡"为名，是指贡献人才给皇帝）。贡生可以经挑选当官，也可以与其他生员一起向第三层台阶"举人"冲刺。

考选举人的考试称"乡试"，每三年在各省省会举行一次，全国总录取名额不过一千三四百人，录取率仅为百分之一二。举人总数有一万八千多人，他们可以经过"大挑"考试当官，不过大多数是教职。要想当地方长官，就得参加每三年一次的全国性"会试"。会试被录取的称为贡士，贡士再经皇帝亲自主持的殿试就成进士。进士是第四层台阶，每次只录取两三百人，考取率也不过百分之二三而已。进士总人数约两千五百人左右，构成士大夫阶层的核心。至于这个金字塔的顶尖，则是每次会试、殿试中的佼佼者——十几名翰林学士。

与读书人要爬的这个金字塔相对应的，是官僚机构的金字塔。清代官职编制上有两万七千个，其中文官约两万个，武官约七千个。读书人所能填补的并非文官职位的全部，实际上有将近一半的官职是授予"异途"（包括捐纳或满洲贵族）的。所以只有进士才肯定能当官，而举人、贡生做官的可能性微乎其微。①

从几百万读书人中只能出一万左右的官，可见读书人做官跳龙门之艰难。《儒林外史》中马二先生劝告匡超人的话具有典型意义：读书人"总以文章举业为主，人生世上除了这件事就没有第二件可以出头。不要说算命、拆字是下等，就是教馆、作幕，都不是个了局。只是有本事进了学，中了举人、进士，即刻就荣宗耀祖"。

不过跳不进龙门的，只能走教馆或作幕这两条路。从读书人所学无非是如何做个好官的道德训诫而言，作幕更为自然。清代幕学名著《佐治药言》起首就称："士人不得以身出仕，而佐人为治，势非得已。"大多数幕友都是功名不就才转而作幕的，虽只能"佐治"而不能"主治"，但毕竟是官府衙门的沾边者，于心可安，还能自诩为"治国平天下"的一员，不至于像周进那样无地自容。另一方面，作幕的收入也较稳定，从"治生"的角度来看，仍不失为一条道路。"笔耕"、"舌耕"总比"手耕"要好。《佐治药言》亦说："吾辈以图名未就，转而治生，惟习幕一途，与读书为近，故从事者众焉。"

（四）司法审判的复杂化

中国古代的地方政府与其说是行政与司法合一，不如说是以司法兼理行政。司法审判事务历来被认为是地方官的头等大事，"知县掌一县之治理，决狱断辟，教养民务"，所以"民务"等行政事务不过是"旁理"而已。② 上级考课地方官，首先就是考察狱讼是否合情合理合法；老百姓对地方官的期望，首先也在"为民做主"，除暴安良。

明清时的法律极其复杂。除了正式的法典外，还有累积的各朝皇帝发布的单行法规性质的"条例"，确实是"律易遵而例难尽悉"③，难怪清朝人以为当时人的"诗文制器"远不及古人，仅三件事远超古人："一律例之细也，一弈艺之工也，一窑器之精也。"④ 未经专门学习确实难以掌握。而明清行政方面的法律制度尤为严密，凡司法公文上稍有疏忽就会触犯各类的专门法规章程。比如清代的《钦定吏部处分则例》有52卷之多，详细规定了所有公文往移、政事处断的细节，官员如有触犯，不是罚俸，就是降级，甚至要革职拿问。由于它本身繁杂不堪，其解释全凭吏部、刑部那些老于此事的绍兴"经承"为之。

明清两代法律复杂，而实际执行时，又有种种惯例常规。这是因为明清把历来的"人治"传统发展到极致，定罪量刑并不严格按照法律条文。严格执行"逐级复审"制度，一般的死罪案件都要经县、府、道、司、督抚多级复审后，案卷再经中央刑部复核，还要通过朝廷各部院官员都参与的会审。而在会审时，判决往往并不严格依照法律，而是以成案、惯

---

① 以上数据参见张仲礼：《中国绅士研究》，第一章，上海，上海人民出版社，2008。
② 参见《清史稿·职官志》。
③ 《清史稿·刑法志》。
④ 《庸闲斋笔记》卷七。

例，再斟酌社会政治需要而确定"情实"（确实应该在秋天处决）、"缓决"（暂缓处决，继续监禁等候下一年秋审，如经两次秋审均定为缓决，可以减等发落，不处死刑）的判决。所以地方各级司法官员在拟定死罪的"情实"、"缓决"时，必须参照近几年的成案，揣摩上级意图。各省督抚在判决发遣、充军、流放案件时，也往往参照当地成案，下级在拟定刑罚时也要参照成案，以免遭上司驳诘。由此可见，成案虽然不是正式的法律文件，却有很大的作用，非熟读不能掌握。

明太祖特意在明律中设置"讲读律令"的专门条文，规定官员每月应召吏民宣讲法律。这条法律定得很好，但很早就已成具文。明清官员多由八股制艺选得，所学既非所用，任官又无见习期，一上任就得独当一面。事实上，清代很多官员根本就不曾读过《大清律》。嘉庆年间，治河有功的程含章升任浙江巡抚，他一到任就通令下属各级官员要熟读律令，并痛斥地方官颟顸无能，不知律例为何物，"仅凭幕友之略节以审案，据件作喝报以填格，遇事茫然，毫无主见"。在他认为，"州县至繁亦不过半日之公事，各牧令如不溺于声色之娱，断不至刻无暇晷"，规定各官"于办公之暇，将《大清律例》及《洗冤录》二书，每日反复批阅"①。程含章只做了一年多的浙江巡抚，现在也无法验证他这道通令的实际成效如何。督抚大员如程含章这样认真的实在太少，绝大多数官员仍然是"溺于声色之娱"，任那两本必读之书尘封虫蠹。

法律可以不读，但地方官毕竟以审判为头等要务，为此就必须聘请"精晓例案之刑名幕"，而刑名师爷也就因此登场，并成为"幕中"第一号人物。"刑名"一词原来是指战国时以申不害为代表的一派法家学说，因为这个学派强调"循名责实"，强调对各级社会关系、各类社会角色的定位督责。"申子之学，本于黄老，而主刑名"，故人称"刑名"。以后韩非也主张刑名，"刑名"一词遂成为法家的代称，统称为"刑名法术"之学。后世以法家提倡法治，动辄谈法，所以又以"刑名法术"泛指法学、律学。清代的刑名师爷正因为其专攻刑名法术，拥有刑名法术的一技之长，而被称为"刑名幕友"。很多研究者都认为，清代"审判之名在官，审判之实在幕"②，故官府的生杀大权，实际上是刑名幕友暗中操纵着的。

（五）幕友佐治的合法化

从现有的史料来看，至少晚明时期，已经有很多官员聘请幕友为顾问参与治理的记载。比如清初人王应奎在其所著《柳南随笔》中记载明末常熟人张景良的故事。张景良原来是本县典史衙门里的"书佐"，负责抄抄写写。后来凭着对官府文书的熟悉，转而"从人幕中为主文"。同乡的士大夫陈必谦考取进士，被派往河南辉县当知县，由于初次任官，惟恐出错，就聘请张景良为幕友，一同上任。后来陈必谦高升侍御史，张景良即返回家乡，仗着曾为其幕友一事狐假虎威，武断乡里。陈必谦得知后大怒，把他和自己的关系书写清楚，叫人贴在城门旁的木榜上公开，并下令门房不准通报张景良，以示不再见面。张景良恼羞成怒，居然趁崇祯皇帝下诏求民间直言的机会，上京要诬告陈必谦。此事后来被揭发，张景良落得个戴一百五十斤重枷枷号示众、暴死街头的下场。

又如晚明小说《醒世姻缘传》第八十五回，提到主人公狄希陈代理成都知县，与亲近人

---

① 《皇朝经世文编》卷二十二。
② 瞿同祖：《中国法律与中国社会》，306 页。

商量"请一个幕宾","这文官的幕宾先生,一定也就和那行兵的军师一样,凡事都要和他商议,都要替你主持"。因此必须要慎重其事,礼貌周全,恭恭敬敬地下"全柬拜帖"的礼聘。

不过幕友佐治之风虽应起于明代,但其大盛并得到广泛承认,是在清代。清政府底定中原时,大批汉族士大夫对其持观望态度,以致各地州县官署乏人,长官常由旗人武夫充任。这些人多半不识汉字、不通文墨,只能招募网罗一些汉族文人入署帮助。《清史稿·循吏传序》称:"清初以武功定天下,日不暇给。世祖亲政,始课吏治。"清世祖亲政当年(顺治八年,1651年),多次下诏要求澄清吏治。他在闰二月丙辰的上谕中,提到不少州县官为"不识文义之人,益不胜任,文移招详,全凭幕友代笔",因此下令吏部对应选官员进行考试,"优者选用,劣者除名"。而各省督抚也要对下属州县官详加甄别,淘汰"不识文字,听信吏役害民,不堪为民牧者"①。可见当时州县官素质之差,就连皇帝诏书都承认幕友的实际作用,幕友佐治成风并得以合法化。十几年后,大批"正途"官员补充至正印官位置,既不习惯、也不屑于刀笔之事,便因循旧例,仍请幕友帮助,于是此风牢不可破,最终形成"无幕不成衙"的定局。到了雍正年间朝廷颁布《钦颁州县事宜》,作为基层政府的"工作注意事项",其中即专列"慎延幕友"一条。

二、幕友的身份

官员与幕友之间的关系并非单纯的雇佣人和受雇佣人的关系,双方并不存在主从关系。幕友是由官员礼聘延请的,是官员的客人,故称"幕宾"、"幕客"、"西席"。双方是主宾关系,地位平等,有可能成为朋友,因此又叫"幕友"。更进一步而言,幕友指点官员如何施政,所以还可尊为师长。

私塾教师称"师馆",幕友则称"幕馆"、"馆客";入幕也称"入馆"。官员称幕友为"老夫子"、"先生";自称"学生"、"晚生"、"兄弟"。而幕友对官员也不必称"老爷",可以称"东翁"、"主翁"、"堂翁",或按照地方绅士对官员的尊称,称"老父母"、"老公祖"(对州县官),"太尊"(对知府),"大人"、"台尊"、"台翁"(对府道以上)等,自称则为"晚生"、"学生"、"兄弟"。平时幕友以平礼与官员相见,所以清代幕学家认为:"幕本为专门名家之学,以礼聘于有司,顾位在宾师,其道本交相重也。"

幕友与官员相处"交相重",是官员的"宾师",当然在衙门中的地位非同一般,不要说是胥吏、衙役,就是佐贰、杂职官,对幕友也是礼敬有加。阖署上下都要尊称幕友为"老先生"、"相公",衙役仆隶则尊称"师老爷",民间也尊称其为"师爷"、"师老爷"。

由于官员的公事要由师爷来办,宦途前程可说全掌握在幕友手中,所以对于幕友,官员一定以礼相待,且声色言辞都会注意检点。更甚者,"善待幕友"还被记入清代官员的"官戒"中:"幕中诸友,须情谊亲洽,礼貌周到,不可以似向年疏忽";"论情当和婉相商,无执己见,轻行改窜。即或意见不合,亦当礼貌相别,无出恶声"。可见幕友拿定了主意,官员一般不便再加改变。

此外,幕友的待遇也需官员操心,"时常陪饭,使令厨子不敢省减";设宴时,要请师爷

---

① 《清世祖实录》卷五十四。

先坐西席，师爷不到不可举箸。① 按照浙江师爷金安清的说法，嘉庆以前，每逢年节，上自总督、巡抚，下至知州、知县，都要先到各房幕友处"逐一致礼"。幕友在东家来拜以后，再去东家房中答礼。这样的惯例一直延续到道光年间，才开始出现变化，即由幕友先到东家房中拜节。②

（一）来源与组成

幕友主体当然是科举道路不顺利的读书人，同时也包括了其他很多职业出身者。乾隆初年名幕万枫江在《幕学举要》中说："幕中流品最为错杂。有宦辙覆车，借人酒杯，浇己块垒；有贵胄飘零，摒挡纨绔，入幕效颦；又有以铁砚难磨，青毡冷漠，变业谋生；又有胥钞谙练，借栖一枝，更有学剑不成，铅刀小试。"即幕友队伍中包括了不得意的下台官员，没落官僚贵族子弟，冬烘教书先生，老资格的书吏，科举不第的读书人。在清初有不少书吏充当幕友的，如上海川沙人姚廷遴写的《历年记》里回顾自己年轻时进衙门当书吏的目的就是将来可以"作幕"。

幕友主要依靠官场朋友之间的互相推荐，以私人聘请身份获得幕席。幕友的籍贯以教育程度较高、交通便利的江、浙、皖、赣、鲁数省人为多，其中最为集中的是浙江的绍兴。民间俗语常将"师爷"与"绍兴人"连在一起，因此"绍兴师爷"之称常见于近代各种戏剧小说。因为吴越之地士大夫集团较为强大，所以明清两代统治者都有意无意地尽量压抑该区的发展，诸如提高赋税（赋税之沉重冠于全国）、中央直接设机构在此搜刮财富等。政治上，朝廷也力图限制江南吴越地区士大夫集团的势力。这在清代最为明显，如官方规定的生员数额与总人口的比例仅为 1.4‰（江苏）、1.7‰（浙江）、1.5‰（江西）、1‰（安徽），低于全国总生员数额与总人口之比（1.8‰）。与各省相比，不仅低于京畿之下的直隶（2.3‰），也低于全国其他富庶地区如广东（1.9‰）、四川（1.9‰），更比不上边远省份云南（6.3‰）、广西（3.7‰）、贵州（4.7‰）。③ 在考虑到江南吴越地区教育普及程度高、读书人多的情况后，上述比例就更显得苛刻。但是江南吴越之地出的进士最多，京官、外官即不少籍隶于此。这些官员或携同乡亲友赴任，或向同事推荐。而幕友又会带着自己的学生、门徒帮忙处理事务。长久下来，如同滚雪球一般，江南吴越地区的幕友遂遍布官场内外。再则，这里是当时全国出版中心，各种幕学书籍经书商推销风行全国，更加传播了吴越师爷的名气。

清代绍兴府包括山阴、会稽、萧山、诸暨、余姚、上虞、嵊县、新昌八个县，早在南宋时期，偏安临安（杭州）的朝廷各部书吏大多从绍兴地区招募。明代科举落第的绍兴读书人即盛行做衙门书吏。明人王士性在其所著《广志绎》中说："山阴、会稽、余姚，生齿繁多，本处室庐田土半不足供，其傸巧敏捷者，入都为都办，自九卿至闲曹细局，无非越人。"明代小说《醒世恒言》卷三十六《蔡瑞虹忍辱报仇》中也称："原来绍兴地方，惯做一项生意：凡有钱能干的，便到京中买个三考吏名色，钻谋好地方做个佐贰官出来，俗名唤做'飞过海'。怎么叫个飞过海？大凡吏员考满，依次选去，不知等上几年。若用了钱，挖选在别人面前，指日便得做官，这谓之飞过海。还有独自无力，四五个伙计，一人出名做官，其余坐

---

① 参见《切问斋文钞》卷十一。
② 参见《水窗春呓》卷下。
③ 以上数据参见张仲礼：《中国绅士研究》，第二章。

地分赃。到了任上，先备厚礼，结好堂官，叼揽事管，些小事体经他衙里，少不得要诈一两分钱。到后觉道声息不好，立脚不稳，就悄地逃之夭夭，十个里边，难得一两个来去明白、完全名节。所以天下衙官一大半都出绍兴。"可见明代不能完成举业的绍兴读书人，主要走做史官这条路。清代"作吏"转为"作幕"，比较起来，做吏虽有选官的可能，但也只是佐贰官而已，相形之下，作幕身份更为自由，绍兴不能完成功名举业的读书人，也就很自然地改从幕学，形成绍兴师爷遍及全国的局面。据说清代绍兴做师爷的不下"万家"，各省幕友新年团拜以及幕友之间的联谊活动亦大多在浙会馆或宁绍、仁钱会馆举行。按照清嘉道年间官至督抚的福建人梁章钜（他本人在中进士之前也是幕友出身，自称"儒林参军"）《浪迹续谈》一书中的说法，随着绍兴师爷的遍布全国，绍兴的特产——绍兴黄酒也行销各省，"可谓酒之正宗"；官场中除了"京片子"外，绍兴口音的"绍兴官话"居然也是流行语；再加上绍兴师爷对于刑名、钱谷事务的垄断，号为"绍兴三通行"。而清末曾在浙江长期任官的湖南人罗信北在其所著《公余拾唾》自序里也表示，天下的刑名、钱谷幕友大多是绍兴人，"父诏其子，兄勉其弟，几乎人人诵法律之书，家家夸馆谷之富"。而且绍兴师爷"积习至严且忌"，自己起草的各类公文，竟自视如《春秋》一样经典，主人觉得很有问题的部分，也只能委婉商量，绝不可自行修改，否则"一举笔，则以为暴其短"，立即卷铺盖走人。

（二）幕友的分工

清代的幕友按职责分成几类。地方基层衙门最重要的幕友是帮助官员处理司法审判事务的"刑名"和处理财政赋税事务的"钱谷"。此外还有帮助官员处理征收赋税的"征比"，帮助官员处理、起草各类文书的"书启"（或称"书记"），帮助官员对公文书牍加以分类、发送、存盘的"挂号"，帮助官员批阅科举考试试卷的"阅卷"，帮助官员掌管衙门钱财出入会计的"账房"，等等。每一官员所聘请的师爷人数并不相同——如果他本身才干较强，或治下地区事务清简，往往只聘刑名、钱谷两席，甚至只请兼办刑名、钱谷的一位师爷，合称"刑钱师爷"。如果官员自己才干不足，或治下地区事务繁剧，就要多请几位师爷。更甚者，有人还将幕友事务再加分割，另立名目，再聘专人。如在"刑名"之外又分出"案总"，"钱谷"之外分立"钱粮总"，"书启"之外另立"红黑笔"（或朱墨、朱墨笔）等等。而幕友也往往自请或推荐一两个副手帮忙。所以同是州县衙门，按照《佐治药言》的说法，"剧者需才十余人，简者或以二三人兼之"。

府以上各级衙门里，幕友的角色更为集中，刑名幕友的地位更为突出。由于府、道、司衙门没有赋税征收压力，而司法审判事务上送下达，更需要刑名幕友的帮助。作为一省最高长官的巡抚，以及监管两三省的总督，要向朝廷报告情况，终审军流案件，并对死刑案件提出终审意见，文案处必须要由老资格的刑名幕友主持。著名湘军首领左宗棠，自己也是幕友出身，作为替东家参谋军事、给朝廷写军事政治形势分析报告的"奏折师爷"。后来以知县加州同知衔，在代理湖广总督张亮基的幕府主持总督府幕务。结果他经手的案件卷宗大多被朝廷驳回，不是被批使用法条错误，就是被指摘供证不合。为此左宗棠大发牢骚，老朋友胡林翼听说此事，赶紧从湖北写了封信建议说："闻劳神案牍，宜延一精晓例案之刑名幕，专管答题文案，而自司例外奏折及例案外之文批，则精力有余，智慧更大，谋划更镇定而有余。"接着胡林翼又举西汉时太尉周勃统兵百万而不识司法案牍的故事，说明大才不会处理司法审判细节的问题由来已久，无足为怪，也不用劳神去弄懂。① 可见在省一级的幕府里，刑名幕友也是不可或缺的角色。

朝廷各部院主管官员同样也都聘请幕友，帮助处理各类公文及起草信件。尤其是刑部主管官员，都必须要聘请刑名幕友帮助处理案件。在朝廷刑部应聘的刑名幕友由于长期接触高层次的重大案件，对于法律知识有很深刻的掌握与理解，在审判实践中起到很大的作用。有的幕友将疑难案件收集整理，具有重要的参考价值。如长期在刑部为幕友的周守赤所著《刑案汇览》，对于当时的司法审判具有重要的指导意义。

各级政府均有幕友帮助施政"佐治"，从全国来看，清代幕友是一个相当庞大的群体。即使按照每个州县基层衙门 6 名幕友来计算，全国就有上万名幕友。因此幕友的总数应该和官员的总数额持平，甚至还可能超过一些。

（三）待遇和地位

幕友的报酬由东家私人支付，仿照教师的报酬号为"束脩"，其数额随行就市，并无划一的标准。要按幕友的种类、所在衙门"缺分"（官职）的繁闲及"肥瘦"而定。

一般基层州县衙门中刑名、钱谷的事务最为重要，所以束脩也最高，一般都在每年一千两左右。如《佐治药言》提到刑名、钱谷"月脩百两"，"岁脩千金"。直到清末，人们仍称："刑名、钱谷二宾，岁馈必得二千金。"② 两人两千，则一人一千。刑名、钱谷以下的几类幕友，束脩要少得多。《佐治药言》说："幕中数席，惟刑名、钱谷岁脩较厚，余则不过百金内外，或止四五十金者。"该书作者汪辉祖在乾隆十九年（1754 年）25 岁时，首次独自应聘为常州知府胡文伯的书记，不过"岁二十四金"。但是相较于落第读书人的另一出路——当私塾教师的收入来说，幕友收入毕竟丰厚得多。

另外，各地区幕友的束脩也多寡不一。据清人笔记记载，"幕友脯脩，滇省最腆。大缺或至千金，至简者亦必五百"。而某些富庶地区，束脩更高，"如福建之漳浦、侯官，广东之番禺、南海等缺，每缺须用幕友四五人，每人束脩至千五六百、千八九百不等"③。

在地方上级衙门及朝廷各部院应聘的幕友的束脩情况也差不多。刑名幕友的束脩总在千两左右，而普通的幕友一般只有百两左右。在巡抚、总督幕府专门为东家起草给皇帝奏折的奏折幕友的束脩则和刑名相同。

幕友束脩是由官员私人支付的。几位幕友的束脩加起来，主人就要支付两三千两银子。而清代一位县官按其官品（正七品）所得的正俸每年才四十五两，甚至朝廷重臣一品官的正俸也只有一百八十两银子而已。虽然州县官在正俸之外还可按官职等级、任职地区好坏（肥缺或瘦缺）支取"养廉银"，一般为几百两到一千多两，但这些正常收入加起来仍不够支付幕友束脩。

幕友居于东家的"宾师"之位，从公的方面而言，幕友也是替皇上、替国家效力，辅佐官员治理人民，因此必须忠心耿耿。从私的方面而言，幕友受聘于官员，按照儒家"吾日三省吾身"中的一省"为人谋而不忠乎"的说法，也必须为东家尽心尽力。清代最著名的幕学

---

① 参见《皇朝经世文编》卷二十二。
② 《皇朝经世文编》卷二十二。
③ 《皇朝经世文编》卷二十。

指导书《佐治药言》第一条就是"尽心"。汪辉祖在这一条中说："幕友岁修所入，实分官之俸禄。食人之食，而谋之不忠，天岂有福之？"如果对主人休戚漠然无所用心，即使不遭天谴，岂能逃过舆论谴责？"故佐治要以尽心为本"。要认真执行幕友应承担的职责，做好东家交办的每一桩公事。其实进一步而言，只要是衙门里的公事，都应该替主人注意。《入幕须知·赘言十则》中称："幕友既称佐治，则惟主人私事不必与闻，其他凡属在官之事，以及官声之所系，皆宜关心。例如门丁之有无舞弊、书差之有无蒙混、押犯之有无淹滥，都应随时精神贯注，留心稽察。"

尽心并不是指对主人唯唯诺诺，完全按主人意旨办事，而是要根据自己的判断，对主人行事提出忠告。《佐治药言》中称："官为政一方，百里之内，惟己为大。"亲眷不明事理，佣仆人微言轻，没人能对官员的施政、为人进行劝诫，只有幕友居于宾师之位，既明于事理，又精于政事，平时可与官员"抗礼"，居平等地位，可以知无不言、言无不尽，这就叫"尽言"。尽言也是以出于公心为前提的，所以《佐治药言》又指出："宾主之义，全以公事为重。智者千虑，必有一失，愚者千虑，必有一得。"其实幕友之智慧并不一定高于官员，只因官员受"办错公事要受处罚"这一利害关系束缚，往往游移不定，一叶障目，反而看不清长远利害关系。而幕友只是论理不论势，旁观者清，不受眼前利害关系迷惑，故能及时提出忠告，完善处理公事。由此则"官声日著，幕名亦显"，双方相辅相成。清末名幕张廷骧在为《幕学举要》一书所作的序言中也说："官与幕相表里，有能治之官，尤赖有知治之幕，而后可措施无失，相与有成。"

幕学著作也都强调幕友的独立人格地位。汪辉祖在《佐治药言》中反对那些借口"匠做主人模"，或"箭在弦上，不得不发"、"木已成舟，无法挽回"，见主人假公济私，仍"委蛇从事"之人。他主张幕友应该对于官员不对之事"挟利害而强争之"，不惜作出辞馆表示，使主人"悚然悔悟"。如主人仍不悔悟，那么幕友就不应该再予以佐治，"如争之以去就，而彼终不悟，是诚不可与为善者也，吾又何所爱焉"。尤其是如果主人欲行贪赃枉法、鱼肉百姓之事，幕友更应该坚决辞馆："夫官之禄，民膏民脂，而幕之脩，出于官禄。吾恋一馆而坐视官之虐民，忍乎不忍？"他强调幕友应该"择主就馆"，亦即双向选择，官员可以挑选幕友，幕友也应挑选官员。为清官、好官佐治，幕友自己可以得到好名声，但如果不幸被昏官、贪官聘入幕中，就会贻误名声，所以只要发现所择非人，就应立即辞馆。何况天下好官多于贪官，正直者总能受到欢迎，恋栈不去反会穷途末路。此外，汪辉祖还强调，只要出于公心，就不能迁就主人不当的意见，否则祸害一方百姓，大损阴德，毕竟"负心之与失馆，轻重悬殊"，幕友与其负心害民，不如辞馆走人。所以要做到"合则留，吾固无负于人；不合则去，吾自无疚于己"。

为了保持幕友这种自由、独立的"宾师"地位，很多名幕都主张幕友不应与主人感情过于融洽，也不可处馆过长，否则在去留问题上就会陷入两难境地，而且也会溺于感情而不能冷静、客观地向主人提出忠告。《佐治药言》专有"勿过受主人情"、"处久交更难"、"宾主不可忘形"等条，告诫幕友要保持独立的人格与立场。

师爷若要做到尽心尽言、不合则去，那么首先必须"立品"，并且能洁身自好。所谓立品，就是指要自己看得起自己，既不妄自菲薄，也不自高自大。汪辉祖在《佐治药言》中特立"立品"一条，告诉幕友若要使主人对自己言听计从，首先必须让主人对自己没有任何的怀疑。为主人出谋划策，要顾全官、幕名声，不能"缁缁计利害之心"。幕友处理的事务，关系到官声美恶，民生利害，所以要谨慎从事，"自视不可过高，高则意气用事；亦不可自视过卑，卑则休戚无关"。立品自尊，是清代很多幕学指导书所强调的一项原则。清末张廷骧在《入幕须知·赘言十则》中也强调："幕道断宜自重。"自重的含义与上述汪辉祖所列举的几项大致相同。此外他又主张幕友自重还应表现在交游上。幕友应在作幕衙门里深居简出，不事交游。除幕中诸友外，同城其他官署的幕友、主人的上下级官员及其幕友、当地的士绅巨室等都没有必要多加接触，更不用说当地的三教九流人物或衙门中的胥吏仆隶了。张廷骧自己历应州县官之聘为幕，从不与同城僚友、当地士绅交往，"盖一经交接，纵使坦白为怀、毫无他故，而形迹之间，终启嫌疑"。

（四）转变角色的可能性

瞿同祖先生在他的名著《中国法律与中国社会》一书中曾认为从事幕友职业后"便无他途可谋，终身坐困"[①]。这种"坐困"从制度上来说虽然并不存在，但是幕友确实很难实现角色的转换。比如清代江南名幕汪辉祖（1730—1807），17岁时考中秀才，但家境贫寒，无力再参加科举，只得于23岁时跟随做官的外舅，当一名书启幕友。以后立志学习刑名，到了30岁，终于成为一名刑名师爷，在江浙两省州县衙门应聘作幕，办了不少疑案，声名鹊起，为州县官争相聘请。他为人佐治的同时，仍孜孜不倦地向科举正途努力。乾隆三十三年（1768年），他高中浙江省乡试第三名，成为举人。他又先后参加了三次会试，终于在乾隆四十年（1775年）考中进士，殿试二甲第二十八名。不巧的是，那年正值他生母病故，回乡守丧，仍应聘作幕。直到乾隆五十一年（1786年）才赴北京参加吏部选官，成为湖南宁远县知县，并于翌年赴任。这时他已是花甲老人了。在宁远知县任上，汪辉祖以精明强干、清廉正直著称，后兼知道州。但广招妒忌，遭官场排挤，乾隆五十七年（1792年），因故遭劾，革职返乡。

幕友也可以走"异途"，捐纳做官。如纪昀《阅微草堂笔记·如是我闻一》记载，乾隆年间有位名叫居铉的刑名幕友，在直隶州县佐治达二十年，案牍熟练，精于判案。后出银捐官，任直隶南皮县知县。不料到任后，主持审判时，"愦愦如木鸡"，面对原告、被告，常常面红耳赤，语无伦次，甚至瞪着眼说不出话来。拜见上官时，也是慌慌张张，手足无措，进退应对的礼仪无不颠倒，引得上官不悦。最后才当一年的知县，就以"才力不及"而被参劾罢官。显然长期的幕后生涯使他难以正面对应各项政务。

官员也可以转换为幕友。尤其是清代各省督抚还常常差使"候缺"的官员为自己当幕友。清代设"官缺"制度，"官缺"就是官职。清代官多"缺"少，州县官员任期满后，一般不能马上补到新缺，到省要排队"候缺"。由于候缺期间，政府并不发放俸禄，因此每个候缺的官员，都拼命设法让自己尽快补上官缺。而总督、巡抚也就利用这种情况，要候缺官员为自己作幕友，处理政务案牍，但却不给束脩报酬。候缺官员思缺心切，往往自愿做白工——当然对于那些被挑中当师爷的官员，督抚也会另眼相看，一有空缺必定优先考虑，或者给好缺、肥缺，或者超级擢用，以此作为报酬。清代《六部成语注解·吏部》中专有"幕员"一语，解释为："有官职之幕友，曰幕员。"

---

① 瞿同祖：《中国法律与中国社会》，306 页。

这种"以官为幕"风气形成后,大大破坏了身为上官的督抚,对下属应采取公正监督的作用。而且驻省候缺官员一经入督抚幕府,就与督抚幕府中的幕友相互联络,以便日后互相利用。另外,入幕的官员与全省官员之间有同乡、同年、师生等关系,既在督抚幕中工作,自然便于向这些有特殊关系的官员通风报信,结党营私。因此清朝皇帝曾特意多次发布上谕,禁止督抚以属员为幕友。为此御史张鹏展在嘉庆五年(1800 年)上疏,呼吁朝廷再下禁令。疏文中,张鹏展指出:"营私之督抚无不用属员为幕友,其害最深。即使督抚无私,而该院上下同头,借端撞骗,亦所不免。"他并指责各地督抚"养廉优厚,岂力不能请一二幕友?而必借朝廷名器、提拔升迁以代束脩之费?"① 嘉庆帝及其廷臣并未充分重视这个问题,最终仍是不了了之。此后,督抚无偿使用属员为幕友的风气,便一直延续到清朝灭亡。

三、司法审判中幕友的参与

刑名幕友是专职的司法审判事务顾问,要帮助东家处理好审判事务。大体而言,其职责贯穿受理、讯问、判决整个过程。

(一)受理案件与批词

明清时期地方基层州县长官必须要亲自接受民间的诉状,对于民间"呈控"的案件是否予以受理,要作出明确的书面批示,叫"批词"。到了清代,批词一般都是由刑名幕友起草,主要依据是看状纸是否合乎格式,所叙内容是否合乎情理,合乎法律。除此之外,还要看所告之事是否有人证、物证、书证。师爷对于予以受理的呈词,要批示受理理由,并写明告状人、证人不得远离,随时听候传讯。对于不予以受理的呈词,也要依据法律、情理逐条驳回起诉人的起诉理由,使之不敢再轻易起诉,或转向府、道、司、院上控。幕友作出批词后,要请官员过目,再发刑房书吏抄写。

呈词的批示应在词讼日后的一两天内作出,所以这对刑名幕友的能力是一大考验,既要批得得体,又要批得合情、合理、合法——受理的呈词批示应使被告没有怨言,不予受理的呈词批示应使原告无法再起诉、上控。王又槐《办案要略》说:"批发呈词,要能揣度人情物理,觉察奸刁诈伪,明大义,谙律例,笔简而赅,文明而顺,方能语语中肯,事事适当。奸顽可以折服其心,讼师不敢尝试其技。若滥准滥驳,左翻右覆,非但冤伸无绪,还会波累无辜,呈词日积而日多矣!"对于不予受理的呈词,也必须将"不准缘由,批驳透彻,指摘适当,庶民心畏服,如梦初醒,可免上控。此等批词,不妨放开手笔,畅所欲言,但须字字有所着落,不可堆砌浮词也。果能批驳透彻,即有刁徒上控,上司一览批词,胸中了然,虽装饰呼冤,亦不准矣"。

(二)与调查的关系

受理案件后,幕友需要为东家确定应传唤人员的名单。因为一票发出,衙役就会骚扰一路,所以师爷在确定涉案的被传、被拘人时要特别谨慎,防止衙役节外生枝,骚扰民众。《佐治药言》说:"事非急切,宜批示开导,不宜传讯差提……少唤一人,即少累一人,下笔时多费一刻心,涉讼者已受无穷之惠。"最宜谨慎的是传唤妇女到庭,对此必须多加注意。

---

① 《皇朝经世文编》卷二十。

万枫江《幕学举要》说："妇女颜面最宜顾惜，万不得已，方令到官。"甚至有人主张妇女一律不应到庭："凡词讼牵连妇女者，于吏呈票稿内即除其名，勿勾到案。"即使是奸罪，只要"犯奸尚在疑似者，亦免唤讯，只就现犯讯结"，认为这是"养其廉耻心，亦维持风教之一端也"①。

关于在案件调查过程中刑名幕友是否要参与，万枫江在《幕学举要》中主张幕友应指导侦查。他认为捕快缉捕破案全凭经验，毫无知识，没有头脑，师爷应该向主人献计献策，"运筹于帷幄之中"，自然能够使案件顺利侦破。比如他认为"缉贼不可有成心"，不能被老经验束缚。比如一般都认为夜盗来去不会超出二十里路，所以缉查夜盗都在二十里内访查。可实际上也有一些"强悍之徒"，夜经此地，临时起意作案，完事后连夜出走四五十里路。为此缉查时也要注意沿路百里以内第二天是否有可疑人物经过。又如师爷平时要注意当地的无赖流氓，做到心中有数。"平日访察不可不密，有等游手好闲，一无生计，而锦衣美食，或竟日聚赌，或白昼酣睡，必非善良"，这些人都有可能是夜盗案犯。但是汪辉祖对于幕友参与破案调查的看法正与万枫江相反，他不但反对平日访查，连案发后也主张幕友不要参与查访侦缉。他在《佐治药言》中专列"访案宜慎"条，认为幕友亲自私访，或官员派亲信私访，都是弊多利少之事。首先幕友虽深居署内，一般乡下很少有人认识。可师爷毕竟是外来人，口音相异，即使经过变装，也是外地书生的模样，下乡后难以瞒过对方当事人的耳目，很容易被对方将计就计，制造假情报哄骗。尤其重要的是，幕友乃至官员，若亲身参与侦查，就会对案件存有先入之见，无法作出公正的判断。他认为"盖官之治事，妙在置身事外，故能虚心听断。一以访闻为主，则身在局中，动多挂碍矣"。这里所说的"虚心"，就是指办案时没有先入之见。毕竟经历了私人访查的见解作出判断，就会形成主观臆断，造成冤假错案。

在案件的庭审阶段，幕友一般也不能参与，因为他们并没有正式的官方身份。对于一般案件，只需在审后详阅供词记录就可以了。而徒刑以上申详上级司法机关的案件，幕友可以到大堂屏风后听审，如发现供证有漏洞，即唤门子传话给官员，提示如何抓住漏洞，一举突破被告心理防线，或提醒官员用刑适度，不要意气用事。汪辉祖在《佐治药言》中说自己在做刑名幕友时，凡徒刑以上案件，主人庭讯时都要在堂后凝神细听，一旦发现供词有勉强之处，即于主人退堂后嘱咐还要再次提审，因此有时会审上四五次，甚至七八次。另外，他还嘱咐主人不要轻易用刑，力求从被告供词中发现矛盾破绽之处，求得真情。

（三）草拟判决

刑名幕友最重要的是替东家草拟判决。为此必须要熟读并删改案件的审讯笔录，使之能够与判决认定的事实相一致。被告如当堂认罪，要在供词上亲笔画押。而前后几次的审讯笔录，再由师爷整理成文，称为"叙供"，以备定案使用。由于在整理叙供时，不可避免地要删改供词，所以有关严格禁止删改供词的这条法律，早已被师爷们视为具文。万枫江《幕学举要·总论》说："删改供词久有例禁，然闲冗处不必多叙，令人阅之烦闷；并意到而词不达者，必须改定；土语难懂者，亦须换出，但不可太文耳。"

叙供既为以后的判决基准，所以重在"剪裁"。清代幕学专著《刑幕要略》说："办案全

---

① 《牧令书》卷十七。

要晓得剪裁，其某处应实叙，某处应点叙，某处应并叙，详略得宜，位置不乱，方为妥当。"又说："办案要预先打算出路与结穴"，"案犹龙也，律犹珠也，左盘右旋，总不离珠"。这里不是强调法律适用于事实，而是以"事实"去凑合法律，因此只要叙供本身完整、能自圆其说即可。所以有人说："办案如造屋，门、窗、椽、柱及屋内器皿均须周备。案中应有不可减，应无不必添。"

剪裁供证的要点根据王又槐在《刑钱必览·案略》中的说法是：(1)"口供要确"，所谓"确"并不完全指事实，而是指口供要符合情理，没有破绽。(2)"情形要合"，"情者，彼此之情事也；形者，当日之形象也。"(3)"情节要明"，所谓"情者，两造起衅之由也；节者，此事先后之层次也"。(4)"针线要清"，"即一人如此供，他人亦如此供，如针线之缝衣，任其横直，路数碧清，无不贯串"。(5)"来路要明"，指以上的情节来龙去脉交代清楚。(6)"过桥要清"，所谓过桥，是指"凡事先是如此，后则如彼"，彼此之间要有自然过渡，使读者不致迷失方向。(7)"叙次要明"，即层次分明、结构完整。王又槐又以作八股比喻叙供："作文者代圣贤以立言，叙供者代庸俗以达意。词虽粗浅，而前后层次、起承转合、埋伏照应、点头过脉、消纳补斡、运笔布局之法，与作文无异。"总的要求是一篇叙供将案情由全盘托出，自然得出判决的结果。

除了被告口供外，证人的证词也要注意剪裁，甚至有些证人姓名还要剪裁掉。古代上衙门作证与被告无异，一样要长跪答话。一旦官员认为证人在作伪证说谎，一样要挨板子，甚至上夹棍。为此每一案件涉及的人越少越好。汪辉祖在《佐治药言》中说："多一情节则多一疑窦，多一人证则多一拖累，何可不慎。"所以被告已认罪的案件中，只要列入确实能指证犯罪的证人，其余证人证词都要删除。同时，也要避免使证人成为案件中无所不在的旁观者。《刑案要略·人命》说："案内见证虽须指证殴情，然不可自始至终某人殴伤某处，一一记得明白，如代为记账，竟忘其袖手旁观，亦一病也。"所以这时要注意剪裁，要用"补叙倒点"。比如指证斗殴，"'余人已歇手，只见李四将张三殴伤某处倒地，连忙喝住云云'，则李四正凶无疑矣"。

物证、书证勘验结果也都要剪裁。比如"贼以赃定"，盗案中的赃物是定案要件，民间也称"捉贼捉赃"。可是师爷对盗赃也要多加剪裁，因为盗案破案后很难起获原赃的全部——除了被盗贼挥霍以外，更多的是被捕快据为己有。王又槐说："捕役若不克留盗赃，何以养家用度？何以承值衙门？何以交结朋友？何以贿求免比（捕快缉捕盗贼，每五日一限，限期未获，就要挨板子受罚，称为"比较"）？而贼犯到官，全仗捕役照应，亦不敢供捕役于没。"所以既然只要有若干正赃便可定案，幕友也就不必一一将赃物与事主的"失单"对照，强求完全相符，况且事主也有可能多报失盗物品。应用"已被挥霍殆尽"、"卖与过路行人"之类的含糊词句一笔裁去余赃。即使盗犯供称捕役私吞，也应一笔裁去。

对于死者的验尸结果，也要设法剪裁。在"尸格"（验尸单）上只要填写致命伤即可，其他无关紧要的伤痕必须裁去，以免枝节过多，惹出麻烦。至于伤者的验伤也是由仵作负责，同样要填写"伤格"（验伤单）。对伤格也会剪裁，例如伤势要写得模糊，用师爷的行话，这叫"浑括"。万枫江说："填生伤总以浑括为上（如用布包裹、用药敷护、不便揭验之类）。其所以浑括者，一则人已受伤，当调护之不暇，岂可量其分寸？二则生伤如此分寸，死伤何能相同？此中大有漏洞。三则生伤报得凿凿，万一身死，填伤处多有窒碍。不如浑括，使将来可以活动。"另外"微伤可删，相连可并，伤多填重叠，因复审时总称：查验某人，伤痕业已平复故也"。

通过对案件卷宗的加工，诉讼"事实"就已经加工成熟，自然就可以引申出判决。清代凡开庭审理的自理词讼案件，称为"堂谕"，书面则称"判词"、"审语"。自理词讼虽号称"自理"，但仍受上级的监督。如分巡道的一个职责就是巡行所属州县，检查循环簿，必要时也会调卷详查。所以，判决必须稳妥，足以使双方心服口服，或者至少没有出现较大的漏洞，让当事人藉此再次起诉，缠讼不已。如果漏洞足以使当事人有理由向上级衙门"上控"或"翻控"，上级机关有时会调取原卷查阅，或者委派邻近州县审理此案。倘若判决果然有误，原审官员便会遭受处罚。所以判词一定要稳妥可行，在礼教上、民俗舆论上、法律上能够站得住脚。为此幕友师爷起草判词，为求稳妥，一定要仔细推敲，斟酌"天理、人情、国法"。一般来说自理词讼的判决不必具引律例，往往只要提一句"例载禁条"或"律条可据"就算是交代了判词在法律上的依据。所谓"自理词讼原不必事事照例"。而对于援引儒家经典，也往往并不原文照录，只是撷取一段语录，或援引经义，甚至只用一句"准理酌情"来概括。自理词讼中，往往援引成案判决，尤其援引当地前任官员所判案例来证明自己的判决符合"人情"。这是师爷的专门技能之一，所谓"例案精熟"。

清代州县官对于那些自己没有终审权的案件，要在初审后要将人犯、干证、卷宗移送上级，称"审转"。审转时要将案件处理经过、拟定的判决意见等制成一种专门的司法公文，称"申详"，也叫"招解"，递送上级衙门。"详"是详细谨慎的意思，"申"是下级对上级报告行文的称呼。明清时最强调司法审慎，大多数有关司法的公文都称"详"。如发生盗案、命案后，州县官在勘验后应立即通报上级，称"通详"；下级对上级的报告、汇报审案经过及判决意见的叫"申详"；中央刑部在秋审前将斩绞监候案件卷宗作出摘录、草拟意见称"看详"。刑名幕友起草并"锻炼"详文，使之内容统一，没有漏洞，以免东家遭上司驳诘，追究其办案不谨的责任。一般来说，通详应简洁，牵涉到的人、事越少越好，以防止其与日后的申详互相矛盾。申详最为重要，一般分为"据报"（简单回顾报案经过）、"勘检"（勘察现场与检验尸伤的情况，有的省还要求画出现场位置图）、"叙供"（即前面所提到的将供词证言加以剪裁，拼凑成一份供词证言）、"审勘"（也称"看语"、"勘词"，即指出此案可以引用哪一条律例，作出何种判决的意见，或称"拟律"）。其中最重要的是"叙供"和"看语"，必须注意"供"、"看"相符，无一丝矛盾，由"供"自然引出"看"。这样才可免于上司驳诘。但如果申详公文上报后，一路通行无阻，就会显得上司无能，所以一般总会驳诘。而幕友必须在"锻炼"申详时估计到在哪些方面会被上司驳诘，然后要用何种方法"禀议"。万枫江在《幕学举要·总论》中说："事件不必怕驳，斩、绞大案，上司未有不驳。总要成招（草拟招解，即申详）时，预料其在何处驳诘，作何顶复，则胸有成竹，愈驳而案愈定。若中无定见，案情本属舛误，一遭驳诘，手足无措矣！"要仔细揣摩上司驳诘的含意，正确领会、看透上司的意图所在。万枫江说："上司欲重其罪，固在重处吹求。欲贳其罪，亦先在重处敲击。总要看透，自然有处置辩。若错解人意，谓欲加之重典，因而照驳改重，杀人多矣！然亦有不可固执，不得不改正者，总视情罪之允协与否而已。"

（四）对于书吏以及衙役的监督

书吏都是当地人，熟悉当地风土人情，有一个由亲属、邻居、朋友构成的关系网，而州县长官却是远乡孤客，往往连当地话也听不懂；书吏对于本地衙门各种惯例、成案无不精熟，官员则两眼一抹黑，面对一房子尘封的档案卷宗，即使有兴趣也没精力全部翻阅；书吏盘根错节、世代相传，官员则任满必走，号为"流官"。所以常言道："强龙难压地头蛇"，实际政务常操纵于胥吏之手。帮助外来"强龙"对付"地头蛇"的是幕友。汪辉祖在《佐治药言》中指出："幕友之为道，所以佐官而检吏也。"他引述一句传统的谚语："清官难逃猾吏手"，认为官虽大权独揽，统辖群吏，但底下胥吏这么多，各以其精力来与官员周旋，随时寻找可乘之机，给官员布下种种圈套；而官员政事烦琐，要以一人之精力来提防胥吏、一一加以监察，实在是不可能的事。在此数量悬殊的"斗法"中，只有幕友得助官员一臂之力。

幕友可以根据各自负责的部分，分别监视胥吏，保护主人不致遭受其蒙骗。不过对于种种陋规常例，汪辉祖认为胥吏既无正常收入，陋规是其生活来源，幕友不能建议主人下令禁绝，断人生路，应本着"多一事不如少一事"的原则，睁一只眼闭一只眼，不可过于挑剔。凡是旧有惯例仍允许胥吏收取，只不准新增花样。如有从中舞弊，过于伤害百姓，证据确凿者，就必须严惩不贷。汪辉祖还表示，幕友与胥吏的目标不同，幕友追求主人在任期上平安无事，而胥吏则从中取利，往往喜欢惹是生非、骚扰百姓。所以幕友对胥吏的各项建议都要深思熟虑，即使看来完全有利无害，也要劝主人谨慎从事，防止上当。总之，"约束书吏，是幕友第一要事"。

另外对于衙门里的衙役，汪辉祖《佐治药言》认为是"成事不足，败事有余"，可是政府各项政务的最终执行者，又只能由他们担任。所以他建议尽管幕友为东家策划了再好的政务方案，仍有可能因衙役的执行不当而搞砸。为此幕友"不可轻易差役下乡"，必须时刻提防衙役滋事害民，尽量减少使用衙役执行政务的机会，如采用告示或请诉讼当事人、当地绅士传话的办法来推行政务，不给衙役任何可乘之机。

第三节 简评

综上所述，书吏、幕友在司法审判中起到重要作用的现象有其产生的历史原因，但是从严格的法治意义上而言，这种现象是不正常的。

1. "体制外"人员暗中操作诉讼过程，加剧司法审判过程的"暗箱"程度

司法审判权力是国家权力的象征，是古代所谓的"名器"，从理论上而言，必须牢牢掌握在官员手中。书吏，尤其是幕友的这种参与在很大程度上是没有合法地位的。

秦汉以后的政治体制逐渐将基层政府的书吏边缘化，使这一集团从特权集团中被排挤出来，演变为由民间百姓必须要承担的一项职役。而书吏工作的专业性质又使得实际上不可能让普通百姓来服役，导致这一集团中的大多数逐渐变成了"体制外"的政府职员，尽管他们办理的事务应该是体制内的事务。

朝廷部院书吏是有参与司法审判事务的职责的，但是由于这一职责的履行缺乏有效的监督手段，非常容易被书吏集团利用作为弄权玩法的途径。因此历代士大夫对此都表示深恶痛绝。比如顾炎武在《日知录》中专门列出"吏胥"专条，总结历史上书吏这种弄权玩法的事

例，并总结说："天子之所恃以平治天下者，百官也。故曰臣作朕股肱耳目。又曰天工人其代之。今夺百官之权，而一切归之吏胥，是所谓百官者虚名，而柄国者吏胥而已……吁，其可惧乎！秦以任刀笔之吏而亡天下，此固已事之明验也。"

幕友以佐治为名，实际上就是在办理各项政务，且这些政务原先应该是由地方政府中的幕职官、"佐贰官"、"首领官"，或各房书吏来处理的。比如刑名幕友批答诉词、确定审期、起草判词的"业务"，原来是由刑房书吏所承办的。至于书启、挂号的职责，则是属于传统的政府秘书长——主簿的。另外，钱谷、征比所管事务，原来归户房书吏掌理。这种由幕友代行原由佐贰官、首领官及各房书吏所负责的事务的现象，清代人已多有议论。汪辉祖在《佐治药言》中说："幕客以力自食，名为佣书，日夕区划皆吏胥之事。"张廷骧编《入幕须知》时，也在序言中称："自幕职废而鸿才硕彦无由自致功名，于是幕为专门名家之学。"清代的杨象济在其上疏中更是直接建议由刑名、钱谷师爷出任各州县佐贰、首领官。他认为，由于实行回避制度，幕友、主官都不熟悉辖区的风土人情，且主官要用全部养廉银作束脩礼聘幕友，而幕友即使办错事也不必直接承担责任，造成权责分离。如果要让州县官真正治理好所辖地区，最好的办法就是把佐贰官、首领官被剥夺的各项权力交还他们，然后让那些资格较老、任职较久的幕友担任佐贰官、首领官，使其真正发挥作用，达到权责统一的地步。再则，这些由幕友出任的佐贰官、首领官在经过一定的年限、考核政绩确有成效后，就可升任主官，且不应回避本籍，"使之休戚相关，不敢为暴虐奸邪之事"①。

与现代司法理念相比，中国古代司法制度本身就是封闭的、暗箱操作的，书吏及幕友这种参与加重了司法过程的不透明程度，使得诉讼当事人更难以预料结果，把诉讼从寻求公正变成了一场赌博。

2. "体制外"的收入导致腐败人群扩大化

说来可笑的是，秦汉以后历代统治者都煞费苦心地防止地方势力，防止尾大不掉，处处设防监视，极力使地方长官与其下属不能有特别的私人关系，所谓"用一人焉则疑其自私，而又用一人以制其私；行一事焉则虑其可欺，而又设一事以防其欺"②。可到了清代，一个地方长官到任时，就随身带来自己的一整组"工作团队"，办理政务的有自己私人聘请的各类幕友；执行重要政务、办理具体事务的有私人招募或由人推荐而来的各种仆役"长随"或"长班"。本地政府机关现成的由书吏、衙役组成的班子再也不能发挥正常的公共职能，都必须听命于"内衙"的指挥，剩下的作用只有敲诈良民。历代统治者想防止官员之私，最终却造成了官员之私，即由体制外的私人智囊团取代体制内的政府行政人员。而且更坏的是，这个私人内衙与当地的地方利益没有任何处害关系，纯粹只是一个流动的、外来的剥削者。古代地方政府的社会公共职能原先就相当不足，现在更进一步被剥削。而内衙和外衙两套班子的争锋、冲突，也进一步降低了政府的行政效率。于是，社会财富的分配格局中，又出现一个新的食利集团，导致腐败盛行的局面也就在所难免。

书吏在衙门里长期"公干"，熟悉当地的种种风俗习惯，熟悉衙门里的种种故事陋规。州县长官都是外来人，对当地情形两眼一抹黑，有的连当地话也听不懂，所以"任你官清似

---

① 《清经世文续编》卷二十二。
② 黄宗羲：《明夷待访录·原法》。

水，难逃吏滑如油"，衙门的实际操作，往往掌握在书吏的手中。"强龙难斗地头蛇"，外来的长官很难斗过书吏。比如一部《明史·循吏传》就记载了很多清官和书吏玩猫捉老鼠把戏的事例。如明朝初年的清官范希正为曹县知县，发现有一个贪赃枉法的书吏，他饶了这个书吏一命，没有先斩后奏，而是把这个书吏送到朝廷去接受审判。想不到的是，这个书吏到了京城，反而诬告范希正贪赃枉法，范希正为此被逮送京师。幸好宣德皇帝亲自过问这个案件，总算为范希正平了反。又如明中叶时，句容知县徐九思抓住了一个盗用官印的书吏，全衙门的书吏都为这书吏求情，威胁徐九思。浙江永康的书吏更利害，他们和当地的土豪劣绅勾结在一起，竟然连续告倒了七位知县。

清朝入关后允许州县长官请师爷、雇长随，也是考虑到加强州县长官和书吏斗法的力量。可是有些地方依旧是书吏说了算。《妙香室丛话》说晚清时，福建晋江县的书吏把每年当地的赋税都侵吞大半，历任知县都是因为完不成赋税征收任务而被弹劾去职，吓得没人愿意到该县当知县。

书吏将诉讼事务作为自己收入的主要来源，这些收入称为"陋规常例"，种类繁多。比如"报案费"，原告起诉时要向刑房交一份常例；"抄案费"，被告知道有人告了自己，就要出一份常例，从刑房得到一份对方诉状的抄件。其他诉讼的每一环节，刑房书吏都有类似的常例可拿。此外保甲银、年终平安银等，治安方面的常例也是刑房书吏的一项外快。刑房书吏完全不合法的收入就是"受人钱财，与人消灾"，在自己管理的司法文书上替诉讼当事人改动情节，谁出钱就改动得对谁有利。明清习惯上把卷宗上关键性的字眼称为"招眼"，就像本节开头的那个例子，刑房书吏将招眼略加改动就会导致诉讼结果的完全不同。更绝的是，有的刑房书吏明知道长官会怀疑自己改动招眼，他就在把招眼剜掉后，仍旧再贴一个原字上去。州县长官看了卷宗以为书吏已经动过了手脚，就偏偏从相反的角度去解释，不料恰好堕入奸吏的陷阱。比如明清时最多的民事诉讼是典卖纠纷，典和卖契的式样完全一样，只不过有"典"、"卖"这样一字之差。而这两种交易又是完全不同的，典出的土地房屋等不动产在经过一段时间（一般为三年）后，出典人可以在任何时候持典契及原典价收赎产业；而出卖之后，出卖人自然不得再以卖价要求收赎。民间普遍相信"一典千年有份"，只要典契犹在，哪怕是 1 000 年后仍然可以收赎。官府的裁判一般也承认这种长期的收赎权，但作出这种裁判的前提是确认提交的契约确实是原来双方签字画押的典契。刑房书吏往往故意剜去"典"字，然后再补上一个典字。州县长官在判案时见此契已经剜补，以为是书吏作弊，原契肯定是卖契，于是就下判断，判决后来的占有人继续占有不动产，驳回出典人要求收赎的诉讼要求。因为典价一般只是卖价的一半，这样一来，典权人就占了个大便宜，而其中自然少不了刑房书吏的一份好处。

幕友是清代政治的参与者，然其"幕宾"身份确定了他们只能是一些参与者，而不可能是清代政治肌体的防腐剂。前已提及，清代官员延聘幕友所用的支出，完全依靠"养廉银"，而养廉银又主要源于严格来讲并不合法的"耗羡"。"耗羡"原来只是官员的"外快"，为了公事而支出后，自然又要设法补足。因此幕友仍然是靠民脂民膏养活的寄生阶层的一个组成部分。虽然有些幕友本人洁身自好，并以自身清高的气节折服主人，或不合则去，不愿助官害民，但总的来说，幕风是服从于整个官场官风的。因此当吏治日坏时，幕友不但不能阻止这种趋势，反而会加剧风气的腐败。

　　清代的吏治官风走过一个驼峰形。清初吏治承明末之弊，正直士大夫持反清志向不愿出仕，顺风而降者恰多为明朝的贪官污吏。可惜清初统治者为减少统治全国的阻力，对此并不认真计较，无暇顾及。而清初刚形成的幕友佐治风气，也与这一官风风向相同，即大多数的幕友与贪官污吏同流合污，为虎作伥，加重吏治的腐败。康熙帝执政后，励精图治，多次出巡全国，表彰清官循吏，同时又很现实地承认官员收取耗羡陋规的合法性。另外经过整整两代人的对抗，中原士大夫已逐渐放弃抵抗，不再企盼"匡复明室"，转而做大清的忠弼良臣，入仕的正直人士也因此增加，吏治得以改善，出现了不少清官。到了雍正时期，以吏治为急务，"严刻少恩"，并在全国遍布耳目，探查官员的举动，迫使官员们人人自危，吏治也较清明。乾隆初年，吏治风气尚好，不过至中期以后，就开始走下坡了。嘉庆年间爆发了川陕楚白莲教起义。当时尹壮图上疏，指责自乾隆三十四年（1765 年）以后吏治腐败，是这场战争的导火线。他说："贼匪不过癣疥之疾，而吏治实为腹心之患也。以今日外省陋习相沿，几有积重难返之势……伏查乾隆三十年以前，各省属员未尝不奉承上司，上司未尝不取资属员，第觉彼时州县俱有为官之乐，间阎咸享乐利之福。良由风气淳朴，州县于廉俸之外，各有陋规，尽足敷公私应酬之用。近年以来，风气日趋浮华，人心习成狡诈。属员以夤缘为能，上司以逢迎为喜，踵事增华，夸侈斗靡，百弊丛生。科敛竟溢陋规之外，上下通同一气，势不容不交结权贵。"为此建议皇帝下诏，一律革除乾隆三十年（1761 年）后新增的陋规，只准地方州县官遵循乾隆三十年前旧有的陋规。① 然而他的上疏并没起到什么作用，清朝吏治江河日下，贪官污吏遍布内外衙门，腐败风气弥漫于整个官场。当遭到来自西方前所未有的挑战时，庞大的官僚体系更是无法作出适当调整，直到清朝灭亡。

　　就在清代官吏走下坡路的同时，幕友的风气也同步地趋向腐败。汪辉祖在乾隆五十八年（1793 年）著《学治臆说》时回忆说，当他二十二三岁（乾隆十六年左右）刚开始习幕时，当时的刑名、钱谷幕友都俨然以官员的宾师自居，常常日夜伏案工作，既不博弈游戏，也不应酬谈笑。为了公事，会援引律例与东家反复辩论，如遇上司驳诘，也敢于坚持自己的意见，不会毫无原则地迁就上司。对东家也只是礼貌相待，如意见不合就毅然辞馆而去。偶尔有一两个不自重的师爷，大家都会看不起他们。从没有唯唯诺诺之人。这种风气直到他二十七八岁时（乾隆二十一年前后）还是如此。但只过了几年，大家就开始把严守正直的师爷视为迂腐，"江河日下，砥柱难为"，甚至收受贿赂，为当事人打通关节，与贪官污吏狼狈为奸，"端方之操，什无二三"。师爷们自己腐化日甚，还把一些新入仕的官员带坏，传授种种搜刮民财之法。另一个浙江籍幕友金安清在他的《水窗春呓》中也说，乾隆末年时吏治尚好，主要因为官府中还有"三老"：老吏（专指省级机构里的书吏）、老幕、老胥（部院机关的书吏）。尤其"老幕"，都是"通才夙学"，"品学俱优，崖岸尤峻"，官员咸"尊之如师"，不敢非礼非义。倘若官员礼数稍有不周，这些"老幕"就会"拂衣而去"，通省上下也会舆论哗然，因此得以让官员"不扶自正"。可是道光以后，"三老"转变为"老贪、老滑、老奸"，"国家二百年纪纲法度皆失传矣！"到了嘉道年间，师爷幕友已普遍被人当作反面角色。清代文学家、政论家包世臣在其《说储》一书中说："夫幕友，大抵刻薄奢侈，贪污无耻之辈，长恶图私，当事者莫不知也。"于是清末提起幕友，都会加上一个"劣"字，以"劣幕"

---

① 参见《竹叶亭杂记》卷二。

相称。如清末思想家郑观应在《盛世危言》中说："其刑名幕友中，劣多佳少，往往亦把持公事，串通差役，挟制居停，作威作福之处，不可胜言。"

从清代这一官风、幕风同步变化中可以看到幕友不可能阻止、扭转吏治风气，相反还会变成加重吏治腐败的原因；"佐治"的幕友，最终以"蠹治"告终。

3. "体制外"人员注重的是解决纠纷，在很大程度上脱离法律以及儒家礼教有关诉讼的基本宗旨

书吏集团与刑名幕友把持古代社会的法律以及诉讼知识，并且以这项知识的把持作为自己谋生的手段，因而在很大程度上成为既得利益集团。他们参与司法审判事务时首要考虑的是保护、并设法扩大自己的既得利益，因此在处理诉讼事务时往往在很大程度上会脱离法律以及儒家礼教有关诉讼的一些基本宗旨，使得立法意图更难以在司法中实现。

基层衙门书吏的收入依靠诉讼的发生，可以按照"陋规"来获得当事人提供的钱财。因此诉讼活动是这个集团利益所在。而朝廷奉行的儒家学说却是"息讼"，希望民间尽量不为利益纠纷闹诉讼，干扰统治方针的实现。地方基层官员的利益取向也是希望减少诉讼，减轻工作压力。这就是汪辉祖在《佐治药言》中所说的，官要求"省事"，而书吏希望"多事"。

朝廷部院的书吏对于各项政务的习惯性处理方式方法烂熟于胸，维持这种处置方式方法，是他们的利益所在。积累的经验，使他们具有向部院长官建议驳诘地方大员的权势。由于他们的存在，原来儒家理想的由士大夫主导的"人治"被这种"同样事情同样处理"的习惯势力抵消了。这或许是朝廷部院书吏集团一直是士大夫激烈批判对象的主要原因。原来立法时"宽简"指导思想，到了他们那里，变成了一组又一组繁杂的操作性规范要求。

刑名幕友履行职责并不对法律负责，也不对所在地区百姓负责，甚至亦非向地方政府机关负责。他们只向官员个人的官宦前途负责，以及为自己的"天地良心"、子孙后代祸福负责。所以尽管以"刑名"著称，但实际上法律对于他们来说，并不是和先秦法家一样的需要誓死捍卫的公正体系，只不过是他们保持既得利益的工具与手段。对于幕友的此一特性，清代人有着精辟的总结，即把刑名师爷叫做"四救先生"。"四救先生"之称出自纪昀的《阅微草堂笔记·姑妄听之四》。传说有位学幕（帮助官员主持科举考试、批改考卷的幕友），晚上梦见去阴曹地府游历，见到九十个衣冠楚楚的人物，被小鬼们绑着拖入阎王的大堂受审。审了好长时间，那些人才被牵出来，脸上都带有愧恨的神色。那位幕友感到好奇，就去向一位面貌似乎有点熟悉的阴曹书吏打听。那位阴曹书吏笑着说："你不也是一个师爷吗？难道在这里面就没有一个熟人？"幕友摇头道："我只入过两次学幕，没在州县当师爷。"书吏说："那你是真的不知道了。这些人就是所谓'四救先生'。"幕友好奇地问："什么叫'四救先生'？"阴曹书吏解释道："历来刑名师爷们有相传口诀，叫做'救生不救死，救官不救民，救大不救小，救旧不救新'。所谓'救生不救死'，是指死的人已经死了，不可能复活，而杀人的人仍活着，如果判处他死刑，就是又多死一个人，不如想办法使犯人不致抵命，而死者是否含冤就不去管他了。所谓'救官不救民'，是指在处理上控案件时，如果真的给冤案平反，那么原审官员就要有祸了。如果不准翻案，上控人诬告反坐也不过是个军流罪，所以冤案是否昭雪就不去管他了。所谓'救大不救小'，是指处理有关官员的案件时，如果把罪责归于上司，那么官越大所受处罚也越重，牵连入案的人也越多。而把罪责全部推给小官，小官责任轻、受罚轻，也容易结案。至于小官是否真的有罪，就不去管他了。所谓'救旧不救

新’，是指官员交接时发现有公罪，如果把罪责归于旧官，则旧官不得离开住所，必须羁留原地，没有收入，受罚时也无法清偿欠额、赔足罚俸。而新官上任不久，如果把罪责推给新官，他们总有办法搜刮财产来填补空缺。至于新官能不能接受那就不去管他了。这些都是出于君子之心，行忠厚长者之事，既不是有所求取、巧为舞文，也不是有所恩仇，私相报复。不过人情百态，事变万端，不能执一而论。如果坚持这一口诀，往往就会矫枉过正，顾此失彼，原想造福反倒造孽，本欲省事反而多事。这些人就是因此遭祸受审的。”幕友听了汗毛倒竖，问：“那么这些人下场如何呢？”阴曹书吏回答：“种瓜得瓜，种豆得豆，所造孽业纠缠来世，终要因果报应，来世也就是四救先生们被列入四不救而已。”

书吏与幕友集团的力量彼此牵制，在传统诉讼过程中发挥着一种潜在的、但往往是决定性的作用。就以上所说明的他们的利益取向而言，他们的作用并不能帮助诉讼真正走上法制的解决轨道。

第八章

讼　师*

　　讼师，是中华传统法文化中不可忽视的现象。然而遗憾的是，在汗牛充栋的传统法文化研究成果中，学界对讼师投注的目光才刚刚开始且少之又少，这可能主要因为讼师一贯被视为不合法的事物而遭到禁止。几乎在所有可见的官方史料中，讼师时常被讥称为讼棍，被视为教唆人们进行毫无必要的诉讼，颠倒是非、混淆黑白，利用诉讼文书和花言巧语诱使人陷入诉讼，与盘踞官府的胥吏和差役相互勾结，从善良的人那里骗取金钱等作恶多端的地痞流氓。① 抛开当时以至现在人们对他们的评价和看法不谈，可以概略地说，讼师在古代社会中扮演着准律师职能。他们专门替人写诉状打官司，笔利如刀，因此又称"刀笔吏"，或根据其具体表现称为"茶食人"、"讼师官鬼"、"珥笔之人"、"哗徒"等。他们与现代律师一个基本相同点就是利用其特有的知识和专业技能帮助当事人进行诉讼，维护当事人的利益。讼师在传统社会中具有两面性，我们应客观看待。一方面，讼师中的相当一部分人常常为利禄所累，专钻法律的空子，利欲熏心，颠倒黑白。另一方面，许多讼师具有强烈的正义感，帮助弱者起诉不法豪强，或为民请命，维护民众利益。如果我们一概把讼师作为讼棍，既不符合历史事实，也不符合现代法制民主对传统法文化正确的态度要求。

---

　　* 本章由党江舟博士授权郭成龙先生（中国人民大学法学院法制史专业博士）根据其著作《中国讼师文化——古代律师现象解读》（北京大学出版社 2005 年版）缩写而成，特此说明。

　　① 参见［日］夫马进：《明清时代的讼师与诉讼制度》，载《明清时代的民事审判与民事契约》，北京，法律出版社，1998。

第一节 源流

一、成因

（一）利益冲突为讼师的产生提供了社会土壤

只要人们之间有利益的冲突，特别是经济利益的冲突，就必然有"讼"的存在。[①] 但"讼师"这一职业却必须是经济发展到一定阶段才会出现。杨鸿烈认为邓析是中国历史上第一个讼师，邓析之所以称得上"讼师"，一则因为他以教人律法为职业，二则是学其讼学者上了规模。"邓析……与民有狱者约，大狱一衣，小狱襦绔，民之献衣襦绔而学讼者，不可胜数。"[②]"讼师"的出现是春秋战国时期社会大变革的结果之一。原始社会实行的是低下的原始共产主义公有制，氏族、部落财产均共同地为所有成员占有、使用和收益，没有私有权益方面的冲突。至于利益分配方面的冲突，也是少之又少。进入夏商时代，一直到西周中期，整个社会权益状态从一个极端，即由平等共有转向绝对占有。不论土地所有权还是利益分配权等一切都归国王所有，"独占是不会产生真正的权益冲突的"[③]。即使有非对抗性的冲突，其处理方式也是命令而非裁判。所以，没有利益冲突，没有裁判，也就不会有对利益的维护，也就没有辩护这一代言人存在的可能性。

自西周中期，特别是进入春秋时期后，生产力水平空前提高，铁器开始应用于农业领域，并出现畜力耕作、人工灌溉、施肥翻土等农田管理技术，从而促进了社会分工，大大提高了劳动生产率。在各级宗主贵族的"公田"之外，人们开垦的"私田"大量出现，从而威胁到原来的土地所有制形式，以周天子为代表的宗法统治出现全面危机。为此，一些诸侯国相继进行田制与税制改革，以保证国家赋税财政收入。如齐国"相地而衰征"[④]，即根据土质、产量定相应税额；鲁国实行"初税亩"[⑤]，即在大田和公田劳役之外，按亩对私田征收实物地租，等等。这一改革实际上承认了个体经济和私营土地的合法性，从而根本上动摇了原有秩序的社会基础。一旦制度上确定了某种利益的正当性，个体对这种利益的维护就成为必然。相对于此前的所有制状态和利益冲突的解决机制，此时的社会土壤更给利益代言人的萌芽到形成奠定了基础。

（二）"礼崩乐坏"使讼师的形成在政治上成为可能

旧有政治制度衰崩，使整个社会政治秩序和人们的政治思想发生了剧烈的变化。周天子和周王室失去了天下共主的地位，"礼乐征伐自天子出"被"礼乐征伐自诸侯出"所取代。这正是传统制度"礼崩乐坏"的集中体现。新的统治者为自身争取权力与地

---

① 精神利益的冲突，一般是不能通过裁判来解决，教育、宣传甚至战争才是这一冲突的解决办法。

② 《吕氏春秋·离谓》。

③ ［美］康芒斯：《制度经济学》（上册），106 页，北京，商务印书馆，1962。

④ 《国语·齐语》。

⑤ 《左传·宣公十五年》。

位，极力反对各级宗法贵族世袭垄断政治的特权，强烈要求根据功劳才干选贤任能。一大批社会下层人物凭借军功、才能进入各级统治集团。上行下效，既然社会上层的人们尚且为自身利益而据势力争，则客观上影响了社会的价值观念。此时社会没有了以前的"礼"这一是非标准，只有一个不变的准则——争取和维护自己的利益。要争取和维护自己的利益，必先知道自己的利益并予以表达，这促使了"讼师"这一职业的出现。故如果说经济因素使诉讼具备了土壤基础，那么"礼崩乐坏"使讼师的形成在政治上成为可能。

（三）辩学使讼师的实际运行获得了技术支持

"教育作为社会一个重要文化部门与整个社会制度具有同质性是毫无疑问的。"[1] 这里所说的教育是指狭义上的学校教育。[2] 夏商西周作为奴隶主专制的国家，其专制性也必然渗透到教育部门。通过控制教育以达到控制思想维护专制统治的目的。尽管教育机构在不同朝代名称不同，"夏曰校，殷曰序，周曰庠，学校三代共之，皆所以明人伦也。"[3] 但俱为官方办学，为统治者选择人才。春秋战国时期，"礼崩乐坏"的局面导致政府对教育的控制随之削弱，教育知识向民间扩散，出现了"天子失官，学在四野"的现象，民间教育遍地生花，从而形成了我国古代思想史上最活跃的百家争鸣局面。

辩学便是继儒、道、阴阳、法、墨、纵横、杂、农之后，出现的又一种名家的思想和学说。辩学的体系化是在战国时期，代表人物有"合同异"的惠施、"离坚白"的公孙龙。另外与子产同时的邓析也属于名家。这些人物都善于雄辩，思想逻辑性强，常常挑战人们的常识性认识。所以名家的辩学多被认为"离谓"、"淫辞"[4] 之说。所谓"离谓"指的是言辞与思想相违背。所谓"淫辞"即诡辩。"言行相诡"、"所言非所行、所行非所言"是最不吉祥的。所以辩学遭到严厉打击，讼师活动被各朝律典明文禁止，尤其严禁讼师出庭参与诉讼，以致讼师实际工作仅仅局限于幕后策划和替人写状词两个主要领域。讼师之所以有"刀笔先生"之称，足可见其玩辞弄文以左右法律的辩学功夫。因而说，名家的思想——辩学，使讼师的实际运行获得了技术支持。

（四）成文法的公布成为讼师形成的最直接原因

春秋以前，统治者奉行"刑不可知，则威不可测"的信念，不公布法律内容，对法律进行垄断。春秋时期，礼崩乐坏，阶级关系发生了很大的变化，新兴统治者为维护自身利益，要求打破旧贵族法律特权和秘密法状态。经过反复激烈斗争，楚、宋、郑、晋等国相继制定并公布了成文法。成文法的公布，我们可以从旧势力的强烈抨击和非难中，了解到它带来的后果：

> 三月，郑人铸刑书。叔向使诒子产书，曰：始尚有虞于子，今则已矣。昔先王议事以制，不为刑辟，惧民之有争心也……民知有辟，则不忌于上，并有争心，以征于书，

---

[1] 崔文华：《权力的祭坛》，245 页，北京，中国工人出版社，1998。
[2] 按照社会学家的观点，教育分为广义教育和狭义教育，广义教育自人类存在之日便每日相伴，狭义教育指学校教育。
[3] 《孟子·藤文公上》。
[4] 《吕氏春秋·离谓·淫辞》。

而绕幸以成之，弗可为矣。①

在此之前，孔子就赵鞅、荀寅师铸刑鼎而给予类似的评价："晋其亡乎，失其度矣"。"今弃是度也，而为刑鼎，民在鼎矣，何以尊贵？贵何业之守？贵贱无序，何以为国?"②

成文法的公布之于讼师的形成，其关系是很显然的。尽管后人对讼师颇有微词，但其活动都是以法律为依据，是在不违反法律的前提下或钻空，或逃避，或专挑法律的矛盾之处。这一点，统治阶级也束手无策。可见，成文法的公布成为讼师形成的最直接原因。

（五）自西周以来的传统人才选拔制度是讼师得以形成的另一原因

西周时期，尽管同时存在"国学和乡学"，但人才任用上主要是选用"国学"中的贵族。这必然造成大批有能力但出身低贱的人怀才不遇。在春秋战国时代，诸侯争霸，崇尚军功，更加剧了这些怀才不遇之士的苦闷。他们中的一些人退隐山林，或聚众讲学、四处游说，而以邓析为代表的一些人则鄙视统治阶级的愚昧，选择合法的方式反抗专制压迫。

中国传统社会是专制权力主导的社会，"而在权力社会里，政治人才便是第一需要人才"③。政治伦理化——即具备"德"、"忠"是选拔人才的唯一标准。这一倾向在隋唐以后表现得越来越突出。那些有才能者，都是在成为政治人才无望时，才转移自己的视听。这种人才专业类型的单一化否定了人才的丰富性，造成了不可估量的社会智能浪费。"文化只是在常识生活层次有着某种现象的丰富性，高智能的深层突进的成就，便因甚少有人从事而显得十分有限。"④ 讼师文化的兴起和发展即是此种现象的典型代表。

（六）立法不完善为讼师的活动提供了契入点

中华法系具有明显的成文法传统和法典化的特色，在春秋战国之前，法律处于不公布的状态而实际形同虚设，不会受到民众的挑战。而在成文法公布之后，辩士们则可以依据法律对抗统治者。此外，专制王权统治的方式是法附于政，法政不分，君主口含天宪，言出法随、立法程序的任意性和立法者普遍极端缺少法学专门知识，也每每使法律漏洞百出，还有法律道德化常常导致法律与社会现实严重脱节。最后加上司法者在法律知识方面的先天缺陷，最终为一个悉法用法、以法制法的职业群体——讼师——提供了进入社会的契入点。

毋庸置言，有了经济政治的大背景，有了怀才不遇的人，有了辩学的技术，有了公开的法作为劳动对象，有了恰当的契入点，讼师这门职业也就必然有了萌芽、发展、高潮和变异的屡禁不绝的精彩过程，为中华法文化增添了丰富的一笔。

二、发展沿革

（一）讼师萌芽——西周民事代理制度

论及讼师，就必然要谈到代理，因为代理是讼师的最本职工作之一。要探究讼师演化的

---

① 《左传·昭公六年》。
② 《左传·昭公二十九年》。
③ 崔文华：《权力的祭坛》，207 页。
④ 崔文华：《权力的祭坛》，209 页。

踪迹，我们必得从古代诉讼代理谈起。一般据现有的资料认为，诉讼代理活动最早起源于西周，最早记载代理活动的文献是《周礼》。《周礼·秋官·小司寇》载："凡命夫、命妇不躬坐狱讼。"《周礼疏》对此解释说："古者取囚要辞，皆对坐，治狱之吏皆有威严；恐狱吏褒，故不使命夫命妇亲坐。若取辞之时，不得不坐，当使其属子或子弟代坐也。"所以西周的诉讼代理不是为了保护当事人的经济利益，而是为了维护"礼"的尊严，不具有普遍性。西周的诉讼代理人一般是当事人的部下、子弟或其他亲属，与之后的讼师代理活动有质的不同。虽然这些代理人即便没有报酬也会为当事人利益据理力争，但为了更好地维护自身的利益，当事人也会选择能言善辩、洞悉事理的部属或子弟代理自己，因为实践中因代理人能力问题败诉的恐怕也不在少数。西周无文献记载，不过《左传》中有一例可藉推补："卫侯与元咺讼（于晋），宁武子为辅，铖庄子为坐，士荣为大士。卫侯不胜，杀士荣，刖铖庄子，谓宁俞忠而免之。"① 当然卫侯杀了代理人而不服输，最后被霸主晋抓获。这里无疑为具备专门代理知识和能力的职业的出现埋下了伏笔。

西周虽然诉讼代理活动没有普及，但一般商务、经济、民事等交往中代理尤其是专门代写法律文书活动可能并非绝无仅有，只不过囿于当时的所有权形态和政权的性质，没有出现职业诉讼代理人。这可以从以下方面得到证明：（1）西周法律规定"以两造禁民讼"、"以两剂禁民狱"，所以要求士师"凡以财狱讼者，正之以傅别、约剂"，即要求要有合同或其他书证。可见合同等书证在西周应该是常见的。而"学在官府"，教育不普及的当时，书写合同等书证必须请人代劳。（2）《周礼》分官分职较细，但笔者逐一查阅，没有发现专门负责帮人代写文书的官人。但设"质人"监督交易务用书面合约，"凡买卖者质剂焉，大市以质，小市以剂"。那些去外地做贸易的人，不可能事先写好交易合约，而只能是在交易之地请人代写以便交易符合法律要求。

综上，西周时期不断增多的文书代写等民事代理活动已经成为社会的普遍需求，随着社会的发展，即便特权阶层为数不多的诉讼也对代理人的代理才能提出进一步的要求，这一切都为春秋时期讼师的出现奠定了基础。

（二）讼师兴而后禁——春秋至秦对离谓的批判

春秋是一个大变革时代，"井田制"的崩溃和土地私有制的确立，客观上促进了商品经济的发展。"礼崩乐坏"，人们的观念也发生了变化。"人各任其能，竭其力，以得所欲。"② 于是乎"天下熙熙，皆为利来；天下嚷嚷，皆为利往"③。人们养成了斤斤计较的习惯，"锥刀之末，弃于礼而争于市"，并代代相传，互相切磋自己胜辩的艺术。适应这种社会形势的需要，以邓析为代表的讼师群体出现了。他们把自己的才学与民众的需要结合起来，助民诉讼，维护个体利益、勇于与官为难。

讼师在春秋的活跃带有很浓的政治性，作为讼师祖师爷的邓析在郑国掀起学讼打官司之风，很大程度上是为了对执政者表达不满和抗争，譬如"郑国多相县以书者，子产令无县

---

① 《左传·僖公二十八年》。
② 《史记·货殖列传》。
③ 《史记·货殖列传》。

书，邓析致之，子产令无致书，邓析倚之。令无穷，则邓析应之无穷矣"①。此外，他们常常
以非为是，以是为非，扰乱人们思想，不利于统治者的统治。所以讼师出现伊始，对名家、
辩学、讼师的打击就不绝于书。对讼师群体思想活动的封杀是从对"离谓"的批判开始的。
《吕氏春秋》将包括讼师在内的名家的思想称为"离谓"、"淫辞"，充分表现了统治阶级厌恶
和痛恨的态度。《荀子·非十二子》认为名家虽"持之有据，言之有理"，但不外"治怪论，
玩奇辞"而已。商鞅变法，主张以法为治，以吏为师，统一人们思想，打击"好讼之风"和
"教人讼者"。

统一中国之后的秦王朝进一步加强其专制统治，并对人们的思想进行严格控制，禁绝法
家以外的任何学说、思想。诉讼的代书活动基本上都是"乡"以上的人物操持，由官方垄
断，这与当时严格的法治主义相一致，因而可以说，秦朝破坏了讼师存在的一个重要条件。
讼师现象，在某种程度上反映了民主的进程，秦政府集权强力压制使之几近绝迹。

（三）讼师活动的背景框定——从汉代的春秋决狱到唐代的"以礼立法"

由汉至唐，中国传统法律经历了一个儒家化的进程，这为讼师的勃兴创造了广阔的空
间。西汉至武帝时，封建经济得到极大发展，中央集权得到巩固，汉初以来奉行的黄老思想
已与新的形势格格不入，迫切需要一种新的理论为封建大一统思想进行论证和辩护。董仲舒
顺应形势，以儒家思想为主干，兼采阴阳、法、道、名诸家学说，形成了新儒学，成为统治
中国两千余年的封建正统思想，确立了儒家思想至高无上的正统地位。儒家思想也开始通过
各种途径影响立法和司法，其突出表现就是"春秋决狱"，即利用《春秋》等儒家典籍所体
现的儒家伦理的微言大义解释法律、裁判案件，儒家道德法律化。这使法律进一步深入到基
层，儒家学者可以利用自己谙熟的儒家经义去教化别人，接受群众或官方的咨询。董仲舒退
休之后，朝廷有政治或司法等大事"数遣张汤来至陋巷，问其得失。于是作春秋决狱二百三
十二事，动以经对，言之详矣"。可以说，这些儒家学者在实际上扮演了讼师的一部分角色，
也扮演了法律释义专家的一部分角色，或称为"儒学讼师"。

自西汉中期以后，允许私家解释、注译现行律文，于是汉儒引经注律，引礼入法，因此
通经的大儒如马融、郑玄等人，往往也是明律的大家，他们各自聚徒传授，世守其业。据史
书载，郭躬与马融各有门徒数百人，郑玄有门徒上千人。此外南阳的杜氏父子、山东的郑氏
兄弟"皆明经，通法律政事"②。汉晋学律之风在民间规模之大已超过春秋时期的学讼之风，
律学得到极大发展，律学人才辈出，有些还位列高官。据《后汉书·郭躬传》载："郭氏自
弘后，数世皆习法律，子孙至公一人，廷尉七人，侯者三人，刺史二千石，侍中郎将者二十
余人，侍御史、正监平者甚众。"但入仕之人毕竟只是少数，更多的学律者只能流落民间，
在民间代人书写，帮人谋划诉讼或著书立说，这些人除充当讼师角色外，没有别的更合情理
的出路和职业供他们选择。此时发达的律学和辩学有机结合起来，也成为讼师职业深厚的技
术基础。

在封建盛世的唐代，各种法律制度相当完善，制定了一部典范性的完备的封建法典《唐
律疏议》，而且实现了严密的礼法合一；使整个司法过程趋向稳定、程序化，具有可预见性，

---

① 《吕氏春秋·离谓》。
② 《汉书·郑弘传》。

这也是讼师要充分发挥作用的关键前提。另外，唐律规定，很多民事交往必须严格遵守法定的程序，否则无效。以动产买卖为例，唐律规定，买卖奴婢、马、牛、驼、骡、驴，必须在三日内于市司订立契券，交纳税金，使买卖行为在法律上生效，以保护双方的合法权益。可见，这样较严格的格式、例语、程序、时限，在当时来说，一般当事人是不可能人人尽悉的，需要那些以此为职业的人，即民间的讼师提供帮助。而且，随着社会交往日渐丰富和繁杂，提供法律服务的人员肯定不在少数。《唐律疏议·斗讼》第9条规定："诸为人作辞牒，加增其状，不如所告者笞五十；若加增罪重减诬告一等。"该条之后又紧跟一条"诸教令人告"，这从反面说明了讼师在唐代的存在。由于唐律完成了礼与法的完美结合，讼师职业也在出法入律的第一条途径之外，在礼法边缘开辟了一条新的更为广阔的道路。试看下例：

> 汪生少配邵姓邻女。后生贫窭，致家无担石，室如悬斗。女之父有悔婚意，汪生倔强不肯，父郁郁而死。女则因父仇夫，嫁后即不睦。他日则更有外是，失志与夫离异。遂请诸福宝作一状词，寥寥三十四字，卒达目的。状其词传诵一时。
>
> "为替死事：氏笄被夫惊婚，父衔夫死。若报亲仇，则杀夫；若从夫存，则不孝。祸起妾身，请死。"（选自《刀笔菁华·讼师恶禀菁华》）

通过上例可以看出，与春秋时邓析之谋完全出入在法律条文间相比，诸福宝之谋出入在法禁礼允之间，礼法合一的法制传统与讼师的屡禁不止由此可见一斑。

（四）讼师的大发展期——宋代民间的好讼之风

经过汉唐两代的诸方酝酿，加之宋代社会经济的进步，土地的商品化和租佃制已普遍确立，商品经济繁荣。宋室南迁之后，长江流域的经济进一步发展，民间田土房屋、物什等财产流转交易关系迅速增多。争讼之风兴起，已非一州一县的个别现象，记载此现象的史料之多、之详历代少见。现略举材料如下：

> 《宋会要辑稿·刑法》三之二六（宋代）记载："江西州县百姓好讼，教儿童之书有如四言杂字之类，皆词诉语。"（今江西地区）
>
> 《欧阳修全集·居士外集》卷十一记载："歙州民习律令，家家自为簿书。"（安徽·徽南）
>
> 《名公书判清明集》卷十二《专事把持欺公冒法》（宋代）记载："浙右之俗，嚣讼成风。"（今浙江）
>
> 《鸡肋篇》（宋代）记载："广州妇女凶悍喜斗讼，虽遭刑责而不畏。"（广东）
>
> 司马光《涑水记闻》卷十四（宋代）记载："王罕知潭州，州素号多事……有老妪病狂，数邀知州诉事。"（今湖南长沙）

宋代民间不但好讼成风，而且上述文献中记载的诉讼的手段和方法也是千姿百态，令断案者目不暇接。或假造伤状，以惑视听；或食毒草以诬人；或伪作冤状，以眚视听；或收集阴私，以佐讼证；或妄起讼端，诬赖他人，从中谋利。以上史料尽管都是从正史角度记载当时民间好讼之士的顽劣，但从另一方面我们也可看出，当时人们的观念和价值发生了巨大的变化。为利益而不择手段，不惜破坏传统的纲常礼教。

随着宋代民间"好讼"之风的蔓延，专门教人词讼和谋划打官司的学问"讼学"又风行起来，讼师队伍也迅速壮大，规模和声势远远超过了往昔。出现了民间称为"业嘴社"的专门教习讼学的学校。据《癸辛杂识》①载："又闻括之松阳有所谓业嘴社者，亦专以辩捷给利口为能，如昔日张槐应；亦社中之佼佼者焉。"此外，民间还有人专门编撰了教人打官司的书籍。其中沈括的《梦溪笔谈》中记载了一本叫《邓思贤》的书，其内容皆为教人诉讼之语言和布局。宋代对讼师称呼也是多样化的，《名公书判清明集》等文献中对讼师的称呼有："讼师官鬼"、"把持人"、"假儒衣冠"、"无赖宗室"、"茶食人"、"哗鬼讼师"、"健讼之民"、"珥笔之民"、"佣笔之人"等等，不一而足。她从侧面反映了宋代讼师的广泛存在。面对汹涌澎湃的私有财产利益的浪潮，以及由此而带来的好讼之风，宋朝统治者中的开明分子采取了更加务实的态度。对广泛存在于宋代社会生活中的讼师，尤其是以诉讼为职业的代书人及写状抄书铺户，官方在给予贬斥和约束的同时，也对其职业予以承认并规定了取得资格的条件和手续，确定了其注册和运作的规则以及责任，换言之，一定程度上承认了其合法性。

（五）严格书状，扩大代理——元朝对讼师职业的分解

元朝是中国历史上第一个由少数民族建立的全国性政权。由于商品经济出现了较为繁荣的局面，财产关系也呈现复杂化的趋势，从而推动了民事关系的进一步法律化。加上元蒙贵族统治下，内迁的少数民族增多，各民族在经济、文化、宗教上的交流空前活跃，以致在婚姻、田宅、钱债各方面产生了新的民事法律活动，并不可避免地发生民事法律纠纷。统治者力图动用法律手段解决纠纷，维护法律秩序，于是推动了民事诉讼法律的发展。

根据元律，书状是提起诉讼尤其是民事诉讼的首要条件。成宗时期在全国各地遍置书铺，由官方认定的书状人代写民间词讼，并对书状的格式作了具体的、严格的规定：首先，要求书状的格式整齐划一。诉讼书状应包括告状人的姓名、年龄、籍贯、身体状况、状告的对象，以及事由、诉讼请求、有无证验、呈送词状的司法机关、告状人所具甘结、告状的年月日等。现举一例：

地主归收地土告状式

×村×人，右×人壮无病，伏为×年上缘为某事将家小在逃逐处迤熟住坐，抛下本户桑土若干顷亩。今来×复业，却见×外×人将×地抛下地土为之种佃。某本人言称自×年上径官立租税，清列上地土，私下不肯吐退，今具状上告，伏乞某官详状勘会诣实，勒请佃地人吐退上件地土付×，依归主户供纳承佃，施行执结。

是实伏取，裁旨

年　　月　　日　　　告状人××状

其次，"注明年月，提陈事实，不得称疑。"②复次，对于诉讼请求要书写明白，凡是诉讼请求不明确的讼状，司法机关可要求具状人补写明白，然后方可受理。③再次，一状不得告两

---

① 这是一部内容丰富的史料笔记，作者周密（1232—1298），字以谨，号草窗，祖籍洛南，定居吴兴。
② 《元典章·刑部·诉讼》。
③ 参见《至正条格》。

事。《元史刑法志》规定："诸诉讼本争事外，别生余事者，禁。"最后，在诉讼请求中，"诸告言重事实，轻事虚，免坐；轻事实，重事虚，反坐"①。元律对诉讼格式的明确规定，用意在于杜绝民人、讼棍滥诉杂文、诡计阴谋之弊。为此，还严格规定了书状人应负的法律责任，并派出官员加强管理。据《元典章·刑部·籍记吏书状》所载："今后举会有司于籍记吏员内遴选行止谨慎、吏事熟用者轮差一名专管书状，年终更换，果无差错，即便收补，仍先责书状人甘结状。"

元代对讼师助讼之风的遏制更多的是通过因势利导的方法。在元朝的法典中，首次出现了诉讼专篇。根据《元朝典故编年考》（国库全书珍本）记载：至元初，作宪典，其篇二十有二，其第十三篇为"诉讼"篇。这在古代立法史上是独辟蹊径的。"诉讼"独立成篇，完善诉讼程序和机构，从制度上最大限度地防止讼师、吏豪等制度外因素因缘为法。为了减少地方司法机关的压力，官府提倡由民间调解解决民事纠纷，虽然法律要求调解成果必须写成书面文字，在司法机关备案，由官方发给据以示认可。但到后来，这些调解人在利益驱使下，实际上成了鱼肉百姓、把持诉讼、取受不分、蝇营狗苟的变相讼师，形成了对讼师职业的分化。此外，元朝规定的诉权范围扩大了。与以往不同，妇女在一段时间内可以自己起诉。②

代理范围、代理人范围、代理内容的同等扩大，也是诉权扩展的重要佐证。元代为了应付急剧增多的各类纠纷，规定致仕的官吏、年老、废疾、妇人等都可以请人代理诉讼，元代诉权的扩展成为明清讼师再兴的契入点。

（六）"词讼必由讼师"③ ——明清时代讼师活动的极致

明清时期，封建专制也达到了顶峰，对讼师的打击和禁止也愈来愈严厉。然而事实上，讼师活动非但没有因此而销声匿迹，反而借机狂浪飙起。在记载明清时代风俗的古籍资料中（包括家书、日记、自传、官志、地方志、野史、见闻、报刊等），经常可见"好讼之风"、"健讼之风"诸如此类的描述，下面罗列几例以资为证：

> 《明史·刑法志》载：宣德二年，江西按察史黄翰言："民间无籍之徒，好兴词讼，辄令老幼残疾男妇诬告平人，必更议涉虚加罚乃可。"
>
> 汪辉祖《病榻梦痕录》卷下载：其在湖南宁远县知县时，三八放告之日，每天收受200余份词状（乾隆五十二年）。

另据《光绪湖南通志》记载，嘉庆二十一年（1816 年）宁远户数 23 366 户，每年约有一万份诉状；湘乡县 77 750 户，每年有近两万份诉状，这种"好讼"、"健讼"之风委实令人惊叹，使我们有必要重新认识明清时代乡土社会中的诉讼观念，抛弃"一般民众之于诉讼距离很远"的成见。

随着民众诉讼观念的解放，讼风的盛行，对讼师的需求也自然地强烈起来。出于胜诉和诉讼成本的考虑，也出于对讼师职业的专业优势考虑，民众在诉讼时欣然寻求讼师的帮助，造成"词讼必由讼师"的局面，使讼师职业前所未有地活跃起来。在笔者收集的《刀笔词

---

① 《元史·刑法者》。
② 参见《元典章·刑部·代诉不许妇人诉》。
③ 袁守定：《图民录》。

锋》、《刀笔菁华》等秘本及《清稗类钞》、《虫鸣漫录》等笔记中，记载了明清时期由讼师参与或者模拟的部分诉讼有一百多例，通过对这些案例进行统计和分析，笔者看到如下现象：(1) 明清时代，讼师参与的助讼活动不仅涉及田产、钱债、婚姻等民事活动领域，而且参与到刑事案件活动中。(2) 明清时代，讼师不但在社会的法律生活中，而且在民众的非法律事务中也扮演着必要的角色。如应民众要求，为民众书写呈灾救恤，水涝救济等公益性的申请书、告示等。(3) 从聘请讼师的当事人年龄、性别看，其中有妇女、儿童、青壮年、老人等各个年龄段的人，从身份特殊性上看，有富人、土豪、盗贼、平民、寡妇、商人、教师等等，应有尽有。(4) 有相当一部分告词和诉词都是同一讼师谋写，即所谓"吃了原告吃被告"，固然反映了讼师恶劣的一面。讼师的当事人和讼师的籍贯遍及各地，足见明清时代，讼师活跃的范围之广。正如袁守定在《图民录》中所说："后世词讼必由讼师，虽理直之家，其所讼情节，每为讼师雌黄。"而且"南北民风不同"，"南方健讼，虽山僻州邑，必有讼师，每运斧斤于空中，而投诉者之多，如大川沸腾，无有止息"，以致袁守定继而慨叹："办讼案者不能使清，犹邑川流者不能使竭也。"①

（七）讼师向律师的转型——清末及民国时期的律师制度

讼师这一职业群体尽管在中国历史上一直受到打击，却因适应了社会日益增加的需求，终于在斗争中越来越壮大，他们在民间助讼的范围越来越广，渗透越来越深，使用的手段越来越完善，对司法活动的影响越来越大。中国社会的演进，法律自身的发展，已经在很大程度上能够为民众提供公平法律服务的专门职业提出要求，促使讼师现象从千余年的非正式制度形态向正式制度转化。另外，随着清末西方列强的入侵，一系列不平等条约签订，国家主权受到损害；社会内部斗争日趋激烈，危机四伏。为保国，中国开始了向西方学习、进行法律变革的进程，西方国家的律师制度也随之被引入中国，促进了中国律师业的发展，进一步刺激了对讼师业的反思。正是在这种内外夹攻的情势下，中国传统的法律服务职业由讼师向律师转型。

首先，由"自由准入"到"准则准入"。在中国封建社会，不需要进行任何登记就可以成为讼师，缺乏政府对行业的管理。要想成为讼师，完全取决于自己所具有的才智、文识以及个人品行，体现了讼师职业的自为性。而新的律师制度则要求必须符合一定条件才能成为律师，政府对此进行严格控制管理。1906 年 3 月，由沈家本、伍廷芳等拟定的《大清刑事民事诉讼法草案》规定：必须为法律学堂毕业，并获取能作为律师的文凭，才具备律师资格。整个草案因形势变化而未能实施。1912 年 9 月 16 日，国民政府公布实施了《律师暂行章程》，其中，第 2 条到第 5 条对取得律师应具备的条件、免试成为律师的情形及不得成为律师的情形作了具体详细的规定，标志着讼师的"自由准入"向律师"准则准入"的过渡。其次，由地下讼师到正当律师。在君主专制的司法制度下，讼师是不被允许堂而皇之地活跃于民间，只能转入地下活动，结果流弊丛生，迁延难治。而在新的法制环境中，律师是一个合法的职业，中华民国《律师暂行章程》专门设置"律师名簿"一章，对律师的管理、执业规则等进行规定，标志着中国传统法律服务者结束了地下讼师隐秘的生活，开始了光明正大的执业。由此也带来了第三个变化，即讼师从不能出庭而只能幕后策划到律师可以出庭辩护，

---

① 袁守定：《图民录》卷二。

从幕后走到了前台。最后，由法定代书到全面代理。在中国传统社会，各朝律典对讼师助讼行为的零星规定也仅针对讼师代书"加增其状"的现象，说明讼师主要的业务就是代写书状。而新的律师制度下，律师可以全面代理当事人进行撰写书状、提交材料、搜集证据、向法庭陈述等等活动，其代理业务贯穿了诉讼的全过程。

总之，近代中国律师制度的建立既是西方律师制度全面移植的结果，同时也是中国传统封建社会讼师职业进化和质变的结果。

第二节
物化环境

一、出身和来源

我们从"刀笔先生"和"刀笔邪神"之类的称呼上，即可大致确定讼师这一职业群体人员的出身和来源。作为"刀笔"必定是识文断字的人，而在中国古代社会，基本上把绝大多数一般民众排除在外，而使以下几种人有成为讼师的可能。

（一）运途不畅的士人

隋唐之前，讼师的身份已不可考，大多是有一定文化但在政治上不得志的人，邓析是其中的典型代表。科举制正式实施后，运途不畅的士人成为讼师的庞大后备军这一事实，才日益明显起来。《名公书判清明集》卷十二和卷十三对讼师称呼"讼师官鬼"的判词有八处，从现有的史料看，它主要指本来身份是"士人"或"假儒衣冠"的人。所谓士人，即有功名或读书识字的人；"假儒衣冠"即指那些与宗室略有牵连、识文断字冒充功名的人，明清诉讼制度彻底贯彻了书面主义，并且向千万普通人开放。对于讼师来说，具备写出高明文章的技能就显得十分必要，因为这样才能让阅读者在众多的文书中觉得此件必须受理，这与科举制度极相似，在阳光世界绞尽脑汁写八股文的士人和生员的身影，与在地下世界精心按状式写呈词的讼师们的身影，如果阴阳倒转的话，其实是完全重合的。事实上，多数讼师原来都是生员，即使没有成为可称讼师的诉讼专家，生员们也常兼职为人代写呈词。据《花当阁丛谈》说，讼师多数都是读书人的子弟，"则吴人之健讼可想矣。然多是衣冠子弟为之"[1]。生员之所以时常成为讼师，无疑是因为他们不可能都顺利成为举人、进士，加上仅靠做私塾教师的收入难免过于微薄。例如据清末报纸《申报》的一篇记事，在以漕米纳税的地方之生员"以抱揽漕米分得规费（包括贿赂在内的各种手续费）为才"，而无漕米地方的生员"则以学习刀笔挑唆词讼为务"，假如有人中规中矩遵守各种规定，反被讥笑为"无能之人"[2]。国家培养生员，通过科举从中选用官僚，没想到在此过程中产生了大量无用武之地的贫寒文人，培养了只会舞文弄墨的讼师的预备队。

---

① 徐复祚：《花当阁丛谈》卷三。
② 《论士习》，载《申报》，光绪二年九月十一日。

（二）吏人、干人、衙役宗室等子弟

《名公书判清明集》中关于讼师的称呼除了"讼师官鬼"外，最多的就是"哗魁讼师"。"哗"本为吵闹之意，这里指喜欢拨弄是非、聚众兴讼的人。"魁"乃"首领"之意。这种人的身份多是些吏人及吏人子弟，宋朝多称为"罢吏"，或者官府衙役的子弟以及和官府有亲密关系的宗室之人。例如："金千二，系身家干仆之子。钟炎，系州吏钟哗之子。"① 正因为如此，他们敢于出入州县，敢于欺压善良，敢于干预刑名，敢于教唆胁取，敢于行赇计嘱。② 说穿了，这些人就是利用其家庭与官府存在的千丝万缕的联系这一优势，纠集无赖，聚众揽讼，而成为讼师队伍的另外一个主要来源。

（三）豪民

据统计分析，《名公书判清明集》中涉及"豪横"的判决有 9 处之多，所谓豪民即依赖其家室富有，好勇斗狠而结通官吏、横行乡里的人。他们有一个共同特点，即肆意横行，无所畏惧。其中相当一部分人既然有结通官府的优势，必然把持诉讼，教唆斗讼，从中渔利，从而成为讼师队伍中品质最为恶劣的一个支流。

二、级别

中国古代诉讼基本上采取书面主义，诉讼状在审判过程中起着相当大的、甚至可以说是决定性的作用。首先抛开大部分民众不识字也不会写字的现状不说，单就官员们在浩繁的呈状中对那些如实书写却质朴无华的状词难得理顾而言，国家已经使民众陷入二律背反的诉讼困境：一方面状词要以写实的手法行文，严禁"春秋笔法"；另一方面状词必须引人注目才可能被受理，这就只有依赖讼师们了。

有了执业的难度，就有了执业者水平的差异。常被审判官批驳为"胡说、不准"的告状，大都因为平铺直叙而难以纳入阅者视野；或者太过工于刀笔，计较文字，反而令人读之突显做作，易生逆反之心。正如吴光耀所说："概横拉野扯不通情理之词，希图抵骗。此种咬文嚼字初学入门之讼笔，实辜负人家笔墨钱。应饬令田宗万交出此人掌责，庶免下次害人。"③ 正因为如此，讼师们从技术、声望、业务量等方面逐渐拉开了距离。根据《崇祯外冈志》所载，写诉讼文书的名家被称为"状元"、"会元"。他们往往将自己的文书比作《战国策》、《左传》、《国语》等。④ 另据《花当阁丛谈》记载，讼师行业也有等级之分，最高的为状元，最低的叫做大麦。如果是状元，就可以此获厚利成家业，即使是大麦一级，也可以保证衣食无忧。据其作者徐复祚言，他们多是读书人的子弟，他所见过的张状元就曾经是一位生员。⑤ 只可惜，我们凭史料只知最高的叫"状元"，最低的叫"大麦"。中间各级别是什么，有待于学界继续考证。

---

① 《名公书判清明集》卷十三，《哗魁讼师》。
② 参见《名公书判清明集》卷十三，《哗魁讼师》。
③ 吴光耀：《秀山公牍》卷三，《田宗迈万呈无契可立批》。
④ 参见《崇祯外冈志》（《上海史料丛编》所收，1961），17 页，"讼师"。
⑤ 参见徐复祚：《花当阁丛谈》卷三，《朱应举》。

三、活动场所

(一) 居住场所

讼师究竟居住在什么地方？这与讼师的业务范围是有紧密联系的。从讼师的主要出身来说，既然主要来源于生员和幕友等类人物，那么他们的主要活动肯定都发生在州城和县城以上的都市。作为与诉讼有关的职业，在进行审判的地方——都市——居住，无疑更有利于接待委托人，更有利于展开相关助讼工作。《名公书判清明集》中所涉及的讼师大部分居住在县城里，因为如此有利于揽讼贿赂，扩大影响。其中"哗徒张梦高……始则招诱诸县投词入户，停泊在家，撰造公事"①。更有甚者是讼师金千二，觉得仅是居住在县城还不过瘾，干脆想在县衙旁边造一栋楼，以便窥瞰县衙的一举一动。② 当然，这种过于嚣张的行为受到了官方果断的打击，最后被勒令"断治毁拆"。

虽然讼师多以城市为根据地，但如果细究起来的话，我们会发现，实际上乡村也住着很多讼师。因为讼师中主要业务为代写词状。在这种情况下，他们完全没有必要住在都市里。《湖南省例成案》中讲到，乾隆年间，湘乡县"而原被告控期递状，势必托唆讼之辈代作。若辈散处城乡，实繁有徒，要不止于百十余人"③。认为代写呈词之人，城乡合计大约不下百人，他们中的多数，大概是住在乡下的。江西省的乡下也住着很多讼师，其中有一个政令规定"应令保甲查禀"④。明末的江苏省，如《崇祯外冈志》所描述，甚至"三家村犊鼻负担之人，无不持蠹吮笔，随手信口，动成援书"。这些材料都表明，造成"健讼"、"好讼"之风的绝不只是住在都市里的讼师，还有广大农村的讼师或"唆讼之辈"。讼师就是这样，适应人们的需要，从农村到城市多层次地存在并活动着。

(二) 业务活动场所

1. 书铺

书铺是适应古代民众诉讼需要而产生的专门代替别人书写法律或非法律文书的有偿服务机构，书铺在唐代已经形成规模并得到官方的承认。历史上，书铺分为民办官管和官办官管两种形式。唐、宋、元采取的是前一种。明清以后，为加大对"健讼"之风的遏制力度，逐渐对书铺采取官办官管的形式。为什么要通过对书铺的控制而遏制"好讼"之风呢？那是因为书铺实际上多成了讼师活动的公开场所。有的讼师考取了代书资格，自己所开的书铺干脆就成了"讼师事务所"，公开身份是代人写书，实际上则兼具咨询、谋划或贿役通吏等多种功能。有的讼师，自己没有代书资格，就要与书铺主人打好关系，互惠互利，由讼师揽状授意，书铺主人照写盖戳，然后按比例分成。这种情况下，讼师的身份就相当于"书铺人助理"，相当于现在的"律师助理"。但不论哪一种方式，讼师的活动和书铺的关系是绝对分不开的。

2. 歇家

歇家指专门提供投宿和歇脚的店家，尤其是专门为办公事、告状人提供住宿和其他服务

---

① 《名公书判清明集》卷十三，《撰造公事》。
② 参见《名公书判清明集》卷十三，《哗魁讼师》。
③ 《湖南省例成案·刑律诉讼》。
④ 《西江政要》卷三，《实力奉行保甲条目》："一、里内讼师之敛迹与否，应令保家查禀也。"

的店家。歇家之所以成为讼师暗地里的活动场所，不外乎以下两个原因：一是客观上的需要。一个案件从向官府递交诉状，到受理，到审理，到判决，少则需三五日，多则一二十日。这么长的时间，从乡村到县城告状的，必然少不了住宿，所以歇家便应运而生。为解决住宿问题，官府有时也会设置一些公益性的歇店，但毕竟不普遍，绝大多数歇家还是私人办立的。这种旅店的特殊性，使其成了讼师和胥吏极其重要的活动场所，甚至有些歇家就是讼师出资建立的。二是主观上的需要。歇家一般都是选在离官府很近的地方，对这些专为诉讼或办事而来的人来说，不但方便，而且可以从歇家那里获得一般人难以掌握的有利信息；对于官府来说，也便于传唤，询问和审理；歇家还可应官府委托拘留被告，并可充任被判有罪的被告的保释保证人。因此，他们可以同官府保持一种关系，自然也同胥吏和差役互通声气。歇家实际上也就成讼师借题发挥的用武之地。乡民赴官诉讼者必先投于歇家，在此讲定呈词代作费、承行胥吏所取的费用、差役私取费用等全部费用才可以提呈词。① 歇家已经成了讼师挑词架讼和把持贿赂的黑窝。

四、行业组织

（一）讼师联合的由来

由于讼师职业一直受到官方的禁止和打击，使得这一行业的生存具有很大难度，再加上缺乏统一的协调和管理，而降低了讼师在民众中的声誉，使得自发单兵作战的讼师从自由竞争的互相排斥、互相拆台方式向分工合作、互通资源、信息共享和联合方式过渡。这一过渡是由于诉讼市场的需求，也是讼师行业发展的需要。最初的联合，见于《名公书判清明集》中所提到的"哗魁讼师"，"哗"指吵闹喧嚣，聚众兴讼的意思；"魁"指头目。这些讼师往往招集一帮助手，组成一个诉讼社会化服务的组织，有的专门挑词架讼，寻衅滋事，有的专门谋写诉状，策划方案，而魁头讼师具体负责全面协调。例如书中载金、钟二人"同恶共济、互为羽翼，一郡哗徒之师"，即是以金、钟二讼师为首组织起来的讼师团体。明清时期，随着讼师职业进一步发展壮大，讼师间的行业联合也较之前由松散型渐渐转为紧密型。《清稗类钞》载："光绪乙亥，江右有所谓破鞋党者，讼师咸师事之，坏法乱纪，此其极也。"② 这里"破鞋党"是对由讼师所组成团体的蔑称，"讼师咸师之"即讼师都在里面充当师傅。可见，这个"破鞋党"是讼师联合成立的一个组织无疑。只不过，当时这个团体真正的名称是什么，它的组织形式是怎样的，又是如何开展业务活动的，史料无记载。

（二）仓颉会——讼师的行业组织

明清时代，虽然讼师行业备受摧残，但依然蓬勃地发展起来，还出现了很多名称不同但功能相似的诉讼咨询会馆之类的机构，湖南省会同县城东街的仓颉庙就是这种场所。③ 遗憾

---

① 参见《西江政要》卷三十六。

② 徐珂：《清稗类钞》，《狱讼类》。

③ 《光绪会同县志》卷十二《艺文·仓颉庙地基田租为归三江书院记》记载："县城东角文庙门口，有仓颉庙者。访闻系道光十四年有痞棍龙道漠周金鹏等结成一党，号为三十六英雄，凑钱共买斯地，修造词房，以为包揽词讼往来聚会之所。既而恐人告奸，乃就其中奉祀仓颉。未几有杨姓争田构讼拖累不堪。将该田捐入仓颉庙，遂成仓颉会焉。然此田有人收租无人完钱粮。里差亦无可奈何，久之其党以争收谷互相猜忌，而田遂荒芜。"

的是，对于这种讼师的行业组织缺少资料，知之不多。但我们至少从中可以知道，在会同这样一个地方小城有 36 名讼师，他们以仓颉庙为媒介联合起来；其中可能有某种内在的联系，或许该县包括乡下在内的讼师都以此为活动据点。会同县位于湖南省南部，根据嘉庆二十三年（1818 年）的统计，仅有 14 693 户，是人口约为十一万的小城市。① 很难想象在诉讼方面与其他都市有什么区别。可以设想，这种准行会的讼师团体在其他地方也同样存在，类似会馆那样的设施在其他城市并不鲜见。

（三）类似今"作家协会"的讼师组织

史料显示，讼师另外的一种行业组织，可能更多采取类似今"作家协会"的存在方式。如此，则一方面公开的活动是士人、文人们的作文沙龙，佯装吟诗赋词，切磋笔记，另一方面暗地里咬文嚼字，挑词架讼，倒也专业对口。

《清稗类钞·狱讼类》有两例提到此类组织。其中之一是，有一名叫袁宝光的讼师因为替别人作讼词回家已是深夜，结果不巧碰到了巡夜的县官，县官问他是谁，深夜干什么去了。他回答说："我是监生袁宝光，刚刚参加作文会回来。"县官问他作的什么题，他说题目是《君子以文会友》，县官令人掌灯细看，结果袁宝光一把把稿纸抢过来吃了，并说："监生文章不通，阅之可笑。"县官无可奈何，只得放人。这里的"作文会"以及另一例子中提到的"文昌会"，很可能就是讼师的地下行业协会。

五、地域性

（一）春秋至唐代讼师的分布

春秋至唐代，对于讼师地域性的记载，目前只见于《吕氏春秋·离谓》中邓析和他们的学徒。邓析是郑国人（今河南郑州一代），当然，他不可胜数的学徒大多也是郑国人，但不排除郑国之外的人。既然成文法公布是讼师出现的导火索，那么别国出现类似邓析的人应该是可能的。例如《吕氏春秋·离谓》有两则关于齐国人善辩胜诉的例子，就说明了这一点。一直到唐代，均因讼师不屑为正史记载而资料很少，至于其地域分布就更是无据可考了。但从春秋讼师兴起的情况看，多应分于中原一带和沿海发达地区。

（二）宋元讼师的地域性

讼师从出现到发展成一定规模，说到底，有其内在的必然性，那就是经济发展、政治文化环境相对宽松、民众权利意识增强的结果，是民主性因素逐渐加深过程中必然伴随的现象。由于地域间经济发展和风俗的极大差异，讼师的分布也相应呈现出极为明显的差异。两宋时期，商品经济得到极大发展，义利思想空前绝后地兴盛并为广大群众所接受。民众权利观念的深化导致维权的社会需要越来越迫切，所以讼师也前所未有地相应普遍化。特别是宋室南迁之后，长江三角洲、闽南三角洲、珠江三角洲等地因气候、土壤、沿海、对外等自然条件比较优越而繁荣的经济变得愈加发达。这就使两宋时讼师普遍存在并活跃于各地的同时，又表现出一定的地域性。笔者对本人现已占有的《折狱龟鉴》、《梦溪笔谈》、《宋会要辑稿》、《宋史》、《涑水记闻》、《名公书判清明集》等史料进行查阅统计，其中提到的诉讼事件

---

① 参见《光绪会同县志》卷三，《食货、户口》。

和讼师的分布大略如下（参见表8—1）：

表8—1

史料总数目	20						
地区	江西（吉州、赣州、宜春等）	浙江（金华、衢州等地）	安徽	湖南（长沙、湘潭）	广东	福建（邵武、龙溪）	四川
占有史料	7	5	3	2	1	1	1

　　南宋时期，所辖十七路包括现在的四川、贵州、云南、湖南、湖北、广东、广西、海南、浙江、安徽、江西、福建、江苏、上海等省市，史料几乎全有关于健讼和讼师的记载。根据现有史料粗略推论，尤其是根据诉讼录载比较全面的《名公书判清明集》，我们还是能大致了解，当时讼师多分布于江西、浙江、安徽、广东、湖南一带比较富饶的地域。

　　（三）明清时期讼师的地域分布

　　明清的人群大多带有一定的地域色彩，如山西、陕西的"乐户"，河南的"丐户"，广东的"蛋户"等。许多行业也一样，如经营钱庄的多是浙晋人士，坐地经商的多是安徽徽州人，行伍多是湖南人，师爷多是绍兴人。明清的讼师分布也同样具有这一特点。

　　我们可以从所掌握的案例看到讼师的分布。这些案例分别来源于《清稗类钞》、《刀笔菁华》、《历朝折狱纂要》、《客窗闲话》、《鹿洲公案》、《刀笔词锋》、《讼师狡智》和《智惩恶讼师》等。共辑案例两百余篇，有明确地域记载的一百余篇，其中每篇所涉及讼师均为不同的约七十篇，讼师72名，所涉及讼师的籍贯或者活动地域见表8—2。虽然表8—2中涉及湖南籍贯的只有1例，但根据《湖南省例成案》、《光绪会同县志》、《乾隆长沙府志》等文件记载，湖南是明清时代讼师分布较多的重要地区。所以大致说来，明清的讼师几乎遍及全国各地。不过基于现有的材料分析，其更多地分布在江苏、浙江、四川、福建等长江中下游以南地区，尤以湖南和浙江、江苏为甚。

表8—2　　　　　　　　　　有关案例所涉讼师籍贯或活动地域

区域	天津	广东	浙江	河北	江苏	上海	北京	福建	江西	湖南	湖北	安徽	未知	合计
数量	1	9	12	1	18	4	1	2	1	1	1	2	19	72

　　明清讼师多盛于长江中下游以南地区，究其原因如下：第一，明清时期，这一地区经济得到极大发展，使得这一地区山多田少、地狭人稠的状况变得越来越严重，为了谋生，很多人被迫外出经商或作幕、为吏，因之这些地区民众政治、法律、商品意识都比较强烈。明清时代除了经商、作吏、为幕外，很多人选择了讼师行业。第二，人才荟萃却又出头无望。明朝末期以后，江南地区出现了很多较有远见卓识的开明知识分子，他们抨击朝政的黑暗，反抗清政府统治，导致明清两朝统治者对江南地区在经济上横征暴敛，在政治上抑制禁锢。例如雍正年间朝廷因汪景祺、查嗣庭文字狱，风俗恶薄，下令停止浙江乡、会试，这样就使本来仕途不顺的读书人雪上加霜。江南地区这种特殊的文化和政治背景把很多读书人逼上了"学儒不成，弃而学律"的道路。第三，宋元以来讼师盛行，浙江一带素有精于刑名的传统。宋朝讼师盛行莫过于浙江、江西两省；其次依辐射范围，兼及湖广、苏沪一带，争利兴讼经

过数代的结承，已经成为风气。特别是绍兴人，在明万历时，一入衙门，前后左右皆绍兴人，坐堂皇者，如傀儡在牵丝之手。① 官府精于刑名者如此，不能想象这样的传统在民间延续开来，那就是民间精于刑名、工于刀笔的也多在江浙。

第三节
行为与业务

一、代写书状

中国古代讼师最主要的业务是替当事人写书状，因而代书人素来是讼师公开的身份，最早的代书记载始于西周，但那时的代书按《周礼》规定，方便时由当时的基层小官吏来负责，还没有专门替人书写的职业人。例如《周礼·秋官·司寇》载："司约……凡大约剂书于宗彝，小约剂书于丹图。""司盟，掌盟载之法。"专门为人代写书状的职业极可能出现在春秋，发展在汉代，从事这些职业的人就是讼师。从唐代起，代书已经十分盛行并得到法律的承认和肯定。这时候讼师代人撰写的文书范围已经很广，有法律性文书，也有非法律性的文书。主要有以下几类：

（一）代写遗嘱

法律对继承取得的规定最早见于秦朝，至汉代以后，因商品经济的发展，民事立法亦大为发展。尤其在宋代，继承制度已相当复杂和完善，形成了一般财产继承、遗嘱继承、户绝财产继承、死亡客商的财产继承等严密的体系。其中户绝财产继承有法定继承和遗嘱继承两种。北宋时遗嘱继承一般以户绝为前提。天圣四年（1026 年）颁布的《户绝条贯》在详细规定了户绝遗产继承顺序后说："若亡人遗嘱，证验分明，依遗嘱执行。"② 南宋时期私有财产观念更进一步加强，遗嘱继承的规定越来越复杂、明确。第一，财产"无承分人"，即财产既无儿、又无女继承的，可以用遗嘱处分财产。第二，遗嘱应自陈，"官经公凭"或"经官投印"，由官府进行公证，或族众进行见证，否则遗嘱无效。第三，遗嘱的诉讼时效为十年，过期官府不再理。这么明细严格的规定，一般民众当然不可能了解，再者宥于文化水平限制，当事人必定会求助于讼师。讼师谢方樽经手一例，既可说明讼师代写遗嘱的史实，亦能从中窥出其所具有的狡智：

> 海虞县有富陆翁，年近垂暮，无子，赘吴兴倪生为婿，阳奉阴违，唯财产为图，陆知其因，遂纳一妾，后生一子。翁视子与婿同为己出，不厚此薄彼。及至年逾古稀，苦思冥想身后荫子之计，终未有得，遂重金求助于讼师谢方樽。樽乃于某日伪称翁客受翁之托处分后事，告婿乃翁意，欲将业悉与掌管事，倪不胜感激，酒席隆而待之。饮毕，樽当翁与婿面，展纸磨墨，挥毫倾就。遗嘱曰：

---

① 参见沈德符：《万历野获编》卷二十四。
② 《宋会要辑稿·食货》六一之五八。

古稀老人陆某所生一子一女名某女赘婿倪生余深恐桑榆暮境朝不保夕特立此遗嘱俟吾死后一切家资产业承袭者唯子婿外人不得争执。

及翁病逝，婿果狼子野心，苛待岳母如奴贱，母子愤而状告，倪生乃持遗嘱，言明家业乃归己掌。官细究遗据，乃拍案怒斥："大胆刁恶，此据明嘱：一切家资产业，承袭者唯子，婿、外人不得争执。"①

因为按照江苏人当时的说法，平时为了显得亲切，一般人都称女婿为子婿，但这只是口头习惯，古文一般不打标点，所以倪生破句断读为："古稀老人陆某，所生一子一女，子名某，女赘婿倪生。余深恐桑榆暮境，朝不保夕，特立此遗嘱：俟吾死后，一切家资产业，承袭者唯子婿，外人不得争夺。"殊不知，书面中女婿才是规范称呼！

（二）代写各种契约

随着经济的发展，尤其是唐宋以后，民间商业十分繁荣，契约也在生活中变得越来越重要，涉及买卖、典当、借贷、租佃、运输等各个方面。到清末，各种契约的代写几乎已形成民间必不可少的交易环节。虽然最迟在唐朝中后期，已经出现了官方统一管理的专门为解决民间书契问题的机构——书铺，但这类书铺基本上设在县城，一律由专业和半专业人员的塾师、童生、生员或通文字的村中头面人物、乡保，乃至四处巡游的算命先生或风水先生来承担。

（三）代写呈状

根据笔者掌握的讼师秘本看，呈词是与告词和诉词性质不同的文书。呈词或呈状，是为了某项专门问题特别是民众的公益事项而向官府写的申请、报告或汇报。如某乡因为地震或洪水冲淹村庄，造成损失，民众相约请人写报告以便得到救济。下面是明嘉靖年间讼师叶先生代笔向官府写的呈词②：

> 呈灾救恤之救呈苏困事
> 两月不雨，炎气熏蒸，满目青苗，一概枯死，市中米价甚高，民有菜色，老难纷纷，恐填沟壑，农者荷锄坠泪，士人写景伤心。□□父母，期民之施。赈货安缉，流离庶无，可有随车之泽，民可无孑遗之风，为此具呈。

（四）代写工商行政管理方面的申请性文书等

如申请颁发田产、经商等借以证明所有或经营权的执照证明。明嘉靖年间有一孤儿，为了制止其亲叔侵占其所有财产，请求讼师代写申请，以期官府发给相关证明或执照：

> 孤侄保产，抄供保产事：亲叔许仲锴侵占孤侄财产，近蒙天台量追，十以二三，叔犹不足，肆言待升任，定行抽案。翻吞毕切，难与尊敌。告乞追赐抄供，给帖执照，庶叔谋可杜，鸿恩永久，上告。（载《刀笔词锋·执照类》）

除上例之外，讼师也时常会承写一些关于户婚、钱粮等方面的行政文书，如寡妇改嫁、妓女从良、母亲请求儿子脱离军队等诸如此类，不一而足。深厚的文字功底使讼师在此类代

---

① 张德胜：《讼师狡智》，59～61 页，北京，中国统计出版社，1994。
② 参见嘉靖叶：《刀笔词锋》卷四，《呈状类》。

书业务中显得鹤立鸡群，读其文，察其意，官员们很难不为之动情而依准。下以一例"寡妇改嫁"申请加以说明：

> 恳恩超寡事：阿夫不幸身故，身莫备棺，借银给葬，债逼无还，况阿公姑子息俱无，鳏叔岂宜同室。乞照改嫁，获偿前债，上告。（载《刀笔词锋·执照类》）

（五）应官府之邀代官府写告示等

讼师的这一代书行为，值得特别一提。通常来说，讼师和官员是对立的矛盾双方，讼师受到官府三令五申的打禁；而官府则备受讼师兴讼挠法之害。但在某种特定条件下，各自的利益也会联合在一起。有时官员遇到难题，也会经常求助于名噪一时的讼师。于是，偶尔代写奏牍或告示之类的文书，也成了讼师的代书之一。例如：

> 明朝讼师叶先生曾不止一次应请为官府代书告示，其文笔雅详，几可反客为主："某府为禁约事：尝谓瓜田纳履，君子不为；李下整冠，达人所忌。是为口腹之末，实近盗贼之流。近访得所属州县人民，有等游手好闲，不务本等生理，欺人不见，而擅食田中之瓜；伺此无人，而窃取园中之果，岂可为人弃哉？取是即为鼠窃狗盗，馋口不惩而良心盗来；小过不改而太生恣。已往者不追，将来者可治，本府除差人拿处，合出云云，前项之徒洗心涤虑，迁善改过，各得身家，敢有故违不遵，事发拿问不恕。"（载《刀笔词锋·诸事告示》）

（六）谋写诉讼状

这是讼师的主要行为。西周时，法律规定，一般诉讼即轻案所讼，可以口诉。但重要案件必须依靠书面证据。随着经济发展和民间纠纷的剧增，唐宋两朝，法律对诉讼状在书写上已经有了比较粗疏的调整。元朝开始，对诉讼状有了统一规范的格式，这在前文已有论述。明清时期，法律制度对诉讼状尤其是原告起诉状即告词有了严格的规定，根据康熙时人黄六鸿所著《福惠全书》，清代的诉状分为正状和副状，其格式如下：

正状式①
告状人某告为_____事
_____上告
本州（县）正堂老爷施行_____
计开
被告某住某村，离城若干里
　　干证某　　　同前
　　两邻　　　　同前
　　地方　　　　同前
年　月　日　告状人　　年岁某府某县某里某甲籍住某村离城若干里
　　　　　　抱告　　　某人
　　　　　　代书　　　某人

---

① 黄六鸿：《福惠全书》卷十一。

副状式

告状人某告为某事

  被告某   住某村，离城若干里

  干证某   同前

  两邻   同前

  地方   同前

年 月 日   告状人 某

        抱告

        代书

讼师一般在代书诉讼状时首先得按法定的格式，至少表面上一定要符合要求。至于整个诉状的布局和构思，才是显示出讼师作用不同于一般代书人的地方。甚至相同的两份诉状，讼师只要颠倒一两个词的顺序或改动一两个字，就足以让人出入生死之间。例如：

> 有人为马足践伤者，控其主人，用"马驰伤人"四字，屡控不准。求教于某讼师，某曰：马驰伤人者，罪在马不在人。君则可控马不能控人。依我之见，只需倒置"马驰"二字，改为"驰马伤人"，则语言与前绝不相同，以罪在人不在马，必能准也，其人从之，上果责被告"太不小心，应赔偿医药之费结果云"。（载《刀笔菁华》）

二、咨询和谋划诉讼

（一）讼师的法律咨询

由于传统中国社会中人们普遍不通晓法律常识，很多人也不会写字，所以遇到诉讼求助于讼师时，首先得问讼师相关之律例概要，这明显带有咨询性质。并且这种咨询是必要的，也是讼师下一步助讼的必由之路。对于这种咨询，讼师可能有四种态度：第一种是认为自己无能为力或出于别的原因拒绝受理[1]，那么当事人只能另谋帮助；第二种是咨询完毕后听其自理，但这种情况几乎是没有的；第三种是如实给予解答，并应其要求代谋诉讼计划；第四种是讼师在解释过程中故意夸大其词或挑拨是非，怂恿当事人进一步扩大诉讼规模，从其追加的诉讼成本中获取更多的财利。可见，中国传统禁止助讼的立法意图主要针对的是第四种情况。但官方为了彻底肃清诉讼之源，就将四种可能态度不分合理与否，用"教唆词讼"一概否定。然而面对经济发展和日益增长的市场需要，官方未能从根本上消除这类行为。在实践中只能采取更为现实的策略，把良性咨询和唆讼类的咨询区别对待。而且讼师的咨询也经常有助于案件的审理。例如：

> 有李姓书生，性笃厚，贫而为塾师。其妇艳贪财，私通商贾，欲与之奔他乡。他日，李生归，妇言素未谋面。生惊怒，破门欲入，妇与贾以私入家室，诉之官，官无可奈何。生之乡邻求教于谢方樽，乃言众人："此案之噱，但令官知实为生妻可也。"遂教众人语生者何诰妇。生依其言，果胜。（载《讼师狡智》）

---

① 徐珂所编《清稗类钞·狱讼类·讼师三不管》中，载有光绪年间一个叫宿守仁的讼师拒绝承揽的三类案件。

（二）谋划诉讼

如果说，代人写诉讼状是讼师们的主要业务，那么帮人谋划诉讼才是讼师得以在社会争得一席之地并屡禁不绝的深层次原因。一般来说，古代文化、法制教育的不发达，导致民众在遇到纠纷时，茫然无知。衙门胥吏声名狼藉，而讼师又以其精通法律、串通衙吏做宣传，使得民众普遍地求助于讼师，对其诉讼给予谋划。讼师对讼事的谋划千变万化，不一而足。归结起来，大致有以下几种形式。

第一种形式是，只谋写诉状，完全通过状词达到获胜目的。讼师所写书状，看似一纸简单语词，实际上包含了其惊人的才智和深不可测的心机，也包含了怎样使讼事从发展到结束的整个策略和计划。《刀笔菁华》所载谢方樽教授的一个案子，就属于这种谋划。据说某乡有某甲，早年便成了孤儿，寄养在堂叔家度日，堂叔于是吞没了其家产。某甲长大后，很不甘心，便求助于谢方樽，方樽为之写了一状，将子虚乌有的细节刻画得淋漓尽致，阅之催人泪下，其叔行为被描写得简直令人发指，令其叔面对控诉难措其辞。

第二种形式是，先唆使求助者制造某种事端，然后再配合事端写状词。这是最容易使案情变得扑朔迷离，甚至有可能使黑白颠倒的形式，所以最令地方官员恼怒，而讼师则多因此遭到社会的谴责。这样的案例在史料中俯首可拾。例如：

> 李氏媳妇因与族人争产，求教于杨讼师。杨瑟严命媳妇自己打破家中什物器皿，然后为作一禀控族人。其控词云："为欺孤灭寡，毁家逼醮事。未亡人夫死骸骨未寒，而恶族群起觊觎。某某等本无赖之尤，野心狼子，靡恶不为。近见民夫下世，垂涎已非一日。霸产逼醮，率众毁家。无法无天，欺人欺鬼。全由某某为首行谋，纠同族众，势逾虎狼。成群结党，深夜入氏家中，将亡夫灵位撤去，逼氏别抱琵琶。田产悉被分占，仓庾尽为所夺。家资尽罄，呼吁无门。什物搬移一空，情形有如盗劫。氏立志不渝，生命无殊朝露。呼天不应，叩地无声。惟赖民长官立提族恶，痛加申斥。生者当感救命完节之恩，死者应为结草衔还之报。近切上告，速解倒悬。"（载《刀笔菁华·讼师恶禀菁华》）

此案中，杨讼师即是先令当事人伪造现场，然后再根据现场虚作状词，咄咄可畏，笔利如刀，使被告有口莫辩，而原告李氏媳妇获胜。

第三种形式是，针对当事人为被告，而主要设计使其在公堂上陷诬或虚假口供，或是教唆当事人作某种行为以逃脱惩罚。这一形式下，讼师只进行狭义上的教唆，并不参与写书状。例如：

> 湖南有某姓子者，以不孝闻里中，一日殴父，落父齿，父诉之官。官将惩之，子乃使廖为之设法，廖云："尔今晚来此，以手伸入吾之窗洞，而接呈词，不然，讼将不胜。"应之。乃晚，果如所言，以手伸入窗洞，廖猛噬其一指，出而告之曰："讯时，尔言尔父噬尔指，尔因自卫。欲出指，故父齿落，如是，无有弗胜者。"及讯，官果不究。（载《清稗类钞·狱讼类》）

总之，讼师们的咨询和谋划行为，最能淋漓尽致地表现他们的智慧，也就必然地成为此行业立足的根本所在。

三、贿役通吏

讼师的另一项中心业务就是与官府的衙役、胥吏进行接触，这也就是人们非难讼师时常说的"打点衙门"和"串通蠹吏"。之所以称这项业务是其"中心业务"，是因为吏役介于审判和讼师及其所助讼的当事人之间，他们不只是案件具体的承办者，也是审判信息最易获取和掌握者，讼师只有和他们联合起来，才能大大扩大自己的影响和增加自己的业务量。贿役通吏，是讼师不同于代写诉状和谋划诉讼的针对官府的行为，概因代谋书状和诉讼一般仅限于地下，社会危害性相对较小，而打点衙吏，则标志着讼师已经走向半公开，并已开始侵蚀封建司法秩序。

对吏役和讼师串通一气，为害深远的恶劣现象，史例不绝于书。《名公书判清明集》中有多例判决涉及地方官员对他们的严厉态度，称他们"出入官府，与吏为市"①。"涛之所右，官吏右之，所左，官吏左之，少弗其意。"② "狱吏畏其奸凶，在狱视之如兄。"③ 然而不管地方官员采取怎样有效的方法预防吏役与讼师携手揽讼，也不可能杜绝二者因缘弄法，因为归根结底，封建司法制度的落后和专制，才是滋生这种现象的根本所在。

四、把持捏造

《名公书判清明集》所录专门惩罚讼师的判例分为豪横类、把持类、哗徒类、告讦类等，其中把持和捏造都是指让讼师在官府出入，行贿吏役的明目张胆行为。这类业务比起暗地行贿、受贿性质更为严重，是讼师借以欺压良善、包揽词讼、掣肘官府，因而大肆侵刮民膏的行为。

首先，把持是指讼师们通过诱骗或暴力手段，胁迫当事人让自己代办讼事，垄断诉讼，利用金钱贿赂吏役从而挟持和干涉司法过程，公然制官欺民的助讼行为。有时，甚至公然集结地痞流氓，出入官府干涉审判。讼师的这种行为其实已经接近黑社会组织了。从《名公书判清明集》中多个针对此种行为的判例看，判刑都较重，反映了官府痛加打击的决心。

其次，蔡九轩在"撰造公事"判文中说："哗徒张梦高，及吏人金眉之子，冒姓张氏，承吏奸之故习，专以哗讦欺诈为生。始则招诱诸县投词入户，停泊在家，撰造公事。中则行贿公吏，请嘱官员，或打话茶楼，或过度茶肆，一掣可入，百计经营，白昼掘金，略无忌惮。及其后也，有重财，有厚力，出入州郡，颐指胥吏，少不如意，即峻使无赖，上经台部，威势而立，莫敢谁争。乘时邀求，吞并产业，无幸破象，不可胜数。""及押下司理院根勘之后，又于便袋中搜出文牍一道，已拆去封皮。"

从《名公书判清明集》这一判词看，撰造公事显然指讼师贿通役吏后，私自篡改截留、开拆、伪造假文件，揽词唆讼，威胁官府以便诈勒金钱等行为。

---

① 《名公书判清明集》卷十二，《教唆与吏为市》。
② 《名公书判清明集》卷十二，《士人教唆词讼把持县官》。
③ 《名公书判清明集》卷十二，《捏造公事》。

五、教习讼学

早在讼师刚出现的春秋，已经有了专门教授别人学讼的邓析，前文已有所述。邓析教给别人诉讼的学问，当时被官方贬称为"淫辞"、"离谓"。邓析的"离谓"之学，大体说来是在北宋仁宗时期被发扬光大，称为"讼学"①，当时学校学讼不亚于四书五经。《袁州府志》卷十三称：江西一带，"编户之内，学讼成风；乡校之中，校律为业"。民间专门教人讼学的学校叫"讼学业嘴社"，而且当时还有人编撰了教人打官司的书籍，如《邓思贤》一书。"邓思贤，人名也。始传此术，遂名其书。村校中往往以授生徒。"② 此书即所谓的讼师秘本。

明清时期，教司讼学，史书亦时有记载，其中最主要的史料莫过于若干讼师秘本——讼学的教材。这类书籍除教人训练诉讼和写状的技能外，还锻炼人的口才和思维能力。并且把这些知识和当时的法律条文结合起来，编成四字经，以便学者容易记忆和掌握。对此于"讼师秘本"部分再作详细论述。

六、调解和宣传

（一）调解行为

民间调解在中国历史悠久，源远流长。最迟到元代，民间调解就已经在制度上有了比较规范的管理，元代调解分民间调解和司法机关的调解。因为调解息讼可以产生良好的社会效果，所以在明清受到中央和地方的高度重视。明清调解分为州县调解和民间调解，虽然没有从法律上规定调解是必经程序，但它在实践中常常处于被优先考虑的地位。从中央到地方大力提倡调解，的确取得了一定的息讼效果，但实际上又滋生了一种弊端，即乡保和衙役权力的滥用。所以当事人为避免乡保和衙役的鱼肉，相当多的纠纷实际上完全由亲邻朋友自行调解。考虑到调解结果也要符合法律规定，所以一些声望比较好的讼师就会被委托为中间调解人。例如清朝著名讼师吴墨谦就经常替纠纷当事人双方在讼前结束争端："雍正时，松江有吴墨谦者，通晓律例，人倩其作呈牍，必先叩实情，理曲，即为和解之，若理直，虽上官不能抑也。"③

（二）宣传行为

首先是宣传自己的业务。不论官方怎样限制讼师的活动，这个行业还是蓬蓬勃勃地发展起来。既然是行业，必然存在竞争。他们的竞争除了一再被讥称的诈骗、挟制、诱说等恶劣手段外，比较有效果的公平手段是自我宣传。乾隆二十七年（1762年），一位做江西省布政使的人物，从九江府进入江西省直到省城南昌府，沿途深入察访，所到之处，见各州县都有讼师将已审结案件的判决书印刷，随处张贴作为宣传资料。④ 毫无疑问，胜诉案件对讼师来说是最好的宣传资料。讼师一贯受到严禁，但能如此将夸耀自己胜诉案件的判决书印刷随处张贴，不仅说明禁令效果之弱，并且表明他们对地方官的轻视，也说明当时讼师人数已相当

① 讼学，最早见于周密的《癸章杂识》。
② 《折狱龟鉴》卷六十二。
③ 徐珂：《清稗类钞·狱讼类·吴墨谦为人释讼》。
④ 参见《西江政要》。

多，以致他们不得不为赢得顾客而奔走竞争。

其次是普及法律知识。据笔者所掌握的讼师秘本史料显示，正如《宋会要辑稿》所载，其中不但有很多实用的诉讼技巧，而且相当一部分是把当时法律条文以四言杂字的形式编成顺口溜，深入浅出，通俗易懂，极易记忆。这些法律知识得以广为流传和普及，讼师的宣传作用不可忽视。

七、同代书交涉

同代书交涉这一业务，严格说应归到贿役通吏或把持行为中去，但因其在一定程度上合法正当，且为清代的特殊现象，故将其单独列为讼师的一项业务。清代法律为了明确代书人的责任，控制状词的质量，规定代书人必须在书写完诉状后押盖官府给其准发的戳记。由于代书戳记成为义务，那么没有取得代书资格的讼师又增加了一项工作，即替当事人同代书交涉，让他们按自己的意思写状词，押戳记。

桂超万在《宦游纪略》中记叙了这样一件事。有一个妇人，可能是寡妇，以其堂兄及养子夫妻为被告打了一场官司。经过调查，好像发现她与寄食于其家的讼师通奸。于是传唤代书，问该妇人来求写状时与谁同来，回答说与讼师一同到来，该讼师进屋后要求代书写告状，并让代书修改了文章。①

从上例中，代书按照讼师之意写文书、押戳记的情况可略见一斑。虽然设立代书戳记制度主要目的是取缔讼师，但在清初浙江省就有人指出："近阅呈词多有讼师起稿，代书誊请用戳。"② 乾隆十二年（1747年），中央政府也不得不承认，"虽尝试设立代书，但由于讼师与代书串通作恶，所有呈状皆具代书之名，实出讼师之笔"③。结果，代书戳记制度并未发挥其作用，只是增加了一项讼师的业务而已。

第四节
参与诉讼

一、古代诉讼制度与诉讼泛滥

前文已论述到，中国的"好讼"、"健讼"之风主要开始于隋唐，尤其是宋以后。而这种"好讼"之风与诉权的滥用，以及讼师助讼的活跃，都与隋唐以来法律制度及其中诉讼制度的完备性有明显的因果关系。

隋唐裁判职能的集中和诉权的扩大（当然，深层次原因是经济发展），是导致民间讼事突起的直接原因。例如，唐律规定，除"十恶"等重大犯罪外，一般犯罪，卑幼不得告尊长、奴婢不得告主人；在押囚犯及年八十以上，十岁以下，疾者，不得控告他人，其他人都

① 参见桂超万：《宦游纪略》卷三，《讯史赵氏控伊侄越连城图财捆卖一案》。
② 《覆瓮集》卷一，《饬谕事》（康熙五十九年三月）。
③ 《光绪钦定会典事例》卷八一九。

可以直接就所涉纠纷向官府提起诉讼，也可以由亲属代为提起，并且必须向基层官府即县衙提起，否则构成"越讼"罪。这样一来，任何人几乎都可将任何纠纷提起诉讼，而所有诉讼都由县官一人审理。这样，审判职能的供需矛盾就日益突出。

尤其是宋朝以后，田债、婚姻、债务等纠纷急剧增加，此时诉讼法律的细密也是前所未有。宋代法律将审判职能进一步集中：第一，法律规定了民事诉讼的时效，超过时效的，官府不再受理。例如宋太祖时，因战乱离走，平安返回认领田宅者，超过15年的，官府不再受理。第二，规定了民事诉讼受理的时间即"务限"。《宋刑统》有"婚田入务"专条，规定每年"取十月一日以后，许官司受理，至正月三十日住接词状，三月三十日以前断遣须毕，如未毕，则停滞刑狱事由闻奏"。第三，民事案件可以上诉。这些规定对于官方来说是为了重农抑讼，提高效率，然而客观上带来了讼事的大量堆积。而宋唐司法体制相类似，这势必更加剧了讼事数量和裁判能力的对比。在官员们看来，一开衙门，积压了一年的诉状蜂拥而至，惊呼"讼氓满庭闹如市，吏牍围坐高于城"①，也就难免让他们觉得民众"嚣讼"、"健讼"了。

明清两代，裁判职能供需矛盾并没有本质的改变。而且，随着社会的发展，商品、私有权的广泛化，民间确实从观念上和行为上视诉讼为常事。需要强调的是，伴随着诉讼之门向更多的人敞开，这一时期民众对诉权的滥用，表现在部分当事人极善于钻制度的空子，以达到自己的目的。他们用连篇累牍的状词、辩词、呈词让官府无暇顾及，有些人则靠频繁诬告、捏造事实，使衙门为了弄清实情而耗费时日，疲于奔命。尤其在民事案件中，那些精明的当事人知道有空子可钻，如假冒、诬告可免受处罚，因为民事案件极少用刑，便捏造事实可以让衙门面对杂乱无章的情节无所适从，拒不具结接受判决，而衙门便无法结案，如此等等。这些无休止地纠缠着当时的官府，结果，使它越来越不情愿受理民事案件。只有当事人一告再告、反复催促之后，才列入日程。

面对泛滥的诉讼，愤怒的官方总是认为是讼师、讼棍以及惯于诬告之人煽风点火而起，但毕竟这些兴讼之人所占民众的比例在极少数。很多史料显示，当时诉讼成本很高，绝大多数百姓都视打官司为畏途，即使有那么几个好讼之徒，在诉讼较少产出的成本核算下，他们也不会为些许小事而动兴讼端。但情况恰恰相反。这种局面看来只有把根源归结到裁判权综合且集中这一制度因素上。

二、案件的起诉

（一）当事人告状抉择

中国历代律例皆以刑罚为主，法律本身就被视同刑罚，每次升堂都备好了刑具和守候一旁的皂隶。此外，民间充斥着衙门胥役敲诈勒索、官司费用高得吓人等种种恐怖故事。这些都成为古代法文化的一部分，老百姓视打官司为畏途。但为了保护自身利益，很多民众不得已也会去打官司。并且，大多数人都是主动诉讼，并不像官方所认为的是在讼棍们的唆使下被动兴讼。他们往往会考虑自身的财力和诉求，选择合适的策略和行动。加上讼师的解释，许多人都知道，县官在审理民事案件时用刑的几率很小。最重要的是，虽然衙门胥吏贪赃枉

---

① 陆游：《秋怀诗》。

法，可是经过长时间讼师在官民之间钻营穿梭，实际上诉讼费用已经成为习惯性的了，对民众来说，尽管高但也不得不承受。当事人正是在这样的结构背景下选择打官司的途径来解决争端，其特点可称为"恐惧下的可就性"。

（二）当事人提交诉状的动机

不论当事人在作出告状这一选择上有无讼师参与，讼师的参与影响有多大，对大多数当事人来说，仅仅投呈状并不一定意味着要把诉讼进行到底。根据黄宗智先生《民法的表达与实践》一书所研究的清代三个县的民事案件（如表 8—3 所示），在绝大多数情形下，诉讼记录在正式开庭前即已终止，原因是要么当事人或官府没有积极追理此事（占 42％，含记录受损或散失的在内），要么当事人声称他们已自行解决了争端（占 20％）。至于当事人情愿破费，坚持到法庭最后判决的案子，只占 35％。

表 8—3　　　　巴县、宝坻、淡新经民间解决、法庭审决及记录不完整的案件①

类别	巴县 （N＝308）		宝坻 （N＝118）		淡新 （N＝202）		总计 （N＝628）	
	数量	占所有案件百分比	数量	占所有案件百分比	数量	占所有案件百分比	数量	占所有案件百分比
民间解决	53	17.2	45	38.1	28	13.9	126	20.1
法庭审决	98	31.8	45	38.1	78	38.6	221	35.2
记录不完整	152	49.4	26	22.1	86	42.6	264	42.0
总计	303	98.4	116	98.3	190	95.1	611	97.3

据此可以推断，有相当数量的当事人与其说是关心告状，不如说是把告状当作在纠纷中向对方施压的一种手段。讼师如果在这一阶段发挥作用，其对当事人的动机恐怕不会有质的改变。讼师只能靠自己的职业需要和当事人的动机结合起来，客观上以告状具有较大获胜的可能性促成当事人达到目的。以上三县案例记录中，有些人明显是在吵架斗殴之后，因一时冲动而采取告状行动的，也有些是在调解时为了使对方屈从自己的条件而用呈状投诉吓唬对方，还有些则可能策划利用告状的办法，把官府的观点带到调解过程中来。

（三）古代起诉的书面主义

前文已经论述到，隋唐之前，允许以口头提出诉讼，但自唐代之后，中国古代的诉讼开始进入书面主义优先阶段。特别是宋元之后，法律对诉状的规定渐趋严格。元代官方还有了整齐划一的诉讼格式。凡起诉必须按格式书写。明清词状状式的条款略有增加，只能写在一张标准纸上，状纸上只有数百个方格，各具字数规定不一，大致在三百字左右。如果状词不合规定而不被受理，案子就会就此完结。所以当事人必须按照规格，相当慎重地谋写其状。对于老百姓，最困难的还在于，如何在堆积如山的案件中使审判官注意并进而重视所写书状？这时候讼师就成了必不可少的角色。

---

① 参见［美］黄宗智：《清代的法律、社会的文化：民法的表达与实践》，193 页，上海，上海书店出版社，2007。

三、案件的受理

（一）告状未准

官府在放告日，每天收到百余份的呈词后，会逐一阅看状词是否符合规定的标准，如果不合要求，则会拒绝受理。拒绝的原因可能是未备妥文契或其他证据文件。另一种原因可能是知县等审判官发现原告所控不实或不具有充分的逻辑和说服力。还有一个原因，可能是审判官觉得这样的纠纷最好让族人、邻里或中人去处理。此种情况在亲属之间因分家或债务所引起的纠纷中尤为常见。还有些案子，知县觉得值得考虑，但案情又太轻，不必亲自过问，因而委托下属来处理或交乡保办理，或让衙役与乡保一起处理。可以说，审判官不会轻易受理，拒绝受理乃是州县官对付积案过多、考绩不佳的第一道防线。

鉴于受理制度上对待状词的如此态度，民众不得不想方设法突破这道防线，求助于讼师，以引起州县官的注意。① 如《刀笔菁华》载：有一姓赵的后生，娶了一个姓金的女子，生活方面不协调。赵年少风流，常常寻花问柳，金氏无进言之机，所以就跑回娘家。金父就让女儿留在家中，后来听说女婿要控告他，于是害怕了，求教于著名讼师谢方樽，谢教他把女儿藏起来，然后作了一状，先发制人，控告赵生。状词首为"为谋命匿尸"的人命案，这也算是"制度"这一逆境造就出来的"无谎不成状"② 的人才吧。

（二）告状获准

审判官对于决定受理的案件，通常用简单的批示做初步的表示。他会用"是否属实"之类的话表示自己的疑问，如果疑问较重，便批下"危言耸听"或"显有隐匿别情"之类的词句。这些初步的批词会成为公开记录的一部分，当事双方在赴县候审前，都可以从这样或那样的渠道得知其内容。如果案子含有刑事"重情"，县官的词句有时就会有微妙的变化，如用"讯"字或更为不详的"究"字等等。批示在实践中形成了这样谨慎的态度和约定俗成的制度，不然"一词到官，不惟具状人盛气望准，凡讼师、差房无不乐于其事。一经批驳，群起而谋抵其隙，批语稍未中肯，非增原告之冤，即壮被告之胆，图有事而转酿事矣"③。王又槐也说，只有这样，"方能语语中肯，事事适当，奸顽可以折服其心，讼师不敢尝试其技"。"若滥准滥驳，左翻右复，非冤伸无路，即波累无辜，呈词日积而日多矣。"

透过这些州县官及刑名慕友对批示的经验和教训的总结，我们从反面看到的是讼师如何利用官方受理、批词制度的缺陷而大钻空子、找漏洞，借以教唆诉讼的热闹景象。

四、案件的审理、上诉

在中国封建社会，囿于裁判机构的供给不足，至少在清代，审判官审理案件的精力，阅读文书占七分，而听讼只占三分而已④，具有"书面审理主义优先"的传统。即在处理一般州县自理案件时，是以阅读文书为中心进行审理的。这也再次显示出，原告、被告提出的告状和

---

① 《崇祯外冈志》"讼师"载："民乃不得不谋之讼师，因土而诬人命，斗殴而诬盗劫。"
② 汪辉祖：《续佐治要言·核词须认本意》。
③ 《牧令书》十八，《亲民在勤》。
④ 参见《牧令书》十八，《亲民在勤》。

诉状及证据文书是多么重要！同时也意味着书状的谋写及策划更加重要，操持这种职业的讼师也更加为社会所必需，而且，讼师还要教给原告或被告在当堂询问时如何陈述。所以讼师对审理有重要影响。此外，古代官员大都是儒生，隋唐之后，则基本出身科举，他们"读经不读律"。而且，随着社会不断发展，在律典之外的判例法等形式的法律越来越多，只有官员一个人强打精神是不够的，他们不得不更多地依靠胥吏。胥吏对法律与成案更为熟悉，也愿意投入精力学习各种律例，所以胥吏成了各级地方官府必不可少的人。宋朝中期以后，这种形势更为突出。对一个案件的处理，一般是州县官首先决定该案由哪一个胥吏担任，担任某一案件的胥吏叫"承行胥吏"或者叫"承行吏书"。在承行胥吏承行以后，作为原告必须立即与承行胥吏就应支持的"房费"数额进行交涉。所谓"房费"，是胥吏承办案件的经费。经此交涉后，胥吏才开始处理文书，进入为了传唤被告而派遣差役的程序。差役也同样，不给钱就不会去传唤被告，而被告同样必须有所对策，为了了解原告告状的内容，及相关情况，也必须"打点"承行胥吏和差役，人们也无法区别胥吏和差役索取的是手续费还是贿赂。由于胥吏可以左右着判决的方向，当事人也不得不听任其摆布。如顾炎武所说："今夺百官之权，而一切归之吏胥。是所谓百官者虚名，而柄国者吏胥而已。"[1]

但对于不谙熟衙门内情况的普通人来说，自行进行与胥吏的交涉绝非易事。讼师经常标榜向与上下衙门熟识、与胥吏和差役者交深，与衙门有关的诸事都能代办，从而骗取当事人的钱财。但是对当事人来说，如果没有这些人物，他们是否能够完成这种交涉，是值得怀疑的。总之，封建制度的胥吏弄法，成为讼师和制度联姻的中介，或者说，胥吏使讼师和官方巧妙地在矛盾中得到高度统一。

对一审判决不服的，任何一方都可以向上一级官府上控，叫作"翻控"。还可以依次向上控告，也可以直达中央进行京控。但对于普通民众来说，到县城或州城去打官司，是困难重重的。而对判决不满的当事人到更加遥远的府城，甚至省城、京都上控则更是难上加难。确实，当时一部分资料说各地的"不逞之徒"与省会的讼师相互勾结，教唆上控，但是如果当事人认为州县审判不公或误判，或者断定因为州县官的怠懈而不受理其案，决定上控时，如果没有"不逞之徒"或讼师又将何去何从呢？本来，因为到省城上控的多数是错综复杂难以明确解决的案件，仅靠朴素真实是无法取胜的，所以不仅上控方，而且被上控方都需要讼师的帮助。应该说，比起州县一级的诉讼来，上控更需要讼师。

第五节
精神世界

一、反叛儒家"无讼"精神

儒家思想作为中国封建社会的政治意识形态，其"无讼"观念在制度上被崇尚。兴讼被

---

[1] 顾炎武：《日知录》。

视为道德败坏的表现，是社会稳定的威胁，因此，讼师一类的职业被列为严打的对象，厌讼、贱讼成为中国传统法律文化的一个特征。然厌讼和贱讼使人们不明法律、鄙视法律、漠视法学，使民众对法律的了解少之又少，也使得各级地方官员将诉讼事件的多少作为衡量其政绩好坏的尺度，从而给很多不法官员表面上以"无讼"粉饰太平、暗地里怂讼鱼肉百姓创造了制度上的漏洞。官员为了减少自己治内的讼事纷争，不可避免地片面追求息讼和争，难免忽视法律所应真正达到的正义和公平效益，而民众大多对诉讼缺乏正确客观的认识，深层次上，使讼棍、蠹吏、贪官的招引告讦成为必然，成为健讼和大量贪污致错的一个重要原因。例如冯梦龙纂集的《广笑府》中，有一则题为《衣食父母》的故事：

> 优人扮一官到任，一百姓来告状，其官与吏大喜曰："好事来了。"连忙放下判笔，下厅深揖告状者，隶人曰："他是相公子民，有冤来告，望相公与他办理，如何这等敬他？"官曰："你不知道，来告状的，便是我的衣食父母，如何不敬他？"

这是笑话，但概括出了事实真相。虽说历来封建君主对老百姓的"圣谕"中，总是告诫大家息讼，州县衙门也跟着学舌，但从骨子里讲，大多是希望告状的越多越好。有人告状了，就是有人送钱来了。这就是古代所谓"无讼"表面下掩盖的喜讼、怂讼的腐败实质。而这些官员的喜讼、好讼正是助长民众兴讼、健讼，讼师助讼、嚣讼的深层动力。

更何况，虽然从总体上讲，封建时代的官府是以无讼为价值取向的；畏讼、厌讼、贱讼在社会中起主导作用，但实际上，另一旨在弘扬诉讼的呼声始终不绝于耳。正如前文提及，宋代土地私有制的发展和商品经济的繁荣，对人们的财产观念形成冲击，以致为维护个人的私权利而诉诸官府，被看作是正常的。社会上出现了"健讼"现象，反映了宋人为维护私权而萌芽了某种诉讼权利意识。这又和当时士大夫中功利思想的抬头分不开。例如，北宋李觏说："人非利不生，曷为不可言？……欲者，人之情，曷为不可言？"① 南宋时以陈亮、叶适为代表的事功学派，主张功利、义利并重，"功到成处，便是有德，事到济处，便是有理"②。

而讼师则是对儒家"无讼"精神反叛的先锋队和身体力行者。他们以"助讼"为职业，勇于把"贵讼"、"喜讼"学者们的理论应用于实践。虽然在这一过程中，这一群体不可避免地表现出唯利是图的一面而备受主流价值观的否定，但其对传统"吃人礼教"的背逆和反叛精神却是值得肯定的。并且，相当一部分讼师知识渊博、情操高尚，在助讼过程中忠于事实和法律、情理，坚持正义，勇敢机智，从而在高雅和低俗、自卑与自负、道义与金钱、勇敢和怯懦、规避和遵法、机智和狡诈、反叛和守礼等矛盾交融的地带里，形成了一种独特的精神文化。

二、人生哲学

由于讼师职业的非法性和自发性，涉及讼师的史料是少之又少。而且从这些很少的史料中，无论是野史或文学作品中偶尔出现的对讼师"狡智"描写，还是官方史料中对讼师的指责及禁治律令，我们看到的都是讼师的反面形象：崇尚拜金主义、唯利是图。但在这两种史料中，讼师都是以"他者"的面目出现，使我们无法客观地认识其内心世界。幸运的是，讼

---

① 《李觏集》。
② 《止斋文集》卷三十六，《答陈同甫》。

师秘本《萧曹遗笔正律·刀笔词锋》卷四有"传芳不朽良言"一节，是作者叶姓佚名讼师专门录载或自作的论述自己处世哲学的部分，很具典型性，同时，也是目前国内所能见到的唯一一则从正面述及讼师精神世界的史料，弥足珍贵。

这一节共有四项内容，兹录析如下：

（一）劝达良言——讼师的"天命"观

> 人生否泰之事，皆在阴阳之中，富贵不能淫，贫贱不能移。文章冠世，孔夫子尚困于陈邦；武略超群，姜太公曾钓于渭水。颜回短命岂为凶暴之徒，盗跖年长未是善良之辈。尧舜虽贤，却养不肖之男；瞽叟顽嚣，反生大贤之子。甘罗十二为丞相，买臣五十得公卿。晏婴身长三尺，封为齐国贤臣。韩信力无缚鸡，立为汉朝将帅。未遇之时无一日之食，及至亨通身受三齐王印，灭燕收赵统百万之旅，一旦时休却死阴人之手。昔李广有射虎之威，到老无封，冯唐有安邦之志，一生未遇。上古圣贤，不掌阴阳之数；今时儒士，岂能否泰之中。腰全衣业，多生贫贱之家；革履麻鞋，却掌末门之首。有先贫而后富贵，老壮而后少衰。人生长学积善，善善必有余庆。青春美女，反招愚浊之夫；俊秀才郎，却配丑陋之妇。五男二女老来一子全无，万贯千金死后离乡别井。才疏学浅，少年及第登科；满腹文章，到老终身不中。先贫贱后富贵皆因命里时乖；若天不得时则日月无光，地不得时则竹木不生，水不得时则波浪不清，人不得时则命运不通。若无八字根基，个个为命枉劳。一生皆是命，半点不由人。功名富贵，灵愚寿夭，皆是时也，运也，命也。

"劝达良言"的内容，充分体现了古代讼师"听天由命"的天命人生观。通篇广征博引，都是为了说明：人的成功，才学并不重要，起决定作用的乃是命运和机遇，即所谓"一生皆是命，半点不由人"，充满了悲观的唯心主义色彩。我们知道，自隋唐科举制实施以来，千军万马过独木桥的选官制度，只可能成就极个别读书人的荣华梦，而绝大多数有识之士则名落孙山，埋没在茫茫人海中，悲叹自己怀才不遇的同时，极力寻找郁郁不得志的根源，最后得出"若无八字根基，个个为命枉劳"的结论。正是他们这些人，成了讼师队伍的主力军，而他们的人生观，也就成了讼师群体主流的人生观，决定着讼师群体社会的意识形态。

（二）邵尧夫养心歌——讼师的"养心"观

> 得岁月延岁月，得欢悦且欢悦，万事乘除总在天，何必愁肠千万结。放心宽点莫胆窄，古今兴废言可辙，金谷繁华眼里尘，淮阴事业锋头血。陶潜篱畔菊花黄，范蠡尖边芦花白，临潼会上胆气雄，丹阴县里常able绝。时来顽铁也生辉，运去金银无颜色，逍遥目举圣贤心，到此方知滋味别。陋衣淡饮足家常，怡养浮生一世拙。

邵尧夫即宋时理学名家邵雍。讼师颐养心灵的思想是对"天命"观的内化和消融。"心"在理学看来，是联系人身体、行为和"天道"的中介，要使人的所作所为符合天意，首先得养心安神，平心静气。只有心平气和，人才有清晰的是非标准，对自己的一言一行才能够充分把握和约束，以避免举动不适，伤天而害理。作者能把这首养心歌录载入书，不管该歌是否真由邵尧夫所作，但它能以邵尧夫为名，足见宋代以来理学思想对社会、对民众、对讼师精神活动的影响之深！

（三）夏桂明劝谕良言——讼师的"修身"观

陋衣淡饭足矣，村居陋巷何妨，谨言慎行礼从常，反复人心难量。骄奢起而败坏，勤俭守而荣昌，骨肉贫者真相忠，却是自家身上。本分慎乎天理，前程官取久长，某非我量点争雄，忍耐此几为上。礼乐诗书勤举，酒色财气少征，闲中检点日行藏，都是自家身上。

又：作善者为庆泽，作恶者有祸殃。怜贫爱老孝忠良，何用躬诚俯仰。运去黄金失色，时来铁也争光，眼前得失与存在，都是自家身上。

凡事有成有败，任他谁弱谁强，安保暖足家常富，富贵从无所降。得意浓时便罢，知恩浓处休忘，远之愚顽近贤良，都是自家身上。

"夏桂明劝谕良言"中反映的讼师行为，与我们传统的观点是有较大出入的。这一矛盾或许才是真实而正常的，因为以往我们只是更关心讼师恶劣的一面罢了。事实上，宋代讼师勃兴以来，作为封建社会的产物，他们的群体意识并不能超然游离于理学影响之外。纵然他们的职业本身是对儒家"无讼"境界的冲击，但这并不意味着他们的行为不受封建正统意识形态的控制。讼师们对善与恶、是与非的价值评判也并不完全是我们传统想象的那样以金钱利益为唯一标准，仁、义、礼、智、信在其助讼中同样起作用，他们以自己的方式和价值观重视操守，勤勉修德。而且，由于他们经常遭到官方的打击，相比常人，他们也更知道谨言慎行，勤俭持家，"反求诸己"，把儒家修身作为安身立命的根本。

（四）先圣诗云——讼师的"明志"观

古人善恶应无差，善似松柏恶似花。

时人莫道花如玉，休笑青松不及花。

有朝一日严霜至，只见青松不见花。

在这首诗里，讼师把那些仕途顺畅、春风得意的读书人比作花，而把怀才不遇的自己比作青松。花，常以争奇斗妍而哗众取宠；青松，虽不会含芳吐艳但长青不衰。政治风云变幻，谁又能说明那些得势者的所作所为是好是坏呢？而讼师职业与他们不同，就像青松一样始终是为民助讼而与当权者对阵。不论世道怎么变化，为民众助讼总的来说是有积极意义的。从这首诗的字里行间，可以看出作者对自己所从事的讼师职业所倾注的热情和执著。当然，其中多少有些对镜自怜、王婆卖瓜之嫌，但这种类比也绝非空穴来风。

三、诉讼观

传统的观点认为，讼师为了金钱利益无所不用其极，诱词架讼，坑蒙拐骗，教唆播弄，搭帮诈骗。然而讼师毕竟存在于礼教治国的大背景下，且其主流出身士人阶层，即使是他们对礼的反叛思想和行动，也深深地打上了"礼"的烙印。这在讼师秘本中都有体现。

清代著名讼师诸福保在其秘本《解铃人语》中，把历代讼师对诉讼的哲学分类和理解归纳为十种学说，即所谓的"诉讼十说"，其内容如下：

1. 词讼说：

人有阊法为非，关名犯义之事，方呆鸣公理论。是故一"词"字，从言从司，一

"讼"字，从言从公。谓有司之言至公，方能继之以法，弗致为横道之徒，而变乱是非也。

2. 诉讼说：

彼既以我之言为非公，而欲面质于有司之前，是则其人岂宜虚捏情状、妄造事理哉？诉字从言从斥，以言非实在而斥之，则更不宜作谎状以渎有司也。

3. 讦（同"签"）告说：

他势在鸣官，我更执词而同控之，谓之讦告。讦告者，亦有被告在先，此在必当讦告者，然后讦告之。签告者，或二三人，或五六人连名控告耳，故签字之中，从一人中二口二人也。

4. 诬告说：

与人有小隙，即张大其事而诬之者，因愚不按法，听讼师之架语，满纸荒唐。不领公庭三尺法，是又岂明哲保身者之所宜耶？我人切宜戒之。

5. 越诉说：

两造既势在必讼，甲或控乙于县，乙不愿为甲之被告，而翻控甲于府，是为越诉。越诉者终必大败，盖越告者已与长官作敌已。

6. 公呈说：

凡地方不论善恶之事，邻里耆老、地方保长，合同呈告于有司，使其善者奖之，恶者惩之；而地方之民，知所儆惕，风俗自趋于质朴矣。

7. 脱罪说：

我既情正理直，或为他势焰钱神所屈，以致身陷五刑，心痛抑郁，必使一纸上呈，而铁面无私之长官为之感动，方可称尽状词之能事矣。

8. 和事说：

事情无论巨细，既已涉讼，长官必使和而息之，庶可免人胜负不休，此亦断之一道也。在涉讼者亦宜得休便休，不可固执不化。

9. 私和说：

历阅古今之事，岂能万举万全？如有无为之争，悉凭亲友劝谕，即有些微委曲，务宜容忍，则亦临崖转辔、江心补楫之一道也。

10. （史料空缺）

从以上十说，不难得出这样的结论，即讼师表面上虽像流传的那样惟钱是图、不分青红皂白，一味唆人涉讼而从中谋利，但其内心里，他们经过代代的实践和摸索，总结出一套系统的经验体系，同时，也约定俗成了一系列的职业道德和基本准则。具体说来，哪些诉讼必须起诉鸣公、哪些诉讼不能虚捏妄造、哪些适宜明哲保身、哪些可以公和、哪些可以私和等等。这些经验、道德和准则等综合成这一群体的世界观和最高理念。这一世界观和最高理念在"自省要诀"中又得到集中体现。《解铃人语·诉讼准备四要诀》之"自省要诀"中说：

讼，从言从公。先哲训人，谓非言之至公，切莫致讼也。故致讼之道，有三要诀，曰"情"、曰"理"、曰"法"。我人既能于兴讼之先，平心静气，暝然而思之，度情情不虚，度理理不亏，度法法无犯。三者既真，则必获全胜。虽敌者来势汹涌，可不必顾虑。一任赴汤蹈火之勇气，与之对垒，彼未有不弃甲曳兵而走者也。

从中我们可看出，讼师秘本关于讼师致讼和兴讼前应遵循的最高理念和儒家治国的价值观是相映成趣甚至是高度统一的，他们将天理、国法、人情有机统一，作为其助讼的指导思想，这也是笔者强调讼师对传统礼教的反叛带有深深的礼教烙印的原因，昭示了讼师这一非正式制度现象和法律制度现象的矛盾统一。

总之，我们需要重新认识讼师和确定其在传统讼文化中的角色、形象和地位，并不是所有讼师都是挑词架讼，规避法律或捏造事实以瞒视听。讼师队伍中真正将依天理、循国法、顺民情为助讼活动所始终遵循的价值标准和职业道德的，也不乏其人。如光绪时某县城的讼师宿守仁提出的"讼师三不管"原则，就很具典型性。正因为他在助讼过程中能做到不欺天、不亏理、不逆人情，故能一辈子没有跌倒过。他说：

> 刀笔可为，但须有三不管耳。一，无理不管。理者，讼之元气也，理不胜而讼终吉者未之前闻；二，命案不管。命案之理由，多隐秘繁积，恒在常理推测之外，死者果冤，理无不报，无者不屈，而我使生者抵偿，此结怨之道也；三，积年健讼者，为讼油子，讼油子不管。彼既久称健讼，不得直而乞援于我，其无理可知，我贪得而助无理，是自取败也。

从他总结的"讼师三不管"原则里，我们很明显发现它与讼师秘本所训导的"自省要诀"之间的内在逻辑关系，这再一次使我们能深入到讼师灵魂深处，了解这一职业得以在封建时代长存不衰的精神根源。

四、心理状态

在传统中国社会，讼师一方面备受官方的打击和封杀，另一方面涉讼民众又少不了需要其帮助诉讼；既可能是政治上的郁郁不得志者，却又因在民间助讼中找到了用武之地而自信；既因助讼获利而财大气粗，又因整个社会的喊打而抬不起头……如此种种，不可避免地使讼师陷入矛盾的精神状态。在进退维谷的心理和心态境况下生活，是讼师的典型写照。

（一）自尊与自卑

正如前文所述，相当一部分讼师出身士人，由于从小受到儒学之正统教育，认为大丈夫应该以"济天下"为己任，走仕途、经邦济世方成正果。然而时运不济，他们却不得不转而学律，彻底否定了以前的价值体系。面对社会所加的横眼冷对，讼师难免会产生自卑心理。但另一方面，他们毕竟拥有常人所不及的才华和智慧，在不断的助讼过程中体现出自己的价值，因而他们又有着强烈的自尊，希望得到别人和社会的尊重。如果别人伤害了其自尊心，那么他们就会千方百计去愚弄和报复责任人，以期达到找回"面子或自尊"的目的。实际上，这种极强的自尊心后面隐藏着浓浓的自卑。例如：

> 某岁吴县新令尹汪公莅任，诸福宝以其未来谒己，有失面子，心衔之切。一日因事莅庭，闻县令患欠舌，口齿不清，乃思播弄以辱之。会有石姓刻图章人，与顾客涉讼，诸为之代作一滑稽禀单，诙谐入骨。
>
> 控为突兀事。
>
> 有石雪泽者，勒刻劣木约日不出，掷石击额，额裂血出。恳即核夺。（载《刀笔菁华·讼师恶禀菁华》）

这一诉状的妙处在于谐音很多，使短舌头县尹在当堂读状时，但见"勒……勒……刻……刻"，不能清楚。结果使县尹大受其苦，出尽洋相。

（二）恃才兴讼与自我保护

就笔者所掌握的两百余篇关于讼师助讼的案件看，为了达到胜诉的目的，从而获得利益，可以说，讼师们所使用的手段和计谋简直令人叹为观止。但封建社会法律对助讼行为的禁止和打击，使讼师在恃才兴讼的同时，也有着强烈的自我保护心理，以保证万一败诉不会牵涉到自己，避免祸及己身。从下例中，我们可以体会到讼师的这种自我保护心理。

> 有讼师，六月为人作牒，预知其事必败，而领赇不忍辞，乃重茧衣裘，炉火而为之握管。已而果败，追究谋主，执讼师至，极口呼冤。令与对簿，讼师曰："尔何时请我作词？"以六月时，又问曰："其时我作何状？"则以围炉披裘时。官辴然曰："岂有盛暑而作是服饰者！"乃坐告者诬，而释讼师焉。（载《虫鸣漫录》）

（三）扭曲与诙谐

特殊的社会地位和四面楚歌的生活境遇，使讼师们对人对事都抱着一种刻薄、挑剔的态度，产生了一种扭曲心理，或者可以说，这是中国古代社会法律工作者的职业心理疾病。所以他们经常会用一种不满、愤懑的眼光去看待生活，看待世界，有时充满对社会、人生的嘲弄，自恃对法律的熟稔，动辄因一些鸡毛蒜皮琐事，寻衅兴讼，从人们对他们的畏惧和敬服中体现自己的价值。在这种扭曲心理支配下，讼师们往往扮演着亦正亦邪的角色，他们时好时坏，喜怒无常，时而狡险谋讼，陷害无辜，时而深广周纳，解民倒悬。这种不可捉摸的善变心理和行为，不但使老百姓敬而远之，就连官员们也百思不解，忌惮三分。试看下例史料所透射的讼师自我扭曲和嘲弄人生的心理。

> 一日，袁（宝光，名讼师）往富家吊丧，欲诈其财，乃将礼帽六项绳不系于颈，面灵礼拜，帽无绳，俯首而坠地，孝子窃笑。袁见之，怒曰："汝身居血丧，竟敢窃笑，其罪一；吾来吊丧，汝笑，非敬客之道，其罪二；有此二罪，我必讼之，以正浇风。"富家惧其善讼，出数百金谢之。（载《清稗类钞·狱讼类》）

读此例，让人捧腹之余，又体会到讼师们诙谐和幽默的后面隐藏着的细如发丝的心机。

第六节
讼师秘本

一、概况

讼师秘本是有志于讼师事业的人学习讼学的教材，类似于现在的教科书。它不只是教导讼师应该掌握哪些知识，更重要的是告诉讼师怎样去掌握和运用这些知识，诸如教讼师在所举典型案例中体会种种必备的专业技术，如何才能写成兼容"事理、律意、文词"的有效状词，如何才能找到"机有隐显、奇正，罪有出入、轻重"的关键点，等等。可以推测，秘本就是讼师的必备工具书，他们在日常助讼遇到难题时会时时翻阅，温故而知新，甚至爱不释手。

据夫马进在其《讼师秘本的世界》中的研究，现有的讼师秘本有三十余种。但其文中并没有说清楚是讼师秘本有三十余种，还是讼师秘本的内容有三十余种。从笔者目前所略知的信息看，有藏于日本东京的《新镌法家透胆寒》十六卷，《新刻法笔天油》二卷，《新刻法笔惊天雷》四卷，《新刻法家新书》四卷，笔者所占有的衡阳秋痕楼主撰的《刀笔余话》，吴县诸福宝遗著《解铃人语》、《萧曹遗笔》卷三和卷四，虞山襟霞阁主编《刀笔菁华》；史料中提及但现在下落不明的有《邓思贤》、《惊天雷》、《相角》、《法家新书》、《刑台秦镜》等。这些讼师秘本编印品质不一，有的认真，有的相对草率。但大致来说，明末清初的编排体例已大体确定，成为一种固定的法律文类。为让今人弄清讼师秘本的真面目，现将几种讼师秘本内容互补有无，加以综合分类，其体例基本如下：（1）序言；（2）诉讼分类总说；（3）诉讼准备要诀；（4）诉讼状的布局和章法；（5）状词主语（或破承题）要诀；（6）作状词捕捉灵机的要诀；（7）讼诉忌讳事项；（8）状词常用语分类荟萃；（9）告、诉状谋大会；（10）伦理风化常识；（11）简明律例常识；（12）法官听众（断案）旨要；（13）各种工商行政范文；（14）各种告示、呈状的范文和写作要诀；（15）抒发心志。大致说来，讼师秘本不外乎这15部分内容，只是不同版本、不同编者在付诸刊印时有所偏重，但体例编排则基本一致。

二、法文学成就

讼师秘本，是讼师学习助讼的秘籍，它包括了诉讼的总体思想和技巧，也同时列举或模拟出很多范文；这些范文既有告、诉投状类的法律性文书，也有呈词、申请、告示等非诉讼文书及其典型例文，以供学讼者揣摩与参考。这些文书辞藻华丽、对仗工整、抑扬顿挫、一气呵成，读来让人心潮澎湃，激动不已。特别是有些秘本有意将那些讼师名家的状词和一些讼师的偶成奇状加以编纂，汇订成册，以供后来有志者共享。这些作品多是字字珠玑，滴墨成花，遣字用词，引经据典，令阅者觉行云流水，美不胜收。至于编辑起来的"分类状词常用语"，有"婚姻汇语、田产汇语、钱债汇语、人命汇语、贼情汇语、土豪汇语、斗殴汇语、户役汇语、财本汇语、坟山汇语、乡宦汇语、吏书汇语、积年汇语、赌博汇语"等，都是一些易读、易记、易用、易打动阅者的精辟词组，不但具有很大的实用性，而且也具有极高的审美价值。下以婚姻汇语和土豪汇语为例，让我们体会讼师们深厚的文学功底，对今天的律师写状恐怕也不无启发意义：

婚姻汇语：

> 中华之地，安敢同姓为婚（律法同姓不许为婚）。服虽无异，姓则尚同。姑舅两姨岂可相为匹配，堂姑姊妹安敢嫁娶为婚。违嫁娶之条，灭纲常之教，一女一夫，逐婚岂容，某某招婿逐婿，一夫又换一夫，纲常大坏，律法难容。男女婚姻，人伦大义，受财无敢，风化乖违，伦理荡然，纲常扫地，缌麻乖法。岂谊违律之条；将良配贱，名分大乖焉。有一女配二夫，媒妁尚存，婚盟为证。

土豪汇语：

礼亲六房，浓交吏皂，颖计后来，先防事发，抽摸文卷，捺案不行。豪钱钜万，日乘甚尔，高头骏马，夜宿五妇，出入乡村，大放肆志，猛如狼虎，做造违禁，房屋高耸青天，盘狮走兽，雕龙刻凤，柱门洒金，宛然官室，占人田产，奸人妻小，发人坟冢，窝藏强盗，分赃致家巨富。恃其财势熏天，招众恶党，蓄为爪牙，搏噬乡民，威势如雷，富焰炙天，故将长男营充县学，次男营充府吏，勾结官府，贿通嘱托。

有些讼师觉得仅仅这些汇语还不足以表现其刀笔奇技和才华横溢，暇余干脆以书写纯欣赏性的法律文书自娱自乐。这就像任何领域都会出现艺术一样。其中展示了他们对文学和法学领域已臻化境的造诣，使阅者不得不为之钦服。试看讼师秘本《刀笔词锋》中收录的两篇妙文：

告渡子：告人倘秀才为（殴骗事）：身背七星剑赴龙虎风云会，至九十八洞，雪消春水来恶渡，天念三铁锁缆孤舟，勒取碎米要夺，戏伍仆与楚汉交锋，领孩儿十双脚掬走来，狼打断天抢去人珠环四大对表礼，媚鸿中断，衔冤上告。

诉人天念三为（诬陷事）：身往浣溪沙头摆，夜行船为倘秀才，倏至江兜水紧独舻，声声慢迎。岂伊恶仆麻脚儿，势如下山虎，将铧锹儿乱打，流血满江红。幸得渔家傲救让，恶又解连环，脱布衫去吃，迄今十二时，痛疼寄生草难疗，哭诉衷情，望高扬台，上诉。

这两篇状词中，"倘秀才"、"七星剑"、"龙虎风云会"、"九十八洞"、"雪消春水"、"天念三"、"铁锁孤舟"、"取碎米"、"楚汉争锋"、"领孩儿"、"十双脚"、"狼打断天"、"珠环四大对"、"媚鸿中弹"、"浣溪纱"、"夜行船"、"红兜水"、"声声慢"、"麻脚儿"、"下山虎"、"铧锹儿"、"满江红"、"渔家傲"、"解连环"、"脱布衫"、"十二时"、"寄生草"、"高杨台"等皆为词牌名或曲牌名。这些佳味奇趣的组合既反映出作者构思状词的智慧，也表现了作者隽秀雅婉的文学素养。诸如此类的妙文在讼师秘本中有很多。通过阅读赏析那一篇篇脍炙人口的状文，我们能深切感受到古代法律工作者身上现实与浪漫的和谐统一。在强调专业化的今天，社会已被分割得支离破碎，法律叙事被要求高度现实、精确，甚至枯燥到连法学家也看不下去的地步，而文学也被要求离法律越远越好。法律因叙事方式的缺陷而出现不断远离普通民众认识的趋势。这也是目前法治所面临的一个困境。而古代讼师所写状词，造诣胜于传言。这一点，恰恰对法文学有不可忽视的借鉴意义。

以上是随机选析的讼师秘本中的个别状词，希望借此见微知著。其实，每篇状词都当之无愧地成为优美的法律文书的典范，而它们也都无一不向我们展现出古代讼师为中国法文化创造的法文学瑰宝的绚丽多姿。

三、普法和道德宣教

（一）道德教育

讼师秘本《刀笔词锋》所载，关于普及性教育的道德风化内容在"万金良言"一节。从这一节的内容看，主要强调的是明朝洪武年间以后推行的德礼要点，并且，在编排体例上，把宣教道德的"万金良言"放在宣教法律的"律训歌"之前，突出体现了"德礼为政教之本，刑罚为政教之用"、"为国以礼"的传统。这一秘本刀刻刊印于明嘉靖时期，其内容局限于此时间段，至于宋、清代秘本，尽管其内容有所删改，但基本体例没有大的变动。它按照三纲五常的儒家基本原则，将所宣传内容分为孝顺父母、尊敬长上、和睦乡里、教训子孙、各安生理、毋作非为六部分。从形式上看，多采取四字经或四言杂词的形式，言简意赅，读来朗朗上口，容易理解，便于记忆，符合大众化的口味。它不但使讼师学员对"为国以礼"的内容一目了然，也使阅读此书的民众得以普及道德知识，具有很高的实用价值。下面以"尊敬长上"部分为例，使我们从中体会它的这些特色：

> 尊敬长上，义实非轻，父母之下，诸父伯叔，推及宗教，至于渊党，位号所尊，
> 道德所仰，凡在吾身，皆吾之长，分由天秩，有顺无强。惟尔惠也，无为从逆，
> 长在本宗，或在外戚，情有亲疏，礼无甚异，远见则拜，常见则揖，避行则徐，
> 受命则惟，命坐则坐，有问则起，侍食从后，馈献必跪，长在疏远，交际有仪。
> 坐让席位，行让路泮，上下同相邻，各有臣属。臣见君长，其容弥促，至于庄人，
> 进退则走，令人则行，禁止则否，粮税差役，率先恐后。道德之长，是曰先生，
> 凡其言行，是训是行。有疑应质，有传必习，尊之敬之，终身不易。汝能长人，
> 人亦长汝，求之不恕，人不汝与。乃知分义，行人所仗，玉宝惜之，人与钦长。
> 钦哉圣谕，尊敬长上。

（二）普法

《刀笔词锋》中"律训歌"一节，是介绍和解释当时法律条文基本知识的部分，兹录如下：

> 挖掘平有冢，惊魂杖八十；发冢见棺椁，杖百流三千；假若见尸首，绞斩不可避；
> 无斗贴典状，旧作绞罪拟；斗殴平伤断，保辜医调理；如果身伤死，为首斩绞拟；
> 畜肉若灌水，典米掺以秕；不计物异殊，一体杖八十；损人一牙齿，该问七石米；
> 坏却一双眼，杖百徒三拟；若还双目损，杖百流三千；此系成惊疾，家私分半取；
> 如损人一指，减律杖七十；私铸铜钱者，枷扭仍绞罪；先嫁由自己，逐婿再嫁女；
> 后嫁由自己，后夫该断离；民人若娶妾，四十方可为；无子娶偏房，到官不拟罪；
> 有儿并有女，不许再娶妾；替人去告状，枷号杖七十；妻妾做妹嫁，告减八十拟；
> 逼嫁寡妇者，七十杖依律；服弟殴兄长，两年半拟律；无史期压嫂，加等杖九十；
> 儿女打爷娘，犯法该剐罪；女婿不官方，投明星长治，乃断他为婿；亲属盗家财，
> 免刺只杖罪；先奸后成亲，告官断离异，僧道及尼姑，犯奸杖九十；强奸罪该绞，
> 逼嫁同一义；诬执翁奸者，亲闻是端的；子杀父无刑，夫奸妻有罪；正律有金科，
> 注解最详细；官吏若犯奸，议罪降职役；指奸不为奸，和奸杖七十；弃败农稼穑，
> 计赃徒罪王；强割他人禾，律准窃盗拟；无官诈有官，问他充军拟；强盗若得财，
> 首从皆斩同；强盗未得财，依律拟流是，破砍坟园树，减等杖九十；偷盗耕牛卖，
> 拿去充军役；杀人并放火，杀罪不复赦；盗卖在官马，充军是明律；借物不问主，
> 亦该窃盗拟；擅食王园里，我律杖八十；违律不纳粮，减等九十拟；侵欺官钱粮，
> 充军无解计；僧道无皮贴，杖罪还俗去；无故与赌博，枷号杖八十；指官诓人财，
> 引例充军罪；伪造假印者，议斩无他异；放军去歇后，该运七石米；违禁放私回，
> 掇拐男和女；白日抱人财，俱是充军役；冒名支月粮，犯罪计赃拟；偷盗鸡和鸭，

杖责难饶你；日日动刀兵，律上定斩拟；兄收弟娶者，依律该绞死；子将父妾淫，犯罪绞可拟；奴婢欺主人，议赦上不得；更深入院宅，非奸即盗定；登时打死者，到官不论罪；违禁取人利，该运七石米；违约绩不还，杖罪律有拟；监守自盗粮，杂犯斩罪拟；闻丧不举哀，依律该徒罪；丧柩暴露者，依律杖八十；因而逼死人，一百杖依律；追粮若拒捕，徒罪相应拟；狱卒凌囚人，勒禾克减食；疾病遇伤，误杀问徒拟；决杖不如法，致死杖一百，越渡关津者，拿住杖七十；渡子勒船夫，该问不应罪。

"律训歌"的内容，基本上是依据当时的基本法《大明律例》编写的，几乎涵盖了民间常用的所有法条。从形式上看，采取了古诗的叙事方式，把法律条文编缩成五言词句，平白、浅显、易记，便于随时引用。之所以冠之以"律训歌"，取的是培训讼师学员法律常识和训导大众知晓法律从而遵守法律之复合含义。

四、"状谋大全"

"状谋大全"部分通常是讼师秘本的主要内容之一，在对讼师的培训中"唱着重头戏"。它通常由诉讼类（告、诉状类）和非诉讼类（告示类、保结类、执照类、呈状类）两大板块范文组成，其作用在于既使学讼人员了解各类文书的行文模式，又着重让学者参悟其中的经验和智慧。通过对这些范文的鉴赏和分析，我们便可对古代法律社会工作者的办案谋略尤其是文书艺术有一概要了解。

（一）告、诉状谋范文及贡献

从讼师秘本《刀笔词锋》看，其中"状谋大全"主要包括两部分，第一部分是"串招式"，第二部分是"各类状谋范文"，共 5 类 48 篇，由于第二部分内容较多，在此每类选取一篇录载如下：

1. 串招式

（1）作招意贵详明，词贵简切，曰招曰议曰照，与其相应而无迁漏；若情若律若例，与其相合而无牵强。用字不可大倘，不可木文，须求法家本来面目。叙事不可太繁，亦不可累，须尽犯人曲折。情由有始有卒，务顺理而成章，一语一言必证文而引意。

（2）招内人犯多者，须以罪重者人为招首，职役与常人共犯不论罪之轻重，必先贵而后贱，男妇共犯必须先男而后女也。

2. 婚姻类

告人强奸

剪奸正伦事：儿媳僻园讨菜，服侄入抱强奸，身妻撞获，裂裙经众。切思嫂叔分严，强奸罪重，若不剪惩，任风扫地，上告。

诉电烛虚诬事：祸囚某姑嫂骂菜（菜被人偷而骂），怪身园外争辩，发泼赶赖，结纽裂裙（口角至于结纽，此亦常也），某劝可审，伯遂指奸报族。菜园非行奸之所，白昼岂捉奸之时（此二名辩告词之法），仇口称诬难逃，洞察上诉。

县主批：奸从姑捉，理之然也。吴氏既不从，胡不捉奸于房闱，而捉奸于菜园乎。

若区区绝缨例论也，精涉狐疑，姑免究。

　　3. 产业类

　　告叔争产

　　辖幼吞产事：父苦商外二十年，冰食风宿，起家近有千金，叔观择抽手，分立门户。今父身故，讵叔狼心势辖，言称均分田地，叔据膏腴，身得汗邪，财物叔吞二股，身得一股。岂又计唆伊心腹姨夫，捏称父揭银两（揭为借），代身婚娶算，该房屋一半填还，逼写卖契。某谋蛊骗，情理难容，乞合均析田产，投天上告。

　　诉指债坑陷事：父手家业，先兄两股，均分书盟具在。兄原为应详婚娶，揭有宦债，托姨王盈作中，将伊受分基屋一半当限，分产在前，当房在后，族众皆知。今侄黑心不还，反诬欺骗，恳天斧劈，上告。

　　4. 债负类

　　告人磊债

　　吞骗资本事：刁恶某借银五两，约限某月底还，临期与取，遭凶反殴，切恶释迦借口，盗跖还心，血本丝毫，遭奸白骗，乞恩追给，永感于天，上告。

　　诉磊债叠骗事：身借某银，违利取息，竹节生枝，未几换约，滚作十两，欺身无还，势夺血产，复行执约，告台乞审中见，乞芟诬骗，上诉。

　　5. 商贾类

　　告经纪延骗

　　剪棍救贫事：揭本买铁投棍牙，发卖被拴，恶党等饵发强吞，婉取则推张推李，急取则加辱加刑，遭此冤坑，坐毙性命，情若彷徨，乞天剪究，上告。

　　明骗延累事：客人邓凤，将铁投卖，铺户陈等赊去，限还偿，故意脱逃，致客上台，实出无辜，乞捕追还，免遭遗累，上诉。

　　6. 赌博类

　　告乔棍扛帮

　　伏棍帮逆事：棍桢某，扛男卖田，高歌彻夜，身禁肆殴，唏再有言，必使产无锥立，责子子被诱匿（匿不令父子相见），谕棍棍则凶殴，若不急剿，变将不测，忧怂伏枕，令人抱告。

　　所谓"串招式"，通俗地讲，就是讼师秘本传授讼师关于如何教唆别人串通一气、虚假招供的技巧和注意事项，同时也教给讼师如何写状子的方法和忌讳事项。例如：叙述事情不可繁多杂乱，缺少主次，也不可把一件事情写得太累赘，但要把犯人行为的过程情节说全，有来龙去脉，务必顺理成章，一语一言都要有证据和引申出来的深意。如果谋划串招时，犯人人数多，那么要以罪行重的人为串供的主要招供或叙述人，等等。这些秘不示人的诀窍，是紧扣中国封建社会"三纲五常"的司法指导思想而总结出来的、相当实用的谋讼经验，被一代一代讼师所传承和运用，在讼师的实际助讼串招中具有很好的效果。对于"串招式"，应一分为二地看待，既要看到它教唆讼师如何串供、伪证和规避，从而恶意扰乱司法秩序的坏的一面，又应看到它对于司法者的反面教材作用，及古代讼师的办案智谋对后来社会法律工作者卓富启迪的积极一面。

　　第二部分范文共有婚姻类（16 对）、产业类（8 对）、债负类（12 对）、商贾类（6 对）、赌博类（4 对），共 5 类 46 案状词。大部分都如上面所列范文一样，采取的是一告一诉组合形式，合为一状谋。有 13 例后附有审判官的批词即判决书，这可能是因为批文写得很好，判案犀利如刀，另一可能的原因是编者为胜诉一方的助讼人，因而用以作自我宣传。这 5 类案件都是当时民间最为频繁出现、讼师们经常会遇到的，46 个案例也都是经过精心删选后所保留的。具有典型意义的狱讼事，是若干代讼师经过实施——认识——实践的多次反复、去粗取精的结果，使讼师的学习和助讼具有很强的针对性、很高的实用性、很易的操作性、很广的适用性。无论对官方的立法或司法，还是对后来社会法律工作者的办案艺术，其裨益之处都是不言自明的。

令人称奇的是，以上每份状词都是一件艺术品，也是一个环环紧扣的谋略。如果说告状是设计，那么诉状就是破计，仔细推究一告一诉，就能发现案情的关节点正是双方的争锋点，以及讼师下笔的命门。以"告人强奸"一案为例，原告控告服伯想在菜园奸淫其儿媳，证据一是原告之妻当场撞见；二是儿媳裙子（裤子）被扯开；三是当场将被告扭获。原告讼师的谋略建立在"人证物证俱在，当场扭获"的基础上，此案可以说基本上没有丝毫利于或能证明被告无辜的证据。可是被告求助的讼师则先用"姑嫂骂菜，怪身园外争辩，发泼赶赖，结纽裂裙"轻松化解来势，然后笔锋一转，突然出其不意提到"菜园非行奸之所，白昼岂捉奸之时？"这些都是常理常情，形势为之一变。这么说，原告就一定败诉了吗？不会的！因为这只是模拟，原告讼师在了解被告辩解反击术后，重新回过头来，再加完善告状，防止被告用"菜园、白昼"之类借口反戈一击。如此，则被告必败局？不会的，这也是模拟，被告讼师在原告设防的基础上又会寻找新的突破点……这样循环不已，让人眼花缭乱，莫辨是非。至于最后胜败完全看讼师替谁谋状了。总而言之，讼师能于区区六七十字至二三百字的言词中叙事曲折动人、指批入理入法，且能计中设计的办案才智，很值得后来者学习和借鉴。讼师们总结的这些办案秘方，丰富了中华法文化的宝库，同时，对于后来的社会法律工作者来说，也称得上是一个非常珍贵的灵感源泉。

（二）非诉讼类文书谋略与范文

关于这一类文书范例，秘本《刀笔词锋》中共有 4 类 18 篇，其中保结类 2 篇，执照类 5 篇，呈状类 5 篇，告示类 6 篇。这些都是古代民众日常生活中容易用到的文书，为了取得致文效果，人们往往请讼师代写。现从每类中选取一篇录载如下，以作鉴析：

1. 保结类

妻保夫罪

金鱼乞命事：仁爷巡省，奸回丧胆。阿夫不良，因自作孽，冒犯天台，虽云众口铄金，敢谓缧绁非罪，宪度如肯海涵，良人岂终凭乞。转尧天回舜日，泣禹囚解汤纲，量此子于度外，容周处以自新，如不改过，妻儿同罪，上告。

2. 执照类

告给文引

给引便照事：身备资本，前往一处经商，旅途往返，不无关津盘诘，告给文引，以便照验，庶奸细不致混淆，客路不遭买行，上告。

3. 呈状类

呈灾救恤

救呈苏困事：两月不雨，炎气熏蒸，满目青苗，一概枯死。市中米价甚高，民有菜色，老难纷纷，恐填沟壑，农者荷锄盐泪，士人写景伤心。爷爷父母，斯民之施，赈货安缉，流离庶无，或有随年之泽，民可无孑遗之风，为此具呈。

4. 诸事告示

欺隐田粮示

某县为禁约事：窃惟设版籍以记田产，以定赋役，隐而不报，是欲避差；报而有更，是欲减赋。近防得本县人民中间，有等奸顽之徒，纵意自恣，不畏法度，有欺隐田粮、脱漏版籍者，有将移蚯换改挪移等则者，或以高作下，减瞒粮额者，或诡计田粮、移射差役者，弊出多端，莫能枚举，若不严加禁约，惟奸人遂计，抑是有亏国储，深为未便。为此云云，敢有欺隐田粮，脱漏户口者，事发拿闻不恕。

从上面的例子可以看出，古代非诉讼文书的格式和诉讼状大致相同。虽然只有十八例范文，但每一例都极具代表性。说明古代讼师的业务范围比我们以往认为的要广泛得多。古代讼师写书状不只限于告、诉、催状，还有非诉讼类文书。即便是所代写的非诉讼性事务文书，除了保结、呈状、告示、执照类外，也还有其他诸如遗嘱、协议、财产分单等，只是该秘本因卷册不齐，不能从中得以佐证。这同时也说明讼师并非完全以打官司于民为害，他们除帮人打官司外，还从事很多非诉讼的法律服务活动，诸如代人写告示、合同、申请、帮助作证、调查等。这些服务显然不是通过"排词架讼"来获得的。事实上，这些事务除了正常的费用外，似乎"勒索"的借口也不存在。更不用说讼师还经常以自己的所长为一方民众的公益事业写写呈文等。

此外，这些非诉讼文书的写作手法和技巧，基本上贯彻了状词写作的秘诀，从文式上看，言简意赅，始末分明，逻辑清晰，布局合理，文雅词秀；语气上抑扬顿挫、循循善诱、谆谆教诲；内容上天理、人情、国法兼容。每一份文书都可以说是经典之作。对当今的法律工作者也不无启示和借鉴意义。

第七节　简评

讼师职业，是中国传统封建社会政治、经济、文化、法律、行政等一系列制度的必然伴随物，尽管遭到官方严厉的禁止和打击，讼师始终在一种非正式制度形态下存在并不断壮大。在古代法秩序中，讼师这一职业是应社会民众维护权益的需要而存在的，它不但在某种程度上推进了中国古代封建性"民主"的进程，而且对古代的法制建设作出了一定的贡献。"讼师以金钱利益为目的而在助讼中不择手段"一类的传统观点，是带有极大片面性的。本章详细总结了讼师在诉讼过程中所发生的行为，如代写词状、咨询谋划、贿役通吏、调解宣传、教习讼学、同代书交涉等，其中无不包含了这一群体为本职工作所付出的智慧和心血。他们所创造的以讼师秘本为代表的劳动成果，无疑丰富了中华法文化的宝库，弥补了中华法文化重视官方法秩序而轻视民间法秩序，重视法律制度因素而轻视非正式法律制度因素，重视国家公权裁判而轻视民间私权辩护的缺陷，使中华法文化体系更加完整和全面。

第九章

监 狱

第一节　监狱设置

中国古代监狱有"狱"、"监"、"监狱"等之谓。[1] 其产生于先秦时期，秦汉、魏晋南北朝时期得到了重大发展，唐宋时期臻于成熟，元明清三朝则发生了较大的改变。在设置上，随着秦朝郡县制的确立，古代监狱则可分为京师或中央监狱与地方监狱两大系统。

一、先秦时期

（一）起源

中国古代监狱的产生应与中国刑法产生的时间同步。现在学术界一般都认为我国古代法律产生于龙山文化的尧舜时期，因为尧舜时期有关法律产生的记载特别集中，此外这个时期还产生了法官和审判。据《尚书·尧典》记载，舜命皋陶作"士"。东汉的经学家马融、郑玄都认为"士"乃"察狱讼之事"，或为"狱官之长"。《论衡·是应》记载皋陶治狱，用独角兽（即獬豸）判案，此即我国原始社会、美洲印第安人甚至欧洲中世纪所广泛使用的神判法。与尧舜时期刑法产生同步，监狱也在这个时期出现。沈家本引用《急就章》说："'皋陶造狱法律存'。又引颜师古注：'狱之言确也，取其坚牢也。字从二犬，所以守备也'。"又引《广韵》三烛："狱，皋陶所造"[2]。

（二）夏朝

夏朝是我国进入阶级社会以后的第一个王朝。根据《史记·夏本纪》记载，"夏桀不务德而武，伤百姓，百姓弗堪，乃召汤而囚之夏台"。索隐："狱名，夏曰均台。皇甫谧云，地在阳翟是也。"阳翟在今河南省禹县。

夏台亦叫钧台。《竹书纪年》云夏启元年（前 197 年）大飨诸侯于钧台。既然是宴会之所，怎么就成了监狱呢？或许，夏台当时并不是监狱，桀只是临时性的将汤软禁于夏台，后则由于汤的显赫，人们就将夏台作为监狱的一种代称了。

---

[1]　自明代始则有以"监"为狱之称。《明律·捕亡门》载："狱囚脱监及反狱在逃。"清代起合称为"监狱"。

[2]　沈家本：《历代刑法考·狱考》。

夏代监狱的另一名称是"狴牢"。《初学记》狱第十一记载："博物志云，夏曰念室，殷曰动止，周曰稽留，三代之异名也。又狴牢者，亦狱别名也。"

牢本是关猪、牛等牲畜的场所。许慎《说文解字》牛部记载："牢，闲也，养牛马圈也，从牛冬省，取其四周帀。"古代奴隶与牛、马、猪等牲畜处于同等地位，晚上要用绳索捆绑，置于牢中，故以牢为牢狱也。现今南方农村仍将圈养猪、牛之处称为牢，如猪牢、牛牢（关牛之处也称为栏，但关猪之处则一律称为牢）。

夏时又将监狱称为"圜土"。《竹书纪年》载："夏帝芬三十六年作圜土。"《释名·释宫室》："狱，又谓之圜土，土筑表墙，其形圜也。"郑玄注："圜土，狱城也。"圜，圆也。夏帝芬为夏朝第八代王，至少从夏中期开始，夏朝已将监狱称作圜土了。后来的周朝，以至宋朝的监狱都仿夏朝圜土之名了。

(三) 商朝

商朝的监狱叫"羑里"，亦称牖里。《史记·殷本纪》："纣囚西伯羑里。"集解："《地理志》曰，河内汤阴有羑里城，西伯所居处。"正义："牖一作羑，音西。羑城在湘州汤阴县北九里，纣囚西伯城也。"

商朝的监狱也叫圜土。《墨子·尚贤下》载："昔者傅说，居北海之州，圜土之上，衣褐戴索，庸筑于傅险之城。"《史记·殷本纪》亦载："（傅）说为胥靡，筑于傅险。"傅说后来曾担任过商王武丁的宰相，之前他是罪囚，被囚禁于圜土，罚在傅险之地作筑城的劳役。

(四) 西周

周朝的监狱在沿袭夏商的同时，亦有了重大发展。有袭旧称为圜土者，《周礼·秋官·大司寇》："以圜土聚教罢民。"圜土的关押对象具有特定性，即专为罢民而设。所谓罢民指有罪但够不上肉刑的罪民，"凡圜土之刑人也，不亏体，其罚人也，不亏财"。圜土，指狱城。这些有罪之人白天劳作，晚上则集中关押于圜土。

周朝监狱比较常见的名称是囹圄。《风俗通》曰："周曰囹圄。囹，令；圄，举也。言令人幽闭思愆，改恶为善，因原之也。"又《礼记·月令》："仲春三月，命有司省囹圄。"注："省，减也，囹圄，所以禁守系者，若今别狱也。"《历代刑法考》引《广韵》八语："囹圄，周狱名。"沈家本认为，"圜土专为罢民而设，囹圄则为通常之狱"[1]。

西周之狱，亦有称为"犴"者。《荀子·宥坐篇》："狱犴不治，不可刑也。"杨京注："狱犴不治，谓法令不当也。犴亦狱也。《诗》曰：'宜犴宜狱，狱字从二犬，象所以守者。犴，胡地野犬，亦善守，故狱谓之犴也。"韦昭注《汉书》云："乡亭之系曰犴，朝廷曰狱。"[2]

(五) 春秋时期

春秋时期，监狱的名称一般沿袭西周称圜土、囹圄。但也有称监狱为陛牢或狴牢者。《历代刑法考·狱考》引《玉篇》："陛牢也，所以拘罪人也。"引《易林》："失志怀忧，如幽狴牢。"又引《孔子家语·始诛篇》："孔子为鲁大司寇，有父子讼者，夫子同狴执之。"王肃

---

① 沈家本：《历代刑法考·狱考》。

② 沈家本：《历代刑法考·狱考》。

注：“狴，狱牢也。”①

二、秦汉至魏晋南北朝时期

从战国时期起，经由秦汉、三国、两晋、南北朝，中国古代监狱制度经历了较大的发展，逐步向臻于成熟的隋唐监狱制度过渡。

（一）秦

秦朝监狱，亦称之为囹圄。《史记·李斯列传》载：“赵高案问李斯，拘执束缚，居囹圄，仰上天而叹息曰：‘嗟乎悲夫，不道之君，何可为计。’”秦朝中央廷尉掌理刑狱，设有咸阳狱；各地郡县亦有监狱。如大将蒙恬就曾被系于上郡阳周狱。②《汉书·刑法志》载：秦朝“赭衣塞路，囹圄城市，盖随地为狱也”。这种随地为狱的现象与秦朝兴建大规模土建工程有关。秦朝筑长城，修骊山与阿房宫，所用劳动力无数，而担负这些劳作的为刑徒。对刑徒的看管，自然需要在劳作之地设狱。此外，在押解刑徒的过程中，为防刑徒逃跑，作为一种临时性的看押，也必有相应的设施。或利用现有的官府、民房看押，在无人烟之处，则必有如今日铁丝网一类的看押措施，这些都可理解为随处设狱之说。

（二）西汉

西汉建立后，实行无为而治，约法省刑成为其基本国策。其监狱设置，则大抵沿袭秦制，从中央到地方广泛设狱。汉朝前期，中央设有廷尉狱，《汉书·萧何传》记载：“乃下何廷尉，械系之。”又《汉书·周勃传》记载：“下廷尉，逮捕勃治之。”《汉书·周亚夫传》记载：“召诣廷尉。”中央除廷尉狱外，少府有永巷狱。《汉书·外戚高祖吕后传》载：“为皇太后，乃令永巷囚戚夫人。”又《孝惠张后传》载：“惠帝崩，太子立为帝，四年乃自知非皇后子，出言曰：‘太后安能杀吾母而名我，我壮即为所为。’太后闻而患之，恐其作乱，乃幽之永巷。”永巷狱先囚戚夫人，后囚新立太子，表明永巷并非主理妇人女官③，实际上男女犯都理。永巷狱后改为掖庭狱。据《汉书·百官公卿表》：“少府属官有永巷令丞，太初元年更名为掖庭。”

西汉前期还有都司空狱。《汉书·窦婴传》记载：“劾系都司空。”《汉书·百官公卿表》记载：“宗正属官有都司空令丞。”如淳注曰：“律司空主水及罪人。贾谊曰，输之司空，编之徒官。”《汉旧仪》记载：“司空诏狱治列侯二千石，属宗正。”

另有请室狱。《汉书·贾谊传》记载：“故贵大臣定有其罪矣，犹未斥然正以呼之也，尚迁就而为之讳也。故其在大谴大何之域者，闻谴何则白冠氂缨，磐水加剑，造请室而请罪耳，上不执缚系引而行也。”应劭注：“请室，请罪之室。”苏林注：“胡公《汉官》车驾出，有请室令在前先驱，此官别有狱也。”《汉书·袁盎传》记载：“及绛侯就国，人上书告以为反徵，系请室。”

汉武帝即位，这位英俊年轻的皇帝多事造作。虽然他采纳了董仲舒“罢黜百家，独尊儒术”的主张，但实际上以严刑峻法治民。此外他广泛任用酷吏，以致百姓犯法者日多，“廷

---

① 沈家本：《历代刑法考·狱考》。
② 参见《史记·李斯列传》。
③ 《汉旧仪》曰：“掖庭诏狱令丞、宦者为之，主理妇人女官也。”

尉及中都官诏狱逮至六七万人"①。犯人的迅速增加,原有几个监狱显然不够,汉廷不得不在中央和地方大量增设监狱。据记载汉武帝时增设的监狱达 26 所之多。② 沈家本所著《历代刑法考·狱考》从各种资料中辑出了近二十所监狱之名。

1. 郡邸狱:《狱考》引《汉书·宣帝纪》如淳注:"诸郡邸置狱也。"师古注:"郡邸狱治天下郡国上计者,属大鸿胪,此盖系巫蛊狱繁,收系者众,故曾孙寄在郡邸狱。"

2. 暴室狱:《狱考》引《汉书·宣帝纪》应劭注:"暴室,宫人狱也,今曰薄室。"师古注:"暴室者,掖庭主织作染练之署,故谓之暴室,取暴晒为名耳……盖暴室职务尤多,因为署狱,主治其罪人,故往往云暴室狱耳。然本非狱名,应说失之也。"沈家本亦认为暴室有狱。

3. 上林诏狱:《狱考》引《汉书·成帝纪》师古注:"《汉仪注》云,上林诏狱主治苑中禽兽宫馆事,属水衡。"又引《汉书·伍被传》:"又伪为左右都司空、上林中都官诏狱书。"晋灼注:"《百官表》宗正有左右都司空,上林有水师空,皆主囚徒官也。"

4. 廷尉狱:此为秦代之狱,汉前期已有此狱,武帝时该狱则进一步扩大了规模。《狱考》引《汉书·杜周传》:"至周为廷尉,诏狱已多矣。"又云:"廷尉及中都官诏狱逮至六七万人。"沈家本认为,"凡下廷尉者普谓之诏狱,而廷尉又别于中都官诸狱之外,似不在二十六所之数"。其实,《杜周传》之文意犹今语所谓廷尉诏狱及其他中都官诏狱,所拘系之人已达六七万人之多,廷尉狱亦在中都官狱之内。

5. 都司空狱:此及汉前期已有之狱。

6. 居室狱(保宫狱):《狱考》引《汉书·灌夫传》:"有诏劾灌夫骂坐不敬,系居室。"又引《汉书·百官公卿表》:"少府属官有居室令丞。太初元年更名为保宫。"又引《苏武传》:"陵始降时,忽忽如狂,自痛负汉,加以老母系保宫。"

7. 掖廷狱:此及汉前期已有之狱。

8. 共工狱(考工狱):《狱考》引《汉书·刘辅传》:"上乃徙系辅共工狱。"苏林注:"考工也。"颜师古注:"少府之属官也,亦有诏狱。"

9. 导官狱:《狱考》引《汉书·张汤传》:"事下廷尉,谒居病死,事连其弟,弟系导官,汤亦治它囚导官,见谒居弟。"苏林注曰:"《汉仪注》狱二十六所,导官无狱也。"颜师古注:"苏说非也,导,择也,以主择米,故曰导官,事见《百官表》。时或与诸狱皆满,故权寄在此署系之,非本狱所也。"沈家本不完全同意师古权寄之说,但他认为导官狱是客观存在的。

10. 若卢狱:《狱考》引《汉书·王商传》:"臣请诏谒者召商诣若卢诏狱。"孟康注:"若卢,狱名,属少府黄门北寺是也。"《百官公卿表》曰:"少府属官有若卢令丞。"服虔注:"若卢,诏狱也。"邓展注:"旧洛阳两狱,一名若卢,主受亲戚妇女。"如淳注:"若卢,官名也,藏兵器……《汉仪注》有若卢狱令,主治库兵将相大臣。"

11. 都船狱、寺互狱:《狱考》引《汉书·王嘉传》:"缚嘉载都船诏狱。"《百官公卿表》曰:"中尉属官有时互、都船令丞。"如淳注:"《汉仪注》有时互、都船狱令,治水官也。"

① 《汉书》卷六十,《杜周传》。

② 一说为 36 所,一说为 26 所,一说为 24 所。沈家本所著《历代刑法考·狱考》采信了《汉书·张汤传》引《汉仪注》26 所之多。

沈家本认为，寺互、都船，二署也，当各有狱。王温舒为中尉，奸猾穷治，大氐尽糜烂狱中，当时即用此二狱。

12. 内宫狱：《狱考》引《汉书·东方朔传》："昭平君日骄，醉杀主傅，狱系内宫。"又引《汉书·百官公卿表》："宗正属官有内官长丞。"

13. 别火令丞：《狱考》引《汉书·百官公卿表》："典客属官有别火令丞。"如淳注："《汉仪注》，别火，狱令官，主治改火之事。"

14. 太子家令狱：《狱考》引《汉旧仪》："太子家令狱，太子官，属太子太傅也。"

15. 未央厩狱：《狱考》引《汉旧仪》："未央厩狱，主理大厩、三署郎，属太仆，光禄勋。"

16. 北军狱：《狱考》引《汉书·刘向传》："章交公车，人满北军。"如淳注："《汉仪注》中垒校尉主北军垒门内，尉一人主上书者狱。上章如公车，有不如法者，以付北军尉，北军尉以法治之。杨恽上书，亦幽北阙。北阙，公车所在。"沈家本认为"此北军自有狱"。

17. 东市狱、西市狱：《狱考》引《汉旧仪》："东市狱属京兆尹，西市狱属左冯翊。"又引《汉书·百官公卿表》："京兆尹属官有长安市厨两令丞，左冯翊属官有长安四市长丞。"

18. 振贳狱：《狱考》引《北堂书钞》："振贳狱。《汉书》云，贳于治水事，属水衡尉也。"沈家本认为，《汉书·百官公卿表》水衡都尉属官无"振贳"之文，此条当有伪夺。

19. 请室狱：此系汉前期已有之狱，沈家本认为汉无请室狱。然而从《汉书》多处关于请室狱的记载来看，汉有请室狱当不应怀疑。

《狱考》考证出汉代有狱 21 个，沈家本认为振贳狱不存在，廷尉狱不属都司空，故认为汉代属中都官狱只有 19 个。在已考证出的 21 个监狱中，汉武帝以前的监狱有 4 个，其余都是汉武帝时期设置的。

此外，各郡、各县均设置了监狱。《狱考》引《汉官仪》："绥和元年，罢御史大夫官，法周制，初为司空。议者又以县道官狱司空，故复加'大'，为大司空，亦所以别大小之文。"沈家本认为：县道皆有狱，有狱必有官以主之，狱司空其官也。

《狱考》引《汉书·义纵传》："于是徙纵为定襄太守。纵至，掩定襄狱中重罪二百余人。"又引《汉书·严延年传》："还为涿郡太守，遣掾蠡吾赵绣按高氏，得其死罪。绣见延年新将，心内惧，即为两劾，欲先白其轻者，观延年易怒，乃出其重劾。延年已知其如此矣。赵掾至，果白其轻者，延年索怀中，得重劾，即收送狱。"以上是关于郡狱的资料。从上述资料可知，汉代各郡应普遍设置了监狱。

（三）东汉

东汉建立后，绝大多数的监狱被废除，只留下廷尉诏狱与洛阳诏狱。《后汉书·百官志》载："孝武帝以下置中都官狱二十六所，各令长名，世祖中兴皆省，惟廷尉及洛阳有诏狱。"但东汉中期以后，各类监狱则逐渐有所恢复，有些可能是新设置的。到了和帝永元九年（97年），"复置若卢狱官"。若卢狱在西汉属少府，主鞫将相大臣。沈家本认为，"是时将相大臣之狱亦不常见。此殆寻常讼狱渐多，洛阳一狱不能容，故复置一狱以处囚徒，非为将相大臣设也"①。

---

① 沈家本：《历代刑法考·狱考》。

东汉灵帝熹平时，出现了不见于西汉的北寺狱。据《狱考》引《后汉书·千乘贞王伉传》载："初，迎立灵帝，道路流言悝恨不得立，欲钞徵书，而中常侍郑飒、中黄门董腾并任侠通剽轻，数与悝交通。王甫司察，以为有奸，密告司隶校尉段颎。熹平元年（172年），遂收飒送北寺狱。"注曰："北寺，狱名，属黄门署。《前书音义》曰：'即若卢狱也。'"沈家本认为北寺狱属黄门，若卢狱属少府，北寺、若卢实非一狱。①

东汉后期出现的都内狱亦为西汉所不见。据《后汉书·窦武传》载："有诏原李膺、杜密等。自黄门北寺、若卢、都内诸狱系囚罪轻者出之。"注曰："都内，主藏官名。《前书》有都内令丞，属大司农。"

总之，东汉监狱无论是遗承或新设，总计不过三五所，比起汉武帝时期的26所来，已大为削减。光武帝即位之初，大规模削除监狱，体现了天下初平，欲展现政治清明之象。直到东汉末，亦未将武帝时期的监狱恢复，说明东汉时期无大规模恢复监狱之必要，也说明汉武帝时期推行的酷政并未重现于东汉王朝。虽然东汉后期有党锢之祸，但其受迫害而投入监狱的人员也不过数百人而已，这比起汉武帝时期监禁着六七万人来，仍然只是一个非常小的数目。

（四）魏晋南北朝

有关魏晋南北朝时期监狱制度的资料比较缺乏，尤其是曹魏的记载更为少见，我们只能就这个时期的一些稀疏或零星记载，进行排比推论，并由此勾画出这个时期监狱制度的概貌。从整体上看，这一时期的监狱设置，大抵沿袭了东汉狱制，基本上是京师二狱，地方州县普遍设狱。

曹魏之监狱设置多承东汉之制。西晋时期京师有廷尉狱、洛阳狱。据《晋书·武帝纪》载："泰始四年十二月，帝临听讼观录廷尉，洛阳狱因，亲平决焉。"又同书载："太康五年六月，初置黄沙狱。"《晋书·职官志》载："晋置治书侍御史一人，秩与中丞同，掌诏狱及廷尉不当者皆治之。后并河南，遂省黄沙治书侍御史。及太康中，又省治书侍御史二员。"黄沙狱，《职官志》言泰始四年（268年）置，而《武帝纪》则言太康五年（284年）置。纪、志记载明显不同，这与《晋书》为官修史书，纪、志出自不同人之手有关。至于纪、志之说何者为确，亦无直接或间接资料可资证明。不过从黄沙狱史太康中已省的记载来看，黄沙狱存在的时间似乎并不太长。

又汉代有太子家令狱，此狱西晋亦仍然存在。据《晋书·职官志》载："太子家令，主刑狱、谷货、饮食。"

南朝有廷尉狱、尚方狱。据《南齐书·到㧑传》载："㧑颇怨望，帝令有司诬奏㧑罪，付廷尉，将杀之。㧑入狱数宿，须发皆白，免死，系尚方。"又《隋书·百官志》载："少府属官有左右尚方令各一人。"梁朝时则只有二狱，一为廷尉狱，一为建康狱。时称建康狱为南狱，廷尉狱为北狱。梁代南北狱之设置亦为陈所继承。②

北魏中央监狱有廷尉、籍坊二狱。据《魏书·孝文帝纪》载："太和四年四月乙卯，幸

---

① 参见沈家本：《历代刑法考·狱考》。
② 参见沈家本：《历代刑法考·狱考》。

廷尉，籍坊二狱，引见诸囚。"沈家本认为，"元魏京师亦止二狱"①。

北齐、北周中央之监狱设置，史无明载，大体应与元魏相同。

州县亦有狱。南朝宋时谢庄为都官尚书，在奏改定州狱的上书中谈及州县狱之情况。其曰："旧官长竞囚毕，郡遣督邮案验，仍就施刑。督邮贱吏，非能异于官长，虽有案验之名，而无研究之实。愚谓此制宜革，自今入室之囚，县考正毕，以事言郡，并送囚身，委二千石吏亲临复辩……"②

三、唐宋时期

（一）唐代的监狱设置

唐朝作为我国君主专制社会的鼎盛时期，其监狱设置臻于成熟、完备。根据《新唐书·刑法志》载："凡州县皆有狱，而京兆、河南狱治京师，其诸司有罪及金吾捕者又有大理狱。"又《唐六典》载："凡京都大理寺，京兆河南府、长安万年、河南洛阳县皆置狱，其余台省寺监卫皆不置狱。"

唐朝沿袭南北朝、隋朝以来的传统，在中央设置大理寺狱，直属大理寺管辖。其所关押的当为犯罪官吏与京城要案犯等。

除大理寺狱外，唐中央还有御史台狱。根据薛梅卿主编《中国监狱史》一书记载，御史台狱设于贞观末年，并有东、西狱之分。但开元十四年（726年）御史大夫崔隐甫上奏皇帝，请求裁撤，得到允许。③ 因之开元时期所编撰的《唐六典》才会有"其余台省监卫皆不置狱"的记载。但唐宪宗以后，御史台狱又得以恢复。④

京兆狱、河南狱虽属地方监狱，但因其所治为京师之地，因而兼具中央与地方监狱的特点。长安、万年以及河南洛阳所置之监狱，又与各州县所置之狱有别。因其属京师管辖，同样属于京师监狱的范畴。

除此以外，唐代还有临时设置的监狱。据《旧唐书》卷五十《刑法志》载："长寿年周兴、来俊臣等相次受制，推究大狱，乃于都城丽景门内别置推事使院，时人谓之新开狱……诏致告事数百人，共为罗织，以陷良善，前后遭枉杀者，不可胜数。"《文献通考》卷一六六《刑五》载："又置制狱于丽景门内，入是狱者非死不出，人戏呼为'例竟门'"。武则天时期属于刑法大坏之时，不可以常理而论。但即使在其他时期，临时设置监狱的情况也是有的。唐肃宗时，"朝廷以负罪者众，狱中不容，乃赐杨国忠宅鞫之"⑤。至于内宫犯罪或者宗室太子等犯法，收付禁锢于别殿别所的情况在唐朝曾多次发生，这些临时性的关押之所似不能与监狱等同而论。

此外，唐朝内侍省所置掖庭局，本为那些被没为官奴婢妇女的居住之所，但同时也可以囚禁犯罪之皇族女成员。如唐高宗咸亨年间，义阳、宣城两公主"以母得罪，幽于掖庭"⑥。

---

① 沈家本：《历代刑法考·狱考》。
② 《通志·刑法略》。
③ 参见《旧唐书·崔隐甫传》。
④ 参见《中国监狱史》，71页，北京，群众出版社，1986。
⑤ 《旧唐书·刑法志》。
⑥ 《旧唐书·职官志》。

唐朝掖庭局的设置，或多或少受到西汉掖庭狱的影响。

（二）宋代的监狱设置

宋代监狱与唐代相比有所增加。唐代长安"台省寺监卫府皆不置狱"，而宋代京城、诸寺监则多处设狱。地方的监狱则一如唐代，府县皆置狱。这种从中央到地方所建立起来的监狱体系，反映了中国君主专制社会一脉相承的特点。

宋代中央的主要监狱有：

（1）大理寺狱。大理寺狱唐代已有。但宋代于神宗元丰之前，大理寺并不开庭审判，当然也未置狱。宋神宗时，鉴于当时开封府诸狱囚犯过多，造成狱讼淹滞，囚犯疾疫多死的情况，下诏恢复大理狱，审理三司及寺监等处官吏犯杖、笞不予追究以外的所有案件。[①] 哲宗元祐三年（1088年），司马光掌权，以当时大理崔台符妄决刑讯，制造冤错为口实，定崔台符罪，并将大理狱也一并废除。哲宗绍圣二年（1095年）亲政后，重新恢复熙丰时期的改革，被司马光废除的大理狱也得以重新恢复。自此以后，大理寺狱一直保留下来。

（2）御史台狱。御史台作为监察机关设置监狱，也是沿袭唐制。宋太祖为防"大理寺用法之失"[②]，将大理寺狱移至御史台，称"台狱"。以后，凡官员犯罪的重大案件多由它审理，一般案件则送开封府或大理寺审理。苏轼就曾被系于御史台狱。

（3）开封府府司狱。开封府作为京城，其司法权力虽只限于京畿地区，但带有中央司法机关的性质，"中都官有所劾治，皆寓系开封诸狱"[③]。开封府司狱承旨所办之案，刑部、御史台亦无权纠察。[④]

开封府司狱属下有司录司、左右军巡院狱；在诸司，有殿前、马步军司及四排岸狱；外则三京府司、左右军巡院、诸州军院、司理院等狱，下至诸州皆有狱。

此外，隶属府司狱的还有左右厢二狱。据《续资治通鉴长编》卷三十三"元丰五年（1082年）二月丁巳条"载："开封府言：左右厢收留罪人数多，狴牢窄隘，欲乞相度增展狱房，添置锁枷，下将作监责一月了毕！从之。"可见，左右厢不仅设狱，而且曾经扩建。[⑤]

四、元明清时期

（一）元朝

元朝的监狱设置，在沿袭宋制的基础上亦作了重大改变。首先，元代沿袭宋制，御史台亦设监狱。其次，元朝一改前朝之制，废除了大理寺狱，将监狱设于刑部，"古制之变自元始"[⑥]。通过这一举措，从元代开始刑部的职能得到了加强，并对明清两代的监狱建制产生了深远影响。此外，大都路兵马都指挥使司所属司狱司有三：一置于大都路；一置于北城兵马司，通领南城兵马司狱事；皇庆元年（1313年），以两司异禁，遂分置一司于南城。[⑦]"司狱

① 参见《宋史》卷二〇一，《刑法志三》。

② 《宋史》卷二〇一，《刑法志二》。

③ 《宋史》卷二〇一，《刑法志三》。

④ 参见《文献通考》卷六十三，《职官17》。

⑤ 参见王云海：《宋代司法制度》，384页，郑州，河南人民出版社，1999。

⑥ 沈家本：《历代刑法考·狱考》。

⑦ 参见《元史》卷九十，《百官六》。

司，置司狱一员，狱丞一员，狱典二人。掌囚系狱具之事。"①

元代的路、州、县史籍没有明载监狱之事，《元史·百官志》记载路设有司狱司，但州、县无载。据《元史·刑法志·职制门》记载："诸郡县佐贰及幕官，每月分番提牢，三日一亲临点视，其有枉禁及淹延者，即举问，月终则具囚数牒次官。其在上都囚禁，从留守司提之。"② 从以上记载可知元代州、县亦有狱，但似乎各狱不设专官，由其郡县佐贰分番提牢，此因史书记载不详，只能存疑。

（二）明朝

明朝中央监狱有：

1. 刑部狱。明承袭元刑部设狱之制，刑部亦设狱。"刑狱初归刑部，大有独立之意。"③ "其后东厂、锦衣卫起，生杀之权，非操自佞幸，即属之阉竖，匪独权之不统一，惨毒之祸及于忠良，明制之弊，无逾此者。"④刑部下设司狱司，设司狱6人，司狱下面有狱吏若干人。司狱的主要职责即是管理囚徒。

2. 都察院狱。都察院即宋元时期的御史台。都察院下设司狱司，司狱司原设司狱6人，后革去5人，仅留1人，下设狱吏若干人。

3. 锦衣卫狱，又称为诏狱，朱元璋时期设立。洪武二十年（1383年），以治锦衣卫狱者多非法凌辱，乃尽焚锦衣卫刑具，出系囚，归刑部，罢锦衣卫狱，但明成祖朱棣即位后，又恢复了锦衣卫狱。

4. 北镇抚司狱。镇抚司设立于洪武十五年（1378年）。设立之初，只是锦衣卫的下设机构，掌刑名并兼理军匠。明成祖朱棣即位后，旋及恢复了洪武时撤销了的锦衣卫狱，并增设北镇抚司，专治诏狱，而以朱元璋时期设立的镇抚司为南镇抚司，专理军匠。北镇抚司狱的权力甚大，万历以前，失仪之官吏，即褫衣冠，执下镇抚司狱，杖之乃免。到万历时，失仪者始不复狱，罚俸而已。⑤

地方之狱，明代顺天府、应天府，各府州县并有狱。⑥

（三）清朝

清代中央监狱有刑部狱，由刑部属下的提牢厅管理。提牢厅主事，满汉各一人。"提审厅下辖司狱。提牢厅掌检狱囿，司狱掌督狱卒。"⑦

刑部监狱分为南、北两监，额设司狱八员，提牢二员，掌管狱卒，稽查罪囚，轮流分值。⑧

光绪三十二年（1906年），改刑部为法部，审判划归大理院，大理院设看守所，以羁押待审之嫌犯。各级审检厅也仿大理院设看守所之例，以致法部监狱则无人可监，"于是法部

① 《元史》卷九十，《百官六》。
② 《元史》卷一〇三，《刑法·职制下》。
③ 沈家本：《历代刑法考·历代刑官考下》。
④ 沈家本：《历代刑法考·历代刑官考下》。
⑤ 参见《明史》卷九十五，《刑法志三》。
⑥ 参见沈家本：《历代刑法考·狱考》。
⑦ 《清史稿》卷八十九，《职官一》。
⑧ 参见《清史稿》卷一一九，《刑法三》。

犴狴空虚"①。

清代刑部监狱所监之囚犯,以未决犯为多。对于已决罪犯,若处笞、杖罪,则施刑后释放,若处徒、流、军、遣罪,则即日发配,久禁者为斩监候、绞监候而已。因此清朝各监,无论中央或地方,都有内监、外监之分,内监监禁死囚犯,外监监禁徒、流以下罪犯。妇人又别置一监。②

清代中央除刑部监狱外,"凡内外大小问刑衙门设有监狱"③。如京师步军统领衙门监狱、内务府慎刑司监狱(专门监狱,关押内务府所辖之旗人、太监、匠役犯罪者),宗人府"空房"(专门监狱,监宗室觉罗之犯罪者),盛京刑部监狱、顺天府监狱、奉天府监狱等。④ 以上监狱均设司狱司司狱管理。

清代地方监狱,按级而设,省级监狱设于按察司,府、厅、州、县等设有监狱。"州县监狱,以吏目、典史为管狱官,知州、知县为有狱官,司监则设按司狱。"⑤ 《大清律例》规定:"如有不肖官员,擅设仓铺、所、店等名,私禁轻罪人犯,及致淹毙,该督抚即行指参,照律拟断。"⑥ 就是说,除官设监狱外,官员个人不得变相设监,否则一律严加惩处。

第二节
狱官狱法

一、狱官

狱官的产生与监狱制度的确立紧密相连。监狱的出现自然需要专人负责监狱的管理,狱官的出现与监狱的产生同步。对于古代狱官,应从两方面加以认识:一方面,由于古代司法运作机制表现为司法与行政合一,司法行为附属于行政行为,各级行政长官充分享有监狱管理权,是理所当然的狱官;另一方面,在"官"之外还有着庞大的地位低下的"狱吏"阶层,这是我们不能不注意的。在监狱具体事务管理上,更多的是由狱吏加以操使,如狱丞、典狱、狱掾、司狱、提牢等等。

古代最早的狱官当推尧舜时期执掌狱刑的皋陶。据《尚书·尧典》记载,舜命皋陶作"士",东汉的经学家马融、郑玄均认为"士"乃"察狱讼之事",或为"狱官之长"。后世亦将其尊为狱神而加以供奉。

西周时期,其职官建制较夏商两代有了很大的发展。在司法方面,大司寇(卿,一人)总掌狱讼刑罚等司法政务,小司寇(中大夫,二人)负责辅佐大司寇处理政务。这一时期对

---

① 《清史稿》卷一一九,《刑法三》。
② 参见《清史稿》卷一一九,《刑法三》。
③ 《大清律例》卷三十六,《故禁故勘平人条例》。
④ 参见张晋藩总主编:《中国法制通史》,第8卷,817页,北京,法律出版社,1999。
⑤ 《清史稿》卷一一九,《刑法三》。
⑥ 《大清律例》卷三十六,《故禁故勘平人条例》。

监狱的管理亦逐步走向制度化，设置了专门管理监狱和囚犯的官吏司圜和掌囚。

司圜的主要职责是协助司寇掌管城中的罢民，即不从教化、祸害乡里又够不上五刑的人员。《周礼·秋官·司圜》记载："掌收教罢民。凡害人者弗使冠饰，而加明刑焉，任之以事而收教之。能改者，上罪三年而舍，中罪二年而舍，下罪一年而舍。其不能改而出圜土者，杀。虽出，三年不齿。凡圜土之刑人也，不亏体；其罚人也，不亏财。"即司圜对收教人员所施刑罚，需在五刑之外，以不亏损身体为限。出钱受罚，以不破坏家庭为限。据《秋官·司寇》第五载："司圜，中士六人、下士十有二人、府三人、史六人、胥十有六人、徒百有六十人。"掌囚则"掌守盗贼"，负责协助司寇监管判处五刑的囚犯。其"下士十有二人、府六人、史十有二人、徒百有二十人"。

春秋战国因处于社会大变革的时代，刑狱呈多元化的特点，主狱官吏的称谓极不统一。春秋时期，鲁国称狱官为"司寇"，如孔子"初仕季氏，为委吏乘田，定公以为中都宰、司空、司寇"[1]。晋国称为"士弱"，《太平御览》载："卫侯如晋，晋人执而囚之于士弱氏。士弱，晋主狱大夫也。"[2] 郑国则将狱官称为"尉氏"，《春秋左氏传》襄公二十一年（前552年）："归死于尉氏"，东汉应劭注《汉书》时就指出："古狱官曰尉氏。"战国时期，各国的狱官建制得到了加强，普遍设置职专刑狱的"司圜"、"司空"、"掌戮"、"掌囚"等。

秦朝废止了西周以来实行的"分封制"，在全国范围普遍实行郡县制，由此导致了中央监狱与地方监狱的区别。在中央，廷尉为狱官之首。地方郡县除郡守、县令长兼管刑狱外，郡守之下设断狱郡尉，《汉书·百官公卿表》云："郡尉，秦官，掌佐守典武职甲卒。"又据《通典》引《汉官旧仪》云："汉承秦制，郡置太守治民，断狱都尉治狱，都尉治盗贼甲卒兵马。"县令长之下设置狱掾、狱吏专司监狱。《汉书·曹参传》曰："秦时为狱掾，而萧何为主吏，居县为豪吏矣。"司马欣曾为栎阳狱掾。狱吏，又称为"治狱吏"，为监狱差役。如任敖少年时曾当过狱吏。

汉承秦制，汉朝监狱亦分为中央监狱和地方监狱。由于西汉（尤其是汉武帝时）广设监狱，其狱官数量庞大。中央监狱除廷尉外，御史中丞通过行使审判职责亦享有典狱权。此外，在京城的各个中都官狱皆置令长，其属官有丞、狱史等，如黄门郎、司空令丞等。地方上的狱官除地方行政长官府尹（京兆尹、河南尹）、刺史、郡守、县令等兼任外，各郡县还专设曹掾史、仁恕掾、书佐、承尉、县狱掾史、狱司空等狱官。[3] 如仁恕掾即属河南尹的狱官。[4]

魏晋南北朝的狱官，在中央仍由廷尉（又有称之为"大理"）典狱，其属官设置廷尉正、廷尉监、廷尉评，以掌狱事。地方上的狱官除了地方行政首长县令、县尉外，均设立了各自的属官属吏，助其行使司法审判工作。西晋设有公府贼曹掾。据《宋书·百官志》载："魏初公府职僚，史不备书。及景帝为大将军，置贼曹掾一人。晋文帝为相国，置贼曹掾一人。"又据《晋书·百官志》载："诸公开府位从公者，置贼曹令史属各一人。"此外，狱官还有狱丞、狱函、狱长、狱小吏等。

---

① （清）严可均：《全上古三代文》卷十六。
② （宋）李昉：《太平御览》卷六四二，《刑法部八·囚》。
③ 参见沈家本：《历代刑法考·狱考》。
④ 参见《后汉书》卷二十五，《卓鲁魏刘列传第十五》。

唐朝则组织了庞大的狱官队伍。关于各狱狱吏设置，《唐六典·三州都护州县条》设定的编制为：京兆、河南两府各设典狱 18 人，上州设典狱 14 人，中州 12 人，下州 8 人；长安、万年、河南等京县各设典狱 14 人；其他各县，上县设典狱 10 人，中县 8 人，下县 6 人。根据唐"各州县皆置狱"的规定，以及《新唐书·地理志》所载，唐开元时有郡府 328 个，县 1 573 个。州之典狱分上、中、下三等，按平均数 11 人计算，382 州共有典狱 4 202 人，县亦分上、中、下三等，按其平均数为 8 人计算，1 573 县共有典狱 9 884 人，另加中央大理寺与京兆、河南府之典狱，总数在 14 000 人以上。

宋代监狱，中央大理寺狱"隶右治狱"掌管，府、州、军、监之狱则由录事参军、司理参军掌管，县则由县令掌管。其管理人员有门子、狱子、杖直、押狱、节级等名称。刑部下设狱司，设司狱 6 人，司狱下面有狱吏若干人。司狱的主要职责即是管理囚徒。

明代中央刑部、都察院分别执掌刑狱外，还有锦衣卫、北镇抚司等设有监狱。因此各行政属长皆为狱官。刑部下设司狱司，设司狱六人，司狱下面有狱吏若干人。都察院下设司狱司，其原设狱六人，后革去五人，仅留一人，下设狱吏若干人。地方之狱，明代顺天府、应天府、各服州县均设有监狱。因此，如前朝一样，各属长均兼任狱官行典狱权。此外，明代在狱官设置上首创了提牢点视制度。提牢，即提牢厅长官提牢主事的简称。提牢点视制度，是指提牢官通过定期巡视牢狱安全、查点囚犯人数、发放囚粮囚衣等从而履行其稽查囚犯职责的监狱管理制度。

清代狱官，中央由刑部属下的提牢厅管理。提牢厅主事，满汉各一人。"提审厅下辖司狱。提牢厅掌检狱圄，司狱掌督狱卒。"刑部监狱分为南北两监，额设司狱八员，提牢二员，掌管狱卒，稽查罪囚，轮流分值。各地方长官知府、州官、厅官、县官之下有司狱、府司狱、州有吏目、县有典史等。具体为：顺天府，设司狱司，有司狱一心专管狱事。各省监狱隶属于提刑按察使司，下设司狱司，有司狱一人，职掌"检查系囚"①。府（厅）亦设有司狱一人，掌管监狱；州设吏目一人；县设典史一人。

二、狱法

狱法，即掌理监狱、狱讼之法，其包括两方面的内容：一是对狱囚的狱具、衣食供给、劳役等方面的管理，二是对狱官的要求与限制，其更多的表现为狱官的责任。此处所论述的狱法重点在于后者，即从宏观上阐释古代的监狱立法与古代狱法对狱官的各种责任要求。

（一）春秋、战国、秦朝

古代有关监狱方面的较为系统的制度化立法，大抵可以追溯至春秋战国时期的变法运动。春秋末期李悝制定的《法经》标志着古代监狱法制的开端。《法经》有六篇：《盗法》、《贼法》、《囚法》、《捕法》、《杂法》、《具法》。其中《囚法》则是有关审判、断狱的法律，《杂法》亦部分地涉及监狱管理方面的内容。秦从商鞅变法后，一直奉行法家学说，推行重"农战"、重刑之政策，形成了"缘法而治"的传统，建立了较为完备的法律制度。秦统一后，颁布了大量的法律、法令，建立了统一的法律制度，所谓"天下已定，法令出一"是

---

① 《清史稿·职官志三》。

也。① 官吏通于狱法是这一时期的特点，如《史记·蒙恬传》载："秦王闻高强力，通于狱法，举以为中车府令。"《汉书·丙吉传》记载："吉本起狱法小吏，后学'诗'、'礼'，皆通大义。"

同时，秦朝形成了一套较为完善的狱法，包括狱具制度、囚犯的生活管理制度与狱官责任制度等。就狱官责任制度而言，根据情节轻重可分为"不直"、"纵囚"、"失刑"等类型。

《睡虎地秦墓竹简》有关于官吏论狱处刑不当，过失称为"失刑"，处治从轻；故意称为"不直"罪。《睡虎地秦墓竹简·法律答问》记载："论狱（何谓）不直？可（何）谓纵囚？罪当重而端轻之，当轻而端重之，是谓不直。当论而端弗论，及易（轻）其狱，端令不致，论出之，是谓纵囚。"对于违法的司法官吏，《睡虎地秦墓竹简·法律答问》载："廷行事，吏为诅伪，赀盾以上，行其论。有废之。"即对于司法官吏处罚一盾以上的钱币外，并撤其职永不叙用。对于犯不直者，甚至罚作劳役或流放。如《史记·秦始皇本纪》载："三十四年，适治狱吏不直者，筑长城及南越地。"② 但不分轻重，一律谪发，恐非正常的法律规定。

（二）两汉魏晋南北朝

汉朝在秦朝的基础上颁布了《九章律》、《傍章律》、《越宫律》等法律，构成了汉朝法律的基础。两汉时期有关监狱管理的规定主要散见于律、令、科、比等法律形式中。如《九章律》在《法经》的基础上亦对监狱的管理作了规定，有《囚》、《捕》两篇。汉律关于"鞫狱不实罪"与"见知故纵罪"的规定虽然不是专门针对狱官而设，但显然包含了对狱官违制行为的追究。

所谓鞫狱不实罪，又称"鞫狱故不以实"、"无所据"等，通常指司法官吏故意错判案件，故出入人罪的行为。对于此类犯罪，汉律的处分与秦律相似，视情节不同而量刑，未必一律处死刑；情节严重者处以极刑，轻者免职。如武帝时，赵弟"坐为太常鞫狱不实，入钱百万赎死而完为城旦"③。汉宣帝时，赵广汉以"坐贼杀不辜，鞫狱故不以实"之罪，被处腰斩。④ 东汉明帝时，郭丹"坐考陇西太守邓融事无所据，策免"⑤。宋弘"坐考上党太守无所据，免归第"⑥。

而"见知故纵罪"则为汉武帝时廷尉张汤所创，其义据张晏解释为："吏见知不举核为故纵。"⑦《汉书》云："出罪为故纵，入罪为故不直。"⑧ 即，故意放纵罪犯，使其逃避法律的惩处。在法律责任追究上"缓深故之罪，急纵出之诛"⑨，对两汉司法影响极大。《汉书·

① 参见《史记·秦始皇本纪》。
② 《史记》卷六，《秦始皇本纪》。
③ 《汉书》卷十七，《景武昭宣元成功臣表》。
④ 参见《汉书》卷七十六，《赵尹韩张两王传第四十六》。
⑤ 《后汉书》卷二十七，《郭丹传》。
⑥ 《后汉书》卷二十六，《宋弘传》。
⑦ 《汉书》卷二十四，《食货志》。
⑧ 《汉书》卷十七，《景武昭宣元成功臣表》。
⑨ 《汉书》卷二十三，《刑法志第三》。

昭帝纪》载："廷尉李种，坐故纵死罪，弃市。"① 廷尉王平"坐纵首匿谋反者，弃市"②；左冯翊贾胜胡"坐纵谋反者，弃市"③。就法律而言，武帝以后仍遵循"纵囚与同罪"的原则，但其在具体执行上往往通过重刑所纵之囚来加重"纵囚"之吏的罪过，从而形成了"急纵出之诛"的局面。

魏晋南北朝时期各代的狱法，因袭两汉传统，同时受儒家思想的影响进一步儒家化，颁布了《新律》、《泰始律》、《陈律》、《魏律》、《北齐律》等，为隋唐狱法的成熟做了重要的准备。

（三）唐代

与前代相比，唐朝的狱法更趋完备，并具人性化的特点。唐朝有《狱官令》，可惜该书已佚，仅《唐令拾遗》、《唐律疏议》保存部分内容。有关监狱管理方面的内容主要记载于《捕亡》、《断狱》两篇之中。其中《捕亡》篇是加强监狱管理的法律；《断狱》篇是有关监狱法令制度的规定，包括系囚、拷囚、悯囚、狱吏责任等方面的内容。其中，唐律对狱吏违反监狱管理制度，惩罚甚为严厉。《唐律疏议·断狱》一章中，涉及狱吏违法惩治的内容就不少。具体涉及以下方面：

1. 违管罪

《唐律疏议·囚应禁不禁条》规定："禁囚，死罪枷、杻，妇人流以上去杻，其杖罪散禁。"但诸囚应禁而不禁，应枷、镣、杻而不枷、镣、杻及脱去者，就要追究狱吏责任，犯杖罪者的囚犯而未禁，笞狱吏三十，犯死罪以上则递加一等。如果只是错乱佩戴刑具，即该枷而镣，该镣而枷，则处罚与应枷者减一等。如果是囚犯自身脱去刑具，对狱吏的处罚视同应禁不禁，应枷不枷之处罚。如果狱吏对不应禁而禁之，不应枷、镣、杻而枷、镣、杻者，杖狱吏六十。如果狱吏将金刃及他物提供给囚犯，可以使囚犯自杀或逃脱，虽然未成事实，亦要杖狱吏一百。如果囚犯逃亡，或自伤，或伤了别人，狱吏要处徒刑一年。

2. 不为请给罪

《唐律疏议·囚应给衣食·医药而不给条》规定，囚犯有要求给予衣食、医药以及有病可获家人探视的权利。如果狱吏不按规定给囚犯以衣食、医药以及不允许家人探视，或者减少、偷窃囚犯衣食，笞五十；如果因减少、偷窃囚犯衣食、医药而致囚犯死亡者，处狱吏绞罪。同时对于受到脱除刑具优待的囚犯，而狱吏不及时脱去，杖狱吏六十。囚犯因未脱去刑具，或因未及时获得衣食、医药而致死亡者，处狱吏徒刑一年。

3. 受囚犯财物，引导囚犯翻供罪

《唐律疏议·主守导令囚翻供》规定：掌囚、典狱之官，不得受囚犯财物，引导囚犯翻供，或者将有关狱情、证据提供给囚犯，使囚犯能及时对自己的犯罪作出评断，并有所准备，以达到减罪、免罪之目的。唐律规定上述犯罪一律作为枉法论处。受囚犯财物，一尺杖九十，一疋加一等，十五疋加役流，三十疋绞。赃轻，或不曾收取财物，但只要为囚犯通传消息，也要按减出入人罪一等处罚。未造成对囚犯刑期的增减，笞五十。受了囚犯之财，但

---

① 《汉书》卷七，《昭帝纪》。
② 《汉书》卷十九，《百官公卿表》。
③ 《汉书》卷十九，《百官公卿表》。

未曾减囚犯刑期，以监临人受取财物论之。非主守（即非掌囚、典狱）而犯，减主守一等处罚。

4. 危害监狱安全罪

狱吏以锥、刀、绳、锯之物提供给囚犯，使其得以逃脱或自杀，这是严重危害监狱安全的犯罪。《唐律疏议·与囚金刃解脱》规定："诸以金刃及他物，可以自杀及解脱，而与囚者，杖一百；若因以故逃亡及自伤、伤人者，徒一年；自杀，杀人者，徒二年；若囚本犯流罪以上，因得逃亡，虽无伤杀，亦准此。"如果囚徒因狱吏所提供的金刃、绳锯之物得以逃亡后，而尚未判处之前，狱吏本人已将囚徒捕得，或者被他人捕得，或者囚犯自首，或者囚犯已死，各减一等惩罚。即徒以下囚逃者，一年徒上减；流、死囚逃者，二年徒上减。如果给囚犯器物者为囚犯之子孙、奴婢、部典，其处罪同于狱吏。

如果死罪囚徒的亲故受囚徒之托，自身或雇人杀囚徒，以逃避法律制裁，也同样要受到惩罚。《唐律疏议·死罪囚辞穷竟雇请人杀》条规定："诸死罪囚辞穷竟，而囚之亲故为囚所遣，雇请人杀之及杀之者，各依本杀罪减二等。囚若不遣故请，及辞未穷尽而杀，各以斗杀罪论，至死者加役流。"

综上而论，唐朝监狱管理之律条严密、详细而规范。从其体系内容来看，也不乏人性化的条文，尤其是对囚犯衣食、医药以及疾病可获家人探视的规定，彰显了唐前期封建统治者在制定法律时受儒家思想影响，突出"天地三中人为贵"的理念。此外，唐律对监狱管理的规定严密而不苛刻，量刑适当而不滥罚。在整个封建社会中，唐狱的管理可以说是最平实和最有效的。

（四）宋代

宋代有关重要狱法主要为：一是《宋建隆重详定刑统》中的"捕亡律"与"断狱律"；二是经常性的编敕、编例，其中有关监狱制度方面的内容构成了宋代狱法的重要组成部分，这是宋朝狱法的一大特色。敕作为皇帝发布命令的一种形式，通过编敕从而使敕成为具有相对稳定性与普遍性的法律。编例则是宋廷皇帝批准后中央政府对下级机关的指挥和对皇帝、中央司法机关审判案例的汇编，从而形成条例、断例，并赋予法律效力的活动。如神宗年间颁布的《熙宁法寺断例》、哲宗元符年间颁布的《元符刑名断例》等等。

宋朝亦制定了详细的狱官责任制。神宗即位之初下诏规定："应诸州军巡司院所禁罪人，一岁在狱病死及二人，五县以上州岁死三人，开封府司、军巡院死七人，推吏、狱卒皆杖六十，增一人则加一等，罪止杖一百。典狱官如推狱，经两犯即坐从违制。提点刑狱岁终会死者之数上之，中书检察。死者过多，官吏虽已行罚，当更黜责。"[①]

宋哲宗元祐八年（1093 年），中书省言："昨诏内外，岁终具诸狱囚死之数。而诸路所上，遂以禁系二十而死一者不具，即是岁系二百人，许以十人狱死，恐州县驰意狱事，甚非钦恤之意。"哲宗即诏刑部自今不许辄分禁系之数。[②] 宋神宗时规定每个监狱的死囚人数不能超过规定的指标，由于每个监狱的囚数不一，因此又有了按囚徒比例制定死囚指标的做法。

① 《宋史》卷二〇一，《刑法三》。
② 参见《宋史》卷二〇一，《刑法三》。

宋哲宗时考虑到这样容易引起监狱管理的松弛也下诏取消了这一做法。

又据《庆元条法事类》卷七十四《病囚》载："诸囚在禁病死，岁终通计所禁人数，死及一分，狱子杖一百，吏人减一等，当职官又减一等，每一分递加一等，罪止徒一年半，自不以去官，赦降原减。"根据该条资料，实已取消了死囚指标。因为"死及一个"即死一个人，狱子就要受到杖一百的处罚，实际上要求监狱保证不死一个囚犯。虽然这种规定并不能完全保证在禁囚犯的生命安全，但毕竟可以减少监狱捶拷过当，草菅囚命的现象发生。

南宋时，对管理不善的监狱实行州官连坐之法。规定各州监狱管理不善，囚徒死亡过多的，其狱官、令佐、守卒"悉坐其罪，不以去官赦原"①。同时对病死囚犯少的地方官吏则给予升官奖励。绍兴五年（1135 年）"宣州上收禁三百五十人，即无病人数，以最少去处当职官各转一官"②。这些规定，对限制狱官为所欲为，促使狱官尽心职事，都有一定作用。

（五）元代

蒙古民族在成吉思汗统治时期，在监狱立法上沿用的是简单的民族习惯法"大札撒"。忽必烈即位后颁布了元朝第一部成文法典——《至元新格》，其将"公规、治民、御盗、理财等十项辑为一书"③，以使臣民一体遵行。元仁宗继位后，将"格例条画有关风纪者，类集成书"④，称之为《风宪宏纲》。至治三年（1323 年），元英宗颁行了元朝最为完备的成文法典——《大元通制》。其共 2 539 条，分制诏、条格、断例、别类四个部分，其中监狱方面的法律规定也较为完备，散见于《职制》、《恤刑》、《平反》、《捕亡》等篇章中。此外，与《大元通制》几乎同时颁布的《大元圣政国朝典章》亦是十分重要的法律汇编，其涉及政治、经济、军事、法律等方面的内容。

元代规定了对违制狱吏的处罚措施。"诸有司，在禁囚徒饥寒，衣食不时，病不督医看候，不脱枷杻，不令亲人入侍，一岁之内死至十人以上者，正官笞二十七，次官三十七，还职；首领官四十七，罢职别叙，记过。"对于怀孕妇女犯罪，元代规定"产后百日决遣，临产之月，听令召保，产后二十日，复追入禁"⑤。

此外，元代还规定了差遣囚徒违制，殴打囚徒，囚徒被奸，受取囚徒财物，诸主守失囚等的惩罚。"诸部送囚徒，中路所次州、县，不寄囚于狱而监收旅舍，以致反禁而亡者，部送官笞二十七，还职本处，防护管笞四十七，就责捕贼，仍通记过名。诸有司各处递至流囚，辄主意故纵者，杖六十七，解职，降先品一等叙，刑部记过。"⑥ "诸弓兵祗候狱卒，辄殴死罪囚者，为首杖一百七，为从减一等，均征烧埋银给苦主，其枉死应征倍赃者，免征。"⑦ "诸司狱受财，从犯奸囚人，在禁疏加饮酒者，以枉法科罪，除名。"⑧ "诸王守失囚者，减囚罪三等，长押流囚官中路失囚者，视提牢官减主守罪四等，既断还职。""诸掌刑

① 《宋会要辑稿·刑法》六之七〇。
② 《宋会要辑稿·刑法》六之五六。
③ 《元史·世祖本纪》。
④ 《元史·刑法志》。
⑤ 《元史》卷一〇五，《刑法·恤刑门》。
⑥ 《元史》卷一〇二，《刑法一》。
⑦ 《元史》卷一〇三，《刑法二》。
⑧ 《元史》卷一〇三，《刑法二》。

狱，辄纵囚徒在禁饮博，及带刀刃纸笔阴阳文字入禁者，罪之。"①

（六）明朝

明朝有关狱法分布于律、诰、令、例、诏等形式的法律规范中。具体为：一是颁行于洪武三十年（1397 年）的《大明律》。在《大明律》的"名例"篇中确立了狱具及狱囚罪别、量刑以及刑的执行等有关的刑罚制度，在"刑律"篇中的"捕亡门"中规定了严禁囚犯逃亡，而在"刑律"篇的"断狱"中，更为详细地规定了囚犯的监禁、戒护、衣粮医药、劳役、拷讯等方面的内容。其增加的"罪人拒捕"、"淹禁"、"凌虐罪囚"专条和妇女犯一般罪"不许收禁"的相关规定，是对唐律的重要补充。二是洪武十八年（1385 年）至二十年（1387 年）间发布的《大诰》四篇（《大诰》、《大诰续编》、《大诰三编》、《大诰武臣》），其乃朱元璋法外用刑惩治贪官污吏、害民豪强的案例汇编。《大明律》恢复或使用了大辟、凌迟、枭首、族诛、刺字、刖足等酷刑，而《大诰》又在此基础上扩大了这些酷刑的使用范围。三是有关监狱的条例。明中叶后，条例的地位逐步上升，出现"律例并行"、"以例破律"的现象。如弘治《问刑条例》既是对《大明律》的补充，也是对《大明律》的修正，突出表现在其扩大了赎刑的范围。此外，皇帝颁布的有关诏令亦是明朝狱法的重要渊源之一。如洪武八年（1375 年）令："杂犯死罪免死，工役终身；徒流罪照年限工役"。再如，嘉靖十七年（1538 年）十一月，明世宗颁诏宣布大赦，从而改变了刑法的适用范围和普通时效，有条件地部分地中止了刑罚的执行。②

对于违制狱官的法律责任，明律除沿袭唐律外还作出新的规定。比如，对凌虐罪囚行为的惩罚，明律规定："凡狱卒非理在禁，凌虐、殴伤罪囚者，依凡斗伤论；克减衣粮者，计赃以监守自盗论；因而致死者，绞。司虐官典及提牢官，知而不举者，与同罪；至死者，减一等。"③ 唐律有"减窃囚食笞五十"之律，但无凌虐之文，明律增此一条，可谓善美，只可惜徒有其文，凌虐囚徒的行为仍比比皆是。

狱卒以金刃及他物可以自杀及解脱枷锁之具而与囚徒，致使囚徒脱去其枷锁等狱具或囚徒自杀，或囚徒逃逸，给予狱卒之惩罚与唐制大略相同。所不同者，唐律疏议谓虽囚之亲属及他人与者而无狱卒二字。另明律规定，囚犯在逃不分囚徒本身犯罪之轻重，均科狱卒徒刑一年，这与唐制有明显区别。唐律根据囚徒本身所犯罪行轻重之不同，对与囚徒金刃之物者施以不同的惩罚。

明律规定："凡功臣及五品以上官犯罪应禁者，许令亲人入视。徒、流者，并听亲人随行。若在禁及至配所，或中途病死者，在京原问官，在外随处官司，开具致死缘由，差人引领亲人，诣阙面奏发放，违者，杖六十。"④此条唐律无，为明律所增，可谓明律仁善之处。

关于拷讯，明律规定八议之人，及年七十以上，十五以下，若废疾者，并不合拷讯，皆据众证定罪。违者，以故出入人罪论。

① 《元史》卷一〇三，《刑法三》。
② 参见《皇明诏令》卷二十一，《初上皇天考祖尊号诏》。转引自怀效锋主编：《中国法制史》，219 页，北京，中国政法大学出版社，2002。
③ 《大明律·断狱·凌辱罪囚》。
④ 《大明律·断狱·功臣应禁亲人入视条》。

（七）清朝

清朝的《大清律集解附例》、《大清律例》等基本法律大抵承继明律的有关条文，但亦有所变化。有关狱法集中在名例、捕亡、断狱各篇。乾隆五年（1740 年）编纂完成的《大清律例》在继承明律的同时作出了相应变化，如在五刑之外增加了充军、发遣等刑罚，对死刑的适用，进一步明确了斩绞"立决"与"监候"的区别。在参照明朝有关提牢制度的基础上，清朝康熙、雍正、乾隆、同治、光绪等在位时期，都曾制定过提牢条例或章程，对提牢制度作了规定。在《大清会典》中还有关于清朝中央、地方的各级狱官及其职掌，刑部、提审厅、秋审处、宗人府、盛京刑部的设置和下属的监狱管理等记载。① 此外，康熙十九年（1680 年）奏准的《刑部现行则例》亦部分地涉及狱囚方面的内容，主要是对《大清律例》监狱条文的具体补充。

清代对监狱管理者也有十分明确与严格的要求。

其一，严格狱具制度。如有将轻罪人犯用大枷枷号，及用连根带须竹板伤人者，交部议处；因而致死者，将狱官削职为民。此外，枷犯满日责放，不许先责后枷。遇患病，即行保释医治，痊日补枷；若先责后枷，遇患病不即行保释医治，以致毙命者，交部严加议处。督抚不行察参，或经科道纠参，督抚、司道一并议处。

其二，不许私自设立临时监牢。监狱监押重刑犯，其余轻罪人犯，由地保保候审理。如有不肖官员，擅设仓铺、所、店等名，私禁轻罪人犯及致淹毙者，该督抚即行指参，照律拟断。

其三，刑具须按规定制造。凡一切刑具不照题定工样造用，致有一、二、三号不等者，用刑官照酷刑例治罪；上司各官，不即提参，照循庇例治罪。②

其四，狱卒不得凌辱监犯。凡狱卒非理在禁凌辱殴伤罪囚者，依凡斗伤论。克减衣粮者，计赃，以监守自盗论。因而致死者，绞。司狱官典及提牢官知而不举者，与同罪；致死者，减一等。

其五，狱官狱卒不得给监囚错戴刑具。强盗十恶、故杀等重犯用铁锁、杻镣各三道；其余斗殴命案等重犯，以及军、流、徒罪等犯，上用铁锁、镣各一道；笞、杖等犯上用铁锁一道。如狱官、禁卒将轻罪滥用重锁，重罪私用轻锁，及应三道而用九道，应九道而用三道，将狱官提参，禁卒革役。受贿者，照枉法从重论，任意轻重者，照不应锁杻律治罪，提审官失于觉察，交部议处。

其六，狱卒不得受监犯之仇家贿嘱。如受其贿嘱，谋死本犯，依谋杀人首从律治罪。

其七，狱卒不得与囚金刃解脱。凡狱卒以金刃及他物，可以使人自杀，及解脱锁杻之具而与囚者，杖一百。因而致囚在逃及自伤，或伤人者，并杖六十、徒一年。若囚自杀者，杖八十、徒二年。致囚反狱而逃，及在狱杀人者，绞。其囚在逃，未断罪之间能自捕得，及他人捕得，若囚已死及自首，各减一等。若司狱官、典及提牢官，知而不举者，与同罪；致死者，减一等。若狱卒受财者，计赃，以枉法从重论。

其八，监狱主守不得教狱囚翻供。凡司狱官、典、狱卒，教令罪囚反异，变乱事情，及与通信言语，有所增减罪者，以故出入人罪论。若狱官受财者，并计赃，以枉法从重论。

---

① 参见万安中主编：《中国监狱史》，91 页，北京，中国政法大学出版社，2002。
② 参见《大清律例》卷三十六，《故禁故勘平人条例》。

第三节
囚犯管理

古代监狱的根本功能在于对囚犯进行管理，其中必然涉及狱具的使用、犯人的拘捕与囚禁、囚粮囚衣等物品的供给、病囚的管理等方面的内容。具体而言为如下几方面：

一、狱具

所谓狱具，亦称"戒具"，即古代监狱为防止禁系者越狱、行凶等活动，用一定器械来限制其行动自由的刑具。根据文献记载及地下实物发掘，可以证实，早在商朝时就已经有了比较完备的狱具了。

初次规定狱具标准及适用条件的始于西周时期。《周礼·秋官·掌囚》载："凡囚者，上罪梏拲而桎，中罪桎梏，下罪梏。王之同族拲，有爵者桎，以待弊罪。及刑杀，告刑于王，奉而适朝。士加明梏，以适市而刑杀之。凡有爵者与王之同族，奉而适甸师氏，以待刑杀。"梏，指木制手铐，两手各一木。拲，木制手铐，两手共一木。桎，木制脚镣。《掌囚》规定罪分三等，上罪要手脚并铐，且两手铐于一木。中罪手脚并铐，但两手各一木。下罪则只要手铐，且两手各一木。同时，《掌囚》还规定了对王之同族与有爵位者的优待。王之同族虽为重罪，也只手铐，不过两手共一木。有爵位者犯重罪，也只戴脚镣。王之同族与有爵位者判处死刑，要押至隐蔽之处行刑。

秦朝对刑徒的衣服、刑具亦有具体规定。以劳役赎死罪、刑罪的公士以下罪犯，《司空律》规定他们不必穿红色囚服，也不施加木械、黑索和胫钳。而私家奴婢被用来抵偿赀赎债务而服城旦劳役的，要穿红色囚服，晚上还要施以木械、黑索和胫钳，并严加看管。

两汉在秦朝的基础上，对狱具作了较为详细的规定。其规定囚徒要穿囚衣、戴刑具。囚徒之衣为赭色（即赤褐色），并根据犯罪程度不同而戴不同的刑具。对于死刑犯要"关三木"。司马迁《报任安书》曰："魏其，大将也，衣赭关三木。"师古注："三木，在颈及手足。"[1]《后汉书·党锢列传》载：范滂等"皆三木囊头，暴于阶下"。李贤注："三木，项及手足皆有械，更以物蒙覆其头也。"三木，即劲枷、手梏、脚桎。因为三种刑具均为木制，故称"三木"，对死囚犯则三木具加。上引魏其、范滂之所以加三木，因他们都是已处死罪的囚犯。汉代囚徒所戴刑具，不得私自解除，否则加罪一等，与人解脱，否则与之同罪。[2]当然，对于官僚贵戚犯罪则可以免戴刑具，称为颂系制度。孝惠帝即位之初就曾下诏："爵五大夫，吏六百石以上，及宦皇帝而知名者有罪当盗械者，皆颂系。"[3] 景帝时规定："年八十以上，八岁以下，及孕者未乳、师、朱儒，当鞠系者，颂系之。"颜师古注："颂读曰容。

① 《汉书》卷六十二，《司马迁传》。
② 参见《汉书》卷九十，《酷吏传》引孟康注。
③ 《汉书》卷二，《惠帝纪第二》。

容，宽容之，不桎梏。"①

魏晋南北朝时期囚徒与汉代一样，也须加戴各种刑具，时称"械系"。据鱼豢《魏略》曰："贾逵为丞相主簿，魏王欲征吴，逵谏。王怒，付狱吏，不即著械。逵曰：'促著我械，王且疑我在近职，求缓于卿，将遣人来看'。著械适迄，果遣人视之。"② 时曹操为魏王，所用仍为汉制，囚徒械系，当为承汉制而已。械，桎梏之意，狱具称为械，汉早有此称。《汉书·司马迁传》载："淮阳王也，受械于陈。"《汉书·王嘉传》记载："大臣括发关械，裸躬就笞。"《后汉书·戴就传》记载："即解械更与美谈"，等等。晋代械系制度亦承汉制。据《太平御览》六四四载："晋令，死罪二械加拲手。"拲，即扣住两手。晋于拲后加手，其意亦同。

南北朝时亦常用拲手。《隋书·刑法志》记载："陈律，死罪将决，乘露车，著三械，加壶手。"《通典》、《通考》均作拲。同时，根据囚徒罪行大小、刑期多少之不同，所戴刑具亦有区别。据《隋书·刑法志》载，梁时"囚有械、杻、斗械及钳，并立轻重大小之差，而为定制"。据《广雅》之解释，"杻谓之梏，械谓之桎"。

北魏时，以重枷系囚。"时法官及州县不能以情折狱，乃为重枷，大几围，复以缒石悬于囚颈，伤肉至骨，囚率不堪，因以巫服，吏持此以为能。（孝文）帝闻而伤之，乃制：非大逆有明证而不款辞者，不得大枷。"但枷之大小并无定规。到宣武帝永平初，尚书令高肇等奏："杖之小大，鞭之长短，令有定式，但枷之轻重，先无定制。请造大枷，长丈三尺，喉下长丈，通颊木各方五寸，以拟大逆外叛。""杻、械以掌流刑已上。诸台、寺、州、郡大枷，请悉焚之。自是枷杖之制，颇有定准。未几，狱官肆虐，稍复重大。"③

北周之制："凡死罪枷而拲，流罪桎而梏，徒罪枷，鞭者桎，杖罪散，以待断。"④

唐朝系囚制度规定，囚禁时期囚犯都须戴死刑具。据《旧唐书·刑法志》载："系囚之具，有枷、杻、钳、锁，皆有长短广狭之制，量罪轻重，节级用之。"即狱具的使用取决于狱囚罪行的轻重。《唐律疏议》卷二十九引《狱官令》："禁囚死罪枷、杻，妇人及流以下去杻，其杖罪散禁。"杻为手械之意。古有梏、拲、桎，唐时不用其名而以杻名之。但据《唐六典》载："诸流，徒罪及作者皆著钳枷。钳，以铁束颈，若无钳者著盘枷，病及有保者听脱。枷长五尺已上，六尺已下，颊长二尺五寸已上，六寸已下，共阔一尺四寸已上，六寸已下，径头三寸已上，四寸已下。"同书又载："锁长八尺已上，一丈二尺已下。"锁，古称锒铛，即为脚镣。

关于唐朝系囚之制，《新唐书·刑法志》所载则更为明确："死罪校而加杻，官员勋阶第七者，锁禁之。轻罪及十岁以下至八十以上者，废疾、侏儒、怀孕皆颂系以待断。"根据上面引述之材料，唐朝死囚犯须枷、杻，官品勋阶第七者锁，流罪以上去杻带枷，女囚无论何罪只枷不杻。轻罪及十岁以下至八十以上者，废疾、侏儒、怀孕之妇女一律不戴任何刑具。

宋代的狱具则有枷、杻、钳、锁和盘枷，并分别规定了各种刑具的长短和轻重标准。用于束颈的枷其重量分为二十五斤、二十斤、十五斤三种，分别给死罪囚、流罪囚和杖罪囚使

---

① 《汉书》卷二十三，《刑法志》。
② 《初学记》卷四十，《囚》第十。
③ 《通志·刑法略》；《魏书》卷一一一，《刑法志》。
④ 《通志·刑法略》。

用。杖罪本来一般不用枷，但对于抗拒不招者则使用枷。①

据王禹偁《涽水笔谈录》载："旧制，枷惟二等，以二十五斤，二十斤为限。景德初，陈纲提点河北路刑狱，上言请制杖罪，枷十五斤，为三等。诏可其奏，遂为常法。"②

钳，束颈狱具。沈家本认为："钳以束头，自曹魏易以木械，而钳与鈦遂不复用矣。后世之枷，即古之钳也。但铁、木及大小、长短之不同耳。"③

宋代并无使用钳的记载，经常使用的是盘枷。盘枷亦起于唐代。《唐六典》卷六载："诸流徒罪居作者皆钳。若无钳者著盘枷。"北宋时，县送徒于州，州送囚于他所，都要著盘枷。

宋徽宗时规定，"狱具盘枷止重十斤"，比杖刑所戴之枷尚轻五斤，是当时最轻的束颈狱具。

宋代对狱具的使用，有许多特殊规定。在戴狱具之前，御医要检查囚犯有无疮疾，若有则不适合戴狱具。此外，怀孕的妇女，八十岁以上的老人，十岁以下的儿童以及残疾人、侏儒等罪囚一律不戴枷。属于议、请、减的范围，以及可用官当罪者，虽犯流罪以上，只锁禁，不戴枷。犯公罪者虽被处以徒刑，但一律不戴枷，且可不脱头巾。

对违犯狱具规定的行为，规定了相应的制裁标准。据《宋刑统》卷二十九《应囚禁枷锁杻》条规定："诸囚应禁而不禁，应枷、锁、杻而不枷、锁、杻及脱去者，杖罪，笞（狱吏）三十；徒罪以上递加一等。"即徒罪笞四十，流罪笞五十，死罪笞六十。若未按规定戴狱具，则减罪一等。凡不应禁而禁，不应枷、锁、杻而枷、锁、杻，则杖狱吏六十。

元代囚犯狱具，《元史·刑法志·职制门下》记载甚详："诸狱具，枷长五尺以上，六尺以下，阔一尺四寸以上，一尺六寸以下，死罪重二十五斤，徒流二十斤，杖罪十五斤，皆以干木为之，长、阔、轻、重各刻志其上。杻长一尺六寸以上，二尺以下，横三寸，厚一寸。锁长八尺以上，一丈二尺以下，镣连镮重三斤。"禁囚平时都系戴刑具。如果"诸禁囚因械桎不严，致反狱者，直日押狱杖九十七，狱卒各七十七，司狱及提审官皆坐罪，自日内全获者不坐"④。

明代狱具制度承袭唐制。据《大明律·狱具图》载，狱具有笞、杖、枷、杻、铁索、镣等形式。笞以小荆条为之，杖以大荆条为之。明代"枷长五尺五寸，头阔一尺五寸，以干木为之。死罪重二十五斤，徒、流重二十斤，杖罪重一十五斤，长短轻重，皆刻志其上"；杻，"长一尺六寸，厚一寸，以干木为之，男子犯死罪者用杻，犯流罪以下及妇人犯死罪者不用"；铁索，"长一丈，以铁为之，犯轻罪人用"；镣，"连环，共重三斤，以铁为之，犯徒罪者带镣工作"。

宦官刘瑾当权时，创大枷，重一百五十斤，戴者不数日即死。⑤

清代狱具多承明制，但亦有变化。据《大清律例·狱具图》载，清代狱具分为板、枷、杻、铁索、镣。板，大头阔二寸，小头阔一寸五分，长五尺五寸，重不过二斤。板以竹篦为之，须削去粗节毛根，照尺寸较准，应决者执小头，臀受。枷，长三尺，宽二尺九寸。枷以

---

① 参见《宋会要辑稿·刑法》六之七七。
② 沈家本：《历代刑法考·狱具考》。
③ 沈家本：《历代刑法考·狱具考》。
④ 《元史》卷一〇三，《刑法二》。
⑤ 参见《明史》卷九十五，《刑法三》。

干木为之，重二十五斤，斤数刻志枷上，再律例内有特用重枷者不在此限。杻，长一尺六寸，厚一寸。手杻亦以干木为之，死罪重囚用，轻罪即妇人不用。铁索，长七尺，重五斤。索以铁为之，轻重罪俱用。镣，连环，共重一斤。脚镣以铁为之，徒罪以上罪囚用。

清代枷始制重者达七十斤，轻者六十斤。乾隆五年（1740 年）改定应枷人犯俱重二十五斤，然例尚有用百斤重枷者。嘉庆以降，重枷断用三十五斤，而于四川、陕西、湖北、河南、山东、安徽、广东等省匪徒，又有系带铁杆石礅之例，亦一时创刑也。①

清代规定，旗人犯罪，凡笞杖刑各照数鞭责，而军、流、徒刑则免除发遣，以枷号取代。清律规定："徒一年者，枷号二十日，每等递加五日。流二千里者，枷号五十日，每等亦递加五日。充军附近者，枷号七十日，近边、沿海、外边者八十日，极边、烟瘴者九十日。"② 对于"寡廉鲜耻，则消除旗档，一律实发，不姑息也"③。

清代狱具与明代相比，有三个方面的变化：其一，唐、明律规定，死罪枷，而清律规定死罪不枷而杻。枷施于足，即脚镣，杻施于手，即手铐。死罪不枷，应视为对死囚犯的某种宽录。其二，清代之枷为正方形，唐明之枷为长方形。清代寻常枷重二十五斤，重枷重三十五斤，而长仅二尺五寸，宽二尺四寸，唐、明之枷重二十五斤，长五尺五寸，宽一尺五寸。其三，唐明律规定服徒刑者须戴铁镣劳作，清代服劳役刑者则不需戴脚镣，此又可视为清律对徒刑犯的宽恤之举。

二、禁系

禁系，亦称囚禁、囚系，即拘捕有关人员并用狱具将其囚而禁之以约束其行动自由的管理制度。禁系制度反映出设置古代监狱之根本功能——惩罚和教育。

（一）先秦

《说文解字》曰："囚，繫也，从人在□中。"从殷墟遗址出土的甲骨卜辞及陶俑④中可以看出，商朝监狱即已存在对囚犯进行囚禁的现象。此外，所囚之犯还须从事劳役。如纣王时期因进谏而入狱的箕子，被囚禁后还需从事劳役。《尚书·周书·武成》疏谓："论语云箕子为奴，是纣囚之又为奴役之。"

西周在殷商的基础上，进一步发展了禁系制度，其不仅有惩罚的功能，还有教育的功能。如对于"圜圄"这种类型的监狱，《风俗通》称："圄，与也。言令人幽闭思愆改恶从善，因原之也。"西周的禁系制度具体表现为：一是对囚禁对象（已决犯和未决犯）加以区别管理。《尚书·周书·多方》云："要囚殄戮多罪……开释无辜。"此处之"囚"，即拘禁罪犯之意。郑玄注："囚，拘也，拘系当刑罪者，拘系之是为制其不得辄行……此则徒之郭临又囚之。"二是根据罪行的轻重适用不同的狱具对囚犯加以囚禁。《掌囚》规定罪分三等，上罪要手脚并铐，且两手铐于一木。中罪手脚并铐，但两手各一木。下罪则只要手铐，且两手

---

① 参见《清史稿》卷一一八，《刑法二》。
② 《清史稿》卷一一八，《刑法二》。
③ 《清史稿》卷一一八，《刑法二》。
④ 河南安阳出土的两手带梏陶俑中，男俑梏在身后，女俑梏在身前。梏则为梏手的器械。

各一木。① 三是根据囚犯不同的身份地位施以不同的拘禁，规定了对王之同族与有爵位者的优待。王之同族虽为重罪，也只戴手铐，不过两手共一木。有爵位者犯重罪，也只戴脚镣。王之同族与有爵位者判处死刑，要押至隐蔽之处行刑。② 此外，西周还创设嘉石制度，即"对有轻微违法犯罪行为而又不够刑罚处罚的人采取的一种行政处罚的示众和劳役的制度"③。《周礼·地官·司救》云："司救掌万民之邪恶过失而诛让之，以礼防禁而救之，凡民之有邪恶者，三让而罚，三罚而士加明刑，耻诸嘉石，役诸司空。"④《周礼》贾公彦疏对西周囚系之制做了很明白的说明，"古者五刑不入圜土，故使身居三木，掌囚守之"，即对于应处五刑的罪犯不入圜土，在未判决之前，有特定的场所加以关押，而且要加戴戒具，完全束缚其行动自由；对于应处五刑而宽宥判以流放的罪犯，在流放地加以囚禁。⑤

（二）秦朝

秦朝在法家思想的指导下，建立了一套较为完备的监狱管理制度，并对后世狱政产生深远的影响。秦朝由于经常进行大规模工程建设和其他杂役的需要，其对于已经判决的罪犯多将其"输之司空，编之徒官"⑥，从事各种劳役。此外，对公士以下的人犯死罪或其他罪亦可以劳役赎刑罪。为防止刑徒逃跑，对刑徒的看管相当严格。

秦朝监狱对所囚之犯的管理，除受狱官的监管外，还实行以轻刑徒看管重刑徒的制度。秦朝由于刑徒的人数、种类众多，看管人员则明显缺乏，于是秦朝规定判轻刑或服过一定刑期的刑徒看管判重刑的刑徒。《司空律》规定："免城旦劳三岁以上者，以为城旦司寇。"而城旦司寇就有资格监管城旦舂等刑徒。如果城旦司寇人数不够，也可以由隶臣妾来监管。《司空律》载："毋令居赀赎责（债）将城旦舂。城旦司寇不足以将，令隶臣妾将……及城旦傅坚、城旦舂当将司者（傅坚，疑为专作夯筑一类劳役的城旦），廿人，城旦司寇一人将。司寇不赻，免城旦劳三岁以上者，以为城旦司寇。"根据该条材料，城旦司寇一个人可以监管二十个城旦舂或城旦傅坚。

此外，对刑徒的出行与活动范围以及刑徒毁损器物都有严格处罚规定。

《司空律》载："城旦舂衣赤衣，冒赤毡，枸椟欙杕之。仗城旦勿将司；其名将司者，将司之。舂城旦出繇者，毋敢之市及留舍闬外；当行市中者，回，勿行。城旦舂毁折瓦器、铁器、大器，为大车折轹，辄治（笞）之。直一钱，治（笞）十；直廿钱以上，孰（熟）治（笞）之，出其器。弗辄治（笞），吏主者负其半。"

城旦舂身穿红色囚服（只有以劳役代赎刑的公士以下的人可不穿囚服），头戴红色毡巾，施加木械等各种刑具。老年的城旦除了指名要求看管的外，不必看管。城旦舂外去服役，不得前往市场门外停留休息。路经市场中间的，应绕行，不得通过。城旦舂毁坏了陶器、铁器、木器，制造大车时折断了轮圈，应立即笞打，每值一钱，笞十下，值二十钱以上，加以重打，并注销其所毁器物。如不立即笞打，主管的吏应赔偿其价值的一半。

---

① 参见《周礼·秋官·掌囚》。
② 参见《周礼·秋官·掌囚》。
③ 万安中主编：《中国监狱史》，19 页
④ 《周礼·地官·司救》。
⑤ 参见薛梅清主编：《中国监狱史》，17 页，北京，群众出版社，1986。
⑥ 《汉书·百官公卿表》，注引贾谊语。

（三）两汉

汉朝在秦朝监狱管理制度的基础上，形成了一套完备的狱制。就禁系制度而言，其建立了严格的系囚制度、颂系制度。犯人逮捕入狱后，拘禁于狱中，不论其罪已定或未定，统称为"系囚"。而颂系制度，也就是矜恤老幼残疾人犯，不戴桎梏的制度。颜师古注："颂读曰容，容，宽容之不桎梏。"① 如景帝后元三年（前141年）诏曰："孕者未乳，当鞠系者，颂系。"② 此外，将强制犯人从事劳役和兵役确定为一种制度。汉代刑徒的类型有下面几种：

一是到附近或官府从事各种劳役。一般来说，刑徒从事何种劳役，是根据其犯罪判刑之年限决定的。如服五岁刑、四岁刑的罪犯，男子担负筑城的劳役，女子担负舂米做饭等劳役；服三岁刑之男囚为鬼薪，即为祠祀鬼神而伐薪，女囚则为白粲，即为祭祀择米（古时用舂臼舂米，米中仍有谷，拣出米中之谷，方可作成祭祀之饭）。二岁刑之男囚为司寇，司寇戍守城墙；女囚为如司寇。一岁刑之男囚为戍罚作，女囚为复作，男囚一岁刑亦可称为复作。罚作与复作与一般的刑徒有区别，从性质上讲侧重于罚而不重于刑。

二是死囚犯减死服兵役，汉代称为"赦死罪，令从军"。即赦免天下死罪系囚，减罪一等，令其从军戍边或出征作战。如东汉明帝永平八年（65年），"诏三公募郡国中都官死罪系囚，减罪一等，勿笞，诣度辽将军营，屯朔方、五原之边县；妻子自随，便占著边县（注：占著谓附名籍）……凡徒者，赐弓弩衣粮"③。永平九年（66年）又下诏："郡国死罪囚减罪，与妻子诣五原、朔方占著，所在死者皆赐妻父若男同产一人复终身；其妻无父兄独有母者，赐其母钱六万，又复其口算。"④

东汉刑徒的家属随迁，并从其优抚政策来看，应视为一种强制（对刑徒而言）加鼓励（对妻子而言）的利民实边性质之举措。

刑徒戍边或从军作战，早在西汉时已经推行。如昭帝元凤元年（前78年），"武都氐人反，遣执金吾马适建、龙頟侯韩增、大鸿胪广明将三辅、太常徒，皆免刑击之"⑤。不过没有见到西汉时戍边刑徒家属随迁并给予优抚的资料。

三是征发天下"七科谪"从军作战，屯戍边境。七科谪始于秦，秦始皇将有罪的官吏、逃亡的罪犯、赘婿、有市籍的贾人、曾经有市籍的、父母有市籍的、祖父母有市籍等七种人，把他们迁出咸阳，徙往边境。汉武帝时，由于大规模的对匈奴和大宛的战争，从天汉四年（前97年）开始，颁布实行征发七科谪当兵打仗。七科谪的前两种人属于罪犯，应是从监狱中征发去戍边打仗。

汉代刑徒无论是作劳役还是戍边作战，其地位十分低下，条件又极其恶劣。许多人忍受不了监护官员的虐待而自杀。据《汉书·陈咸传》载："咸复为南阳太守，所居以杀伐立威，豪猾吏及大姓犯法，辄论输府，以律程作司空（师古注：司空主行役之官），为地臼木杵，舂不中程，或私解脱钳钛，衣服不如法，辄加罪笞。督作剧，不胜痛（师古注：作程

---

① 《汉书·刑法志》。
② 《汉书·刑法志》。
③ 《后汉书》卷二，《显宗孝明帝纪》。
④ 《后汉书》卷二，《显宗孝明帝纪》。
⑤ 《后汉书》卷二，《显宗孝明帝纪》。

剧苦，又被督察，笞罚既多，故不胜痛也），自绞死，岁数百千人，久者虫出腐烂，家不得收。"① 陈咸是当时有名的酷吏，后瞿方进为丞相，奏弹陈咸说："咸前为郡守，所在残酷，毒螫加于吏民。"② 但是刑徒自杀的现象并非陈咸担任郡太守一例。《汉书·尹翁归传》亦载："以高第入守右扶风，满岁为真……豪强有论罪，输掌畜官（师古注：论罪，决罪也。扶风畜牧所在，有苑师之属，故曰掌畜官也），使斫莝（师古注：莝斩刍），责以员程，不得取代（师古注：员，数也。计其人及日数为功程）。不中程，辄笞督，极者至以斧自刭而死。"如果不是极其不可忍受，刑徒必不会以自尽的方式结束其性命。此外，由于劳役的条件极其艰苦，刑徒被冻饿而死、患疾病而死者更是非常普通的情况。考古发现古代的刑徒墓地埋葬人数在万人以上，有的甚至还戴着刑具，还有的骨骼已被折断，死之前肯定遭受了刑罚。刑徒死后，只在其墓穴上放上一块刻着其乡里姓名的墓砖就草草掩埋了。汉代，尤其是西汉，重役使，重惩罚，不把刑徒当人看待，此乃汉代刑徒役使制度的一个明显特点。

（四）魏晋南北朝

魏晋南北朝沿袭两汉的狱制，并进一步儒家化、制度化。以北朝为例：北魏时，以重枷系囚。"时法官及州县不能以情折狱，乃为重枷，大几围，复以缒石悬于囚颈，伤肉至骨，囚率不堪，因以巫服，吏持此以为能。（孝文）帝闻而伤之，乃制：非大逆有明证而不款辞者，不得大枷，但枷之大小并无定规。"到宣武帝永平初，尚书令高肇等奏："杖之小大，鞭之长短，令有定式，但枷之轻重，先无定制。请造大枷，长丈三尺，喉下长丈，通颊木各方五寸，以拟大逆外叛。""杻、械以掌流刑已上。诸台、寺、州、郡大枷，请悉焚之。""自是枷杖之制，颇有定准。未几，狱官肆虐，稍复重大。"③北周之制为："凡死罪枷而拲，流罪桎而梏，徒罪枷，鞭者桎，杖罪散，以待断。"④北齐系囚制度史无明载，但系囚必有制度，这可以北齐的颂系制度推断之。北齐规定："自犯流罪以下合赎者，及妇人犯刑以下，侏儒、笃疾、残废非犯死罪，皆颂系之。"⑤

（五）唐朝

唐朝作为中国历史上罕有的盛世王朝，其监狱制度相当完备。唐朝的禁系制度之有关规定主要表现在以下诸方面：

首先，禁囚区分制。唐朝一般监狱所囚禁的对象，主要是待讯传质的人犯和已判决而待执行的罪犯。依唐律规定："不限有罪无罪，但据状应禁者"⑥，均应实行囚禁，其中包括未经审判的嫌疑犯。但对被判处笞、杖、徒、流、死五种不同刑罚的罪犯实行了不同的禁囚制度。笞刑犯作为轻微罪犯判决、执行前后，均依照律法不予囚禁。杖刑以上的罪犯从案发逮捕到执行刑罚之前，均为一般监狱的囚禁对象。也就是说，杖刑犯在立决之前，徒刑犯在发

① 《汉书》卷六十六，《陈咸传》。
② 《汉书》卷六十六，《陈咸传》。
③ 《通志·刑法略》；《魏书》卷一一一，《刑罚志》。
④ 《通志·刑法略》。
⑤ 《通志·刑法略》。
⑥ 《唐律疏议》，"被囚禁拒悍"条疏议。

送居作场所之前，流刑犯在遣送配所之前，死刑犯在秋后行刑之前，一律予以监禁。

其次，实行分房分居制。即根据囚犯身份与性别的不同实行分管分押的制度。据《新唐书·百官志·狱丞》载："唐时'囚犯贵贱，男女异狱'"。根据囚犯的高低贵贱而实行分押，古已有之，此系等级特权之延伸。而根据性别实行男女异狱，无疑是古代狱制的一大进步，减少了监狱管理中混羁杂居的混乱局面。

再次，暂释狱囚制。《资治通鉴·唐纪太宗贞观六年》称：太宗贞观六年（632 年），"见应死者，悯之，纵使归家，期以来球来就死，乃敕天下死囚，皆纵遣，使至期来诣京师"。次年，"天下死囚凡三百九十人，无人督帅，皆如期自诣朝堂，无一人亡匿者，上皆赦之"。此外，还有"开元十六年正月庚申，许徒（刑）以下囚保任营农"① 之记载。需要指出的是，唐朝有关暂释狱囚制度并非其常制。

最后，严厉打击危害监狱安全之犯罪，此系唐朝狱制之重要特点。一是，严惩囚犯越狱行为，唐律规定：强行越狱者，即"诸被囚禁，拒抗官司而走者，流二千里；伤人者，加役流；杀人者斩，从者绞"；偷越者，即"私窃逃亡以徒亡论"②。同时根据《唐律疏议》的补充解释，"若判案禁者，虽本无罪，亦同囚例"，如有越狱行为与有罪狱囚同等论罪。二是，严惩劫囚、窃囚行为。唐律规定："诸劫囚者，流三千里；伤人及劫死囚者，绞；杀人者，皆斩。"③"窃囚条"规定："若窃囚而亡者，与囚同罪，窃而未得，减二等，以故杀伤人者，从劫囚法。"三是，如向狱囚提供锥、刀、绳、锯等工具，即使并未造成后果，亦加以处罚。其规定："诸以金刃及他物，可以自杀及解脱，而与囚者，杖一百；若囚以故逃亡及自伤、伤人者，徒一年；自杀、杀人者，徒二年；若囚本犯流罪以上，因得逃亡，虽无伤杀，也准此。"

（六）宋代

宋代有关禁系之制度，除了沿袭唐朝之规定外，亦有所发展。一是，在唐朝分房分居制度基础上，对老幼、废疾、妇女等实施宽管制度。《宋刑统》卷二十九引《狱官令》："诸禁囚死罪枷杻，妇人及流罪以下去杻，其杖罪散禁。年八十及十岁、废疾、怀孕、侏儒之类，虽犯罪亦散禁。"二是，发展了五代的配隶制度。所谓的配隶制度，源于五代后晋天福年间，乃指被宽宥死罪的囚徒，在行刑后被送往规定的边远蛮荒之地，剥夺自由，强迫充军或服劳役的制度。同时，为防止囚徒逃亡，宋初还规定发配之犯应戴枷服役。三是，制定编管制度。编管系指囚犯本人或其亲属，被强行递解到指定地区，入当地户籍，受官府监视管制的制度。《宋史·刑法志》载："凡命官犯重罪，当配隶，则于外州编管。"英宗以后则扩大了编管的范围。

（七）明清

明朝在吸收历代监狱管理经验的基础上，进一步加强了监狱管理制度。在禁系制度上的表现主要为制度严密化，实行分类杂居。明朝对于已决犯、未决犯的监禁一律严格管理，凡是男子犯徒以上，妇女犯奸及死罪，皆应收禁。人犯收监羁押时，随身携带的物件必须依手

---

① 《新唐书·玄宗纪》。
② 《唐律疏议》，"被囚禁拒悍走"条。
③ 《唐律疏议》，"劫囚"条。

续交监狱存管。对于犯徒流、迁徙、充军的囚犯定罪判刑后均依法枷杻，明律规定："其在禁者，徒以上应杻。充军以上应锁（镣），死罪应枷，凡锁者兼锁杻，惟妇人不杻。"明朝除承唐宋之制实行贵贱分监、男女异狱外，还规定老幼废疾锁禁、散收、轻重不许混杂。据《明会典》载，洪武元年（1368 年）"令禁系囚徒，年七十以上、十五以下及废疾、散收，轻重不许混杂"。官吏犯私罪，"徒留锁禁，杖罪以下皆散禁"，"公罪自流以下皆散收"①。重罪、强盗、人命死刑囚犯收于内监，一般轻罪或军徒收于外监。当然，在实际的执行过程中对于轻重、已决未决、锁禁散收等犯并未实行严格的区别，这是我们在考察明代禁系制度时应注意的。

清朝禁系制度之有关规定与明律之规定大抵相同，同时更加细化并发展了囚犯、监狱点视制度、收监出监检查制度、提牢制度等等。如雍正八年（1730 年）例："凡犯人出监之日，提牢官司狱细加查问。"乾隆元年（1736 年）规定，凡监禁之囚犯应登记在册。

三、衣食供给及病囚

囚犯的衣食供给及对病囚的管理构成了古代监狱狱囚管理制度的重要组成部分。现以秦、唐、宋、元、明、清等朝为例，或可以由其中见其概貌。

（一）秦朝

关于秦朝对囚徒衣食供给及病囚的管理，秦墓竹简《仓律》、《金布律》、《司空律》等记载了有关规定。

对囚徒的衣服之规定十分具体。以劳役赎死罪、刑罪的公士以下罪犯，《司空律》规定他们不必穿红色囚服，而私家奴婢被用来抵偿赀赎债务而服城旦劳役的，要穿红色囚服。对于囚服名义上由国家供应，实则自己购买。《睡虎地秦墓竹简·金布律》载："受（授）衣者，夏衣以四月尽六月禀之，冬衣以九月尽十一月禀之，过时者勿禀。后计冬衣来年。囚有寒者为褐衣。为縻布一，用枲三斤。为褐以禀衣：大褐一，用枲十八斤，直（值）六十钱；中褐一，用枲十四斤，直（值）四十六钱；小褐一，用枲十一斤，直（值）卅六钱。已禀衣，有余褐十以上，输大内，与计偕。都官有用□□□□其官，隶臣妾、舂城旦勿用。在咸阳者致其衣大内，在它县者致衣从事之县。县、大内皆听其官致，以律禀衣。""禀衣者，隶臣、府隶之毋（无）妻者及城旦，冬人百一十钱，夏五十五钱；其小者冬七十七钱，夏四十四钱。舂冬人五十五钱，夏四十四钱；其小者冬四十四钱，夏卅三钱。"②

对于囚徒的饭食，一般由官府提供。《睡虎地秦墓竹简·仓律》载："隶臣妾其从事公，隶臣月禾二石，隶妾一石半；其不从事，勿禀。小城旦、隶臣作者，月禾一石半石；未能作者，月禾一石。小妾、舂作者，月禾一石二斗半斗；未能作者，月禾一石……隶臣田者，以二月月禀二石半石，到九月尽而止其半石。"③ 但官府要将饭食折算成劳役时间，即通过延长劳役时间来抵偿饭食的花销。刑徒衣服，一般要求自备，如果不自备，由官府提供，但需按价交钱，也可以延长劳役时间来抵偿。

---

① 《大明令·刑令》。
② 《睡虎地秦墓竹简》，66～67 页。
③ 《睡虎地秦墓竹简》，49 页。

需要指出的是，有关秦朝的监狱管理制度，史书记载不详，而秦墓竹简《仓律》、《金布律》、《司空律》所载也是残缺不全，因此难以洞悉秦朝狱囚管理制度的全面和具体内容。

（二）唐朝

唐朝对囚徒的衣食医药，作了专门规定。囚徒的衣、食通常由家人供应。地点偏远的由官府供给衣食，家人按价付钱。《唐律疏议·断狱》引《狱官令》曰："囚去家悬远绝饷者，官给衣粮，家人至日依数征纳。"狱中囚徒生病，必须给药治疗。"诸狱囚有疾病，主司陈牒，长官亲验知实，给医药救疗，病重者，脱去枷、锁、杻，仍听家人内一人入禁看侍。其有死者，若有他故，随状推断。"① 也就是说，囚徒在狱中非因病死亡，或因病而未能得到及时治疗死亡，或未能获得起码的衣食者，当追究狱吏的刑事责任。《唐律疏议·断狱》规定："诸囚应请给衣食医药而不请给，及应听家人入视而不听，应脱去枷、锁②、杻而不脱去者，杖六十；以故致死者，徒一年。即减窃囚食，笞五十，以故致死者，绞。"

罪犯被处以死刑后若无亲属收尸，则由国家给予棺木埋葬。据《新唐书·刑法志》载："凡囚已刑（杀）无亲属者，将作给棺，瘗于京城七里外，圹有专瓦铭，上揭以榜，家人得取以葬。"

在押囚徒，监狱长官要经常检视，并根据季节气温变化，给予必要的体恤。同时允许家人入狱服侍。据《新唐书·刑法志》载："诸狱之长官，五日一虑囚，夏置浆饮，月一沐之，疾病给医药，重者释械。其家一人入侍，职事散官三品以上，妇女子孙二人入侍。"

（三）宋朝

宋代对囚徒衣食供给的管理基本沿袭唐制。其各代皇帝较为重视监狱条件的改善，大多亲自过问，亲自督促。宋太祖开宝二年（969 年）五月，"常以暑气方盛，深念缧系之苦，乃下手诏曰：'两京诸州，令长吏督狱掾，五日一检视，洒扫狱户，洗涤杻械。贫不能自存者给饮食，病者给医药。轻系即时决遣，毋淹滞。'"③ 宋哲宗绍圣四年（1097 年）亦规定："诸狱皆置气楼、凉窗，设浆饮荐席，罪人及时沐浴，食物常令温暖，遇寒量支柴炭，贫者假以衣物。其枷杻暑月五日一濯。"④

宋代囚徒的饮食，一般由犯人家属供给。据《宋刑统》卷二十九《囚应请给医药衣食》引《狱官令》曰："囚去家悬远绝饷者，官给衣粮，家人至日，依数征纳。"而"禁囚贫乏无家供送饮食，依法官给"⑤。其标准为"人当日给米二升，盐菜钱十文"⑥。冬季"更给柴炭，贫者假以袄裤手衣之类"⑦。

宋代囚徒生病，监狱有责任找医生给其看病。宋代在各州设有专门的病囚院，"诸道、州、府各置病囚院，或有病囚，当时差人诊候治疗，瘥后据所犯轻重决断。如敢故违，致病

---

① 陈鹏生主编：《中国法制通史》，第 4 卷，引《唐令拾遗》。
② 根据《玉篇·广韵》记载，"锁"俗称"镙"。
③ 《宋史》卷一九九，《刑法志》。
④ 《续资治通鉴长编》卷四八五。
⑤ 《宋会要辑稿·职官》五五之二○。
⑥ 张希清《宋朝典制》引《昼帘绪论·治狱篇》；《宋刑统》卷二十九载："无家人供备吃食者，每日逐人破官米二升。"
⑦ 《宋会要辑稿·刑法》六之六七。

囚负屈身亡，本官吏并加严断"①。宋真宗咸丰四年（1001 年），从黄州守王雨偶请，诸路置病囚院，徒、流以上有疾者处之，余责保于外。② 即杖以下，允许在外责保看医。南宋时，保外就医的范围扩大，"虽犯徒流罪而非凶恶，情款已定者，亦听奏保知在，元差官每三日一看验，病损日勾追结绝"③。病囚若无保若亲属，须责成监人安之旅舍⋯⋯选良医医治，日以加减闻。仍责主案吏，时检视饮食。④

此外，《宋刑统》规定，囚徒有病可暂时去掉刑具，允许家属看视，并允许家属一人入内服侍病囚，监狱方不得以任何理由阻止家属入侍，否则要杖狱吏六十。由于狱方的原因，囚徒有病而未及时得到医治并造成病囚死亡者，处狱吏徒刑一年。根据宋朝规定，病囚的医药费属于专项开支，拨款标准为："每岁殿前、马步军司各支钱五十贯文，大理寺一百贯文，京府节镇一百贯文，余州六十贯文，大县三十贯文，小县二十贯文。"⑤ 对专项医药费的使用，有专门的账籍登记收支情况。对这笔费用必须专款专用，不得挪用，否则，依照擅支上供钱物法处徒刑一年。⑥

（四）元代

元代狱政管理亦多承宋制，但有些方面比宋代的规定更为细致具体。如对在禁囚犯，要"轻重异处，男女异室，毋或参杂，司狱致其慎，狱卒去其虐，提牢官尽其诚"；"诸在禁囚徒，无亲属供给，或有亲属而贫不能给者，日给仓米一升，三升之中，给粟一升，以食有疾者。凡油炭席荐之属，各以时具。其饥寒而衣粮不断，疾患而医疗不时，致非理死损者，坐有司罪"。如果在禁囚徒无家属，由监狱提供"羊皮为披盖，裤袜及薪草为暖甲熏炕之用"。"流囚在路，有司日给米一升，有疾命良医治之，疾愈随时发遣。""禁囚有病，主司验实，给医药，病重者去枷锁杻，听家人入侍。职事散官五品以上，听二人入侍。犯恶逆以上，及强盗到死，奴婢杀主者，给医药而已。"⑦

元代还规定了对违制狱吏的处罚措施。"诸有司，在禁囚徒饥寒，衣食不时，病不督医看候，不脱枷杻，不令亲人入侍，一岁之内死至十人以上者，正官笞二十七，次官三十七，还职；首领官四十七，罢职别叙，记过。"对于怀孕妇女犯罪，元代规定："产后百日决遣，临产之月，听令召保，产后二十日，复追入禁。"⑧

（五）明朝

明承唐制，从律文规定来看，明代的狱囚管理与唐时相比并无差异。如《大明律·断狱·狱囚衣粮》规定："凡狱囚应请给衣粮医药而不请给，患病应脱去枷、锁、杻而不脱去，应保管出外而不保管，应听家人入视而不听，司狱官典、狱卒笞五十，因而致死者，若囚皆死罪，杖六十；流罪杖八十；徒罪，杖一百；杖罪以下，杖六十，徒一年。提牢官知而不举

① 《宋刑统》卷二十九，《囚应请治医药衣食》。
② 参见《宋史》卷一九九，《刑法志》。
③ 《庆元条法事类》卷七十四。
④ 张希清：《宋朝典制》引《州县提纲》卷三。
⑤ 《宋会要辑稿·刑法》六之六七。
⑥ 参见《庆元条法事类》卷七十四。
⑦ 《元史》卷一〇三，《刑法三》。
⑧ 《元史》卷一〇五，《刑法·恤刑门》。

者，与同罪。若已审禀上司不即施行者，一日笞一十，每一日加一等，罪止笞四十。因而致死者，若囚该死罪，杖六十；流罪，杖八十；徒罪，杖一百；杖罪以下，杖六十，徒一年。"依据上述律条，明代在监囚犯有获得衣粮以及有病获得看病和家人入侍的权利。此外，给予违制之司狱与狱卒的惩罚也与唐制大同小异。《唐律疏议》引《狱官令》曰："囚去家悬远绝饷者，官给衣粮，家人至日，依数偿纳。"① 这说明囚徒衣粮并非由官府无偿供给，而只是暂时由官府借予，以后要如数归还。明代律条之"凡应请给……而不请给"，从字面上理解，与唐制一样，也应是有条件的借予，而非由官府拨给。

（六）清朝

清代监狱管理，就监犯的优恤来看，其律条规定甚为详细：

其一，凡是解往刑部以及递解外省的各类囚犯，有司官照支给囚粮，按程给予口粮。如遇隆冬停遣，照重囚例每名给予衣帽。倘或官侵吏蚀，照冒钱粮律治罪。

其二，凡司狱吏目、典史、专管囚禁，如犯人果有冤滥，许管狱官据实申明，如府、州、县不准，许即直申宪司各衙门提讯。

其三，凡牢狱禁系囚徒，年七十以上，十五以下，废疾、散收、轻重不许混杂。锁枷常须洗涤，席荐常须铺置，冬设暖床，夏备凉浆。凡在禁囚犯日给仓米一升，冬给絮衣一件，夜给灯油，病给医药，并令于本处有司在官钱粮内支放，狱官预期申明关给，毋致缺误。有官者犯私罪，除死罪外，徒、流、锁收，杖以下，散禁。公罪自流以下，皆散收。

其四，内外刑狱医治罪囚，各选用医生两名。每遇年底，稽考有优劣。如医治痊愈者多，照例俟六年已满，在内咨授吏目，在外咨授典科、训科。不能医治，病死多者，即责革更换。

其五，在监人犯，许令祖父母、父母、伯叔兄弟、妻妾、子孙，一月两次入视。使役之人不越两名，若有送饮食者，提牢官验明，禁子转送。其盗犯妻子家口，不许放入监门探视，违者，妻子家口枷号两个月，责四十板，不准收赎。提牢司狱官吏，参处。② 清律中关于监犯衣粮的供给由政府开销，这是与唐明律规定明显不同之处。③

四、赦宥

赦宥，乃指古代帝王基于赦令对囚犯免除或者减轻刑罚。从"宥"的本意上看，其有两重含义：一是，宽免，即赦罪。《易·解》："君子以赦过宥罪。"《广雅·释言》："宥，赦也。"二是，宽宏，《说文》："宥，宽也。"

（一）远古的赦宥

据史书记载，上古时代即已有"赦"。《舜典》载："流宥五刑"、"眚灾肆赦"④，对于"流宥五刑"，马融曰："流，放；宥，宽也。一曰老少，二曰老耄，三曰蠢愚。"对于"眚灾肆赦"，郑玄则认为："眚灾，为人作患害者也。过失，虽有害则赦之。"意思是说有过错而

---

① 《唐律疏议·断狱》引《狱官令》。
② 参见《大明律例》卷三十六，《断狱·狱囚衣粮条例》。
③ 参见薛允升：《唐明律合编》卷二十九，"狱囚衣粮"条。
④ 《尚书·舜典》。

造成的"害"，究其本意并非故意的，则可以赦免。因此，《尚书·舜典》所载的"赦"尚不具有后世对"罪"赦免的全部意义，至多也只是对过失犯罪的原情恕罪而已，其对象主要为无心犯罪而犯罪的人与案情可疑的人。

西周初期在此基础上创制了"三赦"之法、"三宥"之法，并"以此三法求民情，断民中，而施上服、下服之罪，然后刑杀"。《周礼·秋官·司刺》载："司刺，掌三刺、三宥、三赦之法，以赞司寇听狱讼。一刺曰讯群臣，再刺曰讯群吏，三刺曰讯万民。一宥曰不识，再宥曰过失，三宥曰遗忘。一赦曰幼弱，再赦曰老旄，三赦曰蠢愚。"① "凡民自得罪，寇攘奸宄，杀越人于货，暋不畏死"者，须"速由文王作罚，刑兹无赦"。而对那些若幼、鳏寡孤独或妇女所犯之罪则加以宽容，即"至于敬寡，至于属妇，合由以容"②。可见这一时期，不论"赦"还是"宥"都不含有对故意犯罪宽免的含义。

西周中叶，"赦宥"又有所发展。在《吕刑》中对于没有确凿证据尚不能定罪的疑案，则根据"疑罪有赦"的原则来进行处理，"五刑之疑有赦，五罚之疑有赦，其审克之！简孚有众，惟貌有稽。无简不听，具严天威"，即只要有"疑"就可以赦。邱浚说："按此所谓有赦者，赦其有疑者耳，非若后世不问有疑无疑一概蠲除之也"，是对这一时期的"赦宥"的基本判断。《礼记·王制》曰："赦从重"。《王制》又曰："疑狱，氾与众共之，众疑，赦之。"对此，孔颖达作出了很好的解释："此非疑狱，故虽轻不赦也。若轻辄赦，则犯者众也。故《书》云：刑故无小，虽轻不赦之，为人易犯也。"同时，对于"疑赦"案件在《吕刑》中则具体地提出了"疑罪从赎"的主张。具体为："墨辟疑赦，其罚百锾"、"劓辟疑赦，其罪惟倍"、"剕辟疑赦，其罚倍差"、"宫辟疑赦，其罚六百锾"、"大辟疑赦，其罚千锾"③。总的来看，这一时期的"赦宥"仍局限于"非故意犯罪"的范围之内。

到了春秋战国时代，"赦宥"则突破原初的含义，接近于后世之赦（即无论有心无心之罪，都可以赦免）并逐渐发展为"录囚"制度。对于"赦宥"，有"大赦"、"德音"、"曲赦"等形式。④ 如"大赦"，其最早见于《史记·秦本纪》："庄襄公元年，大赦罪人。"⑤ "惠文王三年，主父字代道大通还归，行赏大赦。"⑥ 而秦二世即位大赦，则是中央集权统一国家实行大赦的开始。而所谓的"大赦天下"往往是基于即位、改元、立后、建储等原因。

（二）汉代的录囚

由上古时期"赦宥"制度演变而成的"录囚"（亦称"恤囚"、"虑囚"）制度，最早始于西汉，发展于东汉，并逐渐制度化且为后世历朝历代所承继、发展。两汉的"录囚"制度包括减省囚徒刑罚与平反冤案两方面。

1. 减省囚徒刑罚

减省囚徒刑罚，始于汉惠帝时。惠帝元年（前 194 年）下诏曰："上造以上及内外公孙

---

① 《周礼·秋官·司刺》。
② 《尚书·康诰》。
③ 《尚书·吕刑》。
④ 参见杨金鼎主编：《中国文化史词典》（下），杭州，浙江古籍出版社，1987。
⑤ 《史记·秦本纪》。
⑥ （明）董说：《七国考》卷十二，《赵刑法》。

耳孙及当为城旦舂者，皆耐为鬼薪白粲。民年七十以上若不满十岁有罪当刑者皆完之。"①汉宣帝元康四年（前 62 年）亦下诏曰："朕念乎耆老之人，发齿堕落，血气既衰，亦无逆乱之心。今或罹于文法，执于囹圄，不得终其年命，朕甚怜之。自今以来，诸年八十，非诬告杀伤人，他皆勿坐。"②

汉惠帝的诏令是减刑，或者是以轻代重。如用鬼薪白粲代替城旦舂，以完刑（剃光头发）代替肉刑。宣帝之诏令是免刑。虽然免刑者有一定的前提，即非诬告杀伤人，而且必须是八十的老者，但其意义甚大，此为后世开启了先例。汉成帝鸿嘉元年（前 20 年）制定律令，规定年未满七岁，贼斗杀人及犯殊死者，上请廷尉以闻，得减死。③ 这是宣帝免刑诏令的继续。

东汉建立，这类录囚省刑的诏令大为增加。光武帝建武三年（27 年）七月诏："男子八十以上，十岁以下，及妇人从坐者，自非不道，诏所名捕（注诏书有名而特捕者）皆不得系。当验问者即就验。女徒雇山归家。"④ 建武七年（31 年）又下诏令："中都官、三辅、郡国出系囚，非犯殊死，皆一切勿案其罪。见奴免为庶人，耐罪亡命，吏以文除之（注：亡命谓犯耐罪而背名逃者。令吏为文簿，记其姓名而除其罪）。"建武二十八年（52 年）、二十九年（53 年）、三十一年（55 年）均有省刑恤囚的类似诏令发布。汉明帝即位，继续了其父光武帝的省刑恤囚政策，曾五次发布类似诏令。章帝亦于建初七年（82 年）、章和元年（87 年）三次颁布诏令，许天下死囚减死一等戍边，系囚减罪一等输作。和帝永元十一年（99 年）下诏："郡国中都官奴及笃癃老小女徒各除半刑，未竟三月者，免归田里。"⑤ 继任的安帝、顺帝、冲帝、桓帝、灵帝等都有减省系囚刑狱的诏令。东汉十二帝，除献帝受曹操控制外，其他诸帝在位时期均由其本人或掌权之外戚发布了省刑恤囚的诏令，有的皇帝还多次发布这类诏令。这表明，东汉时期省刑录囚并非在位者的心血来潮，而是成为了一种例行的制度。

2. 平反冤狱

平反冤狱为古代录囚制度的另一重要功能。

汉代录囚主要由皇帝郡守以及后来的刺史进行。皇帝录囚萌芽于汉景帝。汉景帝中元五年（前 145 年）九月诏曰："法令度量，所以禁暴止邪也。狱，人之大命，死者不可复生。吏或不奉法令，以货贿为市，朋党比周，以苛为察，以刻为明，令无罪者失职，朕甚怜之。有罪者不服罪，奸法为暴，甚亡谓也。诸狱疑，若虽文致于法，而人心不厌者，辄谳之。"⑥这里景帝虽然没有明确提出录囚，但他要求对疑狱进行审理，应与录囚无异。后元元年（前 143 年），景帝再次下诏，更为明确地提出了重审疑狱的要求。他说："狱，重事也。人有智慧，官有上下。狱疑者谳有司，有司不能决，移廷尉。有令谳而后不当，谳者不为失。欲令

---

① 《汉书》卷二，《惠帝纪》。
② 《通考》卷一六三，《刑考》。
③ 参见《通考》卷一六三，《刑考二》。
④ 《后汉书》卷一（上），《光武帝纪》。女徒雇山归家：女子犯徒遣归家，每月出钱雇人于山伐木，名曰雇山。
⑤ 《后汉书》卷一（上），《光武帝纪》。
⑥ 《文献通考》卷一六三，《刑考二》；《汉书》卷五，《景帝纪》。

治狱者务先宽。"① 即为疑狱,自有疑难之处。一般而言,重审者都有担心审理出差错而受惩罚的心理。景帝在诏令中申明,"有令谳而后不当,谳者不为失",解除了审理者的心理负担。

宣帝时则明确发布了"举冤狱"的诏令。宣帝五凤四年(前154年)四月诏:"复遣丞相、御史椽二十四人循行天下,举冤狱,察擅为苛禁深刻不改者。"② 宣帝这次派去检查冤狱的尽管只是丞相、御史的掾属,但毕竟开启了察举冤狱之滥觞。汉成帝鸿嘉元年(前20年),也曾下诏"举三辅、三河、弘农冤狱"③。

东汉皇帝录囚始于汉明帝。《通考》卷一六三《刑考二》载:"楚王英以谋逆死,穷治楚狱,累年坐死徒者甚众。韩郎言其冤,帝自幸洛阳狱,录囚徒,理出千余人。时天旱,即大雨。马后亦以为言,帝恻然感悟,夜起彷徨,由是多所降宥。"《晋书·刑法志》亦载:"及明帝即位,常临听讼观洛阳诸狱。"《通考》与《晋书》的记载,是中国历史上第一次出现皇帝"录囚"的字眼。从"理出千余人"的记载来看,这次录囚,即平反冤狱,取得了极为重要的成效。一些与楚王英案无涉而被错捕的囚犯,通过此次录囚而得到解脱。如会稽太守第五伦,永平五年被逮入廷尉狱,"会帝幸廷尉录囚徒,得免归田里"④。明帝以后,东汉诸帝及皇太后、皇后录囚之记载屡见于史书。如和帝永元六年(94年)"以旱诏中都官徒各除半刑,谪其未竟,五月以下皆免遣。幸洛阳寺,录囚徒,举冤狱"⑤。安帝永初二年(108年)"旱,皇太后幸洛阳寺及若卢狱,录囚徒"⑥。

东汉时期,凡是重大的自然灾害如旱、涝蝗等灾害发生时,朝廷首先想到的是刑狱是否有冤滥而引起阴阳不调,于是皇帝下诏或亲自录囚,理出冤枉囚徒,惩罚苛刻狱吏,减省囚犯刑期,以达到阴阳相协、国和民旺的目的。

太守、刺史录囚,始见于《汉书》卷七十一《隽不疑传》:"擢为京兆尹,赐钱百万。京师吏民敬其威信。每于县录囚徒还,其母辄问不疑;'有所平反,活几何人?'即不疑多有所平反,母喜笑,为饮食语言异于他时;或亡所出,母怒,为之不食。故不疑为吏,严而不残。"又《汉书》卷八十六《何武传》载:"及武为刺史。行部录囚徒,有所举以属郡。"沈家本认为:"录囚之事,汉时郡守之常职也。"又引《百官公卿表》注引《汉官典职仪》云:"'刺史班宣,周行郡国,省察治状,黜陟能否,断治冤狱。'此事又属于刺史,隽、何二传,皆为刺史时事也。"需要说明的是,隽不疑录囚时已非刺史,而为京兆尹。

东汉太守、刺史录囚的记载亦多于西汉。如《后汉书·宗室四王传》注引曰:"时年旱,(弘农太守刘兴)分遣文学循行属县,理冤狱,宥小过,应时甘雨降澍。"《后汉书·应奉传》载,应奉"为郡决曹史,行部四十二县,录囚徒数百千人。及还,太守备问之,奉口说罪系姓名,坐状轻重,无所遗脱,时人奇之"。以上是太守、刺史派其属员录囚。东汉时刺史作为地方的最高行政机关,录囚则成为其常务。《历代刑法考·赦考》引《续汉书·百官志》

① 《汉书》卷五,《景帝纪》。
② 《汉书》卷十,《成帝纪》。
③ 《后汉书》卷四十一,《第五伦传》。
④ 《文献通考》卷一六三,《刑考二》。
⑤ 《文献通考》卷一六三,《刑考二》。
⑥ 沈家本:《历代刑法考·赦十二》。

载："诸州常以八月巡行所部郡国，录囚徒。"胡广注曰："县邑囚徒，皆同录视，参考辞状，实其真伪。有侵冤，即时平理也。"《后汉书·法雄传》亦载，法雄为青州刺史，"雄每行部，录囚徒，察颜色，多得情伪，长吏不奉法者皆解印绶去"。又据《后汉书·刘平传》载：时刘平任济阴郡全椒县长，时"刺史、太守行部，狱无系囚，人自以得所，不知所问，惟班诏书而去"。说明当地刺史、太守录囚是一种经常性的行为，以至达到了"狱无系囚"的地步。

汉代录囚的出现并成为一种经常性的平反冤假错案的举措，对于地方官吏慎刑明法，对于社会矛盾的舒缓等都有着十分重要的意义。因而自汉代以后，历代都把录囚作为一种善政而坚持下来，录囚制度成为我国司法制度的一个亮点而为后人所称道。

（三）魏晋至宋代的录囚

录囚在魏、晋、南朝刘宋、萧齐、北朝均不见其记载，是否该制在这些时期已停止施行，不可妄断。但南朝梁、陈时期，录囚不仅实行，而且似已成为一种定制。据《隋书·刑法志》载："丹阳尹月一诣建康县，令三官参共录狱，察断枉直。其尚书当录人三月者，与尚书参共录之。"陈朝时，则"常以三月，侍中、吏部尚书、尚书、三公郎、部都令史、三公录冤局、令史、御史中丞、侍御史、兰台令史、亲行京师诸狱及治署，理察囚徒冤枉"①。陈朝录囚比梁朝慎重，其规模较大，参与的官吏甚多，与梁时录囚走过场有显著区别。之所以如此，恐与陈朝文帝的个性有联系。史载陈文帝性明察，留心刑政，亲览狱法，督责群下，政号严明。

录囚亦是唐朝常典，主要表现为：一是皇帝录囚形成常制；二是扩大了录囚的内容，将录囚作为实行宽赦的重要典制；三是进一步完备了各级官吏录囚制度。高祖就曾"躬录囚徒"②。唐太宗时期，录囚成为经常性的行为。"太宗又制在京见禁囚，刑部每月一奏。从立春至秋分，不得奏决死刑。其有赦之日……勒集囚徒于阙前，挝鼓三声讫，宣诏而释之。"③

前引太宗六年（632年），亲录囚徒，闵死罪者三百九十人，纵之还家，其以明年秋即刑。及期，囚皆诣朝堂，无后者，太宗嘉其诚信，悉原之。④

高宗时，录囚更为经常，曾八次"亲录囚徒"或"亲录京城系囚"⑤。

唐玄宗统治前期，监狱管理比较规范，监狱无冤死之人。史载："玄宗自初即位，二十年间，号称太平。衣食充足，人罕犯法。是岁刑部所断天下死罪五十八人。往时大理狱，相传为鸟雀不栖，至是有鹊巢其庭树，群臣称贺，以为几至刑措。"⑥ 但到了天宝年间，"天子自以喜边功，遣将分出以击蛮夷，兵数大败，士卒死伤以万计，国用耗乏，而转漕输送，远近烦费，民力既弊，盗贼起而狱法繁也"⑦。由于朝政的衰败，必然导致监狱管理的紊乱，因而唐后期的系囚有经年而不决者。唐文宗开成四年（839年）五月勅中谈到："京城百司，及府县禁囚，动经岁月，推鞫未毕，有绝小事者，经数个月，不速穷诘，延至暑时。盖由官吏

---

① 《隋书》卷二十五，《刑法志》。
② 《文献通考》卷一六六，《刑五》。
③ 《初学记》卷二十，《囚》。
④ 参见《新唐书》卷五十六，《刑法志》。
⑤ 陈鹏生主编：《中国法制通史》，第 4 卷，674～675 页。
⑥ 《新唐书》卷五十六，《刑法志》。
⑦ 《新唐书》卷五十六，《刑法志》。

因循，致兹留狱，炎蒸在候，冤滞难堪。宜付御史台，委裴元裕选强明御史三两人，各本司分阅文按（案），据理疏决闻奏。如官吏稽慢，亦具名衔闻奏。"① 在文宗此勅之前 11 年即文宗太和二年（829 年）二月，文宗就刑狱冤滥问题下旨："凡官吏用情，推断不平，因至冤滥者，无问有赃无赃，并不在原免之限。"②

宋朝统治者，尤其是北宋的统治者，实行"布德恤刑"之策，对囚徒的生存状况较为重视，实行定期录囚。发现冤滥，及时改正。此外，对被监禁的囚徒，也给予基本的人道关怀。如改善监狱条件，供给囚徒衣食，为生病囚徒医疗，严禁虐杀囚徒等。宋朝的录囚制度是经常性的。太宗淳化二年（991 年）五月，令提点刑狱司"州郡敢稽留大狱，久而不（决）者，悉纠举以闻"③。北宋元祐元年（1068 年）十二月，诏："久愆时雪，虑囚系淹延，在京委刑部郎中及御史台刑察官，开封府界令提点刑狱司，诸路州军令监司催促结绝。"④ 元符二年（1099 年）七月，宋哲宗又下诏："当此盛暑，刑狱虑有淹延，在京令刑部郎中、开封府界令提点提举司，诸路令监司催促结绝。"⑤ 对于疑狱，监司可以直接取索案牍或取会所犯情由进行监察以防范误判。如徽宗宣和六年（1124 年）正月，提点京东路刑狱公事孟特奏：本司除检查刑狱稽违外，"如有情犯可疑，或事干非常，理合要见所犯情由监察，未审合与不合随时取会看详？"大理寺参详曰："提刑司既系专行检查刑狱，若实有情犯可疑或事干非常，理合要见情由检查，即合随事取会。"⑥ 此外，宋太祖、太宗、真宗、理宗等都曾多次录囚，改正冤假错案。如宋理宗（1225—1265 年在位）起自民间，具知刑狱之弊。初即位，即诏天下恤刑，又亲制《审刑铭》以警其位。每岁在暑，必临轩虑囚。

（四）明清的会审

明清两朝则在唐朝会审制基础上形成了完备的朝审、大审、热审、寒审、春审等形式的"会审制"，将古代录囚制度予以制度化。内容包括：重囚的会审、冤错案犯的平反、淹狱的清理等等。

朝审是对已决在押囚犯的会审制度。明初继承唐朝"三司推事"制，凡遇有重大、疑难案件，均由三法司长官刑部尚书、大理寺卿和都御史共同审理，称"三司会审"，最后由皇帝裁决。不过这时的会审皆由皇帝临时委派，尚未形成制度。明英宗天顺二年（1459 年）九月，鉴于"人命至重，死者不可复生"，下令"自天顺三年为始，每至霜降后，但有该决重囚，著三法司奏请多官人等，从实审录，庶不冤枉，永为实例"⑦。从此遂形成朝审制度。

大审，又称为五年审录。是一种定期由皇帝委派太监会同三法司官员录囚的制度。始于明英宗正统年间，成化十七年（1481 年）形成制度，每五年举行一次。"成化十七年，命司礼太监一员会同三法司堂上官于大理寺审录，谓之大审……自此定例，每五年辄大审。"⑧

---

① 《唐会要》卷四十，《君上慎恤》。
② 《唐会要》卷四十，《君上慎恤》。
③ 《文献通考》卷一六六，《刑五》。
④ 《续资治通鉴长编》卷三九三，元祐元年十二月戊申。
⑤ 《续资治通鉴长编》卷五一二，元符二年七月乙巳。
⑥ 《宋会要辑稿·刑法》二之七九。
⑦ 《明史》卷十二，《英宗后纪》。
⑧ 《明史》卷九十三，《刑法志》。

热审，即每年暑天小满后十余日，由太监和三法司审理囚犯。该制度始于永乐二年（1404 年），主要决遣轻罪，命出狱听候而已。到明成化年间，热审始有重罪矜疑、轻罪减等、枷号疏放等结果。正德时，又规定热审由三法司会同议决，在北京、南京分别进行。热审以五、六月两个月为期。①

春审和寒审。春审始于宣德七年（1432 年），在二月进行，主要审录系囚，决遣犯人。寒审在冬季进行，洪武二十三年（1390 年），永乐四年（1406 年）、九年（1411 年）、宣德四年（1429 年）曾有数次以灾异修刑、覃恩布德之名义给当系重罪者恤刑，被崇祯年间的代州知州郭正中称为寒审。春审和寒审虽有史载，但未见明确的制度规定。

清代的会审制度是在承袭明朝会审制度的基础上发展而来的。主要有朝审和秋审两种形式。两者的参加者都是三法司会同九卿、詹事、科道等官员，审判程序大体相同，均在八月定期于金水桥西进行。

朝审始于顺治十年（1653 年），朝审的对象是在京的监候案件。"刑部现监重囚，每年一次朝审。刑部堂议后，即奏请特派大臣复核。核定具奏后，摘紧要情节，刊刷招册送九卿、詹事、科道各一册。于八月初在金水桥西，会同详审，拟定情实，缓决，可矜具题，请旨定夺。"②

秋审，清代秋审是复审各省死刑案件的一种制度，因在每年秋季举行而得名。顺治十五年（1658 年）定制，每年霜降前由地方详审"秋决重犯"，奏请定夺。至乾隆时期，秋审制度进一步规范化。刑部三法司秋审之前，地方司法机关大体要进行造册、审录和具题等程序。

第四节
狱政状况

监狱管理制度的制定与实施，就形成了所谓的狱政。对于古代狱政应从两方面加以把握，即：一方面，古代狱政在制度的建构上受儒家思想的影响，其发展趋势经历了由野蛮到文明这样一个过程；另一方面，由于古代法律缺乏独立性与自主性，其依附于古代王权政治，是古代王权政治的工具，导致了古代狱政的发展受制于权力，各朝各代的具体运作往往背离其制定的法律典章，造成狱政的黑暗。

一、先秦时期的狱政

早在夏商时期即已形成"受命于天"、"奉行天罚"的神权法思想。《尚书·召诰》说："有夏受天命。"即夏王将自己看作"天"，其所作所为均是"天意"。殷商则创造了"上帝"，并将其视为"上帝"的子嗣，如"天命玄鸟，将而生商"；"有娀方将，帝立子生商"等。通

① 参见《明会典》卷一七七，《热审》。
② 《大清律·刑律·断狱》。

过这一理论，使得商朝的统治获得了合法性，商王的意志就是上帝的意志，服从王命就是服从天命，违抗王命等于违抗神命，就要受到"天罚"。成汤攻打夏桀时称："有夏多罪，天命殛之……夏氏有罪，予畏上帝，不敢不正……尔尚辅予一人致天之罚。"① 商朝在监狱的管理上亦奉行"天罚"思想，对囚犯施以桎梏束缚其自由。而在祭天活动中，更是将囚犯当作祭品，滥杀滥刑也在所难免；在用刑上表现为大肆采用斩、戮、炮烙、脯等大辟之刑。此外，殷商的统治者还实行劳役惩罚政策。曾担任过商王武丁的宰相的傅说被囚于"圜土"并被处罚在傅险之地作筑城的劳役的传说可证实这一点。《墨子·尚贤下》载："昔者傅说，居北海之州，圜土之上，衣褐戴索，庸筑于傅险之城。"《史记·殷本纪》亦载："（傅）说为胥靡，筑于傅险。"

西周统治者除了继承夏商时期的天命天罚思想外，进一步提出了"以德配天"、"明德慎罚"的思想，改变了夏商"恃天命"、"擅刑杀"的暴虐方式。其主张尚德、敬德，在刑罚适用上要宽严适中，不得"乱罚无罪，杀无辜"。这种思想不仅对西周的法制运作产生了重大影响，还对后世产生了深远的影响。

"明德慎罚"这一思想在狱政上表现为：

一是创设"三赦"之法、"三宥"之法及"三赦"之法，并"以此三法求民情，断民中，而施上服、下服之罪，然后刑杀"②。二是"永念厥辟"，明法慎刑。"永念厥辟"即尊重事实，严格按照法律办事。周公曾告诫康叔说："罚蔽殷彝，用其义刑义杀，勿庸以次汝封。"③在告诫成王时亦道："不永念厥辟，不宽绰厥心，刑乱无罪，杀无辜怨有同，是从于厥身。"④明法慎刑主要指行刑须明其犯意。"小人有罪，非眚，乃惟终，自作不典，式尔，有厥罪小，乃不可不杀。乃有大罪，非终，乃惟眚灾，适尔，既道极厥辜，时乃不可杀。"⑤三是"丕蔽要囚"，慎之又慎。《尚书·康诰》载："要囚，服念五六日，至于旬时，丕蔽要囚"，即在判决前，要考察犯人的供词，考察五到六天，甚至十天，做到"义刑义杀"。若罪疑，则减等处罚，"五刑之疑有赦，五罚之疑有赦，其审克之"⑥。四是形成以圜土之制、嘉石之制为名的徒刑、拘役等刑罚，以及赎刑等制度作为五刑的补充，不再单纯是伤及人肢体、生命的酷刑。如《周礼·秋官·司圜》所载："凡圜土之刑人也，不亏体；其罚人也，不亏财。"⑦《周礼·秋官·掌戮》载："墨者使守门，劓者使守关，宫者使守内，刖者使守囿，髡者使守积。"⑧五是发展了"疑罪有赦"、"疑罪从赎"的赦宥观。此外，对于幼弱、妇女之罪要加以宽容，"至于敬寡，至于属妇，合由以容"⑨。

但西周同样经历了一个由盛而衰的过程，其晚期厉王暴政引发国人暴动直至灭亡。在这样一个政局动荡的时代里，其监狱必定是黑暗、无法度的。

---

① 《尚书·汤誓》。
② 《周礼·秋官·司刺》。
③ 《尚书·康诰》。
④ 《尚书·无逸》。
⑤ 《尚书·康诰》。
⑥ 《尚书·吕刑》。
⑦ 《周礼·秋官·司圜》。
⑧ 《周礼·秋官·掌戮》。
⑨ 《尚书·康诰》。

二、秦汉魏晋南北朝时期的狱政

(一) 秦

自秦国商鞅变法起至秦朝灭亡,其一直奉行法家学说,形成了"缘法而治"的传统。秦朝建立后,上至嬴政,下到李斯都极力主张继续推行商鞅变法以来的法家思想和政策,并以韩非提出的"法"、"术"、"势"三者结合的"法治"理论作为帝国指导思想,将重刑主义发展到极致。在法家理论指导下,"事皆决于法",继续推行"繁法而严刑"的刑法思想,用严刑酷法加强对人民的统治。所谓秦朝"遂毁先王之法,灭礼议之官,专任刑法"①,"专任狱吏……乐以刑杀为威"②。其所奉行的重刑主义政策,必然最大限度地发挥监狱的惩罚功能,以致造成"奸邪并生,褐衣塞路,囹圄成市,天下愁怨,溃而叛之"之景况。③

(二) 两汉

两汉狱政情况呈现出发展较为不平衡的特点,囚徒在监狱中的处境,前、后汉有明显区别。前汉时期,中都官狱狱吏肆行残暴,讨取索要,无所不用其极。而当时的朝廷又无明确法令对狱吏的肆行予以约束,监犯被凌辱、被折磨司空见惯。司马迁在《报任安书》一文中说到:"今交手足于木索,暴肌肤受榜箠,幽于圜墙之中,当此之时,见狱吏则头枪地,视徒隶则心惕息,何者? 积威约之执也。及已至此,言不辱者,所谓强颜耳,曷贵乎!"④ 又《汉书·周勃传》载:"其后人有上书告勃欲反,下廷尉,逮捕勃治之。勃恐,不知置辞,吏稍侵辱之。勃以千金与狱吏,狱吏乃书牍背视之……勃即出,曰:'吾尝将百万军,然安知狱吏之贵也。'"周勃贵为将军、丞相,爵封列侯,陷狱而受狱吏侵辱,以致发出"吾尝将百万军,然安知狱吏之贵乎"之感叹,可见汉时狱吏之横行无忌到了何种地步。狱吏审问囚犯,刑讯逼供是其常用之手段。周勃之子周亚夫曾任太尉、丞相,后因陷被送廷尉狱。廷尉问他为何要造反,周亚夫回答说:"臣所买器乃葬器也,何谓反乎?"而狱吏强词夺理说:"君纵不欲反地上,即欲反地下耳。"并侵辱甚急,逼周亚夫绝食呕血而死。⑤

《汉书·韩安国传》载:"其后安国坐法抵罪,蒙(县地名)狱吏田甲辱安国。安国曰:'死灰独不复燃乎?'甲曰:'燃即溺之。'"可见汉代狱吏之横行是毫无顾忌的。

汉宣帝之前的诸位皇帝不仅无整治狱吏,惜人生命之恩诏发表,相反,对于好杀行威之吏,朝廷则大加赏识,并予以升官加爵。张汤、杜周之辈皆得肆其胸意,深得武帝赏识。王温舒从亭长做起,因他治狱有功并以杀人为快,亦累得武帝恩赏,官至中尉。传说他"多诏,善事有势者,既无势,视之如奴。有势家,虽有奸如山,弗犯;无势,虽贵戚,必侵辱。舞文巧请下户之猾,以动大豪。其治中尉如此。奸猾穷治,大氐尽糜烂狱中"⑥。"大氐尽糜烂狱中"至少说明当时中尉所属的寺互、都船狱的犯人受辱致死的状况已到了令人发指

---

① 《汉书》卷二十三,《刑法志》。
② 《史记》卷六,《秦始皇本纪》。
③ 《汉书》卷二十三,《刑法志》。
④ 《汉书》卷六十二,《司马迁传》。
⑤ 参见《汉书》卷四十,《周亚夫传》。
⑥ 《汉书》卷九十,《酷吏王温舒传》。

的地步。

汉宣帝即位之初，郡县狱吏出身的路温舒上书，希望宣帝能够尚德缓刑。他在奏书中说："臣闻秦有十失，其一尚存，治狱之吏是也。秦之时，羞文学，好武勇，贱仁义之士，贵治狱之吏，此秦之所以亡天下也。方今天下……太平未洽者，狱乱之也。夫狱者，天下之大命也，死者不可复生，绝者不可复属。《书》曰：'与其杀辜，宁失不经。'今治狱吏则不然，上下相殴，以刻为明；深者获公名，平者多后患。故治狱之吏皆欲人死，非憎人也，自安之道在人之死。是以死人之血流离于市，被刑之徒比肩而立，大辟之计岁以万数，此仁圣之所以伤也。太平之未洽，凡以此也。夫人情安则乐生，痛则思死，棰楚之下，何求而不得，故囚人不胜痛，则饰辞以视之，吏治者利其然，则指道以明之；上奏畏却，则锻炼而周内之。盖奏当之成，虽咎繇（即皋陶）听之，犹以为死有余辜。何则？成练者众，文致之罪明也。是以狱吏专为深刻，残贼而无极，偷为一切（偷，苟且也，一切，权时也）不顾国患，此世之大贼也。故俗语曰：'画地为狱，议不入，刻木为吏，期不对。'此皆疾吏之风，悲痛之辞也。故天下之患，莫深于狱；败法乱正，离亲塞道，莫甚于治狱之吏。此所谓一尚存者也。"① 宣帝起自民间，自小就在监狱度过，对狱吏之横行侵辱当自有深刻体会。他看到路温舒的奏书后随即下诏曰："间者吏用法，巧文寝深，是朕之不德也。夫决狱不当，使有罪兴邪，不辜蒙戮，父子悲恨，朕甚伤之。今遣廷史与郡鞠狱，任轻禄薄，其为置廷平，秩六百石，员四人。其务平之以称朕意。"② 但置廷尉平，并不能解决狱吏横行的问题，涿郡太守郑昌认为是"不正其本，以理其末"③。地节四年（前66年）宣帝又下诏曰："令甲，死者不可生，刑者不可息。此先帝之所重，而吏未称。今系者或以掠辜若饥寒瘐死狱中，何用心逆人道也！朕甚痛之。其令郡国岁上系囚以掠笞若瘐死者所坐名、县、爵、里，丞相御史课殿最以闻。"④ 这是汉代皇帝就囚徒受凌辱侵害而死发布的第一个诏令。但这个诏令也仅仅表示了宣帝本人对于狱囚之遭掠笞或饥寒而死者的怜悯，而并无改革狱政管理的具体措施，也没有涉及对违法狱吏的惩处，因之这个诏令究竟产生了多大的实际作用值得怀疑。班固在《刑法志》中写道："考自昭、宣、元、成、哀、平六世之间，断狱殊死，率岁千余口而一人，耐罪上至右止，三倍有余……今郡国被刑而死者岁以万数，天下狱二千余所，其冤死者多少相复，狱不减一人，此和气所以未洽也……今之狱吏，上下相驱，以刻为明，深者获功名，平者多后患。谚曰：'鬻棺者欲岁之疫'，非憎人欲杀之，利在于人死也。今治狱吏欲陷害人，亦犹此矣。凡此五疾，狱刑所以尤多者也。"⑤

东汉中兴，光武帝则以行仁政为务。汉武帝以来的监狱多被裁汰。⑥ 光武帝即位的第二年下诏曰："顷狱多冤人，用刑深刻，朕甚愍之。孔子曰：'刑罚不中，则民无所措手足。'其与中二千石、诸大夫、博士、议郎议省刑罚。"⑦ 班固认为，"自建武、永平，民亦新免兵

---

① 《汉书》卷五十一，《路温舒传》。

② 《汉书》卷二十三，《刑法志》。

③ 《汉书》卷二十三，《刑法志》。

④ 《汉书》卷八，《宣帝纪》。

⑤ 《汉书》卷二十三，《刑法志》。

⑥ 前引《后汉书·百官志》载："孝武帝以下署中都官狱二十六所世祖中兴皆省。"而《通考·刑考二》则曰："东汉有中都官狱二十六所，惟廷尉及洛阳有诏狱。"

⑦ 《文献通考》卷一六三，《刑考二》。

革之祸，人有乐生之虑，与高、惠之间同。而政在抑强扶弱，朝无威逼之臣，邑无豪桀之侠。以口率计，断狱少于成哀之间什八，可谓清矣。然而未能称意比隆于古者，以其疾未尽除，而刑本不正"①。

东汉较之西汉的一个明显变化是朝廷对囚犯给予了较多的关注，自光武帝以下，东汉十数次下诏对囚犯减刑免刑。一些官吏在实践中也在改变过去一味对囚犯刑责、侵辱的做法，而是注意通过采取一些措施对囚犯进行感化，从而达到教育狱囚改过自新的目的。一些地方官甚至允许囚犯妻子入狱与丈夫同居生子。② 此外东汉朝廷允许狱囚用钱赎刑，或令其从军服役以减死刑，或无条件免减罪行等措施，缓减了在押囚犯人数。同时，东汉朝廷屡屡下诏禁止榜笞囚徒，改善监狱条件，减少了囚徒死于饥寒榜笞的比例。

（三）魏晋南北朝

魏晋南北朝时期是古代中国的乱世，纵观这一时期的狱政情况，其狱囚管理比较混乱，囚徒的处境与两汉相比更为悲惨。

魏晋南朝时期，门阀士族主宰政务，他们普遍贱视刑法与刑官，士族中极少有人愿意担任各级各类刑官狱吏职务。正如卫觊在上奏中所说："刑法者，国家之所贵重，而私议之所轻贱。狱吏者，百姓之所悬命，而选用之所卑下。"③

卫觊所言是魏晋之际的情况，东晋南朝则尤甚。梁武帝时，"帝锐意儒雅，疏简刑法，自公卿大臣，咸不以鞫狱留意"④。由于士族轻视刑官狱吏，因而担任这类职务者多为寒门庶士，加之政府的管理失察，刑官狱吏因缘为奸的现象十分普遍。"奸吏招权，巧文弄法，货贿成市，多致枉滥。"⑤ 卫觊在上奏中说："律文烦广，事比众多，离本依末。决狱之吏，如廷尉吏范洪受囚绢二丈，附轻法论之，狱吏刘象受属，偏考囚张茂物故，附重法论之。洪象虽皆弃市，而轻枉者相继。"⑥ 梁武帝大同中，太子上疏谈到了梁朝狱政的混乱情况，他说："切见南北效坛、材官、车府、太官下省、左装等处上启，并请四五岁以下轻囚，助充使役。自有刑均罪等，衍目不异，而甲付钱罢，乙配效坛。钱署三所，于事为剧。郊坛六处，在役则优。今听狱官详其可否，舞文之路，自此而生。公平难遇其人，流泉易启其齿，将恐玉科重轻，金关墨绶，金书去取，更由丹笔。愚谓宜详立条制，以为永准。"⑦ 太子疏中所谈及轻囚充役，完全由狱吏决定。而所充之役，优剧有别，狱吏操纵，舞文巧法，自不可避免。

北朝是少数民族建立的政权，与两晋南朝士族轻视刑官狱吏的传统不同，北朝统治者比较重视刑法的制定，也不贱视刑官狱吏。因而狱政管理相对有条理一些，但这不能与前之汉，后之唐相比较。在狱政管理上，北朝最突出的问题是随心所欲的因素甚多。如北魏显祖末年尤重刑罚，言及常用恻怆。每于狱案，必令覆鞫，诸有囚系，或积年不断。群臣颇以为

① 《汉书》卷二十三，《刑法志》。
② 参见《后汉书》卷二十九，《鲍昱传》。
③ 《通志·刑法略》；《晋书》卷三十，《刑法志》。
④ 《隋书》卷二十五，《刑法志》。
⑤ 《隋书》卷二十五，《刑法志》。
⑥ 《通志·刑法略》。
⑦ 《隋书》卷二十五，《刑法志》。

言。帝曰："狱滞虽非治体，不犹愈乎仓率而滥也。夫人幽苦则思善，故囹圄与福堂同居。朕欲其改悔，而加以轻恕耳。由是囚系虽淹滞，而刑罚多得其所。"[1] 囚狱积年不断，显祖尚强词夺理，自以为是。这种思维很难在其他朝代皇帝的言论中体现。

三、唐宋元明清时期的狱政

（一）唐代

刑狱管理的清浊与否，与当时朝政的清明程度有直接关系。唐朝前期出现了中国历史上的"贞观之治"与"开元盛世"。唐初，李世民提出了"仁本、刑末"的宽仁治狱思想，在贞观时期的监狱管理中得到了较好的执行和体现，如男女异狱制度的施行、拷囚制度的建立、颂系制度的推行、虑囚制度的发展等等，一定程度上改变了隋末刑罚威狱的苛政。但唐中后期的政治受宦官乱政、朋党相争之干扰，朝政一天天败坏下去，而独求刑狱官吏公正廉明，只能是缘木求鱼而已。尽管唐后期的皇帝累下明勅，要求慎刑恤狱，但并无实际作用。唐懿宗咸通四年（873 年）五月敕："……狱吏苛刻，务在舞文，守臣因循，罕闻亲事，以此械系之辈，溢于狴牢，逮捕之徒，繁下于简牍，实伤和气……其诸州府罪人，并委本道十日内速理，或信任人吏，生情系留，观察使判官、州府本曹官，必加惩谴。"[2] 唐懿宗此勅的主要意义，只在于告诉后人其时刑狱的实际状况，狱吏苛刻，务在舞文，囚徒众多，监牢难以容纳。至于"必加惩谴之词"，并不可能有实际效用。

（二）宋元

虽然宋代的狱政管理制度比较健全，但作为封建社会的监狱，制度与现实之间必然存在较大的距离。虽然政府有明确的规定，但监狱未必会依照执行，即使执行，也会大打折扣。尤其是南宋后期，统治者日益腐败，执政能力日渐萎缩，皇帝虽有心于狱政，但也是鞭长莫及，政策无法到位，以致狱政的黑暗也日甚一日。

宋理宗（1225 年—1265 年在位）起自民间，具知刑狱之弊。初即位，即诏天下恤刑，又亲制《审刑铭》以警其位。每岁在暑，必临轩虑囚。但是，"天下之狱不胜其酷，每岁冬夏，诏提刑行郡决囚，提刑惮行，悉委卒贰，卒贰不行，复委幕属。所委之人，类皆肆行威福，以要馈遗。监司、郡守，擅作威福，意所欲杀，则令入其当黥之由，意所欲杀，则令证其当死之罪，呼喝吏卒，严限时日，监勒招承，催促结款。而又擅置狱具，非法残民，或断薪为杖，掊击手足，名曰'掉柴'；或木索并施，夹两胫，名曰'夹帮'；或缠绳于首，加以木楔；名曰'脑箍'；或反缚跪地，短竖坚木，交辫两股，令狱卒跳跃于上，谓之'超棍'，痛深骨髓，几致殒命。"[3]

以前允许州县弹压盗贼奸暴，"罪不至配者，故拘锁之，俾之省愆"。但规定了期限，"或一月、两月，或一季、半年，虽承锁者亦有期限，有口食"。而到了理宗时期，"州县残忍，拘锁者竟无限日，不支口食，淹滞囚系，死而后已"。更有甚者，"以己私摧折手足，拘锁尉砦。亦有豪强赂吏，罗织平民而囚杀之。甚至户婚词讼，亦皆收禁。有饮食不充，饥饿

① 《魏书》卷一一一，《刑罚志》。
② 《唐会要》卷四十，《君上慎恤》。
③ 《宋史》卷二〇〇，《刑法志二》。

而死者；有无力请求，吏卒凌虐而死者；有为两词赂遣，苦楚而死者。惧其发觉，先以病中，名曰'监医'，实则已死；名曰'病死'，实则杀之。至度宗时，虽累诏切责而禁止之，终莫能胜，而国亡矣"①。

上面所引述的这两则资料，比较清楚地反映了宋代末期狱政的黑暗与监狱官吏的专横暴虐，这恐怕也是封建社会监狱的顽疾。

元代的监狱规定涉及方方面面，规定不谓不细，恤刑不谓不宽，但实际状况并非如此。元代实行种族压迫，在法律上汉人、南人与蒙古人、色目人之间悬殊甚大，南人、汉人犯罪受到的惩罚比蒙古人、色目人要严厉得多。在监狱管理方面，南人、汉人囚犯所受的待遇也大大低于蒙古人、色目人囚犯。元代的一些恤囚规定，也多是为蒙古人、色目人囚犯而设，汉人、南人囚犯难于获得其体恤。

（三）明朝

有明一代君主独裁制更为突出，在朱元璋"刑乱国用重典"之思想指导下，其刑罚制度更加严酷。尤其是明中后期，宦官干预狱政，厂卫操纵刑狱，狱政更加黑暗。

尽管《大明律》较之《唐律疏议》，在监狱管理方面其律条规定比唐律更为宽松与人性化。但是，律条与实际实施状况之间却有相当大的距离。《大明律》虽几经修改，花了近三十年时间才最后修订完成，而且迄明朝一代亦不曾再予修改，但即使在朱元璋时期，《大明律》的法律效力也很成问题。朱元璋针对官吏贪污犯罪所发布的《大诰》其法律效力就优于《大明律》。此外，明代的司法机构，除了常设机构外，朱元璋时设锦衣卫特务组织，明成祖时设东厂，明宪宗时设西厂，明武宗设内行厂。这些新机构的设置，多操纵于亲信宦官之手，他们践踏法律，制造冤狱，实行恐怖统治。在监狱方面，锦衣卫狱"幽絷惨酷，害无甚于此者"②。《大明律》所规定的对待囚犯的人性化措施，几被弃之殆尽。监狱在厂卫的控制之下，成了真正的人间地狱。明成祖永乐九年（1411年）十一月，刑科曹润言："昔以天寒，审释轻囚。今囚或淹一年以上，且一月间瘐死者九百三十人，狱吏之毒所不忍言。"③ 嘉靖六年（1573年），给事中周郎上书言："此者狱吏苛刻，犯无轻重，概加幽系，案无新故，动引岁时。意喻色授之间，论奏未成，囚骨已糜。又况偏州下邑，督察不及，奸吏悍卒，倚狱为市，或扼其饮食以困之，或徙之秽溷以苦之，备诸痛楚，十不一生。臣观律令所载，凡逮系囚犯，老疾必散收，轻重以类分，枷杻荐席必以时饬，凉浆暖匣必以时备，无家者给之衣服，有疾者予之医药，淹禁有科，疏决有诏。此祖宗良法美意，宜敕臣下同为奉行。"④ 周郎的上书，对明代监狱奸吏悍卒倚狱为市，囚犯备诸痛楚惨状之描述，说明明代律文形同虚设。监狱黑暗亦非一时一地，而是涉及偏州下邑。明代由于厂卫的猖獗，导致"冤滥满狱"。嘉靖时，有些执法官提出减囚犯死罪，嘉靖帝认为诸囚罪该不赦，执法官乃"假借恩例纵奸坏法，黜降寺丞以下有差"，甚至削除刑部尚书吴山职务。⑤

---

① 《宋史》卷二〇〇，《刑法志二》。
② 《明史》卷九十五，《刑法志三》。
③ 《明史》卷九十四，《刑法志二》。
④ 《明史》卷九十四，《刑法志二》。
⑤ 参见《明史》卷九十四，《刑法志二》。

万历时，朝政黑暗，监狱更是悲苦非常。刑科给事中杨应文言："……狱禁森严，水火不入，疫疠之气，充斥囹圄。"卫使骆思慕亦言："……镇抚司监犯且二百，多抛瓦声冤。"镇抚司陆逵亦言："狱囚怨恨，有持刀断指者。"① 魏忠贤当政时，监狱成了他打击政敌、滥施淫威的处所。当时东林党人杨涟、左光斗在狱中受全刑（全刑者曰械、曰镣、曰棍、曰拶、曰夹棍），五毒备具，血肉溃烂。而且杨、左二人被锁头拉死后，"停数日，苇席裹尸出牢户，虫蛆腐体。狱中事秘，其家人或不知死日"②。而《大明律·断狱·功臣应禁亲人入视》条明文规定："凡功臣及五品以上官犯罪应禁者，许令亲人入视……在禁及死所，或中途病死者……差人引领亲人……违者，杖六十。"从杨涟、左光斗之死来看，律条乃图具空文，对权倾天下的宦官及其爪牙们来说，任何律条都不过是可以胡乱扔弃的破烂而已。

（四）清朝

清代监狱管理，比之明代更为细化与有效。明代法律虽也详尽细致，但最高统治者多将其束之高阁，加上厂卫横行，致使监狱管理一片昏暗。清朝统治者多能自觉将其行为宥于法律规定之范围，且清朝未出现明朝那样的严重失控现象，法律总是处在有效的状态，因而监狱的管理比明代更为常规与有效。当然，清朝监狱也存在实际和普遍的黑暗，狱中虐待犯人致死的情况也是非常严重，每年监狱中"瘐毙"者甚多，狱卒呈报为"治疗不愈而死"。狱中的生活状况也远比《大清律例》所规定的要差得多。

《清史稿·刑法志》在谈到清代监狱，"夏备凉浆，冬设暖床，疾病给医药"时也不能不承认："无如州县惧其延误，每有班馆差带诸名目，胥役藉端虐诈，弊窦丛滋。虽屡经内外臣工参奏，不能革也。"③ 清人方苞在其《狱中杂记》中揭露："康熙五十一年三月（1652年），余在刑部役，见死而由窦出者日三四人，有洪洞令杜君者，作而言曰：'此役作也，今时顺正，死者尚稀，往岁日多至日十数人。'余曰：'何刑部系囚之多至此？'杜君曰：'刑部……十四司正副郎好事者及书吏、狱官、禁卒皆利系者之多，少有连必多方钩致。苟入狱不问罪之有无，必械手足，置老监，俾固苦不可忍，然后导以取保，出居于外，置其家之所有以为剂，而与吏部分焉。'"④ 如此看来，监狱人满并非犯罪人多，而是狱方为获取利益，把一些不相干连的人硬扯进某个案犯之中，使他们在狱中受尽痛苦，最后只能以家产作抵押，取保释放。一些身体瘦弱者，或家中财产不丰者，就可能被活活折磨死去，以致刑部监狱每日死去者有十数人之多。

清律虽然明文规定禁止"擅设会、铺、所、店等名，私禁轻罪人犯"，但是禁而不止。清代刑事诉讼中，不仅案犯、嫌疑犯被拘捕，而且证人、乡邻、户亲都要被强制性拘传。监狱容纳不下，就将其临时关押在设于官衙旁边的三班衙役的值房里，以便进行敲诈勒索。这种关押地方称之为班房，实际是清代的变相监狱。

---

① 《明史》卷九十五，《刑法三》。
② 《明史》卷九十五，《刑法三》。
③ 《清史稿》卷一四四，《刑法三》。
④ 张晋藩主编：《中国法制史》，北京，中国政法大学出版社，1999。

第五节　简评

监狱作为古代王权的专制工具之一，泛指依凭国家强制力，拘捕、限制人身自由之关押或服役场所。它的发展流变反映了古代中国社会从野蛮到文明的进程，可以从中窥视一脉相承的中华文明。古代监狱之称谓，明朝之前统称为"狱"，明朝起则称为"监"，清代将其合称为"监狱"。从其起源上看，古代监狱滥觞于龙山文化的尧舜时期，秦汉、魏晋南北朝时期得到了重大发展并逐步向臻于成熟的唐宋监狱制度过渡，晚近的元明清三朝则发生了较大的改变。在设置上，随着秦朝郡县制的确立，古代监狱则可分为京师或中央监狱与地方监狱两大系统。

狱官的产生与监狱制度的确立紧密相连，监狱的出现自然需要专人负责监狱的管理，狱官的出现与监狱的产生同步。对于古代狱官，应从两方面加以认识：一方面，由于古代司法运作机制表现为司法与行政合一，司法行为附属于行政行为，各级行政长官充分享有监狱管理权，是理所当然的狱官，如秦朝之廷尉位列三公，是中央司法机关的长官，也是秦代中央监狱之狱官；另一方面，在"官"之外还有着数量庞大的地位低下的"狱吏"阶层，这是我们不能不注意的，在监狱具体事务的管理上，更多的是由狱吏加以操使，如狱丞、典狱、狱掾、司狱、提牢、狱子等等。

狱法，即掌理监狱、狱讼之法。其包括两方面的内容：一是对狱囚的狱具、衣食供给、劳役等方面的管理，二是对监狱官吏者狱官的要求与限制，其更多地表现为狱官的责任。此处所论述的狱法重点在于后者，即从宏观上阐释古代的监狱立法与古代狱法对狱官的各种责任要求。

古代监狱的根本功能在于惩罚与教育，对囚犯进行管理中必然涉及狱具的使用、犯人的拘捕与囚禁、囚粮囚衣等物品的供给、病囚的管理等方面的内容。具体而言为：

狱具，亦称"戒具"，即古代监狱为防止禁系者越狱、行凶等活动，用一定器械来限制其行动自由的刑具。各朝均规定了狱具的具体标准及其适用，从狱具的种类来看，主要有桎、梏、杻、枷、钳、锁、笞、杖、铁索、脚镣等。

禁系，亦称囚禁、囚系，即拘捕有关人员并用狱具将其囚而禁之以约束其行动自由的管理制度。禁系制度反映出设置古代监狱之根本功能——惩罚和教育。

囚犯的衣食供给及对病囚的管理构成了古代监狱狱囚管理制度的重要组成部分。对于囚徒的衣食，一般由囚徒家属供给；倘若由官府供给，则需延长劳役时间来抵消或由其家人按价交钱。在病囚的管理方面，唐、宋、明、清等朝均作了专门的规定，狱中囚徒生病，必须给药治疗，并对狱吏规定了相应的刑事责任，这是中国古代监狱管理制度上的一大特色。

而中国古代由于受儒家恤刑思想的影响，监狱管理制度方面的最大特点则莫过于赦宥制度，历代都把录囚作为一种善政而坚持下来。赦宥，乃指古代帝王基于赦令对囚犯免除或者减轻刑罚。从"宥"的本意上看，其有两重含义：一是宽免，即赦罪。《易·解》："君子以赦过宥罪。"《广雅·释言》："宥，赦也。"二是宽宏，《说文》："宥，宽也。"春秋战国时代，

"赦宥"则突破原初的含义，接近于后世之赦（即无论有心无心之罪，都可以赦免）并逐渐发展为"录囚"制度。由上古时期"赦宥"制度演变而成的"录囚"（亦称"恤囚"、"虑囚"）制度，最早始于西汉，发展于东汉，并逐渐制度化且为后世历朝历代所承继、发展。唐朝进一步发展了这一制度，主要表现为：一是皇帝录囚形成常制；二是扩大了录囚的内容，将录囚作为实行宽赦的重要典制；三是进一步完备了各级官吏录囚制度，使录囚成为各级官署的长行之制。高祖就曾"躬录囚徒"。明清两朝则在唐朝会审制基础上形成了完备的朝审、大审、热审、寒审、春审等形式的"会审制"，将古代录囚制度予以制度化。

　　监狱管理制度的制定与实施，就形成了所谓的狱政。但是，刑狱管理的清浊与否，与当时朝政的清明程度有直接关系。对于古代狱政应从两方面加以把握：一方面，古代狱政在制度的建构上受儒家思想的影响，其发展趋势经历了由野蛮到文明的过程；另一方面，由于古代法律缺乏独立性与自主性，其依附于古代王权政治，是古代王权政治的工具，导致了古代狱政的发展受制于权力，各朝各代的具体运作往往背离其制定的法律典章，造成狱政的黑暗。虽然整个古代社会的狱政管理制度得到了逐步健全，但作为封建社会的监狱，其制度与现实之间必然存在着较大的距离，随心所欲的人为因素居多，囚徒的处境悲惨。因此，整个古代社会狱政的黑暗现实是其常态，在乱世时期尤为明显。

第三编

运行机制

第十章

诉讼基本制度

在大约四千五百年前的尧舜时期，我国就产生了诉讼。[①] 而且在先秦以前，民事诉讼与刑事诉讼已有区别。[②] 无论是何种诉讼，一旦产生，就需要有保障诉讼运行的基本制度。所以，诸如管辖、回避、强制措施、期间和时效、辩护与代理等制度，在我国古代不同的历史时期随之建立，并随着历史的演进而发展。本章我们将按照法制自身变迁的脉络，而不是按照王朝更替和其他人为标准来解说古代诉讼基本制度史。"因法制之史的变迁，有如流水，不可因朝代而突变也；又不应依何种标准为断，因清水长流不得以汽或油代替也。"[③] 对每一种古代的诉讼基本制度，我们都是从上古叙述下来，阐明其起源、内容、流变和特征。在此基础上，寻找出若干带有规律性的东西，从而更好地把握传统诉讼基本制度的特质。

第一节　管　辖

审判是司法活动的中心环节，故中国历代王朝无不异常重视审判制度的建设，而明确各级司法机关在审判活动中的分工与权限，是保证审判活动正常进行的首要条件。中国古代的审判管辖大致可分为级别管辖、地域管辖和专门管辖三类。

一、级别管辖

关于中国古代有无级别管辖，学界有不同的看法。有学者认为："古代无所谓'级别管辖'，一切案件都应从最基层的县开始诉讼审理。《唐律疏议·斗讼律》称'凡诸辞讼，皆从

---

① 参见茅彭年：《中国刑事司法制度》，先秦卷，17页，北京，法律出版社，2001。

② 参见徐朝阳：《中国诉讼法溯源》，13页，台湾，"商务印书馆"印行，1973。

③ 陈顾远：《研究中国法制史之耕耘与收获概述》，载《陈顾远法律论文集》（上册），294页，台湾，台北联经出版事业公司，1982。

下始，从下至上'。"① 我们认为，根据案件的罪刑轻重而划分司法机构上下级之间的分工和权限，是中国古代历朝通例，只是由于各朝机构设置的不同而有变化。

（一）先秦

中国的审判制度，在夏商时代已经具备雏形。② 但"中国的信史自殷周以前尤是黑漆一团"，由于"文献不足征"，所以要说夏商时代审判管辖的情形如何，真是难于置答。

西周到春秋时期，尚未建立完整统一的审判机构，但是在中央和诸侯国，陆续出现了一些执掌审判的官职。而且在那时，司法和行政的分工相对明确。这种司法与行政分立的体制，沈家本称之为"尤西法与古法相同之大者"，不像传统社会中晚期，"州县官行政、司法混合为宜"③，愈往后，愈密切。

据儒家经典记载，周天子有最高的审判权，诸侯之间的争讼，由周王亲自审判。周王及各个诸侯国的宫廷里都设有"司寇"和"士师"，专门管辖中央一级的司法审判，负责打击贼寇等重大的刑事犯罪。在地方，有各层次的"士"，如乡士、遂士、县士和方士等，处理地方盗贼等事务，地方难于审理的案件，移送司寇审理。同级贵族之间的讼争，一般由上级贵族管辖。

战国时期，郡县制取代分封制。自此以降，帝国的政治结构明显地分为中央和地方，地方又分为京师和京师外地区。司法与行政开始不分，行政关系的复杂化和政治分工的进一步细致，使得划分司法机构上下级之间的分工和权限成为必要。所以，我们认为，战国时期是级别管辖制度的形成时期。《包山楚简》和云梦秦简上记载的案例表明④，秦、楚诉讼案件一般由当事人居住地或案发地的司法机构管辖，有重大影响的复杂疑难案件则上移直至朝廷一级的司法机构处理。至于诸侯或贵族间的诉讼，则须控告至周王或较大的诸侯、贵族处，请求裁断。

（二）秦汉

秦汉时期，中央官僚体系的主体，是丞相、太尉和御史大夫组成的三公和九卿制度。丞相（后改称大司徒）、太尉（后改称大司马）和御史大夫（后改称大司空）常奉诏讨论重大案件，提出判决意见，参与司法活动。九卿之一的廷尉是主管全国审判活动的官员，至东汉时，廷尉已经演变为一个较庞大的审判主管机关。秦汉时，凡遇重大案件通常交给廷尉审理。如汉文帝时的犯跸案和高祖庙座前玉环被盗案，都是由廷尉张释之审断的。廷尉的另一职责是复审各地上报的大案、疑案，"覆案虚实，行其诛罚"⑤。当然，凡重大案件，无论是

① 叶孝信主编：《中国法制史》，189页，上海，复旦大学出版社，2002。叶教授认为中国古代——可推测为是指宋代以前的时期无级别管辖，因为他在前引书的第230页指出，宋代的审判管辖大致可分为级别管辖、专门管辖和地区管辖三种。

② 参见程维荣：《中国审判制度史》，16页，上海，上海教育出版社，2001。

③ 沈家本：《寄簃文存》卷六。

④ 《睡虎地秦墓竹简·封诊式·封守》载："乡某爰书：以某县丞某书，封有鞫者某里士伍甲家室、妻、子、臣妾、衣器、畜产。"云梦秦简《语书》云："南郡守腾谓县、道啬夫……今且令人案行之，举劾不从者，致以律，论及令、丞。又且课县，独多犯令而令、丞弗得者，以令、丞闻。"《包山楚简》第22、24、30、42、68、74诸简所记载的案件。

⑤ 《汉书·吕强传》。

承担初审还是复审，廷尉均须奏请皇帝裁决。

秦汉时，地方行政长官审理当地案件。秦京师地区置内史，西汉京师及周围地区为三辅，分设京兆尹、左冯翊、右扶风。由于地处要害，这些官员可以直接受理、决断大案，无须报经廷尉。如张敞为京兆尹，断长安偷盗，"穷治所犯，或一人百余发，尽行法罚"①。东汉置都洛阳，洛阳令受理京城案件，权势甚重，"强项令"董宣处死湖阳公主家奴就是著例。

秦汉时期，地方主要分为郡、县两级。② 郡守审断或者复核案狱；县令（长）受理当地的一般民刑案件；县以下为乡，置有秩掌全乡，又有三老、游徼、啬夫，处理民间纠纷及轻微刑事案件。由于乡、里不是一级司法机构，所以乡、里重在调解息讼，不能定罪量刑。

（三）三国两晋南北朝

三国两晋南北朝的级别管辖与秦汉时期有着密切的渊源关系。当然，在分裂割据时代，审判机构在各朝不尽一致。③ 三国两晋南北朝时期，大体上是县、郡、州、廷尉（或大理）④、皇帝五级五审。一般案件由县审理，但县没有判决死刑权。稍微严重的案件，可以直接起诉到郡、州，以郡、州为一审。一般而言，州有权判决死刑，但须报皇帝核准。凡涉及谋反或者贵族官僚等犯罪的重大案件，须由中央司法机关审判，并经皇帝批准。可见，这时期的级别管辖与秦汉时期没有实质上的差异。值得特别说明的是，三国两晋南北朝时期审判制度的门阀化，从魏晋起，为适应保护皇亲国戚、贵族官僚司法特权的需要，法律明确规定了八议制度，凡属八议之人犯重罪，官府无权受理，必须奏请皇帝裁决。八议制度对后世影响深远。

（四）隋唐

在隋唐时期的专制体制中，包括有中书、尚书和门下等三省，吏、户、礼、兵、刑、工等六部，以及各寺、台、监、府和地方上的各级官僚行政机构。当时的审判管辖，就是与这套政治体制相适应的。隋唐大体实行四级四审：县、州、大理寺及皇帝。一般而言，笞杖刑在地方由县、在京师由所在官府自行判决；徒刑案件由县级司法机关受理，审判后交州复核；流、死刑案件由州级司法机关受理，审断后交刑部复核。在中央有大理寺、刑部和御史台三个专门司法机关，其中大理寺承担主要的审判职责。"大理寺负责审理的案件有京师百官犯罪及京师徒刑以上案件，同时，对刑部移送的地方疑难案件有参审权。凡狱案过期未决者，都由大理寺负责重审或判决。凡京师与地方官吏有犯，经断奏迄而仍然称冤的，也由大理寺审详其状。"⑤ 虽然刑部不是主要的审判机关，是复核机关，而御史台为监察机关，但二者在实际审判中有很大的权势。在京诸司，徒刑以上送大理寺，杖刑以下则由刑部本司处断。御史作为皇帝耳目，经常被特别派往审理案件。所有死刑案件均须经皇帝核准才能执

---

① 《折狱龟鉴》卷七。

② 东汉州刺史或州牧，逐渐成为地方上常设的一级行政区域的长官，可以独立审判和复审案件，到东汉末年，州牧大都成为割据一方的军阀。

③ 参见程维荣：《中国审判制度史》，61 页。

④ 三国两晋南北朝时期，中央审判机构的一个重大变化是廷尉呈现向大理寺过渡的趋势。南北朝大理寺最终成为中央主要的审判机构。

⑤ 程维荣：《中国审判制度史》，88 页。

行。隋唐时期的级别管辖，体现了审判过程中各级别之间的权力分配和中央机构之间的互为牵制的关系。

隋唐是中国古代诉讼级别管辖制度的定型与成熟时期。《唐六典》卷六和注曰："诸有犯罪者，皆从所发州县推而断之；在京诸司，则徒以上送大理，杖以下当司断之。若金吾纠获，亦送大理。"这是现有文献资料中最早记载各级司法机构审判权限与分工的法律规定。以刑种划分不同层级司法机关的受案范围和终审权限，使各级司法机构的审判权限与分工较以前更为细致和明确，体现了隋唐时期级别管辖制度的进步，对后世影响深远。

（五）宋、元、明、清

宋、元、明、清的级别管辖制度基本上是沿袭唐的级别管辖制度而略有不同。以下略而述之，着重说明这些朝代级别管辖制度的差异与发展。

宋代的地方级别管辖分三级。第一级是县机关，审判权限为杖以下轻罪，宋太宗时规定："杖罪以下，县长吏决谴。"① 而对徒以上的狱案，须将案情审理清楚，报州判决，宋代谓之"结解"。第二级是州级机关（同级包括府、军、监）。唐代州级只有徒以下的管辖权。宋代赋予州级机关以更大的司法管辖权。神宗元丰改制以前，州可以对包括死刑在内的大小案件进行判决，元丰改制以后，死刑案件须经路级提刑司详复后才能执行。第三级是路转运司、提点刑狱司等机关。元丰改制以后，"路"始成为地方的最高审级，主管无疑难的死刑案件的终审权。

元朝是一个少数民族政权，在承袭宋代法制的基础上，形成了具有自身特色的级别管辖。根据元朝法律规定，对于普通的刑、民事案件，杖五十七以下，由（录事）司、县决断；杖八十七以下，由散府、州、郡决断；杖一百零七以下，由宣慰司、总管府决断。②

明代大大加强了君主专制中央集权的政治制度，相应地在级别管辖上，司法审判权归于中央朝廷，中央的司法机构得到了空前的扩张。相反，基层的司法机构却有所裁减。明代中央主要的司法机构称为"三法司"，即刑部、大理寺和都察院。但明代将会审制度化，通过制度化的会审参与审判重大案件的中央司法机构还有内阁、司礼监、东厂、锦衣卫以及其他机关。③ 明代特务机构"厂卫"设立了直属于皇帝的专门预审机构——北镇抚司，这是明代级别管辖的特色。

明代的州县只能自行审结杖一百以下的案件，称之为"自理词讼"。从审级上而言，明代的府只是单纯的复审机构，本身并无权审结案件。明代实行严格的案件复审制度，一个案件总是从基层开始，在查清事实拟定处罚后，案件都必须经过县、府、省按察使司、朝廷刑部等一级官府的复审，直到有权作出终审判决的机构为止。

清代律例基本沿袭明代的级别管辖制度，恕不赘述。

二、地域管辖

级别管辖是确定案件由哪一级或哪一种机关审判的问题，而地域管辖则是确定案件由同

---

① 《宋会要辑稿·刑法》三之一一一，至道元年五月二十八日诏。

② 参见《元典章·刑部一》。

③ 关于明代的会审制度和中央司法机构的详情，可参阅那思陆：《明代中央司法审判制度》，北京，北京大学出版社，2004。

一级或同一种机关中的哪一个机关审判的问题。戴炎辉认为，我国古代"地方裁判机关，以所辖行政区域为其管辖区域，亦即是其土地管辖。盖通常情形，地方长官兼理行政与司法，并无裁判机关之特别的管辖"①。此说虽不无正确，但仅简要描述了通常情形下土地管辖的概貌，失之详细。在古代社会里，案情也是极其纷繁复杂的，当原告和被告不属于同一行政区域时，当被害人死亡而犯罪人逃逸时，当同一人或同伙人在不同的行政区域内犯数罪时，等等，对于这些跨区域案件，又该如何管辖？这些都是地域管辖的问题。

由于唐以前的法典全部亡佚，所以，对唐以前的地域管辖，我们只能通过出土文物及其他文献资料窥见一斑。

战国时期的秦国和秦朝，案件一般主要由居住地或发案地的司法机构管辖。云梦秦简《封诊式》记载的二十三个办案式例中，绝大部分的内容都可说明案件是由被告或原告人所在县司法机构承办的。如《封诊式·封守》曰："乡某爰书：以某县丞某书，封有鞫者某里士伍甲家室、妻、子、臣妾、衣器、畜产。"对于跨地区案件的管辖，《封诊式·有鞫》记载了一则办案式例："敢告某县主：男子某有鞫，辞曰：'士伍，居某里。'可定名事里，所坐论云何，何罪赦，或覆问无有，遣识者以律封守，当腾，腾皆为报，敢告主。"这是被告人的居住地在外县的一个案例。据文意，被告人在发案地被逮捕讯问，发案地的司法机构派员到被告人的居住地调查有关情况，处置相应事宜，并请被告人居住地所在县的主管官员予以协助。这个案件表明，当发案地与被告人居住地的司法机构在案件管辖上发生冲突时，发案地的司法机关进行了管辖。但现有史料还不足以说明当时已经形成了"被告人居住地就发案地"的地域管辖原则。

唐律明文规定了地域管辖的原则。根据唐《狱官令》，犯罪案件都由案发地的州县管辖，这是一个总的原则。《唐律疏议·斗讼》又作了更为详细的规定：

> 鞫狱官囚徒伴在他所者，假有诸县相去各百里内，东县先有讯囚，西县囚复事发，其事相连，应须对鞫，听移后发之囚，送先讯之处并论之。注云："谓轻从重"，谓轻罪发虽在先，仍移轻以就重。"若轻重等，少从多"，谓两县之囚罪名轻重等者，少处发虽在先，仍移就多处。"若多少等，即移后讯囚从先讯处"，"若禁囚之所相去百里外者，各从事发处断之"，既恐失脱囚徒，又虑泄情状，故令当号断之，违者各杖一百。

由此可见，至唐时，地域管辖逐渐制度化，确立了"轻囚就重囚"、"少囚就多囚"、"后发就先发"等管辖原则，这对后世影响深远。

宋《刑统》沿袭唐律规定，但有一种情况是例外的，即地方军政长官或朝廷差出之使节在外地有犯罪事发者，当地官司无权擅自审理，必须奏报皇帝敕裁。南宋仍规定："诸犯罪，皆于事发之所推断。"② 说明宋代一直沿用这一原则。

《大明律》的《刑律》诉讼门规定诉讼管辖的主要方式是地域管辖，所谓"原告就被告"、"轻囚就重囚"、"少囚就多囚"、"后发就先发"等是对唐宋地域管辖基本原则的承袭。不过在后三种情况下，都以相隔三百里以内为限，如果相隔三百里以外的，应由各地官府分别审理结案。

---

① 戴炎辉：《中国法制史》，145～146页，台北，三民书局，1979。
② 《庆元条法事类》卷七十三，《决遣·断狱令》。

清代，被告所在地（如被逮捕地）的州县衙门，也有地域管辖权，清律第 266 条附例规定：

> 其邻省地方官，自行盘获别省盗犯，及协同失事地方差役缉捕拏获者，均令在拏获地方严行监禁，详讯供词，备移被盗省份，查明案情。赃证确实，即由拏获省份定拟，题请正法。①

清律及其附例并未明文规定犯罪地之州县衙门有土地管辖权，但清律于命盗重案，均规定苦主或事主须向州县衙门呈报，并规定州县官承缉凶犯、盗犯之期限，可见犯罪地之州县衙门当然有土地管辖权。②

清代地域管辖制度的其他内容和基本原则承袭明代，不再赘述。

三、专门管辖

中国古代的专门管辖，是指对一些涉及特殊人物或特殊事项的案件，由专门或特殊审判机关进行审判的管辖。所谓特殊人物或特殊事项的案件，在不同的历史时期，有不同的范围和内涵，主要包括涉及朝廷命官、皇族宗室人员、军人、少数民族等人的犯罪案件。所以，古代的专门管辖，不能等同于现代司法意义上的专属管辖。

古代专门管辖制度的存在主要有以下两个方面的意义：其一，有利于统治阶级通过司法加强对特殊人物和特殊事项管理和统治的方便与效力；其二，是维护某些人法律特权的需要和体现。"中国古代法律的主要特征表现在家族主义和阶级概念上。"③ 所以，"古代的法律始终承认某一些人在法律上的特权。"④

（一）先秦

专门管辖制度在我国历史久远。据陈顾远先生考究，"《周礼》六官虽各帅其属分掌邦治、邦教、邦政、邦禁、邦事诸职……然此不过形式上之设官分职，非可认为仅从掌邦禁之刑官方面，即可明其司法体系也。""秋官虽以断狱听讼为主，而大刑用甲兵既非其职，薄刑用鞭扑，仍非专掌。他如天官小宰宫刑，地官司市之市刑，又各有其特殊地位；刑之不独限于秋官也可知。讼无论解释其为狱之小者，或解释其为以财货讼者，亦非尽属秋官之责。"⑤由此可见，早在西周，司法机构已经存在比较细致的分工，对一些特殊人物和特殊事项的案件，有专门的司法机关予以管辖了。

从史籍和云梦秦简的记载看，在战国时期的秦国，一部分违法甚至是犯罪案件，只能由各系统的主管官员处理。在军队系统里，这种情况尤为明显。⑥

---

① 《大清会典事例》卷七八四，9 页。

② 参见那思陆：《清代州县衙门审判制度》，46 页，北京，中国政法大学出版社，2006。

③ 瞿同祖：《中国法律与中国社会》，导论 1 页。

④ 瞿同祖：《中国法律与中国社会》，225 页。

⑤ 陈顾远：《〈周礼〉所述之司法制度》，载《中国文化与中国法系——陈顾远法律史论集》，436 页，北京，中国政法大学出版社，2006。

⑥ 参见刘海年：《战国秦代法制管窥》，168 页，北京，法律出版社，2006。

（二）魏晋至明朝

从魏晋起，为适应保护皇亲国戚、贵族官僚等的司法特权的需要，法律明文规定了八议制度。凡属八议之人犯重罪，官府无权处刑，必须奏请皇帝裁定。

宋代的法律对专门管辖的规定比较细致。朝廷命官犯法，一般司法机构无权审断，须上请皇帝裁决。"凡天下狱事，有涉命官者，皆以其狱上请。"① 皇族宗室人员犯罪，杖以下罪归大宗正司管辖，徒以上罪由皇帝裁决。此外，在西京设置西外宗正司、在南京设南外宗正司以管辖地方上的宗室人员的犯罪。

军人犯法案件，有专门管辖。诸州军人犯罪，"仰逐处具所犯申本路经略安抚或总管衿辖司详酌情理，法外断遣"②。如果是军人和百姓斗讼案件，则由军、民双方机关共同审理。军人犯重罪需要上奏时，也只能由枢密院参酌审定，进奏取旨。

宋代的财经机构三司，也掌握一部分经济和民事方面的专门管辖权，但都只限于杖罪以下，徒以上仍须送大理寺或开封府。③

元朝规定了因民族、职业、宗教、户籍等差异而存在的众多专门管辖。中央设有大宗正府和宣政院等司法机构。最初蒙古人、色目人以及汉人犯罪的案件都由大宗正府审理。至元仁宗时，将汉人案件归刑部。

元宣政院是专门负责涉及僧侣案件的机构。各地僧侣的狱讼，大案由地方长官审理后上报宣政院，普通案件则由宣政院在地方的派出机构僧录司审理。从元成宗、武宗二朝起，宣政院的审判权逐步被取消。此外，内史府的断事官可以受理王府词讼之事，枢密院的断事官可以处断军府之狱事等。

在地方，蒙古人犯罪也只能由蒙古人审判。当遇到不同户籍、不同民族及僧道之间发生刑名词讼，就由政府将有关户籍的直属上司、佛道首领请来共同审理，这就是所谓的"约会"制度。僧俗间相争讼的案件，要双方"一同问断"。

明代军人案件由各驻军机构自行审理，但是人命案件和军民交叉诉讼应由当地驻军机构和当地官府会同审理。

（三）清代

清朝是一个少数民族政权和最后一个封建王朝，其专门管辖制度日趋细致成熟。④

清代军人案件的管辖，可以归纳出以下几项原则：（1）军人犯命案，应由管军衙门与州县衙门共同检验，并由州县衙门审理。（2）军人犯奸盗、诈伪、户婚、田土、斗殴等案，如与民相干，应由管军衙门与州县衙门共同审理。（3）军人（或民人）犯叛逆机密重事，应由管军衙门与州县衙门共同审理。（4）军人控告民人犯户婚、田土、斗殴、人命等案，应由州县衙门自行审理。

清朝设有专门处理旗人案件的特殊司法机构，以维护旗人的司法特权。管理皇族宗室事

---

① 司马光：《涑水记闻》卷三。
② 《宋会要辑稿·刑法》七之一六。
③ 参见王云海主编：《宋代司法制度》，253页。
④ 有关清朝的专门管辖制度，参考了《清代州县衙门审判制度》（那思陆著）第46～52页的相关内容，特此致谢。

务的宗人府和管理宫廷事务的内务府中的慎刑司具有一定范围的审理旗人诉讼的司法审判权，京城的步兵统领衙门也是京师地区的满族司法机构。清代于内地各省旗人驻防之地，均设有理事同知或理事通判，二职均系府之佐贰官，负责审理旗人案件。奉天省旗人案件的管辖，清律第 411 条附例另有规定：

> "奉天所属十二州县，办理旗、民案件，无分满、汉，俱令自行审理。于讯明定拟之后，旗人笞杖等罪，概行移旗发落，仍知照该州县备案。"①

依此例，则奉天省所有旗人案件，均由州县衙门审理，与内地各省不同。

一般而言，州县衙门对官员犯罪案件并无管辖权。官员犯罪，通常须先由督抚题参，参革之后再予发审。

清朝称蒙古人、回人、苗人等为"化外人"，对于"化外人"犯罪案件的管辖，清朝中央设理藩院，凡蒙古、回部地区的发遣、死刑案件必须报呈理藩院。在地方，清律第 34 条规定："凡化外来降人犯罪者，并依律拟断。"② 虽未明定州县衙门对"化外人"有管辖权，但推寻律意，"化外人"于内地犯罪，州县衙门应有管辖权。惟蒙古人在蒙古犯罪，则依蒙古例办理。回人在回疆犯罪，则依回疆例办理。苗人在苗疆犯罪，则依苗例办理。

清律承袭明律，名例律亦有八议之条。八议之条虽具载刑律，实系具文，并未尝实行。

有清一代，宗室案件应由宗人府及刑部审理，州县衙门并无管辖权。

第二节　回避

中国历史上的回避制度，汉时已初具规模，经历代损益，至清时已变得越来越繁密，利弊互见。古代回避制度种类很多，主要可以归纳为行政任官回避、考官回避和诉讼回避。事实上，古代的行政任官回避与诉讼回避具有紧密的关联性，我们可以将行政任官回避理解为是一种案发审判前的回避，尽管其制度安排并不仅仅是指向司法的公正，还具有行政管理方面的价值。但考虑到古代司法行政不分的政治体制，行政任官回避在很大程度上起到了保障司法公正的作用。因此，本章所谓的司法诉讼回避（以下简称回避），是指传统法制下司法官吏的任用及审讯案件时，如果与当事人具有法律规定的某些关系，依法不得担任审判官或者依法需要奏请回避，更换审判官吏的制度。其内涵与外延与现代司法中的诉讼回避有所不同。在中国古代社会的早期，国家实质上是一种以血缘关系为纽带的宗族统治，国家制度与宗法等级制度和世卿世禄制度紧密联系在一起。此时，回避制度既无必要又无可能。对此，徐朝阳先生做了很好的论述：

> 远古无法官回避之制，然已明了法官对于裁判之偏袒，于感情之作用，实为重大原因，但只有裁制之规，初无回避之法。是以犯罪人与法官任何关系，率由法官审判执

---

① 《大清会典事例》卷八四五。
② 《大清会典事例》卷七三九。

行，如赵之梁车因姊逾（应为足字旁）郭，依法刖姊之足，而赵成侯以为不慈，免其官。惟其如此，故犯人如系亲属，苟不依法办理，则只有自负犯罪责任，别无他救济之方法，如楚之法官石渚纵父自杀，即其明证。法律明文规定回避制度，盖自唐始。[1]

根据回避事由或回避主体的不同，回避主要分为籍贯回避、亲属回避、故旧回避、司法官之间的回避以及非审判官吏回避等。

一、籍贯回避

籍贯回避，又称地区回避。从本质上讲，籍贯回避不同于诉讼回避，这种回避是在案发审判前就已经形成，但这种回避实际上已经在很大程度上避免了司法官吏在审理案件时存在的其他需要回避的情形。

据我国台湾地区学者严望耕和大陆学者安作璋、熊铁基等人的考证，自西汉武帝时，朝廷在任命地方行政长官时，逐步形成了地方官回避本籍的惯例，即刺史不用本州人，郡国相不用本郡人，县令长不用本部人。[2]

东汉桓帝时，朝廷颁布了"三互法"。"三互法"最早出现在《后汉书·蔡邕传》：

> 初，朝议以州郡相党，人情比周，乃制婚姻之家及两州人士不得对相监临。至是复有三互法，禁忌转密，选用艰难。幽冀二州，久缺不补。邕上书曰："伏见幽、冀旧壤……缺职经时，吏人延属，而三府选举，愈月不定。臣经怪其事，而论者云避三互……臣愿陛下上则先帝，除近禁，其诸州刺吏器而可换者，无拘日月三互，以差厥中。"书奏不省。

"三互法"是我国历史上第一部对籍贯回避作出规定的成文法规，东汉以后的多数王朝均以其为蓝本实行回避。

唐代，地方的刺史、县令等官不得选任本籍之人，甚至同州邻县人士也不得担任。唐代宗永泰六年（765 年）下诏规定："不许百姓任本贯州、县及本贯邻县官。"[3] 但是京兆、河南二府可不受此限。据史料记载："唐皎为吏部侍郎，当引人诠问何方便隐，或云其家在蜀，乃注与吴。复有云亲老先任江南，即唱之陇右。"[4] 可见担任地方官不但要避本籍，而且要避父祖任职之地，可见回避的严格。

宋太宗至道元年（995 年）十一月诏审官院："自今不得差京朝官往本乡里制勘勾当公事。""其推勘官仍令御史台亦依此指挥。"[5]

籍贯回避的关键是避籍范围的大小。经过唐宋至明清有了反复变化与调整，最终确定了以地方官的职权范围和职能性质决定回避范围大小的原则。明代认为那种"南北更调之制，南人官北，北人官南"的笼统宽泛规定，意义不大又难以执行，因此"其后官

---

① 徐朝阳：《中国诉讼法溯源》，87～88 页。
② 参见安作璋、熊铁基：《秦汉官制史稿》，6 页，济南，齐鲁书社，1985。
③ 《册府元龟·铨选部·条制二》。
④ 《册府元龟·铨选部·不称》。
⑤ 《宋会要辑稿·刑法》三之五二至五三。

制渐定，自学官外，不得官本省，亦不限南北也"①。这样将回避范围缩小为省。

清代对籍贯回避的规定，有一个逐步完善的过程，总的趋势是渐趋严格和合理。顺治时只笼统地规定："督抚以下，杂职以上，均各回避本省。"② 康熙四十二年（1703 年）则定为"选补官员所得之缺，在五百里以内，均行回避"③，首次明确规定了与籍贯所在地的回避里程。雍正十三年（1735 年）又规定："两省交界添设佐杂等官，如驻扎衙署与该员属籍附近在五百里之内者，亦令照例回避"，明确了佐杂等下级官吏也在回避之列。乾隆九年（1744 年）又补充规定："现任各员，在任所与原籍乡僻小路，在五百里以内者，均令呈明该督抚酌量改调回避。"④ 在里程的计算方法上把官塘大路和乡僻小路都包括在内，更趋严格。

二、亲属回避

从现有资料来看，对审判官吏的回避制度作出具体规定，是始于唐朝。唐代称回避为"换推"，《唐六典》卷六"刑部"门规定："……凡鞫狱官与被鞫人有亲属仇嫌者，皆听更之。（亲谓五服内亲⑤及大功以上婚姻之家……）"根据《狱官令》的规定，如鞫狱官与被鞫人有特殊人际关系的，皆须听换推。这种特殊关系包括上述的亲属关系。

由于历史条件和法律发展的限制，唐律对回避的规定只是一个原则性的规定，回避种类单一，主要是亲故回避，"皆听更之"并无明确的内容，使得我们对回避的提出主体、决定主体以及其具体程序等都不甚了解。至于唐代的换推究竟是自行回避还是申请回避，戴炎辉认为，"虽有疑问，但宜解为是申请回避。盖查狱官令，系'听换推'。违者，似依违令科罪"⑥。唐代的回避制度为后世历代王朝提供了效法的蓝本，丰富了传统诉讼文化的内涵。

宋承唐制，规定了法官的亲属回避制度。《刑统》规定："诸鞫狱官与被鞫人有五服内亲，及大功以上婚姻之家……皆须听换。"⑦ 这是唐律的翻版。

《元史·刑法志·刑法·职制上》规定："诸职官听讼者，事关有服之亲并婚姻之家……应回避而不回避者，各以其所犯坐之。"这是我国第一次在《刑法志》中使用"回避"一词。依此可见，元代同样规定，审判官吏与案件当事人具有服亲、姻亲关系时，应当回避。

明代对亲属犯罪尤其是犯极刑罪时官吏回避的规定甚严，如洪武二十六年（1393 年）规定："凡在京衙门及在外布政司关直隶府州县官吏，果有家属干犯极刑者，除思麻疏远异姓亲属不准外，其小功以上亲例合回避。开写为因何事，得何罪名，系何衙门取问处决实迹，亲身赴京陈告以凭，行移原籍及任所并取问衙门照勘，取具原籍官吏里邻结状，并宗支图本及任所官吏保结明白以凭，定拟奏准，方许去官离职。"又载："洪武间，凡官吏有小功以上亲属干犯极刑，官于边远叙用，吏发边远军卫衙门永充吏役。"⑧

---

① 《明史·选举志三》。
② 《钦定大清会典事例》卷四十七（光绪二十五年）。
③ 《钦定大清会典事例》卷四十七（光绪二十五年）。
④ 《钦定大清会典事例》卷四十七（光绪二十五年）。
⑤ "五服"为划分亲属关系远近的方法，唐以前已有。"五服"由亲至疏分别为斩衰、齐衰、大功、小功、缌麻五等。
⑥ 戴炎辉：《中国法制史》，158 页。
⑦ 《刑统》卷二十九，《不合拷讯者取众证为定》门。
⑧ 《正德会典》卷十五，《吏部》。

与前朝相比,清代的亲属回避制度进一步细致、严密。亲属回避分为血亲和姻亲两种情形。据《大清会典事例》卷八十四《吏部处分条例》的规定,血亲的范围限于"孙祖父叔伯兄弟"之内,同宗同支而不同祖父的远房兄弟可以不受回避的限制。对姻亲又分为"本属"和"隔属"两类。乾隆三十九年(1774年)上谕指出:"内外姻亲,除本属仍照旧回避外,其隔属回避之例,着该部另行妥议。"遵此上谕,吏部规定:"隔属姻亲,毋庸回避。"这种关于亲属关系范围的划分,保证了诉讼回避制度的可行性。

三、故旧回避

所谓故旧回避,是指审判官与当事人之间有故旧关系时应当回避的制度。故旧关系主要分为业缘关系、志缘关系①和仇嫌关系。业缘关系又包括师生、主幕、部属、同年同科及第或同年不同科及第等关系,而尤以师生关系为最重要。当然,需要回避的故旧关系的范围因时而异。

故旧回避同亲属回避一样,始见于唐律。《唐六典》卷六"刑部"门规定:"……凡鞫狱官与被鞫人有亲属仇嫌者,皆听更之。""受业师经本部都督、刺史、县令及俯佐于府主,皆同推换。"这里对故旧回避的规定已经比较具体,并为后世王朝提供了效法的蓝本。

宋代对故旧回避的发展主要表现在强调同年同科及第的官员必须回避。真宗景德二年(1005年)九月诏:"应差推勘、录问官,除同年同科目及第依元敕回避外,其同年不同科目者不得更有辞避。"②

对于故旧回避,清律第335条规定:"凡官吏于诉讼人内……若受业师(或旧为上司,与本籍官长有司),及素有仇隙之人,并听移文回避……"《大清律例会通新纂》对此律进行了解释:"官吏于诉讼人内,关于有……受业师,则当避徇情之嫌;旧有仇隙之人,则当避挟怨之嫌,并听移文回避……"此外,在不同的时期,还有一些关于故旧回避的诏令。如康熙年间诏令,凡在科举乡会试中分房取中之人,例应回避。雍正也曾严正申饬:"科甲出身之人,不思秉公持正,以报国恩,相率而趋于植党营私之习,汇缘请托,朋比袒护……惟以党护同年为事。"③ 由此可见,在故旧回避方面,清代较前朝更严。

四、司法官之间的回避④

古代法律除规定审判官吏与当事人有特殊关系须回避外,还规定了司法官之间的回避。根据司法官之间的关系不同,司法官之间的回避可以分为上下级之间的回避、同级之间的回避、后审法官与前审法官之间的回避三种情形。下面,我们以宋代的规定为例对这三种回避作简要论述。

1. 上下级之间的回避。《庆元条法事类》卷八《亲嫌·职制》规定:"诸职事相干或统摄

---

① "志缘关系"主要指有共同的志向或共同的理想和心理目的的人际关系,比较隐蔽。
② 《宋会要辑稿·刑法》三之五五。
③ 《清世宗实录》卷八十七。
④ 有关司法官之间回避的内容,参考了《中国法制通史》(第5卷)(张晋藩总主编,北京,法律出版社,1999)第625~626页的相关内容,特此致谢。

有亲戚者，并回避（原注：虽非命官而任使臣差遣者亦是），其转运司帐计官于诸州造帐官、提点刑狱司检法官于知州、通判、签判、幕职官、司理、司法参军（原注：录事司户兼鞫狱检法者同）亦避。"

2. 同级之间的回避。如录问官、检法官与审讯官之间，检法官与录问官之间有亲嫌者均须自陈回避。《庆元条法事类》在规定了法官与罪人有亲嫌须自陈改差后，又令"录问、检法与鞫狱，若检法与录问官吏有亲嫌者准此"。

3. 犯人翻供须重审时，后审法官与前审法官有亲嫌关系者也必须回避。徽宗政和七年（117 年）规定："移勘公事须先次契勘后来承勘司狱与前来承勘司狱有无亲戚，令自陈回避。不自陈者许人告，赏钱三百贯，犯人决配。"①

以上这种司法官之间的回避制度，有利于防止审判活动中的官官相护之弊。

五、其他与诉讼有关的官吏回避

宋以前，狱讼一般由佐官或狱吏代审，长官只是签发有关文书或判决书，临决时审问一下而已。北宋时逐渐形成了中国古代县太爷亲自坐堂审判的制度。因此，古代回避制度的主要对象为坐堂审判的长官是毋庸置疑的。但如同现代诉讼一样，那些辅佐长官判案的佐官，诸如缉捕人、按发人、鉴定人、"幕友"等与案件的公正也是息息相关的。对此，古代统治者显然非常清楚。所以，当这些人与案件有某种特定关系时，也须回避。

（一）按发人和缉捕人的回避

为了避免刑狱冤滥，宋代严格规定按发人（一般指监司、郡守）和缉捕人员（指巡检司、尉司）必须回避审讯。真宗咸平元年（998 年）十月，诏令天下，严禁负责缉捕盗贼的县尉司参与审讯活动，"词讼悉归之县"②。南宋孝宗淳熙三年（1176 年）申严禁令，即使是县令、丞、簿全缺者，也只能由上级机关另选与此案无关的其他官员权摄，而县尉必须回避。③ 至于按发官之回避，其制更详。光宗绍熙元年（1190 年）四月申令：

> 今后监司、郡守按发官吏合行推勘者，如系本州按发，须申提刑司差别州官；本路按发，须申朝廷差邻路官前来推勘。庶使无观望徇私之弊，则罚必当罪，而人无不服矣。④

这就是说凡是按发的犯罪案，按发官必须申报上级机关另外选差与按发官同级的其他机构的官员审理，而按发官本人必须回避。

《宋会要辑稿·职官》五之五八还记载，孝宗淳熙四年（1177 年）规定，案犯中诉不服五次以上，由本路提刑将案件审理情况呈报朝廷，如系提刑按发之案，则须回避，由转运使呈报。

---

① 《宋会要辑稿·刑法》三之七〇。
② 《燕翼诒谋录》卷一。
③ 参见《宋会要辑稿·刑法》三之五五。
④ 《宋会要辑稿·职官》五之五三至五四。

（二）鉴定人的回避

中国最早的法医类著作南宋宋慈的《洗冤集录》卷一《条令》中记载："诸复检之类应差官者，差无亲嫌干碍之人。"即应派遣与本案没有亲故关系以致会妨碍公正处理的人进行复检活动。显然，这是一个巨大的进步。它表明，早在宋代，我国的听讼回避制度就已经达到了相当细致和完备的地步。

（三）幕友的回避

有清一代，幕友佐治盛行，上至督抚，下至州县，无不礼聘幕友，佐理政务。幕友"佐治"是一把双刃剑：一方面，有为有守、才识兼有的幕友能有效地弥补地方官员法律知识的不足，从而实现司法公正。另一方面，一些不肖的幕友不顾民生疾苦和案件事实，"引类呼朋，与上下衙门交结，因之盘踞把持，勾结串合"，极大地损害了司法的公正。有鉴于此，乾隆时期规定，外省各衙门幕友在所辖区地方及五百里内不得延请，不允许各衙门幕友干预外事及外人交接。[①]

中国古代诉讼回避制度毕竟受制于其赖以生存的封建专制社会，因此，尽管它有好的目的，立法技术也臻于完善，但终究避免不了固有的历史局限性。同时，这项制度在实际运行中还有许多例外。[②] 这也从另一个侧面反映出，中国古代社会在断案、决狱时重实体轻程序的特点。

第三节
强制措施

古代诉讼，原告、被告和证人都为诉讼之要素，当诉讼提起、受理后，司法机关必须把原告、被告和证人传唤到庭。特别对于被告，为了防止其逃避审判，毁灭、伪造证据，使诉讼得以顺利进行，有必要对被告及被告人财产采取强制措施。[③]

一、拘传

（一）拘传的法律规定

拘传这种强制措施究竟产生于何时，难以断言。西周虽有"两造具备"[④] 的法律规定，但原告和被告人，如果一方不到庭缴纳诉讼费，便"自服不直"，即承认败诉。这就说明西周时期尚无强制措施。据可靠资料表明，拘传这一强制措施在战国时期的秦国和秦朝时期已经出现。秦律中称为"执"，"执"，《说文》释为"握持也"，"是司法机关以强制手段拘

---

① 参见《钦定大清会典事例》卷九十七，《吏部处分例·严查幕友》。

② 例如，翻开一部"清官史"，其中大义灭亲者大有人在，这说明在不触犯封建统治秩序的前提下，统治者是认可清官、循吏的不回避行为的。

③ 本节论述参考了《中国诉讼法史》（李交发著，北京，中国检察出版社，2002）第三章的相关内容，特此致谢。

④ 《尚书·吕刑》。

传被告人，类似现代的拘留"①。《睡虎地秦墓竹简·封诊式》"盗自告"载："□□□爰书：某里公士甲自告曰：'以五月晦与同里士五（伍）丙盗某里士五（伍）丁千钱……来自告，告丙'。即令史某往执丙。"又"出子"载："爰书：某里士五（伍）妻甲告曰：'……今甲裹把子来诣自告，告丙。'即令史某往执丙。"这两则记载都说明了当诉讼提起后，司法机关马上派人前往拘传被告人，目的就是使被告人到庭，以便顺利进行审讯。

唐代称拘传为"追摄"。《唐律疏议·断狱·鞫狱停囚待对》记载："诸鞫狱官，停囚待对问者，虽职不相管，皆听直牒追摄。"疏议解释说，司法官对囚犯的伙伴，现在别处又必须到案对质的，虽然在职务上不相统辖，但准许直接发出公文书，到该地衙门去执行拘传。

宋代除依律拘传被告外，还拘传证人。宋真宗天禧年间诏令："军巡院所勘罪人，如有通指合要干证人，并具姓名、人数，及所支证事状，申府勾追。"② 这里所说的"勾追"，即唐代之"追摄"，拘传之意。按真宗天禧诏令规定拘传证人，虽本是封建社会诉讼审判中一种常见的现象，但也存在很多的弊端，如怎样解决路途遥远的证人及时到庭？如何对待证人到庭质证后的问题？而且，证人毕竟有异于被告。因此，宋代做了以下法律规定：一是要求官府对证人"候诏证毕，无非罪者，即时疏放"③。由于在这条诏令中没有规定具体的期限，因此，朝廷进一步规定："诸鞫狱干证人无罪者，限二日责状先放，其告捕及被侵损人，惟照要切情节听暂追，不得关留。证讫，仍不得随司即证。徒以上罪犯人未录问者，告示不得远出。"④ 二是为了解决因路途遥远带来的诸多不便，规定"千里之外勿摄，移牒所在区断"⑤。

明清法典称拘传为"勾取"或"勾问"。《大清律例汇辑便览·刑律·断狱·鞫狱停囚待对》载："凡鞫狱官推问（当处）罪囚，有（同）起内（犯罪）人伴，见在他处官司，（当处）停囚专待（其人）对（问）者，（虽彼此）职分不相统摄，皆听直行（文书）勾取。"律条后解释为："鞫狱官推问在案罪囚，起内有同犯，干证等人伴，见在他处，而此处应将罪囚停止推问，以待其人质对者，此处鞫狱官，虽与他处官司职分不相统摄，皆听直行勾取，文书到后，限三日内将公取人犯发遣。"可见，明清两代法律规定在诉讼需要时，对停待别处的同案犯和证人，都可以依法拘传，而且规定了期限。违者还要承担刑事责任："一日答二十，加等至五日以上，罪止杖六十。"明清时期法律规定，对官吏涉嫌犯罪后也采取拘传的强制措施，一般称为"勾问"。如"凡上司催会公事，立案定限，或遣人，或差人……其有必合追对刑名、查勘钱粮、监督造作重事，方许勾问"⑥，以及对八议者犯罪以后，司法机关"不许擅自勾问"⑦。"勾取"和"勾问"同属拘传一类的强制手段，但也有学者认为二者有细微的区别，

---

① 刘海年：《秦的诉讼制度》（上），载《中国法学》，1985（1）。
② 《宋会要辑稿·刑法》三之五八。
③ 《宋会要辑稿·刑法》三之五八。
④ 《宋会要辑稿·刑法》一之三二。
⑤ 《宋会要辑稿·刑法》三之五七。
⑥ 《明律·刑律·名例·应议者犯罪》。
⑦ 《明律·刑律·名例·应议者犯罪》。

认为"勾问比追摄的强制性要少一些，但也不是没有强制性"①。

(二) 拘传的限制

对于"拘传"，从唐代开始有一定的限制性规定。主要表现为：

1. 对拘传犯罪长官、使节的限制

《唐律疏议·职制》记载："诸在外长官及使人于使处有犯者，所部属官等不得即推，皆须申上听裁。若犯当死罪，留身待报。违者，各减所犯罪四等。"如都督、刺史、镇将、县令等长官，以及出使之人在出使的地方犯罪后，所部官署副职以下官员，以及出使人前往地方主管衙门中的长官、属吏，都不能随便加以拘传、审讯，必须报告上司听候裁断。宋以后各朝基本都沿用这一规定，如清律规定："凡在上各衙门长官，及（在内奉制）出使人员所在去处有犯（一应公私等罪）者，所部属官等，（流罪以下）不得（越分）辄便推问，皆须（开具所犯事由）申覆（本管）上司区处。著犯死罪（先行）收管，听候上司回报。"②唐宋时期对于长官、使节犯死罪后采取"留身待报"与明清时期采取的"先行收管"措施，似乎二者稍有区别，后者稍带临时强制性，这点是值得注意的。

2. 对职官犯罪后的拘传限制

唐宋法律对非主官以外的一般职官无明确的犯罪后拘传强制措施，但明清律对此规定则不同："凡京官及在外五品以上官有犯，奏闻请旨，不许擅问。六品以下，听分巡御史、按察司并分司取问明白，议拟奏闻区处。若府、州、县官犯罪，所辖上司，不得擅自勾问。止许开具所犯事由，实封奏闻。若许准推问，依律议拟回奏，候委员审实，方许判决。其犯应该笞决、罚俸、收赎记录者，不在奏请之限。"③其原因是"布政司辖府，府辖州，州辖县。统属衙门使事之间，或生嫌隙，恐假推问之名而行仇怨之私也"④。

3. 对军事官犯罪后的拘传限制

由于军队的特殊性地位，军事官犯罪后，不仅地方官府，而且军事机关也不能擅自对所犯之军官实行拘传措施。明清两朝法典作如是规定："凡军官犯罪从本管衙门开具事由，申呈五军都督应奏闻请旨取问。若六部、察院、按察司并分司及有司，见问公事，但有干连军官及承告军官不公不法等事，须要密切实封奏闻，不许擅自勾问。"⑤

4. 对八议者及其亲属犯罪的拘传限制

在封建社会，当八议者及其亲属犯罪后不能简单地等同一般官吏和人们，实行拘传强制措施。虽然《唐律疏议》无明确规定，只有"八议之人犯死罪，皆先奏请，议其所犯"，"曹司不敢与夺"的记载。但在明律和清律中则明确规定："凡八议者犯死罪，实封奏闻取旨，不许擅自勾问。若奉旨推问者，开具所犯及应议之状，先奏请议。议定奏闻，取自上裁。"⑥

---

① 陈光中、沈国峰：《中国古代司法制度》，86 页。

② 《大清律例汇辑便览·刑律·断狱·长官使人有犯》。

③ 《明律·名倒律》。

④ （明）雷梦麟撰：《读律琐言》，北京，法律出版社，2000。

⑤ 《明律·名例律》、《大清律例·名例律》。明律中的"五军都督府"实同清律中的"兵部"，均为国家最高军事机关。

⑥ 《明律·名例律》。

同时还规定："凡应八议者之祖父母、父母、妻及子孙犯罪，实封奏闻请旨，不许擅自勾问。"① 清律同于明律规定。但如果八议者本人，以及他们的亲属犯"十恶"不赦之罪时，则不能享受这种法律特权。

二、逮捕

在诉讼审判中，逮捕是一种运用最广泛的主要强制手段。古代中国的逮捕措施与前述的拘传强制措施往往难以泾渭分明。逮捕的对象包括原告、被告和证人。正如颜师古所说："逮捕谓事相连及者皆捕之也"，这是属于广义上的逮捕，这种说法容易混淆逮捕和拘传的界线，没有区别强制手段的力量大小。真正意义上的逮捕是国家司法机关为了诉讼的顺利进行，而对犯罪之人在已在和逃亡状态下采取的强制措施。

（一）先秦

中国古代逮捕措施的运用，开始于春秋战国时期。春秋楚国丞相石奢"行县，道有杀人者，相追之"②。说明官吏见到犯罪时，就要马上实行逮捕，防止罪犯逃逸。战国时期秦国，商鞅在秦孝公死后，被公子虔等人告为谋反，商鞅逃亡，秦太子"发吏捕商君"③。在战国时期出现的第一部封建法典《法经》中规定了"捕法"一篇，在秦简中也能见到很多逮捕犯罪的案例。

（二）秦汉魏晋

从历史记载来看，逮捕一词在中国最早见于《史记·绛侯周勃世家》："其后有人上书告勃欲反，下廷尉，廷尉下其事长安，逮捕勃治之。"汉书高帝纪（下）九年："行如雒阳，贯高等谋逆，发觉，逮捕高等。"④ 当然，实际上，正如前述，逮捕作为一种刑事强制措施，其产生远比司马迁在《史记》中记载这一概念要早。

在秦汉，乃至魏晋时期，记载中还有一种被称为"传"的逮捕方法，它往往与后世的"勾追"被人视为同一强制措施。其实"传"比"勾追"的强制性要高，是实际上的逮捕，故唐代李贤注《后汉书》时说："传，谓逮捕而考之也。"⑤ 这种关于"传"的记载有：《史记·陈涉世家》说到秦末农民大起义中，陈胜部将宋留率军投降秦朝，结果"秦传（宋）留至咸阳，车裂（宋）留以徇"。《后汉书·陈禅传》记载，陈禅为州治中从事官时，因刺史受贿而受牵连，"当传考"。

（三）唐宋

唐宋时期逮捕制度更趋规范化，对诸如逮捕权、逮捕对象、逮捕中问题的处理等方面都做了法律的规定。

1. 关于逮捕权

在逮捕权上，唐宋基本遵守两个原则：一般意义上的官府逮捕权和特殊情况下的群众逮

---

① 《明律·名例律》。

② 《史记·循吏列传》。

③ 《史记·商君列传》。

④ 《辞源》（合订本），1669 页，北京，商务印书馆，1989。

⑤ 《后汉书·陈禅传》。

捕权。

唐宋法律规定，逮捕权属于州县以上官府，由主官派人进行。《唐律疏议·捕亡》规定：主官授权，"将吏已受使追捕"。《宋史·刑法志》记载："郡之狱事，则有两院治狱之官，若某当追，若某当讯，若某当被五木，率具检以禀郡守，曰可则行。"法律规定不允许假冒官府派遣、冒充官吏、卑官冒充高官逮捕人，违者构成犯罪，处以刑罚。《唐律疏议·捕亡》规定："诸诈为官及称官所遣而捕人者，流二千里。""无官及卑官诈称高官者，杖八十。"当然，应该看到，虽然法律规定严格，但在实践中逮捕权下移、滥捕的现象还是很严重的，特别是县一级，因为县令长公务繁多，无暇顾及，给县吏以机会。

同时，唐宋时期特殊情况下，也允许一般人实施逮捕。如《唐律疏议·捕亡》规定："诸被人殴击折伤以上，若盗及强奸，虽旁人皆得捕系，以送官司。"除此以外，其他犯罪，除"言请官司者"外，不能逮捕犯罪人，如违反者，处以笞刑三十。又规定："诸追捕罪人而力不能制，告道路行人，其行人力能助之而不救助者，杖八十；势不得助者，勿论。"又规定："诸邻里被强盗及杀人，告而不救助者，杖一百，闻而不救助者，减一等。"

2. 关于逮捕中问题的处理规定

第一，《唐律疏议·捕亡》规定："诸捕罪人而罪人持杖拒捍，其捕者格杀之及走逐而杀（走者，持杖、空手等）。若迫窘而自杀者，皆勿论。"但是规定在罪人空手拒捕，并不会危害逮捕的情况下，不能格杀之，以及当罪犯被逮捕，或原本无拒捕的想法，逮捕执行人也不能杀死或伤害其身体。

第二，执行逮捕的官吏力量不足，可以告知过路人帮助逮捕罪犯。《唐律疏议·捕亡》规定："诸追捕罪人而力不能制，告道路行人……助之。"

第三，对重案罪犯逮捕时，可以申请组织逃亡人的"家居所属"，逃亡地的邻县邻州协助追捕。《宋刑统·捕亡》规定："诸因及征防、流移人逃亡，及入寇贼者，经随近官司申牒，即移亡者之家居所属，及亡处比州比县追捕。承告之处，下其乡里村保，令加访捉。"

3. 关于同罪相捕的政策规定

唐宋时期为了有效逮捕罪犯，允许、鼓励一起逃亡的罪犯，轻罪捕重罪和同罪相捕，向官府自首者免除其罪。《唐律疏议·捕亡》规定："诸犯罪共亡，轻罪能捕重罪首，（重者应死，杀而首者，亦同）及轻重等，获半以上首者，皆除其罪（常赦所不原者，依常法）。"实际上，这是唐律自首免罪刑法原则的灵活运用，也是唐宋时期重视逮捕这一强制措施的表现。

（四）明清

明清时期逮捕的规定与唐宋时期相比，有相同之处，也有不同的地方。不同的地方是：

1. 在追捕罪犯的期限上比唐宋法律规定更具体

唐宋法律规定罪犯逃亡，执行逮捕的官吏必须在 30 日内捕获罪犯。还规定，守囚之人、典狱官因"不觉失囚"或"因拒捍而走"，必须在 100 日内追捕罪犯。明清律除有此相似规定外，还有其他多方面的规定。如"起发已经断绝徒、流、迁徙、充军囚徒，未到配所，中途在逃者……（配所）主守（途中）押解人，不觉失囚者……皆听一百日内追捕"[①]。又如

---

① 《大清律例汇辑便览·刑律·捕亡·徒流人逃》。

"凡捕强、窃盗贼，以事发日为始，限一月内捕获"。

2. 明清法律规定放宽了对逮捕的限制

唐宋时期的逮捕权比较严格地规定在官府，老百姓原则上对罪犯无逮捕权，特殊情况下仅限于对殴斗伤人、偷盗、强奸三类案犯有逮捕权。明清律却可以捕系任何犯罪人送至官府。如明太祖朱元璋告示天下："有等贪婪之徒，往往不畏死罪，违旨下乡，动扰于民，今后敢有如此，许民间高年有德耆民率精壮拿赴京来。"①

3. 明清法律规定了奖赏捕告的内容

唐宋法律没有奖赏捕告的规定，而明清两代法律中都有奖赏捕告的内容。如明朝对抓到的伪造印信历日、伪造宝钞、私铸铜钱的犯罪人，都可以得到三十两到二百五十两银两不等的奖赏。《大清律例汇辑便览·刑律·捕亡》条例规定：

> 其邻境、他省之文武官，有能捕获别案内首盗、伙盗，质审明确者，该地方文武各官，交部分别议叙，兵役分别酌量给赏。若不在伙内之人首出，盗首即行捕获者，地方官从优给赏，捕役捕获盗首者，亦从优给赏。若盗首不获，将承缉捕役家口监禁勒比，如获盗过半之外，又获盗者，地方官亦酌量给赏。

三、囚禁

古代囚禁罪犯，主要目的是羁押犯人等待审判，或是罪犯正在被审理、判刑过程中。把罪犯长期关押以作为一种刑罚，在古代从未出现。

（一）先秦

囚禁在古代称为"囚拘"、"囚桎"、"囚执"、"囚系"等，即把人关押在监牢中。《说文》说："囚，系也，从人在口中。"这种强制措施早在夏、商时期就开始使用了。囚禁的对象主要是被告，也包括原告和证人。从身份上看，包括已决犯和未决犯。囚禁已决犯，不属诉讼审判制度中的强制措施，而是属于执行措施。夏朝关龙逢被夏桀王"囚拘"过，商朝一代名相傅说，也曾经被囚禁在圜土，身穿囚衣，戴着绳索服劳役。夏商时期囚禁人的场所"圜土"，实际上就是关押人的土牢，也称"圉"。西周有一种囚禁罪犯的措施——囹圄，《礼记·月令》载："仲春之月……命有司省囹圄。"郑玄注："省，减也，囹圄，所以禁守系者，若今别狱矣。"

（二）秦汉

秦汉时期，囚禁开始规范化、法律化。秦律中有"系狱"和"系作"的制度，就是诉讼被提起后，就意味着刑事被告人有罪，不论罪之大小都要逮捕系狱，在审判结案前还要强制劳动。《睡虎地秦墓竹简·法律答问》记载："将上不仁邑里者而纵之，可（何）论？当系作如其所纵，以须其得；有爵，作官府。"② 在囚禁、劳作一段时间便进入讯问审判阶段。③ 法

---

① 《大诰续编·民拿下乡官史第十八》。
② 译文为：押送在乡里作恶的人而将他放走，应如何论处？应当像他所放走的罪犯那样拘禁劳作，直到罪犯被抓获为止；如果是有爵位的人，可在官府服役。可见秦汉在囚禁时期的强制劳动有两种形式，普通人系狱后在狱所服役，有爵位的人系狱后，可以在官府服役。
③ 参见《睡虎地秦墓竹简·司空律》。

律又规定不能对犯罪人无限期地囚禁、劳作，否则官吏要负刑事责任。秦律有"所弗问而久系之，大啬夫、丞及官啬夫有罪"的记载，意为若不加讯问而长期加以拘禁，则大啬夫、丞和官府的啬夫等官吏都有罪。究竟可以依法囚禁、劳作多长时间，秦律中难见明确规定。

汉承秦制，在《九章律》中仍有"捕律"的法律规定，虽然"捕律"的内容难以得知，但有很多的典籍记载这方面的内容，可以证明汉代囚禁制度的存在。《汉书·江充传》载："（江充）诣阙告（赵）太子丹与同产子及王后奸乱，交通郡国豪猾，攻剽为奸，吏不能禁。书奏，天子怒，遣使者诏郡发吏卒围赵王宫，收捕太子丹，移系魏郡诏狱。"这个案例完整地反映出对一起犯罪从起诉到逮捕到移系诏狱（囚禁）的全过程。《后汉书·刘玄传》亦记载："刘玄字圣公，光武族兄也。弟为人所杀，圣公结客欲报之。客犯法，圣公避事于平林。吏系圣公父子张。"由此可见秦汉囚禁制度的普遍推行。

（三）唐宋

唐宋时期，囚禁制度日臻完善。《唐律疏议·断狱》规定："诸囚应禁而不禁……杖罪笞三十，徒罪以上递加一等……若不应禁而禁……杖六十。"疏议解释更为明确："即是犯笞者不合禁，杖罪以上始合禁推。"说明唐代不是对一切犯罪者都实行囚禁措施，而只对杖罪以上犯罪人实行囚禁。唐代还规定应囚禁而不囚禁者，官吏要负刑事责任，即对杖罪犯者不囚禁处以笞刑三十，徒罪犯罪不囚禁，则在杖罪基础上递加一等。又规定依法不应该实行囚禁而囚禁的，官吏也要负刑事责任，处杖刑六十。由此可见，唐律对囚禁有全面性的法律规定。

宋制如唐，并且更为具体，反映了宋代囚禁措施制度化、法律化的特点。除《宋刑统·断狱律》"应囚禁枷锁杻"条记载如同唐律外，还另有法律规定：

第一，对老人、幼童以及孕妇、身体残疾之人实行散身监禁，不加枷。即"年八十及十岁并废疾、怀孕、侏儒之类，虽犯死罪，亦散禁"[①]。

第二，对官吏犯罪后的囚禁规定："应议、请、减，犯流罪以上，除免官当，并锁禁。公坐流、私罪徒，并谓非官当者，责保参对。其九品以上及无官应赎者，犯徒以上，若除免官当者，枷禁。公罪徒并散禁。"但是，录事、参军、县令，若是分明有赃犯，及因喜怒、无名行刑，致有诉讼，即仰所在长吏禁身勘责。

第三，官吏被起诉后，不首先囚禁："官人有被告者，不须即收禁，待知的实，然后依常法。""诸文武职事、散官三品以上，及母妻并妇人身有五品以上邑号，犯公坐徒以上，及私罪杖以下，推勘之司送问目就问。""应推勘诸色刑狱，关连朝官，合取文状。自今以后，如尚书省四品以上官、诸司三品以上官，并宜先奏取进止。如取诸色官状，即申中书、门下取裁。"录事、参军、县令等"若为公事科刑，致来论理，不得妄有禁系"。

除此之外，宋代皇帝又屡下诏令，规范囚禁制度：

第一，对原告的囚禁。对事状不明的诉讼原告，必须囚禁候审。事状清楚的诉讼原告，则可以在家候审。即"凡告人罪犯，事状未明，各须收禁。虽得实情，并且本家知在，候断讫逐便"[②]。

---

① 《宋刑统·断狱律》。
② 《作邑自箴》卷三。

第二，对被告囚禁的特殊规定。按照《宋刑统》的规定，犯笞罪的犯人不囚禁，而犯杖罪以上者必须囚禁候审，但宋真宗时期作了特殊的规定："始令诸州，笞杖罪不须证逮者，长吏即决之，勿复付所司。"①

第三，对证人的囚禁规定。对证人的囚禁本是古代囚禁措施的内容之一，宋代有识于囚禁证人带来的种种弊端，它易使无辜之民身陷刑狱，枉遭刑禁。因此，屡有官吏呼吁："诸知县以民命为念，凡不当送狱公事，勿轻收禁。"② 因此，朝廷要求对于与案件有关联的证人，以及与案件有牵连的犯有轻罪的人，一般不采用囚禁措施。但是，如果证人拒绝作证，或者确因案件重大，案情复杂，诉讼进行需要者，则可以囚禁候审。轻罪之人，不肯交代实情者，则可以囚禁。正如《作邑自箴》所说："轻罪之人，先令本案申举，未肯通吐实情，判押讫，方可枷禁。"

第四，对职事品官犯罪的囚禁规定。本来《宋刑统》对职事品官的犯罪人的囚禁措施，规定享受法律特权，但只限于品官五品以上、散官二品以上的高官犯死罪的奏请制度，以及职事官和散官三品以上者犯罪的上司复奏制度。皇帝为了更好地维护官吏的法律特权，宋神宗熙宁年间又明确规定：所有"品官犯罪，按察之官并奏劾听旨，毋得擅捕系"③。

第五，规定对证人采用强制性较弱的"寄收"措施。"寄收"，即当时的临时拘禁，而不是正式囚禁在狱。所谓"两争追会未圆，亦且押下，佐厅亦时有遣至者，谓之寄收"④。

（四）明清

明清法律关于囚禁的规定更趋完善。以清律为例，清律中"囚应禁而不禁"规定与唐宋律"囚应禁不禁"条内容基本相同，但清律在此条文之后附有七个条例，明确了各种情况下的囚禁规定，这些都为唐宋律所不载。如嘉庆六年（1801 年）修改例规定："对侵欺钱粮数达一千两以上，'那移'钱粮数至五千两以上的人，严行锁禁监追。对侵欺钱粮在一千两以下的人，'那移'钱粮不到五千两的人，则散禁官房，严加看守，限期一年催比。如限期不完，即锁禁监追。如果应行监禁之犯，不行监追，以及失于防范致使自杀者，则革职所在州县官。"⑤ 又如乾隆五年例、嘉庆五年修改例规定递解回原籍犯人的囚禁方法："递回原籍人犯，如系奉特旨，及犯徒罪以上，援免解交地方官管束之犯，经过州县，仍照例收监。其犯笞杖等轻罪，递回安插者，承审衙门，于递解票内，注明'不应收监'字样，前途接递州县，即差役押交坊店歇宿，仍取具收管，毋得滥行滥禁。"⑥ 等等。

另外，明清律在唐宋律基础上新规定了两个条文：

第一条是"故禁平人"的内容："凡官吏怀挟私仇，故禁平人者，杖八十。因而致死者，绞（监候），提牢官及司狱官、典狱卒，知而不举首者，与同罪，致死者，减一等，不知者不坐。若因（该问）公事干连平人在官，（本）无招（罪，而不行保管），误禁致死者，杖八

---

① 《宋史·刑法志》。
② 《名公书判清明集·劝谕事件于后》。
③ 《宋史·刑法志》。
④ 《昼帘绪论·治狱第七》。
⑤ 《大清律例汇辑便览·刑律·断狱·囚应禁而不禁》。
⑥ 《大清律例汇辑便览·刑律·断狱·囚应禁而不禁》。

十。(如所干连事，方讯鞫)有文案应禁者，(虽致死)勿论。"①

第二条是原告及时放回的内容。《大清律例汇辑便览·刑律·断狱·原告人事毕不放回》规定："凡告词讼，对问得实，被告已招服罪，原告人别无待对事理；(鞫狱官当)随即放回。若无(待对事)故稽留三日不放者，笞二十，每三日加一等，罪止笞四十。"该条文之后条例又规定："督抚应题案件，有牵连人犯，情罪稍轻者，准取的保，俟具题发落。其重案内，有挟仇扳害者，承问官申解，督抚详审，果系诬枉，即行释放，不得令候结案。若承问官审系无辜牵连者，不必解审，即行释放。"

第四节
期间和时效

"诉讼行为之进行，不宜受时间之限制，故岁月时日之变更，于诉讼行为之效力，均无影响。然法律为个人安宁便利及程序之正确整齐计，特设种种之限制，此种观念，古今从同。"②

一、期间

(一)诉讼期间

本节所称诉讼期间是指可以提起民事诉讼的时间。古代的刑事诉讼不受时间限制，随时可以提起。但对受理和审判民事诉讼的时间作了限定，称为"务限"。"我国以农立国，重农思想于古尤盛，为农民图便利计，故与诉讼上特为此种规定也。"③ 其实，此规定还有"息讼"的价值取向。《宋刑统》引唐《杂令》规定："诉田宅、婚姻、债务，起十月一日，至三月三十日检校。"由此可见，"务限"的规定最早载于唐《杂令》。宋窦仪等"参详"又有以下补充：

> 所有论竞田宅、婚姻、债务之类，取十月一日以后，许官司受理，至正月三十日住接词状，三月三十日以前断遣须毕。如未毕，具停滞刑狱事由闻奏。如是交相侵夺及诸般词讼，但不干田农人户者，所在官司随时受理断遣，不拘上件月日之限。④

这里规定得比唐《杂令》更详细合理。宋代将十月一日至次年正月三十日可以受理婚田词诉的时间称为"务开"，非受理期间称"入务"。南宋由于偏安江南，春耕生产较北方为早，规定："诸乡村以二月一日后为'入务'，应诉田宅婚姻负债者毋受理。十月一日后为'务开'。"⑤ 但有两种情况是可以例外的：一是《刑统》中规定的"交相侵夺及诸般词讼但不

---

① 《大清律例汇辑便览·刑律·断狱·故禁故勘平人》。
② 徐朝阳：《中国诉讼法溯源》，63页。
③ 徐朝阳：《中国诉讼法溯源》，64页。
④ 《宋刑统》卷十三，《婚田入务》门。
⑤ 《宋会要辑稿·刑法》三之四六。

干田农人户者",可以于"入务"时受理;二是如果有地方豪强侵夺下户者也可以于"入务"时受理。在金天会二年(1123年),也有"新降之民,诉讼者众,方今农时或失田业,可俟农隙听之"之文诏。宋代民事诉讼"务限"的规定,是封建诉讼制度成熟的一个重要标志。

在起诉时间的限制上,明代没有恢复唐宋法律中的"婚田入务"制度,理论上可以在任何时间起诉。但自明中叶以后,各地方官府号称"息讼",自创了"放告日"(或称"听讼日")制度,只有在特定的"放告日"(一般是每月逢三、逢六、逢九日)民间才可以起诉。①

有清一代,通常州县衙门均规定放告其日。清代前期(17、18世纪)多以每月三、六、九日放告,后期(19世纪以后)多以每月三、八日放告。②重大案件得随时呈控。清律第334条附例规定:

> 每年自四月初一至七月三十日,时正农忙,一切民词,除谋反、叛逆、盗贼、人命、及贪赃坏法等重情,并奸牙铺户骗劫客货查有确据者俱照常受理外,其一应户婚、田土等细事,一概不准受理。自八月初一日以后,方许听断。若农忙期内受理细事者,该督抚指名题参。③

由上可知,清朝农忙时期并不放告,但也有例外。如乾隆四年(1739年)定例,或因天旱争水、黄热抢割、争娶打抢、聚众打降等事,停讼之日也应受理。④

(二) 审判期间

为了防止审判失之冤滥,拖延作弊,断狱限以时日之制,古已有之。

1. 唐以前

据史料记载,西周有"审判有期,三刺定案"的规定。法官审讯之后,不能立即判决,还须经过一段时间,仔细审查犯人供词,并征求群臣意见后再行判决。如《尚书·康诰》载:"要囚,服念五六日,至于旬时,丕蔽要囚。"孔颖达注:"要察囚情,得其要辞,以断其狱,当须服膺思念之五日、六日,次至于十日,远至于三月,乃断之囚之要辞,言必反覆重之如此,乃得无滥耳。"⑤《公羊传·宣公元年》云:"古者大夫已去,三年待放",注:"古者疑狱三年而后断"。又依《周礼·秋官·小司寇》载:"以五刑听万民之狱,附于刑用情讯之,至于旬乃弊,读书则用法。"意思是法官作出判决须在审问后十日为之。据《周礼·秋官·朝士》记载,西周上诉期限,依地区远近而有所不同:国中十天,郊地二十天,野地三十天,都三个月,各邦一年;期内受理,期外不受理。

在西周,重大刑事案件判决之前,司法官必须征求有关官吏的意见,称作"三刺断狱":"一曰讯群臣,二曰讯群吏,三曰讯万民"。"三刺"之后再对罪犯作出判决。

规定审理判决期限是"明德慎罚"思想在审判制度上的反映,这一制度在中国古代沿用时间很长,直至唐朝才被正式废止,改为限期断狱。⑥

---

① 参见叶孝信主编:《中国法制史》,314页,上海,复旦大学出版社,2002。
② 参见瞿同祖:《清代地方政府》,274页。
③ 《大清会典事例》卷八一七。
④ 参见那思陆:《清代州县衙门审判制度》,213页。
⑤ 转引自胡留元、冯卓慧:《西周法制史》,276页,西安,陕西人民出版社,1988。
⑥ 参见胡留元、冯卓慧:《西周法制史》,276页。

2. 唐朝

唐朝曾多次对案件审判的期限作出过规定。穆宗长庆元年（821年），以天下刑狱，苦于淹滞，故设立程限。"大事，大理寺限三十五日详断毕，申刑部，限三十日闻奏；中事，大理寺三十日，刑部二十五日；小事，大理寺二十五日，刑部二十日。一状所犯十人以上，所断罪二十件以上，为大；所犯六人以上，所断罪十件以上，为中；所犯五人以下，所断罪十件以下，为小。"① 但没见有文献记载表明有唐一代对县级审判衙门设定期限。

有些案件无法一时结案的，也不可淹禁不决，要"虑而决之"。开元《狱官令》规定："诸若禁囚有推决未尽、留系未结者，五日一虑。若淹延久系，不被推诘，或其状可知而推证未尽，或讼一人数事及被讼人有数事，重事实而轻事未决者，咸虑而决之。"②

3. 宋朝

宋代针对审判过程中的不同环节和繁简轻重，制定了相应的期限，种类繁多、内容全面。③

（1）一般程序的审判期限

一般审判程序，就是逐级进行初审和复审的程序。太宗雍熙三年（986年）诏令"诸县镇禁系不得过十日"。徒以上重案申解到州后，期限相应延长。"大事四十日、中事二十日、小事十日。有不须追逮而易决者，不过三日。"④ 在宋的不同时期，审判期限多有变化。与唐区分大、中、小事的标准不同，宋哲宗时规定以卷宗厚薄为标准，二百纸以上为大事，十纸以上为中事，不满十纸为小事。

宋代还专门规定了民事纠纷的结绝期限。宁宗嘉定五年（1212年）九月二日，臣僚言：

> 窃照庆元令："诸受理词讼，限当日结绝。若事须追证者，不得过五日，州郡十日，监司限半月，有故者除之。无故而违限者，听越诉。"⑤

（2）特殊程序的审判期限

对于不能按正常程序进行审判的某些疑难重案、要案，两宋也规定有特殊的审判期限。与一般期限不同的是，这种期限多是临时立定，灵活性强。

其一，需要临时差官专门置司推鞫者，则根据案情繁简，随时立限。如徽宗崇宁元年（1102年）三月十八日诏：诸色人词讼"若事大合差官置司推究者，令本曹量事大小给限"⑥。

其二，中央司法机构之间如有疑难刑名不易定夺者，需要交由两制官集议，或由下级机关派员往上级机关询问，称"巡白"或"禀告"。仁宗庆历三年（1043年）五月诏："两制官详定公事，大事限一月，小事限半月。"⑦

（3）"急案"审判期限

《宋史·刑法一》称："其不待满而断者，谓之'急按（案）'。"仁宗时正式规定急案限，

---

① 《旧唐书·刑法志》。

② 转引自［日］仁井田升：《唐令拾遗》，粟劲等编译，719页，长春，长春出版社，1989。

③ 关于宋代审判期限的论述，参考了王云海主编《宋代司法制度》（郑州，河南大学出版社，1992）第254至262页的相关内容，特此致谢。

④ 《通考》卷一六六，《刑五》。

⑤ 《宋会要辑稿·刑法》三之四〇至四一。

⑥ 《宋会要辑稿·刑法》三之二一至二二。

⑦ 《续资治通鉴长编》卷一四一，庆历三年五月庚寅。

依大理寺司徒昌运所言：自四月至六月间，奏案内有系囚者，大理和审刑院断议限均减原限之半，两川、广南、福建、湖南等边远地区则以急案断奏。① 哲宗时系统地规定了冬、夏仲季月大理寺开封府断狱的"季节之限"：

> 禁囚公案冬夏仲季月到寺日，限五日定案。百纸已上七日，每百纸加二日，详议案减半，其半日就全日，刑部准此。旧案断在仲季月者，亦依仲季月到寺日限。如元限未满日比仲季月限数少者，止依元限。②

这一"季节之限"，南宋也一直遵行。

4. 清代

清代对审判期限的规定更趋细致完备。州县审判期限根据案情分为三个月、二个月、一个月及二十日等几种情形。

（1）三个月。清律第394条规定："直隶各省审理案件，寻常命案（指斩绞监候以下命案，著者注），限六个月……其限六个月者，州县三个月解府州，府州一个月解司，司一个月解督抚，督抚一个月咨题。"③

（2）二个月。大多数案件的审判期限是二个月，其情形有二：一是盗劫及情重命案，钦部事件并一切杂案；二是无关人命徒罪案件。④

（3）一个月。清律第394条附例规定："卑幼擅杀期功尊长、子孙违犯教令致祖父母父母自尽、属下人殴伤本管官，并妻妾谋死本夫、奴婢殴杀家长等案，承审官限一月内审解，府、司、督抚各限十日审转具题。"⑤

（4）二十日。清律第394条附例规定："府州县自理事件，俱限二十日者。"⑥

州县官不能于审判时限内定案招解，如符合一定条件，得申详督抚，题咨展限。清律有关"展限"之规定十分繁复，有一切案件均得适用之展限规定，有限定命案、盗案适用之展限规定。⑦

二、时效

我国古代的"时效"制度过分简陋，史料十分缺乏。我们只能依靠一些零星的史料记载，对古代诉讼时效作简要描述。

（一）刑事诉讼时效

在中国古代，对于刑事案件的追诉时效是按照大赦来定的，凡在朝廷大赦前的犯罪，如果罪名是已被大赦赦免的，就不得再进行诉讼。相反，"告赦前事"还是一项罪名，告发人

---

① 参见《续资治通鉴长编》卷一一六，景祐二年五月辛卯。
② 《续资治通鉴长编》卷三九三，元祐元年十二月辛丑。
③ 《大清会典事例》卷八三六。
④ 参见那思陆：《清代州县衙门审判制度》，136页。
⑤ 《大清会典事例》卷八三七。
⑥ 《大清会典事例》卷八三六。
⑦ 关于清朝"展限"的内容，囿于篇幅，不作赘述，详情参见《清代州县衙门审判制度》（那思陆著）第138至139页的相关内容。

要反坐所告发的罪名。

见于史册最早的赦令是《春秋》所载庄公二十二年（前 672 年）"春王正月，肆大眚"。大赦之名则起于秦庄襄王元年（前 249 年）"大赦罪人"（《史记·秦本纪》）。以后历代历朝都有大赦，严禁告赦前罪。对于禁止以赦前事相告言，唐律有明文规定：

"诸以赦前事相告言者，以其罪罪之。官司受而为理者，以故入人罪论。至死者，各加役流。"

疏议曰："以赦前事相告言者"，谓事应会赦，始是赦前之事，不合告言；若常赦所不免，仍得依旧言告。假有会赦，监主自盗得免，有人辄告，以其所告之罪罪之，谓告徒一年赃罪者，监主自盗即合除名，告者还依比徒之法科罪。官司违法，受而为理者，"以故入人罪论"。谓若告赦前死罪，前人虽复未决，告者免死处加役流，官司受而为理，至死者亦得此罪，故称"各加役流"。若官司以赦前合免之事弹举者，亦同"受而为理"之坐。

宋承唐制，《明律》中无此条，但在洪武大赦诏及其后历代即位诏书中，均明令：凡在大赦以前所犯的罪，除"十恶"等不准赦之罪以外，不论已判未判，不论轻重，一经赦免，以后不准再告，"敢有以赦前事相告言者，以其罪罪之"。

（二）民事诉讼时效

至于我国古代法制是否存在民事诉讼时效制度，现代研究者所见不一。戴炎辉认为，"固有法无时效取得"①。不过同时，他也举出一种特例：晋室南迁后，人民多弃地而流亡江南，至江北稍平，田地大率为他人所占，致使北魏之时，现占人与归农者间颇起田土争执。为此，孝文帝限制还地出诉期限，规定所争之田，宜限年断，事久难明，悉属今主。② 对于这一则历史记载，戴先生显然视为例外，而不愿看作是一种制度。从这个例子的行文方式，我们可以发现此种关于"时效"的规定，其着眼点几乎完全是在诉讼方面。③ 因此，不难推出固有法也无时效消灭的断语。

另一位学者林咏荣持相反意见，认为时效制度的两种形式——"取得时效"和"消灭时效"在我国古代法制中均已具备。宋太祖建隆三年（962 年）敕曰："如为典当限外，经三十年之后，并无文契，虽执文契，或难辨真伪者，不论理收赎之限，现佃主一任典卖。"此取得时效例。又，唐穆宗长庆四年（824 年）制曰："百姓所经台府州县，论理远年债务，事在三十年以前，而立保经逃亡无证据，空有契书者，一切不须为理。"此消灭时效例。④

我们赞同林咏荣的观点，认为唐代后期已经出现了诉讼时效的明文规定。宋人所辑《名公书判清明集》中，有关于诉讼时效的材料数篇，其中多援用法律。如一例有关田产的讼案，法官断曰："准法：诸理诉田宅，而契要不明，过二十年，钱主或业主死者，不得受理。今业主已亡而印契亦经十五年，纵曰交易不明，亦不在受理之数。"⑤ 又，宋人有侄与出继叔

① 戴炎辉：《中国法制史》，276 页。
② 参见戴炎辉：《中国法制史》，290 页。
③ 参见梁治平：《法意与人情》，146 页。
④ 转引自梁治平：《法意与人情》，144～145 页。
⑤ 《名公书判清明集》卷四，《王九诉伯王四占去田产》。

争业者，法官判曰："在法：分财产满三年而诉不平，又遗嘱满十年而诉者，不得受理。"①这是宋代有关诉讼时效的又一种规定，其期限较一般争田宅者大为缩短。

明代诉讼一般无时限规定，但在告争家财、田宅等事时，为避免反复纷争，亦给予时限。如《弘治问刑条例》定："告争家财田产，但系五年之上，并虽未及五年，验有亲族写立分书已定，出卖文契是实者，断令照旧管业，不许重分再赎，告词立案不行。"地方也可以就此作出有关规定。

总之，我国古代诉讼时效制度简单而粗疏，不具有罗马法上消灭时效中应有的许多内容，如时效的中断等。古代时效制度的意义在于避免查证上的繁难和维护现行秩序，同时，也具有"息讼"的价值取向和道德立场。

第五节
辩护与代理

一、辩护

辩护制度的历史要追溯到古罗马时期。在公元前 4 至 6 世纪，"代理人"、"代言人"在罗马共和国开始出现并逐渐发展。随着法律的演进，职业法学家兴起，辩护制度逐渐为法律所承认。《十二铜表法》正式规定了法庭上辩护人进行辩护的条文。在罗马帝国末期又允许刑事案件的原、被告双方当事人均可自己延请懂法律的人为辩护人在法庭上开展辩论。

（一）中国古代有无辩护制度

中国古代社会的法律条文没有关于"辩护"和"律师"②的规定，这是无异议的。但是，在古代的诉讼实践中，有没有类似于辩护的诉讼行为尤其是类似于律师辩护制度的存在，学界有着一定的争议。有学者以为中国古代有律师及律师职业，并佐以史料。在这些学者的论据中，"辩护士"、"讼师"现象尤为重要。杨鸿烈先生就认为，春秋时有律师和辩护行为，并对此作了详细的论述，现摘录如下：

> 僖公二十年，传"卫侯与元咺讼，宁武子为辅，庄子为坐，士荣为大士"……士荣与武子何为哉？反复思之，尤今列国于讼之用证人，武子充证人也，故曰"为辅也"；士荣必熟刑法者，惟其熟刑法也，故可以为大士，惟其有为大士之才也，故使与元咺相质证，则尤今列国于讼时之用律师也。讼之胜不胜，在坐狱者，在为律师者，卫侯不胜，故杀士荣，刖庄子，武子本可从宽，故免之，此情之显然者，否则士荣为大士，既不可听其君之讼，若为无足轻重之人，又何至见杀，此以知士荣系充律师也，特其充律师之规则，今不可考尔，推而言之，襄十年传王叔之宰与伯舆之大夫，坐狱于王庭，兹

---

① 《名公书判清集》卷五，《侄与出继叔争业》。

② 在我国古代，确有"律师"的称谓，但"律师"一词原本是佛教用语，佛教把熟知戒律、并能向人解说的人成为"律师"。参见《法学辞典》，350 页，上海，上海辞书出版社，1986。

二人者，亦犹今之律师，非仅为坐狱者，何以见之？下文使王叔氏与伯舆合要，王叔氏不能举其契。注曰："要约言语，两相辩答"，今之律师，固互相辩驳者也，契乃载要约之辞者，今之律师，于辩论既毕，固陈明公正之证词者也，即所谓举其契也，多方两言"要囚"，意者律师之用亦已古欤。①

还有一个被广为引证的人物是春秋时的邓析，他被认为是古代"辩护士"的代表人物。据史料记载，邓析乐于助讼和传播诉讼法律知识的活动，他可以"操两可之说，设无穷之词"②，"持之有故言之有理"③。邓析帮助当时新兴地主阶级进行诉讼，协助打官司，他以《周礼》为准，"以非为是，以是为非，是非无度，可与不可日变，所欲胜因胜，所欲罪因罪"④ 的辩护，使求助邓析的人，与日俱增。据《吕氏春秋·离谓》载："与民有讼者约，大狱一衣，小狱襦绔，民之献衣襦绔而学讼者，不可胜数。"

对于中国古代法制中的"辩护士"、"讼师"是否可以像看待古罗马时期的辩护士一样，看作是古代中国法律生活中的律师这个问题，我们持否定意见。我们认为，"辩护士"、"讼师"的行为与现代律师辩护的差异无疑是全方位的。⑤ 因而可以说，中国古代没有真正意义上的辩护制度。

(二) 中国古代没有辩护制度的主要原因

虽然用现代律师的标准衡量中国古代"辩护士"、"讼师"的做法是否合理值得考虑和商榷，但是，法律来源于社会，并植根于一国的文化中，人类总是生活在特定的文化形态而不能超脱其外。"在中国古代诉讼中，没有出现过辩护制度和辩护人。"⑥ 这与古代中国独特的经济、政治、人文等社会背景具有密切关系，中国古代社会没有产生辩护制度和辩护人的土壤。所以韦伯才有"在家长制的中国法中，根本没有西方辩护士的立足之地"⑦ 的论断。具体原因可从以下几个方面予以分析：

1. 中国古代社会没有孕育出较为发达的商品经济。古罗马辩护制度的产生和发达是其商品经济发展和发达的结果。在古代中国，与小农生产力相适应的是以家庭为基本单位、以血缘为纽带的宗法等级社会关系。在这种关系中，个体缺乏独立性，对个体来说，义务是首要的、绝对的，义务规约着人们的思想和行为。因此，在中国古代社会里没有形成需要律师提供法律服务、以帮助其主张权利的社会市场。

2. 中国古代实行君主专制的政治制度。辩护制度是民主制度，它与专制制度是格格不入的。中国古代社会君主专制的政治制度，窒息了以主张平等和权利为内在价值追求的辩护制度的产生。

3. 以义务为本位的法律文化。中国传统法律是以义务为本位的法律，而辩护是以权利为

① 杨鸿烈：《中国法律发达史》（上），55～56 页，上海，上海书店，1991。
② 刘歆：《邓析子·序》。
③ 《荀子·非十二子》。
④ 《吕氏春秋·离谓》。
⑤ 有关"辩护士"、"讼师"与律师的差异可参见谢佑平：《社会秩序与律师职业》，169 页，北京，法律出版社，1998。
⑥ 陈光中、沈国峰：《中国古代司法制度》，34 页。
⑦ ［德］韦伯：《儒教与道教》，157 页，北京，商务印书馆，1996。

本位的法律文化的构成成分。辩护权是辩护制度得以产生的基础，不承认犯罪嫌疑人、被告人的辩护权就不可能有辩护制度。

4. 纠问主义的诉讼方式。辩护人的存在，是对既存司法体制的挑战。在当事人面前，代表国家公权利的审判官吏的权威不容置疑，若有辩护人出庭参与诉讼，势必形成抗辩式审判，这在古代社会是绝不容许的。

因此，拥有几千年文明历史的中国，最终还是从国外引进了辩护制度。

二、代理

所谓代理制度，就是法律允许当事人不直接出庭受审，由其部属或其他人员代理其出庭受审的诉讼制度。古代的诉讼代理是一项特权规定，是等级制度的延伸和表现，代理人无须具有法律知识，被代理人大都是亲属或家人，代理人与被代理人之间不存在契约委托法律关系。这一切都表明：它和现代诉讼中为了给诉讼当事人提供法律上的帮助，允许当事人委托诉讼代理人代为诉讼的意义不同。

（一）先秦

"在我国，诉讼代理制度发达甚早，惟其限制甚严，贵族始有诉讼代理之权利，若一般平民诉讼均须亲自受讯，无代理制度。"①《周礼·秋官·小司寇》记载："凡命夫命妇不躬坐狱讼。"命夫，指"其男子之为大夫者"；命妇，指"其妇女之为大夫之妻者"。这些人参与诉讼，可以不亲自出庭。根据《周礼》，刑事、民事诉讼都允许诉讼代理，说法不确。金文中的刑事案件，无论原告或被告，不管其地位多高，官爵多大，都须"躬坐狱讼"，不准由他人代理。"曶鼎"寇攘争讼案中的两造：曶，世官司卜事兼司徒；匡季，东宫要员。从起诉、审理到结案，他俩从未缺席。由此可见，刑事诉讼，"两造具备"是不受特权的限制和约束的。那时，民事案件允许代为诉讼，已被金文判例所证实。"曶鼎"中的曶和限是两个大奴隶主贵族，曶，朝中要员，世代豪门，限是王室工作人员。他俩本是诉讼当事人，但在全部审理过程中从未出现，而是各自指派其部下代理出庭。直到判决执行，领取那五名奴隶时曶才出场。

刑事诉讼允许代理是从春秋开始的。《春秋·左传·僖公二十八年》载："卫侯与元咺讼，宁武子为辅，庄子为坐，士荣为大士。卫侯不胜，杀士荣，刖庄子，谓宁俞忠而免之"。这是一起元咺以杀叔武而引起的刑事案件。诉讼当事人是卫侯和其臣下元咺。开庭后，卫侯以国君身份没有出庭，而派庄子代为诉讼。《左传·襄公十年》还记载有一起王叔陈生与伯舆"争政"的狱讼案。他俩也未出庭，由"王叔之宰与伯舆之大夫瑕禽坐狱于王庭"。

（二）元代

秦以后至唐宋，法律中未见有诉讼代理的规定，诉讼代理正式规定于法典始于元代。周、春秋、战国时期的代理都局限于奴隶主和封建士大夫之间。到了元代，统治者为了减少

---

① 徐朝阳：《中国诉讼法溯源》，58 页。

诉讼，代理诉讼扩大到一般百姓中，"一般人民许与代理诉讼者，盖自元代始"①。但一般人民代理必须符合特定要件，即须限于老废笃疾之人，而且对于特种事件或特定事由非自行诉讼不可者，法律并不禁止。如《元典章》卷五十三《刑部》十五《诉讼·代诉》载至元九年八月的规定："年老笃疾残废人等如告谋反叛逆、子孙不孝及同居之内为人侵犯者，听。其余公事若许陈告，诚恐诬枉，难以治罪，合令同居亲属代诉。若有诬告，合行抵罪，反坐原告之人。"可见，对年老、笃疾、残废等人许令其亲属代理诉讼，这是矜恤他们不便赴官，自诉能力有限，其实质是限制其诉权。但能够代理诉讼的同居亲属只限于男性。"诸妇人辄代男子告辩争讼者，禁之。"这是因为古代女子没有一般的诉权，代理权自然无法享有。明仿元制，《明会典》中规定了相似的内容。但较"元法更为实密，故使代诉人负相当责任，并明定'诬告者罪坐代告人'"②。

对于官吏诉讼案件，元明时特许代理。元大德七年（1303年）规定：致仕得代官员，遇"争讼田土、婚姻、钱债等事，合令子孙弟侄或家人代诉"③。又《大元通制》规定："诸致仕得代官，不得已与齐民讼，许其亲属家人代诉。有司毋侵扰之。"这是尊崇官僚阶级的结果，给予官员特别的礼遇和诉讼特权。明代对于官吏代理诉讼，也仅限于民事案件。"凡官吏有争论婚姻钱债田土等事听令家人告官理对，不许公文行移，违者笞四十。"④

另外，妇女在一定条件下许他人代诉。《元典章·刑部·代诉·不许妇人诉》规定：妇女"若或全家无男子，事有私下不能杜绝，必须赴官陈告，许令宗族亲人代诉。所告是实，代理规结。如虑不实，止罪妇人，不及代诉……如果寡居无依及虽有子男，别因他故妨碍，事须论诉者，不拘此例"。

据上所述，元明时期代理制度的适用已由先前的以刑为主转向诸如"婚姻、田宅"之类的民事纠纷，或者主要是民事诉讼。代诉可以是作为原告提起诉讼，也可以是作为被告应诉。

第六节　简评

巴系佛尔特在其所著的《中国》一书第十一章"中国法律"中认为中国法律具有十大特点，其中，有三个特点与中国传统的司法管辖有关，现摘录如下：

第五，中国司法的管辖是受流行全国的地方自治政府的限制；

第八，中国司法管辖的特点即在诉讼程序的方法上；

第十，中国司法机关最大的弊病便是司法权行政权为"同一官吏所掌握"⑤。

---

① 徐朝阳：《中国诉讼法溯源》，60页。
② 徐朝阳：《中国诉讼法溯源》，61页。
③ 《元典章·刑部·闲居官与百姓争论子侄代诉》。
④ 《大明律·刑律诉讼》。
⑤ 转引自杨鸿烈：《中国法律发达史》（上），2～3页。

我们姑且不论这三条能否代表中国传统法律的特点①，但就传统司法管辖而言，我们认为，这些论断十分精辟。

管辖制度自战国时期形成至清末，由于"中国司法的管辖是受流行全国的地方自治政府的限制"和"中国司法机关最大的弊病便是司法权行政权为'同一官吏所掌握'"，因此，虽然其内容随朝代的更替而有差异，但各朝代管辖制度的特质却是同一的：（1）级别管辖的重点，不在于划分各级司法机关对第一审案件的管辖，而是体现了审判过程中各级别之间的权力分配。（2）划分司法机构上下级之间的分工和权限的根据是案件罪刑的轻重，这是中国古代历朝通例，只是罪刑轻重的标准各朝代略有差异。（3）由于中央审判机关叠床架屋，管辖制度具有政治上的目的——使中央机构之间互为牵制。（4）专门管辖制度是维护某些人法律特权的需要，是专制主义和法律阶级性的体现。

中国历史上的回避制度，汉时已初具规模，经历代损益，至清时已变得越来越繁密，利弊互见。根据回避事由或回避主体的不同，回避主要分为籍贯回避、亲属回避、故旧回避、司法官之间的回避以及非审判官吏回避等。

从具体内容来看，中国古代诉讼回避制度具有回避人员广泛、回避事由多样、回避方式齐全、回避责任严厉等特点，立法技术也日渐完善，但终究回避不了固有的历史局限性。例如，一方面对违背回避规定的行为予以严惩，另一方面又在法律中明确肯定"亲亲相隐"和"八议"制度，法律还规定"民之以告官吏，其自罪加三等，笞刑三十"。这种回避与反回避的立法意旨使得这项制度大打折扣。此外，这项制度在实际运行中还有许多例外。这也从另一个侧面反映出，中国古代社会在断案、决狱时更重实体而轻程序的特点。

中国古代社会，在司法领域里建立了以逮捕和囚禁为核心的强制措施体系。逮捕和囚禁在诉讼过程中被大量使用。不仅对触犯刑律的被告人，而且对被害人、证人等也一律适用；不仅作为刑事强制措施，"甚至户婚词讼，亦皆收禁"②。除逮捕、囚禁外，还有唐宋时的"追摄"，宋时的"门留"、"寄收"、"寄禁"，明清的"取保"等制度。这些强制措施在封建法制中占有比较重要的地位，在打击罪犯、推进诉讼的进行、维护统治秩序等方面发挥了重要的作用。而且，随着历史的演进，统治阶级看到了滥用强制措施所带来的副作用，因此，强制措施总的发展趋势是逐渐降低了其野蛮性和随意性而增强了人道性，并且在立法上规定了各种强制措施适用的条件、程序和防止滥捕、滥押的措施。但从现代观点来看，"封建专制时代的诉讼，对捕人的机关、条件和手续都没有明确的规定和限制，因此滥捕、滥押的现象是经常发生的，这正反映了封建社会的专制主义特征"③。当然，古代强制措施的弊端，除了上述因素外，还有以下两个重要的原因：一是被告人、被害人、证人以及民事诉讼中的当事人不享有真正的诉讼主体地位，二是权力缺乏制约，很大程度上以有关官吏的意志为转移，甚至随心所欲地逮捕、囚禁人犯，"每有私忿辄置人囹圄"④。

根据现代的诉讼理念，诉讼期间和时效的直接宗旨是督促权利人积极行使权利。这一宗旨与中国传统诉讼文化和人们的道德观念是方枘圆凿、扞格难通的。传统诉讼期间和时效制

---

① 杨鸿烈先生认为这十款不完全、不精密。参见杨鸿烈：《中国法律发达史》（上），3 页。
② 《宋史》卷二○○，《刑法志二》。
③ 陈光中主编：《外国刑事诉讼程序比较研究》，132 页，北京，法律出版社，1988。
④ 《昼帘绪论·治狱篇第七》。

度，主要是"为个人安宁便利及程序之正确整齐计"，以及为了防止审判失之冤滥，拖延作弊。我国古代诉讼期间和时效制度简单而粗疏，不具有罗马法上消灭时效中应有的许多内容，如时效的中断等。我国古代期间和时效制度的意义在于避免查证上的繁难和维护现行秩序，同时，也具有"息讼"的价值取向和道德立场。

中国古代虽有"辩护士"和"讼师"，但他们的行为与现代辩护的差异无疑是全方位的。由于中国古代社会没有孕育出较为发达的商品经济，中国古代实行君主专制的政治制度，以义务为本位的法律文化且采用纠问主义的诉讼方式，等等。这些社会背景因素决定了在中国古代诉讼中，没有出现过辩护制度和辩护人。

在我国，诉讼代理制度发达甚早，但古代的诉讼代理是一项特权规定，是等级制度的延伸和表现，代理人无须具有法律知识，被代理人大都是亲属或家人，代理人与被代理人之间不存在契约委托法律关系。这一切都表明：它和现代诉讼中为了给诉讼当事人提供法律上的帮助，允许当事人委托诉讼代理人代为诉讼的意义不同。

综上所述，古代诉讼基本制度是中国传统法制的重要组成部分，是中国古代社会特有的政治、经济和文化的产物，具有中华法系的特质。就是这些基本制度，维系着传统诉讼的运行，生产出公正或不公正的诉讼结果。

第十一章

诉讼程序

　　诉讼的缘起旨在解决社会冲突，恢复利益关系的平衡，这一目的的实现对诉讼机制的规范性提出了要求。诉讼不能由法官和诉讼参与人随心所欲、恣意妄为，而应按照预先确立的法律程序进行，这是诉讼作为一种重要的社会冲突解决机制所应具有的形式正义的必然要求，也是该机制能够被当事人及社会认可的基本根据之一。诉讼程序是诉讼机制运行的基础和生命力的保障。失去诉讼程序的严格规范，诉讼的权威性及诉讼功能的实现均无从谈起。然则诉讼究竟以何种程式运行，其程序如何设置？不同国家、社会、民族中不同的政治体制、经济结构、民族性格、民族心理、法律心理、历史传统诸因素无疑发挥着潜在的支配引导作用。从这一角度来看，中国古代的诉讼程序与其说是一种程式和规则，毋宁说是一个文化符号，具有丰富的灵动的文化内蕴，是一定的价值取向、精神原则在司法制度层面的折射，是中国传统诉讼文化的有机组成部分。据史料考证，中国最早通过司法机关、依据诉讼程序进行诉讼活动的朝代是西周，此后在中国诉讼法史漫长的演变过程中，诉讼程序不断丰富发展，从而逐渐形成了一个颇具特色的程序体系。本章拟就中国古代诉讼程序中起诉、一审、上诉以及复审复核等主要内容予以简要论述及评析。

第一节
起诉程序

　　起诉是诉讼程序启动的依据，是审判的前提。作为一项重要的诉讼活动，起诉理所当然地受到掌握政权的阶级的控制。在中国古代社会，历朝统治阶级为了更好地维护自身利益和统治秩序，对起诉作了较严密的法律规定，包括起诉的方式、起诉的有关政策、起诉的受理等，从而确立了较健全的起诉程序。

一、起诉的方式

严格说来，中国古代的起诉与现代意义上的起诉含义有所差别。现代意义上的起诉指公民个人或国家专门机关向法院提出诉讼请求，要求对争议或犯罪事实进行审判并明确或追究法律责任的活动。起诉方式较为单一，在刑事诉讼中表现为公诉、自诉两种方式，在民事诉讼中则仅有原告起诉一种方式。而古代的起诉实际上是指司法机关审理案件的依据或缘由，起诉方式上主要有被害人自诉、举告、犯罪人自首、官吏举发等几种方式。

1. 被害人自诉。被害人自诉是指被害人及其亲属因为人身或财产安全受到侵害而向司法机构提出的诉讼，这是最古老、最通常的起诉方式。根据《周礼》、《吕刑》及远古铜器铭文的记载，西周时无论刑、民案件，一般由原告告发，诉讼即告开始。如《曶鼎》①铭文记载："昔谨岁，匡众厥臣二十夫寇曶禾十秭，以匡季告东宫。"该案中，被害人曶向周王室东宫控告匡季而提起诉讼。《鬲攸从鼎》②则记载了两个大贵族在土地租赁过程中因一方失约而发生的一起诉讼，其中鬲从是原告，攸卫牧是被告，由于攸卫牧租种鬲从的田地却没有交付租金，于是"鬲从以攸卫牧告于王"，是说鬲从把攸卫牧告到了周王处，也是周王受理此案的理由。云梦秦简《封诊式》中记载了《争牛》、《告臣》、《告子》、《穴盗》等若干被害人自诉案件。如《告子》："爰书：某里士五（伍）甲告曰：'甲亲子同里士五（伍）丙不孝，谒杀，敢告'"③意指某里士伍甲控告其亲生子同里士伍丙不孝，请求处以死刑。这是父亲作为被害人控告儿子的案件。《争牛》记载："爰书：某里公士甲、士伍乙诣牛一，黑牝曼縻有角，告曰：'此甲、乙牛也，而亡，各识，共诣来争之。'即令史某齿牛，牛六岁矣。"④这篇爰书的意思是，某里公士甲和士伍乙一起牵来黑色系长套的母牛一头，各自诉说是自己的牛，前来争讼。当即命令史某检查牛的牙齿，牛已六岁。这是为争一头牛的所有权而向司法机构提出的自诉案件。争讼的双方既是原告，又都是被告。

唐代的自诉制度发展得比较成熟，其最重要的标志是在法典中设有专篇"斗讼篇"。唐代自诉称为"告"或"告诉"，规定遭受侵害的人必须向司法机关控告，否则要受到法律的制裁，换言之，自诉不仅是一种法律规定的权利，也是一种法律规定的义务。《唐律疏议·斗讼》载："诸强盗及杀人贼发，被害之家……即告其主司。"如"当告而不告"，"一日杖六十"。疏议解释"当告而不告"是指"家有男夫年十六以上，不为告者，一日杖六十"。

宋以后至明、清，被害人自诉一直是重要的起诉方式之一。宋真宗大中祥符五年（1012年）九月，殿前司请求对于军人告诉本军校长非法敛钱，数少者不受。真宗说："军民诉事，有琐细非切害者，朕常寝而不行。若明谕有司，则下情壅塞，而人有冤滞矣。"⑤这表明宋统治者是提倡并保护被害人告诉的。清努尔哈赤时则效仿古人，立"诽谤之木给自诉于汗者提供条件"。天命五年（1620年）六月初四日，汗谕："国人若有所言，欲诉告于汗者，不必诉

---

① 周孝王时代青铜器，清乾隆年间长安出土，原器已佚，今存铭文拓本。
② 周厉王时代文物，陕西凤翔出土。
③ 《睡虎地秦墓竹简·封诊式·告子》。
④ 《睡虎地秦墓竹简·封诊式·争牛》。
⑤ 《宋会要辑稿·刑法》七之六。

于汗本人，将欲说之言，笔之于书，悬于门外所立二木之上，见此书，即予以审理。"①总之，由被害人及其亲属直接起诉追究侵害者的法律责任一直是古代诉讼审判的重要依据。

2. 举告。举告是指被害人或其亲属以外的其他知情者，发现犯罪后向官府告发的诉讼启动方式。这是司法机关开始审理案件的又一重要依据。战国时期的法律要求人们发现犯罪必须举告否则要追究其法律责任。《史记·商君列传》记载，秦国商鞅变法是"令民为什伍而相牧司连坐，不告奸者，腰斩，告奸者与斩敌同赏，匿奸者与降敌同罪"。《睡虎地秦墓竹简·封诊式》中有不少关于举告的案例。如"爰书：某里士伍甲、乙缚诣男子丙、丁及新钱百一十钱，容二合，告曰：'丙盗铸此钱，丁佐铸。甲、乙捕索其室而得此钱、容，来诣之。'"该案中，某里士伍甲、乙将男子丙、丁捕获送到官府，即属于举告。

后世历代统治阶级也多规定告发犯罪是人们应当履行的义务。《唐律疏议·斗讼》规定："同伍保内，在家有犯，知而不纠者，死罪，徒一年；流罪，杖一百；徒罪，杖七十。其家惟有妇女及男年十五以下者，皆勿论。"宋朝统治者一方面规定人们对谋反、谋叛等重大犯罪必须告发，不告发者连坐其罪，另一方面采取积极措施鼓励人民告发犯罪。如宋真宗时，汴河护提兵卒经常杀害过往行人，将尸体弃置水中，案件难于破获，真宗既下诏："明揭赏典，募人纠告。"②明朝时期，社会健讼，封建国家对于举告的法律规定相比唐宋有了些变化，对举告案件有一定限制性的规定。《教民榜文》记载："凡有冤抑干于己，及官吏卖富差贫、重科厚敛、巧取民财等事，许害之人，将实情自下而上陈告，非干己事者不许。""如果近邻亲戚人等全家被人残害，无人申诉者，方许。"实际上，凡属谋反机密并奸盗、人命重事；邻近亲戚被人残害人命，本主无人申诉案件；官吏侵盗系官钱粮，里老理断不公，不分干己事情，都允许赴本管官司告发。③

3. 自首。自首是指罪犯主动向司法机构投案，以求减免刑罚的告诉方式。我国古代很早就制定了自首减免刑罚的原则，以此吸引犯罪者自首。秦汉时，自首称"自告"或"自出"。《睡虎地秦墓竹简·法律答问》规定："司寇盗百一十钱，先自告，何论？当耐为隶臣，或曰赀二甲。"唐律明确规定："诸犯罪未发而自首者，原其罪。"④基于此还有些具体规定，"即遣人代首，若法得想容隐者，为首及相告言者，各听如罪人身自首法。（缘坐之罪，及谋叛以上，本服期虽捕告，俱同自首例。）"⑤ 其含义是指如下三种情况以自首论处：一是遣人代首，即罪犯出于自愿请别人代为自首，代首人为不特定之人；二是律得相容隐者代首，指依法律可以容隐犯罪者的亲属主动向官府代罪犯自首或对其进行控告，也视为犯罪自首；三是律当缘坐（犯罪的亲属连带坐罪）的犯罪及谋叛以上不必缘坐的重罪，期亲（如祖父母、伯叔父母、兄弟姐妹等）以内的人，将罪犯捕送到官府的情形，亦以自首论。此外，唐律还有关于官吏犯罪自觉举的规定，即官吏公事失措、公案稽程之后的主动检讨，以自我举发为开端而启动诉讼程序，也是一种自首形式。唐律关于自首的规定在其后的历朝中得以沿用并有所发展。如宋代有限期自首制度。《续资治通鉴长编》卷九十五"天禧四年正月辛未"诏令说：

---

① 《满文老档·太祖》卷十五。
② 《续资治通鉴长篇》卷七十九。
③ 参见李交发：《中国诉讼法史》，40 页。
④ 《唐律疏议·名例·犯罪未发自首》。
⑤ 《唐律疏议·名例·犯罪未发自首》。

"诸民伪立田产要契，托衣冠形势户庇役者，限百日自首……限满不首，许人陈告，命官除名，余人决配。"《宋史·刑法志》规定："应犯罪之人，因疑被执，赃证未明；或徒党就擒，未被指说，但诘问便承，皆从律'按问欲举首减'之科。若已经诘问，隐拒本罪，不在首减之例。"所谓"按问欲举首减"是指犯罪人在犯罪后举发前没有自首，但在审判过程中能主动承认，交代犯罪事实，给予宽大，减轻刑罚。《大清律例·名例》"犯罪未发自首"条规定："凡犯罪未发而自首者，免其罪。"内容与唐律大同小异。古代自首减免刑罚的规定无疑体现了统治阶级司法经验的丰富和成熟。

4. 官吏举发。官吏举发是指负有纠举犯罪义务的官吏按其职责要求向司法机构检举、揭发、控告犯罪的起诉方式。官吏举发的起诉方式始于西周。据《周礼·秋官·司寇》记载："掌司斩杀戮"的"禁杀戮"官，其主要职责是，"凡伤人见血而不以告者，攘狱者，遏讼者，以告而诛之"。意思是说对于伤害他人以至见血而被害人无法提出控诉的，包括官吏不受理、伤害者强迫被害人不得提出告发等情形，禁杀戮官应当查明事实并向司寇提起诉讼。西周还设立了"禁暴氏"，《周礼·秋官·司寇》记载："禁暴氏，掌禁庶民之乱暴力正者，挢诬犯禁者，作言语而不信者，以告而诛之。凡国聚众庶，则戮其犯禁者以徇，凡奚隶聚而出入者，则司牧之，戮其犯禁者。"据此，禁暴氏的职责是对于那些以暴力侵害他人、诈伪欺骗、造谣生事等诸种行为，查明事实并向司寇起诉。

《睡虎地秦墓竹简·语书》记载了一个郡守发布的命令，要求各县、道官吏对所辖地区吏民的违法犯罪行为必须严格举发论处，"若弗知，是即不胜任，不智也；知而弗敢论，是即不廉也，此皆大罪也"。唐宋时期，《唐律疏议》、《宋刑统》等法典对官吏举发制度都有详细的规定。根据唐律，"诸监临主司知所部有犯法，不举劾者，减罪人罪三等。纠弹之官，减二等"[1]。《宋刑统》中也有与此完全相同的规定。意思是说，统管一个部门或地区的官员、处理某些事务的官员以及里正、村正、坊正以上官员，对于自己所辖范围内的人们犯罪，都应当担负起起诉的义务，否则要受到法律处罚，如果"纠弹之官"不举告，那么受到的惩治更为严厉。清律规定，具有举发犯罪义务的官吏主要包括：罪犯所在乡保的保甲里正或案发地的保甲里正，职有专掌的各级监临主守官；负有监察纠举犯罪职责的御史，其中第三类官吏的举发行为一般是针对违法失职官吏而向皇帝提出的弹劾，历代王朝皆设有监察官吏执行纠察职能，旨在整饬吏治，严肃法制，充分发挥封建官僚体制的统治效能，同时维护封建官僚的等级特权。

此外，在我国漫长的封建社会采用的是纠问式诉讼形式，该诉讼形式下，司法官吏可以无须他人告诉，积极主动地侦查犯罪、惩办罪犯，这种启动诉讼方式也是官吏举发的一种。如《折狱龟鉴·迹贼》载："张泳尚书知江宁府，有僧陈牒出凭，泳据案熟视久之，判送司理院勘杀人贼。翌日，群官聚听，不晓其故。泳乃召问'为僧几年?'对曰：'七年'。又问'何故额有系巾痕?'即惶怖服罪。盖一民与僧同行于道而杀之，取其祠部戒牒，自披剃为僧也。"此案即属于司法机关依职权积极主动纠举罪犯的实例。

二、有关起诉的原则

为了维护正常的诉讼程序，最大限度地保护统治阶级利益，我国古代统治者对起诉问题

---

[1] 《唐律疏议·斗讼·监临知犯法不举劾》。

确定了一系列原则。

（一）奖励控告、惩罚不告

古代中国在和谐精神与无讼理想这一思想观念引导下，对诉讼本身持否定、鄙视态度，形成贱讼心理，以户婚田土等"细事"诉诸公堂往往被视为不体面，甚至是道德沦丧的体现。然而另一方面，统治者也意识到诉讼是解决社会冲突的重要手段，因而为了巩固和维持统治秩序，消融、减少社会矛盾，又不得不奉行奖励控告、惩罚不告的起诉原则。

战国时期秦商鞅变法便实行了什伍连坐制，在"告奸"中规定，"令民为什伍而相牧司连坐，不告奸者腰斩，告奸者与斩首同赏，匿奸者与降敌同罚"①。《睡虎地秦墓竹简》中也有相应的案例。如《法律问答》载："捕亡完城旦，购几何？当购二两。""夫、妻、子五人共盗，皆当刑城旦，今甲尽捕告之，问甲当购几何？人购二两。"也即每告发、捕获一个处"城旦"刑的罪犯，就能得到黄金二两的奖赏。西汉景帝时规定官吏利用职权在所管辖的范围内接受贿赂财物或贱买贵卖，别人发现后捕告，财物奖给捕告者。②唐朝也明确规定："诸强盗及杀人贼发，被害人之家及同伍即告其主司。若家人、同伍单弱，比伍为告。当告而不告，一日杖六十。"③"同伍保内，在家有犯，知而不纠者，死罪，徒一年；流罪，杖一百；徒罪，杖七十。其家惟有妇女，及男年十五以下者，皆勿论。"④唐后至明、清各朝同样实行奖励控告、惩罚不告的政策。据明律，凡知人犯罪事发，官司差人追唤而藏匿在家不行捕告，及指引道路、资给衣粮、送令隐蔽者，各减罪人罪一等，其辗转相送而隐藏罪人，知情者，皆坐；不知者，勿论。若知官司追捕罪人，而漏泄其事，致令罪人得以逃避者，减罪人罪一等。⑤清律规定，凡能捕获谋反、谋大逆的正犯，捕获人系民人者，则授以文职官；系军人者，则授以武官，并将犯人财产全部奖给捕获者，对知悉谋反、大逆而告举者，奖以财产。⑥《大清律例汇辑便览·刑律·贼盗·强盗》载："如邻佑或常人或事主家人擎获强盗一名者，官给赏银二十两，多者照数给赏。受伤，移送兵部验明等第，照'另产及家仆军伤例'将无主马匹等物变价给赏。其在外者，以个州县审结无主财物变价。如营汛防守官兵，捕贼受伤者，照'绿旗阵伤例'分别给赏。若被伤身亡者，亦照'绿旗阵伤例'分别给予身价银两。"统治者实行这一奖励控诉政策无疑有利于充分调动全社会控告犯罪的积极性，及时打击犯罪、排除隐患，从而巩固专制统治。

（二）限制控诉，反对诬告

尽管历代王朝实施奖励控告的政策，但当控告对统治者弊大于利无甚益处时，控告不仅不再被提倡，反而受到严格限制，这种限制主要体现在身份限制和案件性质限制两方面。身份限制指具有特定身份关系的人之间控告要受到限制。如根据"亲亲相隐"原则，亲属之间

---

① 《史记》卷六十八，《商君列传》。
② 参见《汉书》卷五，《景帝记》。
③ 《唐律疏议·斗讼·强盗杀人》。
④ 《唐律疏议·斗讼·监临知犯法不举劾》。
⑤ 参见《大明律·刑律·捕亡》。
⑥ 参见《大清律例·刑律·贼盗》。

对犯罪可以互相隐瞒，不予告发或作证。这一法律原则的理论基础源自儒家的伦理思想。孔子提出"父为子隐，子为父隐，直在其中矣"①。这一主张在秦律中已有所体现。秦代将自诉案件分为"公室告"和"非公室告"两种。"贼杀伤、盗他人为'公室告'；子盗父母，父母擅杀、刑、髡子及奴妾，不为'公室告'。""'子告父母，臣妾告主，非公室告，勿听。'何谓'非公室告'？主擅杀、刑、髡其子、臣妾，是谓'非公室告'，勿听。而行告，告者罪。告者罪已行，它人又袭其告之，亦不当听。"② 对于子告父母、父母告子等"非公室告"行为不予受理，如仍行控告，则告者论罪。西汉独尊儒术后，法律上始有"亲亲得相隐匿"的明确规定，并为历代所沿袭。唐代该原则内容更为全面详尽，至元明清，法律并增设"干名犯义"条，对卑幼控告尊长予以处罚。另外，根据封建伦理纲常，对有尊卑主仆关系的人所施的犯罪行为，卑幼对尊长、仆人对主人不得控告，否则承担刑事责任。唐律规定："诸告祖父母、父母者，绞。"③"诸告期亲尊长、外祖父母、夫、夫之祖父母，虽得实，徒二年；其告事重者，减所告罪一等；即诬告重者，加所诬罪三等。""告大功尊长，各减一等；小功、缌麻，减二等；诬告重者，各加所诬罪一等。"对于告发卑幼犯罪也同样要予以惩治。"诸告缌麻、小功卑幼，虽得实，杖八十；大功以上，递减一等。诬告重者，期亲，减所诬罪二等；大功，减一等；小功以下，以凡人论。"④ 元朝法律则规定："诸奴婢告其主者，处死。本主求免者，听减一等。"⑤明清时雇工与主人的关系同样打上了鲜明的主奴关系的烙印，雇工告主与奴婢告主的情形同列于法条，只是刑罚减轻一等。对控诉的身份限制还包括在押的囚徒，或是老小笃疾者，他们因为这种特定身份，亦不得随意控告。案件性质限制则主要指大赦前的罪犯不准控告。历代统治者为缓和阶级矛盾或基于其他考虑（如庆祝登基、册立太子等），有时实行所谓"恩赦"，赦免一般的犯罪，大赦后未被追究的犯罪人自然也在赦免之列而不必再追究。然而，上述身份限制及案件性质限制亦有例外，对于谋反、谋叛这类直接威胁最高统治者，危及封建皇权王族的严重犯罪不得适用。大赦亦只针对一般犯罪而言。显然古代任何诉讼方面的制度最终皆为最高统治者的利益服务。

为了保证控告的质量，减少讼争，防止因对控告犯罪处理不当而扰乱社会秩序，自秦代始，法律便强调对控告犯罪不真实者，严惩不贷。秦律按控告人的故意与过失将控告不符合事实的情况分为"诬人"和"告不审"。对诬告者量刑采"反坐"原则，"告不审"所受处罚较"诬告"相对为轻。汉以后，诬告反坐成为定制。据唐律，诬告有诬人一罪、诬人数罪和一诬数人之别。诬人一罪，比照所诬之罪应得刑罚反坐告人，诬人数罪，则先按此数罪评价出被告人应得刑罚，再比照反坐告人；一诬数人的，只要一人不实，告人就须反坐。但对于过失控告不实者，唐律未规定惩处措施，以免民众畏于告发，从而与鼓励控告政策相悖，影响对犯罪的揭露。唐后历朝基本沿用了唐关于诬告反坐的规定。

（三）禁止匿名告发

古时投匿名信称为"投书"、"飞章"、"飞书"等。与惩处诬告相关，我国古代法律历来

---

① 《论语·子路》。
② 《睡虎地秦墓竹简·法律答问》。
③ 《唐律疏议·斗讼·告祖父母父母》。
④ 《唐律疏议·斗讼·告缌麻以上卑幼》。
⑤ 《元史》卷一五〇，《刑法志四》。

严禁投匿名文书告发他人犯罪。匿名文书不能视为审判依据，且投书人一经查出要受严厉制裁。《睡虎地秦墓竹简·法律答问》记载："'有投书，勿发，见辄燔之；能捕者购臣妾二人，繫投书者鞫审谳之。'所谓者，见书而投者不得，燔书，勿发；投者（得），书不燔，鞫审谳之谓（也）。"意思是说，有投匿名信的，不得拆看，见后应立即烧毁，拿获投信人的，奖给男女奴隶二人，将投信人审讯定罪。汉朝时对匿名告发者也是采从重惩治的态度，《晋书·刑法志》记载："改投书弃市之科，所以轻刑也。"可见汉律对投书处以弃市之刑，到魏时才处刑趋轻。唐律中对匿名告发的禁止性规定更为明确。"诸投匿名书告人罪者，流二千里。（谓绝匿姓名及假人姓名，以避己作者；弃、置、悬之俱是。）得书者，皆即焚之。若将送官司者，徒一年。官司受而为理者，加二等。被告者，不坐。辄上闻者，徒三年。"①宋朝在《宋刑统》中规定了与唐律相同的内容。至明清时期，法律对匿名告发行为的禁止更为严厉。明律规定："凡投匿隐姓名文书告言人罪者，绞。见者，即便烧毁。若将送入官司者，杖八十。官司受而为理者，杖一百。被告言者，不坐。若能连文书捉获解官者，官给银一十两，充赏。"② 清朝《大清律例》沿袭了明朝的上述规定，此外，还在有关条例中对匿名告发严加禁止。如康熙十四年（1675 年）上谕、嘉庆六年（1801 年）修改例规定："凡凶恶之徒，不知国家事务，捏造悖谬言词，投贴匿名揭帖者，将投贴之人拟绞立决。知而不首者，杖一百，流三千里；旁人出首者，授以官职；奴仆出首者，开户。捏造寻常谬妄言词，无关国家事务者，依律绞候。"③

古代统治者之所以对匿名告发行为如此三令五申，严加惩治，目的主要在于防止诬告，意在"用塞诬告之源，以杜奸欺之路"。但是，一旦匿名举报行为涉及危害统治权的犯罪，则另当别论了。根据《唐律疏议》的解释，"匿名之书，不合检校，得者即须焚之，以绝欺诡之路……若得告反逆之书，事或不测，理须闻奏，不合烧除"④。也即一个人如果得到告反逆的匿名文书，不许烧掉，而要送官向皇帝奏报。由此可见，维护统治秩序的稳定才是古代司法制度的根本宗旨所在。

（四）逐级起诉、严格限制越诉

古代诉讼，要求逐级告诉，不得越诉，否则不予受理，违者处以刑罚。唐律规定："诸越诉及受者，各笞四十。"⑤据此，越诉者和受理越诉者都要受到处罚。元朝严格要求遵循诉讼程序，《元史·刑法志四》规定："诸告人罪者，自下而上，不得越诉。"如果越诉，"越诉告状之人，即便转发合署断罪归结"⑥，并对"越诉者，笞五十七"⑦。明朝法律也禁止越诉。"凡军民词讼，皆须自下而上陈告。若越本管官司，辄赴上司称诉者，笞五十。"⑧封建统治者

① 《唐律疏议·斗讼·投匿名书告人罪》。
② 《大明律·刑律·诉讼》。
③ 《大清律例·刑律·诉讼》。
④ 《唐律疏议·斗讼·投匿名书告人罪》。
⑤ 《唐律疏议·斗讼·越诉》。
⑥ 《元典章》卷五十三，《刑部·越诉转发原告人》。
⑦ 《元史》卷一五〇，《刑法志四》。
⑧ 《大明律·刑律·诉讼》。

认为，越诉"非惟烦渎天听，实亦颇启幸门"，因此，"先科越诉罪，然后推勘"①。然而，在古代越诉并不都是一种犯罪，至少至宋代中后期，"越诉"在司法用语中并非尽指违法行为，而是已被当作是诉讼中具有一般司法意义的特别程序。如北宋自太宗以后，在诉讼程序上规定了有关越诉的内容，尤其是有重大冤抑，即可越过转运使等监司，由州向登闻检、鼓院直接诉讼而不构成越诉罪，创立了登闻检院，作为登闻鼓院上一级的受理机构，甚至可以直诉于皇帝。元朝规定："陈诉有理、路府州县不行，诉之省部台院；省部台院不行，经乘舆诉之。"②总之，我国古代诉讼实行的是严格的逐级起诉和特殊的越级起诉相结合的方式，这无疑体现了我国古代起诉程序的灵活性。

三、对控告的受理

我国古代诉讼中，县是最基层的受诉机构，当事人按行政等级逐次控诉，直至诣阙。有权受理控告的机构应依法受理案件，违者严惩。我国古代有关控告受理的规则无疑为诉讼程序的顺利运行提供了保障。具体而言，对控告的受理应当遵循以下规则：

1. 依法应受理者，不得推诿不受。如唐律规定："若应合为受推，抑而不受者，笞五十。三条加一等，十条杖九十。"③特别是对谋叛以上的罪，官府接到控告而不受理，以及在接到控告后拖延时间不去突击逮捕、超过半天的，要处绞刑或流二千里。元朝法律规定："诸府州司县应受理而不受理，虽受理而听断偏屈或迁延不决者，随轻重而罪罚之。"④明律则规定得更具体："凡告谋反、逆、叛官司，不即受理掩捕者，杖一百，徒三年，以致聚众作乱，攻陷城池，及劫掠人民者，斩。若告恶逆不受理者，杖一百。告杀人及强盗不受理者，杖八十。斗殴婚姻田宅等事不受理者，各减犯人罪二等。并罪止杖八十。受财者，计赃以枉法从重论。"⑤

2. 依法不得受理的，如受理则要处罚。根据唐律、明律等规定，如被囚禁人告举他事，年八十以上、十岁以下及笃疾者告一般罪，以赦免的前事告人，投匿名文书告人等等皆属不得受理之情形，受理者依律处罚。此外，告状不合要求，没有说明犯罪的时间和事实的，也不得受理。唐律规定："诸告人罪，皆须明注年月，指陈实事，不得称疑。违者，笞五十。官司受而为理者，减所告罪一等。"⑥但可能因这一条在实际操作中难以行得通，所以明律取消了这一规定。

3. 亲告乃论之罪，有亲告，方受理。如唐律规定，夫殴伤妻妾，须妻、妾告乃论，妻殴伤妾，须妾告乃论，妻殴伤夫，须夫告乃坐，子孙违反教令及供养有阙者，须祖父母、父母告乃坐。⑦明律对于亲告乃论之罪的范围规定得更为宽泛。如：奴婢、雇工骂家长和家长的某些亲属，须亲告乃坐；凡骂祖父母、父母，骂缌麻兄姐、小功、大功亲属，妻妾骂夫之祖

① 转引自赵旭：《论宋代民间诉讼的保障与局限》，载《史学月刊》，2005（5）。
② 《元史》卷一五○，《刑法志四》。
③ 《唐律疏议·斗讼·越诉》。
④ 《元史》卷一五○，《刑法志四》。
⑤ 《大明律·刑律·诉讼》。
⑥ 《唐律疏议·斗讼·越诉》。
⑦ 《唐律疏议·斗讼》"殴伤妻妾"、"妻殴詈夫"、"妻妾殴詈故夫父母"、"子孙违反教令"条。

父母、父母，妻妾骂夫之期亲以下缌麻以上尊长，妻骂夫，妾骂妻和妻之父母等，都须亲告乃坐。①对于亲告乃坐的罪行，如果没有亲告，不得论罪，自然也不必受理。

第二节
一审程序

起诉与审判是诉讼活动中两个关系密切的基本环节，案件经一定方式和程序向司法机构起诉后，即进入审理阶段，这是对案件进行定性处理的关键步骤，历代王朝都相当重视审判程序的设置。

一、审判管辖

古代诉讼中的审判管辖即司法机构在审判案件上的权限分工。这是保证审判活动正常进行的首要条件。我国古代的审判管辖大致可分为级别管辖、地区管辖和专门管辖三种。

（一）级别管辖

级别管辖是上下级司法机构关于案件初审权的权限分工。秦统一中国后在全国范围内推行郡县制，全国分设朝廷、郡、县三级司法机构，一般案件的管辖，由当事人的居住地或发案地的县级司法机构管辖。担任一定职务的官吏的犯罪行为，则由上级司法机构管辖。汉承秦制，以后各朝法律亦有级别管辖的相关内容。如元朝法律规定，对于普通的刑、民案件，杖五十七以下，由（录事）司、县决断；杖八十七以下，由散府、州、郡决断；杖一百零七以下，由宣慰司、总督府决断。②《大明律》明确规定："凡狱囚鞫问明白，追勘完备，徒流以下从府、州、县决配。至死罪者，在内听监察御史，在外听提刑按察司审录。"③再如清朝京师地区，"笞、杖及无关罪名诉讼，内城由步军统领，外城由五城巡城御史完结。徒以上送部，重则奏交，如非常大狱或命王大臣、大学士、九卿会讯"④。这表明根据案件严重程度不同，案件由不同级别的司法机构审理。

（二）地区管辖

级别管辖解决纵向审判管辖权属问题，与之相对应，地区管辖解决横向审判管辖关系。在唐朝，"凡有犯罪者，皆从所发州、县推而断之"⑤。意即案件由发案地的审判机关来审判。对于一人数案、一案数人等牵连两地以上的审判管辖，唐律规定："诸鞫狱官，囚徒伴在他所者，听移送先系处并论之。（谓轻从重；若轻重等，少从多；多少等，后从先。若禁处相

---

① 参见《大明律·刑律》"斗殴"、"骂詈"等条。
② 参见《元典章》卷三十九，《刑部·罪名府县断录》。
③ 《大明律·刑律·断狱》。
④ 《清史稿》卷一四四，《刑法志》。
⑤ 《唐六典》卷六，《尚书刑部》。

去百里外者，各从事发处断之。）违者，杖一百。"①意思是说，不同地方的被告人罪名轻重不同，轻的移送到重的地方审判；罪名轻重相同，则从被告人人数少的地方移送到人数多的地方审判；罪名、人数相等时，从后发案的地区移送到先发案的地区审判。后世基本沿袭唐制。

（三）专门管辖

对于涉及特定人的案件，则划归专门司法机关进行审理，这就是专门管辖。我国古代诉讼中的专门管辖包括对特定身份、特定职业、特定民族以及特定宗教的专门管辖等几个方面。对特定身份的专门管辖是特权等级在司法领域享受优惠待遇的体现，其中我国古代的"集议"就是这种专门管辖制度的典型体现。集议制的适用对象为"八议者"，即享有八议特权的人。唐律规定："其应议之人……若犯死罪，议定奏闻，皆须取决宸表，曹司不敢与夺。"②"诸八议者，犯死罪，皆条所坐及应议之状，先奏请议，议定奏裁"③。据此，八议者犯死罪的案件，应先就其身份与所涉罪行奏明皇上，经皇帝允许由刑部召集诸司七品以上官员集议，然后再报请皇帝裁决。明律和清律亦有集议规定。中国古代诉讼中对特定职业的专门管辖主要指对军人案件的管辖。元朝、明朝对军人犯罪的管辖有较为详尽的规定。明律规定："凡军官、军人有犯人命，管军衙门约会有司检验归问。若奸盗、诈伪、户婚、田土、斗殴与民相干事务，必须一体约问。与民不相干者，从本管军职衙门追问。"④《大明律》还对军事审判机关的管辖范围与普通审判机关管辖范围的界限作了明确限定："若管军者，越分辄受民讼者，罪亦如之。"⑤这就是说，禁止军事审判机关管辖非军人犯罪的案件，否则即视为"越分"而加以责罚。《元史·刑法志》中也有类似规定："诸军官辄断民讼者，禁之，违者罪之。"元朝和清朝作为我国古代的两个少数民族政权，特别设置了少数民族的专门管辖制度。根据元朝法律，蒙古人犯罪必须由蒙古官审判执行。"诸蒙古人居官犯法，论罪既定，必择蒙古官断之，行杖亦如之。"⑥清朝对特定民族的管辖规定得更为详细。如《清史稿刑法志》记载："旗营驻防省分，额设理事、同知。旗人狱讼，同知会同州县审理。"又刘锦藻的《清朝续文献通考》卷二四五有："从前满汉刑罚异制……旗人犯罪，不准州县官审理，另设理事、同知专审旗人案件。"这两处记载究竟何者属实尚须考证，但有一点是可以肯定的，即对于京外旗人犯罪，地方的普通司法机关不得单独审理。此外，元朝时还设立了管理宗教事务的宣政院，实际上是最高的宗教审判机关，凡涉及僧侣的重大案件，由寺院住持与世俗审判机关审理后须报送宣政院才可定案。我国古代关于专门管辖的有关规定，充分反映了我国古代审判管辖体系的细致和严密。

二、诉讼代理人

我国古代诉讼代理制度产生较早，但主要适用于贵族官僚。《周礼·秋官·小司寇》记

① 《唐律疏议·断狱·囚徒伴移送并论》。
② 《唐律疏议·名例·八议》。
③ 《唐律疏议·名例·八议》。
④ 《大明律·刑律·诉讼》。
⑤ 《大明律·刑律·诉讼》。
⑥ 《元史》卷一〇二，《刑法志一》。

载："凡命夫命妇不躬坐狱讼"，即"命夫"、"命妇"这些贵族参与诉讼，可不亲自出庭。显然，古代的诉讼代理发端之时就带有浓郁的特权色彩。据铭文判例记载，西周时的代理制度仅适用于民事诉讼。如《曶鼎》中的曶和限皆为大奴隶主贵族，作为诉讼当事人却从未出现在审理过程中，而是各自指派其下属代理诉讼。刑事诉讼代理始于春秋。《春秋左传·僖公二十八年》载："卫侯与元咺讼，宁武子为辅，铖庄子为坐，士荣为大士。卫侯不胜，杀士荣，刖铖庄子，谓宁俞忠而免之。"这是一起元咺以杀叔武而引起的刑事案。该案中，卫侯没有出庭，而是派了铖庄子代理出庭坐对，并派宁武子和士荣协助铖庄子。秦简《封诊式》中亦有贵族由他人代理诉讼的式例。如"爰书：某里公士甲缚诣大女子丙，告曰：某里五大夫乙家吏。丙，乙妾也。乙使甲曰：丙悍，谒黥劓丙。"①这段爰书的意思是，某里公士甲将一个成年女子绑缚送到县廷。公士甲说自己是某里五大夫乙的家吏，被绑缚的是乙的女奴隶。五大夫乙对其家吏甲说，这个女奴骄悍，将她送到官府处以黥劓刑罚。五大夫是秦二十等爵中的第九级，其社会地位较高，因此有权指示其家吏将女奴送官府惩治。从本案诉讼程序上看，公士甲即是其主人五大夫乙的诉讼代理人。

但直至元代《大元通制》方从法律上规定诉讼代理。代理只适用于两类人：一是老年和疾病者，二是退休或暂时离任官员。有代理资格或享有法定代理权限的，也只限于其"同居亲属"或"亲属家人"。据《元史·刑法志·诉讼》载："诸老废笃疾，事须争讼，止令同居亲属深知本末者代之。"这是矜恤其年老或身患疾病不便赴官，自诉能力有限，因此允许代理。但如果遇到"谋反、大逆，子孙不孝，为同居所侵侮，必须自陈者，听"。《元史·刑法志·诉讼》载："诸致仁、得代官，不得已与齐民讼，许其亲属家人代诉，所司毋侵扰之。"这是为了使退休官员、暂时离任而无官员身份的人免于对簿公堂而设立的一种特权，并要求官府不得"侵扰"其本人。但"同居亲属"或"亲属家人"只限于男性。《元史·刑法志·诉讼》载："诸妇人辄代男子告辩争讼者，禁之。"因此女子没有代理权。但妇女在一定条件下许他人代诉。皇庆二年（1313 年）法律规定，妇女"若或全家无男子，事有私下不能杜绝，必然赴官陈告，许令宗族亲人代诉。所告是实，代理归结。如虑不实，止罪妇人，不及代诉……如果寡居无依及虽有子男，另因他故妨碍，事须论诉者，不拘此例"②。明、清关于诉讼代理制度的规定亦仿元制，仅针对官吏和老废笃疾者。明朝对于代理官吏诉讼，限于婚姻财产案件。明律规定："凡官吏有争论婚姻钱债田土等事，听令家人告官理对，不许公文行移，违者笞四十。"③

值得一提的是，早在宋代就已出现诉讼之学，产生专以指点词讼和替人辩理为业的讼师。然官府视之为烦乱官司的不安定分子，司法官吏在诉讼中往往首先将矛头指向代讼人。如石壁在处理龚孝慕诉田案件时，首先对代诉人刘纬进行惩治。"今刘纬自是姓刘，乃出而为龚家论诉田地，可谓事不干己。想其平日在乡，专以健讼为职能事。今事在赦前困难断，然若不少加惩治，将无以为奸狡者戒。"④应该说，讼师中确有少数属于唆讼、吓财、挠法之徒，但历代法律对讼师持贬抑压制态度的主要原因在于，古代诉讼的根本目的是维护统治秩

① 《睡虎地秦墓竹简·封诊式·黥妾》。
② 《元典章》卷五十三，《刑部·诉讼》。
③ 《大明律·刑律·诉讼》。
④ 《名公书判清明集》卷四。

序而非保护当事人的权利，因此古代讼师的身份和活动始终没能合法化、公开化，而讼师又实际存在于民间社会，导致讼师始终只是一种法外职业。讼师的活动类似诉讼代理，但却并非合法的诉讼代理。总之，我国古代法律中的诉讼代理制度，其实质不过是特权观念的衍生物，主要是为拥有特权的位高权重者所服务，并不具普遍意义，但作为一种诉讼技术无疑是先进的、值得肯定的。

三、审判期限

据《尚书》、《周礼》等典籍记载，西周时已有关于审理判决期限的规定。《尚书·康诰》载："要囚服念五、六日，至于旬时，丕蔽要囚。""要察囚情，得其要辞，以断其狱，当须服膺思念之五日、六日，次至于十日，远至于三月，乃断之囚之要辞，言必反覆重之如此，乃得无滥耳。"意思是说，案件审理之后，必须经过五、六日，十日，甚至三个月的考虑才能作出判决。设立这一制度的初衷应当是促使法官慎重对待案件，从而避免误判滥判，但后来逐渐演化为防止审判拖延的审限制度，即要求司法官吏必须在法定期限内审结案件，从而保障及时惩罚罪犯。

限期断狱的制度始于唐朝。宪宗元和四年（809年）规定："大理寺检断，不得过二十日，刑部覆下，不得过十日，如刑部覆有异同，寺司重加不得过十五日，省司重复不得过七日。"[1]宋朝对审理期限多次加以规定。宋太宗时定听狱之限：大事四十日，中事二十日，小事十日，不须逮捕而易决者，毋过三日。如决狱违限，按刑律中"官书稽程"的规定论处，即耽误一日笞十，三日加一等，罪止杖八十。以后又规定："大理寺决天下案件，大事限二十五日，中事二十日，小事十日。审刑院详复，大事十五日，中事十日，小事五日。"仁宗时，对大理寺详断和审刑院详议，都规定有期限：凡期限未满而断者，称为"急按"。哲宗元祐二年（1087年），刑部、大理寺定制："凡断谳奏狱，每二十缗（注：一千钱为一缗）以上为大事，十缗以上为中事，不满十缗为小事。大事以十二日，中事九日，小事四日为限。若在京、八路大事十日，中事九日，小事三日。台察及刑部举劾约法状并十日，三省、枢密院再送各减半。有故量展，不得过五日。凡公案日限，大事以三十五日，中事二十五日，小事十日为限。在京、八路，大以三十日，中事半之，小事三之一。台察及刑部并三十日。每十日，断用七日，议用三日。"[2]

元朝不像唐、宋那样明定断狱期限。但至正间，诏令官府办案，"不得淹滞岁月"。另外元朝曾规定，如双方当事人诉讼，一方逃匿不到案，满一百天，即将对方释放。明律中，有"淹禁"专条，规定："凡狱囚情犯已完，监察御史、提刑按察司审录无冤，别无追勘事理，应断决者，限三日内断决。"[3]清律对各级司法机关审案期限做了较严格的规定。凡"按察司自理（可决断）事件，限一月完结。州县自理事件，限二十日审结。上司批发事件，限一月审报。刑部现审，笞杖限十日，遣、军、流、徒二十日，命盗等案应会三法司者三十日"[4]。即使是一案几级审理的，也有对各级的具体期限。如盗劫及情重命案，限四月完结，其中州

---

① 《唐会要》卷六十六，《大理寺》。
② 《宋史》卷一九九，《刑法志》。
③ 《大明律·刑律·断狱》。
④ 《清史稿》卷一四四，《刑法志》。

县两月解府，府二十日解司，司二十日解督府，督府二十日上报。如因案犯或证据未获而需要延期，须报请上级批准。司法机关如果无故延期要依例处罚。清朝民事诉讼审限相当于州县自理案件二十日的审限。据《六部处分则例》卷四十七规定，"州县自理户、婚、田、土等项案件，定限二十日完结"。我国古代历朝法律之所以规定审理期限，旨在防止审理案件的滞留延宕，也便于及时发挥司法制度定分解争的功能，这无疑是诉讼制度进步的体现。

四、法庭组成

诉讼活动中的审判组织形式有两种，即独任制和合议制。我国古代审判采单个司法官吏坐堂问案即独任制方式居多。但稍加考察亦不难发现，我国古代存在类似现代合议制的审判组织形式。唐朝的三司推事制、同职连署制、都堂集议制皆体现了我国古代的集体审判组织形式。三司推事是刑部、御史台、大理寺三大司法机关派员组成的临时性联合审判方式。同职连署则指同职官员在审判活动中连署意见，共同负责。在唐朝，同一审判机关的所有审判官依法律分为长官、通判、判官和主典四个等级，长官为此官之长，通判为长官之次，判官是主审官，主典负责经办文书、检核等具体工作，这四个等级的官即同职官。所谓都堂集议，见载于《唐律疏议·名例》"八议者"条疏，指"八议"之人犯死罪者，要在都堂集体讨论罪名和应予宽宥的情节，并提出供皇帝裁夺的参考意见。唐朝的三司推事发展至明清成为正式的会审制，包括三司会审、九卿会审、热审、朝审等具体内容。会审还有一种特殊情况，即对于某些特定民族和职业者（如军人、少数民族等）由当事人所属机关和普通司法机关约同会审。清律规定："凡旗人谋故、斗杀等案仍照例令地方官会同理事同知审理外，其自尽人命等案，即令地方官审理。"①此外，与法庭组成相关的一个问题是法官的回避制度，此制源于唐朝。《唐六典·刑部》规定："凡鞫狱官与被鞫人有亲属内嫌者，皆听更之。"宋、元、明、清诸朝皆承袭唐制。法官回避制度的设置旨在约束法官行为，防止徇私枉法，保证审判公正。如此看来，古代统治者在"专横司法"之同时，确也不乏对司法经验的总结和司法技术的关注。

五、案件审讯

案件审讯是司法机构对诉讼双方当事人、证人收集调查证据、查清案件真相的活动。各朝法律对审讯作了一系列规定，包括当事人出庭规则、审讯范围及审讯程序和方法等。

1. 关于当事人出庭规则问题。《尚书·吕刑》记载，开庭之始就要求"两造具备、师听五辞"。《周礼·秋官·小司寇》疏："古者取囚要辞，皆对坐。"据此，诉讼当事人双方或其代理人必须出庭受审，坐地对质。秦朝也有原、被告双方庭审到场的规定，《睡虎地秦墓竹简·封诊式》共收录治狱式例 23 个，除《贼死》、《穴盗》两案的作案人在逃有待捕获，《经死》一案的作案人自缢尚待查清之外，其余 20 个式例均提到了原告人和被告人（有些原告是官吏和治安人员）。② 秦朝这一制度被以后历代王朝所沿袭。

此外，古代诉讼中当事人出庭受审的姿势也有一定的要求。按古制，"狱讼不席"③。当

---

① 《大清律例·刑律·诉讼》。
② 参见刘海年：《秦的诉讼制度》，载《中国法学》，1985（3）。
③ 《晏子春秋·内篇杂上》。

事人不能就席而坐，而只能坐在地上受审，后来逐渐演变为跪着接受审问，直至清末跪着受审方式方开始改变。《大清刑事民事诉讼法草案》第 15 条规定："凡审讯原告或被告及诉讼关系人，均准其站立陈述，不得逼令跪供。"西周时期的"坐"是"席地而坐，双膝跪地，把臀部靠在脚后跟上"的姿势，而诉讼中的"坐"指直接"坐"在审讯场所的地上，地上不能垫席，以示异常。这种诉讼中"坐"的姿势，大概到两汉以后，就改为"跪"了。《史记·魏其武安侯列传》记载："魏其侯因而检得别罪者，亦得推之。其监临主司于所部告状之外，知有别罪者，即须举牒别更纠论，不得因前告状而辄推鞫。若非监临之官，亦不得状外别举推勘。"这说明司法官员并不得消极地受起诉范围控诉，也可积极依职权查明事实真相。"不得状外求罪"的规定主要针对因被害人告诉或其他人告发而进行的审判，亦不影响封建纠问式诉讼性质。宋代法律也对审讯范围作了限制，法官只能审讯诉状所告范围之内的事情，状外之事不得追究。"非本章所指而蔓求他罪者，论如律。"① 明清法律也基本沿袭了唐律的规定。"凡鞫狱须依所告本状推问，若于状外别求他事摭拾人罪者，以故入人罪论。同僚不署文案者不坐。若因其告状或应掩捕搜检，因而检得别罪，事合推理者，不在此限。"②

2. 审讯程式和方法。审讯如何进行呢?《睡虎地秦墓竹简》有一定记载："凡讯狱，必先尽听其言而书之，各展其辞，虽知其𧗠，勿庸辄诘。其辞已尽书而无解，乃以诘者诘之。诘之又尽听书其解辞，又视其他无解者以复诘之。诘之极而数𧗠，更言不服，其律当笞掠者，乃笞掠，笞掠之必书曰：'爰书：以某数更言，无解辞，笞讯某。'"③ 根据这一规定，审讯时应当先让被告人充分陈述并加以记录，即便有虚假陈述也不要马上追问。陈述完毕才能针对不清楚的问题进行追问。追问后还有不清楚的问题，可继续进行追问直至被告人辞穷，被告人多次欺骗，拒不服罪，则应该依法拷打，并在审讯记录上注明：某人因多次改变口供，审讯时进行了拷打。《唐律》规定："诸应讯囚者，必先以情，审察辞理，反复参验；犹未能决，事须讯问者，立案同判，然后拷讯。"④《明会典》中也有关于审讯程式的记载："其引问一干人证，先审原告，词因明白，然后放起原告，拘唤被告审问；如被告不服，则审干证人，如干证人供与原告同词，却问被告，如各执一词，则唤原被告干证人一同对问，观看颜色，察听情词，其词语抗厉颜色不动者，事即必真；若轻语支吾，则必理亏，略见真伪，然后用笞决勘；如不服，用杖决勘，仔细磨问，求其真情。"总之，古代法庭审讯时，通常首先让受审者充分陈述，然后由司法官吏对受审者诘问，必要时让受审双方对质，司法官从中仔细推究判断案情真相。受审者反复欺骗、拒不服罪的，依法进行拷打，刑讯逼供。显然古代立法者一般情况下不提倡刑讯，刑讯是有适用条件的。秦简的记载充分说明了这一点。"治狱，能以书从迹其言，毋笞掠而得人情为上；笞掠为下；有恐为败。"⑤ 意思是说，审讯案件过程中，刑讯和恐吓手段的采用属于下策，不得已方能为之，审讯者应尽量采用文明的审案方法获取案件真实情况。据此，我国古代两种主要的审讯方法可见于其中，一曰术审，一曰刑讯。

---

① 《宋史》卷十八，《哲宗纪》。

② 《大明律·刑律·断狱》。清律同于明律。

③ 《睡地虎秦墓竹简·封诊式·讯狱》。

④ 《唐律疏议·断狱·讯囚察辞理》。

⑤ 《睡地虎秦墓竹简·封诊式·治狱》。

（1）术审

所谓术审，要求司法官吏发挥主观能动性，运用"五听"考察狱讼双方控诉、答辩的言辞是否合乎情理逻辑，从而认定事实、运用法律。"五听"法形成于西周，要求法官在审讯中察言观色，注意当事人的表情，通过"五听"即"辞听"、"色听"、"气听"、"耳听"、"目听"，结合其陈述，核实证据，然后进行判决。"五听"法的形成和运用说明西周时人们已经开始注意到心理学的一些问题，并能够运用心理学的一些经验审理案件。这一审讯方法为后朝历代所承袭。魏晋时期法律规定："诸察狱，先备五听之理，尽求情之意。"① "察狱以情，审之五听。"②《唐律疏议·断狱》"讯囚察辞理"条曰："依《狱官令》，案狱之官，先备五听，又验诸证信，事状疑似，犹不自首者，然后拷掠。"《宋刑统》反复强调："以五声听狱讼，求人情。一曰辞听，观其出言，不直则烦。二曰色听，观其颜色，不直则赧然。三曰气听，观其气息，不直则喘。四曰耳听，观其听聆，不直则惑。五曰目听，观其瞻视，不直则眊然。""若不以情审察，及反复参验，而辄拷者，合杖六十。"

（2）刑讯

所谓刑讯则指审讯时施行拷打、逼取口供的一种审讯方式。我国古代审讯一直实行口供主义，无被告人口供一般不能定罪。刑讯自然而然成为普遍采用的审讯方式。从文献来看，刑讯最早源于西周。"以五刑听万民之狱讼"③，"仲春之月……命有司省囹圄，去桎梏，毋肆掠，止狱讼"④。这一记载间接说明，西周时期在"仲春之月"以外的其他时期是可以刑讯肆掠的。至秦时刑讯制度化、合法化，并风行于整个古代诉讼活动之中。秦时要求对被告人刑讯后要进行记录，从秦简《封诊式》的记载来看，秦司法机构的审讯记录大体上应包括以下内容：第一，被审讯者的姓名、身份、籍贯，现居住地点，以什么理由控告人（原告）或由于什么原因被控告（被告）。第二，原告的诉词或被告的供述，司法官吏对他们追问时他们的辩解。第三，被告人过去是否曾犯过罪、判过刑或经赦免。第四，在刑讯过程中证人提供的证词。第五，有哪些证据。第六，审讯过程中是否曾实行拷打。⑤ 秦律的规定旨在防止滥用刑讯，但实际上滥施拷掠者普遍存在。

秦以后至明清，刑讯一直作为一种常规的审讯方式规定在各朝法典中。古代法律对刑讯的程序、工具、施刑部位及不准施行的对象等均作了较详尽的规定。如唐朝至元朝的法律都规定，刑讯的采用应经一定的立案程序、批准手续。唐律规定："事须讯问者，主案同判，然后拷讯，违者杖六十。"⑥宋太宗太平兴国六年（981年）诏："自今系囚，如证佐明白儿捍拒不伏合讯掠者，集官属同讯问之，勿令胥吏拷决。"⑦元朝《大元通制》规定："诸鞫问囚徒，重事须加拷讯者，长贰僚佐会议立案，然后行之，违者重加其罪。"⑧刑讯工具亦由法定，历代最常用的刑讯工具是杖，尺寸大小各朝有不同规定，如唐律规定："凡杖，皆长三尺五

---

① 《魏书·刑罚志》。

② 《魏书·世宗纪》。

③ 《周礼·秋官·小司寇》。

④ 《礼记·月令》。

⑤ 参见刘海年：《秦的诉讼制度》，载《中国法学》，1985（3）。

⑥ 《唐律疏议·断狱·讯囚察辞理》。

⑦ 《文献通考》卷一六六，《刑考五·刑制》。

⑧ 《元史》卷一〇二，《刑法志二》。

寸，削去节目。讯杖，大头径三分二厘，小头二分二厘。"①元朝规定讯杖大头径四分五厘，小头径三分五厘，长三尺五寸，并刊削节目，无令筋胶诸物装订。②明朝讯杖大头径四分五厘，小头径三分五厘，长三尺五寸，以荆条为之。③清朝法定的讯具通常用竹板，大头径二寸，小头径一寸五分，长五尺五寸，重不得过二斤。此外还有夹棍、拶指等刑具。这些都属于法定讯具，实际上还有很多野蛮的法外刑讯工具盛行于司法中。对于不准刑讯的对象，法律也有明文规定。一般三种对象不准刑讯：一是有特权的人，如"八议"等官员；二是年老（70 岁以上）、年少（15 岁以下）及废笃者；三是孕妇及产后百日内的产妇。

历朝法律都对刑讯作出了一些约束和限制，但事实上，刑讯逼供酷毒之处，不一而足。统治者还不断创新刑讯方法，如南北朝时即创立了所谓"测罚"和"立测"之法。"测罚"是以断食测度被囚禁者，逼使其招供。"凡系狱者，不即答款，应加测罚，不得以人士为隔。若人士犯罪，违扦不款，宜测罚者，先参议牒启，然后行科。断食三日，听家人进粥二升，女及老小，一百五十刻乃与粥，满千刻而止。""立测"比"测罚"更为严酷。"其有赃验显然而不款，则上测立。立测者，以土为垛，高一尺，上圆，劣容囚两足立。鞭二十，笞三十讫，著两械及杆，上垛。一上测七刻，日再上。三、七日上测，七日一行鞭。凡经杖，合一百五十，得度不承者，免死。"明代曾创立"立枷"，让犯人直立于木笼中，笼顶枷在犯人颈上，往往数日而死。总之，刑讯拷掠是我国古代诉讼活动中的一个突出特征，充分体现了古代司法制度之野蛮。

六、案件的判决

诉讼程序的直接目的即在于作出正确的判决，故案件的判决是诉讼程序又一个重要环节。我国古代，审判权在地方由行政官吏行使，但在中央则往往"审"、"判"分离，这是因为中央刑部、大理寺等司法机构长官不都亲自审理，而由其下属专职司法官吏代审，作出初步决断后，再交长官定判。这一特色在宋朝尤为鲜明，称"鞫谳分司"。审问案情的官员无权检法断刑，检法断刑的官员也无权过问审讯，互相牵制。宋以后各朝大体上也有推鞫和审议的程序。在制作判决书的过程中要正确适用法律。秦律允许比照近似的条文定罪量刑：如"臣强与主奸，何论？比殴之"④。汉朝判案法无明文的也采取"比附"方法。唐朝对于判决中法律适用问题作了更加系统的规定：一是应援引国家颁布的现行法律——律令格式的条文，皇帝的诏令若未确定为"永格"者，不得援引作为判决依据；二是援引法条不得断章取义，随意节略，违者追究法律责任。同时对"类推"规定了"应出罪者举重以明轻，应入罪者举轻以明重"的具体原则。司法官吏作出判决后必须向犯人宣告，判决书在金文中称作"劾"，"劾"要由法官当众宣读，宣判后，有时还令败诉者盟誓。唐律规定，还应询问犯人是否服判，如不服判，则由司法机关再行详审，违者笞五十，如属死罪，则杖一百。

---

① 《新唐书·刑法志》。《旧唐书·刑法志》、《唐律疏议·断狱》记载同。
② 参见《元史》卷一〇三，《刑法志二》。
③ 参见《明会典》卷一七八，《狱具》。
④ 《睡虎地秦墓竹简·法律答问》。

第三节
上诉程序

一、正常上诉

上诉是指诉讼当事人对地方各级司法机构初审判决不服，而依法请求重新审理的诉讼活动，它是当事人向司法机构申辩冤抑以求公正的重要救济手段。我国古代上诉制度源远流长，对于纠正审判谬误、减少冤滥，维护统治秩序发挥了积极作用。

（一）上诉期限

上诉期限旨在保证当事人向司法机构提出申诉的权利不因判决的执行而落空，并促使他们及时行使上诉权，从而确保诉讼活动顺利进行。西周时根据地区的远近规定了不同的上诉期限："凡士之治有期，国中一旬，郊二旬，野三旬，都三月。邦国朞。期内之治听，期外不听。"①即国都附近地区的上诉期限为十天，外围地区期限为二十天，更远地区的"野"为三十天，王子、公卿、大夫的采邑即都家为三个月，邦国的上诉期限定一年。"期外"即过了上诉期，便不得上诉了。秦时因人不服判决请求再审的制度称为"乞鞫"。秦简《法律答问》记载："以乞鞫及为人鞫者，狱已断乃听，且未断犹听也? 狱断乃听之。"表明秦时上诉的时间上限是"狱已断"，即案件判决之后，至于秦有无上诉时间之下限规定尚不得而知。允许当事人上诉的制度也为汉所承袭。《周礼·秋官·朝士》郑玄注："谓在期内者听，期外者不听，若今时徒论决满三月不得乞鞫。"可见，汉代上诉期限为判决后三个月。宋时上诉朝限大大增加。宋仁宗天圣九年（1031 年）八月四日规定："自今鞫劾盗贼，如实枉抑者，许于虑问时披诉。若不受理，听断讫半年次第申诉。限内不能翻诉者，勿更受理。"②表明上诉时效为半年。康定二年（1041 年）正月二十六日又下诏：诸讨捕所获盗贼，如经三年不曾进状及披述，"更不在叙述之限"③。上诉期限宽展为三年。南宋时每逢大赦还把法定期限由北宋的三年增至五年。明清的上诉程序则没有期限的严格限制。

（二）上诉的方式及程序

我国古代上诉的方式主要有向原审机构上诉及向上级司法机构上诉两种。

1. 向原审机构提出的上诉。因犯听了判决宣告后声明不服，可请求原审机构再次审理。晋令中明定："狱结竟，呼囚鞫语罪状，囚若称枉，欲乞鞫者，许之也。"④唐律规定："诸狱结竟，徒以上，各呼囚及其家属，具告罪名，仍取囚服辩。若不服者，听其自理，更为审详。违者，笞五十；死罪，杖一百。"疏称："已断讫，徒流及死罪……囚若不服，听其自

① 《周礼·秋官·朝士》。
② 《宋会要辑稿·刑法》三之一七。
③ 《宋会要辑稿·刑法》三之一八。
④ 《史记》卷九十五，《樊郦滕灌列传·夏侯婴传》注。

理，依不服之状，更为审详。"①宋太宗淳化三年（992 年）诏："诸州决死刑，有号呼不伏及亲属称冤者，即以白长吏移司推鞫。"即由原审机关的长吏派另一个官司复审。上述"乞鞫"及"取囚服辩"都是向原审机构提出的。向原审机构提出的上诉有如下规则要求：一是上诉须在狱已"结竟"、"已判讫"即审判终结并向被告人宣读终结之后提出；二是重审由原审机构进行，复审后仍不服的，诉讼则向上级司法机构提出；三是对于不依法受理复审的司法官吏要追究其法律责任。

2. 向上级司法机构直至皇帝提出的上诉。隋朝规定了严格地向上级司法机关提出的上诉制度。"有枉屈县不理者，令以次经郡及州，至省仍不理，乃诣阙申诉。"②就是说初审机关县审理的案件，如果有枉屈之情，可以进行上诉，但必须逐级进行，经郡或州到尚书省刑部，乃至最后向宫廷上诉。唐朝法律也规定了逐级上诉程序。"有冤滞不审，欲诉理者，先由本司本贯，或路远而踬碍者，随近官司断决之。既不服，当请给不理状，至尚书省左右丞为申详之。又不伏，复给不理状，经三司陈述。又不伏者，上表。受表者又不达，听挝登闻鼓。若惸独老幼不能自申者，乃立肺石之下。"③据此，唐朝逐级上诉的程序是：先向本司本贯或随近官员上诉，即先向初审机关所在地的上级地方机关上诉；不服则持"不理状"向尚书省左右丞上诉；又不服，持"不理状"向中央三司上诉；再不服，则直接向皇帝以上表、挝登闻鼓、立肺石等方式上诉。宋朝亦规定了犯人不服的上诉程序。《宋会要辑稿》载："其越诉状，官司不得与理，若论县许经州、证州经转运使，或论长吏及转运使、在京官僚，并言机密事，并许诣鼓司、登闻院进状。若类带合经州县转运论诉事件不得收接，若所进状内称已经官司断遣不平者，即别取事状与所进状一处进内……州县承此诏，当厅悬挂，常切遵禀。"④ 元朝规定："诸陈诉有理，路、府、州、县不行，诉之省、部、台、院，省、部、台、院不行，经乘舆诉之。未诉省、部、台、院辄经乘舆诉者，罪之。"⑤ "诸事赴省、台诉之，理决不平者，许诣登闻鼓院击鼓以闻。"⑥可见，元朝亦要求上诉自下而上逐级进行，违者要受处罚。明朝《宪纲事类》规定："若按察司官断理不公，果有冤枉者，许赴监察御史处喊冤，监察御史枉问，许赴通政司递状，送都察院申理，都察院不与理断或枉问者，许击登闻鼓陈诉。"清朝时的上诉称为上控。根据受理机关的不同，又可分地方上控和京控两种。地方上控系当事人及其亲属认为州县衙门审断不公向上级司法机构逐级上控的制度。上控人须在状内将所控过的衙门、审过的情节开列明白，上级司法机构方可受理；京控则指当事人及其亲属向京师专门司法机关上控的制度。京控一般在地方上控之后进行。清律规定："军民人等，遇有冤抑之事，应先赴州县衙门具控，如审断不公，再赴该管上司呈期。若再有冤抑，方准来京呈诉。"⑦京控案件原则上由都察院、通政使司和步军统领衙门接受呈词。要注意的是，不论是向原级机构提出的上诉还是向上级司法机构乃至皇帝提出的上诉，皆不影响

① 《唐律疏议·断狱·狱结竟取服辩》。
② 《隋书》卷二十五，《刑法志》。
③ 《唐六典》卷六，《尚书刑部》。
④ 《宋会要辑稿·刑法》三之一二。
⑤ 《元史》卷一〇五，《刑法志四》。
⑥ 《元史》卷十二，《世祖本纪》。
⑦ 《大清律例·刑律·诉讼》。

案件的定判和执行。

（三）上诉的有关限制

上诉制度对统治者下情上达，防止民怨鼎沸，纠弹违法官吏，促使其执法守法具有重要作用。但若缺乏必要规制，亦可能导致滥诉，破坏正常的司法秩序和社会秩序。历代统治者清醒地意识到这一点，故而除了规定一定的上诉期限外，还对上诉作出了一系列其他限定。

1. 主体限定。从秦汉的"乞鞫"至明清的"若犯人翻异，家属称冤，即便推鞫"①，上诉的主体一般限定为因犯本人及其家属，但亦有个别朝代对上述主体范围限定较窄。如《晋书·刑法志》记载了曹魏对汉律的修改："二岁刑以上，除家人乞鞫之制，省所烦狱也。"即不许家人"乞鞫"。清律规定："军民等干己词讼，若无故步行亲赍，并隐下壮丁，故令老、幼残、妇女、家人赍奏诉者，俱各立案不行，仍提本身或壮丁问罪。"② 据此，直诉案件当事人无故不得委托老、幼残、妇女、家人赴京告状。

2. 冤情属实。当事人上诉启动复审程序后必然牵扯司法机构大量的人力、物力和财力，若上诉冤情属虚捏妄诈，无疑是对正常司法秩序的侵扰。因此古代统治者对于妄控滋讼、上诉不实者严加追究责任，毫不留情。《唐律疏议·斗讼》规定："请邀车驾与挝登闻鼓，若上表，或以身事上章自理，诉而不实者，杖八十；自毁伤者，杖一百；虽得实而自毁伤者，笞五十。"

3. 严禁越诉。为了避免滥诉和诉讼秩序紊乱，中国古代历朝法律皆规定有冤抑者应逐级上诉，除非有奇冤异惨亟须解决的案件才允许越级申诉。《唐律疏议·斗讼》"越诉"条规定："诸越诉及受者，各笞四十。"疏称："凡诸辞诉，皆从下始，从下至上，令有明文。谓应经县而越向州府省之类，即为越诉。"宋太宗至道元年（995 年）五月二十八日诏："诸路禁民不得越诉，杖罪以下县吏决遣，有冤枉者即许诉于州。"③至明朝，"洪武十五年十月敕刑部申明越诉之禁。凡军民诉户婚、田土、作奸、犯科诸事，悉由本属官自下而上陈告，毋得越诉"④。"凡军民词讼，皆须自下而上陈告。若越本管官司辄赴上司称诉者，笞五十。"⑤清朝有相似规定："若未告州县，及已告州县，不候审断越诉者，治罪；凡军民词讼，皆须自下而上陈告。若越本管官司辄赴上司称诉者，笞五十。"注云："须本管官司不受理或受理而屈枉者，方赴上司陈告。"⑥

二、直诉

我国古代历朝法律一般都要求上诉人必须向司法机关逐级上诉，严禁越诉，借此避免滥诉。但在特殊情况下也允许越诉，即不依司法机关等级直接向上级机关乃至皇帝称诉释冤。北宋末至南宋时期，统治者甚至大开越诉之禁，增立越诉之法，成为中国古代诉讼制度史上一个突出的变化。宋徽宗政和三年（1113 年），朝廷针对州县官司"辄置柜坊，收禁罪人，

---

① 《大明律·刑律·断狱》。

② 《大清律例·刑律·诉讼》。

③ 《宋会要辑稿·刑法》三之一一。

④ 《续文献通考》卷一三六，《刑考二》。

⑤ 《大明律·刑律·诉讼》。

⑥ 《大清律例·刑律·诉讼》。

乞取钱物，害及无辜"①的情况，下诏：凡"官司辄紊常宪，置杖不如法，决罚多过数，伤肌肤，害钦恤之政"者，"许赴尚书省越诉"②。针对南宋官吏受理词讼"不问理之曲直，惟视钱之多寡"③ 的情形，立法规定州县捕系罪人，"有不应禁而收禁者，仍许不应禁人或家属经提刑司越诉。如提刑司不为受理，仰经刑部、御史台越诉"④。这些记载反映了上诉人向上级司法机关越级起诉的情形，但纵览我国古代诉讼法史，越诉制度更典型的表现形式应该说是直诉。所谓直诉，是指控诉者直接向皇帝控告犯罪、申诉冤屈的行为。作为冤案救济程序的一部分，直诉程序为我国古代历朝所重视。

（一）直诉的几种主要方式

1. 击登闻鼓

即"击鼓申冤"的方式，是我国古代最主要的直诉方式，起源甚早。据《周礼》载，"太仆建路鼓于大寝门外而掌其政，以待达穷者与遽令，闻鼓声，则速逆御仆与御庶子"⑤。御仆、御庶子是轮值路鼓的官吏，太仆掌管击鼓的事宜，听到击鼓的声音，太仆必须立即召见看守路鼓的御仆与御庶子了解情况。东汉郑玄在注《周礼》"路鼓"时说，"若今时上变事击鼓矣"，表明当时也有击鼓上事的制度。晋朝时将直诉之鼓称为登闻鼓。北魏时"阙左悬登闻鼓，人有穷冤挝鼓，公车上奏其表"⑥。隋朝也规定，有枉屈不能申者，"所挝登闻鼓，有司录状奏之"⑦。

《唐律疏议·斗讼》中明确规定，"挝登闻鼓……而主司不即受者，加罪一等"。宋太宗时设置了两个并列受理申诉的机构——登闻院和鼓司，后改为登闻鼓院和登闻检院。"诸人诉事，先诣鼓院。如不受，诣检院。又不受，即判状付之，许邀车驾。如不给判状，听诣御史台自陈。"⑧这样增加了冤者申诉的机会，防止非理抑退。《宋史》卷一六一对登闻鼓院和登闻检院的受案范围作了明确记载："登闻检院，隶谏议大夫；登闻鼓院隶司谏、正言，掌受文武百官及士民章奏表疏。凡言朝政得失、公私利害、军期机密、陈乞恩赏、理雪冤滥及奇方异术、改换文资、改正过名，无例通进者，先经鼓院进状；或为所抑，则诣检院，并置局于阅门之前。"辽时设置了钟院，专受申诉之案。元朝规定："诸事赴省、台诉之，理决不平者，许诣登闻鼓院击鼓以闻。"⑨

明朝时也有关于击登闻鼓的规定。洪武二十三年（1393年），明太祖发布诏令，允许军民人等一应冤抑等事，许击登闻鼓陈告，朝廷钦差监察御史出巡追问。⑩洪武三十年（1400年），正式颁行天下的《大明律·刑律·诉讼》"越诉"条规定："若迎车驾及击登闻鼓申诉，

① 《宋会要辑稿·刑法》二之九一。
② 《宋大诏令集》卷二〇二。
③ 《宋会要辑稿·刑法》三之三八。
④ 《宋会要辑稿·刑法》六之七三。
⑤ 《周礼·夏官·太仆》。
⑥ 《魏书·刑罚志》。
⑦ 《隋书》卷二十五，《刑法志》。
⑧ 《续资治通鉴长编》卷六十五。
⑨ 《元史》卷十二，《世祖本纪》。
⑩ 参见《古今图书集成·祥刑典》卷一六一，《理冤部汇考》。

而不实者，杖一百；事重者，从重论；得实者，免罪。"

清代登闻鼓制度也称谏鼓制度。清顺治初年（1644 年）设登闻鼓于都察院，允许军民遇有冤抑之事，原审衙门不理或审断不公时，赴都察院击登闻鼓鸣冤。康熙时设登闻鼓厅于通政使司内，"掌叙雪冤滞，诬控越诉者，论如法"①。如有人击鼓，先由通政使司讯供，确系冤枉，奏报皇帝交刑部查办，诬告越诉的，依法追究刑事责任。

2. 立肺石

关于立肺石的规定最早见于《周礼·秋官·大司寇》："以肺石达穷民，凡远近惸独老幼之欲有复于上而长弗达者，立于肺石三日，士听其辞以告于上而罪其长。"意即，大司寇通过设置肺石（赤色石，形状似肺）转述无法诉冤者的诉怨。这一直诉方式为后代沿袭。南北朝时期，梁武帝于天监元年（502 年）四月发诏实行"谤木函"和"肺石函"制度。诏书曰："商俗甫移，遗风尚炽，下不上达，由来远矣。升中驭索，增其憬然。可于公车府谤木肺石旁各置一函。若肉食莫言，山阿欲有横议，投谤木函。若从我江汉，功在可策，犀兕徒弊，龙蛇方县，次身才高妙，摈压莫通，怀傅、吕之术，抱屈、贾之叹，其理有激然，受困包瓯；夫大政侵小，豪门陵贱，四民已穷，九重莫达。若欲自申，并可投肺函。"②《唐六典·诉理》中规定："若茕、独、老、幼不能自申者，乃立肺石之下。"若身在禁系者，亲识可为代立。但唐朝肺石为"茕独老幼不能自申者"而专置，只适用于少数特殊的人，唐以后未见有关立肺石的记载。

3. 上表

即申诉者向朝廷上表章，控告犯罪、申诉冤屈。上表诉冤在汉朝就已出现。"即位十三年齐太仓令淳于公有罪当刑，诏狱逮系长安。淳于公无男，有五女，当行会逮，骂其女曰：'生子不生男，缓急非有益！'其少女缇萦，自伤悲泣，乃随其父至长安，上书曰：'妾父为吏，齐中皆称其廉平，今坐法当刑。妾伤夫死者不可复生，刑者不可复属，虽后欲改过自新，其道亡繇也。妾愿没入为官婢，以赎父刑罪，使得自新。'"③ 这是一个上表直诉的典型案例。汉文帝时，齐太仓令淳于公获罪当刑，其女缇萦上书天子，申诉其父为政廉平，请求以自己当官奴婢为父赎刑。唐朝时通常由中书省和门下省收受申诉上表。唐后，历朝一般由登闻鼓院（厅）收受上表状。唐武则天时还曾创设瓯函这一特殊上表方式，即垂拱二年（686 年）三月设瓯（匣子）四枚，分别涂青、白、红、黑四色，其中白色瓯为"申冤瓯"，"有得罪冤滥者投之"④。唐代设立瓯院专职管理瓯函。瓯院设知瓯使和理瓯使各一人，知瓯使与理瓯使各有分工，知瓯使"专知受状，以达其事。事或要者，当时处分，余出付中书及理瓯使，据状申奏"⑤。五代至宋初瓯函制度被沿用。南宋时期，检函制度进入衰废阶段。据《宋会要辑稿·职官三》所记载，宋孝宗时，"上书进状者日益稀少。权臣畏人议己，沮抑下情不全上达"，加之登闻检院、理检院只满足于"日知投时名件"，"理断之当否，曾不预

---

① 《清史稿》卷一一五，《职官志》。
② 《梁书》卷二，《武帝本纪》。
③ 《汉书》卷二十三，《刑法志》。
④ 《旧唐书·刑法志》。
⑤ 《唐六典》卷九，《中书省集贤院史馆瓯使》。

闻"，故"理检之名虽存，其实已废"①。

清入关前，曾竖二木于门外，凡下情不得上达者，书诉牒悬于木；入关后，仿唐朝之制，采用上书方式由都察院和步军统领衙门负责对上书皇帝的材料进行分类、筛选，一方面通过专门机构过滤为皇帝分担审理案件的压力，但另一方面，这种做法也使得不少冤案在上书中途就被截而到不了皇帝手中。此外，清朝还有两种特殊的上书方式，一曰实封奏闻制，指对于享有"八议"特权之人及官员犯罪者，由负有纠弹职责的官吏或各级司法官吏以实封文书奏报于皇上，以候立案审理；二曰呈递封章和密折奏事制，大臣可将诉状以奏章形式封口以后通过上级官员或由本人呈递皇上或将奏折秘密地直送宫内，交皇帝审批。这两种上书直诉主体皆有身份限制，"封章奏事，各有一定职分，内设九卿台谏，外而督抚司道，方准呈递奏章"②，一般官吏及平民禁止采取这种方式直诉，违者将处以重刑。

4. 邀车驾

邀车驾指在皇帝出巡时，在路旁迎着车驾申诉。从文献资料来看，汉朝时已存在邀车驾的上诉方式。《后汉书·杨政传》记载了儒林之士杨政邀车驾为其老师鸣冤直诉并最终救出老师之事。杨政的老师"范升堂为出妇所告，坐系狱"。杨政"乃肉袒，以箭贯耳，抱（范）升子潜伏道旁，候车驾，而持章扣头号大言曰：'范升三娶，惟有一子，今适三岁，孤之可哀。'武骑虎贲俱惊乘舆，举弓射之，犹不肯去；旄头又以戟叉（杨）政，伤胸，（杨）政犹不退。哀泣辞请，有感帝心"。南北朝时也存在邀车驾制度。北魏延昌三年（514年）六月，兼廷尉卿元志、监王靖等上言："……若使案虽成，虽已申者，事下廷尉，或寺以情状未尽，或邀驾挝鼓，或门下立疑，更付别使者，可从未成之条。"③

邀车驾正式被写入法律始于唐朝。《唐律疏议·斗讼》规定："凡邀车驾，及挝登闻鼓，戓以身事上章自理：诉而不实者杖八十……"从唐律的规定看，一是法律明文规定允许邀车驾直诉；二是邀车驾直诉必须实，申诉不实有罪；三是主司必须受理邀车驾之诉；四是不允许以自残身体的方式进行申诉；等等。④唐以后各代均设邀车驾制。宋朝规定与唐朝相同。有的朝代则在名称上有所变化，如元代即称之为"乘舆诉"："诸陈诉有理，路府州县不行，诉之省部台院，省部台院不行，经乘舆诉之。"⑤

明清时期关于"迎车驾申诉"的法律规定与唐宋法律规定基本相似。在正常上诉不受理的情况下，允许"迎车驾"申诉，即"于仗外俯状以迎车驾申诉"。同时又规定，迎车驾申诉必须案情真实，"若迎车驾……申诉，而不实者，杖一百；事重者，从重论；得实者，免罪"⑥。

（二）对直诉的限制性规定

由于历代统治者的重视，也随着司法经验的丰富，中国古代的直诉方式愈趋丰富，但直诉毕竟是一种最后申冤方式，为避免其与正常的程序冲突及因权利滥用造成适得其反的效

① 杨一凡、刘笃才：《中国古代匦函制度考略》，载《法学研究》，1998（1）。
② 《大清会典事例》卷八一六，《刑部·刑律》。
③ 《魏书·刑罚志》。
④ 参见李交发：《中国诉讼法史》，202页。
⑤ 《元史》卷一〇五，《刑法志四》。
⑥ 《大明律·刑律·诉讼》。清律同。

果，古代法律对直诉制作出了一些限制性规定，且这些限制随封建制度的不断发展日益苛刻。

1. 直诉案件必须案情重大

所谓案情重大，主要指杀人父母、兄弟、夫、妇等重大命案、叛逆机密等军国事务案件以及其他社会影响重大的案件，而户婚、田土细事、奸债细故等不属重大案件的范围。元朝规定，击登闻鼓必须是为人杀其父母、兄弟、夫、妇，冤无所诉，如"以细事唐突者论如法"①。清顺治年间，也特令登闻鼓厅刊刻木榜，规定军国重务、大贪大恶、奇冤异惨者方准击鼓，户婚、田土、斗殴相争之事不得击鼓告状。但在实际操作中，也有例外，特别是明中期以前。如宋代牟晖因家奴遗失一头母猪②、苏翰诣登闻院诉幽州民赵某妻为其女儿③击鼓上诉，就是属于很细微的民事案件。明中期以后，这样的例子就非常少了。

2. 直诉案件必须冤情真实

封建法律规定对所诉不实、滋讼扰事者严惩不贷。唐律规定，诸邀车驾与挝登闻鼓，上表不实者，杖八十；故意增减情况，有所隐蔽诈妄，徒两年。④唐长庆三年（823年）奏准，投匦函无理妄诉，本罪外加一等论处。⑤《宋史·刑法志》中有一起挝登闻鼓不实的案例。宋真宗时武官赵永昌督运江南，多为奸赃，其事为知饶州韩昌龄所察并移交转运使冯亮处理，赵永昌遂击登闻鼓诉韩昌龄与冯亮讪谤朝廷。真宗殿前临讯，得察有诈，使赵永昌伏罪问斩。明嘉靖十四年（1535年）奏准："今后有纠同杠帮，吓骗财物，捏写虚情具奏，及令妇女假装男子进入午门奏本，跪叫冤屈者"，均应发遣。⑥清律亦规定，迎车驾或击登闻鼓申诉不实者予以严惩。顺治九年（1652年）定制："官民告状，不赴该管官及部院衙门告理，或将已结之案多添情词赴御前跪告者，系官鞭一百折赎；系旗下人鞭一百；系民责四十板。仍审其情词虚实治罪。"⑦康熙十一年（1672年）题准，官员向通政使提起鼓状，审无冤枉者，罚俸六个月，若再称冤具告，降一级调用；若已经革职之官虚称冤枉诉状，交刑部议罪查办。⑧

3. 直诉案件一般应以逐级陈告为先

尽管直诉案件允许控诉者直接向皇帝或朝廷诉冤，但必须以自下而上，逐级陈告为先。只有在地方或中央司法机关不予受理或理断有偏的情况下，方可直诉。《隋书·刑法志》中规定："有枉屈县不理者，令以次经郡及州，至省仍不理，乃诣阙申诉。"唐朝规定，凡有冤滞"经三司陈诉而不伏者"，方可上表、挝登闻鼓或立肺石。⑨宋代的法律也规定了严格的逐

---

① 《古今图书集成·祥刑典》卷一六一，《理冤部汇考》。

② 牟晖因家奴遗失一头猪，击鼓上诉。太宗"诏令赐千钱偿其直"，并对宰相说："似此细事。悉诉于朕，亦为听决，大可笑也。然推此心以临天下，可以无冤民矣。"载《续资治通鉴长编》卷三十四。

③ 宋代咸平五年（1002年），赵州民苏翰诣登闻院诉幽州民赵某妻为其女儿，遂判还，并赐缗帛遣之。载《续资治通鉴长编》卷五十二。

④ 参见《唐律疏议·斗讼·邀车驾挝鼓诉事不实》。

⑤ 参见《唐会要》卷五十五，《省号下·匦》。

⑥ 参见《大明会典》卷一七八，《申冤》。

⑦ 《大清会典事例》卷八一六，《刑部·刑律》。

⑧ 参见《古今图书集成·祥刑典》卷一六一，《理冤部汇考》。

⑨ 参见《唐六典》卷六，《尚书刑部》。

级上诉制度。一般情况下，"其越诉状，官司不得与理"①。《元史·刑法志》规定："未诉省部台院，辄经乘舆诉者，罪之。"清律规定："军民人等果有冤抑事情，先赴抚按告理，抚按审断不公，再赴总督告理，如未行遍告或不候审结即来京击鼓者不准。"②

尽管封建各朝一般严禁越诉，对越诉者往往科罪处罚，但越诉行为也并非一律视为犯罪，至少至宋代中后期，越诉已被当作具有司法意义的特别程序。如北宋自太宗以后，即规定重大冤抑案件可越过转运使等监司，由州向登闻检、鼓院直接诉讼而不构成越诉罪，甚至可以直诉于皇帝。清朝道光年间赵二姑案③中，京控前未经本省上司衙门具控，也属越诉，"惟案关幼女，因奸栽命，名节攸关"，受理京控。封建统治者之所以采取逐级上诉与越诉相结合的方式，主要原因在于，"王政所以保穷困济无告，其有深抑重冤而莫申者，亦不可不有非常救济之方法，故历代狱讼于普通审判程序，复有直诉方式之规定，用资调节焉"④。

4. 直诉人必须依程式礼仪诉冤

为了防止妄诉，我国古代法律对直诉的程式礼仪作了明确规定。这主要体现在两方面：

一方面，封建法律对于直诉表状格式内容作了较严格的规定。唐会昌元年（841年）四月敕，以后所进表状必须到匦院验卷轴，入匦函，不得便进。⑤清顺治帝时在鼓厅鼓前刊刻木榜，规定，凡告鼓状，必开明情节，不许黏列款单，违者不予受理；如为人代书，则状后应书代书人姓名，否则亦不予受理。若代人击鼓挟骗，送五城察院照光棍例治罪。

另一方面，法律规定对以闯入禁地、冲突仪仗及其他不合礼仪行为诉冤者予以治罪。如邀车驾，历代规定只能在仪仗队外俯伏陈告。《唐律疏议·斗讼》规定："邀车驾诉，而入部伍内，杖六十。"清代规定："擅入午门长安等门叫冤枉，奉旨勘问，得实者枷号一个月，满日杖一百；若涉虚者杖一百，发边远地方充军，凡跪午门长安等门及打长安门内石狮鸣冤者，俱照擅入禁门诉冤例治罪；若打正阳门外石狮者，照损坏御桥例治罪。"⑥

（三）直诉制度的历史意义

直诉作为我国古代一项特殊的诉冤理冤制度，是我国古代司法体系之特色所在，在历代王朝统治中发挥了不可忽视的作用，具有特殊的历史意义。

首先，直诉制度在我国古代诉讼活动中开辟了刑事案件灵活的受理渠道，一些吏民冤狱通过直诉得到了平反昭雪。凡冤情重大而无处可诉或不服地方各级司法机构审断者，法律赋予其最后一项救济手段，即直接向朝廷或皇帝陈述冤情，这固然是皇权至上的体现，但客观上相当程度地避免了重大刑事案件被等级森严的地方各级司法机构淹滞不申的可能，为刑事

---

① 《宋会要辑稿·刑法》三之一二。

② 《古今图书集成·祥刑典》卷一三三，《讼讦部汇考》。

③ 赵二姑被邻居强奸，县衙受贿枉法，逼认和奸，二姑愤激，当堂自刎。其亲友上京京控。道光帝下旨"交该抚邱树棠亲提严审"。邱树棠有意偏袒前审官员，京控被驳回。再次京控，道光帝下旨"著该抚派委委员，即将此案人证卷宗解交到部，分别严讯务得确情"。后经刑部审讯，案情终大白。相关官员得到惩处。参见李豫、李雪梅：《赵二姑宝卷与清代山西叩阍大案》，载《山西档案》，2003（3）。

④ 张金鉴：《中国法制史概要》，92页，台北，正中书局，1973。

⑤ 参见《唐会要》卷五十五，《省号下·匦》。

⑥ 《大清律例·刑律·诉讼》。

案件开辟了灵活的受理渠道，对封建统治者的慎刑恤罚确实起到了一定的积极作用。《南北朝刑法志·南朝梁》记载，梁高祖时原乡吉令为人所诬，其子击登闻鼓，乞代命。梁高祖以其年幼，恐有指使，后知其为诚，乃贷其父子。

其次，直诉制度加强了皇权对地方的司法控制，成为实现司法监督的有效途径之一。皇帝受理直诉案件，纠正冤、假、错案，对违法失职、故意出入人罪的司法官吏予以严厉处罚，这一过程实际上也是一种司法监督的过程，有利于督促各级司法官吏严格执法守法。明世宗嘉靖五年（1526 年）下谕："近来中外问刑官往往任意偏听，不审查事情，或徇私受嘱，不畏法度，颠倒是非，致令衔冤负屈之人辄入禁中申诉，至有自缢死者，若所诉得实，原问官从重究治。"① 由此可见直诉对强化司法监督所起到的积极作用。光绪年间杨乃武与小白菜一案审理后，因此案被革职惩治的大小官员达百十多人，在全国引起极大轰动，其对司法官吏的震慑作用亦可想而知。

再次，直诉制度加强了皇帝与其统治下社会各阶层的联系，下情上达，通释幽滞，在一定程度上缓和了阶级矛盾。唐朝设置匦的初衷就在于通达下情，唐中宗神龙元年（705 年）二月颁布《申冤制》曰："朕……思欲下情上通，无令壅隔，所以明目达聪者也。其官人百姓等，有冤滞未申，或狱讼失职，或贤才不举，或进献谋猷，如此之流，任其投匦。凡百士庶，宜识联怀。"② 从中可见皇帝对臣民投匦言事的鼓励态度。明代丘浚对肺石的评述，清楚地反映了古代统治者对直诉制度的认识。"肺者，气之府而外达乎皮毛，惸独老幼天地之穷无告者，其微弱也，犹国之皮毛焉。心之气靡不通之也，不通则疾病生焉，故用之达穷民，其有取于是乎。"③简言之，历代统治者之所以重视直诉制度，一个重要原因即在于其"下情上达"之功效。皇帝审重狱，查冤抑，为冤者昭雪平反的同时也是与社会现实的接触过程，他得以更真切地了解社会经济文化状况和人间疾苦，促其采取有力举措，整顿吏治，发展生产，安定社会，从而避免阶级矛盾激化，巩固统治秩序。

如上所述，直诉具有不可忽视的积极意义，但直诉也不可避免地有一定的局限性。首先，直诉制度本身只是逐级上诉和申报复审等救济途径的补充，制度空间有限，发挥作用也有限。其次，有冤情的贫民真正能够直诉皇帝的只是极少数。古代交通落后，百姓往往要步行数月甚至更长时间才能直诉皇帝，费用不菲，往往让人倾家荡产。此外，皇帝高高在上，一般百姓对皇帝心存敬畏，并非所有抱冤之人都具备直诉皇帝的勇气。再次，皇帝虽然权力极大，但毕竟精力有限，而且直诉的限制性规定很多，因此皇帝受理直诉案件的数量也相应受限。清朝时期，通常是都察院和步军统领衙门负责对上书皇帝的材料进行分类、筛选，然后再转呈皇帝，以此为皇帝分担审案压力，显然并非所有直诉案件都能由皇帝受理。最后，皇帝是最高审判者，也是最高统治者，对其权力的行使无从监督，直诉案件能否得到公正处理甚至受制于皇帝的情绪喜恶，而没有相应的监督制约机制作为长效保障。可想而知，并非所有的直诉案件都能得到高度重视和公正处理。

---

① 《大明会典》卷一七八，《申冤》。
② 《唐大诏令集》卷八十二。
③ 《大学衍义补》卷一〇九，《申冤抑之情》。

第四节
复审程序

当事人不服判决，依法上诉后，受诉机关就必须依法进行复审，此乃上诉复审；但上诉并非复审的唯一根据。下级审判机关对无权定判执行的案件必须在拟定判决以后按照审判管辖的规定逐级向上申报复审，这种情形则属申报复审。因此，我国古代的复审有上诉复审和申报复审两种类型。此外死刑复核属于我国古代针对死刑案件的一种特殊复审程序，拟单独述之。

一、上诉复审

上诉复审是基于在押犯人的上诉而对案件进行的再次审理。我国古代的上诉复审有原级复审和逐级复审之别。

（一）原级复审

在押犯人上诉请求重新审判的制度在我国古代早就存在。最早的记载见于秦朝，当时称为"乞鞫"。"已乞鞫及为人乞鞫者，狱已断乃听，且未断犹听殹？狱断乃听之。"[1]秦曾"谪治狱吏不直及覆狱故失者，筑长城及处南越地"[2]。也证明秦有覆狱，即重新审理的制度。《史记》记载，汉高祖刘邦年轻时，"戏而伤婴，人有告高祖。高祖时为亭长，重坐伤人，告故不伤婴，婴证之。后狱覆，婴坐高祖系岁余，掠笞数百，终以是脱高祖"[3]。这是关于刘邦利用乞鞫制度使自己得以免罪的故事，是秦时乞鞫的一个实例。

汉承袭了秦时"乞鞫"的制度，在上诉主体范围、上诉期限等方面有一些变化，审讯中重"考掠"，定案以口供为据。至唐不再用"乞鞫"一词，但依旧有关于上诉的规定。"诸狱结竟，徒以上，各呼囚及其家属，具告罪名，仍取囚服辩。若不服者，听其自理，更为审详。违者，笞五十；死罪，杖一百。"[4]意思是说，案件审结以后，徒罪以上的判决，要向罪犯及其家属宣告罪名。服罪则签服罪书，不服罪者可以上诉并进行重审。违反该条规定的，笞五十；如系死刑案件，则杖一百。

《宋刑统》关于原级复审的规定与唐律完全相同。后来宋朝规定了"翻异别勘"制度，对于囚犯推翻原口供上诉申冤的案件，司法机关必须重新审理。"翻异别勘"包括"移司别勘"和"差官别推"两种具体方式。"移司别勘"是指在原审机关内由一个部门移送另一部门复审。宋哲宗元符三年（1098 年）规定："大辟或品官犯罪已结案未录问，而罪人翻异或其家属称冤者，听移司别推。"[5]宋代在各级司法机关内部都设有并列的审判部门。如大理寺

---

① 《睡虎地秦墓竹简·法律答问》。
② 《资治通鉴》卷七。
③ 《史记》卷九十五，《樊郦滕灌列传》。
④ 《唐律疏议·断狱·狱结竟取服辨》。
⑤ 《续资治通鉴长编》卷四九九。

下设左断刑和右治狱，左断刑下设左右推，负责鞫勘诸处送下狱案；开封府下设左右厅和左右军巡院，左右厅协助长官"日视推鞫"①。开封府所审的案件，如果犯人不服，则要移司重审，"左军（巡院）则移右军（巡院），右军（巡院）则移左军（巡院），府司亦然"②。"差官别推"则指原审机关将上诉的案件报上级机关，由上级机关差派与原审机构不相干的另一机构的官吏复审。宋宁宗庆元四年（1198 年）规定："州狱翻异，则提刑司差官推勘；提刑司复翻异，则以次至转运、提举、安抚司。本路所差既遍，则又差邻路。"③"移司别勘"和"差官别推"在北宋前期是前后相继的两个程序，即经移司别勘后，如果犯人仍然翻异，即由上级机关差官别推。哲宗时进行了改革，以录问为界，未录问而其家属称冤者"移司别勘"，录问时翻异或称冤者"差官别推"，成为两个并列的程序。这一改革，使"翻异别勘"制度更趋合理完善。为了防止囚犯反复翻异，《宋刑统·断狱律》规定，翻异别推以三次为限，超过三次仍翻异者，便不再别推。南宋以后，将其放宽到五推为限。

明、清两朝涉及原级复审的规定完全相同。"凡狱囚，徒、流、死罪，各唤囚及其家属，具告所断罪名，仍取囚服辩文状；若不服者，听其自理，更为审详，违者徒、流罪笞四十，死罪杖六十。其囚家属在三百里之外，止取囚服辩文状，不在具告家属罪名之限。"④也即对于不服判决的犯人及其家属，原审机关原审官吏必须受理进行重新审理。

（二）逐级复审

原级复审经犯人向原审机构申诉由原审机构进行，如果被告对复审仍然不服，则诉讼进入逐级复审程序。隋朝最早出现逐级复审制度，在唐朝得到进一步发展。"有冤滞不审，欲诉理者，先由本司本贯，或路远而踬碍者，随近官司断决之。既不服，当请给不理状，至尚书省左右丞为申详之。又不伏，复给不理状，经三司陈述。又不伏者，上表。"⑤因此唐朝逐级复审的案件先由本司本贯或随近官员复审，也即通常先由初审机关的上级机关或邻近的上级机关复审；若有不服则持"不理状"再上诉，由尚书省左右丞进行复审；又不服，持"不理状"向中央三司请求复审；再不服，则直接向皇帝以上表请求复审。宋朝对逐级复审制度的规定更为周详。宋朝规定上诉复审必须自下而上逐级进行，复审之后发现原审确属错判的，原审的法官要受到惩罚。具体而言，凡县判决之案，犯人不服，向州申诉；州复审，如果属判决不当，县法官要被处以刑罚；向监司告州判决不当者，由监司差官或长官亲往复审，属大案者，申报朝廷，由邻路监司差官审理，如系原审错误的，原审法官亦要被处以刑罚，流罪以下犯人先行决放，死刑案报朝廷裁决。⑥宋朝还规定上级审判机关受理申诉案以后，不得发送原审司法机关复审，违者，允许当事人越诉。高宗绍兴十二年（1142 年）诏曰："帅臣、诸司、州郡自今受理词诉辄委送所讼官司，许人户越诉。"⑦元朝也有逐级复审制度。"诸陈诉有理，路府州县不行，诉之省部台院，省部台院不行，经乘舆诉之。未诉省

① 《宋史》卷一六六，《职官志六》。
② 《续资治通鉴长编》卷一九〇。
③ 《宋会要辑稿·职官》五之五六。
④ 《大明律·刑律·断狱》；《大清律例·刑律·断狱》。
⑤ 《唐六典》卷六，《尚书刑部》。
⑥ 参见《宋会要辑稿·刑法》三之一二。
⑦ 参考巩富文：《中国古代申诉复审制度述论》，载《政法论坛》，1993（3）。

部台院辄经乘舆诉者，罪之。"①

　　清朝的上控案件，上级司法机构可以提审，也可以发给原初审机构或其他下级司法机构审理。仍不服判决的，可依次再向其上审机关上诉，直到中央司法审判机关乃至皇帝。实际上上诉到中央司法机关的京控案件，也往往发回地方省级司法机关重审，这样的做法未免使得逐级复审有流于形式之嫌。不过对于原审官吏"抑勒画供、滥行羁押、及延不讯结，书役诈赃舞弊"②的案件，则不准发回原审机构由原审官吏重新处理。

二、申报复审

　　《礼记·王制》中有关于我国古代申报复审的最早记载："成狱辞，史以狱成告于正，正听之；正以狱成告于大司寇，大司寇听之棘木之下；大司寇以狱之成告于王，王命三公参听之；三公以狱之成告于王，王又三，然后制刑。"这反映了我国周朝诉讼程序中申报复审制度。秦简《语书》的附件规定："发书，释书曹，曹莫受，以告府，府令曹画之。其画最多者，当居曹奏令、丞；令丞以为不直，志千里以使有当籍之，以为恶吏。"从中可知追查县、令丞的责任由郡进行，追究县属各曹的责任，则由县认定后，报郡定为恶吏并由郡通报所属各县、道。显然，秦时部分案件是要呈报审批的。汉时疑难案件要逐级移送审断。"高皇帝七年，制诏御史：'狱之疑者，吏或不敢决，有罪者久而不论，无罪系不决。自今以来，县道官狱疑者，各谳所属二千石官，二千石官以其罪名当报之。所不能决之，皆移廷尉，廷尉亦当报之。廷尉所不能决，谨具为奏，傅所当比律令以闻。'"③ 意即县官不能决的疑案应上报郡守，郡守不能决报于廷尉，廷尉不能决，则奏请皇帝裁决。魏晋时，县审案结束，申报于郡，郡派遣佐吏督邮去复查。

　　隋唐以后，申报复审制度趋于完备，根据《唐六典》卷六，可看出唐代的申报复审有如下三种：一是申报于州的复审。笞杖罪案件由县定判，无须申报，徒刑以上案件则要送州复审，其中徒、流罪复审后批下执行，死罪案件则须由州逐级上报，最后由皇上决定。二是申报于省的复审。大理寺、京兆府、河南府直接受理的徒刑案件和官吏犯罪案件应申报于尚书省刑部复审。三是申报于皇帝的复审。主要是指大理寺及各州受理的流刑及死刑案件。宋的规定与唐同。元朝《大元通制》规定："诸斗殴杀人无轻重，并结案上省、部详谳，有司任情擅断者，笞五十七。"规定了斗殴杀人案件的复审程序。明朝的审级为县、州、府、按察使司及中央的刑部和都察院。洪武三十年（1397 年）正式颁行天下的《大明律·刑律·断狱》"有司决囚等第"条规定："凡狱囚鞫问明白，追勘完备，徒、流以下，从各府、州、县决配。至死罪者，在内听监察御史，在外听提刑按察司审录，无冤，依律议拟，转达刑部定议奏闻回报。直隶去处，从刑部委官，与监察御史；在外去处，从布政司委官，与按察司官，公同审决。"复审有书面复审和言词复审两种方式。复审后，根据不同情形分别处理。一是发回重审或直接改判。若原判事实不清，适用法律不正确或囚犯不服判决的，则发回原审机关重新审判，有时也直接改判。如果发回原审机关再审，囚犯往往要受到更为严厉的刑讯，因而会采取移调其他审判机关重新审理的方法。但这种做法在清朝没有能够得以延续。

---

① 《元史》卷一〇五，《刑法志四》。
② 《大清律例·刑律·诉讼》。
③ 《汉书》卷二十三，《刑法志》。二千石官，指郡守。当，处断。傅，附。

二是逐级复审。若该复审机构也无权定判，则应继续逐级申报复审，直至有定判权的司法机构作出判决为止。三是批准执行。有权定判的情况下，若原判正确无误，囚犯亦不申诉，则批准原判生效执行。

申报复审制度在清朝达到成熟的巅峰，也被称为逐级审转复核制度。根据清律，对应判处徒刑以上的一般和重大刑事案件，州县官都应作出审判意见，称为"拟律"或"拟罪"。拟律不是发生法律效力的判决，而是省、中央两级政府司法定案的基础。刑事案件经州县初审，"拟律"解府，还必须附上所有材料，如失单尸格、审录、凶器以及人犯等在州县的审录中，还必须审明案犯是否独子，是否符合存留养亲和存留承祀的法律规定。在"拟律"之后，要表明是否准其存留养亲或存留承祀的意见，府一级的审转（徒以上）不仅是文案上的审查，而且要对州县解到的人犯佐证进行一次重新开堂审理，若无异情，便作"与县审无异"的批语解司，若犯证翻供或拟律不当，便一面详报告要臬司、督抚，一面发回原州县重审或遴委他员覆审，改正拟律。①

申报复审制度是古代诉讼中下级审判机关主动接受上级审判机关复查，从而使错误判决得以纠正的一种权力主导型的救济制度。这一制度客观上有助于实现统治者的"恤刑"理念，有利于实现案件的公正处理。但应该看到，申报复审制度的实质是下级对上司负责，而不是对被告人负责，当事人是否提起上诉并不影响申报复审制度的进行。因此，在重大刑事案件中，直诉程序和申报复审程序是同时存在的，这在一定程度上造成了司法运作上的混乱，而且这种层层审转的制度，使案件审理层次相当繁杂。因而这一制度的历史局限性是很明显的。

三、死刑复核

死刑复核是指对死刑的判决进行复审核准的诉讼程序，因而也是案件复审的一种特殊形式。其特殊性就在于死刑是剥夺人的生命的刑罚，在诸刑种中最为严厉，死刑的正确运用关系到社会的安定和法律的公正严明。我国古代统治者在暴力专政的同时也意识到这一点，从诉讼程序上进一步建立起一套对死刑的复核制度。

（一）死刑的核准

死刑的核准权，牵涉到能否正确运用死刑，是死刑复核制度中的关键问题，应对其严格控制。与我国漫长的中央集权的专制体制相适应，我国古代诉讼中的死刑核准权集中于中央司法机关和皇帝手中。秦汉时地方司法机关权力较大，对一般案件可自行解决，而不必请示上级，但对于重大疑难或官僚贵族犯罪的死刑案件，必须上报廷尉转呈皇帝核准方可执行。如西汉王温舒"素居广平时，皆知河内豪奸之家，及往，九月而至。令郡具私马五十匹为驿自河内至长安，部吏如居广平时方略，捕郡中豪猾相连坐千余家，上书请，大者至族，小者乃死，家尽没入偿赃。奏行不过二三日，得可，事论报，至流血十余里。河内皆怪其奏，以为神速"②。这属于案情重大、诛杀面广而奏请皇帝核准的。汉武帝时绣衣御史暴胜之等"奏杀二千石，诛千石以下"。意即官位俸禄在二千石以上要经皇帝核准，千石以下则不必核准。魏晋南北朝时期，由于地方割据，中央无法控制杀人权，但仍有一些皇帝重视慎刑，强调杀

---

① 参见马作武、何邦武：《中国古代刑事审判中被告人诉讼地位析论》，载《求索》，2005（4）。
② 《汉书》卷九十，《酷吏传》。

人须奏闻。《南齐书·王敬则传》载，南齐征东将军王敬则杀了路氏，其家人诉冤，齐武帝便责问王敬则："人命至重，是谁下意杀之？都不启闻。"北魏太武帝时规定，死刑案件要奏报中央。"当死者，部案奏闻。以死不可复生，惧监官不能平，狱成皆呈，帝亲临问，无异辞怨言乃绝之。诸州国之大辟，皆先谳报，乃施行。"① 可以断定，死刑复核制度在南北朝时期已经确立。《唐六典·刑部》规定："旧制，（死刑）皆于刑部详复，然后奏决。开元二十五年敕，以为庶狱即简，且无死刑，自今以后，有犯死刑，除十恶死罪、造伪头首、劫杀、故杀、谋杀外，宜令中书门下与法官等详所犯轻罪，具状闻奏。"宋时死刑复核程序有所变化，中央刑部只在死刑执行后，依据各州旬申禁状，进行事后复查。建隆三年（962年）三月，"令诸州自今决大辟讫，录案闻奏，委刑部详复之"，强调"决大辟讫"由刑部详复。"刑部主复天下大辟已决公按、旬奏狱状。"②但元丰改制后，中央加强对地方死刑案的监督控制，须由提刑司复核才能执行。明、清时死刑有"立决"和"秋后决"，"立决"则立即执行，"秋后决"则缓决，经过秋审和朝审，再定其生死。"立决"和"秋后决"都要经中央司法机关和皇帝审核批准。"立决"案件一般经刑部审定，都察院参核，再送大理寺审允。三法司定案立决后，再会奏皇帝最后核准。

（二）秋审和朝审

秋审和朝审都是对"秋后决"死刑案件的复核程序。朝审程序始于明英宗天顺三年（1459年）。"令每岁霜降后，三法司同公、候、伯会审重囚，谓之朝审。"③霜降，系指每年农历九月中旬左右。对于朝审案件，区别情况作出改判戍边、移调再审、监候听决等不同处理，"矜疑者戍边，有词者调所司再问，比律者监候"④。明朝的朝审制度表明皇权对司法审判制度控制的日趋完备，同时也体现了"慎刑恤杀"思想，因此，此制在清朝得到了继承和发展。清朝在明朝朝审的基础上发展为秋审和朝审两种形式。秋审是审核地方各省所判的监候案件，朝审是审核刑部所判的监候案件。地方各省奉旨监候秋后处决的案件，监押监候人犯的州县官吏应核办人犯清册后，将案犯解省，督抚率省城按察使、道员等官员进行"会勘"（共同勘核），然后拟出处理意见。各省限五月内将案件报至刑部。至此，地方秋审程序结束，进入中央的秋审程序。刑部、大理寺等法司勘核后，由刑部于秋审前15日将秋审招册（案件卷册）、略节、勘语分送参加秋审的各衙门。秋审于八月内定期举行，三法司、九卿、詹事、科、道齐集天安门外金水桥西会审。秋审只凭招册书面审核，人犯在各省关押。朝审比秋审时间稍晚，在霜降后10天举行，将在押监候囚犯从刑部狱提至金水桥边当场审录。无论秋审或朝审，其处理结果大致可分为情实、缓决、可矜、留养存祀四种。"情实"者应予处决，"缓决"者留待另审；"可矜"一般指老幼废笃或有其他值得同情的情节，可免死；"留养存祀"是针对家中无人奉养父母和继承余祀的情况，可免死。上述四种处理结果均要奏请皇帝审批。显然，秋审和朝审不仅是审核死刑案件，而且还包含有宽宥之意。清朝统治者对此十分重视。康熙曾就秋审下论："人命事关重大，故召尔等共同商酌，情有可原，

---

① 《魏书·刑罚志》。
② 《宋会要辑稿·职官》一五之一。
③ 《明史》卷九十四，《刑法志》。
④ 《明史》卷七十二，《职官志》。

即开生路。"①雍正亦谕刑部："此内有一线可生之机，尔等亦当陈奏。"②秋审的意义，正如郑秦所说："在幅员辽阔的清朝统治范围内，秋审制度最大可能地做到了司法的统一，保持了法制的平衡，限制了地方各自为政和擅杀滥杀。"③

（三）死刑复奏

死刑复奏，指对已定判的死刑案件，执行前再奏请皇帝核准的制度。这是封建统治阶级对于人命大案的最后防滥措施，同时也是皇权生杀予夺权力的集中体现。严格而言，死刑复奏属于死刑的执行程序，但同时它也起到了最后复核的作用，因此也可视为古代死刑复核程序的一部分。死刑复奏制度始于隋朝，《隋书·刑法志》载："开皇十五年制：死罪者，三奏而后决。"即对于死罪囚执行前，要三次奏报，得皇帝许可，方可执行。唐朝也规定了这一制度："凡决死刑，虽令则杀，乃三复奏。"④后来又规定，除谋反、谋大逆、谋叛、恶逆及部曲、奴婢杀主等死刑犯只需一复奏即可执行外，京师所在地死刑的执行，须向皇帝"五复奏"，诸州"三复奏"。违反上述规定者，追究有关主管官吏的刑事责任。"诸死罪囚，不待复奏报下而决者，流二千里。"⑤宋朝死刑复奏制不及唐朝严格，只规定京师地区的死刑案件保持一复奏。"自今开封府、大理寺上殿公事不得辄乞不结案，审录及不复奏。"⑥而地方州郡死刑案件不复奏。宋真宗时曾拟恢复三复奏，但最后"终虑淹系，亦不果行"。主要是担心死刑复奏制会制造刑狱淹滞的局面。明、清都规定了三复奏制度，但清朝的死刑三复奏制主要针对朝审案件，关于秋审的死刑复奏则在不同帝王时期有不同规定。

第五节　简评

我国古代诉讼活动翔实可考的历史约自西周开始，从西周至明清，在数千年的司法实践活动中，逐渐形成了别具特色的古代诉讼程序，在我国司法史及世界司法史中占据着重要地位。

作为传统诉讼文化的一部分，一方面，我国古代诉讼程序无疑深刻地反映了古代奴隶社会、封建社会的社会实质，即属于建立在宗法等级关系之上的君主专制的中央集权体制，我国古代诉讼程序正是这一社会本质在司法领域的体现，并忠实地服务于与这一社会本质相呼应的统治秩序。如皇帝（王）在司法程序领域，拥有直诉的受理权，"议"的裁决权、"上请"的决定权、死刑的核准权、复奏权、恩赦的确定权等等。可谓法自君出，狱由君断，皇帝往往一言定生死，牢牢钳制司法权，体现出浓郁的司法独裁色彩；宗法家族统治的传统渗透至司法制度中则公开维护有权势者，从起诉、审判到执行的各个诉讼环节，身份等级观念

---

① 《清史稿》卷一四四，《刑法志》。
② 《清史稿》卷一四四，《刑法志》。
③ 郑秦：《清代司法审判制度研究》，171～172 页。
④ 《旧唐书·刑法志》。
⑤ 《唐律疏议·断狱·死囚复奏报决》。
⑥ 《续资治通鉴长编》卷五〇二。

无所不在。"命夫、命妇不躬坐狱讼",限制奴婢、部曲控告主人及其亲属,对审讯中"议、请、减"之列的特权者不得拷讯而应以众证定罪;对达官显贵于隐秘处行刑以免公开受辱等规定一一入律,无不是身份特权观念的法典化。

另一方面我国古代诉讼程序作为传统诉讼文化的一部分,在司法观念、司法技术、司法经验这一外在层面上呈现出诸多特征。

一、重狱轻讼,民事诉讼发展缓慢

我国古代"狱讼"有分。"狱,谓相告以罪名者",指刑事诉讼;"讼谓以财货相告者",指民事诉讼。然考察我国古代诉讼,不难发现刑民合一,以刑为主的特点。从实体法来看,我国古代立法中大量的民事纠纷采用刑事手段来解决。唐律中的户婚篇、明清律中的户律,规定的都是田宅、钱粮、家庭婚姻等事,但每条都科以刑罚。从诉讼法来看,我国古代没有专门的诉讼法,诉讼程序只是作为刑律中的一部分予以规定。"诉讼断狱,附见刑律",而历代刑律所涉及的诉讼程序问题大都是刑事诉讼范畴,而非民事诉讼内容。如《法经》之囚、捕,唐律之斗讼、捕亡和断狱,明清律刑律之诉讼、捕亡、断狱等,都是关于刑事诉讼程序的内容。因此我国古代诉讼程序的总体特点是,刑事诉讼程序相对完备、详尽,而民事诉讼程序则流于粗疏浅漏。

重狱轻讼,原因何在?追根究底,有其深刻的政治、经济、社会因素。首先,政治上,我国古代社会一直处于专制主义统治的社会形态,维护公开不平等的特权制度,因此自然更大程度上倚仗完备的刑事诉讼程序保障严酷的刑罚手段的实施,进而维系专制统治的长治久安,至于私人之间的利益,则被视为"细故",无足轻重,民事诉讼自然受到冷落。其次,经济上,自给自足的自然经济占主导地位,加上重农抑商这一以贯之的政策,商品经济难以萌生发展,民事活动范围有限,少量民事纠纷多在"无讼"、"息讼"诸原则和价值取向的引导下以民间调解方式解决,这大大阻碍了民事法律的发展和完善,民事诉讼程序相应地处于不健全状态。直至明清,随着商品经济的发展,民事诉讼制度得到推动,程序才渐趋于完备并形成独特的风格。再次,人身依附关系长期存在,不能广泛提供法律权利与义务关系的"私人的平等",而"私人的平等"恰恰是发展民事法律的重要条件。最后,相对发达的家法族规对族内民事法律关系起着实际的调节作用。这些家法族规实质上是家族内部的习惯法,对家族内的财产、继承、婚姻等民事关系起着重要的调整作用,是国法的补充。由于家法族规的客观存在和所发挥的实际作用,一定程度上也阻碍了我国古代民事诉讼程序的发展和完备。

二、重权力轻权利,诉讼程序行政化色彩浓厚

在我国奴隶制社会阶段的诉讼活动中,当事人平等对抗,法官根据神示证据消极居间裁判,但这种诉讼形式显然不适应专制主义统治需要。在我国古代漫长的封建社会中,与封建王权的强势相对应,司法机构依职权主动追究犯罪,诉讼程序的启动和发展,主要不是取决于受害人,而是取决于握有国家司法权的官吏,原告及其他诉讼参与人享有的诉讼权利亦微乎其微,跪庭对质、杖击拷讯乃经常之事,在诉讼过程中,凡涉讼之人诚惶诚恐,如履薄冰。总之,我国古代封建社会的诉讼程序呈现出鲜明的强硬霸道色彩。古代诉讼程

序的这一特征固然体现了统治阶级对司法公正的重视，但更多地体现了中央集权对司法的直接控制，其实质是封建王权钳制在司法领域的体现。一方面，"王权至上"的要求在诉讼领域主要体现为侦查、控诉与审判职能的合一。我国古代诉讼中没有专门的侦查和控诉机关，司法官吏既是裁判者，又是侦查者和控诉者。只要发现违法犯罪行为，不论是否有个人控告，司法官吏都必须调查、刑讯、收集证据，作出判决。另一方面，国家权力过于强大、过于主动必然意味着民众权利空间的匮乏或狭小，在我国古代封建社会的诉讼活动中，法官扮演积极的讯问者极力获得口供，以刑讯作为诉讼的中心环节。被告沦为诉讼客体，无任何诉讼权利，只是承受惩罚的对象。民众实体权利的实现很大程度上仰赖于权力体系内部由上而下的监督和管理，长此以往便形成了古代诉讼程序中行政方式的蔓延。下级审判机构缺乏审判独立，习惯于请示和推诿，上级审判机构大包大揽，习惯于干预和指令。

三、重实体轻程序，程序体系欠完备

"慎刑恤狱"作为我国古代司法的重要指导思想主要体现为对实体公正的推崇。谨慎求实是我国古代司法活动中的又一突出司法风格。早在西周，法官在查明犯罪事实，定罪量刑遇有疑问时，就果断选择了"宁失有罪、勿诛无辜"的做法，而拒绝乞助求神。秦简《封诊式》指出："治狱，能以书从迹其言，毋笞掠而得人情为上，有恐为败。"古代皇帝要求司法官吏在适用刑罚时必须做到："明审克之功，使奸不容情，罚必当其罪，用迪于刑之中。"①准确处理案件之前提是查明案件事实真相，我国古代收集证据、检验证据的制度和技术乃至整个封建社会法医学的成就，也正是古代司法活动中"谨慎求实"的智慧结晶，为了保证司法公正，防止冤滥，我国古代诉讼还确立了诸如法官责任追究、会审、直诉、死刑复核复奏等具有历史进步意义的制度，它们也是我国古代独特的司法艺术的体现。显然，我国传统诉讼文化中的古代诉讼程序，作为特定社会形态、特定政治经济文化背景下的司法遗产，有糟粕亦有精华，我们应该在科学严谨的研究剖析后冷静理智地扬弃取舍，古为今用，促进我国社会主义法治国家的建设。

尽管我国古代统治者在长期的司法实践中确立了一系列有特色的诉讼程序，但总体而言，实体真实居于至高无上的地位。在重实体轻程序的观念笼罩下，程序处于可有可无的境地。在浩如烟海的古代法律中，没有一部完整的程序法，有关程序的内容散见于实体法中。程序只是实体的陪衬。在诉讼程序上，则体现出程序体系不完备的特点。其一是没有侦查这一重要的审前程序，侦查行为和审讯行为结合在一起。其二是没有独立的起诉程序，起诉就是指向司法机关控告、检举犯罪的行为，在国家启动诉讼的情况下，起诉和审判是合二为一的，不存在专门的起诉机关经审查后提起诉讼的独立程序。其三是没有现代意义上的救济程序。被告人对判决不服的上诉，首先由原审机关复审；上级司法机关对被告人不服判决的上诉，可复审也可以不复审；下级审判机关无权定判的案件，审判后必须申报上级司法机关复审。此外我国古代诉讼对未生效判决的救济程序和已生效判决的救济程序也没有明确的区分

---

① 《宋史》卷二〇〇，《刑法志》。

和设计。①

四、刑讯逼供，罪从供定

刑讯逼供是我国古代社会历代统治者所普遍采用的野蛮审讯方式。古代诉讼中，司法官吏往往坐堂问案，主观臆断，不愿深入调查，因此口供便成了据以定案的重要依据，信奉"口供至上"，视口供为"证据之王"，刑讯逼供即口供主义的产物，由此衍生出来的刑讯器具花样百出，举不胜举，当事人往往因为不堪忍受皮肉之苦，屈打成招而含冤受屈。在我国古代，秦汉两代就已普遍实行"拷讯"，使之成为法定制度。其后历代王朝承袭并发展了刑讯逼供方式，刑讯手段之酷烈，耸人听闻。统治者也曾意识到无限度刑讯的危害，因而被迫对刑讯作出一些限制性规定。隋唐时刑讯制度趋于规范，规定了刑讯的条件、程序、工具、对象及非法刑讯的法律责任等，但法外刑讯禁而不止，严酷的刑讯逼供始终是我国古代诉讼程序的一个鲜明特色，也是古代司法制度野蛮落后的标志。

五、礼法结合，诉讼程序呈现出伦理性特征

从汉代中期开始，儒家思想逐渐被统治者认可并推崇，儒家思想作为封建正统思想，也逐渐渗透到法律制度中，所以我国古代诉讼程序较普遍地呈现出伦理性特征。如孔子的伦理观念经过春秋战国的发展，到汉朝逐渐发展成"亲亲得相首匿"的法律原则。汉宣帝在地节四年（前66年）下达诏令："父子之亲，夫妇之道，天性也。虽有患祸，犹蒙死而存之。诚爱结于心，仁厚之至也，岂能违之哉？自今子首匿父母，妻匿夫，孙匿大父母，皆勿坐。其父母匿子，夫匿妻，大父母匿孙，罪殊死，皆上请廷尉以闻。"②这个起诉原则从汉代一直延续下来，甚至在唐宋的法典中规定得更具体全面。再比如同样形成于汉朝的"春秋决狱"无疑也体现了封建伦理思想对审判活动的影响，此外，古代执行程序中的"存留养亲"制度和"恤刑"制度等无疑也是礼法结合的典型体现，是儒家提倡仁爱之心、体恤老幼之伦理思想的彰显和宣示。此外，录囚、死刑复核等程序本身虽是出于维护社会统治安定的需要，有其工具性，但客观上也体现了统治阶级恤刑思想的光芒。其思想根源正是儒家所提倡的"仁道"、"德政"观念，归根结底也是一种人道伦理的体现。纵观我国古代诉讼程序，伦理道德与法律的融合使本来严谨冷酷的法制披上了一层温情的面纱，尽管由于所处社会形态和历史背景的局限性，古代的诉讼伦理观与等级观念、宗法意识等纠缠一体，需要今天的我们理性地分析看待，但其强调在天理、人情、国法之间反复权衡的人文精神时至今日依旧值得借鉴和倡导。在社会变迁和转型的时代背景下，面对古代司法传统，我们应该兼具继承和革新的思维。

---

① 参见陈光中、沈国峰：《中国古代司法制度》，219页。
② 《汉书》卷八，《宣帝纪》。

第十二章

诉讼证据

作为世界五大法系之一的中华法系，曾经对东亚法律制度及法律文化的发展产生过重大的影响，它历史悠久，留给今人很多值得继承和扬弃的东西，饶有特色的传统证据制度就是其一。与其他国家一样，我国的传统证据制度较为简单、粗疏且不成体系，在传统的法律体系中并不具备其应当具有的地位。但是，由于中国古代特殊的政治、经济和文化背景，我国的传统证据制度在其形成和发展过程中还有许多特别的价值取向。正所谓"一法系之所以成立，必有其一帜独树之特质，与卓尔不群之精神，虽彼此或有相类之点，但彼此绝无尽同之事"①。我们通过对传统诉讼证据的深入研讨，能够更为深刻地认识当时的"诉讼形态"，而后者对法来说，恰是具有"核心般意味的社会事实"②。

第一节　源流

一、夏商周：传统证据制度的形成时期

在奴隶社会里，国家组织尚不发达，习惯法在一定范围内仍发挥着重要作用。"神明裁判"是人类社会早期普遍具有的一种断案方式。从文献记载来看，在我国的原始社会末期和奴隶社会早期，同样盛行"神明裁判"③。但是，在中国的奴隶社会，神判作为一种证明方法不占有突出的地位，在纠纷解决中不起主流作用，只是人们在解决疑难案件或特殊类型的案

---

① 陈顾远：《中国法制史》，52 页，北京，中国书店，1988。

② ［日］滋贺秀三：《中国法文化的考察——以诉讼的形态为素材》，载《明清时期的民事审判与民间契约》，2 页。原文为："某种事实以及支持着该事实的思维架构如果是某一历史阶段的某一社会所特有的，或者说即使不完全是特有的但却特别显著地表现出来的话。就可以说这种东西不是自然本身而正是文化。在这个意义上，对于所谓法来说具有核心般意味的社会事实就是诉讼的形态。"

③ 在古代汉族法文化中，五帝时有皋陶治狱、神兽断案的"触角审判"的传说；夏有"血迹神判"的记载；商代卜辞中存在"占卜神判"治狱的卜文；西周有盟诅神判的记载；《墨子·明鬼》有"以羊裁判"的案例记载。

件时才采用的一种方法。同西方社会①相比，中国古代正式司法活动中排斥神明裁判的年代要早得多。有的学者认为，到了周代，神判虽有痕迹可见，但基本上已不实行了。② 承认神判法存在的瞿同祖先生甚至认为"中国有史以来就以刑讯来获得口供，早就不依赖神判法了"③。神判法消失的原因主要有两个方面：一是中国的古代文明比较发达，从而更早地促使了人们发现、运用证据解决纠纷的意识和能力的生成。二是中国不信鬼神的主流传统文化同神明裁判不相容。

奴隶社会的法律较多的是关于刑的规定，但其中也有关于土地所有权转移、租赁和债务关系等民事法内容。为了追诉犯罪和裁判财产纠纷，这些成文法中已经包含了证据制度方面的内容，奴隶社会是我国传统证据制度逐步形成时期。

关于夏、商时代的证据制度，无文籍可考。周代的情况，根据古代的典籍文献，可以看到一些轮廓。

《周礼·秋官·司盟》中说："有狱讼者，则使盟诅。""凡盟诅，各以其地域之众庶，共有牲而致焉，既盟则为司盟共祈酒脯。"盟诅是最古老的一种证据方法，在当时的历史条件下，是最具证明力的证据之一。④

摆脱神灵裁判的控制后，审判官主要依据"五听"的方式审查证据，判断事实。关于"五听"的记载，最早见于《尚书·吕刑》："两造具备，师听五辞；五辞简孚，正于五刑。""五辞"就是"五听"，在《周礼》中又被称为"五声"。《周礼·秋官·小司寇》表明，司法官吏应当"以五声听狱讼，求民情"。从这些记载可以看到，那时审理刑民案件，是很重视听取当事人陈述和获取口供的。"五听"制度对中国传统证据制度的形成和发展产生了巨大的影响，自西周以降，"五听"成为古代中国审判官审查证据、判断事实的基本方法。

从目前已知的资料看，刑讯逼供制度起源于西周。但刑讯逼供的事实存在应该在西周之前。《周礼·秋官·小司寇》记载："以五刑听万民之狱讼。"郑玄注："狱是相告以罪名者，讼是以财货相告者。"这表明在西周时期，拷讯不仅用于刑事诉讼，而且也用于民事诉讼。《礼记·月令》记载："仲春之月……命有司省囹圄、去桎梏、毋肆掠、止狱讼。"郑玄注说："掠，谓捶治人。"规定了仲春二月应毋肆掠，言外之意在一年中的其他时间是可以拷讯的。铜器《牧殷》的铭文有"多虐庶民"的记载，《吕刑》亦有"典狱，非讫于威，惟讫于福"的记载。总的来说，西周统治者在明德慎罚思想的影响下，主张慎用拷讯，但并非禁用。

那时审判刑民案件，除了"以五声听狱讼，求民情"以外，还要求证明某些案件事实应当以什么证据作根据。从而将证据裁判与"五听"相互结合、互为补充。"凡民讼，以地比正之；地讼，以图正之。"⑤ "凡以财狱讼者，正之以傅别约剂。"⑥ "凡属责者，以其地傅而

---

① 欧洲在 13 世纪时刑讯在司法上便成为有系统的获得证据及口供的方法。从那时起刑讯便代替了以前的神判法。例如英国在 1215 年便正式废除神判法的应用。意大利在 13 世纪时就从古代罗马法中学得刑讯的方法而应用于刑法。后来法国也开始如法炮制。不久就传遍全欧了。转引自瞿同祖：《中国法律与中国社会》，272 页。

② 参见陈光中：《中国古代的证据制度》，载《陈光中法学文集》，151～152 页，北京，中国法制出版社，2000。

③ 瞿同祖：《中国法律与中国社会》，271、272 页。

④ 参见李交发：《中国诉讼法史》，106 页。

⑤ 《周礼·地官·小司徒》。

⑥ 《周礼·秋官·士师》。

听其辞。"① 由此可见，早至周代，处理案件已不是凭神的意志辨是非，不单纯依靠审讯所取得的口供来定案，还要求对某类案件事实有重要证明作用的文书或证言来证明，这是我国古代证据制度的一大进步。

为了查明案件真相，我国古代赋予审判官收集证据的职责。《礼记·月令》载："孟秋之月……命理瞻伤、察创、视折、审断、决狱讼。"由此可见，在奴隶社会勘验结果已经成为审理案件的重要证据。

在古代诉讼活动中，由于人类收集、审查判断证据的能力比较低下，存在大量的疑难案件。事之最难者，莫如疑狱。对于疑罪的处理方式，早在夏朝就有人提出过一条为后人所传诵的"与其杀不辜，宁失不经"② 的处理原则。唐代颜师古对此注解说："《虞书·大禹谟》载咎繇之言。辜，罪也，经，常也。言人命至重，治狱宜慎，宁失不常之过，不滥无罪之人，所以宽恕也。"③ 其意思是说，对于是非不明的案件，宁可不按常规处理，也不要错杀了无辜之人。商朝则规定："疑狱，与众共之，众疑赦之。"④ 即对于疑难案件，应当听取公众的意见，如果大家都对有罪持怀疑态度，就应当免于刑罚。至周朝，《尚书·吕刑》记载："五刑之疑有赦，五罚之疑有赦，其审克之。"⑤ 就是说，以五刑定罪，证据尚有疑问的，则宽宥入于五罚；按五罚定罪，证据尚有疑问的，则宽免入于五过。西周还采取疑罪从赎的处理办法。周穆王时规定："墨辟疑赦，其罚百锾"。这就是说，犯有墨刑之罪而有可疑时，就采取以铜赎罪的办法，罚他出一百锾铜。

二、战国秦汉魏晋南北朝：传统证据制度的发展时期

历史进入封建社会后，自"集诸国刑典"而制作的《法经》六篇开始，每个封建王朝都在前朝法制的基础上制定了各自的成文法典。这些法典基本上是刑民合一，实体法和程序法合一。封建法制在前承后继中，随着社会的变迁，时间的推移，逐步发展完备起来。一般来说，由战国经秦汉至魏晋南北朝是我国传统证据制度的发展阶段，唐宋是传统证据制度的定型与成熟阶段，元明清是传统证据制度殆于进化并最终在形式上消亡的阶段。

在封建法制的发展过程中，有关证据制度的规定也日渐详备，一方面表现在制度承袭中不断补充发展，如拷囚制度、亲亲相隐制度。另一方面则与人类文明的发展相适应，随着社会生活的复杂化和认识能力的提高，一些证据立法受到重视，运用频繁，如检验制度。

我国封建社会的诉讼程序，具有纠问式诉讼的特点，刑事被告人处于无权地位，只是被拷问的对象，其口供成为证据之王，因此，刑讯与断狱就紧密相连。历代封建王朝制定的法典都是刑法典或是以刑法内容为核心的法典，调整民事关系的私法规范很少，而且绝大部分民事法律规范是处理民事问题的刑法规范。⑥ 有关证据制度的规定，主要是关于讯囚和刑讯

---

① 《周礼·秋官·朝士》。

② 《尚书·大禹谟》。

③ 《汉书·路温舒传》。

④ 《礼记·王制》。

⑤ 《尚书·吕刑》。

⑥ 参见何勤华：《中国法学史》（第一卷·修订本），46 页，北京，法律出版社，2006。关于中国古代民事刑法化的详细论述，请参阅张中秋：《中西法律文化比较研究》，85～89 页，南京，南京大学出版社，1991。

以及司法官吏五听审判的内容。这些法律规定，虽然有少量的带有法定证据色彩的规则，如"断罪必取输服供词"，被告人不合拷讯时的"据众证定罪"，但是，并没有形成法定证据制度。

据史料记载，秦朝时，在继承西周"五听"制度的基础上，由于对司法实务的重视，形成了中国古代初具规模的刑讯制度。秦代实行有条件的刑讯，并予以制度化。关于司法官吏应当如何进行审讯，以及审讯时可否拷打受审人，法律上已有明确规定：第一，在一定条件下允许刑讯。"诘之极而数讯也，更言不服，其律当笞掠者，乃笞掠。"① 意思是说，对于审讯中的受审人受诘问至辞穷，多次欺骗，还改变口供而拒不服罪的，才可予以刑讯。第二，视适用刑讯为下策，但仍认为是必要的。《睡虎地秦墓竹简·封诊式》"治狱"规定："治狱，能以书从迹其言，毋笞掠而得人情为上；笞掠为下；有恐为败。"但是在秦始皇时期专任刑罚、动辄对"治狱不直之"的情形下，秦律规定的这一治狱原则不可能落实。《史记·李斯列传》如是记载："赵高治斯，榜掠千余，不胜痛，自诬服。"对一个朝廷大臣竟如此刑讯逼供，可想在诉讼中对一般人刑讯的惨况了。第三，对刑讯的整个过程及结果以"爰书"作详细的记录。"其律当笞掠者，乃笞掠。笞掠必书曰：爰书：以某数更言，无解辞，笞讯某。"② 秦律还规定，在诉讼中对被告人刑讯后要作具体真实的刑讯记录。

关于如何进行审讯，秦律已有比较详细的规定，《睡虎地秦墓竹简·封诊式》"讯狱"规定："凡讯狱，必先尽听其言而书之，各展其辞，虽知其言也，勿庸辄诘。其辞已尽书而无解，乃以诘者诘之。诘之又尽听书其解辞，又视其他无解者以复诘之。"③

刑讯的同时，注重其他证据的运用，尤其是勘验、鉴定手段得到很大的发展。据《睡虎地秦墓竹简·封诊式》中"贼死"、"经死"、"穴盗"、"出子"等案例的记载，当时对于命、盗、伤害等案件，须进行现场勘验和检验，收集物证，讯问有关人员，并由勘验、检验的官吏按照司法文书形式写出勘查、检验记录。在"经死"这一案例中，还特别指出了检验自缢的步骤、方法和应当注意的问题。

秦律明文禁止诬告，犯诬告罪采取诬告反坐的原则处以刑罚，诬告反坐的制度始见于此。诬告反坐原则反映了中国古代社会的统治者对诬告的严厉打击态度。这在避免被诬告的人遭到危害，防止滥诉，维护司法秩序等方面具有一定的积极意义，重惩诬告也是强调、重视证据的法律精神的体现。但是，对诬告者反坐，过重的刑罚不仅是不文明的，而且也打击了人们举报犯罪的积极性，抑制了诉讼意识的张扬。

"汉承秦制"，汉代的法律制度既是秦法的沿袭，又有新的发展。由于汉代的法律早已散佚，对当时证据制度的具体情况，只能从其他史籍和后朝的法律文献中加以考察。汉代证据

---

① 《睡虎地秦墓竹简·封诊式》"讯狱"。
② 《睡虎地秦墓竹简·封诊式》"讯狱"。
③ 其意思是，凡审讯案件，必须先听完受审人的陈述，作出记录，让受审人各自把话说完，即使知道他在作虚伪的陈述，也不要马上诘问。口供已记录完而有疑问，就应当对需要加以诘问的问题进行诘问。诘问时仍要记录他的陈述之辞，并对其他还有疑问的地方继续发问。从这一规定来看，秦代的审讯是允许受审人进行陈述和辩解的；同时要求司法官吏注意从口供中发现矛盾，以查明案情。由此可见，在我国封建时代初期，封建统治者就认为口供是断案的重要根据了。

制度对秦法的沿袭与发展主要体现在以下几个方面：

其一，律令对刑讯的规定较秦更为详细、具体。据南北朝时范泉引述的《汉律》说："死罪及除名，罪证明白，考掠已至而抵隐不服者，处当列上。"杜预注解说："处当，证验明白之状，列其抵隐之意。"由此可以看出，对于犯重罪的被告人进行拷打，汉律是有明文规定的，但应当把已得到的证明情况和抵隐情况在上报的材料中全部写清楚。①

其二，汉朝刑讯制度最大的变化莫过于将秦时的刑无等级用儒家的礼与仁进行修正。如荀况所言："礼教荣辱以加君子，化其情也；桎木告鞭扑以加小人，治其刑也。君子不犯辱，况于刑乎？小人不忌刑，况于辱乎？"②惠帝时制，爵五大夫、吏六百石以上及皇帝知名者，有罪当盗械者皆颂系。③景帝后元三年（前141年）著令："年八十以上，八岁以下，及孕者未乳、师、侏儒，当鞠系者，颂系之。"④

其三，汉代律令明确规定对诬告者应追究刑事责任。汉宣帝元康四年（前62年）诏曰："诸年八十以上，非诬告杀伤人，佗皆勿论。"颜师古注："诬告人及杀伤人皆如旧法，其余则不论。"这是将诬告同杀人并列，已把它作为严重罪行看待了。⑤

其四，确立了"亲亲得相首匿"的证人作证的法律原则。"亲亲相为隐"这一思想最早是由先秦儒家提出来的。《论语·子路》载，夜公语孔子曰："吾党之直躬者。其父攘羊，而子证之。"孔子曰："吾党之直者，异于是：父为子隐，子为父隐——直在其中也。"随着西汉独尊儒术指导思想的确立，汉儒不仅将"父子相隐"原则运用于司法实践，并以春秋决狱附会之。⑥汉宣帝时，将儒家这一理论正式上升为"亲亲得相首匿"的法律原则。宣帝地节四年（前66年）诏曰："父子之情，夫妇之道，天性也。虽有患祸，犹蒙死而存之。诚爱结于心，仁厚之至也，岂能违之哉！自今首匿父母，妻匿夫，孙匿大父母，皆勿坐。其父母匿子，夫匿妻，大父母匿孙，罪殊死，皆上请廷尉以闻。"⑦这一诏令首次用允许隐匿的形式正面肯定妻、子、孙为夫、父、祖隐在法律上不作证的正当性。

此后至清，各朝代都确立了容隐制并且不断丰富和完善，亲亲相隐制度一直沿用了两千多年，它不仅仅是一项法律原则，也是一条重要的道德规范。

其五，确立了疑案奏谳制度和实践中重视疑罪从轻原则。《汉书·刑法志》载：汉高皇帝七年（前200年）制诏御史："县道官狱疑者，各谳所属二千石官，二千石官以其罪名当报之。所不能决者，皆移廷尉，廷尉亦当报之。"疑狱难决上报上级司法机关请求判决，这就是汉高祖七年（前200年）确立的疑狱奏谳制度。⑧对于"罪疑"案件的处理，汉代一般

① 转引自巫宇甦主编：《证据学》，37～38页，北京，群众出版社，1983。
② 荀悦：《申鉴》卷一，《政体》。
③ 参见《汉书·惠帝纪》。
④ 《汉书·刑法志》。
⑤ 转引自巫宇甦主编：《证据学》，38页。
⑥ 据《通典》所载，董仲舒曾依据上述原则审判过一个疑难案子：甲无子，从道旁拾弃儿乙作为儿子。乙长大后犯杀人罪，把情况告诉了甲，甲即将乙隐藏起来。对甲犯什么罪，应处什么刑，当时众说不一。董仲舒认为，乙虽非甲所生，但同亲子一样，谁也不能改变这一事实。据"春秋之义，父为子隐"，甲可以藏匿乙而不应当坐罪。
⑦ 《汉书·孝宣纪》地节四年诏。
⑧ 转引自蔡万进：《〈奏谳书〉与秦汉法律实际应用》，载《南都学刊》，2006（2）。

采取"罪疑从轻"原则，甚至是证据不足，疑罪从去。①

封建王朝的统治阶级，对于疑罪究竟应当按"疑罪从去"还是按"罪疑从轻"处理，存在过不同的见解。如汉朝的贾谊认为："诛赏之慎也，故与其杀不辜也，宁失于有罪也。故夫罪也者，疑则附之去已"，"则此毋有无罪而见诛"，"不肖得改"。"疑罪从去，仁也；疑功从予，信也"②。他的这些论述说明，疑罪不予定罪处刑，是防止错杀无辜、实行"仁政"的需要；赏罚分明，则仁信并行，有利于维护封建统治。南陈在审议改革刑讯之制的讨论中，都官尚书周弘正说："夫与杀不辜，宁失不经，罪疑惟轻，功疑惟重，斯则古之王，垂此明法。"③ 他既赞成"宁失不经"，又主张遵循古法实行"罪疑惟轻"，按有罪但从轻处罚。这显然有别于"疑罪从去"的观点。

无疑，"疑罪以有罪论，但处罚从轻"的原则更有利于维护统治秩序，因此，封建社会的法律都明确确立了这一原则。值得注意的是，唐律最后一条规定"诸疑罪各依所犯以赎论"。这是唐朝前期盛世阶级矛盾比较缓和，统治阶级轻刑悯恤、主张仁政的体现，但在司法实践中，不可避免地会出现这样的现象：富人在因疑罪论处时得以花钱赎罪，免受牢狱之灾，而贫穷的人则只能含冤受罚。而宋代处理疑案，是根据古代"罪疑惟轻"和"狱疑者谳"的原则，一律上奏朝廷，由皇帝圣裁，凡奏裁的案子，一般都会获得宽待以体现皇帝的仁慈。元朝制定的《大元通制》规定："诸疑狱在禁五年之上不能明者，遇赦释免。"对于疑罪"遇赦释免"，虽然比"各依所犯以赎论"有所进步和宽松。然而，释免的条件是监禁五年以上，且须有皇帝诏赦，因此在司法实践中很少遇到，况且已被监禁了五年。到了明清时期，封建统治者为了维护自己的统治，从法律上取消了疑罪从轻的规定，这是历史的倒退。

魏晋南北朝及隋，刑讯制度沿着以前的轨道向前发展。梁时出现了"测罚"之制，陈时出现了"测立"之制。贵族特权保护因魏时"八议"入律而进一步完善，贵族、士大夫因一般的犯罪均不受刑讯。"八议"制度对后世影响深远。

后来，封建统治阶级逐渐认识到，听凭司法官吏随意刑讯，对其统治并不有利。从南北朝开始，对于刑讯的方法、刑具和用刑的限度，就逐步明确地在法律中规定下来。如梁律对刑讯所用刑具的规定是："其问事诸罚，皆用熟靼、小杖。"北魏律规定："理官鞫囚，杖限五十"，所用的刑具，"其捶用荆，平其节。讯囚者其本大三分，杖背者二分，胫者一分，拷悉依令"。后来魏宣武帝更定枷仗之制。到了隋代，有"讯囚不得过二百，枷杖大小，咸为之程品，行杖者不得易人"的规定。④

三、唐宋：传统证据制度的定型与成熟时期

唐代是中国封建法治发展的成熟时期，不仅重视立法，而且建立了一套周密的司法制

---

① 《汉书·刑法志》记载："及孝文即位……选张释之为廷尉，罪疑者予民，是以刑罚大省，至于断狱四百，有刑错之风。"文中"罪疑者予民"，师古曰："从轻断。"又《汉书·冯野王传》曰：大将军凤风御史中丞劾奏秦野王，赐告养病而私自便，持虎符出界归家，奉诏不敬，杜钦时在大将军莫府，钦素高野王父子行能，奏记于凤，为野王言曰："罚疑从去，所以慎刑，阙难知也"，今释令与故事而假不敬之法，甚违阙疑从去之意。

② 贾谊：《新书·大政（上）》。

③ 《陈书·沈洙传》。

④ 参见《隋书·刑法志》。

度。唐代的《永徽律》及对其进行逐条解释的《律疏》，统称为《唐律疏议》，是我国保留下来的最古老的一部完备的封建法典，也是以后各王朝制定法律的蓝本。唐律对证据制度有较详细的规定。在证据制度承袭中不断补充发展的同时，确立了一些新的证据原则，比如据众证定罪。据众证定罪的法律制度，明载于法典始见于唐律。疏议解释："称'众'者，三人以上，明证其事，始合定罪。"唐律规定的"众证定罪"，只适用于特殊身份的犯罪人，即享有法律规定的议、请、减特权的人和废疾之人，议、请、减特权的人具体是指八议者、应议者期亲以上及孙，七品以上官员，五品以上官之祖父母、父母、兄弟、姊妹、妻、子、孙等。他们犯罪后不要犯者的供词，只按众证定罪的原则进行审判，使高官显贵、皇亲国戚免受刑讯之苦。

唐代是规定"拷囚法甚详"的时期，无论从程序上或实体上都作了完备的法律规定。①

有宋一代，是中国封建社会从成熟转向衰落的过渡时期，但在法制方面却取得了相当大的成就。有的学者认为这种成就甚至超过了隋唐，达到了中国封建社会法制的最高水平。②如徐道邻就认为，"中国的传统法律，到了宋朝，才发达到最高峰"③。原因主要有三：第一，宋总结吸收了唐代法制的经验；第二，宋代社会经济特别是商品经济的发展，以及科学文化的巨大成果，必然使与文明程度相关联的法律制度相应地发展；第三，宋朝统治者十分重视法律的作用。

宋代无论是言词证据，还是实物证据，都进一步得到完善。特别是其中的检验——这一要求用专门科学知识和技能来收集鉴定证据的制度，更日臻完备。下文对宋代证据制度的描述，我们舍同求异，着重说明它的发展。

宋代对刑讯的限制比唐代有所加强。只有在"事状疑似，尤不首实"的情况下，才能拷讯。而那些证验明白无疑的案子则"据状断之"，不必拷讯。但宋代对盗贼一类的案子则突破了这种限制，规定盗贼"赃验见在"、"支证分明"而公然拒抗者，则依法拷掠。

在据众证定罪方面，宋代比唐代发展的地方，就是法律上对重疾的范围有了统一的标准，《庆元条法事类·老疾犯罪》规定：重疾分残疾、废疾与笃疾，残疾的范围是：一目盲、两耳聋、手无二指、足无三指、手足无大拇指、秃疮无发、久漏下、重大瘿肿之类；废疾的范围是：痴哑、侏儒、腰脊折、一肢废之类；笃疾的范围是：恶疾、癫狂、二肢废、两目盲之类。不许拷讯而据众证定罪的重疾人一般限于废疾和笃疾两种。④

在司法实践中，宋统治者还采取比较灵活的方式，在一定程度上突破了只靠被告人口供定罪的旧传统和"据众证定罪"的形式主义框框。⑤

---

① 关于唐代刑讯制度的详情，请参见李交发：《中国诉讼法史》，156~160 页。
② 参见王云海主编：《宋代司法制度》，绪论；张晋藩主编：《中国法律史》，256 页。
③ 徐道邻：《中国法制史论集》，89 页，台北，志文出版社，1975。
④ 转引自王云海主编：《宋代司法制度》，212 页。
⑤ 如张方平《乐全集》记载的两个案例：某州郡的一个豪吏李甲，乘其兄死，而强迫嫂子改嫁，然后又诬告侄儿是其收养的外姓人，企图继承全部家产。其嫂屡次上台置对，但均因李甲贿赂公吏而枉断，后来韩亿为知州，又接此案。他取来旧案详阅，发现历次审判都未曾传唤乳医为证。于是命人寻找到先前的乳医，证明孩子并非收养，据以定案。另一案例是：莱州有一人告发仇家杀了自己兄长，"狱疑久不决"，监司将案子移交给王淓审理，王淓反复审阅囚犯的口供，仍"不知所以"。后来也是找到了证人。"狱遂正"。这两个案例都不是以犯人口供定罪，而是以证人证言为依据，并且证人没有达到"三人以上"的标准。参见王云海主编：《宋代司法制度》。

　　除了上述传统的证人证言制度以外，宋代还规定，在一定情况下也可以由其他人代替出庭出证。如真宗天禧元年（1017 年）十二月，玉清昭应宫判官夏竦请求"代母赴台证事"，得到同意，并诏"如事须向母者，听就其家"①。

　　宋代在法律上还对封建官吏随意逮捕、关禁、虐待证人的行为进行严格限制。这些限制措施有：不得擅自追摄干证人（宋称证人为"干证人"或"干连证佐"等）；要优先断放干证人；专门规定了干证人的关禁日限；如果正犯重罪已明，即不必再追证以待轻罪；无证人或证人不足者，可申报上级或中央机关裁决，以免地方滥追无辜。

　　以上宋代对证人的各方面保护措施，标志着宋代证人证言制度的进一步完善，这是证据制度趋向文明的又一重要标志。但是在宋代封建专制和官僚主义的统治下，在司法实践中肆意迫害证人的弊病是不可能消除的。

　　宋代虽也强调断狱要先备五听，重口供，但在物证确凿的情况下，虽无口供的情况下，亦可据之定罪。《宋刑统》规定："若赃状露验，理不可疑，虽不承引，即据状断之。"② 在这种情况下，物证就超过了口供的作用。有时，即使犯人已经招供服罪，法官如发现可疑之处，亦想方设法查取物证，主动为犯人平反。③ 在审理数人共犯时，特别是在犯人供出某人为同伙或某人为教唆时，更注重查找物证，验证口供虚实，以免株连无辜。宋代在使用物证时，还注重对物证进行真伪鉴别，正确使用物证。

　　在宋代的证据制度中，发展程度最高、成果最大、最引人注目的就是检验制度。④ 宋代大量制定检验法规，并对以前的检验知识和经验进行了全面的总结。其集大成者——宋慈所著的《洗冤集录》总结和吸收了前代的经验和成果，一直被"官司检验奉为金科玉律"，影响十分深远。中国在物证技术和法医学领域的成就在很长的一段历史时期里领先于世界，只是到了近代，中国的物证技术才落后于西方国家。

四、元明清：传统证据制度怠于进化并最终解体的时期

　　元、明、清三代的证据制度一方面继承唐宋法律的规定，另一方面又予以发展，使之更加规范化。但总的来说，制度的创新不大。值得特别指出的是：

　　第一，关于《明律》中有无刑讯的规定，沈家本曾说："惟《唐律》于拷囚之法甚详。《明律》概行，删去拷讯，遂无节度，遇有疑难之案，仁厚者束手难行，暴戾者恣意捶打，枉滥之害，势所不免。"⑤ 其实，明律并非完全如沈氏所言，"删去拷讯"，在《明会典》和

---

　　① 《宋会要辑稿·刑法》三之五八。
　　② 《宋刑统》卷二十九，《不合拷讯者取众证为定》。
　　③ 如宋仁宗时，张亦为洪州观察推官，属县发生了一起盗贼纵火案，凶犯逃亡，已经三年。一日，官府忽然抓到一贼，经审讯，承认前案是自己所为。但官府并未就此论罪，而是又"问其火具，曰始以瓦盎藏火至其家，又以苇竹燃而焚之"。即便供到这一地步，仍不能定罪，还要"问二物之所存，则曰于某所。验之信然"。但张亦又提出疑义："盗亡三年，而所之盎、竹，视之尤新，此殆非实耳"。于是狱吏再加穷治，"果得枉状而免之"。这是宋朝司法实践中重物证而非重口供的典型案例。参见王云海主编：《宋代司法制度》，218 页。
　　④ 详情参见本章第二节证据形式之勘验笔录。
　　⑤ 《历代刑法考·刑法分考·明拷讯法》。

《大明律》等法典中都有关于刑讯的规定。①

第二，明代法律有对质的规定。据《明会典》所载，在分别审问原告、被告和证人之后，如证人的证词与原告陈述相同，与被告讲的不同，就传唤原、被告和证人一同对问，在对质中靠察言观色和语气来辨真伪。

第三，明清法律中取消了疑罪从轻的规定。这是明清两代加强封建专制统治的一种表现，是历史的倒退。

从 1840 年的鸦片战争开始，由于外国列强的入侵，中国沦为一个半封建半殖民地的社会。一方面，中国封建社会中传统的法律制度以及相应的稳定状态遭到破坏；另一方面，西方国家的政治思潮和法律制度也开始影响中国社会的发展。这些变化自然都在中国证据制度的发展进程中得到了反映。清朝末年，在西方法律文化的影响下，中国开始对传统法律制度进行改革，拉开了中国近代史上第一次"法制现代化"的序幕。在与证据制度有关的领域内，这一改革的努力主要表现在两个方面：第一，改革司法体制，推行司法独立；第二，制定刑事诉讼法和民事诉讼法。但是，由于清朝政权的衰亡，这些改革并没有取得实际的成效。

第二节
证据形式

证据形式就是指证据在法律上所具有的各种外在表现方式。我国古代法律都有关于各种证据种类的相关规定，并确立了收集和审查判断证据的程序和规则，以规范诉讼证明活动。这些关于证据种类的规定具有法律约束力，只有符合证据的法定形式的资料，才能够作为定案的依据。古代的证据形式与今天的大体相同，主要有盟誓、当事人陈述、证人证言、物证、书证和勘验报告等。但各类证据的收集方法及其在判案中的地位、作用却与现代社会有很大的不同。受生产力水平的限制，古代社会没有视听资料、电子证据等现代证据形式。②

一、盟誓

盟誓，或称"盟诅"，是最古老的一种言词证据，是指当诉讼双方的陈述相互矛盾、冲突时，裁判者便要求双方分别对神灵发誓，以证明其陈述的真实性。对神的宣誓就成为法官确认宣誓者对案情陈述真实性的依据。由于对神宣誓的作用在于确认宣誓者陈述的真实性，所以，它又称为证实宣誓。盟诅这种证据盛行于西周，是当时最具证明力的证据之一。《周

---

① 《明会典》规定："犯重罪，赃证明白，故意持顽不招者，则用讯拷问。"《明律·刑律·断狱》"故禁故勘平人"条规定："依法拷讯"、"若因公事，干连平人在官，事须鞫问，及罪人赃状证佐明白，不服招承，明文立案，依法拷讯"。从这些记载来看，明代无论对诉讼当事人，还是干连证人都可在诉讼需要时依法刑讯。转引自李交发：《中国诉讼法史》，165 页。

② 本节参考了李交发所著《中国诉讼法史》第 106～136 页中的相关内容，特此致谢。

礼》中记载"有狱讼者，则使盟诅"。所载"司盟"一职即负责监督当事人的宣誓行为。此外，西周出土金文《曶攸从鼎铭》，也有在诉讼中盟誓的记载。在西周时期，司法官吏在审理疑难案件时，一般会让双方当事人进行宣誓，表示本方所说属实，不敢发誓的一方会被判为理曲。若双方都愿发誓，则由人多的一方胜诉。盟诅包括两种形式，一种是关于交换方面的"合意誓"，一种是诉讼一方违约承担法律责任后的重新盟誓。两种盟誓都要将誓言记载于册，存于官，而且要有担保人。对于违背盟誓的行为，只要提起诉讼，司法官可以不需审判就可以直接判决：小事违誓当墨或鞭，大事违誓当杀。据陕西出土的青铜器《亻朕匜》铭文记载，在西周时牧牛违背誓言与长官争论一案中，正是由于牧牛违背了以前的宣誓，司法官便可以不需审判直接对牧牛处鞭刑一千，并施以墨刑。[①] 由此可见西周时期这种言词的特别证明力。西周盟誓之所以具有如此大的证明力，是基于两个心理因素：一是借助"天"的威慑力，利用人们畏"天罚"的心理，使之不敢随意盟誓，一旦立誓就要信守诺言，违背誓言理应受罚。二是司法官利用了诉讼当事人避害趋利的心理，非常注重特殊证据发挥特殊作用。值得说明的是，盟誓并不是当时司法证明的主要方式，只适用于疑难案件的审理。

"盟誓"作为一种证据形式，其适用的震慑性大于惩罚性，更多的在于形式上的意义，是当时由"神判法"开始转型为"人判法"背景下的必然产物。随着社会生产力的发展，"盟誓"便在短暂的存续后逐渐退出历史舞台。

二、当事人陈述

当事人的陈述包括原告人的陈述和被告人的供词。在奴隶社会里，当事人陈述是查明案情的重要证据形式。据《尚书》记载：审理案件时，应该"听狱之两辞"，"两造俱备，师听五辞，正辞简孚，正于五刑"[②]。这就是说，司法官员应该听取原告与被告双方的陈述，以察听五辞的方式对之予以审查判断，辨别真伪，并据以认定案情，适用法律。在封建社会里，追究犯罪是地方官员的职责，但是，这并没有否定被害人控告犯罪的权利。被害人告诉存在两种情形，一是有确定的犯罪人作为指控对象；二是只向司法机关告诉自己或亲属被犯罪所侵害，但不能指出谁是犯罪人。另外，除被害人或其亲属以外的第三人也可向官府告发。无论是被害人告诉还是第三人告发，其陈述具有重要的程序价值，不但可能启动诉讼程序追究犯罪，而且限定了审判范围（依状鞠狱）。在承认原告人陈述证据价值的同时，封建法制还要求原告人必须据实陈述，对作虚伪陈述、进行诬告的原告人实行惩处。秦律把控告不实根据故意和过失分为"诬告"、"告不审"两种，施以不同的惩罚，但对"诬人"的处罚要重。汉以后，诬告反坐已成定制。唐代对诬告反坐区分具体情形作出了不同的规定。其中，对非故意控告不实的，已不再追究责任，对于控告谋反叛逆者，《唐律疏议·斗讼》规定："若事容不审，原情非诬者，上请。"唐代关于诬告反坐的规定，为后世所继承。

被告人的供词，通常简称为口供，在古代证据制度中被赋予了异乎寻常的重要性。除了极个别类型的案件外，在一般情况下，没有被告人的口供，不得判定其有罪。所谓"断罪必

---

① 参见事学勤：《亻朕匜释文》，载马小红主编：《中国法制史考证》，甲编·第一卷，157 页，北京，中国社会科学出版社，2003。

② 《尚书·吕刑》。

取输服供词"①、"罪从供定，犯供最关紧要"② 形象地说明了被告人的口供是具案下判的必要条件。

据史料记载，古代口供制度确立于西周，发展于秦汉魏晋南北朝，成熟于隋唐，强化于明清。在发展的各个时期，口供始终居于证据之王的地位。

西周时期，法官已开始强调"听狱之两辞"。没有被告的供词，一般不能定案，口供自此开始确立其在诉讼中的地位。

秦汉时期，保留了对口供的一贯重视。从其对刑讯的限制和刑讯合法化的史料记载中，可以看出秦汉的审判几乎都是围绕口供展开的。如汉代规定可以用刑讯的方法使被告服告劾之辞，即"会狱，吏因责如章告劾，不服，以笞掠定之"③，而且认为"棰楚之下，何求而不得"④。到魏晋南北朝时期，从很有代表性的南朝的"测囚之法"，陈时设的"测定之法"等为获口供的刑讯方法中，可以看到，随着刑讯的制度化，口供制度得到了极大的发展。

到唐代，口供这一证据制度已趋于成熟、完善。法律对获取口供的刑讯规定进一步规范。刑讯要按法定的程序，"必先以情，审查辞理，反复参验；犹未能决，事须讯问者，立案同判，然后拷讯"⑤。而且法定"拷囚"不得过三次，总数不超二百，拷满若被告人仍不承认，则反拷告人。

从先秦至唐代口供证据制度的发展状况，突出体现了两个特点：其一是口供制度的高度法律化制度化，已达成熟、完善的程度。其二是口供这一证据之王的地位，随着证据制度的发展，其地位有所下降，反映了唐朝盛世时在证据制度方面的进步。

唐代以后的宋、元、明、清在关于口供的规定上基本与唐代一致，有时甚至有倒退现象。如明朝为加强专制集权制度，设立了"厂"、"卫"特务机构，刑讯逼供一度恶性化。至明清时，"疑罪从轻"的传统也被取消。

值得我们注意的是，在下列特殊情况下，法律许可不凭被告人口供而以其他证据定罪：(1) 根据唐律、明律、清律的规定，属于议、请、减、老、小、废疾等不得拷讯的被告人，皆据众证定罪。(2) 明律、清律规定："若犯罪事发而在逃者，众证明白，即同狱成，不须对问。"⑥ (3) 唐律规定："若赃状露验，理不可疑，虽不承引，即据状断之。"⑦

三、证人证言

证人证言是一种古老的证据形式。《周礼·地官·小司徒》记载，"凡民讼，以地比正之"。疏谓："民讼，六乡之民有争讼之本，是非难辨，故以地之比邻知其是非者，共正断其讼。"意思是说，如果民众之间发生了纠纷，又是非难以辨明，可以让与他们居住比较近且知晓情况的邻居作为证人，帮助司法官员查明案情，作出判决。《周礼·秋官·朝士》亦有

① 《大清律例·名例·犯罪事发在逃》。
② 《折狱龟鉴补》。
③ 《汉书·杜周传》。
④ 《汉书·刑法志》。
⑤ 《唐律疏议·断狱》。
⑥ 《明会典》，《清史稿·刑法志》。
⑦ 《唐律疏议·断狱》。

记载："凡属责者，以其地傅而听其辞。"郑玄注：凡因债务纠纷而诉讼者，"以其地之人相比近能为证者来，乃受其辞为治之"。即对于债务诉讼，也可以由知情人提交证言，据以查明案情。可见远至西周，证人证言这种证据形式就已经产生了。

证人证言在封建证据制度中也处于重要地位，在封建社会的法律中，对证人证言制度规定最为详尽的应首推唐律。唐律承前启后，其确立的许多证据制度为后世一以贯之，产生了深远的影响。证人证言的重要性突出表现在以下两个方面：

1. 在特殊类型的案件里，证人证言是最终定案的法定依据。《唐律疏议·断狱》"八议请减老小"条规定："诸应议、请、减、年七十以上，十五以下，及废疾者，并不合拷讯，皆据众证定罪，违者以故失论。"说明众证定罪的法律制度，明载于法典，始见于此。疏议解释："称'众'者，三人以上，明证其事，始合定罪。"又答问解释："问曰：所告之事，证有二人，一人证实，一人证非，证即不足，合科'疑罪'以否？""答曰：律云'据众证定罪'，称众者，三人以上。'若证不足，告者不反坐'。察验难明，二人证实，尤故不合入罪，况一实一虚，被告之人，全不合坐，其于告者，亦得免科。若全无证人，自须审察虚实，以状断之。若三人证实，三人证虚，是名'疑罪'。"这种形式主义众证定罪的原则，到明、清时期仍沿用一致。

2. 一定的证人证言可以作为刑讯的条件。《唐律疏议·断狱》规定："依狱官令，察狱之官，先备五听，又验诸证信，事状疑似，犹不首实者，然后拷。"即拷囚之前，应当将被告人陈述与其他证据（物证、证人证言）相互查核。明清刑律亦规定了类似的证据制度。

鉴于证人证言的重要性，证人资格、证人责任等也成为我国封建社会法律的重要内容。

在中国古代的各种证据制度中，比较而言，证人证言制度的发展中存在两个突出的问题：其一是证人证言制度本身欠缺规范和完备。如对证人的作证义务、权利保障等问题都缺乏完备的规范。其二是证人证言制度的发展深受儒家伦理道德思想的影响。这些问题严重妨碍了古代证人证言制度的发展和完善。

四、物证

在中国古代诉讼活动中，一般只分人证和物证两种证据，所谓"人证物证俱在"。这里的物证即包括书证，只是到近现代才根据其不同表现形式而将其分为物证和书证两种证据。在本文中，我们将物证和书证分而述之。

物证是指能够证明犯罪，作为审判依据的物品，主要包括犯罪工具，犯罪所侵犯的客体物，犯罪中留下的物品以及痕迹等。物证制度早从西周时期就开始实行。《周礼·秋官·司厉》记载："司厉，掌盗贼之任器、货贿，辨其物，皆有数量，贾而楬之，入于司兵。"郑玄注："任器、货贿，谓盗贼所用伤人兵器及所盗财物也。""司厉"对伤人之器、所盗之物，要分别类别、数量、价格，加以标签，缴纳于司兵。西周使用物证定罪，在出土文物中也证实了这一点。《曶鼎》铭文记载一起"寇攘"（抢劫）罪的提起、审判过程，曶把匡季告于官府，司法官东宫说："女（汝）匡罪大"（匡季应受很重的刑罚），虽然最后以调解的方式解决，没有处匡季以重刑，但在记载中，我们看到了给匡季定"寇攘"重罪的证据是匡季从曶那里抢劫的"禾十秭"。也就是说，"禾十秭"是定罪的重要物证。

秦汉律中也很重视物证，在《睡虎地秦墓竹简》中有大量以物证证罪的记载。《封诊式》

中记载了这样一个案例：某里士伍甲、乙两人捆送男子丙、丁及新钱一百一十个、钱范两套，控告说：丙私铸钱，丁帮助他。甲、乙两人将他们捕获，并且搜查他们的家，得到这些钱和铸钱的钱范，一并送到官府。可见，丙、丁铸钱罪的成立，依赖于有重要作用的能证明其罪的物证：所铸造新钱 110 枚，工具 2 套。西汉时期淮南王刘安、江都王刘建谋反大案，都是在收集到天子玺、黄盖屋、丞相等官印、汉使节等物证后方定罪诛罚的。

南朝陈规定："其有赃验显然而不款，则上测立。"① 由此可知，一定的物证可以构成刑讯的理由。

从唐、宋法律来看，唐、宋两代的物证是证罪的最关键的证据，所谓"若赃状露验，理不可疑，虽不承引，即据状断之"②。意思是说，在各种物证已经清楚明白时，即使犯罪者不招供，司法官吏也可以根据犯罪的事实定罪断刑。从此可见物证特别的证明效力。

在司法实践中，较之唐代，宋代统治者更重视物证的使用，有时，即使犯人已经招供服罪，法官如发现可疑之处，亦想办法查取物证，主动为犯人释冤。在审理数人共犯的案件时，特别是在犯人供出某人为同伙或为教唆时，更注重查找物证，验证口供虚实，以免株连无辜。③ 宋徽宗时规定：今后凡推勘盗案，必须查出窝藏的赃物及停留的地点，否则法官要承担刑事责任（各徒二年）；虽然追查了，但追查不尽者，则减二等科罪（即徒一年）。④ 这是以法律的手段强制司法机关追查物证，同时也说明物证还是查验言词证据的手段之一。

在宋代，随着物证在诉讼中的作用越来越重要，系统的物证理论开始出现。郑克在其所著的《折狱龟鉴》一书中，通过对各种破案、治狱经验的分析，系统地总结了治狱之道、破案之术和定案之法，在理论上突破了传统的证据观念。在郑克的证据观里，非常强调物证在审案过程中的重要作用，他在《证慝·李处厚沃尸》中指出："凡据证折狱者，不惟责问知见辞款，又当检勘其事，推验其物，以为证也。"更可贵的是，他还注意到物证在一定程度上比证人证言的证明力强。他在《证慝·顾宪之放牛》中说："按证以人，或容伪焉，故前后令莫能决；证以物，必得实焉，故盗者，始服其罪。"⑤ 这种物证优于人证的思想，对于中国古代传统的证据观念是一个重大的突破。

明朝时期物证定罪的重要性更显突出，对于盗窃、杀人等刑事案件，只要有赃物、杀人工具等现场拿获物，就可以照例处刑。《临民宝镜》卷六规定："今后奉审强盗，必须审有赃证明确及系当时现获者，照例处决。"又规定："问刑衙门以后如遇鞫审强盗，务要审有赃证，方拟不时处决，决不待时。或于被获之时，伙贼共证明白，年久未获，赃亦化费，伙贼已决无证者，俱行秋后处决。"可见在明朝，物证在死刑案件判决中的关键作用。清代物证证罪作用虽不如明朝那样重要，但在审讯中，只要有物证，就可以依法拷问，求取供词，偶然致死者，司法官吏不负刑事责任。

---

① 《隋书·刑法志》。

② 《唐律疏议·断狱》；《宋刑统》卷二十九，《不合拷讯者取众证为定》。

③ 如北宋人李㦤通判兖州时，莱芜县一富人犯罪被逮捕入狱。受审时，供出某一狡吏曾向他索取贿金，而后又诬陷他。李㦤即私下派人搜索吏人家，果然发现了富人的金，遂明正其罪（《乐静集》卷二十八，《成州使君李公墓志铭》）。转引自王云海主编：《宋代司法制度》，218 页。

④ 参见《文献通考》卷一六七，《刑六》。

⑤ 《折狱龟鉴·证慝》。

五、书证

书证是指以文字、符号、图画等记载的内容和表达的思想来证明案件事实的书面文件和其他物品，是物证的一种形式，在中国古代广泛地被运用，尤其是在涉及婚姻、承继、田宅、钱债等民事问题上，书证的重要性更加明显。中国古代的书证制度在西周时已有确切的记载，经秦汉时期的发展，至唐宋时已经相当成熟。

《周礼·地官·小司徒》记载："地讼，以图证之。"就是指凡是土地疆界的纠纷，就根据存于官府的地图来加以证明。《周礼·天官·小宰》也记载："一曰听政役以比居……三曰听闾里以版图，四曰听称责以傅别，五曰听禄位以礼命，六曰听取予以书契，七曰听卖买以质剂，八曰听出入以要会。"意为：人们有争赋税使役的，就根据伍籍来听断；闾里间有争讼的，就根据户籍地图来听断；有债务纠纷的，就根据契约借券来听断；有人争禄位的，就根据礼籍策命来听断；官民贷款有争执的，就根据书契券书来听断；有买卖争执的，就根据券书来听断；官府财务出入有争执的，就根据会计簿书来听断。又《周礼·秋官·士师》说："凡以财狱讼者，正之以傅别、约剂。"郑玄注："傅别，中别手书也。""质剂，券书也。"《周礼·秋官·朝士》也记载："凡有责者，有判书以治，则听。"判书即今之契约合同。即凡有债务纠纷的，必须附有契约券书，然后受理。

从上所述，西周时期使用的书证各种各样，其中在债务、买卖、租赁活动中的契约是诉讼进行中最主要和常见的书证，见之于周礼的借贷契约——傅别，买卖契约——质剂，它们在民事和刑事诉讼中的作用异常重要。从有关记载看，这种契约在制作时是相当严谨的，保存也是相当严格的。

对于书证在诉讼中的作用，秦律反映得比较充分。《睡虎地秦墓竹简·法律问答》记载：有投匿名信的，不得拆看，见后应即烧毁；能把投信人捕获的，奖给男女奴隶各一人，将投信人囚禁，审讯定罪。律文的意思是，看到匿名信而没有捕获投信人，应该把匿名信烧毁，不得拆开看；已捕获投信人的，信不要烧毁，将投信者审判定罪。因匿名信就是证罪科刑的书证。

汉代也很重视书证的法律效力，往往以书证定罪结案。根据《汉书·杨敞传》记载，杨恽被废官后，内心不满，后以"大逆不道"而处以死刑。证据就是杨恽曾与孙会宗的一封私人通信。汉代官吏法中有"诈簿"之目。当事人如被定为"为伪书"，私自篡改的文书便成为书证。在汉代的民事诉讼中，契约成为频频出现的书证。汉代规定："辞讼有券书为治之"，"凡以财狱讼者，正之以傅别约剂"①，对于有关财物纠纷的案件，没有契约则不准受诉。

唐宋时期，契约制度进一步完善，立契规范化。诉讼发生后，契约的证据作用尤显重要。《唐律疏议·杂律》"负债强牵财物"条规定："诸负债不告官司，而强牵财物过本契者，坐赃论。"疏议解释："谓公私债负违契不偿，应牵掣者，皆告官司听断。"在"负债违契不偿"条也规定："诸负债，违契不偿，一匹以上，违二十日笞二十……"疏议特别指出："在被处徒刑后，倘若再拖延日期，以及经恩赦仍未归还的，都应该依原判决宣告的日子，以及

---

① 《汉书·刑法志》。

赦后的日子计算，再行判罪，跟原先一样判罪"。由此可见，唐律中契约作为书证定罪的作用。唐代相比前代，更加严格禁止匿名信告罪，规定对于匿名信，凡是不合检校者，得之须焚之。如果不行烧毁并把它送到官府者，应判处徒刑一年。但是对于谋反、谋大逆等不臣之徒，可谓罪大恶极，对此明知却不加告发的，也应该判处死刑。在这里，匿名信就是重要的书证。

宋代关于书证的法律更加完备，各种契约、书信、图册、帐簿、定亲帖子、族谱、遗嘱都可以作为书证，而且在诉讼中，特别是民事诉讼中起着首要证据的作用。有关这方面的案例，在《折狱龟鉴》、《名公书判清明集》等古籍中有大量记载。①

正因为书证的重要性和采证的广泛性，宋代对各种书证的采用和鉴别真伪都予以高度重视。如有关土地疆界之争的书证，以官府校定的"十道图"为准。为了防止伪书证，曾经一度实行官印契书制度，后来又流行民间"书铺代写"制度。如果发现书证有破绽时，书铺代写人经常被官府请去辨验官私契约、告身、批书等书证的真伪。

明清时期由于社会民事法律关系更加复杂，故对各种契约文书更加予以重视，它的证据作用也越来越重要。在律例中强调告争家财田产，必须"验有宗族写立分书"；置买产业，必有典契、卖契；男女婚姻，要有婚书；继承财产，重视遗嘱；等等。至清代，甚至将一定的书证作为是否受理案件的条件予以规定。明清司法官吏之所以把书证作为诉讼审判的有力证据，是因为当时的契约文书，包括遗嘱在内，书写格式规范、内容明确，有利于采信。对作为书证的各种契约文书，司法机关也很重视辨别真伪。

六、勘验报告

勘验报告，包括现场勘查报告与法医检验报告，是司法机关对与案件有直接关系的场所、人身、尸体进行检查所得的结论，它是证明犯罪的重要的有力证据。② 勘验制度在中国古代起源很早，在古籍中，最早的司法检验记载，见于《礼记·月令》："孟秋之月……命理瞻伤、察创、视听、审断，决狱讼，必端平。""理"是指治理狱案的官员。这句话的意思是，进入秋季后，命令治理狱案的官员检验轻伤重创和肢体断折的情况，审理和判决案件要公正。

秦简《封诊式》是关于查封、侦查、治理狱案的程式，是法的一种。《封诊式》中不少式例都涉及案件的现场勘查与法医检验，但比较集中地记述这方面内容的式例有五个：一是《贼死》，即他杀而死；二是《经死》，即自缢而死；三是《穴盗》，即挖墙洞盗窃；四是《疠》，即麻风病；五是《出子》，即小产。这是迄今所发现的我国古代最早关于勘验的法律规定。从这五个式例来看，司法官在接到报案后，就必须立即派官吏去现场勘验，勘验时不仅要勘察现场情况，检验尸体的伤痕和有关情况，并且要询问被害人及其亲属和近邻知情人。这说明秦时司法官吏对勘验已总结了一套办法，并形成了一定制度。

发展至唐宋，可以说，勘验制度达到了古代社会的高峰。虽然迄今还未发现唐代具体详

---

① 宋仁宗时有争田地者，由于地界不清，买卖时的田契也没有了，因此，久拖难决，后来是以官府征取土地税的册籍作为书证判决此案，"其人乃服"。

② 本小节参考了李交发《中国诉讼法史》（125～136 页）和王云海《宋代司法制度》（227～238 页）中的相关内容，特此致谢。

细的勘验方法和勘验报告，但《唐律疏议·诈伪》记载："有诈病及死伤，受使检验不实者，各依所欺，减一等。若实病，死及伤，不以实验者，以故入人罪论。"对违法不检验或检验不实的司法官吏论罪处刑，反映了唐代对勘验的重视。

在宋代的证据制度中，发展程度最高、成果最大、最引人注目的就是勘验制度。宋代的现场勘验要按程式要求进行，非常具体。这在宋代宋慈所撰的《洗冤集录》中记载详明。在现场勘验的同时，要对尸体进行检验。宋代法律对检验范围、检验程序、检验笔录、检验人员及其责任等内容都作了详尽的规定。

1. 检验范围。从犯罪类型上看，凡杀伤公事、非理死者、死前无近亲在旁等情况下，都必须差官检验。奴婢、狱囚、仆人等这些社会最底层人的任何死亡，除有足够证据证明是病死外，都必须检验。从检验的对象上看，宋代检验既包括对尸体的勘验，也包括对活人身体的检查。除了上述必须检验的范围外，法律还规定了在某些情况下可以免检的范围。

2. 勘验程序。为使检验活动准确、合法进行，宋代制定了严密的检验程序，大致分为报检、初检和复检三阶段。某处发生杀伤案件后，当地邻、保必须申报州县差官检验，这是一种强制性义务，甚至被害人家属也不能阻挠检验或与犯罪人私和而隐瞒不报。州县级机关接到报验后，即差派官员前往案发地进行第一次检验。复检是根据案件的性质，按照检验的范围而依法进行的第二次检验。复检并不是因为初检失败或不实，而是按照法律的规定照例进行的，目的是监督初检。

3. 检验笔录。作为检验活动中所记载的文字材料，检验笔录可以直接当作刑事诉讼的证据。宋代的检验笔录形式多样，内容完备，见于记载的有验状、检验格目和检验正背人形图三种。验状是现知最早出现的检验笔录形式。最早记载在《宋史》卷二《高防传》中。宋代的验状内容细致、规制详备，因而是刑事诉讼中的重要证据。《洗冤集录》专门列有"验状说"一节，对其重要性作了明确阐述。检验格目是宋代又一重要的检验笔录形式，南宋孝宗淳熙元年（1174 年）由浙西提刑郑兴裔创制并建议由中央在全国推行使用。其目的在于约束承检官尽心职事，防止拖延、推避及徇私舞弊。《庆元条法事类·验尸·杂式》中保存了宋代初、复检验尸格目的完整形式。检验正背人形图是南宋宁宗嘉定四年（1121 年）颁布的我国最早的尸图，它标志着宋代检验笔录制度的进一步完善。上述三种形式的检验笔录，是宋代司法人员在实践中不断总结实践经验的基础上逐步形成的，目的是为诉讼活动提供更为准确、及时的证据。

元代也很重视刑事案件的勘验，同时勘验理论与技术也在宋代的基础上有了较大的发展。主要表现在对人命案件主要官吏的急速勘验，并规定了较先进的检验方法和检验报告。《大元检尸记》记载："如遇检尸，随即定立时刻，行移附近不干碍官司，急速差人投下公文，仍差委正官，将引首领官吏、惯熟件作行人，就即元降尸帐三幅，速诣停尸去处，呼集应合听验并行凶人等，躬亲监视，对众眼同，自上而下，一一分明仔细检验。"如果司法机关故意拖延时间，以致发生尸变的，司法官要承担刑事责任。

明清时期有"取验凶器"的物证检验制度，但更重视对人命案件的勘验。主要体现在以下几方面：一是法律规定，凡遇人命重案，司法机关必须马上组织勘验现场、检验尸伤。明代宪宗时期明确规定："今后有告人命，须先体勘明白，果系应该偿命者，然后如法委官检验，依律问断。"① 清代法律规定："凡人命重案，必检验尸伤，注明致命伤痕，一经检明，即应定拟。"② 正因为重视人命案件的侦破、尸检在破案中的极端重要性，所以强调"凡人命呈报到官，该地方印官，立即亲往相验"③。同时，明清又规定了不及时勘验、检验的行为，司法官要负刑事责任。二是勘验、检验要求按法定程式进行。对此，《大清律例汇辑便览·刑律·断狱·检验尸伤不以实》条例有详细记载。三是检验技术日趋成熟。据清代乾隆时期著名法学家王又槐《办案要略》所载，对于各种人命案件的检验都有具体的技术要求，标志着中国古代法医检验技术已相当高超。四是检验完毕，必须以书面文字形式填写部颁"尸格"，内容包括检验地点、时间、致死原因、尸伤情形、证佐人对质、检尸人及其见证人、尸亲签名等。检验后填写的"尸格"也是一式三份，"一份付苦主（尸亲），一张粘连附卷，一张申报上司"。如果"检验不以实（致罪有增减）者，以故出入人罪论"④。

第三节
证据的获取与运用

中国古代的司法官员在审理案件中比较重视证据。北周的苏绰在《恤狱讼奏》中提到："夫戒慎者，欲使治狱之官，精心悉意，推究事源。先之以五听，参之以证验，妙睹情状，穷鉴隐伏，使奸无所容，罪人必得。"⑤ 唐代大儒陆贽也强调断狱要重视证据，"夫听讼辨谗，贵于明恕。明者在辨之迹，恕者则求之以情，惟情见迹真，词服可穷者，然后加刑罪焉。是以下无冤人，上无谬听，苟匿无作，教化以兴"⑥。所以，他们在狱讼实践中非常重视证据的获取与运用。

一、证据的获取

证据的获取是指在法律事务中证明主体运用法律许可的方法和手段，发现、采集、提取证据和固定与案件有关的各种证据材料的活动。在中国古代诉讼活动中，获取证据的方法主要有情讯、刑讯、搜查、鉴定和勘验等。⑦

（一）情讯

在我国历史上，情讯一直是收集证据的主要方法。虽然早期的神明裁判及其后的刑讯逼供带有很大的野蛮性和愚昧性，但是矛盾的普遍性原理决定了刑讯的对立因素——体现着文

---

① 《皇明条法事类纂》卷四十六。
② 《大清律列汇辑便览·刑律·断狱·检验尸伤不以实》。
③ 《大清律列汇辑便览·刑律·断狱·检验尸伤不以实》。
④ 《大清律列汇辑便览·刑律·断狱·检验尸伤不以实》。
⑤ 令狐德芬：《周书》，388页，北京，中华书局，1974。
⑥ 陆贽：《陆宣公翰苑集》卷十三，《奉天请数对群臣兼许论事状》。
⑦ 有关搜查、鉴定和勘验的内容，由于在第一节"源流"和第二节"证据形式"中已作阐述，在此不再赘述。

明与理智的社会意识一直存在。这不仅表现在统治阶级从立法上对审讯原则、程序、限制刑讯等作出明文规定，更重要的是深受儒家文化熏陶的司法官吏善于运用"情"、"理"的审问方法，在问案中抓住一些不被人注意的细节，巧妙推问，以获取出自被讯问人内心自愿的供述。在司法实践中，情讯的方法具体表现在以下几个方面：

1. 察言观色

犯罪分子出于"作案心虚"，被审讯时下意识地会有不同的反常表现，司法官员利用心理学的知识细心观察，发现这些异常，就可以获取证据，为断案找到突破口。古人很早就注意到这个问题。据《尚书·吕刑》记载，早在西周就开始强调"听狱之两辞"，"两造具备，师听五辞，五辞简孚，正于五刑"。《周礼·秋官·小司寇》对审讯提出了更高的要求："以五声听狱讼，求民情：一曰辞听，二曰色听，三曰气听，四曰耳听，五曰目听。"根据郑玄《周礼注》的解释："观其出言，不直则烦；观其颜色，不直则赧然；观其气息，不直则喘；观其听聆，不直则惑；观其眸子视，不直则眊然。"这就是要求司法官吏在审理案件时，要注意受审人的讲话是否合理，讲话时神色是否从容，气息是否平和，精神是否恍惚，眼睛是否有神，从而断定其陈述的真伪和案件的是非曲直。

五听制度是察言观色方法的制度化，自西周确立以后，历代沿用不衰并不断丰富发展。历史文献中记载了许多司法官员运用此种方法获取证据进而求得案情的经典案例，兹列举一事如下：

> 清苑县有兄弟析爨而居者。一日仲妻急遽至伯家乞贷，会妇在厨下做晚炊，仲妻与絮语。伯子适自外归，曰："馁甚也！"妇即以膳进。食毕，狱呼腹痛，倒地腾扑，移时乃卒；七窍之血如沈也。官执妇至，械之，逐自诬为因奸谋杀。适制府讷公近堂移督直隶，虑囚至此，疑其冤。乃拘集诸人，分别细鞫。明府曰："死者夜来以梦告我矣。其言曰：'吾诚中毒以死，然毒吾者非妇也。'问其何人，则曰：'毒我者，其右掌色变青。'"言已，以目视诸人。既而又曰："死者又言，毒我者，其白睛当变黄色也。"言已，又以目视诸人。忽抚案叱仲妻曰："杀人者，汝也！"①

2. 反复诘问

秦代的《封诊式》是关于司法审判的法律文件，其中《治狱》和《讯狱》两篇对"诘问"审讯法做了明确规定。《治狱》规定："治狱，能以书从迹其言，毋笞掠而得人情为上；笞掠为下；有恐为败。"《讯狱》规定："凡讯狱，必先尽听其言而书之，各展其辞，虽知其言也，勿庸辄诘。其辞已尽书而无解，乃以诘者诘之。诘之又尽听书其解辞，又视其他无解者以复诘之。"《治狱》的重要意义在于从法律上要求官吏在不拷打逼问的情况下获得讯问对象的口供。《讯狱》的合理价值体现在：一是反复诘问的策略使讯问对象难以把握讯问人的真实意图，在不自觉中暴露矛盾最终不得不如实供述案件事实。正如郑克所说的："于是曲折诘问，攻其所抵，中其所隐，辞穷情得，势自屈服，斯不待于掠治也……乃检事验物而曲折讯之，未有不得其情者也。"② 二是允许讯问对象辩解，在一定程度上体现了对讯问对象的尊重，也使得口供更为客观真实。

---

① 汪振达：《不用刑审判故事选》，224页，北京，群众出版社，1987。

② 《折狱龟鉴·摘奸》。

3. 钩距法

汉朝时，人们总结出钩距法用于审讯。据《汉书·赵广汉传》记载，赵广汉"尤善为钩距，以得事情。钩距者，设欲知马贾，则先问狗，已问羊，又问牛，然后及马，参伍其贾，以类相准，则知马之贵贱，不失实矣"。所谓钩距，晋儒晋灼注："钩，致也距，闭也。盖以闭其术为距，而能使彼不知为钩也。夫惟深隐而不可得，帮以钩致之。彼若知其为钩，则其隐必愈深，譬犹鱼逃于渊而终不可得矣。""使对者无疑，若不问而自知，众莫觉所由以闭，其术为距也。"如果审讯官二者兼而有之，则可以"钩致其隐伏，使不得遁，距闭其形迹，使不可窥也"，最终取得较好的办案效果。①

（二）刑讯

如果说情讯的方法是一个获得证据的良策，那么，在古代立法者的心目中，刑讯则是一个不得已而为之、退而求其次的下策。《睡虎地秦墓竹简》记载了秦律的规定："治狱，能以书从迹其言，毋治（笞）谅（掠）而得人请（情）为上；治（笞）谅（掠）为下；有恐为败。"②自汉代以降，唐、宋、元、明、清各个朝代的法律都对刑讯作出了限制性规定，其中尤以唐律的规定最为详备。唐律规定拷讯违律者要负刑事责任，这较前代是一个重大的进步。不仅如此，唐律又对"拷囚"数、拷满不承、刑讯的对象、刑讯的器具和拷打的部位都作了具体的规定，可以说是相当慎重而有限度的。沈家本因而赞叹"唐律拷囚之法有节度"、"法之善无有逾此者"。但是，唐律的规定只是古代拷讯制度的代表，而且是最"合理"的代表，如果从历史的角度来观察，随着专制统治深化，法定刑讯手段的使用程度又呈现出不断加重的趋势。表现在：法定的讯杖不断增大；法定刑讯手段不断增多；刑讯限制不断放宽等。

而且，历史事实的另一面是，在司法实践中，除了依法刑讯，法外刑讯不仅禁而不绝，始终存在，而且所用的方法、刑具，名目繁多，时有创新，有的非常奇特，甚至十分野蛮残酷。人犯极度痛苦地辗转于生死之间，只恨不能速死。如清朝雍正五年（1727 年）湖北麻城县杨五荣诬告涂如松杀妻案，县官一味求刑，涂如松及同案人证受刑难熬，求死而不得，但供不出证据来，其母不忍让儿子再受荼毒，就割破自己的手臂染了所谓"血衣"送到县里去充作证据。这样悲惨的事实在刑讯逼供中是经常发生的。

综上所述，我们可以看到，古代的统治者实际上就如何获得人供这一问题陷入了两难的境地，他们将"毋笞掠而人情"视为最高理想，对刑讯食之无味，只好对之作出种种限制；但弃之又可惜，因而没有哪个朝代会放弃，表现在历代封建王朝制定的法律中，有关证据制度的规定，主要是关于讯囚和刑讯的内容。

需要着重予以说明的是，在中国古代社会的某些阶段，刑讯不仅是获取口供的主要手段，也是获取被害人陈述、证人证言③甚至物证的重要手段。唐律规定对被告依法进行拷讯，但拷囚次数达三次、拷数达二百的所谓"拷满不承"，则"取保放之"。在此情况下，法律规

---

① 参见张全民：《郑克法律思想初探》，载《法制与社会发展》，2004（6）。

② 《睡虎地秦墓竹简·封诊式》"讯狱"。

③ 虽然在中国古代诉讼中，以刑讯的方法对待原告和证人的情况史载不绝，但大部分时候，对待证人、原告与对待被告还是有区别的，特别在唐宋以后，更注意以情讯方法对待证人。

定则要"反拷告人"。同样是在唐代，《唐律疏议·斗讼》规定："诸诬告人流罪以下，前人未加拷掠，而告人引虚者，减一等。若前人已拷者，不减。即拷证人，亦是。"上述"涂如松案"中的"血衣"则是用刑讯获取物证的典型案例。

整体而言，中国古代的刑讯制度具有以下几个鲜明的特点：第一，中国刑讯制度的产生与发展体现了世界规律性与本土性的综合。一方面，中国古代刑讯制度，基本上与世界证据制度发展的规律吻合；另一方面，在中国古代封闭保守、等级森严的长期封建制度土壤上，又产生了以"五听"为核心，以刑讯为辅助的特殊的证据收集制度。第二，中国古代的刑讯制度是适应当时的社会背景而存在的，或者说其存在与发展伴随着最大的社会效应。在当时的社会背景下，借助刑讯获取证据以最终结案是实现社会控制、稳定社会秩序最有效的手段。第三，中国刑讯制度的产生与发展体现了渐进性与突变性的结合。中国古代刑讯制度均自本土上成长起来，其发展演变完全来国情。比如说，中国古代刑讯制度，尤其是在唐宋封建盛期，全方位地浸透了儒家的慎刑思想。尤其是，中国古代刑讯制度的完善往往集中在对司法官吏擅断权的限制上，这一点也与儒家传统中"仁政爱民"相合拍。但是，在清末的社会改革中，刑讯制度骤然于法律中消亡，却是外力影响而突变的结果。其所带来的直接后果是在相当长的一段时间内司法实践的不适应。

（三）证据获取方法之原因分析

一个有意思的现象是，作为古代诉讼中获取证据的两种最主要的方法——情讯和刑讯几乎是同时产生，并且在两千多年的历史长河中总是如影相随。我们认为，原因是多方面和多层次的。

首先，法律上的根源在于古代社会奉行有罪推定前提下的口供至上主义。在一般情况下，除了法律规定可以"据状科断"、"据众证定罪"的案件外，都必须取得被告人认罪的供词，方能对其定罪处刑。但是，人性本身是趋利避害的，被告作出不利于己的供词，一般有两种可能：一种就是被告确实犯了罪，而审判官的过人才能又将其彻底折服，所以只能心服口服地"服辩"；另一种可能就是，被告并没有犯罪，但如果他不招供，他所面临的后果将比招供的后果更令他难以忍受。古代的立法者为了获取口供，针对这两种可能设计了情讯和刑讯两种途径。

其次，政治上的根源在于专制制度以及司法行政不分。对此，孟德斯鸠曾一针见血地指出："拷问可能适合专制国家，因为凡是能够引起恐怖的任何东西都是专制政体的最好的动力。"[①] 专制制度既产生了等级森严的社会结构，又孕育了统治阶级的"牧民"意识。所以，不单在中国，在西方纠问式诉讼中，刑讯逼供同样幽灵般地存在着。

中国古代司法行政不分。行政官员兼理司法事务，从调查、勘验、取证，直到审讯、判决，几乎全都由地方长官来负责。用现代的名词来说，他们集法官、警官、验尸官以及典狱官的职责于一身。可见，古代地方司法官的诉讼审判事务是非常繁重的。"即使是才能一般的州县长官，其审判业务仍然要高于现在世界上的任何一位法官。"[②] 加之古代为了保证农业生产的正常运行，并不是任何时候都可以告状，所以在能够告状的日子里，审判官任务的繁

---

① ［法］孟德斯鸠：《论法的精神》（上册），93页，北京，商务印书馆，1961。

② 郭建：《帝国缩影：中国历史上的衙门》，38～39页，上海，学林出版社，1999。

重就可想而知了。但即便如此，审判也不是没有期限的制约的。这些因素决定了审判官多方搜集证据并对之进行仔细的求证是不大现实的。

再次，经济上的根源在于古代社会生产力低下，科学技术不发达，既限制了人们认识证据的能力，也限制了人们发现、收集、运用证据的手段。对此，左卫民教授认为，国家发现证据的能力较低决定了司法对口供的依赖的观点无疑有一定道理，但是我们也不应过分夸大传统国家司法调查能力所遭遇的困境。促使口供成为"证据之王"的另一个重要原因是，传统社会薄弱的日常监控使证据的客观化（指证据具有实物性、不可更改性）生成机制极为缺乏，因此，犯罪发生以后就没有多少"蛛丝马迹"可查，而不是证据查不出来。①

最后，也是最重要的，哲学上或思想上的根源在于，封建社会的正统思想或世界观自汉武帝以降以儒家思想为核心，这当然是不容置疑的，但是，正统思想虽然主张德主刑辅，即任德不任刑，但又不放弃刑罚这一手段，它始终是一条主线。德刑两手是中国封建统治者的重要治国经验，在维护皇权和专制统治方面，德和刑在本质上是一致的。

二、证据的运用

证据的运用就是指司法人员对于收集的证据进行分析、研究和鉴别，找出它们与案件事实之间的客观联系，分析证据材料的证据能力和证明力，从而对案件事实作出正确认定的一种活动。在中国古代诉讼中，以五声听狱讼，验诸证信，自由推断是运用证据的主要方式，而有罪推定、疑罪从轻则是处理疑案的主要原则。②

（一）判断证据的基本方法：五声听狱讼，验诸证信，自由推断

如前所述，在中国的古代社会，神判作为一种证明方法不占有突出的地位。到了周代，神判虽有残迹可见，但基本上已不实行了。那么，摆脱神灵裁判的控制后，审判官实行什么样的证据审判制度呢？"以五声听狱讼，验诸证信，自由推断"是自西周开始我国古代司法审判中审判官认定案件事实，判断证据真伪及证明力的重要方式。

秦汉以后的历代封建王朝均继承了奴隶社会"五听"的传统，并且有了进一步发展。秦朝时，对审判官运用"五听"的要求较之周朝更具体、更积极。"凡讯狱，必先尽听其言而书之，各展其辞。"③ 如供词矛盾或情节交代不清，可以反复诘问，如当事人多次变供"更不言服"者，可用刑讯。汉代审讯时，原、被告到庭后，审讯依然是"察狱之官，先备五听"④。在律学确立和发达的魏晋时期，特别重视审讯的作用，以"告讯为之心舌"⑤，"察狱之情，审之五听"⑥。

唐朝在法律上明确规定以"五听"为法定的审讯方式。《唐律疏议·断狱》规定："诸应讯囚者，必先以情审察辞理，反复参验……"，同时又注解："依狱官令，察狱之官，先

① 参见左卫民、周洪波：《从合法到非法：刑讯逼供的语境分析》，载《法学》，2002（10）。
② 本小节参考了刘春梅《自由心证制度研究——以民事诉讼为中心》（90～99页，厦门大学出版社2005年版）的相关内容，特此致谢。
③ 《睡虎地秦墓竹简·封诊式》。
④ 李交发：《中国诉讼法史》，140页。
⑤ 《晋书·刑法志》。
⑥ 《魏书·世宗纪》。

备五听，又验诸证信；事状疑似，尤不首实者，然后拷掠。"要求司法官吏断狱审讯时必须依据情理审查供词的内容，然后同其他证据比较验证，进行检验，只有在依据情理审查陈述的内容，进行了反复验证，仍不能作出决断时，才准刑讯。可见，"五听"是对刑讯逼供的一种法定限制。这是对西周以来五声听狱讼的发展，具有进步意义，为以后历代法典所沿袭。

《宋刑统》直接将《周礼》中有关"五听"的内容载入律条。王安石对五听理论略作发展："听狱讼，求民情，以迅鞫作其言……言而色动、气丧、视听失，则其伪可知也。然皆以辞为主，词穷而尽свое矣。故五声以辞为先，色、气、耳、目次之。"他认为五听之中辞听最重要，其他四种都是因其而得，被明代丘浚称为"深得听狱讼，求情伪之要"①。南宋郑克认为，"奸人之匿情而作伪者，或听其声而知之；或视气色而知之；或诘其辞而知之；或讯其事而知之"。只要司法官员"明于察奸之术"，则"奸伪之人莫能欺也"②。《折狱龟鉴》记载了很多司法官员运用察言观色之法收集、辨别证据的案例。

元朝要求司法官在审理案件时遵循"以理推寻"的规则，要求司法官必须先行"问呵"、"讯呵"程序。《大明会典》也规定，"问刑官"进行审讯时，要求"观于颜色，审听情词"，对"其词语抗厉，颜色不动者，事理必真，若转换支吾，则必理亏"。由此可见，从形态来看，最初表现为辞、色、气、耳、目五种对陈述人表情的感性认识，构成了"五听"制度的基本内容；在此基础上进而发展为"以理推寻"，即以情理和事理进行判断的方式，这种理性认识的渗入极大地丰富和深化了"五听"制度的内涵。

但古代社会也并非孤立地运用"五听"方法，而是注重"五听"与证据裁判相结合。"五听"只是审案的必备条件而非充分条件。郑克在《折狱龟鉴》中对此曾有经典的表述："鞫情之术，或以色察之，或以其辞察之，非负冤被诬审矣，乃验存证物，未有不得其情者也。"关于这一点，自唐律以后的历代法律也有明文规定。

随着审判经验的不断积累，在判断证据的证明价值方面，我国古代也逐步形成一些指导性规范。元朝时，在民事审判中，要对书证进行查验，对证人则要追问与原、被告有无亲戚、故旧、钱物交往关系，藉以衡量其证言的效力。

（二）对我国古代证据判断制度的评价

"五听"制度从西周发端，后为封建历代承继并发展，显示出其顽强的生命力，对我国古代诉讼实践影响深远。"五听"制度的产生和发展不是偶然的，有着深刻的历史背景：其一，诚如前述，中国的古代文明走在世界的前列，神判法消失的时间比较早，有史以来，我们的古人就认识到了运用证据发现案件事实的重要性。但是，由于古代司法官吏收集、审查判断证据的能力有限，使得口供成了证据之王。因此，旨在通过甄别当事人的陈述以准确查明案件事实的"五听"制度的产生就具有历史的必然性和合理性。其二，我国自西周始，就开始产生了"明德慎罚"、"刑兹无赦免"的思想，它要求统治者以教化为主，先教后刑，而且刑罚使用要慎重，使其成为劝民为善的手段。这种思想被后代统治者所承袭，并在汉以后逐步发展成为封建王朝正统法律思想——"德主刑辅"、"礼法结合"。而强调"必先以情，

---

① 丘浚：《大学衍义补》卷一〇六，《详听断之法》。
② 《折狱龟鉴·察奸孙长卿》。

审察辞理，反覆参验"恰是彰明德化的具体表现。因此，或许可以说，"五听"制度是古代社会将法律道德化或者说是将道德法律化的产物。其三，古代社会的主观唯心主义是"五听"制度的理论基础。其四，"五听"制度也是统治者维护专制、神秘统治和通过"使民无知"以增进裁判权威性的需要。

以现代观点评价"五听"制度，其合理性主要体现如下：

（1）以五声听狱讼，要求法官亲自坐堂问案，面对面地听取当事人的陈述和双方当事人的对质，并观察其表情和神色，这有助于通过比较分析和综合判断，准确查明案件事实，从中体现了现代审判的直接原则和言词原则。

（2）"五听"制度以人的感性认识为基础，进而上升为理性认识，运用事理、情理和逻辑推理对案件进行判断。"五听"总结了审判实践中一些有益的经验，其内容含有一定合乎审讯学、心理学和逻辑学的正确成分。晋朝以注释晋律而著称的张斐曾从心理学的角度来阐明五听的必要，他说："夫刑者，司理之官；理者，求情之机；情者，心神之使，心感则情动于中而形于言，畅于四支，发于事业，是故奸人心愧而面赤，内怖而色夺，论罪者务本其心，审其情，精其事，近取诸物，然后乃可以正刑。"①

（3）"五听"制度对古代司法官吏提出了较高的标准，要求其必须具有较强的观察能力和分析能力，以"体察民情，通晓风物"，做到准确判案。

当然，"五听"制度的缺陷也是显而易见的。首先，"五听"制度过于强调司法官吏利用察言观色对证据作出判断，具有较大的任意性和盲目性，很容易导致主观擅断，造成冤假错案。其次，在古代整个司法官群体素质不高的情况下，"五听"制度往往很难切实发挥积极作用。最后，"五听"制度强调口供的证据价值，客观上为刑讯大开方便之门。

（三）证据运用的限制性规范

综上可知，在古代社会，审判官在证据判断和事实认定方面享有较大的权力，证据判断以法官自由判断为主要特征。所以，徐朝阳先生认为，"我国古代采自由心证主义，可无疑义"②。但在总结经验的基础上，封建社会也形成和发展了一些关于证据运用的限制性规范，以指导和规范审判官的证据运用行为。具体而言，对证据运用进行限制的内容主要体现在以下几个方面：

1. 限制证人证言的证明力的规定

这主要表现为古代法律关于"据众证定罪"的规定。这种形式主义的"据众证定罪"的原则，自唐朝开始确立，在明律、清律中仍沿用不变。据众证定罪，反映了立法者对司法官吏审判证人证言权力的限制和约束，虽看似谨慎，却可能失之机械，这与欧洲中世纪的形式证据制度有类似之处。

2. 限制证据形式的规定

我国封建社会的民事诉讼中，限制证据形式的实例，主要表现为某些民事案件必须使用书证进行证明。比如在我国宋代，书证制度已达十分完备的程度，对民事案件的审理，十分

---

① 转引自杨鸿烈：《中国法律发达史》（上册），236页，上海，商务印书馆，1933。

② 徐朝阳：《中国古代诉讼法溯源》，32页。

重视书证的作用。凡"交易有争，官府定夺，止凭契约"①，而且规定必须是依法成立的契约才能作为争讼的证据。

3. 限制证据能力的规定

这主要体现为对证人作证资格的限制。证人是非犯罪人，为避免随意刑讯证人，同时，考虑到特殊身份的人的证言不可信和对等级特权及特定社会关系的维护，古代法律中有许多关于证人资格的限制性内容。

（1）亲属言辞不得作为证据

亲属容隐制度来源于"亲亲相隐"的儒家思想，孔子是这一思想的首创者。据《论语·子路》记载：叶公语孔子曰："吾党有直躬者，其父攘羊，而子证之。"孔子曰："吾党之直者异于是，父为子隐，子为父隐，直在其中矣。"从这段话我们可以看出，孔子主张的亲亲相隐的范围是很狭窄的，仅仅局限于父子之间。亲亲相隐作为一种主张在战国、秦、西汉前期并未得到统治者重视而上升为法律，只是到了西汉中期情况才发生改变。汉武帝时，儒家思想的又一代表人物——董仲舒提出的"罢黜百家，独尊儒术"的建议得到采纳，他将儒家经典中"重德轻刑，德主刑辅"的观点进一步系统化、理论化，并提出了"君为臣纲，父为子纲，夫为妻纲"的三纲五常伦理体系，至此亲属免证制度作为宗法伦理思想的具体表现开始形成。与此同时，也得到进一步规范化和明确化。汉宣帝地节四年（前66年）颁布诏令："父子之情，夫妇之道，天性也。虽有患祸，犹蒙死而存之。诚爱结于心，仁厚之至也，岂能违之哉！自今首匿父母，妻匿夫，孙匿大父母，皆勿坐。其父母匿子，夫匿妻，大父母匿孙，罪殊死，皆上请廷尉以闻。"②这一诏令首次用允许隐匿的形式肯定妻、子、孙为夫、父、祖隐在法律上不作证的正当性。但值得注意的是，诏令中所正式许可的，仍只是"父为子隐"或尊长为卑幼隐的行为。对于"子为父隐"或卑幼为尊长隐的行为，规定"上请廷尉以闻"，且仅仅"罪殊死"才报"圣裁"。

此后至唐，各朝代基本上都确立了容隐制，南北朝时容隐范围扩大到兄弟姐妹，如北魏律。但也时有弃置不用而责父子相互证罪之行径及法令。③直到唐代，这一制度才算彻底确立。唐律规定的容隐制度已经形成了一个复杂、完备、条文互补的规范体系。不仅规定了总则性的内容，而且对总则规定予以了细化，作为制度保障，还作了严密的惩罚性规定。④

宋律在亲属相隐上完全照搬唐律，只是条目位置及简称略有改动。元律坚持唐宋亲属相隐，不许亲属证罪的旧例，但有一定的发展。首先规定了"干名犯义"的罪名，免证亲属的义务进一步加强。明清时期，亲属免证制度的规定基本上和唐律的规定相同，只稍加变动，比如，亲属相容隐的范围进一步扩展到妻亲。

由此可见，法律严禁以亲属言辞证罪，历代都一贯如此。但需要特别说明的是，亲属相为容隐及干名犯义的法律，对于谋反、谋大逆、谋叛等罪是不适用的。因为这些罪是关系到

---

① 《名公书判清明集》卷五。
② 《汉书·宣帝纪》。
③ 东汉末有"旧法：军征士亡，考竟其妻子"，高柔等人谏阻之，曹操遂下令废止（《三国志·魏志》）。东晋时，复有"考子证父死刑，或鞭父母问子所在"之诏令，大理卫展谏之，元帝从其议，废止此法，复令不得迫亲属相互证罪（《晋书·刑法志》）。
④ 参见范忠信：《中国亲属容隐制度的历程、规律及启示》，载《政法论坛》，1997（4）。

封建专制君主政权根本统治的大罪。很有趣的是，唐律同时规定了株连和"亲亲相隐"原则，反映了封建统治阶级"德刑并用"的治国思想。

（2）老幼废疾者言辞不能作证

对于老幼废疾之人的言辞不能作证的法律规定，有案可稽的始于唐朝，《唐律疏议》规定："其年八十以上，十岁以下及笃疾，皆不得令其作证。违者减罪人罪三等。"疏议解释："八十以上、十岁以下及笃疾，以其不堪加刑，故并不许为证。"① 疏议规定这一解释的法律来源有二：一是名例律中老幼及疾有犯的规定："犯反、逆、杀人应死者，上请；盗及伤人者，亦收赎；余皆勿论。"② 二是诈伪律中关于证不言情的规定："证不言情，致罪有出入者，证人减二等。"③ 将上面两条结合起来看，证不言情的犯罪显然应属于"余皆勿论"这一类，即八十以上、十岁以下及笃疾者犯伪证罪，不受处罚，这样，法律为避免这些人不负责任的作证行为给司法秩序带来冲击，因此免除其作证义务。宋、元、明、清时法律均采用唐之规定。

（3）官员和妇女的相对免除作证义务

古代的官员相对免除作证义务。官员证人资格的相对免除并非历代法典所规定，而是司法实践中积累的经验做法。其理由有二：一是审判中证人地位极低，而官员具有特权，拘其下跪作证不符合当时社会礼遇官员的观念。二是如果作证官员地位较高，则其意见会左右主审官的态度，造成审判不公正。但是也有例外，当案情重大时，则往往突破这一限制，在历史上甚至连天子出庭作证的事情也发生过。总的来看，在古代官员作证问题的司法实践中，越到后来，官员作证的限制也越多，这同中国古代官僚阶层的地位越来越高贵是一致的。④

妇女作证资格的限制也并非历代法典所规定，主要体现在司法实践领域。这一做法在明清时期尤为普遍。明清时期，宋明理学占据了伦理学的统治地位，妇女的地位也降到了历史的最低点，她们很大程度上甚至不被当作法律主体看待，妇女犯罪，除涉及奸情及重大刑事犯罪，一般都不直接接受刑事审判，而是由其夫作为诉讼代理人，目的就是避免妇女帷薄不修，竟公庭涉讼，大损家声。有鉴于此，限制乃至禁止妇女出庭作证也就顺理成章。这说明古时限制妇女出庭作证的理由主要是观念上的理由，而非制度上的要求，但这种观念因素的作用的确不可忽视，它会在很大程度上影响司法实践。

（四）古代诉讼的证明标准及其制度保障

目前，我国学界对传统诉讼证明标准的讨论甚少。实际上，在任何一种诉讼制度下，裁判者就案件事实或法律问题作出某种决定必须遵循一定的标准或尺度。有关证明标准的规定，中国的传统法律也有自己的特色。

中国古代实行逐级审转复核制，这种制度使重大案件的定罪量刑在不同层级的审判官之间逐次推敲，有的甚至直达御前，这种制度显示了中国古代对于刑狱高度重视。各主审官自

---

① 《唐律疏议·断狱·老幼不拷讯》。
② 《唐律疏议·名例·老小及疾有犯》。
③ 《唐律疏议·诈伪·证不言情及译人作伪》。
④ 参见蒋铁初：《我国古代证人制度研究》，载《河南省政法管理干部学院学报》，2001（6）。

应"从实审录,庶不冤枉","从实"、"洗冤"、"昭雪",诸如此类在法典乃至古代文学中屡见不鲜的文字表明了中国古代诉讼制度的价值取向。

秦墓竹简中有这样的话:"凡狱讼,必先尽其言成书之,各展其辞,虽智(知)言也,勿庸辄诘。其辞已尽书而毋(无)解,乃以诘者诘之。诘之有(又)尽听书其解辞,有(又)视其他毋(无)解者复诘。其诘之极而数言也,更言不服,其律当治(笞)谅(掠)者,乃(笞)谅(掠)。"① 可见在秦代,口供虽然对定案有着重要的意义,但对于口供中的疑点必须"以诘者诘之",直到被讯问者理屈词穷,无可辩驳。唐律在规定"先以情,审察辞理,反覆参验"的同时,还强调"若赃状露验,理不可疑,虽不承引,即据状断之"②。也就是说唐律虽然注重从人情和事理上对当事人口供的反复推敲,但当其他证据所显示的结论根本毋庸置疑时,即便当事人不认罪服输,审判官同样可以作出裁决。"理不可疑",可以称为唐代的断案标准。《宋刑统》除沿用前款规定外,又准照唐长兴二年(931年)八月十一日节文:"今后凡有刑狱,宜据所犯罪名,须具引律、令、格、式……事实无疑,方得定罪。"③ 事实无疑,这是宋代的证明标准。《元史·刑法志》中则有如下规定:"诸杖罪以下,府州追勘明白,即听断决……流罪以上,须牒廉访司官,审覆无冤,方得结案,依例待报。其徒伴有未获,追会有不完者,如复审既定,赃验明白,理不可疑,亦听依上归结。"④ 证据明白、理不可疑是元代的证明标准。明代法律要求对于案件的审判应该做到"鞫问明白"、"辨明冤枉",如规定"凡监察御史、按察司辨明冤枉,须要开具所枉事迹,实封奏闻","凡狱囚鞫问明白,追勘完备,徒、流以下,从各府、州县决配。至死罪者,在内听监察御史,在外听提刑按察司审录,无冤,依律议拟,转达刑部定议奏闻回报"⑤。《大清律例》关于案件审理的要求大体与前朝相同。从上述各个朝代对于案件审理所提出的具体要求来看,中国古代诉讼证明标准可以概括为:事实明白、"理不可疑"。

这个证明标准带有主观性,因为疑问来自司法官本身,疑问的排除同样依赖司法官个人,不同的司法官对同一证据会产生不同的疑问,会找到不同的解决疑问的方法。

为了最大限度地探究案件事实真相,除了上述规定以外,古代法律还从多方面为审判官达到证明标准、探求真实提供制度支持。

(1)在封建社会法律中,非常重视从制度上对审判官进行约束,形成了严格的职官制度。基于制度与人事相辅为用之思想,封建社会制定了较为完备的官吏选拔制度、管理制度,完善了严密的监察网络和监察法。从官吏选拔制度来看,我国古代的选官制度造就了法官的儒家化,这有利于约束法官的行为,使其符合儒家的要求。不仅如此,我国封建社会还发展了严密、丰富的审判官责任制度。与证据的审查判断和事实认定有直接关联的审判官责任主要有:违法刑讯的责任;违反据众证定罪的责任;违反直接审理原则的责任;出入人罪的责任。

(2)在审理程序方面,重视对质的作用。《明会典》规定,在审讯中,应当先分别审讯

---

① 《睡虎地秦墓竹简·封诊式·讯狱》。
② 《唐律疏议·断狱·诸应讯囚条》。
③ 《宋刑统·断狱律·断罪引律令格式·诸制敕断罪》。
④ 《元史·刑法志·盗贼》。
⑤ 《大明律》卷二十八,《刑律·断狱》之"辨明冤枉"、"有司决囚"条。

原告、被告、证人，之后，如果证人证言与原告方相同，那么应再次讯问被告，此时如果被告仍执不同说法，则应当要求原告、被告、证人当庭进行对质，以求察言观色，发现真伪。然后，对怀疑说谎的人施以笞刑，如果不服，则改用杖刑，仔细磨问，以求真情。

（3）在证人作证责任方面，法律要求证人有如实作证的义务，对故意不如实作证的证人规定了相应的刑事责任。如《唐律疏议·诈伪》"证不言情"条规定："诸证不言情，致罪有出入者，证人减二等。"

（4）我国封建社会判例制度在指导审判官正确运用"五听"方法、正确判断证据证明价值方面也发挥了不可忽视的作用，尤其是民事判例在事实认定和法律适用方面弥补了制定法的不足。古代判例制度对于我们今天最大的启示在于经验的积累和推广。

从前面的介绍，我们不难发现，我国古代证据制度非常重视对案件事实的查明，但毋庸讳言，深入中国古代社会现实，便会发现，整个社会现实中存在一些影响审判官运用证据从而妨碍事实真相得以查明的因素，使司法实践中存在一定数量的错案、冤案。①

我们通过一般性分析，认为这些因素的影响主要表现在以下几个方面：其一，由政治原因造成的司法腐败。其二，证据制度的价值过于重视实体正义，维护阶级统治，而忽略了程序正义，诉讼当事人和证人实际上不是诉讼的主体而是诉讼的客体，使得一方面，刑讯不仅是获取证据的主要手段，也是审查判断证据的重要方法；另一方面，有罪推定成为一以贯之的处理疑案的基本原则。其三，社会等级对司法官吏公平断案的影响。其四，由于经济上的原因导致社会上出现了通过专门作假证来谋生的人群。由此可见，制度的效用不仅取决于人的因素，在很大程度上还取决于制度运行的外部环境，证据制度也不例外。

第四节　简评

纵观逐步形成于奴隶社会，发展于战国秦汉魏晋南北朝，定型与成熟于唐宋，殆于进化于元明清，最终解体于清末的中国传统证据制度，既有世界各国在早期诉讼的证据制度发展中共性的一面，又具有中华法系独有的特点和价值取向。与其他国家一样，我国的传统诉讼证据制度较为简单、粗疏且不成体系，在传统的法律体系中并不具备其应当具有的地位，证据制度的运行重实体而轻程序，服务于权力而漠视、践踏权利。但是，中国古代上下五千年连绵不断的文明史，孕育了我国古代社会特殊的政治、经济和文化，使得我国的传统诉讼证据制度在其形成和几千年前承后继的发展过程中有着一帜独树之特质与卓尔不群之精神。就制度本身而言，中国古代证据制度具有：神示证据制度消失得比较早；定罪必须取得被告人的供词；诬告者反坐，伪证者罚；疑罪从轻、从赎，实行有罪推定；维护等级特权，体现宗法家族统治；以五声听狱讼，验诸证信，自由推断；刑讯制度化与法外刑讯；有重视勘验制度的传统且比较发达等八个基本特点。作为传统法律制度的重要组成部分，我国古代证据制

---

① 当然，在不同的历史时期，这些因素的影响是不相同的，体现在刑事诉讼和民事诉讼中也可能存在差异。

度同样具有明显的宗法伦理性、政治性和刑法性。

在古代诉讼中，口供、被害人陈述、证人证言、物证、书证和勘验报告是主要的证据形式。"断罪必取输服供词"的口供制度使得被告人的口供成为"证据之王"，这也是刑讯逼供制度化，刑讯成为最主要的收集证据的手段的根本原因之一。证人证言是古代诉讼中运用最多的证据形式之一，特别是"据众证定罪"的案件，无论是"证实"或"证虚"的证言，其意义都更为重大。早在唐代，证人制度就已经相当完备且高度法律化、制度化。但在义务本位的传统社会里，证人地位低下。作为传统证据种类的物证和书证不仅有着悠久的历史，而且在传统证据制度中起着重要作用，经秦汉时期的初步发展，至宋代已达到相当成熟的程度。在宋代，随着物证在诉讼中的作用越来越重要，系统的物证理论开始出现，在理论上突破了传统的证据观念。历史悠久的勘验是我国古代诉讼中另外一种重要的证据调查手段。有宋一代，勘验制度达到了古代社会的高峰。宋慈的《洗冤集录》被官府奉为尸伤检验的金科玉律，是世界历史上第一部法医学专著。

在古代社会，由于人们认识自然、社会、诉讼规律的能力和调查收集证据的能力有限，情讯和刑讯是获取人证的主要方法，搜查和勘验是获取物证的主要方法，"以五声听狱讼，验诸证言，自由推断"是审查判断证据的主要方法，而有罪推定、疑罪从轻则是处理疑案的主要原则。

对于一种在两千多年的历史长河中一脉相承，并具有相当稳定性的传统证据制度的成因之研究和价值之判断，无疑是极其艰难的，但"语境论"的进路无疑是可取的。这要求我们在探究传统证据制度的成因和价值时，应当对该制度背后的自然环境、社会生产力和科技发展水平、人的自然禀赋及资源、政治、经济、文化等相对稳定的因素进行较全面的了解。

法律史学家杨鸿烈曾说过："要想彻底了解所谓世界五大法系之一的中华法系的内容，最先的急务即在要懂得贯通整个'中华法系'的思想。"[1] 我国自西周开始，就开始产生了"明德慎罚"、"刑兹无赦"的思想，这种统治思想为后代统治者所承袭，并在汉以后逐步发展成为封建正统法律思想——"德主刑辅"、"礼法结合"。具体到证据制度，主要表现在传统证据制度具有浓烈的伦理品格和仁道矜恤的精神。比如亲亲相隐、春秋决狱等。

在长达几千年的君权社会里，"法自君出"，法律的最高价值取向便是维护君主统治秩序的稳定。权力意识浸透于证据制度立法、司法的每一个具体环节，过分重视对犯罪的打击，因而窒息了证据运用中的程序意识和权利意识。从这个意义上说，我国古代的证据制度在性质上是权力型的或者说是义务型的。在具体制度上，首先表现为将口供作为最重要的定案根据，与之相应，制度化的刑讯成为获取口供的主要手段之一，因为，"拷问可能适合专制国家，因为凡是能够引起恐怖的任何东西都是专制政体的最好的动力"[2]。其次，由于法律的终极目标是对秩序的维护，而涉讼本身就是有"斗筲之性"的贱民缺乏道德修养和蔑视秩序的表现，因此，有罪推定成为处理疑案的基本原则。

在古代社会里，人的认识能力有限，科技水平不高，加之法律的道德化，这就决定了建立在主观唯心主义基础上的"五听"制度是审查、判断、运用证据的主要方法。

运用"语境论"的方法对古代证据制度作价值评析，我们可以看到，一方面，它有其存在的必然性和历史合理性。由于我国古代文明相对发达，因而诸多的证据制度最早诞生于我国，并且在相当长的历史时期领先于世界。尤其是唐宋时期，完全可以说，当时的证据制度达到了古代社会的最高峰，只是到了明清，由于腐朽、落后的专制制度的日益加强，随着社会的日益落后，我国的证据制度也日益落后于西方。尽管今天的生活土壤不同于古代，但古代证据制度及其蕴涵的精神在现代仍具有借鉴意义。另一方面，在看到古代证据制度合理性的同时，当然也不能否认其消极性。比如：由于诸多因素的影响，古代证据制度的发展整体而言是缓慢的、欠发达的；存在制度化的刑讯；证据制度中存在公开的不平等；在证据意识上存在对程序正义和人权的践踏；等等，都是值得批判和检讨的。诚然，古代证据制度的局限只有在改变社会制度的情况下才能克服。我们在推翻了封建专制社会后，建立了社会主义社会，现代法治型的证据制度得以建立并不断地完善。这是历史的必然和进步。

"作为使松散的社会结构紧紧凝聚在一起的粘和物，法律必须巧妙地将过去与现在勾连起来，同时又不忽视未来的迫切要求。"① 我们已回顾了我国证据制度的历史，又对其成因和价值取向进行了简单的探索，但我们的目的并非仅在于此，当我们不无痛心地看到，时至今日，诸如刑讯逼供之类的丑恶现象仍在实践中存在；当我们不无遗憾地看到，一些所谓体现了现代法治精神的证据制度缺乏伦理道德的合理内核，就不能没有一种沉重的使命感。任何一部历史都是当代史，如何将古代的遗产去伪存精地借鉴于今，方是我们的任务和使命。

---

① ［美］E. 博登海默：《法理学—法律哲学与法律方法》，邓正来译，326 页，北京，中国政法大学出版社，1999。

第十三章

司法判决

第一节
判决依据[①]

司法判决是诉讼制度中一个很重要的问题，它关系和决定着定罪准确与否，科刑适当与否，也直接显现着法律的良恶、法吏的社会角色问题，因此在世界范围内，各个国家都异常重视司法判决问题。然而，由于各个国家和民族都拥有自己的法律传统，并形成相应的法律体系，所以也就形成不同的司法风格，表现在诸如法律渊源、判决依据、审判方式和特点、判书判词之制作等各方面。在中国古代，它有一套不同于西方民族、也不同于某些东方国家的司法判决制度，这套判决制度在漫长的历史发展中，定型为一种诉讼法律文化，极具中国特色。同时，由于特殊的国情、社情和民情，也由于中华法系的某些基因的影响，无论在判决依据、判决方式，还是在判决技术等多方面，它都显示出多元复杂性特点。尤其是中国传统诉讼审判的判决依据更是与中国传统诉讼法律文化相适应，表现出其特殊的风格。若能对此作一分析研究，必将有助于加深我们对传统诉讼法律文化的理解，并吸收借鉴其中的有益部分为当今法治建设所用。

一、依律判决

中国是一个具有悠久成文法传统的国家，在这样的国度里，司法判决的一个重要的原则必然是依法定罪，依律判决，并且，依律判决也形成了一个与西方英美法系不同的法律传统。言及依律判决的传统，首先必须知"律"为何物。所谓"律"，在成文法国家中，它是指通过国家制定和颁布的一种定罪科刑的法定依据。也就是说，经国家制颁的法律、法令是司法官司法审判时必须严格遵循的、不可随意解释和变通的判决依据。对此，中国古代的司法官有着比较自觉的意识，国家也比较重视。

自从"夏有乱政，而作禹刑；商有乱政，而作汤刑；周有乱政，而作九刑"[②] 的"三辟之兴"后，中国早期社会便有了自己的法律。至于夏商司法官如何对待"禹刑"和"汤刑"，

---

① 参见李交发、刘军平：《略论中国传统诉讼的判决依据》，载《法学家》，2008 (1)。

② 《左传·昭公六年》。

奴隶制国家又怎样要求司法官,由于史料奇缺,难以断言,姑且搁之勿论。但至西周就可以见到统治阶级提出的比较明确、严格的要求了,史载:"上下比罪,无僭乱辞。勿用不行,惟察惟法,其审克之。"① 意即要对罪重者处以重刑,罪轻者处以轻刑,对于犯人的供词和决狱之词,都要力求与事实相符,不要发生差错,不要采用大赦的方法,一定要核实其罪情,并要根据法律办事,一定要根据事实进行审判。又说:"哀敬折狱,明启刑书胥占,咸庶中正。其刑其罚,其审克之。"② 其中"明启刑书胥占,咸庶中正",强调的是应当打开刑书,根据法律规定,仔细揣量,使案件处理都达到正确无误的程度。可见,起码在西周之际,便有了依律判决的传统。

西周以降,依法判决传统得以充分发扬,乃至从某种程度上说,几至"罪刑法定"的境界。首先将这一理论和做法予以充分体现的是先秦法家。法家代表人物商鞅曾说:"先王县(悬)权衡立尺寸,而至今法之,其分明也。夫释权衡而断轻重,废尺寸而意长短,虽察,商贾不用,为其不必也。故法者,国之权衡也"③。商鞅非常重视法律,认为它关系到国家和人们的切身利益,是判断是非功过和施行赏罚的客观标准,要求人们必须严格遵守,特别是司法官更应如此。如果"守法守职之吏有不行王法者,罪死不赦,刑及三族"④。法家另一著名思想家韩非也异常重视法律的作用,要求司法官依法绳奸,反对司法官不依法律而行事:"寄治乱于法术,托是非于赏罚,属轻重于权衡;不逆天理,不伤情性;不吹毛而求小疵,不洗垢而察难知;不引绳之外,不推绳之内;不急法之外,不缓法之内;守成理,因自然;祸福生于道法,而不出乎爱恶。"⑤

法家是中国历史上坚持以法惩罪,要求司法官忠实于法律的典范,尽管法家思想在后世并未成为古代中国法制的主导思想,但它的影响是深远的。由于法家思想符合了成文法国家依法断狱的客观要求,故这一光辉思想势必体现在法典中和运用在司法实践上。秦朝是以法家思想为指导的第一个大一统的封建国家,其司法审判的实践也必然贯彻这一思想。出土的《睡虎地秦墓竹简》就有充分的反映。有一案例可资为证:"或以赦前盗千钱,赦后尽用之而得,论可(何)殹(也)?"答曰"毋论。"⑥ 这是一宗严格依律判决的案例。秦朝对盗窃犯罪处刑是相当严厉的,不要说盗赃达至千钱,就是盗窃不值一钱也要处以相当重的刑罚,但是对于赦前的盗窃大案就不再追究其刑事责任了。其根本原因在于要严格按照当时不溯及既往的法律规定办事。如果说,秦朝是一个奉法、尚法的朝代,有此规定和实践是理所当然之事,那么即使在反思法家思想、崇尚儒家学说的汉代也毫无例外地作出了如下规定:"犯法者,各以法(判决)时律令论之。"⑦

秦汉时期对这一审判原则的坚持和付诸实践,预示着依法判决主张将在秦汉后有一次理论的升华出现和法典的完善规定。事实也确实如此,其理论的升华在魏晋南北朝时期,其完

---

① 《尚书·吕刑》。
② 《尚书·吕刑》。
③ 《商君书·修权》。
④ 《商君书·赏刑》。
⑤ 《韩非子·大体》。
⑥ 《睡虎地秦墓竹简·法律答问》。
⑦ 《汉书·孔光传》。

善的法典规定则出现在隋唐盛世。

　　律学兴起于魏晋南北朝，它从理论上为中国法律文化的发展奠定了基础，在司法审判理论方面，晋代律学家刘颂提出很先进的理论主张："律法断罪，皆当以法律令正文，若无正文，依附名例断之，其正文、名例所不及，皆勿论。"① 意为司法官判案，必须引用法律法令正文，如果没有明确法律条文规定，应根据名例律（相当于近现代的刑法总则）的有关规定推理判断；如果法律、法令和名例都没有规定的，就应该作为无罪，释放被告。这是中国历史上最早提出的罪刑法定思想，体现了成文法国家重视以法断案的本质特点。刘颂提出这主张后，紧接着又说："如律之文，守法之官，惟当奉行律令"，也就是强调司法官在有法律明文规定时，必须严格依律断案，"以正所断，不得援求诸外，论随时之宜"②。虽然刘颂的进步主张，在当时难以贯彻和落实到诉讼实践中，也未见明文规定在刑法典里，但它对古代中国依法判决原则的正式确立是起了重大作用的。

　　至唐，出现了号称中国封建法典最高峰的《唐律疏议》。其中明确规定："诸断罪皆须具引律、令、格、式正文，违者，笞三十。若数罪共条，止引所犯罪者，听。"③ 唐律不仅要求司法官必须严格以法律明文规定为依据定罪科刑，而且要求法官在处理涉外案件时，也必须依律判决，或按属地原则或按属人原则，视情况不同而又有差异。具体规定为："诸化外人，同类自相犯者，各依本俗法；异类相犯者，以法律论。"④ 即规定两个同一国籍的外国人在唐朝犯罪，按其本国法律处置；不同国籍的外国人或外国人与中国人之间的犯罪则按照唐律规定处刑。这个法律规定不仅体现了依律定罪的传统和法律的全国一体遵行性，也表现了唐朝的司法主权原则。唐律还规定对军人犯军法者，也必须严格按照法律规定惩治其罪，"即违犯军令，军还以后，在律有条者，依律断；无条者，勿论"⑤。除此以外，唐朝为了更好地贯彻和实施成文法判决案件的权威性，还规定了审判程限，防止"决断系囚，过为淹迟"⑥ 的弊端出现。有唐一代司法审判制度中依律断案的法律原则定型后，直接影响了宋元明清的诉讼审判制度。宋代在完全继承唐制的基础上有了新的发展，即实行"鞫谳分司"制，明代在唐宋法律规定基础上增加了在司法审判时不依旧律只"依新律拟断"的内容，而清朝在依律断狱时，变以往"具引律令"为"具引律例"。这些都是宋明清时期在诉讼制度发展中根据客观需要所创立的新内容，但都贯彻着严格依律断案的基本精神，因而表征出古代中国在司法审判中首重成文法的传统。为了说明问题，这里特以宋代的"鞫谳分司"制为例稍加分析。

　　宋代为了更好、更准确地做到依成文法审判案件，确立了鞫谳分司制度。这是两宋独特的刑事司法制度。鞫谳分司就是将审与判二者分离，由不同官员分别执掌。鞫，指审理犯罪事实。谳，指检法议刑。即专设司法官一人负责检详成文法律条文，且无权过问审判事宜，但可以在检法时提出对案件处理的意见，供狱司审判时参考。相反，审判案件的法官则无权

① 《晋书·刑法志》。
② 《晋书·刑法志》。
③ 《唐律疏议·断狱·断罪不具引律令格式》。
④ 《唐律疏议·名例·化外人相犯》。
⑤ 《唐律疏议·擅兴·主将临阵先退》。
⑥ 《旧唐书·刑法志》。

检法断刑。二者相对独立又互相制约，以防作弊，从而减少或防止冤狱出现，这为依法定罪提供了比较可靠的制度和技术保证。关于这一制度的作用，正如宋高宗时官吏周琳所肯定的那样："狱司推鞫，法司检断，各有司存，所以防奸也。"①

值得注意的是，作为成文法的法律固然以律（法典规定）为主，但也还包括其他各种成文法规范，故从唐代开始，就规定为"具引律、令、格、式正文"。在宋代则主要包括律、令、敕、格等法律规范。这样势必出现这样一种情况：某一种犯罪行为可能检断出许多的法律条文和成文规范。

如南宋理宗绍定元年（1228年），在平江府发生一起"学田被盗耕案"，对于此案，法司所检出的适用法律条文和成文法律规范多达六条：

第一条，律：诸盗耕种公私田者，一亩以下笞三十，五亩加一等；过杖一百，十亩加一等，罪止一年半。荒田减一等，强者各加一等，苗子归官主。

第二条，律：诸妄讼公私田，若盗贸卖者，一亩以下笞五十，五亩加一等；过杖一百，十亩加一等，罪止徒二年。

第三条，敕：诸盗耕种及贸易官田（原注：泥田、沙田、逃田、退复田同官荒田，虽不籍系亦是），各论如律。冒占官宅者，计所赁坐赃论，罪止杖一百（原注：盗耕种官荒田、沙田罪止准此），并许人告。

第四条，令：诸盗耕种及贸易官田（原注：泥田、沙田、逃田、退复田同），若冒占官宅，欺隐税税税赁直者，并追理，积年虽多至十年止（原注：贫乏不能全约者每升理二分），自首者免，虽应召人佃赁仍给首者。

第五条，格：诸色人告获盗耕种及贸易官田者（原注：泥田、沙田、逃田、退复田同），准价给五分。

第六条，令：诸应备尝而无应受之人者，理没官。②

法司检出所有成文法律条文后，可以提出对本案的处刑意见，推司判决必须依律判决。至于适用何条规定，由推司推官先作出"拟判"（初步判决）再由推司长官定判。长官定判时也常有与法司意见不完全一致的，这属正常现象，但不能超出法司所检法条之范围。

如宋代曾发生一起豪民结托州官吏杀人夺财的恶性案件，法司检律后提出审判意见："在法：以恐惧逼迫人致死者，以故斗杀论。若元吉之犯绞刑，盖亦屡矣。恶贯已盈，岂容幸免，欲将王元吉决脊杖二十，配广南远恶州军，所是日前卖盐废约，并不行用。仍帖县、给屋业还赵十一管业，词人放。"而推司断罪为："王元吉且照检法所定罪名，刺配广州摧锋军，拘监重后，日下押发，赃监家属纳，余照行。"③

在《名公书判清明集》的很多案例中，可见到"检法书拟"与推司"断罪"意见是一致的。无论哪种情形，都说明宋代强调成文法作为判决依据的重要作用。

---

① 《历代名臣奏议》卷二一七，《推司不得与法司议事札子》。
② 《江苏金石记》目十五，《给复学田公牒记一》。转引自王云海主编：《宋代司法制度》，294 页。
③ 《名公书判清明集》卷十二。

二、判例与类推判决

由于社会发展是一种动态运行，因此，违法犯罪及与之相对应的法律控制也应当是动态变化的。而现有的法律条文却不可能随时变化，呈现出一种相对滞后性，以此有限的法律条文来应对无限的不断发展变化的社会现象，这之间就存在一种难以克服的矛盾。体现在司法上，就往往出现这样一种"法不治罪"的尴尬局面，即面对一种明显对社会有害的违法行为，却由于找不到明确的相应的法律依据（成文法依据），因而无法惩处。为解决此一矛盾，人们便比照相似或相近的法律条文和案例来断罪，这样便出现了司法审判中的类推制度和依例判案制度。

以案例来判决的制度，也可以说是古代中国的"判例法"制度，它比较早地出现在殷周时期。殷商社会盛行神判法，审理案件都经占卜而决，但是如果每案处理都需占卜，那是相当费事和费时的，特别是对一些复杂案件往往实行"三占从二"①的做法，那就更费时费事了。因此，殷商之际出现了一种比较简单的"有咎比于罚"②的审理方法，即不再占卜定判，而是直接参照以往成案判决之，这就近似"判例法"了。西周时期强调使用殷商之"义刑义杀"③，也就是说在适用前商的刑罚时，不仅包括法律中规定的内容，也可适用其适宜的判例，"陈时臬事，罚弊（比）殷彝"，"师兹殷罚有伦"④。特别是周公对召公说的一段话更为直接："王先服殷御事，比介于我有周御事，节性，惟日其迈。王敬作所，不可不敬德。"⑤有学者认为"御事"就是"判例"，运用判例来审判案件的法官也被称为"御事"。那么这段话大意是，先参照殷人的判例，后逐渐形成我们周人的判例；在审判中要节制喜怒之情，因为判例的作用是十分久远的，主要谨慎地判决，不能失去民心。⑥ 可见西周也存在以判例作为司法审判依据的事实。

不过，我们更要注意到的问题是，西周之判例运用与殷商比较，它或许属于一种全新意义上的判例创制与运用。原因很简单，西周判例是在"人判法"背景下创制与运用的，充满着重视人的理性，摆脱了以往"神权法"的束缚。如果从这里开始认识中国古代判例法渊源，那对以后数千年判例法发展的理解会更自觉些，对具有成文法传统的古代中国从未间断以判例作为审判依据的把握同样也会理性些。所以当历史发展到封建专制时代时，尽管法家依法治国主张一时独占鳌头，成文法规范密如膏脂，但也仍然在使用着判例法。秦律中的"廷行事"就是在这种文化背景下创制的新判例，故《睡虎地秦墓竹简》注"廷行事"为法庭成例，王念孙《读书杂志》解释为："行事者，言已行之事，旧例成法也。""廷行事"在"莫不皆有法式"的秦朝仍然起了很重要的作用，具体反映在很多情况下运用廷行事判决案件。如"廷行事吏为诅伪，赀盾以上，行其论，又废之"。强调如果官吏弄虚作假，依判例（廷行事）处以"赀盾以上"刑罚，同时还要撤其职并永不叙用。

---

① 《尚书·洪范》。
② 《尚书·盘庚》。
③ 《荀子·致士篇》。
④ 《尚书·康诰》。
⑤ 《尚书·召诰》。
⑥ 参见武树臣：《中国传统法律文化》，210 页，北京，北京大学出版社，1994。

判例是作为补充成文法之不足而适时产生的，在司法审判中起着重要的作用。如果说在成文法相对健全时期还需运用判例断案，那么在成文法稀疏时就更显其重要了。故汉初出现"春秋决狱"之风，以判例审判案件成为时尚。这倒不是董仲舒好惹是生非，而是客观的事实要求有人去创制和运用判例，以填充成文法调整社会关系的空白。从这里出发，对我们正确认识、评价"春秋决狱"就不会感到唐突或只责其非，不顾其是了。也正如此，古代中国判例法判案也就开始了一个新里程，判例由以往的"散装"式开始"集装"化，一部《春秋决事比》232事，犹似一部特殊的判例汇编，动辄"春秋决狱"，而且具有很高的法律效力。

唐代寝息其风后，旋即又兴起宋代的援例审案之习，"编例"活动频繁，它与"编敕"构成有宋一代法制建设之特色。援例断案作为成文法不足之补充，其精神不能悖于成文法。正如《宋会要辑稿·职官》所说："夫例者，出格法之所不该，故即其近似者而仿行之。如断罪无正条，则有比附定刑之文；法所不载，则有比类施行指挥。虽名曰例，实不离于法也。"但实际上，宋代这种"成文法"式的编例，势必带来"以例破律"的结果，在"绚私忘公，不比法以为例，而因事以起例"后，六省六曹之官吏只"顾引例而破法"①。在这一点上，宋代是表现得很突出的，其恶劣的影响也是统治阶级不可以疏忽的，毕竟在成文法国度里，以律判决在理论上是不允许以例判决喧宾夺主的。所以后来，国家对此采取了一种比较严格的限制措施："自今决事实无条者，将前后众例列上，一听朝廷裁决。"② 宋徽宗时期还有一条禁止性规定："准条，引例破法及择用优例者，徒三年。"③ 这样，宋代又开始了援律判案的历史，比较有力地克制了"援例而断"的做法，在司法审判时，强调尽检律条，以律而断。

然而，不管怎么说，判例作为审判的一种依据，总有它存在的合理性，它与成文法可以相互为补。因此，明清两代判例又一次活跃在司法审判中。特别在清代，例的作用更不可小视，且很有地位。首先，采用"律例合编"的形式，肯定例的普遍、永久的法律效力，如《大清律例》在乾隆初年修订时，形成由436个律条、1409条例组成的合编法典。其次，在适用律和例时，往往重例轻律，重新例轻旧例："凡五刑之属三千著于律，律不尽者著于例……有例则置其律，例有新者则置其故者。"④ 再次，刑名幕吏喜欢"舞文弄例"，由于清代司法主官（特别在地方）尸位其职，法律知识缺乏，大量使用刑名幕吏，而刑名幕吏又深谙法理，精熟判例，为了玩法行私，不惜舞文弄例，造成司法审判中"多立名目"、"高下其手"、"出入人罪"的局面。但这不应是例之错，而只是吏之过。

类推判决也是传统司法审判中常用的方法，如果所判的案件找不到明确的相应的法律条文依据，也缺乏判例依据，则可以比照相似或相近的法律条文或判例来断罪定刑。这种判决案件的方法，早在西周就开始运用了。吕刑中有"上下比罪"的记载。《尚书·吕刑》明确规定："哀敬折狱，明启刑书胥占，咸庶中正。其刑其罚，其审克之。"要求审理判决案件要采取慎重态度，依据刑书斟酌权衡，决狱量刑务必恰当。对于刑书没有直接规定者，则应按照法律类推原则，"上下比罪，无僭乱辞，勿用不行？"即比照相关规定处理，不受错误干

---

① 《文献通考·刑考六》。
② 《宋会要辑稿·刑法》。
③ 《宋会要辑稿·刑法》一之二一。
④ 《大清会典》卷五十四。

扰，不搞主观臆断。《礼记·王制》也说："凡听五刑之讼……必察小大之比以成之。""小大"犹轻重，已行故事曰比。也就是说在没有法律条文依据时，可以根据类似判例定罪科刑，这种做法在秦律中能见到很多的记载。如"'殴大父母，黥为城旦舂。'今殴高大父母，可（何）论？比大父母"①。又见"臣强与主奸，可（何）论？比殴主。斗折脊项骨，可（何）论？比折支（肢）"②。秦朝法律中的比附类推方法，显然还比较简单，但汉晋时期开始从理论、精神方面说明类推定罪的必要性。刘颂曾主张判案"若无正文，依附名例断之"，明白准确地强调，按总则篇的法律原则和精神，比照定罪。南北朝时期北魏曾有明确规定，在审案中"律无正文，须准傍以定罪，礼阙旧文，宜准类以作宪"③。

　　类推理论在法典中体现最充分者，当数《唐律疏议》。其中规定："诸断罪而无正条，其应出罪者，则举重以明轻，其应入罪者，则举轻以明重。"④ 为了使类推原则更明确，不致发生歧义，还进行了列举式解释：如晚上无故进入人家，主人立时杀死者不负任何刑事责任，这是有律文规定的，但夜入人家被打断手脚或打伤其他部位的行为，主人有无刑事责任，这是律无明文规定的，对于此类行为是否构成犯罪，就参照"主人登时杀者，勿论"确定，"假有折伤，灼然不坐"，此为所谓的"举重以明轻"。又如谋杀期亲尊长者处以斩刑，其规定在法典正文中，但"无已杀，已伤"行为的处刑，则比照"始谋是轻"，尚处死刑，杀及已伤为重，更要处以死罪斩刑。此为所谓的"举轻以明重"。

　　由于宋代司法原则沿袭于唐，同时又重视创制判例，故在类推比附上，一方面继续沿用唐律中的"举重以明轻"和"举轻以明重"原则；另一方面又强调在类推比附时，如果"法所不载"则可以"比类施行指挥（例）"，并且强调在比附例时，"不得更引非法之例"⑤。明清两代的类推比附也是：一方面在"断罪无正条"时"引律比附"；"律与例无正"时"得比而科焉"⑥。另一方面在以例类推比附定罪时，清代还创制了一种操作性很强的"比附范例"，这是一种很有特色的司法依据。比附范例，即在律与例都无法律正文规定情况下，甚至也不便适用类似条文的上下比罪时，干脆采用此类犯罪附彼类判决，并明确规定在法律中，适用性很强。试举一例为证：如犯赌博罪（开场窝赌）按光棍犯罪处刑定为"比附范例"："赌博事犯，将赌博开场之人，存留赌博之主，不分官吏、平人俱照光棍为从例，拟绞监候，秋后处决"⑦。"光棍为从例"是指按光棍犯罪为从者处刑。清代光棍，也称恶棍，即指流氓、地痞之类犯罪分子，他们以敲诈勒索的办法诈财；或索诈官吏财物，或张贴揭贴诈财，或以告官吓官民财物，或勒写借约取财，或因官民斗殴，强行捆绑带走勒写文约或吓诈财物，如不遂其意竟行打死。清代规定光棍犯罪，为首者立斩，为从者绞监候，都不论其得财与否，而且连坐其亲属。如光棍之家主父兄系旗下，鞭五十，系民责二十；系官交该管部议。如光棍家主父兄出首送官者，光棍比本人照律治罪，其家主父兄免其刑责。

　　① 《睡虎地秦墓竹简·法律答问》。
　　② 《睡虎地秦墓竹简·法律答问》。
　　③ 《魏书》卷一〇八。
　　④ 《唐律疏议·名例·断罪无正》。
　　⑤ 《宋会要辑稿·职官》一之二一。
　　⑥ 《大清会典》卷五十四。
　　⑦ 《古今图书集成·详刑典·律令部》。

另外，此类推定罪科刑之大权集中于皇帝："定拟罪名，议定奏闻，若辄决断，致罪有出入以故失论"，"得比而科焉，必疏闻以候旨"。在这种情况下，皇帝的自由裁量权显得特别大，往往改变刑部的判决，而且皇帝的判决就是案件的终审判决，法律效力最高。试举两例说明之。

例一，据《刑案汇览》卷十二《兵律》记载：清代嘉庆二十五年（1820年），皇家御养虎场走失一只老虎，咬死人命，由园户疏忽造成，因此园户德泰要负刑事责任，刑部比照"牧养官马损失，罪止满徒"例，加等处以流刑，枷号两个月，发吉林当差。而皇帝改为"免其发遣"，仅枷号两个月。显然，皇帝将刑罚由重减轻了。

例二，据《刑案汇览》卷十二《刑律》记载：清代嘉庆二十二年（1817年），奉天地区发生一起用刀挖孔窃取关帝神像内银什案。刑部比照"盗大祀神御物"律，处以斩立决。皇帝改为"斩监候"。这是一起对处以极刑的改判，可见皇帝在类推比附定罪科刑中发挥着异常重要的作用。

三、依情理判决

在儒家思想主导的中国古代，情理高于法令而具备了类似西方自然法的衡平功效，情理也自然成为比法律更高的法律渊源。作为一种模糊不清又无所不在的司法审判依据，情理与法律规范既有其内在逻辑统一的一面，又有其相互对立、冲突的一面。其内在逻辑统一主要表现在法律的生命在于情理："原夫礼律之兴，盖本自然，求之情理，非从天坠，非从地生。"① 正因如此，情理自然就成了法官最重要的裁判依据之一。因此，在古代审判中经常使用这样的判词语言："论法法不可容，论情情实难恕"②；"揆之法意，揆之人情"；"揆之条法，酌之人情"③。晋代大司法官廷尉卫灌说得更明白："明法理，每至听讼，小大以情"④。然而，司法审判中如何做到准法原情，特别是贯彻"小大以情"，却又不是一件易事，因此，司法官在审断案件时只能根据不同情况酌情处理。这样一来，古代中国诉讼史上的又一道奇观出现了。

（一）尽量兼顾情理与法意

南宋时期胡石壁曾审理一起"李边赎田之讼"案：九年前李边典田于唐仲照，由于李边赎田时以纸币赎回原用铜钱典出的田产，所以唐仲照不肯退业，李边诉于官府。此时法官便遇到了两个问题：李边以现钱纸币赎回田产是可以的，因当时会子纸币是通行货币，由此说来，李边合法；唐仲照不退典业，原因是其中已有差价（今李边乃欲以见钱五十贯、官会六十五贯，而赎唐仲照见钱一百二十贯典到之业），这样说来，唐仲照又合理。司法官怎样判决呢？请看司法官首先确立的指导思想（反映在判词中）："法意，人情，实间一体，徇人情而违法意，不可也，守法意而拂人情，亦不可也。权衡二者之间，使上不违于法意，下不拂于人情，则通行而无弊矣。"看到司法官如此确立的指导思想，其判决结果应该是一目了然

---

① 《宋书·傅隆传》。
② 刘俊文编著：《敦煌吐鲁番唐代法制文书考释》，443页，北京，中华书局，1991。
③ 《名公书判清明集》。
④ 《晋书·卫灌传》。

的："李边备钱陪还唐仲照，如不伏，收勘从条行。"这属典型的兼顾法意与人情的一则判决。至于最后，司法官还是处李边杖刑一百，原因是"其健讼有素，积罪已盈，傥于此时又获幸免，则凡丑类恶物，好行凶德之人……而恣为悖理伤道之事，官司终不得而谁何矣！此长恶之道也，岂为政之方哉！照条勘杖一百"。这倒是另一码事了。[1]

（二）依情理弃法意

在伦理积厚，重道德轻法制的古代中国，"情理自然成为比法律更高的法律渊源，因而一旦人情、天理与法律发生冲突，法律常常被搁置一旁"[2]。据记载，宋代曾发生一起男女因奸被人捆送官府的"无夫奸"案：有位穷书生与邻家处女成奸，当时任县令的马光祖审理此案，无非有两种结果：一种是按照法律规定，犯"无夫奸"罪，处徒刑一年半[3]；另一种是依情从宽判决。结果这个马县令恰恰是选择后者，而且，其判决过程充满浪漫情调，真令人忍俊不已：审理中马县令既不引法条下判，也不依"情"而决，而是先命一道题目，令书生作诗。这道题目叫"逾墙搂处子"，书生接题后顿成诗一首："花柳平生债，风流一段愁；逾墙乘兴下，处子有心搂。谢砌应潜越，韩香计暗偷；有情还爱欲，无语强娇羞；不负秦楼约，安知漳狱因；玉颜丽如此，何用读书求？"县令看罢此诗，即判一《减字木兰花》词云："多情多爱，还了平生花柳债；好个檀郎，室女为妻也不妨。杰才高作，聊赠青蚨三百索；烛影摇红，记取媒人是马公。"[4]

表面看来，真不可思议，在审理奸非案件中，司法官不像在审案，而是在做媒，并且赏送不菲的三百两银子。须知在法律成熟、定型的唐宋时期，是很重依法依例判案的，并且此时法律中规定的司法官审判中过误惩处的责任制度也是相当完备和严格的，难道这位马县令就不想再吃皇粮，冠乌纱帽子吗？回答是否定的，这个马县令不仅想继续当官，而且更想当一位能赢得社会称誉的"通人情"的亲民官、父母官。由此可见情理在司法审判中至高的法律渊源地位。

的确，在古代中国形成了一种情理至上的诉讼价值观，"立法设刑，动缘民情，而则天象也"[5]，司法审判"狱贵情断"[6]。对于一个"严明"的司法者来说，无非是"谨持法理，深察人情也"[7]，司法官只要如此司法就会感召百姓。正如《新唐书·魏征传》所说："（魏）征素少不习法，但存大体，以情处断，人皆悦服。"依情理判决，不仅充分表现在刑事案件中，更集中体现于民事诉讼里。如唐代有一争子案件：妇女阿毛本为宦者缪贤之妻，生有一男孩，邻居宋玉却声称此孩为自己与阿毛私通所生，欲争此子。司法官不顾任何条件，只讲究情理一个："身为宦者，理绝阴阳。妻诞一男，明非己胤。"结果判断为："宋玉承奸是实，阿毛亦奸状分明，奸罪并从赦原，生子理须归父。儿还宋玉，妇付缪贤。毛、宋往来，即宜

① 《名公书判清明集》。
② 叶孝信：《中国民法史》，320页，上海，上海人民出版社，1993。
③ 《宋刑统·杂律·诸色犯奸》载："和奸者，男女各徒一年半，有夫者，徒二年。"
④ （明）蒋一葵：《尧山堂外纪》卷六十二。
⑤ 《汉书·刑法志》。
⑥ 《折狱龟鉴》卷四，《议罪》。
⑦ 《折狱龟鉴》卷八，《严明》。

断绝。"① 这虽属唐代一件虚判，但也典型地说明了问题。在历史上类似的实判与虚判可谓俯拾皆有。

第二节
判决方式

一、先议后判

诉讼中判决案件是一个异常重要的环节，它关系到罪与非罪、刑轻与刑重的大问题。对于这一点，中国古代历朝十分重视和慎重，无论在早期的"神判法"时代，还是后来的"人判法"时期，都无不如此。如何使判决准确？不管是实行独审制，还是实行会审制，都首先取决于判决方法的运用。如果草率下判，难免顿生冤错，特别对于疑难、重大案件的判决就更是如此。对于涉及死刑的大案要案，如果草率判决，一旦人头落地，就会造成不可挽回的巨大错误。诸如此类的判决，对社会秩序和阶级统治是非常有害的。因此，历代统治阶级都在寻求和建立比较科学的判决方法，判前议罪就是中国古代常用的判决方式之一。

（一）商周的先议后判

在"神判法"盛行的殷商时期，司法审判虽然尚未真正重视人的作用，惟尚神和天的作用，占卜决定一切政行大事，商王无事不卜，无日不卜，判决案件也是"非废厥谋，吊由灵各，非敢违卜，用宏兹贲"②。占卜之如此盛行，因为在当时人们的心里，"卜筮者……所以使民决嫌疑，定犹豫也"③。即使这样，当时对肉刑案件（墨、劓、膑、宫）和死刑案件（大辟）的判决，也实行判前集议的制度。其中对于简单一点的案件判决是"立时人作卜筮，三人占，则从二人之言"④，即在议罪、议刑时，采用少数服从多数的做法。虽然这种带有"神意"的议，在今天可谓不可思议，其议的方法也如此地简单、笨拙，但也确实体现了当时统治阶级对判决的重视。对于疑难案件，那就更慎重了，议的范围也相当大，所谓"汝则有大疑，谋及乃心，谋及卿士，谋及庶人，谋及卜筮"⑤。也就是在疑难案件判决前，集议之人众多，包括国君（乃心）、官吏（卿士）、平民（庶人）和卜人，目的在于求得一个审判之"吉"，求得一个有利于统治秩序之"吉"。这大概可以认为是中国古代最原始的先议后判制度了。

从"神判法"开始转型为"人判法"的西周开始，中国古代就更加重视判决前的集议之制了，并且逐渐使之制度化和法律化。西周的判前集议制度，主要表现在以下几个方面：一是对享有法律特权的人犯罪后实行判前先议。《周礼·司寇》载："以八辟丽邦法，附刑罚。"

---

① 刘俊文编著：《敦煌吐鲁番唐代法制文书考释》，443 页。

② 《尚书·盘庚》。

③ 《礼记·曲礼》。

④ 《尚书·洪范》。

⑤ 《尚书·洪范》。

唐代贾公彦解释为享有法律特权的八种人，"若有罪当议，议得其罪乃附邦法，而附于刑罚也"。所谓犯罪后先议其罪的这八种人是指：一曰议亲之辟，二曰议故之辟，三曰议贤之辟，四曰议能之辟，五曰议功之辟，六曰议贵之辟，七曰议勤之辟，八曰议宾之辟。此为后世封建社会长期盛行的"八议"者犯死罪都要经过都堂集议之制的渊源。

二是对地方上报案件，中央司法官司寇在判决前也采行集议制度。所谓国中案件"辨其狱讼，异其死刑之罪而要之，旬而职听于朝，司寇听之，断其狱，弊（断）其讼于朝。群士司刑者皆在，各丽其法，以议狱讼"①。《周礼》疏为断案时，"恐专有滥，故众狱官共听之，云各丽其法者，罪状不同，附法有异，当如其罪状，各依其罪，不得滥出滥入，如此以议狱讼也"。而且，对于地方案件采用先议后判制，不只是于国中，对于四郊、野、都家的案件也同样实行先议后判制。②

（二）唐代的先议后判

西周的先议后判制对后世的影响是深远的，特别是在儒家思想从根本上影响古代法制建设后，其慎用刑罚、恤刑宽罚，尤其是反对错杀无辜、滥刑滥罚的思想成为司法审判的指导原则，司法审判中的首先议罪之制在西周的基础上更有发展并日趋严密。引礼入律完成后的封建法典《唐律疏议》，为了防止司法审判中的滥刑滥罚现象出现，确立了徒刑以上重案的"长官同断"制、"八议"者犯死罪的"都堂集议"制和疑案"得为异议"制等。

1. "长官同断"制

唐律中强调"徒以上刑名，长官同断案"③。即疏议所说的凡徒刑以上的罪名，必须由长官主持，官员共同审理断案。根据《唐律疏议·名例·同职犯公坐》规定，在审理徒刑以上重案时，为了公正审断案件，连署之官都要参与判前议罪，并且确立相应的连带责任。即把连署之官分成四等：在地方为长官、通判官、判官和主典，在中央大理寺，则以大理寺卿为长官，少卿及正为通判官，大理寺丞为判官，府吏为主典④，四等官吏共同议罪定判。如果下判有错都要分别承担刑事责任：如由大理寺丞判决罪犯有违失，就以大理寺丞为首犯，少卿和大理寺正为第二等从犯，大理寺卿为第三等从犯，府吏则为第四等从犯。其余都以此从高到低类推各自应负的大小不同的刑事责任。可见唐代对比较重要案件的判决，都实行较为严格的先议后判制度。

2. "都堂集议"制

唐律中明确规定，属于"八议"范围的人犯了死罪，都要先行题奏请示，交付大臣集

---

① 《周礼·秋官·司寇》。

② 《周礼·秋官·司寇》载："遂士：掌四效。各掌其遂之民数，而纠其戒令。听其狱讼，察其辞……而职听于朝。司寇听之，断其狱，弊其讼于朝；群士司刑皆在，各丽其法以议狱讼。""县士：掌野。各掌其县之民数，纠其戒令而听其狱讼……而职听于朝。司寇听之，断其狱，弊其讼于朝。群士司刑皆在，各丽其法以议狱讼。""方士：掌都家。听其狱讼之辞，辨其死刑之罪而要之，三月而上狱讼于国。司寇听其成于朝，群士司刑皆在，各丽其法以议狱讼。"

③ 《唐律疏议·断狱·狱结竟取服辨》。

④ 唐代大理寺丞设有六人，分掌审决刑狱事务。府吏也称府史，大理寺设府二十八人，吏（史）五十六人，掌保管典章事务。

议，来确立他们所犯的罪行。① 究竟如何集议，据《唐律疏议·名例·八议》记载为："八议人犯死罪者，皆条录所犯应死之坐，及录亲、故、贤、能、功、勤、宾、贵等应议之状，先奏请议。依《令》，都堂集议；议定奏裁。"所谓都堂集议是指唐代按照《狱官令》的决定，八议范围的人犯死罪后，都由尚书省组织、集合诸司七品以上官员在都堂集合议罪。议罪之原则是"原情议罪"，即原其本情，议其犯罪。这种对八议之人犯死罪后的先议后判，虽然是一种对享有法律特权者的特殊做法，但也同样说明了唐代建立议罪制度的事实。

3. 疑罪之议

唐代对证据不足，或案件事实似是似非，很难明确判断的案件，很重视判前集议，以求准确判决，避免疑罪疑狱的出现。《唐律疏议·断狱》记载：对于八品以下官员和平民犯的罪，一人证明是假，一人证明是真；二人以上真假的作证，人数又相等；或者七品以上的官员，各根据众人证明来定罪。对于疑罪，为了让司法官能够充分发表意见，规定的制度是，各位司法官必须各抒己见，得为异议。同时又强调不同意见，在集议中不能超过三次。所谓"即疑狱，法官执见不同者，得为异议，议不得过三"。看来，唐代对于疑罪的集议颇带有点"民主"色彩，异常慎重其事。首先在集议中规定了保证司法官对判决提出不同意见，依法议罪；其次在集议的基础上慎重地作出判决。对此，有一案例颇能说明问题。唐初丘神鼎等被控告犯有反逆大罪，如何认定其罪，由于证据不充分，实为一件疑案。故在判前集议中意见颇有不同：刘志素认为丘神鼎属文官辄造武夫之衣，后又烧毁，可见他"夙怀叛心"、"反状分明，请付法者"。曹断主张"丘神鼎处斩，家口籍没"。徐有功则坚持"准赦据敕，不合推科"，并提出"请更审详，务令允当"。接着进行第二次集议。刘志素、曹断坚持前议，徐有功和郑思齐（新增议刑之员外郎）却不同意刘、曹意见，孟浪主张根据刘志素与徐有功的意见再次议罪。最后进行第三次"集众官议"，这次参议官员多至两百多人。以杨思雅为代表的117人主张依刘志素和徐有功之议，以缘坐为允；以杨执柔为代表的122人认为"并无反状"。在此三次集议基础上，最后由皇帝钦派五品推事使杜无二定判："奏无反状，准赦例处分释放。"② 从此案的判前集议情况看，唐代对疑难案件的判决极其慎重，力图避免案件的错判。

（三）宋代的先议后判

在唐律规定的基础上，宋代形成更典型更完备的判前集议制度：地方录问制、中央复议制和朝臣杂议制。

1. 地方录问制

录问之判大致起源于五代时期③，宋代继承其制度，并予以发展。宋代对于徒刑以上案件，在审讯以后、判决以前，必须经过没有参加审讯，并且依法不合回避的司法官集议——录问程序后，才能判决案件。在县一级录问案件，一般由长官县令与佐集体进行，所谓"其

---

① 《唐律疏议·名例·八议》载："'八议'之人犯死罪，皆先奏请，议其所犯。"

② 《通典·刑七》。

③ 《宋刑统》卷二十九《不合拷讯者取众证为定》载："（后）唐天成三年七月十七日敕节文，诸道、州、府凡有推鞫囚狱，案成后，逐处委观察、防御、团练、军事判官，引所勘囚人面前录问，如有异同，即移别勘。若见本情，其前推勘官吏，量罪科责。如无异同，即于案后别连一状，云'所录问囚人与案款同'，转上本处观察、团练使、刺史。如有案牍未经录问过，不得便令详断。"

徒罪以上囚,令佐聚问无异,方得结解赴州"。在州一级录问案件,或由本属官吏进行,或"邻州选官"录问(真宗以后),或上级司法机关派员录问(对命官案件)。① 京都地区案件则一般选派朝官进行。宋朝统治者为了使录问真正达到目的,防止冤错出现,甚至对州一级的重大死刑案件、京师重大死刑案件还实行两次集议录问之制。即在"诸州大辟案上",首先由本州长官以下集议(聚录):"须长吏、通判、幕职官同录问详断。"② 同时考虑到"恐有初官未详法理,虑其枉滥",又规定对于大辟罪以及五人以上的案件,必须"请邻州通判、幕职官一人再录问讫决之"③。对京师重大案件,首先"委御史台于郎中以上牒请录问",其次还须由"中书舍人以上、丞郎以上再录问"④。由此可见宋代对判前集议的重视程度。

2. 中央复议制

宋代对死刑、疑难案件,以及命官案件实行依法上奏制,上奏案件由大理寺、刑部、审刑院分工审复。有宋一代实行"鞫谳分司"制,在中央大理寺特设详断官和详议官。审理上奏案件的程序是详断官审讯,详议官复议,主判官审定成判。元丰改制以后,则明确断、议两司制,以"评事、司直与正为断司,丞与长贰为议司。凡断公按……移议司复议,有辨难,乃具议改正,长贰更加审定,然后判成录奏"⑤。在宋代还存在一种较为复杂的议刑制度,称为"次第禀白",是指对于疑难案件难以定罪时,先由大理寺议官各抒己见,明确提出各自的意见,最终意见仍难以一致,阻碍定罪时,则禀告刑部议之,如刑部也不能断者,又由尚书省议断。这种做法虽然复杂,但有利于案件判决的准确性。

3. 朝臣杂议制

在宋代更为复杂的一种议罪制度是"朝臣杂议"制。一般来说,上奏案件经大理寺和刑部就形成终审判决,对大理寺、刑部审复仍无法判决的疑案与要案,一般由御史台审决。⑥如果由大理寺、刑部审复须申三省的疑难案件,则一般要由朝臣集议而判:"天下疑狱、谳有不能决,则下两制与大臣若台谏杂议。"⑦ 可见,判前集议制度在宋代已经定型为一种典型的制度,对后世封建社会的影响是巨大的,如元代的"约会"之制,明清的一系列详断制度,都是历朝重视先议后判的表现。

二、先判后议

在司法审判中,独审制始终存在,甚或在一定时期内成为一种主要的审判方式,在中国古代,起码自夏商开始就存在于世了。但是,司法官独审案件,难免存在其不可忽视的弊端,譬如适用法律的不准确,因个人能力和情绪的不同,故意或过失的出入人罪等现象都难以避免。而对于此,无论是法理的要求,还是统治阶级的愿望,都是绝对不允许存在、发展

---

① 《续资治通鉴长编》卷一二三"宝元二年五月辛卯"载:诸州军命官犯罪后,"狱具,更申转运、提点刑狱司,差官理问以闻"。

② 《续资治通鉴长编》卷五十三,"咸平五年十月戊寅"。

③ 《续资治通鉴长编》卷七十三,"大中祥符三年六月庚午"。

④ 《宋会要辑稿·职官》一五之四五。

⑤ 《宋史·刑法三》。

⑥ 《续资治通鉴长编》卷三三五"元丰六年五月丙戌"载:"事之最难者莫如疑狱。夫以州郡不能决而付之大理,大理不能决而付刑部,刑部不能决而后付之御史台。"

⑦ 《宋史·刑法三》。

的。正如还处在法律不健全、尚未建立大清帝国前的努尔哈赤，在关外草创后金政权之时，就深刻地认识到："凡事不可一人独断，如一人独断，必致生乱。"① 又说：司法官在操"生杀之际不可不慎，必平心和气，详审所犯始末，方能得情"②。然而，在专制国度里，在长官意志下，同时还在受贿受请中，不要说司法审判中恶吏的"以是为非，以非为是，是非无度"的现象普遍存在，就是连敬业亲民的循吏良官也难免出现判决过失。这样，独审制相对会审制必然存在更多错误。因此，为了防止滥判和误判，中国古代很早就形成了判后再议的制度。

就目前资料所见，中国古代早在西周就出现先判后议之制。西周时期很多案件实行独审制，出土的铭文证实了这一点，如《曶鼎》铭文记载一起违约案件的判决是由司法官邢叔独审完结的，又《㑒匜》铭文记载一宗财产（奴隶）所有权归属的案件也是由司法官伯扬父独审完成的。可见，独审制是当时判决案件的一种最主要的方式之一。西周统治阶级为了贯彻周公"明德慎罚"和刑罚适中的指导原则，尽量避免误判滥刑，便形成了有名的先判后议制——"三刺"制度。据《周礼·司寇》记载："以三刺断庶民狱讼之中，一曰讯群臣，二曰讯群吏，三曰讯万民，民之所刺宥，以施上服下服之刑。"贾公彦疏曰："三刺之言，当是罪定断讫，乃向外朝始行三刺……断狱终始有三刺，刺则罪正所定。"即当案件判决后，要向外朝征求意见，以求准确定罪科刑。三刺的对象从群臣到群吏乃至万民，范围很广泛，议罪的人很多，而且似乎具有民主的色彩："民言杀，杀之；言宽，宽之。"③ 西周时期这种先判后议制度虽然难免带有很大的理想性，但也反映出了中国古代从此开始了先判后议的历史。

秦汉时期的"录囚"和相当长时期里盛行的"春秋决狱"制度，实际上都带有先判后议的特色。"录囚"由上级司法机关复议下级司法机关判决的案件，复议中如果发现冤狱即给予平反。至于在复议中是集议还是独议，尚不太清楚。"春秋决狱"中有一个最重要的原则是"论心定罪"。"心"指动机，即根据动机好恶来论罪议刑。如汉代薛况雇请杨明杀人案，廷尉以薛况为首恶，杨明亲手伤人，皆属大不敬，依律判决薛况与杨明"弃市"之刑。后以"春秋之议，原心定罪"议之，均免死刑，"减罪一等，徙敦煌"④。在汉代，这种以春秋大义议冤狱的事并不为鲜，而且这样做的人颇有政绩和声名。如何敞在职期间，常常"举冤狱，以春秋义断之"，把所在郡治理得秩序井然，民无怨声。⑤ 由于议罪的作用不可低估，故历来统治阶级非常重视，特别在判决案件后，更是如此。大致从宋代开始，将审判程序中的断和议进行明确区分，并予以制度化、法律化。在各级审判中，除县一级没有明确规定断与议外，在州一级审判程序就断和议做了明确的规定。首先以司理参军调查犯罪事实，进行审讯。其次由司法参军根据已查明的犯罪事实，检出相应的法律条文，议定罪行。最后由朝廷派往州协助司法的幕职官进一步审议案情，作出定罪量刑的判决稿，供州司法长官判决。在

---

① 《大清太祖高皇帝圣训》卷四。
② 《大清太祖高皇帝圣训》卷三。
③ 《周礼注疏》卷三十五。
④ 《汉书·薛况传》。
⑤ 参见《汉书·何敞传》。

中央大理寺也是断司与议司分开，几乎一切案件"先断而后议，经过一再审议，而后定判"①。为了说明问题，特举宋代著名的"阿云之狱"为证。

北宋神宗时期，登州有一叫阿云的女子，在母亡服丧期间许聘给一个姓韦的男子，未行前，阿云嫌恶韦生得丑陋，便潜入其舍，以刀砍伤韦，使韦身受十多创，没有杀死，又断其一指。案发后，司法机关怀疑为阿云所伤，准备拘捕审讯时，阿云自首其罪，供认了全部犯罪事实，知州许遵以"纳采之日，毋服未除，应以凡人论"，处以流刑。案至审刑院和大理寺后，判为死刑。许遵认为定罪不准确，因为有所因犯杀伤罪而自首的人，可以免所因的罪，不应按照故意杀伤法处断，应当依按问欲举自首（又有诏令规定）予以减二等处刑。事下刑部，刑部意见与审判院、大理寺意见一致。许遵不服，请求将案件发内外两制讨论议决。于是皇帝命令翰林学士司马光、王安石共同议之。司马、王氏两人意见不同，司马光支持刑部判决，王安石认为许遵判决不错。两种意见分别上奏皇帝，皇帝则同意王安石所议。而御史中丞滕甫仍要求再选官吏议定，皇帝又下诏把案件交翰林学士吕公著、韩维等人重议。吕公著等人重议意见与王安石一致，皇帝说"可以"。可是司法官齐恢、王师元等认为吕公著等人所议不当，又再次上奏皇帝，于是皇帝又命王安石和法官等人再次共同讨论，反复研究这一案件。

围绕"阿云之狱"，究竟如何判决，以"诸谋杀人者徒三年，已伤者绞"（《刑统》规定）判决死刑，还是以"因犯杀伤而自首者，得免所因之罪，仍从故杀伤法"（《刑统》规定）和"谋杀已伤按问欲举自首从谋杀减三等（敕令）处流刑判决，在朝廷大臣和司法官中先后进行反复多次的集议，可见宋代对案件先判后议何等重视，同样也反映出中国古代先判后议的基本风貌。尽管宋代是属于一个最典型、最重视这一制度的朝代，也尽管"宋以后的各朝，虽不像宋那样严密，但大体上也有推鞫和审议的程序"②。对宋以后的各朝的先判后议的情况，这里就不赘述了。

三、先议后判再议

对于案件的准确判决，最让司法官棘手的莫过于疑、要案和命官案。这些案件涉及面广，判决后影响大，历来为统治者所高度重视。特别在中国古代随着专制集权统治的愈发强化，阶级矛盾愈发激化，社会秩序愈发不稳定，统治阶级对其也愈发重视。因之，司法审判中的先议后判再议制度也就逐渐形成且越来越引起重视。大体可以这样认为，中国古代在唐代以前这一判决方式并不突出，宋代以降，特别是明清时期，它的地位和作用便凸显出来了。在具体论及这一问题前，有必要弄清这样一个前提，即由于自宋代开始，国家司法机关开始复杂化，司法审级增多，特别在中央一级司法机关，司法职能的变化、皇帝对司法权的高度控制和垄断，使得以往的先议后判和先判后议制度难以完全为皇权政治服务，先议后判再议的判决方式因之普遍地被适用，尤其是在中央最高审级中广泛地运用，当然，也主要在最高审方面。如前章所述，宋代的中央司法机关设置除沿袭唐制的大理寺、刑部、御史台外，还增设审刑院，明代在普通机关外还有厂卫机构，清代除沿用明之三法司以外，还增设专为满族人诉

---

① 陈光中、沈国峰：《中国古代司法制度》，141 页。
② 陈光中、沈国峰：《中国古代司法制度》，142 页。

讼的特殊司法机构。加之，最高统治者为了更直接地掌握司法权，强调、重视三法司的职责履行和相互制约，以及特殊司法机构对普通司法机构的职权独立性和实际干预性（尤以宋之审刑院和明之厂卫为突出）。这样，案件的先议后判再议制的产生和极端重视是必然之事。

（一）宋代反复再议制

宋代大理寺是中央最高审判机构，凡死刑、疑案和命官案都要依法由其审判，大理寺审判案件按照先议后判之制成判。[①] 但这不是终审判决，法律规定还需"判成录奏"。首先申报刑部，由刑部复议之。在审刑院存在期间，刑部复议之案，再下审刑院详议，最后除少数案件外，由审刑院终审成判后执行。可见大理寺判决的案件，还必须经过刑部和审刑院的再议。元丰改制以后，撤销审刑院，便无审刑院这道再议程序了。当然，往往也出现刑部再议意见与大理寺判决相矛盾的现象，这时有两种解决方法。一是案件驳回大理寺后，大理寺还得再议一次，议所判决的法律依据是否充分，或补充新的法律依据。这样案件就有个返回再议的过程。如《宋会要辑稿》记载这样一个案例：袁州百姓李彦聪令人力何大殴打杨聪至死，袁州定李彦聪死罪。案上大理寺后，先议后判为杖刑，刑部复议时，认为大理寺判决不当，应改判死刑。案返大理寺再议时，又以一个断例为法律依据，坚持原判杖刑结论，这时刑部才同意大理寺判决结果。[②] 另一方法是刑部和大理寺意见始终不一致，相互驳辩时，则由非司法机关官员的朝臣再议成判。即使在某一案件的判决和复议上，大理寺和刑部意见完全一致，但如果中书省认为不当，也由朝臣集议成判。如南宋绍光年间，宣州叶全二盗人窖钱，并且杀死被盗人家五人，弃尸水中，由于"尸不经验"，大理寺未判死刑，只判"杖配琼州"，刑部复议也同意这一判决，但中书省认为判决不当，案件返回重新议审，而大理寺和刑部坚持原判，于是又由御史台和辅臣再议改判。[③] 从这个案件的判决情况看，大理寺判决之案，经过两次再议之程序。

（二）明清的判后再议制度

对于疑难案件和死刑案件的判后再议制度，到明清时期日趋规范化，主要表现在一系列的会审制度中。明初太祖朱元璋规定：对于重大疑难案件需要再议时，集法司会同审问，即"议狱者一归于法司"[④]。即由中央三法司刑部、大理寺和都察院再议。这一制度直接催生了清朝一系列的案件判决的再议制度：三司会审、九卿会审、朝审和秋审制度。这里主要就朝审和秋审制度中的再议情况简单进行论述。

1. 死刑实、缓之议的朝审

清代京师地区死刑案件判决由刑部进行，然后三法司会审，而朝审是对京师地区被判处死刑中的监候案件的一种审录程序，审录（再议）的目的是区别实、缓，即是执行死刑还是暂不执行死刑，表示对死刑的慎重。具体做法是："刑部现监重犯，每年一次朝审。刑部堂议后即奏请特派大臣复核，核定具奏后，摘紧要情节，刊刷招册送九卿、詹事、科道各一

---

① 《宋史·刑法三》载："凡断公按，正先详其当否，论定则签印注日，移议司复议，有辨难，乃具议改正，长贰更加审定。"

② 参见《宋会要辑稿·刑法》四之七八。

③ 参见《通考·刑九》。

④ 《明史·刑法志》。

册，于八月初间，在金水桥西，会同详审，拟定情案、缓决、可矜具题，请旨定寺。"① 就是指由刑部先议后判的死刑重案，必须再经过朝审的再议再审，才为终审定案。在朝审的这道会同详审程序中，主要是议决情实、缓决、可矜和留养承祀四种结果。② 在朝审之议时，究竟将一件死刑案件议决成一种什么结果，当然是比较复杂的，一是要依法而议，有法律根据，特别在可矜和留养承祀上。如可矜，什么罪属于情有可原，这样就有个依情理而定的因素，在中国古代情理又是一个难以确定的宽泛概念，往往在律典中规定得不太明确，因此，要善于寻找其他法律根据，这种依据更多地出自于众多的条例中。所以参加朝审的官员往往以例议之。如乾隆二十七年（1762 年）所定条例中有这样两条例规定得比较清楚，操作性也较强。"如子妇不孝、詈殴翁姑、其夫愤激致毙"者；"或因该犯之母，素有奸夫，已经拒绝，后复登门寻衅，以致拒绝殴毙者"，都可"照免死减等例，再减一等发落"③。像这种情形就容易议为可矜。但更多的是纯粹从比较抽象的概念出发，加之，参加朝审的人太多，身份又杂，有司法官，也有非司法官，议罪定刑的起码素质相差太大，能不能够依法而议，据律而判，那就难说了。因此，清代表面上严肃、程序上严格的朝审，难免徒具形式。

2. 死刑实、缓之议的秋审

清代相对朝审而言的秋审，主要是议决地方各省死刑判决中的监候案件。由于秋审是会审全国各地的重大案件，因此，是清朝会审中是最有代表性，是被重视的一种，被称为"秋谳大典"。参加秋审的官员很多、很杂，法律上虽规定为"大学士、九卿、科道公同会议……众议金同方成定谳"④，但实际上往往参与会议的有九卿、詹事、科道、军机大臣、内阁大学士、学士、大常寺、太仆寺，等等。在秋审中当然起决定性作用的是皇帝，皇帝对此会谳之制也是认真的。如乾隆曾说过这样一段话便可为证："朕每当勾决之年置招册于傍反复省览，常至五六遍，必令毫无疑义……必与大学士等斟酌再四。"⑤ 目的在于"人命事关重大……有情可原，即开生路"⑥。但是从整体上看还是形式主义居多。尽管如此，也足以说明中国古代社会的先议后判再议制度到清朝达到理论和制度上之极致。

第三节
判决的执行

判决的执行是司法程序的最后环节。它既涉及刑事案件，也涉及民事等其他性质的案件。中国古代自隋唐以后形成了笞、杖、徒、流、死五种基本刑罚，而民事责任的承担方式则较大程度地依附于刑罚之中，因此，这里仅就我国古代笞、杖、徒、流、死这五种基本刑

---

① 《大清律例·刑律·断狱·有司决囚等第》附道光元年修改例。
② 雍正以后正式定为四种情形：实、缓、矜和留。
③ 《大清律例·刑律·断狱·有司决囚等第》附乾隆二十七年例。
④ 《钦定台规》卷十。
⑤ 《钦定台规》卷十四。
⑥ 《清史稿·刑法志三》。

罚的执行分述如下。

一、死刑的执行

死刑在商、周时又称"大辟"。在我国古代，死刑的具体处刑方式不一而足。我国古代死刑的执行制度，主要包含以下内容：死刑复奏制（已于前文论及）、适时行刑制度、公开行刑制度、监督整戒制度及暂缓行刑制度。

（一）适时行刑制度

适时行刑是指刑杀要选择合适日期。古代统治者为欺骗人民，宣扬将犯人处死是执行"天罚"，故而行刑时间要合乎天意。但历代关于具体的行刑时间，规定不尽相同。据《礼记·月令》记载，先秦时期死刑在秋季执行，孟秋"始行戮"，仲秋"斩杀必当"，季秋"勿留有罪"。但秦时，"秦为虐政，四时行刑"①，没有行刑的时间限制。而汉初，行刑时间则定为秋季的最后一日至立春以前。至东汉章帝，"其定律，无以十一月、十二月报囚"②。唐、宋、明皆规定在秋分以后、立春以前（九月至十二月）行刑。清朝规定在"霜降后，冬至前正法"③，即农历九月后半月至十一月行刑。此外，唐以后的各朝代规定对于"决不待时"的重案囚犯，如唐朝的"恶逆以上及奴婢杀主者"④、明朝之"犯十恶之罪应死及强盗者"⑤ 不受行刑时令的限制，除断屠月、禁杀日外，可以随时执行死刑。行刑除要选择合适的季节，还要选择适宜的月份、日期和时候。《周礼·秋官》载："……狱讼成，士师孚中，协日刑杀。"郑注曰："协，合也，和也，和合支干善日。"汉时规定，刑杀日期应在"望后利日"⑥，即在农历每月十五日或十六日后的适当日期行刑。唐朝规定了具体的停刑月、日，即每年正月、五月、九月系断屠月及每月一日、八日、十四日、十五日、十八日、二十三日、二十四日、二十八日、二十九日、三十日系禁杀日。《宋刑统》引用唐元和六年（811 年）三月二十七日敕："决囚准令以未后者，不得过申时。如敕到府及诸司，已至未后者，即至来日"，明确规定，执行死刑只能在每天的未、申二时内进行。历朝还都规定了违反行刑时间的法律责任，如唐律规定："诸立春以后，秋分以前决死刑者，徒一年，其所犯虽不待时，若于断屠月及禁杀日而决者，各杖六十；待时而违者，加二等。"⑦

（二）公开行刑制度

为了增强刑罚的威慑作用，中国古代早在商、周时期就已规定公开执行死刑的制度。行刑公开的方式，主要有两种：一是示戮，二是明梏。

所谓示戮即公开行刑后陈尸于市。《周礼·秋官·掌戮》载："凡杀人者，踣诸市，肆之三日。"踣，僵尸；肆，陈列之意。秦汉时的弃市之刑即是示戮的一种。北齐律规定："一曰

---

① 《后汉书·陈宠传》。
② 《后汉书·章帝纪》。
③ 《大清律例增修汇纂大成》卷三十七。
④ 《唐律疏议·断狱》。
⑤ 《明律·刑律·断狱》。
⑥ 《周礼·秋官》"协日刑杀"郑注。
⑦ 《唐律疏议·断狱·立春后秋分前不决死刑》。

死，重者轘之，其次枭首，并陈尸三日；无市者，列于乡亭显处。其次斩刑，殊身首。其次绞刑，死而不殊。凡四等。"[1] 隋唐至明清一直沿用示戮之刑。

所谓明桔，"谓书其姓名及其罪于桔而著之也"[2]。即行刑时公开标明犯人姓名、罪名于手械上。南北朝时北魏律规定："狱成将杀者，书其姓名及其罪于杙而杀之市。"[3] 明桔在宋朝时发展成为"犯由牌"，一般用纸贴在芦席片上，其上填写犯人姓名、所犯罪状、应处刑罚及监斩官的职务和姓名。至清朝演变为"斩杀"，即把书写犯人姓名、罪名的纸条示于小竹竿，插在犯人背后，押往刑场。但当时这种行刑方式一般不适用于达官显贵和皇亲国戚应处死者。汉朝时朝廷大臣获死罪后，多采取自杀方式，以避免抛露尸骨于外而损其尊严。唐代规定："五品以上犯罪恶逆以上，听自尽于家。七品以上及皇族若妇人犯罪非斩者，皆绞于隐处。"[4] 此外，唐朝会昌元年（841年）九月，库部郎中、知制诰纥干泉等奏："准刑部奏，犯赃官五品以上，合抵死刑，请准《狱官令》，赐死于家者，伏请永为定式。"武宗敕旨："宜依。"[5] 而且，我国古代的公开行刑制对妇女有一定限制。春秋时，妇女"虽有刑不在朝市"[6]。清朝嘉庆十五年（1810年）规定："妇女犯该斩枭者，即拟斩立决，免其枭首。"[7]

（三）监督警戒制度

监督警戒是指委托官员监督行刑和派出武装力量保卫行刑的死刑执行制度。监督行刑，先秦称为"准杀"，后来叫作"监斩"。犯人身份不同，监刑的人选也有差别。唐朝规定："决大辟罪，官爵五品以上，在京者，大理正决之；在外者，上佐监决。余并判官监决。"[8] 刑场警戒，也称"防援"，防止发生意外事件。唐时，"诸决大辟罪，皆防援至刑所，囚一人防援二十人，每一囚加五人"[9]。据《续资治通鉴长编》卷三十六记载，元祐元年（1086年）四月殿中侍御史林旦上言所引《元丰令》提到："决大辟于市，遣地方与狱官同监，另差人防护。"

（四）暂缓行刑制度

暂缓行刑制度指在特定情况下暂时缓期执行死刑的制度。暂缓行刑制度一般适用于两种情况：

1. 孕妇当刑者。孕妇缓刑，始于汉代。《唐律疏议·断狱》规定："诸妇人犯死罪怀孕当决者，听产后一百日乃行刑。"《宋刑统》也规定："诸妇人犯死罪，怀孕当决者，听产后一百日乃行刑。若未产而决者，徒二年。"明律规定与此近似。清乾隆时曾制定条例，孕妇犯罪需凌迟斩决者，产后一月期满才能正法。

---

① 《隋书·刑法志》。
② 《周礼·秋官》郑注。
③ 《隋书·刑法志》。
④ 《唐六典·刑部》。
⑤ 《唐会要·定格令》。
⑥ 《左传·襄公十九年》。
⑦ 《大清律例增修汇纂大成》卷三十七"妇人犯罪"条附"条例"。
⑧ 《唐六典·刑部》。
⑨ （唐）杜佑：《通典·刑法六》。

2. 临刑称冤者。临刑称冤者可暂缓行刑，监斩官应即奏闻皇帝，这是给犯人的最后一个申诉机会。宋大中祥符九年（1016年）八月，真宗下诏："大辟罪临刑称冤者，并选不干碍刑狱暂禁，具马递，申转运，提总刑狱就州选官复勘。"清律规定："凡处决人犯有临刑时呼冤者，奏闻复鞫，如审查实有冤抑，应为申雪，将原审官参奏，照例惩治。"① 此外，遇有行刑不合季节、月份、日期的情况，也应暂缓行刑。

二、流刑和徒刑的执行

（一）流刑的执行

流刑是把犯人发放至边远地区的一种刑罚。流刑起源甚早，据《尚书·舜典》记载，舜曾"流共工于幽州，放欢兜于崇山，窜三苗于三危"，"流"、"放"、"窜"都是流放，幽州、崇山、三危则皆为偏远之地。流刑在春秋以前是作为宽宥之刑使用，即所谓"流宥五刑"。秦汉魏晋时，流刑称为"迁"或"徙"。自此，流刑正式列为封建五刑之一。我国古代流行执行制度的内容主要包括以下几项：

1. 流刑配役制度。指判决流刑并强制附加服劳役。我国古代流刑配役方式主要有屯戍、罚役、充军三种。屯戍即将囚犯发放边远地区屯守戍边。罚役始自隋唐，指囚犯被流配并罚徭役。唐朝规定："犯流应配者，三流俱役一年。"② 后又增设加役流，即流三千里劳役三年，作为对某些死刑犯的宽宥。充军指迫使犯人在边远地区补充军伍，从事军事性劳役。明朝充军流较前朝进一步制度化，分为终身和永远两种。前者直至身死为止，后者则世代充军，罚及子孙。

2. 递解制度。递解即指官府派人将囚犯押送至居役地。该制度也适用于徒刑的执行。古代法律对"递解"的完成确定了较严密的规则和严格的法律责任制度。唐律规定，徒、流刑定判之后，即时押送，无故稽留一日，依法笞三十。③ 徒流囚犯未至配所而中途逃亡，押送官吏一日笞四十，二日加一等，加刑至一百后，则五日加一等。④ 明朝责罚更重。递解途中，即使遇国家赦日，囚犯亦不得享受赦免待遇。《明律·名例律》"徒流人在道会赦"条规定："凡徒、流人在道会赦，计行程过限者，不得以赦放。"

3. 亲属安置制度。该制度旨在避免因流刑犯亲属老残妇幼者无人照顾而导致社会不安定。其内容体现在三个方面：一是亲属从流。唐律规定："妻妾从之，父、祖、子、孙欲随者听之。"⑤ 流刑犯亲属可随其迁至配所。二是存留养亲。在祖父母、父母老疾而家无成年男子的情况下，流刑犯可免于发配留下侍养老人。但存留养亲不适用于"会赦犹流"的囚犯⑥，且一旦家中不再具备存留养亲条件，就必须继续执行流刑。宋朝规定，编配之人

---

① 《大清律例增修汇纂大成》卷三十七。
② 《唐律疏议·名例·犯流应配》。
③ 参见《唐律疏议·断狱·徒流送配稽留》。
④ 参见《唐律疏议·捕亡·流徒囚役限内亡》。
⑤ 《唐律疏议·名例·犯流应配》。
⑥ 《唐律疏议·名例·应议请减》载："案贼盗律后，造畜蛊毒，虽会赦，并同居家口及教令人亦流三千里……及谋反，大逆者，身虽会赦，犹流二千里，此等并是会赦犹流。"

在押送途中，"闻祖父母、父母丧及随行家属有疾或死若产者，申所在官司量事给住程假"①。疾病就地治愈或丧事办妥后，流刑犯继续押至配所。三是允许家口还乡。流刑犯死后，其家属愿还乡者，可以放还。但唐朝强调，"即造畜蛊毒家口不在听还之例"②。明律在此基础上还增设了反逆、叛、会赦犯流等项从流亲属不得还乡规定。

4. 留住易罚制度。这是对判处徒刑或流刑的专门技艺人员（如工匠、乐匠、杂户等）及妇女并不执行流徒刑罚而是以其他刑罚方式代替的特殊的刑罚执行制度。代替流刑、徒刑的刑罚方式主要是决杖、服劳役等。该制度之目的在于充分利用犯人特长服务于统治阶级，同时宣扬、显示对妇女的"仁"道。但留住、易罚同样不适用于造畜蛊毒而处徒、流刑的囚犯。

5. 刺字制度。刺字本是古代一种肉刑，又称墨刑、黥刑，汉文帝十三年（前 167 年）改革肉刑时予以废除。五代后晋时恢复为附加刑，与流刑并用。至宋代，沿用后晋之制作为对死刑的宽恕之法使用，制定了"既杖其脊，又配其人，且刺其面，一人之事，一事之犯，而兼及三刑"③ 的刑罚方式。但刺配很快成为定刑，且频繁使用，也失去了宽恕死罪的意义。宋代的刺配有较具体的规定，刺面有部位之分，标志有刺字和刺记号之别，刺的深度也因所配地区远近有所不同。

（二）徒刑的执行

徒刑也即劳役刑，是以剥夺罪犯人身自由、对其实行强制劳动为基本特征的刑罚，在古代各朝有不同的称谓。犯人罪行有轻重，古代劳役刑执行方式也有不同，如秦汉时有城旦春、鬼薪白粲、隶臣妾等。晋律对髡钳五岁刑规定加笞二百，其他徒刑不加笞。北齐、北周时徒刑一概要附加鞭或笞。在唐朝，除强盗、杀人者外，徒刑犯如果"家无兼丁"的，可用"加杖之法"易罚，免服劳役。④ 明清则规定，有老人需侍养的徒刑犯"止杖一百，余罪收赎，存留养亲"⑤。这些徒刑执行方式在后代沿袭的过程中，逐渐发生演变。封建社会后期徒刑犯人服劳役的方式包括：修砌城垣、街道、盖房、运粮、挑土、挑砖瓦、种树、为膳夫、煎银、煎盐、烧铁等。明代就有遣发徒刑犯到盐场、冶铁场拘役的规定。⑥ 汉代以前的徒刑很多实际上使囚犯变成国家奴隶，终身为国家服役。劳役刑的种类按劳役方式为标准划分。汉文帝十三年（前 167 年）刑罚改革，对劳役刑实行"有年而免"，即将劳役刑变为定期的免除。据《汉书·刑法志》记载，初定城旦春为五年，鬼薪白粲四年，隶臣妾三年，司寇二年。但这时依然主要以劳役方式为标准区分劳役刑。曹魏时开始用包括时间长短在内的多种标准对劳役进行划分，这是以劳役方式为划分标准的劳役刑到以时间长短为标准的劳役刑的过渡时期。北周法律规定："徒刑五"，将徒刑分为五等。此后，唐、宋、元、明、清相沿，

---

① 《庆元条法事类》卷七十五，《编配流役》。

② 《唐律疏议·名例·犯流应配》。

③ 《文献通考·刑考》。

④ 《唐律疏律·名例·徒应役无兼丁》载：诸犯徒应役而家无兼丁者（妻年二十一以上同兼丁之限，妇女家无男夫兼丁亦同），徒一年，加杖一百二十，不居作，一等加二十（流至配所应役者，亦如之）。若徒年限内无兼丁者，总计应役日及加杖数，准折决放。盗及伤人者，不用此律（亲老疾合侍者，仍从加杖之法）。

⑤ 《大明律·名例律·犯罪存留养亲》，清律同此。

⑥ 参见《大明律·刑律·断狱·徒囚不应役》。

只是刑期有所不同。为了保障徒刑的执行严格依法，我国古代法律还特地规定了相应的执法官的法律责任条款。《唐律疏议·断狱》"领徒囚应役不役"条规定："诸领徒应役而不役及徒囚病愈不计日令陪役者，过三日笞三十、三日加一等，过杖一百，十日加一等。"

三、体刑的执行

体刑即肉刑，指以残酷手段损害受刑人身体的刑罚。汉以前的五刑是指墨、劓、刖（剕）、宫、大辟，前四种为体刑；汉文帝改革时废除了墨、劓、刖（剕）刑，至隋文帝又正式下诏废除宫刑，其后，上述四种肉刑也曾在某些朝代部分恢复，但自此中国封建社会五种基本刑罚笞、杖、徒、流、死终究得以正式确立，其中笞、杖体刑仍被广泛使用。"笞"的原意是用竹条或木条对人进行抽打，杖的本意乃拐杖。把笞、杖作为刑罚，据说沿袭了古代父亲责打儿子予以训诫的含义，故笞、杖又称教刑。秦时笞、杖使用较多，秦《厩苑律》规定，用官用牛耕田时，牛变瘦了，牛的腰围每减瘦一寸要笞打主事者十下。汉初文帝改革刑罚时，宣布将劓刑及斩左趾用笞刑代替。自隋朝始，笞、杖分列为五刑（笞、杖、徒、流、死）之一，且对笞、杖的执行形成了一套较完整的制度。

（一）笞、杖的规格

笞、杖多数情况下由荆或竹制成。对于其尺寸各朝规定不同。汉代笞、杖不分，都叫棰，"笞者，棰长五尺，其本大一寸，其竹也，末薄半寸，皆平其节"[1]。晋代的笞用竹条沿袭汉制，杖用生荆，长六尺，大头围、小头三寸半。唐朝时笞、杖分开，皆长三尺五寸。笞的大头直径二分，小头一分半。杖分两种：一种曰讯囚杖，大头直径三分二厘，小头二分二厘；另一种是常行杖，大头直径二分七厘，小头一分七厘。[2] 宋代沿用后周显德五年（958年）颁定的尺寸，杖长三尺五寸，大头阔不过二寸，厚及小头径不得过九分。[3] 宋仁宗时还下诏规定杖的重量不得超过十五两。[4] 明朝杖长三尺五寸，笞大头直径二分七厘，小头直径一分七厘，杖大头直径三分二厘，小头直径二分二厘。[5] 清所用笞、杖开始袭明朝旧制，后来改为竹板子，大竹板大头宽二寸，小头宽一寸半，小竹板大头宽一寸半，小头宽一寸。[6] 值得注意的是，各代对刑具尺寸的规定，均使用当时的度量衡标准，难以考证以现代度量标准折合为多少，只能反映各代笞杖刑具大体情况。

（二）笞、杖数目及部位

自隋、唐、宋、金以至明、清都把笞刑定为五等，从十下到五十下，每加一等则加十下。杖刑从六十至一百，也是每加一等则加十下。辽代刑重，没有笞刑，其杖刑分三等，从五十至三百，每加一等则加五十下。元代笞、杖之刑的数目比较特别，其笞刑分六等，从七下到五十七下，每加一等则加十下，杖刑从六十七至一百零七，每加一等则加十下。据说元

① 《汉书·刑法志》。
② 参见《唐六典》。
③ 参见《宋史·刑法志》。
④ 参见《宋史·刑法志》。
⑤ 参见《大明律·狱具图》。
⑥ 参见沈家本：《历法刑法考·刑具考》。

世祖定制时行宽缓之政，说对犯罪的无知小民应予宽恕，"天饶他一下，地饶他一下，我饶他一下"①，故每等减了三下，实际上笞刑变为六等，笞、杖总数目增多。

关于行刑的部位，各代规定也不一致。先秦时笞刑部位是背，汉时是臀。据《汉书·刑法志》记载："当笞者，笞臀。毋得更人，毕一罪乃更人。"《唐律疏议·断狱》"决罚不如法"条记载："决笞者，腿、臀分受。决杖者，背、腿、臀分受，须数等，拷讯者亦同。笞以下愿背、腿、臀分受者听。"宋时亦有法定施刑部位的规定，徒、流刑杖背，笞、杖刑杖脊。② 明、清承袭宋制。

（三）违法执行笞杖的法律责任

违法执行笞、杖刑，具体包括刑具不合规格、不按法定部位施刑、对孕妇及产后未满一定期限妇女施刑、对患疾和疾病未愈者施刑及执行笞、杖刑不认真等情况，执法官吏均要承担相应法律责任。如唐律规定："诸决罚不如法者，笞三十。以故致死者，徒一年。即杖粗细长短不依法者，罪亦如之。"③ 妇女犯笞杖罪，应待产后百日执行，未产执行的"杖一百"，打成重伤以重伤害论，把胎儿打掉的处"徒两年"，把人打死的处"加役流"，对患疾及疾病未愈者执行笞、杖的处"笞五十"，因此致死的处"徒一年半"④。明律也规定："凡官司决人不如法者，笞四十，因而致死者，杖一百，均征埋葬银一十两。"⑤ "其行仗之人，若决不及肤者，依验所决之数抵罪，并罪坐所由。"⑥ 此外，关于笞、杖的执行，有的朝代规定可以交纳财物赎罪，如宋代规定，判为笞刑应打十下的，赎铜一斤，免打三下；应打二十下的，赎铜二斤免打十三下；应打三十下的，赎铜三斤，免打二十二下；应打四十下的，赎铜四斤，免打三十二下；应打五十下的，赎铜五斤，免打四十下。杖刑也如此，应打五十至一百下的，分别赎铜五至十斤，免打三十七至八十下。

第四节 简评

古代中国的司法判决是一个多面体，具有多元的法律依据、多元的判决技术、多元的判书形式，要比较准确地把握好，不是一件很容易的事，所以，不仅是国内学者，还包括域外的思想家，至今仍然对它仁者见仁、智者见智。但这只是一种表象，实际上古代司法判决无论从制作上，还是从精神上都属于一种比较定型的模式，特别自汉引礼入律以后，更是"一准乎礼"，形成定制。因此，司法判决的种种内在或外在特征，不管其表现的程度如何，时间多久，只要把握住"礼"，以及由此派生而来的伦理意识、道德观念，认识司法判决中的种种疑问和繁复不清的问题，就如握纲在手，由此我们就能纲举目张。我们姑且称之为伦理

---

① （明）叶子奇：《草木子》卷三下。
② 参见《宋史·刑法志》。
③ 《唐律疏议·断狱·决罚不如法》。
④ 《唐律疏议·断狱·拷囚不过三度》。
⑤ 《大明律·刑律·断狱·决罚不如法》。
⑥ 《大明律·刑律·断狱·决罚不如法》。

道德性的司法判决。对于这种司法判决的模式，在今天看来，重要的不在于如何过多地责备或者批判它（当然批判也是需要的），而在于如何将它置于历史的客观情景下分析研究它，它于当时有何积极作用和消极影响，更重要的是于后世，特别是对今天有何教训与经验。或许在这点上，今天更应总结的经验教训是在司法判决中对伦理道德的重视和对实证形态的法律的轻视，以及在判决书中对说理论证和文字表达的轻视。轻视说理论证会使判决部分地丧失社会的信赖，轻视文字表达也会使判决书部分地失去其应有的生气和人们的亲近，而轻视实证形态的法律的恶果则是司法官恣意的司法审判行为，最终导致的结果必然是典型的人治表现。对于这一点，可用上葛洪的一句话："今在职众人，官无大小悉不知法令……做官长不知法，为下吏欺而不知"，"不开律令之篇，而窃大理之位"[1]。也许这点是至关要紧的。

---

[1] （晋）葛洪：《抱朴子·外篇》。

第十四章

判　词

第一节
概念与范围

一、概念

　　判词在当代一般被称为"裁判文书"。《说文解字》："判，分也"，"分"又解为"别"。判词是对是非曲直进行判断与评价的文字体现，是法律判断的结果。

　　关于是非曲直的判断，有人类以来就已经存在。然而，当人类脱离野蛮状态而步入文明社会时，习惯、道德和宗教便成为判断人类是非曲直的标准。在这一时期，对是非曲直的判断与以前相比，有了明显的不同，那就是判断主体与当事者发生了分离。调解或仲裁主体作为独立于当事人的特殊主体，以被社会公认的习惯、道德、宗教为标准，对以争讼事件为核心的人的行为进行评价、判断，从而要求：一有明确、公认的判断标准，作为判断的依据；二将评价、判断的结果，以语言或行动的形式表现出来；三使判断结果得以付诸实施。这种以语言或行动表现出来的对是非曲直评价、判断的结果，由于并不属于专门机关的活动，并不产生强制执行的效果，因而并不能称其为判词。其后，在习惯、道德、宗教判断的基础上，产生了法律判断，即对人们是非曲直进行评价判断的标准是国家制定的法律或国家所认可的习惯。在这一时期，之所以产生了判词，一是由于文字的产生和发展为判词的产生创造了条件，二是由于法律判断的复杂性和特殊性不同于自然判断、习惯判断、宗教判断及道德判断。法律判断产生了对判词的客观的需要。这主要表现在：法律制度是一个复杂的、统一的整体，在法律判断中既有主体与过程等方面的程序要求，又有定性分析、法律适用等实体要求。法律判断有以下几方面的特点：

　　首先，法律判断的时代，判断主体已非个人、教会或宗教、氏族首领，而是有组织性的专门机构，即国家司法机关。判词所反映的已不仅仅是制判者个人的意志，而是国家的意志。衡量判词质量的标准，就是法律和习惯，这些规则是明确和具体的。因此，这种评价、判断结果只有以文字的形式表现出来，才具有普遍的社会性，具有较强的说服力。判词并不仅仅对当事者具有法律意义，而且具有广泛的社会意义。

　　其次，法律判断的时代，评价和判断的标准具有客观性，判断所依据的法律和法理，表现为特定立法、习惯和学说。这一标准是整个社会的行为规范和行为准则，但在评价过程中恰当地体现和阐发法律规则，使其符合统治阶级的根本利益，并非易事。只有以判词的形式表现出来，法律规范人们行为、调整社会关系的作用才能得到生动、真实的体现。

最后，法律判断的时代，对人们的行为进行评价和判断所得出的结论往往需要进一步付诸实施，国家以其强制力维护其神圣不可侵犯的司法主权。

法律判断发展到一定阶段，必然要求用文字的形式表现判断的过程和结论，判词的产生便成为客观的社会需要。判词作为法律判断的结论，只是对判断经过和结果的确认，是判断结果的文字表现。判词所确认的结果，仍有待于付诸实施，以完成判断的最终目的，使判词关于争讼事件的判断真正具有法律意义。因为判词虽然是诉讼活动形成的最终结果，但并非诉讼活动的终极目标，判决的执行与判词的形成，同样具有极为重要的法律意义。

二、范围

中国古代判词除了包括司法机关的裁判文书外，还包括一些文人学士为了欣赏的需要制作的判词，包括科举考试中应试考生拟作的判词，为准备参加科举考试而练习拟作的判词，以及文学作品中的判词，范围较当代裁判文书要广。

司法官适用法律而形成的作为裁判文书的中国古代判词，极为丰富。这些判词有些散见于文集，有些则编纂为专集，有些保存于档案材料。唐代诗人王维的《王右丞集》、白居易的《白氏长庆集》、明代海瑞的《海瑞集》等，都收录有大量的判词。至于唐人张鷟的《龙筋凤髓判》、宋人朱晦庵等人的《名公书判清明集》、明人李清的《折狱新语》、清人于成龙等人的《清朝名吏判牍选》、樊增祥的《樊山批判》，等等，都是判词的专集。

在有些著名的文学作品汇编，诸如《全唐文》、《文苑英华》中，同时辑有大量的判词。有些文学作品诸如《醒世恒言》、《聊斋志异》中，同样录有判词。这些判词因极具欣赏价值而广泛流传，如《乔太守乱点鸳鸯谱》、《胭脂》判词等，经久不衰。

第二节
起源与流变

一、草创期的先秦两汉判词

中国古代判词产生的时间，当在殷周时代。因为，一方面中国古代在殷代即产生了最早的文字——甲骨文，为判词的产生创造了条件；另一方面，中国古代法律早熟，根据古籍记载，最晚在舜时代，产生了对判词的社会需要。《尚书·舜典》载："舜圣德聪明，建法曰：象以典刑，流宥五刑，鞭作官刑，扑作教刑，金作赎刑，眚灾肆赦，怙终贼刑。钦哉钦哉，惟刑之恤哉！于是流共工于幽州，放驩兜于崇山，窜三苗于三危，殛鲧于羽山，四罪而天下咸服。又五流有宅，五宅三居。惟明克允。"这一记载告诉我们，舜时不仅已有多种刑制存在，而且在适用法律时有许多必须考虑的情节，诸如眚、灾、怙、终等，对司法官适用法律有明确而具体的要求。

　　至西周，出于国家管理的需要，必然要求司法进一步规范，以正确地适用法律。由于一系列诉讼制度的确立，对判词的制作提出了更高的要求。例如，《周礼·秋官·司寇》载："以两造禁民讼，入束矢于朝，然后听之；以两剂禁民狱，入钧金三日致于朝，然后听之。以三刺断庶人狱讼之中，一曰讯群臣，二曰讯群吏，三曰讯万民。听人之所刺宥以施上服下服之刑。又以五声听狱讼，求民情，禁民讼，一曰辞听，二曰色听，三曰气听，四曰耳听，五曰目听。凡听五刑之讼必原父子之亲，君臣之义以权之。意论轻重之序，慎测浅深之量以别之。悉其聪明，致其忠爱以尽之。疑狱与众共之。众疑则疑之，必察小大之比以成之。成狱辞，吏以狱成告于正。正听之。正以狱成告于大司寇，大司寇听之棘木之下。大司寇以狱之成告于王，王命三公参听之。三公以狱之成告于王，王三宥然后制刑。"穆王作《吕刑》曰："两造俱备，师听五辞；五辞简孚，正于五刑；五刑弗简，正于五罚；五罚弗简，正于五过。五过之疵，惟官、惟反、惟内、惟货、惟来。"此外，《礼记·月令·孟秋之月》曰："是月也，有司修法制，缮囹圄，具桎梏，禁止奸慎罪邪务博执。命理瞻伤、察创、视折、审断。决狱讼必端平。"

　　迄今为止，我们所能见到的最早的判词材料是西周晚期夷厉时期的《曶匜》铭文。1975年在陕西省岐山县董家村出土了西周晚期夷厉时的青铜器曶，记载了牧牛诉曶奴隶买卖纠纷一案的过程。学术界就将其认定为是一个典型的判词，"《曶匜》铭文是我国目前发现的最早的一篇法律判决书"[①]。其实，铭文是对牧牛诉曶一案的记载，确实包含了案件的判词，但不能将整段铭文认定为判词。

　　东周时期的判词，仍然继承和沿袭了西周时期判词在内容和结构方面的上述特点。《左传》记载：鲁昭公元年，郑国贵族中发生了这样一起案件：徐吾犯之妹许给公孙楚为妻，而公孙黑爱其女貌美，又强行下聘。徐吾犯不能决，请教于郑国执政子产。子产让其女自己选择，其女表示愿嫁公孙楚。公孙黑怒，内穿皮甲见公孙楚，"欲杀之而取其妻"。公孙楚发现公孙黑的阴谋，便将他赶走，并用戈将他击伤。公孙黑于是扬言：自己出于好心去看望对方，对方却存心不良把自己击伤。子产判决公孙黑有罪。

　　"公孙黑犯节案"判词：

　　　　国之大节有五，女皆奸之。畏君之威，听其政，尊其贵，事其长，养其亲，五者所以为国也。今君在国，女用兵焉，不畏威也；奸国之纪，不听政也；子哲，上大夫；女，嬖大夫，而弗下之，不尊贵也；幼而不忌，不事长也；兵其从兄，不养亲也。君曰："余不女忍杀，宥女以远"。勉，速行乎，无重而罪。[②]

　　这道判词只有短短数语，却条分缕析地详述了判决案件的法律依据"国之大节"，列举了被告公孙黑的五项具体罪行，明确了适用于被告公孙黑的刑罚"宥女以远"。更为值得一提的是，判决结果是以鲁国国君的口气表述的："君曰：'余不忍女杀，宥女以远。'"说明对大贵族的刑罚裁判权，要由国君来确定。司法官对贵族案件，仅仅是奉君命而行，这是西周奴隶制时代的遗风。

　　汉代坚持《盐铁论》所谓"春秋之治狱，论心定罪。志善而违于法者免，志恶而合于法

　　① 载《文物》，1976（5）。
　　② 《十三经注疏·春秋左转正义》卷四十一。

者诛"的理论，从而为礼对律的渗透，礼对律的指导，乃至具体案件中以礼代律提供了理论根据。由于处于初创阶段，汉代的判词仍然较为粗疏。如果对"春秋决狱"和有关史籍资料略作分析，就不难发现这一基本事实。

"养父匿养子案"判词：

> 时有疑狱曰：甲无子，拾道旁弃儿乙养之，以为子。及乙长，有罪杀人，以状语甲，甲藏匿乙，甲当何论？仲舒断曰：甲无子，振活养乙，虽非所生，谁与易之？诗云："螟蛉有子，蜾蠃负之。"《春秋》之义，父为子隐，甲宜匿乙而不当坐。[①]

董仲舒在这一案件的处理意见中，对律令规定作了扩大解释。根据此案不难看出，汉律已有父为子隐的规定，只是养父子是否可比照亲父子关系而容隐，汉律并无明确的规定。正是董仲舒的解释，扩大了父子相为容隐的适用范围。

从总体言之，这一时期的判词较为简单、粗疏，明人徐师曾在《文体明辨》中指出："古者折狱，以五声听讼，致之于刑而已。"这一认识基本反映了汉代以前我国判词的实际状况。从以上所述的判词材料看，当时判词在内容和结构方面已经形成了固定的程式和要求，这主要表现在：其一，判词的主要内容即为被告的罪名，或民事案件有关当事人的责任，与此同时，当事人不履行判决的责任，也是判词的重要内容；其二，判词中一般说明判决的法律或法理根据，说明判决所依据的理由。由于这一时期判词一般不包括案件事实，因而反映了初创阶段判词在内容上的不足。两汉"春秋决狱"的司法活动，使判词在经义断案、探讨《春秋》诛意之微旨方面，有了长足的发展。判词中注重有关当事人的身份，重视对行为动机、目的的分析，在判决理由方面重点突出，特色鲜明。汉代判词中依据《春秋》经义说理，而置法律于不顾的做法，既促成了汉代法理学的形成，从法律实践方面为封建正统法律思想的建立创造了条件，又为判词作用的充分发挥开了先河。上述董仲舒"春秋决狱"的案例，就反映了判词在创制法律规范中所起的重要作用。

二、形成期的唐代判词

现今保存下来的唐代判词，有专集、有汇编，篇目不少。张鷟的《龙筋凤髓判》四卷百篇，白居易的《白氏长庆集》中有《甲乙判》百篇，《全唐文》、《文苑英华》中也收集了大量的判词，敦煌吐鲁番出土的文书中也有数目可观的判词。这一时期，判词的创作往往与科举考试应考有关，制判者力求文辞简练、表达准确、说理充分，判词形成了文体。唐代判词的重要成就之一，即是形成了语言庄重、凝练，表达准确、铿锵有力等中国古代判词的重要风格。

"御史弹劾案"判词：

> 御史严宣前任洪洞县尉日，被长史田顺鞭之。宣为御史，弹顺受赃二百贯，勘当是实。顺诉宣挟私弹事。勘问宣挟私有实，顺受赃不虚。
>
> 田顺题与晋望，让佩汾阳；作贰分城，参荣半刺。性非卓藏，酷甚常林。鞭宁戚以握威，辱何蘷而呈志。严宣昔为县尉，雌伏乔元之班。今践宪司，雄飞杜林之位。祁奚

举荐，不避亲仇；鲍永绳愆，宁论贵贱：许扬大辟，讵顾微嫌，振白鹭之清尘，乱黄鱼之浊政。贪残有核，赃状非虚。此乃为国锄凶，岂是挟私弹事？二百镵坐，法有常科；三千狱条，刑兹罔赦。①

"御史弹劾案"的判词，论证了弹劾行为成立的实质要件。御史严宣曾为被弹劾人田顺的下级，曾被田顺鞭打，与田顺之间有隙。在这种情况下，严宣弹劾田顺受赃，应如何对待严宣的弹劾行为？判词论证了只要受赃属实，"贪残有核"，即乃"为国锄奸"，而非"挟私弹事"的主张：御史弹事应不避亲仇，不论贵贱。因此，不论御史与被弹劾者是何关系，只要所弹劾的事实不虚，弹劾即为成立。

难能可贵的是，敦煌吐鲁番出土的文书中，保存有一定数量的"中间判词"。制判者通过对拟判事实的分析，认为对其尚须作进一步查证，才能正确适用法律时，便制作"中间判词"。"中间判词"的特点是就已确定的案件事实作出法律上的分析和定性，并提出影响定性或量刑、但拟判事实中并不明确的问题，以通过对有关案件事实的进一步查证，作出终结判词。

从判词不难发现，唐朝并未确立具体案件审理中司法官的回避制度。但是，当身负监察职责的御史与当事人之间有亲属、冤仇关系时，很可能影响到案件的公正审理。如何有效防止由此产生的不良后果，这是判词需要回答的问题。虽然判词通过列举典故的方式，说明贤能的司法官员，可以摒弃私情，公正执法。但是，对普通司法官员而言，毕竟在面对感情与法律的冲突时，抉择是艰难的。这也正是宋代以后，司法回避制度得以建立，并不断完善的原因。判词实际上讨论并回答了司法实践中关于道德与法律冲突的客观状况，并通过回避制度，克服由此产生的不良影响。

"中间判词"的大量出现，在中国古代判词发展史上具有不可忽视的意义。它反映了制判者对拟判事实的重视，体现了制判者以事实查证的准确作为适用法律的基础的认识，同时也反映了当时对案件事实的查证在诉讼活动中所占的极为重要的地位。"中间判词"是制判者严格地依据法律规定和法律理念分析拟判事实的结果。

"谷遂强盗案"判词：

奉判：豆其谷遂本自风牛同宿，主人遂邀其饮，加药令其闷乱，困后遂窃其资。所得之财，计当十匹。事发推勘，初拒不承。官司苦加拷诤，遂乃挛其双脚，后便吐实，乃款盗药不虚。未知盗药之人，若为科断？

九刑是设，为四海之堤防；五礼爰陈，信兆庶之纲纪。莫不上防君子，下禁小人。欲使六合同风，万方枚则。谷遂幸沾唐化，须存廉耻之风；轻犯汤罗，自挂吞舟之网。行李与其相遇，因此暂款生平，良宵同宿，主人遂乃密怀奸慝。外结金兰之好，内包豺獒之心。托风月以邀期，指林泉而命赏。吠兹芳酌，诱以甘言。意欲经求，便行酖毒。买药令其闷乱，困后遂窃其资。语窃虽似非强，加药自当强法。事发犹生拒讳，肆情侮弄官司。断狱须尽根源，据状便加拷诤。因拷遂挛双脚，挛后方始承赃。计理虽合死刑，挛脚还成笃疾。法当收赎，虽死只合输铜。正赃与倍赃并合征还财主。案律云：犯

---
① 《龙筋凤髓判》卷一。

时幼小，即从幼小之法；事发老疾，听依老疾之条。但狱赖平反，刑宜折衷。赏功宁重，罚罪须轻。虽云十匹之赃，断罪宜依上估。估既高下未定，赃亦多少难知。赃估既未可明，与夺凭何取定？宜碟市定估，待至量科。①

加药使物主闷乱，然后窃取其财物，虽然看似窃盗，实为强盗。拷掠而使被告成为笃疾，虽然唐律规定"事发老疾，听依老疾之条"，但审讯中始成残疾者是否应依老疾之条办理，却并不明确。判词从"刑宜折衷、罚罪须轻"的思想出发，主张判处收赎。由于制判事实并未详细说明估赃的具体情节，赃数多少难知，无法进行具体科刑。判词主张碟市定估后再予科断。

另外，唐代判词中的"双关"判词，也具有典型性。《文苑英华》卷五五二专门收集了"双关"类判词。这类判词的特点是两事一判，即就完全不同的两个案件事实，拟作一道判词。而且，这类判词还被固定称为"双关"。双关判词在《文苑英华》的判词中占有重要的地位。由于此类判词中案情由两个相互间并无联系的案件事实组成，无论在说理、适用法律，还是在判词的语言工整、简洁要求方面，都有一定的难度。双关判词与其他判词差别最大的是其结构。

"毒药供医，登高临宫案"判词：

> 甲聚毒药以供医事，有死伤者造焉，十失四。乙告违法；又景登高临宫，法司断徒一年半，景诉云：令所。

> 人生百年，饮食过而生疾；帝基三袭，趋拜垂而则刑。故良医之门，固多病者；而望苑之地，胡可窥焉。甲则业谢医工，景乃行同恶少。虽有求于毒药，夫此疟疡乃无状。而登高俯其宫阙，彼非上药疾者无瘳。此昧古人行不由径，况验蛇杯影，辄欲蠲痾而识龙。楼之尊方能起敬，医未三代，得无耻之。登而四临，过亦甚矣。微《周礼》而已失，宜其息言；按《吕刑》而故违，合从减坐。则使有疟之者不俗而自除，无赖之徒伏轼而知礼。②

"毒药供医，登高临宫判"中，制判主体杜牧分别对毒药供医和登高临宫行为的性质进行了论证。判词在论述问题时运用对比的手法，层层深入。虽然判词并未具引法律规定，但说理并不显得空洞，判处令人信服。判词将两个毫不相关的案件事实揉为一体，条分缕析，同时展开，使二事的判词合二为一。这一变化，可以说是从文学角度研究和写作判词所取得的成果。双关判词要求在短小的篇幅内，裁判如此丰富的案件事实，无论在概括方面还是说理方面，都有更大的难度。双关判词的制作，对于推动判词制作的技术、技巧，起了不可忽视的作用，但双关判词的局限性也是明显的。由于司法活动的复杂性和技术性，双关判词无法适应法律调整社会生活的规范性、适切性要求。作为文学作品欣赏，其有可取的一面，但从司法实践看，则并无可取价值，因此免不了昙花一现的命运。

敦煌吐鲁番出土文书中的判词，引发词"奉判"在拟判事实之前，而《文苑英华》中的

---

① 《文明判集残卷》。
② 《文苑英华》卷五五二。

判词，其引发词"对"则居拟判事实之后。其位置的差异，表明了拟判事实与判词之间疏密程度的不同。前者表明拟判事实与判词之间有着不可分割的关系，甚至可以认为拟判事实是判词不可缺少、不可分割的重要组成部分；后者则表明拟判事实与判词之间的相对独立状况。而且，从字义上看，引发词"对"，即根据拟定事实，制作判词。强调的是用典对题，富有更为浓厚的虚拟色彩。

中国古代判词在唐朝得到了长足的发展，主要原因是这一时期中国封建法制已趋成熟。中国封建法律发展至唐代，封建的法律体系、法律原则、法律思想以及各项具体的法律制度，都已确立。科举制度和吏部选官制度，从一定程度上，促进了判词制作技术与风格的形成。

首先，判词的发展，是封建法制成熟的必然要求。从法律体系、法律原则来看，中国封建社会成熟的法典《唐律》，正式确立了相当于现代刑法总则的《名例》律。《名例》中五刑、十恶、八议、划分公罪与私罪、自首、共犯、数罪并罚、累犯、区分故意与过失、类推、刑事责任能力等法律原则均已确立。封建法律体系和法律原则的形成，对法律适用提出了更高的要求。法律原则作为司法活动的最高准则，具有高度的概括性特点。判词对法律原则的贯彻和阐述，凸显了判词的地位。另外，唐代总结和借鉴前代礼刑关系的思想与实践，正式确立了"德礼为政教之本，刑罚为政教之用"的"德主刑辅，礼刑并用"思想。法律思想不但是立法的依据而且是司法的准绳；判词对法律思想的阐述和体现，既是提高判词质量的途径之一，也是促进判词发展的重要因素。其次，判词的发展，是封建法制成熟的必然结果。封建法制发展至唐，具体的法律制度诸如科举选官制度、吏部考试制度、诉讼程序制度、司法官责任制度，等等，都已成熟和完备，这些法律制度也促成了有唐一代判词的发展。具体来说：

第一，从科举选官制度、吏部考试制度和官吏考课制度看，自唐代开始，在科举考试的科目设置上，明法科专门考国家现行律令。《新唐书·选举志上》载："凡明法，试律七条，令三条，全通为甲第，通八为乙第。"而考试方式则重在以律令规定分析一定的法律事实，拟定出分析与处理意见，从而将判词的制作推进到了一个全新的水平。唐代大诗人白居易所作《甲乙判》（又称《百道判》）即为科举考试而预先准备的判词。

第二，除科举而外，唐代吏部考试中，判词的制作同样是重要内容之一。吏部的考试，分宏辞、拔萃二科，宏辞试文，拔萃试判。《新唐书·选举志下》载："选未满而试文三篇，谓之宏辞；试判三条，谓之拔萃。中者即授官。"另外，唐代除科举考试外，如不应宏辞、拔萃之试，可经过吏部的"身、言、书、判"考选，取得六品以下官位。《新唐书·选举志》载："凡择人之法有四：一曰身，体貌丰伟；二曰言，言辞辩正；三曰书，楷法遒美；四曰判，文理优长。四事皆可取，则先德行；德均以才，才均以劳。得者为留，不得者为放。五品以上不试，上其各中书门下；六品以下始集而试，观其书判。"《唐六典·尚书·吏部》卷二载："每试判之日，皆平明集于试场，职官亲送，练郎出问目，试判两道。"唐代不但选官注重制判，而且在官吏的考课中同样体现了注重制判能力的精神。《唐六典·尚书·吏部》卷二载："凡考课之法有四善：一曰德义有闻；二曰清慎明著；三曰公平可称；四曰恪勤匪懈。善状之外有二十七最"。"二十七最"中，"六曰决断不滞，与夺合理，为判事之最"；

"九曰推鞫得情，处断平允，为法官之最"①。

第三，从诉讼制度和司法官责任制度看，《唐律疏议·断狱》中"讯囚察辞理"、"依告状鞫狱"、"狱结竟取服辨"、"疑罪"等条规定，确立了唐代的诉讼制度。"断罪不具引律令格式"、"辄引制救断罪"、"官司出入人罪"确立了唐代的司法官责任制度。诉讼制度和司法官的责任制度，对规范从制判事实的认定到法律的统一适用，对保证审判质量（包括保证判词质量）都有重要的意义。

三、发展期的宋代判词

宋代判词保留下来的较少，《名公书判清明集》收有判词117篇，《文体明辨》中也有几则。宋代判词的文体发生了重大的变化。在制判中，宋代判词除了保持唐代判词重视分析、说理，文字表达准确、精练等特点外，还十分重视事实、情理的分析，并在判词中具引法律条文，引律为判。

"吴盟诉吴锡卖田案"判词：

> 吴锡继吴革之绝，未及一年，典卖田业，所存无几。道逢其人，两手分付，得之倘来，殊无难色。吴肃乘其机会，未及数日，连立五契，并吞其家，括囊无遗。不自属厌，尽而后已。吴盟遨游二者之间，即与评议，又同佥押，志在规图，岂复忠告，少未满意，入状于官，以势劫持。吴锡之破荡，吴肃之贪谋，吴盟之骗胁，三子之情，其罪惟均。所立交易，固非法意，然复还原主，不过适以资其遨游之费，终成一空，又且何益。要知吴革家业，其得之也不义，其去之也亦不义，此理之常，初无足怪。吴肃今又从而效之，将见后之视今，犹今之视昔。吴盟、吴锡各勘杖一百，且以吴肃正身未曾到官，并与听赎。五契田产约计五十二亩半，以乡原体例计之，每亩少钱叁贯足，今亦不复根究。但北源一项四百五十把，元系标拨与吴革之女，吴锡不应盗卖，吴肃不应盗买。当厅毁抹，计其价值，与所少钱数亦略相当。其余四契，却听照契为业。仍押吴锡出外，对定元拨女分田产。申。②

上述范西堂所作"吴盟诉吴锡卖田案"判词，宣布了违法契约无效的原则。但是，判词根据案件当事人的具体情况，对无效契约的处理，采取了灵活的方式，即盗卖女分田之契被毁，而其他四契则予以维持。《名公书判清明集》刊载的判词特点如下：

1. 从结构和内容上看，《名公书判清明集》中的判词一改拟判事实与判词分别书记的结构形式，实现了事实与判词的融合，使事实成为判词有机联系的、必不可少的内容，形成了完整严密而又科学的判词结构。从内容上看，《名公书判清明集》中的判词一般包括当事人、当事人的身份、法律地位、案件事实、证据及理由、判决结果、执行方式与期限等部分。

2. 从判词涉及的社会关系看，《名公书判清明集》中契约案件判词占有一定的比例，反映了宋代商品经济的发展在法律领域的变化。契约案件判词对契约的成立、履行、违反契约的责任、契约纠纷案件的受理等问题，从法理上进行了分析、论证，反映了宋代契约制度的成就。

---

① 《唐六典·尚书·吏部》。

② 《名公书判清明集》卷四。

3.《名公书判清明集》中的判词十分注意明确法律关系，对法律所规定的诸如"倚当"与"典卖"、"出继"、"命继"等专有名词术语，进行了解释和说明；判词区分不同情节，体现法律原则性与灵活性的统一，使判词的说理具有针对性和说服力。

4.《名公书判清明集》中的判词，着重进行有关法律的解释，标志着宋朝的司法解释发展到了较高的水平。例如，方秋库所作判词《契约不明，钱主或业主亡者不应受理》①，就对律例条文作了扩张性解释，司法所作判词《立继有据不为户绝》②，则对法律规定作了限制性解释。

5.《名公书判清明集》中的判词，在严格地体现封建法律的同时，还十分强调封建的礼教。礼作为封建立法、司法的指导原则，在有些判词中又是判决的法律依据。例如，在判词《出继子破一家不可归宗》中，就体现了礼的精神与原则，并以礼作为判决的依据。③

至宋代，法医学、证据学都取得了前所未有的成就，判词的发展既是封建法制成熟的必然要求，也是封建法制成熟的必然结果。宋代司法实践中所取得的成就，为判词的发展创造了条件。因为，在法医学方面，宋代著名的司法官宋慈编著《洗冤集录》，总结了传统法医学的经验，为司法实践中查证和认定事实，提供了法医学根据，成为司法活动中具有指导作用的理论著述。为了保证法医学检验方法和检验规则的客观性，保证法医学方法的可靠性，从宋代起，我国封建法律规定了较为系统的内容，规范法医学方法的应用。宋慈在其所著的《洗冤集录》一书中，就节录了宋代规范法医学方法的有关法律规定共计29条。这些规定，保证和推动了法医检验在司法实践中的运用。在证据学方面，宋代同样取得了可喜的成就。例如，关于证据方法，郑克在其《折狱龟鉴》中曾作过较为全面的论述。他指出："鞫情之术，有正有橘，正以核之，橘以挞之。术苟精焉，情必得实，恃拷掠者乃无术也。"这里"正"即"或以物证其愚，或以事核其奸"，即以物证或事实、事理揭露其奸惹；"橘"即诈术，"橘非正也，然事有赖以济者，则亦焉可废哉？"二者的关系是："正不废橘，功乃可成；橘不失正，道乃可行。"从而强调了证据获取中的技巧与方法。另外，在证据效力上，郑克强调物证的作用，指出："凡据证折狱者，不惟责问知见辞款，又当验勘其事，推验其物，以为证也"，"获其情状犹涉疑似，验其物色，遂见端的，于是掩取，理无不得也"；"证以人，或容伪焉，证以物必得实焉"④。正是因为法医学方法、证据学方法在宋代的司法实践中取得了如此重要的成就，从而大大地促进了宋代判词发展的进程。

四、成熟期的明代判词

明代判词主要有李清的《折狱新语》、祁彪佳的《莆阳谳牍》、张肯堂的《莹辞》、应槚的《谳狱稿》等。

在明代判词叙事清楚、说理充分、文理通顺、语言平实。中国古代判词在明朝已确立了自己独特的风格与地位，这主要表现在：首先，从表述看，判词字斟句酌，遣词用句极为严格，而且继承了唐代判词重文学色彩的表达方式，具有很强的欣赏价值。其次，从内容看，

① 参见《名公书判清明集》卷四。
② 参见《名公书判清明集》卷七。
③ 参见《名公书判清明集》卷七。
④ 《折狱龟鉴》卷六。

判词的事实、判决理由、根据及裁判结果成为与判词内容有机联系的整体。有些判词重在分析、说明、认定事实；有些判词重在法律分析和评价，对争议事件根据法律、法理，进行条分缕析的说明，并据以裁判。最后，从法律适用看，判词中"援律比例"彻底改变了唐代判词"不归于律格"的现象。

明代的判词专集中最有代表性的是李清的《折狱新语》。《折狱新语》共汇集判词 10 卷 228 道，在明代判词中占有举足轻重的地位。在写作风格上，语言精美，遵循固定的格式。判词以"审得"语领起，然后是当事人、案由、事实、理由、法律依据、判决结果等，表明我国明代判词既吸收了前代判词的成就，也有创新与发展。例如，《逼嫁事》是一道婚约纠纷判词。何挺与袁尚鼎之女袁二女订有婚约，历经十年，何挺仍未迎娶。至袁二女二十五岁时，嫁给孔弘祖，于是何挺起诉，要求维护其与袁二女之间的婚约关系。按照封建法律，严格维护合法婚约的效力，以实现"父母之命，媒妁之言"的婚姻之礼，维护包办、买卖婚姻制度。然而，在判处本案时，李清虽然认定袁尚鼎已违反婚约，并予以一定惩罚，但根据袁二女已经与孔弘祖成婚的事实，如果维持原婚约的效力，则将与封建国家的社会稳定这一根本利益发生冲突。在这种情况下，判词通过权衡双方的利益，确定了合理的责任。

"逼嫁事"判词：

> 审得孔弘祖者，乃生员袁尚鼎婿，而二女则尚鼎女，弘祖妇也。先因郓民何挺，曾求姻尚鼎，而此以红帖往，彼以红帖答。夫以红帖代红叶，何必新诗之当媒。胡历十余年，不闻挺以聘礼往也？迫夭桃之桂其已过，标梅之晚感渐生，则二女已廿五岁矣。"有女怀春，吉士诱之"，虽贞姬亦钟情良匹。而顾以一纸空言，必欲责二女为罢舞之孤莺也！此非近情论也。今弘祖聘娶后，忽来何挺告，云有金钗彩缎之聘。以其有与无，俱不必辩。而所可一言折者，则二女矢节于锁窗，洒涕于登舆，至今犹啼号弘祖之舍者是也。夫使他宅之双飞无心，则当尚鼎逼嫁时，应割耳毁面，誓死靡他耳。即或箱束舞人，垂泣升车，则盛饰而往，浴体而溢，古贞女不以尸还阴书乎！何适弘祖后寂无一闻也？'狂风落尽深红色，已非昔日青青矣'，挺可觅雕梁于别处矣。今乃以破甄之顾，谬希完璧之返者，何也？及召二女当堂面质，则愿作孔家妇者，有同唤江郎觉，矣。夫二女既失身弘祖，岂复与挺为藕丝之联若驻竖子哉！伤心于夺妇之惨，而一坳速隙夕，想挺之真情不至是也。非垂青彼妇，实垂涎家兄耳！念系愚稚，姑免究拟。然则袁尚鼎独无过乎？红帖之一答，亦祸胎也，薄罚示惩。①

判词对驳回原告诉讼请求的理由的阐述，可谓不厌其详：一是何挺订婚之后十年不聘，实属不近情理；二是袁二女嫁孔弘祖，并不违背袁二女意愿；三是何挺请求维护其与袁二女之间婚约的效力，非垂青彼妇，实垂涎家兄。判决理由令人信服。

判词的发展与明朝封建法制的成熟与完备密切相关。主要表现在：第一，统治者以律文的形式，推行封建法律的宣传，保证法律的贯彻实施。明律规定了"讲读律令"的专门条文，明确要求"百司官吏务要熟读、讲明律意，剖决事务"。第二，诉讼制度与司法官责任制度进一步完备，明律中规定了"辨明冤枉"、"有司决囚等第"、"检验尸伤不以实"、"吏典

---

① 《折狱新语》卷一。

代写招草"等内容,并综合唐律"断罪应决配而收赎"和"断罪应斩而绞"两条律文,规定了"断罪不当"的法律责任。尤其是对重大案件层层转详、严格监督的诉讼制度,更要求司法官吏必须使自己制作的判词事实清楚,合乎情理,适用法律正确,才能免受上司驳诘。①

明朝产生了专门研习律例、专司公牍文书的刑名幕吏阶层,产生了专门研究判词的著述,从而形成了中国古代的制判理论。明人徐师曾在《文体明辨》中将判词列为一种独立的文体,专门论述了判词的沿革。而明人吴讷在其所著《文章辨体》中更是提出了判词"简当为贵","简"即简约,"当"即准确的制判理论。这一制判理论的提出,标志着我国判词完善阶段的到来,强调判词的法律特色。

五、鼎盛期的清代判词

清代的判牍卷帙浩繁,个人判词专集就有《樊山判牍》、《陆稼书判牍》、《于成龙判牍菁华》、《张船山判牍》、《曾国藩判牍》、《曾国荃判牍》等。另外,在清代的档案材料中,也保留有大量的判词。清代判词变通适用律例的现象又较普遍,在特定案件中置律例于不顾,适用最高的法律原则——礼,并据以判决。

清代判词是我国古代判词的最高峰,现存的清代判词专集以《新编樊山批公判牍精华》和《清朝名吏判牍选》最具代表性。前者是樊增祥个人判词专集,后者则为清朝著名司法官吏的判词汇集。1915年上海广益书局印行的《新编樊山批公判牍精华》,共收录樊增祥批牍34卷,820篇;判牍2卷,12篇;公牍6卷,117篇。樊增祥的判词,代表了清代判词的成就,反映了清代判词的特点,这主要是因为,樊增祥曾历任长安、咸宁、宜川、渭南、富平知县,任陕西臬司、陕藩等职,因而他的判词基本反映了清代地方各级司法机关判词的概貌。

清代制判理论有了进一步发展,吏部尚书刚毅在其《审看拟式》中,就提出了"情节形势,叙列贵乎简明;援律比例,轻重酌乎情理"的制判要求,其幕僚葛世达则在其所撰《审看略论》中,对判词从文字到结构,作了详细论述。例如,就判词的制作,他指出:"审看乃文章家先叙后断之法。叙事宜精要,断笔贵简严。平铺直叙,漫无断制,固属不可,然不可横亘成见,于犯供之中夹下断语;亦不可矜才使气,词意抑扬,或有意仿作,勉强牵合。一案有一案之真情,深文周纳,不特死者含冤,抑且情节失真,必致狱多疑窦,往返驳诘,贻累无穷。善治狱者,只就案犯真情形,平平叙去。而眼光四射,筋脉贯通,处处自与断语关合,语语皆为律条张本……叙完之后,加以断语,拍合律条。"严格区分犯供与断语,是中国古代制判理论的重要特色。

清朝律学的兴盛,呈现出了前所未有的景象。一方面,律学研究的成果,使法律的技术性大大增强。清律中的例分八字之义,即以、准、皆、各、其、及、即、若等,冠于律首,被称为"律母"。清人吴坛所著《大清律例通考》指出:"八字者,乃五刑之权衡也。正律为体,八字为用",其重要性可见一斑。钦定《大清会典》对八字含义的具体解释为:非正犯而与正犯同罪者曰以,取此以例彼曰准,不分首从曰皆,情有别而法无异者曰各,更端而竟所未尽者曰其,因类而推曰及,毋庸再计者曰即,设言以广其义曰若。另一方面,律学研究

---

① 参见《折狱龟鉴》卷六。

的成果也为律例的准确适用创造了条件。例如，清末修订法律馆印刷的《大清律例讲义》所录吉同钧纂辑的《审判要略三十则》，即对各类案件的定性和量刑作了准确而系统的阐述。[①]法律技术性和适用准确性的增强，促成了判词的进一步完善和发展。

第三节 类型

一、骈判与散判

以判词采用的文体为标准，可将判词分为骈判与散判两种。骈判采用骈体，以句句用典、辞藻华丽为特点；散判则采用散体，以重事实分析和理由阐述为特点。骈判主要盛行于唐代，散判则主要盛行于明、清。

（一）骈判

骈判即骈体判词。骈判的出现，标志着判词已形成一种文体。骈判的特点在于用典，几乎每句都用典。由于语言凝重、锤炼，骈判的出现和盛行为中国古代判词的语言风格的形成打下了坚实的基础。例如：

"宫门误不下键判案"判词：

> 安上门应闭，主者误不下键
> 对：设险守国，金城九重。迎宾远方，朱门四辟。将以昼通降陌，宵禁奸非。眷彼阍人，实司是职。当使秦王宫里，不失狐白之裘；汉后厩中，惟通褚马之迹。是乃不施金键，空下铁关。将谓尧人可封，固无狗盗之侣；王者无外，有轻鱼钥之心。过自慢生，陷兹诖误。而抱关为事，空欲望于侯嬴。或犯门有人，将何御于藏纥？固当无疑，必寘严科。[②]

上述判词只有一百五十多个字，但用典就多达十个。骈判中大量的用典，增强了判词的说服力。精当的典故，使判词的说理"事实胜于雄辩"：运用出自《史记·孟尝君列传》的"鸡鸣狗盗"这一典故，有力地说明了宫门应严加防范；运用出自《史记·魏公子列传》的"窃符救赵"这一典故，则强调了城门的看守者有时关系着社稷存亡的道理。但是，由于语言、用典方面的严格要求，使骈判的制作在增加了文学色彩的同时，加大了难度。而且，就阅读而言，如果不理解判词中的典故，就很难准确地理解判词。另外，骈判讲求对仗、声韵，读起来朗朗上口，宣判时气势宏壮。但与此同时，骈判无法达到法律文书所要求的准确性。上述王维《宫门误不下键判案》中，只是判定对行为人"必寘严科"，并未确定具体法律责任，就属于这种情况。

（二）散判

散判并不讲求用典，而重在对事实的描述、证据的说明和法律的分析，语言灵活、质

---

① 参见（清）吉同钧：《大清律例讲义·审判要略三十则》。
② 《文苑英华》卷五四五。

朴，表达清楚明确。例如：

"继绝子孙止得财产四分之一案"判词：

田县丞有二子，曰世光登仕，抱养之子也；曰珍珍，亲生之子也。县丞身后财产，合作两分均分。世光死，无子，却有两女尚幼。通仕者，丞公之亲弟，珍珍其犹子，二女其侄孙。男方卯角，女方孩提，通仕当教诲孤侄，当抚恤二女，当公心为世光立嗣。今恤孤之谊无闻，谋产之念太切，首以己子世德为世光之后，而宝藏世光遗嘱二纸，以为执手。世俗以弟为子，固亦有之，必须亲族无间言而后可。今争讼累年，若不早知悔悟，则此遗嘱二纸，止合付之一抹。何者？国家无此等法条，使世光见存，经官以世德为子，官司亦不过令别求昭穆相当之人。况不由族众，不经官司之遗嘱乎？通仕所以不顾条令，必欲行其胸臆者，不过以县丞与世光皆不娶，而侄与侄孙皆孤幼，可得而欺凌耳。在法：诸户绝人有所生母同居者，财产并听为主。户绝者且如此，况刘氏者珍珍之生母也；秋菊者二女之生母也，母子皆存，财产合听为主，通仕岂得以立嗣为由，而入头干预乎？度通仕之意，欲以一子中分县丞之业。此大不然。考之令文：诸户绝财产尽给在室诸女。又云：诸已绝而立继绝子孙，于绝户财产，若止有在室诸女，即以全部四分之一给之。然则世光一房若不立嗣，官司尽将世光应分财产，给其二女，有何不可？通仕有何说可以争乎？若刘氏、秋菊与其所生儿女肯以世德为世光之子，亦止合得世光全部四分之一，通仕虽欲全得一分，可乎？往往通仕亦未晓法，为人所误，此通仕之谬也。刘氏自丞公在时，已掌家事，虽非礼婚，然凭恃主君恩宠，视秋菊辈如妾媵。然观其前后经官之词，皆以丞妻自处，而绝口不言世光二女见存，知有自出之珍珍，而不知有秋菊所生之二女。所以蔡提刑有产业听刘氏为主之判，而当职初览刘氏状，所判亦然。是欲并世光一分归之珍珍，此刘氏之谬也。通仕、刘氏皆缘不晓理法，为囚牙讼师之所鼓扇，而不自知其为背理伤道。当职反复此事，因见田氏尊长钤辖家书数纸，亦以昭穆不相当为疑。又云族中皆无可立之人，可怜！可怜！又云登仕与珍郎自是两分，又云登仕二女使谁抬举，又云刘氏后生妇女，今被鼓动出官，浮财用尽，必是卖产，一男二女断然流下，又云老来厌闻骨肉无义争讼，须与族人和议。书中言语，无非切责通仕，而通仕不悟，乃执此书以为证验，岂通仕亦不识文理邪？当职今亦未欲速绳通仕以法，如愿依绝户子得四分之一条令，可当厅责状，待委官劝谕田族并刘氏、秋菊母子，照前日和议，姑以世德奉世光香火，得四分之一，而以四分之三与世光二女，方合法意。若更纷拿，止得引用尽给在室女之文，全给与二女矣。此立嗣一节也。刘氏，承之侧室；秋菊，登仕之女使。昔也，行有尊卑，人有粗细，爱有等差，今承与登仕皆已矣，止是两个所生母耳。尽以县丞全业付刘氏，二女长大，必又兴讼，刘氏何以自明？兼目下置秋菊于何地？母子无相离之理。秋菊之于二女，亦犹刘氏之于珍珍也，人情岂相远哉？县丞财产合从条令检校一番，析为二分，所生母与所生子女各听为主，内世光二女且给四分之三，但儿女各幼，不许所生母典卖。候检校到日，备榜禁约违法交易之人。案呈本军见在任官，选委一员奉行。寻具呈，再奉判，裁司理居官公廉，帖委本官唤上田族尊长与通仕女，则刘氏、珍郎并秋菊、二女当官劝谕，本宗既别无可立之人，若将世光一分财产尽给二女，则世光遂不祀矣。通仕初间未晓条法，欲以一子而承世光全分之业，所以刘氏不平而争。今既知条法，在室诸女得四分之三，而继绝男止得四分之一，情愿依此条分析。在刘氏、珍郎与秋菊、二女亦合存四分之一，为登仕香火之奉。取联书对定，状申。①

上述判词首先明确了被继承人与继承人之间的关系，紧接着说明了通仕以其子为世光之后，昭穆并不相当这一事实，详细说明了户绝财产在只有在室诸女和只有在室诸女并已立继绝子孙的情况下进行分割的具体法律规定。之后，判词分别回答和驳诘了诉讼各方的质疑与主张，在强调必须为被继承人立嗣这一情节后，判词确认了世德之子继世光之后的嗣继关系，并适用只有在室诸女并已立继绝子孙的法律规定，作出了判决。由此可见，散判的特点在于明确、易懂、实用性强。判词作为向社会公开发布的法律文书，只有实用，并可为大多数社会成员所理解，才能体现出其价值。从这一点上说，散判能更好地体现判词的特征和作用。

中国古代判词从骈判发展为散判，具有重大的意义。骈判重用典，对案件事实与证据的分析、认定不够，从而影响了法律适用的准确性程度。散判重视对案件事实与证据的认定与分析，重视对案件事实的法律评价，语言质朴。正如明代徐师曾在《文体明辨》中所指出的那样，骈判"堆垛故事，不切于蔽罪；拈弄辞藻，不归于律格"。宋代散判的流行，影响了明、清判词的发展趋势，进而确立了散判的主体地位。

二、拟判、实判与花判

以判词的制作主体为标准，可将判词分为拟判、实判和花判三种。拟判是在诉讼程序之外，制判者就一定的事实以判词的形式表明自己的观点，对特定事件进行的法律判断。实判是在司法活动中，司法官对案件进行审理，根据诉讼程序及实体法律规定，对争讼事件作出的裁判。花判则是作者根据文学作品的主题需要，针对特定的故事情节拟制的裁决与判断。

（一）拟判

拟判是以事先拟订的事实为依据作出的判词。拟判事实是假定的案件事实，因而拟判的制作，并非为了解决争讼事件，而是为了表明制判者运用法律、法理分析问题的能力。在拟判的制作中，重在运用法律分析给定的拟判事实的性质，评判曲直，论证事理。例如：

"司马斩杀校尉案"判词：

> 甲与戎战，司马曰："所遇有隘，毁车以为行。"甲所嬖校尉不肯，司马斩之以殉。军正奏其专杀。
>
> 对：受命以出，一鼓作气。惟师在和，七战皆获，衅而动者，谓之军志，相时设教者，是曰武经。甲惟理戎，兴兹薄伐；司马决胜，以先启行。彼徒我车，惧其侵轶；凿门受脉，陈其教令。既遇隘而难进，请为行而制敌。校尉不肯，斩之奚伤？违其毁车，有类荀吴之嬖；是称乱命，以戮晋卿之仆。奏以专杀，斯则不然。②

这道判词具有军法制裁性质。判词对司马斩首违抗军令的校尉这一行为是否为专杀，作了分析论证。判词援用军事史中的著名典故，说明了军事行动中决胜战术的重要性以及令行禁止的必要性。从而得出了司马斩首违抗军令的校尉并非专杀的结论，判决司马的行为并不

① 《名公书判清明集》卷八。
② 《文苑英华》卷五四二。

构成犯罪。

拟判的不足与缺陷也是明显的，除"中间判词"外，这类判词大都是在假定的法律事实范围内作判，就判词内容而言，事实漂浮于判词之外，制判者囿于给定的事实，拟具分析、处理意见，拟判虽然重视法律适用和法理分析，但往往忽略了对事实的认定与证明，从而影响了法律适用的准确性。

（二）实判

实判是司法机关针对具体的争讼事件作出的裁判。由于实判是司法官依职权作出的，因而具有法律上的效力，其一经确定便受国家法律强制执行的保护。实判代表的已非制判者个人的意志，而是一种国家意志。

与拟判相比，实判具有如下的特点：第一，从主体上看，实判是司法机关代表国家对具体的争讼事件进行裁判，作出的对具体事件的处理决定，是国家活动的产物，体现着国家的职能。第二，从性质上看，实判是国家司法活动的体现，实判属于法律文书，具有国家档案的作用。第三，从内容上看，实判不但基于具体的案件事实，而且这种案件事实是活生生的社会关系的组成部分。这种案件事实要么是社会生活中发生的某一事件，要么是某一行为，对其进行法律判断、评价，是社会存在与发展的客观要求。第四，从形式上讲，只有在实判的制判过程中严格体现法律要求，判词才能有效，而具有法律上的执行效力。第五，实判所依据的制判事实并不是假定的事实，实判所依据的制判事实是制判者通过诉讼活动查证、认定的事实，因此，实判中查证、认定事实的客观真实性程度便具有重要的意义。没有案件事实的真实性，就没有法律适用的正确性。案件事实真实是法律适用正确的必要前提。实判中的事实是判词必不可少的重要组成部分。第六，由实判的文书性质所决定，实判必须遵循固定的格式和结构，以便保存和管理。

实判应当建立在合法的诉讼程序基础上，将具体法律规定适用于争讼事件。所以，实判最主要的特点在于体现法律的规定，以法律为准则，裁判案件中的争执问题。例如：

"不当检校而求检校案"判词：

> 张文更父（亡），张仲寅以堂叔之故，陈理卑幼财产，意在检校，揆之条法。所谓检校者，盖身亡男孤幼，官为检校财物，度所须，给之孤幼，责付亲戚可托者抚养，候年及格，官尽给还，此法也。又准敕：州县不应检校辄检校者，许越诉。此又关防过用法者也。今张文更年已三十，尽堪家事，纵弟妹未及十岁，自有亲兄可以抚养，正合不应检校之条。张仲寅仗义入词，公耶？私耶？向尝谮间其母，致与父相离，今复扰乱其家，使不得守父之业，岂非幸灾以报仇，挟长以凌幼，用意何惨哉！法不可行，徒然扰扰，但见心术之险，族义之薄，天道甚迩，岂可不自为子孙之虑也哉！今仰张文更主掌乃父之财产，抚养弟妹，如将来或愿分析，自有条法在，余人并不得干预。①

判词是对张仲寅请求检校张文更未满十岁的弟妹的财产作出的裁判。判词着重说明了检校的法律规定及立法旨意，在判决张文更弟妹的财产不当检校，要求张文更代为管理的同时，揭露了张仲寅申请检校的自私用意。判词虽然简短，但明确、有力，令人信服。

---

① 《名公书判清明集》卷七。

（三）花判

从南宋始，出现了"花判"。洪迈《容斋随笔》对"花判"作过如下概述："世俗道琐屑细事，参以滑稽，目为花判。"花判是文学作品中判词的重要形式。例如，宋代景祐年间，杭州府刘秉义之子刘璞，自幼聘孙寡妇之女珠姨为妻，刘秉义之女惠娘已许给裴九老之子裴政。孙寡妇之子孙玉郎，已聘徐雅之女文哥为妻。待各家儿女长成，正遇刘璞病重，其父听信妻言，瞒了孙家要娶珠姨过门冲喜，孙寡妇因先已得知刘家之计，遂命其子玉郎男扮女装代姐过门。花烛之夜，新郎刘璞仍在病中，其父遂命女儿慧娘与"嫂嫂"相伴，不意竟促成慧娘与玉郎的好事。后刘璞病愈，慧娘、玉郎不忍分离搂抱啼哭，被刘母识破，此事又被裴九老闻知。裴九老入状呈控刘秉义，而刘秉义入状呈控孙寡妇。二人于府前相遇，扭打到官。乔太守传齐孙、刘、裴、徐四家之人，在征询各方意见后，进行了判决。

"乔太守乱点鸳鸯谱案"判词：

> 弟代姊嫁，姑伴嫂眠。爱女爱子，情在理中。一雌一雄，变出意外。移干柴近烈火，无怪其燃；以美玉配明珠，适获其偶。孙氏子因姐而得妇，搂处子不用逾墙；刘氏女因嫂而得夫，怀吉士初非衔玉。相悦为婚，礼以义起。所厚者薄，事可权宜。使徐雅别婿裴九之儿，许裴政改娶孙郎之配。夺人妇人亦夺其妇，两家恩怨，总息风波。独乐乐不若与人乐，三对夫妻，各谐鱼水。人虽兑换，十六两原只一斤；亲是交门，五百年决非错配。以爱及爱，伊父母自作冰人；非亲是亲，我官府权为月老。已经明断，各赴良期。①

乔太守的判决，之所以被称为"乱点"鸳鸯，是因为这道判词与宋代关于婚娶的法律规定，相去甚远。但是，判词充分体现了情理要求，对乔太守所判，当事者"众人无不心服，各各叩头称谢"；"此事闹动杭州府，都说好个行方便的太守，人人诵德，个个称贤"，获得社会广泛的支持，便是明证。除花判外，许多小说中的判词，也成为了该作品最为精妙的、不可或缺的部分。

三、批词与判词

根据判词所处理的问题的性质，可以将判词区分为批词和狭义的判词两类。批词主要处理案件的程序问题，判词则不仅处理案件的程序问题，而且对案件的实体问题，同时进行裁判。如果批词所确定的仅仅是案件审理中的程序权利，判词则确定双方当事人的实体权利和义务。

（一）批词

批词即解决案件程序问题的裁判文书。由于批词所针对的是具体案件的特定当事人，因而采取第二人称的手法，结构上十分灵活，直接向特定人说理。在批词中，上级司法机关驳回下级司法机关转详的批词，又称为驳词。

批词的特点，体现在侧重说理方面，一般是就具体问题进行分析，并作出裁判。批驳下级转详的批词，重点在于揭示下级司法机关所拟具的判词在事实和法律适用中的矛盾、失

---

① 《醒世恒言》卷八。

误，要求下级司法机关重新拟判转详。例如：

"批淳化县详案"批词：

> 详称刘高娃，因款起衅，搯伤强德芳咽喉致死，案情种种未确。查高娃其表叔强德芳，以觅雇主，同赴泾阳谋事，不成又回淳化。因无盘费，高娃脱衣质钱花用。查强德芳之往泾阳，为探亲也，岂有不带盘费之理？往返七日，食用几何，高娃衣服当钱几何，当在何处，有无当票为凭，此皆案中关键，何未问及？高娃既有心索欠，身在强家寄住，当强德芳持钱赴县买麦之时，即应在其家索讨，何以跟随入县，突于半路索偿，以致彼此争斗，经人劝散？毕竟闹在何处，劝者何人，劝散之后，德芳自必直赴县城，高娃逗留何所，直至天晚，德芳买麦转回，适与高娃相遇于无人之处，何其巧也？德芳五十三岁，高娃二十七岁，老壮相斗，其胜负不问可知。高娃将德芳掀倒，扑压其上，有何情急之处，竟一手搯定咽喉，至死不放，谓非有心致死，其谁信之？况高娃一穷人耳，衣服质钱至多不过数百文，以数百文之故，手搯其表叔至死，应如何追悔恐惧。乃人死以后，不但取其麦，而且剥其衣，直与强盗无异。谓非预伏中途，图财谋命，又谁信之？向来牧令不谙律例，幕友狃于积习，恒持救生不救死之说，将谋故重情，一律改为斗杀，殊不知生者漏网，死者埋冤，非积福也，乃作孽也。本司向来办案不存成见，务在得情。该令服官垂二十年，何犹荒率如此？仰照指驳各节，悉心推鞫，必成信谳。仍候督抚宪盐道批示，缴，格结存。①

这道批词不但列举了详文中的矛盾与疏漏，而且对当时流行于牧令中的出罪救死的积习，给予了严厉谴责。司法官审理案件贵在得情，认真区分此罪与彼罪的界限，做到定性准确，量刑适当，这样才能经得起时间的考验。

（二）判词

判词是解决案件实体问题和程序问题的裁判文书。明、清时期，随着诉讼制度的完善，制判理论与实践的发展，形成了判词中审语与看语的区分。司法官对自己有权判决的案件，拟具判词后即可予以宣告，称为审语；对自己无权判决的案件，拟具判词后尚须转详上级司法机关审核批准，称为看语。审语和看语所解决的都是案件的实体问题和程序问题，因而同属判词。判词须向社会公开发布，采取的是第三人称的公文写法，并且在格式上有特别的要求。判词的特点在于，不仅需要重视分析、说理，更需重视对争执的事件即案件事实的阐述、说明。例如：

"客头孙恒高保领犯妇车张氏案"判词：

> 此疑狱也。光绪十六年闰二月十六日，赵故令任内，据报刘遇茂地内有一无名男子，不知何时被何人杀死。项带皮绳，胸膛心坎，刀伤十余处、透内者六处。经赵前任验讯禀报，旋据差拿车景和到案，供系其妻车张氏，素与王顺清、孙五通奸，顺清妒奸谋杀。缉获顺清、张氏，各认谋杀不讳。将顺清依谋杀造意律拟斩，张氏依谋杀加功律拟绞。招解到省，犯供翻异。再招再翻，屡详屡驳。十九年春本县到任，经前府宪将案犯、卷宗饬发回县，札令另招解勘。于是往返三年。车景和物故久矣，质证无人，顺

清、张氏，仍前翻异。张氏谓素系怨耦，顺清谓争地挟嫌，被景和一齐诬陷等语。本县细核全卷，疑窦实多，固不敢信现供之确非狡翻，亦不敢谓原审之毫无疑义。盖前任之粗疏纰缪，厥有数端：查报案在闰二月十六，获犯在三月初六，而车张氏供称，是年二月二十五日，因与俞克成之妻俞王氏口角，随与伊夫搬往关山镇城楼居住，三月初三经人劝回，即于初六被差带案。此案报验在闰二月，其时伊在关山生产，尚未弥月，从何谋杀。传讯俞克成夫妇，所供去来月日，与张氏同，其可疑者一。破案之始，因捕役探得景和炕有血迹，故将景和带案，供出实情。随将王顺清等拿获问拟。据顺清供，当景和被获时，合堡之人，不知所犯何事，令跟随打听。伊进城后，甫在县前饭店吃饭，即被差拿。伊如杀人属实，一见景和带案，自应立时逃避，岂有自行进县送死之理。询之原差南德，果于县前饭店，将顺清拿获，其可疑者二。原详称孙五酒醉仰卧，顺清手持刀、绳走来，逼令张氏各执绳头狠勒。孙五两脚乱蹬，张氏害怕，丢手走出。顺清乃用刀连戳胸口致毙。呈验存房席被，及张氏棉裤，血污殆遍。裤裆表里浸透。据张氏供称，实系在关山生产所污。查原详，内载谋勒之时，王在炕上，张在炕下，及弃绳用刀，张氏早已走避，何得血污其裤，况裤在衣底；裤裆有血，何以衣上无血；旁立者带血，何以杀人者身无点血。又况死者仰卧，受刃血应内浸，不应外溢。既溢出，亦无如许之多，是所称恶露玷污，较为近理，可疑者三。查车张氏初供，当顺清杀人后，伊将隔壁张老汉叫来，斥说顺清不应杀人，顺清跪求隐瞒等语。前任连审数堂，从未传张老汉质证一次，及本县传讯，则张老汉七十老翁，卧床不起。复令刑房前往取供，其子张三来案声称，伊父自言并无其事。质之车张氏，则称从前畏责，信口妄供，其可疑者四。本县以为此案，失入固令生者衔冤，失出亦令死者抱恨。不厌详求，当即移请关山分县，详细查复，旋据复称，是年果有山东客民，夫妇二人，携带幼子，在城楼居住月余，日期记不清楚。至张氏所称产后患病，防营某太太给药，又有崔大嫂收生，现在防营早撤，崔大嫂不知去向，无从讯问。至此案情节，人言不一。有谓死者并非孙五，杀人与被杀之人，均不知其为谁者；有谓车张氏并无奸情，不过平日嘴强，为夫所憎，久欲嫁卖，借此诬指者；又有谓原办并无冤屈者。所说不一，愈滋疑窦。而前任办案，尤有不可解者。张氏等既定供拟罪矣，车景和破案有功，而且妻被人淫，名辱家破，情属可怜。乃自三月初六被押，永不开释。延至十一月十六日，竟在班管瘐毙，以至十岁幼年车鲁子，出无所依，只好随母收禁。以无罪小儿，幽居圜土，年已十六，尚不知世有天日，良堪哎诧。查原办王顺清，系杀人正凶，理无轻纵。至张氏以加功论绞，本为失入。即使案情不谬，而孙五死于刃，而不死于绳，张氏甫执绳头，即行丢手，顺清刺刀之时，张氏并不在侧，何得以加功论。是以本县前年，请将王顺清暂行监禁，旋奉宪批，准其缓办，张氏母子提禁交保，俟访查明确，再行问拟。不准张氏提监。经今三年，复申前请，始准张氏保外养病。兹据孙恒高等，连环具保前来。著将车张氏开镣省释，当堂保领，以后一唤即到，如有逃避情事，定惟该保人等是间。保状存。①

判词以疑狱为主线，对案件的事实认定和法律适用等问题进行了全面、深入的分析，对案件实体问题和程序问题中存在的疑窦分为四个方面进行了论证。在实体问题上判决车张氏

---

① 《新编樊山批公判牍精华·判牍》。

并非同谋加功之人；在程序上判决将车张氏开镣省释，当堂保领。判词就是基于此案为疑案这一基本看法，在深入论证了案件的疑窦之后，作出了判决。

批词作为广义判词的一种，与狭义判词的区分，并非十分严格，有些批词也处理案件的实体问题。究其原因，主要是因为在中国古代，程序法和实体法无论在立法上还是学理上，都没有严格的区分。但尽管如此，对广义判词根据适用对象的不同，区分为批词和判词，仍然具有重要的意义。批词作为各个诉讼阶段处理诉讼程序问题的被广泛使用的裁判文书，只需明确一定的事实或法律关系，而判词则重在确定当事人的实体权利义务，并重在将判决所确定的权利义务得以兑现。

批词与判词在对实体问题与程序问题的处理上根本的不同，就在于判词所作裁决是明确的、具体的、最终的，而批词所作裁决则是概括的、程序性的、阶段性的。

第四节
内容与结构

一、初审批词的内容与结构

初审案件中，批词主要适用于对案件是否受理，以及对当事人关于诉讼程序请求的裁决。在中国古代司法实践中，初审阶段除了原、被告可以向司法机关递交呈词、禀词外，调解人可以向司法机关提交禀词，保证人可以向司法机关递交保状，就有关案件的程序问题提出请求。司法机关对这些书面请求，一般都需作出书面批示，从而形成批词。这些批词是明确当事人诉讼权利、确定案件诉讼程序的重要法律文书。由于批词所针对的事项存在着差异，因而其内容和结构呈现出丰富多样的特色。

（一）是否准予受理的批词

是否准予受理的批词，是司法机关对原告的起诉作出的批示。根据内容不同，可分为两种：准于受理的批词和不准予受理的批词。它们的共同特点在于，都必须明确裁判结果：准予或不准予受理起诉。与此相适应，批词的内容和结构则随裁判结果的不同而异。一般而言，裁决准予受理的批词简洁，而不准予受理的批词则必须具体阐明不准予受理的理由与根据。

1. 准予受理的批词

当事人递交呈词（或禀词）后，只有得到司法官批示准予受理，案件始能进入审理程序。准予受理的批词是对当事人程序权利的确认。为了保证司法机关的正常活动，也为了维护社会的稳定，中国古代便严格地实行诬告反坐、教唆词讼及抱告等制度。在准予受理的情况下，批词往往极为简练，甚至往往是一字或数字之批，司法官可谓"惜墨如金"。

在清代巴县档案中，准予受理的批词就有："准唤讯"、"候讯"、"准拘讯，如虚坐诬，代书并究"、"候唤讯详"、"候讯毋渎"、"准添唤讯"、"准唤讯追"、"仰差随堂带讯"、"据详已悉，候提讯明确，缉拿娄五等到案讯究"、"候验并讯，如捏定责"、"准拘讯"、"准讯究"、

"候讯法究，毋得捏渎"、"候质究"、"姑候唤讯查断"、"候查夺"、"已经差唤，毋渎"等。但有些批词则在批明"准予"受理的情况下，还同时明确了有关法律事实或法律规定，为案件进一步审理做了准备。在清代巴县档案中，此类准予受理的批词并不少见。例如，"准拘讯。尔等敢于具禀蠹约，自然公正，可以办事。现在牢务纷繁，即着充乡保踊跃办公。该房即发执照，毋许刻延"。又如，"恩亲不养，罪逆已多，又因钱财多寡，手足互争，不遵众剖，情更可恶，准即拘究，词存"。再如，"余贵身充捕府班役，既已奸宿宋氏，复行抑勒卖奸图利，淫恶已极。袁理系何衙门快头，其窝顿流娼，亦应一并拘究，未便轻纵。将一干犯证解县候讯，以凭分别究惩"①。在樊增祥制作的大量批词中，更是如此。例如：

　　"批雷刘氏呈词"：

　　　　据称尔孙女莲娃，被其干娘王氏，于除夕前一日，引至伊家，卖与粮道巷金姓。查尔祖孙二人，相依为命，正当团年之时，何以任外人引去。自除夕至今已七十日，王氏与尔近在同城，尔又有三十岁之子，无难亲身往接。若王氏藏匿支推，即应早来控告，何以直待其嫁卖之后始行究追？核阅来词，恐系尔既卖复翻，情同放鸽，惟王氏亦决非好人，姑准一并唤案惩究。②

　　准予受理案件的批词，没有固定的格式和要求，在写法上是十分灵活的，只要明确准予受理即可。

　　2. 不准予受理的批词

　　不准予受理的批词，其内容一般分为两部分：一为理由，二为裁判结果。根据不准予受理的理由不同，这类批词可分为如下几类：

　　其一，对所谓"小事"，即所控事项太细小、琐碎而不准予受理的批词。这类批词只要明确所诉之事属于小事，即可批明不准。这是因为对于"小事"的界定，在封建立法和司法实践中并无严格的界线，司法官灵活掌握的幅度较大。例如：

　　"批陶致邦呈词"：

　　　　胡说八道，尔之妻女不听尔言，反要本县唤案开导，若人人效尤，本县每日不胜其烦矣。不准。③

　　其二，管辖不合而不准予受理的批词。管辖不合既包括地域管辖不合，又包括级别管辖不合。案件审理中程序法是实体法得以正确实施的保证，因而批词中只要明确案件的管辖不合，即可批明不准。例如：

　　"批姬柄禀词"：

　　　　尔有禀词，何处不可呈递，偏偏寻著本县。试问咸阳案件，与我何干？仍不准。④

　　其三，原告无实体权利因而不准予受理的批词。这类批词由于涉及当事人之间的实体权利，因而批词须详细、具体地阐明原告无实体权利的事实、理由、根据，使当事人信服。

---

　　① 《清代巴县档案汇编·乾隆卷》。
　　② 《新编樊山批公判牍精华·批牍》卷一。
　　③ 《新编樊山批公判牍精华·批牍》卷三。
　　④ 《新编樊山批公判牍精华·批牍》卷四。

例如：

"批雷五时呈词"：

> 尔为尔子聘季生连之女为媳，未过门而尔子夭亡，不得谓之为子媳也，今季生连将女另嫁，理所当然。该女并非雷门之妇，尔何得希李姓之财？不准。[1]

其四，原告无程序权利不准予受理的批词。此类批词中着重说明原告无程序权的事实与根据。例如：

"批杜槐枝呈词"：

> 尔年甫三十一岁，何以尔孙杜进财，娶妻身故，且有曾孙二人。其为冒充祖父无疑。不准。[2]

其五，书状不合而不准予受理的批词。这类批词中，着重阐明当事人所具书状中存在的问题，并要求改正。例如：

"批杨得盛呈词"：

> 尔妻张氏，如系正经妇人。张四何能忽然诱拐？必系平日往来私识，乘尔出外窃负而逃。而尔平时不能管束，亦可概见。据称尔出门十日，及至回来遍找无踪。昨始询明，被张四诱拐等语。此语是何人向尔说来，此等要证，何以词不列名分投厥事情，尔图财纵奸有之，卖妻复诲亦有之。此呈殊不足信。著将询何之人，切实指出备质，其师古权等，并不知张四拐匿之情，何须列人词内？候禀覆至日，再行核夺。[3]

准予受理和不准予受理的批词之所以存在简与繁的不同，是因为封建法律在严禁诬告的同时，又规定了司法官告状不受理的法律责任，以保证国家司法职能的实现。

《大清律例》规定了严明的告状不受理的法律责任，即："凡告谋反、叛逆，官司不即受理掩捕者，杖一百，徒三年。以致聚众作乱，或攻陷城池及劫掠人民者，斩。若告恶逆，不受理者，杖一百。告杀人及强盗不受理者，杖八十。斗殴、婚姻、田宅等事不受理者，各减犯人罪二等，并罪止杖八十。受财者，计赃以枉法从重论。若词讼原告、被论在两处州县者，听原告就被论官司告理归结，推故不受理者，罪亦如之。若各部院、督抚、监察御史、按察使及分司巡历去处，应有词讼未经本管官司陈告及本宗公事未结绝者，并听置簿立限，发当该官司追问，取具归结缘由勾销。若有迟错不即举行改正者，与当该官吏同罪。其已经本管官司陈告不为受理及本宗公事已绝，理断不当、称诉冤枉者，各衙门即便勾问。若推故不受理及转委有司或仍发原问官司收问者，依告状不受理律论罪，若追问词讼及大小公事，须要就本衙门归结，不得转行批委，违者，随所告事理轻重以坐其罪。"这种通过立法强化司法职能的做法，客观上便要求司法官吏对不准予受理的案件批明具体理由，以利于防止推诿现象的发生。

（二）案件审理程序的批词

在初审案件的审理过程中，当事人对于诉讼程序问题可以具呈（或具禀）提出请求，司

---

① 《新编樊山批公判牍精华·批牍》卷八。
② 《新编樊山批公判牍精华·批牍》卷九。
③ 《新编樊山批公判牍精华·批牍》卷二。

法机关则必须给予答复。对当事人的请求，司法官一般不是简单地予以答复了事，而是要对案件的有关实体或程序问题作出裁决，从而形成初审中有关案件审理程序的批词。有的批词重在处理程序问题，有些批词是双方当事人要求和解息讼或原告要求撤销起诉或地方乡绅、亲朋、族人调解双方当事人达成协议，要求终结案件的息词（或禀词），司法官须批"准"或"不准"息讼以明确诉讼程序。准予息讼的批词一般较为简单，只批"准，遵结存"字样，有些批词也同时对调处人作一番赞扬。例如：

"批朱鉴等息词"：

> 二女同居，志不相得，最易吵闹。今以地兑房，姻娅分为两院，可谓善于调处。票销，遵结存。①

不准息讼的批词一般必须在批明不准的同时，阐明理由。例如，据清代巴县档案载，针对族邻周远仁等就周智安等开挖煤案所具息状"为呈恩赏息，以全和睦事"，县正堂所作批词为："官禁煤洞，私行开挖，殊属不法。尔等何得混渎和息？原差即拘齐人证报审，以凭究处。结掷还。"② 对私挖煤洞的违法行为不能和息。批词表明：违法的调解，官府不承认其效力。

中国封建法律严格维护封建司法权的完整性。《大清律例》明确规定："民间词讼细事，如田亩之界址沟恤、亲属之远近亲疏，许令乡保查明呈报，该州县官务即亲加剖断，不得批令乡、地处理完结。如有不经亲审批发结案者，该管上司即行查参，照例议处。"同样，对申请息讼的准许权，也只有司法机关才能行使。当然，在中国古代司法实践中，由于司法官推崇调处息讼，不准息讼的批词是较为少见的。

二、初审判词的内容与结构

初审判词是初审司法机关对刑事、民事案件进行审理，就案件的实体问题和程序问题作出的裁判。初审判词由于其解决的并非仅仅是案件的程序问题，而是实体问题和程序问题同时解决，因而有别于批词。在初审判词中，由于遵循"依状鞫狱"的原则，因而其内容严格地限制在当事人所控诉的范围之内。就内容和结构而言，刑事案件的初审判词和民事案件的初审判词，不尽一致，各有特点。

（一）刑事判词

初审刑事判词可以分为两类，即有罪判决的判词和无罪判决的判词。有罪判决的判词是认定被告人触犯了刑律，构成犯罪的判词；无罪判决的判词则是认定被告人并未触犯刑律，不构成犯罪的判词。这两类判词在内容和结构上差别较大，有罪判决的判词不但要事实详尽，而且需要分析透彻，论证有力，适用法律准确，判处公允得当；无罪判决的判词则只需阐明依据法律规定，被告人的行为并不构成犯罪，或被告人被指控的行为并不存在，从而宣告被告人无罪。

有罪判决的判词内容较无罪判决的判词内容详尽，结构也较为复杂。判词的内容包括了

---

① 《新编樊山批公判牍精华·批牍》卷二。

② 《清代巴县档案汇编·乾隆卷》。

事实、分析、裁判结果三部分。与此不同，无罪判决的判词则无论内容还是结构，都要简单。无论有罪判决，还是无罪判决，在有罪或无罪的理由、根据中，有论点、证据和证明等部分，从而构成了完整的判词的内容。具体来讲，论点即为被告人被控犯罪行为是否存在或其行为是否构成犯罪的明确观点，证据即被告人被控犯罪行为是否存在，以及其行为是否构成犯罪的根据，证明则是以分析证据的方法说明论点正确无误的过程。就论点、证据和证明间的相互关系而言，论点和证据是前提，证明则是判词的核心和关键，是将论点与证据有机联系起来的"画龙点睛"之笔，因而也是判词最精彩之处。

（二）民事判词

初审民事判词是指初审司法机关就户婚、田土、钱债等案件，针对双方当事人所争议的事件，分清是非、责任，并对其实体权利和程序权利作出判决的法律文书。内容具体包括事实、理由和裁判结果三部分。

首先，就事实部分而言，民事判词的事实包括案件的背景事实（即案件纠纷发生的背景）、争议事实（即双方争执的焦点）、查证事实（即司法机关调查证实的事实）和审理程序事实（即司法机关的调查取证情况）等部分。民事判词事实的这四个组成部分虽然在某些具体案件中很难截然分开，而且它们是整个案件事实不可分割、不可缺少的部分。但是，它们之间又有相对的独立性，各自起着不同的作用，具有不同的地位。

其次，就理由部分而言，初审民事判词的理由部分包括认定事实、认定事实的理由、认定事实的法律性质、认定事实法律性质的理由、影响案件的情节、理由等内容。在判词的理由部分，不仅要明确认定事实的具体内容、认定事实的理由，而且更重要的是要分析、定性认定事实，依据法律、法理，分析、评价认定事实。如果案件中尚有影响裁判的其他情节，同时需一一罗列分析，说明其法律意义。

再次，就裁判结果而言，所有与案件处理有关的事项，应全面地予以裁判。当然，裁判结果的最主要部分是案件的实体问题。除案件的实体问题、程序问题而外，判词同时对有关案外人的法律责任予以明确。

三、再审批词的内容与结构

再审案件批词，包括对申请再审的批词和再审程序中的批词两大类。

（一）对申请再审的批词

在案件初审终结后，当事人可以继续向原审机关提出申请，要求对案件进行再审。对于当事人的申请，司法官一般须明确作出答复，从而形成了第一种对申请再审的批词。在这类批词中，不能简单地批准或不准，而是需要详述理由、根据，使批词具有说服力。

在初审判决后，当事人如不服，亦可逐级上控，对于当事人的上控，司法官亦须明确作出答复，从而形成了第二种对申请再审的批词。这种批词中，一类是不准予上控的批词，另一类是准予上控的批词。

首先，准予上控的批词，其内容包括两部分：一部分为原判存在的问题，要么事实不清，证据不足，要么适用法律有误，对其需详细列举，并展开驳诘，针对的是原审判决；另一部分为裁判结果，要么要求原审机关再审，要么批令其他司法机关重审，要么提审，等等。

其次，不准上控的批词主要采取一边破一边立的写作方法，在驳诘申请人的申请及理由基础上，阐明原判无误，维护原审判决的法律效力。由于这类批词重在驳诘当事人的请求及理由，而不是原审判决，因而与准予上控的批词显然有很大的不同。

（二）再审程序的批词

再审程序的批词，是针对原审禀、详而作出其是否合法、合理的判定，从而形成的审判监督程序中的法律文书。再审程序的批词，需要明确原审所认定的事实是否符合情理、有无可靠的证据证明，原审对案件的定性、分析是否正确以及原审的裁判是否公允、恰当等内容。因此，从内容上看，再审程序的批词包括三种，第一种是批明终结案件的批词，第二种是重新审理案件的批词，第三种则是批结案件的批词。再审程序的批词不同于对申请再审的批词，这是因为这类批词针对的不是当事人的申请，而是下级司法机关的禀、详。

四、再审判词的内容与结构

再审判词根据案件性质，分为刑事和民事两类。再审刑事判词是再审司法机关对经过初审审结的刑事案件进行审理，并就案件的实体问题和程序问题作出裁判的法律文书。再审民事判词是再审司法机关对经过初审审结的民事案件进行审理，并就案件的实体问题和程序问题作出裁判的法律文书。

再审民事案件判词与初审民事案件判词相比，最大的差异表现在事实和理由部分。就事实部分而言，再审民事判词事实部分由背景事实、初审事实、再审查明的事实、再审认定的事实构成。就理由部分而言，有些再审判词阐述了查证事实的法律性质。判词在理由部分不但应阐明认定事实，而且应详细地阐述据以认定的理由和根据。

总之，就中国古代判词的主要内容而言，初审程序中的判词与再审程序中的判词，在内容上完全不同。初审程序中专门解决案件程序问题的初审批词，遵循"依状鞫狱"的原则，追求片言折狱的司法效果，内容和结构都较为灵活、多样。初审判词则不同，无论刑事判词还是民事判词，都包括事实、分析、裁判结果三部分内容。再审程序中专门解决案件程序问题的批词，包括申请再审的批词和再审程序的批词两种。前者针对的是申请再审的当事人，后者针对的是下级司法机关。前者的主要内容是准或不准再审的理由、根据，后者的主要内容是对原审从事实、定性及裁判结果方面，详加评判，并进一步明确原审判决的法律后果。再审程序中涉及解决实体问题的判词，无论刑事判词还是民事判词，都重在说理，充分阐述何以要维持原判、重新审理或改判的理由。另外，对初审司法官吏违法犯罪的追究，也是再审判词的重要内容。法律责任的全面落实，使判词前后呼应，增强了整体感和说服力。

第五节　功能

一、指令调处，确认权义

中国古代司法制度中，司法管辖权在主管方面是十分广泛的，几乎包含了社会生活的各个方面。当封建的司法程序与封建等级伦常制度发生冲突时，司法官一般可将自己主管的纠纷，批令族人、基层组织进行调解，以和息争讼。在这种情况下，判词便具有指令调处的作用。那么，什么性质的案件可以指令调处呢？从中国古代司法实践看，指令调处的案件仅限于民事案件和轻微刑事案件。如果进行诉讼活动，将有违封建的伦常关系和社会风化，这类纠纷则必须先行调处。至于一般案件，如果当事人之间发生了纠纷并投明了乡约，那也必须在自愿的情况下才能调处，而不能强制调处。例如：

"批吴访莲等禀词"：

> 该生等言之谬矣。据称该里拟举乡约二人，保证四人，凡里民因事结讼者，先须投明保约，不投保约而具控者，公同议罚。就好一面说，似乎替本县省心省事，然天下最难得者人才。以州县官言之，或科甲出身，或军功保举，大率读书登第，阅历多年，然贪赃枉法，时有所闻。即或存心厚道，操守廉洁，而听讼是非不明，遇事仁柔寡断者，比比皆是。何况所举保约，无非乡里愚民。小心畏事者必不肯充亦不能了事；至少有才者，其居心未必公正，临财无不苟得。若更假以听讼之权，非徇情即牟利，非附势即逞能，是非何自而明，判断安能得当。果如所禀，里民不但不省事，而且添许多事；本县不但不省心，而且操许多心。尔等既是学校中人，何以出此糊涂主意。据称里约戈进长、杨全礼均以年迈力衰，退请辞卸前来。此语尤堪诧异。进长等果欲辞卸，何以不恳县官而恳尔等？试问该约，从前由县官点充乎，由尔等点充乎？至称择于本月十九、二十两日演戏谢旧约，举新约，尤为荒谬。本县案下，旧约既无辞退之禀，新约亦无举报之呈，即由尔等自谢自举，何其狂愚胆大！既然事由尔等做主，何必又请本县出示晓谕？诸生中李宗桂乃县考案首，一衿甫得，不思用功上进，而亦随同一班无赖。图吃图喝，妄言妄作，实属有玷门墙。再查具禀者，有戈殿华、戈殿甲两名，即乡约戈进长亲生之子。进长辞乡约，不辞之于县而恳之求之于文武各生员，已堪怪讶，乃并恳及亲生之子，尤属千古奇谈。作此禀者，岂但不通文理，抑且不懂人事。仰役迅将具禀之文武生员十人，一齐传案，不准一名不到，听候训责。并传戈进长、杨全礼备质。该灵阳里距县不远，限即日送讯，勿稍延误干比。①

戈殿华、戈殿甲等十名文武生员具禀要求推荐新乡约，并主张凡里民因事结讼者，必须投明保约。批词首先批驳了保约调处为司法必经程序的错误主张。明确阐述了乡级基层组织绝非一级司法机关，不能假以听讼之权的观点，维护了封建国家司法权的完整性。在戈殿华等人要求推举新乡约的问题上，批词也义正词严地维护了封建行政法律制度，即：乡约的点充和辞退之权都归知县，对这一行政权，严禁任何人侵蚀。反之，则追究法律责任。批令调处的案件，由于司法机关一般对调处中所调查、取得的证据予以尊重和运用，对调解意见，也一般地予以遵循和重视，因而在这种情况下，判词便具有指导基层组织调解纠纷和确认基层组织调解结果的效力的作用。

另外，由中国古代司法制度所决定，在判词批明不准予受理的情况下，还可以同时为有关当事人及案外人设定权利、义务。例如，在樊增祥的批词中，《批李王氏呈词》② 就在批明

① 《新编樊山批公判牍精华·批牍》卷十三。
② 载《新编樊山批公判牍精华·批牍》卷三。

不准李王氏呈控的同时，还批明如缠讼，必将查拿唆讼者严究的内容，为案外人设定了法律义务；《批张克金呈词》① 在批明起诉人呈词事实不清的同时，还要求其负有等候对方当事人呈控的消极不作为义务；《批李百俊呈词》② 在不准起诉人控拆的同时，还为其设定了管教其侄的积极作为义务；等等。

最后，在批明不准予受理的批词中，还可以针对某些事实和情节，批令某一法律关系消灭，在这种情况下，判词具有消灭特定法律关系的作用。例如，樊增祥《批张世全呈词》中，不但批明张世全呈控不准予受理，而且批明张世全与其叔父之间的借贷关系归于消灭，批词为："叔父借用侄儿十串钱，尚须质押地亩，已属奇怪。尔不在家，尔叔身死，先已将地卖与潘成娃，潘姓自应经业，尔何得阻伊耕种？至尔叔生前借项，身死勿追，着即安分回村，所控不准。"③

二、明确管辖，监督审判

在案件的审理阶段，判词的主要作用表现在：其一，司法机关对刑事、民事案件的管辖权发生争议时，一般须由其共同上级司法机关进行裁决，因而判词便具有确定案件管辖争议的作用。其二，在案件审理过程中，如果出现调解人对案件作出调处息讼的情况，司法官往往通过判词的形式，对其调解结果进行审查。如果调处结果有不尽完善之处，或调解中有违法情形，则批令其改正。判词具有干预调解活动、监督调解结果的作用。其三，在案件审理过程中，针对下级司法机关的请示，如详、禀等，上级司法机关可对下级司法机关的活动予以评断，判词具有指导司法机关活动、进行审判监督的作用。例如：

"批三原县德令禀"：

此案于五月初二日，据泾阳赵令禀称，四月三十日巳刻，据客民杨寿喊报，二十九日定更后，行至三原县城南，距城三里之南营地方，突遇四人拦车抢劫，失去银钱、衣服。赴县报案，而三原谓系泾阳地方，令赴泾阳报案等语。卑职当即驰勘该处，委在三原县界内，距泾、原交界碑二里有余。当于失事地方，派差将事主送三原归案，并请速即通禀缉贼，而德令不勘不讯，竟勒令张乡约之弟具禀，谓犯事在泾阳地方，仍派差将事主送还泾阳。卑职交卸有期，无所用其规避，惟事出三原境内，势难代人受过，云云。当经本司批饬，该二县严缉赃贼，务获究报。一面札饬西安府，委员查勘失事地方，究属何县所管在案。旋于初三奉抚宪严批，将该二令各记三大过，案归三原缉捕，限三个月，如赃盗无获，即行撤任。该令于院司严批以后，知诿无可诿，甫于五月初五日夜禀报到司。吾不解该令一书生，平日温谨笃诚，冀其大有出息，而于此一事竟如此愚谬，实出意料之外。夫客民初更被劫，二更报县，何等急迫！而竟令其远赴相距六十里之泾阳报案，是谓不仁；界碑自有一定，而竟勒令乡约具禀，二次押令事主赴泾阳，若以为始终可以推却者，是谓不智；己不欲办盗案，而硬令风马牛不相及之泾阳代办盗案，是谓不恕；及侦知宪批严切，终难推诿，始于失事六日以后具报，倒填初三日发，

---

① 载《新编樊山批公判牍精华·批牍》卷二。
② 载《新编樊山批公判牍精华·批牍》卷五。
③ 《新编樊山批公判牍精华·批牍》卷十二。

词称当即饬差严拿会营驰勘，复以飞移泾阳协缉一语，掩其两次推诿不管之咎。若曰非推却盗案也，乃称请协助也。试思该县邻封不止一县，何独移请泾阳助缉耶？是又近于小人作伪，心劳日拙，不止于不诚而已。夫以读书明理学道爱人之士，本司夙以远大相期，而竟学欺、学诈、学滑、学狡，而仍不能自脱于四参处分之中，且有三月撤任之惧。若再不缉盗自赎，本司实难曲宥。吾陕吏治本极清严，近为言官劾奏，加以吏治窳败，盗贼公行之目，心窃冤之。正望同寅诸君子各自振厉，以雪此言。而素所赏识之人，竟出不仁、不智、不诚、不恕之一途，将何以责他人耶？临批不胜愤切。缴。①

　　这是一道解决刑事案件管辖争议的判词。根据《大清律例》规定，刑事案件由事发地审判衙门管辖。而且，清代对盗贼案件规定有严格的破案期限，即"盗贼捕限"。在法定期限内未能破案，司法官须承担相应的法律责任。此案系盗贼案件，因而三原县与泾阳县都以事犯地不在自己辖县内为由互相推诿，对被害人的报案不准予受理。判词对负推诿责任之三原县令予以训责，明确如再不缉盗自赎，将难免三月撤任之处分，体现了对案件管辖的重视。再如：

　　"批岐山县徐令禀"：

　　此案发回岐山，本借该令为了事之人，不期小题大做，竟称事关重大，请将全案提省，交谳局彻底根究。独不怜人证牵连，无辜受累乎？查撤任武功县高令，原禀谓哨官敖忠荣，诱拐薛冯氏幼女，令营勇王天银背送进省，行至武功，经该县捕役盘获。适其母薛冯氏赶到，该令堂讯，令将幼女领回等语。抚宪以营弁知法犯法，严饬唐旂官升禄将敖忠荣捆送来省，从严究办。及敖弁至营各处供述各情，呈出张安成卖契，乃系三月初四日，由吴大旂带领因荒卖女之襄城县人张安成来营，当面议定身价银十两，买得年甫九岁之张春娃为女。初七日，凭蔡兆淮、梁耕庵立约，犹恐其中或有未妥，迟至十八日始行交银，十九日令王天银送女进省，巧与薛冯氏遇于武功，被高令断归其母，实无拐骗情事。本营务处查其理直气壮，而约据中又有梁、蔡两人知证，且陕西因贫卖女，勾串图诈，情同放鸽者，所在多有。又接旂官禀词，抄呈高明德信函，有误听薛冯氏一面之词等语。后因敖哨官往拜，该令拒而不见。高向门房发话，乃复挟忿禀讦，是敖弁即为拐儿所骗，掷银十两于前，又为高令所诬，几罹重罪之后，其情可悯，其人又复可用，是以交发该县复讯了结。但使梁、蔡二人作中是实，则敖弁非诱拐可知。既非诱拐，则出银买女可知。今该弁人财两空，薛冯氏母女无恙，尽可小事化无。而不意精明稳练如徐令，炯非高令昏庸邋遢者比，而亦有事关重大之一禀也。敖弁遭薛冯氏龌龊，意本不平，在省时禀见，本藩司因见人颇精干，赏坐待茶，戒其以后益为修谨，渠颇感愧。及到岐山，照例管押，武弁何知，自以为坐于藩司之客坐，而押于县令之班房、其在县庭，意态忿激，语言生硬，不问可知，徐令怒其倔强，遂故设两造各持之词，并写中人不得已之状，使此案迁延不了，以夺该弁之气，而不顾全案人证无辜受累之怜，夫亦可以不必矣！不然，以徐令之明，岂不知此案既无人命，又无奸情，有何重大之处，而故为是不得已之词乎？禀尾自知其说不圆，因申之曰："勇丁百长，应知纪律，乃竟为一年仅十龄之幼女，如此之寿张，实不可解。"天下岂有理不可解之事，而营弁悍然为之，问官贸然信之者乎？况营勇既欲诱拐，断不能驻扎本镇，即拐本镇之女。至张继娃系事后添出，与薛冯氏皆益店人，何难串供诬陷？据供辛文胜令伊将薛菊哄至营内，无证无据，何怪文胜极口呼冤？总之薛冯氏之女，失而复得；张安成不知所之，是两造均难折服。而梁耕庵，系凤翔京货铺伙，拖累至岐，已觉不忍，该令尚忍其拖累赴省乎？此案仰于奉批之日，所有一干人证，一并释放省累，敕哨弁及各该营勇什长，送交唐旅官自行发落，本营务处并非轻纵，天下诱拐民女，决无请人作中者。今梁耕庵等既自认作中属实，则其余夜长梦多之言，一概可以不问。仰即遵照，仍候抚宪批示，缴，供折存。①

在这道批词中，对小题大做，故意不及时结案的岐山县令，给予了严肃的批驳。司法官必须心存公正，不得意气用事。对没有造成严重后果的案件，应当尽可能及时妥善完结，以免劳民伤财，造成不必要的拖累。

三、结讼断狱，晓谕教化

判词在判决阶段的作用，表现在两个方面：一是原审司法机关对自己有权判决的案件，作出裁决，终结初审程序，并确定案件的有关实体问题和程序问题；二是上级司法机关根据下级司法机关审转的禀、详，批结案件，终结审理活动。在上级司法机关批结案件时，判词还往往对下级司法机关的活动作出评价。例如：

"批张炯炎呈词"：

> 尔亦知惧乎？尔母舅杨代起，自以坟内柏木，令尔制棺四具，各得其半，事在光绪初年。尔表侄杨新常未经承继之前，及代起去秋病故。尔称棺木未给价，阻新常不得装殓，勒于尸旁算帐。无中无约，由尔口说磊算钱九百六十串，凭张致德等管说，恳尔让利四百串，本利作钱五百六十串。将新常庄基三间、地十亩，书立当、租两约，岁给尔麦租三石。约成，尔舅始得入殓，已属贪横残忍之极。嗣又圈给新常丧费四十串，将其庄房一间、场地一亩，一概归为尔业，言明作价七十五串，而下余之三十五串至今未给，以致新常具控。前堂供明，各供如一。无论此棺系尔母舅自制，既使真是尔物，乡间柏木櫬具，能值几文？此棺阁置杨家近二十年，尔舅在生，尔无一语。乘其新亡未殓，陡称本钱百六十串，利钱八百串，将尔母舅房地产业扫拿无遗，仍令表侄杨新常作为佃户，年年逼完三石麦租。似此居心行事，豺虎蛇蝎尚不至如是之毒。吾邑有此武举，村人无生路矣。现正办详斥革，拟革后，重枷重打，以舒合县之愤。尔尚有一隙之明，具呈恳恩，情愿退业了事。既知悔过，姑从宽断。令尔舅家所有房地，仍概归新常管业，呈堂当、租各约，即日涂销。尔舅父舅母所用棺木，不准作价。至尔借给丧费四十串，应即作为奠敬，以赎尔阻殓谋业之咎。俟尔等具结，房地归还清楚之后，方准尔取保。以后倘再有些小过犯，定即详革痛打不贷。②

---

① 《新编樊山批公判牍精华·批牍》卷二十二。
② 《新编樊山批公判牍精华·批牍》卷十五。

作为初审司法机关针对当事人的呈词直接批结案件的判词，不但明确了张炯炎可以取保完案的内容，而且指出了取保的条件，并要求具呈人张炯炎严守法纪，以后"倘再有些小过犯"，也将追究其责任，彻底消除纠纷。

"批咸宁县印委会详"：

> 据详已悉。此张积与张童氏因屋基构讼，自光绪二十三年起，经该户族张功等，处令从中两半劈分，具息销案。二十七年复控，雷前令仍照原管断结，张积并无异言。二十八年二月，张积忽持红契一纸，谓地系嘉庆九年伊故祖所置，争讼不休。夫地系公产，户族周知。管息于前，官断于后，事经再讼，张积并未以印契示人。突于三次翻控之时，持契赖业，其为伪造无疑。而该刁徒，犹敢一再上控。经该印委查验印花，道光五年以前之印，文曰"咸宁县印"；五年以后之印，增"陕西"二字。今张积所持嘉庆九年之契，乃用道光五年以后之印，其为毁约朦印，百啄奚辞。拟以杖枷，案从原断，应即照准，该印委才明心细，深堪嘉许。惟来详叙事，意取详明，而词欠简要，若能剔去枝词，专露筋节，则此稿可存也。鄙人教同寅作吏，兼教同寅作文，学究气太重矣。一笑。缴。原词存。①

作为上级司法机关对下级司法机关的转详作出终结案件批示的判词，在对原审"拟以杖枷，案从原断"的判决结果批明"应即照准"结案的同时，指出原审官"才明心细，深堪嘉许"，对如何改进法律文书，也提出了中肯的建议。

"批商州尹牧禀"：

> 据禀于徐宾刚、宾强兄弟争产一案，极为详明，可以不必复查，直由本司一批了事。查该民等所争之业，皆其父徐兴元之业也。兴元所生六子，于同治元年自提膳产一分，其余六分均分，是一业而分七股也。既而次房及五、六房告绝，兴元尚在，此三分绝产，皆归兴元主持。迨兴元物故，三子宾刚独占有五股产业，而长门寡嫂，四门胞弟仅各一股，以致蔓讼不休。若从公剖断，应将原业一齐合拢，作为三股均分，方为公允，然事须审势，尤贵衡情。试问同一子也，何以宾刚一人能兼五股之产？则以其父兴元生死与之相依也。兴元在日，始则长、次两子析居另度矣。及五、六天亡，四房宾强苟得亲心，岂肯令其出居于外？乃六子之中，死者死，分者分，惟宾刚一人始终与父同度。是以兴元既死，膳产绝产，概落宾刚之手。此番兴讼，在争者固属有分，而霸者夫岂无因。平情而断，分兴元之产，当谅兴元之心。其心有爱憎之殊，则分产亦宜有厚薄之异。今兴元继妻尚在，而夏氏与宾强索分膳产，均有无母之心，足证平日不孝于父，应将膳产提开。所有三股绝业，归现存之三房各得一股。兴元继妻仍与宾刚同度，膳产仍归宾刚经理。将来伊继母告终，此项膳产即归宾刚独得，以慰兴元夫妇爱子之心，以酬宾刚始终奉养之孝。且使愚夫愚妇咸知得亲心者，分产较多；不得亲心者，所得较少，亦足以劝孝而惩逆也。至于构八坪之地，佃户既称由兴元手中佃种，其为膳产无疑。既系膳产，勿论宾刚契据是真是假，皆应归其管业，不必再查。至称差役刑拷，乃是上控通套话头，案既批结，应毋庸议。仰商州转饬山阴县遵照本司判断，饬令刘新元

① 《新编樊山批公判牍精华·批牍》卷十九。

眼同分析。总之，徐兴元七股产业，宾强与夏氏各得其二，宾刚得其三。有不遵者，提省痛笞不贷。仍候臬司批示。缴。①

作为上级司法机关对下级司法机关的具禀作出终结案件批示的判词，在指出初审认定的事实极为详明的同时，认为此案"可以不必复查"，从而判决："徐兴元七股产业，宾强与夏氏各得其二，宾刚得其三。"终结案件。

四、补充律例，评议原则

在某些案件的审理中，难免会遇到律例规定不明确，甚至律例无具体规定的情况。这就要求司法官从封建法律的指导思想——礼的要求出发，对律例作出补充。例如：

"张江陵与妻詈母案"判词：

> 宋孔深之为尚书比部郎，时安陆应城县人张江陵与妻吴，共骂母黄，令死。黄愤恨自缢，已值赦。律：子贼杀伤、殴父母，遇赦犹枭首。骂詈弃市。谋杀夫之父母亦弃市。会赦，免刑补冶。江陵骂母，母以自裁，重于伤殴。若同杀母则疑重，用伤殴及詈科则疑轻，惟有打母遇赦犹枭首，无詈母致死会赦之科。深之议曰："夫题里逆心，仁者不入。名且恶之，况及人事？故杀伤咒诅，法所不容。詈之致尽，理无可宥。江陵虽遇赦恩，固合枭首；妇本以义，爱非天属。黄之所恨，意不在吴。原死补冶，有允正法"。诏如深之议，吴可弃市。按：詈之致死，重于殴伤。不以赦原，于理为允。妻若从坐，犹或可赦；吴实共骂，弃市亦当。诏所以补议之阙也。②

此案中张江陵与妻吴氏二人共骂母黄氏，致黄氏自缢。正值赦律。律例对打母遇赦犹枭首有明文规定，但无詈母致死会赦之科。孔深之认为"詈之致尽，理无可宥"；"原死补冶，有允正法"，这一结论就是基于詈之致死，重于殴伤这一解释的基础上的。通过解释，明确了在律例条文没有作出规定的情况下对案件的实体问题的处理。而且，就这种判词所作解释而言，对司法实践往往起着引导作用。

判词虽然可以指出有关律例规定的不尽完善之处，但司法官绝不能以律例规定不够完善为由含糊其辞，甚或推诿、拖延，使案件不能得到及时处理。遇到这种情况时，司法官必须根据封建的纲常礼教，及时予以裁判。例如，李清《忤杀事》③是一道家庭纠纷判词，李文前妻赵婉顺死后，续娶了蓝氏。由于蓝妒赵，于清明节阻挠大家祭奠赵氏亡灵。在处理这起案件时，李清指出，蓝氏阻挠祭奠赵氏亡灵的行为，虽然不为律例明文禁止，但其违反封建礼教，因而在其不思悔改的情况下，可对其适用"七出"之条。

封建法律中的所谓"七出"，即丈夫可以离弃妻子的七种法定理由，是为：不顺父母、无子、淫、妒、恶疾、多言、窃盗。《大戴礼记·本命》对七出的立法理由曾作过如下的说明："不顺父母，为其逆德也；无子，为其绝嗣也；淫，为其乱族也；妒，为其乱家也；有恶疾，为其不可与集盛也；口多言，为其离宗也；盗窃，为其反义也。"这里，妒的对象，显然是指家庭成员，而不是指死者。判词明确指出妒死之妒为"七出"之条所未悉，但也同

---

① 《新编樊山批公判牍精华·批牍》卷十六。
② 《折狱龟鉴》卷四。
③ 载《折狱新语》卷一。

时指出，妒死同样可以构成离婚中出妻的法定理由，从而起到了补充律例的作用。

中国古代判词在诉讼程序和法律适用两个具体领域发挥着重要的作用。就诉讼程序而言，在起诉阶段，判词主要通过对起诉人呈控的批示，确认当事人的程序权利。在审理阶段，判词主要通过对案件管辖、调处等问题的明确，规范诉讼程序。在裁判阶段，判词主要通过对当事人实体权利的确认，终结诉讼程序。在再审阶段，判词通过对初审判决的评断、剖析，实现审判监督职能。在执行阶段，通过明确执行措施，使当事人的实体权利得以实现。就法律适用而言，判词通过严格地适用律例，使律例规定作用于社会生活，解决具体纠纷。判词通过变通适用律例，维护封建法制原则，通过对特定纠纷案件的灵活判处，更好地维护封建统治秩序。判词通过补充律例，对律例规定不明确、不具体的条文予以阐发、论证，使笼统的律例条文得以具体化。判词通过以礼断案，维护封建礼教，化解律例规定中某些条文与封建礼教的冲突，从根本上维护封建法制秩序。

第六节
制作方法

一、事实陈述

事实部分是判词的基础环节，是适用法律的前提条件，因而判词的事实部分必须清楚、明确，并有充足的证据予以证明。这一点在中国古代判词中主要体现在如下几个方面：

1. 判词中的事实要有针对性，判词应根据原告的起诉，查明案件的争执。例如，樊增祥《批白水县刘令详》从判词事实没有针对性这一致命缺点出发，拟定了批驳原审转详的批词。

"批白水县刘令详"：

> 人咸言该令糊涂，果非虚语。此案因孙三林以刀匪抢掳重情，具控高栓劳到司，经前署主批饬该县录案禀复，兹据详称，刘李氏寡居无度，去年正月，经其大伯刘万儿，商同娘屋兄李保娃，改嫁高栓劳为妾，已过门矣，万儿后受钱八十串，将李氏卖与孙三林为妻。李氏自行呈控到案，王故令谓栓劳不应荒年娶妾，仍将李氏断归孙姓。去腊孙三林出外，栓劳辄将李氏诱同逃匿。孙姓控县、控府，及人证齐集，三林抗避不到，由该令议拟详结前来。据称高栓劳拟满杖加枷，李氏再三研鞫，矢死靡他，拟令归宗给李福须领回，为刘氏一线之延。刘万儿在逃，候获日另给等语。查孙三林以刀匪具控，究竟高栓劳是否刀匪，未据声明，已属含混。王故令承审此案，刘万儿将弟妇两卖得钱，照例应令先娶者领人，后娶者收还财礼。乃云荒年不应娶妾，何其昏谬。然则孙三林独应荒年娶妻乎？再查李氏已嫁栓劳，复被万儿刁卖，栓劳竟默无一语，由李氏呈控夫兄，良可不解。孙三林争娶于前，疏防于后，李氏一人独处，栓劳窃负而逃，事后控府控司，永不到案，以案情而论，孙三林不应得妻而得妻，前已便宜之至。人皆到案，而彼独不到案，更属刁健之尤。该令毫不创惩，何其软也！栓劳如系刀匪，则枷杖不足蔽辜；如非刀匪，则前既人财两折，返又拖累经时，虽云不应诱逃，然以先娶之夫，受不

平之断，事虽鲁莽，情可矜原，倘遇仁明，定从薄谴。至李氏历嫁三夫，近更往复二姓，该令乃赠以四字匾额曰：矢死靡他。其昏谬与王故令等。判称给李福须领回，为刘氏一线之延。该氏既归李氏之宗，何能延刘氏之嗣，已属糊涂无理。至李福须系该氏何亲，案内并无其人，领回之后凭何养赡？该令判案，仍用当日作墨卷之法，毫无起伏照应，亦复不求甚解，但求交卷完事。此案交新任陈令，提集两造，检查卷宗，准情酌理，秉公断结报夺。此事以两个书呆，酿成弥年讼案，可笑实可气也。此缴。并札饬同州府及陈令知之。①

批词首先叙述了初审认定的事实和拟具的裁判结果，指出：原告孙三林以刀匪具控高栓劳，就应首先查明高栓劳是否为刀匪这一事实。原审对这一重要事实不予声明，确属事实含混。在案件的裁判方面，高栓劳为李氏前娶之夫，孙三林为李氏后娶之夫，发生纠纷，例应先娶者得人，后娶者收还财礼。初审事实含混，裁断不明，因而应重新审理。

2. 查证事实在各证据间不能存在矛盾，各证据相互之间要有内在的、逻辑的联系，以相互印证，证明案情。否则，如果证据间存在矛盾，则会被上级驳诘。例如，樊增祥《批同官县禀》就对各证据相互间的矛盾进行了揭露，对转详进行了驳诘。

"批同官县禀"：

> 凡办命案，犯证供词务须吻合。查凶犯郭茂盛，与余人陈奉趾供称，因党起太拿去茂盛烟土衣服，而邀奉宜同去寻找。走到乍庄村，遇见起太，彼此争吵，奉宜即将起太右手拉住，茂盛用棍殴其左太阳穴、右胳膊几下，奉宜放手，起太即拿刀拼命，茂盛用棍格落，复殴其脊背，仰面倒地，又夺刀砍其左脚腕，当经袁本深闻闹出视喝住，将起太扶入窑内，越日身死等语。复查见证袁本深供，七月二十一夜，听得起太声喊，连忙出门，看见郭茂盛拿棍殴打，陈奉宜捉住起太右手。伊见势凶恶，不敢走拢，用言喝住等语。就犯供而言，茂盛棍打刀砍已毕，袁本深方才出门，而用棍殴打脊背、用刀砍脚之先，陈奉宜早已放手，何以本深供称看见奉宜将起太右手捉住？是叙供自相矛盾也。起太所受各伤，以左太阳穴为致命，茂盛第一棍，即将太阳穴殴伤，皮破见骨，显见手辣心狠，且右边太阳穴、胳膊连打几下，何以尸格不填"重叠"字样？此二处被伤以后，奉宜既已放手，起太拿刀拼命，此刀究从何处拿出？若早握刀在手，则奉宜早应受伤，茂盛棍来，亦必用刀架格，何竟听一人捉其手，一人打其头乎？茂盛将刀格落，乘其俯拾之时，殴其脊背受伤，起太此时理应往前扑跌，何又仰面倒地？此供情多有未确也。陈奉宜听纠同去，及两人争殴，急将死者右手捉住，以便凶手殴打，其为帮凶无疑，何得置之余人之列？至尸格所填左太阳穴皮脱骨上，红色，亦殊新异。太阳、胳膊各填木器伤一处，又与殴打几下之供不符。该令读律未深，刑幕本事平常，以致瑕疵迭出。仰即按照指示各节，细心推鞫，勿再自干驳诘为要。仍候各衙门批示。缴。②

批词首先叙述了初审认定的事实，接着对其中的矛盾、含混之处一一进行了指驳。初审叙供自相矛盾，被告供述与证人证言自相矛盾，被告供述与勘验结论又不相一致，而且将听

---

① 《新编樊山批公判牍精华·批牍》卷十八。
② 《新编樊山批公判牍精华·批牍》卷十八。

纠同去的帮凶陈奉宜未列入被告，亦属疏漏。由于初审事实不清，批词要求对此案细心推鞫，重新审理。

3. 认定事实还必须符合情理，事情的发生、发展、经过、结果要合乎逻辑。事实的前因后果不能存在矛盾，反之，则难免被批驳。查证事实必须具体、准确、清楚，不能繁冗、离奇、含糊不清。例如，樊增祥《批安康县详》就着重对转详中含糊不清的地方进行了批驳。

"批安康县详"：

> 禀词过于含糊，令人闷损。腊月十四日，孙世宜夫妇出外，独留其母看家。十八日，报称其母被人打死。该民夫妇究于何日回家，该令往验，其所居有无邻右，曾否遗失物件。夫以五十九岁之妇，其非图奸可知。若未失物，则非图财可知。非奸非盗，平白将一老妇打死，岂非怪事？近来不通刑名办案，专以颟顸笼统，自诩空灵，殊不知初禀之不可说煞者，乃有关署名出入者也。即如此案并未获犯、讯供，说不到罪名上去，至该令前往勘验，原不仅坐听喝报，泛镇尸格而已。其地或独居，或聚处，其家或失物或不失物，均应随禀申叙。验毕理应讯问尸子，因何夫妇并出，几日还家，还家时是何景象，门户大开乎，抑虚掩乎，其母死于房内乎，死于门外乎。凡应讯应叙情节一概不提。该令从何处觅得如此劣幕，代办公事，送稿时随便画行，全不管阅者焦闷。仰汉中府，立将河县刑名严札驱逐，一面转饬该署县，遵照指斥情节，另具妥禀申赍候核。此缴。①

针对初审中关键事实、证据一概含糊，存在问题严重这一情况，要求汉中府立即将拟具此案初审法律文书之河县刑名严札驱逐，并转饬河县署县，认真重审该案。

4. 判词中事实部分的叙述，必须言简意赅，防止空洞冗长。例如，樊增祥《批延川县陈令禀》就严肃地批驳了禀词冗长空洞的毛病。

"批延川县陈令禀"：

> 凡作禀牍，少说闲话，譬如该令作先进于礼乐文，从山梁雌雄说起，有是理乎？据禀该县民人冯崇名，于上巳日白昼偷布，被失主认明退还。越日逢集，又在街头窥伺，巡丁盘诘，扬拳即打，经多人将其拥至县署，竟敢殴骂官长。据称若非该令躲避迅速，险遭毒手，犹且不用刑威：仅止令人解劝。该民仍骂闹不休，嗣及被革生梁崇节从便门引去。该令次日，正要根究，崇名早已横卧大堂，咆哮更甚等语。此等奇情险状，经该令夹叙夹议，已极啰唆，而入手之初，先从孔姓鞋铺及祥盛魁杂货铺去年失窃，今年二月拿获一贼说起，然后说到三月初三。吾不知该令作墨卷时，限于七百字，如何说得完也。天下糊涂蛮缠之人，如冯崇名者甚多。所奇者，以白昼偷布之贼，被捉送官，官未骂贼，贼先骂官；官未打贼，贼先打官，一奇也；该令三十六计，走为上计。见其欲殴，立即躲避，若以迅速自矜者然，二奇也；此等狂徒，无论如何猛悍，究止一人，该令合署丁役，至少总在十人以外，加之以巡警，何难立时擒按痛打，乃犹令人劝解，若自处于无理者然，三奇也；集场众百姓，因该贼殴打巡兵，共抱不平，是以拥至县署，该令纵不立时决打，亦应交差管押，乃任听梁革生将该贼从便门引去。吾不解头门、二

① 《新编樊山批公判牍精华·批牍》卷十七。

门、宅门之外，何处得此便门，四奇也；该令该贼，各自酣眠一夜，次早官欲寻贼，贼已寻官，直以县门为菜园，出入自由；以大堂为卧榻，横陈不起。以殴骂官长为日课，昨骂之，今再骂之；以身受官刑为快活，笞可也，杖亦可也，五奇也；本案叙完，又追叙其平日为赌棍，为逆子，末又牵出伊叔禀生冯炯，屡次上控，科派乡民，民不敢喘，官不敢惹等语。究竟上控者何人，科派者何项，如其敢喘，是如何喘法；如其敢惹，又是如何惹法，乃于冯炯并无下文，但请将冯崇名或系巨石或背铁棍，而又不定年限，可谓漫无收束矣。此案仰延安府爱守，将冯崇名及冯炯、梁守节，提至府城，严加讯究。如陈令所享属实，即将崇名锁系巨石五年，期满察看禀夺。其叔冯炯，如真有唆控科派情事，亦即查取年貌，具详斥革。梁守节如果党恶欺官，亦应量加惩处。陈令过于老实，爱守宜随事补救，随时训饬，勿存客气。此缴。①

批词语言精练，通过对初审禀词中存在的空洞冗长、不合情理之五个问题即"五奇"的分析，揭示了初审中存在的矛盾。批词要求延安府提审此案，依律判处，并对初审此案的延川县陈令随时训饬，以期有所长进。

二、理由论析

理由部分作为判词的重点内容之一，可以说是判词的灵魂，是衡量判词质量的重要标准。理由部分的要求包括：

1. 对查证事实的定性必须准确。判词在理由部分应该对案件的性质作出明白无误的准确定性，只有这样，才能承上启下，贯通全篇。樊增祥《批陇州禀》和《批华州褚牧成昌详》分别就自尽案错认为人命案和自杀案错认为杀人案进行了驳诘，由此不难看出案件定性的重要性。

"批陇州禀"：

据禀宝鸡县民雷忠信，将寡妇谭杨氏，拐至陇州，同居苟合。九月二十九日夜，该氏之姑谭罗氏，与其小叔谭丑儿，跟寻至陇，在炕上双双捉获，捆绑送官。经房主牛天成劝止，忠信惭惧莫释，遂于十月初五日，吞烟殒命，报由该牧诣验，有毒无伤。禀称除俟一面关传尸亲到案，提集人证研讯确情，填格讯供详报外，合先禀报云云。是该牧将此一事，当作真命案办理，实属怪异。在该牧认真办案，不过幕友核稿，东家画行，书办写字，诚属不甚费事。独不思谭罗氏母子，媳媳私逃，已辱门户；跟踪查找，又费盘川。雷忠信以拐儿而作奸夫，当丑儿母子当场捉获，立时杀却，亦属毫无罪过。而况淫人自尽，于罗氏母子何尤？今被该牧将该母子羁縻陇州，静候尸亲到案，试问供证已明，何劳研讯？除却奸拐，有何确情？该牧将该例应捉奸，毫无罪过之人，留而不遣，其心固属慎重人命，其迹似为奸夫报仇，昏谬糊涂，直无是非恻隐，深堪痛恨，合亟严批训饬。奉批之日，立将奸妇杨氏，交与谭罗氏母子领回，不准羁延片刻。杨氏嫁守，悉听姑命。雷忠信死有余辜，既经验明，著将尸棺浅埋标记，其尸亲来与不来，领与不领，一切听便。倘敢枉告谭罗氏母子者，责递勿贷。天下贪官污吏作孽固多，而老实人

① 《新编樊山批公判牍精华·批牍》卷三十一。

作孽亦不少。该牧拘泥之病，本司姑以此批药之，仰即遵照办理。缴。①

雷忠信将寡妇谭杨氏拐至陇州奸宿，被该氏之姑谭罗氏与小叔谭丑儿当场捉获。雷忠信因惭惧莫释，吞烟殒命，经验有毒无伤。此案属奸夫畏罪自杀已明，但初审却将此案作为真命案，对谭丑儿母子留而不遣，禀称欲传尸亲，提人证，研讯确情。批词明确指出了初审对案件的错误定性，要求将谭罗氏母子立即释放，并将孀妇谭杨氏交谭罗氏母子领回。对于审案糊涂之司法官，判词认为应严批训饬。

"批华州褚牧成昌详"：

> 本司近来久不读律，然律意则心知之矣。此案秦田旺供称实系恋奸情热，商谋同死。奸妇奸夫并卧于铡刀之下，女靠里而男靠外，奸夫引手攀刀向下，刀为女隔，刃不及男颈，故女死而男犹生。当经房主闻声趋视，拖拉出铡。若稍缓须臾，奸夫既决意同亡，必不负心独活矣。来详谓此案若复审无异，应照谋杀人从而加功律拟绞，殊属纸缪。两人同谋，谋杀己也，非杀人也；乃自尽也，无所谓加功也。凡彼人杀人，而此人从旁助之，则为加功，试问此案有另杀奸妇之人耶？此详若该牧自作，则书生可原；若刑幕所为，则勒令即日辞馆为妙。仍候督抚宪既臬司潼商道批示。缴。格结存。②

秦田旺自杀未遂，但初审却适用谋杀人从而加功律，对其判处绞刑。由此案不难看出，对认定事实作出准确定性，并非简单。此案初审的错误，关键在定性上。

2. 判词的理由必须具体、详尽，令人信服，判处要具有法律依据。樊增祥《批华州引委刘、张会禀》，通过对禀词事实、理由和裁判结果的驳诘，揭露了初审的致命错误。

"批华州引委刘、张会禀"：

> 此案真情，本司早已访悉。该印委来禀殊多不实不尽。查寡妇王刘氏，抚育子女二人，其子拴牢不肖，流荡忘亲，意在为女择婿，为养老送终之计。武监生侯茂林，涎其女乐乐少艾，媒聘为妾，刘氏不允，旋凭媒许给刘九娃为妻。茂林渔色欺心，乘刘氏外出，乐乐独居，勾诱其无赖之兄王拴牢，乘夜刁抢而去，立时成亲。经刘氏及九娃喊控到州，茂林自知理屈，乃矫称为其弟武生侯耀国续娶。刘署牧听其一面之词，遂以此女断给耀国为妻。兄弟聚鹿，乱伦枉法，实属暗无天日，然犹可曰该牧一时糊涂偏听。无心之过，尚非有心之恶也。及刘氏上控到司，委员会审，业经质明，侯茂林刁抢属实，霸奸属实，乐乐先为兄妾，后为弟妻属实，事关风化，狱重平反，茂林兄弟之行同禽兽，应如何惩创，该署牧之荒谬糊涂，应如何引咎。乃来禀自护前失，遂为该禽兽处处开脱，禀称侯茂林欲聘乐乐为弟妇，其母刘氏不允，其兄拴劳允之，受礼银五十两，此银凭谁过付？平素不安分之不肖子，能逆母命而主婚乎？又称刘氏将女许给九娃，拴牢遂将其妹送归侯姓与耀国为婚。该牧堂讯，因乐乐配门氏，遂令当堂成礼，复将主唆王刘氏悔婚之刘文瑞、张丙寅各予笞责等语。此等装叙，前半截文字，将侯茂林之渔色抢亲、渎伦灭理，一字不提。古人有为尊亲讳者，该牧乃为穷凶极恶淫乱不堪之武监生如

---

① 《新编樊山批公判牍精华·批牍》卷十九。
② 《新编樊山批公判牍精华·批牍》卷三十。

此讳饰，吾不知茂林为该牧何尊何亲也。禀末乃云，印委会讯，乐乐供称本年三月侯茂林将伊掳至侯村，泣求仍归母家，耀国亦愿退婚，该牧令遂令刘氏领女回家，茂林兄弟掌责完案。磋乎！刘氏苦节抚女，意图招婿送终，竟为豪恶抢劫；九娃以一剃发匠，积得微资，媒聘妻室，竟至人财两空；乐乐年甫及笄，突受强暴污辱，黑夜刁夺，不媒而婚，该监生既遂其妻妾处室之心，该署牧更成其兄弟轮奸之恶。以一女子，在侯家数月，迭配二人，任其糟蹋，今又断归另配，时仅数月，年未二旬，已为三人之妇。谁非父母，谁无儿女？如此伤天害理，本司实不能姑容矣。且如来禀所云，侯茂林实为无罪，何以反加掌责？乐乐为侯耀国继配，何以不令从一而终？张丙寅等拆婚唆讼，刘氏上控悔婚，何以不加惩创？是该署牧来禀，先已不能自圆其说矣。况该署牧前堂判断，虽云乐乐自愿归侯，然岂不知已配侯茂林，何得贸然断给其弟，俾聚麀之耻？刘文瑞等系九娃原媒，理应作证，何以于被告则将错就错，遂其淫恶之私心，于原告则一冤再冤，答及无辜之媒证？刘氏控人刁抢不究，首子忤逆亦不究，试问为民父母，将为百姓申冤乎，抑为淫人逆子作护符乎？案经委员讯明，禀请将侯茂林兄弟革办，该署乃敢私改禀稿，一味包庇，纵非受赃枉法，亦属不知远嫌。刘署牧著详记五大过，本应立即撤任，姑念交卸在即，稍从宽贷。侯茂林、侯耀国，仰一面详革，一面由本司委员亲提来省，听候亲讯严办，以维风化，而正人心。昔故人而今刺史，当谅吾不得已之衷。欺孤寡而渎伦常，当治以所应得之罪。除牌示外，仰即禀遵照办。如茂林兄弟避匿不到，则是该署牧得赃属实，定即详参不贷。此缴。①

侯茂林兄弟强抢年未及笄之乐乐，数月之间，迭配兄弟二人，任意糟蹋，使乐乐受尽了强暴污辱。初审仅掌责完案，属于轻纵。针对初审禀词不能自圆其说，一味包庇被告的事实，批词认定其纵非受赃枉法，亦属不知远嫌。批词对造成错案之初审官华州印委刘署牧详记五大过，虽说难免有刑不蔽辜之感，但对侯茂林兄弟提省严办，则体现了罪刑相当的朴素思想。

三、裁判结果

裁判结果是对案件程序问题和实体问题作出的处理决定，是判词中事实部分和理由部分的逻辑结果。裁判结果必须体现出事实、理由的逻辑结果，并须在处断上持平、公允。樊增祥《批韩城县详》就对裁判结果作了明确的要求。

"批韩城县详"：

> 判案须要持平，叙事更要清楚。来详称史春泰充户房经承，侵吞公款七八百金，因吴光玉亦系帮办，赔出百金，其余则户房及三班借垫代赔，光玉不应滥控，掌责完案。查史春泰侵盗公款至七八百金之多，事发潜逃，累人代垫。及其到案，不过曰酌责而已。所谓从严比追者，迄今未交出分厘。详称春泰是经承，光玉是帮办，咎有应得。究竟光玉曾否分肥，未据申叙。如所吞八百金光玉并未染指，何能代春泰赔银。譬如知县云空，责令典史代垫，有是理乎？该令事理不明，深堪愤诧。仰同州府，速委邹经历前

---

① 《新编樊山批公判牍精华·批牍》卷十八。

往，将史春泰提案重责比追。该革书身犯监守自盗之罪，满贯至六七倍之多，杖毙诚不足惜。并查明吴光玉，曾否伙同侵盗。如无分赃情事，则所垫百金，亦应史春泰持出归还。并仰同州府留心察看，丁令是否能胜韩城县之任，据实禀复，勿拘私情，而贻民害。本司亦知丁令是老实人，然老实之害，甚于贪酷。盖贪而有才，犹可驾驭而用之，老实而糊涂，真百无一用矣。此缴。①

户房经承史春泰侵吞公款七八百金，初审却判处由帮办吴光玉、户房及三班借垫代赔。史春泰身犯监守自盗之罪，初审既不追究其刑事责任，仅止酌责；又不从严比追，赃款未交出分厘，实属事理不明，责任不清。批词要求同州府委员将史春泰提案比追，并对韩城县丁令能否胜任其职，进行考察，据实禀复。通过处理个案，对下级司法官员进行监督和考核。

第七节　简评

判词不仅反映和体现法律适用于社会的结果，而且从一个侧面反映着法律所处的特定社会生活，揭示了特定时期、特定社会、特定条件下法律与社会的关系。它以独特的方式，刻画了法律在社会中的作用，刻画了司法活动的能动过程和司法官员在法制实现中的作用。

判词是衡量法治文明程度的重要方面。制度文明以立法的方式，反映了人类社会中，人们试图通过由个别到一般的方式，设计和规划人们的活动，通过提供一般规范的方式，为社会提供普遍的行为准则，为人们的生活提供预期。判词以独特的视角，以个案的形式，为人们的行为确定了现实的规则，使社会的预期，得以实现。从这种意义上说，法治文明包括两个不可缺少的方面：在注重普遍制度与规范的建立的同时，必须重视通过个案实现正义，实现人们的现实预期。

判词也是一个时代法律职业经验与智慧的缩影。在纠纷的解决中，司法官员面对着各种矛盾、利益的冲突，必须通过理性的判断，进行选择和决断。如何使法律判断保持生命和活力，如何克服司法的腐败与堕落，如何使法律职业在社会稳定、发展和进步中发挥积极的正面的作用，优秀的司法官员无不在判词中进行了思考和回答。

---

① 《新编樊山批公判牍精华·批牍》卷十七。

第十五章

司法监察

　　法律是国家意志的体现，是国家机器运行的重要依据，因此，中国历代封建王朝都非常注重监督法律、法令的实施，维护国家法律、法令的统一。在这方面，中国古代的监察制度起了非常重要的作用。中国古代监察制度作为中国古代司法制度的一个重要组成部分，其主要的职能有二：一是行政监察，对国家行政机关的行政活动、行政过程实施监察。二是司法监察，对国家司法机关的司法活动、司法过程实施监察，举凡诉讼监察、审判监察、狱政监察等均属于监察机关的重要职责。但是，中国古代国家的情形较为复杂，由于实行专制统治的封建皇帝集国家最高的立法权、最高的行政权、最高的司法权于一身，三位而一体，故导致皇帝之下国家权力的分工呈现出浓烈的东方特色，表现在分工的不彻底及相当程度上的交叉重叠：行政与司法的混杂较为普遍；同时，在司法系统内部，表现为司法审判与司法监察的混杂亦较为普遍。

　　大致来说，中国古代的司法监察可以分为三种类型：一是独立监察机关的监察，如秦、汉至宋、元的御史台，明、清的都察院，都职掌司法监察的大权；二是行政机关的监察，由于行政与司法混杂，行政参与司法监察，虽然也能在一定程度上、一定范围内发挥司法监察的效果，但它也同时使司法监察的范围和力度都大打折扣，在很多的情况下甚至使司法监察沦为行政的奴婢或政治斗争的工具；三是上级司法机关对下级司法机关的监察，此种类型的司法监察由于不存在单一监察职能的监察机关或手段，职事不专，监察职能与司法职能混杂，因而模糊了司法监察的概念，且必然使监察职能的发挥受到限制，以致在司法审判等主要职任的干扰下被弱化。

　　比较而言，在这三种类型的司法监察中，独立的专门的监察机关的监察始终居于主体的地位，并呈现出以下几个特点：（1）独立性。从秦汉开始，监察机关即已获得初步的独立地位，至魏晋终于成为与行政、司法、军事各系统互不统属的完全独立的组织系统，一直到明清，都是如此。而监察机关这种独立的法律地位和它职掌的专一，又是最有利于司法监察的实施和开展的。（2）权威性。监察机关不但组织上独立，历代封建王朝还赋予了它独特的司法地位，称之为"法司"、"宪台"、"天子耳目风纪之司"。它以皇权为依托，实施司法监察，具有崇高的权威性。《通典》卷二十四《职官六》说："御史为风霜之任，纠弹不法，百僚震恐，官之雄峻，莫之比焉。"故西汉时以侍御史六百石之尊，可以弹劾二千石级的郡国守相；明清时的巡按御史"代天子巡狩"，甚至可以"大事奏裁，小事立断"，以卑察尊，权威甚大。(3) 完备性。中国历代封建王朝，不断强化监察制度，以独立监察机关为主体，构筑了从中央到地方的监察网。体制之完备，法规之完整，程序之细密，范围之广泛，为古代世界各民族之所罕见。

正因如此，本章拟以中国古代监察制度为主线，旁及其他，对中国古代司法监察作一较为全面的考察和阐述。

第一节　源流

一、发展沿革

早在先秦时期的奴隶制国家阶段，就已经产生了最初的监察因素。例如，在夏代的职官中就有"遒人"之设，《尚书·胤征》说："每岁孟考，遒人以木铎徇于路。官师相规，工执艺来以谏。"杜预注："循于路求歌谣之言。"即每年正月，夏王派遒人巡行而宣令，此时在下位者，以至百工众人都可以直接向"遒人"进言报告，可见"遒人"之职是纠正违法兼司采访民意。商代的职官中有"东吏"、"西吏"之设。著名学者陈梦家先生说，卜辞中的"东吏"、"西吏"等，"当指派至于东或于西的使者"[1]，也即是指商王派遣至东西两个方面的大使，兼有驻防和监察东西方国的职责。在西周的职官中也有"小宰"、"宰夫"之设。《周礼·天官》记载，小宰"掌建邦之宫刑，以治王宫之政令，凡宫之纠禁"，宰夫"掌治朝之法，以正王及三公六卿之位，掌其禁令"。这里的小宰、宰夫分别是在王宫和朝会上维持秩序和礼仪的官员。

可以认为，夏代的遒人，商代的东吏、西吏，西周的小宰、宰夫等等，其职权中的一个部分已经或多或少地涉及后世监察官们所掌职权中的一部分，但这只是后世御史所掌庞杂职权中的一个次要部分。我们可以把这视作监察因素的出现，却不能视作监察制度的出现，况且，遒人、东吏、西吏、小宰、宰夫等并没有发展成为后世的监察官。

严格意义上的监察制度是封建社会才出现的。而且，它的产生、发展、演变，基本上与中国封建社会发展的特定历史过程相适应，或者说基本上同步发展。

战国时期，随着封建制度的最初出现，封建的监察制度即已开始萌芽。史载韩、赵、魏、秦、齐等国均设置了御史，当时的御史职掌较为复杂，但已经"掌记事纠察之任也"[2]。其中魏、韩、秦等国还在地方设置了监县御史。宋人吕祖谦说："六国已遣御史监掌矣，非

---

① 陈梦家：《殷墟卜辞综述》，520 页，北京，中华书局，1988。
② 《历代职官表》卷十八，《都察院》(上)。

独秦也。"①

公元前 221 年，秦始皇统一天下，建立起了我国历史上第一个统一的封建专制主义的中央集权国家——秦朝，为了巩固封建统治，在历史上第一次正式创建了监察机关和监察制度。秦朝中央设立御史大夫寺，也称御史府。其长官为御史大夫，较之战国时代的御史，增加了"大夫"的头衔，其地位显然大大提高，仅次于丞相，与丞相、太尉同列三公。御史大夫的职掌比较复杂，如掌文书档案、群臣章奏，下达皇帝诏令，在皇帝身边记事，协助丞相处理全国政务等等，但他又同时职掌"典正法度"，负有监察百官之责，这是御史大夫区别于其他朝廷重臣的独特之处。云梦秦简即有"岁辟辟律于御史"② 之文，是说掌管刑辟的最高长官廷尉每年都必须去御史府核对律文，说明御史府负有监督法律法令实施之责。

秦朝在地方则设置了监郡御史，称为监御史。《汉书·百官公卿表》说："监御史，秦官，掌监郡。"设置监御史监郡，这是对战国时期在地方设置监县御史制度的继承和发展。战国时期地方只在县一级设置了御史监县，而秦统一后地方则只在郡一级设置了御史监郡。

秦亡后，西汉继起。"汉承秦制"，基本上继承了秦朝的一套，而又有所发展，在监察制度上也是如此。西汉在中央仍置御史大夫，也称御史大夫之署为御史府。御史大夫仍为副丞相，地位高崇，职大权重。御史大夫作为副丞相，一方面辅佐丞相统理天下政务，另一方面又是御史府的最高长官，具有承风化、典法度、执法以监临百官的职掌，显然握有监察、弹劾百官的大权。这种权力有时甚至还超越于丞相之上。御史大夫对于丞相是既辅佐，又起制约作用的。故当时不仅称御史大夫为副丞相，而且把丞相府和御史府并称为"两府"。

御史大夫之下主要的属官有御史中丞、御史丞及御史数十人。其中御史中丞"专掌纠劾"。御史"掌察举非法"，"有违失劾举之"③，专职司法监察的色彩非常浓厚。

西汉王朝对地方的监察得到显著加强，汉武帝元封五年（前 106 年），分全国为十三个监察区④，置十三州部刺史，掌奉诏六条察州。刺史根据汉武帝手订的六条⑤，对部内所属郡国地区进行监察。这六条属于最早的地方监察法规，其中第三条"二千石不恤疑狱，风厉杀人，怒则任刑，喜则淫赏，烦扰苛暴，剥截黎元，为百姓所疾……"就是专门的司法监察条款，其意就在于所谓"安民"、"慎刑"。

西汉末年，"中国古代的监察制度进入它的第一个大调整期，发生了一大嬗变：御史大夫与御史中丞分离，'御史大夫转为司空，而中丞出外为御史台率'。这种分离的结果是，出现了以专职监察官为首脑的专门监察机关——御史台。"⑥ 从此，御史大夫成为与监察无涉的专职行政官，御史中丞出任新的御史台的长官。

魏晋南北朝时期属于封建乱世，国家分裂，战乱频仍，但各王朝的封建统治者为了巩固政权，在动乱中求得生存和发展，往往比较重视政治制度的建设，因此这一时期的监察制度不仅没有因王朝的不断更替而废弃，反而在动荡中有所发展。例如，御史台在西汉末年的大

---

① 参见《战国策·韩策三》"安邑之御史死"及鲍注。
② 《睡虎地秦墓竹简·尉杂》。
③ 《通典》卷二十四，《职官六》；《后汉书·百官志》。
④ 参见《汉书·地理志》。
⑤ 《汉书·百官公卿表》。
⑥ 王晓天：《中国监察制度简史》，50 页，长沙，湖南人民出版社，1989。

调整后虽然已成为独立的专职的国家监察机关，但在名义上仍隶属于少府，至东晋初立，御史台即脱离少府①，成为完全独立的国家监察机关。最突出的是监察机关的职权扩大，而以两晋的司法监察较为典型。西晋曾设置黄沙狱治书侍御史，专门负责监察审理皇帝诏令的大案，并监察廷尉的审判活动。② 这种设置虽然只是昙花一现，但对唐以后的御史制度影响很大。

唐代是中国古代监察制度完善、成熟的时期。御史台是重要的司法监察机构，对大理寺、刑部的司法活动进行监督。大理寺、刑部审理的案件，须申报台司审核，若审判不当，御史有权提出异议并可弹劾违法的司法官员。察院的监察御史必须定期巡查京城和地方的监狱，以便发现冤案，改善狱政状况，并可推鞫地方衙门的狱案，监察地方司法。京畿地区的罪犯被执行死刑时，御史台派遣监察御史亲临现场监决，这是御史对死刑执行的监察。

宋代的中央监察机构沿袭唐的一台三院制，御史台的司法监察与唐代类似，中央法司大理寺与刑部从受理案件到判决执行的全过程，都受到御史台的监察，尤其是大案要案，成为监察重点。并且御史负有监察官员道德品行和纪律的职责。御史监察狱政同样是司法监察的重要方面，刑部必须定期向御史台奏报断案数量、留滞未断案件以及狱政情况。中央为强化对于地方的监察，除设置转运司、提点刑狱司等监司职掌监察外，还临时遣使巡按地方。中央特使的主要职责有两项，一是审理地方疑案、要案；二是监察地方官的其他司法活动。地方官员有贪赃枉法等违法失职行为，就可以弹劾治罪。

元代的监察制度得以加强，元世祖忽必烈曾说："中书朕左手，枢密朕右手，御史台是朕医两手的。"③ 可见当时统治者对御史台的重视，以及御史台与御史地位的提高。元代的司法监察较前代更为完善，主要表现在制定较为成熟的监察法规，司法监察有明确的监察法规可依，并且区分司法监察与司法审判的权限。据《元典章》记载，至元元年（1264 年），制定肃政廉访司的职能条例三十条，称为《察司体察等例》。元世祖至元五年（1268 年），制定御史台纲三十六条，成为《设立宪台格例》。至元十四年（1277 年），制定行御史台的职能条例三十条，称为《行台体察等例》，后又陆续制定一批监察法规。从以上的监察法规中可以看出监察机关司法监察的职能更加突出：一是纠正理断不当的错案假案；二是纠察违法拘禁、拷讯之事；三是复审重大案件或死刑案件；四是监督审案回避制度的执行；五是监督司法保密制度的执行。监察机关主要负责监督纠察司法人员的执法情况，对案件本身只是具有一定限度的复审权和检查权，这比唐宋司法和监察权严重混淆的状况是一大进步。④

明朝通过废中书省，提升六部地位，改御史台为都察院，将君主专制推向极端，监察制度在此时期趋于烂熟，监察网络较前代更完备、更严密。中央监察机关是都察院，其司法监察职能主要体现在复核直隶及各省职官犯罪案件，复核京师、直隶及各省斩绞监候案件。"都御史职专纠百司，辨明冤枉，提督各道，为天子耳目风纪之司。"⑤ ——大狱重囚会鞫于外朝，偕刑部、大理谳平之。都察院在三法司会审中的监察色彩，明显重于刑部和大理寺。

---

① 《晋书·职官志》。

② 《晋书·职官志》："泰始四年，又置黄沙狱治书侍御史一人，秩与中丞同，掌诏狱及廷尉不当者皆治之。"

③ 叶子奇：《草木子》卷三下，《杂制篇》。

④ 参见邱永明：《中国监察制度史》，369～370 页，上海，华东师范大学出版社，1992。

⑤ 《明史·职官志一》。

都察院之外，又设六科给事中，分察六部，六科给事中的权责类似御史，给事中对刑部的监察主要是司法监察。"每岁二月下旬，上前一年南北罪囚之数；岁终类上一岁蔽狱之数；阅十日一上实在罪囚之数，皆凭法司移报而奏御焉。"① 处决因犯，须经刑科给事中三复奏，决囚之时，有上书称冤的，给事中有权停止行刑。

明代对地方的司法监察是多层次的。分全国为十三道监察区，由都察院派遣巡按御史，代天子巡察地方事务，无所不察，对地方司法的监察只是其中一个重要方面，"按临所至，必先审录罪囚，吊刷案卷，有故出入者理辩之"②。在洪武九年（1376 年）的官制改革中又设置按察司，作为明代省级的监察机关和司法机关。对地方司法的监察，是按察司的重要职责之一。按察司与巡按御史的职责相似，都注重对地方官吏司法活动的监察，两者各属不同的系统，各自相对独立地行使对地方的监察权，且可相互纠举，但巡按御史代表中央监察地方，地位权力稍高于按察司。

清都察院大体依照明制，虽然其机构与职官设置与明制有异，但在监察职能方面大同小异。清都察院所属机构主要有十五道监察御史、六科给事中及五城察院。需要特别指出的是，雍正元年（1723 年），将六科隶属都察院，从而最终完成了台谏合一，实现了专门监察机关在组织上的完全划一。并入都察院后，刑科给事中的司法监察职能更有所加强，得参与秋审及朝审，掌秋审及朝审情实人犯之复奏，朝审勾到人犯与监视行刑。

二、成因

中国历代封建王朝为什么要建立监察制度，而且特别重视司法监察？原因是多方面的，我们可以从政治和思想两个方面来进行阐述和探讨。

（一）政治成因

尽管早在公元前 21 世纪的夏代，中国就进入了奴隶社会并建立了奴隶制的国家，历商、西周，迄于春秋战国之际，奴隶社会历时长达一千六百多年，中国奴隶制的国家制度虽然发达，虽然它也曾孕育了若干监察因素，但严格地说，中国奴隶制的国家并没有建立对国家机关和官僚的监察制度。而且，由于中国奴隶制的国家如商和西周，在经济上实行奴隶主贵族的井田制——一种不能轻易转移的呈冻结状态的土地所有制，在政治上则实行奴隶主贵族的世卿世禄制——一种同样不能轻易转移的僵化的权力交替制度，因而，中国奴隶制的国家既没有迫切的需要也没有可能来建立监察制度。从整体上看，这一时期严格意义上的监察制度并没有出现。

严格意义上的监察制度是在封建制确立的过程中出现的。春秋时期，由于社会生产力的发展特别是由于铁制工具、牛耕的使用推广以及水利事业的发展，奴隶制的经济基础开始崩溃，以一家一户为生产单位的封建经济逐渐产生发展，我国的奴隶社会开始向封建社会转变。战国时期，封建的生产关系代替了奴隶制的生产关系，井田制被封建的土地所有制代替。生产关系的变革引起了上层建筑的深刻变化，生机勃勃的新兴地主阶级开始登上历史的舞台。新兴地主阶级登上历史舞台以后，运用其政治力量和经济力量做了两件大事。一是废

---

① 《明史·职官志三》。
② 《明史·职官志二》。

除了奴隶制的分封制，建立中央和地方一体化的郡县制度。这一郡县制度完全不同于奴隶主贵族的分封制，在分封制下，采邑是奴隶主贵族的世袭领地，国君不能随意废除，而郡县是中央直接管理的地方行政区域，郡县的长官由中央政府任免，有一定的任期，对郡县的重大事项无权擅自处理。中央直接控制着郡县的政治、军事和经济大权，这就使中央集权成为了可能。二是废除了奴隶主贵族的"世卿世禄"制度，建立了封建的官僚制度。"世卿世禄"制度是建立在血缘基础上的世袭的僵化的权力交接制度，而封建的官僚制度是"世卿世禄"制的对立面，它与世卿制度的主要不同点在于：官僚由中央政府任命并可随时撤换，官僚在任职期间只领取俸禄、不享有封地，而且任免官僚时也讲究官僚的能力和治绩。

战国和秦是封建制度草创和确立的时代，其时，封建专制主义中央集权的制度正初步形成，国君作为封建地主阶级的总代表，掌握着国家的军政大权。由于建立了庞大的官僚机构和广泛地推行郡县制度，便产生了种种政治的需要：（1）需要对君主任免的内外官僚进行严密的控制，以确保其对国家和对君主本人的忠诚；（2）需要确保中央和地方各级政府机构的工作效率，防止违法乱纪的行为；（3）需要确保中央对地方郡县的控制，以维护国家的统一。在这种情况下，监察制度遂应时而生。可以说，封建的监察制度是在反对奴隶制，建立统一的封建国家和有利于新兴地主阶级的法律秩序的过程中形成和确立的，它是历史进步的产物。

（二）思想成因

1. 中国古代法家的思想是古代监察制度得以产生的直接诱因。

作为新兴地主阶级政治思想的代表法家，曾经多次论述了建立封建监察制度的必要性。战国后期法家思想的集大成者韩非指出："善张网者引其纲，不一一撮万目而后得；一一撮万目而后得，则是劳而难。引其纲而鱼已囊矣。故吏者，民之本纲者也，故圣人治吏不治民。"① 所谓"不治民"，并不是真的不治民，因为治民是封建国家的终极目的。韩非的意思是说：通过治吏来治民，犹如纲举而目张，因此，关键是在于治吏。如何治吏呢？韩非又提出了君主集权的法、术、势理论。按照这套理论，所谓术者，"因任而授官，循名而责实，操杀生之柄，课群臣之能者也"②。这里，治吏的核心问题是监督官吏守法，以使"官不敢枉法，吏不敢为私"。当然，这种对于官吏的监察权只能由君主掌握，"此人主之所执也"。但是，在一个疆域如此辽阔、机构如此庞杂、官吏如此众多的帝国，仅仅依凭君主一人之力实施监督是不可能的，"夫为人主而身察百官，则日不足，力不给"③。而且，仅仅依靠行政系统内部建立在管辖关系基础上的自上而下的监督也是不足的，"吏虽众，事同体一也。夫事同体一者，相临不可"④。这样，建立与行政机关事不"同体一者"的监察机关来对百官实施监察就成为了一种需要和可能。战国晚期比韩非略晚一些的著名法家、秦始皇的主要谋士和重臣李斯也有过类似的论述，他说："夫全主者，必且能全道而行督责之术者也。督责之，则臣不敢不竭能以徇其主矣。""若此则谓督责之诚，则臣无邪，臣无邪则天下安，天下安则

① 《韩非子·外储说右下》。
② 《韩非子·定法》。
③ 《韩非子·有废》。
④ 《商君书·禁使》。

主严尊，主严尊则督责必，督责必则所求得，所求得则国家富，国家富则君乐丰。故督责之术设，则所欲无不得矣。"① 此处的"督"是监察，"责"是处罚。去掉此段话中夸张的部分不论，其中的道理是讲得很明白的，正是在此套法家理论的指导下，秦国首先建立起了封建的监察制度。"汉承秦制"，其后历代封建王朝均袭而不废，并不断加强。

2. 中国古代的儒家思想亦是促成中国古代监察制度产生的又一思想成因，而且，它更是促使中国古代监察制度在两千多年漫漫历史中发展演变的思想主因。

先秦儒家的"尊王"、"大一统"、"德主刑辅"等思想内容本身就与法家的思想相通或者相同，儒家与法家除了相异的一面外，亦有趋同，即互相吸收、互相影响的一面。然后，我们再从历史发展过程来考察，我们知道，战国、秦以及西汉初年，处于地主阶级上升期的封建统治者，大多奉行"法治"，不用儒术，而以秦为最典型。但是，讲究"法治"的秦王朝，偏偏短命而亡，这不能不使继秦而起的西汉王朝新统治者深思，感到仅仅靠法家思想不足以维系其统治，转而采用道、法结合的黄老思想为治国之指导。黄老思想主张清静无为，约法省刑，与民休息，实际上也就是以道家之所长来补法家之所短。这种思想对于经济凋敝、百业荒疏、民生艰困的汉初社会经济的恢复无疑是有益处的。但黄老思想过于消极，不利于中央集权制度的巩固，也不利于加强对人民的统治，因此，经过汉初几十年的"休养生息"，随着封建经济的恢复和政治的发展，封建统治者为了解决上述矛盾，便进一步谋求一种既不像法家那样激烈，又不像道家那样消极，而又更有利于维护封建统治的思想来作指导。直到汉武帝时，终于接受儒士董仲舒等的建议，"罢黜百家，独尊儒术"，将儒家思想作为维护封建统治的正统思想。

但这时的儒家已不同于先秦儒家，所谓"罢黜"并不是简单的罢黜，而是以儒为主，儒法合流，并结合了道家、阴阳家以及殷周以来的天命观等各种有利于维护封建统治的思想因素而形成的新儒家。其主要内容包括：（1）"三纲五常"说，即"君为臣纲，父为子纲，夫为妻纲"② 的伦理体系；（2）"天人感应"说，导引出"君权神授"的政治体系；（3）"德主刑辅"说，谓上天"任阳不任阴，好德不好刑"③，是为统治之方法论体系。经过董仲舒的加工改造，终于形成了长达两千多年的封建正统思想的体系。

而作为封建正统思想的重要组成部分的封建正统法律思想也随之形成，主要表现在：一是要求以"三纲"为核心的封建礼教作为指导立法、司法活动的基本原则，从此以后，历朝历代种种维护"三纲五常"之类的封建伦理规范便不断入律，诚如清代皇帝所言，"三纲五常"，"实为数千年相传之国粹，立法之大本"④。二是从儒家的传统出发，将"明德慎罚"⑤、"德主刑辅"⑥ 等作为统治人民的主要方法，所谓"德礼为政教之本，刑罚为政教之用"⑦。实际上仍然是德刑并用，当然，从理论上讲，用刑还是强调"慎刑"、"适中"。儒家的"明

---

① 《史记·李斯列传》。
② 《礼记·东记》正义引《礼记·含文嘉》。
③ 《春秋繁露·天道无二》。
④ 《大清法规大全·法律印·谕旨》。
⑤ 《尚书·吕刑》云："德威惟畏，德明惟明"。意即德政的威严使臣民感到畏惧，德教彰明使臣民心悦诚服，这样才能使国家长治久安。这是最早关于"德主刑辅"法律思想的论述之一。
⑥ 《尚书·康诰》。
⑦ 《唐律疏议·名例》。

德慎罚"、刑罚"适中"等思想，反映在司法实践当中，表现为确立严格的复核或复审程序。明清会审判度的形成与发展，皇帝亲自参与录囚，尤其是执行死刑，须由皇帝批准，由监察官监决死囚等等，诸如此类司法活动中司法监察的加强，都可以在儒家思想中找到其思想根源。

第二节
立案与一审的监察

一、立案的监察

中国历代封建王朝无论中央或地方的大小案件，通常都需要经过立案，才能进入司法审判的程序。无论是他诉还是自诉，在立案的过程中，司法官的地位和作用至关重要，他们执掌法律，明辨是非，确定是否受理或不受理，也即立案或不立案。唐律中就明确记载，按法令规定应该受理的诉讼，司法官应马上立案审理，如果推诿、压制不予受理，则构成司法官犯罪行为，处以笞刑五十；如果总计不受理的有四件，处以杖刑六十；不受理案件达十件者，处以杖刑九十为止。[①] 特别是对于重大犯罪的控告，如谋反、谋大逆、谋叛等罪，官府接到控告后不立即受理，并进而马上逮捕，时误半日的，司法官员的法律责任与"知而不告"的犯罪相等，处以流刑二千里或死刑绞刑。[②] 这是谈的违法不立案的情形，反之，对于违法立案的情形也是如此，如果司法官违背法律规定，受理不能受理的告诉，理所当然地构成违法犯罪，要承担法律责任。唐、宋、明、清诸朝，都有明确的法律规定，对于越级起诉者，不但要严厉处分上告者，同时也要严厉处分受诉也即立案的司法官。

总而言之，在中国历代各封建王朝，对于司法官的违法立案，或者违法不立案，或者稽迟立案，或者越级不当立案等各种情形，都是作了较为严格的惩处规定的，而由谁来监督其是否违法？除了上一级的司法管辖机关以外，监察机关御史台（包括明清时的都察院）应当也是主要的职掌者。史载御史台"掌邦国刑宪之典章"，"察举非法"[③]，特别是明清的"监察御史掌纠察内外百司之官邪"[④]，对于立案之可否，监察机关显然已将其纳入了自己的监察范围。元世祖忽必烈至元五年（1268年）颁发的《设立宪台条例》第13条就明确规定："诸衙门有见施行枉被囚禁，及不合拷讯之人，并从初不应受理之事，委监察从实体究，如果实有冤枉，即开坐事因，行移元问官司，即早归正改正，若元问官司有违，即许纠察。"稍后颁发的《行台体察条例》第15条也有同样的规定。此处所谓"并从初不应受理之事，委监察

---

① 《唐律疏议·斗讼·越诉》载："若应合为受，推抑而不受者笞五十；三条加一等，十条杖九十。"疏议曰："依令听理者，即为受。推抑而不受者，笞五十。'三条加一等'，谓不受四条杖六十，十条罪止杖九十。"

② 《唐律疏议·斗讼·知谋反逆叛不告》载："官司承告，不即掩捕，经半日者，各与不告罪同。""官司承告谋反以下，不即掩捕，若'经半日者'，谓经五十刻，不即掩捕，各与'不告'罪同。""不告'属指'知谋反及大逆者，密告随近官司。不告者，绞。知谋大逆，谋叛，不告者，流三千里。"

③ 《通典》卷二十四。

④ 《清朝文献通卷考》卷八十二。

从实体究"，"若无问官司有违，即许纠察"，等等，就清楚地说明，立案之合法与否，是由监察机关御史台来进行监察的。当然，在古代的条件下由于国家疆域辽阔，地广人稀，对立案监察的实际实施范围是非常有限的，尤其是地方监察，往往依赖于监察御史每年一至二次的巡察，其有效性就更加可疑了，大都处于告诉即处理、发现即处理的阶段，监察的范围和严密性都须大打折扣，在某种意义上可以说体现了古代的局限性。

二、一审的监察

无论中央或地方的大小案件，立案之后即进入初审程序。对初审的司法监察主要体现在三方面：一是监察司法官在规定的审判时限内结案；二是监督司法官依法刑讯；三是监督司法官依法审理与判决。唐朝以前，司法监察主要是针对法律、法令的实施，而对具体的司法审判的监督则较弱。自唐代始，对司法审判的监督逐步制度化与法律化，强化了司法监察的职能。

（一）监督司法官在规定的审判时限内结案

历朝开明的统治者都十分注重诉讼的淹滞与通畅，注重行政的正常运转和效率，常以敕令的形式严格规定诉讼时限，司法官必须在硬性规定的期限内完成审理任务。唐宪宗元和四年（809年）九月敕："刑部大理决断系囚，过为淹迟，是长奸倖。自今以后，大理寺检断，不得过二十日，刑部覆下，不得过十日。如刑部覆有异同，寺司重加不得过十五日，省司量覆不得过七日。如有牒外州府节目及于京城内勘，本推即日以报。牒到后计日数，被勘司却报不得过五日。仍令刑部具遣牒及报牒月日，牒报都省及分察使，各准敕文勾举制访。"① 该令对大理寺断案，及刑部复核案件的期限作出明确规定，并且规定对法司是否在规定的期限内审理复核完毕，由都省即中书门下及分察使予以纠察。

唐穆宗长庆元年（821年），御史中丞牛僧孺因为全国案件积压不决，要求根据被告人数及罪状条数，将案件分为大、中、小事，并规定各自的审理期限，违反期限的根据情节轻重给予处罚。"天下刑狱，苦于淹滞，请立程限。大事，大理寺限三十五日详断毕，申刑部，限三十日闻奏；中事，大理寺三十日，刑部二十五日；小事，大理寺二十五日，刑部二十日。一状所犯十人以上，所断罪二十件以上，为大；所犯六人以上，所断罪十件以上，为中；所犯五人以下，所断罪十件以下，为小。其或所抵罪状并所结刑名并同者，则虽人数甚多，亦同一人之例。违者，罪有差。"② 唐代监察官以奏请的方式要求明确审理时限，监督司法官及时审结案件，提高司法效率。

宋代变革诉讼期限，由刑部、大理寺定制："凡断谳奏狱，每二十缗以上为大事，十缗以上为中事，不满十缗为小事。大事以十二日，中事九日，小事四日为限。若在京、八路大事十日，中事五日，小事三日。台察及刑部举劾约法状并十日，三省、枢密院再送各减半。有故量展，不得过五日。凡公案日限，大事以三十五日，中事二十五日，小事十日为限。在京、八路大事以三十日，中事半之，小事三之一。台察及刑部并三十日。每十日，断用七

---

① 《旧唐书·刑法志》。
② 《旧唐书·刑法志》。

日，议用三日。"① 宋代中央司法机关置簿检察刑狱，监督司法官在审判期限内结案。宋太祖乾德二年（964 年）正月诏："善于其职者，满岁增秩；稽违差失者，重置其罪。"②

宋太宗太平兴国六年（981 年）五月诏令进一步规定审判违背期限的处罚标准："诸道刑狱违限一日者笞十下，三日加一等，罚止杖八十。雍熙三年有司请别立条制：凡违限四十日以下者，比附官文书稽程律定罪，罪止杖八十；四十以上则奏取旨定罚。对那些奉旨推鞫公事而违期限者，处罚更重，'奉制推鞫及根治公事如无故稽违者，一日杖一百，五日加一等，罪止徒二年。'而新的敕令比此条规定更苛刻，'无故稽违一日，即徒二年。'承奉郎王寊对此提出异议，他认为：'推鞫究治之狱，非朝夕可以结绝，按旧法，若有违限，即自一日等第论罪，至十五日以上方徒二年。今法违限一日即徒二年，必使官司迫于禁限而鲁莽结断，反致冤滥。'徽宗依其请，恢复旧法，以期宽严适中。"③

（二）监督司法官吏依法刑讯

鉴于古代侦查取证技术的局限，刑讯逼供是不可避免的。口供是古代司法审判中定罪的主要证据，通过刑讯来获取犯罪人的供词，是一种获取证据的重要途径。然而刑讯是以暴力为主的强制性审讯方式，如对其不加以限制，必然造成冤案。因此，中国传统的司法制度很早就注意规制和监督刑讯，是为制度文明的体现。

早在奴隶制时代的西周就有关于限制刑讯的记载，至刑罚苛刻的秦朝，在司法实践中虽然滥施刑讯，但秦律本身并不迷信刑讯逼供，在什么情况下可以刑讯，如何刑讯，秦律明文规定是有条件限制的。司法官不用拷打能获得犯罪的真相才是高明的，用拷打的方式审理案件是下策，并且必须将刑讯过程作成笔录以备检查。"讯狱，必先尽听其言而书之，各展其辞……诘之极而数言也，更言不服，其律当笞掠者，乃笞掠。笞掠之必书曰：爰书：以某数更言，无解辞，笞讯某。"④ 只有在犯罪人多次欺骗，改变口供，拒不服罪的情形下，才施行笞打并予以记录备案。

唐代积累前朝的经验教训，对刑讯的规制、监督更加完善，也更为典型。刑讯不是无限制的拷打，司法官进行刑讯取证是有条件的：首先要以五听充分审问，全面调查案情，并广泛搜集、勘验证据，在此基础上，被告仍不如实坦白罪行，才能拷打。审判官是不能随意刑讯逼供的，唐律对此规定更为详细："诸应讯囚者，必先以情，审察辞理，反复参验，犹未能决，事须讯问者，立案同判。然后拷讯。违者，杖六十。"⑤ "这里，前提是根据实情，分析供词内容，反复验证；同时须确有必要，因事不明辨，未能断决，必须审问；最后，条件是立案，参加审判的长官同时出席，然后拷讯。只有在充当专使推勘及在无官同判的情况下才能独自拷问。"⑥ 显然，唐律注重监督刑讯，施用刑讯必先立案，参加审判的司法官须亲临现场，以便监督刑讯，只有在特殊情况下审判官才能独自拷问囚犯。

不过，对刑讯进行监督的只是司法部门的长官，并没有专门的监察官对刑讯过程进行现

---

① 《历代刑法志》，247 页，北京，群众出版社，1988。
② 《续资治通鉴长编》卷五，乾德二年正月甲辰。
③ 王云海主编：《宋代司法制度》，251 页。
④ 《睡虎地秦墓竹简·封珍式》。
⑤ 《唐律疏议·断狱》。
⑥ 钱大群、郭成伟：《唐律与唐代吏治》，294 页，北京，中国政法大学出版社，1994。

场监督。但是，由于滥施刑讯，导致被讯问者死亡，监察官就会积极干预，亲自检验尸体。这种对刑讯的监察仍然是事后监察。若拷讯过三度，法杖之外再用其他方式拷讯，或施杖总数超过二百致囚犯死亡的，处审判官二年徒刑。若依法拷讯，囚犯不可预料而死亡，司法官虽不承担责任，与因故致死一样，需由监察官对死者进行勘验，不得草率处理。开元《狱官令》对此有细则性的补充，"每讯相去二十日。若讯未毕，更移他司，仍须拷鞫者（囚移他司者，连写本案俱移），则验计前讯，以充三度。即罪非重害及疑似处少，不必皆满三。若囚因讯致死者，皆俱申牒当处长官，与纠弹官对验。"监察官勘验因刑讯致死的囚犯，查明死因，此种监察制度不能不令司法官刑讯囚犯时有所顾忌。

宋代的刑讯制度比唐代规定更全面，监督防范更加严密，因此宋代的酷吏数目远远少于唐代。宋代司法官吏刑讯罪囚，需向本处长官申请，并由长官指挥监督。涉及官吏犯罪的案件，监察官甚至可以直接参与刑讯。宋真宗时，知晋州齐化基父子贪暴受贿，拒不认罪，"朝廷令御史艾仲孺拷讯之，乃引伏"①。同时，宋代还十分重视监督刑讯工具的施用。如果使用非法刑具进行逼供，将受到严惩。宋太宗雍熙年间，王元吉被诬毒母案中，开封左军巡卒以极其惨毒的"鼠弹筝"刑讯王元吉，后来太宗令用此刑惩罚狱卒，"宛转号叫求速死"②。宋真宗下令毁弃所有非法刑具，并由监司督察，"应有非法讯囚之具，一切毁弃，提点刑狱司察之"。南宋高宗绍兴十一年（1141 年）四月诏："讯囚非法之具并行毁弃，尚或违戾，委御史台弹劾以闻。"不毁弃非法刑具或仍使用非法刑具讯囚的官吏，将受到监察官的弹劾。绍兴十二年（1142 年），"御史台点检钱塘、仁和县狱具，钱塘大杖，一多五钱半，仁和枷，一多一斤，一轻半斤。诏县官各降一官"③。御史监察发现地方官府刑具不符合法律规定的，县官受降职处分。

（三）监督司法官吏依法审理与判决

初审过程中审理与判决的监察包括实体问题与程序问题的监察，对实体问题的监察主要指监督司法官查清案件事实真相，依法定罪量刑，否则要追究司法官出入人罪的责任。对程序问题的监察主要是对初审案件进行复核，监察的主体不仅包括专门的监察机关对初审的监察，也包括上级司法机关对下级司法机关初审的监察，还包括行政部门对初审的监察。

1. 监督司法官正确适用法律

中国古代法制史上颁布了一系列成文法典，这是法官判案的依据，要求法官审理案件必须正确完整地援引相关法律作为定罪量刑的准绳。"诸断罪皆须具引律、令、格、式正文，违者答三十。若数事共条，止引所犯罪者，听。"疏文对此条解释说："犯罪之人，皆有条制。断狱之法，须凭正文。若不具引，或至乖谬。违而不具引者，答三十。"④ 针对犯罪行为，法律尽可能予以规定，法官审判，应该完整地引用法律条文，不能断章取义，但并非机械地抄写全部条文，如不这样，法官可能制造错案，因此刑律规定对法官援律定罪加以监督。

---

① 《续资治通鉴长编》卷七十，大中祥符元年九月辛未。
② 《历代刑法志》，350 页。
③ 《历代刑法志》，356 页。
④ 《唐律疏议·断狱》。

宋代的审判方式有新的突破，审与判分离，即创制鞫谳分司制度。鞫司的官员专管狱讼推鞫；谳司的官员专管检法断刑。或者说，负责审问的司法官不能同时负责检出适用的法条并作出判决。此种苦心积虑的权责分配在于防止司法官相互勾结、欺下瞒上，以达到司法公正的目的。正如宋高宗时大臣周琳的奏文所言："狱司推鞫，法司检断，各有司存，所以防奸也。然而推鞫之吏，狱案未成，先与法吏议其曲折，若非款状显然，如法吏之意，则谓难以出手。故于结案之时，不无高下迁就，非本情去处。臣愿严立法禁，推司公事，未曾结案之前，不得辄与法司商议。重立赏格，许人告首。"① 为了维护鞫谳分司的基本原则，朝中大臣居然建议以奖赏告发违背分司原则的行为，加强对司法官吏的监察，所作出的判决基本被限定在所检法条的范围内。同时，法官检法必须独立进行，不得与审理案件的法官共同商量、互相串通。为防止弊端，地方州县由录事参军对法司检法进行监督，法司所检法条的文书中，须有录事参军的签名确认。"诸州公事应检法者，录事，司法参军连书。"②

2. 监督初审判决

自秦朝创建监察制度以来，司法监察就成为监察机构的重要职能之一，监督初审判决是否正确成为司法监察的关键内容。至汉宣帝时，挑选精通法律的官员二人担任治书侍御史，其职责"与符节郎共平廷尉奏事，罪当轻重"，"凡天下诸谳疑事，掌以法律当其是非"③。即监督司法官的审理案件后作出的判决是否公正，量刑是否平允。

唐代诉讼审判在地方分为州、县二级，县级只能审理决罚杖刑以下的罪案，对于徒以上刑罚，县审理断罪后送于州复审，州官在复审的过程中对县官作出的判决予以监察。对于流刑以上刑罚州府断案后移送尚书省复核，尚书左右丞对州府的审判进行监察。京畿地区的京兆、河南府，以及大理寺审判的徒刑以上案件和对官吏犯罪所作出的判决报刑部核准，由刑部监督大理寺的审判活动。对此，有律令可证。依《狱官令》："杖罪以下，县决之。徒以上，县断定，送州覆审讫，徒罪及流应决杖、笞若应赎者，即决配征赎。其大理寺及京兆、河南府断徒及官人罪，并后有雪减，并申省，省司覆审无失，速即下知；如有不当者，随事驳正。若大理寺及诸州断流以上，若除、免、官当者，皆连写案状申省，大理寺及京兆、河南府即封案送。"④

御史台认为大理寺、刑部处理案件不当，有权提出异议，并安排专门监察官审查之。贞元八年（792 年）正月，"御史台奏……又缘大理寺，刑部断狱，亦皆申报台司，傥或差错；事须详定，比来却令刑部大理寺法直校勘，必恐自相扶会，纵有差失，无由辨明，伏请置法直一员，冀断结之际，事无阙遗"⑤。

皇帝乃最高的统治者，集行政、立法、司法于一身，有权裁决重大案件，但往往带有君王个人偏好与情感，从而背离律文的规定。御史或其他行政官员为维护国家法律取信于民，常以谏议或声称不敢奉制或封还诏书的方式抵制帝王的决定，这是常规的官僚制权力对抗非常规的君主专制的权力，亦是古代中国朝廷中常见的一种司法监察方式。

---

① 《历代名臣奏议》卷二一七，《推司不得与法司议事札子》。

② 《庆元条法事类》卷七十三，《检断》。

③ 《通典》卷二十四，《职官六·中丞》。

④ 《唐律疏议·断狱》。

⑤ 《唐会要》卷六十，《御史台上·御史台》。

贞观三年（629 年），县令裴仁轨私役门夫，唐太宗要处之以极刑，殿中侍御史李乾祐奏曰："法令者，陛下制之于上，率土尊之于下，与天下共之，非陛下独有也。仁轨犯轻罪而致极刑，是乖画一之理。刑罚不中，则人无所措手足。臣添宪司，不敢奉制。"① 御史据法反对皇帝的处理意见，后太宗采纳了他的意见。

玄宗开元二年（714 年），薛王李业的舅舅王仙童侵暴百姓，御史审讯并判其罪，李业上讲，玄宗诏令紫微黄门复审，当时紫微令姚崇、黄门监卢怀慎奏曰："仙童罪状明白，御史所言无所枉，不可纵舍。"② 中书门下有效监督司法，抵制君王诏令，维持御史的判决，惩罚罪人。

宣宗大中九年（815 年），右威卫大将军康季荣挪用公款二百万缗，事发后愿以家财补偿，宣宗因其有功劳而批准了，但给事中封还敕书，宣宗无奈，只得依律处罚季荣。此例为给事中以封还敕书的方式监督司法。③

明代司法监察的目的在于加强皇帝对司法的控制，中央的司法监察机关以都察院与六科给事中为主，地方则是按察司。都察院监督初审判决的处理方式有三种：一是如判决依律允当，则批复并上奏得旨执行判决；二是如案情审查不明，故意或过失出入人罪，则驳回改正再问；三是如初审官吏明显故意出入人罪且情节特别严重，上奏并追究原问官吏责任。都察院司法监察主要体现在复核直隶及各省职官犯罪案件，此类案件有由镇巡官申报者，有由按察司申报者，有由巡按御史申报者，其情形不一。④ 可见司法监察的矛头直指犯罪官吏，明代充分实践了"明主治吏不治民"的治国理论。

正德七年（1512 年）十二月，初辽东三卫鞑子为恍惚鞑子所逐，驱其牲畜入境以避难，守备宁远部指挥佥事马骠与百户钱成谋邀杀之，而分取其所有，诡称犯边，以希升赏。既而三卫丑类夷人叩边索偿，镇巡官审诘，具得其实情以闻。都察院议："三边夷人为边境藩篱，骠等贪利安杀，开惹衅端，法不可贷，当斩。"狱上，得旨："骠，成依律处决，官舍听骠指使者，俱发边卫充军。"⑤ 本案系职官犯罪案件，由镇巡官申报，都察院复核。

弘治十一年（1498 年）七月，先是，宁夏右屯卫指挥佥事钟亮挟仇妄打罚守军人邓连沿身虚怯等处七百有余，即有身死。陕西按察司佥事李端澄拟，（钟亮）赎杖还职。都察院复奏，令再问。端澄执议如初。本院又奏："据亮招词，自有官怀挟私仇故勘平人致死斩罪正律，宜仍行巡抚、巡按等官从公鞫问，改拟如律。原问官端澄议拟不当，亦乞治罪。命巡按监察御史逮治之。"⑥ 本案系职官犯罪案件，由按察司申报，都察院复核。初审司法官李端澄判决不当，都察院驳回，令再审，但端澄执议如初，都察院认为端澄故出入人罪，重罪轻判，应受刑罚惩罚，命巡按监察御史逮治之。

嘉靖七年（1528 年）十月，徐州卫指挥佥事徐爵以侵克军粮被讼于州。知府王邦瑞得爵奸状，欲抵爵监守自盗律。爵潜走京师，邦瑞因即遣人诣京师踪迹其事，具告于中城御史张

---

① 《旧唐书》卷八十七，《李昭德传》。

② 《资治通鉴》卷二一一，唐玄宗开元二年。

③ 参见《资治通鉴》卷二四九，唐宣宗大中九年。

④ 参见那思陆：《明代中央司法审判制度》，128 页。

⑤ 《明武宗实录》卷九十五，正德七年十二月壬戌。

⑥ 《明孝宗实录》卷一三九，弘治十一年七月壬子。

璠，璠笞爵，递解回州。爵乃诬奏邦瑞枉法，且言邦瑞遣人赂璠，故璠为邦瑞出力。事下巡按御史王鼎问状，璠回籍听候。鼎按爵所奏皆无验，仍拟爵赃罪，邦瑞准赎，璠复职。至是，都察院复奏，爵等罪皆充当……得旨："依拟发落，张璠仍行巡抚都御史逮问。"[①] 本案系职官犯罪案件，由巡按御史申报，都察院复核，认为原审判决允当，上奏得旨批准执行判决。[②]

清代都察院参照明制而更定，都察院与六科给事中的司法监察更多地体现于会审之中。

<h2 style="text-align:center">第三节
复审与会审的监察</h2>

一、复审的监察

复审监察的目的仍然在于慎刑。从出土的秦简可知，在秦朝的诉讼程序中就存在复审制度，"以乞鞫及为人乞鞫者，狱已断乃听，且未断犹听也？狱断乃听之"[③]。初审判决确定后，经乞鞫就进入复审程序。至于秦汉时负责复审的是哪些官员，也许可以从《史记》中记载的赵高陷害李斯案中找到答案。"赵高治斯，榜掠千余，不胜痛，自诬服。斯所以不死者，自负其辨，有功，实无反心，幸得上书自陈，幸二世之寤而赦之……赵高使其客十余辈诈为御史、谒者、侍中，更往复讯斯。"[④] 李斯、赵高应该是对秦朝的司法诉讼程序很熟悉的，可以推断，当时重大案件的复审应由御史、谒者、侍中之类的君王的心腹耳目之官负责，带有浓厚的司法监察色彩。"复审按其方式可以分为三类，即审级复审、上诉复审和案件复核……案件的复核是复审制度较有特色的一种制度。这是专门机关对司法审判的监督，而且是多重监督。"[⑤]

也可将复审的监察主要分为刑部复审的监察、大理寺复审的监察、御史台或都察院复审的监察。

（一）刑部复审的监察

在唐代，刑部是司法行政机关，其司法监察职能主要体现在对地方或京城的流以上案件的复核。"若大理及诸州断流以上若除、免、官当者，皆连写案状申省案覆，理尽申奏；若按覆事有不尽，在外者遣使就覆，在京者追就刑部覆以定之。"[⑥] 开元二十五年（737年）以前，流、死刑案件由刑部复核后才能执行；开元二十五年以后，则由中书门下省复核。京城以外诸州的刑狱，由刑部以遣使的方式予以复审，然后申报刑部。"凡天下诸州断罪应申覆

---

① 《明世宗实录》卷九十三，嘉靖七年十月甲辰。
② 以上案例转引自那思陆：《明代中央司法审判制度》，128～130页。
③ 《睡虎地秦墓竹简·法律答问》。
④ 《史记·李斯列传》。
⑤ 杨一凡总主编：《中国法制史考证》，甲编·第六卷，240页，北京，中国社会科学出版社，2003。
⑥ 《唐六典》卷六，《刑部》。

者，每年正月与吏部择使，取历任清勤、明识法理者，仍过中书门下定讫以闻，乃令分道巡覆。刑部录囚徒所犯以授使，使牒与州案同，然后复送刑部。"① 如果地方司法官吏枉法裁判，使者可以依法重新判决。"若州司枉断，使推无罪，州司款伏，灼然无罪者，任使判放。"② 如果案件事实已查明，证据充分，使者无故干扰，地方官仍可直接依法作出判决。刑部遣往地方的使者，首先应该巡视地方监狱，发现冤案，改善狱政，这也是启动复审，履行司法监察职能的重要环节。"使人至日，先检行狱囚枷锁、铺席及疾病粮饷之事，有不如法者，皆以状申。"③

宋朝建立伊始，刑部仍是案件的复核机构。"自今诸道奏案，并下大理寺检断、刑部详复，如旧制焉。"④ 淳化四年（993年），禁中设置的审刑院取代刑部复审职权，直到元丰改制后，刑部的职权才予以恢复，直到南宋。绍兴四年（1134年），宣州民叶全二盗窃檀偕家窖钱，偕令耕夫阮授、阮捷杀死全二等五人，弃尸水中。宣州以尸不经验为由而奏裁，诏贷死杖配琼州。但中书舍人孙近驳之，于是令刑部重新审理。⑤

明代刑部职掌，据《大明会典》记载："刑部尚书、左右侍郎，掌天下刑名及徒隶、勾复、关禁之政令。""刑部所掌四事，其具体内容主要如下：刑名：指徒隶及各省徒罪以上案件之复审。徒隶：指徒刑、流刑、充军等之执行及监督。勾复：指死罪重囚之处决。关禁：指监狱之管理及监督……《大明会典》所定刑部四项职掌，其文字虽与《唐六典》刑部四项职掌几乎完全一致，但其实质内容大不相同。""明代中央直辖地区有北直隶及南直隶，两直隶均未设提刑按察司，两直隶刑名案件由刑部直接复核。原则上，两直隶徒流罪案件，各府州审理完结后，申刑部及大理寺复核，刑部及大理寺复核后，奏闻皇帝裁决。徒流罪人犯即可于各府州县断遣决配。至于两直隶死罪案件，各府州审理完结后，应送巡按御史复核（此项复核亦称为审录）。巡按御史再转达刑部及大理寺复核，奏闻皇帝裁决。至于各省徒流罪及死罪案件，各府州审理完结后，均应送提刑按察司复核，提刑按察司再转达刑部及大理复核，奏闻皇帝裁决。"⑥

关于清代刑部职掌，据《清史稿·刑法三》记载："外省刑案，统由刑部核复。不会法者，院寺无由过问，应会法者，亦由刑部主稿。在京讼狱，无论奏咨，俱由刑部审理，而部权特重。"明清刑部的职能，已不似唐代，而成为掌管审判的司法机关，但复核各省徒罪以上案件仍是刑部主要职掌之一。"清代，各省徒罪以上案件均须咨报刑部查核或奏闻皇帝裁决。原则上，无关人命徒罪案件，督抚审结后，专案咨部核复，年终汇题（即以题本奏闻皇帝）。遣军流罪案件，原则上，亦系于督抚审结后，专案咨部核复，年终汇题。——无关人命徒罪案件应咨部查核，有关人命徒罪案件应咨部核复，遣军流罪案件应咨部核复，均单独由刑部复核案件。刑部如认案情明确，拟罪妥适，并无不合之处，即可咨结，咨请督抚执行。至于死罪案件，无其为斩绞罪案件、寻常罪应凌迟斩枭斩决案件或重大罪应凌迟斩枭斩

---

① 《唐六典》卷六，《刑部》。
② 《唐六典》卷六，《刑部》。
③ 《唐六典》卷六，《刑部》。
④ 《续资治通鉴长编》卷五，乾德二年正月甲辰。
⑤ 参见《文献通考》卷一七〇，《刑考九》。
⑥ 那思陆：《明代中央司法审判制度》，19页。

决案件，须专本具题或专折具奏奏闻皇帝奉旨'刑部核拟具奏'之案件，由刑部单独复核。奉旨'三法司核拟具奏'之案件，虽由三法司会同复核，亦由刑部主稿。法司定拟判决意见具题，俟皇帝裁决。"①

（二）御史台或都察院复审的监察

唐代前期御史台对案件的复审并不常见，只是一种临时性的安排，仅见诸监察御史巡视地方刑狱时对冤假错案及上诉案件予以复审。自玄宗时，设置御史专职监察尚书六部；德宗贞元八年（792 年）御史台设法直专门复核大理寺、刑部申报台司的案件。贞元九年（793 年），御史台奏："今后府县诸司公事，有推问未毕，辄挝鼓进状者，请却付本司推问断讫。犹称抑屈，便任诣台司按覆。若实抑屈，所由官录奏推典，量罪决责；如告事人所诉不实，亦准法处分。"② 御史台司法审判权逐步膨胀，对复审的受理也趋向规范化与制度化。德宗时，东都杜亚怀疑他所厌恶的大将令狐运盗劫输绢，幕府审讯令狐运而无结果，帝诏监察御史杨宁覆验，亦不能验证，又诏侍御史李元素与刑员外郎、大理司直复审，最终李元素查明乃杜亚诬陷令狐运，避免一起重大的人命冤案。侍御史李元素复审大案，颇有成就，为时器重。③ 又"江西裴堪按州刺史李将顺受赃，覆讯而贬。元膺曰：'观察使奏部刺史，不加覆，虽当诛，犹不可为天下法。'请遣御史按问，宰相不能夺"④。

出巡复审地方刑狱也是明代监察御史主要职责之一。"洪武十年（1377 年）七月己巳，遣监察御史巡按州县……按临所至，必先审录重囚，吊刷文卷，有故出入者理辨之。"⑤ 宪纲规定："凡监察御史、各道按察司官，每出巡审囚刷卷，必须遍历，不拘期限。"⑥ "凡各都司、布政司所属并直隶府州县军民诸衙门，应有罪囚追问完备，杖罪以下，依律决断；徒流死罪议拟，备上司详审。直隶听刑部、巡按监察御史，在外听按察司并分司。"接受上诉是明代御史履行复审职责的另一途径。"凡有告争户婚、田土、钱粮、斗讼等事，须于本管衙门自下而上陈告，归问。如理断不公，或冤抑不理者，直隶赴巡按、监察御史，在外赴按察司或分司及巡按监察御史处陈告，即与受理推问。如果得实，将原问官吏依律究治。其应请旨者，具实奏闻。若见闻未经结绝，有赴本管上司告理，不许辄便受状。追卷变异是非，须要及时附簿，发下原问官司，立限归结。如理断不当及应合归结而不归结者，即便究问。违者，监察御史、按察司体察纠治。如不系分巡时月及巡历已过所按地面，却有陈告官吏不公不法者，即便受理追问。"⑦ 监察御史等受理地方上诉案件，还须遵守法定程序，不得受理本管衙门还没审结的案件。在复审中发现原审判决确实不公正，或冤抑不理，可依律追究原审官吏的责任。如果举告官吏不公不法，巡按监察御史可随时随地受理。若是按察司官或监察御史枉法裁判，受害人可上诉都察院，由都察院复审。"凡按察司官断理不公不法等事，果有冤枉者，许赴巡按监察御史处声冤。监察御史枉问，许赴通政司递状，送都察院伸理。都

① 那思陆：《清代中央司法审判制度》，45～46 页，北京，北京大学出版社，2004。
② 《唐会要》卷六十。
③ 参见《新唐书》卷一四七，《李元素传》。
④ 《新唐书》卷一六二，《吕元膺传》。
⑤ 《明会要》卷三十四，《职官六·巡按》。
⑥ 《宪纲事类·宪纲·出巡期限》。
⑦ 《宪纲事类·宪纲·理断词讼》。

察院不与理断或枉问者，许击登闻鼓陈诉。"① 为扫除冤狱，扬天地浩然正气，明代司法制度为告诉方设置了多种救济途径。

清代都察院所属机构主要有十五道监察御史、六科及五城察院，其复核或复审的职掌主要是与刑部、大理寺组成三法司或与九卿、詹事、科道等中央官员会同复核或会同审理京城以及各省重大案件，俟待会审部分予以详述。

（三）大理寺复审的监察

唐代大理寺是中央最高司法审判机关，负责审理中央百官犯罪及京师徒刑以上的案件，徒、流行罪判决后，报送刑部复核，对死罪的判决直接奏请皇帝批准。除此之外，大理寺还有对地方徒刑以上案件以及中央官吏犯罪案件的复核或复审权。"大理卿之职，掌邦国折狱详刑之事。以五听察其情……凡诸司百官所送犯徒刑以上，九品以上犯除、免、官当，庶人犯流、死以上者，详而质之，以上刑部，任于中书门下详覆。起杖刑以下则决之。若禁囚有推决未尽、留系未结者，五日一虑。若淹延久系，不被推；或其状可知，而推证未尽；或讼一人数事及被讼人有数事，重事实而轻事未决者，咸虑而决。凡中外官吏有犯，经断奏讫而又称冤者，则审详其状。"②

明清大理寺与唐宋大理寺相比较，名同实则大不相同。明清大理寺的职掌主要在于对刑部、都察院、五军都督府断事官审理的案件进行复核，这主要是针对两京词讼。两京的所有刑狱均要经大理寺复核，徒流刑以上具写奏本由大理寺复核，笞杖刑直接行移公文于大理寺复核。至于两京城以外的诉讼，洪武十七年（1384 年）谕法司："布政司、按察司所拟刑名，期间人命重狱，具奏转达刑部、都察院参详，大理寺详拟。著为令。"③ 大理寺只对地方上送刑部、都察院复审的重大案件进行复核。经大理寺复核通过后，才能执行判决。

明代大理寺复核案件的标准，据洪武二十六年（1393 年）所定制度，主要有三个：一是看拟罪是否合律，如罪名合律者准拟。大理寺依式具本，同将原来奏本，缴送该科给事中，编号收掌。如罪名不合律者，依律照驳，亦依式具本，同将原来奏本，缴送该科收编，驳回原衙门再拟。二是看案情是否明白，或中间有招情未明者，必须驳回再问。三是看罪囚是否服判。若审得因人告诉冤枉，果有明白佐证，取责所诉词状，案呈本寺。连囚引领赴堂相同，将囚依前发回原问衙门，听候发落。待奏本公文到寺，将原来奏本依式如前，缴送该科，公文止留本寺立案，备开囚人供词，行移隔别衙门再问。若二次翻异者，再取本囚供状在官，照例具奏，会同六部、都察院、通政司等衙门堂上官，圆审回奏施行。④

二、会审的监察

会审的主要特征突出表现在司法审判权、监察权以及行政权的混合。这是国家权力的高度集中，最终由皇帝裁决，这种裁决代表无限权威，是神圣而不可否决的。任何参加会审的官员必须慎重，同时又要避免独断专横。这不仅是适用国法惩罚或减免罪犯，更重要的是通

① 《宪纲事类·宪纲·声诉冤枉》。
② 《唐六典》卷十八，《大理寺》。
③ 《明史》卷九十四，《刑法二》。
④ 以上参见《明会典》卷二一四，《大理寺·审录参详》。

过履行会审仪式保证国泰民安，这是会审的终极目的。会审的直接目的仍在于慎刑，多方高级官员会同审理重案疑案，矫正冤屈，减少淹禁，公正司法。"中国历史上，经常把刑法失当视为导致天灾的一种原因，因此以清理刑狱来避免灾祸。差官会审的目的是通过辨明冤抑，减等发落，及时发遣，减少淹禁，以使刑法得当。"①

（一）唐代会审的监察

三司推事是唐代首创的会审形式，由刑部、御史台、大理寺中央三法司遣官会同审理重大刑案。唐代三司有大小之别，"凡天下之人又称冤而无告者，与三司诘之。三司：御史大夫，中书，门下"②。御史台、中书、门下组成的为大三司，分别为侍御史、给事中、中书舍人组成。由御史台、刑部、大理寺属官组成的则为小三司。对大、小三司，还存在不同的区分方式，"根据案情所涉及的官员品秩及案件的重要性，将三司推事分为三个级别：由刑部尚书或侍郎，大理卿或少卿，御史大夫或中丞组成的三司是最高级别，故又称为'大三司使'；由刑部郎中、大理司直、侍御史组成的三司则次一级；最低为刑部员外郎、大理评事与监察御史组成的三司，后二者皆只称为'三司使'"③。

首创于唐代的三司推事是明清时代三司会审的早期形态。唐代的三司推事首见于高宗时期。右相李义府因赃被右金吾仓曹参军杨行颖告发，加之李义府与家人卖官鬻爵，恃武后支持气焰嚣张，得罪高宗，立刻被捕系。"下义府狱，遣司刑太常伯刘祥道与御史、详刑共鞫之。"胡三省注："司刑太常伯，即刑部尚书。详刑，大理也。唐自永徽以后，大狱以尚书刑部、御史台、大理寺官杂按，谓之三司。"④ 因罪犯李义府为当朝宰相，地位显赫，以三法司会同审理，并且命司空李勣监督审讯，足以表明对此案的慎重，刑部、御史台、大理寺三法司各有分工和侧重，彼此相互制约、平衡与配合，李义府罪状被查明，与其子皆被处流刑，朝野为之相庆。由此而作出的司法判决应该是公正、权威的，即使武后想包庇李义府，也对此判决无话可说。权衡利弊，武后不可能去对抗或破坏整个官僚体制。

三司推事建立后，其本身有一个逐渐巩固定型的过程，是审理大案的常规会审方式。唐代官僚制在玄宗朝才真正成熟与完善，此时的三司推事也才算健全。玄宗开元十四年（726年），因宰相张说反对宇文融的括户政策，宇文融与御史大夫崔隐甫以及李林甫共同弹劾张说，帝怒，"敕源乾曜及刑部尚书韦抗、大理少卿明贵与隐甫等同于御史台鞫之"，即由三司长官会同审理宰相张说。后因玄宗开恩，张说罢政事，但保全性命。

天宝六年（747年），李林甫专权，因忌恨御史中丞杨慎矜，与王贡向玄宗诬告慎矜，玄宗大怒，"收慎矜尚书省，诏刑部尚书萧炅、大理卿李道邃、殿中侍御史卢璇、杨国忠杂讯"⑤。此案虽是李林甫等人利用三司推事排除异己，但并不见得李林甫能够左右三司官员会同审理案件，只有皇帝以颁布诏令的方式，才能启动三司推事程序，而且最终三司官员的会审结果仍由皇帝裁决。在正常状态下，三司推事的结果往往达到司法公正与效率的完美结

---

① 杨一凡总主编：《中国法制史考证》，甲编·第六卷，278 页。
② 《唐六典》卷十三，《御史台》。
③ 张晋藩主编：《中国司法制度史》，103 页，北京，人民法院出版社，2004。
④ 《资治通鉴》卷二〇一，高宗龙朔三年。
⑤ 《新唐书》卷一三四，《杨慎矜传》。

合。此项制度的健全，不仅有实体与程序方面的规定，而且对参与三司推事的官员，也有严格限制，非三司官员无资格参加会审，尤其禁止胥吏参与三司推事。德宗贞元十三年（797年），"时有玄法寺僧法凑为寺众所诉……诏中丞宇文邈、刑部侍郎张彧、大理卿郑云逵等三司与功德使判官诸葛述同按鞫。时议述胥吏不合与宪臣等同入省按事，余庆上疏论列，当时翕然称重"①。郑余庆上疏反对胥吏参与三司推事，受到朝廷大臣的认可与称赞，以保持参与会审官员的纯洁性。

唐朝自安史之乱后，藩镇割据，加之宦官专权、朋党之争这样的政治环境，以三省六部为枢纽的官僚体制遭到破坏，三司推事制度难免遭受冲击，或被虚置，或被专权宦官操纵。肃宗时宦官李辅国专权，"常于银台门决天下事，事无大小，富国口为制敕，写付外施行，事毕闻奏，又置察事数十人，潜令于人间听察细事，即行推案；有所追索，诸司无敢拒者。御史台、大理寺重囚，或推断未毕，辅国追诣银台，一时纵之。三司、府、县鞫狱，皆先诣辅国咨禀，轻重随意，称制敕行之，莫敢违者"②。在此极端恶劣的非常态的政治环境里，三司推事作为正规的司法审判方式更加不可替代，三司推事的存在抵制了宦官司法，保障司法机构的正常运转以及司法审判的公正。唐宪宗元和九年（814年），"信州刺史李位为州将韦岳谗展于本使监军高重谦，言位结聚术士，以图不轨。追位至京师，鞫于禁中。（孔）戣 奏曰：'刺史得罪，合归法司按问，不合劾于内仗。'乃出付御史台，戣与三司讯得其状。位好黄老道，时修斋录。与山人王恭合炼药物，别无逆状。以岳诬告，决杀。贬位建州司马。时非戣论谏，罪在不测"③。尚书臣孔戣主张，刺史犯罪，应由法司审讯，而不能交付禁中宦官处理。三法司取得信州刺史李位案的管辖权，抵制宦官司法，查明案情，作出公正判决。

唐代创制的三司推事，因其司法监察、审判职能的配合与制约，减少冤假错案，取得很好的效果，对明清会审制度的发展影响深远。

（二）明代会审的监察

据明代前期史料，洪武二十四年（1391年）六月甲子，上以天久不雨，恐刑狱有冤滥者，命刑官及监察御史清理天下狱讼。洪武二十六年（1393年）四月，上以天久不雨，必政事有失，诏群臣直陈时事。群臣有言请疏决罪囚，上以为然。④ 因灾异数见，敕三法司详审天下疑狱，赐之曰："迩年以来，水旱蝗蝻，无岁无之。深为所由，比刑法有失当欤？不然何天诫之数也？夫死者不可复生，绝者不可复续。今简命尔等往直隶并浙江等处清理重狱。"⑤

由以上几则史料可知，明代前期的会审一般由皇帝临时差遣，没有成为定制，主要针对清理疑狱重案，或在执行之前进行复审，疏决罪囚，使刑罚得当，调和阴阳，以免天灾。朝审、热审、大审均起于洪武时期，至明代中后期，朝审、热审、大审成为固定的会审方式，这是明代司法制度中最具特色的内容。

---

① 《旧唐书》卷一五八，《郑余庆传》。

② 《资治通鉴》卷二二一，唐肃宗乾元二年。

③ 《旧唐书》卷一五四，《孔戣传》。

④ 参见《明太祖实录》卷二〇九，二二七正统六年四月甲午。

⑤ 转引自杨一凡总主编：《中国法制史考证》，甲编·第六卷，280 页。

1. 朝审的监察

明代朝审定制于天顺三年（1459年），每年霜降后，由三法司会多官审录京师应秋后处决的死罪人犯。情真者，奏请处决；称冤不服者，奏请重新审理；情可矜者，免死发边远充军或重审。"国初有大狱，则必面讯，以防构陷锻炼之弊。其后有会官审录之例，霜降以后，题请钦定日期，将法司见监重囚，引赴承天门外，三法司会同五府九卿衙门并锦衣卫各堂上官，及科道官，逐一审录，名曰朝审。若有词不服，并情罪可矜疑，另行奏请定夺。其情真罪当者，即会题请旨处决。"①

朝审的期限按惯例在一日之内完成，一日之内审录重囚数百，未免过于仓促，其草率程度可想而知，导致朝审徒具形式。因此，有见识的大臣奏请延长朝审时间。

弘治十七年（1504年），兵科给事中潘释奏："故事，每岁朝审，率以一日竣事。然人命至重，今后该审之囚众多，如拘以一日竣事，则不得从容详审。昔太宗文皇帝因刑部等衙门大辟囚三百余人，复讯皆实，请决。复谕之，更审一日，不尽则二日、三日，虽十日何害？既而得释者二十余人。此祖宗好生之心，万世所当遵也。乞令从容研审，使无冤枉。"②

又嘉靖十一年（1532年）刑科给事中王瑄等人奏："顷者审录重囚，原案未读，囚词未终，辄以引去，而当笔手不停批，且百五十余人造次而毕，殊非慎刑之意。乞自今延审稍展其期，令原问衙门各以狱词郎然宣示，使多官杂议，务复其心。如有疑似，亟与分辩。"③

上述两位给事中均要求延长朝审时间，获得皇帝批准。从审刑的角度考虑延长朝审时间，才能够保证复审中司法审判与监察职能的充分行使，而不至于流于形式，是非常必要的。自明英宗天顺三年（1459年），朝审成为定制以来，史料所记载的京师秋后处决死囚颇多，欲探讨朝审中司法监察的内容，需从其实际运作中认识。以下兹举例说明：

天顺八年（1464年）十月甲申，三法司会官审录重囚。先是英宗皇帝有旨，自天顺三年（1459年）为始，每岁霜降以后，该决重囚，令三法司会多官审录，永为定例。至是三法司官尚书陆瑜等循例于霜降后奏请，会太保会昌侯孙继宗、吏部尚书王翱等审录重囚。得情真罪当无词，并情可矜疑者以闻，上命情真罪当者如依律处决。情可矜疑，杖一百，发边远充军。④

成化二十二年（1486年）十月乙亥，刑部、都察院各奏死罪重囚请令官审录于潮。诏："称冤有词者，即与从公辩问，毋令受枉。"于是，审录毕，以具狱上请。⑤

弘治九年（1496年）九月乙丑，刑部都察院会官审录重囚，情真无词者五十一人，奏请裁处者五十二人，有词者七人。上命情真者处决，有词者重鞫。奏请数内，仍处决者二十人，监候再问者十六人，免死杖一百发边远充军者七人，免死发边远充军者七人，杖一百而释之及查议再奏者各一人。⑥

嘉靖十六年（1537年）四月辛酉，武定侯郭勋，大学士李时、夏言奉敕同三法司会鞫重

①　《明会典》卷一七七，《刑部》。
②　《续通典》卷十一，《刑五》。
③　《续文献通考》卷一七九，《刑四》。
④　参见《明英宗实录》卷一十。
⑤　参见《明宪宗实录》卷二八三。
⑥　参见《明孝宗实录》卷一一七。

因，当矜疑者六十八人，俱免死戍边。①

以上典型朝审事例中体现的司法监察功能主要表现为：都察院作为专门的监察机构，其职能的运作主要侧重于司法监察。三法司在会审中对原审判机构所作出的判决予以事后监察，三法司之间还可相互监察。参与会审的还有五府、九卿衙门以及锦衣卫各堂上官，此些官员亦在会审中发挥监察功能，罪囚称冤或不服者，会审官员即展开辩问。最后，会审结果要上奏给皇帝批准，皇帝享有最高的司法监察权。

2. 热审的监察

热审起于洪武年间，洪武十七年（1384 年）秋，命刑部录囚，谕之曰："今秋暑方盛，狱囚不以时决，或致病殆于死亡，轻者诬戕其生，重者幸以逃法，非所以明刑慎狱也。其以明决遣，毋更淹滞。"② 按惯例，每年自小满后十余日内举行热审，目的在于防止长期被拘禁的囚徒死于酷热，是清理刑狱的一种方式。自弘治元年（1488 年），热审成为定制。"弘治元年下，另两法司、锦衣卫将见监罪囚情可矜疑者，俱开写来看。（自后，岁以为常。）"③

《明会典·刑部》关于热审的记载为："国朝钦恤刑狱，罪囚夏月有热审，其例起于永乐间，然止决遣轻罪，即出狱听候而已。自成化以后，始有重罪矜疑，轻罪减等，枷号疏放，免赃诸例。每年小满后十余日，司礼监传旨下刑部，即会同都察院、锦衣卫，复将节年钦恤事宜题请，通行南京法司，一体照例审拟具奏。"

参与热审的官员以三法司官为主，有时皇帝也命司礼监太监会同法司审录狱囚。另外，锦衣卫也是参与热审的主要角色，甚至主导审判，架空三法司职权，这是明代司法审判制度的一大弊端。热审成为定制后，其处理方式与结果也基本固定，针对狱囚的处理方式主要有及时决遣、减等发落、笞罪释放、免枷号、免追赃，仍然体现对罪囚的恤刑程序。以下各朝举行热审的具体事例可予以说明：

弘治四年（1491 年）四月，特敕司礼监太监韦大同三法司堂上官热审，死罪情真罪当者，照例监候听决；其情可矜疑者、事无佐证可结并枷号者具奏处置；徒流以下减等发落；笞罪俱释放。④

正德四年（1509 年）四月，谕法司及锦衣卫，狱囚笞罪无干证者并释放之，徒流以下减等发落，重囚情可矜疑并枷号者俱录状以闻，南京法司亦如之。⑤

嘉靖二十三年（1544 年）五月，刑部、都察院复刑科给事中罗奎奏：每岁五六月间，笞罪释放；徒杖应减等发落者，宜如钦恤枷号例亦暂蠲免，至六月终止。南京法司并如之。⑥

隆庆五年（1571 年）四月甲辰，刑部复给事中王之垣奏请推广钦恤之义行两直隶十三省，岁以四月至六月，诸犯徒流笞杖非坐盗窃侵欺者并如两京热审例，徒杖减一等，笞杖及枷号并免。报可。⑦

----

① 参见《明世宗实录》卷一九九。自天顺以后的朝审事例均转引自那思陆：《明代中央司法审判制度》，214～217 页。

② 《明太祖实录》卷一六三。

③ 《明会典》卷一七七，《刑部》。

④ 参见《明孝宗实录》卷五十。

⑤ 参见《明武宗实录》卷四十九。

⑥ 参见《明世宗实录》卷二六六。

⑦ 参见《明穆宗实录》卷五十六。

万历六年（1578 年）七月，免南京刑部罪囚论死发遣者四人，免追赃者七人。①

崇祯五年（1632 年）四月，命刑部、都察院及锦衣卫见监诸囚，无罪者释之，徒流以下减等发落，重囚情可矜疑并枷号开列以闻。②

以上事例仅是明代热审故事的一小部分，其内容大同小异。明代热审的发达，亦说明当时司法监察的发达，同时也可证实明代刑狱淹滞问题的严重。"明代京师案件司法审判常拖延时日，数年不决，各类人犯监禁于监狱中，瘐死者众。为解决此类问题遂发展出京师热审制度，惟效果不佳。明代京师热审制度，清代废弃不用。"③

3. 大审的监察

明代大审始于成化年间，据《明会典》记载："凡五年审录，成化十七年命司礼监太监一员，会同二法司堂上官，与本司审录罪囚。以后每五年一次，著为令。"④ 在京、在外均五年举行一次，称之为五年大审，举行时间一般在当年农历四月，审录的对象大抵以三五年以上的囚犯为主。明代大审的实施情况，据有关史料的记载，可知其大概。

《明史》卷九十四《刑法二》记载：

> 成化八年（1472 年），乃分遣刑部郎中刘秩等十四人会巡按御史及三司官审录，敕书郑重遣之。十二年（1476 年），大学士商洛言："自八年遣官后，五年于兹，乞更如例行。"帝从其请。至十七年（1481 年），定在京五年大审。即于是年遣部寺官分行天下，会同巡按御史行事。于是训刑者至，则多所放遣。

《续通典·刑五》记载：

> 弘治十三年（1500 年）户科给事中丘俊上奏："内外问刑衙门，罪囚有监禁四五年，甚至数十年者，冤气腾结，皆足致灾。乞通行天下，将监禁三年以上罪囚情真者，秋后处决；其情可矜疑及事情难明者，不拘成案，悉与辨明。"刑部言，京师朝审、热审、大审"已有成法，宜如旧行，其各布政司审录不必待至明年。请如俊所奏，暂行之。此后仍五年一次差官"。

《明武宗实录》卷七十四记载：

> 正德六年（1511 年）四月，命司礼监太监张永同三法司堂上官审录罪囚，于是永会三法司具以狱谳，得可矜疑者六十一人，俱减死充军，免枷号十有五人。

《明史·刑法三》记载：

> 万历三十四年（1606 年）大审，御史曹学程以建言久系，群臣请宥，皆不听。刑部侍郎沈应文署尚书事，合院寺之长，以书低太监陈矩，请宽学程罪。然后回身，狱具，署名同奏。矩复密启，言学程母老可念。帝意解，释之。

对于监禁数年的囚徒，死罪情真者于秋后处决，情可矜疑者减死充军。罪行较轻者减等

---

① 参见《明神宗实录》卷七十七。
② 参见《崇祯长编》卷十二。
③ 那思陆：《明代中央司法审判制度》，210 页。
④ 《明会典》卷二一四，《大理寺》。

发落或释放。此即大审的处理方式。在京大审，往往由司礼监太监主持，"凡大审录，支敕张黄盖于大理寺，为三尺坛，中坐，三法司左右坐，御史、郎中以下捧牍立，惟诺趋走惟谨。三法司视成案，有所出入轻重，俱视中官意，不敢忤也"①。宦官在大审中权力极大，足以左右大审结果，天下刑狱，先东厂而后法司，法司的司法审判权与监察权恐难以正常行使，甚至使得三法司形同虚设。

（三）清代会审的监察

清代死罪案件，须由三法司会审，各省死罪案件题本经三法司复核，奉旨依议后，即已结案。但死罪案件分为斩、绞立决与斩、绞监候。斩、绞立决案件由各省立即执行；而斩、绞监候案件须纳入秋审或朝审的慎刑程序，决定是否执行死刑。秋审是处理各省斩、绞监候案件，欲来年秋天加以复核的制度。"刑部京师的朝审与各省的秋审，在性质上都是一样的，但是在程序上有所区别。朝审由刑部自己审录确定实、缓，直接向皇帝具题，不必向顺天府汇题，也不经三法司会谳。《大清律例·断狱·有司决囚等第》嘉庆二十三年改定条例：'每年一次朝审，刑部堂议后，即奏请特派大臣复核，俟核定具奏。'没有谈到法司会谳。《清史稿·刑法志》：'朝审本刑部问拟之案，刑部自定实缓。'可见朝审无须三法司会谳。"②

"秋审制度使清代死刑案件的审理纳入一套严格规定的法律程序中，保证了以皇帝为代表的专制权力对死刑审判的严密控制。一方面，年复一年举行的'秋谳大典'又在向人民宣布皇帝的'好生之德'。"③ 秋谳大典为清代重要典章制度，为当时帝王所重视，乾隆曾曰："秋审为要囚重典，轻重出入，生死攸关。直省督抚皆应详审推勘，酌情准法，务协乎无理之至，方能无枉无纵，各得其平。"为体现秋审的宏大场面，参与秋审的高级官员众多，皇帝常命六部尚书、大理寺卿、左都御史、通政司通政使、詹事、科道会同审理复核斩、绞监候案件。从理论上讲，会审官员应以"议"的方式进行司法监察，都察院参与复核，其职能更侧重于审判监督，对斩、绞监候案件的定罪量刑是否准确以及是否遵循合法的审判程序进行司法监察。"但因参与秋审官员人数众多，与审官员多数随声附和而已。其于司法审判上之形式意义大于实质意义。乾隆二十六年秋审，左副都御史窦光鼐于秋审会审时，力持异议。此种情形乃属特例"④。

《清史稿·窦光鼐传》记载："光鼐以广西囚陈父梅守田禾杀贼，不宜入情实；贵州囚罗阿扛逞凶杀人，不宜入缓决；持异议，签商刑部，语忿激，刑部遂以闻，上命大学士来保、史贻直，协办大学士梁诗正复核，请如刑部议，且言光鼐先已画题，何得又请该拟。上诘光鼐，光鼐言：'两案异议，本属签商，并非固执。因会议时言词过激，刑部遂将签出未定之稿先行密奏。臣未能降心抑气，与刑部婉言，咎实难辞，请交部严加议处。'上以'会谳大典，光鼐意气自用，甚至纷落谩骂而不自知。设将来预议者尤而效之，于国宪朝章不可为训。'命下部严议，当左前，仍命留任。"⑤

---

① 《明史》卷九十五，《刑法三》。

② 郑秦：《清代法律制度研究》，185 页，北京，中国政法大学出版社，2003。

③ 郑秦：《清代法律制度研究》，170 页。

④ 那思陆：《清代中央司法审判制度》，148 页。

⑤ 转引自那思陆：《清代中央司法审判制度》，148 页。

窦光鼐身为左副都御史，认为刑部处理案件的结果不适当，对此提出自己的异议，并坚持己见，本是御史应当行使的职责。虽然言辞激烈，也是御史刚直的本性所决定的。然而窦光鼐却遭到乾隆斥责，认为其言行迂拙，不能胜任副都御史而被降职。本该值得表彰的言行却被皇帝否决，这给后来的会审树立不良的先例，导致在会审过程中，高级官员明哲保身，御史也随波逐流，而不再激浊扬清，直言不讳。会审中的司法监察功能有名无实。此种弊端日积月累，渐成会审习惯。待到后来的道光帝试图改变秋谳大典中颓废的气氛，已无能为力，不得不感叹："刑部办理秋审各案……仅于会议上班时，令书吏喧唱一次，会议诸臣，于匆遽之时，仅听书吏喧唱看语，焉能备悉案由，从而商榷，试徒有会议之名，而无核议之实，其国家矜慎庶狱之意乎。"①

各省秋审案件分为情实、缓决、可矜、留养承祀四本具题。具体由刑部会同参与秋审的官员汇编，随后进呈给皇帝，由皇帝亲自主持秋审的最后一道程序——勾到仪式，作出最终的也是最高权威的裁决，决定囚犯的生死。兹列举以下案例说明皇帝在会审中掌握最高司法审判权与监察权。

（1）康熙十九年（1680 年），九卿等会议江南秋审各案事，上曰："此各犯罪案，朕俱已细阅，其中贾日祖尚待质审之人，着监候，冯氏、王白良、王详、崔廷选罪案，俱属可矜，着监候缓决，余俱依议。"②

（2）乾隆五十九年（1794 年）秋审，二月初六掌云南道监察御史宗室明绳等题：为处决重囚事。九月初七刑科掌印给事中福伸等题前事复奏云南省情实重犯，奉旨："著候勾到"钦此。臣等谨遵定例将云南省情实重囚开列花名具题，伏乞睿鉴勾除敕下，臣等遵照勾除，交与刑部行文该省行刑。其决过日期令该抚仍照例奏闻。臣等未敢擅便，谨题请旨。

斩犯八名，绞犯七名。

斩犯一名郭瑞荣，系四川重庆府大足县人……

…………

奉旨："这所勾郭瑞荣……著即处决。"③

（3）嘉庆十八年（1539 年），行在刑部咨：锯盛京刑部奏，吉二偷窃堂子黄缎。映照"盗大祀祭器等物律"，拟斩立决。

奉旨：吉二著即处斩。钦此。④

（4）道光三年（1823 年），南城察院奏送：陈黑子、杜常贵因帮工时瞥见裕陵隆恩殿琉璃门铜帽钉，疑为金钉。乘夜爬入，挖窃铜钉十余根。潜逃来京售卖，被获。例无专条。应比照"盗大祀神御物律"，不分首从，皆斩。伙犯吴牛子，仅止在外看人，并未随同进内，情稍可原。恭候钦定。

奉旨：吴牛子改为斩候。⑤

———————————

① 《大清会典事例》卷八五〇。
② 《康熙起居注》，康熙十九年九月二十日己亥。
③ 档案《刑科题本》，秋审类，乾隆五十九年二一号。转引自郑秦：《清代法律制度研究》，182～183 页。
④ 参见《刑案汇览》卷十二，《刑律》。
⑤ 参见《刑案汇览》卷十二，《刑律》。

第四节
执行的监察

一、对死刑执行的监察

(一) 对死刑执行的慎刑程序的监察

一般而言，中国古代开明的统治者都慎重对待死刑，早在《尚书·大禹谟》就记载："与其杀不辜，宁失不经。"孔子也称道："善人为邦百年，亦可以胜残去杀。"① 此种死刑观念对后世影响深远，但从程序上规制死刑，执行死刑之前对死刑判决的复核程序到魏晋南北朝才予以确立。北魏太武帝时规定："当死者，部案奏闻。此死不可复生。惧监官不能平，狱成皆呈，帝亲临问，无异辞怨言乃绝之。诸州国之大辟，皆先谳报，乃施行。"②

唐律素来享有"一准乎礼，而得古今之平"的美誉，唐代刑罚的宽平主要体现在慎重使用刑罚，对死刑执行尤其谨慎，太宗李世民在审录囚徒时曾对侍臣说："刑典仍用，盖风化未洽之咎。愚人何罪，而肆重刑乎？更彰朕之不德也。用刑之道，当审事理之轻重，然后加之以刑罚。何有不察其本而一概加诛，非所以恤刑重人命也。"③ 为此，唐朝对执行死刑建立了一套严密的慎刑程序，目的在于有效地监察执行死刑，防止枉杀、滥杀现象的发生。

初唐慎刑程序的完善亦是对前朝经验教训的借鉴及其自身对试错过程的反省结果。唐律规定判处死刑的条文较前代而言，数量虽少了一半，但在司法实践中，掌握最高司法权的君王仍然免不了感情用事，将个人的喜怒妄加于司法审判之上，造成错杀大臣的事故。贞观时治书侍御史权万纪弹劾大理丞张蕴古阿纵罪犯，再加上蕴古曾与被囚禁的犯人下棋，太宗盛怒之下，斩杀张蕴古。另有交州都督卢祖尚因违背旨意，太宗一怒之下将其斩于朝堂。事后，太宗对此非常后悔，认为人命至重，一死不可再生，当时处以死刑虽需三次上奏给皇帝才能执行，然三复奏须臾之间便完成了，仍不够慎重。于是太宗下令在京城的死刑执行之前，必须在二日内五次奏明皇帝，地方诸州需三次上奏，但同时法律也明文规定犯恶逆以上及部曲、奴婢杀主者，被判处死刑的，只需一复奏而已。且在此期间，君王不食酒肉，停罢歌舞音乐，尽量排除个人的情感干扰影响复核死刑后作出的最终裁决。司法机关对死刑案件作出的判决，须经皇帝核准后且在法定时间内才能执行，否则司法官构成犯罪，要承担法律责任，"诸死罪囚，不待复奏报下而决者，流二千里。即奏报应决者，听三日乃行刑，若限未满而行刑者，徒一年，即过限，违一日杖一百，二日加一等。"④ 当时众多被判处死刑的罪犯，因此慎刑程序而免除执行死刑，保全生命。

宋代的死刑复核程序有别于唐，元丰改制前，州拥有终审执行权，不必申奏刑部，刑部

① 《论语·子路》。
② 《魏书·刑法志》。
③ 《旧唐书》卷五十，《刑法志》。
④ 《唐律疏议·断狱》。

仅在死刑执行后，依据州的上报进行事后复查。这不利于维护中央集权，也可能导致地方州县滥用生杀大权。元丰改制后，州县死刑案件，须由提刑司复核后才能执行，中央加强对地方死刑案件的监督和控制。"各路提点刑狱司，岁具本路州军断过大辟申刑部，诸州申提刑司……与提刑司详覆大辟而稽留、失覆大辟致罪有出入者，各抵罪。"①

宋代因为案件积压淹滞，故规定京师地区的死刑案只保持一复奏，证据确凿的死刑案，没必要向中央复奏。

清代初期只对朝审情实人犯行刑前要求三复奏，自雍正二年（1724年）起，外省经秋审的死囚行刑前亦一视同仁地适用三复奏，"自今年为始，凡外省重囚经秋审具题情实应决者，尔法可亦照朝审之例，三复奏闻，以符朕钦恤慎罚之至意"②。但乾隆十四年（1749年）后，统治者认为三复奏只不过流于形式，"徒事繁文，何益于政？嗣后刑科复奏，各省皆令一次"③。清代监督执行死刑的慎刑程序除复奏外，较有特色的是勾到程序。死刑经复奏后还得由该道御史办理勾到题本，即按固定格式开列死囚的花名册，交由皇帝勾到，"至勾到日，素服御殿，大学士三法司侍，上秉朱笔，或命大学士按单予勾。"④ "皇帝勾到后，内阁应将勾到本交各该道御史，转交刑部办理。刑部应咨各省督抚执行死刑。"⑤

（二）对死刑执行方式的监察

秦汉时，因犯罪人的身份和地位不同，刑罚执行方式也不同。贵族官僚犯死罪者，由官吏至其家或押往隐蔽场所，监督执行。秦始皇驾崩后，赵高、李斯、胡亥三人设计"遣使者以罪赐公子扶苏、蒙恬死"。二世胡亥遣御史杀蒙毅。⑥ 至于普通死囚，则押赴集市公开执行。

唐律对死刑的规定，分为斩、绞二等，虽然都是处死罪犯，但被处死的方式、轻重、对象均有所区别。绞刑是保留死囚一个全尸，这在迷信盛行、崇拜鬼神、讲究脸面的古代中国，保留全尸、死得不是很难看是很重要的，并且这也是被判处死刑中罪行较轻的罪犯才可享受的待遇。斩刑是指身首分离的死刑执行方式，主要针对那些罪大恶极、十恶不赦的死囚。因此，这两种死刑执行方式是截然区分的，执行时不可混淆，否则，主持执行死刑的官吏将受到严重处罚。"诸断罪应绞而斩，应斩而绞，徒一年；自尽亦如之。失者，减二等，即绞讫，别加害者，杖一百。"⑦ 即对应处绞刑的处以斩刑，或对应处斩刑的而处以绞刑，主管的官员应被判处徒一年的刑罚；如果死囚自尽，亦应判处主管官员徒刑一年。如果是因为过失而导致以上情形，对主管官员减二等处罚。绞刑执行完毕，对尸体再加损害的，也构成犯罪，应处杖一百的刑罚。

自汉唐始，官僚贵族阶层提倡"刑不上大夫"，这并不是说不对大夫施用刑罚，只是对士大夫执行刑罚的方式不同于平民百姓。唐开元《狱官令》规定："诸决大辟罪，皆于市。

---

① 《历代刑法志》，355页。
② 《清世宗实录》卷十八。
③ 《清高宗实录》卷三四八。
④ 《清史稿》卷一四四，《刑法三》。
⑤ 那思陆：《清代中央司法审判制度》，240页。
⑥ 参见《史记》卷八十八，《蒙恬列传》。
⑦ 《唐律疏议·断狱》。

五品以上，犯非恶逆已上，听自尽于家。七品以上及皇族若妇人，犯非斩者，皆绞于隐处。"据唐史记载，章怀太子李贤之死就是武后令左金吾将军丘神勣前往李贤住宅，逼他自杀。此方面的记载证明当时对贵族监督执行死刑的程序上的特殊性。执行死刑的对象不同，执行方式也就不同，等级分明，整个死刑的执行过程处于严密监控之下，不可错乱。

（三）监察执行死刑的官吏

唐代执行死刑时，有专门的官员监察执行。如果死囚在处决时喊冤，或者监刑官发现有明显的冤枉情节，有权宣布停止执行死刑，并奏报皇帝。开元《狱官令》记载："诸决大辟罪，官爵五品以上，在京者，大理正监决；在外者，上佐监决，余并判官监决。在京决死囚，皆令御史、金吾监决。若囚有冤枉灼然者，停决奏闻。"《唐六典》卷十三《御史台》规定监察御史的职掌之一就是监决京城死囚，"凡决死囚，则与中书舍人、金吾将军监之"。在京城执行死刑，由监察御史、中书舍人、金吾将军共同监决，如果死囚是五品以上的官员，还要增加大理正参与监决。在地方执行死刑，则由上佐与判官监决。安置不同部门的官吏共同监督执行死刑，从而防止司法官独断专横，死囚在临决之前，仍有获得申冤、从宽免死的机会，虽然事实上这种机会极少，但唐代监察执行死刑的制度本身并没有明显缺陷。唐文宗时，"有因称冤者，监察御史闻奏，敕下后，便配四推，所冀狱无冤滞，事得伦理"①。此项规定对待死刑更加慎重，且处理方式更为理性。大中四年（862年）御史台奏："准旧例，京兆府准敕科决囚徒，合差监察御史一人到府门监决。御史未至，其囚已至科决处，纵有冤屈，披诉不及。今后请许令御史到府引问，如因不称冤，然后许行决。其河南府准此。诸州有死囚，仍委长官差官监决，并先引问。"②监决死囚时，监察御史在关键时刻能发挥重要作用，可以根据当时实际情况，采取灵活措施，以避免滥杀无辜。武则天时期，阎知微被诛夷九族，他的小孩年仅八岁，监刑御史不忍心杀小孩，奏请武后赦免，最终保住小孩生命。

宋代执行死刑仿照唐制，由专门官员监决。"决大辟于市，遣他官与掌狱官同监，量差人防护。"③"他官"即御史或判官，监刑官不但监督死刑执行，而且负责执行过程中的安全警戒。宋代执行死刑时某些规定很具人性化，死刑执行前，先给死囚提供酒食，监刑官亦允许死囚与其亲属相见辞别，其实也是给犯人最后一个申诉机会。

唐代前期一批朝廷大臣尊重人命，谨慎理性地对待死刑，避免刑罚泛滥，营造用刑宽平的司法环境。然而，唐朝的这种慎刑制度也是很脆弱的，可能因为统治者的改变而改变，或因政局动荡而被破坏，或因君王用人不当而导致制度虚置。唐代仍然与其他王朝一样，产生大量酷吏与酷刑，执行死刑仍然带有很大的随意性。武后诛杀郝象贤，临刑时象贤骂武后，"自是讫后世，将刑人，必先以木丸窒口云"④。司法官吏执行死刑，先以木丸塞住其口，死囚纵有冤也不能呼也。以木丸塞口这种极端恶劣的手段执行死刑，即使有最完美的司法监察制度，有最优秀的监察官前往监决，也是枉然。

宋代令文规定执行死刑时，禁止掩塞死囚之口，但在实际执行时，仍不遵守此规定，哲

---

① 《唐会要》卷六十，《御史台上·御史台》。
② 《唐会要》卷六十，《御史台上·御史台》。
③ 《续资治通鉴长编》卷三七六，元祐元年四月辛亥。
④ 《新唐书》卷一一五，《郝处俊传》。

宗元祐年间，侍御史林旦上状曰："窃见决囚于市，若已困于缧绁棰楚者，则箯舁以行。纵可步履，必窒塞口耳，又以纸钱厚蒙其首。军巡狱子，百十其群，前后遮拥，间以铁锤击枷，传呼鼓噪，声不暂止。罪人虽欲称冤，无复有可言之理，亲戚辈亦何缘与囚辞项原则决。以此其间不能无滥。"① 因此，林旦建议严格监察行刑过程，对违背决囚程序的监刑官予以弹劾惩处。

清朝在监斩官的人选方面，考虑到民族问题，特意安排满汉御史、刑部司官各一员监斩。后又增设刑科给事中与刑部侍郎监视行刑，并且对执行死刑的整个过程的警戒更加慎重严密。

康熙十五年（1676 年）题准：查决囚事例……都察院委御史一员，刑部委司官一员为监斩官……今应添都察院、刑部满官各一员，同汉御史、司官监斩。

乾隆十四年（1749 年）奉上谕：监视行刑，著刑科给事中去，刑部侍郎中亦著一人去。

嘉庆五年（1800 年）奉上谕：……每年朝审决囚时，都察院及步军统领衙门一体严饬营城……于行刑处所周围排列严密巡察，毋许街市闲人拥挤，并著派是日轮班城外之京营总兵，亲往巡察弹压。②

二、对其他刑种执行的监察

（一）对笞杖刑执行的监察

笞杖是两种不同的刑罚，其共通之处甚多，论述这两种刑罚的执行监察，有必要把二者结合起来。

自隋朝在北朝的基础上创制新五刑（笞、杖、徒、流、死）之后，笞杖成为中国古代官府使用最为频繁广泛的刑罚。唐代律令对监督执行笞杖刑的规定已较为完备，在吸取前代立法成果的基础上，详细规定各种笞杖的粗细、长短、受刑的身体部位，执行方式以及违规刑法的处罚。为监督法令的执行，唐律规定不依法令行刑或使用非法刑具所应承担的法律责任："诸决罚不如法者，笞三十；以故致死者，徒一年。即杖粗细长短不依法者，罪亦如之。"③ 如果被判处笞杖刑的是孕妇，唐律对此有较为人道的规定，司法官不得拷讯及决笞杖刑于有孕在身的女犯，若要行刑，需待女犯产后一百日才能施行，否则，决罚者将受惩处。"诸妇人怀孕，犯罪应拷及决杖笞，若未产而拷、决者，杖一百；伤重者，依前人不合捶拷法；产后未满百日而拷决者，减一等。失者，各减二等。"④

在士大夫眼里，笞杖刑对人格的侮辱远大于对肉体所施加的痛苦，而帝王却喜欢在朝廷上笞杖大臣，为维护自己的尊严，朝廷大臣以谏议的方式抵制皇帝此方面的诏令。唐玄宗开元年间，监察御史蒋挺坐法，诏决杖朝堂，命黄门侍郎张廷珪监决，"廷珪执奏：'御史有谴，当杀杀之，不可辱也。'士大夫服其知礼"⑤。

然而在明朝，廷杖虽成为比较完备的制度，由司礼监监刑，锦衣卫施杖，分工明确，为

---

① 《续资治通鉴长编》卷三七六，元祐元年四月辛亥。
② 参见《钦定台规》卷十六，《六科二》。
③ 《唐律疏议·断狱》。
④ 《唐律疏议·断狱》。
⑤ 《新唐书》卷一一八，《张廷珪传》。

前代所无，但廷杖被滥用，亦空前绝后。明代执行笞杖刑，由司礼监宦官监决，宦官行使的是一种非正规的权力，严重干涉侵犯三法司的职权。宦官并非依法监刑，而是看皇帝脸色行事，且执行者又是依监刑宦官的意图行刑，因此导致笞杖刑的暴虐与泛滥。"行杖者为了揣摸监杖者的意图，除观察司礼监、锦衣卫使的言语、颜色外，还要注意监刑者的脚尖：要是监杖者的脚尖向外开成人字形，受杖者就不至于死；如果脚尖是向内收敛，受杖者就只有死路一条了。"① 由宦官监刑，百害无一利。

（二）对徒流刑执行的监察

被判处笞杖刑的，笞打次数完毕，刑罚执行即告完成。而判处徒流刑的，须送往配所服一定时期的劳役。因此，对徒流刑执行的监察主要体现在对刑徒的遣送及监督管理其服劳役方面。

唐律规定对徒流刑犯者应及时遣送配所服役，负责执行的官吏稽留不送将受刑罚惩处。"诸徒、流应送配所，而稽留不送者，一日笞三十，三日加一等；过杖一百，十日加一等，罪止徒二年。"② 至于遣送地点及服劳役的种类，开元《狱官令》有记载："诸犯徒应配居者，在京送将作监，妇人送少府监缝作；在外州者，供当处官役。当处无官作者，听留当州修理城隍、仓库及公廨杂使。犯流应住居作者亦准此，妇人亦留当州缝作及配春。"流刑犯的发配地点，以配流的等级里数，根据就远不就近的原则决定，流犯每季度遣送一次，有专人负责，沿途州县的监狱予以配合。若是重要犯人，由军队监护押送，如唐高宗下诏流长孙无忌于黔州，"所在发兵护送"。为彻底消灭长孙无忌，"（许）敬宗令大理正袁公瑜、御史宋之顺等即黔州暴讯"，逼无忌自杀。③ 长寿年间，武后害怕流人反叛，于是派遣司刑评事万国俊摄监察御史赴广州审讯流人，一次性杀戮岭表流人三百余人。"又命摄监察御史刘光业、王德寿、鲍思恭、王处贞、屈贞筠等，分往剑南、黔中、安南、岭南等六道，按鞫流人。"④ 以上案例虽带有浓厚的宫廷斗争的残酷色彩，但也从侧面反映当时对流刑犯服刑期间的监察是很严密苛刻的。

宋代的徒流刑适用已发生很大变化，逐渐被折杖法、刺配等新的刑罚所取代。宋太祖于建隆四年（963年）定折杖制，将加役流替代为杖脊二十，配役三年；流刑三等自流二千里至流三千里替代为杖脊十七、十八、二十，均配役一年，免去流远。徒刑五等自一年至三年替代为分别杖脊十三、十五、十七、十八、二十后释放。由是，"流罪得免远徙，徒罪得免役年，笞杖得减杖数，而省刑之意，遂冠百王"⑤。体现宋初统治者恤刑之意，但导致宋代刑罚体系中生刑与死刑差距悬殊，轻重失当。因此设立刺配之法，刺面、配流且杖脊，作为一些可以特予免死人犯的代用刑。刺配刑逐渐成为常用刑种。对刺配刑执行的监察同样体现于对刑徒押送及居役的监督，押送刑徒至配所是执行刺配刑的重要环节，宋代对如何保障按时完成押送制定有比较严密的监察机制，实行沿途逐州递接法，各州由专门官员接收刑徒，并

① 主客：《臀部的尊严——中国笞杖刑罚亚文化》，93页，广州，花城出版社，2002。
② 《唐律疏议·断狱》。
③ 参见《新唐书》卷一〇五，《长孙无忌传》。
④ 《旧唐书》卷五十，《刑法志》。
⑤ 《文献通考》卷一六八，《刑七》。

配备禁兵负责警戒，根据实际情况，增加押解人员，"其应差公人或添差将校节级者，依本法，仍令知通检察。"若犯人在押送途中逃跑，则按"纵失囚法"处分押解人员。押送程序的完成是有时间限制的，到达某州，须由负责押送的公差写明具体日期和地点，办理移交手续，由当地官府验收，并且发公文证明刑徒已如期到达，各州军还须将本地接收刑徒数目上报本路帅司检查，并申报尚书刑部。①

宋代的居役主要有沙门岛之役，配隶于本州禁军服杂役以及于官营地服役。被刺配到沙门岛仅次于死刑，岛内生存条件恶劣，刑徒在被监控下劳动，受尽虐待，往往难以生还。对于犯罪情节较轻的刑徒，就近配于本州禁军中服杂役，免于远涉，亦省却禁兵护送，直接由禁军监督其服役。还有相当部分的刑徒被送往官营地服役，主要是在监工的监督之下从事采盐、冶铁、铸钱以及造船等苦役。

宋代的官员犯罪，能享受到特殊优待，官员所犯徒流之罪，由编管刑所取代，"是以编录名籍，对犯人进行监督管制为主要特征的处罚制度，最初适用于因罪合配隶的朝廷命官，后来又广泛适用于因党争而获罪处罚较重的官员、因罪缘坐之家属和某些杂罪犯……按条令规定，编管羁管人在被监管期间，只限制其活动自由，他们不得走出所居之州城，由官府派人对其进行监视。所派监管人主要是各厢巡逻兵卒，也有吏人或令邻居监视防守者，编管羁管人必须按期到州长官厅报到，以使官府了解其日常情况……编管羁管是以对犯人进行监视为主要手段来限制其人身自由的一种刑罚制度，它主要用来安置命官犯重罪者，贯彻了宋代不杀士大夫的祖宗之法。"②

第五节
失察追究

无论古今的官僚政治制度，在赋予官吏权力之时，必然要求其承担行使权力的责任。司法监察的目的就在于保证君主或国家的法律能够被官吏忠实而谨慎的执行，并体现一定程度的公平性与合理性，以表达君王与官僚对他们统治下的百姓的关心与保护，避免因刑狱的怨滥而破坏天地和气，导致上天给这个国家带来惩罚性的灾难。监察中央和地方的司法官是否秉公执法，有无冤假错案，乃司法监察的核心内容。监察目的的实现一方面有赖于监察官自身刚正不阿的品性，另一方面更需要监察体制中责任追究的落实。因此，失察追究是防止行使监察权的官吏失职渎职的一道防护墙。

一、历史演变

失察追究制度并非突然产生，而是随着古代监察制度的完善而逐步完善的，当监察、司法、行政等职能混为一体、分工不明确的时期，要追究官员失察的责任，往往因官员个人的

---

① 参见《庆元条法事类》卷七十五，《部送罪人》。
② 王云海主编：《宋代司法制度》，365～367页。

品德修养而异。战国时晋文公的司法官李离因失察而错杀人，晋文公认为是下吏的过错，特意为李离开脱罪责，但李离固执不受王令，并说："理有法，失刑则刑，失死则死。公以臣能听微决疑，故使为理。今过听杀人，罪当死。"遂自杀。① 李离伏剑的故事可谓司法官主动承担失察责任的典范，可惜毕竟少见，重要的是失察追究的制度化与法律化，而不能仅仅停留在道德说教的层面。

自秦汉以降，监察组织不断扩大，监察职能的分工日趋细密。为防范监察官玩忽职守、姑息养奸的失职行为，失察追究已成为监察体系中不可缺少的一部分。据《汉书·刑法志》记载，汉孝武帝"招进张汤赵禹之属，条定法令，作见知故纵、监临部主之法"。师古曰："见知人犯法不举告为故纵，而所监临部主有罪并连坐也。"负有监察纠劾的监察官或上级主管官员因失察则与犯法者同罪连坐。在东汉，监察官因不知情而没有举劾被监察对象的贪赃行为，仍比附"见知故纵法"追究失察的罪责。东汉恒帝颁布诏令，负有监察责任的刺史，如没发觉或不举劾贪赃的地方官，则以纵避为罪。《晋书·刑法志》照样规定："其见知而故不举劾，各与罪同。"但因过失不举劾或根本不知情不举劾的，予以减轻或免除处罚，"失不举劾，各以赎论，其不见不知，不坐也，是以文约而例通"②。

唐律对监临主司失察应承担的责任较前代有所减轻。唐文宗太和三年（829 年），华州刺史宇文鼎、户部员外郎卢允中坐赃，文宗欲杀之，侍御史卢宏贞奏曰："鼎为近辅刺史，以赃污闻，死固恒典。但取受之首，罪在允中。监司之责，鼎当连坐。"卢侍御认为卢允中是贪污犯罪的首犯，作为监司的刺史宇文鼎不揭发卢的罪行，是失察，但罪不至死。文宗同意卢侍御史的意见，依律减罪三等惩罚宇文鼎。"诸监临主司知所部有犯法，不举劾者，减罪人罪三等。纠弹之官，减二等。"③ 纠弹之官，主要指御史，专司监察的御史因失察承担的责任较其他官吏为重。

唐代后期，为打击官吏经济方面的犯罪，对监察官失察的惩罚有加重的趋势，唐文宗大和七年（833 年）的一条诏令规定："御史台所置六察，分纠百司，比来因循，鲜能举职；起今以后，诸司如有身名伪滥、盗官钱及违法等事，他时发觉时，本察御史并当贬斥。"宋代恢复以与罪人连坐的方式惩治失察行为，宋真宗诏令："诸路官吏蠹政害民，转运使、提点刑狱官不觉察者坐之。"明代重要的监察法规《宪纲事类》对监察官失察的责任追究规定的更具体明确。"凡风宪任纪纲之重，为耳目之司。内外大小衙门官员但有不公不法等事，在内从监察御史，在外从按察司纠举。其纠举之事，须要明著年月，指陈实迹，明白具奏。若系机密重事，实封御前开拆，并不许虚文泛言。若挟私搜求细事及纠言不实者，抵罪。"④ "凡监察御史、按察司官巡历去处，但知有司等官守法奉公、廉能昭著者，随即举闻。若奸贪废事、蠹政害民者，即便拿问。其应请旨者，具实奏闻。若知善不举，见恶不拿，杖一百，发烟瘴地面安置。有赃者，从重论。"⑤

清代的《钦定台规》是历代监察立法史上的巅峰之作。对监察官在司法监察活动中的失

---

① 参见《史记·循吏列传》。
② 《晋书·刑法志》。
③ 《唐律疏议·斗讼》。
④ 《宪纲事类·宪纲·纠劾百司》，载《中国珍稀法律典籍集成》乙编，第二册。
⑤ 《宪纲事类·宪纲·巡按失职》，载《中国珍稀法律典籍集成》乙编，第二册。

察追究，视其特定情况而定，或罚俸、或降职、或抵罪，承担相应的责任，并要求监察官忠实履行职责，对贪酷不法的官吏，应直言不讳，弹奏不畏权贵，若御史失察，是祸国殃民。"傥知情蒙蔽，以祸国论。"监察官依附朋党，或为党争工具，利用其职权之便诬告打击他人，是失察的表现，以其诬告他人之罪罪之。"言官纠参，实指奸贪，是其职掌，若结党挟私，肆行陷害着，反坐。"① 监察官弹劾陈奏与事实不服，或无真凭实据，借口风闻言事者，亦是失察，应受降职调用的处分。康熙九年（1670 年）题准："言官列款纠参贪婪官吏，有一二事审实者，免议。若审问全虚，及条陈时间，隐含讥刺，或不据实回奏，或参官员老病衰庸涉虚者，皆降二级调用。"② 康熙十五年（1676 年）又议论准可："言官条陈讥刺及回奏不实或凡事不据实陈奏，或并无可据，称风闻具题者，降一级调用。"③ 监察官接受请托、受贿而为违法官吏隐瞒罪行，则是严重的失察，应受严厉惩罚。雍正二年（1724 年）上谕："外省督抚有怀私背法、逞威等事，给事中、御史等受其请托贿赂、瞻徇隐瞒，经朕于别处闻知，将都察院堂官一并议处。"④

二、失察追究机制

历代帝王为防止服务于皇权的耳目官失察，还需运用"潜御群臣"之术来监控监察官，以有效地追究失察责任。此种"术"即为互察机制。秦始皇建立统一的帝国之时，就采取互察措施，防范监察官渎职，故史载："始自秦世，不师圣道，私以御职，奸以待下；惧宰官之不修，立监牧以董之，畏督监之容曲，设司察以纠之；宰牧相累，监察相司，人怀异心，上下殊务。"⑤ 汉代中央设立御史府、司隶校尉、丞相司直三元监察系统，使之相互制约、相互纠劾违法失职行为。

唐代更注重互察机制。在监察系统内部，依故事"台中无长官"，御史之间可以相互弹劾，监察御史甚至可以无所顾忌地弹劾御史大夫。虽然御史台可以监察百官，自皇太子以下无所不纠，但御史台亦是行政机关的监督对象，"御史纠不当，则尚书左右丞劾其过失"⑥。尚书省可以监督御史弹劾百官不当之事。这一举措在很大程度上影响宋代的监察机制。宋神宗元丰五年（1082 年）六月下诏："尚书省得弹奏六察御史失职。"⑦ 作为中央监察机构的御史台，还需负责监督地方监司的活动，而监司的主要职责是负责监察地方刑狱。宋宁宗开禧元年（1205 年）规定诸路刑狱"委监司纠察，如监司不纠察或自为淹延者，从台谏论奏"⑧。宋徽宗时进一步规定："州县不尊奉者，监司按劾；监司推行不尽者，诸司互察之"⑨。宋朝的互察网络显得更加细密复杂。并且徽宗着重强调："诸路监司互相察举如法，或庇匿不举，

---

① 《钦定台规》卷十，《宪纲二·陈奏》。
② 《钦定台规》卷十，《宪纲二·陈奏》。
③ 《钦定台规》卷十，《宪纲二·陈奏》。
④ 《钦定台规》卷十，《宪纲二·陈奏》。
⑤ 《三国志》卷九，《魏书九·诸夏侯曹传》。
⑥ 《通典》卷二十二，《职官四》。
⑦ 《宋会要辑稿·职官》。
⑧ 《宋会要辑稿·刑法》。
⑨ 《宋史》卷二十，《徽宗二》。

以其罪罪之，仍令御史台弹劾以闻。朕当验实，重行黜责。"① 清代的互察机制在《钦定台规》里有所体现，顺治十七年（1660 年），"吏部覆准，科道互相就差，旧有此例，今应再行申饬"②。并进一步详细规定："都察院职掌纠察百司，辨明冤枉，及一应不公不法事。如本院堂官，及各道监察御史，有不公不法、旷废职事、贪淫暴横者，令互相纠举，毋得徇私容弊，其所纠举，并须明具实迹。奏请按问，有挟私妄奏者，抵罪。"③《钦定吏部则例》卷三也规定对官员失察的处罚条例："其因事受财劣迹未著，同城之知府失于查察，降一级留任，司道罚俸一年。其不同城在百里以内之知府罚俸一年，司道罚俸九个月。"

中国古代针对监察官的互察机制，在官僚政治正常运作的状态下，能够及时有效地追究监察官失察的责任，制约或防止监察官怠于行使或滥用监察权力。然而这种传统的官僚制度的运作面临种种障碍，"行政法规包括一系列对'失察'的处罚——对属下失职的失察会使自己受到行政处分。但是如果上司官员真的举报了失职的属下，则可能会引出一系列丑闻（包括牵扯到他对同僚的不实之词，即他也对他们负有'失察'的责任），从而导致更为不利的后果"④。

第六节　简评

中国古代的监察制度自战国秦汉一直延续到近代，在其长达两千余年存在、发展与演变的历史过程中，积累了十分丰富的经验和教训。司法监察作为监察制度的重要组成部分，其悠久的存在历史就可证明它的合理性与可取性，但利与弊总是相伴而生，中国古代的司法监察也是如此。就其制度本身的设计而言，是合乎理性的，也是可取的；然而制度的运作又带有很大的任意性与非理性的因素。制度的制定与制度的实际运作是有不同的，两者之间存在距离、矛盾，可以从两个方面来进行阐述：

一、司法监察的合理性与积极性

就司法监察具有合理性、积极性的一面而言：

1. 司法监察要求司法官公平合理地审理案件，防止冤狱，防止滥杀无辜，充分体现了"慎刑"与"恤刑"的思想。尽管"慎刑"与"恤刑"思想的出发点仍然是为了稳定封建主阶级的统治秩序，巩固其统治地位，但是，它在某种意义上和某种程度上体现了对生命的珍惜，也即是体现了对人的基本权利——生命权的重视。我们知道，生命权是人的基本权利中的最基础的内容，也是人之所以为人的一项重要权利。在漠视人权、草菅人命的黑暗世纪，这不能不是一束闪亮的火花，具有进步的意义。

2. 司法监察所体现的对于权力监控的理性精神，确实值得称道，体现出了我们民族祖先

---

① 《宋会要辑稿·职官》。
② 《钦定台规》卷十，《宪纲二·陈奏》。
③ 《钦定台规》卷十，《宪纲二·陈奏》。
④ ［美］孔飞力：《叫魂·1768 年中国妖术大恐慌》，262 页，上海，上海三联书店，1999。

的政治智慧和创造力。在专制主义的国家体制下，司法监察在某种程度上限制了权力的滥用。通过慎用刑法，安定民心，调节社会秩序，促进了经济和社会的发展。历史已经表明，凡是严刑峻法、轻德重罚的王朝，往往短命而亡，而"明德慎罚"、"德主刑辅"的朝代，则往往长治而久安。唐代的"贞观之治"，清代的"康乾盛世"就生动地说明了这点。

3. 司法监察有法可依、失察必究所体现的法治精神不但在司法理论上而且在司法实践上也颇有意义。中国历代封建王朝十分重视通过法律形式来规范监察机关的活动，历朝历代颁布了不少监察法规。汉武帝时制定刺史察吏六条，顾炎武称之为"百世不易之良法"，其中第三条即为刺史监察地方司法的依据。唐代监察法规已比较完备，监察官不仅以六条巡察州县，而且《唐六典》已用法典的形式规定御史弹劾违法官吏主要以《唐律疏议·职制》59 条律文为依据。唐以后各朝，监察法规种类众多，内容广泛，尤其是清代的监察法很有特色，《钦定台规》、《都察院则例》、《互察法》是历朝监察法的集大成者。在司法监察方面，详细规定监察官的职掌、权限范围、所应遵循的原则与程序，并且还规定监察官之间互相纠察，对失察、虚监的行为要承担责任。在封建的君主专制之下，尽管封建王朝的监察法规与实际的实施之间有很大的距离，但是，随着封建王朝监察法规的增多和严密，监察活动愈发规范化，对于提高监察效率和准确性，防止司法机关及监察机关自身超越权限而影响国家机器的正常运转，是起到了积极作用的。

二、司法监察的非理性与消极性

中国古代司法监察的非理性、消极性的一面也是很明显的。

由于中国古代的政治和地理环境的封闭，由于封建时代历史和阶级的局限，中国古代的司法监察表现出种种弊端，"最大的弊端便在于它是皇权的附属品，这是最根本的弊端"[1]。封建监察制度的一切弊端皆由此而生，封建司法监察的一切弊端也皆由此而生。

首先，由于封建皇帝集国家最高的立法权、司法权、行政权于一身，令从口出，"朕即国家"，国家一切法律制度的制定和废止，一切机构的设置与裁撤，一切官吏的任免与升降，一切政令的制定与实施，都在相当程度上受皇帝个人的意志所左右，封建的人治严重制约着司法监察效能的发挥。专制的君权相对于常规的监察权而言，是一种非常规的权力，君主个人的好恶、昏庸与英明等等，直接影响着法律的适用效果。遇明君，监察机关尚可成为"纠百官罪恶之司"，倘遇昏君，监察机关或则哑然"失语"，或包庇官邪，甚至助桀作恶，成为制造罪恶之司。同时，监察机关行使职权也需要皇帝的保护。御史纠举不法官吏，往往受到权贵的打击报复。唐睿宗时侍御史杨孚弹劾权贵反遭毁谤，唐睿宗因此感慨地说："鹰搏狡兔，须急救之，不尔反为所噬。御史绳奸慝亦然，若非人主保卫之，则亦为奸慝所噬矣。"[2]

其次，司法监察的另一弊端还在于监察机关职权过于混杂。中国封建时代的监察机关，自西汉末年至东汉初年的大变动后，即已获得初步的相对的独立地位。至魏晋，终于成为与行政、司法、军事各系统互不统属的完全独立的组织系统。但是，就其所掌职权来说，除了监察权之外，往往还兼有行政、司法方面的种种事权。在君权高炽之下，作为皇帝"耳目之

---

① 王晓天：《中国监察制度简史》，200 页，长沙，湖南人民出版社，1989。

② 《资治通鉴》卷二一〇。

臣"和亲近之臣的监察机关和监察官员，遇事随时差委，故其职权更加繁杂。在两汉，举凡典正法度、纠弹百官、受公卿奏事、草拟诏敕、考核功绩、察举人才、督军、掌图书秘籍、逐捕盗贼、讨大奸猾、治理大狱、辨明冤枉，乃至持书、纠仪、厩马、车驾、铸印、祭祀等杂务，不管是否是监察事项，监察机关均须理之。两汉之后，随着君主专制的不断发展，监察机关的职权也不断扩大，至宋代已呈恶性膨胀之势：在中央，监察机关的行政、司法权明显扩大，如御史台有权直接侦讯违法失职官吏，拘禁犯官等等；在地方，判官及监司都有掌管地方行政、司法之权。这种状况在宋以后历朝相沿，愈演愈烈，造成极为严重的后果：一方面，削弱了监察机关自身监察职能的发挥，监察机关既然以相当大的精力去参与本属于行政、司法部门的工作，其自身监察工作便不能不受影响；另一方面，监察机关监察职能与行政、司法职能的这种交错，混淆了监察主体与监察对象的区别，不是使监察者演变成了被监察者，就是在实际上导致了监察权的消失，因为自己是不可能对自己实施监察的。

第十六章

诉讼艺术

诉讼艺术在许多较为发达的法律文化中都有所表现，但在中国传统法律文化中表现得最为突出，发展得最为充分，实乃中国法律文化的一朵奇葩，可惜至今未引起人们足够的重视。随着社会制度的多次巨大变迁，面对高度科学化的西方强势法律文化的冲击，中国传统诉讼艺术赖以生存与发展的土壤在不断流失，诉讼艺术的发展正面临着种种时代困境与文化困境。诉讼艺术之花能否蓬勃开放在中国现代法治建设的枝干上？这不仅是我国诉讼艺术传统能否得到继承和发展的问题，也是关系到中国法治建设能否扎根于民族文化土壤、与广大民众的文化心理相契合的大问题，因而这也是值得更多学人深入思考与探索的重大课题。

第一节
诉讼艺术概述

一、艺术与诉讼艺术

所谓艺术，乃是"人类以情感和想象为特性的把握世界的一种特殊方式。即通过审美创造活动再现现实和表现情感理想，在想象中实现审美主体和审美客体的相互对象化"①。由于生动具体的形象和独特的创造性（独创性）是各种艺术形式的内在要求和根本特征，因而"艺术"一词常用来比喻具体可感的、富有创造性的方式、方法。如果个人的菜做得很好、很有特色，我们就说他的菜做得"很艺术"。无论是就"艺术"的本义还是在其比喻意义上，我们都可以说，独创性越强，艺术性就越高。而诉讼艺术（含审判艺术）就是指在各种诉讼实践活动中，诉讼的各方参与者（尤其是当事人和司法人员）创造性地运用法律处理社会纷

---

① 夏征农主编：《辞海》（1999 年版缩印本），674 页，上海，上海辞书出版社，2000。

争的方式和方法。①

人们通常把诉讼仅仅视为一门科学，或者是把诉讼艺术等同于诉讼技术或诉讼技巧。其实，"科学"乃是运用范畴、定理、定律和逻辑等思维形式反映现实世界各种现象的本质和规律的知识体系。科学的核心与本质要求是逻辑或理性，更准确地说，科学尽管也需要想象和创造，但科学本质上是理性的最高表现形态。感性与理性，乃是艺术与科学划江而治的两大领地。"技术"一词常常泛指根据生产实践经验和自然科学原理而发展成的各种工艺操作方法与能力。至于"技巧"，则是指较高的、熟练运用技术的能力，它常常带有一定的独创性。由于"技术"往往强调其工艺操作的"程序性"，是可以由不同的人在不同的时间和地点再现或重复的，因而与强调灵感和独创的、通常不可由其他人重复的"艺术"区别开来。而"技巧"是指具有较高的熟练运用技术的能力，并带有一定的独创性，因而可视为一种"艺术"。"大凡一门手艺，熟能生巧，妙悟于宇宙中的大道，技术就变成了艺术。如庄子所谓庖丁解牛或轮扁斫轮那样，就是生动的例子。"② 诉讼既是一门科学，又是一门艺术。诉讼科学是指作为诉讼行为规范的制度、创设和适用诉讼规范的技术以及对这些制度和技术予以理论省思和前瞻性探索的学理。诉讼艺术作为诉讼实践活动中人们创造性地运用法律处理相关法律问题的方式和方法，既不同于诉讼技术，也不等于诉讼技巧。诉讼技术属于诉讼科学的范畴，而诉讼技巧只是诉讼艺术的重要组成部分之一。

二、诉讼艺术的基本构成

在笔者看来，诉讼艺术大体上包括三大层级：诉讼技巧、诉讼策略和诉讼智慧。

诉讼技巧是诉讼艺术中的最低层级，也是最为人们所关注的对象。它指的是熟练掌握并灵活运用有关诉讼的理论、知识和技术进行诉讼或解决社会纠纷的能力。它旨在解决微观的、具有具体针对性的问题。在相对宽泛的意义上，诉讼技巧包括侦查技巧、狭义上的诉讼技巧、调解技巧和审判技巧等。

策略即计策谋略，一般是指具有一定宏观性、整体性和创造性的行动计划及应对方案。诉讼策略就是围绕某个特定的诉讼案件而制定的整体性、创造性行动计划和应对方案。在斯蒂文·鲁贝特看来，诉讼有如说书，诉讼的目的就在于通过允许当事人以各自的版本描述历史事实，来说服法官或者陪审团。"一个具有说服力的故事如果具有以下全部或者绝大多数特点，它就能确立积极性的案件：（1）故事中的人物有原因为其所为。（2）它描述了所有的已知或者未被否认的事实。（3）这个故事是由具有可信性的证人所讲述的。（4）该故事的细节能够得到证实。（5）它与常识相吻合，没有不合情理的成分。（6）从组织方式来看，它使得每个后续事实都显得越来越可能。但是，从另一方面来看，辩护律师常常必须讲述'相反的故事'，以抵消对方案件的上述各个方面。"因此，"在进行诉讼准备时，辩护人的任务就是构思和建构一个最可能被事实审判者所相信和采纳的真实故事——该故事仅由具有可采性的证据所组成，包含有控告或者辩护的所有要件。这是一个创造性的过程，因为关于事实很少有不存在争议的，或者只有一种解释方法的。为了完成这个过程，律师必须'设想'一系

① 关于诉讼艺术的概念和国内外研究现状，可参阅胡平仁：《诉讼艺术研究述评》，载《上海社会科学》，2007（4）。

② 邓少岭：《论法律的艺术之维》，载《政治与法律》，2005（2）。

列的场景，并对每个场景是否清晰、简明，是否具有可信性及其法律后果进行评估"①。鲁贝特所说的这些，其实就是当事人及其代理人（辩护人）的诉讼策略。当然，他只是从刑事辩护律师的角度来说的。但除了一些细节外，他所说的这些也同样适用于民事诉讼和行政诉讼。我们来看一个审判策略方面的例子：

> （清代）段光清宰鄞县，以廉明称。一日偶出，见众人环立某米肆门首，方哗辩，命二隶往，旋偕二人来，伏舆前，一乡人，一米肆主也。乡人供以父病来城延医，道经某米肆，足误践其雏鸡致毙，肆主索偿九百钱，囊中仅得钱二三百枚，不足以偿，因与争耳。段曰："鸡雏值几何，乃索偿九百乎？"乡人曰："肆主言，鸡雏虽小，厥种特异，饲之数月，重可九斤。以时值论，鸡一斤者，厥价百文，故索九百，小人无以难也。"段顾肆主曰："乡人言真乎？"肆主曰："真。"段笑曰："索偿之数不为过，汝行路不慎，毙人之鸡，复何言？应即遵赔。"乡人曰："吾非不遵，奈囊资不足耳。"段曰："汝可典衣以足之，再不足，本县为汝足之可也。"时环观者，啧啧詈县官殊愦愦，以一鸡雏断偿九百钱，乌有是理，然不敢诘也。乡人解衣付典，得钱三百，合囊资，凡得六百，段以三百补之，以付肆主，且笑语曰："汝真善营业哉，以一鸡雏而易钱九百，如此好手段，不虑不致富也。"肆主面有喜色，叩首称谢，携钱而起。
>
> 段忽令肆主回，则乡人亦随以至，乃皆跪舆前，段曰："汝之鸡虽饲数月而可得九斤，今则未尝饲至九斤也。谚有云：斗米斤鸡。饲鸡一斤者，例须米一斗，今汝鸡已毙，不复用饲，岂非省却米九斗乎？鸡毙得偿，而又省米，事太便宜，汝应以米九斗还乡人，方为两得其平也。"肆主语塞，乃遵判以米与乡人，乡人负米去。②

很显然，在上述"段光清判毙鸡案"中，鄞县县令段光清在得知案情后，为了避免米店老板无谓的争辩，有意采取了一种欲抑先扬的审判策略：让乡人如店老板所请赔偿九百钱。就在米店老板得钱起身而走的时候，段光清峰回路转，采取"以子之矛攻子之盾"的方式，根据米店老板所称索求九百钱的理由是自己的特种鸡"饲之数月，重可九斤"，段光清以谚语"斗米斤鸡"为据，雏鸡已毙，可以省却九斗米。乡人既然已经赔偿九百钱，那么省却的九斗米就应该归乡人才公平。面对这一判决，米店老板明知吃亏却有口难言。这显然是对贪占便宜、欺压良善的奸商的巧妙惩治，在不露声色中展示出司法的智慧。

"智慧是一种功能，它主宰我们为获得构成人类的一切科学和艺术所必需的训练。"③ 在西方，智慧据说是从缪斯（Muse）女诗神开始的。这意味着智慧很大程度上就是一种艺术，因为智慧往往与创造性紧密联系在一起。在很大程度上，诉讼技巧和诉讼策略都是诉讼智慧的体现，但笔者在这里以"诉讼智慧"来特指那些可以学习但不能模仿或重复的、出人意料而又合乎法律精神与情理地进行诉讼活动、解决社会纠纷的方式和方法。它属于最高层级的诉讼艺术。

> 汉慕容彦超为郓帅日，置库质钱。有奸民以伪银二铤，质钱十万，主吏久之乃觉。

---

① ［美］史蒂文·鲁贝特：《现代诉辩策略与技巧》，王进喜等译，13 页，北京，中国人民公安大学出版社，2005。

② 徐珂：《清稗类钞·讼狱类》，"段光清判毙鸡案"。

③ ［意］维柯：《新科学》，152 页，北京，外国文学出版社，1986。

彦超阴教主吏夜穴库墙，尽徙其金帛于他所，而以盗告。彦超即榜于市，使民自占所质以偿之。民皆争以所质物自言，已而得质伪银者，执之服罪。

这则"彦超虚盗"的侦破案例，收录于《折狱龟鉴》和《棠阴比事》中，《新五代史》也有记载，但情节有出入。慕容彦超为五代时后汉人，他在"虚盗"中所用的诈伪之术，是基于对案犯的一种心理认识，即：案犯既然能用假银质钱，当他知道假银在质库中被盗丢失之后，必定会来赎取真银。事情果然如慕容彦超之所预料，他的侦破获得了预期的效果。像这一类体现诉讼智慧的案例，一般来说都是可以借鉴但不能模仿的，否则容易为有经验的对手所识破，弄巧成拙。《折狱龟鉴》的编辑者郑克曾对此案评议道："彼有谲之不出者，何哉？或盗转而之他，或盗知其为谲也。是故用谲宜密而速，与兵法同矣。"

在上述诉讼艺术的三大形态中，诉讼技巧是基础，是可以习得的；诉讼策略是核心，因人而异，因案而异，可以借鉴而不能照搬；诉讼智慧是精髓，贵在出其不意，它能给人启迪，但不宜重复或克隆。

诉讼艺术作为法律艺术的一个重要方面，常常代表着法律艺术的最高成就。这是因为诉讼（狭义）与审判是人们围绕特定的利益纷争（或诉讼主张）和法律规范而展开的一种智力角逐，而法庭则是智慧角斗场。诉讼艺术的高低，很大程度上决定着讼争的成败，决定着审判质量的高低。这从上述各例中不难明白。其实，诉讼艺术不仅对于法官、当事人及其代理人或辩护人的诉讼活动具有不言而喻的意义或价值，而且它常常是推动法律发展的重要途径。英国曾经有过一种教士特惠（benefit of clergy）制度。教士特惠早先是英国法中神职人员在刑事诉讼程序中的特权。1164 年的克拉灵顿诏令规定，犯罪的神职人员先应接受教会法院的审判，然后再被送到王室法院接受惩罚。在中世纪，王室法院的判罪量刑比教会法院重得多，因此，犯罪者更愿接受教会法院的审判。1352 年后，这种特权开始及于一般人员（secular clerks）。这种过渡就是通过拟制实现的，犯罪者（犯叛逆罪者除外）虚构说自己是教士，要证明这一点，法庭准许他读出一首圣诗作为验证。如果他能读出，法庭便将其视作"教士"。这样，"教士特惠"的法律原则并未改变，但教士特权的事实却被改变了。这种协调法律与需要关系的智慧，正是一种推动法律变革的诉讼艺术。

第二节
中国传统诉讼艺术的演进

中国传统诉讼自从黄帝时代产生之日起，就带有浓重的艺术色彩。它历经先秦时期的奠基、秦汉魏晋时的初兴、隋唐宋元时的繁荣和明清时的成熟与衰落 4 个阶段，虽然在总体上表现为诉前攻防策略、诉权启动艺术、案情声辩艺术、诉讼推进策略、案情侦勘艺术、听讼断狱艺术和判词表达艺术七大基本形态，但在不同的时期却呈现出不同的侧重。

一、先秦诉讼艺术的奠基

先秦是我国诉讼制度的初创时期，也是我国诉讼艺术的奠基时期。特别是皋陶的司法理念和断案艺术，五声听讼的理论与实践，以及邓析对诉讼艺术的实践与传授，构成了这一时期诉讼艺术的主要表现形态，并对后来产生了深远的影响。

（一）皋陶的司法理念与断案艺术

有学者曾认为，中国"法"起源于诉讼审判。[①] 这一观点不一定符合史实，但根据现有的史书记载，我国早在黄帝时期的确就有了法和诉讼活动。例如《汉书·胡建传》有"黄帝李法"之语，苏林释"李"作"狱官名也"，孟康说《李法》是"兵事之法也"，颜师古则通合两说："李者，法官之号也，总主征伐刑戮之事也，故称其书曰《李法》。"[②] 可见，黄帝时期的《李法》乃是一部军法，狱官也是集征伐和审判两任于一身。同样的，黄帝时期也有了诉讼活动。根据《说文解字·廌部》的解释："灋，刑也；平之如水，从水；廌所以触不直者去之，从去。法，今文省。"又说："廌，解廌兽也，似山牛，一角；古者决狱，令触不直；象形，从豸省。"许慎接着写道："薦，兽之所食草，从鹿，从草。古者，神人以廌遗黄帝，黄帝曰：'何食？何处？'曰：'食薦。夏处水泽，冬处松柏。'"相传黄帝曾用这一能明辨是非曲直的神兽来决断疑狱。

皋陶作为尧舜时期的立法者兼首席法官，在我国历史上和人们的心目中乃是法律的化身，是"司法之圣"。据《尚书·大禹谟》记载，舜帝曾这样夸赞皋陶："汝作士，明于五刑，以弼五教，期于予治。刑期于无刑，民协于中，时乃功，懋哉！"皋陶的回答是："帝德罔愆，临下以简，御众以宽。罚弗及嗣，赏延于世。宥过无大，刑故无小。罪疑惟轻，功疑惟重。与其杀不辜，宁失不经。好生之德，洽于民心，兹用不犯于有司。"这段话是皋陶长期司法经验的结晶，比较全面地概括了他以刑罚引导民众向善的司法理念和断案艺术。具体而言，主要有如下几个方面：

一是"罚弗及嗣，赏延于世"。意思是刑罚不株连到行为者的家人、子嗣，而赏赐则可以延续至后代，惠及子孙。虽然后人并没有时时严格地遵循皋陶的这一司法理念，曾出现过"族株"和"连坐"等罪名，但总的来看，"罚弗及嗣，赏延于世"经常在指导或校正着人们的司法行为，甚至出现过"罪治五六"的恤刑慎罚思想。[③]

二是"宥过无大，刑故无小"。皋陶认为，如果是由于过失而给他人造成损害，即使损害比较严重，也是可以宽恕的；相反，假如是故意伤害他人，即使是轻微的后果也要严惩。这一思想不仅成为汉代董仲舒等人"春秋决狱"中"原心定罪"的主观归罪原则的先导，而且比"原心定罪"的思想更为准确、适当，甚至它与今天刑法中的犯罪动机理论也非常相近。

三是"罪疑惟轻，功疑惟重"。意即如果一个人的犯罪事实不是很清楚，就宁可从轻发落；如果一个人的功劳有可疑之处，则宁可相信功劳是真的，给予重赏。这一观念虽然与今

---

① 参见徐忠明：《从"法"看中国司法的兴起及理念》，载《中山大学学报》（社会科学版），2005（4）。

② 《汉书》卷六十七，《胡建传》。

③ 如清末魏息园《不用刑审判书》收录的最后一案："阿文成公未贵时，其父阿文勤公方燕居。文成侍立，文勤仰而若有思。忽顾文成曰：'朝廷一旦用汝为刑官，治狱宜何如？'文成谢未习。公曰：'固也，姑言其意。'文成曰：'行法必当其罪，罪一分，与一分法；罪十分，与十分法。无使轻重。'公大怒，骂曰：'是子将败吾家，是当死，遽索杖。'文成惶恐，叩头谢曰：'惟大人教，诚之不敢忘。'公曰：'噫！如汝言，天下无全人矣。夫罪十分，治之五六，已不能堪，而可尽耶？且一分之罪，尚可问耶？'后文成长刑部，屡为诸曹述之。簪缨累世，良有以也。"

天的"疑罪从无"思想有一定的距离，但在几千年前已有这样的司法理念，的确难能可贵。

四是"与其杀不辜，宁失不经"。皋陶认为，为了不冤枉无辜，宁愿放过可疑而难以查实的重罪之人。这一理念或原则比"罪疑惟轻"更进一步，甚至与今天的"疑罪从无"思想也没有什么差别。

皋陶的上述司法理念都是他长期司法经验的总结，它们开启了我国延续几千年的"慎刑"思想，并为我国古代诉讼艺术奠定了一个坚实的理论基础和广阔的活动空间，而且它们本身就包含着非常微妙的司法心理与司法艺术。皋陶在长期的司法实践中已经认识到，如果司法活动中始终贯彻这种宽和、慎刑的精神，就会获得民心，人民也会因为感激而积极向善，不再触犯刑律。此所谓"好生之德，洽于民心，兹用不犯于有司"。

（二）五声听讼艺术的形成

早在西周奴隶制时代，我国古代就已形成了"五声听讼"的制度。《周礼·秋官·司寇》载："以五声听狱讼，求民情：一曰辞听（观其出言，不直则烦）；二曰色听（观其颜色，不直则赧然）；三曰气听（观其气息，不直则喘）；四曰耳听（观其听聆，不直则惑）；五曰目听（观其眸子，不直则目眊然）。"

我们之所以说"五声听讼"方法是一种艺术，就在于它是直接在现实审判经验的基础上总结、提炼和升华而来的，并且必须依托于听讼主体丰富的心理知识、社会阅历和审判经验，根据案情和当事人的具体情况灵活地加以运用。且看"子产闻哭识奸"：

> （春秋）郑子产晨出，过东匠之间，闻妇人之哭，抚其御之手而听之。有间，遣吏执而问之，则手绞其夫者也。异日，其御问曰："夫子何以知之？"子产曰："其声惧。凡人于其亲爱也，始病而忧，临死而惧，已死而哀。今哭已死，不哀而惧，是以知其有奸也。"[1]

在一般情况下，正常人对其亲人所表现出来的心理状态，应当是有病则忧，临死则惧，既死则哀。"惧而不哀"的哭声所表现出的是恐惧心理而非悲哀感情，因此值得怀疑。在本案中，子产如果没有相应的心理知识和社会阅历，没有对哭声的职业敏感，就不可能破获该案的真相。

从现存的资料来看，先秦时期有关"五声听讼"艺术的理论和案例虽然还很有限，但对后代的影响却极为深远。可以说，它们很大程度上奠定了我国传统诉讼艺术的基础，并确定了其后诉讼艺术的大致走向。

（三）邓析对诉讼艺术的传授

邓析（前545—前501）是我国历史上第一个专门从事法律教育的人，也是中国律师的鼻祖。他聚众讲学，传授法律知识，并帮助民众进行诉讼。《吕氏春秋·审应览第六·离谓》有云：邓析"与民之有狱者约：大狱一衣，小狱襦袴。民之献衣襦袴而学讼者，不可胜数"。这说明邓析的法律教育非常兴盛，门庭若市。其教学内容主要偏重于诉讼策略和诉讼技巧等诉讼艺术："邓析操两可之说，设无穷之词。"[2]"以非为是，以是为非，是非无度，而可与不

---

① 《韩非子·难三》。

② 《列子·力命篇》。

可日变。所欲胜因胜，所欲罪因罪。"①

邓析还把他所掌握的诉讼策略和诉讼技巧运用于现实生活和诉讼实务当中。"郑国多相县（悬挂）以书者，子产令无县书，邓析致（平放在地上）之。子产令无致书，邓析倚（斜靠在地上）之。令无穷，则邓析应之亦无穷矣。"② 在本案中，邓析充分利用汉语一词多义的特点，跟郑国执政子产玩起了文字游戏：令无悬书，我就把书平放；令无致书，我就把书斜倚。这不仅说明邓析善于应对，而且表明邓析并没有违背法令，它只不过是利用法令规定不周详的事实，而钻了法律的空子。"洧水甚大，郑之富人有溺者，人得其死者。富人请赎之，其人求金甚多，以告邓析。邓析曰：'安之。人必莫之卖矣。'得死者患之，以告邓析，邓析又答之曰：'安之。此必无所更买矣。'"③ 一般来说，一个人是很难同时满足对立双方的对立请求的，但在这个案例中，邓析分别利用得尸者贪求赎金的心理和"莫之卖"的事实，以及死者家人（富人）求尸心切而又"莫之买"的状况，居然能够理直气壮地"吃了原告吃被告"！

总之，先秦诉讼艺术初步奠定了我国传统诉讼艺术的基础，特别是皋陶重德慎刑的司法理念与实践，以及该时期所提出的"五声听讼"方法，为传统诉讼艺术奠定了一个总的基调，其后历代的诉讼制度和诉讼艺术基本上都是在这一基础上展开的。而邓析的诉讼实践以及当时官方的态度则从正反两个方面深刻地影响了其后数千年的法律制度和诉讼艺术。

二、秦汉魏晋诉讼艺术的初兴

秦汉魏晋时期，是我国传统诉讼艺术的初兴期。该时期的诉讼艺术既是在先秦的基础上展开的，但又有较大的发展。特别是秦代的勘验与审讯艺术呈现出历史上第一次高潮，汉魏时期的春秋决狱和决事比为中国传统诉讼艺术开拓了广阔的艺术空间，而当事人及第三方的有关声辩在艺术性方面更是在邓析的基础上有了广泛而深入的发展。

（一）勘验与审讯艺术的初潮

众所周知，法家"缘法而治"的基本主张最早由商鞅在秦国付诸实施。此后，秦几代君主均沿袭不改，"治道运行，诸产得宜，皆有法式"④。可惜秦的有关法律资料大多已荡然无存。1975 年年底在湖北省云梦县睡虎地发掘出土的 1 155 支秦墓竹简，内容大部分是商鞅之后到秦始皇统一六国期间秦国和秦朝的法律及文书。根据这些珍贵的第一手资料及其他现有史料，我们得以窥知秦代诉讼艺术的只鳞片羽，感受到秦代勘验与审讯艺术在我国传统诉讼艺术史上的第一次高潮。

秦代的司法机关受理案件后，一方面通知被告人所在基层组织的里典，令其将被告人的姓名、身份、籍贯、有无前科、判过何种刑以及赦免与否等问题，写成书面报告供调查之用；另一方面派县丞等前往发案地点，进行现场勘察与检验，收集证据。勘验结果要作出详细笔录，成为"爰书"。秦重勘验，从而推动了法医检验技术和司法鉴定技术的发展与提高。

---

① 《吕氏春秋·审应览第六·离谓》。

② 《吕氏春秋·审应览第六·离谓》。

③ 《吕氏春秋·审应览第六·离谓》。

④ 《史记·秦始皇本纪》。

如《封诊式》中保存的"贼死"、"经死"、"穴盗"和"出子"4 份法律文件，是迄今发现的最早的刑事勘验记录。其中"贼死"（凶杀）一案现场勘验"爰书"中，详细记录了发案现场的地点、方位，受害人的位置、衣着、鞋履、年龄、性别、肤色、身长、发式、特征，尸体刀伤的部位、深度、长度、流血状况，对尸体的临时处置情况，以及呈送的物证、讯问证人的有关内容等。"经死"（缢死）一案的现场勘验"爰书"详细地记录了缢死的处所、位置，绳索的治疗、粗细、长短，尸体各部位的状态等。还特别强调了检验时如何区别自缢与缢杀。而"出子"（流产）一案详细记录了司法官吏如何讯问和检验怀孕六个月的妇女因打斗而流产的经过，通过以凝血置入盆水中摇荡，使其表面淤血溶化，从而确定了被检验对象确系胎儿这一事实，并通过母体检验，确定了胎儿与母体的关系。由此可以看出，秦朝的现场勘验和法医鉴定已达到相当高的科学与艺术水平。

在诉讼证据方面，秦朝主要有：当事人的口供（包括原告的陈述和被告的供认）、证人证言、物证（如盗案要有赃物、群盗要有武器、自杀与他杀要验尸、伤害人畜要验伤、私铸钱币要验钱范）。由于口供，特别是被告的供认是法官办案的最主要依据，因而成为秦代法庭审讯的中心。当时的统治者已经认识到，不使用刑讯所得到的口供较为可靠，因而对刑讯持审慎的态度："治狱，能以书从迹其言，毋治（笞）谅（掠）而得人请（情）为上；治（笞）谅（掠）为下；有恐为败。""凡讯狱，必先尽听其言而书之，各展其辞，虽智（知）其池（欺骗），毋庸辄诘。其辞已尽书而毋（无）解，乃以诘者诘之。诘之有（又）尽听书其解辞，有（又）视其他毋（无）解者以复诘之。诘之极而数池，更言不服，其律当治（笞）谅（掠）者，乃治（笞）谅（掠）。治（笞）谅（掠）之必书曰：爰书：以某数更言，毋（无）解辞，治（笞）讯某。"[1] 后面这段话比较完整地记载了当时治狱获取口供的基本步骤和技巧：首先让当事人完整地供述，并如实记录下来，即使知道其有不实的供述，也不要诘问。因为这既可以避免打断其思路，也可以避免因转移话题而有意无意地遮蔽事实。在供述暂告一段落后，审讯人员再就前面供述中的疑问或不实之处进一步诘问，当事人再次供述时依然不要插话或提问。供述完毕后再就可以或不实之处进行诘问。对于一再有意欺骗的当事人，才可以进行刑讯，而且必须在"爰书"中注明。这段话体现了严格的法律要求和很高的庭审艺术，不仅后来直接体现在了《唐律疏议·断狱》中，而且即使在今天，还依然有着极为重要的指导意义。

（二）春秋决狱的艺术之维

所谓"春秋决狱"，又称"引经决狱"、"经义断狱"，是西汉武帝时期董仲舒等人提倡的以"原心定罪"为指导思想，用儒家经典，特别是《春秋》的精神解释案情和适用法律的一种断狱方式。

从诉讼艺术的角度说，"春秋决狱"表现出非常广阔的艺术空间和表演舞台。

其一，从法律的角度看，"春秋决狱"之所以盛行，是为了协调依秦律而制定的汉律与儒家精神之间的冲突。汉高祖初入关中，与民约法三章，其余尽废秦朝苛法。但随着汉王朝的建立，三章之法毕竟过于简单，不便于治理天下。于是由相国萧何"攈摭秦法，取其宜于

---

[1]　《睡虎地秦墓竹简·封诊式》。

时者，作律九章"①。《九章律》是汉代最重要的法典，为汉律之核心，并奠定了"汉承秦制"的基调。但从汉武帝始，儒家的德主刑辅思想成为国家的政治法律指导思想，因依秦律而制定的汉律与儒家精神存在诸多冲突，故以董仲舒为始，"春秋决狱"逐步形成风气。司法官以经义为依据判决，被告及其亲友也以经义进行辩护。从历史发展的逻辑看，"春秋决狱"的实质是引礼入律，它直接为唐律的礼法合一铺平了道路，奠定了坚实的基础。

其二，"春秋决狱"也是为了协调成文法与现实生活之间的紧张关系。经过文景二帝的刑制改革，延续了两千多年的肉刑被废除，但汉律依然较为繁苛。加上文景之治所带来的政治、经济和文化的相对繁荣，使人们得以从不同的层面对汉律予以反省，对儒家的德主刑辅思想有了更多的认同，轻刑的社会要求更为强烈。更为重要的是，"春秋决狱"用来作为审案依据的儒家经典主要是《诗》、《书》、《易》、《礼》、《春秋》五部经书。"五经"特别是《春秋》的基本特点是"微言大义"，文字简约而隐晦，以之为断案依据，就给司法官留下了巨大的解释与适用的回旋空间。这种回旋空间，可以有效协调成文法与现实生活之间的紧张关系，同时也是诉讼艺术生长的必备条件。如《太平御览》卷六四〇《刑法部六·决狱》载："甲夫乙将船，会海风盛，船没溺流死亡，不得葬。四月，甲母丙即嫁甲，欲皆何论。或曰甲夫死未葬，法无许嫁，以私为人妻，当弃市。议曰：臣愚以为春秋之义，言夫人归于齐，言夫死无男，有更嫁之道也。妇人无专制擅恣之行，听从为顺，嫁之者归也，甲又尊者所嫁，无淫行之心，非私为人妻也。明于决事，皆无罪名，不当坐。"按汉律的规定，妻子在丈夫死后未安葬之前就擅自改嫁的，要被处以死刑。但这个案子也有其特殊性，即该妇人的丈夫是淹死在大海的，尸体都无法寻找，那么无论过多久都无法安葬。而且该妇人改嫁又是奉其母之命，若机械地适用汉律的规定而将该妇人处死，确实冤枉，有悖常理，故该案也被作为疑难案件送请董仲舒处理。董仲舒从《春秋》中找到儒家的精神：夫死无男，有更嫁之道。何况甲又遵命而嫁，无淫行之心，非私为人妻。最后判决：皆不当坐罪。

其三，"春秋决狱"的基本精神是"原心定罪"，即强调根据犯罪动机、目的、心态等主观方面的因素来定罪和量刑。董仲舒说："《春秋》之听狱也，必本其事而原其志。志邪者不待成，首恶者罪特重，本直者其论轻。"②《盐铁论·刑德》载："《春秋》之治狱，论心定罪。志善而违于法者免，志恶而合于法者诛。"这种"原心定罪"的做法比传统法家"一断于法"的严格法治主义和客观归罪原则更能适应复杂多样的人情和事理，也就更能适应具体案件的实际情况。如《太平御览》卷六四〇《刑法部六·决狱》载："甲父乙与丙争言相斗，丙以佩刀刺乙，甲即以杖击丙，误伤乙，甲当何论？或曰殴父也，当枭首。论曰：臣愚以父子至亲也，闻其斗，莫不有怵怅之心，扶杖而救之，非所以欲诟父也。春秋之义，许止父病，进药于其父而卒，君子原心，赦而不诛。甲非律所谓殴父，不当坐。"儿子殴父，按汉律当枭首。但在该例中，儿子原本是为了救助与人殴斗的父亲，只因仓促间误伤己父，按律枭首显然背离情理。董仲舒因此引经决狱，原心而断"不当坐"。

其四，"春秋决狱"的基本做法是，有律令可依之罪可由经义改之，律令无条的犯罪，更须以经义决断。但实际上春秋经义主要是用来创造性地决断律令无条的疑难案件。如：

---

① 《汉书·刑法志》。
② 《春秋繁露·精华》。

"甲有子乙以乞（给）丙，乙后长大，而丙所成育。甲因酒色谓乙曰：汝是吾子，乙怒杖甲二十。甲以乙本是其子，不胜其忿，自告县官。仲舒断之曰：甲能生乙，不能长育，以乞丙，于义已绝矣。虽杖甲，不应坐。"① 在本案中，儿子殴打父亲，按汉律当枭首，即处死刑。所以父亲一告便被司法机关受理。但该案有点特殊，因为案中的父子已非一般的父子关系，父亲生儿不育，儿子被送养，生父对儿子没有养育之恩。而且被送养的儿子也确实不知道甲是自己的生父，在以为甲戏弄自己的情况下殴打了生父。对此，如果机械地适用汉律的规定将儿子处死，确实有乖人情。该案被作为疑难案件送请董仲舒处理。董仲舒认为甲未养育其子乙，于义已绝，已不存在父子关系，甲不当坐罪。这实际上是对儒家宗法伦理规范的修正或补充，说明"春秋决狱"并不只是机械地套用儒家经义来断案决狱，而是根据社会正义和实际案情的需要创造性地司法。这是非常难能可贵的。

从上述情形来看，"春秋决狱"可以说颇有积极意义，其创造性司法所取得的艺术成就也是巨大的。但由于其"原心定罪"的原则过于偏重行为人的主观动机、目的和心态，加上后期群说混杂，官吏不知所措，造成贪官奸吏以此为借口，任意出入人罪，名称教化，实则害民。这也是"春秋决狱"在后世遭人诟病的主要原因。但我们不能因此而否定"春秋决狱"从客观归罪向主客观归罪过渡的历史贡献，特别是它在中国传统诉讼艺术史上的特殊地位。

（三）决事比中的司法艺术

汉代（甚至魏晋）法律的表现形式有律、令、科、比四种。历来学者多认为汉魏晋时期的"比"就是"比附"，即法律类推。② 但也有学者通过对大量文献史料中"比"的运用情况进行分析后认为，"比"不是比附而是"例"，即在各方面有普遍约束力的成例，其中经过汇编的某些比是具有法律约束力的判例。③ 笔者认为这一说法更有道理。其实，《礼记·王制》郑玄注已说得很明白："已行故事曰比。"战国秦称"廷行事"，汉代又称"决事比"，宋以后称为"例"。由于"比"为司法官员提供范例，可以补充成文法之不足，因而被广泛适用。汉武帝时，司法官断狱大量用"比"，仅"死罪决事比"就有"万三千四百七十二事"，另有"辞讼比"、"春秋决事比"、"不坐之比"等。东汉时，"比"的数量又有增长。

上述"春秋决狱"实际上也是决事比中的一种，它主要是援引儒家经义或成例来断案决狱。这里我们来看两则为后人创造新例的案例，"桥玄杀质"与"韩浩绝凶"：

> 桥玄字公祖，梁国睢阳人也……成帝时为大鸿胪……玄少子十岁，独游门次，卒有三人持杖劫执之，入舍登楼，就玄求货，玄不与。有顷，司隶校尉阳球率河南尹、洛阳令围守玄家。球等恐并杀其子，未欲迫之。玄瞋目呼曰："奸人无状，玄岂以一子之命而纵国贼乎！"促令兵进。于是攻之，玄子亦死。玄乃诣阙谢罪，乞下天下："凡有劫质，皆并杀之，不得赎以财宝，开张奸路。"诏书下其章。初自安帝以后，法禁稍驰，

---

① 《九朝律考》卷一，《汉律考七·春秋决狱考》。
② 如陈顾远：《中国法制史》，130 页，上海，商务印书馆，1935；戴炎辉：《中国法制史》，11 版，3 页，台北，三民书局，1998；张晋藩主编：《中国法制史》，111 页。
③ 参见吕丽、王侃：《汉魏晋"比"辨析》，载《法学研究》，2000（4）。

京师劫质，不避豪贵，自是遂绝。①

　　夏侯惇字元让，沛国谯人，夏侯婴之后也……太祖征陶谦，留惇守濮阳。张邈叛迎吕布，太祖家在鄄城，惇轻军往赴，适与布会，交战。布退还，遂入濮阳，袭得惇军辎重。遣将伪降，共执持惇，责以宝货，惇军中震恐。惇将韩浩乃勒兵屯惇营门，召军吏诸将，皆案甲当部不得动，诸营乃定。遂诣惇所，叱持质者曰：“汝等凶逆，乃敢执劫大将军，复欲望生邪！且吾受命讨贼，宁能以一将军之故，而纵汝乎？”因涕泣谓惇曰："当奈国法何！"促召兵击持质者。持质者惶遽叩头，言"我但欲乞资用去耳"！浩数责，皆斩之。惇既免，太祖闻之，谓浩曰："卿此可为万世法。"乃著令，自今以后有持质者，皆当并击，勿顾质。由是劫质者遂绝。②

　　这两个案例都表达了一个很有意思但又很容易引发争议的主题：弃质绝凶。所不同的是，乔玄舍弃的人质是自己的儿子，韩浩舍弃的是自己的上司。可以说，乔玄和韩浩作出这样的选择，都要忍受巨大的痛苦或责难。但他们都很清楚劫持人质者的意图和心态，同时也为了不让类似的事情再次发生，他们都选择了"弃质绝凶"的策略，显示出非同一般的胆识和魄力。事实证明，这样的抉择是正确的。他们也由此创建了可能是我国古代所独有的反劫持人质的成例。

　　由于用"比"断狱既方便又灵活，为司法官广泛采用，一些奸吏因缘为市，结果"所欲活则傅生议，所欲陷则予死比"③，在一定程度上加剧了司法黑暗。

（四）声辩艺术的初步崛起

　　在权力本位、高度专制的中国古代社会，没有、也不可能有现代意义上的代理制度和辩护制度。但这并不意味着诉讼当事人的合法权利就得不到任何保障，也不意味着只有单纯依靠"青天大老爷"的"为民做主"，相反，当事人和第三者依然享有着不同程度的为自己或他人进行声辩的权利。从现有资料看，至少从两汉魏晋时期起，当事人和第三者的声辩权利与声辩艺术就已经成为一种颇引人注目的现象了。

　　尽管我们今天很难看到汉魏六朝普通民众在基层司法机关中的诉讼与声辩的直接资料，但在中央一级司法机关中的相关记载还是比较多的。清代严可均（1762—1843）的《全上古三代秦汉三国六朝文》中，就辑录有不少各种案件的当事人在中央司法官员和最高统治者面前所作的"自讼"（自我声辩）以及相关人员的"他讼"。我们且以"孔僖婉辩"为例略作分析。后汉孔僖、孙骍读书时品评历史，结果被人诬陷为"诽谤先帝，刺讥当世"而即将被捕。为免杀头之祸，孔僖便上书肃宗自讼：

　　臣之愚意，以为凡言诽谤者，谓实无此事而虚加诬之也。至如孝武皇帝，政之美恶，显在汉史，坦如日月。是为直说书传实事，非虚谤也。夫帝者为善，则天下之善咸归焉；其不善，则天下之恶亦萃焉。斯皆有以致之，故不可以诛于人也。且陛下即位以来，政教未过，而德泽有加，天下所具也，臣等独何讥刺哉？假使所非实是，则固应恢

---

①　《后汉书》卷八十一，《桥玄传》。
②　（晋）陈寿：《三国志·魏书九·夏侯惇传》。
③　《汉书·刑法志》。

改；傥其不当，亦宜含容，又何罪焉？陛下不推原大数，深自为计，徒肆私忿，以快其意。臣等受戮，死即死耳，顾天下之人，必回视易虑，以此事窥陛下心。自今以后，苟见不可之事，终莫复言者矣。臣之所以不爱其死，犹敢极言者，诚为陛下深惜此大业。陛下若不自惜，则臣何赖焉？齐桓公亲扬其先君之恶，以唱管仲，然后髃臣得尽其心。今陛下乃欲以十世之武帝，远讳实事，岂不与桓公异哉？臣恐有司卒然见构，衔恨蒙枉，不得自叙，使后世论者，擅以陛下有所方比，宁可复使子孙追掩之乎？谨诣阙伏待重诛。①

孔僖的自我声辩先从正名入手：诽谤是"实无此事而虚加诬之"，直说书传实事并非诽谤；接着给肃宗戴上一顶高帽："政教未过，而德泽有加"，然后词锋一转，"假使所非实是，则固应悛改；傥其不当，亦宜含容，又何罪焉？"正、反两面全部堵上，让肃宗无话可说。这样还不够，孔僖居然进而批评皇上"不推原大数……徒肆私忿"！当然，这种"不爱其死"的批评是为皇上设身处地着想的：天下之人将"以此事窥陛下心"，不再言说"不可之事"。继而辅之以"齐桓公亲扬其先君之恶，以唱管仲，然后髃臣得尽其心"的史实，并再次敲打肃宗不要因我等"衔恨蒙枉"而"使后世论者，擅以陛下有所方比"。此案的结局是意想不到的好："帝始亦无罪僖等意，及书奏，立诏勿问，拜僖兰台令史。"这样的结局，当然要归功于肃宗的豁达大度、从谏如流，但孔僖非同一般的"自讼"（自我声辩）艺术无疑也起了至关重要的作用。

除了当事人或其近亲属的声辩外，与案情无利害关系的第三人基于法律公平和社会正义等目的为当事人所作的声辩，也是两汉魏晋时期声辩艺术的一道亮丽的风景线。在中国古代专制的政治体制和纠问式的诉讼程序模式下，这种第三人的声辩艺术往往是"拯救斯民于水火"的主渠道，很多时候甚至是唯一通道！当然，它通常也只有在"九卿会审"或"御驾亲鞫"的场合才有可能出现并发挥作用。

声辩艺术为何会在两汉魏晋时期崛起？为了走出秦王朝二世而亡的阴影，汉朝统治集团一直在探索新的政权和治理模式，中央集权有所松动。社会经济的发展也带来了种种新的问题，需要采取新的方式来解决，如引礼入律等等。这些都在一定程度上活跃了人们的思维。魏晋六朝频繁的政治变动，特别是多个政权的并存，以及佛教等外来文化的大量输入，更是给了人们的思维与生活以较大的自由空间。事实上，不少学者都一致认为，魏晋六朝时期乃是继春秋战国之后古代中国的又一个也是最后一个思想解放、百家争鸣的时期。这些体现在法律上，就是权利意识的初步觉醒（最典型的是关于肉刑存废的争论），诉讼当事人及相关第三人声辩艺术的崛起。

三、隋唐宋元诉讼艺术的繁荣

隋唐宋元时期，尤其是唐宋，乃是我国传统诉讼艺术的繁荣发展时期。但从目前所能见到的资料看，该时期的诉讼艺术发展并不平衡。就时代而言，两宋的诉讼艺术成就奇峰耸立，其他各代则如群山拱卫；以形态而论，该时期引人注目的是当事人诉讼艺术的操练、勘验艺术的高峰、判词艺术的兴盛和判案艺术实例的收集、汇编，其他方面则相对逊色。

---

① 详见《后汉书》卷七十九（上），《儒林列传·孔僖》。

(一) 诉讼艺术的操练

北宋以前，有关当事人诉权启动与诉讼推进艺术方面的实例如今难觅踪迹，甚至间接资料也极为罕见。但两宋的相关记载却频频见诸士大夫们编写的文集、方志、小说笔记甚至官方典籍。北宋中叶，江西已经有讼学存在了。"世传江西人好讼，有一书名《邓思贤》，皆讼牒法也。其始则教以侮文；侮文不可得，则欺诬以取之；欺诬不可得，则求其罪劫之。盖思贤，人名也，人传其术，遂以之名书。村校中往往以授生徒。"① 南宋桂万荣担任江西余干县令时也发现民间讼学之风很盛，在学习《邓思贤》的同时，又出现了新的讼学教材《公理杂词》，"今吉、绮等府书肆有刊行《公理杂词》，民童时市而诵之"②。因其每句四字写成，读起来朗朗上口，故又称《四言杂字》。宋末元初人周密（1232—1308）记载："江西人好讼，是以有'簪笔'之讥。往往有开讼学以教人者，如金科之法，出甲乙对答及哗讦之语，盖专门于此。从之者常数百人，此亦可怪。又闻括（浙江处州）之松阳有所谓业嘴社者，亦专以辩捷给利口为能，如昔日张槐应，亦社中之净净者焉。"③ 由此可见，在江西、浙江一带的民间，都有专门从事教授讼学及传授辩捷的人和社团组织。

宋代民间业嘴社的出现和讼牒法之书的刊行印卖，对普及辞讼知识、百姓学讼提供了方便条件，同时也使讼学专业化、理论化、程式化，它表明宋代的诉讼策略和诉讼技巧等诉讼艺术不仅已引起社会（至少是江南）的广泛重视，而且已发展到了一个高级阶段。

随着讼学的兴起，在江南民间出现了专以指点词讼和替人辩理为业的讼师，官府称其为"健讼之人"。其中既有"专以教唆词讼，把持公事为业"的讼师，也有以嚣讼射利的土豪恶棍。这些以替人辩理为业的讼师，既懂法律知识，又熟悉词讼业务，对官吏的枉法曲断，起到了一定的制约作用。也正因为如此，官府视讼师如猛兽，在案件的处理中，不少官吏首先就把矛头对准代讼人。如《名公书判清明集》卷十二、卷十三中就有不少篇章针对"教唆词讼"者。胡太初在《听讼》中也说，对"专以教唆词讼，把持公事为业"的人，"若有犯到官，定行勘杖，刺环押出县界，必惩无赦"④。

(二) 勘验艺术的高峰

我国的法医检验具有独特的风格，并且源远流长。《礼记·月令》就有"命理（治狱官）瞻伤、察创、视折、审断、决狱讼，必端平"的记载。1975 年，在湖北云梦睡虎地十一号墓中，发掘得大批秦简，其中有一卷"治狱案例"是记载法医检验的珍贵资料。这项重要发现，证实我国在战国和秦代不仅已确立有法医检验制度，而且其法医检验技术和艺术已达到相当的成就。唐宋已建立了严密的法典，对法医检验已提出明确的要求，这就促使人们在工作中积累经验，从而促进了法医学的成熟。其标志就是 1247 年宋慈《洗冤集录》的问世。这部著作可称为世界上第一部法医学专著，比意大利人图纳图·菲德利 1602 年写出的西方最早的法医学著作《医生的报告》早了整整 355 年。

---

① （北宋）沈括：《梦溪笔谈》卷二十五，《杂志二》。
② 桂万荣：《棠阴比事原编·虞校邓贤》。
③ 周密：《癸辛杂识·续集上》"讼学业嘴社"，载《宋元笔记小说大观》，第 6 册，5800 页，上海，上海古籍出版社，2001。
④ 胡太初：《昼帘绪论》，听讼篇。

《洗冤集录》除了载有宋代关于检验尸伤的法令外，在法医学和司法勘验艺术领域有着重大的贡献。举其要者有：（1）搜罗和总结出了一整套比较合理的验尸方法和注意事项，具有相当的医学水平和艺术技巧，是本书中最精彩部分。如采用明油雨伞罩骨，迎着阳光，隔伞验看骨伤（卷二），这是最原始的紫外线照射检验法。（2）对"尸斑"和尸体腐败等主要的尸体现象，已经有了较为明确的认识和丰富的经验。《洗冤集录》中称："凡死人，项后、背上、两肋后、腰腿内、两臂上、两腿后、两腿肚子上下有微赤色。验是本人身死后，一向仰卧停泊，血脉坠下致有此微赤色，即不是别致他故身死。"这里所称"血坠"，即是现代法医学中的"尸斑"。（3）提出了自缢、勒死、溺死、外物压塞口鼻死四种机械性窒息的特征及辨识技巧。（4）明确区分"手足他物伤"（钝器伤）与"刃伤"两大类机械性损伤，并详细论述了皮下出血的形状、大小与凶器性状的关系以及根据损伤位置判断凶手与被害者的位置关系等。书中还对中暑死、冻死、汤泼死与烧死等高低温所致的死亡征象作了描述，这些鉴别至今仍有现场指导意义。（5）书中记载了各种毒物中毒症状，许多切合实用的解毒方与急救法，对于毒理学有许多贡献。（6）书中（卷三）还记载用滴血法作为直系亲属亲权的鉴定方法。即将父母与子女的血液和在一起，视能否融合来鉴定有否亲属关系。或将子女的血液滴在骸骨上，如果是亲生的，则血入骨，非则否。尽管这种方法实际效果并不确实，但此法包含有血清检验法的萌芽，这无疑是十分可贵的思想。此外，宋慈在书中还介绍了一种刑侦手段，利用昆虫推测被害人的死亡时间，显示了相当高的破案水平。

（三）判词艺术的兴盛

可以想见，人类早期的司法审判结果基本上是由负责裁判案件的权威人士当面口头宣布的。但自从文字产生并推广以后，司法裁判的结果便逐渐用文字记载下来了。这便是后来所谓的判词。《周礼·秋官·小司寇》载："以五刑听万民之狱讼，附于刑，用情讯之。至于旬，乃弊之，读书则用法。"汉代郑玄引郑司农语："读书则用法，如今时读鞫已乃论之。"唐代贾公彦疏："云'读书则用法'者，谓行刑之时，当读刑书罪状，则用法刑之。"也就是说，周代的"读书"如同汉代的"读鞫"，都是指行刑时向被告宣读判决书。目前所见最早的判词是1975年在陕西省岐山县所发现的西周晚期青铜器上所刻的《《匜》铭文。这段铭文记载了一起奴隶买卖纠纷的处理经过，引述了法官伯扬父针对被告牧牛作的判决。判词关于定罪科刑，本刑当如何，减轻后当如何，很有分寸。但它实质上只是判决内容的简单记载，而非自觉的文体意义上的判词。唐代以前，判词保留下来的极少。这一时期比较引人注目的是汉代董仲舒的《春秋决狱》，从仅存的数则来看，虽然严格说来只是司法判决意见，并非正式的判词，但其潜在影响不可忽视。其前面部分简要陈述案情，后面部分是判决的理由和结果，但重点在论述判决的理由，说理充分，逻辑性强。这在后世的判词中得到了充分的展现。当然，这些判词所体现的以《春秋》经义断狱的思想和精神，对后世历代王朝的立法具有更大的影响，它直接促成了中国古代道德的法律化。

唐宋是中国古代判词的兴盛期。现今保存下来的唐代判词，有专集、有汇编，篇目不少。张鷟的《龙筋凤髓判》4卷79篇，白居易的《甲乙判》103篇[①]，《文苑英华》从卷503至552的50卷中，共收唐代判文一千二百多道，分为乾象、律历、岁时、雨雪、仇、水旱、

---

① 载《白氏长庆集》第四十九卷、第五十卷；《白居易集》，第4册，北京，中华书局，1979。

灾荒、礼乐等七十多类（《全唐文》所收判词也主要从《文苑英华》中移录）。吐鲁番出土文书中也有大约三十道判词，另外还有散见于个人文集中的。唐代判词保留下来的大部分为拟判，形式上多为骈体判词。

对于唐代判词，从宋代起一直就存在着不同的看法。洪迈就对追求骈俪的唐判颇有微词。相比之下，他更喜欢宋代的散判；唐代骈判中则更喜欢白居易"甲乙判"①。徐师曾也认为："（唐判）其文堆垛故事，不切于蔽罪；拈弄辞华，不归于律格。"② 当代则有论者认为，敦煌判词相对于《龙筋凤髓判》，无堆垛故事之嫌；比起白居易"甲乙判"来，又平添了几分文雅。行文也是用四六句，主题重在明辨事理；论证合乎法理，切乎人情，为唐代判词中的上乘之作。③ 这些评价都有得有失。唐判的骈俪之体虽然与司法实践有一定的距离，特别是《龙筋凤髓判》典故过多，让人难以产生亲近感，但它们寓典于理，开启了判词注重说理的先河。而且唐判追求行文的流畅顺朗，音韵的和谐铿锵，读起来朗朗上口，也是值得肯定的。这些事实上对后来的判词发展产生了深远的影响。可以说，《龙筋凤髓判》、白居易"甲乙判"和敦煌判词残卷其实代表了唐代判词艺术发展的三个阶段④，其总的趋势是从艰深走向平易，从堆垛典故转向直接说理，从辞理丰赡走向析理援法。更重要的是，这一发展趋势借助于宋代的散判这一中介，一直延伸到了晚清。

宋代判词，经过一段努力，革除了骈体用典的陋习，恢复并发展了秦代的散体。在这方面，北宋中期宋哲宗元符年间福建仙游人王回起到了举足轻重的作用。他第一个用散文体写判词，徐师曾给予高度评价："唯宋儒王回之作脱去四六，纯用古文，庶几乎起二代之衰。"从判词艺术的角度讲，王回的判词尽管不属于上品，但他对判词写作的发展，确实作出了转折性贡献。

在王回以后的一百多年产生了著名的《名公书判清明集》。书判是南宋一种特定的文体。现存书判，有收于《宋文鉴》的王回书判2篇、《名公书判清明集》中475篇（除少量行政公文和告谕文榜外，主要是司法裁判文书）、《后村先生大全集》中《名公书判清明集》未收录的刘克庄书判24篇、《勉斋集》中黄榦所作36篇、《文山全集》中文天祥所作5篇，《文体明辨》中也有几则，此外还有散见于宋代史籍中者，如《建炎以来系年要录》附注、《建炎以来朝野杂记·乙集》所录"绍兴十一年十二月二十九日刑部大理寺状"等，也具有司法裁判的性质。

宋人判词保留下来的绝大多数为实判，且由唐代的骈体改变为散体。散判重视对案件事实的认定与分析，重视对案件事实的法律评价，语言质朴，适用性强。在制判中，宋代判词除了保持唐代判词重视分析、说理，文字表达准确、精练等特点外，由其实判、散判的性质决定，判词中还具引法律条文，引律为判。总的来说，宋代的散体书判为明、清两代的判词写作开辟了新的途径。

与唐宋不同，元代科举既不试律，也不试判，自然谈不上对判词的重视。但元代的《断例》也编纂了不少司法文书，其中包括一些判词。

---

① （宋）洪迈：《容斋随笔》卷十，《唐书判》；《容斋续笔》卷十二，《龙筋凤髓判》。
② （明）徐师曾：《文体明辨序说·判》，北京，北京大学出版社，1998。
③ 参见赵久湘：《唐代拟判体例文辞探析》，载《重庆交通学院学报》（社科版），2004（1）。
④ 尽管敦煌判词残卷所属的具体时间不是很清楚，但从判词行文风格的角度看，当在"甲乙判"之后。

（四）判案艺术汇编

从夏商到隋唐的约三千年左右的时间里，不难想见曾产生了多少案例，可惜一直没有人予以收集、整理，从而大多随着时间的流逝而消亡。直至五代末和宋代初，和凝父子才第一次将历代折狱事例汇集成《疑狱集》一书。随后，宋代出现了更多的治狱之书，如南宋郑克的《折狱龟鉴》（1200 年）、桂万荣的《棠阴比事》（1211 年）等。

《疑狱集》是中国现存最早的一部案例选编。五代和凝原编撰二卷，入宋后其子和㠓续撰二卷，共四卷，系作者辑录历代各种疑难案例而成。其内容有的是称赞法官善于审断，有的是褒扬采证取供去伪存真，有的是强调侦勘检验必须深入，有的是告诫辨析疑狱须敏锐细致。因此，该书成为古代司法鉴定和慎刑善断艺术方面的名著。此书后来又有明代张景《补疑狱集》6 卷，清代咸丰元年（1851 年）金凤清又增辑疑案 30 例。《历代判例判牍》第一册所收《疑狱集》正是这几种成果的合集。①

《折狱龟鉴》又名《决狱龟鉴》，乃南宋郑克认为和凝父子所辑《疑狱集》多有遗漏，因而采摘旧文、补其缺失，并加适量按语评议而成。此书的文献价值和艺术价值主要体现在三大方面：一是大大补充了和凝父子《疑狱集》案例收集方面的不足，二是分门别类更为细致、科学和实用，三是郑克结合自己的经验与体会，增加了大量的按语，对中国历史上有关勘验、断狱方面的经验与智慧作了较为详细、独到的总结与论述。就后者而言，它可以说是对我国诉讼艺术的第一次理论总结与研究。

《棠阴比事》是继五代和凝父子的《疑狱集》与南宋郑克的《折狱龟鉴》之后，又一部记述诉讼活动的书籍，乃南宋鄞县桂万荣依据《疑狱集》和《折狱龟鉴》二书所载疑难案件选辑、类比而成。书名中的"棠阴"即"棠荫"，取自《诗经·召南·甘棠》，比喻清官去官后犹有遗爱。"比事"二字，据桂氏在"序"中说，是"比事属词"的意思，也就是排比事类（把相似、相近或相关的事项排列在一起）、连缀文辞的意思。原书包括"向相访贼"、"钱推求奴"、"曹摅明妇"、"裴均释夫"、"程颢诘翁"、"丙吉验子"等 144 例，统以四字一句标题，每两句合为一联，合辙押韵，共编为 72 韵，颇便记诵。明代景泰年间（1450—1456），海虞人吴讷删去书中内容上相类似和重复的部分，仅留存 80 例，另增补遗 24 例，合共 104 例，并重新按刑狱轻重排，最后增加 4 条作为"附录"，仍题为《棠阴比事》刊行。这就把桂万荣原编本《棠阴比事》的特色及长处去除殆尽。从诉讼艺术的角度说，桂万荣原编本《棠阴比事》的价值集中体现在两个方面：一是前面所说的排比事类、连缀文辞、合辙押韵、便于记诵；二是书中反映侦破智慧的案例十分突出，如"彦超虚盗"、"道让诈囚"、"柳设榜牒"、"杨津获绢"、"裴命急吐"等。这些案例虽然都出自《疑狱集》和《折狱龟鉴》，但由于该书比较简赅，且标题四字一句、两句一联，因而给人的印象非常深刻。

总之，和凝父子的《疑狱集》、郑克的《折狱龟鉴》和桂万荣的《棠阴比事》这三本案例汇编，它们既是一脉相承的，又各有千秋，并在总结和凸显办案艺术方面逐渐走向深入。特别是郑克在《折狱龟鉴》一书中，不仅搜集了上起春秋、战国，下至北宋大观、政和年间，历代有关平反冤滥、决奸慝的案例故事，而且以案例后附加按语的形式，对古代诉讼艺术尤其是办案艺术作了精到的评论和理性的总结。此外，李元弼的《作邑自箴》、朱熹的

---

① 参见杨一凡主编：《历代判例判牍》，第一册"整理说明"，北京，中国社会科学出版社，2005。

《约束榜》、黄震的《词诉约束》、胡太初的《昼帘绪论》等著作对告状格式及断案经验作出了卓有成效的总结与探索。

四、明清诉讼艺术的成熟

(一) 诉权运作的艺术探求与官方规制

明代中后期，随着商业的繁荣和人们之间交往的增加，民间的诉讼也随之增多，因而也产生了平民了解法律知识的需要。于是，在民间出现了一股学习法律的风气，当时出版了一批法律类书，如豫人闲闲子订注《新刻校正音释词家便览萧曹遗笔》（上海锦章书局石印本），西吴空洞主人的《胜萧曹遗笔》、《萧曹明镜》，叶氏《鼎刊叶先生精选萧曹正律刀笔词锋》（嘉靖刻本），清波逸叟的《折狱明珠》（约成书于明万历三十年），云水、乐天子所辑《折狱奇编》（明翠云馆刊本）[1]，江湖醉中浪叟辑《法林照天烛》（明刻本），佚名《霹雳手笔》、《仕途悬镜》、《法家须知》、《三台明律招判正宗》、《新法林金鉴录》、《耳笔全书》、《法林灼见》、《法家新书》等。[2]

到清代，这类讼师秘本还有竹影轩主人编《新刻法家管见汇语刑台秦镜》、佚名《校正警天雷》（上海锦章书局石印本）、管见子注释《校正两便刀》、湘间相子《新镌法家透胆寒》（清道光刊本为16卷本，清光绪刊本为4卷本）、谢方樽《横扫千军集》（载平襟亚编著《中国恶讼师》，1919年第1版）、诸馥葆《解铃人语》。[3] 这些书汇集案例和判词，介绍法律知识、诉讼技巧及状词、判词等各种法律文书的写法，供讼师、当事人和普通民众阅读、参考。这些法律类书后来被人们奉为讼师秘籍，为统治者所禁止。

明清讼师秘本中收录了大量的状词，它们真实地反映了明清讼师在诉讼过程中的作用，及其胜诉的技巧。讼师秘本的重要作用也在于教授人们如何撰写状词，如何写好状词（如"做状十段锦"），如何以寥寥数语打动审理案件的官员。

首先，从战术上迷惑敌人。讼师秘本强调打官司犹如用兵布阵。"我若决告，反示以不告之形，使不妨碍我。若不告，反示之以必告之状，使之畏惧。"[4]

其次，知己知彼，百战不殆。"凡与人评告，必先料彼之所恃者何事。如所恃者在势力，当先破其势力之计；所恃者欲到官，先当破其到官之计，引而伸之，虚虚实实，实实虚虚，人之变诈尽矣。"[5]

再次，语言的"弱势性"。状词中采用的语言多数是从弱者的角度设计的，"使人一见……即有为我不忿之意，然后可以必官内之准理也"[6]。以产业类状词为例，其推荐的常用

---

① 从有关论者所引录的材料看，笔者怀疑《折狱奇编》就是《折狱明珠》，但手头没有这两本著作以供核对，只得存疑。

② 本节有关讼师秘本的资料主要参见邱澎生：《真相大白？明清刑案中的法律推理》，载http://www.legal-history.net/05/scholar/2004-9/2004 94200737.htm；龚汝富：《明清讼学研究》，华东政法学院法律史博士学位论文，2005；潘宇：《明清及民初的讼师与讼学研究》，吉林大学博士学位论文，2006。

③ 载襟霞阁主编：《刀笔菁华》，61~68页，北京，中华工商联合出版社，2000。

④ 《折狱奇编》卷一。

⑤ 《折狱明珠》卷一。

⑥ 《折狱奇编》卷一。

珠语及粹语（状语摘要、续句便要）包括："势占产业"、"占产危命"、"白占民业"、"豪强夺产"等珠语；"视文书为故纸，藐法律若弁髦"、"产遭毫夺，弱肉强食"、"业吞虎口，一家绝食"、"祖宗三代故物，豪恶一旦强夺"等粹语。① 这些都反映出"弱势"的信息，可以借此博得官吏的同情。

此外，对"事实"的不同描述。《折狱明珠》编选了10类司法案件，约计六十余案。各案大体上都包含三份文件：原告《告词》、被告《诉词》以及承审官员《审语》。透过"告词"与"诉词"对司法个案相关"事实"的不同描述，以及承审官员断定或怀疑案件"真相"的处理方式，讼师秘本教给读者从不同角度处理"事实"和看待同一桩案件"真相"的种种重要技巧。这些技巧其实都涉及对"事理、律意、文辞"三要素的操作，正是讼师手册要传授的官司制胜秘诀。如"船户盗卖客商棉布案"，客商李雪在《告词》上说："盗货事。船户某，揽身某货，议载某处交卸。殊恶欺孤，沿途盗卖；论阻，成仇，且言：身在伊船，财命任由布置。遭此强徒，祸患莫测。乞提追给盗货，驳船保命。上告。"这位被告船户张风则在《诉词》中描述了另一套事件的"真相"："诬骗船价事。刁客雇船载货，议至某处交卸，舡价十两，付三存七，余约抵岸，方行凑足。岂意刁商中途架身盗货。不思：货有税单可查，指盗何赃可据！叩天算追舡价，电诉超贫。上告。"客商李雪应是在经商的沿途提出这件告诉，承审的刘姓知县在调查各项证据后做成判决："客人李雪贩布，误募张风之船装载，凭牙立价，船钱当付一半，余议到彼凑足。岂（张）风半途窃货魆卖。李雪幸觉，此天道之所不容者也。及研审，反以船价不偿，诳付其咎。深为可恨。合以：盗卖他人物业者，计赃拟徒。其货物，理合追还。"② 看来，张风《诉词》所用"截语"虽然言辞不凡："货有税单可查，指盗何赃可据"，但承审刘知县仍是对他引法判刑。

讼师秘本含有大量实用的法律知识和诉讼艺术，因而为民间所重视，但为官方所仇视，甚至明文禁止。究其原因，主要是统治者担心人们通过它学会利用法律的武器来伸张自己的权利，从而削弱司法官吏司法独断的随意性，甚至担心败坏人心，进而破坏社会秩序和无讼理想。晚明汤沐《公余日录》曾记载自己在江西提刑按察使任上，感于民间健讼必有其教讼秘籍，于是派人密访各地私塾，果然发现蒙学也广泛使用四字一句的《公理杂字》等讼师秘本传播法律知识和诉讼技巧。清代乾隆七年（1742年），四川按察使李如兰上奏禁止书商刊印"讼师秘本"，经中央官员讨论、皇帝同意后，李氏奏议的要旨乃成为颁行全国的新修例文："坊肆所刊讼师秘本，如《惊大雷》、《相角》、《法家新书》、《刑台秦镜》等一切构讼之书，尽行查禁销毁，不许售卖。有仍行撰造刻印者，照淫词小说例，杖一百，流二千里。"③然而，政府实际上无法禁阻讼师秘本的刊印与流传。薛允升在清朝光绪年间的观察仍是："刻本可禁，而抄本不可禁；且私行传习，仍复不少，犹淫词小说之终不能禁绝也。"④

除了对以研究和探讨诉权启动及运作艺术为宗旨的讼师秘籍及有关讼师行为明文禁止外，明清官府还从正面引导与规范当事人的词状。从近年来发现的黄岩诉讼档案可知，清代诉讼当事人的各种诉讼词状都要以官方印制的正式"状式"为准。"状式"上不仅要填写做

---

① 参见《折狱奇编》卷一（上）；《法林照天烛》卷四；《霹雳手笔》卷三（上）。

② 《折狱明珠》卷四，"商贾类·告船户"。

③ 《大清律例增修汇纂大成》卷三十。

④ （清）薛允升：《读例存疑点注》，703 页，北京，中国人民公安大学出版社，1994。

状人、歇家（旅店）、保戳、写状人、经承、原差等有关人员的姓名，以及呈控的时间、抱告人的姓名、年龄、具体住址等，而且正文有字数的限制（300 字以内），甚至每一份"状式"上还附有官方审定的《状式条例》，共计 23 条，对词状的规制非常丰富而又具体细致，内容涉及实体和程序，格式和证据等等。它们既有正面的引导，又有反面的拘束。当然，其中有些事项实际上并没有完全得到遵循。

（二）案例与判词的大量结集

自五代和两宋初显第一次案例汇编热潮以后，明清判例的汇集也大量涌现，其数量和规模甚至是前所未有的。除了明《大诰》载有大量判例外，明人编纂的案例集还有王肯堂的《洗冤录笺释》，张景的《补疑狱集》六卷，吴讷删正的《棠阴比事原编》、《棠阴比事续编》、《棠阴比事补编》等，冯梦龙的《智囊全集》也有大量案例。清人编纂的案例集有《补注洗冤录集证》、《律例馆校正洗冤录》、《重刊补注洗冤录集证》，丁人可编的《刑部驳案汇钞》，全士潮等纂辑的《驳案新编》，毋庸纂辑的《刑部各司判例》，佚名的《刑事判例》，祝庆祺、鲍书芸、潘文舫、何维楷编的《刑案汇览》，周吉尔编纂的《历朝折狱纂要》，胡文炳的《折狱龟鉴补》，魏息园的《不用刑审判书》等等。这些都是影响较大的案例专集。至于收集有众多案例的个人文集和笔记，更是不胜枚举。当然，上述案例专集有些是在五代和两宋的基础上延续、补充和完善而来。但这并不意味着它们的价值要大打折扣。特别是胡文炳的《折狱龟鉴补》，不仅卷帙浩繁，数倍于南宋郑克的《折狱龟鉴》，而且在编纂体例上既前承《折狱龟鉴》，又有所突破，分类更为细致、实用，案例来源标示更为明确，编者的按语虽不是每案都有，但其叙论大多比较透彻、精当。而湘乡魏息园编撰于光绪三十三年（1907年）十二月的《不用刑审判书》，是一部以不用刑为特征的案例汇编，取材于汉朝以来见于官书杂记的成案，而以清代为最多。所收案例共 199 事，规模虽然不能与《刑案汇览》、《历朝折狱纂要》和《折狱龟鉴补》相比，但这些案例都是根据本书的主题精挑细选出来的，比较典型地体现了审判艺术。不过，本书也有两大缺憾：一是每则案例没有标题，二是没有注明所引案例的出处，不便于读者检索、查证。

中国古代判词发展到明清，日渐成熟，数量与质量均前所未有。

明代的判词尽管大多已经失传，但在现存的《御制大诰》四编、《皇明条法事类纂》等法律典籍中，以及明人文集、公牍、历史档案及其他史籍中，仍保存有大量的判牍。现在可见的明代判牍集有十余种。在这些明代判词中，艺术成就最高、影响最大的当首推《折狱新语》。该书为明末李清（1602—1683）在宁波府任推官时审理各类民、刑案件的结案判词。每案前用三个字书为标题，正文采用骈散结合的笔法，先叙述诉讼当事人、案由，中间夹叙夹议，援引当时律法，条分缕析，最后是断语。这些判词既是实判，切于实用，又写得文辞优美，具有较高的艺术性，在判词发展史上有着重要地位。

清代顺治、康熙、雍正以及乾隆初叶，沿袭明代的科举选官制度，在乡试会试的第二场考判词五道。到了乾隆当政时，这种流于形式的科考骈判终于被废除。尽管如此，在清代还是刊刻了不少判词集，如李之芳的《棘听草》、叶晟的《求刍集》、樊增祥的《樊山批判》和《樊山政书》、李钧的《判语存录》、张五纬的《未能信录》、沈衍庆的《槐卿政迹》、蒯德模的《吴中判牍》、《陆稼书判牍》、《于成龙判牍菁华》、《张船山判牍》、孙鼎烈的《四西斋决事》等。清代的档案材料中，也保留有大量的判词。这些判词绝大多数为实判，形式上或骈或散，或骈散结合。其中有些如于成龙、袁枚、陆稼书、张船山、樊增祥、李钧等人的判词有唐判遗风，在叙述案情、析理援法、夹叙夹议、清新脱俗等方面，更是超越了唐判。

从法学和诉讼艺术的角度看，明、清两代是我国古代断案和判词艺术走向成熟的时代。其基本标志有三：一是断案与制判更趋自觉，判词与判例大量结集出版；二是援法而判的法律意识与灵活办案的策略技巧的结合更为圆融；三是判词形式多样，判词的表现力大为增强。

（三）办案策略与制判艺术的理论总结

随着明清两代司法实践的日益规范，以及诉讼制度与诉讼艺术的日趋成熟，不少长期工作在第一线的司法官员及刑名幕友结合自身的实践经验与体会，自觉地对实际办案策略、技巧以及制判艺术进行理论总结，为时人和后人留下了为数不少的宝贵财富。

在办案策略与技巧的总结方面，康熙年间张我观的《覆瓮集》，乾隆至嘉庆年间王又槐的《办案要略》，万维翰的《幕学举要》（1770 年），汪辉祖的《佐治药言》、《续佐治药言》、《学治臆说》、《学治续说》和《学治说赘》，道光年间黄六鸿的《福惠全书》，以及徐栋致的《牧令书》，王有孚的《一得偶谈》等，都是驰名专著。其中汪辉祖可以说是传统办案艺术总结的集大成者。第一，汪辉祖的几本著作尽管分别写于乾隆和嘉庆年间，时间跨度较大，作者身份也从佐治的幕友上升为主治的县官，但作者对办案策略与技巧的论述是广泛而系统的。第二，汪辉祖对办案策略与技巧的论述大多深刻而独到。深刻是源于他的学理素养和诚心思考，独到则受益于他长时期多角度的办案经历与事后省思。第三，阅读汪辉祖的著作，令人怦然心动的是他的民间立场和亲民态度。这不仅表现在他对亲民的直接论述上，更体现在他对百姓疾苦的感同身受、对当事人讼累的蠲惕之心上。第四，汪辉祖对办案艺术的理论总结与实践，是他长时期潜心研读律例、体察人情、留心世事的结果。这从"律例不可不读"、"名例切须究心"、"须体俗情"、"初任须体问风俗"、"察事之法"、"客言簿"等篇中都可以得到印证。第五，汪辉祖以其过人的经历和学识，继承并发展了中国传统诉讼艺术。就继承而言，有对息讼的青睐，对五辞听讼中"色听"的推崇，对仁恕的信守和刑求的慎重等等。就发展来说，表现为汪辉祖亲民恤民的态度、对体问风俗的重视、对当事人心理的熟悉、对吏役的使用与警惕，以及审讯和裁断案件过程中种种策略和技巧的使用。总之，有着长期幕友和主官经历的汪辉祖，在办案策略与技巧方面拥有极为丰富的经验和系统的理论总结，甚至很大程度上可以说是传统办案艺术总结的集大成者。晚清的樊增祥等人虽然也对办案艺术有着深切的认识与体会，但基本是零星地散落在其大量的批词和判词中，系统的理论总结与升华却难以望汪辉祖的项背。

在现存制判艺术的理论总结和探索方面，明人吴讷的《文章辨体》和徐师曾的《文体明辨》可以说是最早的。尽管它们并非研究判词艺术的专著，但其中都专门论及了判词这一公文体裁，对唐宋以来的判词艺术有着深切的认识与精当的评论，标志着我国判词艺术发展进入了自觉与完善阶段。徐师曾在《文体明辨》中将判词列为一种独立的文体，并考察、论述了判词的沿革。吴讷的《文章辨体》在论及明代的判词时就指出："国朝设科，第二场有判语，以律为题，其文亦用四六，而以简当为贵。"这段话如实地反映了当时科场制判的基本形式和要求。其中"简当为贵"实际上是朱元璋"法贵简当，使人易晓"的立法思想在判词制作中的体现。所谓"简",就是文理清楚,文字简约。所谓"当",就是以律为据,判决公允。① 判词简当为贵原则的提出,乃是对唐宋以来判词艺术的理论总结与超越。

到了清代,制判理论有了进一步发展。如王又槐的《办案要略》有不少篇章就是当时各主要判词形式的制作经验和技巧。其中《论批呈词》阐明批发诉状不能滥准滥驳;《论详案》介绍如何写好案情报告;《论叙供》论述给上司的呈文中叙写供词的六种方法及注意事项;《作看》论说如何写好报呈上司核示的案件处理意见;《论作禀》论述如何向上司另文说明案情某一问题、或解释案中某一疑点;《论驳案》分析驳审案件原因及再审报核的有关事项;《论详报》论述定案后如何分别报请各有关上司衙门核办或存查。光绪年间,吏部尚书刚毅巡抚山西时,就提出了"情节形势,叙列贵乎简明;援律比例,轻重酌乎情理"的制判要求,并以此为标准,从课吏馆中择判词八十余篇,按律分目而编成判词专辑《审看拟式》,目的在于将这些符合审看内容、格式要求的判词作为同官制判的范本。全书凡 6 卷,卷末为幕僚葛世达所撰的《审看略论》。在《审看略论》中,葛世达对判词从文字到结构,作了详细论述。如关于判词制作,他指出:"审看乃文章家先叙后断之法。叙笔宜精要,断笔贵简严。平铺直叙,漫无断制,固属不可,然不可横亘成见,于犯供之中夹下断语;亦不可矜才使气,词意抑扬,或有意仿作,勉强牵合。一案有一案之真情,深文周纳,不特死者含冤,抑且情节失真,必致狱多疑窦,往反驳诘,贻累无穷。善治狱者,只就案犯真情形,平平叙去。而眼光四射,筋脉贯通,处处自与断语关合,语语皆为律条张本……叙完之后,加以断语,拍合律条。"严格区分犯供与断语,是中国古代制判理论与判词艺术的重要特色。

晚清的樊增祥更是在继承明代"简当为贵"原则的基础上,从多个方面发展了制判理论和艺术。他在《阅洪、李两令判语书后》一文中明确肯定:"断案与办案不同,不必拘成例,当以简当为主。"② 在《批澄城县培令林词讼册》中也说:"判断皆简洁了当,斯为老手,斯为好手。"③ 在《批安康县详》、《批石泉县词讼册》、《批韩城县张令瑞玑词讼册》和《批署白河县培令词讼册》等文中,樊增祥进而提出了"周到"、"明快"的制判原则。④ 更为重要的是,他在《批扶风县谭令词讼册》和《批蒲城县增令士刚词讼册》中认为,"叙述供判,皆文章也。其无材料者,必作不长。但事敷衍者,说来必不恳切";"听讼与作文同是一理,不能文者,尽气毕力作不满三百字,能者一题数艺仍沛然有余"⑤。意在强调要做好判词,须脚踏实地,在案件调查与审讯过程中下工夫。

由此可见,清代司法官员对制判艺术的理性认识的确是大大地深化了。

---

① 参见马建石、徐世虹:《中国古代判词的沿革》,载马建石、杨育棠、徐世虹编注:《中国历代判词选注》,260~281 页,北京,中国政法大学出版社,1989。

② 《新编樊山批判公牍精华·批牍》卷二十四。转引自汪世荣:《中国古代判词研究》,217 页,北京,中国政法大学出版社,1997。

③ (清)樊增祥:《樊山政书》,518 页,北京,中华书局,2007。

④ 参见 (清)樊增祥:《樊山政书》,407、459、499、520 页。

⑤ (清)樊增祥:《樊山政书》,431、502 页。

第三节
中国传统诉权运作艺术

一、诉前攻防策略

（一）熟知法律，规避诉讼

对于特定案件及其当事人来说，法律及其诉讼制度是一种先在的事实。作为一种客观存在，它不能不对当事人的思想和行为产生一定的影响。这种影响的表现形式之一，就是某些当事人在从事某种行为之前，往往会预先估测该行为的法律意义或后果，并事先采取相应的攻防策略和措施，来防范或化解法律所可能施加的不利影响，或是引导诉讼与裁判行为朝有利于自己一方的方向发展。

《折狱龟鉴》卷三就记载了一个"食葛而斗"的案例：

> （宋）王臻谏议知福州时，闽人欲报仇，或先食野葛，而后斗即死，其家遂诬告之。臻问："所伤果致命耶？"吏持验状曰："伤无甚也。"臻以为疑。反讯告者，乃得其实。①

在这个案例中，当事人并非不知相关的法律规定，而是事先采取相应的措施，试图逃避法律的惩罚。好在主审法官有着丰富的知识阅历和审判经验，才没有让不法之徒逍遥法外。

早在魏晋南北朝时期，我国已经有用尸骨验血法来确定亲权关系了。即血亲关系有争议的两代人之中，有一方（通常是长者）已经亡故，人们便将生者的血液滴到死者的尸骨上。如果血液能渗入尸骨，就证明双方之间有血亲关系；否则就没有血亲关系。在没有发明DNA鉴定的古代社会，这一方法自有其科学性，因而被人们广泛采用。也正因为如此，一些刁奸之徒便事先采取种种手段予以规避，以达到不可告人的目的。清人冯晟在其《谈屑》中就记载了一个"易尸滴血"的案例②：

> 绍兴富翁某，有三子，而并取妇，先后皆死。有女赘婿于家，为司管钥。老年乏嗣，意甚郁郁，遂复置篷室，未逾年生子，而翁遂弃世。家无男丁，一切丧事惟婿指挥。举殡日，适与邻村丧家同，鼓吹仪仗各争道，至于交斗，停丧路侧。斗罢而葬，其俗然也。既葬，女控于官，谓抱中儿非翁出。长妇闻之怒，诣官自诉谓实系翁子，如不信，请启棺滴血。官责状，长妇甘诬抵罪。验之不入，长妇系狱。次妇控于上台提审，委验如前，次妇亦坐收。三妇愤甚，走而控于京。适大僚某公在浙按事，就便查办。大僚吊集卷宗，熟思无策，谓非翁子，而儿妇三人凿凿指认，且甘罪迭控，自系真情；谓是翁子，而屡次滴血不入，访之刑件，亦别无弊窦，不解所由。闻某幕以折狱名，卑礼厚币聘之来。幕思之数日，忽拍案曰："得之矣。"因请于大僚先滴女血为验。大僚顿

---

① （南宋）郑克：《折狱龟鉴》卷三，《辨诬·王臻问伤》。所引案例标题为笔者所加，下同。
② 参见（清）胡文炳：《折狱龟鉴补》卷一，《犯义》。

悟，召女谓曰："尔弟非翁出，尔非翁出乎？盍先试汝？"女色变，滴之亦不入。大僚怒，严鞫之。女不能禁，泣曰："此事悉由婿。"急逮婿，一讯而服。盖于举殡时，故与邻村同日而路旁争斗，乘乱易棺。老谋深算，人情所不及料也。为按律治罪，而释妇。

在此案中，绍兴富翁之女及赘婿为合法占有遗产，利用与邻村丧家同时出殡的机会，故意争道交斗，乘乱易棺，为日后控告"抱中儿非翁出"埋下伏笔。这一招果然老谋深算，人情所不及料，令办案官员熟思无策。幸亏某幕技高一筹，以"请君入瓮"之法，才得以识破富翁之女及赘婿的奸计。

（二）以牙还牙，暗中斗智

以上两例，主要是案犯设计逃避法律的归罪。下面来看看受害方私力防范或化解无妄之灾的情形。清代赵吉士《寄园寄所寄》中曾转录《耳谈》中"贼尸归家"一案：

> 某家新妇，于归之夕，有贼来穴壁，已入，会其地有大本触木，木倒，将贼击破头面死。其家举火视，乃所识邻人，惶惑，恐反以饵祸。新妇曰："无妨。"令空一箱，□贼尸于内，因举至贼家门首，剥啄数下。贼妇开门见箱，谓是夫所盗，即举至内。数日夫不返，发视，乃是夫尸，莫知为谁所杀，亦不敢言，以瘗之。[①]

从法律的角度讲，本案当事人私自处置案犯的尸体，显然是不合法的。但平心而论，我们又不能不为"贼尸归家"中新妇的处置办法叫好：来穴之贼触木丧身，与主家没有任何关系。但如果告官，贼虽咎由自取，却又罪不至死。在那种特定的情况下，主家有口难辩。就算官府不追究，死者的家属不纠缠，出资安葬也是免不了的。"贼妇开门见箱，谓是夫所盗，即举至内"，说明此贼乃是惯犯，其妻有同谋之责。数日后其妻开箱见尸，却"莫知为谁所杀"，又不敢声张，只得草草下葬了事。可见新妇的处置办法利用了"做贼心虚"这一弱点。当然，贼妻以什么借口向亲朋和邻里交代丈夫的死因，从法律和事理的角度讲，并不是无关紧要的，只是此案的记载者没有述及这一点。

吴炽昌《续客窗闲话》中还有一则"闷香与哑药"的案例，案情大致如此：

> 有楚生某，娶妻美而艳。邻有寡妇，与外村少年狎，少年过寡妇家，偶见生妇，极为垂涎，以重赀赂寡妇，并以重价觅得积贼闷香，合谋骗奸生妇。妇郁郁成疾，欲求报仇计划，以实情告其父。其父是著名讼师，责其不应轻出，然彼以阴谋来，我当以诡计报之。妇受其计，大喜，病寻愈，益自修饰，使媪强寡妇来谢过，与亲昵之，留寡妇宿，密告之曰："前日之事，曷不先与我谋，是所恨也。第事已如此，纵决西江之水，难洗清白。况良人久客不归，晨昏孤宿，乃子实获我心，但面许我衣饰，何食言也？"寡妇知其心动，因与订期而去。归告少年，自诩有功，少年大悦，急购鲜衣美珠，使寡妇先致之。如期留寡妇家，漏四下，潜以指叩门，与妇携手入室，即欲乱之，妇曰："即来此，何急急？请同酌三杯以助兴。"案上酒食具备，妇酌酒以进，少年目视而不饮。妇举杯坐怀中，口舍以哺，少年迷乱，接而吞之。徒见两壮士操刀直入，少年狂奔出户，遇绳绊足而跌，妇以烛来，壮士缚少年手足，割其辫发，妇释缚纵之逸。壮士携

---

① 　（清）赵吉士：《寄园寄所寄》卷一，《囊底寄·智术》。

辫操刀，轻叩寡妇门，妇误谓少年归来，门甫辟，壮士即刺其胸，饮刃而倒，以辫发缚妇右手数匝。此盖妇两兄预伏房外而安绊绳者，所哺少年之酒，哑药也。少年逃归，哑不能言。次日亭长见寡妇被杀于门，鸣官，验得凶刀插心，妇手握发辫，系强奸不从登时杀死者。密访失辫之人，获少年，无言置辩，遂按律斩之。至今楚俗，凡执奸者，必去其辫发云。①

本案虽然也属讼师弄法，却因其事关礼教和自家女儿名声，且有其惩办恶棍的正当性，不能不令人心生共鸣，甚至为之拍案叫绝。

(三) 收集隐私，以佐讼证

俗话说："种肥田不如告瘦状。"这既适用于那些自身权益遭受侵害、因而诉诸法律请求保护的善良百姓，更适用于为数极少的心怀叵测之辈或所谓讼棍。他们之所以告状，乃是"图赖"对方的人、财、物。因此，不达目的，他们是不会轻易善罢甘休的。这些人或昏赖田业，或挟仇报复。但诉讼是重证据的，他们平日里便注意收集隐私，以佐讼证。欧阳修就曾写道："歙州（今安徽徽州、歙县一带）民习律令，家家自为簿书。凡闻人之隐私，毫发坐起语言日时，皆记之。有讼则取以证，其视人陛牢就桎梏，犹冠带偃簧，恬如也。"② 这方面的典型例证，当首推"谋人者危"：

甲乙有夙怨，乙日夜谋倾甲。甲知之，乃阴使其党某，以他途入乙家，凡为乙谋，皆算无遗策。凡乙有所为，皆以甲财密助其费，费省而功倍。越一两岁，大见信，素所倚任者皆退听。乃乘间说乙曰：甲昔阴调我妇，讳弗敢言，然衔之实刺骨，以力弗敌，弗敢婴。闻君亦有仇于甲，故效犬马于门下，所以尽心于君故，以报知遇，亦为是谋也。今有隙可抵，合图之。乙大喜过望，出多金使谋甲。某乃以乙金，为甲行贿，无所不曲到。井既成，伪造甲恶迹，乃证佐姓名以报乙，使具牒。比庭鞫，则事皆子虚乌有，证佐亦莫不倒戈，遂一败涂地，坐诬论戍。愤恚甚，以闻某久，平生阴事，皆在其手，不敢再举，竟气结死。死时誓诉于地下，然越数十年，卒无报。论者谓难端发自乙，甲势不两立，乃铤而走险，不过自救之兵，其罪不在甲。某本为甲反间，各忠其所事，于甲不为负心，亦不能甚加以罪，故鬼神弗理也。此事在康熙末年，越绝书载子贡谓越王曰：夫有谋人之心，而使人知之者，危也。岂不信哉。③

此案既有类似于古希腊的木马之计，又有请君入瓮之策，真可谓心思细密，杀人于无形。其实，早在北宋，对这种专门收集他人隐私以为讼证、要挟的，法律就予以禁止。《梦溪笔谈》就载有这方面的个案："曹州人赵谏，尝为小官，以罪废，惟以录人阴事控制闾里，无敢忤其意者。人畏之，甚于寇盗。官司亦为其羁绁，俯仰取荣而已。兵部员外郎谢涛知曹州，尽得其凶迹，逮系有司，具前后巨蠹状奏列，章下御史府按治，奸赃狼藉，遂论弃市，曹人皆相贺。因此有告不干己事法，著于敕律。"④ 但其中所说的仅限于"告不干己事"的情

---

① 详见（清）吴炽昌：《续客窗闲话》卷二，《补讼师二则》。
② 《欧阳修全集·居士外集》卷十一，438 页，北京，中国书店，1986。
③ （清）纪昀：《阅微草堂笔记》卷十，《如是我闻四》。
④ （北宋）沈括：《梦溪笔谈》卷十一，《官政一》。

形，对于收集他人隐私以为自身讼证的，法律并未禁止。

二、诉权启动艺术

（一）状告反诉，虚实并存

从法律上说，诬告必须承担"反坐"的法律责任，甚至举告"不实"也同样应该承担法律责任。从目前所见资料来看，至少西周就已开始反对、禁止诬告。然而，由于官府希望尽快捉获罪犯，在扭送嫌疑罪犯的过程中，这一规定并没得到很好的执行。在中国古代司法实践中，更有所谓"无谎不成状"的说法。意思是状子必须写得足以"打动"官吏，否则不予受理。为此，人们更是冒着"诬告"风险，在状子中添油加醋。而两造不惜重金聘用讼师之目的，恐怕就在于此。尽管古人每每痛诋讼师"架词设讼"乃至"虚捏词状"等恶行，然而，这恰恰又是诉讼之必需。我们先来看几则清代词状①：

状一：古井生波

> 杨家有女初长成，名蕙芬，年十七，美艳绝伦。嫁同邑张绅之子，周岁即寡。女正值妙龄，岂能免古井生波之想？未几，即与中表某生有染。张绅微有所闻，以家声攸关，禁绝其外出之芳踪。女大不甘，托讼师冯执中作一禀②，曰：
>
> 为请求保全节操事。
>
> 窃孀姝杨蕙芬，生不逢辰，伶仃孤苦，十七嫁，十八孀。益以翁鳏叔壮，顺之则乱伦，逆之则不孝。顺逆两难，请求归家全节。③

本状先以"十七嫁，十八孀"一语简洁而生动地陈述自己的不幸遭遇，为全状奠定一个感情基调，以博得人们特别是司法官的同情。接着充分利用外人难明真相这一事实，以"翁鳏叔壮，顺之则乱伦，逆之则不孝"一语含血喷人，有意引人误解和猜想，而令对手有口莫辩，甚至越辩越黑，从而达到自己明为"归家全节"、实乃寻欢另就的目的。该状的确是笔力千钧、恶毒之尤！

状二：奸拐脱罪

> 曹小二，佣工于张大户家，涎婢女阿翠，私与俱逃，居半年始归。为张大户侦知，使人拘阿翠去，并欲控曹小二奸拐之罪。小二大恐，求讼师王惠舟作一状，先控张大户，抢得原告地位，以占优胜。其控词云：
>
> 告为生离虐待，恳赐成全事。
>
> 民家破无依，佣于张大户佃田。当时议定，不取佣值。操作三年，妻以代婢。讵意期满领婢他去，张大户事后懊恼，反悔前议。乘隙诱婢到家，幽闭虐待。朝詈夕楚，有为辱之所弗堪，有为身之所难受。窃思昔年粒粒辛苦，今日活活分离，既不得同梦，更

---

① 在清代，告人（原告）提出的文书叫做告词或告状，诉人（被告）为了反驳而提出的文书叫做诉词或诉状，原告和被告提出的文书统称为呈词、呈状或词状。参见［日］夫马进：《明清时期的讼师与诉讼制度》，载《明清时期的民事审判与民间契约》，392页。

② 谢方樽、诸福宝、杨瑟严、冯执中为晚清时期的四大讼师。

③ 襟霞阁主编：《刀笔菁华》，4页。

不得佣值，嗷嗷孑身，将为饿殍。泣求宪台公断团圆。哀哀上告。①

与状一略有不同，本状属于典型的"恶人先告状"，颠倒黑白、倒打一耙。全状除了状告人曹小二佣工于张大户家这一背景属实外，通篇都是谎言。但由于是起诉状，且有真实的背景，官府一时间并不知所诉事实的真伪，因而无理由不予受理。

上述两例表明，诉讼当事人为了达到吸引官府注意和重视等诉讼目的，其词状往往是虚中有实、实中有虚。当然，在不同的地域和不同的社会发展阶段，状词中这种虚实并存的状况会有所不同。清代万维翰在《幕学举要》（1770 年）开篇的"总论"中就指出了"南方"与"北方"在投状举告上的差异："北省民情朴鲁，即有狡诈，亦易窥破。南省刁黠，最多无情之辞，每出意想之外。据事陈告者，不过十之二三。"美籍学者黄宗智的研究则揭示了由社会经济发展状况而带来的诉讼差异。他从 1760—1850 年间的四川巴县档案、1810—1900 年间的河北宝坻县档案，以及 1830—1890 年间的台湾地区淡水分府与新竹县档案中发现，宝坻和巴县的诉讼相对简单明了，其运作与其制度设计也大致吻合，大多数案件只需一次开庭就能较迅速地结案。而在高度商业化和社会分化的淡水及新竹，有钱有势的诉讼者在职业讼师的帮助下，通过反复陈情告诉把案情搞得扑朔迷离，从而阻挠法庭采取确切的行动。②

当然，引起主审官员的注意和重视，并非只有夸大其词、虚实并存之一途。《鹿州公案》所载"无字状"就是别出心裁的一例："余方理堂事，见仪门之外，有少妇扶老妪长跪其间，手展一楮戴头上。遣吏役呼而进之，曰：'若告状，宜造堂前，何踞之远也。'命吏人接受之。吏复曰：'素楮耳！'余曰：'妇人不知状式，素楮亦不妨。'吏曰：'没字也，惟空楮而已。'余曰：'亦收之。'展视果然……"③ 而《阅微草堂笔记》所载"假鬼诉冤"，则是别出心裁的又一例。④ 但这些方式毕竟过于独特、也过于另类，非智力中上者不能为，也不宜反复。因而夸大其词、虚实并存和平中见奇就成了诉讼双方词状"旧瓶装新酒"的首选策略和技巧。

（二）匠心独运，绵里藏针

如果说"虚实并存"是一种较深层次的词状策略，那么，"匠心独运，绵里藏针"则是一种内外兼修的状词艺术。好的状词往往内藏韬略，一字千钧，浑然一体，胜过如林的刀戟斧钺和百万精兵。有例为证：

> 邑绅王士秀之女舜英，及笄有艳名。少年胡维仲涎之已久，数次委禽（送聘礼），不许，心衔恨之。一日见舜英倚窗作远眺，维仲恶念顿起，即对窗解袴，作种种秽亵状。舜英游目见之，羞愤不能容，即唤小婢入房语以故，旋即雉经（自缢）死。其父士秀屡控胡维仲调戏致死，皆不准。客以嘉兴钱延伯荐，士秀许以二千金作一状。状成，视其中只有两要句，维仲卒以大辟论罪。延伯刀笔之名大噪。原禀云：
> 为秽亵调戏羞愤自杀，请求雪耻正法事。

---

① 襟霞阁主编：《刀笔菁华》，21 页。
② 参见［美］黄宗智：《清代的法律、社会与文化——民法的表达与实践》，16 页，上海，上海书店出版社，2007。
③ 详见（清）蓝鼎元：《鹿州公案》第六则，《没字词》。
④ 参见（清）纪昀：《阅微草堂笔记》卷三，《滦阳消夏录三》。

民女舜英，生年十七，未出璇闺，忽于某月某日，无故雉经自尽。事后询之婢子翠芳，始知为胡维仲秽亵调戏，羞愤自尽。窃维仲调戏虽无言语，勾引甚于手足。种种秽亵情形，有难以形诸楮墨者，婢子翠芳亦所目睹。言之足羞，思之可恨。小女含冤入地则亦已矣，惟淫棍加此猰狙（狙狂），实干法纪，伏乞宪台严办，以慰幽魂而肃风纪。不胜衔结。上告。①

正如衡阳秋痕楼主赵秋帆的评议所云："按此案舜英之死，自杀也，非谋害也，又无证据，又属秽亵，且法无明文。考清朝律例云：'凡语言调戏、手足勾引，因而致死者论斩。'今维仲之行为，谓为调戏，则无语言；谓为勾引，则非手足。如此则断难坐以杀人大罪也。乃钱延伯在语言调戏、手足勾引之中，轻轻加入'虽无'、'甚于'二字，则活画出当时解袴调戏之状，以婢子诬之而维仲无生理矣。着墨不多，历历如绘，延伯不独刀笔之雄，亦写生妙手也。噫！一字之诛，严于斧钺，信然。"其实，除此之外，本状还有一些可圈可点之处。比如"小女含冤入地则亦已矣，惟淫棍加此猰狙，实干法纪"一语，由个案放大至法纪，由个人冤抑推及社会正义，彰显了此案的社会意义，从而令司法官不能不高度重视和受理此案，否则无以"慰幽魂而肃风纪"。

（诸）福宝游天竺山，遇土豪名飞山虎，足踢民妇死之。豪以纹银十两作偿命资。民慑其势炎，不敢较。福宝路见不平，代草一状控豪。状云：

为土豪横行，惨杀发妻事。

窃李某某，绰号飞山虎，素性蛮悍，无恶不为。今兹怒马横行，践民人之亩。民妇出而干预，豪即飞足踢中要害，当即身死。豪全不介意，掷下纹银十两，扬长自去。夫身有纹银十两，已可踢死一人；若家有黄金万镒，便将尽屠杭城。草菅人命，于此可见。不想光天化日之下，而乃有此恶魔。伏祈缉凶法办，以慰冤魂。上伸国法，下顺民情，存没共戴。沥血陈词，哀哀上告。②

该状在简短的篇幅中，首先将案情的来龙去脉交代得一清二楚，准确而生动。接着以满腔的正气，强烈地谴责和指控草菅人命的土豪，特别是"身有纹银十两，已可踢死一人；若家有黄金万镒，便将尽屠杭城"一语，把富豪的恶行符合逻辑地延伸、放大，以彰显其严重的社会后果，有如警钟雷鸣。最后三句乃是表达"缉凶法办"的诉求和意义。由于该状义正词严，入木三分，据说法曹见帖汗如雨下，乃拘捕该富家子，控以杀人之罪。

（三）死伤为诉，假意真情

诉讼程序通常都是通过精心营构的词状来启动，但在诬陷、逼债、被污等特定情况下，蒙受冤抑的一方当事人，有时会采取极端的手段——以自残甚至死亡的方式来行使诉权，即以死伤为诉。

所谓"自残"，指的是诉讼当事人自我毁伤，包括髡、劓耳、劓面、伤目、钉手、钉脚等。③ 如北宋真宗大中祥符年间，就有忻州（金陕西省）民女"诣检院钉手诉田"。原来该民

---

① 襟霞阁主编：《刀笔菁华》，14～15 页。
② 襟霞阁主编：《刀笔菁华》，31 页。
③ 参见张全民：《中国古代直诉中的自残现象探析》，载《法学研究》，2002（1）。

女的父亲到县诉田产纠纷，被县衙杖责。该女为父申冤，不惜钉手赴京直诉，引起了真宗的同情。《名公书判清明集》卷十三《钉脚》的判词中也载有婺州兰溪（今浙江金华一带）方明"子为诉兄冤立牌钉脚"之事，后经官方查明，原来此为枉诉，由此引起了婺州司法官的感叹。

这里所说的"死"，也有几种情况：一是假惺惺作秀"请死"（如襟霞阁主《刀笔菁华·赖婚离异之恶禀》）；二是以"死"相威胁进行诉讼；三是"真死"以向对方施压，唤起众人和司法官的同情。宋代《范文正集》卷十三记载：在江西、福建等地，民间争讼有"与人有怨，往往食毒草而后斗，即时毙仆，以诬其怨者"。《宋史》卷三〇二《吴及传》中记载，福建百姓为了争讼之胜，"多自毒死以诬仇家，官司莫能辨"。《名公书判清明集》卷十三《以死事诬赖》一案的书判中也说，江南东路某些百姓"专以亲属之病者及废疾者诬赖报怨，以为骗胁之资"。清代《刑案汇览》卷三十五也记有一个"真死"的案件：高殿元因贫穷难以度日，便携妻耿氏和八岁之女离开原籍，求乞度日。不久，高殿元在途中结识郑源之母黄韩氏，黄韩氏欲将高殿元之女住妮许配给郑源之子郑庚申为妻。于是，郑源借邻居李杜轩的空房给高一家居住。郑源经常资助钱财给高殿元。有一天，高殿元外出，郑源到高家探望，见高耿氏一人在家，便起意图奸。高耿氏不依，大声喊骂。郑安图挟制通奸，声言如不依从，高耿氏一家就得马上搬走，并须偿还过去资助的所有钱财。数日后高殿元回家，其妻详诉情由，并羞愤难忍，先将女儿住妮掐死，然后写下冤状两张，夫妇各揣一张，自缢身亡。案发后，山东巡抚判郑源斩监候。刑部经核查，郑源因调奸不成，恃强挟制逼死一家三口，如该抚所判将案犯仅依因奸威逼人致死判监候，而置一家三口丧命于不顾，不足以惩治淫凶郑源。遂改判为斩立决，并得到皇帝的批示：嗣后如有类似案件，即照此案定拟斩立决。在本案中，高殿元一家三口在流落他乡、蒙受威逼与羞辱的情况下，不得已选择了以死亡的方式来控诉淫凶郑源，并最终达到了目的，只是代价未免太大。

面对以死伤相诉的情形，另一方当事人又该如何应对呢？从有关资料来看，不外一文一武。所谓"文"，就是作为被告的强者一方，每每使用"借命图赖"这样的说法，来对付"要钱没有，要命倒有一条"之类的弱者，但事实上它主要针对作秀"请死"或以"死"相胁的情形。对方真要是死了人，就得诉诸以"武"，即采取切实的行动或策略，来摆脱干系或减轻责任。且看"香钩沾泥"一案：

> 孀妇陆婉珍，与比邻汤翁争片壤。翁饶资财，上下贿赂，婉珍不得直，怨愤填膺，无处昭雪，夜缢于汤墓。汤翁辇金求谢方樽作状词。方樽命易尸之绣鞋，遂为作状云：
> "诉为冤遭仇陷，移尸图害事。
> 窃民之祖墓坐落某都某图，四面苗田，登临非易。倘逢天雨，更觉泥泞。忽于某月某日清晨，经人报告，有一尸首，悬挂林间，识为比邻卢氏孀姝。民即亲往察视固确，当即告知地保。究检再三，始识移害。查尸属多虎而冠者，借口为民逼勒致死。夫逼人勒命，案岂等于寻常？诬告挟嫌，律乃严乎反坐。而况弱质闺姝，黑夜焉知汤墓？连宵春雨，香钩初未沾泥。推测情形，移尸可断，岂容借口，黑白淆人？谨请昭雪，含冤上禀。"①

---

① 襟霞阁主编：《刀笔菁华》，3页。

该案中，孀妇陆婉珍之死纯属自缢，汤翁虽无直接责任，但有不少干系，是其“上下贿赂”使陆氏“不得直”的结果。为了摆脱干系，汤翁重金求助于讼师。讼师谢方樽在“命易尸之绣鞋”的基础上，以“冤遭仇陷，移尸图害”为诉由，巧妙地嫁祸于无辜的第三者。

三、案情声辩艺术

由于我国古代一直沿用纠问式诉讼制度，当事人在法庭上只有回答司法官询问的义务，很少有主动为自己辩护的权利。当事人的观点和主张只有在告词、辩词、禀词中简要地提出来。当然，事实上双方当事人都会充分利用堂讯的机会，尽可能充分地展示自己的观点和理由（包括证据），驳难或否决对方的主张。但由于当事人大多并不精通法律，甚至连系统地陈述自己的观点都有困难，而讼师又不能出庭替当事人辩护，因而在很长一个时期里，当事人的案情声辩艺术并没有得到应有的发展，甚至在各种史籍、档案和笔记中都很难见到当事人的告状、诉状和辩词。这种状况几乎持续到明末。而司法官的堂辞、判语及判例等则全然是另一番景象，至少在五代以后，这方面汇编成册的书籍明显增多。

（一）诉冤鸣孝，情感动人

众所周知，中国古代社会从西周开始，政治与法律便有着非常强烈的道德色彩，汉代引礼入律，到唐代礼法合一，道德的法律化和法律的道德化进程便基本完成。随之而来的是，法律的表达与实践往往不是注重技术的精确化和中立性，而是努力凸显道德的正当性或合理性。这不仅表现为国家法律充满道德术语，而且当事人在法律生活中也普遍运用“诉冤”、“鸣孝”的道德话语和诉讼策略。如原告到官府打官司首先是“击鼓鸣冤”，在告词和堂讯过程中常用的修辞手法也是指责对方（被告）是如何“欺人太甚”或者“恃强凌弱”的，自己又是怎样蒙受“冤抑”而“申冤无门”的。而被告也往往采取同样的诉讼策略和道德话语来指责或反击对方。“这是因为，在官僚眼里，争利乃是小人之举，诉冤却是正当的要求。”①在特殊的中国传统法律文化语境下，这种诉讼策略和修辞技巧一旦成功，往往会将对方置于道义上的劣势地位。且看“奸妇声冤”：

> 某妇恋奸情热，遂与所欢共同谋死其夫，割去面肉，弃之田间。事发，人疑某妇，为邻人所告诉。令将坐以谋杀亲夫之罪，因尸首面目模糊，难以辨认，故未定谳。妇之亲属遂以千金赂名讼师陈惠慈，请作一状。状上，卒有效，得免罪。状曰：
>
> 为剖白奇冤，请求昭雪事。
>
> 妾十八嫁夫，十年伉俪，鱼水同欢。夫月杪（月末）出门，归期未卜。正寤寐怀思之际，忽加妾以不白之冤，指认腐尸，诬妾藁砧。长官不察，将错就错，拟坐妾以杀夫之罪。妾之含冤入地，固亦无可如何。倘若吾夫一旦归来，试问谁尸其咎？伏乞矜全，以待夫归。冤洗西江，恩同再造。上告。②

该答辩状属于“诉冤”声辩策略的典型例子。它的巧妙和可恶之处，就在于以莫须有的

① 徐忠明：《诉讼与申冤：明清时期的民间法律意识》，载徐忠明：《案例、故事与明清时期的司法文化》，236页，北京，法律出版社，2006。

② 襟霞阁主编：《刀笔菁华》，12～13页。

"十年伉俪，鱼水同欢"的事实，掩盖"恋奸情热、谋死其夫"的犯罪事实；以子虚乌有的"月秒出门，归期未卜"，来搪塞丈夫的被害身亡；以虚情假意的"寤寐怀思"，来嫁接所谓的"不白之冤"。紧接着，状辞在责怪"长官不察"的基础上，平地一声惊雷："妾之含冤入地，固亦无可如何。倘若吾夫一旦归来，试问谁尸其咎？"这故作豁达而又笔锋犀利的一句"灵语"，直中县令的软肋。最后一笔如同仙人指路："伏乞矜全，以待夫归。冤洗西江，恩同再造。"既回应主题，又给县令以确切的暗示。无怪乎秋痕楼主（赵秋帆）评曰："笔锋之锐利有如此，然亦开令以避重就轻之路也。人死不能复生，令岂不知？妇因此得生矣！"

以上是声辩过程中"诉冤"策略的运用。它既可用于自我声辩，也可以用于对他人的声辩。

如果是长辈亲属触犯法律、咎由自取时，晚辈则往往采取"鸣孝"策略来为之声辩，直至以身替刑（这种情况下刑罚往往会酌情减轻）。《汉书·刑法志》就载有这样一则"女赎父刑"的案例：

> （孝文帝）即位十三年，齐太仓令淳于公有罪当刑，诏狱逮系长安。淳于公无男，有五女，当行会逮，骂其女曰："生子不生男，缓急非有益！"其少女缇萦，自伤悲泣，乃随其父至长安，上书曰："妾父为吏，齐中皆称其廉平，今坐法当刑。妾伤夫死者不可复生，刑者不可复属，虽后欲改过自新，其道亡繇也。妾愿没入为官婢，以赎父刑罪，使得自新。"书奏天子，天子怜悲其意，遂下令曰："……其除肉刑，有以易之；及令罪人各以轻重，不亡逃，有年而免。具为令。"

在本案中，一向为官廉平的齐太仓令淳于公，因故获罪，依法当被施加肉刑，其小女儿缇萦上书孝文帝，一方面晓之以理："死者不可复生，刑者不可复属，虽后欲改过自新，其道亡繇（无由）也"；另一方面动之以情和孝：甘愿没为官婢，以身赎父刑罪。而"妾伤……"一句，更是情理兼备，结果打动了孝文帝，不仅减轻了淳于公的刑罚，而且废除了在我国历史上延续了两千多年的肉刑（后来又一度死灰复燃）。少女缇萦为救父亲和类似的罪人，情、理、孝兼用，可谓有勇有谋，达到了颇高的声辩艺术境界。

（二）条分缕析，法理服人

自古法律就是最讲理的，司法官就叫做理士或理官，审判案件的一般说法是理讼狱。因此，条分缕析、法理服人既是声辩艺术的重要表现形式，也是法律的内在要求。只不过要真正做到条分缕析、法理服人，声辩者必须具备较高的学理素养和法律素养，以及较强的逻辑思辨能力。在教育很不普及的古代社会，只有相关官员、士人、乡绅和讼师才有可能。

且看"直言辩诬"一案：

> 有人控告杨瑟严为恶讼师，邑令即拘之入狱，不问情由，请其尝铁窗风味。杨不能忍，草一禀呈上：
>
> 为辩诬洗耻事。
>
> 窃圣上功令，禁讼棍不禁讼师。夫以曲为直者为讼棍，以直为直者为讼师。讼棍足以淆惑是非，混乱黑白，禁之固当。讼师为人鸣不平，为人反冤狱，奖之不遑。乃堂上弗察，听曾子杀人之言（见《国策》），坐公冶缧绁之罪（见《论语》）。屈抑良黎，

损人名誉，有使人难堪者，窃为堂上不取也。谨请斟酌行事，为民拔冤洗耻，实为德便。①

自春秋邓析以来，官方对于讼师一类人物一直就毁誉有加，惩戒和禁业之言行不绝如缕。晚清著名讼师杨瑟严就因被人告发而被捕入狱。杨瑟严不想也不能否认自己的讼师身份，他的自我声辩紧扣住"讼师"与"讼棍"的区别，从法律规定和历史事实两个层面予以展开，不仅言之成理，而且在历史上第一次为讼师正面辩护。其最为切要和成功之处，就在于法律与史籍上确实从来未有明确否定和惩戒过"讼师"，有关的表述均为"诈伪之民"、"讼棍"之类。而原告对杨的控告乃是"恶讼师"，而非"讼棍"。现在专为人"鸣不平"、"反冤狱"的讼师居然被诬而身陷囹圄，此"为堂上不取也"，"谨请"县宰"拔冤洗耻，实为德便"。

上例属当事人自我声辩艺术的展示。案情声辩的另一种常见形式乃是与案情没有直接利害关系的第三人的声辩。此类声辩的基本出发点乃是确保当事人不受到超出法律的不公正待遇和社会正义在特定个案中的体现。请看南朝时期的"发冢连坐"案：

> 孝武于元嘉中（南朝宋文帝元嘉年间），出镇历阳，沈亮行参征虏将军事。人有盗发冢者，罪所近村人，与符伍遭劫不赴救同坐。亮议曰："寻发冢之情，事止窃盗，徒以侵亡犯死，故同之严科。夫穿掘之侣，必衔枚以晦其迹；劫掠之党，必諠呼以威其事。故赴凶赫者易，应潜密者难。且山原为无人之乡，丘垄非常途所践，至于防救，不得比之村乡。督实劾名，理与劫异，则符伍之坐，居宜降矣。又结罚之科，虽有同符之限，而无远近之断。夫冢无村界，当以比近坐之，若不域之以界，则数步之内，与十里之外，便应同罹其责。防人之禁，不可不慎。夫止非之宪，宜当其律。愚谓相去百步内赴告不时者，一岁刑。自此以外，差不及咎。"②

在本案中，沈亮认为对附近村人因发冢不觉而处以与符伍遭劫不赴救同坐的刑罚是不应该的。其理由有四：首先，掘墓的意图在于盗窃，只因为它侵犯了死者，所以与盗窃同罪，从严处罚。其次，掘墓盗窃具有秘密性，而抢劫具有公然性，人之常情是赴救遭劫者易，发觉偷盗墓地者难。再次，墓地一般都比较偏远，而抢劫常发生在乡村，防、救的难度明显不同。最后，坟墓没有村界，罪及附近村民应有一定的距离界限，数步之内与十里之外应有明确区别，否则就极不合理。基于这些理由，他的结论是：距离墓地百步之内告发不及时者，处一年的徒刑；超出百步之外的，都不予追究。沈亮为附近村民的声辩理由充分，条理明晰；他的处断措施也显然是符合人情事理的。

（三）颠倒黑白，混淆视听

至少从春秋邓析开始，诉讼当事人和助讼人以是为非、以非为是，颠倒黑白、混淆视听的情形就不断地载诸史册。诉风日炽的清代表现得尤为明显。

> 有父讼其子忤逆者。子大恐，持重金投师，师曰："子无诉父理，奚以救为？"子出金跽请，师曰："汝有妻乎？"子曰："甚少艾。"曰："汝能书乎？"子曰："予曾应童子

---

① 襟霞阁主编：《刀笔菁华》，27 页。
② （唐）杜佑：《通典》卷一六五，《刑法五》。

试，亦能书。"师受其金，曰："得之矣，汝试作数字。"子书以示之，师熟视曰："汝转背反手向予，试书符汝手，握之见官云云，则无患矣。第不得私视掌，否则符泄不灵，且致大患，慎之慎之。"子诺，听其书毕，亟握而去，自投公堂。官果诘问，子痛哭不对，官怒呼杖，子如师教，膝行而前，舒掌向官，官视其左手，曰"妻有貂蝉之貌"，其右手曰"父生董卓之心。"官掷笔与之曰："书来。"子书以献，官对其掌，字迹同，遂叱其父曰："老而无耻，何讼子为？其速退，勿干责也。"①

该案的讼师可谓无耻之尤，但我们又不能不为之拍案叫绝："妻有貂蝉之貌，父生董卓之心。"这一联语堪属颠倒黑白、混淆视听方面的千古绝唱！可怜的是，逆子之父败了官司还蒙羞受辱，不明究竟。真是冤哉枉矣！

四、诉讼推进策略

（一）小事闹大，造势压人

长期以来，由于司法资源十分有限，官府衙门往往视婚姻、田土、钱债纠纷为不可与命盗重案相提并论的细故，不予重视。但对于小民百姓来说，细事不细。为了耸动官府视听，并给另一方当事人和司法官制造压力，人们便常常采取"小事闹大"的诉讼策略。

徐忠明教授的研究表明，小民百姓把小事闹大的手段有四：一是谎状，二是缠讼，三是自杀，四是械斗。② 这是很有见地的。不过，械斗往往是诉讼的起因，或是诉讼不能很好地化解矛盾的结果。它与诉讼推进策略很少有直接关系，倒是聚众兴讼值得重视。

1. 编造谎状

如前所述，我国很早就有"无谎不成状"的说法与做法。但前文的分析只是基于"危言耸听"——即引起司法官吏的重视与受理。事实上，编造谎状还有一个很重要的目的或功能，那便是虚张声势，造势压人。它一方面会给司法官吏留下较为深刻的印象，影响甚至误导社会舆论，从而给另一方当事人造成压力，使其有口难辩，即使在法庭内外能够声辩，也将付出九牛二虎之力。这也正是"恶人先告状"的主要原因之一。另一方面，这种虚张的声势尽管大多会随着法庭的审理和事实的澄清而烟消云散，但这种澄清本身就对另一方当事人和司法官构成压力，更何况由于种种原因，有些事实根本就难以澄清，虚张的声势也就难以完全破灭。这就不能不影响司法官的判别与裁断。

2. 聚众兴讼

俗话说："贫不与富斗，贱不与贵斗，民不与官斗。"不过，一旦事到临头，自身的权益受到严重侵害的时候，争讼便势不可免，所谓"兔子急了也咬人"。但为了进一步缩小力量上的差距，聚众兴讼就成了许多人当然选择的诉讼策略。它既可以克服普通当事人势单力薄所带来的卑怯；又可以壮大声势，引起官府的注意和重视；同时还有一层法律文化语境意义上的保险：法不责众。如明末余显功编撰的《天启崇祯年间潘氏不平鸣稿》中记载的徽州府

① （清）吴炽昌：《客窗闲话》卷四，《书讼师五则》；徐珂：《清稗类钞·讼狱类》。
② 详见徐忠明：《诉讼与申冤：明清时期的民间法律意识》，载徐忠明：《案例、故事与明清时期的司法文化》，271～277 页。

休宁县潘余两姓围绕一幅价值二十五两纹银的庄地所展开的"六年三讼"案件，以及清代乾隆三十一年（1766 年）山东兖州府"清厘邹县尼山祭学两田地亩争控案件"，都是具有家族性质、涉案人数众多（后案原告方"六十余人两次控府，四次控县"）历时较长的聚众兴讼案。①

3. 缠讼磨讼

聚众兴讼毕竟只有在那些与众人都有利害关系的事件上才行得通。"事不关己，高高挂起。"没有利害关系或关系不是很大的事情，人们一般只会袖手旁观看热闹，而不会集体诉诸衙门。通常情况下，诉讼只是个人或少数人之间的事情。为了争得财产、出口恶气、挽回面子、保住声望，"缠讼"或"磨讼"便成了一种基本手段。"事实上，缠讼基本上属于贫弱阶层的诉讼心态和行动策略。这是因为，他们手中没有任何社会资源可以利用，与衙门也无任何关节可通，所以，惟有'缠'或'闹'一途。"而且"缠讼具有放大'讼由'的功能——越级控诉，可以给地方衙门造成一种来自外部的压力；京控直诉，更能起到给整个帝国司法机构施加压力的功效；而案件一旦引起皇帝的垂顾和追究，有关官僚的前程将会受到影响，不仅可能乌纱不保，而且还会引起性命堪忧的严重后果"②。

4. 死伤助讼

"缠讼"、"磨讼"耗费时日，且需要耐心和恒心，并以丧失正常的生活方式为代价。但即使如此，也不一定能达到预期的目的。在这种情况下，蒙受冤抑而又处于特别不利地位的一方当事人，有时会采取极端的手段——以死、伤推进诉讼。如《宋会要辑稿·刑法》三之一六载：北宋真宗大中祥符年间，就有忻州（今陕西省）民女"诣检院钉手诉田"。原来该民女的父亲到县诉田产纠纷，被县衙杖责。该女为父申冤，不惜钉手赴京直诉，引起了真宗的同情。

总之，不管基于何种原因，上述种种手段和策略的运用，从原告来讲，主观上都是为了把小事闹大，造势压人；而从被告来讲，则是尽量大事化小，摆脱劣势。双方都是为了使诉讼朝着有利于自己这一方发展；而客观上也或多或少地产生了预期的效果，只是手段过于极端，代价未免太大，尤其是以死伤助讼。

（二）偷梁换柱，制造迷津

众所周知，证据对于诉讼是至关重要的。证据不足、不确或不当，对于民事案件的当事人来说，将承担败诉的后果；而对于刑事诉讼的被告则意味着脱罪或轻罪。因此，诉讼当事人都非常重视证据的收集、保全和运用。为了达到混淆视听、应对诉讼的目的，有些当事人或助讼人也就往往在证据上打主意、做文章。颠倒黑白、移花接木就是他们惯用的伎俩之一。有"妻替奸妇"案为证：

> 某生者，与同村之富室某姓中表也，素为司会计。某富室夭亡，仅遗少妇而无子，富室之族争欲入继。妇曰："未亡人年未二十，若继幼嗣，不善抚育。若继长者，恐贻口实，请俟数十年，得为老妇则惟命。"族人无词以答，然知其少艾，必不能安于其室，

---

① 参见徐忠明：《关于明清时期司法档案中的虚构与真实》，载《法学家》，2005（5）；徐忠明：《小事闹大与大事化小：解读一份清代民事调解的法庭记录》，载《法制与社会发展》，2004（6）。

② 徐忠明：《案例、故事与明清时期的司法文化》，272 页。

将乘隙以图之，贿仆婢以伺之。妇果与生通，始犹朝至暮归，继则与妇同寝处矣。族人得确耗，约仆婢启关，群哄入寝室，生与妇皆裸卧不及遁，连卧具卷而缚之进入城。喧传村落间，生之妻闻信大恐，亟叩讼师之门而求救，师曰："奸已执双，何从置辩？能从我计，尚可为也。"妻曰："生死惟命。"乃嘱其披发毁妆，唤健妇扶而去之。其时漏三下，晚衙已闭，巡逻之役见执奸至者，谕令姑停班馆，俟早衙呈报。于是安置生妇于密室，而群坐外室以待之。师密持重金，偕生妻饮泣而来。役识讼师，金曰："先生何为暮夜至此？"师指生妻曰："是为予外妹，所执之男子，其夫也，妹误谓杀奸，则夫已死，痛不欲生。予曰：'执奸者为族人，焉敢杀？'妹不信，必欲一睹夫面，予故偕来。"语次以金授役，役笑曰："既为先生妹，请至密室观之，无恙也。"健妇扶妻入，未几天曙，传呼放衙，师亟携妹出，仍披发掩面，唤舆送归。无何，官升座，讼者入告，命役将生与妇入帏而给衣。生出，诘之曰："儒者作奸犯科可乎？"生曰："夫妇居室，人之大伦，何为不可？"官曰："被执者是汝妻耶？"生曰："然。"官曰："乌得同宿某家？"曰："生与某姓至戚，向为司事，戚某死，其妇少寡，生欲别嫌，是以偕妻同居，不意族人误执也。"遂唤生妻出，众见非妇，气馁而不敢辩，遂杖族人而释生夫妇。二人归，厚酬讼师。[①]

俗话说"捉奸要捉双"。本案中奸夫奸妇双双裸身被拿，按说已无可奈何了。但有关人员偷梁换柱，移花接木，利用案发半夜的有利时机，买通监押人证的衙役，妻替奸妇，使重要人证掉包，第二天庭审时令捉奸的族人目瞪口呆，受杖而结案。

（三）进退有据，避重就轻

打官司总是有进有退、有始有终、有输有赢。对当事人来说，重要的是要进退有据，避重就轻，输赢得当。总体上看；官司的输赢虽然不是单方面所能决定的，但诉讼过程中的进退方式和轻重得失在一定程度上却是可以选择的。在这一层面上，诉讼推进策略与手段主要有如下两种表现形态。

1. 图准不图审，见好就收

对于相当一部分当事人来说，投告官府并不一定意味着要把诉讼进行到底，而只是为了对进行中的民间调解施加压力，得到意想的折中。可以说，正是以判决为主的官方正式解纷系统和以调解为主的民间非正式解纷系统的相辅相成给了人们施展才智、操纵利用的空间。黄宗智对清代四川巴县、河北宝坻县以及台湾地区淡水分府与新竹县的民事案件档案的研究表明，在绝大多数情形下，诉讼记录在正式开庭前即已中止，原因要么是当事人或官府没有积极追理此事（占42%，含记录受损及散失的数例），要么是当事人声称已自行解决争端（占20%）。当事人坚持到法庭最后判决的案子只占35%。黄宗智根据这些数据推断："有相当数量的当事人把告状当作纠纷中向对方施压的一种手段。有些人明显的是在吵架斗殴之后，因一时冲动而采取告状行动的。也有些人是在调解时为了使对方屈从自己的条件，用呈状投诉的方式吓唬对方。还有些人则可能策划利用告状的办法，把官府的观点带到调解过程当中。例如在沙井村的通行权纠纷中，我们看到，赵文有在向县法院告状之后，有效地改变

---

① （清）吴炽昌：《客窗闲话》卷四，《书讼师五则》。

了他与李广恩争端的村内调解条件：法院有可能采取的立场成了达成调解方案的部分底线。在此案中，赵氏通过投诉而在村内调解过程中占了上风。"① 这正好印证了俗话所说的"图准不图审"的诉讼策略。

2. 金蝉脱壳，避重就轻

作为刑事案件的被告，在诉讼过程中所能做的，不外乎尽量使自己脱罪或减轻罪责。为此，正面声辩是一种方式，但此外还有更巧妙的方式。请看金蝉脱壳的"杀人赖图"案：

> 乡里有王甲者，无赖之尤。某日黄昏时分，与邻人赵乙口角起衅，以致殴打，中赵乙要害而死。王甲以未被第三者所见，当即脱逃，求计于谢方樽。方樽命王甲连夜远奔。出境行三十里，鸣声已唱，王甲潜入李姓家，作盗物状，故为所执，送至邑署。后杀人罪发，有疑王甲者。方樽复为王甲作一辩诉状，代为辩白云：

> 为辩诬雪冤事。

> 赵乙人命一案，人言啧啧，疑及小民。有谓小民加害赵乙致死者，将砌词以诬告，捏情以耸听。窃思杀人戕命，案岂等于寻常；扳诬造谣，律乃严乎反坐。小民虽有肱箧之手腕，尚无杀人之心肝。且甲地与乙所水隔三重，路遥卅里，若谓小民当日杀人于甲地，岂能偷盗于乙所？且杀人称在夜半，掘壁尚在黄昏，以情度理，事迹昭然。小民冤死不足惜，窃恐真凶逍遥法外，死者赍恨九京（抱恨于地下），其能瞑目乎？伏乞宪台明镜鉴察，另缉真凶，为小民雪此无妄之灾，则生当衔环，死应结草，报答无尽也。上告。②

这是典型的"避重就轻"。其瞒天过海的手段与吴炽昌《续客窗闲话》卷三《义盗》中的太湖大盗黄八子避重（命案）就轻（盗案）如出一辙。所不同的是，黄八子是个义盗，自身并未犯命案，只是预计盗党采花必败，不想在同伙的采花命案中受牵连，而远奔异地冒认丝肆被窃案。而本案中的王甲乃真正的人命重犯，但在讼师的策划和声辩下，居然推托得与命案毫无关系！就辩诉状而言，先述及于己极为不利的舆论，然后，"窃思杀人戕命，案岂等于寻常；扳诬造谣，律乃严乎反坐"。这不仅是自我声辩，更是反咬一口，反控诬告，以便让持相关观点的人闭嘴。接着再自我涂脂抹粉："小民虽有肱箧之手腕，尚无杀人之心肝。"谎撒得冠冕堂皇，如真的一般。再以两地相隔数十里、两案相隔时段不长为据，证明自己身上没有人命案（状中的"黄昏"当为"拂晓"）。在此基础上，再诉诸情感和"大义"："小民冤死不足惜，窃恐真凶逍遥法外，死者赍恨九京，其能瞑目乎？"假如你就是主审官，在此情形下，能不考虑"另缉真凶"吗？

上述种种诉权运作艺术，作为当事人攻防的策略和技巧，自然无可厚非；但司法官却不能不警惕。

---

① ［美］黄宗智：《清代的法律、社会与文化——民法的表达与实践》，155～156 页。
② 襟霞阁主编：《刀笔菁华》，23～24 页。

第四节
中国传统听讼断狱艺术

一、调解息讼的策略机制

通过调解而息讼是中国传统法律文化的一个普遍而重要的现象①，也是众多论者议论不休的话题。总的来说是贬多于褒。在此，我们拟围绕调解息讼的策略机制这一中心，着重探讨古人如何息讼。有学者对此总结出"拖延"、"拒绝"、"感化"和"问罪"4 种"息讼之术"②，其实还有"理喻"等方式。

以感化的方式达到息讼的目的是儒家以德教化人的思想在诉讼文化中的必然体现，传统中国的调解制度也从这里汲取了丰富的养分，共同演绎着充满人情味的传统社会。

> 韩延寿字长公，燕人也，徙杜陵……（春月）行县至高陵，民有昆弟相与讼田自言，延寿大伤之，曰："幸得备位，为郡表率，不能宣明教化，至令民有骨肉争讼，既伤风化，重使贤长吏、啬夫、三老、孝弟受其耻，咎在冯翊，当先退。"是日，移病不听事，因入卧传舍，闭阁思过。一县莫知所为，令丞、啬夫、三老亦皆自系待罪。于是讼者宗族传相责让，此两昆弟深自悔，皆自髡肉袒谢，愿以田相移，终死不敢复争。延寿大喜，开阁延见，内酒肉与相对饮食，厉勉以意告乡部，有以表劝悔过从善之民。延寿乃起听事，劳谢令丞以下，引见尉荐。郡中歙然，莫不传相敕厉，不敢犯。③

上述"延寿思过"和《后汉书》卷七十六《循吏列传》所载"许荆请刑"都是司法官员以自我归罪的方式，让当事人感动、愧悔，从而息讼。下述"泣母子讼"则是创设一定的情景，让当事人感悟而辍讼：

> 韦景骏，司农少卿弘机孙。中明经。神龙中，历肥乡令。后为贵乡令，有母子相讼者，景骏曰："令少不天，常自痛。尔幸有亲，而忘孝邪？教之不孚，令之罪也。"因呜咽流涕，付授《孝经》，使习大义。于是母子感悟，请自新，遂为孝子。④

《魏书》卷八十八《张恂传》则载有"张长年赐牛息争"的故事，当属感化息讼的第三种类型：

> （张）长年，中书博士。出为宁远将军、汝南太守。有郡民刘崇之兄弟分析，家贫惟有一牛，争之不决，讼于郡庭。长年见之，凄然曰："汝曹当以一牛，故致此竞，脱有二牛，各应得一，岂有讼理。"即以家牛一头赐之。于是郡境之中各相诫约，咸敦

---

① 《曶鼎》第二段铭文所载由东宫受理和判决的大贵族曶与匡季之间关于寇禾纠纷一案，就是以调解解决的。
② 马作武：《古代息讼之术探讨》，载《武汉大学学报》（哲社版），1998（2）。
③ 《汉书》卷七十六，《韩延寿传》。
④ 《新唐书》卷一九七，《循吏列传》。

敬让。

理喻就是让当事人从理智上认清讼争的利害得失，从而主动止讼、息讼。南宋胡太初曾说："大凡蔽讼，一是必有一非，胜者悦而负者必不乐矣。愚民懵无知识，一时为人鼓诱，自谓有理，故来求诉。若令自据法理断遣而不加晓谕，岂能服负者之心哉？故莫若呼理曲者来前，明加开说，使之自知亏理，宛转求和，或求和不从，彼受曲亦无辞矣。"① 清代汪辉祖也有类似的说法。② 理喻息讼的关键在于所阐述的"理"需浅显易懂，并切合当事人，否则如同对牛弹琴，达不到"喻"的目的。据说古代有这么一个案例：俩兄弟父母尚在，经常发生矛盾，要求分家另过，诉至县太爷处。这个县太爷并没有拿出法典，照念一遍"父母在不得别籍异财"的大道理，而是开口问道："你们兄弟俩认得字否？"俩兄弟说："认得几个字。"县太爷随手写了一个"贫"字和一个"富"字，并问兄弟俩："这两个字你们俩可否认得？"兄弟俩很是纳闷，支支吾吾，不说认得也不说不认得。县太爷一眼看出他们的心思，是认得其字但不识其意。他解释说："这个字认'贫'，为什么贫啊？分钱就会导致贫穷；这个字认'富'，为什么富啊？一家人在一口田里面就会富裕。"听完县太爷这番解释，俩兄弟恍然大悟，忙称："大人说得在理，小的不明事理，不再分家另过，回去好好过日子。"这个县太爷的理喻息讼艺术显然就比较高超、巧妙。

拖延诉讼是一种颇为见效的息讼方式。元代曾任堂邑县尹和监察御史、颇有政声的张养浩，在总结审理民事纠纷经验的基础上写成的《三事忠告》中就强调："亲族之讼宜徐而不宜急，宜宽而不宜猛。徐则或悟其非，猛则益滋其恶，下其里中开喻之，斯得休矣。"这方面最典型的案例，当首推明代松江知府赵豫"明日来"："方豫始至，患民俗多讼。讼者至，辄好言谕之曰：'明日来。'众皆笑之，有'松江太守明日来'之谣。及讼者逾宿忿渐平，或被劝阻，多止不讼。"③

拒绝受理诉讼也许是一种极端的息讼方式，但不应简单地认为是统治者出于"太平治世"、"政简刑清"等政治理想而选择的自欺欺人的办法和对"无讼"理想的扭曲与异化。因为有不少起诉案件经审查后司法官认为状词支离、情节虚构、夸大其词而不予受理，有的虽然属实，但退回去由宗族调解更为合适。如《黄岩诉讼档案》中所载的案件，大多都没有受理。当然，退回去的案件中也有一部分显然是应予受理的。

"问罪"严格说来不是一种息讼方式，而是一种釜底抽薪式的避免或减少讼争的手段。自唐律开始，法律上便将"教唆词讼"以犯罪行为论处，对鼓励、帮助人们进行诉讼的"讼师"予以打击。当然，打击讼师，从另一面达到了减少诉讼的目的。

以上所述，基本上都是单一的息讼方式。在具体的司法实践中，有些司法官员往往会综合运用多种手段，以达到息讼和教化的目的。如清代蓝鼎元《鹿州公案》中的"兄弟讼田"一案就是如此。由于学界对此案颇多论述，限于篇幅，这里就不再展开了。

二、情理断案的弹"情"艺术

"情"字在汉语中至少有四层意思：一是指情感，它是与逻辑相对的概念；二是指道德

---

① （南宋）胡太初：《昼帘绪论·听讼篇第六》。
② 参见汪辉祖：《续佐治药言·批驳勿率易》。
③ 《明史》卷二八一，《赵豫传》。

意义上的"情理"，滋贺秀三将它作"常识性的正义衡平感觉"解；三是指情面，即俗话说的面子、脸面等；四是指与法律相对应的"事实"，接近于"情节"一词，古代法律文书中则称之为"情实"。"情理"二字，既可以分开来作"情"、"理"理解，也可以合起来作一个词理解。本文取其后者，与"心理"、"事理"相对而言。意指当事人的主观动机和普通人的情感理路（或情感逻辑），也可以指人的本性或通行的观念。

"律设大法，礼顺人情"。自从汉代因礼入律，特别是唐律礼法合一以后，法律就不再是与"情理"无关或对立的了。宋代韵文律书《刑统赋》开宗明义即称："律意虽远，人情可推。"胡石壁也说："法意、人情，实同一体。徇人情而违法意，不可也；守法意而拂人情，亦不可也。权衡于二者之间，使上不违于法意，下不拂于人情，则通行而无弊矣。"① 清代汪辉祖则有"幕体俗情"、"法贵准情"的说法（《佐治药言》、《学治续说》）。"曹彬缓刑"就是这方面的典型例证：

> 曹侍中彬为人仁爱多恕，平数国，未尝妄斩人。尝知徐州，有吏犯罪，既立案，逾年然后杖之，人皆不晓其意。彬曰："吾闻此人新取妇，若杖之，彼其舅姑必以妇为不利而恶之，朝夕笞骂，使不能自存。吾故缓其事，而法亦不赦也。"其用意如此。②

这只是一起判处杖刑的小案，但身为知府的曹彬并没有以其小而简单地对待；相反，他了解得很全面，认识得很深刻，考虑得很周到。他不仅为犯人着想，更为犯人的家庭着想，为犯人的新媳妇着想。如果这个犯人刚一结婚就受到杖刑的处分，被打得皮开肉绽、血肉模糊，做父母的见了一定很伤心。他们很可能不怨自己平时教育儿子不好，也不怨儿子为什么要犯罪，反而迁怨到新媳妇身上来：为什么前不受刑，后不受刑，新媳妇刚一进门，儿子就受刑，难道她是个"扫帚星"，或是命里克夫？一旦心生疑忌，便难免内心厌恶，朝夕笞骂，结果是不死也得出走。怎么办？如果执行判决，无异于破坏家庭；如果不执行，则关涉国法的尊严，法律面前，谁也不能徇情。于是曹彬采取了一个巧妙的办法，"逾年，然后杖之"。如此，既维护了法律，又避免了对犯人家中可能产生的影响。

与上例在人情与国法的两难中求得平衡不同，"李崇断儿"则是司法官根据当事人对作为诉讼标的的幼儿的情感原理来裁断纷争：

> （后魏李崇，为扬州刺史。）寿春县人苟泰有子三岁，遇贼亡失，数年不知所在，后见在同县赵奉伯家。泰以状告，各言己子，并有邻证，郡县不能断。崇令二父与儿各在别处，禁经数旬，然后告之曰："君儿遇患，向已暴死，可出奔哀也。"苟泰闻即号咷（同"啕"——引者注），悲不自胜；奉伯咨嗟而已，殊无痛意。崇察知之，乃以儿还泰，诘奉伯诈状。奉伯款引，云先亡一子，故妄认之。③

人为万物之灵，最富感情。可是这种感情平时为理智所控制，往往不易流露出来，或者容易作假；一旦出其不意，或遇上突然事故，它就会冲破理智的管束，真实地流露，甚至从内心深处迸发出来。李崇就正是利用这种真情实感来判断上述案件的。李崇之所以要"令二

---

① 《名公书判清明集》卷九。
② （北宋）司马光：《涑水纪闻》卷二。
③ 《北史》卷四十三，《李崇传》；（南宋）郑克：《折狱龟鉴》卷六，《摘奸》。

父与儿各在别处，禁经数旬"，是为儿已"暴死"创造条件。他们倘若天天见面，忽报儿暴死，就不易令人相信或者刺激不大。现在彼此之间数十日不见，忽然得报儿已暴死，对真父来讲，无异是晴天霹雳，他的悲伤哀痛的感情怎么也控制不住。而假父的内心既然原本就没有这种深厚真挚的感情，是无论如何也悲痛不起来的，所以只是"嗟叹而已"。其实，这种"嗟叹"不过是为了装给别人看看罢了。因此，李崇"以儿还泰"，是有百分之百的把握的。

上苍好生以德，而君子治狱以仁。清代万维翰在《幕学举要》的"官方"篇中就深有感触地指出："断狱凭理。理之所突，情以通之，贾明叙曰：人情所在，法亦在焉。谓律设大法，礼顺人情，非询情也。徇情即坏法矣。听断总要公正，著不得一毫意见。为两造设身处地，出言方平允能折服人。尤戒动怒，盛怒之下，剖断未免偏枯，刑罚不无过当，后虽悔之，而民已受其毒矣。昔人云：上官清而刻，百姓生路绝矣。古今清吏，子孙或多不振，正坐刻耳。此言可为矫枉过中之鉴。总之，凡事留一分余地，便是积阴德于子孙也。"即使在今天，这种慎刑重生的思想，都是很值得珍视的。

三、以柔克刚的生活智慧

俗话说，一把钥匙开一把锁。在法庭审讯过程中，也是如此。在犯罪嫌疑人中，有的吃软怕硬，有的吃硬不吃软，有的则软硬不吃。但人又是有感情、有弱点的，关键是司法官员要真正了解对手，找准突破口。对于那些俟死无辞的强硬派，即使刑讯也无济于事，以柔克刚反而能达到预期的目的。"南公塞鼻"案就很好地证明了这一点：

> （北宋）李南公尚书提点河北刑狱时，有班行犯罪下狱，按之不服，闭口不食百余日。狱吏不敢拷讯，甚以为患，诉于宪使。南公曰："吾能立使之食。"引出，问曰："吾欲以一物塞汝鼻，汝能终不食乎？"其人惧，即食且服罪。人问其故，南公曰："彼必善服气者，以物塞鼻则气结，故惧。"[1]

基于种种原因，中国传统刑事司法非常重视当事人的口供。其优点在于可以节约司法成本，减少办案负累。但其缺点至少有二：一是在其他证据不足的情况下，那些奸猾之徒往往要么三缄其口，要么屡供屡翻，让司法官难以定案，从而让真正有罪者逍遥法外；二是容易由此引发刑讯逼供，所谓"三木之下何求不得"，从而造成冤假错案，令无辜者蒙冤。在这种既要尽量避免刑讯，又要让当事人作出真实口供的两难情况下，主审法官的审讯艺术就显得非常重要，也非常可贵。如清朝许奉恩《兰苕馆外史》卷八《张船山先生讯盗》（亦载胡文炳《折狱龟鉴补》卷四《犯盗》）就作出了很有意义的探索。在此案中，张船山好酒好菜招待剧盗，与其一边吃喝一边闲话家常。其实剧盗也知道张船山以好酒好菜跟自己套近乎，是想从他这里得到想要的口供，但他以为只要自己不涉及案情，虚以应对就可以顺利过关。没想到张船山攻其不备，利用剧盗习惯性地讲假话这一特点，以连续三日的闲聊中前后不一致这一事实（证据），证明剧盗屡供屡翻，从而置其于道义上的不利地位，并进而推论其在法庭审讯过程中也是如此，再济之以如实招供与否的出路或刑讯结局，剧盗只好"叩头，吐实，誓不再翻"。这是主审官从智力、道义和情感上战胜强硬对手的典范。

---

[1] （北宋）司马光：《涑水纪闻》卷十四；（南宋）郑克：《折狱龟鉴》卷三，《鞫情》。

上述强硬对手还只是凭借自身的个人意志，司法官还比较好对付。另一种类型的强硬对手就很难处置了。因为他们要么有至高无上的皇权作支撑，要么有强大的实力为后盾。这个时候，司法官不仅要有满腔的正气和出色的胆略，更要有高超的智慧和细密的策略，以及进退有据的分寸感。否则，不但惩治不了罪犯，反而把自己的仕途乃至性命都会搭进去。"允升惩宦"案乃这方面的成功案例：

> （光绪）二十二年，太监李苌材、张受山构众击杀捕者，严旨付部议。（薛）允升拟援光棍例治之，而总管太监李莲英为乞恩，太后以例有"伤人致死、按律问拟"一语，敕再议。允升言："李苌材等一案，既非谋故斗杀，不得援此语为符合。且我朝家法严，宦寺倍治罪。此次从严惩治，不能仰体哀矜之意，已愧于心；倘复迁就定谳，并置初奉谕旨于不顾，则负疚益深。夫立法本以惩恶，而法外亦可施仁。皇上果欲肃清辇毂，裁仰阉宦，则仍依原奏办理。若以为过严，或诛首而宥从，自在皇上权衡至当，非臣等所敢定拟也。"疏上，仍敕部议罪。其时莲英遍嘱要人求末减，允升不为动。复奏请处斩张受山，至李苌材伤人未死，量减为斩监候，从之。①

在本案中，太监李苌材、张受山纠集众人打死了官府的捕快，慈禧太后下旨将此案交刑部审议。当时任刑部尚书的薛允升援引有关惩处光棍的法条判处这两个人死罪。然而总管太监李莲英想袒护这两个亲信，就出面向慈禧求情。慈禧便以《大清律例》中有"伤人置死，按律问拟"一条为由，令刑部复议。薛允升察觉了慈禧想从轻发落当事人的意图。但他在奏折中软中带硬，一方面把不肯让步的决心揉进"不能仰体哀矜之意，已愧于心"、"负疚益深"的自责中；另一方面则坚定地暗示慈禧最多对两人中的从犯从轻处理，其他的就不可能了。在对方调动各方资源说情和反复的刑部复议指令下，薛允升都委婉而又坚定地坚持了最基本的立场，处斩了张受山，将只是打伤了人而没有造成死亡后果的李苌材判处斩监候。

四、声东击西的堂讯游击

法庭审讯犹如作战，贵在打破常规、出其不意。因为对于那些知法犯法者或是惯犯来说，司法原理或审讯套路早已了然于心，且作了防范。在这种情况下，如果依然按部就班地展开堂讯，是不会有什么收获的。更何况有些案件的当事人或幕后人往往身份特殊，或者案情微妙，如果过于直接地审讯，很容易引发正面冲突，还达不到预期的目的。而采用声东击西的堂讯游击战术，则往往事半功倍，效果奇佳。

首先，在中国这样一个王权至上、人情大于法理的环境里，作为一个正直的司法官员，应该如何抗拒压力，秉公执法，而又不露声色地摆平各种关系，至少尽量不发生正面冲突？且看"满宠拷彪"：

> 故太尉杨彪收付县狱，尚书令荀彧、少府孔融等并属宠（满宠时任许县令——引者注）："但当受辞，勿加拷掠。"宠一无所报，拷讯如法。数日，求见太祖，言之曰："杨彪拷讯无他辞语。当杀者宜先彰其罪；此人有名海内，若罪不明，必大失民望，窃为明

---

① （清）赵尔巽、柯劭忞等：《清史稿》卷四四二，《薛允升传》。

公惜之。"太祖即日赦出彪。初，或、融闻拷掠彪，皆怒，及因此得了，更善宠。①

本案与曹操有关，因为杨彪的妻子出自汝南的袁氏（袁绍）家族，曹操颇怀忌心。而尚书令荀彧、少府孔融等与杨彪交好，很同情他，所以有对满宠的嘱托。围绕着案件当事人，一方面事关挟天子以令诸侯、权倾一时的曹操，一方面是自己的顶头上司明确打了招呼，身为许县县令的满宠夹在其中办案，真是左右为难。但他表面上谁的脸色也不看，谁的招呼也不管，一意孤行，秉公办案，而实际上深藏韬略，不露声色，而且分寸掌握得很好。如果满宠真的按照尚书令和少府的嘱咐，"勿加拷掠"，在曹操那儿就会交不了差，甚至会被认为有意偏袒当事人，从而得罪曹操。而"拷讯如法"虽然有违尚书和少府之嘱，但因此而如其所愿顺利了结了案子，不仅得到了尚书令和少府的谅解，甚至"更善宠"。因为荀彧和孔融都是聪明人，他们事后都看出了满宠真实的情感走向与非同一般的韬略及办案艺术。

其次，声东击西之术有时可以让当事人自我暴露。如："有控窃鸡者，某令唤左右邻讯之，均不认。环跪案下，佯为不理，另审别案。久之，又佯作倦容，曰：汝等且回去。众皆起。令忽勃然拍案大叫曰：窃鸡者亦敢起去耶？其人不觉悚然屈膝，一讯而服。"② 这则"巧破鸡案"出其不意、攻其不备，让偷鸡贼于仓皇之际自我暴露（类似的案例还有清代青城子《志异续编》卷五《荆抚军》和胡文炳《折狱龟鉴补》卷六《杂犯下》所载的"讨债持刀"）。

再次，声东击西之术体现在两造具备的民事争讼案件中，则主要用来探知案件的真实面目，或让另一方当事人在"两害相权取其轻"的心理指引下自吐其实。所以，作为铺垫的所声之"东"往往是比较重大的刑事案件。如南宋郑克《折狱龟鉴》卷七《钩慝》所载"赵和断钱"、"允济决牛"、"子云钩慝"以及《宋史》卷四〇一《刘宰传》所载"谲券还牛"、《元史》卷一九〇《胡长孺传》所载"诬盗归质"等案都属此类。

由上述种种情形可知，声东击西之术在法庭审讯中的运用是非常广泛而又千变万化的，充分体现了法庭审讯艺术多姿多彩的魅力。

五、用谲识伪的智力博弈

正如前面章节所指出的，许多诉讼案件的当事人在诉讼之前就已采取种种措施为自己的行为施加保护，即使是那些事先并未采取任何防护措施的法律纠纷，一旦诉诸法庭，当事人大多也会想方设法寻找借口、伪造证据，以摆脱法律的问责。可以说，诉讼与审判的过程，其实就是当事人相互之间或与司法官彼此钩心斗角、进行智力博弈的过程。且看"薛宣断缣"：

> （前）汉时，临淮有一人持匹缣到市卖之，道遇雨，披戴，后人来，共庇荫。雨霁当别，因共争斗，各云我缣，诣府自言。太守薛宣核实良久，两人莫肯首服。宣曰："缣值数百钱，何足纷纭自致县官。"呼骑吏中断，人各与半。使人听之。后人曰"受恩"，前撮之，而缣主称怨。宣曰："然，固知其当尔也。"因诘责之，具服，悉畀本主。③

① （西晋）陈寿：《三国志·魏书·满宠传》。
② （清）魏息园：《不用刑审判书》卷五。
③ （唐）杜佑：《通典》卷一六八，《决断》；（南宋）郑克：《折狱龟鉴》卷六，《擿奸》。

"薛宣断缣"案情简单,如果派人到双方家中及其邻居中调查了解,并不难弄清事实真相;但既然是一件轻微的民事纠纷案,便不宜将双方当事人扣留;如果让他们回去,又会制造假象,所以必须及时解决。薛宣就断然采取了各分一半的办法。表面看来,这是一个昏庸的法官解决纷争的偷懒的办法。薛宣大智若愚之处就在于,他断定如此断案的结果会使真正的物主不满意,虽然当堂不敢说,背后一定会抱怨;而那个后来者不劳而获意外之财,自然会洋洋得意,当堂不敢表现,背后一定会暴露。薛宣对这种人之常情常态掌握得很准,所以派人尾随一听,果然不出所料,一下就破了案。

形形色色、层出不穷的当事人的诈伪伎俩无疑是对司法官智力的考验。但基于一定的事理,辅之以谲,许多诈伪之术往往得以识破。且看下例:

> 前秦苻融为冀州牧。有老姥于路遇劫,喝贼,路人为逐擒之,贼反诬路人。时已昏黑,莫知其孰是,乃俱送之。融见而笑曰:"此易知耳。可二人并走,先出凤阳门者非贼。"既而还入,融正色谓后出者曰:"汝真贼也,何诬人乎!"贼遂服罪。盖以贼若善走,必不被擒,故知不善走者贼也。①

假的虽然一时可以乱真,但遇上有经验的、细心的人,就会很容易被发现破绽,露出真相。"苻融验走"一案的案情显然比较棘手:路人擒贼被贼人反咬一口,由于天已昏黑,遭劫后呼喊捉贼的老太太这个当事人及其他证人也无法分辨到底谁是劫贼。但苻融心生一计,以二人赛跑的方式来识别真相。虚晃一枪的结果是,后出城门者为贼。因为"贼若善走,必不被擒"。在这一原理面前,劫贼只好服罪。

不过,用谲识伪很多时候不是基于一定的事理,而是基于行为人的心理。如"述古祠钟":

> (宋)陈述古密直,尝知建州浦城县。富民失物,捕得数人,莫知的为盗者。述古绐曰:"某庙有一钟,至灵,能辨盗。"使人迎置后合祠之,引囚立钟前,喻曰:"不为盗者,摸之无声;为盗者,则有声。"述古自率同职,祷钟甚肃。祭讫,帷之,乃阴使人以墨涂钟。良久,引囚以手入帷摸之,出而验其手,皆有墨,一囚独无墨,乃是真盗,恐钟有声,不敢摸者。讯之,即服。②

在本案中,陈述古抓住当时的人们普遍信仰神灵这一社会心理和当事人做贼心虚的个体心理,极力渲染庙钟辨盗的神奇功能,而且"祷钟甚肃",煞有介事。在此基础上,"阴使人以墨涂钟",然后令被羁押者以手摸钟。结果真盗手上无墨,因为贼人心虚,恐钟有声,就没有摸钟。早在春秋时期,"有相与讼者,子产离之而无使得通辞,倒其言以告而知之"③。

上述案例的做法有些在今天并不宜简单效法,但它们让我们认识到,司法人员在审判案件时不能陈陈相因,而要根据具体情况深入细致地采取有效办法,使自己很快地掌握真实案情。这意味着我们要注意随时培育自己的办案智慧。

---

①　《晋书》卷一一四,《苻融传》;(南宋)郑克:《折狱龟鉴》卷三,《辨诬》。
②　(北宋)沈括:《梦溪笔谈》卷十三;(南宋)郑克:《折狱龟鉴》卷七,《谲盗》。
③　《韩非子·内储说上·七术》。

六、察疑得实的求证逻辑

司法官在审理案件时既要置身事外，尽量保持中立；又贵在设身处地，善于发现问题，找出疑端。不置身事外，保持中立，就很容易先入为主，或偏袒一方当事人；不设身处地，便难以理解案情，发现问题，更难以发现切入案件真相的疑端或线索。事实上，很多冤假错案往往并非司法官有意为之，而是不善于发现和求证疑端所致。那么，中国古代优秀的司法官又是如何察疑得实的呢？先请看"李崇给兵"：

> （后魏）李崇为河东太守。有定州流人解庆宾兄弟，坐事俱徙扬州。弟思安背役亡归。庆宾惧后役追责，规绝名贯，乃认城外死尸，诈称其弟为人所杀，迎归殡葬。颇类思安，见者莫辨。又有女巫杨氏自云见鬼，说思安被害之苦，饥渴之意。庆宾又诬同军兵苏显甫、李盖等所杀，诣州讼之。二人不胜楚毒，各自款引。狱将决竟，崇疑而停之。密遣二人非州内所识者，伪从外来，诣庆宾告曰："仆住在北州，去此三百。比有一人见过寄宿，夜中共语，疑其有异，便即诘问，迹其由绪。乃云是流兵背役逃走，姓解字思安。时欲送官，苦见求及，称：'有兄庆宾，今住扬州相国城内，嫂姓徐。君脱矜愍，为往报告，见申委曲，家兄闻之，必重相报。所有资财，当不爱惜。今但见质，若往不获，送官何晚？'是故相造，指申此意。君欲见顾几何？当放贤弟。若其不信，可见随看之。"庆宾怅然失色，求其少停，当备财物。此人具以告崇，崇摄庆宾问曰："尔弟逃亡，何故妄认他尸？"庆宾伏引。更问盖等，乃云自诬。数日之间，思安亦为人缚送。崇召女巫视之，鞭答一百。崇断狱精审，皆此类也。[①]

李盖等被诬杀人案，死者的尸体找到了，"凶手"也都"款服"了，又有女巫作证，乍一看，证据确凿，事实清楚，可以结案无疑了。可是李崇却"疑之"。他为什么要疑呢？又到底疑什么呢？文中都没有明说。但"（死尸）颇类思安，见者莫辨"首先就很可疑，而女巫杨氏又何以平白无故"自云见鬼，说思安被害之苦，饥渴之意"？在当时刑讯合法的情况下，被告苏显甫、李盖等的"款引"，也是值得怀疑的。有疑问就要证实或证伪。于是李崇派二人伪从外来，去试探庆宾。果然，李崇这一疑一诈，使这一重大冤案得以平反昭雪。不过案件的最后处理，文中只写答女巫一百，释放李盖等人，而对于庆宾诬陷李盖等杀人的严重罪行，以及对思安如何处理，都只字未提，颇令人费解。

从事理（事物存在和发展的一般原理）入手发现漏洞，进而寻求答案，是司法官察疑得实的另一条途径。且看"刘沆问邻"：

> （宋）刘沆丞相知衡州时，有大姓尹氏欲买邻人田，莫能得。邻人老而子幼，乃伪为券，及邻人死，即逐其子，二十年不得直。沆至，又出诉。尹氏出积岁所收户抄为验，沆诘之曰："若田千顷，户抄岂特收此乎！始为券时，尝问他邻乎？其人固多在者，可以取为证也。"尹氏不能对，遂服罪。[②]

在古代，土地是农民的命根子。因此，无论官府还是私家，土地所有权的买卖和转移都

---

① （南宋）郑克：《折狱龟鉴》卷一，《释冤》上。
② （南宋）郑克：《折狱龟鉴》卷六，《核奸》。

是非常慎重与细致的。衡州知州刘沆正是从这两个方面对原告的诉求及证据产生疑问：从官府的角度看，"若田千顷，户抄岂特收此乎！"从私家的角度说，土地买卖一般都有契约，立契时有多个保人或证人。现在虽然土地的"原"所有权人死了，当初作证的邻人却大多还在，为什么不请他们来作证呢？面对这些诘问，原告无辞以对，只好服罪。俗话说："若要人不知，除非己莫为。"这是指无论做任何事情，都会留下蛛丝马迹，最终难免被发现。但这并不意味着马上就会被发现，更不意味着人人都能发现。

从案情的歧义支离处入手探寻行为人的心理，是司法官察疑得实的第三条途径。且看"纯仁劾毒"：

> （宋）范纯仁丞相知河中府时，录事参军宋儋年会客罢，以疾告，是夜暴卒。盖其妾与小吏为奸也。纯仁知其死不以理，遂付有司案治。会儋年子以丧柩归，移文追验其尸，九窍流血，睛枯舌烂，举体如漆。有司讯囚，言置毒鳖菜中。纯仁问："鳖菜在第几巡？岂有中毒而能终席耶？必非实情。"命再劾之。乃因客散醉归，置毒酒杯中而杀之。此盖罪人以儋年不嗜鳖，而为坐客所共知，且后巡数尚多，欲为他日翻异逃死之计尔。①

在本案中，人犯确实够狠毒而狡猾。他们不仅因奸而毒杀亲夫，而且在验尸难逃其咎的情况下，又"言置毒鳖菜中"，为日后翻案埋下伏笔：因为一则酒席之中不可能只有一人食物中毒身亡，二则死者生前并不嗜鳖而为坐客所共知，三则鳖菜之后"巡数尚多"。幸亏主审该案的知府范纯仁心细察疑，才没能让奸计得逞。正如郑克所按："凡善核奸者，必善鞫情也。若不得实情，则后必翻异而奸人得计矣。推核之际，戒在疏略，是故汉史称严延年之治狱也，'文案整密，不可得反。'虽酷吏无足道，然于此一节，亦有取焉耳。"

七、见微知著的法理悟性

在鞫狱断案过程中，见微知著与前述察疑得实颇为相似，但并不相同。"察疑得实"始于"疑"，且从"疑"到"实"有一个明显的求证过程；而"见微知著"发于"微"但不必有"疑"，且从"微"到"著"既可能有一个求证过程，也可能是一个直接的内在"悟知"的过程，而无须（或没有）外在的求证环节。且看"孙宝称镮"与"何武剑断"：

> 汉孙宝为京兆尹，有卖环镮者，偶与村民相逢击落，环镮尽碎。村民认填（认赔）五十枚，卖者坚言三百枚，因致喧争。宝令别买环镮一枚，秤见分两，乃都秤碎者纽折，立见元数，众皆叹服。②

> 汉沛县有富家翁，赀三千余万。小妇子年才数岁，顷失其母。父无亲近，其女不贤。翁病困，思念恐争其财，儿必不全，因呼族人为遗书，令悉以财属女，但遗一剑，云儿年十五以还付之。其后，又不肯与，儿诣郡自言求剑。时太守何武得其条辞，因录女及婿，省其手书，顾谓掾史曰："女性强梁，婿复贪鄙。畏残害其儿，又计小儿得此财不能全护，故且与女，实寄之耳，不当以剑与之。夫剑者，所以决断。限年十五者，

① （南宋）郑克：《折狱龟鉴》卷六，《核奸》。
② （南宋）郑克：《折狱龟鉴》卷六，《证慝》。

智力足以自居。度此女婿必不复还其剑，当关县官，县官或能证察，得见申展。此凡庸何能思虑弘远如是哉！"悉夺取财以与子，曰："蔽女恶婿，温饱十岁，亦已幸矣。"论者大服武。①

"孙宝称徽"虽然有一个明显的外在求证过程，但其起因是孙宝对案情的悟性，而非疑惑。这是它区别于"察疑得实"的重要之处。"何武剑断"则完全是基于主审官对案件的法理悟性和直观把握。但这种法理悟性和直观把握又并不是单纯的主观臆断。以本案而言，太守何武的裁断其实是有着较为坚实的客观依据的：其一，富翁临死之前大张旗鼓地召集族人来写下遗书，却把全部家财给了不贤之女，而对年仅几岁的心爱独子只留了一把剑，并嘱咐女儿等其弟十五岁以后再把剑给他。这是很奇怪的，若非另有深意便不可解。其二，本案讼争起于求剑，对于曾获得了三千余万资财的女儿来说，一把剑无论从哪方面说都没有多大意义，但就是对于父亲遗嘱中遗赠给弟弟的这唯一财产，女儿也不肯给其弟，说明太守何武关于"女性强梁，婿复贪鄙"这一论断也是有根据的。其三，既然"女性强梁，婿复贪鄙"，所以推知富翁遗嘱的本意是害怕他们"残害其儿，又计小儿得此财不能全护"，因而把全部家财交给不贤之女只不过暂为寄放、托管。其四，富翁特嘱其女候其弟十五岁再把剑给他，至少有两层意思：一是估计其女很可能连这把剑也不会给他的弟弟，所以特意叮嘱；二是意味着这时候小儿基本长大成人，"智力足以自居"，会有自己的主见了。其五，剑者见也，断也，意谓见剑而断。这实际上是暗示后来的司法官以剑为凭裁断这桩财产继承纠纷。可见富翁用意何其深也，而太守何武更是悟性超群。其最后裁断"悉夺其财以与子，曰：'蔽女恶婿，温饱十岁，亦已幸矣。'"这对"蔽女恶婿"虽然有些过分，但也可以说是其罪有应得。

"蛛丝马迹"这一成语可以说是见微知著的很好注脚，而我们所说的"法理悟性"，就体现在如何准确判断和辨识哪是蛛丝、哪是马迹，以及它们为何是蛛丝、马迹，而不是别的。当然，这里首先需要的是知识和经验，但知识和经验只有通过由此及彼的法理悟性才能激活，并运用到司法审判中来。有"张咏勘僧"可以为证：

> （宋）张咏尚书知江宁府，有僧陈牒出凭，咏据案熟视久之，判"送司理院勘杀人贼"。翌日，群官聚厅，不晓其故。咏乃召问："为僧几年？"对曰："七年。"又问："何故额有系巾痕？"即惶怖服罪。盖一民与僧同行，于道中杀之，取其祠部戒牒，自披剃为僧也。②

在本案中，张咏为什么看见这人额上有系巾痕，就知道他是个杀人贼？因为和尚是从来不系头巾的。现在这"和尚"额上有系巾痕，说明他前不久还不是和尚，这显然与他说的为僧七年不相符。张咏敏锐地抓住这一细微的线索作为突破口，拥有真的戒牒和僧衣的假和尚难以自圆其说，自然就得吐实。所以郑克评议说："善察贼者，必有以识之，使不能欺也；善鞫情者，必有以证之，使不可讳也。咏实兼此二术矣，可不谓之明乎？"面对奸狱，到底是和奸（通奸）还是强奸，除了当事人，可以说很难找到有说服力的人证或物证得以鉴别。

不过，"见微知著"常常需要其他的相关信息支撑，否则很容易流于主观臆断。"南公验

① （唐）杜佑：《通典》卷一六八，《决断》；（南宋）郑克：《折狱龟鉴》卷八，《严明》。
② （北宋）司马光：《涑水纪闻》卷七；（南宋）郑克：《折狱龟鉴》卷七，《察贼》。

齿"就是如此：

> 李南公，字楚老，郑州人……知长沙县。有嫠妇携儿以嫁，七年，儿族取儿，妇谓非前子，讼于官。南公问儿年，族曰九岁，妇曰七岁。问其齿，曰："去年毁矣。"南公曰："男八岁而龀，尚何争？"命归儿族。①

在本案中，李南公所说的男孩 8 岁换齿，乃是常理，但并非每个人都是如此，迟一二年或早一二年也不罕见。因此，李南公仅据一条信息或常理就"命归儿族"，是很难让人信服的，甚至可能导致冤、错。李南公在历史上是很有名望的司法官，《疑狱集》和《折狱龟鉴》都收有他所判的两则疑难案件，如此贤能尚且难免疏漏，这是很值得我们研究或运用"见微知著"时警惕的。

八、顺水推舟的解纷妙计

诉讼纠纷（特别是民事纠纷）有一部分是当事人站在各自的立场上看问题而难以跳出来所引起的。对此，有时通过讲道理可以让当事人超越自己立场的局限，换个角度从对方的立场思考，从而解决纷争。但如果双方当事人都过于执着，便很难从道理上使其醒悟。这时顺水推舟就不失为一种很好的解纷妙计。"齐贤决讼"就是这方面的典型案例：

> 张齐贤真宗时为相，戚里有争分财不均者，更相诉讼。又因入宫，自理于上前更十余日，不能断。齐贤曰："是非台府所能决也，臣请自治之。"上许之。齐贤坐相府，召诸讼者曰："汝非以彼所分财多，汝所分财少乎？"皆曰："然。"即命各供状结实，乃召两吏趣从其家，令甲家人乙舍，乙家人甲舍，货财皆按堵如故，文书则交易之，讼者乃止。明日奏，上大悦，曰："朕固知非君莫能定者。"②

拾物不昧是中华民族的传统美德，在法律上，归还遗失物则是拾得人的义务（当代法则有"不当得利应当返还"的债权制度），但失主领取遗失物时也有支付报酬的义务。如《大清律例·户律·钱债》"得遗失物"条的律文规定："凡得遗失之物，限五日内送官。官物[尽数]还官，私物召人识认，于内一半给予得物人充赏，一半给还失物人。如三十日内无人识认者，全给。[五日]限外不送官者，官物坐赃论[罪止杖一百徒三年追物还官]，私物减[坐赃]二等，其物一半入官，一半给主[若无主全入官]。"该条文旨在鼓励拾物归还，惩治不当得利。但有些失主不仅不感谢拾金不昧者，反而意图借此讹诈，从而引发纠纷。对于此类纠纷应该如何判决呢？且看元代聂以道的"还钞得钞"：

> （元代）聂以道曾宰江右（即江西）一邑。有人早出卖菜，拾得至元钞十五锭，归以奉母。母怒曰："得非盗而欺我！况我家未尝有此，立当祸至，可速送还！"子依命携往原拾处，果见寻钞者，付还。其人乃曰："我原三十锭，汝何匿其半邪？"争不已，相持至聂前。聂推问村人，是实，乃判云："失者三十锭，拾者十五锭，非汝钞也，可自别寻。此钞宜给坚母以养老！"③

---

① 《宋史》卷三五五，《李南公传》。
② （北宋）司马光：《涑水纪闻》；（南宋）郑克：《折狱龟鉴》卷八，《严明》。
③ （清）赵吉士：《奇园寄所寄》卷十，《驱睡寄·报施》；胡文炳：《折狱龟鉴补》卷四，《犯盗》。

本案中，县宰聂以道采用"顺水推舟"的办法巧妙地惩治了讹诈者。

第五节
中国传统判词表达艺术

一、传统判词的劝导与说服策略

基于德主刑辅的指导思想和司法的宣教功能，无论是民事案件还是刑事案件，传统判词的基调乃至主要内容，就是从道义和法律上劝导与说服当事人以及不特定的社会公众。从总体上看，传统判词的劝导和说服策略不外乎以下四种类型。

一是以礼法和经义为据。即引用作为习惯法和道德法的"礼制"以及儒家经籍中的义理辞章来裁断有关案件，开导、教育相关人员。秦代以前的判词多引用礼法，从西汉到隋朝的判词大多援引儒家经义。前文对此已有较多论述，在此不赘。

二是引录典故或史实说理。传统中国是一个习惯于"向后看"的国度，历史传统有着非同一般的重要意义。体现在司法领域，就是司法官员常常喜欢援用成例，或是在判词中引录典故或史实，以加强说理的力度和权威性。这在唐代及其后的骈体判词中表现得尤为突出。如唐代张鷟《龙筋凤髓判》卷一"御史台二条"之二在简短的篇幅中就运用典故近二十个。

三是从现实的社会正义和生存伦理角度说理。这在《名公书判清明集》等南宋理学家的书判中表现得最为明显。且看胡石壁的"乡邻之争劝以和睦"：

> 大凡乡曲邻里，务要和睦。才自和睦，则有无可以相通，缓急可以相助，疾病可以相扶持，彼此皆受其利。才自不和睦，则有无不复相通，缓急不复相助，疾病不复相扶持，彼此皆受其害。今世之人，识此道理者甚少，只争眼前强弱，不计长远利害。才有些小言语，便去要打官司，不以乡曲为念。且道打官司有甚得便宜处，使了盘缠，废了本业，公人面前陪了下情，着了钱物，官人厅下受了惊吓，吃了打捆，而或输或赢，又在官员笔下，何可必也。便做赢了一番，冤冤相报，何时是了。人生在世，如何保得一生无横逆之事，若是平日有人情在乡里，他自众共相与遮盖，大事也成小事，既是与乡邻仇隙，他便来寻针觅线，掀风作浪，小事也成大事矣。如此，则是今日之胜，乃为他日之大不胜也。当职在乡里，常常以此语教人，皆以为至当之论。今兹假守于此，每日受词，多是因闲唇舌，遂至兴讼。入词之初，说得十分可畏，及至供对，原来却自无一些事。此等皆是不守本分，不知义理，专要争强争弱之人，当职之所深恶，正要惩一戒百。今观唐六一诉颜细八、颜十一之由，只是因杨四唆使之故。杨四处乡邻之间，不能劝谏以息其争，而乃斗喋以激其争，遂使两家当此农务正急之时，抛家失业，妄兴词诉，紊烦官司，其罪何可逃也。杨四杖六十，唐六一、颜细八、颜十一当厅责罪赏状，不许归乡生事，并放。仍各人给判语一本，令将归家，遗示乡里，亦兴教化之一端。[1]

_____

① 《名公书判清明集》卷十，《人伦门·乡里》。

上述判词从大道理到中道理再到具体案件的小道理，可谓十分详尽。而讲有关生存伦理的大道理与中道理竟占了判词将近四分之三的篇幅，直接关涉案情和判决的文字只有四分之一强，其判决结论的最后一句仍归于劝导和教化："仍各人给判语一本，令将归家，遗示乡里，亦兴教化之一端。"这道判词当然是比较极端的例子，但并非绝无仅有。

四是基于具体案情说理。这既见于唐代的骈判中，更体现在南宋以来的散判里。骈判如敦煌判集中的"选人赁马判"：

> 奉判：选人忽属泥涂，赁马之省。泥深马瘦，因倒致殂。马主索倍，选人不伏。未知此马合倍已不？

> 但选人向省，远近易知。平路虽泥，艰危可见。向使扬鞭抗策，故事奔驰，马倒制不自由，取毙似如非理。披寻状迹，悬亦可知。折狱片言，于兹易尽。向若因奔致倒，明知马死因人。马既因倒致殂，人亦无由自制。[①] 人乃了无伤损，马倒即是乘闲。计马既倒自亡，人亦故无非理。死乃仰惟天命，陪则窃未弘通。至若马倒不伤，人便致死，死状虽因马倒，马主岂肯当辜？倒既非马之心，死亦岂人之意。以人况马，彼此何殊。马不合倍，理无在惑。[②]

这道判词从正反两个方面展开说理。正面来说，选人所赁之马在履泥途时，泥深马瘦，马倒而死，则马倒并非因人，人无法控制和预见马倒这一事实。反面而言，判词作者针对原告马主的索赔主张反问：如果马陷泥途倒毙需要赁马之人赔偿，那么假如是马倒不伤，而乘马之人致死，马的主人是否需要赔偿呢？这一假设的反面说理比正面说理更为透彻，也更具有说服力。正是通过正反两面的论情析理，判词强调了意外事件免责的民事责任原则。

总之，相对于当事人而言，"古代州县官员往往集文人政客、司法官于一身，不仅是纠纷的解决者，也是文化的传播者。即司法官同时担任该地方人民的'父母官'，也是该地方道德和学问的最高教师"[③]。因而，从叙事者角度看，中国传统判词主要采取一种全知视角，叙述者充当的是无所不知、无所不能的权威讲述者。判词整体上呈现出一种"伦理训诫模式"，即在援引法律进行判决的同时，进行大量的道德训诫。

二、常见修辞格的运用

修辞分为狭义和广义两种。狭义的修辞是指一种语言现象，是对语言的加工活动，即选择、配置最佳语言形式，提高表达准确性，并借以增加表达效果、增强说服力的一种活动。而广义的修辞则还包括逻辑推理以及所有用以增强说服力的手段。但无论是广义还是狭义，"修辞"与判词均密不可分。波斯纳甚至认为："修辞在法律中有很大作用，因为很多法律问题无法用逻辑或实证的证明来解决。"[④]"判决的艺术必然是修辞，不能认识到这一点是法律形式主义学派的一个缺点。"可以说，修辞与以"正人心、厚风俗"为宗旨的我国传统判词

---

① 《历代判例判牍》第一册作"无自由制"，当误。
② 《文明判集残卷》第 148～155 行。此据杨一凡主编：《历代判例判牍》，第一册，124 页。
③ 赵静：《语体的融合与转换——以古代判词为基本依据》，载《四川师范大学学报》（社会科学版），2006（3）。
④ ［美］理查德·A·波斯纳：《法律与文学》（增订本），360 页，北京，中国政法大学出版社，2002。

的劝导与说服艺术更有着水乳交融般的关系。

人们一般认为，判词等司法文书是非常严肃、庄重的文体，应客观地再现案件事实，准确地表达法官的态度，并代表国家作出庄严的判决，因而须严格限制修辞格的运用，特别是比喻、夸张、拟人等扩张性修辞格。如今看来，这一观点很难说是完全正确的。至少在中国传统判词理论与实践中，并没有这样的限制或意识。相反，人们考虑得更多的是如何寓教化于司法实践活动中，怎样才能更好地通过听讼鞫狱达到劝导与说服的目的。只要有助于此，各种方法与手段都不妨使用。

对仗、排比和对照可使判词语言优美，音韵和谐铿锵，说理雄辩而富于气势，是骈判和骈散的散判不可分割的组成部分。可以说，没有对仗和排比，便不成其为骈判和骈散。而普通散判，亦常用对仗、排比和对照。如南宋《名公书判清明集》卷四所载胡石壁的"妄诉田业"，判词开篇即云："词讼之兴，初非美事，荒废本业，破坏家财，胥吏诛求，卒徒斥辱，道涂奔走，犴狱拘囚。与宗族讼，则伤宗族之恩；与乡党讼，则损乡党之谊。幸而获胜，所损已多；不幸而输，虽悔何及。"这段文字中就没少用排比句式和正反对照。清代袁枚"官吏狎妓之妙判"中更是骈散并用，对仗、排比不绝如缕："查得该典史孙子潇，文章固自放逸，丰姿又是潇洒。年少多情，风流自赏。于整理令甲之余，作流连翠被之举。以为靖节闲情，何瑕白璧；东山女妓，即是苍生。连忭无伤，小德尽可出入；讼狱清简，委蛇未常误公……"①

与排比相似的修辞格是反复。《折狱新语》卷四"诈伪"中的"一件校横事"，该判词叙写一起殴斗案件，双方在庙会上为是否上演《西厢记》而争执不休以至拳脚相加，作者在写明断语"各分别杖罚"后，发出了如下感慨："夫演戏者，戏也。欲改西厢者，戏也。其坚不愿改，而两相角口者，戏也。甚至裂衣巾毁器物，而场上喧哗，阶头簇拥者，亦戏也。"连用四次反复，以强化其效果。

比喻在各代骈判、花判和部分清代散判中更是比比皆是。如《文明判集残卷》第53～71行中的"往以蕞尔朝鲜，久迷声教。据辽东以狼顾，凭蓟北以蜂飞。我皇风跱龙旋，天临日镜"，用了比喻中的借喻。明末张肯堂《𪟝词》卷七"张良才"曰："张良才一狱，为姚三聘偿也。凶棍血衣，久成铁案，所可稍留一线者，姚召原词，以良才居姚光前师宗明之后。今光前天刑已故，宗明兔脱莫道。而以三人之罪尽丛厥身，虽明知法无可逃，而哀祈乞命，希解网于万一。正如鱼游沸鼎，尚思拨刺求生耳……宪批与星日同炳，珍戮开释均能用劝。"这道判词中的"天刑"、"兔脱"、"以三人之罪尽丛厥身"是暗喻，"如鱼游沸鼎，尚思拨刺求生"是明喻，"与星日同炳"是借喻。清代袁枚"淫妇退婚之妙判"中也多处运用明喻和暗喻："若情同水火，势若仇雠；同床异梦，脱辐是占"；"从此卿卿我我，各自分飞；从前是是非非，一朝了葛"②。

反问是在各类判词（尤其是驳词）中运用得非常广泛的一种修辞格。《名公书判清明集》卷十四《惩恶门·斗殴》所载翁浩堂书判"因争贩鱼而致斗殴"："曾不思逐日口之所嗜，身之所衣，果出于城市之民乎？抑出于田里之民乎？既知其出于田里之民，则吾何可疾视之，何可欺凌之乎！"《折狱新语》卷一《一件谋劫事》是一道寡妇带女改嫁纠纷的判词："审得

①　襟霞阁主编：《清代名吏判牍七种汇编》，87～88 页，台北，老古文化事业股份有限公司，2001。

②　襟霞阁主编：《清代名吏判牍七种汇编》，124～125 页。

已故何瑞招，乃何济亲侄，而陈氏则瑞招妻，朱氏则济之改醮嫂也。先因瑞招有妻无儿，曾携济女孙招姐抚养膝下，则陈氏一石田之不生耳。然身类石田，而性同水花。适瑞招以感疾亡，则此妇哀而不伤可知也。问以二十五年嫁乎？问以三年嫁乎？问以为期之丧，则亦为期之嫁乎？何濡滞也？妇则兹不悦。今询瑞招何日亡？陈氏何日嫁？则从廿四以至廿六，仅三日耳！岂是妇之每饭不忘嫁也？'一日不见，如三岁兮！'三宿而后出，或犹曰：'迟迟吾行！'而慨然自附于亡夫之耐久朋，未可知也。兹问新夫为谁？则周应骐；而媒氏为谁？则改醮之朱氏耳。噫！冰上人乃识山下路乎？想曾抱'五日为期，六日不詹'之隐恨，而誓以已所不缓者，为人急缘也。今提陈氏而质，谓'鬻身葬夫，登车犹裹泪耳。'然何济岂不济侄者，胡不泣诉济门？而新寡妇却拖别室罗裙，正恐三日辞旧，一朝迎新，又另是一番情怀也。噫！陈氏于何姓已矣，胡又携招姐往？夫有东床自选，有坦腹自乐，不恋娇女，宁图半子？而可使己为萍逐，女为蓬飘乎？合断何济领回。仍杖治周应骐，以为鱼与熊掌兼收者之戒。虽然'女子之嫁也，母命之'，今招姐之诀也，亦有以命之乎？回头语阿女，莫薄如汝母。未知陈氏亦出斯言而汗颜否？"这道判词大量采用了反问句式，使说理的雄辩性大为增强。

此外，古代判词中比较常见的修辞格还有借代、双关和夸张。

借代：李清《折狱新语》卷一《婚姻·一件逼嫁事》曰："非垂情彼妇，实垂涎家兄耳！"以"家兄"代钱。卷十《冤犯·一件泣救事》曰："恨仪狄之杀人，怨杜康之害我者。"以"仪狄"、"杜康"代酒。李鸿章"活拆夫妻之妙判"曰："再愆期一二十载，使此明眉皓齿，一变而为头童齿豁。"① 以"明眉皓齿"、"头童齿豁"分别指代青年和老人。

双关：《折狱新语》卷一《婚姻·一件黑冤事》，案中瑞菊是李弈的义女，被卖给李方禄做家奴，后瑞菊因病死亡。李弈诬告李方禄害死了瑞菊。判词澄清瑞菊病故事实后，写道："菊之落矣，其黄而陨，亦严冬彤候，理之自然耳！非方禄披其枝而伤其心也。"这里的"菊"，明写菊花，暗指瑞菊。

夸张：这一修辞格在古代判词中较为少用，也不宜多用。但若使用得当，往往能起到说理透彻、言辞生动的效果。若用于否定性的事项，夸张则有如逻辑推理中的归谬法，可以彰显当事人行为中的劣迹或言辞中的谬误。前述于成龙"争夺妇女之妙判"中就使用了夸张："今幸夫死三月耳，使再隔三年者，则全村男子，或将均为汝淫妇之夫矣。天下之无耻，殆莫是过。"

三、传统判词的诗化

传统判词的诗化现象是一个比较明显的事实，学术界一向对此诟病甚多，认为它美则美矣，但妨碍了法律逻辑的表达。"正如中国的诗化语言曾经阻碍了科学技术的发展一样，它也是中国古代法律学进步的一块绊脚石。"② 较早从正面关注中国传统判词的诗化问题的是复旦大学汉语专业博士赵静。她在其博士论文《司法判词的表达与实践——以古代判词为中心》中，曾以专节论及这一问题。

---

① 襟霞阁主编：《清代名吏判牍七种汇编·李鸿章判牍》，533～534 页。
② 贺卫方：《中国古代司法判决的风格与精神——以宋代判决为基本依据兼与英国比较》，载《中国社会科学》，1990（6）。

笔者认为，传统判词的诗化现象有三种表现形态：一是在判词中引用诗词，二是完全以诗词的形式制作判词，三是判词风格和意境上的诗词化。

古代中国是一个诗词的国度，而古代司法官基本上都是士子出身，对诗词有着特殊的爱好和专长，因而在判词中引用诗词，几乎是情不自禁的事。如《名公书判清明集》卷六《户婚门》所载叶岩峰书判"谋诈屋业"："尝读杜甫诗曰：'安得广厦千万间，大庇天下寒士俱欢颜。'又曰：'何时眼前突兀见此屋，宁令吾庐独破受冻死亦足。'使涂适道观此诗，将愧死无地矣。涂适道，庸妄人也，固不责其庇寒士，不夺其师所居之屋足矣。故不望其处破庐，不置其师于受冻之地足以……涂适道不合悖慢师道，妄夺屋业，并合勘杖八十。"又如晚清樊增祥《批华阴县禀》："……本司生平最恨滑吏，该令须格外小心。昔人诗云'譬如闲看华山来'，又云'回头惭愧华山云'，该令到任，了无成绩，闲看一回，则太不值，'惭愧'二字则更不可犯也。免之。缴。"① 这道批词引用古人诗句，训诫不尽职的下属。

完全以诗词的形式制作判词在中国古代虽不是很多，但也不罕见，只是大多记载在野史笔记里。

宋朝苏东坡在杭州太守任上时就有一桩用诗词判风流案的趣事。灵隐寺有个法号了然的和尚与妓女李秀奴相恋，了然痴迷地在胳膊上刺字："但愿生从极乐园，免教今世苦相思。"以此表达自己爱恋之深。后来钱财耗尽，李秀奴因此掉头他顾，不再与他往来。了然愤恨交加，竟然出手打死了李秀奴。案子到了苏东坡手里，他填了一首词作判词："这个秃驴，修行忒煞。云山顶上空持戒，只因迷恋玉楼人，鹑衣百结浑无奈。毒手伤人，花容粉碎，色空空色今安在。臂间刺道苦相思，这回还了相思债。"填毕，将和尚斩首以偿其风流命债。②

清代书画家及大诗人郑板桥任山东潍县县令时，曾判过一桩"僧尼私恋案"。一天，乡绅将一个和尚和一个尼姑抓到县衙，嚷嚷着说他们私通。原来，二人未出家时是同一村人，青梅竹马私订了终身，但女方父母却把女儿许配给邻村一个老财主做妾，女儿誓死不从，出奔桃花庵削发为尼，男子也愤而出家。谁知在三月三的潍县风筝会上，这对苦命鸳鸯竟又碰了面，于是趁夜色幽会，不料被人当场抓住。依《大清律》，凡人相奸杖八十或徒二年，僧道犯奸加凡人二等。但郑板桥听后，动了恻隐之心，遂判他们可以还俗结婚，提笔写下诗体判词曰："一半葫芦一半瓢，合来一处好成桃。从今入定风归寂，此后敲门月影遥。人性悦时空即色，莲花落处静偏娇。是谁勾却风流案？记取当堂郑板桥。"③

晚清樊增祥的《批李玉魁呈词》则是一首四言打油诗："外甥打舅，拔发一绺。如此横虫，能不提究？"④ 而《批刘李氏呈词》则是："五十八岁之老妇，情殷再醮，呈请立案，以杜后患等语。天地之大无奇不有，赠尔一诗以为凭据：花甲周犹欠两年，麻裙翻转任伊穿，旁人若道长和短，但打官司莫给钱。"⑤

风格和意境上的诗词化是判词艺术的最高境界，但也是判词远离其本来的实用目的而演

① （清）樊增祥：《樊山政书》卷十四，376 页。
② 参见林语堂：《苏东坡传》，109～110 页，海口，海南国际新闻出版中心，1992。
③ 转引自范忠信等：《情理法与中国人》，237 页。
④ （清）樊增祥：《樊山批判》，卷五。
⑤ （清）樊增祥：《樊山批判》卷十一。

变为审美作品的具体表现。这类判词主要是花判，其中有的还保留一定的司法实践功能，有的则完全文学化了。这里聊举一例以见一斑：

于成龙任黄州知府时，听说某地有一座观音庵，内有一名叫妙莲的尼姑，身入佛门，却不守清规，常与地方上的无赖在一起鬼混。本县姓张的知县不愿多事，竟然听之任之。于公不信，一天青衣小帽，亲自去探察，不想才到庵门，即见庵门紧闭，且听到里面有男女欢笑声。他走近一看，果见一年少尼姑与五个男青年席地而坐，并肩叠股，饮酒猜拳，不堪入目。于公不由大怒，回去后，立即令衙役将他们抓来，因是现场抓获，审问时五人闭口无词，于成龙便下令打了尼姑八十个耳光，并令她蓄发嫁人；四个恶少各打一百板子，戴枷示众半月。判词如下：

勘得淫尼妙莲，皈依三宝，未断七情。狂招恶少，借禅寺作洞房；高烧佛灯，比花烛更辉耀。穷凶极恶，有污佛门；秽亵荒唐，谬云净戒。龙宫落发，未断情思；佛殿斋身，先坠欲海。贝叶仙幡，聊充锦幔；优婆禅榻，竟作巫山。应以韦陀之法许，息尔欲火，再借金刚之宝炬，焚厥淫薮。掌颊八百，以徵贪痴，并发媒看管，蓄发价卖。恶少袁五宝、朱宗良、方宝三、方立荣、范成福、哄饮尼庵，所为何事？即无暧昧他故，而瓜田李下，不避嫌疑，亦决非善类端人。各笞一千，枷号半月，张令密迩咫尺，何竟一无闻知？其平日废弛职责，不勤吏治，已可概见。应侯详记大过一次，以示薄徵。地保王发元，匿不举发，坐视伤风乱俗，亦属有忝厥事。立即开革。抑本府又有告诫于该县令者：牧民之责，首重敦纪；治狱之事，应贵疾恶。以如此败法伤化之事，公然为之不忌，而该令亦不为访拿，任其引诱狂且，招致豪怒，以佛地作淫窟，借禅门以招摇。颟顸糊涂，竟至若斯。试问所谓牧民者，所牧何事？而所谓治狱者，又所治何人？该令纵不惧考成，独无惭衾影乎？除详报上宪外。此判。①

以诗词为判虽非常例，却拓展了古代判词的表现形式和艺术空间，而且在一些特殊场合，比如士子为当事人，上司对下属禀词的批示等，以诗词为判就不仅仅是司法官的一种才艺展示，而同时兼有司法的实用功能和特殊的审美功能。因而，对于诗体判词乃至整个传统判词的诗化现象不宜全盘否定。

四、言辞的简练与事实的剪裁

修辞格的运用，特别是判词的诗化，毕竟是相对少见的情形。通过研读大量判词，笔者发现，中国传统判词的常态是在中规中矩、貌似客观的表述中，实际上经过了言辞与事实的双重修饰与剪裁。

判词力求简练概括，这比冗长繁复的表述更能吸引并支配判决受众的注意力，以进一步发挥其说服功能。另外，简练概括的事实表述可以使得关键性表述较为集中，从而能够强有力地发挥其认知功能，强化受众对该事实的认可程度。笔者在阅读南宋《名公书判清明集》时感触最深的也是这一点。《名公书判清明集》中所载判词，绝大多数都是言语质朴，简练老辣，既没有什么冗词废语，也很少使用各种积极的修辞格。但道理、法意和当事人应承担

---

①　襟霞阁主编：《清代名吏判牍七种汇编》，9～10 页。

的责任后果却论说得很清楚、透彻。尽管有些判词今天看来显得伦理说教过多，但在当时却是判词的重要组成部分。

从判词内容看，如何在有限的篇幅内组织或剪裁事实，也是一种深层次的修辞艺术。所有判词中的事实其实都是一种经过了剪裁与拼贴的叙事。康熙年间的吴宏在其自刻《纸上经纶》六卷的凡例中就曾透露出这样的信息："奸情有关妇人名节，欲使自新，最宜养其廉耻。即或奸所捉获，供招已明，尽犯奸之本法，以维风化足矣。审看中不宜刻意形容，尽情摹写，甚有引用小说秽语，以为快意者，既污笔墨，亦伤厚道。集中吴长生一案，写留奸张氏处，惟用'共寝食者几三阅月'，一语了却，似觉简净，愿秉笔者审之。"① 吴宏所论，当然是个案，而且是正面的例子。事实上，这样的情形并非是绝无仅有的。徐忠明教授的《虚构与真实：明清时期司法档案的修辞策略》和《小事闹大与大事化小：解读一份清代民事调解的法庭记录》二文②，前者以明代《天启崇祯年间潘氏不平鸣稿》为中心，对虚构事实的民间诉讼策略和剪裁事实的官方裁决技术作了很有说服力的实证分析与解读；后者以清代乾隆年间"清厘邹县尼山祭学两田地亩争控案件"的法律文书为依据，梳理出原告、被告和法庭对同一"故事"的三种不同的讲法，从而揭示出"小事闹大"的小民百姓的诉讼策略与"大事化小"的帝国官僚的司法技艺。这些事实都透露出司法官的价值观念和司法策略对判词组织、剪裁案件事实的深刻影响。

这就引出了三个必须正视的问题：其一，判词对案件事实的剪裁是否只限于中国古代？其二，这种行为或现象是否具有正当性？其三，如何规制判词等司法文书对案件事实的剪裁？关于第一个问题，赵晓力的《关系/事件、行动策略和法律叙事》一文实际上已间接地作出了否定性的回答。③ 关于第二个问题，当代文学叙事学理论对"事件"和"叙事"的区分可以给我们一些启示。根据叙事学理论，"叙事"乃是对客观存在或发生的"事件"（比如法律上的案情）的叙述和描写，由于观察角度的不同，以及叙述和描写媒介的差异，一个"事件"可以有多种"叙事"，任何一种叙事都无法穷尽哪怕一个细小事件的全部，因为叙事无法穷尽构成这个事件和蕴涵于这个事件中的全部关系。法律判词作为一种公文文体，有其特定的程序性要求和规范性格式。客观事件经过各方当事人的过滤性叙述，再经由笔录和判词等司法文书的格式化过程，实际上都已经理性化、逻辑化了。这意味着判词等司法文书对法律事实的组织和剪裁，不仅是必然的，而且是正当的。但法律叙事毕竟不同于文学叙事，对前者的客观性要求远远大于后者。因此，上述第三个问题即如何规制判词等司法文书对案件事实的剪裁，就有着不容忽视的重要意义。如果制判者对此缺乏足够的意识和自我约束，社会又缺乏有效的程序化制度规制，则判词对案件事实的组织与裁剪将走向歧途，甚至导致对法律制度本身的颠覆。

---

① （清）吴宏：《纸上经纶》，"凡例"，载郭成伟、田涛点校：《明清公牍秘本五种》，143 页，北京，中国政法大学出版社，1999。

② 原文分别刊于《法学家》2005 年第 5 期和《法制与社会发展》2004 年第 6 期。

③ 参见赵晓力：《关系/事件、行动策略和法律叙事》，载王铭铭、王斯福主编：《乡土社会中的秩序、公正与权威》，520～540 页，北京，中国政法大学出版社，1997。

第六节　简评

　　作为各种诉讼实践活动中当事人和司法机关创造性地运用法律处理社会纷争的方式和方法，诉讼艺术大体上包括三大层级：诉讼技巧、诉讼策略和诉讼智慧。很大程度上，诉讼艺术是人类法律智慧的结晶和表现形态，甚至代表着法律的最高成就。这是因为狭义上的诉讼与审判是人们围绕特定的利益纷争（或诉讼主张）和法律规范而展开的一种智力角逐，而法庭则是智慧角斗场。诉讼艺术的高低，很大程度上决定着讼争的成败，决定着审判质量的高低。也正因为如此，诉讼艺术在许多较为发达的法律文化中都有所表现，但在中国传统法律文化中表现得最为突出，发展得最为充分，实乃中国法律文化的一朵奇葩。中国传统诉讼自从黄帝时代产生之日起，就具有一种鲜明的艺术气息。它历经先秦时期的奠基、秦汉魏晋时的初兴、隋唐宋元时的繁荣和明清时的成熟与衰落 4 个阶段，虽然在总体上表现为诉前攻防策略、诉权启动艺术、案情声辩艺术、诉讼推进策略、案情侦勘艺术、听讼断狱艺术和判词表达艺术七大基本形态，但在不同的时期却呈现出不同的侧重。特别是由于历代统治阶级的打压，诉讼当事人的主体地位得不到应有的承认与保护，因而当事人的诉前攻防策略、诉权启动艺术、案情声辩艺术、诉讼推进策略等民间诉讼艺术形态，往往难见天日，只能在地下曲折地生长。相关的正史记载、档案和案例也就显得奇缺。与之相反，案情侦勘艺术、听讼断狱艺术和判词表达艺术等官方诉讼艺术，则一直受到人们的重视与推崇，相关的史料和案例也就蔚为大观，至少唐宋以来是如此。尤需注意的是，这种官方诉讼艺术（侦勘与审判艺术）不单纯指自西周以来盛行于中国古代司法实践中的、以察言观色为旨趣的"五听"审理方式，而且包括在注意当事人心理活动的基础上，既要查明事实，依法判决；又要参酌案件的实际情况，甚至以诗歌、故事、比喻入判，启发当事人的内心自觉性，从而达到天理、国法、人情互为圆融的"和谐"境，塑造中国文化浸润下特有的理想人格。

　　中国传统诉讼艺术是与中国文化中的和合精神和无讼理想，法、术、势理论和权变哲学，诗文传统和鬼神信仰等文化土壤，以及外法内儒和科举取士、律学制度和法官培养、幕友佐治和讼师助讼等相关的政治制度、法律制度和文化制度分不开的，也是中华民族法律智慧的结晶。正如有的论者所指出的，中华帝国的官方意识形态、国家法律的价值取向、帝国官僚对于诉讼的基本态度、社会结构与社会心理、原告、被告两造的力量对比或者纠纷（案件）本身的社会构造等，都是人们在选择诉讼策略时必须考虑的重要因素。如当平民百姓与权豪势要发生争讼时，小民百姓之所以要把纠纷提交衙门，就是想要借公共权力来制约那些势要人物，谋求力量上的平衡。① 从这个意义上说，诉讼本身就是一种争斗的策略，是诉讼艺术的重要体现。中国传统诉讼艺术虽然呈现出人情化、个别化和非逻辑化的倾向，对程序正义明显重视不够，并因此带来一定的负面影响，但总体上为维护当事人的合法权益、为实

---

① 参见徐忠明：《明清诉讼：官方的态度与民间的策略》，载《社会科学论坛》，2004（10）；徐忠明：《小事闹大与大事化小：解读一份清代民事调解的法庭记录》，载《法制与社会发展》，2004（6）。

现社会的实质正义发挥了不可低估的积极作用，较大限度地满足了普通民众的法律需求。尤其是在民众的文化水平极为低下，法律知识和诉讼技能十分欠缺，经济状况较为困窘，官府的司法资源也极为有限的古代社会，中国传统诉讼艺术的正当性和积极价值更是不应抹杀。

> 张呆卿丞相知润州日，有妇人夫出外数日不归。忽有人报菜园井中有死人，妇人惊往视之，号哭曰："吾夫也！"遂以闻官。公令属官集邻里就井验是其夫与非，众皆以井深不可辨，请出尸验之。公曰："众皆不能辨，妇人独何以知其为夫？"收付所司鞫问，果奸人杀其夫，妇人与闻其谋。

这则"井尸"案例出自北宋科学家沈括所著的《梦溪笔谈》。表面看来，司法官张呆卿乃是以常情、常理断案，实则表现出一种基于日常生活经验的司法敏感与司法智慧。如果没有这样的敏感与智慧，而按照正常的刑侦程序，虽然也可能破案，但耗费时日和人力、物力、财力则是可以断定的。

随着社会制度的多次巨大变迁，面对高度科学化的西方强势法律文化的冲击，中国传统诉讼艺术赖以生存与发展的土壤在不断流失，诉讼艺术的发展正面临着种种时代困境与文化困境。但这并不意味着传统诉讼艺术与现代法治是格格不入的。相反，传统诉讼艺术尽管有着种种局限与不足，但经过现代法治的规则过滤与程序导引，其不少因素完全可以融汇成现代诉讼艺术。20 世纪末以来全球范围内再度崛起的对实质正义的法治追求，为中国传统诉讼艺术的现代转换提供了难得的时代机遇。

第四编
特殊的司法

第十七章

春秋决狱

纵观人类法律发展史，中华固有法系于其中占有一席不可轻忽之地位，可列五大法系①之中，可位世界十六法系②之属。中华法系，法典成文，源远流长。古史传说中所谓："象以典刑，流宥五刑，鞭作官刑，扑作教刑，金作赎刑"③，又《左传》所记载叔向之言："夏有乱政，而作《禹刑》；商有乱政，而作《汤刑》；周有乱政，而作《九刑》"④；即自李悝，撰定《法经》，商君承授，改法为律；汉相萧何，更加李悝所造，增《户》、《兴》、《厩》三篇，谓称《九章》之律。如此，其间二千余年，历代法典次第相传，未曾中断，此为人类法制史上一大奇迹。

然而，在法典成文之下，古代中国还在相当长的时期内，存在着一种特殊的司法活动，甚至表达出一项审判原则，而这项原则在传统法律历程中，始终能显现其痕迹，哪怕有时只是蛛丝马迹。

这种特殊的司法活动或审判原则，我们往往将之冠名以"春秋决狱"。自汉武以来，常见利用《春秋》经义或其他儒家经典，作为司法审判的依据，特别是作为决断疑狱的重要依据。这是对依法律断案的例外与突破。

耐人寻味的是，成宪之下，为何国家未能完全凭藉法典作为决狱的标准，却偏好使用"经义折狱"呢？此一风气又何以对中国传统法制影响巨大呢？这是值得探究的一个法律史的课题。

---

① 世界五大法系则指印度、伊斯兰、罗马、英吉利及中国法系五种。参见陈顾远：《中国法制史》，52 页。
② 所谓世界十六法系，分别是：埃及、巴比伦、希腊、犹太、克勒特、寺院、罗马、日耳曼、海洋、中国、印度、日本、斯拉夫、穆哈默德、欧陆及英美法系。转引自陈顾远：《中国法制史》，52 页。
③ 《尚书·舜典》。
④ 《左传》"昭公六年·三月"。

第一节
源流略考

一、正名:"春秋决狱"的指称或表达

(一)作为书名的"春秋决狱"

考证古籍,"春秋决狱"之语,最早见于南朝宋范晔所撰的《后汉书》①,记载:

"故胶西相董仲舒老病致仕,朝廷每有政议,数遣廷尉张汤亲至陋巷,问其得失,于是作春秋决狱二百三十二事,动以经对,言之详矣。"②

由此可见,"春秋决狱"这一词语最先是用作书名而被提出的。后沈家本先生考证,亦将"春秋决狱"一词当作书名使用。

"按:《春秋断狱》当即董仲舒之《春秋决狱》,诸《志》书名各不同。《崇文总目》作《春秋决事比》十卷,《宋志》作《春秋决事》,一本作'决狱',然则'春秋决狱'其本名也。《困学纪闻》云,《春秋决狱》,其书今不传,是南渡时已亡。"③

"……惟《唐志》称《春秋决事》,而白氏唐人,乃称《春秋决狱》,《御览》亦称《春秋决狱》,而《宋志》亦称《春秋决事》,是一书而二名也。"④

故沈家本先生将相关于"春秋决狱"之事的一章,定名为"春秋断狱"。另者,台湾地区学者称为"春秋折狱",可能是以"春秋决狱"之活动区别"春秋决狱"之书名,因故而另设一名。

(二)"春秋决狱"的含义

"春秋决狱"其实为一概称,可以说,是"引经决狱"的统而论之。"引经决狱"即以儒家经典中的"微言大义"作为依据来处理政治和司法问题。儒家之经典主要是《诗》、《书》、《礼》、《易》和《春秋》五经,而决事之经典又以孔子削笔的《春秋》经为主,加之,汉代醇儒董仲舒所作《春秋决狱》,可视为"经义决狱"的代表或典型,故大陆学界往往用"春秋决狱",统称或指代传统法史上相关引经决狱之事类种种。⑤

"春秋决狱"也可称"春秋决事",除了有法律专门术语"决事比"之文意外⑥,广义的"春秋决事"不仅决判相关法律之事,更有决断关涉政治、政策之事。故《后汉书·应劭传》

---

① 此前,虽《汉书·艺文志》中"春秋"类著录有《公羊董仲舒治狱》十六篇;桓宽《盐铁论》中亦有"春秋之治狱"之语,但皆无"春秋决狱"的提法出现。

② 《后汉书·应劭传》。

③ 沈家本:《历代刑法考》。

④ 沈家本:《历代刑法考》。

⑤ 参见饶鑫贤:《中国法律史论稿》,103页,法律出版社,1999。

⑥ 沈家本言,《春秋决狱》二百三十二事,"此关于汉时谳法,及决事比之权舆也"。沈家本:《历代刑法考》。

言，"朝廷每有政议，数遣廷尉张汤亲至陋巷，问其得失"。这里所言"政议"，应不只是仅涉法律之事，且政治才谓"得失"，法律一般谓妥当与否或中与不中。① "数遣廷尉"，可能是政议之中关乎法律之事居多，故多遣张汤，但非曰"仅"或"只"遣张汤，并未排除遣派其他人问事于董仲舒的可能。

关于决事之内容还涉及政治之事的论断，有一具体证据，马国翰曾辑《春秋决狱》之佚文，其中录有一例：

"武帝外事夷狄，而民去本。董仲舒说上，曰：春秋他谷不书，至于麦禾不成，则书之。以此见圣人五谷最重粟麦。"②

虽然沈家本先生认为，此条与《决狱》无涉，但仅是从"决狱"的词文望义而作为否定的依据，除此无更多证据；其谓"食货志"有记载，然而许多关涉法律之事尽出于"食货志"，故沈先生应不专将此点视为否定的理由。③ 笔者认为此条有参考价值。

（三）"春秋决狱"的狭义表达

上文讨论了广义上的"春秋决狱"，而狭义的"春秋决狱"则仅表达与法律有关的事例与活动。这种涉及法律的表达，又可以划分出宏观与微观两个层面。宏观可视为一种法律发展史上的历程，是对整个传统法制体系而言的。如梁治平认为，春秋决狱是道德的法律化，是改造成法，重建古代法伦理结构的一种努力。而此导向了中国道德的法律化和中国法律的道德化。④

笔者认为，参照梅因《古代法》中关于法律发展的媒介或阶段的命题⑤，"春秋决狱"可被视为中国传统法律发展史上的衡平历程。在此历程中，局部的引经义改法、改制，涉及"春秋决狱"的宏观层面，特别是皇帝的诏令，就如罗马人的"裁判官告令"一般，对"衡平"历程作用巨大。

微观层面的"春秋决狱"，突出表达着一种对个案进行处理的倾向，可描述为："引据儒家经典中的微言大义，作为司法审判过程中分析案情、认定罪责和适用刑罚的依据。"⑥ 或称为解决疑难案件的特殊的法律形式。⑦

简言之，"春秋决狱"在宏观上是制度上的改法、改制，应从阶段或进程上去把握；在微观上，它为个案上的特殊折断，须从手段或方式上来理解。另有一言，虽说"春秋决狱"在宏观上表达法典进化的衡平历程，但个案折断中体现的微观的衡平，客观上也是衡平历程不可或缺的组成部分。而且，正是个案的衡平，才成就了衡平的历程，因为衡平历程不像立

---

① 《论语·子路》中，孔子有"礼乐不兴，则刑罚不中；刑罚不中，则民无所措手足"之语。
② 马国翰：《玉函山房辑佚书》，31卷，光绪九年（1883年）癸未，长沙娜嬛馆刊本。
③ 参见沈家本：《历代刑法考》。
④ 参见梁治平：《寻求自然秩序中的和谐》，265～293页。
⑤ 参见［英］梅因：《古代法》，沈景一译，15页，商务印书馆，1984。
⑥ 饶鑫贤：《中国法律史论稿》，103页。
⑦ 江必新认为："'春秋决狱'是我国汉以后封建统治者用儒家经典《春秋》之义断疑难案件的一种方法。"（江必新：《中国法文化的渊源与流变》，88、91～93页，北京，法律出版社，2003）乔伟认为："春秋决狱，是以《春秋》这部书的内容作为判决案件的基本依据，故是一种特殊的法律形式。"（张晋藩总主编：《中国法制通史》，第3卷，30页，北京，法律出版社，1999）。

法的历程，可以在整体上有组织、有计划、成规模地进行。

（四）本章所指称的"春秋决狱"

作为一种特殊的司法现象，本章所指称的"春秋决狱"是相关于"春秋决狱"或"引经决狱"的活动，由此，我们不仅要研究"春秋决狱"的文本或案例，更要将它作为一个过程或动态的"活法"进行考察。如果只分析与解释静态的文本，则一种"大历史观"、"语境"式的阐释论和实用主义与经验主义的倾向难以运用，而由此产生出的不良后果是，当事实脱离了背景，失去了历史的逻辑和对当时代的"同情"理解，其本身的深刻机理、品性和精神将无法被揭示，而此种揭示恰恰是我们研究的任务与目的。因此，我们不仅要研究作为文本的"春秋决狱"，更要扩张开来，将有利于探本求髓的动态的"春秋决狱"尽量网罗于其中。所以，"春秋决狱"在历史上曾以书名的形式被提出，但在本章中它被视为一个动态的活动。

同样基于研究的目的，本章的"春秋决狱"指向其狭义的法律表达，只有在学理探究时，我们才把"春秋决狱"的政治倾向作为分析的因素，而作为个案分析的材料，纯粹政治性的"引经决事"的案例不被纳入。

另外，"春秋决狱"法律表达中的宏观与微观两个层面，也是本章不可或缺的组成部分。

二、史脉：春秋决狱的发展与沿革

按照一般的观点，"春秋决狱"源于西汉初期，亦即汉武帝时期，董仲舒首开"引经决狱"之风，后盛行西汉几百年，承其余风，魏晋南北朝仍有颇大影响，至唐代才终止"春秋决狱"之风。[①]

但实际上，"引经决狱"之例或近类之事，上可追至通论所认为的时间之前，下能延其后。不过，尽管周代或更早的一些思想观念，如"天讨"、"天罚"观和"议事以制"等思想，可谓"春秋决狱"的理论源头或形态雏形或运行模式的权舆，但这些内容将仅会在本章的"法理究析"中论述，此处存而不论。

（一）滥觞与权舆：汉以前的经义决狱

程树德先生在《春秋决狱考》中开篇直言："汉时去古未远，论事者多傅以经义。"[②] 那么，汉以前是否存在有引经决狱之事？《史记》记载：

"陈胜起山东，使者公闻，二世召博士诸儒生问曰：'楚戍卒攻蕲入陈，于公如何？'博士诸生三十余人前曰：'人臣无将，将即反，罪死无赦。愿陛下急发兵击之。'二世怒，作色。"[③]

可以看出，诸博士以公羊春秋经中的"君亲无将，将而诛焉"[④] 的义理决断陈胜起兵之事，这是一则明显的春秋断案之例。但秦统一天下，儒家并非显学，惨遭"焚书坑儒"之事，因此，儒者并无大权，"春秋决狱"也往往起不了实际效果，没有多大的现实影响。无

①　参见张晋藩总主编：《中国法制通史》，第 2 卷，224 页，北京，法律出版社，1999；另一间接证据为程树德的《九朝律考》，据该书载，隋考中已无"经义折狱"或"春秋决狱"篇章。

②　程树德：《九朝律考》，160 页，北京，中华书局，2003。

③　《史记·刘敬叔孙通列传》。

④　《公羊传》"鲁庄公三十二年"。

论何种原因，本则案例中，秦二世没能采纳儒学博士们"春秋决狱"的建议，故"二世怒，作色"。

其实，先秦之时，孔子即倡儒学经义，又任司寇断狱，故有典型的"春秋决狱"之事。

孔子言："礼乐不兴，则刑罚不中，刑罚不中，则民无所措手足。"① 即孔子要求振兴"礼乐"（周礼）以使刑罚适合于"中"。周礼是孔子追求的儒学大宗或本源，兴礼乐（周礼），以中刑罚，则是一种"引经折狱"的思想。周礼讲求"亲亲"、"尊尊"，无怪孔子反对"子证父罪"，认为"父为子隐，子为父隐。直在其中矣"②。

《孔子家语》中记载两事：

其一：

"孔子为鲁大司寇，有父子讼者，夫子同狴执之。三月不别。其父请止，夫子赦之焉。"③

孔子不"戮一不孝"而赦其子的处断，他的依据是《书》经中的"义刑义杀，勿庸以即汝心，惟曰未有慎事"和《诗》经所云"天子是毗，俾民不迷"④ 的理论。这是典型的以经义决断案件的例子。

其二：

"朝政七日而诛乱政大夫少正卯，戮之于两观之下，尸于朝三日。"⑤

孔子诛杀少正卯的依据为"殷汤诛尹谐，文王诛潘正，周公诛管蔡，太公诛华士，管仲诛付乙，子产诛史何"的史例和《诗经》所言的"忧心悄悄，愠于群小"的理论。前者可视为春秋的"故事"，后者可谓经义中的"微言大义"，因此，这也是标准的引经决狱的事例。

《孔子家语》虽为三国时的王肃所撰，但以上两则事例，皆能与先秦时的论著《荀子》相关文字互为印证，故而可信。⑥

汉以前虽有"经义决狱"之事，但一般仅为儒者所用。盖先秦百家分立争鸣、秦代遵从法术，往往儒学之人未能居政要之位，故以儒家经义折断狱政，实效不佳，未普遍成风，仅见零星和近类"春秋决狱"的案例，所以，汉以前的引经决狱只可谓"春秋决狱"的滥觞与权舆。

（二）开启与繁盛：董仲舒及两汉的春秋决狱

1. 董仲舒之前西汉的引经决狱之事

（1）汉文帝断缇萦案

汉孝文帝时，齐太仓令淳于公有罪当刑，其女缇萦上书愿没入为官婢，以赎父刑罪。天子闻之，怜悲其意，遂下除肉刑诏。

除肉刑诏曰：

> 盖闻有虞氏之时，画衣冠异章服以为戮，而民不犯。何治之至也！今法有肉刑三，而奸不止，其咎安在？非乃朕德之薄，而教不明与？吾甚自愧。故夫驯道不纯而愚民陷

---

① 《论语·子路》。
② 《论语·子路》。
③ 《孔子家语·始诛》。
④ 《诗经·小雅·节南山》。
⑤ 《孔子家语·始诛》。
⑥ 详见《荀子·宥坐》。

焉。诗曰:"岂弟君子,民之父母。"今人有过,教未施而刑已加焉,或欲改行为善而道无由至,朕甚怜之。夫刑至断支体,刻肌肤,终身不息,何其刑之痛而不德也!岂称为民父母之意哉? 其除肉刑。①

可以发现文帝废肉刑的理由之一,是《诗经》上所说的"岂弟君子,民之父母"②,以此作为决狱的依据。另一条依据,吕思勉先生曾指出:"汉文帝除肉刑诏,所引用的就是《书》说。"③《尚书·尧典》有"象以典刑"的讲法,即诏文中"画衣冠异章服以为戮,而民不犯"。顺此,文帝是附会《书经》之文,而反对肉刑之残酷。众所周知,《诗经》、《尚书》皆为儒家经典,故文帝断缇萦案,废肉刑,依儒经破律是典型的引经决狱之例。

(2) 汉景帝立太子诛羊胜、公孙诡案

> (汉景帝时,窦太后)意欲立梁王为帝太子。帝问其状,袁盎等曰:"殷道亲亲者,立弟。周道尊尊者,立子。殷道质,质者法天,亲其所亲,故立弟。周道文,文者法地,尊者敬也,敬其本始,故立长子。周道,太子死,立嫡孙。殷道,太子死,立其弟。"帝曰:"于公何如?"皆对曰:"方今汉家法周,周道不得立弟,当立子。"故《春秋》所以非宋宣公,宋宣公死,不立子而与弟。弟受国死,复反之与兄之子。弟之子争之,以为我当代父后,即刺杀兄子。以故国乱,祸不绝。故《春秋》曰:君子大居正,宋之祸宣公为之。臣请见太后白之。袁盎等入见太后:"太后言欲立梁王,梁王即终,欲谁立?"太后曰:"吾复立帝子。"袁盎等以宋宣公不立正,生祸,祸乱后五世不绝,小不忍害大义状报太后。太后乃解说,即使梁王归就国,而梁王闻其义出于袁盎诸大臣所,怨望,使人来杀袁盎……谋反端颇见。太后不食,日夜泣不止,景帝甚忧之。问公卿大臣,大臣以为遣经术吏往治之,乃可解。于是遣田叔、吕季主往治之。此二人皆通经术,知大礼。来还,至霸昌厩,取火悉烧梁之反辞,但空手来对景帝。景帝曰:"何如?"对曰:"言梁王不知也,造为之者,独其幸臣羊胜! 公孙诡之属为之耳,谨以伏诛死,梁王无羔也。"④

袁盎等人以《春秋》中宋宣公的故事和儒家的"君子大居正"的精神,解决了汉景帝当立弟还是立子为太子的问题,田叔、吕季主以儒学大义解决了太后与景帝、梁王间"亲亲尊尊"所面临的微妙冲突,是"春秋决狱"之例。程树德先生也将此录入《春秋决狱考》之"汉以春秋决狱之例",视为"引经折狱"之事。⑤

2. 董仲舒的春秋决狱

瞿同祖先生认为,董仲舒为西汉一代儒宗,是援引儒家经义断狱的第一人。⑥ 这种观点在学术界得到相当大的认可。虽笔者发现,仲舒之前,甚至早在先秦,用儒家义理断狱之例,陈文确凿,但瞿老先生的论断也很有道理。因为,首先,儒家经典的国家法定化是在汉

---

① 《史记·孝文本纪》及《汉书·刑法志》也有记载。

② 《诗经·大雅·泂酌》。

③ 吕思勉:《吕著中国通史》,103 页,上海,华东师范大学出版社,1991。

④ 《史记·梁孝王世家》。

⑤ 参见程树德:《九朝律考》,162 页。

⑥ 参见瞿同祖:《中国法律与中国社会》,313 页。

武帝时：武帝独尊儒术，建元五年（前 136 年）春，立五经博士，儒家经典成为官学。① 从某种意义上说，国家意志对"五经"的认可，结束了先秦儒家争鸣的状况和秦朝时非主导的角色，这时的儒家经典才能视为整个国家领域的经典，从理论上才有可能成为断狱的依据。武帝之前，虽有经义断狱，那只可被视为个别法官内心道德的自由裁量，缺乏法律运作中的国家意志性。因此，从这个层面上说，董氏可谓引经断狱的第一人。

其次，仲舒先生的经义断狱是一种有政治自觉意识的活动，如此断狱，目的鲜明：为的是儒道治国、"引礼入律"；同时，其适用方法和运作程序也呈现系统性。《春秋》作为决狱依据主要有两部分：一是春秋"故事"；二是春秋"微言"。一般决狱过程遵照三个步骤：一是事实与法律问题的确定；二是发现和寻找春秋"故事"和"微言"；三是春秋经义的解释与法律原则的抽象。② 原则的抽象使春秋决狱的指向性更强，区别于先前的以经断狱中，方式偶然与运作任意的特点。董氏之前，以经断狱之人，虽也是儒者，但缺少了儒家政治架构的目的，没有起到有意识改造法律制度的作用，所以只是一种道德领域中无政治意识的活动。这样，春秋决狱作为对传统法制儒家化功不可没的活动和历程，董仲舒可视为开此先河之始者。

董仲舒曾撰 232 件引经决狱之事，集为《春秋决狱》。乔伟先生认为，《春秋决狱》的内容并非董氏拟设创写，而是由当时司法实践的事件、案例，进行综合提炼、比附经义后写成的。③ 董仲舒在景帝时考为博士，武帝时入仕，本欲经天纬事，却命运不佳，被当时如日中天的中大夫主父偃一纸状告，受审下狱。后虽被汉武帝下诏赦免，官复原职，但董仲舒从此无心仕途，辞职还乡，寓住长安老家，"终不问家产业，以修学著书为事"，特别精通《春秋》"公羊派"理论。董仲舒虽家住陋巷，但武帝常使九卿足移董所，问以政事；董仲舒也总是对他们晓以春秋大义，久而久之，作《春秋决狱》一书，具呈其意。因此，我们可以推想，决狱之事一部分是董仲舒为官时，自己亲断之案；另外，还有一部分则可能是他人所决之狱，而仲舒认为符合经义，尤其是"公羊传"，而记之以为倡导。《玉函山房辑佚书》记有一例：

> 妻甲夫乙殴母，甲见乙殴母，而杀乙。公羊说，甲为姑讨夫，尤武王为天诛纣。④

此案并未提及董仲舒，而马国翰认为是《春秋决狱》之佚文，据此，我们可证《春秋决狱》并非全为董仲舒亲判之案。虽沈家本先生认为，此则不为《决狱》之原文，因文中仅言公羊说，不言董仲舒，故马氏臆度之词。⑤ 但沈先生并没有证据表明《春秋决狱》之文全辑集于董氏亲历之案，因此，佚文真伪未能定论。所以，笔者之测，亦有可能，留于大方甄鉴。

关于董仲舒所作的《春秋决狱》是否成为司法官吏的必读指导书，而流行于世。乔伟先生认为，虽尚无史料可证，但从该书的体例表式看，它与法律实务书秦简《法律答问》和官

---

① 参见"武帝建元五年初，置《五经》博士"，载《汉书·百官公卿表上》。
② 参见黄震：《汉代"春秋决狱"的判例机制管窥》，载《中央政法干部管理学院学报》，1999（2）。
③ 参见张晋藩总主编：《中国法制通史》，第 2 卷，215 页。
④ 马国翰：《玉函山房辑佚书》，第 31 卷，光绪九年（1883 年）癸未，长沙娜嬛馆刊本。
⑤ 参见沈家本：《历代刑法考》。

吏决狱指南汉简《奏谳书》十分相似，具有很强的实务性与指导性。①

3. 董仲舒同时代及其后两汉的春秋决狱

董仲舒前虽有"引经决狱"，但唯董氏为倡导者，开启炽盛之风。仲舒居陋巷而众卿访问不说，董公之同僚好友、学生门徒引经折狱之事，可谓史迹斑斑。

"武安君为丞相，黜黄老、刑名百家之言，延文学儒者以百数，而公孙弘以治《春秋》为丞相封侯，天下学士靡然乡（向）风矣。"②

"公孙弘以春秋之义绳臣下、取汉相。"③

"是时上方乡（向）文学，汤决大狱，欲傅古义，乃请博士弟子治《尚书》、《春秋》补廷尉史，亭疑法。"④

"步舒至长史，持节使决淮南狱，于诸侯擅专断，不报，以《春秋》之义正之，天子皆以为是。"⑤

"上思仲舒前言，使仲舒弟子吕步舒持斧钺治淮南狱，以春秋渲颛（专）断。"⑥

"时张汤为廷尉，廷尉府尽用文吏法律之吏，而宽以儒生在其间……汤由是乡（向）学，以宽为奏谳掾，以古法义决疑狱，甚重之。"⑦

公孙弘、张汤为董仲舒同僚，吕步舒、兒宽可谓仲舒之弟子，春秋决狱在他们的推动下，呈显燊然。

至西汉后期，春秋决狱未衰更炽。汉宣帝直接将经书中"为亲者讳"的经义用诏文规定下来，以决今后法案。宣帝地节四年（前62年）诏曰：

"父子之亲，夫妇之道，天性也。虽有患祸，犹蒙死而存之。诚爱结于心，仁厚之至也。岂能违之哉！自今子首匿父母，妻匿夫，孔（孙）匿大父母，皆毋罪（勿坐）。其父母匿子，夫匿妻，大父母匿孙，罪殊死，皆上请廷尉以闻。"⑧

又宣帝时，廷尉于定国，"迎师学春秋，身执经……其决疑平法，务在哀鳏寡，罪疑从轻"⑨。

更至"元、成以后，刑名渐废，上无异教，下无异学，皇帝诏书，群臣奏议，莫不援引经义以为据依"⑩。

时至东汉，"引经折狱"经久不息，如汉和帝时，曾任廷尉、尚书的陈宠，依"应经合义"的原则，删订汉律，"隆先王之道，荡涤烦苛之法"，并"数议疑狱，常亲自为奏。每附经典，务以宽恕，帝辄从之"⑪。

---

① 参见张晋藩总主编：《中国法制通史》，第2卷，215页。
② 《汉书·儒林传》。
③ 《汉书·食货志》。
④ 《史记·张汤传》。
⑤ 《史记·儒林列传》。
⑥ 《汉书·五行志》。
⑦ 《汉书·兒宽传》。
⑧ 《汉书·宣帝本纪》。
⑨ 《汉书·于定国传》。
⑩ 皮锡瑞：《经学历史》，"经学极盛时代"。
⑪ 《后汉书·陈宠传》。

近人程树德在《九朝律考》中辑"春秋决狱"之事 62 件，考虑史料的散佚因素，实际数目应远甚于此，故两汉引经决狱盛况空前。

（三）定型与休止：中古时期的春秋决狱

所谓中古时期，即指自魏晋南北朝以迄隋唐五代，在此之间，以"经义决狱"之风气，仍是不绝如缕。程树德先生列举了其间 24 事①，而桂齐逊先生索黜 15 例，还录有隋唐时 2 例。②

1. 春秋决狱受到律典约束

春秋决狱本为引礼入律之前奏或权宜，而我国中古时期是传统法制定型之季，即引礼入律或法律儒家化最终完成的阶段，故春秋决狱也在此期间，趋向稳定或制度化。这种变化从另一个角度看，它一改两汉时春秋决狱在适用尺度和标准上的任意性或无体制性。因为，"儒礼"已经入律，此时的律典反倒要求确保稳定，中古时期的"春秋决狱"往往就必须要受到律典的局限了。就如同，在权宜手段达至了目的以后，目的反而要约束具有不稳定性的手段，来保护刚刚实现的结果和成果。此时"春秋决狱"的制度定型，从某种意义上，也可视为受稳定律典的限制后，不能任意发展的表现与结果。

此时春秋决狱定型或受律典约束的表现，从如下事件中即可看出：

（1）立条例不任情

晋主簿熊远奏曰：

> 凡为驳议者，若违律令节度，当合经传及前比故事，不得任情以破成法。愚谓宜令录事更立条制，诸立议者皆当引律令经传，不得直以情言，无所依准，以亏旧典也。③

此项举措，将春秋决狱更名为条例，入律典，使得"合经"与"合律"同一，同化"引律决狱"与"引经决狱"，强调不任情而亏旧典、破成文。

（2）付中书据律评刑

北魏太武帝太平真君六年诏曰：

> 诸有疑狱，皆付中书，以经义量决。④

《魏书》载：

> 初，（太平）真君中以狱讼留滞，始令中书以经义断诸疑事。（高）允据律评刑，三十余载，内外称平。⑤

可见，春秋决狱仅限于中书官才能定夺，且只能是"据律评刑"。

（3）依"律令格式"以为治

《新唐书》云：

---

① 详见《九朝律考》之"魏以春秋决狱"5 条、"晋以春秋决狱"10 条、"（北）魏疑狱以经义量决"6 条、"齐以春秋决狱"1 条和"周以经义决狱"2 条。

② 参见桂齐逊：《中国中古时期"经义折狱"案例初探》，载（台湾）《通识研究集刊》，2004（6）。

③ 《晋书·刑法志》。

④ 《魏书·世祖纪下》；也可见于《魏书·刑罚志》。

⑤ 《魏书·高允传》。

　　　　唐之刑书有四，曰：律、令、格、式。令者，尊卑贵贱之等数，国家之制度也；格者，百官有司之所常行之事也；式者，其所常守之法也。凡邦国之政，必从事于此三者。其有所违及人之为恶而入于罪戾者，一断以律。①

　　此时，似乎终止了对春秋决狱的运用。唐律"一准乎礼"，且体系完善②，引经决狱没有必要了。此时"春秋决狱"进入了休止阶段，起码在制度上停止了发展。

　　2. 五代重开经义决狱

　　然五代世乱，朝廷在一定程度上又重开经义决狱之风。

　　《五代会要》记载：

　　　　（后唐长兴二年八月）其月十一日，大理寺卿李廷范奏："……格文内太和四年十二月三日，刑部员外郎张讽奏，大理寺官结讼断狱，准旧例自卿至司直诉事，皆许各申所见陈论。伏以所见者，是消息律文，附会经义，以谳正其法；非为率胸臆之见，逞章句之说，以定罪名。近者法司断狱，例皆辑缀词句，略漏律文，且一罪抵法结断之词，或生或死，遂使刑名不定，人徇其私。臣请今后各令寻究律文，具载其实，以定刑辟。如能引据经义，辨析情理，并任所见详断。若非礼律所载，不得妄为判章出外所犯之罪……"右奉敕……余依李廷范所奏。③

　　大理寺卿李廷范奏疏的主因之一，是当时法司断罪，多"辑缀词句，略漏律文"，故李廷范主张："今后各令寻究律文，具载其实，以定刑辟。如能引据经义，辨析情理，并任所见详断。若非礼律所载，不得妄为判章出外所犯之罪。"于此可见，直到后唐明宗时期，仍是允许以经义折狱的。

　　盖"略漏律文"为乱世所造，若在盛唐之时，应不会有之。然正因世乱，春秋决狱在休止中有了复苏的意韵。其实，春秋决狱的影响，不仅是纯粹制度上的或是作为一种"阶段"，其更可能以一种具有特质精神的治事手段作用于我们。这使得后世之中，常有春秋决狱缠绵的余绪与微妙的回响。

　　（四）余绪与回响：宋以及其后的春秋决狱

　　《宋史》记载：

　　　　（范应铃）读书明大义，尤喜《左氏春秋》……经术似倪宽，决狱似隽不疑。④

　　倪宽和隽不疑均为汉代以春秋决狱的名士，将范应龄比拟于此两人，说明范氏亦善于春秋决狱。

　　南宋判例集《名公书判清明集》录有：

　　　　"《春秋》书莒人灭鄫，传者曰：立异姓为后，灭亡之道也。然春秋不罪鄫而罪莒

---

　　① 《新唐书·刑法志》。
　　② 《唐六典·尚书刑部》"刑部郎中员外郎"条载："凡文法之名有四：一曰律，二曰令，三曰格，四曰式……凡律以正刑定罪，令以设范立制，格以禁违正邪，式以轨物程事。"由此可见体系完善。
　　③ 《五代会要·大理寺》。
　　④ 《宋史·范应铃传》。

者，过莒之包藏祸心也。何存忠以子康功为黄氏后，而荡黄氏之业，何以异此……倅厅所申，谓其家祸皆存忠之所自致，可谓得春秋诛心之义矣。"①

此则可见，立嗣与过继是比较复杂的问题，法律规定过于简单，须引用儒家经典的精神进行决断。②

宋代虽偶现春秋决狱之痕迹，但已经不太明显，像物体失去推力后由惯性向前的最后的移动。

据吕志兴先生考查，南宋以后，关于春秋决狱的资料目前未见。③ 沈家本先生曾言，"《春秋决狱》其书，是南渡（北宋亡渡河建南宋）时亡佚的"④。将黄源盛先生亦从《困学纪闻》的记载中推断，同意沈先生的宋南渡亡《春秋决狱》的观点。⑤

宋南渡之时，不视《春秋决狱》书为治国所需的重要宝典⑥，实际中也不见春秋决狱的实例。因此，我们可以推测，北宋之后，春秋决狱不再流行。

然而，春秋决狱之历史使命虽已完成，但作为一种具有特质精神的处理法律事件的手段，仍会影响世人。若我们读一读南宋及其后的历代判词或判例集，如《折狱龟鉴》、《樊山判牍》等，就会觉出春秋决狱也即"经义决狱"的强大生命力。甚至，有清一代，汪辉祖所著《佐治药言》，作为法律幕友心得之书，却著有："遇疑难大事，有必须引经以断者，非读书不可。"⑦ 汪辉祖还曾据《礼经》亲自决断季水陶氏继承一案。⑧ 这可谓春秋决狱永难绝息的微妙回响。

第二节
案例探微

个案分析可避免宏观叙事的虚拟化或欠生动的真实，能关照一些有个性却又难于归纳成为原则和规律的案例。这些案例在宏观的视野中往往是些微细的死角。本节案例探析，我们将先录三十余则春秋决狱之事，略为分析，然后归纳抽象出"引经折狱"的原则或适用规则。这些原则与规则是探求春秋决狱之品性与精神的可靠素材。

---

① 《名公书判清明集》，"出继子破一家不可归宗"。
② 参见吕志兴：《"春秋决狱"新探》，载《西南师范大学学报》，2000（5）。
③ 参见吕志兴：《"春秋决狱"新探》，载《西南师范大学学报》，2000（5）。
④ 沈家本：《历代刑法考》。
⑤ 参见黄源盛：《两汉春秋折狱"原心定罪"的刑法理论》，载（台湾）《政大法学评论》，第85期。
⑥ 《春秋决狱》若为重要的书籍，定会不惜一切保存下来，历史上曾有：商君怀《法经》入秦，萧何藏秦法助汉，虽乱世，身有所不顾，乃以宝典为重。
⑦ 《佐治药言·读书》。
⑧ 参见《佐治药言·读书》。

一、案例择录

（一）汉以前经义折狱案例

有孔子"以经决狱"二事和秦代儒学博士"引经折狱"一例，前文已述，略有分析，此处不赘。①

（二）董仲舒"春秋决狱"案例

已述董仲舒《春秋决狱》两例，一则为董氏"说上"②，另一则为公羊谓"以姑讨夫"③，皆出自马国翰所著《玉函山房辑佚书集》。现另录其他六则，皆有董仲舒亲断之语。

【案例一】隐匿养子

时有疑狱曰：甲无子，拾道旁弃儿乙养之以为子。及乙长，有罪杀人，以状语甲，甲藏匿乙。甲当何论？仲舒断曰：甲无子，振活养乙，虽非所生，谁与易之。《诗》云：螟蛉有子，蜾蠃负之。《春秋》之义，父为子隐，甲宜匿乙。诏不当坐。④

某甲没有儿子，在路旁拾到被人丢弃的一个婴儿乙。甲把乙当成亲生儿子，乙长大成人后犯了杀人罪，回来后乙把犯罪经过告诉了甲，于是甲便把乙藏匿起来。这样，甲究竟构不构成犯罪？董仲舒认为乙虽非甲亲生儿子，但甲将乙当亲子抚养成人，这样的关系是任何人也改变不了的，而且也代替不了的。依照春秋决狱"父为子隐"原则，甲应该把乙藏匿起来，甲的这种行为不应定罪处刑。

【案例二】乞子杖父

甲有子乙以乞丙，乙后长大而丙所成育。甲因酒色谓乙曰：汝是吾子。乙怒，杖甲二十。甲以乙本是其子，不胜其忿，自告县官。仲舒断之曰：甲生乙，不能长育以乞丙，于义已绝矣！虽杖甲，不应坐。⑤

这则案例虽无直接引用《春秋》经或其他儒家经典之语，但董仲舒却凭着儒家经义，破法出律，断决此案。因为自儒家孔子之后，儒家经义已不同于西周之礼。"西周之礼注重形式，是适用于贵族阶级的外在的行为规范；孔子之礼则注重内容，是适用于一切人的内心伦理观点。"⑥ 所以林放问孔子礼之本为何，孔子答曰："礼，与其奢也，宁俭；丧，与其易也，宁戚。"⑦ 因此，儒家往往注重人的感情，更胜于在乎表面的形式。亲情尤为如是，故孔子论孝，曰："今之孝者，是谓能养，至于犬马，皆能有养，不敬，何以别乎？"⑧ 子对父母应心存有"孝"，而父对子则需有"慈"爱之情，若为父者已失亲亲之义，为子者再不负为子者的责任。所以《春秋》所载，献公不以申生为子，而申生自杀，实乃愚孝；又不以重耳为子，而重耳逃亡在外，《春秋》不以重耳为不孝。又孔子论三年之丧时，言："子生三

---

① 详见本章中"滥觞与权舆：汉以前的经义决狱"相关内容。
② 详见本章中"春秋决狱的含义"相关内容。
③ 详见本章中"开启与繁盛：董仲舒及两汉的春秋决狱"相关内容。
④ 《通典》卷六十九。
⑤ 《通典》卷六十九。
⑥ 武树臣：《儒家法律传统》，35 页。
⑦ 《论语·八佾》。
⑧ 《论语·为政》。

年，然后免于父母之怀。夫三年之丧，天下之通丧也。"① 讲三年之丧基于父母养子三年。因为，此案中父甲对乙，无供养之事实，又无哺育之恩情，虽有父子血缘的表面形式，但义已绝之，故乙杖甲，不视为子杖父。这完全是按儒学经义来断案的，故此例亦属经义折狱之例。

【案例三】大夫纵麑

君猎得麑，使大夫持以归。大夫道见其母随而鸣，感而纵之。君愠，议罪未定。君病，恐死，欲托孤，乃觉之大夫其仁乎，遇麑以恩，况人乎，乃释之，以为子傅。于议何如？仲舒曰："君子不麑不卵，大夫不谏，使持归，非义也。然而中感母恩，虽废君命，徙之可也。"②

传说，周文王曾告诫武王，"山林非时不升斤斧，以成草木之长；川泽非时不入网罟，以成鱼鳖之长；不麑不卵，以成鸟兽之长"③。孔子后将儒学之"仁"加入其中，曰："钓而不纲，弋不射宿。"④ 又《礼记》中有言："昆虫未蛰，不以火田，不麑，不卵，不杀胎，不妖夭，不覆巢。"⑤ 故董氏据经义以"纵麑"为仁，不论大夫违君言之罪，仅责其不谏之过，"徙之可也"。

【案例四】库卒盗弩

甲为武库卒，盗强弩弦，一时与弩异处，当何罪？论曰：兵所居比司马，阑入者髡，重武备，责精兵也。弩蘖机郭，弦轴异处，盗之不至，盗武库兵陈。论曰：大车无輗，小车无軏，何以行之？甲盗武库兵，当弃市乎？曰：虽与弩异处，不得弦不可谓弩，矢射不中，与无矢同，不入与无镞同。律曰，此边鄙兵，所盗臧直百钱者，当坐弃市。⑥

王绍兰注解，文中两论皆是他人之说，曰下为仲舒所断⑦，故此例董仲舒虽认同《论语》中"大车无輗，小车无軏"⑧ 之语，认为武库卒甲，不应以盗弩罪论之，但依汉律，亦判之弃市之罪。可见，"春秋决狱"不敢全然同律典决裂。

【案例五】误杖伤父

甲父乙与丙争言相斗，丙以佩刀刺乙，甲即以杖击丙，误伤乙，甲当何论？或曰：殴父也，当枭首。议曰：臣愚以父子至亲也，闻其斗，莫不有怵怅之心，扶杖而救之，非所以欲诟父也。《春秋》之义，许止父病，进药于其父而卒，君子原心，赦而不诛。甲非律所谓殴父，不当坐。⑨

许止进药的《春秋》之义来源于《春秋》昭公十九年，经曰："夏，五月戊辰，许世子止弑其君买。冬，葬许悼公。"言"弑"为贬折，而书"葬"又有宥情。《公羊传》解说："曰'许世子弑其君买'是君子之听止也；葬许悼公，是君子之赦止也。赦止者，免止之罪

---

① 《公羊传》"僖公五年"。
② 《白孔六帖》卷二十六。
③ 《逸周书·文传解》。
④ 《论语·述而》。
⑤ 《礼记·王制》。
⑥ 《白孔六帖》卷九十一。
⑦ 详见沈家本：《历代刑法考》。
⑧ 《论语·为政》。
⑨ 《太平御览》卷六十四。

辞也。"① 本案中子甲过失，杖伤其父，是善因恶果，按《春秋》存心之恕，有原宥之意，仲舒援引许止之例，不坐子甲殴父之刑，其合情理。

【案例六】嫁丧夫女

甲夫乙将船，会海风盛，船没溺流死亡，不得葬。四月，甲母丙即嫁甲，欲皆何论？或曰，甲夫死未葬，法无许嫁，以私为人妻，当弃市。议曰：臣愚以为《春秋》之义，言夫人归于齐，言夫死无男，有更嫁之道也。妇人无专制擅恣之行，听从为顺，嫁之者归也，甲又尊者所嫁，无淫行之心，非私为人妻也。明于决事，皆无罪名，不当坐。②

"夫人归于齐"指《春秋》文公十八年，经曰："夫人姜氏归于齐"。所言"归"，此字之笔削，意为赞许。因鲁文公薨逝，文公所生之二子又皆被妃子敬嬴所害，故留有"夫死无男允许改嫁"的经义成例。仲舒又以"妇人无专制擅恣之行，听从为顺"的儒家原则作为折此狱之依，大胆突破《汉律》中"夫死未葬，法无许嫁"的条文，是典型的春秋决狱。

（三）两汉董仲舒之外的"春秋决狱"案例

【案例七】徐偃矫制

（武帝）元鼎中，博士徐偃使行风俗。（徐）偃矫制，使胶东、鲁国鼓铸盐铁。还，奏事，徙为太常丞。御史大夫张汤劾（徐）偃矫制大害，法至死。（徐）偃以为《春秋》之义，大夫出疆，有可以安社稷，存万民，颛之可也。（张）汤以致其法，不能诎其义。有诏下（终）军问状，（终）军诘（徐）偃曰："古者诸侯国异俗分，百里不通，时有聘会之事，安危之势，呼吸成变，故有不受辞造命颛己之宜；今天下为一，万里同风，故《春秋》'王者无外'。（徐）偃巡封域之中，称以出疆，何也？且盐铁，郡有余臧，正二国废，国家不足以为利害，而以安社稷存万民为辞，何也？"（徐）偃穷诎，服罪当死。③

春秋庄公十九年，经曰："秋，公子结媵陈人之妇于鄄，遂及齐侯、宋公盟。"公羊传由此推出，"大夫受命不受辞，出境有可以安社稷、利国家者，则专之可也"④。徐偃正是引此为自己矫制辩护。而终军引"王者无外"之春秋大义，诘服之，终判徐偃死刑。

【案例八】诽谤妖言

永建间，时清河赵腾上言灾变，讥刺朝政。章下有司，收（赵）腾系考，所引党辈八十余人，皆以诽谤，当伏重法。（张）皓上疏谏曰：臣闻尧舜立敢谏之鼓，三王树诽谤之木，《春秋》采善书恶，圣主不罪刍荛。（赵）腾等虽干上犯法，所言本欲尽忠正谏。如当诛戮，天下杜口，塞谏争之源，非所以昭德示后也。帝乃悟，减（赵）腾死罪一等，余皆司寇。⑤

春秋鲁定公十四年，经曰："晋赵鞅归于晋"；公羊传解说："此叛也，其言归何？以地正国也。其以地正国奈何？晋赵鞅取晋阳之甲以逐荀寅与士吉射。荀寅与士吉射者，曷为者也？君侧之恶人也。此逐君侧之恶人，曷为以叛之？无君命也。"⑥

---

① 《十三经注疏·春秋公羊传》。
② 《太平御览》卷六四〇。
③ 《汉书·终军传》。
④ 《公羊传》"庄公三"。
⑤ 《后汉书·张皓传》。
⑥ 《公羊传》"定公"。

【案例九】妄刊章文

霍谞，魏郡邺人。少为诸生，明经。有人诬（霍）谞舅宋光于大将军梁商者，以为妄刊章文，坐系洛阳诏狱，掠考困极。（霍）谞时年十五，奏记于（梁）商曰：……谞闻《春秋》之义，原情定过，赦事诛意。故许止虽弑君而不罪，赵盾以纵贼而见书，此仲尼所以垂王法，汉世所宜遵前修也。……（宋）光之所坐，情既可原，守阙连年，而终不见理。不偏不党，其若是乎？……（梁）商高（霍）谞才志，即为奏原（宋）光罪。①

此案所引《春秋》故事与微言大义，同案例五之"许止进药"。

【案例十】孙章误报

有兄弟共杀人者，而罪未有所归。帝以兄不训弟，故报兄重而减弟死。中常侍孙章宣诏，误言两报重，尚书奏章矫制，罪当腰斩。帝复召躬问之，躬对：章应罚金。帝曰：章矫诏杀人，何谓罚金？躬曰：法令有故、误，章传命之谬，于事为误，误者其文则轻。帝曰：章与囚同县，疑其故也。躬曰：周道如砥，其直如矢。君子不逆诈。君王法天，刑不可以委曲生意。帝曰：善。迁躬廷尉正，坐法免。②

"周道如砥，其直如矢"③ 为《诗经》中语，《论语》中有言："不逆诈，不亿不信，抑亦先觉者，是贤乎！"④ 故可谓："君子不逆诈。"本案中，郭躬乃用此两则经义为章断狱。

【案例十一】卫太子案

（昭帝）始元五年，有一男子乘黄犊车，建黄旐，衣黄襜褕，著黄冒，诣北阙，自谓卫太子。公车以闻，诏使公卿、将军、中二千石杂识视。长安中吏民聚观者数万人。右将军勒兵阙下，以备非常。丞相、御史、中二千石至者并莫敢发言。京兆尹（隽）不疑后到，叱从吏收缚。或曰：是非未可知，且安之。（隽）不疑曰：诸君何患于卫太子！昔蒯聩违命出奔，辄拒而不纳，《春秋》是之。卫太子得罪先帝，亡不即死，今来自诣，此罪人也。遂送诏狱。⑤

按《春秋·哀公三年》载，经曰："春，齐国夏、卫石曼姑帅师围戚。"公羊传解说："曼姑始受命于灵公而立辄，曼姑之义固可以拒蒯聩也。辄之义可以立乎？曰可。奈何不以父命辞王父命也。"⑥

【案例十二】薛况之狱

哀帝初即位，博士申咸给事中，亦东海人也，毁（薛）宣不供养行丧服，薄于骨肉，前以不忠孝免，不宜复列封侯在朝省。（薛）宣子（薛）况为右曹侍郎，数闻其语，赇客杨明，欲令创（申）咸面目，使不居位。会司隶缺，（薛）况恐（申）咸为之，遂令（杨）明遮斫（申）咸宫门外，断鼻唇，身八创。事下有司，御史中丞众等奏：（薛）况朝臣，父故宰相，再封列侯，不相敕丞化，而骨肉相疑，疑（申）咸受修言以谤毁（薛）宣。（申）咸所言皆（薛）宣行迹，众人所共见，公家所宜闻。（薛）况知（申）咸给事中，恐为司隶举奏（薛）

---

① 《后汉书·霍谞傅》。
② 《后汉书·郭躬传》。
③ 《诗经·小雅·大东》。
④ 《论语·宪问》。
⑤ 《汉书·隽不疑传》。
⑥ 《公羊传》"定公、哀公"。

宣，而公令（杨）明等迫切宫阙，要遮创戮近臣于大道人众中，欲以隔塞聪明，杜绝论议之端。桀黠无所畏忌，万众讙哗，流闻四方，不与凡民忿怒争斗者同。臣闻敬近臣，为近主也。礼，下公门，式路马，君畜产且犹敬之。《春秋》之义，意恶功遂，不免于诛，上浸之源不可长也。（薛）况首为恶，（杨）明手伤，功意俱恶，皆大不敬。（杨）明当以重论，及（薛）况皆弃市。廷尉直以为：律曰斗以刃伤人，完为城旦，其贼加罪一等，与谋者同罪。诏书无以诋欺成罪。传曰：遇人不以义而见疵者，与痏人之罪钧，恶不直也。（申）咸厚善修，而数称（薛）宣恶，流闻不谊，不可谓直。（薛）况以故伤（申）咸，计谋已定，后闻置司隶，因前谋而趣明，非以恐（申）咸为司隶故造谋也。本争私变，虽于掖门外伤（申）咸道中，与凡民争斗无异。杀人者死，伤人者刑，古今之通道，三代所不易也。孔子曰：必也正名；名不正，则至于刑罚不中；刑罚不中，而民无所错手足。今以（薛）况为首恶，（杨）明手伤为大不敬，公私无差。《春秋》之义，原心定罪。原（薛）况以父见谤发忿怒，无它大恶。加诋欺，辑小过成大辟，陷死刑，违明诏，恐非法意，不可施行。圣王不以怒增刑。（杨）明当以贼伤人不直，（薛）况与谋者皆爵减完为城旦。上以问公卿议臣。丞相孔光、大司空师丹以中丞议是，自将军以下至博士、议郎皆是廷尉。（薛）况竟减罪一等，徙敦煌。①

汉哀帝年间，曾发生一起较为复杂的雇人伤害案：有一官吏申咸"诋毁"另一官吏薛宣，说薛宣对后母不供养，后母死也不行丧，应予罢官。对此，薛宣倒无愤慨，但其子薛况就不放过申咸了，决心报复他，但他自己不出面，花钱雇请杨明把申咸毁容，又砍伤申咸，使申咸身受八创、鼻子与嘴唇都被砍断。此案发生后，怎样依法判决？有一种意见认为，杨明故意杀人，依照法律应处弃市死刑。薛况是本案首恶，也应处弃市死刑。另一种意见认为，薛况出于"孝"的动机，见父被谤，为父复仇。按照"春秋之义，原心定罪"之原则，不能处以死刑。最后薛况"减罪一等，徙敦煌"。

【案例十三】坐赃增锢

安帝初，清河相叔孙光坐赃抵罪，遂增锢二世，衅及其子。是时，居延都尉范邠复犯赃罪，诏下三公、廷尉议。司徒杨震、司空陈褒、廷尉张皓议依（叔孙）光比。（刘）恺独以为：《春秋》之义，善善及子孙，恶恶止其身，所以进人于善也。《尚书》曰：上刑挟轻，下刑挟重。如今使赃吏禁锢子孙，以轻从重，惧及善人，非先王详刑之意也。有诏：太尉（按：指刘恺）议是。②

按《春秋·昭公二十年》载，经曰："夏，曹公孙会自鄸出奔宋。"公羊传解说："奔未有言自者，此其言自何？畔也。畔，则曷为不言其畔？为公子喜时之后讳也，春秋为贤者讳。何贤乎公子喜时？让国也……君子之善善也长，恶恶也短。恶恶止其身，善善及子孙。故君子为之讳也。"③

【案例十四】罪止斩帅

时，平原多盗贼，熹与诸郡讨捕，斩其渠帅，余党当坐者数千人。熹上言：恶恶止其身，可一切徙京师近郡。帝从之。④

---

①《汉书·薛宣传》。
②《后汉书·刘恺传》
③《公羊传》"昭公二十年"。
④《后汉书·赵熹传》。

东汉赵憙任平原太守时，该郡发生农民起义，赵憙奉命讨捕，斩其为首之人，捕获余党数千人。赵憙针对"余党当坐"的处理方法提出反对意见，认为《春秋》之义，"恶恶止其身"，不可株连他人。皇帝同意赵憙之议，只将余党数千人"悉移置颍川、陈留"等京师近郡。

【案例十五】田延年案

丞相议奏延年主守盗三千万，不道。霍将军召问延年，欲为道地，延年抵曰，本出将军之门，蒙此爵位，无有是事。光曰：即无事，当穷竟。御史大夫田广明谓太仆杜延年：《春秋》之义，以功覆过。当废昌邑王时，非田子宾之言，大事不成。今县官出三千万自乞之，何哉？愿以愚言白大将军。①

汉宣帝时大臣田延年因"主守盗三千万"，构成"不道"罪而被参劾。御史大夫田广明认为田延年曾有废昌邑王而立汉宣帝之大功，便引用"春秋之义，以功覆过"的原则，赦免了田延年之大罪。至于后来田延年因此事惹怒重臣霍光，再次追究这宗巨大贪污案而致身亡，那是另一回事了。

【案例十六】淮南王案

越王彭祖、列侯臣让等四十三人议，皆曰：淮南王（刘）安，大逆无道，谋反明白，当伏诛。胶西王臣端议曰：（刘）安废法行邪，怀诈伪心，以乱天下，荧惑百姓，倍畔宗庙，妄作妖言。《春秋》曰：臣无将，将而诛。（刘）安罪重于将，谋反形已定，臣端所见其书节印图及他逆亡道事验明，甚大逆无道，当伏法。②

鲁庄公病危，遂以嗣位的人选，问于其弟叔牙，叔牙对曰："庆父，才"，而阴怀异志；再问于其弟季友，季友对曰："臣以死奉子般"。及叔牙谋弑事迹显露，季友遂迫使叔牙饮鸩自杀。这一段事实，《春秋》于庄公三十二年，仅云："秋七月癸巳公子牙卒"；公羊氏基于"春秋诛心"的主旨，认为叔牙谋弑未成，亦构成死罪，其死是应该的。故传曰："君亲无将，将必诛焉。"

【案例十七】诛广陵王

广陵王荆有罪，帝以至亲悼伤之。诏儵与羽林监南阳任隗杂理其狱。事竟，奏请诛荆。引见宣明殿，帝怒曰：诸卿以我弟故，欲诛之，即我子，卿等敢尔邪！儵仰而对曰：天下高帝天下，非陛下之天下也。《春秋》之义。君亲无将，将而诛焉。是以周公诛弟，季友鸩兄，经传大之。臣等以荆属托母弟，陛下留圣心，加恻隐，故敢请耳。如令陛下子，臣等专诛而已。儵以此知名。③

所引《春秋》大义同案例十六。

【案例十八】子杀继母

梁人娶后妻，后妻杀夫，其子又杀之。孔季彦过梁，梁相曰：此子当以大逆论。礼，继母如母，是杀母也。季彦曰：若如母，则与亲母不等，欲以义督之也。昔文姜与杀鲁桓，《春秋》去其姜氏，传曰：绝不为亲，礼也；绝不为亲，即凡人尔。且夫手杀重于知情，知情犹不得为亲，则此下手之时，母名绝矣。方之古义，是子宜以非司寇而擅杀当之，不得为

---

① 《汉书·田延年传》。
② 《史记·淮南王传》；另参见《汉书·淮南衡山济北王传》。
③ 《后汉书·樊儵传》。

杀母而论以逆也。梁相从其言。①

《春秋·桓公十八年》，经曰："春王正月，公会齐侯于泺。公与夫人姜氏遂如齐。"公羊传解说："公何以不言及夫人？夫人外也。夫人外者何？内辞也，其实夫人外公也。"②盖鲁桓公在齐，其夫人文姜淫乱之至；在齐侯前毁谤桓公，使桓公被杀，是与奸夫谋杀亲夫同，所以《公羊传》说夫人与桓公恩义已绝了。

（四）中古时的春秋决狱案例

【案例十九】曹操割发

常出军，行经麦中，令"士卒无败麦，犯者死"。骑士皆下马，付麦以相持，于是太祖马腾入麦中，敕主簿议罪。主簿对以《春秋》之义，罚不加于尊。太祖曰："制法而自犯之，何以帅下？然孤为军帅，不可自杀，请自刑。"因援剑割发以置地。③

曹操为严格军纪，曾制定"士卒无败麦，犯者死"，结果一不小心，他自己的马跑入麦田，踏坏大片麦子。他下令主簿议罪。主簿说，按春秋之义，"罚不加于尊"，所以曹操不用被罚。但曹操认为，作为统帅，如果知法犯法，将何以服众？但他作为统帅，不能自杀，就以割发代为受刑。

【案例二十】刘廙不坐

魏讽反，（刘）廙弟伟，为讽所引，当相坐诛。太祖令曰："叔向不坐弟虎，古之制也。"特原不问……徙署丞相仓曹属。廙上疏谢曰："臣罪应倾宗，祸应覆族。遭乾坤之灵，值时来之运；扬汤止沸，使不燋烂；起烟于寒灰之上，生华于已枯之木。物不答施于天地，子不谢生于父母；可以死效，难用笔陈。"④

《春秋》经有"叔向不坐弟虎"，是指鲁襄公二十一年，晋大夫叔向之弟羊舌虎，卷入栾盈与范宣子之政争事件中，栾盈失败后出亡适楚，范宣子尽诛栾盈党羽晋大夫十人，包含了羊舌虎，叔向亦坐狱待决，晋大夫祁奚谓范宣子曰："管、蔡为戮，周公右王"（杜预注："管、蔡为戮，周公右王。"即云："言兄弟罪不相及"）。于是范宣子遂释叔向，而不问罪。⑤

【案例二十一】曹爽伏诛

初，张当私以所择才人张、何等与（曹）爽。疑其有奸，收当治罪。当陈爽与（何）晏等阴谋反逆，并先习兵，须三月中欲发，于是收晏等下狱，会公卿朝臣廷议，以为《春秋》之义，"君亲无将，将而必诛"。爽以支属，世蒙殊宠，亲受先帝握手遗诏，托以天下，而包藏祸心，蔑弃顾命，乃与（何）晏、（邓）飏及（张）当等谋图神器，（桓）范党同罪人，皆为大逆不道。于是收（曹）爽、（曹）羲、（曹）训、（何）晏、（邓）飏、（丁）谧、（毕）

---

① 详见《孔丛子》，按《通典》卷一六六，有武帝论防年杀继母一条，与本案情节相同，惟不引春秋为稍异耳："汉景帝时，廷尉上囚防年继母陈论杀防年父，防年因杀陈，依律，杀母以大逆论，帝疑之。武帝时年十二，为太子，在旁，帝遂问之。太子答曰：夫继母如母，明不及母，缘父之故，比之于母。今继母无状，手杀其父，则下手之日，母恩绝矣。宜与杀人者同，不宜以大逆论，从之。"此二事，案情完全相同。
② 《公羊传》"桓公十八年"。
③ 《三国志·魏书·武帝纪》注引《曹瞒传》。
④ 《三国志·魏书·刘廙传》。
⑤ 参见《左传》"鲁襄公二十一年"。

轨、（李）胜、（桓）范、（张）当等，皆伏诛，夷三族。①

所引春秋大义同案例十六。

【案例二十二】剖棺暴尸

（王凌）进封南乡侯，邑千三百五十户，迁车骑将军、仪同三司。是时，（王）凌外甥令狐愚以才能为兖州刺史，屯平阿。舅甥并典兵，专淮南之重。凌就迁为司空。司马宣王既诛曹爽，进凌为太尉，假节钺。凌、愚密协计，谓齐王不任天位，楚王彪长而才，欲迎立彪都许昌。嘉平元年（249）九月，愚遣将张式至白马，与彪相问往来。凌又遣舍人劳精诣洛阳，语子广。广言："废立大事，勿为祸先。"……凌阴谋滋甚，遣将军杨弘以废立事告兖州刺史黄华，华、弘连名以白太傅司马宣王。宣王将中军乘水道讨凌……凌至项，饮药死。宣王遂至寿春。张式等皆自首，乃穷治其事。彪赐死，诸相连者悉夷三族。朝议咸以为春秋之义，齐崔杼、郑归生皆加追戮，陈尸斫棺，载在方策。凌、愚罪宜如旧典。乃发凌、愚冢，剖棺，暴尸于所近市三日，烧其印绶、朝服，亲土埋之。②

郑归生、齐崔杼弑君之例，分别指《春秋》"（宣公）四年……夏，六月，乙酉，郑公子归生弑其君夷"③及"（襄公）二十有五年……夏，五月，乙亥，齐崔杼弑其君光"④的故事。至襄公二十八年，齐人将崔杼暴尸于市，故曰："陈尸斫棺，载在方策。"⑤

【案例二十三】高贵乡公

庚寅，太傅孚、大将军文王、太尉柔、司徒冲稽首言："伏见中令，故高贵乡公悖逆不道，自陷大祸，依汉昌邑王罪废故事，以民礼葬。臣等备位，不能匡救祸乱，式遏奸逆，奉令震悚，肝心悼慄。《春秋》之义，王者无外，而书'襄王出居于郑'，不能事母，故绝之于位也。今高贵乡公肆行不轨，几危社稷，自取倾覆，人神所绝，葬以民礼，诚当旧典。然臣等伏惟殿下仁慈过隆，虽存大义，犹垂哀矜，臣等之心实有不忍，以为可加恩以王礼葬之。"太后从之。⑥

"王者无外"之典出于《春秋》："（二十有四年）冬，天王出居于郑。"而公羊传曰："王者无外，此其言出何？不能乎母也。鲁子曰：'是王也，不能乎母者，其诸此之谓与？'"⑦

【案例二十四】王濬专辄

案《春秋》之义，大夫出疆，由有专辄。臣虽愚蠢，以为事君之道，惟当竭节尽忠，奋不顾身，量力受任，临事制宜，苟利社稷，死生以之。若其顾护嫌疑，以避咎责，此是人臣不忠之利，实非明主社稷之福也。臣不自料，忘其鄙劣，披布丹心，输写肝脑，欲竭股肱之力，加之以忠贞，庶必扫除凶逆，清一宇宙，愿令圣世与唐虞比隆。陛下粗察臣之愚款，而

① 《三国志·魏志·曹爽传》。
② 《三国志·魏志·王凌传》。
③ 《左传》"宣公四年"。
④ 《左传》"襄公二十五年"。
⑤ 《左传》"襄公二十八年"。
⑥ 《三国志·魏志·高贵乡公髦纪》。
⑦ 《公羊传》"僖公二十四年"。

识其欲自效之诚，是以授臣以方牧之任，委臣以征讨之事。虽燕主之信乐毅，汉祖之任萧何，无以加焉。受恩深重，死且不报，而以顽疏，举错失宜。陛下弘恩，财加切让，惶怖怔营，无地自厝，愿陛下明臣赤心而已。①

王濬认为自己之所以没有听从王浑节度，完全是一片忠君之心，而且由于战时情况特殊，以有专辄，但这都是完全符合《春秋》之原则的。司马炎听从了这一意见，最终没有再处理王濬。

【案例二十五】徙司马繇

及冏辅政，诏以繇为散骑常侍，加大将军，领后军、侍中、特进，增邑满二万户。又从冏求开府，冏曰："武帝子吴、豫章尚未开府，宜且须后。"繇以是益怨，密表冏专权，与左卫将军王舆谋共废冏。事觉，免为庶人。寻诏曰："大司马以经识明断，高谋远略，猥率同盟，安复社稷。自书契所载，周召之美未足比勋，故授公上宰。东莱王繇潜怀忌妒，包藏祸心，与王舆密谋，图欲谮害。收舆之日，繇与青衣共载，微服奔走，经宿乃还。奸凶赫然，妖惑外内。又前表冏所言深重，虽管蔡失道，牙庆乱宗，不复过也。《春秋》之典，大义灭亲，其徙繇上庸。"后封微阳侯。永宁初，上庸内史陈钟承冏旨害繇。冏死，诏诛钟，复繇封，改葬以王礼。②

"《春秋》之典，大义灭亲"，事见《春秋·左传·隐公四年》："君子曰：石碏，纯臣也，恶州吁而厚与焉。'大义灭亲'，其是之谓乎。"③

【案例二十六】李忽杀父

周处，字子隐，阳羡人。姑为中书省事时，女子李忽觉父北叛时，杀父。（周）处奏曰："觉父以偷生，破家以邀福，子围告归，怀赢结舌，（李）忽无人子之道，证父攘羊，伤风污俗，宜在投畀，以彰凶逆，俾刑市朝，不足塞责。"奏可，杀（李）忽。④

"证父攘羊"，典出《论语》："叶公语孔子曰：吾党有直躬者，其父攘羊，而子证之。孔子曰：吾党之直者异于是。父为子隐，子为父隐，直在其中矣。"⑤ 这是典型的儒家经义。

【案例二十七】谋反诛城

太和初，怀州人伊祁苟初三十余人谋反，文明皇太后欲尽诛一城人。（张）白泽谏，以为《周书》父子兄弟罪不相及，不诬十室，而况一州。后从之，乃止。⑥

引"《周书》父子兄弟罪不相及"，其大义同《春秋公羊传·昭公二十三年》所载"恶恶止其身，善善及子孙"之典故，周者为儒宗孔子至崇，往往也被认为是儒家先始，故言《周书》亦是引经。

【案例二十八】父功累子

荡阴之役，侍中嵇绍为乱兵所害，接议曰："夫谋人之军，军败则死之；谋人之国，国危则亡之，古之道也。荡阴之役，百官奔北，惟嵇绍守职以遇不道，可谓臣矣，又可称痛

① 《晋书·王濬传》。
② 《晋书·齐王攸传附子繇传》。
③ 《左传》"隐公四年"。
④ 《太平御览·刑法部十三·杀》。
⑤ 《论语·子路》。
⑥ 《北史·张衮传》。

矣。今山东方欲大举，宜明高节，以号令天下。依《春秋》褒三累之义，加绍致命之赏，则遐迩向风，莫敢不肃矣。"朝廷从之。①

本案中，晋朝王接引春秋大义，上书要求对嵇绍"褒三累之义"，使得人们效法忠臣死节。朝廷遂"加绍致命之赏"。其实，"善及子孙"这一原则强化了儒家伦理原则的渗透性作用，也使得朝廷统治者办事断狱因循了所谓的儒家伦理原则。

【案例二十九】害母逐子

时雁门人有害母者，八座奏辕之而潴其室，宥其二子。（邢）峦驳奏云："君亲无将，将而必诛。今谋逆者戮及期亲，害亲者今不及子，既逆甚枭镜，禽兽之不若，而使禋祀不绝，遗育永传，非所以劝忠孝之道，存三纲之义。若圣教含容，不加孥戮，使父子罪不相及，恶止于其身，不则宜投之四裔，敕所在不听配匹。盘庚言'无令易种于新邑'，汉法五月食枭羹，皆欲绝其类也。"奏入，世宗从之。②

《尚书》有言："乃有不吉不迪，颠越不恭，暂遇奸宄，我乃劓殄灭之，无遗育，无俾易种于兹新邑。"③ "无令易种于新邑"之典，整体上是说，若有人不善良、不和顺，或贻误及不服从命令，或诈伪奸邪犯法作乱，对于这些人就要诛其全家，连幼童也不放过，以避免让这坏种迁移到这座新城来。

【案例三十】母以子贵

"《春秋》之义，母以子贵。昔高皇帝追尊太上昭灵夫人为昭灵皇后，孝和皇帝改葬其母梁贵人，尊号曰恭怀皇后，孝愍皇帝亦改葬其母王夫人，尊号曰灵怀皇后。今皇思夫人宜有尊号，以慰寒泉之思，辄与恭等案谥法，宜曰昭烈皇后。诗曰：'谷则异室，死则同穴。'（裴松之的注文，《礼》云：上古无合葬，中古后因时方有。）故昭烈皇后宜与大行皇帝合葬，臣请太尉告宗庙，布露天下，具礼仪别奏。"制曰可。④

"《春秋》之义，母以子贵"出处源自："立嫡以长不以贤，立子以贵不以长……母贵也。母贵则子何以贵？子以母贵，母以子贵。"⑤

【案例三十一】母罪子废

（秦孝王俊）妃崔氏以毒王之故，下诏废绝，赐死于其家。子浩，崔氏所生也。庶子曰湛。群臣议曰："《春秋》之义，母以子贵，子以母贵。贵既如此，罪则可知。故汉时栗姬有罪，其子便废，郭后被废，其子斯黜。大既然矣，小亦宜同。今秦王二子，母皆罪废，不合承嗣。"于是以秦国官为丧主。⑥

引经之《春秋》大义同上述案例三十。

【案例三十二】救父杀人

（长庆）二年四月，刑部员外郎孙革奏："京兆府云阳县人张莅，欠羽林官骑康宪钱米。宪征之，莅承醉拉宪，气息将绝。宪男买得，年十四，将救其父。以莅角觝力人，不敢捻

---

① 《晋书·王接传》。
② 《魏书·邢峦传》。
③ 《尚书·盘庚下》。
④ 《三国志·蜀书·先主甘皇后传》。
⑤ 《公羊传》"隐公元年"。
⑥ 《隋书·秦王俊传》。

解，遂持木锸击莅之首，见血，后三日致死者。准律，父为人所殴，子往救，击其人折伤，减凡斗三等。至死者，依常律。即买得救父难是性孝，非暴；击张莅是心切，非凶。以髫龀之岁，正父子之亲，若非圣化所加，童子安能及此？《王制》称五刑之理，必原父子之亲以权之，慎测浅深之量以别之。《春秋》之义，原心定罪。周书所训，诸罚有权。今买得生被皇风，幼符至孝，哀矜之宥，伏在圣慈。臣职当谳刑，合分善恶。"敕："康买得尚在童年，能知子道，虽杀人当死，而为父可哀。若从沉命之科，恐失原情之义，宜付法司，减死罪一等。"①

"五刑之理，必原父子之亲以权之，慎测浅深之量以别之"的规范，来源于《礼记》原文："凡听五刑之讼，必原父子之亲，立君臣之义，以权之。意论轻重之序，慎测浅深之量，以别之。悉其聪明、致其忠爱，以尽之。疑狱，泛与众共之。众疑，赦之。必察小大之比以成之。"② 而"春秋原心论罪"之精神是所共识。《周书》"诸罚有权"之原则，出自《尚书》文字："上刑适轻，下服。下刑适重，上服。轻重诸罚有权。刑罚世轻世重，惟齐非齐，有伦有要。"③

【案例三十三】梁悦复仇

六年九月，富平县人梁悦，为父杀仇人秦果，投县请罪。敕："复仇杀人，固有彝典。以其申冤请罪，视死如归，自诣公门，发于天性。志在殉节，本无求生之心，宁失不经，特从减死之法。宜决一百，配流循州。"

职方员外郎韩愈献议曰：……伏以子复父仇，见于《春秋》，见于《礼记》，又见于《周官》，又见于诸子史，不可胜数，未有非而罪之者也……《周官》曰："凡杀人而义者，令勿仇，仇之则死。"义，宜也，明杀人而不得其宜者，子得复仇也。此百姓之相仇者也。《公羊传》曰："父不受诛，子复仇可也。"不受诛者，罪不当诛也。又《周官》曰："凡报仇雠者，书于士，杀之无罪。"言将复仇，必先言于官，则无罪也……臣愚以为复仇之名虽同，而其事各异。或百姓相仇，如《周官》所称，可议于今者；或为官吏所诛，如《公羊》所称，不可行于今者。又《周官》所称，将复仇，先告于士则无罪者。若孤稚羸弱，抱微志而伺敌人之便，恐不能自言于官，未可以为断于今也。然则杀之与赦，不可一例。宜定其制曰：凡有复父仇者，事发，具其事由，下尚书省集议奏闻。酌其宜而处之，则经律无失其指矣。④

引经义，在于强调，父被杀之缘由，若死于公罪，子不可复仇；若死于私怨，子可复仇。

【案例三十四】徐元庆案

臣（柳宗元）伏见天后（武则天）时，有同州下邽人徐元庆者，父爽为县尉赵师韫所杀。卒能手刃父仇，束身归罪。当时谏臣陈子昂建议诛之而旌其闾，且请"编之于令，永为国典"。臣（柳宗元）窃独过之。

……若元庆之父，不陷于公罪，师韫之诛，独以其私怨。奋其吏气，虐于非辜；州牧不

---

① 《旧唐书·刑法志》。
② 《礼记·王制》。
③ 《尚书·吕刑》。
④ 《旧唐书·刑法志》。

知罪，刑官不知问，上下蒙冒，吁号不闻。而元庆能以戴天为大耻，枕戈为得礼，处心积虑，以冲仇人之胸，介然自克，即死无憾。是守礼而行义也。执事者宜有惭色，将谢之不暇，而又何诛焉？其或元庆之父，不免于罪，师韫之诛，不愆于法。是非死于吏也，是死于法也。法其可仇乎？仇天子之法，而戕奉法之吏，是悖骜而凌上也。执而诛之，所以正邦典，而又何旌焉？……《周礼》："调人，掌司万人之仇。""凡杀人而义者，令勿仇，仇之则死。""有反杀者，邦国交仇之。"又安得亲亲相仇也？《春秋·公羊传》曰："父不受诛，子复仇可也。父受诛，子复仇，此推刃之道，复仇不除害。"今若取此以断两下相杀，则合于礼矣。

且夫不忘仇，孝也。不爱死，义也。元庆能不越于礼，服孝死义，是必达理而闻道者也。夫达理闻道之人，岂其以王法为敌仇者哉？议者反以为戮，黩刑坏礼，其不可以为典，明矣。请下臣议附于令。有断斯狱者，不宜以前议从事。谨议。①

引经之义同上案例三十三。

（五）宋代及其以后的"春秋决狱"案例

案例甚少，偶见于《名公书判清明集》、《折狱龟鉴》、《樊山判牍》和《佐治药言》等书，前文已述，故不重录。

二、折狱原则

史上春秋决狱，案例可谓繁杂，力探其中原则，抽精提要，便可不以为惑。

（一）"春秋决狱"义理之总要——"原心论罪"原则

"原心论罪"又称"原情定罪"、"治心定罪"等。学界通论此为春秋决狱最基本的或最为重要的一条原则。我们很容易将"原心论罪"与"诛心"或是主观定罪直接挂钩，同一而论。王充曾言，断狱应"原心省意"，即"刑故无小，宥过无大，圣君原心省意"②。特别是桓宽更推至极致，曰："志善而违于法者，免；志恶而合于法者，诛。"③ 其实，"原心论罪"，含义甚丰，非只言片语可以盖全。董仲舒如是说："春秋之听狱也，必本其事，而原其志，志邪者不待成，首恶者罪特重，本直者其论轻。""必本其事"是"原心论罪"原则的客观因素，并非仅依主观因素，"论心定罪"，"志善免、志恶诛"，此言也过于绝对，以"首恶重，本直轻"论，较为公允。

"原心论罪"原则是一个概括性的总原则，或可视为春秋决狱案例的共性原则，每一则"经义折狱"的成例中，都能以原心论罪加以说明。但若孤立理解原心论罪则有断章取义或臆想妄造之虞，只有将春秋决狱具体的适用原则与原心论罪原则联系起来，抽象与具体、一般与个别相结合，这样才能明了"春秋决狱"原则的真意。

原心论罪作为义理性的原则，在于它固定了春秋决狱运行的基础，是其运用的内在模式、规程。原心论罪虽既有主观主义又有客观主义的定罪量刑，但它所强调的是"心"和"志"，或者以现今的学术语言，可称为"动机"、"意图"等心理要件。这些要件中，原心论

---

① 《古文观止·驳复仇议》。
② 《论衡·答佞》。
③ 《盐铁论·刑德》。

罪最凸显的无非是两点，一是"原忠"，二是"原孝"。周代文制的核心便在"亲亲之杀"、"尊贤之等"①，儒祖孔子继承"周礼"，则有言："凡听五刑之讼，必原父子之情，君臣之义以权之。"② 前者指的是"原孝"，后者说的是"原忠"。春秋决狱实为以儒家经义为依据断案折狱，故而在义理上将"原忠"与"原孝"作为原心论罪的主要标准。

原心论罪除了有标准，义理上还要求它有一定的运作方式。"原心"是方式的机理，即要求考察心理。心理如何考察？我们知道，考察的方式，在形式上便是"原经"。那么，怎样"原经"？我们从案例中发现，可有两种方式：一是将现有案情类比经典中的成例"故事"，可谓"按经办事"；二是通过削笔的"微言"，抽象出原则，作用于现有的案情，可谓"符合经义"。前者如【案例十六】淮南王案、【案例二十二】剖棺暴尸等；后者如【案例一】隐匿养子、【案例五】误杖伤父等。一般情形，现行案情与经传中记载的"故事"完全一致的并不多，即使在相同的情况下，"故事"也往往被抽象成一种原则，以备今后处理类似案件时再适用。所以，这两种"原经"的方式，常常在具体折狱过程中，同时使用，并行不悖。

简言之，原心论罪的标准主要是"原孝"、"原忠"；其方式则为"原心"、"原经"。

（二）春秋决狱之具体适用原则

通过对大量个案的综合分析，可以将春秋决狱具体的适用原则，归纳如下：

1. 恶恶止其身

即强调在诉讼中，只惩处犯罪者本人，不应当因一人犯罪而牵连其他无辜之人。运用这个原则断狱的有：【案例十三】坐赃增锢、【案例十四】罪止斩帅、【案例二十】刘廞不坐和【案例二十七】谋反诛城。

2. 罪以功除

即所犯罪行的刑罚，可以通过功绩或立功行为，得以减免。俗言，以功抵过，或将功折罪。【案例十五】田延年案体现了这一原则。

3. 原宥过误

即"原心"后，将无恶或小恶之行为视为"过误"，予以宽宥。如下案例运用了此原则：【案例二】乞子杖父、【案例三】大夫纵麑、【案例五】误杖伤父、【案例八】诽谤妖言、【案例九】妄刊章文、【案例十】孙章误报和【案例三十二】救父杀人。

4. 必本其事

即注重客观因素、缘由，从客观条件分析所造成的形式上的违律行为应如何处断。如【案例四】库卒盗弩、【案例六】嫁丧夫女和【案例十】孙章误报。

5. 罪及死人

即对犯罪之人，虽身死，但仍要加以刑罚，一般是暴尸于市，剖棺于土。【案例二十二】剖棺暴尸可见此原则。

6. 亲亲相首匿

即在亲属间，允许相互隐瞒犯罪事实，而隐匿之人不受法律惩处。运用此原则的案例

---

① 《礼记·中庸》。

② 《孔子家语·刑政》。

有：【案例一】隐匿养子和【案例二十六】李忽杀父。

7. 大义灭亲

即在案件中，伸张大义，主动承担追究、惩罚犯罪亲属的责任。如【案例二十五】徙司马蕤便有此原则的体现。

8. 血亲复仇

即在一定程度上，法律允许为血亲复仇，不追究复仇者的法律责任。体现此原则的有：【案例十二】薛况杀人、【案例十八】子杀继母、【案例三十三】梁悦复仇和【案例三十四】徐元庆案。

9. 善及血缘

即功绩所产生的利益与优惠，可以通过血缘关系传承与转嫁。【案例二十八】父功累子和【案例三十】母以子贵就体现了这一原则。

10. 恶及血缘

即由犯罪所造成的惩罚可降于血缘之中，而这些人并没有犯罪，但要受罚。体现此原则的有【案例二十九】害母逐子和【案例三十一】母罪子废。

11. 罚不加尊

即对于身份等级高的人，享有对法律惩罚的减免之权。【案例十九】曹操割发体现了此一原则的运用。

12. 王者无外

即皇帝贵族在法律上不可免责，即使皇帝也是如此。此原则的运用，【案例二十三】高贵乡公可以体现。

13. 君亲无将

"将"是指将有叛逆之心，意为臣对君、子对父不能有犯亲的作乱之心、叛逆之意，如果有此犯意，即使没有行为，也要处以刑罚。这一原则有时可引申或扩大为，无君命不可擅为，擅为者则有"将心"。有【案例七】徐偃矫制、【案例十一】卫太子案、【案例十六】淮南王案、【案例十七】诛广陵王和【案例二十一】曹爽伏诛运用了此原则断狱。

14. 大夫专辄

即在权宜之时，可以不受君命而有专断之事，且不为法律所惩罚。体现此原则的有【案例七】徐偃矫制和【案例二十四】王濬专辄。

(三) 春秋决狱原则的体系

我们认为，上述具体适用原则可分为两大部分：前五条原则是一部分，其后为另一部分。前一部分，就人类最一般的习惯或常情可推演而出，我们可以称为"自发的一般性习惯"原则。就这些原则而言，世界各国、各民族都大同小异地存在着，它们往往是未经意识形态组织过的，它们直接的来源是人类朴实的内心情感。因此，这些原则有些也构成了我们现代法律的原则。

后一部分原则，当然最初也源自最纯质的人心，但它们较前者更能体现出一种独特文化的性质，有着明显的意识形态的色彩。具体言之，第 6 条至第 14 条原则，无疑体现了儒学精神。儒学体系可由"家—国"模式所表达，该模式下有着"亲亲之杀，尊贤之等"的"惟齐非齐"的秩序要求，在其中"忠"与"孝"填充着价值领域。所以我们说，血缘复仇虽可视为人类"自发的一般性习惯"的一种，但春秋决狱中的"血亲复仇"原则有其一套理论，它着重在家国模式中游离，是为儒学体系服务的，因此，它不是单纯的习惯性原则。正如同这部分中其他原则一样，我们可称它们为"人为的特殊性伦理"原则。

"人为的特殊性伦理"原则，又可分为两部分：第6条至第10条原则属于"家"的领域；第11条至第14条原则在"国"的范畴中。"家"以"孝"治，"国"以"忠"行，这样，春秋决狱各具体适用原则在价值层面又同"总要原则"联系起来了。因此，"总要原则"不仅是各"具体适用原则"的普遍方法，而且精神上的架构也形成了"总—分"的模式。

讨论原则的体系和各原则的划分是有意义的。我们发现，在"自发的一般性习惯"原则，诸者之间相对独立；而在"人为的特殊性伦理"原则中，各种原则相互干涉，甚为严重，具体可见，比如在"家"的领域中，"亲亲相首匿"与"大义灭亲"处于矛盾态势，从"善及血缘"到"恶及血缘"其实是类推的结果。即使是"血亲复仇"，看似与其他无涉，相对独立，但其自身矛盾重重，常在血亲复仇的"可"与"否"之间摇摆，这样忽左忽右，往往须寻找理论支持，于是便同其他原则联系甚密了。而在"国"的领域中，所有原则都以矛盾状态被表达。"罚不加尊"与"王者无外"矛盾，"君亲不将"与"丈夫专辄"矛盾。

由以上分析，我们大致可以看出：一是"自发的一般性习惯"诸原则相互独立，表现了春秋决狱在这方面的一种习惯法倾向，意味着维护一种稳定的秩序；二是"人为的特殊性伦理"在"家"的领域中，各原则的矛盾冲突和类推演绎，表达着一种含混的道德律倾向；三是"人为的特殊性伦理"在"国"的领域中，诸原则全然地对立，展示了政治领域的钩心斗角。"诛心"或恶意的"舞文弄墨"等春秋决狱的消极因素，最可能从此处产生。

值得一提的是，在对具体个案的决断过程中，由于案情复杂，往往需要适用两种以上的具体原则，此时如何解决各原则间的矛盾与冲突便成为首要问题。通过对个案的分析，春秋决狱的原则体系可分为几个等级，首先，"原忠"、"原孝"高于其他各原则，是"原心论罪"的最高标准，而在这一最高标准内部，常见"原忠"高于"原孝"，虽然它们努力融合，试图成为一个原则，但在个案处理上却总有矛盾，如对复仇合法性的判断，就体现了这一点。其次，在具体的适用原则中，"人为的特殊性伦理"原则又高于"自发的一般性习惯"原则的效力，这体现特殊优先一般的解决问题的方式。再次，在"人为的特殊性伦理"原则上，"国"的范畴突出于"家"的范畴，政治性的因素比纯伦理道德性的因素更加重要。

第三节
法理究析

一、春秋决狱的依据

（一）存在依据

春秋决狱之所以出现于两汉魏晋南北朝时期，自有其存在的必然性。中国古代自战国开始，法家学说独尊，至秦六合诸侯，一统天下后，法家思想达其极致。法家思想重视"法治"，强调"以法治国"，依法调整一切社会关系，这样就异常地重视法律规范的制定和运用。特别在秦朝确立了法律由一统，莫不皆有法式，事皆决于法的指导思想后，在这种法律思想指导下，秦律被大量地创制出来，以基本法典"六律"为主干，形成一个宏大的法律体系。如果说"六律"和《法经》差不多，"盗"、"贼"、"囚"、"捕"、"杂"、"其"六篇，法律内容并不太多，那么秦简（记在竹简上的法律）的内容就相当地丰富了。就目前已发现的《睡虎地秦墓竹简》所记载的法律内容来看，包括单行秦律三十余种，如"田律"、"工律"、"关市律"、"金布律"、"徭律"、"置吏律"等等，还包括解释法律的《法律答问》和包括审判案例、公文程式的《封诊式》。其涉及的范围非常广，涵盖调整政治、经济、军事、司法……各方面社会关系的内容，而且，立法之具体也是前所未有的。例如保护耕牛的立法，规定全国每年进行四次评比活动（即所谓的"耕牛课"），以县为单位，成绩最好的，奖励田啬夫（县农事官）壶酒束修；成绩最差的谇之，并罚徭役。若每次耕牛的腰围比上次评比减少一寸，养牛人则被笞罚十下。由此可见其立法之具体。加之，还有皇帝的诏令，国家的"廷行事"。可以说，秦朝在不长的时日里编织了一张严密的法网，法繁刑苛、密如膏脂。然而，强大的秦朝却暴兴暴亡，只成为历史上一个匆匆过客。

刘邦建汉后，思想家们在思索秦朝暴亡的问题时，认为其"繁刑严诛"是败亡原因之一。于是建汉伊始，行黄老之术，用无为而治。在立法上的突出表现是，立法简，内容少。开始立法仅为"约法三章"——杀人者死，伤人及盗抵罪。然而偌大一个王朝，那么复杂的社会关系，怎能由十个字三条罪的立法就调整得好？事实也同样说明三章之法不足以御奸。尔后，自高祖到武帝间，虽然及时地调整政策，制定了著名的汉律六十篇，另外，还有不少的单行法规，诸如"沈命律"、"阿党附益律"、"酎金律"……应该说，到汉武帝时期，法律制定有了长足进步。但是，对于从"无为之治"转为"有为之治"的汉武帝时代，法律在调整更加复杂的社会关系时总是捉襟见肘。统治阶级虽然也认识到这一点，但又不能不受立法传统的影响，作为成文法传统的中国古代，立法毕竟不是国家的随意所为能达到目的的，因为成立法的制定与实施，不能不受到一定条件的限制，需要较长的时间。从理论上说，成文法典、法律的制定必须考虑这么一个前提：客观的法律关系已产生、成熟与定型，只有当这种关系出现并定型后才能制定成文法，否则，不按科学规律定法，其法即便不属"恶法"，也是难以实施的。即使统治阶级遵循规律、重视立法，但从法律关系的产生到成熟、定型有一个相当长的时间过程，加之，在这个过程后制定的法律，从制定到颁布再到施行，又需要一个时间过程。在这样两个相当长的时间过程中，社会不可避免地会出现一些法律的"空旷区"，于客观上，它是一个社会犯罪的密集区、社会的一个无序区。特别是在一些社会的转型、变革时期，尤见明显。正是如此，至汉武帝时，存在着较前更为复杂的社会关系，则更需要制定相应的法律，而事实上又缺乏相应的法律。对此，统治阶级特别是作为"有为而治"的汉武帝，不可能放任这一状况的长期存在。怎么办？汉武帝时期，君主与臣子们摸索到一条新的途径——创制"判例法"。加之，前期已经有了成功的实践，即秦朝"廷行事"的创制和运用。于是，在此背景下，汉代特殊的判例法——"春秋决狱"制度适时而生了。

按照学者武树臣的说法是"古老'判例法'的复活"①。

另一个存在的事实是，在汉武帝时期出现了意识形态与法律实践分道扬镳的奇特现象。即在意识形态领域，由于"独尊儒术"后，儒家思想上升为统治阶级统治社会的指导思想，这样，有汉一代，一反秦习（秦以法家思想为指导），进行"悉更秦之法"的反思，去其繁苛，因此，法律规范颇显单薄。然而，实际上，汉又承秦制，抑或可以说"汉承秦法"。这样，汉初法制建设进入了两难的险地。如何走出险地，又是统治阶级必须尽快解决的迫切问题。在此条件下，汉武帝时期，君臣们都将目光盯在"古老的判例法"上。据史记载："董仲舒老病致仕，朝廷每有政议，数遣廷尉张汤亲至陋巷，问其得失。于是作《春秋决狱》二百三十二事，动以经对，言之详矣。"② 就是说，当时年老有病的研究孔子《春秋》颇有造诣的董仲舒已退休返家，而每当朝廷政议其事，特别是碰到疑难不决的司法审判问题时，武帝多次派遣中央最高司法官张汤亲去董仲舒处请教。在这种情况下，董仲舒干脆就把《春秋》中的原则和事例归纳成 232 个案例，用以指导司法审判实践，解决司法审判中的难题。因此，春秋决狱的产生和发展，可以看成是在西汉官方意识形态与法律实践相脱节的特殊历史背景之下，由官方意识形态（儒家思想）对实际司法生活所进行的改造、渗透和落实；也可以看作是刚刚登上历史舞台的儒家通过司法环节来影响、改造和推进整个法制建设的一种努力。汉代这个特殊的历史时期正是产生春秋决狱的最好气候、最肥沃的土壤。

魏晋南北朝时期又是一个特殊的历史时期——政治上的长期分裂、军事上的战争不断，而法律上却有长足进步。在这个时期仍然是以自汉代开始的占统治地位的儒家思想，继续指导着成文法的制定和实施，连续制定了诸如《魏律》、《张杜律》、《北齐律》等著名法典，也形成了较前更为完整的法律体系——律、令、格、式、科、比。相对而言，魏晋南北朝时期显得更为有法可依、更为有法可施，在两汉时期、特别是汉武帝时期那样的司法尴尬似乎不复存在了。但实际上，魏晋南北朝时期并未完全走出立法与司法的两难之地。根本原因就在于，自汉初凭借董仲舒提倡"春秋决狱"而发生的"引礼入律"的伟大进程，在此时呈现为一个发展时期，但尚未成熟与定型。也就是说立法、司法的理论与实践的诸多问题尚未解决，儒家思想在指导法律制定、铸造法律生命等一系列重大问题上远未大功告成。理论的不完善，手段的不圆熟，决定着魏晋南北朝时的立法与司法状态在不同程度上类似汉代。因此，春秋决狱还有其存在的必要和根据。事实上也如此，曹魏时期"朝议咸以为《春秋》之义"③，晋代"凡为驳议者，若违律令节度，当合经传及前比故事，不得任情以破成法"④。对于断法不平之案件、疑难之案件皆"依古经义论决之"⑤。为了说明问题，这里不妨试举一例。据《北史·张衮传》记载：北魏太和初年，怀州发生一起以伊祁、苟初为首有三十余人参加的谋反重案，当时文明皇后欲尽诛一城之人，以杜乱源。有一官吏张白泽以春秋之义谏阻，"父子兄弟，罪不相及，不诛十室"，况且害及一城之人呢？文明皇后也只好听从其义，

---

① 武树臣：《儒家法律传统》，130 页。
② 《后汉书·应劭传》。
③ 程树德：《九朝律考》，216 页。
④ 程树德：《九朝律考》，266 页。
⑤ 程树德：《九朝律考》，383 页。

仅诛首魁，不及余人。可见，在魏晋南北朝之时，客观条件决定，春秋决狱仍有其继续存在的必然性和必要性。

然而，至隋唐时，由于"引礼入律"的完成，成熟、完善的法典被制定出来，准确且合乎法理的司法解释也具有与法律条文的同等效力，加上其他法律形式的定型，完善的法律体系最终形成，立法与执法的矛盾不像前代那样突出了，因此，此时，流行几百年之久的春秋决狱便终于适时地偃旗息鼓了。

（二）运作依据

古代中国盛行礼治，西周时期始开其端。如果说西周礼治尚属粗朴，那么春秋战国时期儒家提倡的礼治则体系完整，并铸造了礼治的理论生命。孔子继承周公的思想，提出"为国以礼"，实行礼治，且主张"能以礼让为国乎？何有？不能以礼让为国，如礼何？"①。在孔子那里，礼治是最理想的治国方法，是调整社会关系的最强有力的行为规范。因为"经国家、定社稷"靠礼；"序民人、利后嗣"同样靠礼。因此，"夫礼，天之经也，地之义也，民之行也"②。在"家国一体"的模式下，人们相互间结成的社会关系，大者无非是君臣、君民、臣民的关系；小者不外乎父子、兄弟、夫妻的关系。家庭伦理关系与国家社会关系既同又异、既异又同。那么如何使其不异而同呢？最理想的调整规范就是孔子提倡的礼，最理想的治国方法是礼治。因此，他特别强调："道德仁义，非礼不成；教训正俗，非礼不备；分争辩讼，非礼不决；君臣、上下、父子、兄弟、非礼不定；宦学事师，非礼不亲；班朝治军，莅官行法，非礼威仪不行。"③ 不过，建立在"仁"基础上的儒家礼治主张在春秋战国之际，因受到对立派法家思想的驳难与批判，加之其思想本身的"攻力"不足，故而未被当时统治阶级所采用。相反，在这个时代法家的法治思想却被"独尊"。但是秦王朝的暴亡，证明法家思想是"攻之有余"却"守之不足"的，有创业之力、乏享国之功。因此，当历史一进入到汉朝，马上出现陆贾、贾谊等思想家对儒家礼治思想的理论渲染，开始儒学的复兴。董仲舒在此基础上，乘风顺势，鼓吹"春秋公羊学"的大一统思想，形成汉代"新儒学"。"新儒学"在继续围绕着如何以礼治国，以礼调整社会关系，如何纳礼入法即"引礼入律"方面，开始做理论和实践的努力。

董仲舒从阴阳学说出发，把复杂的社会关系简单化、主次化，提出了"王道三纲"的思想，即"君臣、父子、夫妇之义，皆取诸阴阳之道。君为阳、臣为阴；父为阳，子为阴；夫为阳，妻为阴"④。在这里，董仲舒实际上提出了极具影响的封建"三纲"思想："君为臣纲，父为子纲，夫为妻纲"，并且强调"《春秋》之法，以人随君……故屈民而伸君……《春秋》之大义也"⑤，肯定"《春秋》为仁义法"⑥。对于此，董仲舒又进一步将它发挥到极致，认为在当今法制不稳定的背景下，《春秋》仁义法是调整社会关系的最根本的法则。正如他所说："《春秋》大一统者，天地之常经，古今之通谊也。今师异道，人异论，百家殊方，指意不

---

① 《论语·里仁》。
② 《左传》"昭公二十五年"。
③ 《礼记·曲礼》。
④ 《春秋繁露·基义》。
⑤ 《春秋繁露·王环》。
⑥ 《春秋繁露·仁义法》。

同，是以上亡以持一统；法制数变，下不知能守。臣愚以为诸不在六艺之科孔子之术者，皆绝其道，勿使并进。邪辟之说灭息，然后统纪可一而法度可明，民知所从矣。"① 正因如此，汉代在"独尊儒术"、引礼入律后，以《春秋》为法经便顺理成章了。

但是，《春秋》毕竟不是法典与法律，只是用儒家观点记述一个历史时代的史书。那么，如何将《春秋》变为法之"常经"和司法审判之依据，据此用来指导立法与司法呢？这还需做更细致的工作。如前所述，由于汉初一反秦之繁法，进而实行黄老之术，无为而治，所以出现当时适用法律规范的空疏乏缺。这样，一方面需要加强立法，制定法律、法典，以应时用；另一方面又要解燃眉之急，以解决司法实践的问题。对于前一问题，在成文法传统的国度中，又受诸多主、客观条件的制约，不能恣意妄行，随意立法。对此，"汉代孔子"董仲舒也只能做立法的前期理论准备工作，提出封建立法的指导思想——"三纲五常"。可以说这为后世立法确立了一条千年不变的根本原则。而后一个问题或许是董仲舒最关心、最用力的方面。他深刻认识到"法制数变，下不知能守"是个极其严重的现实问题，不解决好这个问题，君难以治民、民难以知义、社会将成为一个无秩的乱世，那么怎能实现大一统、维护封建的统治？因此，董仲舒乘着"引礼入律"的东风，便以《春秋》等儒家经典来审理案件，定罪量刑，这既符合儒家思想的要求，也能得到统治阶级的认可和欢迎。这样，《春秋》等儒家经典就适时地成为当时决狱的依据。所以当朝廷每议政事，每遇疑案时，总是请教于他。他不但认真负责，"动以经对、言之详矣"，而且"作《春秋决狱》二百三十二事"，以为司法审判的依据。史载："董仲舒一代纯儒，汉朝每有疑议，未尝不遣使者访问，以片言而折中焉。"②

由于时代的需要，也由于春秋决狱的实际可用，故这一原则一经确立，就普遍地被社会采用。长史吕步舒持节决淮南狱，不以法律决之，而以《春秋》经义正之，受到汉武帝的肯定；廷尉兒宽"以古法义决疑狱"，也很受朝廷重视；东汉樊儵以《春秋》诛皇亲，明帝也只能怒而不能免。③ 的确，春秋决狱在当时兴起，不仅依据充分，而且实际可用，能够盛行一时。知此，便不以为惑了。

二、春秋决狱的品性精神与衡平历程

春秋决狱具有两个突出的特点，一是破律，二是决疑。从历史上看，最初的春秋决狱侧重于破律，使儒家"仁治"的精神能够影响法律，这时的决狱较为平允，以董仲舒所断春秋决狱之案最为典型。引礼入律完成后，春秋决狱倾向于决疑，即在儒家伦理与法律规定的冲突中折冲樽俎。从破律到决疑的演变，我们可以发现政治性和身份性在法律上的加强。在中古时期，春秋决狱几乎成为政治斗争的工具，任何的政治目的都可以在春秋大义中寻找到堂而皇之的幌子。春秋决狱还可以巩固引礼入律的成果，对身份性的强调，便是这一时期春秋

---

① 《汉书·董仲舒传》。
② 《通典》卷六十九。
③ 《后汉书·樊儵传》载："广陵王荆有罪，帝以至亲悼伤之，诏儵与羽林监南阳任隗杂理其狱。事竟，奏请诛荆。引见宣明殿，帝怒曰：'诸卿以我弟故，欲诛之，即我子，卿等敢尔邪！'儵仰而对曰：'天下高帝天下，非陛下之天下也'。《春秋》之义，'君亲无将，将而诛焉……臣等以荆属托母弟，陛下留圣心，加恻隐，故敢请耳，如令陛下子，臣等专诛而已。'"

决狱的突出表现。这些品性都是由春秋决狱的精神支持着的。它的精神大略可以从三个方面把握：一是，它与生俱来忠与孝的儒家化情绪；二是，它体现出一种先例制度的衡平与权宜的特性；三是，作为一种确定习惯的准则，它具有有利于当时的社会稳定与主流价值认同的品性。

这些都使得春秋决狱不仅针对着法律儒家化进程，它在中国传统法律制度发展与社会协调上，也起着极为重要的作用。梅因说过：

"……社会的需要和社会的意见常常是或多或少走在'法律'的前面的。我们可能非常接近地达到它们之间缺口的接合处，但永远存在的趋向是要把这缺口重新打开来。因为法律是稳定的；而我们所谈到的社会是进步的，人民幸福的或大或小，完全决定于缺口缩小的快慢程度。

关于使'法律'和社会相协调的媒介，有一个有些价值的一般命题可以提出。据我看来，这些手段有三，即'法律拟制'、'衡平'和'立法'……"①

我们可以将汉朝至清末以前的中国，视同一个连续的大封建儒教帝国，这一过程，国名异而国制不异，统治者更迭而统治阶级不变。这种改朝换代，但政统不易，有具体的表现：如世代传承的玉玺作为统治合法性的象征，对前代王室的保护，法制体系的承袭和治国经义不变等等。在这个大封建儒教帝国中，"法律拟制"是借原有的权威进行法律运作，"衡平"则是引入新的不同于当下的权威因素进行司法活动，而"立法"是一个新的政治意识权威确定后的最充分的表彰。而在儒家经义指导的大规模"立法"时代之前，社会的要求和进步与稳定法律间所形成的缺口，是被"春秋决狱"所调和、填补。我们认为，它起着类似古罗马时期"裁判官告令"的作用，是在原有的法律权威躯壳里不知不觉地引入了新的法源，以此更好地调节发展后的社会关系。因此，我们认为，春秋决狱可以被视为中国传统法律发展史上的衡平历程。

还有一个问题，为什么中古时期之后，即中国传统法制成型以后，春秋决狱仍偶有所现？其实，在制度上春秋决狱的衡平历程已于唐代完成，但在手段和审判方式上，春秋决狱一直影响着法律，因它演变成了一种审判原则和特质精神。

第四节　简评

春秋决狱在中国古代法制建设中是一个非常引人注目的问题，在长达近千年的时间里，一直影响封建立法和司法。如何看待这个问题，历来看法不同，但总的说来，批评性、否定性评价占主要地位。如近代章太炎认为春秋决狱是"舍法律明文，而援经诛心以为断"②。又有学者批评为"名曰引经决狱，实则便于酷吏之舞文"，酷吏"易于铸张人罪，以自济其私"③。后人之批评，不无道理，正如上文所论述的那样，春秋决狱，特别是原心论罪原则的

①　[英] 梅因：《古代法》，15 页。

②　《检论·原法》。

③　刘师培：《儒学法学分歧论》。

适用，确实破坏了成文法律的严肃性，易于司法官上下其手，破坏司法的公正性。但是，如果只从这个层面上认识一种历史现象，那就显得偏颇。认识、分析历史现象，一个重要的前提就是把它放在当时的时空背景下，历史地、辩证地看待问题。一个众所周知的道理是，历史上任何一种制度的出现，如果它能在相当长的时间里存在、发展，便自有它的生命力和存在价值。对于一种法律现象，可能更是如此。因为法律制度需要不断完善，而这又离不开当时统治阶级确立的法制指导思想，当时在儒家思想成为法制指导思想但又尚未完全融于法律之中时，春秋决狱的出现是顺理成章的。加之，春秋决狱以"判例法"的面目出现，它作为辅助的法律形式，也自有其价值，尤具价值的地方是坚持克服社会的株连甚广、刑杀过度等方面的积极作用。因此，对于春秋决狱，我们需要两点论，切忌绝对化。这样的立场，也许对今人科学地对待自己的法律文化会有裨益。

一、积极作用

（一）春秋决狱在引礼入律中的重要作用

法律在其发展过程中需要不断的改造和完善才能达其最大的社会功效，在这一点上，中国古代的法律改革显得更为突出。引礼入律是封建社会初期开始的一项引人注目的改造法律之活动，其过程之长达及盛唐之时，其影响之大达至明清时期，并且构筑了法律的基本体系，铸造了中华法系之生命。而这一进程的真正起始就是汉初时期兴起的春秋决狱。

西周时期礼法（刑）两分离，作用各不同，礼禁于将然，法（刑）惩于已然。礼法两种规范，虽然相互为用，但总显得不协调，礼有礼则，法有刑规，而且适用时又"礼不下庶人，刑不上大夫"。实践证明，礼法融合的工作亟待进行。可惜的是，西周之后天下大乱，诸侯异政、各国异法，虽然在此时期有儒家的努力，极力宣扬礼，但更有法家的理论，拼命鼓吹刑、实施法。两家各执一端（法家更走极端），似乎势不两立，冰炭不同炉。由于法家重法理论受到当时各国统治者的青睐，历史在相当长时期（春秋、战国、秦朝）内出现一个"法治"（实为刑治）的时代，儒家之礼可谓庶几无闻。然而，当秦二世而亡后，社会掀起一个反思刑治的热潮，秦朝以刑立国但不能享国，刑能刑人但不能化人，这说明刑罚缺乏礼的指导，将成为社会的一件"恶器"。思想家们在思索，如何将"德之行于刑之罚"，使刑具有治世的生命力和永久的价值。对此，经过汉初一个短时期的淡化，至汉武帝时期随着"无为而治"治世理论的结束，"独尊儒术"思想的确立，儒家真正开始做礼法融合即"引礼入律"的工作，其突出标志就是董仲舒提出的春秋决狱。引礼入律的开始，春秋决狱的出现，实质上就是在把儒家思想作为封建国家社会政治生活的指导思想时，也把儒家政治思想主张导入法制理论之中，进而使之成为法制的指导原则，从而确立了汉初"德主刑辅、礼法并用"思想。

假若我们再深究下去更会明白：用儒家的经典、特别以《春秋》的思想和原则解释现有的法律，以《春秋》的事例作为定罪量刑的依据，这在历史上才开始了真正的礼法融合过程。其重大价值表现为：一是将礼的精神渗透于司法实践中，以礼率刑、以礼指导法律的运作，礼因而成了法的生命和灵魂。二是将礼的内容逐渐转变为法的条文，规定在法典、法律中。礼对法的指导和渗透，礼的内容对法的填充和转换，经过西汉前期的春秋决狱，标显出这个过程的起步，又经过魏晋南北朝时期的发展，为隋唐时期引礼入律的完成奠定了坚实的基础。作为引礼入律最后成果的《唐律疏议》集中地反映出"德礼为政教之本，刑罚为政教之用"的封建法制的指导思想；"八议"（议亲、议故、议贤、议能、议动、议贵、议勤、议宾）、"十恶"（谋反、谋大逆、谋叛、恶逆、大不敬、不孝、不义、不睦、不道、内乱）、"官当"（以官抵刑）、"准五服以制罪"等内容的确立，无一不说明以礼统律后新法典的特色——"一准乎礼"。不仅如此，它还塑造了整个封建法律的基本性格——"伦理法"特质。由此可见，春秋决狱在儒家思想影响整个封建法律中所起的极其重要的作用。

（二）判例法的成功实践

古代中国奉行成文法，但是成文法也有其不足之处，正如前文论述的那样，在司法审判中难免出现法律"盲区"问题。为了在"盲区"中不出现因法律制定不完善或法律的缺乏而带来的严重问题，适度的创制、运用判例法是一个比较理想的措施。在中国古代创制和运用判例法方面，汉代春秋决狱不愧为一次成功的典范。

判例法创制一般有几种形式：因义生例、因例生例、因律生例和因俗生例等。① 春秋决狱属一种典型的因义生例形式。董仲舒在法无明文规定的情况下，以儒家的法律意识和原则为依据产生判例，即以《春秋》之"微言大义"创制判例，如"原心论罪"、"父子相隐"、"君亲无将"、"以功覆过"、"王者无外"、"恶恶止其身"、"子不复仇非子"等等。这种因义而创制的判例，在当时较好地适应了统治阶级的法律思想和法律政策，因此比较广泛地适用于司法审判领域（主要适用于中央司法机关）。它的进步作用又主要表现在两个方面：一是弥补了法律改革时法律规范的不足，作为一种适用性较强的辅助性法律规范判决案件，特别在判决疑难案件时，具有积极和重要的作用；二是在一定程度上抑制了酷吏滥施刑杀、任意出入人罪的行为。两汉时期酷吏利用法律体系的不完善、法律内容的不齐备，矫制害法、残酷用刑的现象相当普遍，往往判决一案而"转引相连"者数十成百，一人犯罪十家奔亡，州里惊骇。正如《盐铁论》所揭露的那样："今以子诛父，以弟诛兄，亲戚相坐，什伍相连，若引根本之及华叶，伤小指之累四体也。如此，则以有罪反诛无罪，无罪者寡矣。"② 儒家思想被肯定为法律指导思想后，其崇尚司法宽平、提倡德主刑辅的思想深刻地影响着法律的实施，从而使得以《春秋》之大义创制的判例对酷吏的恶法行为起了一定的约束和抑制作用。在被保存下来的几个案例中有这样一例（参见前述【案例六】嫁丧夫女）。

有个女子的丈夫乘船溺死在海中，无法安葬。数月后，其父母主婚将其改嫁。依照当时不完善的法律规定，该女子应定为"私为人妻罪"而处以死刑"弃市"。董仲舒援用《春秋》中"夫死无男允许改嫁"的成例和"妇人无专制擅恣之行，听从为顺"的儒家原则，否定了此罪，重新作出"不当坐罪"的判决。③

此案判决，不只是挽救了一个无辜的弱小女子之生命，更重要的意义在于以后判决类似案件时有了新的法律依据，能够避免滥杀无数无辜之人。如果说这还只是一种推测的话，那么像另一案件的判决，则表现出更直接的作用，即前面已提及的东汉赵熹以春秋决狱判决的一起"盗贼"大案，仅"斩其渠帅"，轻置"余党当坐者数千人"，也就是涉案的几千人在春

---

① 参见武树臣：《中国传统法律文化》，429～430页。

② 《盐铁论·周秦》。

③ 参见《太平御览》卷六四〇。

秋决狱下免遭酷吏的滥杀之厄。

（三）审判思想的完善

审判案件既要弄清犯罪事实，也要探究行为人的真实动机，只有实行"客观归罪"与"主观归罪"相结合的原则，才能正确定罪科刑。任何的客观归罪或主观归罪而忽视另一方面的审判思想和审判方式都是偏颇与有害的。在以法严刑酷而著称的秦朝奉行的是客观归罪的司法原则，如在秦律中规定"奴妾盗主罪"重于一般盗窃罪，那么盗主人的父母是按"盗主论"，还是按一般盗窃罪论处？按秦律规定，"同居者为盗主，不同居不为盗主"①。这是典型的只依据事实存在适用法律进行客观归罪的例子。诸如此类的例子在秦简中又何止一二。因此，正如有学者指出的那样："在秦的审判活动中，对于包括政治犯罪在内的一切刑事案件，所依据的原则就是根据事实适用法律"，并且，"在审判活动中，依据事实适用法律的原则是违背不得的"②。秦朝的这种审判思想与方法带来的社会后果是相当沉重的，汉初思想家们在反思之时，相应地注意到了"主观归罪"的思想和方法。如"原心论罪"等原则的运用，不仅否定了前朝的客观归罪精神，并且使汉朝的审判思想有了新的面目，使"主观归罪"和"客观归罪"得以有机结合。正如董仲舒所说：司法审判时"必本其事而原其志……或死或不死……或诛或不诛，听讼折狱，可无审耶！"③可见，春秋决狱的实行，在审判上既重其"事"（犯罪事实）又察其"志"（犯罪动机），从而形成了一个正确的审判思想和审判方针。"至于有人片面夸大行为人心理状态的作用，说什么'志善而违于法者免，志恶而合于法者诛'。从'客观归罪'跳到'主观归罪'，这不能归咎于董仲舒的'春秋决狱'"④，那只不过是另一些思想家由于对春秋决狱思想认识的偏转而走向另一极端而已。

汉武帝实行有为而治，旋即又出现一个奉行"凶猛"政策、崇尚"重刑"路线的酷吏横行时期，汉武帝时期有名的酷吏张汤和杜周之所为自不待说⑤，就连地方司法官在司法审判中也有成为酷吏的，诸如郅都任太守时一次审案就族灭瞷氏一族三百多人的记载在史籍中并不少见。由此，汉代社会矛盾又趋激化。春秋决狱的推行，由于充分体现儒家的宽仁思想主张，特别是当"春秋决狱"客观上成为汉代具有最高法律效力的"法律"后，一时比较有效地缓和了社会矛盾，因而有利于社会秩序的安定。有如《后汉书·何敞传》所载："以宽和为政、举冤狱，以《春秋》义断之，是以郡无怨声。"

二、消极影响

当然，对于春秋决狱我们不能绝对化，因为作为封建社会的一种法律政策、思想主张和措施方法，不能不具有两重性，抑或说，其积极作用只是暂时显露，其消极影响则可能是相

---

① 《睡虎地秦墓竹简》，156 页。
② 栗劲：《秦律通论》，338～339 页，济南，山东人民出版社，1985。
③ 《春秋繁露·精华》。
④ 武树臣：《中国传统法律文化》，415 页。
⑤ 张汤经办的第一个案件是涉及皇族内部成员的"巫蛊案"，株连千百人，处死三百多人。杜周任廷尉时，被其打下监牢的高级官吏（二千石以上）不下百余人。各郡上报的案件一千余件，每件牵涉的证人和罪犯家属多的几百人，少的也有几十人，都从数千里以外的地方押至长安，总数达五六万人之多。详见郭健：《古代法官面面观》，192～193 页，上海，上海古籍出版社，1993。

当长期的，特别是当一种具有积极意义的思想和方法走向极端后，其负面作用便更加显露无遗。当我们捡探其消极作用时，不能不看到：

其一，首次在历史上明目张胆地以例代律、以例坏律，破坏成文法的严肃性。我们认为在成文法不完善时，适度创制、运用判例，不失为一种值得肯定的立法和司法方法，自有其积极作用和肯定的价值。但正如真理再向前越过一步便为谬误一样，春秋决狱如果过了头，就会走向其反面，历史事实也正是如此。如董仲舒提出的审判案件"必本其事而原其志"的主观和客观相兼顾的论罪方法，本是很具价值的思想主张，不失为当时先进的法律思想和法律策略。但在审判实践中，当司法官把它推至仅凭"志恶"和"志善"而决定罪之大小、刑之轻重时，一个好的原则便变成了一项恶的主张，势必将司法审判引向歧途，最后滑向"主观归罪"之深渊。如果司法官在审判案件时只看动机不重事实，那实际上是司法官在置法律而不顾（特别在决断疑狱时），从而破坏了成文法典和法律的权威性。因此，春秋决狱在历史上首开以例破律之先河，其历史的消极影响是不可低估的。

其二，为酷吏舞文弄墨、任意出入人罪开了方便之门。春秋决狱之风盛行，可能连董仲舒也未曾预料的是，本有抑制酷吏滥施刑罚之意的春秋决狱在实践中往往又演变为酷吏恣意妄行、肆杀无辜的武器。由于集礼义之大全的《春秋》，"文成数万，其指数千，万物之散聚皆在"[①]，加上后人各自的注释，使一部《春秋》更是"大义"难窥，当依《春秋》决狱时，司法官都可以从中找到符合自己需要的经义根据，又难以找到准确的法律依据，这样，司法官在审判时，势必断章取义，便于他们特别是酷吏出入人罪，残害无辜。

---

① 《史记·太史公自序》。

第十八章

家族司法（上）

中国传统司法的一个重要特征是其二元结构，即国家司法与家族司法并存。之所以出现这种诉讼景观，主要原因是"古代社会的单位是'家族'……在古代法律中，这个差别有着重大的后果。法律的这样组成是为了要适应一个小独立团体的制度。因此，它的数量不多，因为它可以由家长的专断命令来增补的。它的仪式繁多，因为它所着重处理的事务，类似国际间事务的地方，多于个人间交往的迅速处理。尤其重要的，它具有一种特性……团体永生不灭，因此，原始法律把它所关连的实体即宗法或家族集团，视为永久的和不能消灭的……既然家族集团是永生不灭的，其担当刑罚的责任是无限制的"①。梅因提出的家族单位永久存在决定家族法及其家族司法长期存在的观点，很符合中国古代诉讼的历史实际。

第一节
司法依据

一、存在依据

在国家产生以后，中国不同于西方的地方是，社会最基础的单位是"家"和"族"，即建立在血缘关系基础上的最小社会单位是"家"，集家又成"族"，而国是集"家"、聚"族"而成的最大社会组织。并且，在家、族与国的组织结构关系上，呈现出一种严紧的一体性和逻辑性：家国同态、家国一体。也就是说，家族是国的微缩，国是家族的扩大，二者表面形式不同，实质内涵无异。无论家政、族政还是国政都以血缘和政治的二重原则为依据而组成。因此，家内重亲，强调子女对父母之孝；族内重敬，强调族众对族长之尊；国中重顺，强调臣民对君主之忠，而且孝忠一体，由此延伸下去就是家（族）长至高的家族统治权，君

---

① ［英］梅因：《古代法》，72～73 页。

主不可侵犯的国家统治权，因此，子弟必须无条件地服从家族长统治，臣民必须无条件地听命于君。

然而，如何理家管族和治国，这又是一个异常重要的问题。大体可以认为，在国的层面上，统治阶级主要通过教化手段和惩处手段治国，即中国古代反复强调、坚信不疑的治国之二柄：德与刑。其中惩处手段是指法律的制定和适用。因此，国家必须进行大量的立法和司法活动，立法就是要创制大量的法典、法律。然而在成文法国度中，由于成文法典和法律的制颁受到各种条件的制约①，因此每个时代总凸显了用成文法调整社会关系的乏力，适时地创制判例，因而成为一种值得肯定的制度。可以说，中国古代长期以来就是靠二者结合来调整复杂多变的社会关系的。

但是，中国地广民众，多民族一体，实行封建专制统治，各地经济、文化发展的不平衡，国家法律往往难以实施于各地，特别在一些经济落后、地理闭塞的地方和少数民族区，天高皇帝远，法律鞭长莫及。然而，无论对国家而言，或对人们而言，总需要一种相对安定的社会秩序，以保障人们从事正常的生产和生活。否则，人们就会生活在一种无秩序的糟透的混乱之中。这样，必然需要有一种其他的行为规范代替国家法律来调整社会关系。尽管各民族在选择时各有不同，或宗教性规范，或家法族规……但不管何种行为规范的产生和适用，都必须符合各民族或各地域的民情风俗，适合人们的价值取向。相对古代中国而言，由于是建立在血缘基础上的宗法制国家，所以存在严密的宗族组织和根深蒂固的宗族意识。正如孙中山所说的那样："中国人民最崇拜的是家族主义和宗族主义，所以中国只有家族主义和宗族主义，没有国族主义。"② 因此，中国是一个"家庭化的国家"（马克斯·韦伯语），或说是一个"家族化的国家"，"社会组织是一个大家庭而套多层的无数小家庭，可以说是一个'家庭的层系'……在这样层系组织之社会中，没有'个人'观念。所有的人，不是父，即是子；不是君，就是臣；不是夫，就是妇；不是兄，就是弟"③。国家不过是一个大家庭、大家族，皇帝犹如家长、族正。这样家国同态、家国一体的特点便决定了在国家法律和国家司法之外，家族法和家族司法就有了存在的依据，并且它能作为国家制定法中国家司法的一种重要的补充形态而存在于世。

另外，中国古代家族法和家族司法的适用经久历长，已达炉火纯青之地步，实际可用。为了说明问题，我们不妨稍作历史的回顾，便知其存在基础何等厚实。我们姑且不说早在先秦，甚至原始社会的末期就有了家族的组织、家法族规和家族司法的萌芽，家法族规和家族司法发挥着重要社会整合作用。起码在进入封建社会后，家族组织愈来愈完善、愈来愈坚固，家法族规和家族司法愈来愈规范化、"法律化"，这是一个基本不争的事实。我们现在能看到的三国时期魏国的田畴曾聚族而居立族法："为约束相杀伤、犯盗、争讼立法，法重者至死，其次抵罪，二十余条。"④ 虽然田畴立族法二十余条的具体内容目前不得而知，但可清

---

① 从法理学上审视，成文法的制颁必须遵循这样一个规律：社会当时的法律关系，主要是法律的主、客体关系已经产生、成熟和定型，否则不适宜立法。如果强行立法，所制颁的法典、法律，可以说不是"恶法"，就是"虚器"。因此，成文法国家在运用法律治理社会时，不可避免地经常出现"法律空旷区"。

② 《孙中山选集》，147 页，北京，人民出版社，1981。

③ 张东荪：《理性与民主》。转引自梁濑溟：《中国文化要义》，106 页，上海，上海人民出版社，2003。

④ 《三国志·魏书·田畴传》。

楚地看到族人犯族规轻者"抵罪",重者"至死"的规定,可见其族规制定与实施达到了相当完善的地步。在此基础上,又出现了历史上著名的《颜氏家训》(目前所见到的最早的一部"家法"),其内容极其广泛,认识也相当深刻。"同言而信,信其所亲;同命而行,行其所服。禁童子之暴谑,则师友之诫,不如傅婢之指挥;止凡人之斗阋,则尧、舜之道,不如寡妻之海谕。"① 颜之推作为当时的一位思想家,立家法以训子,不只是以之调整家庭人员关系,其更重要的作用是在其社会功能上,因"家之有规,犹国之有典也,国有典则赏罚以饬臣民,家有规寓劝惩以训子弟,其事殊,其理一也"②。此道理确实既浅显又深刻,在家国一体的古代中国,讲齐家不就是强调治国与平天下吗?假设我们来一个逆向思维,也就是:如果不重视齐家,其治国与平天下又能做到吗?对此,古代不少思想家们是深谙其中奥妙的。正因如此,明代大思想家方孝孺在《家人箴》中大声疾呼:立家法训子弟乃"君子之所尽心而治天下之准也,安可忽哉!"

由此可见,在中国古代,家族团体是国家组织结构的基础,也是国家统治的基础,更是各项社会伦理、政治制度汇集的中心,齐家与治国平天下,家法族规与国家制定法,实际上是社会认可的合二而一的行为规范,这就决定了家法族规和家族司法的社会功能,以及它在齐家治国平天下中的特有地位,它不仅是齐家的有用规范,而且是治国的重要基础。它在维护家族内部秩序和调整家族关系时,实际上承担了维护国家秩序和调整社会关系的重要任务,因此,这就决定了家族法和家族司法存在的一定合理性和必然性。

二、法律依据

如前所述,中国古代家族是一个实然存在的最基本的社会单位,由于家国一体的社会结构特征,国家认同家族的地位,承认家长族长的治家管族之权,肯定家法族规家族司法的社会功能,甚至允许家族组织代行国家基层行政组织的许多职能,以家法族规处理轻微刑事案件和几乎一切的民事案件,因此,家族司法诉讼就具有了司法的根据。

当然,家族司法诉讼具有司法根据,不是封建国家简单的借用结果,也不是缺乏条件的强作之合,而是统治阶级在充分认识其客观作用基础上加以利用的结果,因此,国家允许家长"尽可以家法处治",以及赋予族长"奉有官法,以纠察家族内之子弟"③ 的权力。随着封建专制统治的愈后愈强化,国家赋予家族组织的权力也愈来愈大,甚至形成家法族规和国法的两法融通与合一:"立宗法实伸国法也"④。无论国家最高统治阶级或者家长族正之人都深深地认识到,在由家而族、由族而国的血缘关系基础上的宗法制政体中,"国与家无二理也,治国与治家无二法也,有国法而后家法之准以立,有家法而后国法之用以通"⑤。可见,在古代中国有家国一体的政制必定有家国一体的法制,因而由家法族规和国家法构成的古代法律体系,由国家司法与家族司法组成古代司法体系便是中华法系最重要的特色之一。

为了更好地说明问题,我们不能不将家法族规与家族司法如何一步步地与国家法接轨,

---

① 《颜氏家训·序致第一》。
② 《仙原东溪项氏族谱·祠规引》。
③ 陈宏谋:《增远堂偶存稿》卷四十。
④ 《潜阳呈氏宗谱》。
⑤ 《潜阳呈氏宗谱》。

被国法认可，甚至两法融通而一的历史发展与演化情况探究一番，以获得家法族规能够成为诉讼依据的依据。

当家法族规的发展进入宋元以后，逐渐开始成文法阶段，作为社会普遍制定的家法、家规、家训、族规、族约、宗规、宗约，"在结构上很多都模仿和接近于封建国家制定法，如有相似于国家制定法的正文、注疏、行为规范和相应的法律后果等部分。在内容上，它涉及封建国家制定法中的刑事法律和民事法律的很多方面，与封建国家制定法有广泛、深入和直接的联系"①。此时的家法族规俨然以"准法律"的面目出现，它的法律效力也越来越大。然而，如果国家不加以指导、规范，家族法与国家制定法除具有暗合之处外，也难免发生冲突。如果冲突日显，那就会显现法律的危机。这一点，统治阶级是有深刻认识的，特别是明、清两代的统治阶级。也正因如此，明清时期的家族法才得以完成其规范化和法律化进程。

（一）国家确立制定家法族规和进行家族司法的指导思想

明清时期一般由最高统治者皇帝以圣谕的形式表现，因而具有坚定不移性和神圣性。如明朝太祖朱元璋曾颁"上谕六条"：

> 孝顺父母，尊敬长上；
> 和睦乡里，教训子孙；
> 各安生理，无作非为。②

清朝开国君主顺治皇帝重申明太祖六条，康熙皇帝在该六条基础上又颁"上谕十六条"：

> 敦孝弟以重人伦，笃宗族以昭雍睦；
> 和乡党以息争讼，重农桑以足衣食；
> 尚节俭以惜财用，隆学校以端士风；
> 黜异端以崇正习，讲法律以儆愚顽；
> 明礼让以厚风俗，务本业以立民志；
> 训子弟以禁非为，息争讼以全良善；
> 诚窝逃以免株连，完钱粮以省催科；
> 联保甲以弭盗贼，解仇忿以重身命。③

为了使皇帝上谕深入人心，更好地落实在家法族规的制定和家族司法的进行中，各级地方政权和文人学子都纷纷宣读和解释它。如康熙时期贵州知府黄成龙在"每乡置乡约所、亭、屋，朔望讲解"，并强调说："上谕十六条，所以劝人为善去恶也，至于查奸戢暴，出入守望，保甲之法更多倚赖焉……凡我属邑，勉力行之，以宣扬上宪德意，未必于地方风俗无裨益也。"④ 又如《钦颁州县事宜》不厌其烦，反复解释："凡为州县者，父母斯民，首先教尊。每遇朔望，务须率同教官佐贰杂职各员亲在公所齐集兵民，敬将圣谕广训逐条讲解，浅

---

① 刘广安：《论明清的家法族规》，载《中国法学》，1988（1）。
② 《清朝文献通考》卷二十一，《职役》。
③ 《古今图书集成·明伦汇编·交谊典》。
④ 《皇朝政典类纂》卷三十，户役一《户丁中》，载《近代中国史料丛刊续辑》。

譬曲喻，使之通晓，并将刊示。律例亦为明白宣示，俾譬物。至于四外乡村不能分身兼到者，则遵照定例，在于大乡大村，设立乡纳所，选举诚实堪信素无犯过绅士充当乡正，值月分讲。印官不时亲往查督，以重其事。"对于宣讲皇帝圣谕，不仅官吏勉之为之，而且后世皇帝也高度重视。如康熙"圣谕十六条"颁后，雍正也同样宣讲细解之，并告诫天下父母对子弟要严加训诫，而且要求全国"兵民其敬听之毋忽"①。这种自朝廷至地方各级政府宣讲圣谕的做法，为制定体现国家意志的家法族规和进行诉讼，提供了可靠的保证和指导。为了忠实地在家法族规诉讼中体现这种指导思想，各地众多的家法族规还直接将圣谕作为具体内容纳入其中，体现在家长的庭训规诫里。如明朝大儒高攀龙将明太祖朱元璋的六条圣谕完整地录于家法中：

> 人失学不读书者，但守太祖高皇帝圣谕方言："孝顺父母，尊敬长上；和睦乡里，教训子孙；各安生理，无作非为。"时时在心上转一过，口中念一过，胜于诵经，自然生长善根，消沉罪过。②

不仅在明代，而且在清朝，类似把"上谕十六条"规定在家法族规中的也很多。如康熙三十九年（1700年）安徽《潜阳呈氏宗谱》规定："御制十六条训于前者，欲子孙共遵圣谕也。"又如清朝张廷玉的《澄怀园语》、徐珂的《清稗类钞》中都有类似的情况。

另外，还有一些家族法，不是具录圣谕全文，只是将圣谕精神体现在家法族规中，以一种让家人族众感觉更直接、更具体的形式出现。如安徽宣城《孙氏家乘·家规》规定十条：

> 尊祖敬宗，和家睦族，毋致因利害义，有伤风化；
> 祠宇整修，春秋祭祀，毋致失期废弛，有违祖训；
> 名宗坟墓，山林界止，毋致缺祀失管，有被占据；
> 读书尚礼，交财尚义，毋致骄慢啬吝，有玷家声；
> 富勿自骄，贫勿自贱，毋致特富疾贫，有失大礼；
> 婚姻择配，朋友择交，毋致贪慕富豪，有辱宗亲；
> 周穷恤匮，济物利人，毋致悭吝不为，有乖礼体；
> 珍玩奇巧，丧家斧斤，毋致贪爱蓄藏，有遗后患；
> 冠婚讲礼，称家有无，毋致袭谷浮奢，有乖家礼；
> 房舍如式，服饰从俭，毋致僭侈繁华，有干例禁。

（二）家法族规和诉讼的合法（国家法）性

家法族规和诉讼本是与国家制定法、国家法诉讼相对立和矛盾的。制定和运用家族法势必破坏国家法和诉讼的一体性和权威性，但在中国则是另一番景象。除了如前所说的在中国古代社会，它是国家法的有益弥补外（在家国一体体制下恰好具有这种功能），它能成为司法的依据，可能更重要的原因还在于，当制定家族法进行诉讼的指导思想钦定或官定后，便带来国家对家族法诉讼内容的认可和理解，这就使家族法直接成为了一种合法的司法依据，家族法诉讼也就顺理成章了。这主要有两种途径：

---

① 雍正《圣谕广训》。
② 高攀龙：《高氏家训》。

一是最高统治者的明言宣示。如孔子后裔在制定家族法、运用家族法时得到明太祖朱元璋的肯定，他对孔氏族长说"主令家务，教训子孙，永远遵守"①。到清代，山东曲阜孔氏家法又得乾隆皇帝的认可，乾隆对宗主孔尚贤赐令："令尔尚贤，督率族长、举事，管束族众……如有恃强挟长，明谋为非，不守家法者，听尔同族长查明家范发落，重则指名具奏，依法治罪，尔其钦承之。"②可见，在封建社会，一些名门望族制定和运用家族法往往由皇帝出面予以肯定，其法律效力无疑非同一般，它成为司法的依据，就无人敢疑了。

二是各级官府认定。一般家族的家法族规，每当制定以后，为了获得官府的肯定以发挥其更有效诉讼作用，往往主动送到地方官府，经批准后再使用。如清朝咸丰时期湖南湘阴狄氏制定家规十六条呈送湘阴县"陶批"后方施用，以期家族法施用的最大效力，我们从该家规呈送官衙的呈词和县令的批语来看，便再清楚不过了。现录其呈词和批语如下：

呈词："为呈请钧示，赏赐教刑，以肃家规，以彰宪化事。窃惟治弼周官刑章，以佐典章之用；士遵祖训家法，以辅国法之行。故威著桁杨，奸民闻而改行；教宣夏楚，顽梗藉以回心。某族姓本单微，往多散漫，去县治百余里，合族属千余人。父兄之训以诗书，子弟之谊宜矩蠖。第贤愚杂处，习气或且移人；道里迢遥，观感或难遽化。戢奸正宜杜渐，创恶尤在防微。用是恭请宪章，书登祖庙，以警奸盗，以惕凶顽。俾知家教难违，即是国威宜凛。初犯则系宗堂示罚，怙恶则送县署严惩。庶几君子怀刑，共仰廉明之治；细人守法，各安生业之常。为此具呈，须至呈者。"

县衙陶批："阅呈《家规》十六则，均极周备，准悬示众人，共知观法。捭阖家子弟，咸兴礼让而远嚣陵，本县有厚望焉。"③

又，湖南上湘龚氏在清朝宣统时期订立一部18条37款的族规，也是呈县衙申批后生效施用的。该族规后附"县正堂申批"语："据禀原为整顿族规起见，所拟规则十八条甚为妥善。该族人等自应遵行。倘有不法子弟不服族规，即行指名禀究。准如禀存案，可也。"④

明朝万历年间湖南长沙擅山陈氏把制定的陈氏家训送呈长沙府批准后实施。又据台湾地区《淡新档案》发现：官府直接授权于家族长对族众行使惩治权，即对"不法"之徒，"叠害族亲"之人，"尔等既为族、房长，尽可以家法处治"，"治以家法可也"⑤。可见，受到地方官府肯定后的家法族规、家族法诉讼也同样具有对族人的普遍法律效力，因而，家族法理所当然地成为了家族长的司法依据，家族法诉讼也就符法合理了。

在这种文化背景下，即使没有得到皇帝御批或官府呈批的其他家族法，也同样可用作家族内司法审判的根据。广西《唐氏族谱》中规定对子孙族众有犯不孝、不完粮纳税，好强逞凶、开场聚赌，不遵国法、败坏家风的惩处性内容"法戒十七条"，虽既没像孔氏家族得到皇帝的诏谕，也没有如湖南湘阴狄氏家族、宁乡熊氏家族呈送地方官府得到官准，却同样成为家族司法的依据，且永垂后世："以上法戒十七条，阖族老成公同议决，以垂口口，其理

①　《山东曲阜孔氏》大宗谱。转引自刘广安：《论明清的家法族规》，载《中国法学》，1988（1）。
②　《曲阜县志》卷二十九。
③　《湘阴狄氏家谱·家规》。
④　《上湘龚氏支谱·族规》。
⑤　转引自刘广安：《论明清的家法族规》，载《中国法学》，1988（1）。

浅而易明，兹后世各宜遵照。"又如，制定于清朝光绪年间的《湖南善化黄氏义庄条规》十六条，以公布的形式，宣布为该族进行家族司法的依据："凡章程遂条榜示庄所，俾众所悉。如有因时变通，或暂为更易办法，均宜明白标贴，有刊存者，分别刷发，以资遵守。"关于这一点，我们还能从历史上一些著名的家法族规中杀气腾腾的硬性规定和家族内审断是非的森严场面可以看出。如清末宣统年间河北张氏制定一部族规，在族规后郑重说明："以上各条系参酌族中情形而定，经全族议决，即当视家族公法，不可违犯。"也还有这样规定的："已定完成家规为定约。"① 我们还能从元代有名的《郑氏家范》中看到如下有趣的记载，即把家范当成最高的法律，要求时时熟记于心，为此出现了家人定期集体诵念家范的可笑局面：

> 朔望，家长率众参谒祠堂毕，出坐堂上，男女分立堂下，击鼓二十四声，令子弟一人唱云："听！听！听！凡为子者，必孝其亲；为妻者，必敬其夫；为兄者，必爱其弟；为弟者，必恭其兄。听！听！听！毋徇私以妨大义，毋怠惰以荒厥事；毋纵奢以干天刑，毋用妇言以闲和气，毋为横非以扰门庭，毋耽曲蘗以乱厥性。有一于此，既殒尔德，复隳尔胤。睠兹祖训，实系废兴，言之再三，尔宜深戒。听！听！听！"众皆一揖，分东西行而坐，复令子弟敬诵孝弟故实一过，会揖而退。

郑氏家人对于《郑氏家范》有如宗教徒对于教典一般。可见，家规于家人俨然如一种上帝经、皇帝诏，原因在于它具有普遍的约束力和极高的权威性，诵念它，熟记它，是为了勿犯它，因为犯家法，即通过家族司法必受到相应的家法处置。请看《郑氏家范》的明确规定：

> 子孙倘有私置田业，私积货泉，事迹显然彰著，众得言之家长。家长率众告于祠堂，击鼓声罪而榜于壁，更邀其所与亲朋，告语之，所私即便拘纳公堂。有不服者，告官，以不孝论。其有立心无私，积劳于家者，优礼遇之。更于《劝惩簿》上记其绩，以示于后。

对于"私置田业"、"私积货泉"者，以家法"击鼓声罪而榜壁"，私产充公。对于不服者，以不孝罪论处，这是相当重的刑罚处置了。

如果说上述情况是以家法调整民事行为的话，那么下面的情形便是以家法惩处刑事犯罪的例子：

> 子孙赌博无赖及一应违于礼法之事，家长度其不可容，会众罚拜以愧之。但长一年者，受三十拜，又不悛，则会众而痛戒之。又不悛，则陈于官而放绝之，仍告于祠堂，于宗图上则削其名，三年能改者复之。

综上所述，家法族规的制定和家族司法的进行的指导思想被御定后，内容、措施、程序被官府批准后，家法族规实际上就成为了封建社会的一种法律渊源，家族法诉讼理所当然地成了一种合法的程序，它在调整家庭内民事纠纷和处理轻微刑事案件方面发挥着重要的作用。

---

① 《郭氏支谱·家规》。

第二节
司法主体与客体

一、司法主体

家族组织毕竟不同于国家组织，它纯粹以血缘亲族关系为纽带，父子兄弟等几代合为一家，数家合成一族。因此，家族司法，不需另外设置专门司法机构，宗族组织就是司法机构。中国古代宗族组织一般为三级设置：族、房和家，也就是中国古代家族司法机构的三级设置：族、房、家。

（一）族与族长

族是最高宗族机构，设族长。族之所以设族长，"尚尊也"，故族长为一族最高尊长，是权力掌有者，地位很重要，正如《同治桐城高岭汪氏家谱·家训》所言："族之有宗长（族长），犹国之有相臣。"但是，族长由全体族人选举产生，即实行"公举族长"的制度。族长一般应为族内年长有威望，而且品德高者担任。虽然在具体标准上，各地不尽相同，但基本的要求是一样的。如清代湖南省地方宗族选举族长的条件为"品行端正，身家殷实，办事干练"。又如湖南常德地区的孙氏族谱规定："择族中之正大慷慨者，立一族总。"该族所立族总即族长。而福建省要求入选族长者必须具备的资格是，"或属族中殷实，或厕身庠序，或属明白事理"①。又，《民国义门陈氏大同宗谱·彝陵分谱·家族组织章程》规定："全族举族长一人……族长择族中齿德俱尊，品学兼备者充当之。"《民国濡须崔氏宗谱·祠记》强调："族正为一族之主宰，柄赏罚之权衡，合族公举更宜品行端方，老成练达者。"《民国泾川董氏宗谱·家规》则要求："凡选举宗长，尤须兼择有才干者。既举为宗长，以一事权族众，即当奉为依归。倘族长不能称职，族众可以会议改选。"② 还有些地方则注意从致仕官吏或"年弥高则德弥邵"的人中公举族长。族长是族内最高权力掌握者，统管全族事务，包括宗族行政权、经济权、立法权和司法权。在立法权方面，对宗族法的制定、修改、增删，都由族长负责，其方式主要是由族长主持，组成一个"立法"班子，参加者一般是族内贤达、地位高等之人，制定后由族长公布，即使是由全族议决，也必须由族长签署，才能生效。需要指出的是，由于种种原因，族规制定也由族长个人或族内地位非常显赫的个人所定。如《西清王氏族谱·坟祠祭典条规》就是族长王圣谋个人订立于清朝道光年间。浔海施氏中施琅与其子施世纶，由于有平定台湾的巨大事功和施政的重大影响，该族族长便特请施氏父子订立族规。族规制定也有因族内文化水平低下难有合适人选而不得不聘请族外文人代订或代续宗谱。如宜兴卢氏的《宗祠戒约》就是外族痒生吴仰所订。降及清朝以后，由于中国社会民主意识的逐步觉醒，一些宗族的族众要求族内民主立规，即"由族人共同议订"。如清代顺治

---

① 朱勇：《清代宗族法研究》，56 页，长沙，湖南教育出版社，1987。
② 徐扬杰：《宋明家族制度史论》，16～17 页，北京，中华书局，1995。

年间的江苏梁津孙氏的《大宗祭祀规例》，民国时期川沙张氏在 1918 年订立的宗祠规约，都是族内"民主"立规的范例。①

更具典型意义的是，湖南武陵郭氏制定的《公定规约》。《公定规约》于 1947 年续修族谱时，"按照地方习惯，征诸多数人之意见，召集合族户主大会，讨论通过制定之"。这一规约还规定族、房两级设理事会，"理事之产生由全族户主大会一票联选，得票多数者为当选。再就当选理事中票选一人，为理事长"。当选条件是"品行端正、学识优长"。该族还成立监事会，监事会除在每年清明、中元、冬至后五日召开例会外，还可根据需要随时召开临时会议，裁断族内各种纠纷。特别在该规约"附则"中强调两条："一、本规约如有与政府法令抵触时，由后任理事长提议，议决修改之。""一、本规约如有不适合国情或条文认为须增减时，得由理事会五人以上之建议，召集户主大会，经过半数人到会，三分之二以上之表决修改之。"②

在诉讼方面，实施家族法，一般也由族长主持，无论处理族内民事纠纷或轻微刑事案件，还是送官的严重刑事案件。

湖南新市《李氏宗规》载："倘族人有家务相争，投明族长，族长议论是非，从公处分，必合于天理，当于人心，轻则晓谕，重则责罚。"族长实施族规，对违规者除晓谕道理令人改恶从善外，还包括实行各种体罚、笞打、杖打、绞死、沉塘、令其自杀等等。对于族内不法匪徒，族长有权"捆送州县审办"。因此，族长犹如族内法官，对族内人员握有最高的惩罚之权。值得注意的是，有的地区在族长以下还设有"族副"和"察一族之是非"的"通纠"、"宗纠"等等，都是在族长总领下辅助族长或专司本族诉讼的司法官。

另外，值得指出两点，一是在一些地区的家族法中，规定族长的产生，不是实行族内民主制，而是实行较严格的血缘关系基础上的继承制，只要是"至亲者"，不论家资薄厚。广东《宝安南头黄氏族谱·众议亲续例款》规定：族立族长，"族长为一族尊崇。倘有乏嗣，必须择至亲者承继。如至亲无可择，即当择本房及本族昭穆相宜者承宗祧，方得为族长……若以别宗入继，不得为族长"。而且规定这样继承族长之位的人，"勿论家产厚薄"，只强调"必以至亲者承嗣为要"。只有在"本族昭穆不相宜"的情况下，才可以"择异宗髫垂幼年者入继"，"倘以异姓、别宗壮年已冠者拆立为继，永不得入祠、列谱、领胙等项，众当斥逐，以正本源也"。二是中国历史上自清朝中期以降，渐次受到西方国家制度和文化的影响，又有一些地区的宗族，在族中不设族长，而是设置"总管"或"经理人"，如《山西平定石氏族谱·宗祠规条》规定"公举族中公正人一位，为祠中总管"，在位"总管"即为传统意义上之族长。又有一些地区甚至设立族中"议会"，"议会设会长一人，由现任族长任之"。"议会"即族一级司法机构，会长即族长。而且，"议会"机构较之一般族机构完备，按相当严格的司法程序进行诉讼。广东《南海县荷溪乡何垂裕堂族谱·族规》记载：族"议会"开会议事时，由会长主持，如果"会长不出席，即由出席房长之最老者，代行会议主席职权"。会议召开时还由会长指派"议会书记"、"庶务员"协理之。会议提议"必有本族全体会员十分之六出席……又必有出席会员十分之六赞成通过者，始为合法之决议案，否则不生效力"。

---

① 参见费成康：《中国的家法族规》，32～33 页，上海，上海社会科学院出版社，1998。
② 《武陵·郭氏续修族谱·公定规约》。

在司法方面，"本堂族人如有违法、溺职、吞款、舞弊等情，即须提案议处。一经议会议决，查照第七章第若干条《罚则》惩罚，即须责令各职员执行"。"会议完毕，由主席将会议记录及决议录当众宣读。"还有宗族设立"亲属会"，"亲属会"设正、副会长，"由会员推会员中资望及学识最高者"担任，亲属会议地点设立于宗祠，"处理合族重要事件"①。

（二）房与房长

族以下设房，房有房长。房长由房内"才德兼优"或"老成练达"者充任，掌管一房之事务，处理房内纠纷，审理房内案件，俨然相当于房内之法官。需要说明的是，房长位处族长与家长之间，其司法官角色既不如上之族长，也不如下之家长的作用那样突出，但他毕竟作为宗族内一级诉讼机构而存在（主要是参加族一级的审判）。

但是，也有少数家族司法中的房一级担负着重要的司法任务，如制定于清朝光绪年间的湖南常德地区的《映雪堂孙氏续修族谱·家法补略》就非常重视房的司法地位和作用。该族规仅有六条，每条都明确规定了房长的家族司法地位与职责，又有五处做了单独规定："族中子弟倘有游手好闲，不务正业，流入贼匪，其房长务须预为惩责"；族内"大乱风化"之事，一经察觉，"着房长鸣公责罚不贷"；子弟"忤逆父母，凌辱尊长"，其房长如见此等事，不待父母尊长之投诉，便自行鸣集族长、各房房长，着真处治。又，广东《岭南冼氏宗谱》也很重视房的司法作用：族内"如有以强凌弱，以众暴寡……许投明绅耆，秉公处理"。"各房遇有以上各条（争嗣、争产等——引者注），家族不能理处，许投知各房绅耆，依据宗法，集祠处断。"

（三）家与家长

家作为宗族中最基层的诉讼机构，地位极其重要。有学者认为家不构成一级"管理机构"②，此说似不妥，如果在家族法存在的古代社会，抽出了家的宗族管理地位，何谈其作用？如果忽视其诉讼地位，又何谈家法族规的实施？同时此说也不符合历史实际。家同样是家族法诉讼的主体，是最基层的一级诉讼机构。③ 家长虽是严格的血缘关系基础上的继承制，不是公举制产生，但它是一家之长，握有一家管理、教育、惩罚之大权，特别在家内诉讼方面尤为突出。家长对子女的惩罚权，形式多种多样。《宋史·儒林传·陆九韶》记载，在陆九韶家，家长拥有广泛的对子女的惩罚权，如果子弟不遵家训，儿有过错，"家长令诸子弟责而训之；不改，则鞭挞之；终不改，度不容，则言之官府，屏之远方焉"。从中可以见到在宋代的家中，家长对子弟有训斥权、执行体罚权、送官府惩处权。从执行第二项权力看，家长犹似国家诉讼机关的司法官实施笞杖刑一样。从执行第三项权力来看，家长有如国家司法中第一审级，将家法与国法相结合，把家刑与国刑相结合。

---

① 《全城分支青旸章氏宗谱·亲属会议规则二十五条》。

② 朱勇认为"房下有家，但家是宗族社会的最小的血缘单位，不构成一级管理机构"。朱勇：《清代宗族法研究》，66 页。

③ 据安徽环山《余氏家规》规定："家议立家长一人，昭穆名分有德者为之；家佐二人，以齿德众所推者为之；监视三人，以刚明公正者为之；每年掌事十人，二十以上五十以下子弟轮流为之。凡行家规事宜，家长主之，家佐辅之，监视裁决之，掌事奉行之，其余众毋得各执己见，拗众纷更者，倍罚。"像余氏家规审断违规子弟时，主审、副审、裁决、奉行齐全，又各司所职，俨然于司法公堂者。这为最典型的大家诉讼的例子。

送官权是封建时代家长一项重要的司法权，表面来看，被送官府的子弟，在国家诉讼机关（州、县一级）依国法惩处其罪。尽管司法官可以进行调解（主要犯违反礼教罪方面），也可以执行较轻的刑罚（如笞杖刑），还可以处以重刑，体现了国家法的神圣性和权威性。但实际上是家长掌握施用刑罚的权力，家法起着重要作用。因为家长将犯法的子弟送官后，国家司法官执行刑罚是以家庭"司法官"的意见为准的，父母求免，皆免之，"父母欲杀，皆许之"①。像历史上西汉时期王莽、金日磾都依家法杀死自己的儿子，明末魏禧还为家长操掌这种权力提供过理论依据："父母即欲以非礼杀子，子不当怨，盖我本无身，因父母而后有，杀之，不过与未生一样。"② 依上所述，不难认识到古代中国家长的"司法官"身份和在家内诉讼的极大权威性。

二、司法客体

家族法是以一家一房一族为单位制定的行为规范，并以家族宗法组织的强制力推行的。家长、房长、族长为宗族组织的代表和化身，而广大的族众和家人自然就是其统制的直接对象，家人和族众之间的纠纷或案件也自然成了家族法诉讼的客体。但家法与族规在调整关系和惩治犯罪时又有些不同。家法是针对一家而产生的，家法约束、惩罚的对象是有血缘关系且未分家的家庭成员；族规是对一族之众制定的，族规适用的范围是同一族的族人。因此，家法族规普遍不约束家族以外的人员，包括家庭奴婢等人。

但是，也有个别的家族法将家庭仆人纳入其约束范围之中，主要是历史上名门大族，或有传统的人口众多的权贵望族，这些家庭往往使用的仆众多，为了整肃门风，排除家族内任何可能影响家庭伦理和家庭内不和谐的因素，特定专条规定针对仆人的内容。如历史上著名的北宋司马光制定的司马氏《居家杂议》共计 20 条，其中有 4 条专门针对仆人的规定。兹录如下：第 16 条，"凡内外仆妾，鸡初鸣咸起，栉总、盥漱、衣服。男仆洒扫厅事及庭；铃下苍头洒扫中庭；女仆洒扫堂室……内外仆妾惟主人之命，各从其事，以从百役"。第 17 条，"凡女仆同辈谓长者为姊，后辈谓前辈为姨，务相雍睦。有其斗争者，主父主母闻之，即诃禁之。不止，即杖之。理曲者仗多。一止一不止，独杖不止者"。第 18 条，"凡男仆有忠信可任者，重其禄。能干家事，次之。其专务欺诈、背公、徇私、屡为盗窃、弄权犯上者，逐之"。第 20 条，"凡女仆年满不愿留之，纵之。勤旧少过者，资而嫁之。其两面二舌、饰虚造谍、离间骨肉者，逐之；有离叛之志者，逐之"。

家法诉讼的主体是家长，家长以下的其他成员都是家长司法的对象，只要家庭成员有犯家法，都由家长以家法惩治，毫不懈怠。因为"与其身试官刑，孰若治以家法"③。"子孙倘有私置田业，私积货泉，事迹显然彰著，众得言之家长。家长率众告于祠堂，击鼓声罪而榜于壁。""子孙赌博无赖，及一应违于礼法之事，家长度其不可容，会众罚拜以愧之。"子孙犯事，"家长议罚"、"家长笞之"④。虽然家法的内容各有不同，有多至 168 条的家范（元代《郑氏家范》），也有简单的十几条的家法（清代江南宁国府太平县馆田《李氏家法》）；有惩

---

① 《宋书·何承天传》。

② 魏禧：《日录》。

③ 《盘谷商氏贵六公房谱·新七公家训》。

④ 《浦江郑氏义门规范》。

治内容从宽的《颜氏家训》，也有处治手段从严，乃至包括死刑的诸多家规。但不管家法是软约束（以《颜氏家训》为代表）还是硬制裁，都是子弟必须遵循的规范。从"软性"或训诫性规范看，颇为严谨又带有典型性的家族法是制定于唐末五代的《上虞雁埠章氏宗谱·家训二十四则》（此家训严格意义上属刚性家族法与软性家族法之间的代表）。除了"保荫木"、"禁盗卖"、"谨称呼"、"除凶暴"等4条中有施家刑的规定外，其余"忠君上"、"孝父母"、"友兄弟"、"别夫妇"、"睦亲族"、"教子孙"、"继绝世"、"正业术"、"勤本职"、"崇俭约"、"励廉隅"、"谨言动"、"敦谦让"、"慎婚配"、"重丧祭"、"建祠宇"、"治葬地"、"立墓碑"、"置祭田"、"戒争讼"等20条规定都是"甚愿吾子孙无之也"、"岂吾子孙之所宜效哉"、"可不戒哉"等训诫式语言。从"刚性"或处以家刑的规定看，大多数家族法基本都规定，凡违背伦理都要受到家刑的处置。这里，我们试摘录几种家法的具体规定便十分清楚了。

清代江南宁国府太平馆田《李氏家法》规定：子孙"以同姓之亲而操入室之戈，是祖宗之罪人也。被害者果有明证，投之祠堂，或责或罚，毋得宽贷"（睦宗族第四）。子孙"不得以游手好闲，恃疯讹索，罔知羞耻。甚至为娼、优、隶、卒，玷辱祖宗。以前有犯之者，姑听其改过；以后有犯之者，黜之，不准入祠入谱。他如与人仇隙，不求族长分别曲直，猥以吊死、入水死、吞烟死，以及倚老拼命，倾人之家，荡人之产，族长亦得辨其真伪、重轻情节，不得概以人命论"（严规则第七）。"男女之欲，人皆有之。然不知耻而苟合，则近于禽兽矣。不但良家妇女不可其失食（身），即贱如娼家，亦不宜窒宿使……好色狂徒……贪花浪子……家长宜及早扑责锁禁，使之痛惩"（禁嫖荡第十二）。《李氏家法》中规定的子孙有"游手好闲，恃疯讹索"的行为，以及"好色狂徒"、"贪花浪子"，都要由家长依家法严惩。

元代《郑氏家范》规定："子孙受长上苛责，不论是非，但当俯首默受，毋得分理。""女子年及八岁者，不许随母到外家，余虽至亲之家，亦不许往。违者重罚其母。"《郑氏家范》规定适用家法和惩处家人违法行为似乎更苛刻，允许诉讼主体的恣意而为，不允许统制对象的任何申辩，甚至还实行家内连坐，显示出十足的司法专横与霸道。

族内诉讼一如家内，甚至更烈于家内，族长、族副及专司成员在实施族规时，广大的族人（包括家法惩治对象的家人）都是其依法调整的对象，违反家法族规的人和行为都是族长依族规惩治的对象。族长以族规调整族内关系的内容相比家内广泛得多，类似于国家法模式，包括族人在政治、经济、道德伦理等各方面的所谓犯罪行为，诸如民事方面的田土财产之争，刑事方面的盗抢赌博之为，伦理上的违礼犯尊、奸非乱伦行为等等。族长对此类行为适用族规时，轻则批评教育（叱责之类），次则鞭笞加身，重则死刑以之。族长俨然是法官，广大族人是其管制的对象，因而，比较充分地体现出类似国家施用法律的特色。最突出的表现之一是，族众有连坐之罚，如清朝浙江萧山《秦氏家谱》卷九规定："如有错误、私曲等情弊，凡属六房子孙咸得纠举。"

值得一提的是，由于族长、房长都是公举产生，强调族长、房长必须"德高望重"，公正少私，如果他们"挟私受贿"、"营私舞弊"、滥用权力，同样要受到族规的约束，族众可以族法惩处之。如安徽桐城《麻溪姚氏家谱·家规》就规定了这样的内容：房长"倘公事怠惰、处事徇情，族众查确，会齐公所，将房长革退；若有受贿之弊，加之责罪"。因为族长也好，房长也罢，他们首先是家族的一员，不像国家中的君主那样被神化，对国君而言，法律是其所定，为其所改，法律当然不能适用于他；而族规却是经全族议决，即当视为家族公

624 | 中国传统法律文化研究 第五卷

法，不可违反，房长、族长作为家族成员，族规自然对他们同样起作用。当然，我们也应看到，在实践中，由于他们是诉讼主体、执法之人，族规对他们的约束毕竟是很有限的，真正对他们执行族规也是很艰难的。这样，他们在诉讼中的客体地位远远地被其主体角色所掩盖。

但是，家长与族长、房长有所不同，在家庭诉讼中，他充当绝对主体角色，而在宗族诉讼中却也要同时充当相对客体的角色，因为"一户人口，家长为主"，在家内绝对行使权力，这决定了其前一方面的地位。同时，如果家人有违犯族规和国法，除犯法的子弟受到宗族法的惩处外，家长也应当受到惩处。浙江会稽《顾氏族谱·家则》规定："有不肖子孙入于非类者，皆由父兄不能预禁之故。被族长觉察实情，赴祠禀告祖先，公议，将父兄议罪，其不肖者重责。"甚至还有地方的宗族法规定，行为者本人可以免责，只追究家长的责任：子孙"越礼犯分，皆由父兄，如不安分守己者，即以父兄是究"。湖南《宁乡熊氏续修族谱·祠规》规定，对"无父无君"的族内出家为僧道、妇女入寺烧香、看戏的行为，家长、父兄要被处以刑罚。即"族中有出家者，将父兄责四十"，"妇女入寺烧香及游荡看戏，大干律例，将家长责四十，着该夫、父、兄严责妇、女、妹"。

第三节
司法运行机制

一、司法程序

家族法是家人和族众必须遵守的行为规范，家人族众如有违犯，即构成违法犯罪行为，必受到家族法处罚。由于家族立法有如国家立法，同时，家法族规又不完全同于国家制定法，所以家法族规与国法既为一体又有所不同。因此，在执行家族法的程序上也不可能完全套用国家法那种规定，而往往是在国家程序法的影响下拟制出家族法的一套司法程序。

作为实施家族法的司法机构，族以家为基础，而家与族既是社会结构、政治和经济活动的最基本单位，又是立法和司法的最基本单位。有学者指出，在古代中国，"家族实为政治、法律的单位，政治、法律组织只是这些单位的组合而已。这是家族本位政治理论的基础，也是齐家治国一套理论的基础，每一家族能维持其单位内之秩序而对国家负责。"① "早期法律只着眼于家族"，"而家长权，古代法律在根本上依附着它"②。这样，家与族实际上就构成整个中国传统社会（国家）的基础性司法机构，而家又是基础之基础。由这些最基层的司法机构实施的诉讼活动，其程序大致如下：

（一）家长处置

家人违反家法，必先受到家法的处罚，由家长实施刑罚。据《嘉靖重修扬州府志》卷二

---

① 瞿同祖：《中国法律与中国社会》，26～27 页。
② ［英］梅因：《古代法》，87 页。

二一记载："泰州人，四世同居，每日家长坐堂上，卑幼各以序立，拱手听命，分任以事毕，则复命。其有怠惰者，辄鞭辱之。"这是家长对家人直接用家刑的例子。像此类现象在历史上普遍存在，要注意的是，因家为最小的宗族组织，父母子女少则数人，多则三代、四世，几十人或上百人。因此，在家内施法，一般不需要以"告"的形式进行纠察和惩处违法行为，通常只在家长的直接管束中发现犯罪，随时惩处犯罪行为。但是，也有个别特殊之例，不是如上的那种简单模式，而是类于族司法模式。主要存在数代同居、家口众多的有影响的大家。如江洲德安县太平乡的陈氏家族，在北宋时期"同居十余代"，人丁繁盛，为了管理好这样一个大家，在家长之下，"立主事一人，副二人，掌家内外诸事。内则敦睦九族、协和上下，束辖弟侄，必令各司其事，无相夺伦"。又，"立库司二人，作一家之纲纪，为众人之仪表，握赏罚二柄，主公私两途，惩劝上下"。在家庭内处理家庭纠纷，有的由主事申报家长处理，即家内"稍有不遵禀者，具名上申，请家长处分科断"。有的则由主事处理，即家内"稍有乖仪，当行科断"。家内弟侄如犯家规有过，则刑责加身，并在专设的施刑地点"刑杖厅"进行。即如该家法规定：

> 立刑杖厅一所，凡弟侄有过，必加刑责。等级于后：诸误失及酗酒而不干人者……然倘不行罚，无以惩劝。此等决杖五下，放。若恃酒干人及无礼妄触犯人者，各决杖十下，放。不遵家法，不从上命，妄作是非，逐诸赌博，斗争伤损，各决杖十五下，剥落合给衣装，归役一年。改则复之。妄使庄司钱谷，入于市廛，淫于酒色，行止耽滥，勾当败斗，各杖二十下，剥落合给衣装，归役三年。改则复之。右议于前，备录施行，奉判准事理，须至榜壁，各令知悉。①

虽然家长拥有惩戒权，但是，对于家人间发生民事纠纷或轻微刑事案件，大多数情况下，还是由家长禀申房、族依规处置的多。

（二）告房处置

在家族司法中，房的司法地位虽不如家、族两级司法地位重要，但毕竟作为一级家族司法机构，不可避免地，也是理所当然地要承担家族司法任务，甚至，有些家族法还严格禁止不经房一级直接向族起诉："凡遇有不守家规者，该先鸣本房房长理处。不合者，始鸣族长。如不由房长越鸣族长，族长仍仰房长理斥。"②

从目前笔者所接触到的家法族规中，不是所有家族都有房一级的家族司法规定，只是少数的家法族规作了明确的规定。湖南《上湘龚氏支谱·族规类》规定：族内各房设房长，"房长襄理庶政，有调查、报告之责，如有违犯以上各条者，不得徇情隐讳"。"以上各条"是指该族规中所犯的"越礼犯分"、"酗酒灌呼"、"放飘、结会、抢劫、窝窃、拐匿"、"赌博"、"磨媳、溺女"等行为。家族内如"有申诉事件，先报明房长，听候切实调查。不谐……由祠首传唤宗堂，秉公裁判"。《余姚江南徐氏宗谱·族谱宗范》记载："族中支派繁衍，似不可以一二人主之。每房各立房长，以听一房斗殴、争讼之事。其或与外房相论者，应管房长共理之。如两不服，方禀族长、宗子、家相，会族共议曲直而罚之。"（此谓"宗

---

① 《西山陈氏家谱·义门家法》。
② 《宁乡熊氏续修族谱·祠规》。

子"是指族中上承宗祀，下表宗族，治一家之事，是非曲直，得与家长一体治事的人。"家相"是设置于族内与族长、宗子相抗，议辩曲直，似国家之谏官的人。）该宗范还特别规定了增强房一级的司法权威的条文：对于兄弟间因"争铢两之利，或听妇人言，致伤孔怀之情"而引起纠纷处理不平，"许禀明房长剖断，自有公议"。如不服房一级裁决，虽然还可以申族裁断，但首先"不问是非，各笞数十，然后辨其曲直，而罚其曲者"。

（三）告族处置

在家族司法中，族是"真正意义"上的一级诉讼机构，族长是相对完全意义的一级法官，真正负责审理家族之中的犯法违规行为。而且，在审理犯罪时，往往模拟国家诉讼机关的形式，以"告"的方式提起诉讼、审理案件，并且还有固定的诉讼审判场所——祠堂。

从众多的家法族规中可以看出，"告"的形式，大致为两种。

第一种是家人族众不服房一级的裁决，或者族人犯罪后不经裁决直接"告"于族。清朝浦江郑氏《义门规范》明文规定："子孙倘有私置田产"等行为，首先必须言于家长，再由"家长率众告于祠堂，击鼓声罪"。乾隆年间舞陵陈氏《训诫》也强调："合族中设有以卑凌尊，以下犯上，甚至辱骂斗殴，恃暴横行者，须当投明族长及各房宗正，在祠堂责罚示戒。"福建闽县《林氏族规》也有类似规定："我族……有忤逆怪伦，凶横无忌之徒，该父兄投鸣户首族长，捆送入祠笞责。"《徐姚江南徐氏宗谱·族谱》规定：族人不服诸如斗殴、争讼、争利等行为的裁决，由房长"禀族长"。湖南《宁乡熊氏续修族谱·祠规》规定：对于"贪吃洋烟、吃斋茹素"的族人，由"该房长传亲属父兄捆送入祠"。这里所说的"禀"、"率众告于祠堂"、"投明族长"、"投鸣户首族长"、"捆送入祠"等都属一种"告"的形式。

第二种是以书面的形式告于族。在一些家族司法中规定要提交诉状，即所谓的"书请族长"、"书立字据，历数罪状、跪求族长"。湖南宁乡熊氏家族司法就是采行这种形式，虽然在其族谱中尚不清楚诉状的格式。但在安徽徽州地区的一些家族司法文书中保存了与国家司法诉状完全一样的"胡廷柯状纸"① 一份。兹录如次：

> 投状人胡廷柯，年八十，投为蔑法灭伦事。身男外趁二载，有媳李氏，遭侄胡元佑，谲惑妇心，诞胎孕产，觅鸣族众等证。切思无法无伦，情同夷狄。投乞转呈，叩准究治，以正风化。
>
> 上投
>
> 族众施行　　　　八月

	被犯胡元佑　李氏
	干证　胡廷侯　胡期明　明期大　胡期贵
	胡期荣　胡尚元　胡尚德
崇祯拾陆年　　八月	日投状　胡廷柯

家族司法诉讼中最耐人寻味的是，"家"内的家法特别是家刑处置并不是主要的，更大量的是集中在族一级审理，而且往往是家长或家长率人把犯法之子弟送交族里，由族长会同

---

① 周绍泉、王钰欣主编：《徽州千年契约文书》（宋元明编），第四卷"胡廷柯状纸"，石家庄，花山文艺出版社，1991。转引自杨一凡总主编：《中国法制史考证》，丙编·第四卷，58 页，北京，中国社会科学出版社，2003。

各房房长等在祠堂进行审理。如安徽休宁《商山吴氏宗法规条》规定："祠规虽立，无人管摄，乃虚文也。须会族众，公同推举制行端方立心平直者四人——四支内每房推选一人为宗正、副，经理一族之事。遇有正事议论，首家邀请宗正、副裁酌。如有大故难处之事，会同概族品官、举监生员。各房尊长，虚心明审，以警人心，以肃宗法。"湖南常德地区《映雪堂续修族谱·家法补略》规定："族内（犯罪）一经捉获，与外姓捆拿交族，其房长鸣集族总、各房长等，公同议处。""各房长清查报族，公同处罚"。安徽黟县《环山余氏宗谱·余氏家规》记载："家规议立家长（即族长——注者）一人，以昭穆名分有德者为之；家佐（即族佐—注者）三人，以齿德众所推者为之；监视三人，以刚明公正者为之……凡行家规事宜，家长主之，家佐辅之，监视裁决之，掌事奉行之。其余家众，毋得各执己见，拗众纷更者倍罚。"

　　家族司法之所以如此重视族一级司法，其主要原因，一是集家而成的族实际上是一个血缘关系很强的大家，又是一个得到国家法律认可的地方"行政单位"，有的甚至就是一个自然行政村社。因此，族规也就基本相当或接近于一种乡规民约，而乡规民约的制定和实施都得到国家授权（家法族规也有类似如此的，但不是普遍得到国家授权），而且，乡规民约的内容也多按国家法律操作，因此，其法律效力更大，其惩治作用更强。这样，用族规比使用家法当然更加有效。同时，家法族规又与法律相通，也就更符合统治阶级的需要。二是由于族内血缘关系相对家庭要疏远些，有的已在"五服"亲等以外，这样，在执行惩罚措施时，从情理上和政策上相对地放得开，少有顾忌和限制，效果更好。加之，如同执行家法，受族长之罚也就等于受家长之罚，这使受罚者在亲情与肃严的气氛交织中，同样绝少怨言。这样，二者相得益彰，这恐怕是中国传统社会轻家法重族规实行惩罚的重要原因。

（四）送官府惩处

　　家族司法诉讼中，家长、族长对民事纠纷和轻微刑事案件有独立的审断权，或调解之[①]，或训斥之[②]，甚至处以决杖、罚苦役一年。[③] 但对于重大刑事案件或疑难案件，如反叛、人命等重案，牵连他族的复杂案件，则必须送官府审判。"送官惩治"权是家族司法中的一种普遍规定的权力，包括家长（父母）、房长、族长各自或共同"送官处治"、"送官究治"、"送官惩治"等权力。如《寿州龙氏宗谱·家规》规定：对三犯"恃强生事"、"与外姓斗殴"的族人，"凭户长送官处治"。对"不务本业以赌博作生涯"的族人，由"户长、族长同伊父兄，送官处治"。对"爱人财物，阴行偷窃"的族人，"凭户长、房长送官惩治"。如《光绪常熟席氏世谱》规定：对于家族之人中有不安本分，流入败类者，以"家法处治"，如果属"怙恶"者，则"送官究治"。《乾隆豫章黄城魏氏世谱》也规定：凡属偷鸡摸狗，窃菜盗果的族人，"拘赴祠重责三十板"；对穿壁大盗则"送官治罪"。还有族规规定对"奸淫盗窃"、

---

　　① 江苏江都《卞氏族谱·祠堂条约》规定："族有争忿，告知族长，随当传唤……房长、谕气调处。"广西西林《岑氏族谱·祖训》规定："户婚田土、闲气小忿，无论届在本族，届在他姓，亦以延绥党委曲调停于和息。"
　　② 元代《郑氏家范》规定："子孙受长上苛责。"
　　③ 《民国义门陈氏大同宗谱》卷四《义门家法》。其法规定：庄首庄副妄使钱谷，决杖二十，并罚苦役一年。子侄酗酒，笞五十，赌博、斗殴、淫于酒色，杖十五至二十，罚苦役一年。南海《霍渭崖家训》规定：子侄有过，在朔望日告于祠堂，抗慢、毁骂尊长打二十，私接宾客，私赴宴席打二十，等等。

"污乱伦常"的子弟，由"族长公送到官，尽法处死"①。这样，家族法诉讼就与国家司法紧紧地衔接成一体，更便于家族法诉讼发挥有效的作用。

二、惩处手段

家族法诉讼中规定的惩戒措施难以数计，各自使用的情况也不尽相同，而且确实难以弄清其庐山真面目。如果对其进行源流追溯的话，那么起码我们可得到这样的认识：宋代以前还显得比较简单，宋元以后，由于大量的家训、家范、家法、族规、宗谱被保留下来，家族司法中众多惩处手段基本可知大概了。有学者依据对唐以后约三千个家族法的研究，认为自唐代至民国间各地宗族陆续采择的惩罚办法大致可分为 12 类②。也有学者认为一般较常见的处罚方法自轻及重有 11 种③。也有学者认为家族司法中所设立的处罚方法常见的有 10 种④。还有学者认为，每个宗族有每个宗族的家法族规和处置犯罪的规定，千差万别，处置形式多种多样，概括起来，普遍采用的惩治方法有 7 种⑤。实际上，家族法中的惩罚手段远不只这些，如果再把众多少数民族地区使用的手段合并计算就更不是这个数字了。这里，仅将家族司法诉讼中常用的一些手段介绍如下：

1. 斥责。这是家族法诉讼中经常使用的、也是最轻的一种处罚手段，又可分为两种方法：一是由家长对犯轻微过失行为的子弟予以训斥。如清朝张廷玉在《澄怀园语》中记载其家祖训："先公曾刻一印章曰：'马吊淫巧，万恶之门，纸牌入手，非吾子孙。'"这是张氏家长对有赌博行为的子孙的斥责，而且是一种极严厉的斥责。二是由族长或房长等人在祠堂上对犯家法族规者当众斥责，令其悔过迁善，还包括有的宗族对过失较重或有犯尊长者，采取一种更严厉的斥责方式——"鸣族共攻"。安徽《新安程氏阖族条规》规定：族内有"不孝不悌者，众执于祠，切责之"。《合江李氏族谱·族规》规定："凡属子孙务必谦虚乐易，与人无争，不得恃血气以凌人，逞奸诈以滋事，徒害邻里，终累其身。若有不肖子弟，恃强恃诈，或倚仗族人之势，欺侮乡党者，长辈亟宜戒责。"

2. 辱名。主要适用于犯有轻微过失者，或对于读书不用功、有违学规者，用耻辱其名声的方法进行惩戒。如不少宗族以缓行成人礼，使他们自惭形秽，恶名于族；还有宗族则对不孝不恭者的家庭挂上"不孝之家"的黄牌警告匾额，使其人其家不齿于宗族；或将犯者的姓名和过错题写在祠堂内壁上，使举族皆晓，恶名于全族。《浦江郑氏义门规范》规定："子孙违礼犯规，家长率众告于祠堂，击鼓声罪而榜于壁。"

3. 罚拜、罚跪。令犯者向宗族尊长下拜请罪，即家长、族长以"会众罚拜"丑其名，辱其身。这种惩处方法表面看来很轻，其实很恐怖。如元代《郑氏家范》中规定对犯者"会众罚拜"时，凡是尊长年长犯者一岁就拜 30 次，如果有五位尊长在场，平均每人又都年长犯

---

① 《民国濡须霍氏宗谱·家规》。
② 费成康在《论家庭法中的惩罚办法》一文中持此种看法（此文载《政治与法律》，1992（5））。其在《中国的家法族规》一书中则总结为 7 类 35 种。
③ 参见朱勇：《清代宗族法研究》，98 页。
④ 参见刘黎明：《契约·神裁·打赌》，15 页。
⑤ 参见赵华富：《徽州宗族研究》，404 页，合肥，安徽大学出版社，2004。值得注意的是，该书作者把家族司法中的众多种类的处治手段进行归类概括后分成 7 种，实际上是 7 类。即其所说的"斥责训诫"、"屈膝罚跪"、"祠堂笞杖"、"经济制裁"、"革出祠堂"、"呈公究治"、"以不孝论" 7 类。

者 20 岁，那犯者就得罚拜 3 000 次。如果在场尊长更多、年龄更大，那罚拜次数就更多，这简直不亚于一种残酷的折磨。湖南《宁乡熊氏续修族谱·祠规》规定："家法拟责、跪、枷三条……跪分三等，自一炷香、二炷香、三炷香止。""无故冒犯本支尊长者，责四十，辱晉外支尊长者，跪香三炷。恃尊欺压外支卑弱者，跪香一炷"。

4. 锁禁。将犯者禁闭于祠堂内专设的黑屋里，有如坐班房，限制其自由，让其闭门思过。锁禁时间，各地宗族法规定不尽相同，有短至两个时辰（4 个小时）到六个时辰（12 个小时）的，也有长达 10 天的。

5. 罚停。这是一种从经济上予以制裁的手段，主要使有犯之人不能享受宗族为族人提供的赈贫之钱、粮等物，或取消宗族为族人提供的求学资助和机会。在中国传统社会后期，南方地区不少的宗族拥有族产，设立义庄，对贫困族人补助钱粮，给赴考学子提供旅费，族人如果违犯家法族规，就在一定时期内或者长期不能享受这种待遇。有的宗族还设有各类学校，犯者便没有免费入学读书的机会。《湖南善化黄氏义庄条规》规定对族人家境贫寒者"计口授食"，按月助米；对鳏寡孤独、节孝寡妇者，按月助米；对取媳聚妻、生育儿女，照章给钱；对科举成名，升官就职，照章给奖（赏银）……凡此种种，以济贫弱，庆贺喜事、褒奖先进，目的在于和众睦族。但是，如果族人犯不敬祖宗、不孝父母、触犯伯叔、斗殴构讼、不完纳正供、奸淫、邪教、赌博等十二种行为，"罚停"三个月。又规定："如有抱养他人子女，捏称自养，冒领钱文者，查出，将其本身月米停给半年，以示惩警。"同时还规定"犯窃盗"、"败坏义庄章程"、"溺毙婴孩"、"甘作皂隶娼优"者，"永远停给"。

6. 革胙。族内定期举行隆重的祭祀活动，祭祀后或将大量的祭品分派给族众，或将祭品供族人会餐，犯者既不能分享祭品，也不能入席会餐。革胙时间以一年为起点，短则革胙一年、数年，长则十年以上，甚至还有永远革胙的处罚。

7. 罚钱。这是另一种经济处罚手段，对有犯宗族公产，贪污义庄经费，损坏、盗卖宗谱者，罚犯者交纳银钱、粮物等，充为公有；或者罚请酒席，或者罚请唱戏，如无力出以银钱，则以劳役代之，或代之出力修缮宗祠，或罚守祖坟墓地。

8. 记过。在家族法诉讼中以不同形式进行这种惩罚：一种方式是在宗族中设"功过簿"，将过犯者的名字和劣迹记入功过簿；另一种方式是在宗祠内悬挂粉牌，把过犯者的姓名、过失书写其上；还有一种是在宗谱中削去过犯者的表字、行第，或者在姓名上缺笔少划、墨涂空写等，目的在于使其恶迹昭显于全族。如屡犯记过者，则给予更重的处罚。

9. 出族。犯者在宗谱上除名、族内削籍，赶走出族，不准居住在本族地方。这种惩罚方法多见于偏远地区。在自然经济和重宗法制的社会里，族人被逐赶出族，几近于国家实施之流刑。

10. 除位。犯者生前不准入祠祭祀和参加宗族公共活动，死后不准入祖宗之神主牌位。

11. 送官究办。宗族内重犯者，按照国家制定法规定或经族内共议后必须送官追究者，由宗族组织执行。国家司法机关一般都依家族长的要求惩处犯者，包括处以死刑。

12. 处死。对犯者处以死刑不是普遍推行于家族司法中，只适用于少数宗族，即宗族对族人处死刑，包括对忤逆淫乱者活埋、沉塘、沉潭；对不贞妇女逼其自缢等。尽管如此，家族司法处以死刑，的确说明了家族司法的严酷，正如胡朴安《中华全国风俗志》所言："族中的规则极其严格，颇具自治的雏形。凡族人沟洫争吵等事，均取决于族中贤者长者。必是重大案件，族人调解不开，始诉官，官之判断，仍须参合族绅之意见。族中有不法而败坏一族之名誉者，族人得召集会议，于祠中处分之。或罚以金钱、酒席，或责之以杖，重且至于绞死。"

　　然而，家族司法处死族人，本不属其职权，理论上将造成与国家司法相冲突，因此，通常情况下，国家法律予以限制。但是，由于有些时期的最高统治者又授权某些名门望族家族司法处以死刑的权力。故此，古代中国家族司法处以死刑的现象又呈一定程度的扩张性趋势，当家族司法与国家司法相冲突时，国家对此往往采取默认或从宽态度。所谓默认是指对宗族按家族法诉讼程序处以极刑的做法，国家不过问，容忍之。所谓从宽是指家族长采用"私刑"处死或间接处死子孙者，国家法律原则上不允许。① 但在司法实践中往往是免议或从宽议罪。清朝康熙四十九年（1710 年），江苏省发生一起因家族司法处死族人受到国家法审判的案例：金献赐"向犯行窃"，其叔父金文利与自己的儿子及侄儿一同用绳子吊死之。又，清朝乾隆八年（1743 年），福建省蒋阿璞"窃无服族兄蒋阿吉鹅只"，族人捆至祠堂众议，家族司法处死——活埋。前一起案件，国家以"伯叔故杀侄子"罪，判处金文利杖刑一百，流刑二千里；其子金献尊以"谋杀缌麻以上尊长"罪（因犯者为其堂兄），处以斩立决；其侄金献纯以"谋杀大功服弟"罪，处以绞刑。后一起案件，国家法律以"故杀小功弟"罪，处以主犯蒋太龄绞监候；以"从谋杀人加功者"罪，处以死者无服族兄蒋阿吉绞监候；以"谋杀缌麻以上尊长"罪，处以死者小功弟蒋邦龄斩立决。但两案中处以死刑的人均未被执行死刑，皆以"照律拟死，情有可悯"为由，或降等"充军"，或改为"监候"。从这两起因所谓"私刑"受到国家司法的干预情况看，不管后一起案件经过严格的家族司法程序，还是前一起案件的未履行家族司法程序遭国家司法的干预结果，都说明了国家对家族司法施用死刑所持的非常同情的立场和态度。② 故《刑案汇览》卷四十四《刑事·斗殴·殴祖父母父母》记载了两起父母杀死犯奸之女的案件（刘玉林勒死犯奸之女和赵中元勒死犯奸之妇），案发后，地方最高审判机关巡抚却判决为："因女无耻，其父愤激勒束致毙，应毋庸议"，最后呈送刑部，刑部亦都照准。这种情况在《刑案汇览》中多有记载。③

　　以上略举数端，余不一一。由此可知古代中国家族司法中的种种刑处措施近似国家制定法之规定，从轻到重，从耻辱刑到财产刑直到死刑，形成一套完整的刑罚体系。

三、与国家司法之关系

　　从总的方面看，古代中国家国一体的政治和组织制度，决定了家国一体的司法制度，即

---

　　① 《唐律疏议·斗讼》"殴詈祖父母父母"条规定："若子孙违犯教令，而祖父母、父母殴杀者，徒一年半；以刃杀者，徒二年；故杀者，各加一等。即嫡、继、慈、养杀者，又加一等。过失杀者，各勿论。"《大清律例·刑律·斗殴》规定："其子孙违犯教令，而祖父母父母（不依法决罚而横加殴打）非理殴杀，杖一百。故杀者，杖六十，徒一年……"

　　② 参见杨一凡总主编：《中国法制史考证》，丙编·第四卷，217～238 页。

　　③ 《刑案汇览》卷四十四记载有对行窃子女用私刑致死免议的案例：李增财因子李枝荣屡次行窃，夹同外人帮忙，将李枝荣捆住，用铁斧连殴，致伤两肋，李枝荣喊嚷滚转。李增财随即将李枝荣两肢筋断，身死。刑部以李增财因子屡次行窃，致使割断脚筋身死，与非理殴杀不同，从宽免议。又记载有父母杀死违抗父母的儿子的从轻改判的案例：陈十子同徒，至地仍不工作，且怒形于色，十子嚷骂，存根哭泣不止，十分忿激，用带将其子勒死，山西巡抚拟定原拟故杀子孙律杖六十徒一年，刑部改为非理殴杀杖一百。

家族法诉讼是国家司法的一部分和重要的内容，因而形成一套家族司法—国家地方司法—国家中央司法的完整体系。

（一）家族司法是中国传统国家和社会最基层的司法审级

古代中国按照法律规定形成三级（秦汉时期的县、郡和中央）或四级（唐宋时期的县、府、州、中央）或五级（清代的县、府、省、督抚、中央）的司法等级制度。县或相当县一级的州等地方审级是第一审机构，受理、审判民刑案件，拥有独立的民事审判权与不完全的刑事审判权。县（州）一级审判职能的确定，自始至终，千年一制，未有改变。

在县以下虽有行政权力的延伸，设置乡、里、保、甲、村、亭，如秦汉时期在县以下设乡、里、什伍组织，还有县的派出机构亭。唐代以"百户为里，五里为乡。两京及州县之郭内，分为坊，郊外为村"①。宋代"十家为一保，选主户有干力者一人为保长；五十家为一大保，选一人为大保长；十大保为一都保，选为众所服者为都保正"②。明代"以一百十户为一里，推丁粮多者十户为长，余百户为十甲，甲凡十人，岁役里长一人，甲首一人，董一里一甲之事"③。清代初期里甲与保甲制度并存，康熙以后，里甲制度逐渐废弛，保甲制度渐渐代替里甲制度。④ 他们的职责主要是代表一种正式制度在地方基层社会，维持治安、维护秩序、催粮交赋、教化民众。但是，代表正式制度的司法权力却空缺乏力。如果说在魏晋南北朝以前，县以下乡、里等机构还行使一定的司法权力的话⑤，那么，唐以后，国家正式制度的司法权力在退缩，并且最终于宋初"收回了乡里受理诉讼的权力，也没有把乡里列入行政机构范围"⑥。

古代中国是一个农耕大国，国家统辖的对象——老百姓都散居在广大的农村，说得更直观些，作为国家正式制度设置的州、县直接管辖、治理的对象是广大的县以下的乡民，而州县衙门又设在治城，州县长官缺少与乡民们的直接联系。作为州、县长官以行政管理、司法审判的手段管理社会，却在直接统治的广大农村则缺失乡村司法机构的设置，要有效地管理好一县一州，实乃难事也。加之，作为国家正式制度的司法权只设置于州、县一级，无论民事诉讼还是刑事诉讼均由州县受理、审判、执行，一般来说，州、县长官既难理也难判，实难保证社会秩序的维持、社会和谐的实现。又由于古代交通不便，信息不通，州县一级正式权力的顺畅行使更难达致基层，特别在边陲地带、偏僻地方，可谓天高皇帝远，国家正式权力鞭长莫及。

更为重要的是，身为州县官，事务繁杂，教化百姓，劝课农桑，兴修水利，防火弭盗，禁赌僻邪，无不责于一身。在司法方面，由于州县为国家法定的最基层司法审级，受理、审判一县之民事和刑事案件，任务甚重。又由于州县一级司法，始终未建构一套完善、齐全的

---

① 《旧唐书·职官二》。

② 《宋史·兵志六》。但在南宋稍有变化，以五家为甲，甲有长，二十家为保，保有大长。

③ 《明史·食货志》。

④ 参见韦庆远、柏桦：《中国政治制度史》，2版，295页，北京，中国人民大学出版社，2005。

⑤ 秦汉时期的乡设有"啬夫"、"游徼"等乡官，"啬夫"负责司法和税收，"游徼"维护社会治安、捕拿盗贼。"亭长"主求捕盗、承望都尉。魏晋南北朝时期，乡、里长也有征赋役、理诉讼之责，甚至至隋朝，五百家置乡正，百家设里长，以治其狱讼，事见王夫之《读通鉴论·隋文帝》。

⑥ 韦庆远、柏桦：《中国政治制度史》294页。

司法机构，无论刑事案件，还是民事案件，都需州、县长官躬亲断理，真是一人难理一县。虽然州县雇聘幕友、书吏、长随协助办案，但名微权轻，加之各种腐败、勒索行为不断，浪费有效的司法资源，使正式的司法制度供给不足。因此，"乡村和许多城镇都处在官府的直接监督之外"①。国家司法权几乎处于一种空缺乏力的状态。

在此条件下，家族司法作为一种最理想的补充形态，特别在宗族组织与乡里组织合一的地方，具有特殊作用，占有特殊地位。这样，家族司法就演变成国家司法以外的实际上的第一级司法审级，恰好填补了县以下广大区域内司法机构虚置的空缺，由此构成实际上的家族——县——府——省——督抚——中央（清代）的司法诉讼体系。正如清代御史周作楫（道光时期人）所云："每姓有族长绅士，凡遇族姓大小事件，均听族长绅士判断。"他接着又说："如有不法匪徒人，许该姓族长绅士捆送州县审办。"② 这样，家族与县州一级的司法关系犹如县州与府省一级的关系。家族听断族内"大小事件"，重大案件送交州县审判，犹如县衙审理一切民事案件，负责初审且向州呈送重大刑事案件。

甚至，家族在某种意义上还拥有比州县诉讼更大的权力，最能说明问题者就是国家谨慎地给予了家族司法死刑处置权。清朝雍正皇帝曾谕令：家长族正对于族内"从来凶悍之人，偷窃奸宄，怙恶不悛，以致伯叔兄弟，重受其累。本人所犯之罪，在国法虽未至于死，而其尊长族长，剪除凶恶，训诫子弟，治以家法，至于身死，亦是惩恶防患之道，使不法子弟所做惧悛改，情非得已，不当按律拟以抵偿。嗣后凡遇凶恶不法之人……或以家法处治，至于身死，免其抵罪。"皇帝谕令后，刑部为了便于操作，特做三点明文规定：一是"倘族人不法，事起一时，合族公愤，不及鸣官，处以家法，以致身死，随即报官者，该地方官审明死者所犯劣迹，确有证据，取具里保甲长公结"；二是"或实有应死之罪，将为首者照罪人应死擅杀律，杖一百；若罪不至死，但素行为通族之所共恶，将为首者照应得罪减一等，免其拟抵"；三是"倘宗族之人捏称怙恶，托名公愤，将族人殴毙者，该地方官审明致死实情，仍照本律科断"③。

由此可知，家族司法与国家司法有着统一的关系。有如前述，在高度一统的司法体制下，司法权只下达到州县一级，州县以下的广大公共领域缺乏正式制度的司法权力、司法机构，作为非正式制度的民间权力、民间机构、民间规范，包括宗教的、家族的权力、机构和规范，自然会适时成为州县以下广大公共领域解决矛盾、调处纠纷、惩治犯罪的制度化机制，其中家法族规、家族司法便成为重要的也是主要的形态。这是古代中国区别于世界各国司法的独特之处，也是古代中国二元司法结构中的一道亮丽的风景。古代中国家族司法何以长期存在于世？又何以与国家司法的正式制度并行不悖且关联一体？由此还可认识到古代中国家族法诉讼为什么那样受到国家的重视：国家为其确立立法的指导思想，官府又批准其颁行的宗族法内容，更承认其司法用刑的合法性。此等问题的真正原因即在这里。

（二）家族司法为国家司法的延伸和重要补充

家族法虽然只限于本家族，而且无固定的立法模式和诉讼模式，但在古代中国宗法制国

---

① 瞿同祖：《清代地方政府》，253页，北京，法律出版社，2003。
② 《清实录》，道光十二月戊戌。
③ 《钦定大清会典事例》卷八一一，《刑律·斗殴》。

家里，家族法与国家制定法有着天然的血缘关系：国家立法"一准乎礼"，家族立规也"以礼治尔"（江南宁国府太平县馆田《李氏家法》序言中语）。国家诉讼之目的是"安上治民"，家族法诉讼亦强调"佐国家，养民教民之原本也"。国家法诉讼的原则是"德主刑辅"、"明刑弼教"；家族法诉讼也重视"犯者惩之，且能改者，恕焉，亦明刑弼教之意也"①。由此便形成古代中国一个历代难变的共识："欲明德于天下者，先治其国；欲治国者，先齐其家。""资于治家以治国。"这样，家族法诉讼和国家法诉讼便浑然一体。为了说明问题，我们再从刑罚适用上看看二者的紧密联系。

　　唐以前的家族法由于目前发现的还不多，所以其司法用罚方面尚不太清楚。但唐宋以降特别是明清两代的家法族规大量地被发现，从中可见罪名和刑罚趋于体系化，并且和国家法律规定的罪名与刑罚有着内在的联系。众所周知，自隋至清，国家刑罚实行笞、杖、徒、流、死五刑二十等常刑制度，在家族法中也有清代南海廖氏《家规》中确立的"处罚制度分作四种十三等"②。从具体内容看，比较清代湖北麻城鲍氏《户规》与封建五刑的异同，可能更能说明问题。《鲍氏户规》共48条，除国家规定的徒刑和死刑外，其余三类笞刑、杖刑和流刑都有类似规定，并且也按封建五刑制度规定每种分为若干等差，如笞刑分为笞二十、三十、四十和七十四等；杖刑分为杖二十、三十、四十、八十、九十、一百和二百七等；流刑不分等，一概定为"逐出族外"③。除此以外，封建国家在常刑以外还规定有众多的刑罚，如明清时期的"五军"刑、宋代的刺面刑、明代的廷杖刑……《鲍氏户规》中也有"公罚"、"免祀"和"送官"等处罚方法。特别要注意的问题是家族法中的"送官治罪"规定得相当普遍，通过送官治罪的处罚方法，实际上就将家族法之处罚措施与国家之五刑手段紧紧地衔接起来。如果我们称家族法规为"准国法"，国家法规为"最高家族法"的话，那么家法族规与国法便组成了一个庞大的法律体系，家刑、族刑、国刑一体，构成一个既相重叠又相补充的庞大的刑罚体系。

　　上文仅以一部家族法与国家法进行比较，便足可见到家族法与国家法，家族司法与国家司法的密切关系。如果我们还从家族法诉讼的广义角度看问题，那么其内在联系就更能说明问题了。有如上述，《鲍氏户规》中没有徒刑和死刑的规定，但并不说明在家族法中没有这二刑之规定和适用，相反，肯定的结论是，家族法中同样规定了这两种处罚措施。《民国义门陈氏大同宗谱》卷四载《义门家法》中规定有"罚苦役"刑，凡是家族子弟因有赌博、斗殴行为的，除杖打十五至二十外，还要"罚苦役一年"，即相当国家法中的徒一年。至于家族法中规定处死刑者也不属罕见，如《曲阜孔府档案史料选编》记载，建宁孔氏公然把族长处死族人的权力写进族规：族众中有"反大常"（指殴打父祖、反逆等）者，"处死不必禀呈"。江苏镇江赵氏也实行族中"干犯名教伦理者，缚而沉之江中"的处以死刑的制度。④ 由此可见，国家实行的五刑制度被全面地搬进家族司法，只是家族法诉讼用罚时不如国家司法那样规范。如果抛开这一因素，完全可以认为，家族司法是国家司法的初级形态，国家司法

　　① 江南宁国府太平县馆田《李氏家法》。转引自朱勇：《清代宗族法研究》，附件1。

　　② 朱勇：《清代宗族法研究》，147 页。

　　③ 湖北麻城《鲍氏户规》，载朱勇：《清代宗族法研究》，附件2。严格地说，"逐出族外"似类"流刑"的处罚。

　　④ 参见徐扬杰：《宋明家族制度史论》，224 页，北京，中华书局，1995。

是家族司法的高级反映，表面来看，两者颇有差异，但其实质相同，紧密联系成一体。① 如果我们再深究其因，大致可言如下：

首先，家国一体的国情决定。古代中国是一个建立在血缘基础上的宗法社会，家为基础，聚族而居，积族为国，家族与国家关系紧严一体。故此，在治国认识上亦同治家，即治家是基础，治国是目的。又认识到，"治国与治家无二法也"，"立宗法实伸国法也"②。家族法实为国家法的补充，家族法的实施实为国家司法的延伸。因此，古代很多著名的思想家、政治家从家国一体的认识出发，主张立家法族规、行家族司法。"治家者治乎众人也。苟不闲之以法度，则人情流放，必至于有悔，失长幼之序，乱男女之别，伤恩义，害伦理，无所不至。能以法度闲之于始，则无是矣。"③ "而欲求自治方法，莫如从家族入手。一家治、一族治，斯国无有不治矣。"④

其次，国家司法的短缺促成。古代中国虽然强调法律制颁和实施的一体性，但是，由于广大的农村缺失国家司法的制度资源，县以下的基层社会基本属国家司法的空旷地带。由此带来的异常严峻的问题是，基层社会的不安定，奸邪顿起，盗贼不断，要达大同社会，几同登天。然而，历代统治阶级，无数的思想家们都敏锐地认识到，基层社会国家司法资源的短缺，可以家族司法来经营、补充。宋代陆九渊也积极主张立家族法，行家族司法："子弟有过，家长会众子弟责而训之，不改，则挞之，终不改，度不可容，则言之官府，屏之远方焉。"⑤ 并且认识到，制定家法族规，推行家族司法，"非但一家一族之事而已"，而是"有功于世数甚大"⑥。因此，古代中国各地，立家族法、行家族法就成为一种自觉。《岭南冼氏祠规》有言："家法与国法相表里，故曰'家齐而后国治'。各房谊属同宗，犹家之亲也，苟坏宗规，即玷祖德，治外治内，惩悫宜严。"《寿州龙氏家规·家规条例小引》宣扬："家国原同一礼，齐治实无殊途。用德用威，巨典行于盛世；有赏有罚，隆义著于名门。欲劝勉以鼓贤良，务先立法思惩戒，以绳奸匪，断在明刑。"

最后，民情需要所致。古代中国广大的基层社会在国家正式制度供给不足、国家司法资源严重缺乏条件下，人们自觉地认识到家法族规的实用有效，家族司法的便捷可行。特别是生活在有浓浓血缘关系基础上的宗法制农耕社会里，更乐于接受这一套规制。众所周知，在古代集权专制下，法律的工具性特点凸显，国家法律犹如斧钺和鞭子，残肢害体，剥夺生命，株连无辜，罚及族属，人们对国家法律、国家司法有一种天然的、本能的恐惧心理和远离感。诸如汉代张汤、杜周，唐代的周兴、来俊臣等酷吏司法，商纣王、朱元璋等残暴用刑，让社会触目惊心，肝裂胆破，因而定型了一种"活人躲衙门，死人躲地狱"的民间诉讼心理。自然，人们不想亦不愿了解法律内容，不愿运用诉讼手段解决是非对错、辨明罪是罪

① 家族法与国家法中用刑相似，定罪也相似，甚至完全相同（据朱勇《清代宗族法研究》对宗族法中定罪与国家法中的定罪对比可知）。如宗族法中有"倚祖坟再葬"和"盗葬祖坟"罪，国家法中有"盗葬"罪；家族法中有"乱伦常"、"淫狎"罪，国家法中有"同宗无服之亲相奸"和"奸缌麻以上亲"；家族法中有"赌博"、"赌钱"罪，国家法中也有"赌博"罪，等等。罪名完全相同，只是处刑轻重稍有不同，一般来说，家族法处罚重于国家刑处。
② 《潜阳呈氏宗谱》。
③ 程颐：《周易程氏传·家人》。
④ 《上湘龚氏支谱·族规类》。
⑤ 《宋史·陆九韶传》。
⑥ 丘浚：《丘文庄公集·蒲田柯氏重修祠堂记》。

否，人们以躲避诉讼、排斥诉讼、厌恶诉讼的态度对待之。然而，民间社会对于家法族规的订立、家族司法的实施却有另一种心理和态度。乡民从亲情伦理、立家固族的立场出发，乐于接受家族司法的禁戒惩处，就好似受到家族尊长的教育，并能产生国家司法难以比拟的司法效能。即使是杀气腾腾、充满残酷性的家族司法，也被家人族众毫无怨言地视为"家族公法，不可违犯"。为了更好地说明问题，试举一例为证：清朝光绪年间安徽《寿州龙氏家规》内容有正面性劝善规范 12 条，亦有严厉惩罚性规范 12 条。惩罚手段包括对家人族众犯"忤逆"、"凶横"、"赌博"、"酗酒"、"盗窃"、"强葬"、"伐荫"、"邪淫"、"抗粮"、"争讼"、"轻佻"、"刻薄"等行为，根据情节重轻分别责二十到四十、带枷示众、公议罚处、送官究治，甚至重责（四十）送官（究治）两刑并罚。同时，还特别强调："恶之当惩，例不止此。而此十余条，乃过恶之最著者，法所难容。"也就是告诫家人族众，"法所难容"的还有其他的行为有犯，同样要受到惩罚。目的在于提醒"我族人及世世子孙，务宜恪守，以遵礼法，须谨小慎微，不蹈愆尤"[①]。

第四节
家族司法的价值

历史上任何一项制度，都具有其价值，包括正面的和负面的价值，而且两种价值总是交织在一起，同时，往往还具有一种现代重构或转换价值。古代中国的家族司法，尽管作为一种非正式制度，却长期存在于世，呈现出勃勃生命力，且长久地直接或间接地影响着后世。

一、积极价值

在封建社会，农民阶级与地主阶级的矛盾是主要的矛盾，农民生活在社会的最底层，饥寒并至，"盗贼多有"，封建国家对于农民的所谓"盗贼"行为，历来是国家制定法锋芒所指的主要对象，自中国第一部封建法典《法经》开始，明确提出"王者之政莫急于盗贼"的立法、司法的指导思想。然而，封建法律难以有效地调整农民与地主阶级尖锐的对立关系，农民的大规模起义，打府杀官的行为，随着封建专制的愈后愈多，农民的反抗和斗争也愈后愈激烈和广泛。至宋代"天下盗贼纵横"，"郡县悉不能制御"。这样，封建国家只好加重对"盗贼"犯罪的处刑，颁布了前所未有的专治盗贼的特别法："盗贼重法"、"窝藏重法"和"重法地法"，即在宋代重法地犯盗罪，处刑重于常典：本人处死刑、妻子编外（编置千里外）、财产赏告人。真可谓法不可不严、刑不可不重。可是，这种严立法、重处刑的结果，不仅不能弭息盗贼，反而是"自行法以来二十余年，不闻盗贼衰止，但闻其愈多耳"[②]。到清朝开国后，全国的反清斗争，农民的反抗运动遍布全国，清王朝虽以法律惩处，军事镇压，也不总是捉襟见肘，顾此失彼。事实说明，封建法律对此鞭长莫及，特别是天高皇帝远的地

---

① 费成康主编：《中国的家法族规》，附录"家法族规"，上海，上海社会科学院出版社，1998。

② 《续资治通鉴长编》卷四七八。

方，更是如此。

但是，在重治国先齐家的古代，国法难行，家法先立。因此，家族司法在稳定基层社会秩序方面起了极其重要的作用。

（一）完赋役

封建国家的经济来源在农民，由于封建剥削的苛重，农民往往抗交粮，拒赋役，甚至发展到以武装抗粮的斗争。[①] 尽管封建国家屡令急催，地方官府也往往无能为力。在此情况下，家族法的作用就非同一般，家族法诉讼颇能见效。如《民国义门陈氏大同宗谱·义门家法》规定："公赋乃朝廷军国之急，义当乐输者，凡我子侄差粮，限及时上纳。"甚至还规定即使有困难，也要先纳国赋："凡家有产，必有赋税。须是先截留输纳之资，再将盈余分给日用。岁入或薄，只得省用，不可侵支输纳之资。"[②] 如果族人不交、拒交钱粮，家族司法处置。如南海霍氏家训规定："玩慢粮赋，家长告于祠堂，初犯责司会计者，再犯责司货，再犯司货者送官惩治。"[③] 山阴吴氏家法规定："完纳钱粮，成家首务，必须预为经划，依期完纳，如有持顽拖欠者，许该里举鸣祠中，即行分别责罚，以示惩戒，决不轻纵，迫致累扰。"《寿州龙氏宗谱·家规》"戒抗粮"条规定："凡我族人，有玩视国法、不急公完纳国税者，虽有官差，而户长亦宜勤加劝诫。倘惯行违抗，致差役追呼不已者，以家法责二十，并代追完。"在这里，家族司法的作用是国法难以比拟的，它以温情的伦理说教和恐怖的处罚措施相结合，较好地解决了家族内的抗粮拒役行为，形成了每岁国课"及时早完，毋俟催科追迫"的局面。由此可见，家族司法常常轻而易举地调整了农民与国家因此而产生的紧张关系，对稳定社会秩序起了积极作用。

（二）化解矛盾

家族犹如一个小社会，由个人至家至房至族形成一个小金字塔似的结构形式，在这个小金字塔结构内，形成了复杂的家内人际关系，房族内人际关系，族际间人际关系，各种矛盾并存于家族内。如何化解家族矛盾，是稳定基层社会的关键所在。家族司法从宣扬和维护封建伦理纲常出发，无不在家族内提倡、褒奖"敬祖宗"、"孝父母"、"睦兄弟"，禁止和处罚"乱伦常"、"犯尊长"、"相忿争"等等行为。如彭泽王氏家规规定："闻族中某人有善行，对众称扬，兼书之记善簿，以共效法。又闻某人有恶过，亦委曲开谕，令彼处悟改图。"[④] 这主要体现为一种正面教育的方法。另一种主要方法是对犯者实施处罚措施。对家人来说，如有家务事相争，便"会集本家亲众，议论是非，分别曲直，以公处分"[⑤]；如果家人无视家长权威，犯不肖行为，遽兴讼端，则"以不遵家法治之"。这样显然便于化解家内矛盾。

家内纠纷和矛盾解决得好，为族人间矛盾的解决奠定了基础。同时，加上严格的族规调

---

① 如清朝潮汕地区山门城为了抗粮，"遂将寨门紧闭，明示抗拒……寨内刀枪林立，锋芒闪闪，露出墙头上，高声言曰：'我等抗粮细故，殴差夺犯是实，任汝通详千万楮，寨门总是不开，谁敢环攻而入，与我等决一死战乎？'"蓝鼎元：《鹿洲公案·山门城》。

② 《袁氏世范》，载《知不足斋丛书》，第107册。

③ 《霍渭涯家训》，载《涵芬楼秘籍》，第12册。

④ 王演畴：《讲宗约会规》，载《训俗遗规》卷二。

⑤ 《光绪旌德任氏宗谱·家范》。

整，效果更好。如南昌黄城魏氏宗式明确规定：家族内"凡涉及户婚田土，买卖继承，犯奸盗窃，伤害斗殴等方面的轻微案件，均得先家族处断，不得径往府县诳告滋蔓，如不经报族而妄告官府，先罚银一两入祠，方依理公断。"还有的地方，当族人有过犯时，族长在祠堂"或责以杖，重且至于绞死"①。

从中可见，族人中发生民事纠纷和轻微刑事案件一律由家族法调整，不惜置国家制定法的权威而不顾，刑罚从轻至重，直至使用极刑。可想而知的结论是，家族法诉讼确实比较理想地化解了族内矛盾，调整了族内的关系。

家族司法还能够调整族际关系，解决族际矛盾。在古代广大的农村，基层社会最大的矛盾是族际矛盾，自"五服"制度形成后，亲不亲五服分，所以以五服为基本标准画线的房际间纠纷，以及与外姓族际矛盾常生常灭，调整关系、化解矛盾的难度很大。但是，如果重视家法族规的调整，情况则异焉，因家族法调整的基本原则是重视对内控制，不鼓励对外强服。如广西西林岑氏家族法规定："若与他姓有争，除事情重大始禀官公断。倘止户婚田土闲气小忿，无论屈在本族，屈在他姓，亦以延请族党委曲调停于和息。"又见《训俗遗规》卷二《讲宗约会规》载："倘本族于外族有争，除事情重大，付之公断。若止户婚田土，闲气小忿，则宗长便询问所讼之家，与本族某人为亲，某人为友，就令其代为讲息。屈在本族，押之赔礼；屈在外姓，亦须委曲调停，禀官认罪求和。"这种委曲求和的化解矛盾之法，对防止族际矛盾的激化，特别在防止族际之间动辄械斗②、复仇，甚至在解决长年累月、世代为敌方面，的确起了重要作用。

由于家族法诉讼在广阔的基层社会有力地解决了家内矛盾、族内纠纷和族际争端，故为社会秩序的稳定提供了可靠的保证和基础。

（三）厚实封建统治的基础

封建统治成一个大金字塔的形态，以民为基础，以官为中腰，皇帝盘踞顶尖，而巩固统治的基础则在民。在农业国家里，广大人民生活在农村，因此，农村基础巩固与否是决定国家统治的关键。有如前述，广大农民又被编织在农村家族的小金字塔结构中，也就是说，家族是决定国家统治的基石，家族的作用非同一般。统治阶级和思想家们都深谙一个至理：家族的正常运行只有靠家法族规才能得以实现，因而，通过家族法诉讼调整家人族众种种关系就显得十分重要。如前所说的，以家族法调整赋役关系，农民抗粮、抗役的行为就在家族法诉讼中解决了；以家族法诉讼帮助巩固封建基层政权，调整农民与基层政权的对立关系，其作用尤为明显。因为在很多情况下，许多里正、甲首、村头实际上就是族长，国家政权基层组织即为宗族组织，在基层政权组织缺乏法律手段来调整社会关系时，家法族规充当了地方性法律，并较理想地解决了农民的户婚、田土、财产等民事纠纷以及赌博、斗殴、盗窃等轻微刑事案件。因此，这种以"保甲为经，宗法为纬"的治理方式一直被封建统治者奉为最

---

① 《合肥风俗志》，载《中华全国风俗志》（下篇）卷五。
② 古代农村族际之间的械斗是触目惊心的，兹引几段资料说明之。据《潮州府志》载："大族凌小族，强宗欺弱姓，结党树援，好勇斗狠，百十为群，持械相斗，期杀伤而后快。"又《民国紫江朱氏家谱》卷四说，清朝道光年间械斗情况："近世闽广多有因族大人众，祠堂多有蓄积，往往倚以为势，每与外族或因口角嫌疑，或在嫁娶不和，或因的构讼不息，动辄鸣锣聚族，烧杀抢掠，至讼公庭。如或两姓势力均敌，遂聚众械斗，酿成人命案件，倾家破产，买人抵偿。仇家不服，上控翻案，仍将凶拟抵，至杀身亡家而不知悔。"

理想的基层政权统治模式。

二、负面价值

古代中国人法律意识淡薄，特别是农民的法律意识更为淡薄，这是一个基本不争的事实。究其原因，其中一个重要的因素就是长期的家族法诉讼带来的恶果。

古代中国自古有畏讼、息讼的传统，从《易经》宣传"讼，惕，中吉，终凶"开始，经孔子"无讼"观的提出，到封建正统法律思想形成，人们意识中便形成了一个基本概念："无争讼，便是天堂世界。"① 但是，道理不是这么简单，人们总是生活、生存在错综复杂的社会关系中，任何个人都不可能超然物外，与世无争，与人无争。特别在宋明以后，随着商品经济的长足发展，社会关系更趋复杂，人们诉讼意识也在强化。据《清代吏治丛谈》记载：不仅江浙地方"民好讼"、"讼益繁"②，连山东也"民好讼"，如山东章邱县"民好讼，月收讼牒至二千余纸"③，甚至连湖南宁远地区也"积逋而健讼"④。社会的好讼之风总是与儒家提倡的息讼主张相乖违。在统治阶级和思想家们那里，要实现理想的"天堂世界"，只能靠对无讼的大力宣扬和对诉讼的大力抑制和化解，要做到这一点，又无非使用三种手段："第一是道德感化，以绝讼源；第二是多方调解，以消讼意；第三是惩罚讼徒，以儆效尤。"⑤而其中最有效的办法是"不能使民无讼，莫若劝民息讼"⑥。

在这方面，家族法诉讼是成功的典范。虽然家族法诉讼仿效国家法诉讼使用了不少刑罚手段，但是大量运用的还是调处和劝民息讼的办法。事实也是这样，各地家长、族长都是首先强调家族内纠纷家族内解决，不准径自呈讼于官府。这里试举几例加以说明。《民国濡训崔氏宗谱·祠规》规定："族中小有不平之事，必须俟次日鸣诉族正、族长，孰曲孰直，自有理处。"《民国义门陈氏大同宗谱·家范》也说："凡同宗有衅，无论事之大小，皆当先请族正、长来祠问明理处。万难解释，然后可白于官。倘未经评，率先控告，公同议罚。"族人"如有径赴呈词者，即为目无尊长，先为议处，而后评其是非"⑦。《寿州龙氏宗谱·家规》"戒争讼"专条规定："是非有定论，何必到公廷。不管输，不管赢，银钱虚费先扯闹。忍了暂时气，免得破家门。若凭健讼以为能，结仇种怨多遗恨。凡我族人有好为兴讼、出入公廷者，乃健讼之徒。若与本族构讼，凭户长分别责惩。其与外人争讼，除万不得已外，依恃刀笔代人作词者，户长指名，送官究治。"这样，广大农民生活、生产、活动在狭小的宗族里，思想、意识局限在狭小的宗法组织内，事端、争讼解决在狭小的家族法诉讼里。总之，家族组织、家族法诉讼似如一张恢恢大网，罩盖着全体族众，束缚着人们的思想，其结果使人们头脑迟钝、神经麻木。加之，在儒家思想的感化下，人们自觉或不自觉地"贱讼"，并崇尚"息讼"和"止讼"，形成"无讼"观，追求实现"片纸不入官府"、委曲求全、无争无讼的

---

① 《得一录·宗祠条规》。
② 伍承乔编：《清代吏治丛谈》，卷二，台北，文海出版社，1973。
③ 伍承乔编：《清代吏治丛谈》，卷二。
④ 伍承乔编：《清代吏治丛谈》，卷二。
⑤ 范忠信等：《情理法与中国人》，185 页。
⑥ 《福惠全书》卷十一。
⑦ 《光绪永定邵氏世谱·祠规》。

"天堂世界"。

三、现代转换价值

毋庸讳言，古代家族司法有许多时代的糟粕所在，当在清理批判之列。但是，作为一种诉讼文化长期存在，我们万万不能简单、片面对待之。从理论上看，以文化人类学观点审视，法律文化是流淌不息的文化长河，它既是一种知识和经验的形态，更是一种历史形成的文化模式。这个文化模式既是历史的，又是现实的，甚或可以说是未来的。因为知识和经验是从历史中积累下来渐渐生成的。更重要的是，这种文化模式还表征着民族的倾向、性格和特征，呈现出民族的法律价值观和思维形式，不管人们对它持何种认识态度，它作为一个固定的文化模式，不受任何干扰地孕育、生长、影响、制约着生活在这种历史文化模式下的一代又一代后人。因此，优秀的传统文化不可避免地将影响着现代法律文化的建构与发展，这是不以人的意志为转移的客观规律。当然，认识此问题时，需要注意三个方面，即被历史证明已属"僵死"的东西应弃之，被现实证明仍有生命力的东西应扬之，既有其利又含其弊的东西，我们应善于正确认识之、改造之。如是，古代家族司法便具有现代转换价值。

前文已经分析了古代中国的家族司法，尽管属于一种国家的非正式制度，但它是适应古代中国国情、民情的一种特殊的司法制度。它的生命力之强，历史价值之巨，是古代中国的血缘关系基础上宗法政治制度，农耕经济条件下的乡民社会、熟人社会，相对封闭环境中的伦理认识催生的结果。从上述分析出发，进而认识现代中国基层社会的基本社情和民情，便不担心古代家族司法的现代诉讼价值转换的意义（但愿这种价值判断并非不合理性）。应该说，现代中国并没有完成她的工业化任务，仍然是一个农业大国，农民仍然是中国社会的主体，对于农民生产、生活的环境，并未因中国的现代政治、经济的改革，文化的进步，使农村的乡土社会性、环境的相对封闭性、农民的观念和价值取向、解决民间纠纷和社会矛盾的传统的熟知的智识和方法发生根本性、革命性改变。相反，在现代中国广大农村，家族组织、家族观念实有复兴之势，根据学者王铭铭等人对福建美法村陈氏家族的个案跟踪调查的结果表明，自改革开放后的农村家庭联产承包责任制的实施，造成了民间社会对旧的家庭模式的新需求，导致了传统家庭意识的复活；由于集体机构力量的减弱，社会生产、生活的社会互助缺少组织者和资源，因而旧的家族房桃关系、婚姻关系作为社会资源重新回到美法村。近年来民间对自己的历史传统的认同与追求，进一步引起传统公共仪式的回潮。这些事实说明，由于农民信任感的转移，旧的"族权"逐步回归地方政治舞台并扮演着重要角色，并且，家族社会和文化在许多地方不仅没有消灭，反而呈现复兴的势头。[①]

正是基于此，广大农村家族性仪式的复兴，实质上是一种"传统的再造"，乡土社会可以在新时期特定情况下，经过再改造，基本恢复某些完全适合乡情的原有制度，使之扮演新的角色，不是没有时代价值。有如家族司法中，重视讲礼法，进行个人修养；维护家庭团结，和睦乡里；强调家庭教育、孝父母爱国家；提倡勤劳节俭、尊师重道；奖励为人正直、为官清廉等等的正面训导。特别是对家族之人的违犯礼法、好事斗殴、纠众械斗、盗窃赌博、吸毒贩毒、砍伐森林、破坏环境等等恶性行为的严厉惩治，等等。完全可以说，从制度

---

① 参见王铭铭、王斯福主编：《乡土社会的秩序、公正与权威》，28 页，上海，上海人民出版社，1991。

设计、价值认同、效益显现的预期上，都是值得今天加以利用和继承的。在今天提出关心三农问题、建设新农村之际，古代家族法、家族司法的现代转换价值，尤显重要。甚或可以说，传统之善，当取而不取，是谓之悖。

总之，家族司法诉讼是国家司法诉讼的一种变形，从法理上说，它是不科学的，但它在古代中国又具有一定合理性，或许可以认为，它是中华民族的一种创造，也是中华法系司法的一大特色。正因为如此，它的存在和长期运作又具有一定的价值，有值得肯定的地方，即它在很大程度上弥补了国家司法的不足，在辨别是非、惩治犯罪方面起了积极的作用。我们之所以这样说，是基于这样一个基本的道理：历史的问题应历史地、辩证地看待。何况法律本身就是一种地方性知识，极具本土性特点。当然，除此以外，我们还应该，或者更应该指出，它同时也具有极大的消极性，即破坏和影响了国家司法的唯一性和权威性，扭曲了民族的诉讼意识。在这一点上，它的消极影响不仅表现在当时，还影响到后世，即使在今天，人民的法律意识不强，也与之有着一定的渊源关系。但是，它毕竟作为一种法律文化而存在下来，因此，我们又不能不从一个更新的角度审察它，科学地总结它内含的积极和消极的"因子"，以利于我们今天建设现代法治时，在如何利用本土资源上求得一些有用的经验与教训。

第五节　简评

中国是一个十分重视家族传统的国家，在家国一体、家国同态的政治组织结构和文化认同中，国家的治理、社会的稳定和秩序的和谐，既依靠国家法，也重视家族法。国家法的制定、实施与家族法的制定、实施，表面上矛盾、对立，实际上二元一体，并存于世，比较有力地调整了社会关系。故传统中国数千年，历史不断，文化相承，特别在诉讼法律文化上，出现了与世界其他几个文明古国不同的历史景观，其中一个不可忽视的原因，就是古代中国异常重视国家法与家族法、国家司法与家族司法相互为补的社会法律的治理价值与作用。同时，还应该注意到或特别认识到，古代中国家族司法这一特殊司法资源的个性与价值，否则，便难以深刻理解古老的中华法系。

第十九章

家族司法（下）：孔府司法

第一节
孔府司法源流

《孔府档案》是当前我国保存最完整的私人家族档案。这批档案保存了从明嘉靖元年（1522 年）至中华民国三十七年（1948 年）之间长达 426 年的史料。原来只按《千字文》开头的字序"天、地、玄、黄、宇、洪、荒"编号，别无细目。1949 年新中国建立之后，经过多次的整理分类，正式归档的已经近万卷，尚未整理的还有许多。这批档案对于研究 16 世纪以来我国的宗法制度史、政治史、经济史、思想史、农民战争史及中国人民近代革命斗争史等都提供了大量的原始资料，具有很高的研究价值。其中，丰富的司法档案资料为我们研究家族性司法提供了典型的素材。

一、产生与发展

根据《孔府档案》等档案资料的记载，对于孔府司法我们只能从明嘉靖元年（1522 年）开始论及，截至中华民国三十七年（1948 年）曲阜解放，孔氏家族的代表孔德成迁到台湾地区为止。

汉武帝"罢黜百家，独尊儒术"，使孔子思想成为中国近代社会的统治思想，其影响十分深远。其后，历代王朝在褒崇孔子的同时，也对孔子的后裔"恩渥备加，代增隆重"，绵延不断达两千余年，从而使孔氏嫡裔子孙特别是衍圣公府成为"与国咸休，安富尊荣公府第；同天并老，文章道德圣人家"，以孔府为代表的孔氏家族因此成为一个特殊的社会阶层。两千余年来，孔氏家族世系有序，组织严密，分布广泛而根系清楚，为我们研究中国近代社会的宗法制度提供了典型例证和重要资料。①

孔氏家族在历代王朝的更替过程中，随孔子地位的不断提高，获取了大量其他家族

---

① 在目前已经整理完毕的 9 025 卷《孔府档案》之中，"宗族"部分有 1 118 件，约占全部档案资料的 12.4%。如果将"袭封"部分也计算在内，则足占全部档案资料的 20%。

本章中所引有关孔府的档案资料，未作特别注明者均录自山东省曲阜市文物管理委员会孔子博物院馆藏明清时期的孔府私家档案，为行文方便而简称《孔府档案》（由于有些材料重复出现，故其具体编号略）。

无法得到的尊崇及优惠，这也为孔氏家族的发展提供了极为优越的条件。自汉魏以来，已成为全国的名门望族之一，加之孔氏家族有其统一、严密的家族（宗法）管理体系，至今已达八十二代，支派井然有序，世系不乱，其嫡系后裔多集中居于山东曲阜，旁系支派亦有散居全国各地及亚、欧、美诸国的。孔氏内孔现有六十宗户，这是从后梁乾化二年（912 年）的"孔末乱孔"事件①之后的四十三代中兴祖开始的。在此之前，孔氏宗族支派主要有十派。中兴祖之后的孔氏支派，就由这十派发展为二十派，再由二十派改为六十宗户，此制至今未再改。目前，孔氏家族的国内外总人口已逾一百万人。②

为了对其家族进行系统有序的管理，在孔氏家族内部，有系统而严密的宗法组织，以嫡长为大宗，其余皆为小宗。"大宗者，尊之统也……大宗者，收族也。不可以绝。"③ 五十六代衍圣公孔希学，即为六十户中第一户，称为大宗户，其余各户都是小宗户。"衍圣公"只能是孔裔之嫡嗣，它在政治上是世袭公爵，在宗族中的地位则是孔氏家人的大宗主，即宗政合一，宗法、族规极为严格。如清顺治帝于顺治六年（1649 年），曾下令衍圣公统治管理孔氏宗族人员，严格依"礼度"办事。④

总之，孔氏家族是由同一始祖孔子繁衍下来的庞大家族，居住在孔府的衍圣公凭借大宗主的特殊地位和历代皇帝授予的特权，逐步在其家族中建立了严密的管理组织机构，并通过修宗谱、立行辈、订族规等方式，使散居在全国各地的族人能够支派不紊、行辈有序，遵族训、守礼法，长期维持着完整统一的宗族体系。

二、与国家司法之关系

孔府司法是当时国家司法的有效补充，其作用具有国家司法所未能及的领域，既为中国近代社会国家地方政权的行政与司法合一创造了有利条件，也弥补了当时国家司法力量的不足，将社会矛盾与冲突消灭在萌芽状态，但同时也破坏了国家地方司法权的整体局面。

第二节
孔府司法的依据

孔府司法的司法依据包括两个方面：孔氏家族的家法族规、国家法。

一、孔氏家法族规

孔氏祖训家规基本上可分为三大部分：第一，孔府所颁布的《祖训箴规》；第二，外地

---

① 五代后梁时庙户孔末"欲冒圣裔"，趁社会动乱之机，勾结乱兵将定居曲阜之孔子后裔"翦灭殆尽"，唯第43 代不满周岁的孔仁玉幸免于难。后唐长兴元年（930 年），唐明宗诏诛孔末，由孔仁玉主孔子祀事。

② 该数字仅指男系嫡裔，不包括女性。如果包括女性，则目前全世界孔氏后人大概有三百余万人。

③ 《仪礼·丧服》第十一。

④ 参见《孔府档案》0069。

孔氏族人自订的家规、族规等；第三，在孔氏家族修谱时所订立的条规及行辈，它们是前两部分的补充性规定。对于这些规定，孔氏族人都不能触犯。[①] 在孔府所存的明清档案材料以及孔氏族谱中，可以见到许多孔氏家族内部制定的家法族规，并以此严格约束孔氏族人的言行，内容涉及社会生活诸方面。

(一)《祖训箴规》

山东曲阜是孔子的故乡，居住在曲阜的衍圣公即孔府的主人，是孔氏全族中的大宗主，清政府授衍圣公一品顶戴，并给予一系列特权。因此，在孔氏族人的心目中，衍圣公不仅是孔氏之正宗嫡传，也是官府的化身。由衍圣公直接控制的曲阜孔氏宗族与分布在全国各地的孔氏支族保持着紧密的主属关系。孔府为了加强对孔氏族人的管理，于明万历十一年（1853年）颁布了具有纲领性质的族规——《祖训箴规》[②]，它对全体孔氏族人具有总体的指导作用，要求各地族人严格遵守，各支族机构也负有义务保证它的实施。

《祖训箴规》，又称《原颁条例》，共有十条。其具体内容如下：

> 袭封衍圣公府为申明礼仪事。尝闻木之有本，本盛者木必茂，水之有源，源深者流必长，此皆理势之自然明著而易见者也。我祖宣圣，万世师表，德配天地，道冠古今，子孙蕃庶，难以悉举。故或执经而游学，或登科而筮仕，散处四方，所在不乏，各以祖训是式。今将先祖箴规昭告族人，合行给榜，开其条件，以彰有德，以示将来，不事繁文，共为遵守。须至榜者。
>
> 计开：
>
> 一、春秋祭祀，各随土宜。必丰必洁，必诚必敬。此报本追远之道，子孙所当知者。
>
> 一、谱牒之设，正所以联同支而亲一本。务宜父慈、子孝、兄友、弟恭，雍睦一堂，方不愧为圣裔。
>
> 一、崇儒重道，好礼尚德，孔门素为佩服。为子孙者，勿嗜利忘义，出入衙门，有亏先德。
>
> 一、孔氏子孙徙寓各府州县，朝廷追念圣裔，优免差徭，其正供国课，只凭族长催征。皇恩深为浩大。宜各踊跃输将，照限完纳，勿误有司奏销之期。
>
> 一、谱牒家规，正所以别外孔而亲一本。子孙勿得勾相誊换，以混来历宗枝。
>
> 一、婚姻嫁娶，理伦守重。子孙间有不幸再婚再嫁，必慎必戒。
>
> 一、子孙出仕者，凡遇民间词讼，所犯自有虚实，务从理断而哀矜勿喜，庶不愧为良吏。
>
> 一、圣裔设立族长，给与衣顶，原以总理圣谱，约束族人，务要克己秉公，庶足以为族望。
>
> 一、孔氏嗣孙，男不得为奴，女不得为婢。凡有职官员不可擅辱。如遇大事，申奏朝廷，小事仍请本家族长责究。

---

① 参考袁兆春：《孔氏家族的宗族法与法律特权》，载中国法律史学会主办：《法律史论集》第 2 卷，北京，法律出版社，1999。

② 参见《孔府档案》1114-1。

一、祖训宗规，朝夕教训子孙，务要读书明理，显亲扬名，勿得入于流俗，甘为人下。①

上述的孔氏宗族法通行各地。在它的十条内容中，有近一半的条目涉及身份问题，如第二条、第四条、第五条、第九条、第十条等。这说明孔氏宗族法非常重视大宗与小宗、真孔与伪孔的血缘身份问题。寓居外地孔氏族人自行制定的本支族规仍一再地严明冒宗之禁，一旦出现冒宗现象，各支族都会严肃处理。

同时，该《祖训箴规》之规定，也反映了之后将要论及的孔氏家族的系列特权，如优免差徭、有职官员不可擅辱孔氏嗣孙等事项。

（二）寓居外地的孔氏族人自订家规

流寓外地的孔氏族人也依据上述《祖训箴规》的精神及自己的具体情况，制定了于本支族内部有效的更具体的族规、家规、家训。他们所制定的家规内容更繁多，且细致入微，有的还有实施细则。但流寓外地孔氏族人所制定的家规，必须呈报曲阜衍圣公府，经其验印之后才具有约束族人的效力，实际上它们也代表了孔府对孔氏家族宗族法制度的维护。

为便于后文的分析总结，下面介绍孔氏支族五个典型家规的主要内容：

1.《福建邵武府建宁县巧洋孔氏族规十二条》

圣裔孔氏为申饬族规事。

一、作兴文学。

文举（学）为宗族首重，不可不加意作兴，故家课宜行也。族属哀赏生殖，创置田产，岁收租息，以供课费。课，清明、端午、中秋、冬至后期一日。届期，无论生、监、儒童，除五十以上、十三以下……散题不入数交文，每篇罚银一钱；面课无故不到，罚银三钱，并饬补文。罚银仍存供课。诸课评文，尊长、族正公举族之老宿司衡，酌给酬劳俸银。不公明，另举。供课田产，培植丰厚。每岁课费外，酌给子弟质美而父兄贫不能教者学俸，令其卒业。又考试酌给盘费，后有出仕，捐赏助课。

一、恪守祭事。

……年未十五、七十以上俱免。如陈设仪物不备不洁，罚银五钱。失礼，罚银一钱。主祭、司礼倍之。

一、培植祭产。

……如有侵吞挪移等弊，一经查出，除追还本项外，罚银三两……私收祭租，追还本租外，笞责三十；家颇殷实，倍责，出罚银三两，免。

一、护理祠墓。

……祠上堆塞薪秆农具及一切凶秽之物，墓间纵放牛马践踏，俱罚银三钱……违禁盗砍，追赃外，每树一株笞责二十，有身家者，罚银一两；隐占附近祠墓基地，查出还基外，罚如盗砍；盗葬祖山，责令房长拘出，笞责三十，即押起迁外，宰猪

---

① 《孔府档案》1114—1。另有部分孔氏支谱中写有 11 条或 12 条，但内容基本相同。例如《孔府档案》0067 卷记载的《孔氏族规》就有 11 条。

奠冢。

一、酌定优奖。

赏贲行而言善人多，恤典明而风俗厚。故优将不可不定也。各祭颁胙，有敬老、尊贤、旌德、报功。敬老，六十除俵丁外，加一分。七十倍六十。八十加大胙一分，大胙三觔。九十倍八十，百岁大胙三分。尊贤，儒童及掾、曹、考职视六十，庠监视七十，贡生加七十一分。举人视八十，加三之一。进士视九十，鼎甲视百岁。登仕，无论何项出身，于前胙外，六品以下加大胙一分，三品以下加六品以下三之二，一品、二品倍六品以下，而强三之一。旌德，孝子、节妇视举人。乡贤、名宦、祔主、配享视进士，永给其子孙。报功、造祠、修谱、东助俱视举人，亦永给。教子入泮视六十，以后视子所得。父不在，实出慈训，给母花红，赏贺银。文庠三两，武庠二两，监生视武庠，拔贡岁贡五两。捐贡视文庠，文举八两外，过京盘费八两。武举六两外，过京盘费六两。进士文三十，武二十。鼎甲文五十，武四十。出仕倍还。吏员截选视文庠，出仕亦还。非截选，不给。孝子、节妇挂匾视拔贡，建坊倍之。

一、惩治不率。

宗族循良者固多，而不率者亦不少。书曰："戒之用威，惩治之宜立也"。忤逆父母，凌辱尊长及纵容妻妾辱骂祖父母、父母，一经闻族，开祠笞责三十。甚，革胙除派，至大反常，处死，不必禀呈，致累官长。大盗，亦家法处死。奸淫，笞责三十，革胙除派。小窃及拐骗，初犯笞责三十，停胙，改过自新，胙复；再犯笞责五十，革胙除派，逐出境外；三犯，处死。窃蔬菜薪木鸡犬小物，罚银三钱修祠，屡犯笞责革胙。纵容妻妾奴婢辱骂有服尊长，罚银一两，赔礼。身充衙门服贱役，习俳优，俱停胙。改正业，胙复。侵占公墓，私收祭租，除追还本项外，罚银三两，负固，笞责三十，革胙除派。以上尊长绅士犯，加等。

一、禁止词讼。

……通族公举长而贤者一人，立为族正，而以房长绅士佐之。族遇争角，登祠鸣鼓。族正暨房长绅士人等毕至，是非曲直立即秉公处分。处分不公，方许鸣官。房长绅士如不能处分，罚停一祭小胙一分。族正罚胙外，记过一次，至三次易之。如事未经族正等理论，擅行控告，著令房长拘出，以不遵家规，笞责三十，事听官断。

一、严防乱宗。

……渎姓乱宗，每由于抚养义子。而抚养义子，由不立继。以后凡无嗣者，立继大典，务宜及身举行，无得听用妇言，抚养螟蛉，违者，押令立继，螟蛉送还本父外，罚银三两供祭……嗣后虽各房私祭，容养子入胙者，罚银三两供祭。饬令止胙，请义子登祠同与割，酌罚银五钱。

一、督率急公。

收租完课，事属分内……粮钱务要足纹足戥，及时送至柜前交兑，如有延捱拖欠，致累承催，族正著令该房房长拘出祠上，笞责，即押清完。殷实之家押完外，每次银一两罚三钱。

一、屏绝邪教。

吾族为圣人之裔，理宜崇尚正学，遵守常道，一切邪教务屏绝也……丧事发引……

俱不得延僧道。违者,计事之大小,罚银供祭,三钱至三两为率。家长纵容妇女朝谒神庙,罚银五钱。又如延请堪舆,营谋风水,停搁亲丧,岁久不葬,亦在信从邪教之例,罚银二两。家贫不能及时安厝,不在此例。

一、节制财用。

天地生财有数,耗之则竭。易曰,节以制度。盖谨用也。戏动伤财,一切装演赛会之属,无名之醮,概行禁止。违者,罚银三两供祭。即婚、丧二礼,亦称家有无。俱不得以俗尚概之。

慎藏谱籍。

……有污蔑损坏罚银三钱,仍存本祠生殖修谱。如遇大故遗失毁灭,亟须报明。不即报明,查验之日无交,罚照原式修补。倘有不肖之徒,伪刻私鬻,一经察觉,通众责罚,并饬本支革胙除派……①

2.《湖北枝江县孔氏族规》凡例十则

其具体规定如下:

一、继光公著族约十条、符(附)录二条。首重端表率,次明尊卑,三敦孝弟,四劝和睦,五任贤能,六别宗支,七谨婚嫁,八息争讼,九订期会,十宏栽培。所谓约者,约束合族之人也。至于附录礼节、经费二条,更为礼法兼备。如族众举动,有碍条约,难逃家法处治。族众行止,遵守条约,则可谓家庭孝子,即可谓斯世完人。

一、祖堂香灯,归值年经管置办,着照守人逐日供奉……

一、每岁祭祀,已于族约订期会条中详明……

一、岁修责成值年经管……

一、管理钱谷,掌放生息。实本若干,生息若干,动用若干,出进以账为凭。现议总经管一人,副经管二人。账立两本,尽归副经管同写。祠内存留一本,总经管执掌一本。每年清明节开贴毕单,通晓合族。如有亏吞,按照两账查实,罚十倍充公。倘借祖狃骗钱谷,本利不清,听族长、户首邀同族众照账公讨追还,不得徒累经管。该经管亦不得推卸其责……公山太窄,照碑禁葬,永远为例。新老印契,交值年总经管执事……

一、族中有犯伦常要件,必须投同本房户首,带同确证亲赴祠堂。问明从何干犯实事,着户首带同传呼人,即将胆大干犯之一,传到祠堂。大者公同处以家法,小者公通劝令和睦。犹敢任意违犯,不遵家教,公同禀送官究……

一、远宗近祖及乏嗣等坟,目前纵知根源,将来从何认的。嗣议,各房即将各坟培整竖立碑据……

一、无论贫富,读书进学补廪者,奖赏花红钱拾串文。拔贡、中举、会点者,花红加一倍。各房馈送在外。膏火虽微,实为鼓励人才。

一、族中鳏寡孤独残废无依之人,着赴祠堂,谕于每年底,给米一斗,油盐肉钱二

---

① 《孔府档案》1115—5。

百文。或亡于家中，死于道路，问明查实，并无别故，着给尸板一幅，山纸一块，安葬孔姓附近山内，随立小碑为据，归公出钱。如有藉死诈害，照诈害罚钱十倍。超度死者，再议。生男育女，无论贫富，永不准淹逼。富者故蹈恶习，拿入祠堂，从重惩治。照贫者所领衣米钱文，罚十倍充公。贫者无力抚养，酌给月米一斗五升，小絮祆一件，毛衫一件，油糖肉钱二百文。如敢违意淹逼，拿入祠堂，加倍重惩，议罚跪守香灯一月。即万难抚养，满月后，过继别人。

一、宗谱落成，发掌各户……弊杜遗失，以免亵渎……务令各房子弟随书熟读，识洪规以明大矩。嗣议，每年清明节，将所领宗谱一合十二本，捧至宗祠，敬呈族长、户首，恭对圣祖位前验明，当即发还。如有漏湿毁坏，着跪宗祠，自雇雕匠，照旧还原，方准负谱归家……①

3. 江苏《丹阳孔氏（明）天启族谱家规纪》

该家规在详细规定了崇孝道、睦友于、秩尊卑、训子孙、勤农桑、戒争讼、安生理、毋赌博等八项家规纪之后，又制定了十五条细则。细则的具体内容如下：

计开：

一、生男喜银五分，生女三分。
一、娶媳喜银五分。
一、起屋每间三分，买田每亩三分。
一、牛生一犊，出银三分。
一、犯窃盗事者，送官究治。
一、犯奸淫事者，送官究治。
一、卑幼犯尊长者，罚银二钱，重责二十；以大欺小者，罚一钱。
一、妇人撒泼干犯长辈者，罚银一钱，责夫十板。
一、偷盗菜薪鸡犬者，罚银一钱。
一、偷盗衣服五谷者，罚银五钱。
一、偷损坟茔树木者，罚银一两，草皮一钱。
一、窝藏盗物之家，罚银三钱。
一、男女混杂、嬉笑、隙窥者，罚银五钱，责十板；其妇人责其夫。
一、凡赌博者，罚银一两。
一、……②

4. 《江西临川孔氏支谱家规条例》

其中，具体列有以下二十个条目：

尊族长……
立房长……
立纲首……

① 《孔府档案》1123—1。
② 《孔府档案》1055。

首孝悌……

重节义……

励读书……

崇学校科第……

贵教子……

义同居……

正婚姻……

诛不孝。不孝之罪，游情、博弈、好酒、私爱妻子、货财，与好勇斗狠纵欲，皆不孝之大。一经父母喊出，族长察出，重责，革饼。犯忤逆，处死。得罪族长、叔伯、兄长，重责三十，罚谷一担；再犯革出。

除淫乱……妇与人私，断令改嫁；其夫不嫁，革饼逐出，生子不得名登团拜……男子乱伦，两命皆死，无轻恕之条。

戒赌博……犯者重责三十，罚谷两担；再犯，革饼。改过许复。

究窃盗……初犯窃盗，重责八十，革出，永不许复入；再犯，加罪；三犯，淹死。犯大盗，即淹死。本房亲属疪护，一并革饼。三年方许复入。

禁僧尼、道师、学戏、隶卒之类……有充衙门皂卒及学戏营生，削名不许入宗庙。男子僧道，妇人尼姑，俱削名除退。

禁妇女不许朝神拜庙。私犯者，访出，罚布一匹。其夫不能训内，罚谷一石。不遵，除饼……若再牵少妇闺女宿庵住庙，大伤风化，一并革除。

禁负养螟蛉……

禁构讼……即有不平，当先鸣众公论。公论不服，然后控告府县，众助攻之。若不先鸣族长，便行告状，是为欺族好讼，众共攻之，重责三十，罚谷二石。不遵，革除。

禁穿构衙蠹……

禁拖欠钱粮……①

5.《衢州孔氏家规》

元世祖统一全国后，于正德年间专门敕令官订了孔氏南宗——衢州孔氏家规，张挂于衢州孔氏家庙，晓谕特别强调"衢州一派子孙……永遵制典，恪守祖风。有违者以不忠不孝论，置之重典，永不叙录。法令昭明，人无异议"。这部官订的家规计有七条，即遵制典、端教源、示劝惩、防冒姓、严诡寄、守祀田、责报本等。其中规定了如下的内容：

敢有子孙奸顽不守家规，结交恶党……赌钱饮酒……轻则以从博士家规教戒，重则移明官府，律法断问，削除家谱姓名，生不许沾朝廷恩惠、免差入庙，死不许归葬圣公坟墓；不许收留外姓之人，若有故违者……治以重罪……知而不举者，一体连坐；如有诡寄田粮，许子孙自相觉举，邻里首告，追究作弊之人依律治罪。其田入庙祭祀，不许

---

① 《孔府档案》1099—1。

复还民家。①

（三）孔氏族人修家谱时所订条规及行辈

孔氏家族除了上述的族训家规之外，还有在历次修订孔氏家谱时所订立的条规及确立的行辈。这部分内容相当森严，违者除籍。

孔氏家族的家谱，在我国历史上是延续时间最长、包罗内容最为丰富的族谱，堪称全球

---

① 《孔府档案》0736—18。原文节选：

"今修家规七款，伏乞圣恩敕命礼部，斟酌定制，行令布政司颁降榜文，张挂于孔氏家庙，常川晓谕，使其子孙绳绳遵守，毋得妄行，永为规戒，则先师孔子之道，倡行于家族，统布于四海，垂及万世，自我圣天子龙飞九五之日为始矣。如此则天下幸甚。斯文幸甚。缘系修陈家规以彰圣教事理，未敢擅便，为此开坐具本，亲赍谨具奏闻，伏候敕旨。

计开：

一、遵制典。臣切照衢州一派子孙，自宋衍圣公孔洙让爵与阙里子孙孔治承袭公爵，元世祖深加奖谕。自我太祖高皇帝继元以来，列圣相承，尊崇旧制。在衢子孙看其庙墓，优免杂项差徭。曲阜子孙嘉其守护先茔有功于祖，照旧袭封，千载不易。即今百余年未闻有觊觎争竞之人。窃恐后世两派子孙互相嫌隙，妄起争端，不惟有违圣朝制度盛典。又恐背忘伊祖德让之风，合无严立规戒，行令在衢子孙永遵制典，恪守祖风。有违者以不忠不孝论，置之重典，永不叙录。法令昭明，人无异议。

一、端教源。臣添授世袭博士，无非欲其统领流寓家庙子孙。主典为博士者，必须修明圣教，身先督率，躬行实践，庶不有负朝庭褒崇圣裔之盛典。博士若倚官威欺凌尊长，败伦伤化，本家如有一切不公不法之事，许子孙具告。浙江巡按监察御史径自提问发落。如此则教源可端，而圣化行矣。

一、示劝惩。臣以厚彝伦，以彰圣德。臣切恐子孙众多，贤愚不一，必须严立劝惩，庶免有玷圣祖。合无立塾于庙左右，平昔有学之人，以礼敦聘充为教读，将年幼子孙旦暮训诲，习读经书，讲明义理。中间有入府县学者，照旧选入，考有成校，收补廪增，照例科贡，以明录用。其有善者，以礼待之，恶者，以法治之。敢有子孙奸顽不守家规，结交恶党，三五成群，赌钱饮酒，为非为恶，生事害人，行凶杀泼，倚强欺弱，教唆词讼，败伦伤化，不公不法，轻则以从博士家规教戒，重则移明官府，律法断问，削除家谱姓名，生不许沾朝廷恩惠，免差入庙，死不许归葬圣公坟墓，以辱先祖。如此则礼义兴而风俗厚，教化明而贤才出矣。

一、防冒姓。臣切惟孔氏相传，历世悠深，子孙繁衍，傍正混杂，恐有异姓冒归孔氏，紊乱先圣宗派，希图隐避差徭，合当严谨，随时查考。将孔氏今后生有子孙，令其每月开报到县申府立案。候遇大造黄册之年，再行查勘明白，依数登籍。不许收留外姓之人，妄拔宗枝，以乱圣派，隐避差徭。若有故违者，许本族邻里首告。就将妄收冒籍之人，治以重罪，明证归宗。知而不举者，一体连坐。庶冒姓隐差之弊可革，而游惰之民自可无矣。

一、严诡寄。臣功照孔氏叨蒙历朝恩例，优免差徭，天长地久，盖尊师重道，崇德报功，故推恩及其子孙。恐有异姓人等，因见孔氏各户田粮得免差徭，故将他人田产，冒作孔氏已业，朦胧收册，隐避差徭。合无严立防范，将孔氏各户，自弘治十五年大造黄册已后买卖田地，随时明告到官，总候造册之年，查对的实，明白推收。如有诡寄田粮，许子孙自相觉举，邻里首告，追究作弊之人依律治罪。其田入庙祭祀，不许复还民家，杜绝异姓隐差之弊。

一、守祀田。臣查得宋朝钦赐孔氏祭田五顷，相传奉祀，其田远近不一，恐后世俗变更，人心懈怠，未免产业移易，有失祭祀。合无官置簿籍四本，写立坐都土名四至，画图丘段，承佃户人姓名在上，将二本存入府县，其二本给付孔氏族长与世袭博士收存，永为执照。严禁子孙庶免盗卖。如有买者、卖者，许子孙并佃人随时首告，当就追究前产，仍供祭祀，价钱入官，违犯子孙不许祭祀，送官重治。其岁收祀田祖，另立一义仓于庙傍，责令族长、博士公同收贮，除每岁祭祀并修庙之外，若有多余籽粒，周济本族贫难无倚子孙，庶免移流失所，年终开数到官查考，不许侵匿浪费，通同混克。

一、责报本。臣照得先圣流裔传分两派，南北相隔路涉千程，若不定规谒会，恐后日渐废离，宗谱因而迷失，何以昭报祖德。合无今后令其南渡孔氏子孙，每十年一赴阙里，谒拜圣祖家庙、祭扫山林，以展木本水源时思之敬。就令会同南北宗谱，开保历代子孙名讳，居曲阜县者书引于前，居衢州府者书引于后，庶俾流裔清白，不致泮涣分离，且以见我国家一统，文明之化普及南北，而褒崇之恩无遐迩矣。

正德元年正月二十四日，中宪大夫衢州府知府沈杰奏。奉圣旨，该部知道。钦此，钦遵。

宣圣五十九代孙世袭翰林院五经博士孔绳谨识。"

私人家谱之冠。宋之前的家谱只收直系长子长孙，北宋开始合族修谱①，支庶兼采，历经元、明、清和民国，沿修不辍。

关于入谱的条件，历代修谱时规定的皆非常严格。特别是在明天启二年（1622 年）修谱时，明确作出了"义子不能入谱，违者重究"的规定。② 清康熙时修谱时，规定更加详细，凡不孝、不悌、干名犯义、僧道、邪巫、优卒、贱役等，因"辱族玷宗，丧名败节"，"皆不准入谱"③。乾隆甲子修谱时，又提出"以义子承祧者、以赘婿奉祀者、再醮带来之子承祀者、流入僧道者、干犯名义者、流入下贱者"皆不许入谱。④ 民国修谱时所订之条规，则综合了上述各有关规定，无多大实质性的改变。⑤

自孔子起两千余年来，孔子后裔族属繁衍日益增多，遍及全国各地。为使其族属代代不乱、长幼有序、老少尊卑各有条理，必须有一套科学的管理方法，即有严格的规范条例。为此，孔氏家族建立了全族统一的姓氏行辈制度。⑥

孔氏族人的名字从第 45 代起，已注意显示行辈。但在第 56 代之前，孔氏族人的行辈并不很严格，同代人多采用同一偏旁或同一字作行辈。自第 56 代开始（约在金代），除个别情况外，每一代都编有一个固定的字表示辈分。

据 1937 年孔德成主持修成的《孔子世家谱》载：在孔德成修谱之前，孔氏行辈已编列到了第 105 代，它们是：

明初，朱元璋先后钦赐给孔氏十个字十辈，即"希言公彦承，宏闻贞尚胤"（孔子第 65 代孙衍圣公孔胤植为避清世宗胤禛名讳，改为"衍"字），自第 56 代往下排行辈。

---

① 谱牒也称家谱、族谱、通谱，是综述一姓一族的起源、繁衍、迁徙及分布状况的史料记载。我国自三代（夏、商、周）就有编修谱牒之举。先秦之前，谱牒与历史记载混合在一起，通常由部族的精神领袖巫师编修，称为"巫史"；秦汉之后，谱牒（或族谱）从史料中独立出来，民间修谱之风渐盛，从形式到内容日臻完善。族谱一方面对加强家族内部的凝聚力起着重大作用，另一方面也与史学志书相对应，为史书提供有力的补充、印证，甚至更正。因此可以说，一部完整的谱牒，就是一个小宗法社会的百科全书。

孔氏宗族的族谱，是中国历史上延续时间最长、包罗内容最丰富、谱系最完整的族谱。孔子家谱以其九千多页的页数、共八十余代族人的记录以及横跨两千五百多年的历史，堪称世界上最长、保存最完整、时间最久远、影响最大的家谱。

据悉，孔子的族人传承 2550 年至今，已繁衍有 82 代，被称为"天下第一家"的孔氏后人目前在全世界大概有三百多万。宋代以前孔氏宗族即有谱牒，靠抄写传世。北宋元丰八年（1085 年），官居朝议大夫的孔子第 46 代孙孔宗翰深感个别手抄本数量少，又易于散失，而且每代仅录承袭一人，使家族中许多贤达之士不得书之于谱，又未能载入史册，日久年深，即湮没无闻，于是创修孔氏族谱，并刊装成帙，分藏于本族。这是孔氏宗族的第一部正式族谱。创修孔氏族谱此后的四百余年间，续修族谱之事虽不乏其人，但多未刊刻，难以传世。至元代，曾将族谱刻在碑上，置孔庙崇圣祠院内（该碑至今仍保存在该院内，但时间的印记严重，字迹已经模糊不清）。

明弘治二年（1489 年），孔子第 61 代孙孔弘又重修族谱，规定孔氏宗谱："六十年一大修，三十年一小修。大修以甲子为期，小修以甲午为期。"此后，明天启二年（1622 年）、清顺治十年（1653 年）、康熙二十一年（1682 年）、乾隆九年（1744 年）、嘉庆十年（1805 年）、民国二十六年（1937 年），相继大修或小修孔氏家谱。与此同时，孔氏宗族各支派也纂修了各支派的谱牒。

② 参见孔宏颙主修：《孔氏族谱》序。

③ 孔尚任主修：《孔子世家谱》。

④ 参见《孔府档案》0789－3。此项内容当时实贴作坊。孔继汾主修：《孔子世家谱》。

⑤ 参见孔德成主修：《孔子世家谱》。

⑥ 此行辈制度，亦通行于孟氏、颜氏、曾氏家族。当然，伪孔也不例外地实行。

明崇祯二年（1629 年）衍圣公孔胤植奏请皇帝恩准，又立了新的行辈十字："兴毓传继广，昭实庆繁祥"。

清代晚期，崇祯年间所赐的行辈十字已经用完，孔子第 75 代孙衍圣公孔祥珂，于清同治二年（1863 年）又奏请皇帝恩准，新赐行辈十字："令德维垂佑，钦绍念显扬"，颁布全国，晓谕孔氏族人严格执行。

民国初年，为了便于各地孔氏族人编修族谱，孔子第 76 代孙衍圣公孔令贻于民国七年（1918 年）续立新的行辈 20 字，咨请内务部核准备案，于民国八年（1919 年）公布全国，即"建道敦安定，懋修肇彝常，裕文焕景瑞，永赐世绪昌"。

以上经明、清、民国统治者确立的共计 50 字 50 辈。这样一来，孔氏族人就不能随意取名，必须严格遵照皇帝赐给的行辈取名，孔府借助政权达到了进行族权统治的目的。位于曲阜孔庙的诗礼堂，贴有一张乾隆九年（1744 年）二月二十七日告示，称："立行辈所以分尊卑，定表字所以别长幼……今依所定吉字开列于后，凡我族人俱当遵照后开行辈，取名训字有不钦依世次随意妄呼者，不准入谱。"[①] 由此可见订立行辈之目的。

二、国家法

主要指与孔氏家族各种管理事务有关的、具有法律规范性质的诸类文件。

孔氏宗族法与中国近代社会国家法律相比较，二者都是为了维护统治阶级利益，稳定当时的中国近代社会关系和社会秩序，特别是在国家法律维持地方秩序与孔氏宗族法维持宗族秩序方面更是一致的。因此，国家法律的某些内容就成为孔氏宗族法的直接渊源，并被部分采纳，如"以义子承祧"、"子孙违反教令"、"不孝"、"干犯名义"、"不敬"、"盗窃"、"赌博"、"延课"等罪名的设置。

第三节
孔府司法的主体与客体

一、孔府司法的主体

关于孔府司法的主体，涉及国家司法机关、孔府及其代表衍圣公、孔氏族长（孔府衙

---

① 《孔府档案》0737－3，0789－3 载：

"袭封衍圣公府为晓谕事。照得立行辈所以分尊卑，定表字所以别长幼。我族近年以来，人满数万余丁，居连百里，耳不能启蒙闻，目不能遍识。若无行辈，则昭穆皆紊，无表字则称谓不伦。在前已经举旨更定。今依后定吉字，挨行辈取名训字。凡不循世次随意妄呼者，概不准入谱。今将旧定吉字开列于后，以便遵依。

前定十字：

希（士）言（伯）公（文）彦（朝）承（永）宏（以）闻（知）贞（用）尚（之）衍（懋）

后定十字：

兴（起）毓（钟）传（振）继（体）广（京）昭（显）宪（法）庆（泽）繁（羽）祥（瑞）

乾隆九年二月十七日示

贴诗礼堂"

门)、东西房、保甲组织、户头、户举等。

(一) 衍圣公

唐代以前，孔子嫡长子孙即大宗户多住在阙里故宅，又称"袭封宅"或"袭封廨署"[①]。随历代帝王对孔氏后裔赐封的不断升高，孔府的建筑规模也不断扩大。宋仁宗景佑五年（1038 年），始建阙里孔宅，以后历代有所扩大；至和二年（1055 年）三月，仁宗改"封孔子后为衍圣公"[②] 后，始称"衍圣公府"。

随着孔氏子孙的繁衍，为便于管理，孔氏家族在其家族内部逐步建立起整套组织系统：先是分为"五位"，即孔氏家族传至第 46 代时已有六支，但长支孔圣佑绝嗣，只有五支下传。他们各有职衔，由长及次为：袭封衍圣公，称袭封位；位居中散大夫，称中散位；位居刑部侍郎，称侍郎位；位居太子中舍，称中舍位；位居国子监博士，称博士位。后人即依职衔称作"五位"。到了第 52 代时，再细分为"二十派"。明清时发展到高峰，第 55 代继分为六十支，后称"六十户"。孔氏族人绝大部分居住在山东曲阜及全国各地，还有部分居住在其他国家和地区。上述六十户中的第一户为"大宗户"，即衍圣公府，一般称作孔府。它是孔氏嫡长子孙，又世袭公爵，在孔氏家族中是大宗，其余则为小宗。大宗户与小宗户的关系是一种统治和被统治的关系，可以说衍圣公就是整个孔氏家族的最高统治者。

现有资料表明，从明代武宗正德元年（1506 年）起，统治者就对衍圣公一再"加赐玺书，令约束族人"，并授予按家法整治族人的权力。[③] 明世宗嘉靖四十一年（1562 年），世宗特赐衍圣公孔尚贤敕谕："令尔尚贤督率族长、举事，管束族众，俾使遵守礼法，以称朝廷嘉念至意……如有恃强挟长、朋谋为非、不守家法者，听尔同族长查照家范发落。重者指名具奏，依法治罪。"[④]

至清代，清世祖于顺治六年（1649 年）"敕谕"衍圣公孔兴燮："尔其统摄宗姓，督率训励，申饬教规，使各凛守礼度，无玷圣门。如有轻犯国典，不守家规，恃强越分，朋比为非，轻者迳自查处，重则据实指名参奏，依律正罪。"[⑤] 此谕旨被刻制成一块横匾，悬挂在衍圣公府（孔府）大堂正中，后代称之为"统摄宗姓"匾。

在孔府衍圣公之下，又设有三堂、六厅[⑥]，作为家族具体的管理机构：

---

① （金）孔元措辑：《孔氏祖庭广记》。(明）陈镐撰，(明）孔胤植等增补：《阙里志·杨奂东游记》卷十八。

② 《宋史·本纪十二·仁宗四》卷十二。《曲阜县志》卷二十五。

③ 参见《曲阜县志·通编》卷二十九。

④ 《曲阜县志·通编》卷二十九。

⑤ 乾隆八年（1743 年）亦"敕谕"孔昭焕："国家化治远迩，丕兴文治……今纲纪整肃，教化广敷。尔其统率宗姓，朝夕训励，申饬教规，讲肄经学。如有不守规戒，恃强越分，朋比为非，干犯法度者，轻者送地方官查处，重则据实指名参奏，依律正罪。"（《孔府档案》0069）

⑥ 孔府占地约 240 亩，分三路九进院落，有明清两代的厅、堂、楼、房建筑 463 间，另有一些门坊、花园等，整个布局与北京故宫相似，可称得上是中国最大、最豪华的贵族府第，也是我国近代社会中典型的官府与住宅合一的贵族庄园。

孔府西路即"西学"，是衍圣公接待贵客、学礼、读书的地方；东路即"东学"，有孔府家庙等建筑。中路是孔府的主体建筑，分前、后两大部分，前部为官衙，按一品公爵处理公务，设有三堂六厅：大堂、二堂、三堂、管勾厅、百户厅、典籍厅、司乐厅、知印厅、掌书厅；后部为衍圣公的内宅。本文主要分析位于孔府中路的官衙。

1. 三堂

孔府大堂，亦称正厅或正堂，是衍圣公宣读圣旨、迎接皇帝、接见官员、申饬家法族规、审理重大案件以及节日、寿辰时举行仪式之地。大堂正中上方悬挂"统摄宗姓"匾；堂的中央有一彩绘福、流云、八宝的暖阁，内置一披虎皮的太师椅及一张高大的红漆公案，案上摆有文房四宝、印玺、令旗、令箭、红签、绿签、惊堂木等，堂内两侧及后部陈列有正一品爵位的仪仗及象征封爵和特权的官衔牌，俗称"十八块云牌鸾驾"，如"袭封衍圣公"、"清授光禄大夫"、"紫禁城骑马"、"钦命稽查山东全省学务"等。

二堂在大堂之后，也称后厅，这是衍圣公会见四品以上官员和受皇帝委托每年为朝廷考试礼学、乐学童生的地方。二堂两侧有梢间：东间为启事厅，置四品启事官一员、六品启事四员，负责收发文件，内禀外传；西间为伴官厅，设正七品随朝伴官六员，是衍圣公赴京时的随从人员。

三堂在二堂之后，又称退厅，是衍圣公接见七品以上、四品以下官员之地，也是衍圣公的私立公堂，在此处理家族纠纷与刑讯奴仆。堂内设有公案，置有文房四宝、令箭、竹签、惊堂木等。三堂东内间是接待一般客人的地方，西内间为书写官撰写奏章的地方，设有七品书写官一员。

三堂院内有东西配房各五间，东配房称"司房"，掌管孔府的地亩契约、总务和财务；西配房称"西房"，为孔府文书处，是孔府的文书档案室。

以上三堂均为官衙，辅助这些官衙工作的机构就是后述的六厅。

2. 六厅

孔府内的六厅是衍圣公府的具体办事机构，位于大堂前的东西两侧厢房。东厢房北起依次为知印厅、典籍厅、管勾厅；西厢房北起依次为掌书厅、司乐厅、百户厅。这六厅是明清政府为孔府设立的一套完备的组织管理机构，以帮助衍圣公维持家族统治，实际上也就是维持中国近代社会王朝的统治秩序。六厅的设置，是仿照皇宫的六部在历史上陆续建立起来的，到明代已经完备，清代则已完全固定下来。六厅之中，百户、管勾、典籍、司乐四厅，简称兵、农、礼、乐四司，是孔府统治管理的核心，为孔府统治庙户、佃户、乐舞生和礼生的重要机构。六厅均有其职官和丁役，他们有明确的职责范围和严格的划分。六厅的设置使孔府不仅是一个贵族府第，而且也是一个统治着一定数量土地和人民的具体而微的政权。

（1）百户厅

百户厅又称"钦设林庙守卫司百户"，设有"林庙守卫百户"，又称百户衙门，有四品百户官1员，简称百户。百户之下设有属员：房师（亦称"师爷"）1人、随员（亦称"随从秘书"）1人、文书1人、健丁（亦称"四路老总"）四人。论职责，百户厅属于司兵的机构。其具体职掌是：约束巡防，护卫孔林、孔庙，征收丁银，办理祀典，刊发告示，摊派差役，管束户丁，编审林庙户的户籍等。[1]

乾隆十五年（1750年），孔府的《至圣庙衍圣公府属额缺册》载："守卫林庙百户一员，秩比卫守备。掌林庙之户籍，供其洒扫户役之事，主守礼器，祭祀则司涤濯，掌牺牲之宰割。在汉魏即百卒史之职也。汉桓帝元嘉三年，鲁相乙瑛尝以孔子庙有礼器，无人掌领，请

---

[1]　参见《孔府档案》3884—3。

置百石卒史一人掌之。后世以其管辖洒扫百户，其官遂为百户，又以职司巡徼有武备焉，合典籍、司乐、管勾等三员，为兵、农、礼、乐四司，始用孔氏后，以生员。明孝宗弘治间，始以洒扫户才德兼优者充之，止由衍圣公委用，不由部诠注。国朝康熙二十三年，六十七代衍圣公奏准与司乐、典籍、管勾等官，一体咨部题授给札，食卫守备俸。"① 该资料具体叙述了百户的由来。百户最初由孔姓族人担任，后来改为生员。明弘治年间又从洒扫庙户中挑选"才德兼优者"充当，于是百户的地位大为降低，而且不得与典籍、司乐、管勾等其他属官并列。衍圣公孔毓圻以"礼乐兵农未全，诚为缺典"为由奏请朝廷，依管勾、典籍、司乐等例改由"咨部补授"后，百户的地位才又得到提高。

关于百户的编制和装备，在《百户职掌仪注》中有明确的规定：百户授四品顶戴、补服、系刀，使用伞、锣、兽刀、棍、锁、蓝旗等军牢仪仗，其属员为从庙户中挑选出的 80 名健丁，分为两班供其差遣。② 1913 年，孔府正式成立了由 30 人编制的奉卫队，这是一支专门守护孔林、孔庙和看守孔宅的统一武装，守卫百户也就被奉卫队所取代。③

民国二十四年（1935 年），衍圣公府改为奉祀官府后，百户衙门又改为"至圣林庙礼仪供应处"，百户官的大印也换成"至圣林庙礼仪供应处"的大印，直到 1948 年 6 月曲阜解放而彻底告别其历史舞台。

（2）管勾厅

《阙里文献考》载：管勾厅"掌祀田钱谷之出入，祭祀则供其牲牷粢盛，治膳馐醴醢之属"④。也就是掌管孔府祀田的租粮、租银和集税的征收，筹办祭品，还兼管派遣健丁押解运送租银车辆等事宜。屯田管勾官最早设立于元仁宗延佑四年（1317 年），当时是"掌领礼乐"的官员，禄秩视国子监；到了明代，管勾官的职权、品级发生了根本性的变化，从"掌领礼乐"的官员变为屯田管勾，专司钱粮，统辖佃户，升为正六品。

关于管勾的权限范围，乾隆年间孔府在其《咨覆臬司拟议管勾与地方分理屯户讼案职责划分事》中，作过较为详细的说明：

一、屯户内有犯人命、盗案、奸拐、匪窃一切重大案件及斗殴有伤者，皆归地方官办理，管勾不得干预。

一、屯户词讼有牵连民人者，统归地方官查讯，管勾不得擅自审理。

一、屯户有财博、土娼、打架、酗酒、烧锅、私囤、及钱债口角诸细事，罪犯在枷责以上者，仍解送地方官完结。若罪止枷责以下，应令管勾稽查审拟，详候本府批夺。

一、屯户内首报欺隐祀田，应令管勾据实查勘具详，如有干涉民人者，仍移会地方官查办。

一、屯户内佃种地土或因界址不清，或因盗卖盗买，应令管勾稽查，详报本府核夺。

一、有民人佃种祭田者，名为寄庄户，此等实系百姓，一切案犯自应全归有司管

---

① 《孔府档案》1641−8。(清) 孔继汾撰：《阙里文献考·世爵职官第四》卷十八。

② 参见《孔府档案》2433−2。

③ 参见孔德懋：《孔府内宅轶事》，8～9 页，天津，天津人民出版社，1982。

④ (清) 孔继汾撰：《阙里文献考·世爵职官第四》卷十八。

理。但现在佃种祀田，凡有抗粮欺隐及事涉土田者，应令管勾查办，详请本府核夺。

一、屯户虽属管勾统辖，一切呈词不得擅自收受，非经本府批令查审者，一概不许管理。①

由此可知：管勾厅是孔府最高的财政机构，又是孔府最高的司法机构，管理租税所自出的土田和佃户，在佃户中编造保甲、审查佃户之间罪在枷责以下的民事案件等等。

管勾厅有一套自成体系的佃户管理系统。在管勾官之下，按照祭田区域设置八品屯官8名，后又增加到9名。该9名屯官分理各屯事务，协助管勾官进行管理。管勾官与屯官皆由孔府在生贡士绅中拣选，然后行文吏部，"奏请给札赴任"。在屯官之下，又依次设有总甲（甲首）和小甲等一般属员。在孔府的四厂中并无屯官，皆由孔府派人直接管理，称为管事或管厂，其下亦设有小甲或庄头。②

由于管勾厅是直接管理佃户的机构，所以在表面上，孔府大堂东侧有一处高悬管勾厅的牌子。但是，真正的管勾衙门并不在此，而是设在孔府祀田最多、佃户聚居最集中的山东省巨野县，管勾衙门内由房师1人、徒弟2人、随从职员1人、健丁6人等组成，公堂上铡、枷、板、杖等刑具样样俱全，并规定佃户与佃户间或佃户与民人间的纠纷案件，必须首先经由管勾衙门审理，然后才能移送到县衙处理。

（3）典籍厅

典籍厅又名"奎文阁典籍"，是孔府专管典章制度，保存历代帝王钦赐文书典籍、管理和训练礼生的机构。

据孔府档案记载："奎文阁典籍一员，正七品。掌奎文阁书籍及礼生。元武帝至大二年（1309年），五十四代衍圣公思晦，以赐书甚多，请照国子监例，设典籍一员，经中书省议准。"③

孔府为了进行祭孔活动，特设司礼生徒（通称"礼生"），典籍官兼司组织人员教授礼生，参照古例演习礼仪。典籍厅的实际权力虽不如百户厅、管勾厅，但它掌管祀典制度，是孔府的神职机构，如有典籍官缺，即由衍圣公咨吏部补选。

（4）司乐厅

"司乐一员，正七品。掌乐章乐器而教肄乐生。元仁宗延佑六年（1319年）五十四代衍圣公思晦请置之。历明迄清。"④

司乐厅主管祭祀孔子的乐章、舞蹈（八佾舞），保存乐器、舞具，培训乐生、舞生等事宜。孔府为了保证每次的祭孔乐舞活动顺利进行，在曲阜设置了"古乐传习所"，由司乐官组织、管理所内生员演习古乐与八佾舞等事宜。由于它作为神职机构掌管祭祀时的音乐舞蹈，因而得到孔府的特别重视。

（5）知印厅

知印厅内设"知印一员，正七品。掌公府文书印信。明太祖洪武二年建。由衍圣公保举

---

① 《孔府档案》3731—2。
② 参见《曲阜县志·职官》卷四十。
③ 《孔府档案》1641—8。
④ （清）孔继汾撰：《阙里文献考·世爵职官第四》卷十八。

堪用人员咨部题补，领凭任事"①。因此可知，知印厅的主要职权就是掌管孔府的文书印信。衍圣公拥有很多历代帝王恩赐的特权，皇帝在恩赐特权的同时，往往也赐给大印，如衍圣公三台银质印章、孔氏族长印章、圣庙执事官印章等。知印厅平时就掌管着这些印章，并签押公文等事宜。

（6）掌书厅

掌书厅负责孔府的文稿书写，管理衍圣公的各种表笺奏章，负责管理孔府的一切档案，并办理上下文书、来往信件、布告、法令、信票、执照、咨文等文书事宜。该官始设于元成宗元贞二年（1296年）②，至清代，设有七品掌书官1名。

掌书厅所藏孔府档案，保存了明嘉靖元年（1522年）到1948年7月之间四百多年的档案史料。原按《千字文》开头的天、地、玄、黄、宇、宙、洪、荒分成八大类，记载了孔氏家族的袭封、宗族、属员、公府职掌、祭典、财政、租税、集市、徭役、林庙管理、户人、文书、刑讼、庶务等内容，从各个不同角度反映了孔府的历史面貌。

（二）孔氏族长

在孔氏家族众多的管理机构中，地位在衍圣公之下的便是孔氏家族的族长衙门了。在孔氏家族的六十户中，设有族长一人，负责管理所有孔氏族人；又设林庙举事（简称举事）一员，辅佐族长进行宗族诸事务的系列管理。③

1. 任职资格与职权

据史料载，孔氏族长之制在宋徽宗时就已存在。"徽宗崇宁二年（1103年）诏：'文宣王家亲族一名，判司簿尉事'。即以家长承袭，此家长授官之始也。后孔庭族长并授迪功郎。"④即宋徽宗诏令从孔氏后裔中选出亲族一人担任仙源县（今曲阜市）主簿或县尉，孔氏即以其家长（即族长）承袭，官阶为迪功郎，从九品。徽宗还为孔氏族长特别颁发了族长印章。⑤到了元代，开始授孔氏族长八品冠带。

"明太祖洪武元年（1368年）以翰林检阅官孔泾齿行俱尊，特令还乡里，为孔氏族长"⑥。洪武十七年（1385年）太祖又召见孔泾，"面赐藤拐一枝，谕令'主领家事，教训子孙，永远遵守'"⑦。到了清代，设立圣庙执事官，族长由衍圣公从40员执事官中挑1人兼任。

关于孔氏族长的任职资格。孔氏族长一般由衍圣公从孔氏族人中选择"年长、行尊、有德行者为之"⑧。在清代设林庙执事官之前无品秩，直到设林庙执事官时才有品秩，一般三

---

① 《孔府档案》1641—8。

② 参见《孔府档案》1641—8。

③ 参见《孔府档案》1152—31。但孔氏寓居外地者亦有"族长"的设置，其职权基本同于大宗户的户头。

④ （清）孔继汾撰：《阙里文献考·世爵职官第四》卷十八。

⑤ 参见官美蝶、葛懋春编：《万恶"圣人家"——孔府》，32页，济南，山东人民出版社，1974。

⑥ （清）孔继汾撰：《阙里文献考·世爵职官第四》卷十八。

⑦ （明）陈镐撰、（明）孔胤植等增补：《阙里志·历代授官恩泽》卷八。此杖为圆棍形，高2.05米，上端浮雕松鹤杖首，下端外层包有铜皮，中刻"钦赐孔氏族长"，由历代孔氏族长持有。1959年收入孔府保存。

⑧ （清）孔继汾撰：《阙里文献考·世爵职官第四》卷十八。（清）《户部则例·保甲》卷三载："凡聚族而居，丁口众多者，准择族中品望者一人，立为族长。"

品、四品、五品或七品不等，多为三品或四品，称呼为"三品执事官兼族长（或兼举事）"①。

族长的任务或职权是："申明家范，表率宗族，凡子弟有不率不若者，教治之"②。

至于林庙举事之设，亦始于宋代。宋真宗天禧五年（1022 年）诏：从孔子后裔中选"差朝官"一人监督孔庙工役、时道，辅佐仙源县令。元代，又由省臣从孔氏子孙中选一人任"提领监修官"，依族长授八品冠带。明初，改称"孔庭族举提领林庙事"，简称林庙举事或举事，也是由衍圣公选任，没有品秩。到清代，如同族长也是由衍圣公从 40 员圣庙执事官中挑选出，品秩从三品至七品不等。举事的任务，主要是辅佐族长监修林庙、绳愆子孙。③

2. 机构设置

（1）族长衙门

在曲阜，族长、林庙举事的办事处称为"族长衙门"，它与"知县衙门"、"百户衙门"、"管勾衙门"合称为孔府四衙门。孔氏族长专管孔氏族人词讼及家务纠纷，在处理孔氏族人纠纷中，族长相当于一家之长，族人若不听招呼或违犯家规，族长有权责打族人，甚至可以用刑。

孔氏族长衙门的编制是：下设房师 1 人、徒弟 2 人、老总衙役 4 人、二爷 1 人、长班 1 人及看门传达等人等，衙门中设有公案、刑具等物品，如果族长衙门对某纠纷处理不了，就送县衙门处理。在孔府档案材料中，也有关于孔氏族长私设法庭迫害族人的记载，如因曲阜师范学校学生上演《子见子南》气病而死的孔传育，就曾被告发"私设法庭"④。

又据史料载，孔氏族长还可以影响地方事务。例如，元顺帝元统年间孔氏族长孔泾讦告曲阜知县孔希大有不法行为后，孔希大被免去知县一职。明武宗正德年间，曲阜知县缺，衍圣公及族长、举事曾依例共同保举一人任知县。⑤ 由此可见族长地位之显赫。

（2）孔庙执事官

为了实现层级管理的需要，在孔氏族长以下还设有孔庙执事官 40 员。清雍正八年（1730 年）始设，皆由衍圣公近族中德高望重的长辈为之，他们共同商议族内之事。如孔令育的堂兄长孔令誉及孔德成时期的本系孔印秋、孔令叔、孔继伦等人，都曾先后主持过孔府的府务。

（三）户头、户举

在前面所述孔氏族人六十户中，又以户为单位，每户设户头（又称户长）一人，总理户事，负责本户的祭祀、族务纠纷、词讼等具体事务；设户举一人，辅助户头佐理户事。但有时亦允许设二至三人为户头。⑥ 户头、户举均由本族人保举、经由衍圣公批准后给札任命，

---

① 《孔府档案》0767—43、0770—17。

② （清）孔继汾撰：《阙里文献考·世爵职官第四》卷十八。

③ 参见（清）孔继汾撰：《阙里文献考·世爵职官第四》卷十八；（明）陈镐撰，（明）孔胤植等增补：《阙里志·历代授官恩泽》卷八。

④ 《孔府档案》6721。

⑤ 参见《曲阜县志·通编》卷二十九。

⑥ 参见《孔府档案》0759—4。

并发给执照。①

曲阜以外地方的孔氏族人，有的因族人居住分散，就于户头、户举之外，再增设副手辅佐料理户事。在《孔府档案》所存嘉庆十年（1806 年）的一份孔府材料《兼族长选送六十户户头户举点名册》中，详细地列举了孔氏六十户的各户户头、户举名单。如当时的"大宗户"户头为孔祥淮、户举为孔毓廷，而临沂户就有 2 名户头。②

六十户之户头、户举的任职条件为："每户族众表率，必得老成持重，心地明白，衣冠整齐，为本户所钦服者；安静诚实，恪守家范者。"③ 但是，这里有一个非常重要的前提条件，即他们首先必须是孔氏后裔，且大谱内有其三代人的良好原始记录，否则他们即使得到保举也不能充任户举或户头。④ 孔氏六十户的户头、户举并无品秩，但有不少优惠待遇，如孔府拨给大宗户的户头、户举二三大亩（孔府土地的一大亩等于三市亩）地产作为养赡之用，对于外地户头、户举则"各赐衣巾、赏给札付"。同时，在发给户头、户举的札贴中，也允许其"乡间杂泛差徭，准照旧例与生员一体优恤"，以便于他们"敦我族谊，率相亲睦"⑤。

有关户头、户举的任务，主要是对本户族人中"不遵守家范，匪彝自即者"，进行纠举、

---

① 《孔府档案》1139－5（原文为竖排格式）载：

"执照

袭封衍圣公加二级记录一次孔　为给照事。本年八月二十二日据鹿邑县族人孔继统等，自行修辑支谱，呈送钤印，恳请移会优免，等情到本爵府。据此，并鹿邑县移送印结前来，除给支谱钤印，并移行原籍优免外，拟合给照。为此照仰孔传诺遵照管理户事，传谕族人均宜恪守家范，安静自爱，如有不法情事，则惟尔是问。亦不得借滋事端，致干查究。慎之毋忽。须至执照者。

右给管理户事孔传诺收执

乾隆五十八年八月　二十三日

圣公府　行"

② 《孔府档案》0760－2 载：

"嘉庆十、十一年选补孔氏各户户头户举

五品执事官兼族长

三品执事官兼族长造送户头户举点名清册：

大宗户

户头广淮

户举毓廷

临沂户

户头继祯

继珦

户举继俭

……"

③ 《孔府档案》0759－4。

④ 《孔府档案》0757 载：

"谕三品执事官兼孔氏族长孔贞梓知悉。本年三月内据详官庄户孔传禄充膺户头，孔继贤充膺户举，当经给照。嗣查原系流寓直隶南和县族人，实属隔省外孔，有干禁例。所有原领执照，合亟查追以免滋生事端。见谕，迅即专差妥役，即月前赴该处，立将孔传禄、孔继贤原领执照二张，星速查取禀销，以凭验销。

此系该族长失察混详之件，尚其实心办理，毋得泛视，致干严谴，未便。毋违，速速。此谕。"

⑤ 《孔府档案》0753－6。

劝惩①；或是"管理户事，严谕族众，恪守家范，安静自爱；倘有不遵约束，立即指名具禀，以凭究惩"②。

顺治年间，在衍圣公府《札各户头户举为严禁族人不法等事》中，就对户头户举的职责作了如下的详细规定：

> 要时常严禁族众，谨守朝廷礼制，恪遵祖宗家法，各安生理，毋作非为。如有不守本等，出入衙门，干预有司，包揽差役、越理乱伦，干犯奸盗等项为非者，定行治以国法。其余非有公事外出，打躉，伪孔，盗卖谱牒，以伪乱真，此等奸徒尤为可恶……决以不孝子孙重治。③

在孔府所存档案材料中，有几份孔府给外地孔氏族人的札文，皆是令某人"管理户人"或"约束族人"，并没有任命其为户头或户举，但是这部分人的地位相当于户头、户举，其中的原因不得而知。④

同时，孔氏各大户中的户头、户举也享有部分特权。如雍正年间衍圣公府《札付曲阜县为户头户举遇有讼事应优于平民事》一文中，规定户头、户举：

> 应与供事诸生一体优恤，不得与平民一例……嗣后凡管户族等，除有盗命等事，无庸徇庇外，若因细件小故，有事县庭，当与诸生比例，待以优礼，方不负本府优恤族属之至意也。⑤

（四）其他组织机构与职掌

孔府的组织管理机构除上述官衙外，还有东房、西房以及严格的保甲组织。

孔府的大门与二门之间为第一进院落，院内东西各有厢房五间。西厢称为"赍奏厅"，又名外西房，清代设有正六品赍差官一员，专司京差事务，又兼外传。⑥ 东厢为门房，又称东房，设有专司孔府行政、办案及投递公文的差役，又名"四路常催"。东房屋内设有两个刑具架，摆着黑红棍、笞板、甘蔗棍、牛尾鞭、锅拍枷、铁锁链等各种刑具，并养有大量家丁。据孔府档案记载，清道光八年（1828年）时，孔府有仆役783人，其中"东房伴役"就达244人。⑦ 东房后面还设有两排房子，即是临时关押犯人的地方。

中国历史上的保甲制度，始于宋代。明、清两代，均有类似编制。⑧ 保甲制度实行各户互相监督和互相告发的连坐法。

孔府的屯户、佃户也按保甲编伍，实行保甲制度。孔府从最基层开始，严格把户人管束

---

① 参见《孔府档案》0753－6。
② 《孔府档案》1201－19。
③ 《孔府档案》0752－7。
④ 参见《孔府档案》1201－19；《孔府档案》1060－22；《孔府档案》0764－3。
⑤ 《孔府档案》1458－4。
⑥ 参见（清）孔继汾撰：《阙里文献考·世爵职官第四》卷十八。
⑦ 参见《孔府档案》3804－9。
⑧ 《明史·食货志》卷七十七关于保甲制度载："太祖仍元里社制。河北诸州县土著者，以社分里甲，迁民分屯之地，以屯分里甲。"

起来。① 孔府的保甲自成体系，不归州县编制。孔府保甲的编审稽查皆由管勾厅专管。② 孔府对保甲的编审要求比较严格，在排户登记后编牌、造册、填发门牌，清册一式两份，一份呈孔府以备稽查，一份移送所在州县备案，以防一户两隶。

孔府的保甲是一个庞大的组织，仅孔府给予执照的庄头、总甲、小甲就达一百多人，还有总甲、小甲所雇用的长催、抗裰之类收租人员，更不计其数。到清乾隆年间，孔府各屯的甲首已多达五百人。

从上述资料中，我们可以看出：在孔氏家族的诸管理机构中，从孔府（衍圣公）、孔氏族长衙门到户头、户举等，逐步建立起了金字塔式的层层管理与被管理的关系，处在这一金字塔最下层的当然是普通的广大孔氏族众。由此可见，在仁义孝悌的孔氏圣裔中并不是权利平等的。

孔氏家族管理机构进行宗族事务管理的具体依据，就是上面所述的孔氏祖训家规。

二、孔府司法的客体

一般情况下，家法族规所约束、惩罚的客体应该是具有血缘关系的家庭成员或者同一族人之间发生的各种纠纷或案件。但是，孔府司法有所不同，有其一定的特殊性，它同时还处置其家庭奴婢以及在孔府工作的人员、佃户、庙户等人之间发生的各种纠纷或案件。

第四节
孔府司法的运行机制

一、孔府司法的程序

大量史料表明，孔氏家族内发生的各种纠纷，一般是先经衍圣公、孔府衙门的处理或提出处理意见之后再移送基层司法机关处理。但是，即使移送地方司法机关处理，孔府的代表衍圣公也有权提出具体的处理意见，司法机关的具体处理结果均需告知衍圣公府。

孔氏家族成员必须将自己的言行举止严格限制在祖训家规所允许的范围之内，否则就要受到处罚。如前所述，在曲阜的衍圣公之下，孔氏各地宗族保证、监督祖训家规执行的机构，还有族长、户头、户举、族正、房长、绅士等。

据国家法律，民众在受到不法侵害或发生重大纠纷时，受害者或当事人一般应入官府提起诉讼，由国家司法机关依国法作出判决或裁定。但孔氏族众在发生侵害行为或纠纷时，须"登祠鸣鼓"，由族正与房长、绅士等秉公处分。只有在处分不公时方许鸣官理断。否则，即"著领房长拘出，以不尊家规，笞责三十"，或"重责三十，罚谷二石"后，才"事听官断"。

---

① 参见《孔府档案》3610—4。

② 《孔颜孟三氏志提纲一卷·宣圣孔氏志事类》卷二，北京图书馆古籍珍本丛刊第十四册。

孔氏家族内发生了民事纠纷和轻微刑事案件后，当事人应当首先投靠本房，在一般情况下，不得越房而投族。如果在程序上不违反由房而族的规定，各类触犯祖训家规的案件投告到族并被宗族受理后，对一般纠纷先进行调解，达成的调解协议当即生效。调解不成或案情较重，则进入审理程序。在审理时，允许双方进行辩论，并让证人出庭作证或书面作证，也很重视物证的运用。审理或调解案件，曲阜在孔府的大堂内"统摄宗姓"匾下进行，其他地方一般皆于本族的祠堂内（或祖坟前）进行。因为祠堂（或祖坟）是其祖宗神灵（或躯体）栖息之地，此时现世子孙的言行、在祠堂内（或坟前）申饬家法祖规的行为，都受到祖先的直接监督。审理后，对案件作出的判决亦当即发生效力，应责应罚，都立即执行。如果当事人不服宗族的判决，原告与被告双方都可以诉诸国法，到当地官衙提起诉讼，但实际上孔氏家族总是竭力避免诉讼入官的。

二、孔府司法的手段（上）

孔府司法的手段既包括人身性质的，也包括财产性质的处分。

孔氏家族宗族法的主要内容，具体包括奖与惩两个方面。我们在这里主要探讨后者。

（一）有关罪名的设置

尽管孔氏家族法与国家法的目的基本一致，但孔氏宗族法毕竟不同于国家法律，它在制定主体、制定原则、调整对象、适用范围、强制手段和效力诸方面，又具有其自身的特殊性。下文将根据上述介绍的祖训箴规、家规、谱规等内容，总结分析其中所设置的各种罪名：

（1）有关违背尊祖规定之罪名。主要有陈设仪物不备不洁、失礼，侵吞挪移祭产，私收祭租，盗砍祠墓树木，侵占或隐占祠墓基地，盗葬祖山，祠上堆塞薪秆、农具及一切凶秽之物，墓间纵放牛马践踏，充衙门皂卒及学戏营生，妇女朝神拜庙，负养螟蛉，流入下贱，流入僧道尼姑，以赘婿奉祀，以义子承祧，不以行辈取名，等等。

（2）有关违背伦理规定的罪名。主要有不守家法，不尊宗教，淹死婴儿，借死诈害，卑幼犯尊长，妇人撒泼干犯长辈，男女混杂、嬉笑、隙窥，不忠，至大反常，不孝（具体包括游惰、博弈、好酒、私爱妻子、货财、好勇斗狠、纵欲等行为），忤逆，得罪族长、叔伯、兄长，淫乱（乱伦），欺祖好讼，收留外姓之人，以大欺小，等等。

（3）有关家谱的罪名。如污谱或毁谱、遗失家谱，流入外姓，收录外姓，伪刻外蠹，等等。

（4）有关妨碍持家立业的罪名。主要有不如数交文（指私塾老师布置之作业），面课无故不到，纵容妻妾辱骂祖父母、父母，有子不教，违农时，等等。

（5）有关一般公共性犯罪的罪名。主要有赌博，窃盗，小窃及拐骗，奸淫，偷盗菜薪鸡犬、衣服五谷，窝藏盗物，浪费，好讼，结交恶党，等等。

（6）有关损害国家利益的罪名。主要有误期完纳"正供国课"（拖欠钱粮），穿构衙蠹，结交恶党，信从邪教，诡寄田粮，拖欠租课，等等。

总之，从总体上分析，孔氏祖训家规在罪名的设置上，起到了补充国家法律的作用。一方面，对其族人社会生活的各种细节，乃至妇女的一生都作出了详细的规定①，惩罚所有危害宗族秩序的行为，包括尚未被国家法律所禁止的"微愆小过"行为；另一方面，又以维护宗族自身利益及宗族秩序为出发点，舍弃了国家法律所确定的某些罪名与原则，使其某些内容与国家法律的内容之间又存在一定的冲突。但这两个方面都是从实际出发的，最终也达到了维持国家统治秩序这一最终目的。

（二）对其族人的具体处罚方法

关于孔氏家族对违犯祖训家规行为的具体处罚方法，从《孔府档案》中可以看到许多例子：族人违犯了祖训家规，受到衍圣公府或族长、举事、户头、户举、房长等人的究办，以至被家谱除名或革除祖籍。

孔氏家族的处罚方法较为繁多，常见的处罚方法至少有以下29种：

（1）训斥：由族长或户举、户头、房长等当着族众对违犯者训诫、斥责，令其悔过。

（2）赔礼：对于纵容妻妾、奴婢詈骂有服尊长的，责令赔礼道歉。

（3）记过：在家族"功过簿"上，记录其犯事，使族众知晓。如果屡犯则会受到较重的处罚，如族正被记过至三次，就要被撤换。

（4）生子不许名登团拜、派行称呼：这是针对妇女与人私通后所生之子的一种处罚。

（5）停胙（或停饼）：对于一些初犯小错的族众暂停发放祭品。

（6）革胙（或除饼）：剥夺犯者领取祭品的权利。从期限看又可以分为有期限的与无期限的革胙；就处罚对象看，又分为己身革胙与子孙革胙。也就是说，它具体包括了四种方式。

（7）罚谷：一种财物罚，又分为罚一担、二担不等，罚物用作祭祀。

（8）罚布：一种财物罚，一般罚布一匹，罚物用作祭祀。

（9）罚银：一种财物罚，分为罚银一钱、三钱、五钱，或一两、三两不等。至民国时，则罚其工资收入。

（10）罚捐银：对于"干犯名义"族众的处罚，严重者罚捐银五百两修书院。②

（11）宰猪奠冢：针对盗葬祖山之族人的处罚，同时，还笞责三十，并强迫将所偷埋的棺迁出祖山之外埋葬。

（12）罚修节孝祠：这是对被捉奸之族人实行的一种惩罚。

（13）收寄田入庙祭祀：对以私田谎称祭田逃避国家差徭之人的处罚。

（14）笞责：以特制的木板或竹条责打犯者的臀、腿部，以十下为一等，一般为十、二

---

① 尽管以上诸孔氏族规中有关于"女不得为婢"之类的规定，但并不说明孔族妇女的地位、权利就得到了有效的保障。相反，族规对妇女的束缚最为严重，有许多专门的规定，如《皖江增修孔子世家谱家训》更是对妇女的言行及一生中的不同时期，作了详细的规定。它在"夫妇"条中规定："妇人伏于人也。是故无专制之义，有三从之道，在家从父，适人从夫，夫死从子，无所敢自遂也。教令不出于闺门，事在馈食之间而矣。是故女及日乎闺门之内，不百里而奔丧。事无擅为，行无独行。参知而后动，可验而后言。昼不游庭，夜行以火，所以正妇德也。女有五不娶，逆家子不娶，乱家子不娶，世有刑人不娶，世有恶疾者不娶，丧父长子不娶。妇有七去，不顺父母去，无子去，淫去，妒去，有恶疾去，多言去，窃盗去；有三不去，有所取无所归不去，与更三年丧不去，前贫贱后富贵不去。"在"昏（婚）"条中，规定"女子者，顺男子之教，而长其理者也"（《孔府档案》1061—2）。这里，已经把妇女完全置于屈服、顺从的地位，把她们的活动也囿于闺门之内、馈食之间，反映出宗族法制中父权家长制的绝对统治。

② 参见《孔府档案》0737—9。

十、三十、五十，但对个别犯者的笞责可达八十板。

（15）罚跪守香灯：令犯者于祠堂内的祖宗牌位前，跪守香灯向祖宗请罪。每次跪的具体时间为一炷香到三炷香不等，以天为单位，严重者多达一个月。

（16）罚跪修谱：如有漏湿毁坏，着跪宗祠，自雇雕匠，照旧还原，甚至除胙革派。

（17）改嫁：令犯通奸条的妇女改嫁他姓。

（18）押令立继：后凡无嗣者，立继无得听用妇言、抚养螟蛉。违者，押令立继，螟蛉送还本父外，罚银三两供祭。

（19）不许免差：指不许优免国家之差徭，同于普通百姓，不能享受国家对孔氏后裔的经济优遇。

（20）不准入谱：对违犯祖训家规严重的族人，生不许入家谱，死不许进入孔庙、祠堂。

（21）不准葬入孔林：对于严重触犯国法者的处罚。如清代乾隆年间，《孔子世家谱》、《阙里文献考》、《孔子家仪》的作者孔继汾，在其 61 岁时，因《孔子家仪》中所述礼仪与清《会典》不符，被刑部及大学士九卿从重判充军伊犁当苦役，定案后十六个月（乾隆五十一年八月）即身死；其胞弟孔继涑（著名书法家）因所居十二府房屋按八卦式样建造，其中九间正房的房脊相连，从而被定反叛朝廷、反叛衍圣公、企图篡位夺权的罪名，被开除出孔氏家族，其祖坟被掘，个人被囚禁于玉虹楼。此二人死后皆不许葬入孔林，他们的棺材被三道铁链锁着埋在孔林之外的野地。

（22）除派逐出境外：将犯者姓名从户派家谱中除掉，并限期让其离开原居住的族屋土地。该处罚涉及与其同居共财的其他家庭成员。

（23）开除或免职：对担任一定低级职务之犯禁者的处罚。如对于累计三次不能处分族众纷争者之族正，"易之"。到民国时，孔德成对孔府府务进行改革，张布告示，其中对贪赃受贿、光身露腿或三次旷职之役人"着即开除，永不复用"[1]。

（24）收缴执照、更换族长：对于担任族长、举事、户头、户举之职如有违犯祖训家规或失职者，撤职更换并收缴原颁执照或钤印，同时"停发薪饷"[2]。

（25）鸣官：由族众扭送官府，要求官府依国法治罪。

（26）拘押：对于部分暴力殴人之犯者的处罚，严重的关押月余。[3]

（27）不准用乐器：即有犯罪之人家，遇红白事一律不许用乐器，只许敲鼓。如曲阜"十二府"孔继涑一家就被禁了八代，直到民国初年才准用乐器。

（28）枷号示众：对严重违犯家规者的处罚。

（29）处死：一般针对乱伦、奸淫、不孝、忤逆等犯者实施；具体方式有活埋、勒死、淹死、令自尽等。例如"男子乱伦，两命皆死，无轻恕之条"；"犯忤逆，处死"；三犯盗窃者，"淹死"；"犯大盗，即淹死"等规定。其中，关于乱伦、盗窃处死的规定，明显重于《大清律例·刑律》，后者规定："同宗无服之亲相奸，杖一百；奸缌麻以上亲，杖一百、徒三年。盗窃已行，不得财，笞五十；赃二两以下，杖六十；赃一百二十两以上，绞（监候）；亲属相盗，减等处罚。"

① 《孔府档案》8911。

② 《孔府档案》照片第 42 袋。

③ 参见《孔府档案》3621－6；《孔府档案》0757－44。

（三）孔氏家族宗族法处罚的特点

孔氏家族依祖训家规进行的上述处罚，具有如下九个主要特征：

1. 以祭祀罚为主

即以"革胙"、"除饼"、"停胙"及"不许入谱"、"不许入庙"、"除派"等为主要处罚措施。

孔氏家族每年照例要进行春夏秋冬四大丁祭（每年二、五、八、十一月的上旬丁日，举行大祭），以及四仲丁祭（每年二、五、八、十一月中旬丁日，举行再祭）、八小祭（清明、端阳、六月初一、中秋、十月初一、除夕、孔子生日与逝世日）、二十四节祭及每月初一、十五祭，每年共有52次祭祖活动，以示怀念祖先、联络后代。

在每次的祭祀活动中，宗族机构均拿出大笔族产（公产），供奉各类食物给祖先享用，然后再以祖宗的名义，恩赐给广大族众，分而食之，以表示祖先在冥冥之中仍保佑着后世子孙。族人在祭祀后所分得的祭品被称为"胙"或"饼"。"革胙"、"停胙"就是在一定期限内剥夺违犯祖训家规的族人领取份胙（或饼）的资格。"除派"之人及"不许入谱"之人已非孔氏族人，当然更不许其参与祭祀与分胙。

因此，这些处罚的重点不在于经济处罚，而在于一种精神上的惩罚。某族人在被"除派"或"革胙"后，实际上就是丧失了或部分丧失了与其祖先进行联络的祭祀权，被罚之人作为不肖子孙，不仅在生计上得不到祖宗的保佑，而且在感情上也受到了祖先的鄙视，这就造成孔氏家族成员非常重视其祭祀权与受胙权。

当然，通过前面列举的部分家法族规也可以看出，孔氏家族宗族法的内容具有奖励与处罚相结合的显著特征。同时应该注意的是，尽管一般将奖励的内容置于前部分，但是其处罚的内容却远远超过奖励的成分。

2. 族内判决与"鸣官治罪"相结合

这二者的有机结合，不仅具有程序上的意义，同时也是一种实体意义的处罚。对某些既违祖训家规又违国法的犯者，或在当事人不服族内判决而宗族组织又无力解决的情况下，则给"鸣官"之罚，由官府"治以国法"，它作为宗族处罚的最终手段之一，既保证了宗族法的严肃性，同时也使宗族法与国家法两套处罚体系互相衔接，互相补充和利用，达到统治与管理广大孔氏族人的目的。

但是，孔氏家族对其族人的处罚也有相对独立性，一般不受外界干扰。即使族人之行为应受到或已受到国家法的处罚，只要该行为同时触犯家规，孔氏家族也不会对其免予处罚，如对族人擅行控告于官府的，则"以不尊家规答责三十，事听官断"。

3. 实行连带性处罚

唐、明、清法律都规定：谋反、谋叛、谋大逆等罪，犯者本人及其他家庭成员也要一并受罚。

这种连带性处罚制度也被孔氏家族的家规所吸收、利用，如前面所述的"除派逐出境外"就是典型一例。一般情况下，在连带性处罚中牵连丈夫、家长的较多，有的还牵连到户头、户举以及其他知而未举之人，如"不许收留外姓之人……知而不举者，一体连坐"。更有甚者，还规定"妇人撒泼干犯长辈者，罚银一钱，责夫十板"。

4. 实行数罚并用

为防止重大违犯家规行为的再次发生，特别加重了对某些违犯祖训家规行为的处罚。例如，"小窃及拐骗……再犯，笞责五十，革胙除派，逐出境外"，对同一种行为实施了三种处罚措施。也有两罚的情况存在，如"私收祭租……罚银三两；负固（指再犯者），笞责三十，革胙除派"；"男女混杂、嬉笑、隙窥者，罚银五钱，责十板"；"卑幼犯尊长者，罚银二钱，重责二十"；"偷损坟茔树木者，罚银一两，草皮一钱"；"男女混杂、嬉笑、隙窥者，罚银五钱，责十板；其妇人责其夫"等规定。

5. 实行加重处罚

这种加重处罚制度相当于现代刑法中的累犯加重处罚。加重处罚的具体对象可以分为以下三种情况：

（1）针对有一定身份和职务之人。如"尊长、绅士犯，加等"处罚；祭事"失礼，罚银一钱。主祭、司礼倍之"等。户头、户举犯之更是如此。这种规定表明了对担任一定职务之人的要求高于普通族人。

（2）针对多次违犯祖训家规者。如"盗窃……再犯加罪"；"族正暨房长、绅士等……处分不公，罚停小祭小胙一份；族正罚胙外，记过一次，至三次易之"；"得罪族长、叔伯、兄长，重责三十，罚谷一担。再犯革出"；"赌博……再犯革饼"；等等。

（3）对于特殊事件的倍罚。例如，"管理钱谷，掌放生息……如有亏吞，按照两账查实，罚十倍充公"；"如有藉死诈害，照诈害罚钱十倍"；"生男育女，无论贫富，永不准淹逼。富者故蹈恶习，拿入祠堂，从重惩治。照贫者所领衣米钱文，罚十倍充公……如敢违意淹逼，拿入祠堂，加倍重惩，议罚跪守香灯一月"；等等。

6. 鼓励改过自新与彰善并举

如规定"停胙，改过自新，胙复"，这样既有利于初犯、偶犯者改过自新，也有利于族人之间继续和睦相处。同时，对于举报假冒圣裔经查实者，对"首人从厚优奖"，甚至"给银十两"。到民国时期，对于部分品行优异的族人实行赏粮或记功，以示奖励。

7. 实行类推定罪

如规定"如有借死诈害，照诈害罚钱十倍"；"隐占附近祠墓基地，查出还基外，罚如盗砍伐（罚银一两）"；等等。

8. 存在着以罚代责现象

例如，"私收祭租，追还本租外，笞责三十；家颇殷实，倍责，出罚银三两，免"[①]。

9. 关于责任年龄的规定

关于承担家族法处罚的责任年龄，在现有的照料中，因处罚种类的不同而表现不一：对于祭事罚，"年未十五、七十以上俱免"；对于交文、交课，"五十以上、十三以下俱免"；等等。

三、孔府司法的手段（下）：对家族成员以外的所属人员

孔子后裔的代表——衍圣公对其属员、匠役、庙户、佃户、孔氏族人、各氏博士等人

---

① 《孔府档案》1115—5。

员，均有权传讯、拘捕、惩办。衍圣公府及百户衙门、管勾衙门均设有森严的公堂，备有严酷的刑具，其至连屯官、小甲也可以坐厅审事，掷签行杖。虽有明文规定"罪在枷责以上者，仍解地方官完结"，但实际上衍圣公府往往径行刑讯惩办，时有致人伤残、甚至死亡。

（一）孔府的信票

"信票"，又称印票，孔府有权自行印制。它相当于现今的"逮捕证"或"拘留证"，可以拘押任何小宗户及佃户、庙户。①

关于孔府"信票"的格式，示例（原文为竖式排版）② 如下：

信　票

袭封衍圣公府仰抑前赴郓

城屯，即将怠玩祀银甲首

提唤到案，听候究比。去

役不得拘延、干咎。速速

须票。

乾隆五十年十月二十九日

差阮国庭　圣府

限次　月　日　销

在孔府档案材料中，凡拘提人犯就有"信票"或"票"之类的记载，只要信票在手，就可抓人。如对拖欠租粮者，令票差"就便锁解赴府究问"或"锁来追处"；又令"票差伴当梁松将二人严拿解府，以凭追比，并拘该户户头"③；等等。

有材料记载：孔府的两位票差于 8 日内，将 9 名被告、1 名干证拘到孔府④；一位票差在 6 天内抓人，计 7 人 8 次。⑤

部分材料反映出：有时孔府的衙役到官厂诈银，将人锁禁拘押时并没有信票，然而索要开锁钱二千、三千不等⑥，也有孔府衙役持假信票去诈骗钱财的事件发生。由此可知孔府"信票"的威慑力。

（二）孔府拘提家族成员之外人犯的方式

孔府拘提人犯的方式基本同于官衙，一般用锁链"锁带"人犯到孔府候审。

如有材料记载：尼山学录为诈钱财，锁人拘押一至四天不等。⑦ 万历十八年（1590 年）差役去平阳屯锁拿脱役伴当胡学立等处治，并追四个月工银四两；同年，差役着户头即将逃回伴当毕茂火速严拿赴府，先责板、收禁马房，听候发落。在万历十九年（1591 年）的

---

① 参见孔德懋：《孔府内宅轶事》，6 页。
② 《孔府散档》，存山东省曲阜市文物管理委员会。
③ 《孔府档案》0060；《孔府散档》照片第 20 袋。
④ 参见《孔府档案》0034－2。
⑤ 参见《孔府散档》照片第 20 袋。
⑥ 参见《孔府档案》4113。
⑦ 参见《孔府档案》3737－20。

五份命令票差速催租麦的资料中，亦都有同样的规定："如有奸玩拖欠，着去役即便锁来追处，不许通同迟误。"对抗违不纳猪银的 24 名佃户，令伴当于 3 日内"拘追比事"；等等。①

但也有不是"锁带前来"，而是"准该小甲扭禀来府，以凭押追"。

（三）孔府对家族成员之外人犯处罚的种类

从孔府档案记载的各种讼案及处理府务的稿簿材料中，可以总结出如下的处罚种类。

（1）夺佃。这是一种对一再拖欠租粮之佃户的处罚。②

（2）收地入官。为了督促屯长如实查报祭田，衍圣公府规定"毋得毫厘隐匿，违者查出重究，地土入官，决不轻贷"；"隐瞒分厘地土者，该地邻及诸人指实讦告。查审不虚，本犯重究枷号，其地入官"③

（3）代赔缴地租。适用于孔府祭田的管理人员。例如民国四年（1915 年）三月，令田庄小甲"以后再有拖欠之户，定责令该管事及小甲赔缴，决不宽贷"④。

（4）连坐治罪。在清查孔府祭田土地时，禁止藏匿地亩，如有欺隐，"丈地人以连坐惩治，决不轻纵"⑤有份禁赌令规定"如有干犯，两邻不举，并行连坐"⑥。

（5）枷号示众。这是一种严酷的身体罚，适用于情节严重之人犯。枷号示众的时间从一日到一个月不等。有时是先枷后杖，有时是先杖后枷。如"敢有隐瞒亲丁或雇佣瞎瘸呆等病人搪塞充点，查出定将本役重责四十，枷号示众"⑦。"将抗法族人孔闻柱加责十板，仍枷号示众"⑧。乾隆五年（1740 年），戈山厂总甲状诉佃户张小吾、倪振江、傅祥诬告郭世宗一案，衍圣公府牌仰百户"将该犯每人各责二十五板，枷号一月示众"⑨。另嘉庆四年（1799 年）五月，百户赵泉拖欠地价一千两十年未交，被押赴公府门首枷号一个月，满日又重责四十板革职。⑩

（6）笞、杖。对于生员只能行笞，这是针对由于身份的限制不能适用板杖罚时的代用刑。如道光元年（1821 年），文生林宗文的牛车惊跑撞倒孔庙门前下马碑⑪后，林庙百户经衍圣公同意，将林宗文重责二十戒笞，其雇工周绍亭、苏伯江各重责二十大板。⑫

在孔府，掷一支大堂上的绿色令箭就可以责打人犯四十大板。杖责的数量一般为十、二十、二十五、三十、四十、八十，最重的为一百板。

---

① 参见《孔府档案》0060。
② 参见《孔府档案》6744。
③ 《孔府档案》0060。
④ 《孔府档案》6744。
⑤ 《孔府档案》0060。
⑥ 《孔府档案》3610。
⑦ 《孔府档案》0060。
⑧ 《孔府档案》3600－2。
⑨ 《孔府档案》3933。
⑩ 参见《孔府档案》3745－24。
⑪ 参见《兖州府志》卷首上，康熙二十九年（1688 年）谕："凡官员人等经过悉令下马，立碑宣示。"
⑫ 参见《孔府档案》4930－1。

（7）立毙杖下。适用于聚赌行为人。如衍圣公府谕令某庄小甲严禁聚赌，如发现，"皆以赌博坐罪锁拿，立毙杖下"①。同时，对于擅越孔府内宅之人，也可以皇帝钦赐的雁翅悦、金头玉棍、虎尾棍当场击毙。②

又如顺治十五年（1658 年），衍圣公、第 66 代孙孔兴燮因责毙府内长班刘国栋、刘国梁兄弟二命（刘国栋被板责三十，三日后疮陡发身死，刘国梁为此自缢于孔府内），被告到刑部大堂。顺治十六年（1659 年）二月，刑部呈吏部，吏部又呈皇帝。但最后清帝福临只是把孔兴燮诏到皇宫赐茶训话了结此案。③

（8）革职。仅适用于孔府属官或中下层管理人员。如雍正七年（1729 年）七月，济宁州郓城县肖皮口屯田小甲钱世奇为禁赌杖责郓城民人杨收。郓城县为此移文衍圣公府，状告小甲私设刑堂、擅刑聚赌民人，要求移提讯究。八月，郓城县又移文为小甲无职擅刑请革去屯甲一职。④ 又如东阿屯屯官萧振刚敲诈钱财、拘留佃户，经东阿县知事请求，被衍圣公撤换。⑤

（9）革除生员。崇祯十年（1637 年）十月，四氏学生员、曲阜世职知县孔弘毅因贪婪渎职、以再醮之妇朦请封诰、盗掘王坟案发，被除其生员名。⑥ 孔府礼生张华先包占行税、凌辱职官，兖州府济宁州为此移文衍圣公府请革黜严究。衍圣公将张华先礼生革除，并移文济宁州要求按律究拟。⑦

（10）移送官衙。对于一些案情重大、涉及国家利益的案件及非孔府佃户的案件，均须移送地方官衙处理。如万历十八年（1590 年），郓城屯佃户陆爰廷欠节年粮差银计一百七十七两一钱，恃强不纳，又聚众殴伤公差，孔府赴巡抚都察院、巡按察院及布政司告准，转行郓城县拘获各犯，郓城县又审解兖州府监追。但在审判前，先行移送衍圣公府查问，然后才由衍圣公移文兖州府要求"仍行严提，重加究比"⑧。

第五节　简评

从孔府衍圣公统治孔氏家族的权力依据及方式来看，中国近代社会的政权是与族权紧密地结合在一起的，政权为族权提供了法律上的保障，族权又填补了法律规定上的某些空白，两者互为作用，互为补充，在维护国家安定与家族和睦方面各有其重要作用。

从以上所述孔氏族训家规的实际执行情况看，它并不是始终如一的，它涉及国家统治者

---

① 《孔府档案》3610—4。
② 参见孔德懋：《孔府内宅轶事》，6 页。
③ 参见《孔府档案》3594。
④ 参见《孔府档案》3722。
⑤ 参见《孔府档案》6743。
⑥ 参见《孔府档案》0004。
⑦ 参见《孔府档案》3720。
⑧ 《孔府档案》0060—1；《孔府档案》0060—6；《孔府档案》0060—30。

对宗族法的态度，更涉及孔氏家族与当时政府之间的复杂关系。

两宋时期及元代，孔氏家族组织机构及管理措施较一般。发展到明代，由于明太祖朱元璋及其臣僚来自社会底层，故在国家政治生活中对宗族组织较重视，为此，朱元璋于洪武元年（1368 年）在谨身殿召见孔克坚训话，命孔府设置官属；洪武六年（1373 年）召见孔希学；洪武十三年（1380 年）又命衍圣公班列文臣之首。对于族长，吴元年（1367 年）制定的《大明令》中，即授予族长法定权力①，但仅限于继嗣方面，而且洪武三十年（1398 年）颁行的《大明律》及其后的《问刑条例》中，即使族长这种有限的权力也不再保留。

清代统治者在其统治的两百余年间，国家政权与宗族组织的关系，可以认为是在曲折中发展。清初的三十年对宗族势力在总体上持打击态度，清前期则又支持，此后则支持与抑制并行，最后发展到接近放任的地步。如清世祖于顺治九年（1652 年）颁行六条"上谕"："孝顺父母，恭敬长上，和睦乡里，教训子孙，各安生理，无作非为"②。康熙九年（1670 年）清圣祖颁行"上谕十条"③，正式引进"宗族"一词，这在一定程度上标志着国家统治者对宗族这一特殊社会团体的肯定与重视。特别是康熙二十八年（1689 年），湖广汉阳县民邓汉贞妻黄氏殴辱母亲之案上奏后，康熙帝批示要严惩邓汉贞夫妇，同时还提出："族长不能教训子孙，问绞罪"④。到清世宗雍正年间，确认族长权力的各种条例不断制定并被编纂入律。如雍正七年（1729 年）定例："继母与前子不合，其族长、邻右人等当豫为劝解，令其相安……如继母图占家资，不容分居者，族长人等秉公剖断。倘族长人等坐视不问，听其继母任意凌辱，致死前母之子者，事发之日，并将坐视之族长、户长各杖八十。如户长、族长有偏袒不公、捏报之处，地方官讯明，各杖一百……或因定有继母治罪之条，故意不孝其继母者，亦令族长人等鸣官，按律治罪。"⑤ 等等。

也就是说，家法族规虽然以维护族权为目的，但经过明清统治者的不断支持，完成了法律化的过程，从而成为国家法律体系的一个组成部分。由于它具有比国家法更为浓厚的伦理色彩，自然成为维护政权统治的有力工具，这又进一步促使统治者对其地位的支持。

以法律的形式确定宗族的代表者族长、户长的司法权力，体现了国家政权对地方族权的利用、支持或合作。⑥ 而孔氏家族又是一个特别的家族，这样一来，对于孔氏族长以及孔氏家族的诸多司法权力也就不难理解了。

---

① 《大明令·户令》规定："凡妇人夫亡，无子守志者，合承夫分，须凭族长择昭穆相当之人继嗣"；"如招养老女婿者，仍立同宗应继一人承奉，家产均分。如未立继身死，从族长依例议立。"
② 《清朝文献通考·职役》卷二十一。
③ 《古今图书集成·明伦汇编·交谊典·乡里部》卷二十七。
④ 《清史资料》，第一辑，114 页，北京，中华书局，1980。
⑤ 《钦定大清会典事例·刑律》卷八一三。但乾隆五年（1740 年）就将该条例删除。
⑥ 关于国家法与家族法之间的密切关系，在其他的家族法规定之中也有所体现。例如，安徽《康熙潜阳吴氏族谱》载："谱列家箴、家礼、庭训、立宗法，实伸国法也。"安徽《桐城麻溪姚氏族谱》载："国与家无二理也，治国与治家无二法也。有国法而后家法之准以立，有家法而后国法之用以通。"

附：衍圣公关于刑案判决的批文

（《孔府档案》0023－2："兖州府鱼台县讯结孔氏族人孔闻钻杀兄奸嫂一案"）

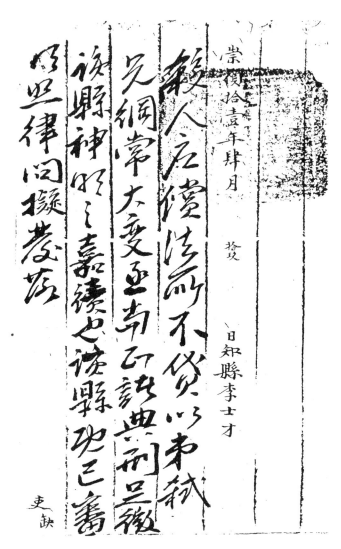

关于该案，知县李士才的判决结果如下：

依谋杀人造意者律，斩罪，壹名：

孔闻钻。

依后而加功者律，绞罪，壹名：

张士俊。

依不应事重律，减等杖七十，稍用力，壹名：

杨名海，纸罪银一两四钱五分。

告人一口：

张氏，告纸银二钱。

照提脱逃凶犯壹名：

李宗士。

右　　　　　具

册

崇祯十一年四月　　　　　十九　　　　　日　知县李士才。

第二十章

少数民族司法

第一节　概述

一、少数民族

民族是一个被历史、文化和共同祖先所联结起来的人群共同体。民族有"客观"的特质，这些特质包括地域、语言、宗教或共同祖先；也包括"主观"的特质，特别是人们对其民族性的认知和感情。中国古籍中早已有"民族"一词来指涉人群共同体，在公元6世纪《南齐书》列传之三十五《高逸传·顾欢传》中，有"今诸华士女，民族弗革"语句，为最早可见的现代意义"民族"一词的书面记载。

中华人民共和国是一个统一的多民族国家，迄今为止，通过识别并经中央政府确认的民族有56个，即汉、蒙古、回、藏、维吾尔、苗、彝、壮、布依、朝鲜、满、侗、瑶、白、土家、哈尼、哈萨克、傣、黎、傈僳、佤、畲、高山、拉祜、水、东乡、纳西、景颇、柯尔克孜、土、达斡尔、仫佬、羌、布朗、撒拉、毛南、仡佬、锡伯、阿昌、普米、塔吉克、怒、乌兹别克、俄罗斯、鄂温克、德昂、保安、裕固、京、塔塔尔、独龙、鄂伦春、赫哲、门巴、珞巴、基诺等民族。在中国，各民族之间人口数量相差很大，其中汉族人口最多，其他55个民族人口相对较少，习惯上被称为"少数民族"。据2000年第五次全国人口普查，55个少数民族人口为10 449万人，占全国总人口的8.41％。但中国各族人民都为缔造统一的多民族国家，创造悠久灿烂的中华文明，推动中国历史的发展进步，作出了自己的重要贡献。

中国历代中央政权，大都对少数民族地区采取了"因俗而治"的政策，即在实现政治统一的前提下，保持民族地区原有的社会制度和文化形态。尽管在旧的社会制度下各民族之间不可能形成现代意义上的平等关系，民族间也不可避免地发生矛盾、冲突甚至战争，但是，中国历史上统一多民族国家的长期存在，极大地促进了各民族之间的政治、经济和文化交流，不断增进各民族对中央政权的向心力和认同感。

二、少数民族司法

任何社会都离不开解决纠纷的手段。只要有社会冲突存在，以纠纷解决为任务的司法必然成为社会架构中的一个重要组件。西方法人类学的研究表明，初民社会中即已存在着各种形态的处理纷争的程序，这些纷争，小到诽谤和侮辱，大到偷窃、诱拐人妻、乱伦、强奸、杀人等，无不依循着某些带有共性且各具个性的司法原则和程序。

纠纷的解决方式通常分为私力救济和公力救济两类。私力救济也称自力救济，即权利主体在其权利受到侵害或发生争执时直接向对方行使救济权或者商请对方解决纷争。私力救济主要包括自决与和解。自决与和解是最为原始和最为简化的程序形式。二者的共同特征在于纠纷主体依靠自我力量或自觉的情感来消除民事冲突。① 自决起源于古代社会，以暴力强制为依托，同时受制于一定的规则或程序。在现代社会中，自决的基础不再是暴力强制，而是合法，自决必须合乎法律秩序的要求。一般说来，自决的范围限于那些对于政治秩序和社会秩序无直接危害的纠纷，是否采用自决方式取决于纠纷主体的意愿。与自决不同，和解不要求纠纷主体遵循一定的规则，只要双方意思表示一致，任何一方均可作出某些妥协和退让。和解典型地反映了纠纷主体自觉地消除自身冲突的过程，体现了社会主体的自我调节能力。和解能够"化干戈为玉帛"，从根本上消除纠纷主体的心理对抗。②

为了解决社会纠纷，保障习惯法的实施，维护习惯法的权威，少数民族形成了纠纷解决方面的习惯法，包括械斗和调解、审理、神判等公力救济方式，处理社会纠纷，解决社会冲突，维护社会秩序。在一般情况下，少数民族选择调解和审理方式解决纠纷；在重大冲突时，少数民族采用械斗方式平息纷争；在人力无法判明时，少数民族运用神判方式化解矛盾。针对纠纷、冲突，少数民族社会通过调解和审理依靠公共力量进行救济，通过械斗依靠私人力量进行救济，通过神判依靠神的力量进行救济，形成了独特的权利救济系统和纠纷解决体系，促进少数民族社会的安定和社会的发展。③

在少数民族地区，调解是主要的司法方式。调解一般具有三个特点：其一，在调解程序中，双方通常选择一个彼此都能接受的第三方；其二，第三方并不试图运用现有的法律规范来解决双方的纠纷，而是对纠纷双方提出的观点策划一种妥协与和解的办法；其三，调解人力图提出明智的、纠纷双方都能接受的解纷建议，避免使双方中任何一方认为这一建议是完全错误的，并使双方都对结果感到满意。调解一般是非对抗性的，并且是非正式地进行的。它可能最后导致争议的解决，也可能不那么成功，只促成争议问题的明晰化，对随后努力解决争议是有帮助的。④

---

① 参见顾培东：《诉讼制度的哲学思考》，载柴发邦主编：《体制改革与完善诉讼制度》，16 页，北京，中国人民公安大学出版社，1991。

② 参见柴发邦主编：《中国民事诉讼法学》，20 页，北京，中国人民公安大学出版社，1992。

③ 如罗洪洋在《清代黔东南锦屏苗族林业契约的纠纷解决机制》（载《民族研究》，2005（1））一文中指出，苗族人工林中的财产关系主要依靠林业契约进行调整，而林业契约之所以能够良好地发生作用，并不在于有国家法的保障，而在于林区苗民形成了一套本地的契约纠纷解决机制，寨老等民间头人在契约纠纷解决中担任着重要角色，而苗族习惯法则是契约效力的后盾。

④ 调解在中国历史上源远流长，至今盛行不衰。在中国，调解不仅被视为一种制度设计，往往还作为处理问题的方法。自古至今，调解一直有广泛的适用面，既有官方调解（如法院调解、其他官方机构调解等），也有民间调解（如人民调解、宗族调解、亲友调解、邻里调解、乡镇法律服务所调解等）；既有制度化的调解（如法院调解、人民调解），也有非制度化的调解（除人民调解外的民间调解）。调解的广泛适用现象，无疑同中国的固有法律文化有着直接的关系。在以儒家伦理为核心的中国传统文化中，"和谐"具有核心地位。"和谐"这一伦理观念强调谅解的义务及和睦相处的境界，要求人们"敦宗族、和乡里、戒诉讼"。纠纷往往不诉诸官府而是求助于民间按公正和情理去解决。

为了保障习惯法的权威和尊严，使全体成员一体遵守，中国少数民族都有系统的有关习惯法执行和违反习惯法行为的处理的习惯法，对本民族大量的违反习惯法的行为和各种纠纷规定了调解处理的原则、机构人员、程序，并有关于神判和械斗这两种特殊的解决纠纷的方式的规定。司法方面的调解处理审理习惯法是中国少数民族习惯法的主要部分。

本章主要以 20 世纪 50、60 年代少数民族社会历史调查资料为基础，对中国少数民族司法进行总结、梳理，主要着眼于事实描述。需要特别加以说明的是，虽然本章使用的材料主要取之于 20 世纪中叶，但因中国各少数民族的文化发展较为缓慢且自成系统，又较少受外在环境和文化（特别是西方近代文化）影响，在当时在相当程度上仍具有"活化石"的性质，因而基本上能够反映出中国传统社会里少数民族法律生活的真实面貌。[①] 由于少数民族和少数民族司法的复杂性，本章的概括和认识是初步的，需要进一步的探索。

第二节
调解处理审理

少数民族尽管一般无专门的司法机构和专职人员，但调解处理审理方面的习惯法是相当丰富的，诸如调解处理审理的机构和人员的职责与权限，调解处理审理的原则、程序、处罚方式及裁决执行等方面都有详细规定，为处理解决刑事案件和民事纠纷提供依据。[②]

一、原则

根据习惯法，少数民族的调解和审理一般须遵循内部解决、和平解决、公平解决等原则。

瑶族习惯法要求内部解决纠纷，一般不允许外力介入调解和审理。瑶族凡发生争端时，必须按照习惯法请石牌头人或瑶老处理，叫作"请老"。如果是本村的头人，就用口头通知；路远的头人，就用禾秆一节，穿入铜钱方孔，再行折回，合搓成小绳，作为凭证，让人携至头人家，请他到家里来办事。头人到家后，先请吃一餐便饭（大事如捆人、开打等，则杀猪请头人）。[③] 瑶族习惯法禁止调解和审理"外出请老"，其原因，有学者分析有三：其一，瑶山的村寨大多是在同祖同宗的基础上建立起来的，有事不先请本村"村老"来处理，而径自请他人来处理，无异于抛弃祖宗，不认血族，蔑视同类。其二，各村寨都有自己的头人和习惯法，若径自请外人来判案，意味着向世人宣布本村头人和习惯法已无能为力，无法解决本

---

① 之所以主要使用这些材料，另一个重要原因是中国古代正统典籍中的相关记载十分稀少。

② 陈金全认为西南少数民族习惯法的诉讼程序也并不像一般人想象的那么简单，与现代诉讼程序比较，它确实简易，但并不简单，它蕴涵着极高的智慧，有非常深厚的法文化内涵，排解纠纷的艰难，特别是"德古"的敬业精神、责任心和高超技艺常常使我们感到惊奇。参见陈金全：《西南少数民族习惯法述论》（上），载《贵州民族学院学报》（哲学社会科学版），2004（1）。

③ 《民族问题五种丛书》广西壮族自治区编辑组编：《广西瑶族社会历史调查》，第一册，69～70 页，南宁，广西民族出版社，1984。

村现存的矛盾，这无异于示弱于世，家丑外扬。其三，请外人来审案，给外村人插手本村事务提供借口和机会。而外村人的插手，从过去瑶山历史看，往往是不祥之兆，外人可利用该村寨内部不团结、力量削弱、人心涣散之机，提出高额判案费，甚至分割山林、河流、田地，直接损害了全村寨整体利益。因此，习惯法一般不许外出请调解和审理者，以"大事化为小事，小事化为无"的原则处理。①此外，我们认为，从解决纠纷的成本角度考虑，村寨就近解决比较方便，花费较小；在相对小的范围内亦有利于查明事实；村寨内部解决有助当事人和村寨成员的和睦共处，共同生存；瑶族群体的权威共认度有限。

侗族出现纠纷时，通常自行解决，"不报官司"，据民国版《三江县志》记载，各寨"昔则各有规约，各族各守，渐演而联定规约，共同遵守。期间以汉人之联合，识者之参与，大都受当代法律之范围，不致有甚大之抵触。惟遇事必先依其条款求解决，不得已始报官司，即今多半犹然"。

同时，瑶族习惯法强调采取和平方式解决纠纷和争端，避免以非对非，引起更大冲突。如中华民国二十五年（1936年）的《金秀白沙领导下的五十一村石牌》也规定："第九条料：我石排何人有大事小事，不堆（准）打锁杀人，不经报，无有银钱按过，要犯石排（牌），法律究办。第十条料：我瑶山石排（牌）人，有小大事，不堆（准）打中畜牲，挖田基，水侵（圳）山荡厂，禾厂，照老法律，要犯石（排）牌，究办。"②这些习惯法规范都表明纠纷不能扩大化，而宜就事论事，和平解决。

调解和审理时，瑶族习惯法强调以公平为原则，坚持平等对待、公正解决。公正是法官和执法者所应具有的品质。它意味着平等地对待争议的双方当事人或各方当事人，不偏袒任何人，对所有的人平等和公正地适用法律。③调解和审理是实现法律正义的一种形式，弗兰西斯·培根就强调公正之于司法的重要性："一次不公的判断比多次不平的举动为祸尤烈。因为这些不平的举动不过弄脏了水流，而不公的判断则把水源败坏了。"④

瑶族议订习惯法规约时，就强调：

> 治老要正，治官要平，
> 人不得乱做，粑不得乱捣，
> 人乱做，粑乱捣，
> 上犯天，下犯地，
> 犯三十三天，犯九十九地。⑤

希望头人在调解和审理时不偏不倚，公平处理。头人也往往表示自己在解决时"心直能走大路，心正能走大街"⑥。

壮族对违反习惯法行为的处理，大多抱着息事宁人的态度，大事化为小事，小事化为无

---

①　参见莫金山：《近年来发现的两件瑶族石牌习惯法考释》，载《广西民族研究》，2002（2）。
②　《民族问题五种丛书》广西壮族自治区编辑组：《广西瑶族社会历史调查》，第一册，47页。
③　参见［美］戴维·M·沃克：《牛津法律大辞典》，433页，"公正"词条，北京，光明日报出版社，1988。
④　［英］培根：《培根论说文集》，193页，北京，商务印书馆，1983。
⑤　《民族问题五种丛书》广西壮族自治区编辑组：《广西瑶族社会历史调查》，第一册，37页。
⑥　苏胜兴：《瑶族故事研究》，155页，沈阳，辽宁民族出版社，1998。

事，尽可能避免事态扩大。①

不过，调解和审理有时也受实际力量的影响，公正处理方面会出现一些问题。瑶族的调解、审理者由于权威性有限，也基于利益关系，对于社会纠纷的解决也不可能是绝对公正的。

需要注意的是，"真实地再现冲突事件的过程与经历，是实现程序公正的首要条件"②。总体而言，少数民族的调解和审理过程，在很大程度上就是再现案件的发生过程；当事人的举证、质证、辩论，说到底都是为了给调解者、审理者及旁听者提供一个场所，使其通过实物的提供与言辞的交锋，了解纠纷、案件发生的原因、性质、过程、后果，从而激发调解者、审理者、听众内心潜在的正义感，争取上述人员对当事人境况的同情。从这个意义上而言，没有"事实"的存在就没有调解、审理的运作，正确地查明案件事件，也因之而成为少数民族的调解和审理的首要任务。

二、机构、人员

少数民族在调解和审理时，通常没有专门的机构，大多由头人、长老等人主持。霍贝尔曾明确指出："运用强制力的特权，构成了法律中的'官方'因素。普通或特别认可的作为合法行使人身强制的人，是社会权威的派生。他不必是有合法官衔的官员或有巡警标志的警察。在任何一个初民社会中，一桩民事伤害案件的'自诉人'，只要他是为了一度存在的不法行为而作为，就无疑是一位临时的公共官员。他不是也不可能仅代表自己、他的家庭或其氏族而作为，他享有该社会与此案无利害关系的其他社会成员明示或默示的支持……自诉人扮演了既为整个社会利益的代表，也是自己特定利益的代表这一角色。"③

苗族由"理老"进行调解和审理。"理老"即"兴老"，一般来说，理老是必须熟悉古理、社规、榔约，处事公正的"智老"或"长老"。理老按职能不同分为三种：一种是在村、社内调解纠纷的，他们相当于"仲裁人"；一种是解决重大案件的；一种是"理甲"或"理贾"的理老，是解决最大纠纷的裁判。理老由公众、村寨、鼓社头人代表选举产生，当选人必须是很精通古理、陈规、榔约等"律典"，明辨是非、处事公正和德高望重的人。

"理老"的职能总的来说就是解决纠纷，对纠纷进行裁判。其所受理解决或评判的事件内容繁杂众多，包括：田土、山林等财产的争执；违犯纲纪、伦常、宗教禁忌等的重大事件；婚姻纠纷、盗窃案件；较大械斗及残杀事件以及维系组织体制和解决民族内部重大纠纷等。④

景颇族内部的纠纷，首先由各姓的长老调解处理，如不能解决时要报告寨头，由寨头出面邀请山官、各姓长老以及寨中的老人共同调处。调解时大家发表意见，由寨头根据大多数人的意见作出决定。如不服调处，被告也可另请他寨有威望的山官、头人来调处。调解纠纷一般不需送礼或出钱，只需请头人、山官等吃一顿饭，但调解完毕，胜利一方也有送些钱、礼感谢头人的，数目不定。山官、头人和百姓一样，并不独立于习惯法之外。如果犯法，则

---

① 参见《民族问题五种丛书》广西壮族自治区编辑组编：《广西壮族社会历史调查》，第一册，107～110页，南宁，广西民族出版社，1984。

② 柴发邦主编：《体制改革与完善诉讼程序》，64页。

③ ［美］E. A. 霍贝尔：《初民社会的法律》，29页，北京，中国社会科学出版社，1993。

④ 参见李廷贵：《再论苗族习惯法的历史地位及其作用》，载《贵州民族学院学报》（哲学社会科学版），1998（3）。

请附近各寨山官、头人、长老共同处理。村寨之间的纠纷也需请各寨山官、头人、长老及有关人员共同处理，并由董萨打卦决定主持调处的主席。有的地区，纠纷主要由山官处理，通德拉（习惯法）的最高执行者是山官，他按照习惯法判断是非，维持社会秩序。调解纠纷时，当事双方要"送礼"，调解后给被害人的罚款也须给山官头人和其他参加调解的人若干。景颇族对违反习惯法者的处罚没有死刑和徒刑，一般是判处赔偿（赔钱或实物）。[1]

瑶族的调解和审理主要由瑶老、头人主持，如明代时就推年高有行之人，加以调解与裁决。据《蛮司合志·湖广》载："争讼则推一人断曲直，曰行头。"大源瑶，"有所争不决，则推其乡高年众所严事者往直之，谓之叫老。老人以为不宜，则罚酒食分飨谢罢，故瑶人讼，鲜至官府"[2]。峒内，"有所争，不决，则推其乡高年众所严事者，往直之，为之叫老。老以为不直，则罚酒食谢罢"[3]。"赛老者，即本地年高有德行之人。凡里中是非曲直，俱向此老论说。"[4] 清代的闵叙在《粤述》中也记录了瑶族寨老以筹判案的情况："寨老者，即本地年高有行之人。凡里中是非曲直俱向此老论说，此老一一评之。"[5] 可见，瑶族调解和审理者须是年长、社会经验丰富之人，品德比较高尚，熟悉习惯法，办事公道为民众所信任。依习惯法，调解和审理者通常为自然形成，公认充之。调解和审理者应公正不偏私，对人对事均以习惯法、情理为准则，一视同仁，不倾向、偏袒任何一方。在同一情况下，用同一尺度、同一标准。这便是《尚书》所说的"无偏无陂"、"无偏无党"、"无反无侧"[6]。应做到不讨好贵者，不偏袒富者，不屈从强者，不损害、欺凌弱者，不出于私利而偏向任何一方。这便是中国古人所说的："柔亦不茹，刚亦不吐。不侮矜寡，不畏强御。"[7] 这表明瑶族社会尚是依靠经验治理的社会，社会生活变化较为缓慢，社会行为具有重复性。

调解者和审理者按照瑶族习惯法基本上是义务服务，没有报酬。当老人的为瑶人排难解纷，不许有受贿赂、抽扣部分罚款等行为，更不许任意杀人。通常由提起者招待调解者和审理者一顿酒饭，个别的有若干报酬，但这是较晚近的状况。

根据习惯法，调解者、审理者有义务认真、公正、尽职解决纠纷，否则会受到处罚。如1916年广西金秀六巷村石牌头人蓝公旺调解蓝公法与门头村蓝公光争水利事不力，没有能够解决，致使蓝公法抓了蓝公光家两个小孩做人质，而蓝公光用火枪打死蓝公法并抢回两个小孩。这时两村石牌头人出面调停，判决蓝公光打死人要抵命、水利平分使用不得一家独占外，石牌头人蓝公旺因不尽职被罚款白银五十两。[8]

但是随着社会的发展，有一些瑶老、头人，常凭借石牌的权力，不但为人排难解纷时要"台底钱"（贿赂），有时在讲罚款的时候，当着赔款的一方就把数目加大，当着受赔款的一

① 参见《民族问题五种丛书》云南省编辑组编：《景颇族社会历史调查》，第三册，42～43 页，昆明，云南人民出版社，1986。

② （清）《广西通志》卷二七八，《诸蛮》。

③ （清）钱之昌：《粤西诸蛮图记》。

④ （清）《广西通志》卷二七八，《诸蛮》。

⑤ （清）闵叙：《粤述》。

⑥ 《尚书·洪范》。

⑦ 《诗经·大雅》。

⑧ 参见姚舜安：《大瑶山"石牌律"的考察与研究》，载广西民族研究所：《瑶族研究论文集》，211 页，南京，广西人民出版社，1992。

方就把数目缩小，等到双方达成协议时他就可以从中捞一笔，有的甚至借端从事敲诈，或是栽赃害人。

佤族习惯法由寨众监督执行。违反习惯法的行为，一般先由寨老调解，处罚时要召集全寨大会由大家商议同意。处罚方式有罚款、戴高帽子游寨、肉刑（如挖眼睛等）、活埋等。有些地区由被处罚人的直系亲属亲自动手执行处罚。

有的地区，遇有纠纷，双方当事人往往要请理老代当事人评理，有时候甚至要请好几位。理老评理时，每评一理，就取一根理草（多半为禾心草）打一草结，放置对方面前。对方的理老便进行辩理，每辩一理，便把这一理的草结解开，还给对方。最后，看哪一方的草结解不开，哪一方便输了理。①

赫哲族本氏族内部的一切大小事情均由本"哈拉莫昆"内部解决。如果事情重大，也可邀请其他"哈拉莫昆"的代表参加。事情非到万不可解时，绝不诉诸官府，人命案件也不例外。父亲和伯叔处罚子侄时，任何人讲情都无用，母亲也不能阻拦。如有这种情况，只有舅父讲情才能有效。但父亲伯叔对子侄已经进行了处罚，如罚儿子下跪，舅父则不能做主将外甥释放。②

在彝族聚居区，活跃着一群很特殊的人——"德古"，他们是彝族习惯法的熟知者，同时也是彝族社会的民间司法官。在彝族社会生活中，"德古"都起着十分重要的作用。德古在凉山地区十分普及，几乎每个村庄都有，有的村庄有 2～3 位。德古处理的纠纷大多是民事案件，如婚姻、继承、扶养和侵权案件，至于刑事案件，德古也处理。德古的产生是自发形成的，自生自灭，没有任何官方的任命，也没有任何形式的推选。③ 要想成为德古不仅在学问、知识等方面要出众，更重要的在于品格端正。德古能够介入纠纷的处理，基础在于大家相信他们能够公正的处理纠纷，这种信任是成为德古的首要条件。当然，德古也需要经过必要的训练以具备处理纠纷的能力和技巧，特别是对先例的掌握非常重要。德古一般采取师徒相传的模式，有许多情况下是在家支内部传授，如子继父业或女继母业的形式。德古一般先需要在本家支内部获取一定的影响力，然后再将自己的影响力扩大到家支以外，取得周边人的认可。④

根据习惯法，藏族部落有资格参与审判的人员有头人、宗教组织和人员、"成本"或其他授权人员。有调解权的人员包括本村或本地区有较高威望的"老兰"即老人、长者，本村或本地区的知名宗教人士，头人等。⑤

高山族没有一个常设的司法机构，等到案情发生时才组织临时的审理组织。审理组织由下列人选组成：被害者的亲属若干人；犯罪者的亲属若干人；部落长老、甲头。如当事人分属两个部落，除了上述的三种人外，应设部落际司法委员会，由部落长老主持。公罪与私罪

---

① 参见《民族问题五种丛书》云南省编辑组编：《佤族社会历史调查》，第二册，23、74 页，昆明，云南人民出版社，1983。

② 参见《赫哲族简史》编写组编写：《赫哲族简史》，185～186 页，哈尔滨，黑龙江人民出版社，1984。

③ 参见周星：《家支·德古·习惯法》，载《社会科学战线》，1997（5）。

④ 参见杨玲、袁春兰：《彝族民间司法官"德古"刍议》，载《西南政法大学学报》，2003（6）。

⑤ 参见华热·多米：《藏族部落纠纷解决制度探析》，载《青海民族学院学报》（社会科学版），1999（3）。该文对民主改革前藏族部落的纠纷类别、解决模式及其属性、特征、适用范围、社会效果等问题作了初步分析。认为部落纠纷解决制度是与藏族部落社会相适应的法律形式，在历史上曾对维护藏区社会秩序发挥了重要作用。

的审理程序不同。到会的人以商量的方式确定解决纠纷的办法。如果任何一方不服从决议而再闹事的话，则将其驱逐出境，永远不许回来。发生冲突后，一般由被害人提出告诉，申诉的对象是自己的部落长老，由甲头负责联络各有关的人商讨处理。处理根据人证、物证。审判制度是一审终了，双方都不能上诉。①

值得注意的是，村寨等集体也是少数民族重要的纠纷调解和案件审理者。在这种情况下，往往没有具体的提起者。

在调解和审理中，要把抽象、普遍的法律规范运用到具体、特殊的案件中，既要求调解和审理者忠实遵守习惯法的规定，明确地表明裁判的依据，又要求调解和审理者恰当地运用其知识、经验、价值判断，对习惯法进行选择、分析、解释甚至创造。其核心的一点是实现个别案件的恰当处理。

三、程序

司法审判程序是指任何法院、法庭或依法享有权力的人为受理案件、听取和审查根据宣誓提供的证据而进行的审判过程、阶段、步骤。② 一般而言，少数民族调解和审理的程序较为简单，没有系统、严格的规范。③

司法程序的启动离不开权利人或特定机构的提请或诉求。少数民族的调解和审理，通常由当事人提起。少数民族一般是在提起者家中进行纠纷调解和审理，有的则在"社"等公共场所处理。钱之昌在《粤西诸蛮图证》记录瑶族风俗时，有"有相讼者，集于社"句。④

根据瑶族习惯法，提起调解和审理者一般为直接的当事人或者受害人，实行当事人亲告，基本不存在其他人代为提起的规定。但是如果当事人自己拙于表达、不善言辞的，也可请较为熟悉习惯法的兄弟、伯叔代讲，代讲人必须是与当事人有密切关系的亲族，对方对他是采敌视态度的，否则，算作"包事"，而"包事"是违反习惯法的。

调解和审理时，有双方当事人均到场的，也有请调解和审理者将一方当事人的要求转达给另一方当事人的。有的则强制当事人到场。

自宋代周去非《岭外代答》记载静江府灵川县瑶族赴县投木契争诉史实以来，后人在史籍中对包括瑶族在内的蛮族以筹诉辩也有大量的记载。明代时，就已有"曲者鲑以筹。计所鲑多则掷筹三，曰天减一，地减一，行头又减一。然后，责赎其余者"⑤。

清代的闵叙在《粤述》中记录了瑶族寨老以筹判案的情况："寨老者，即本地年高有行之人。凡里中是非曲直俱向此老论说，此老一一评之。如甲乙具服，即如决断；不服，然后讼之于官。当其论说之时，其法颇古（即刻契结绳遗意）。甲指乙云，某事如何，寨老则置

---

① 参见陈国强等：《高山族文化》，108～111 页，上海，学林出版社，1988。另可参见陈国强：《高山族风情录》，174～177 页，成都，四川民族出版社，1997。

② 参见〔美〕戴维·M·沃克：《牛津法律大辞典》486 页，"司法审判程序"词条。

③ 在近代以后的西方国家，自然公正通常表示处理纷争的一般原则和最低限度的公正标准，又叫做"诉讼程序中的公正"，其中具体内容包括：(1)"任何人不能自己审理自己或与自己有利害关系的案件"（nemo judex in parte sua）；(2)"任何一方的诉词都要被听取"（oudi alteram partem）。〔英〕戴维·M·沃克：《牛津法律大辞典》，628 页，"自然正义"词条。

④ 参见（清）《广西通志》。转引自（清）钱之昌：《粤西诸蛮图记》。

⑤ （清）毛奇龄：《蛮司合志·湖广》。

一草于乙前；乙指甲云，某事如何，寨老又置一草于甲前。既毕，寨老乃计算而分胜负。"①

钱之昌在《粤西诸蛮图记》录瑶族风俗时，也有类似记载，即"有相讼者，集于社。推老人上坐。两造各剪草为筹。每讲一事，举一筹；筹多者胜。盖理拙则筹弃，理直则筹存也。谓之'赛老'，或曰'论理'。论毕，刻木记之，终身不敢负。"②

侗族大多在鼓楼进行调解、审理。清人李宗访在《黔记》中描述："用一木竿长数丈，空其中，以悬于顶，名长鼓。凡有不平之事，即登楼击之，各寨相闻，俱带长镖利刃，齐至楼下，听寨长判之，有事之家，备牛待之。如无事击鼓及有事击鼓不到者，罚牛一头，以充公用。"《柳州志》中也记载："鼓楼，侗村必建此，已于前述居处详之矣。楼必悬鼓列座，即该村之会议场也。凡事关规约，及奉行政令，或有所兴举，皆鸣鼓集众会议于此。会议时，村中之成人皆有发言权。断时悉秉公意，依条款，鲜有把持操纵之弊。决议后，随赴汤蹈火，无敢违者。故侗区内亦有道不拾遗，夜不闭户之概。即今鱼塘之鱼。日夜常悬于村外之禾把，终年亦无盗窃。盖相习成风，是真能跻於自治之域也。"

关于苗族的纠纷处理，不少文献都有反映。明代田汝成《炎徼纪闻》卷四载："要约无文书，刊寸木刻以为信，争讼不入官府。即入，亦不得以律例科之。推其属之公正善言语者，号曰行头，以讲曲直。行头以一事为一筹，多至百筹者。每举一筹，数之曰：某事云云，汝负于某。其人服，则收之。又举一筹，数之曰：某事云云，汝凌于某。其人不服，则置之计所。计所置多寡，以报所为。讲者曰：某事某事，其人不服。所为讲者曰：然则已；不然，则又往讲如前。必两人咸服乃决。若所收筹多而度其人不能偿者，则劝所为讲者，掷一筹与天，一与地，一与和事之老。然后约其余者，责负者偿之，以牛马为算。凡杀人而报杀过当者，算亦如之。"③

清代的陆次云在《峒溪纤志》中卷也说："峒苗仇杀之后，汉官为之讲歹，两造各积草为筹，每讲一事，举一筹，理诎者弃其筹，筹多者胜，负者以马牛归胜者。即彼此杀人，亦较其人数多寡，而以马牛赔偿之，纷乃解。讲歹之时，两造苗民，各踞两山之上，而立牛于其中，讲既明矣，一苗持刃从牛颈下，屠牛易如委土，于是两山之苗，呼噪而集，各割牛肉一块，归而祭祖，若相誓曰，有负谕者，有如此牛。"

明代弘治《贵州图经新志》卷五镇远府《风俗》说："苗族，有事则用行头媒讲，行头能言语断断是非者，苗讲以苗为行头，民（汉族）讲民以民为行头。凡行头讲事皆用筹以记之，多至一二百筹，少亦二三十筹，每举一筹曰：某事云云。其人有服则弃之。又举一筹曰：某事云云，其人服则收之。如一二百筹讲至数十筹，二三十筹讲至数筹，然后往报，所为讲者曰：某事其人不服。所为讲者曰：'是'则令其人依数赔偿，或不以为然，行头又复如前往讲之，至有十数往或经月始定。若所讲筹尚多，其人不能尽偿，则劝所为讲者掷一筹与天，一筹与地，及掷一筹与和事之老，然后约其余者责令赔偿。凡讲杀人，谓之'筹头'；讲偷盗牛马，曰'犯瓦'。苟以一口（牛）为一瓦，皆酌量事情轻重以为等差。"

苗族的理老调解和审理时，先听取当事人及其所请的人说理申辩，之后，才由他列举有关习惯法规范裁判。理亏一方须自觉依照评定及时向对方道歉或赔偿，否则将被视为对全村

---

① （清）闵叙：《粤述》。

② （清）《广西通志》。转引自（清）钱之昌：《粤西诸蛮图记》。

③ （明）田汝成：《炎徼纪闻》。

全鼓社的侵犯而责令执行。

苗族的《汤粑理词》、《油汤理词》反映了苗族的刑事诉讼程序，其中有审判机构和审判场所，也有原告的起诉词和被告的辩护词，还有辩护制度的证据、期限等规定，它的辩护制度是比较完善的。下面这一《理词》叙述的是对一起盗窃案的处理过程：

起诉的案由是：

> 恨那好吃懒做，憎那白吃空喝。偷我十两银，盗我白缎裙，只好进入牯牛屋，寻求高师，为我做主，为我判断。

诉状的正文是：

> 狗咬外人不咬主人，人防生人不防熟人，见近不见远，见人不见心。画眉嘴巴，狐狸心肝，我拿他当好人，他把我当傻瓜。白天探我门，夜常转我屋，骗我儿外出，暗地进我家，翻我橱柜，撬我箱子，偷我首饰，盗我衣裙。自知齿有虫，明知手赃屎，害怕抄家，疏散赃物，外逃七天，七夜方回。

证据是：

> 我请寨老，我求兄弟，帮我家进门搜家，为我进屋查赃。人人都在家，只差他一人，不是他偷，又是谁盗？

原告认为被告有犯罪事实，所以请求判官依法判决。他说：

> 寨老皆齐，理师也到，理师依理讲，寨老洗耳听。是直是曲，定自有理断。

被告也进行辩护：

> 我关门家中坐，他闯门来寻衅。白粉抹他脸，黑烟涂我面，帝王名难得，盗贼名难背。蛇咬药可医，人咬理来治。你诬我偷银，我要你洗净；砍伐树倒地，我要你接活。不由你道黄就黄，不依你说黑就黑。

如果拿不出证据就是诬告。所以被告又说：

> 见我笨可欺，见我软好吃；神灵各看见，理师各知道；神灵不怕凶恶，理师不欺善民；给我做主，帮我作证。

理师听完双方一诉一辩后，进行调解和判决：

> 因为鬼临门，因为祸到家，不断怕引起是非，不断怕带来人命，才来挑水扑灭火……是金是铜，我心中有数。两家烧汤户，两位当事人。各想各的心，各思各的意。是直或是曲，是善或是恶？你俩在明处，我们在暗处，切莫相躲藏，脱裤子遮脸。牯子牛相碰，总有一头输。会水死于水，玩火绝自焚。莫聪明一世，莫糊涂一时。走路看前头，临崖即止步。思前想后，有错认错，互相忍让，和睦相处。

又进一步调解说：

> 有冤睡不着，结仇坐不安，父辈结仇，子孙难解，为十两银，传十代仇。水牯顶角我拴腿，人闹争纷我劝解。铸锅为蒸食物，不是煮粽断纠纷。蛋不裂缝，蚊蝇不爬，会

起会结束，谁错谁改正，思前想后，顾及一切。理师只劝人和事，不愿双方来烧汤。不愿犁牛进鬼场，不愿拖牛进浑塘。

经过几次调解，双方仍互不相让，理师就说：

> 你们向深处跑，拉你们回浅处。你们一个愿意往锅底钻，你们一个愿意去捞斧柄；一个请中人，一个调理师；一个穿理师衣，一个戴理师帽；一个愿烧，一个愿捞。

在多次调解不成的情况下，理师方作判决：

> 我控事端"鼻"，我据真理'纲'，要双方满意，使地方信服，两头若不依，村寨尚议论，请雷烧错方，求龙护对方。

先由理师根据椰规判决，如对理师的判决不服才请神灵来判。苗族普遍信奉神灵，雷公和龙王是信仰中的"刑神"，"明火知情，不烧正方，清水明理，不护歪方"，"龙王公正，雷公正直，冤枉者烧不烫伤，受屈者捞不伤手"。基于这一信念对双方进行神明裁判。

刑事案件起诉后经过调解可以撤诉："牛拉到鬼场，才回到了厩，争端到汤场，火还可扑灭"（可撤回起诉）[①]。

白族习惯法规定同村各家族间或各村之间的纠纷由伙头来调解。调解时由伙头召集各家族的族长来共同进行。调解时，伙头拿一块一尺五寸长、一寸宽的竹片，竹片两侧各代表原告与被告。当他们申诉一个理由时，伙头便在竹片各自的一侧刻一个口子，等双方申诉完毕，伙头数竹片两例的口子，口子多的一方，表明理由充分，口子少的一方则为理亏，以此来判断是非。另外，也有用黄豆、石头的，谁说出了一个理由，便在他的面前放一颗黄豆或石头，然后根据各人的黄豆、石头的多少来判断是非。有些地区则通过由"此莫"（村中的公证人）调解、喝血酒、捞油锅、武装械斗、逐出村寨等几种方式处理家庭内外纠纷。[②]

独龙族有了纠纷，引起争执、双方相持不下时，按照习惯法由家族族长来调解。调解时，先由当事人向族长提出申诉，报告事情发生的原因、经过，族长则按照双方情节的轻重和周围群众对此事的意见来判断谁是谁非，谁应赔偿等。有时则用"捞油锅"的方法神判。

纠纷的解决，有当事人和解；族长当面调解，仅当事人在场；族长当众调解，整个家族到场；老人当面调解；两家族族长调解等。调解时，调解人先发言，然后当事人申诉理由，

---

① 贵州省黄平县民族事务委员会编印：《苗族古歌古词》，下集，"理词"部分。转引自吴大华等：《苗族习惯法的传承与社会功能》，载《贵州民族学院学报》（哲学社会科学版），2000（1）。据说七代（距今约二百一十多年）以前，贵州台江孝弟乡交密村的白里劳（三十多岁），反排村的九保又，剑河腰奈村的卡丢万等七人多次偷窃仓内粮食和牛。当时举行了以反排的"六方"阳羊毛为首的"六方会议"，决定将首恶白里劳、九保又二人烧死，释放其他的轻犯人，经在孝弟乡西登村养秀夺地方召集周围群众开会，宣布罪状及处理办法，并于取得群众同意后立即执行。又七十年反排的唐老由曾偷过本村很多人家的粮食和土布，经反排"六方"张牛耶老、张老单、杨牛羊、杨丢羊四人组织审判，当众将唐老由烧死。参见《民族问题五种丛书》贵州省编辑组编：《苗族社会历史调查》，第一册，394 页，贵阳，贵州民族出版社，1986。苗族也有开除的处罚。约一百三十年前，贵州台江反排有这样一件事。据说当时全寨共同在"虎丢单"地方修一条路。万当九拒不参加。全寨给他"开除"的处分，不准他家与本寨通婚，不准向邻居点火。过了几年后，他委实受不了这种孤立，他用十二两银子买了两只猪，请全寨居民吃酒，表示赔礼认罪，人们才对他撤销了"开除"的处分。参见《民族问题五种丛书》贵州省编辑组编：《苗族社会历史调查》，第一册，396 页。
② 参见《民族问题五种丛书》云南省编辑组编：《白族社会历史调查》，第二册，101 页，昆明，云南人民出版社，1987。

每讲一个理由，调解人即在这一方插一节小棍（竹木均可）；最后数一下，哪一方小棍多，那谁的理由就多。调解人宣布之后，其他人发表意见，补充新情况，调解人对新情况也插小棍。最后小棍少的还是认错。另一种形式是，当事人与其拥护者各为一组，调解人居中传递讨论情况，倾听双方理由，使意见趋于一致。最后族长根据大家的意见作出最后决定，当事人双方喝酒，表示和好。①

在程序方面，彝族的德古处理案子相对要灵活，更多的是协商。根据纠纷大小不同，参与处理的德古数量也有所不同，一般是两位，大案子可以达到三四十位，特别是人命案子。德古处理纠纷的时间选择上一般会选一个吉日，以增加纠纷处理的顺利性。处理的时间长短则视双方分歧大小和复杂程度。处理纠纷的地点一般都在公开场合，如路边或田间地头。通常双方家支的人保持一定距离各聚一堆，德古在中间穿梭，征求双方意见。而像人命案子，则对程序就更为注重，参与处理的德古为避嫌必须时刻待在一起，且是必须在双方都能观察到的范围内处理纠纷。

此外德古同样在特定情形下需要回避，当遇到那些与自身利益有关的案子，如本家支是当事一方，就需要回避。因此当发生一些大案子时，处理纠纷的德古都是从远处请来的，有时还跨县。

德古在处理纠纷中，并不收取费用，仅是收受双方当事人的礼物。德古们在调解纠纷过程中不仅要宣讲习惯法规定，而且要通过耐心地、机智地讲述历史、哲学典故、格言来化解矛盾，达成双方当事人认识的一致。这与苗族的理师、纳西族祭司东巴们的作用相近。②

在柯尔克孜族习惯法实施过程中，具体的执行人员或组织机构，通常要对纠纷事件进行调查、调解和判定。其中对当事人进行调解是一个重要的程序。它关涉到案件最终审定的结果及造成的后果。一位沙俄军官彼得·谢苗诺夫在他的《天山游记》中记载了近代史上柯尔克孜族的一起婚姻纠纷调解案的具体实施过程，使我们对丝绸之路上的民族民间纠纷案的处理有一个全面的了解：

> 我们商定第二天去参加吉尔吉斯（柯尔克孜）大帐的两个部落（杜拉特和阿特班）的调解会，在这个会上要解决两个部落之间法律上的很有趣味的争议。按照吉尔吉斯人的习惯法，此类争议由比的法庭（调解法庭）来解决，每个部落推选三个比③，两个部落的头人苏丹和大帐监管官参加。同时，根据习惯法，由比在两个部落之外推选一位完全公正的第三者做主席或首席裁判员。对方的比一致认为我做主席合适。在他们看来，我不属于地方行政机关……又是个"有学问的人"……大帐监管官很担心在他管辖的部落之间，由于这种争议而引起内讧，因而特别地批准了比的挑选。
>
> 调解会所审理的事件发生过程是这样的：杜拉特部落的一位贵族拜塞克的女儿，许嫁给阿特班部落的一位贵族的儿子。未婚夫和他的双亲已经交付了全部的彩礼，年轻的未婚夫完全有权结婚。但奇怪的是，当新郎来与新娘相认的时候，新娘对他特别反感，

---

① 参见《民族问题五种丛书》云南省编辑组编：《独龙族社会历史调查》，第二册，114 页，昆明，云南民族出版社，1985。普米族也是先由老人调解。参见政协兰坪白族普米族自治县委员会编：《普米族》，202～203 页，潞西，德宏民族出版社，1997。

② 参见陈金全：《西南少数民族习惯法述论》（上），载《贵州民族学院学报》（哲学社会科学版），2004（1）。

③ "比"为调解人、调解员。

表示坚决不愿做他的妻子。她对双亲的规劝回答是，他们当然可以强迫她结婚。但是，不管怎样，她不会活着落入他的手中。她的双亲很了解他们年轻姑娘的性格，她决不会放弃自己的几乎是前所未闻的破坏习惯法的决定……虽然如此，他们仍然还是同情自己可爱的女儿……声称为了赎回和挽救女儿，准备做任何牺牲。拜塞尔克女儿的美丽、天生的聪明和无所畏惧的精神，不仅把她的全族人，而且把全杜拉特部落的人都吸引到她一边了。如果未婚夫和未婚妻是同一部落的人，则问题就可能解决了。因为可以通过退还彩礼和付给大笔赎金，说服男方放弃这门亲事就行了。但是。由于男方和女方不是一个部落，全阿特班部落认为这件事是对他们部落的污辱。

为了这次调解会准备了一顶很宽敞的帐篷……两个部落的苏丹都站在帐篷前迎接我们……在我们走进帐篷时，选我做仲裁的比都在那里欢迎我。这些比的身份特别使我感兴趣，我认定他们不是承袭来的官员，而是来自民间。其实，原在19世纪中期，在大帐比既不是谁选的，也不是谁委派的，而是社会舆论所公认的。所有为了解决自己的纠纷而需要得到公正的裁判的人，都自愿去找他们。他们有经验，而且他们的公正、才智和其他品德，特别是深谙民间的习惯法，使他们在公众中赢得了声望。在这些人中间，不仅有"白骨头"的贵族，也常常有"黑骨头"的黎民，但总之，都是些以自己的无可怀疑的美德而享有声望的人，这些人所在地（牧场）是人所共知的，他们的声望越高，委任他们的人越多。在我们的调解会上双方的比是苏丹邀的，苏丹挑选他们也是根据社会舆论。

口头陈述开始了。根据我的建议，贵族拜塞尔克把他的女儿作为被告带进了帐篷……她以清亮的声音振振有词地为自己辩解。她在辩词中说，她完全承认未婚夫、他的双亲和全阿特班部落对她的权利。她说，法庭大概要做出对她不利的判决，但是，不管怎样，她不会活着落入她丈夫的手中，她的丈夫得到的只是她的一具尸体，这无论对她的丈夫，或是她丈夫的双亲，都没有什么好处。

她讲完后我接着发言，我的发言当场被译成了吉尔吉斯语。我说，事情最终应按照吉尔吉斯的法律来审判，关于吉尔吉斯法律，在场的比比我知道得多，但是我不能不提醒大家，按照俄国的法律，不能强迫一个不情愿的姑娘嫁人，因此应当寻找一种两全其美的办法。这种办法既符合吉尔吉斯的法律，又不致引起在公众面前已经坚决表示态度的姑娘的无益死亡。同时我认为，在处理这一案件时，有两个重要条件：第一，要公正地满足未婚夫及其双亲的要求；第二，不能损伤全部落的荣誉。至于第一条，我知道比作为调解官，首先关心的是双方的和解，我相信，他们能找到这种和解的办法。既公正，又符合原告的利益。至于第二条，到这里来的双方部落的比和苏丹都深受人民群众的信任。因此可以相信，调解会有可能冲破困难，找到一种保持双方部落荣誉的圆满解决办法。

在我发言之后，比开始讨论实质问题，他们之间很快就起了争议，最初还是心平气和，但到后来越来越激烈，几乎是公开争吵起来。阿特班的三个比慷慨激昂地证明说，新娘的拒绝是得到他的双亲和她的族人的支持的前所未闻的违法行为，是对全阿特班部落的侮辱。杜拉特一方的一个比回答这一问题："他以公认的权威开始证明说，如果说这真是新娘及其双亲无可怀疑的违法行为，那么新郎方面的违法行为则发生的更早。按照吉尔吉斯人的习惯，贵族的女儿只能做她丈夫的第一个妻子，白骨头的双亲从来不允许自己的女儿为人妾，新娘的双亲在为自己的女儿订婚时，只知道她的未婚夫没结过婚，他们接受的是第一次彩礼，他们把女儿嫁出去给人做大老婆。但是，当彩礼付出之后，未婚夫来认亲时，才知道他原来已有老婆了。"阿特班有两位比否认此事，但第三位，公正而无可非议的阿塔姆库尔，解释了这一件事，他说，新郎确实有了妻子，他的妻子是在为拜克塞尔的女儿行聘礼之后，认亲之前得来的；不过没有给任何人行过第二次彩礼，他自己也没有打算和另一个新娘结婚，但他应当把自己兄弟的嬬妇认做妻子，这不仅是他的权利，也是他的义务。他的解释使问题更加复杂化了。

经过长时间的争论之后，阿塔姆库尔还是承认了，新郎方面虽然处于不得已，但毕竟侵犯了新娘的权力，因此，比都同意与新郎双亲谈判满足他们的要求。谈判结束后，比说服了新郎和他的双亲，收回彩礼，并取与彩礼等价的解冤金（女方为赎回已属于他的新娘而付的赎金），然后放弃新娘。

还剩下第二个问题，怎样才能恢复阿特班部落的荣誉问题。诡计多端的马马依站起来提出如下要求："新娘至少应当有一个星期归新郎所有，然后新郎表示愿意放弃她，并把她送回娘家。"我反驳说，我认为，拜塞尔克的女儿，奉我们的传呼，由她的父母领来出庭，而她的父母已经表示愿意服从法庭裁决，这已足够了。把她让给新郎一周的做法，与白骨头姑娘的高尚品德：永远只做她丈夫的头一个妻子，绝不能作他的临时的姘妇是完全不相容的。

大帐监管官坚决地支持我的意见，他说，他不能允许在部落的争论中，维护一个部落的权利要求建筑在严重破坏另一个部落权利的基础上。敏锐的捷泽克苏丹站了起来，他说，当讨论诉讼当事人双方的，即新娘与新郎的权利问题时，他认为自己无权干涉比的法庭，但当问题涉及恢复他所珍惜的属他管的部落的荣誉时，他认为有责任发表自己的意见。他认为已退还彩礼、付给解冤金作为对新郎及其双亲的补偿是公正的，但是，不管怎样，为了维护部落的荣誉，他建议，参加这次调解会的新娘的叔叔吉卡木拜，也应当放弃他与阿特班部落的姑娘所定的婚约，也要退还彩礼，但不付给违约金（解冤金）。他的建议比一致赞同。但要征得吉卡木拜的同意。吉卡木拜站起来说，为了拯救自己的侄女，恢复两个部落间的和平，他同意比的意见。调解会一致通过了这一案件的解决办法。付给吉卡木拜50匹马，付给新郎及其家庭100匹马。于是这已持续了一年多的争议，双方满意地宣告结束了。[①]

在任何诉讼程序中，对争执事实的再现必须通过当事人和调解者、审理者的证据活动来完成。因为调解、审理中需要查明的是业已逝去的事实，要使它们"重现"于法庭，除了通过证明活动外，别无他途。少数民族司法突出对这一核心问题的规范。

四、效力

调解、审理后，经过听取双方的理由，有时通过向知情人调查了解，少数民族的调解、

---

① 转引自吴妍春：《习惯法在丝绸之路古今各民族中的表现》，载《新疆大学学报》（哲学·人文社会科学版），2005（5）。

审理者就要根据事实和习惯法宣布调解结果或进行判处，从而结束调解和审理。

壮族对违反习惯法的行为一般由寨老（都老、乡老）从中调解或裁决，或要当事人赔礼道歉、履行义务、赔偿损失；或要当事人承受罚金或罚工，也有要求写悔过书的。若事情较为复杂、问题较大，寨老（都老、乡老）解决不了的，则召开长老会议或村民大会进行研究讨论作出裁决，一般都要对当事人进行罚款的处分，即"罚众"；对于犯严重错误而屡教不改者，则给予肉刑、开除族籍的处分，甚至处以极刑，也有个别的捉拿送去官府处理。死刑的执行方式有丢下河淹死（沉塘）、活埋、五马分尸、骑朝马（将炭火放入钢质制成的象马腹的器皿中，将犯者绑于其上烧死）等。

壮族有写悔过书的，如广西龙胜龙脊的潘昌隆：

> 立悔过休恶字人新寨潘昌隆情因惯性不法屡在地方借端油火悔业夺产纠齐滥棍聚蚊成雷⋯⋯扰乱团规⋯⋯众斥其非情甘理亏自　房长向地方恳请宽宥自愿立纸悔字今宽容之等情因（任）凭地方捆绑并及房长保人一并送究官是问⋯⋯

马海寨韦茂旺悔过书写道：

> 立偷盗犯约人马海寨韦茂旺今因赌钱又于本月初六日半夜盗进入韦昌秀屋偷盗铜桥网子乙件，不料运不值时被人视见即时失主经鸣地方捆拿⋯⋯情愿退赃，是此之后改过自新⋯⋯仍踏前辙者日后任由房族并地方将我或责罚或送官。犯者本人，房族中人及头人等都在悔过书上签名押字，以示负责，并由头人收执，日后再犯则按此处理。

也有家族开除的字据：

> 立革凭据字人平段寨潘廖氏子日运姐丈潘平三妹丈蒙光明房族潘学继之子日交、日明、日秀、日莲等情，于潘日昌素行不法每在地方捕风烛（捉）影借端滋事油火受欺者难以枚举⋯⋯我等若不除其人难免来日之祸故此我等甘愿立书立凭据一纸付与地方收执如有日后潘其昌仍在地方滋索纠串或捏词控告者任凭地方捆获送来我等定行处死不敢向昌方求情宽宥或在外乡横行滋索任由外乡处死沉水等生死尸横不认凭口无凭愿立逐革字一纸付与地方存照为据。

交　　秀

立字人潘廖氏子日用　房族人潘学继日明日莲

姐　　潘平三

外甥潘道明　妹丈蒙光明　执字头人廖昌吉

依口代笔人侯永富

光绪四年（一八七八）八月初九日　亲立①

黎族对于严重违反习惯法的行为，习惯法规定最重的惩罚是，当着众人捆绑当事者的手脚，浸水后在湿的身体上放黄蚁窝，让黄蚁咬。对一般性违反习惯法的行为，则以罚款为主。如有人违反习惯法，则"亩头"召集全体成员进行谴责和惩罚。社会上发生各种民、刑

---

① 《民族问题五种丛书》广西壮族自治区编辑组编：《广西壮族社会历史调查》，第一册，107～110 页。

案件时，由峒长召集各"亩头"主持处理。各户之间、家庭成员之间、夫妻之间若发生纠纷，由"亩头"来调解和进行教育。[①]

鄂温克族大家族（毛哄）内发生大事如有人犯重罪，就依习惯法由大家庭的老年人和族长开会，杀一只鸡，打开族谱，开除犯重罪的人，把犯人的名字从族谱上除掉。一个成员被除名之后，就等于一个死人，尽管可以申请加入别的氏族，但大多不愿意接受。习惯法还规定，外甥犯了错，舅父可以向毛哄保证，而免于处理。对于已被处死刑者，叔叔和舅父也可以出面为其减刑。[②]

藏族群众之间有口角、打架等小事，可由村中老人调处，事后向头人、土官报告。较大的纠纷和民事、刑事案件则必须由头人判处。人命案件、死刑判处、冤家械斗等，则由头人会议商量判处。

诉讼时，双方先按习惯法缴手续费（有的要求递交诉状）。判决的原则是根据情节轻重、当事人双方的经济情况、双方与土官头人的关系、曾否贿赂等因素决定。也有在回答审问时，稍微说错了一句话，即被当作判决根据的。判决后，无权再进行上诉。有的地区有判决书一式三份。惩罚手段大体可以分为两类：罚款和刑罚。刑罚种类繁多，而且极为残酷，主要的有：投地牢、监禁、流放、戴手铐、脚镣及本枷、捆和吊、抽皮鞭、同恶犬拴在一起、棒打、砍手剁脚、抽脚筋、割鼻、割耳、割舌、割嘴唇、挖眼等。[③]

藏族习惯法规定的死刑的原则是不宣判处死，而宣布施以某种经过一定时间才能致死的刑罚。这和藏族的宗教信仰有关。因此，藏区虽有种种致命的酷刑，如把犯人装在生牛皮袋里活活晒死或投河投岩、马拖毙、勒毙、冻死、游肠子等，但没有枪决、斩决、绞决等立即毙命的死刑。也有鸩死（毒死）的，但为暗中进行，并非出于公开判决。在青海藏区，有的存在砍头这一执行死刑方法。最普遍的死刑方式为"点天灯"，即以酥油涂在头发上点燃烧死。将犯人捆在天葬场，让天鹰啄食而死的也不少。[④]

羌族的民间纠纷，主要是债务和婚姻，由头人审理。离婚案件，若由男方提出，就给女方七两银子；女方提出，则给男方十二两，缴不出的留衙门当娃子，也有双方都争执不决而都留当娃子的。刑事案件，凶手必须赔死者命价，出烧埋费，并以猪膘、粮食、酒水为赔礼，多少看经济情况决定。头人的刑具，通常以大拇指粗的 10 根木条捆在一起，打臀部四五十下，打完一个人，就另换新条子。也有用鞭子打的。犯人关在牲口圈的"黑房子"里，带上手镣脚镣。被打过臀部和关过的人，被社会视为耻辱者。[⑤]

彝族家支内部纠纷，常先请双方信服的头人调解，调解如不能一次说服，则动员其家门

①　参见詹慈编：《黎族合亩制论文选集》，192、221、273 页，广州，广东省民族研究所，1983。

②　参见《民族问题五种丛书》内蒙古自治区编辑组编：《鄂温克族社会历史调查》，33~34、358 页，呼和浩特，内蒙古人民出版社，1986。

③　参见四川省编辑组编写：《四川省甘孜州藏族社会历史调查》，29 页，成都，四川省社会科学院出版社，1985。

④　参见四川省编辑组编写：《四川省甘孜州藏族社会历史调查》，29 页。关于嘉绒藏区习惯法中现存的司法制度的主要表现，可参见杨华双：《嘉绒藏区习惯法中的司法制度》，载《西南民族大学学报》（人文社科版），2005(4)。该文介绍了嘉绒藏区习惯法中现存的司法制度的主要表现，从社会背景、民族伦理观念、宗教影响、法律价值取向等角度分析了习惯法保留或变迁的原因，并总结了嘉绒藏区习惯法中司法制度的法理特征。

⑤　参见俞荣根主编：《羌族习惯法》，202~211 页，重庆，重庆出版社，2000。

和舅父多方劝说，并根据双方实力的对比和等级的高低决定赔偿金。违反习惯法的重大行为，则召开家支大会处理。在处理时，原则上是等级越低，处刑越重，不受年龄限制，但对女性处刑往往较男性为轻。刑罚可分为死刑（包括令其自杀：吊死、服毒、剖腹、投水、跳岩；由他人杀死：勒死、吊打致死、捆石沉水、滚岩、刀枪杀、烧死、活埋、捆投深洞等）、伤残刑（吊打致残、斩脚后跟、斩右手、斩手指、挖眼、割耳、咬鼻、穿鼻、针刺眼珠等）、监禁（颈项拴猪屎链子、穿木脚马）等。①

高山族处罚的种类有：（1）斩杀：用于通敌、已婚奸或以巫术害人者；（2）放逐：驱逐出社或族，有有期、无期之别，用于放火、叛逆通敌罪较轻者；（3）毁屋抄没：欺诈的，毁欺诈者的家屋，没收所有物；强奸罪成立，被奸者的父兄可毁强奸者的家屋；（4）笞刑：殴打臀部或背部，通奸者让被害亲属殴打后再处刑；有的对已婚男女通奸者，切开其耳孔，以表记号；妇女犯通奸的以辣椒涂抹其阴部；（5）谴责侮辱；（6）赔偿。从处理机构与处理程序看，部落长老、甲头按照习惯法有义务替人解决纠纷，是维持社会安宁的重要人物；部落是最基本的执行习惯法的单位。②

土族遇有内部发生纠纷时，一般先请地方上有声望的老人出面调解。在土族旧官制没有取消以前，民间的纠纷也常诉诸土司、土官及其属员。土司衙门设有监狱，并有衙役，专行催粮、召集人伕、传唤案犯等。土司审案时使用的用具有铁锁、铁绳、脚铐、手镣、皮鞭、板子、马棒等，刑罚有罚款、罚牲畜、罚红布，有时罚没物交给寺院。③

哈萨克族对违反习惯法的处理，一般是由部落头人进行调解，也可以向可汗提起诉讼。乱伦、杀害兄弟或姐妹、盗窃父母或丈夫财物的，家族有权进行审判；为了复仇，可将凶手交给受害人亲属。在处理中，一般按同害报复原则进行，杀人者偿命，伤残他人者，须被夺去其身体的相应部分。妇女不允许作证人和参加诉讼。刑罚主要有：近亲同处刑、死刑、断肢、抽打、鞭打、贬黜刑、压壁石、割耳朵、剁手指、游街示众、灌铅水、牲畜踏身、压榱子、打板子、吊梁、戴手铐脚镣、没收财产、用人抵偿罚金、从部落中开除、被迫服劳役、罚金等。此外各种身体刑可用罚金来代替，即以罚代刑、定额赔偿制。④

通过调解、审理，少数民族通常强调对违反习惯法的惩罚，而把惩罚当作对犯罪或其他不道德行为的一种威慑，这种观念十分古老，最早的表述是在柏拉图《法律篇》中（第六章第934节）："刑罚并不是对过去的报复，因为已经做了的事是不能再勾销的，它的实施是为了将来的缘故，它保证受惩罚的个人和那些看到他受惩罚的人既可以学会彻底憎恶犯罪，还至少可以大大减少他们的旧习。"⑤

少数民族调解和审理的结果通常是口头的，较少用书面形式，但在清朝后期、中华民国时期，书面的和息合同、判书在一些瑶族地区如广东乳源、广西金秀已经出现。

广东乳源的和息贴：

---

① 参见胡庆钧著：《凉山彝族奴隶制社会形态》，278～282 页，北京，中国社会科学出版社，1988。

② 参见陈国强等：《高山族文化》，108～111 页。另可见参见陈国强：《高山族风情录》，174～177 页。

③ 参见《民族问题五种丛书》青海省编辑组编：《青海土族社会历史调查》，11～12 页，西宁，青海人民出版社，1985。

④ 参见姜崇仑主编：《哈萨克族历史与文化》，102、104、189 页，乌鲁木齐，新疆人民出版社，1998。

⑤ 转引自［美］M. P. 戈尔丁：《法律哲学》，141 页，北京，三联书店，1987。

立愿公罚贴人谢命昌，情因饔餮不续，盗心突起，得偷茶坪坑瑶人棕皮一十余斤，登即追赶擒获，原棕缴回。经投村邻罗春养等理论，均叹匪徒本该送官重究，奈命昌哀求余等，上无兄弟，下无妻子香火，原将自己家资办出作为公罚之资。当日瑶人甘允了事，言明后日瑶人与命昌仍敦旧好，不敢反悔，另生枝节等情。后日命昌再行攘窃瑶村物件等情，一经查出，任瑶人送官，自己甘休死地无词。失物者亦不敢经投理论，二家心允，立贴为据。

在场人：罗春养　陈加福　许燕怀

谢玉才　谢神芳　谢玉辉

谢神启　谢神才笔

光绪辛巳年正月十三日立合同二张为据①

调解结果和审理的判处的效力通常仅及于双方当事人，但有时也有涉及证人等其他人的。

调解的结果和审理的判处，往往与调解者、审理者的品行、能力、威信有密切关系。如国民党统治时期，广东连南的沈一公办事公道，尽一切能力为瑶人排忧解难，就深受瑶人的信赖。一次，内田乡沈豆腐养因小事与大坪火烧排五峒人发生大规模的群众性纠纷，火烧排五峒人要沈豆腐养赔偿白银七百六十两，几乎造成"食人命"。当时沈一公正巧生了重病，卧床不起，但当他闻报后，立即叫人用竹椅抬着去现场作调解，经过耐心细致的劝导，促使双方握手言和，无须赔偿，及时平息了这宗械斗事端。再如房三兴夫妇因口角争吵，妻子负气回娘家，两年多不归，一直闹离婚。沈一公知道后，不辞劳苦，多次来回走六十多华里的山路，到女方家调解工作。经过沈一公苦口婆心的循循规劝，终于使房三兴夫妇破镜重圆，和好如初。② 这样的调解者、审理者作出的调解结果和审理判处就易为当事人和社会所接受和服从。

在许多情况下，调解的结果和审理的判处，与调解者、审理者的力量、社会地位有很大关系。

少数民族的调解和审理习惯法有其强制性，这种强制性包括对现实行为的直接控制或对行为后果的间接威吓两种形式。正如霍贝尔所言，任何法律都是有牙齿的，需要时它能咬人，虽然这些牙齿不一定必须暴露在外。③因此，少数民族调解的结果和审理的判处一般能够得到执行。关于调解和审理决定的效力，有的民族的习惯法有明确规定。如清同治六年（1867年）的广西《金秀沿河十村平免石牌》规定："九立不论河（何）人有事，请启（起）人老言清，不得返（翻）悔可也。"④ 要求瑶族当事人对调解和审理结果一体遵守。也有的当事人双方经过调解和审理互不相服，也不听从头人等中间人的判决，最后就会发生械斗。因此，少数民族调解和审理的决定有一定的习惯法效力，但也不是绝对的。

① 盘万才等收集，李默编注：《乳源瑶族古籍汇编》（下），1262页，广州，广东人民出版社，1997。
② 参见清远市政协文史委员会、连南瑶族自治县政协文史委员会：《清远文史（九）——连南瑶族文史专辑》，244～245页，清远市政协文史委员会，1995。
③ 参见［美］E. A. 霍贝尔：《初民社会的法律》，27～28页。
④ 《民族问题五种丛书》广西壮族自治区编辑组编：《广西瑶族社会历史调查》，第一册，55页。

第三节　神判

由于社会发展阶段和文明进化程度的限制，相当多的民族采用神明裁判的方式来解决疑难纠纷，处理复杂的违反习惯法的行为，形成了关于神判的适用条件、神判的种类、方法、结果等的习惯法。①

每个初民社会都无一例外地设定神灵和超自然力的存在，他们寄望于神灵，并坚信它们会对人的任何一个特定的行为作出赞成或不赞成的反应。一旦人们不能收集到确凿的证据来查明案件的事实情况、解决争议时，便总是转向求助于宗教神灵。这种超自然力可以作为纠纷的一种救济手段，渗透到习惯法之中，以判决的方式和执行手段的形式发挥作用。② 美国学者伯尔曼认为，在日耳曼社会，"信任—不信任"的同时并存与极端相信命运的任意性紧密相关，而这种信念则首先反映在运用神明裁判作为法律证明的主要手段之中。这对于我们理解中国少数民族地区的神判同样有启发。③

一、条件

壮族在调解纠纷时，非常强调人证与物证，因而头人对不少本来可以据理判断的案件不敢作决定，而采取"神判"的方式来解决。具体的习惯法是：由当事双方将自己的理、咒语、庚辰写好，备公鸡一只、香烛若干，请头人和道公一同到庙中去，先由道公念经请鬼，再由原、被告将"阴状"焚烧，同时将鸡一刀砍断了事。

---

① 神判是在什么时候出现，基本上有两种看法：一种认为有氏族制度就有神判；另一种认为神判起源于农村公社阶段。笔者赞同第一种观点。可参见宋兆麟《神明裁判与法的起源》，载《广西民族研究》，1987（3）。日本学者伊藤清司曾在《铁火神判系谱杂记》一文中讨论了中国一些少数民族的神判（载《贵州民族研究》，1986（1））。关于神明判的起源，也可参见杜文忠：《神判起源考略》，载《思想战线》，2002（6）。杜文忠认为神判中的血迹判、铁火判、宣誓判起源于原始巫术形式，而神判中的捞沸判则可能起源于早期人类生活实践。

② 关于神判，较早的研究有夏之乾的《神判》（上海三联书店 1990 年版）、邓敏文的《神判论》（贵州人民出版社 1991 年版）等。杜文忠的《神判与早期法的历史演进》（载《民族研究》，2004（3））从法人类学的角度出发，结合对原始宗教与习俗的理解，通过对神判与诸如原始献祭、放逐、杀戮、赔偿、仪式等早期习俗之间关系的研究，对神判中隐喻和凝聚着的早期法的原始含义进行了深入的解释，进一步从"公"与"私"两个方面揭示了早期原始法在历史演进中的某些特点。

③ 参见 ［美］伯尔曼：《法律与革命——西方法律传统的形成》，贺卫方等译，67～68 页，北京，中国大百科全书出版社，1993。

霍贝尔用丰富的实证资料证明了宗教、禁忌与初民社会司法的关系。他指出：在爱斯基摩人的制度中，法律的绝大部分内容都为宗教的控制作用所取代。只有当宗教的制裁不灵或禁忌的规范一直为人们所忽视时，法律才作为最后的救济手段来维护宗教的权威。在伊富高社会中，仅仅是在证据的领域内，超自然的因素才被视为一种具有重要作用的东西。在切依因纳人相互控诉的纷争案件中，为辨明证据、澄清事实，当事人有对野牛的头颅骨立誓的做法。在阿散蒂人社会中，法律为宗教所控制。某些法律上的争议，例如债务纠纷，可能完全因纯世俗的冲突而起，然而一旦赌咒立誓，便会笼罩在一片宗教的氛围之中。神灵会通过当事人立誓或神判的方式来查验一切证据言词，国王作为皇室祖先魂灵的后裔，也使得他的统治合法化了。参见 ［美］E. A. 霍贝尔：《初民社会的法律》，293～298 页。

下面是一份"阴状"的底稿：

"上告"天地神明日月三光廿四位诸天供油教主三界圣帝本庙圣王案前呈进。具告凡民阴人廖金钱等为朋以为好谋控害乞思愿情电鉴以分经渭事无处申冤事窃有堂兄廖××今据大清国广西省桂林府义宁县分防龙胜理苗分府龙脊乡廖家寨广福莫一 庙王祠下社王土地居住奉圣修因即至告状人廖金全年八十五寿设谋控害时势欺弟依强夺地名管界翁田平段牛厂等具控龙胜安府庄案下衙顽钱三十二千二百文阳间孤独守伤忠良裹内无钱不敢告于 阳宪冤展如海气怒如山无处申冤因此无奈是以谨发恨心取 处具雄鸡一只供油一碗状纸一张于孰虚空具告 天地神明日月 三光廿四位诸天 三界供油教主 三界圣帝本境广 福大王部下即速差下（究）查灵官统领雄兵猛将即查迫枸包龙处捉拿廖真命到案务要自愿自仍自私螅报上山蛇伤虎咬下河浪订水推天雷霹雾即道盛疫火焚拣宇宅舍化灰即报剿斥奉行报匠有功之后不忘 大道鸿恩谢 恩谢圣须至状者 右状上告天地神明日月三光廿四位诸天 三界供油教主 三界圣帝本庙圣王抢查灵官 案前 投进 证盟莫一大王

　　　　　星大意行　急行急报
　　　　　皇上光绪十一年岁次丙戌　月具状上告①

按照白族的习惯法，白族的捞油锅神判较为独特。捞油锅（大多以水代替）主要用在被人指控为偷人、杀人、杀魂而本人又坚决不承认时。事前派两人到深山箐里去背水和采竹子，双方再各派一人监视，路上不准停留，要一口气背回村中；然后在村边空地上架锅烧水，双方公推的公证人站在锅边，手举两块白石头。捞的人在屋子里用冷水把手和衣服浸湿，然后上九级台阶，每上一级台阶磕一个头，走到油锅旁边，面对翻滚的开水，捞者双手高举，仰天高呼："老天看清楚，我没有罪。"他的同族人就跟着喊："老天保佑他，别让他手起泡。"对方则喊："老天有眼，让他手起泡。"一切准备好后，公证人将白石头让众人看过后丢入锅中，捞的人大叫一声，很快把石头捞出，手往空中一抛，公证人将石头收藏好。同时将捞油锅者带回家中严密保护起来，不得与第三者见面，以防作弊。三天以后，如果捞油锅者手上不起泡，就算无罪，对方就要赔偿钱物（牛、猪等）；起泡就证明有罪，就要赔偿钱物给对方。如果查出是杀魂，除赔钱物外一般还要逐出村寨。②

鄂温克族对自己的仇人、小偷、土匪，可请喇嘛作"扎特哈"（诅骂的一种）。必须知道对方的姓名、年龄才能行"扎特哈"。行"扎特哈"时，要做一个"查格多勒"（以面和油做成正三角形，盛到红色木盘内），扔向被诅骂者的方向。如果行"扎特哈"而被对方发觉时，则被诅骂的这一方也可同样行"扎特哈"以报复。③

在调解不成时，羌族往往由"释比"主持进行神判，借助神的力量来解决问题。释比能

①　《民族问题五种丛书》广西壮族自治区编辑组编：《广西壮族社会历史调查》，第一册，111 页。
②　参见《民族问题五种丛书》云南省编辑组编：《白族社会历史调查调查》，第二册，101 页。
③　书书觉从分析神判的程序价值切入，认为神判对诉讼程序价值特别是对民事诉讼程序价值形成有着重要影响。这些影响具体表现为神判程序价值为民事诉讼程序价值的形成奠定了社会基础、文化基础、经济资源和政治基础，从而论证了神判程序价值与民事诉讼程序价值形成的源流关系。参见书书觉：《历史的浸染——从神判对民事诉讼影响分析开始》，载《河池学院学报》，2006（1）。

诵唱经典——关于羌族的古老文化与历史渊源的神话传说和叙事长诗，是羌人中最权威的文化人和知识之集大成者，因此释比在人们的心目中享有崇高的地位和威信。然而释比又是地道的凡人，更准确地说是个普通劳动者，他的一切法事活动都是业余的。虽然他法术高强，能出入神界鬼蜮，但绝不以此为职业，将其作为谋生的手段。这也是释比受人尊敬的又一个原因。①

成吉思汗时期，蒙古族信仰的是萨满教，到蒙古族统一中原之后，佛教的一个分支——流行于西藏的黄衣喇嘛教逐渐取代了古老的萨满教的地位。元朝还建立了佛教和国家政权合一的统治机关——宣政院，这就使喇嘛教更加深入到了蒙古人的心中。这种深厚的宗教习惯意识在司法审判中的体现便是神明裁判。蒙古族退居漠北之后所适用的习惯法典·《卫拉特法典》就有入誓制度，入誓的形式通常都是顶佛经入誓。《卫拉特法典》规定了法定入誓的适用范围，对拒绝提供免费住宿和招待的人或强要住在没有儿子的寡妇家的人，如无正当理由，给予处罚，如欲申诉，必须先发誓。另外在生活中，入誓更是一种经常用于保证行为的真实性的方式，例如丢失牲畜询问可疑者要先入誓，被罚牲畜无力全部交清者，通过入誓也可以免责。②

二、种类

少数民族神判的种类比较多，各民族有其与本民族经济社会条件相适应的神判方式、方法。

（一）壮族的神判种类

壮族的神判主要包括"捞油"、赌咒、砍鸡头等。"捞油"的做法是用一只大锅，内放油脂12斤和1个手镯，烧火煮沸，道师在油锅四周结七个草人，只念咒语，便由全村所有的人先后用手去捞取油锅中的手镯。据说如果不是偷者就平安无事。如系偷者油锅就会燃烧起来，便要赔还失主的损失，并杀猪羊款待全村以谢罪。如捞者均平安无事便是失主诬赖，也须备酒席向全村人赔罪。赌咒的做法是由失主准备狗、猫和大雄鸡各1只，狗是代表偷窃嫌疑者，猫是代表失主，将雄鸡杀死，烧香点烛、祭土地公，由道师念经请神来监督，如果猫咬狗，便是偷窃嫌疑者有罪，他要赔还失主并罚款若干；如狗咬猫便是失主诬赖，要杀猪羊来请村中社老及被诬者吃，当面谢罪。

有的地区遇到偷盗事件的争执，便按照习惯法到雷王庙去进行神判。神判前，由争执的双方各找1人代替赌咒，找不到别人代替的，则由自己赌咒，如被指控为偷盗犯的人因找不到别人代为赌咒，便引起对方和社会更加怀疑。神判的方法很简单：用竹竿一条，一端挂个小篮，篮里燃香数枝，由巫师拿着念神一通，双方对神赌咒；接着杀小猪、公鸡各1只祭神，求神暗中惩罚偷盗者或诬赖者。

有的壮族地区如果全村人都认定某甲有偷盗嫌疑，而某甲却不承认，则举行神判——砍

---

① 参见马宁、钱永平：《现代化进程中的羌族文化研究——以羌族"释比"为例》，载《阿坝师范高等专科学校学报》，2006（4）；周毓华：《羌族原始宗教中的"释比"》，载《西藏民族学院学报》（哲学社会科学版），2000（4）。

② 参见柴荣：《西部大开发过程中蒙古族传统习惯法的扬弃》，载《前沿》，2002（2）。

鸡头发誓。失主不要甲发誓，而要其另找一个家庭比较富裕的人代他发誓。发誓以后，如将来查出确系某甲偷盗，则加倍处罚代誓的人，并要他请酒结案。[①]

（二）苗族的神判种类

苗族也有类似的神判，不少文献都有记载，如吴省兰的《楚峒志略》说："苗有冤忿，必告庙，刺猫血滴酒以盟心，谓之吃血。其抱歉者，逡巡不敢饮。其誓曰，你若冤我，我大发大旺，我若冤你，我九死九绝。"艾必达《黔南识略》卷二十也称："红苗……相争者多以吃血解，或因本人吃血难凭，则指名其亲族某人吃血盟誓，名为点血，延巫请神以监之，大则宰牛狗，小则用鸡猫，吃血后永无反复，苗人俗尚鬼故也。"清代檀萃的《说蛮》称："花苗在新贵、广顺，衣花布故曰花苗……卜地以鸡子掷之，不破为吉。病祷于鬼巫，曰鬼师，动作必卜，或折草，或熟鸡取胫骨与脑验之。"民国时期刘锡著《苗荒小纪·序引》中说："巫觋为古所重，《尚书》、《左传》，可征者多。苗人崇信神巫，尤其于古。婚丧建造，悉以巫言决之。其至疾病损伤，不以药治，而卜之于巫，以决休咎。"

《粤西琐记》也曾记述说："蛮僚有事，争辩不明，则对神祠热油鼎。谓理直者探入鼎中，其手无恙。愚人不胜愤激，信以为然，往往焦溃其肤，莫能白其意者。此习土著之民亦皆从之，少抱微冤，动以捞油为说。"民国时期的《贵州通志·土民志一》记载："苗事有不明者，只依苗例，请人讲理，不服则架锅用油米和水贮锅，置铁斧于内，柴数十担烧极滚，其人用手捞斧出锅，验其手起泡与否为决输赢，凭天地神明公断有无冤枉，谓之捞汤。"

方享咸的《苗俗纪闻》也说："自沅州以西即多苗民……若小隙争论不已，则彼此期以日以地辩曲直，地必酌道里之中，无偏近。届期，两寨之人及两家戚属以弓刀从左右列，中设一大镬，满贮水，于中置一斧。然以沸沸热不可执。两造各言是非，言竟互鸣金，声震林谷。金尽，彼此仰而呼天。移时，各以手入沸汤中取斧，得斧而手无恙者为直，焦烂者为曲。如直在左，则右者奔，奔不脱者则群执而杀之。虽死数人者不敢校，死者家亦不敢向怨主偿，云：天所命也。曲者复备多牛马以请成。右直亦然。"

具体事例：

（1）烧汤捞油的事例：距今约一百多年前，贵州台江反排农民张老东和张老格因争田纠纷调解不成。内容是：两人是堂兄弟，张老东认为张老格所种"脸相痒"（地名）的八挑田是应当分给他家的。张老格认为这田是自己的。但是谁也不能提出有力的证明或证据，"六方"也无法调解，只好进行"烧汤捞油"。由张老东先出钱烧汤，张老格亲自在锅中捞斧。翌日检验张老格的手臂，并没有烫脱皮。张老东自认输了"理"，田归张老格所有。

（2）屠狗的事例：贵州台江反排寨脚有一座木桥，在1931年时只有唐将我、唐缴光娘、唐纪光娘的后代二十户可以去敬这座桥，他们认为桥是他们二十户共有的，他人不能去敬，恐怕夺去他们的好运。但同寨唐留我的后代十一户却认为这桥是唐姓全族共有的，也要去敬。双方争执不休，无法获得解决。最后由二十户唐姓出狗一只，唐公九代表十一户唐姓砍下狗头宣誓说："如果我们十一户对这座桥没有权利，十一户都要遭到死人、破财……"屠狗后二十户唐姓才允许十一户唐姓去敬桥。

（3）杀鸡的事例：在约七十多年前，贵州台江反排农民唐牛包与张九当争"别相"（地

---

① 参见《民族问题五种丛书》广西壮族自治区编辑组编：《广西壮族社会历史调查》，第一册，17页。

名）的七挑田，是以杀鸡的方法解决的。张九当的姑母是唐牛包的母亲，唐母逝世时，张九当将唐牛包"别相"的七挑田据为己有，作为"你希夫"（苗语，直译为"吃头钱"）的代价。按当地习惯，女儿出嫁死后，娘家可以向婿家索取八两一钱至十二两银子的"你希夫"（但不能任意占据婿家的田地），这一代的亲戚关系即告终了，须到下一代方能互通嫁娶。但也有因双方感情深厚不要"你希夫"的。唐包牛的母亲逝世时，张九当向唐家索取"你希夫"是可以的，但不应占去唐牛包的田地（据说：张九当的姑母死时，唐牛包的年纪很小）。因此，唐年包认为张九当霸占他的田，向张索取。张九当却认为当时唐家没有给"你希夫"，他便可以要田。双方互不让步，"六方"也无法说服他们，只好建议杀鸡解决。于是张九当出鸡，唐牛包杀鸡，并收回七挑田。恰好次年张九当夫妻相继病死，人们认为这是亏理霸占人家的财产的报应。[①]

（三）瑶族的神判种类

瑶族石牌头人或瑶老判决不下，或判决后有一方不服的，除让双方开枪相打（械斗）外，可以进行神的裁判，届时石牌头人必须到现场观察作证。主要有这样四种方法：

（1）砍鸡头：如双方因争山界相持不下时，谁愿意砍鸡头则自买鸡三只，到所争的山界上，烧化香纸后，即对天盟誓，一般说："上有天，下有地，天有眼，地有眼，哪人吞谋山场，砍你的男孩，砍你的女孩。"咒毕，用刀砍鸡头使断，并将鸡丢去，不准谁拾来吃，否则就不灵验。谁砍断了鸡头，他就可以得到所争的山界。当双方争执时，往往只有一方愿意砍鸡头，因为他们认为神的裁判是严厉的，谁要是无理，那在砍鸡头后就会报应。因此，理短的一方，往往不敢砍鸡头，害怕受到神的惩罚。这样愿意砍的这一方就获胜。

（2）进社：双方把争执的山界上的泥土各挖一块，拿到社庙里去发誓，谁敢拜社，地界就归谁。

（3）装袋：争执的双方，约定日期和日数，每晚一起到社庙里去睡觉，谁在睡庙的期间生了病，谁就算输。要是双方都不生病，则把争执的地界分平。所谓装袋，是除了以是否在睡庙期间生病来决定山场地界的得失外，还以一笔钱财来赌胜负。谁生了病，不仅失去争执的地界，还附带输掉一笔钱财。装袋钱财的数目多少，由双方议定，36元、72元、120元不等。失败的人叫"碰袋"。

（4）烧香：较小的争端，只要谁肯烧香，当天发誓，谁就得到所争的财货。烧香发誓的地点，一般都在村外空旷之地，村内是不许做这种事情的。[②]

（四）景颇族的神判种类

景颇族习惯法规定，纠纷无法判明是非时请神鬼判决，其方法主要有以下几种：

（1）卜鸡蛋卦：事主从若干被怀疑者的房屋上分别取下一根茅草，作上记号，然后请山官、头人、长老、董萨、左邻右舍到场作证。当着被怀疑者的面，把每把茅草摘下一小段放入碗中，倒入鸡蛋清，与茅草搅拌，谁家的茅草先糊上蛋清，谁就被判定为偷盗者或别的案犯。

---

①　参见《民族问题五种丛书》贵州省编辑组编：《苗族社会历史调查》，第一册，399～400页。
②　参见《民族问题五种丛书》广西壮族自治区编辑组编：《广西瑶族社会历史调查》，第一册，71页。

（2）捏生鸡蛋：山官把所有怀疑者叫来，由董萨念咒，用一个生鸡蛋给被怀疑者捏，捏破了鸡蛋的说明此人犯了罪。

（3）埋鸡头：失物后，失主先在寨子连叫两天，通知大家，自己丢失了什么东西，拾到者须归还原主；若无人归还失物，失主可请董萨来念咒，念后砍下一只活鸡的头，埋于地下，诅骂谁偷了东西谁就要死去。

（4）斗田螺：当事者双方各准备 1 只活田螺并做好记号，请山官及有关人员作仲裁，原告先将田螺放入一只盛水的碗中，然后被告也将自己的田螺轻轻放入，让两只田螺相斗，获胜田螺的主人就是胜者，斗败的田螺的主人只能认输。

（5）煮米：当事双方以同样大小的布包裹同样分量的米，分别做好记号，用线系着米包投入锅中去煮，过若干时间同时取出，若谁的米包未煮熟（有生米）或生米多，则为输。

（6）捞开水：由山官、头人主持，董萨念完咒语后，把银币或铜币投入烧开的锅中，令双方同时伸手捞取钱币，捞后谁的手被烫则为输，伤得越重越无理。

（7）闷水：这是场面最壮观的一种神判。一般只用于无法裁决的重大案件，如偷牛、土地纠纷等，由山官、头人、董萨主持。闷水前当事双方要请求各自的亲友给予资助，俟双方都已筹集到二三十头牛后，便决定举行"闷水"仪式，牛群交山官保管，由董萨占卜确定闷水的时间和地点。届时，双方亲友均到场助阵，附近村寨的群众也纷纷前来围观，气氛极其紧张、严肃。仪式开始，董萨念诵咒语，并由当地素孚众望的老人对天疾呼，请求鬼魂显灵，主持公道，然后把两根长竹竿插入小河或池塘的深水处，山官令双方同时各顺一根竹竿潜入水下，谁在水中闷的时间长，谁就得胜；谁闷不住先露出水面，谁就输理而受罚。无论何方得胜，均立即鸣枪报喜，当场杀一头牛祭奠鬼魂，并请大家一同分享牺牲。事后双方都要送一头牛酬谢山官，其余的牛全部由胜者获得，并由获胜者分给资助他的亲友。

此外还有烧线香、诅咒（叫天）等神判方式。[①]

（五）藏族的神判种类

藏族较早就出现神判。如公元 7 世纪，松赞干布建立吐蕃王朝，制定法律制度，其"伦常道德十六法"中有这样的规定："杜绝谎言之法，以天神、护法神为证起誓。"[②] 用起誓的方法对付撒谎的人，就是用来澄清是非。这种方法被引入法律，作明文规定，这是典型的神判形式。民间还广为流传"对付狡赖者起誓，对付纠纷者中人"、"涤除污垢用水，洗净人心靠誓"等说法。藏族的神明审判用于不易决断的疑案，其方式有多种。比如偷盗案，其一是

---

① 参见《民族问题五种丛书》云南省编辑组编：《景颇族社会历史调查》，第三册，42、126 页；许鸿宝：《略论景颇族的习惯法》，载《民族调查研究》，1984（3）。

傣族也有类似的习惯法。傣文史料记载，傣历 1146 年（1784 年），景真头领又起贪心，妄想霸占勐遮的田地，勐遮头领规劝景真头领却未能制止其强占田地的行为，双方具文呈报召片领。召片领批复按传统古规"闷水"判田地所属。是日，经祈祷众神来判案后，双方代表闷入水中。按习惯法，田地的真正主人的代表方能闷入水中后活着，假主人的代表则闷不下去会漂起来。果然，景真的代表漂起来，而勐遮的代表很顺利地闷入水中。闷水结果表明神判景真头人是田地的假主人，勐遮是真主人，景真头人乖乖地归还田地给勐遮。参见《民族问题五种丛书》云南省编辑组编：《傣族社会历史调查》（西双版纳之二），109～110 页，昆明，云南民族出版社，1983。

② 《西藏历代法规选编》（藏文），41 页，拉萨，西藏人民出版社，1989。

原告、被告先后在神前宣誓，然后将油放在锅中烧沸，要被告嫌疑犯在热油锅中用手捞出铁斧，到第二天检查，如手受伤即被认为是"神判"有罪。①其二是一面鞭打被告，一面由喇嘛在旁边念经（念咒），念经一遍审讯一次，如果反复审讯了9次（同时也挨了9顿鞭子）而被告仍矢口否认，即当场宣判被告无罪，并责令原告倒赔给被告以价值相当于失物的财物。

另外有由"钻神索"来定案的，即在佛像前系绳索，令当事者俯首钻过绳索，心虚者不敢过，即以此判胜败。还有"顶呷乌"，"呷乌"即护身符，以不敢赌咒和顶呷乌者为失败。

还有"三各日利"，即捏两个炒面蛋，里面包上各写一方名字的小字条，由一中间人在盘子里转炒面蛋，先掉下者输理。有"倒尕日纳合"，即木桶中放两个大小相等的、形状一致的黑白石头，并倒打拉水（起隐蔽石头的作用），由被告去捞，捞着黑石子输理，捞着白石子赢理。②

（六）彝族的神判种类

彝族习惯法规定有如下几种神判方式：

（1）如珍贵物和贵重品被盗后不知偷盗者姓名，被盗者就请毕摩（巫师）来家，先缚鸡犬悬于门而后宣传，谓盗物如不速归还者将椎鸡犬咒之。如没归还的，则移鸡犬缚木上，置路旁，毕摩终日咒之，鸡犬叫号数日而死。也有畏咒送还的。

（2）发生偷盗、暗杀后，甲方疑乙方所为，乙方则坚不承认，又无证据者，调解人则命椎牲盟誓，请毕摩咒诅以自明。事后查明如实为乙方所为，则要进行赔偿并给以其他处罚。

（3）端犁铧：纠纷双方通过让被怀疑对象手捧烧成火红的犁铧，视其是否烫伤以解除怀疑，有毕摩主持与中人作证。

（4）捞开水：纠纷双方通过让被怀疑对象从开水中取物，视其是否烫伤以解除怀疑。有毕摩主持与中人作证。

（5）嚼白米：纠纷双方通过让被怀疑对象嚼白米，视其吐出来的米是否带有血污以解除怀疑。有毕摩主持与中人作证。

（6）打死禽畜赌咒：由被怀疑者首先说清楚受了冤枉，并打死一只禽畜给对方看以表明无辜。有的还将禽畜的血溶于水喝掉。事情较小的不凭中，较大的须有毕摩主持与中人在场。

此外还有捞油锅、漂灯草、摸石头、折断棍子等神判方法。彝族习惯法规定了两种集体性的赌咒活动。一为"扎西依西"，意为保护庄稼不被偷盗，在每年秋收前的六七月举行，一年一次，各等级成员都要参加，分别将鸡带来当场宰杀，溶血于酒中，让参加者分喝，发誓以后不偷盗。另一为"斯协马协"，意为不砍竹木，参加者共饮血酒，赌咒封禁，不许砍伐。在彝族社会，毕摩在执行神判习惯法方面具有重要作用，毕摩通过念各种经、咒语，展

---

① 参见陈光国：《民主改革前的藏区法律规范述要》，载《中国社会科学》，1987（6）。值得注意的是，1733年的清朝《青海西宁番夷成例》承认"誓言"的证据地位，规定了入誓制度。详见陈光国等：《清朝对蒙藏民族的行政军事诉讼立法初探》，载《青海民族学院学报》（社会科学版），1991（2）。

② 参见四川省编辑组编写：《四川省甘孜州藏族社会历史调查》，105 页；陈光国：《藏族习惯法与藏区社会主义精神文明建设》，载《现代法学》，1989（5）。

示神力，分清是非。①

羌族的神判包括诅咒盟誓、砍鸡吊狗、枪打草人、捞油锅等。②

三、结果

一般而言，少数民族接受神判的双方，都不会受到人为的偏袒或压制，不论其年龄、身份、财富状况如何，在神判面前均处于绝对平等的地位。当事人和神判主持人，心中对神灵都怀有质朴而虔诚的敬仰，他们不是被迫的而是心甘情愿地接受神灵裁断。从客观结果上说，每个当事人都有被判输的可能，但这种判输的几率对双方却是均等的。

神判的具体结果不一，根据神判情况而定。如佤族的神判后的结果，按照习惯法主要有这么几种：

（1）鸡卦。如没有当场抓着偷者，失主便请魔巴杀鸡看鸡卦以判定偷者。看卦前，失主确定一个被他怀疑的人再看鸡卦，若鸡卦果真如此便认为是此人偷了；若鸡卦不如此，再怀疑另一个人，另看卦，直到确定了偷者为止。确定了偷者后，失主便告知"被确定的偷者"。若被怀疑者不承认就进行第二步，其方法有三种：失主和被怀疑者互相摩掌；互相打头；双方都用竹签扎手，根据出血多少来确定是哪一个错了，若出血情况一样，则都不错，就此了结，若失主出血多，要听"被怀疑者"处罚（一般是拉猪和拉牛，甚至抄家），若被怀疑者错了，就要听失主任意处罚，赔还所失东西，或抄家甚至处死。若失主当面看到偷者，而偷者硬不承认，便不需要杀鸡看卦，直接用第二步方法。若失主出了血或失血多，那也认为失主错了，而当面看到的偷者被认为无错，这时失主便要听任"事实上的偷者"处罚。

（2）站土窝：甲失东西疑乙偷，乙不承认，甲便请中间人来挖一长宽容双足、深约25厘米的小土窝。甲先站在土窝里，中间人持一长60厘米、宽约6厘米的木板放在甲的头上（头上不包包头布），连放三次，每次5秒钟，然后乙再同样做3次。若是站不稳，板子掉下来就为输。若二人的板子都掉下来或都不掉，情况一样，那就了事，否则输的人要向对方赔礼。

（3）拿石头：失主找一中间人烧一锅开水，里面放一石子（也有放一鸡蛋的），先是失者用手臂入沸水里取出石头，中间人用麻布把他手臂上的水擦干，等数分钟，看他手臂上有无水泡。然后由被疑人再同样把石头从开水锅里拿出来，中间人也用麻布把他手臂上的水揩干，看有无水泡。起水泡者，为之失礼就输了，要向对方赔礼。若双方情况一样，则都不错，也就罢休。③

藏族传统的天断（神判）依据形式的不同而有不同的结果：

（1）起誓。有人被指控犯有盗窃等罪行，被告矢口否认，此时往往责令被告起誓。起誓常在寺院、王宫或神像面前等特定场合举行。起誓人当众道明自己清白无辜，与案件毫无干系，特以有关神灵鉴证；郑重表示，所言如若有假，甘愿接受神灵最严厉的惩罚。一般情况

①　参见何耀华：《论凉山彝族的家支制度》，载《中国社会科学》，1981（2）；何耀华：《彝族社会中的毕摩》，载《云南社会科学》，1988（2）。阿昌族还有一种"摸铅"的神判方式：把铅块熔化，令双方去摸，敢摸者为赢。参见刘江：《阿昌族文化史》，200～201页，昆明，云南民族出版社，2001。

②　参见龙大轩：《羌族习惯法述论》，载《现代法学》，1996（2）。

③　参见《民族问题五种丛书》云南省编辑组编：《佤族社会历史调查》，第二册，130～131页，昆明，云南人民出版社，1983。

下，有罪之人不敢发誓，而敢于起誓者则被认为无罪。所以，一经被告起誓，即可宣判无罪。藏族习惯法认为，起誓必须请能全面通达诸法的神灵和具有世间神境通的护法神为证。民间认为，护法神、太阳神、战神等法力巨大，神威显赫，能够立即显现因果报应，因此多以这些神灵鉴证起誓。传统法律规定，必要时还令受审人剃去头发，脱光上衣，跪坐于新剥下的带血的牛皮之上，一边用装满鲜血的牛胃来回摩擦其身，一边让他们发誓。据说，这样的仪式能够增强神判的效力。参与起誓的人必须是通晓自他二利、懂得事理、言而有信、秉性正直、注重因果者。尤其以下五种人不能参加起誓天断：一曰"金鸟不可网捕"，指喇嘛、善知识、普通僧人等，本身没有咒誓；二曰"黑蛇不可穷追"，指具有法力的咒师通过各种方法可以解除咒誓效力；三曰"黑鸽不可石击"，指饥寒所迫或利欲熏心者不会顾忌咒誓；四曰"孕狗不可棍击"，指女人为了自己的丈夫和孩子可能做伪誓；五曰"幼珠不可线串"，指小孩没有鉴别能力，愚人不可咒誓辨明利害和取舍标准。对这些不宜起誓者采用其他形式的神判。

（2）视伤情。这种神判方式，主要是勒令被告或原告双方体验一种致伤的特殊经历，然后视其伤势轻重判断，无伤或轻伤者无罪，反之有罪。通常使用烧石子、持火斧、指油、舔利刃等方法。在炭火中烧一枚符合规定的石子，同时用水或奶洗净被告双手，并用墨汁等色素标记手掌原有的伤疤。将烧红的石子置于被告手中，令其双手交替捧石走完规定的步数，之后用净布包裹其双手并以盖有法官印章的封条密封包布。三至七天后开封解裹验证双手，若无烫伤，说明清白无罪；若有蚕豆大小的灼伤或水泡，表明稍有罪过；假如烫伤较重，就可判定罪行重。此称为烧石子。有时持火斧天断，即令两方先后徒手持一把烧红的斧头，向前走三步并将铁斧抛出九步之外，然后将手包裹，盖上图印，次日检视，谁的手被灼伤或伤情严重就判谁为输。有些地方，用烧红的钢刀炼烤涉嫌者的腿弯部，谁的腿打弯并致伤，谁被认作有罪，这就是烧烤。指油是在铁锅中倒入三碗清油煮沸，令双方当事人将三个手指伸入沸油迅即抽回，手被烫伤或伤势较重的一方败诉。有些地方令涉嫌者用舌头舔锋利的斧刃、刀刃，舌头被割破的一方为有罪，这就是舔利刃。

（3）视征兆。这种神判方式，即令与案件有关的人员参与特定的仪式或活动，视其所显现的征兆判定罪与非罪，常用方法有摸石、掷骰、摇丸、抓阄、算卦等。在锅中置乒乓球大小、形状相同的黑白两枚石子，再倒入半锅清油煮沸，令被告徒手从沸腾的油锅中捞石，捞得白石即认为清白，捞得黑色则有罪，这就是通常所说的油锅捞石。此外，还有泥锅捞石和水锅捞石，前者即把黑白石子放进滚开的泥汤锅中，让嫌疑人员徒手捞取；后者则将黑白两枚石子分别用羊毛缠裹后投入沸水锅中，令被告或不服调解的一方徒手取石。这两种方法也同油锅捞石一样，以石色定罪。有时令原告、被告当众掷甩平时游戏、赌博用的六面骨骰，以掷得点数多寡判断胜负，得点多者胜诉，得点少者败诉，此为掷骰。摇丸是指将双方当事人的姓名分别写在两张纸条上，用炒面包裹起来放在盘中，然后请喇嘛念经、祈祷神明，捧盘摇晃，摇出一个面团，摇出的面团中是谁的名字谁就胜诉。有时将黑白两张纸条分别裹在炒面球丸内放在盘中，令当事人各取一枚，得黑色纸条者即被定为罪犯，这就是抓阄。另外，还用种种占卜算卦方法进行神判。[①]

---

① 参见何峰：《论藏族传统的天断制度》，载《西北民族学院学报》，1996（4）。

神判一般无书面文书，不过有的地区进行神判时有神判书，下面这份神判书是广西龙胜和平乡龙脊村平安寨瑶族的，具有代表性：

贵　　良铁

立甘愿入庙社后字人，毛呈上寨众等廖　杨冈　等。尝思世人不平则鸣，圣人以无
照　仁红
讼为贵。况吾等因与毛呈因寇为地争竞竞，土名枫木漕一共五漕、五崎，原系吾等公山，伊称伊地，请中理论，头甲人等亥录难分。窃思官山府海，各有分别，土产山业，岂无其主。一比心甘祷神，何人者做亏心事，举头三尺，有神明瞒心昧己，一动一静，神明鉴察，毫发不爽。而我等各缘庚赔，甘愿入庙祈神。

各大神圣座前鉴察报应，谁是谁非，神明本是无私，分明究治。倘若我等何人风云不测，命入黄泉，实是诈骗欺夺，其班牌钱项尽属田寨。而我等并于邻不得说长道短，倍命而让祸端。如有悔言，自甘其罪。恐口无凭，立甘愿字，仍与地方执照为据。

甘愿立字人上寨众等　廖扬冈　良铁福　胜仁贤

头甲执字人　廖金书　潘金旺　陈景章

地方证人　廖量荣　元华

　　　　金成　光滑

　　　　仁盘　玉连

　　　　日映　贵发

　　　　神全　仁礼

　　　　学继　美昌　仕美

　　　　潘学仁　玉贤　陈福贞

　　　　学茂　永义

依口代笔潘廷范笔五百文

光　绪　六　年　二　月　初二　立 ①

作为一种解决纠纷的特殊方式，神判主要是为了判断案件事实真伪、判断证据的可靠性和真实性、判断嫌疑人是否有罪。② 神判尽管不合乎科学，但仍有其合理的成分，它体现了人们力求公正的愿望，符合少数民族传统的文化心理。

有些神判的实施过程本身十分残酷，比如捞油锅、持火斧等，受审者往往被致残，甚至终身难以治愈；而以神判定罪者被认为是神明的处罚，更受社会的歧视，神判结果比一般性调解、审理更加严厉。有时为了加强神判的严厉程度，还要求涉嫌人员的亲戚朋友集体参加起誓，或者双方各以巨额资财作抵押，神判揭晓后，胜诉方可同时占有对方的抵押物。神判的严厉性在少数民族社会产生一种强大的威慑作用，往往使那些行为不轨者望而生畏。

意大利法学家切萨雷·贝卡利亚在《论犯罪与刑罚》中指出，神明启迪、自然法则和社

---

① 《民族问题五种丛书》广西壮族自治区编辑组编：《广西少数民族地区碑文、契约资料集》，185～186 页，南宁，广西民族出版社，1987。

② 参见华热·多米：《藏族部落纠纷解决制度探析》，载《青海民族学院学报》（社会科学版），1999（3）。作者认为神判具有反科学性、裁判的虚假性、残酷性等特点。

会的人拟约，这三者是产生调整人类行为的道德原则和政治原则的源泉。从本质上讲，神明公正和自然公正是永恒不变的，但是人类公正或政治公正却只是行为与千变万化的社会状态间的关系，它可以根据行为对社会变得必要或有利的程度而变化。① 因此，在少数民族社会，神判这一解决纠纷的方式的存在有其客观性。

第四节　械斗

由于各民族内部缺乏公认的有权威的解决纠纷的机构，因而宗族家族之间、村寨部落之间发生纠纷而又调解破裂时往往采用械斗的办法最后了结，械斗成为较大群体间解决纠纷的一种特殊方式和最后手段，因此，有关械斗的参加者，械斗的时间、地点、开始、结束、伤亡的处理的习惯法也为数不少。

一、瑶族、景颇族的械斗

瑶族尤其是广东连南瑶族有"搞是非"即械斗的习惯法。搞是非有排内与排外两种。在排内，两姓或两房因事引起争执各不相让，便会引起械斗。

械斗前，先在排内召开大会，双方订立协议，约定械斗的时间、地点和规定误伤第三者（即非参加械斗者）的赔偿标准，然后在排中宣布械斗开始。械斗开始，一方在战地上鸣炮为号，约对方出战。双方所有的男子，不论老少都可以成为杀戮对象；妇女则依习惯法可以自由行动，如果违反了这项习惯法，侵犯了妇女，事情便会变得更严重。直至双方伤亡过重或被俘虏了人，有第三方面的老人从中调停，双方又愿意接受，械斗才会结束。

广东连南瑶族排与排之间械斗规模更大，常常未宣布械斗和约定时间、地点即进行械斗。按习惯法，在械斗期间，互相捉对方的人为俘虏，不得虐待；械斗调解时，交换俘虏数目如不相等的，应由少方出赎金，每一名定 36 元白银。在械斗中被打死的不进行赔偿。如同意调停，便择定时间、地点开大会，要求双方先停止战斗，以示和谈的决心。在和谈会上，双方男子齐集，由中人讲一番道理。双方选出老人代表，签订协议，并且杀鸡取血酒酒。饮过团结酒后，双方代表互相赔罪。经过这样一个仪式之后，不管起因是什么，从此言归于好，互相往还如旧，不念旧恶。②

景颇族由于对土地、财产的占有而常常引起械斗。械斗人员都是临时凑合的，凡辖区内青壮年男子都有遵从山官召唤、指挥，为保卫自己的亲属、邻里和村寨的土地财产而战的义务。在战略部署上，山官要和大家商量，要依靠习惯法和遵守一套特定的宗教仪式。

根据习惯法，景颇族械斗之前要进行占卜，确定日期。出征前需分送"牦牛肉"，即把牛连毛带皮切成小块分送给亲友乃至友好的山官辖区，意为请他们助一臂之力。牦牛肉上插一根竹签，竹签上用刀刻有暗号，亲友们可根据刀痕判断行动时间，如刻一道痕表示明日行

① 参见 ［意］贝卡利亚：《论犯罪与刑罚》，2~3 页，北京，中国大百科全书出版社，1993。
② 参见《民族问题五种丛书》广东省编辑组编：《连南瑶族自治县瑶族社会调查》，272~274 页，广州，广东人民出版社，1987。

动，刻两道表示后日行动等等；如果万分火急的话，还要加上鸡毛和火炭、辣椒之类东西。接到耗牛肉的被邀者，届时一定要前来集合助战。

如械斗长期不决，一方提出议和，则由该方请中立者送对方"芭蕉叶包贝母"的和事包，以征求和意。对方如同意议和，则照样送还一包；如不同意，则送回的包中有辣椒及火炭灰。议和时，择定时间地点，届时双方会集，杀鸡喝鸡血酒，隆重举行和战仪式，并备一竹筒和两把刀，双方在竹筒上砍刻，然后将筒破开，各执一半，即表示停战。有的则从火塘中各取一根燃烧的柴头，由山官或董萨用竹筒水将之泼熄，表示了却此事，并按双方所议，由理亏的一方进行赔偿，退还所拉之牛。①

二、侗族、佤族的械斗

侗族常常由于互相间猎取人头或掠夺财物而引起械斗。发生械斗，一般虽不通知对方，实行偷袭，但也依习惯法送去鸡毛、辣椒、子弹、火药、木炭之类物品表示警告。有时用木刻发出通牒，刻上道数，要求对方在一定时间内议和，否则进行袭击。接到这些东西的村寨，一种是派人携带财物来议和；一种是置之不理，加强自己的防御，准备迎接可能的袭击。

械斗一般以调解告结束。按照佤族习惯法，先由提出和解的一方向对方送去草烟，表示大家抽烟，共商友好。同时附有木刻，刻着前来和解的期限，一道刻纹表示一天。如果对方同意议和，则在约定的时间和地点，由双方的头人和老人具体讨论协商。

达成协议后，双方要约定时间和地点正式举行和解仪式。一般举行仪式的地点，多在两村寨间的山顶上。在约定的日期和地点，负责赔偿的一方要带来赔偿给对方的半开、大烟和牛等。议和仪式先是两村寨窝朗、头人或巫师共同洗手，并由双方请来主持和解的一位老人给他们倒水。双方在洗手前互敬水酒，诵念历史、祖先和被砍头的人名，互相检讨以前的过错，发誓以后将友好共处，忘掉旧仇，然后正式洗手，并在山顶栽石为记，作为共同遵守诺言的象征。双方还互赠牛肋骨或穿孔的黄腊，象征友好和通气。举行完上述仪式，赔偿的一方则将赔偿物交给对方，然后共同饮酒吃饭，表示已实现和解。

三、白族、傈僳族的械斗

白族各家庭、村寨之间，一直未形成一个统一的有权威性的仲裁和判决机构，因而发生了纠纷又难以进行和解时，就采取械斗的形式来解决。

械斗之前，双方都要按习惯法把同家族或村寨的人招来参加，邀请的方法很简单，即把牛杀死后，全家族或村寨每户一份，只要牛肉（或牛皮）一送到，就知道某家有事前去帮助。在武装准备就绪之后，双方都要杀猪、宰牛、煮酒，邀请参战的人大吃大喝，并推选军事指挥者，决定正式械斗的日期（一般选属虎、猴日）。

械斗这天，按习惯法青壮男子都必须参加。械斗前每人吃一块肉，表示虽死无怨。双方摆好阵势后，先进行祷告、祭鬼，然后高喊三声冲向敌阵。妇女不参加械斗，但享有调停械斗的权利，如双方伤亡过重，一方的妇女可以跑到阵地前，挥动裙子或头巾高喊停战，械斗

---

①　参见《民族问题五种丛书》云南省编辑组编：《景颇族社会历史调查》，第三册，43、127 页。

就必须停止，否则调停的妇女会含羞自杀。依习惯法，械斗中不得射杀妇女，否则其母族也要起来复仇。

械斗中，如双方死伤人数相等，械斗就自行停止。一般是请中间人调解。中间人给双方调解时不能带武器，双方不能对他进行侮辱或杀害，而必须殷勤接待。在调解中，人死得少的一方必须向死得多的一方赔偿命金。习惯法规定：（1）双方死亡人数相等，一般不予赔偿，各自负责；受伤致残者，亦不负赔偿责任。若甲方死亡人数超过乙方，甲方就可以向乙方索取超过部分的命金。（2）赔偿命金必须加倍，即死1人赔2人。（3）赔偿时不一定赔真人，可用牲畜或其他实物赔偿。一般是8头牛抵1人，而8头牛中又可只赔4头真牛，其余每头牛可用1只三角架或1只鸡、1只羊抵。（4）双方死亡人数相等，也要视死者是老人、青年或妇女等情况，分别给予赔偿，一般是两个老人折合1个青年男子。（5）赔偿命金的现金、财物，由全家族或村寨共同负担。得到的家族、村寨亦非死者家独得，而是全家族村寨共同分配，被害者家属可以多分得一些。有时不够分配时，甚至还要由死者家拿出一些财物来补足不足的部分。此外，被害者家属可以要求对方赔"眼泪钱"。（6）调解结束后，双方各拿出1头牛或两头猪至械斗地点烧吃，叫"烧牛肉"，这个仪式表明纠纷已经解决，双方和好。①

傈僳族发生械斗的现象不多，主要发生在氏族与氏族之间，也有少量的发生在氏族内部。按照习惯法，械斗双方都采取突然袭击方式，乘其不备杀伤对方或烧毁对方房屋或拉走耕畜。最后一般由中间人调解，根据死伤情况出钱赔偿死伤者家属。妇女在械斗中可扮演"和平"角色，无论械斗打得多么激烈，只要有妇女在山头上插上旗子示意停战，双方立即停战。傈僳族认为妇女是人类的母亲，理应尊重。②

四、藏族、珞巴族的械斗

藏族部落间为抢夺、抢劫和争牧场，部落与寺院为争地盘，百姓经常发生纠纷和械斗。

械斗时，部落内习惯法甚严。如平常放哨疏忽，或外部落来抢不及时追击，要罚牛、马、枪支，不能负担上述罚款项目的，没身为奴。临阵脱逃或走漏军情者处死，作战勇敢、战功突出者受到全部落尊敬。作战中的战利品归头人，勇敢者受奖励。个别胆怯者被人鄙弃，在部落大会上将其"扫地出门"即开除出部落，一旦受到这种惩处，无异于判处死刑，所到各处无人接纳。

械斗通常由友邻部落或关系密切的寺院出面调解。一旦得到调解，则双方计算损失，死人赔命价，伤人要赔偿，牲畜财产也要计算赔偿。调解成功，举行仪式喝血酒宣誓消恨，并共同给调解人交"衙门钱"、"调解费"，败方要向胜方交"道歉钱"、"低头钱"、"消恨钱"，调解人签字还收签字钱。所有命价的负担，由全部落分担。一场械斗过后，总有许多牧民破产。③

珞巴族存在血族复仇的习惯法。引起血族复仇的原因，主要是婚姻纠纷、债务、偷窃、

---

① 参见《民族问题五种丛书》云南省编辑组编：《白族社会历史调查》，第三册，102～103页，昆明，云南人民出版社，1987。

② 参见吴金福等主编：《怒江中游的傈僳族》，133页，昆明，云南民族出版社，2001。

③ 参见四川省编辑组编写：《四川省甘孜州藏族社会历史调查》，257～258页。

劫掠和因外来疾病传入而导致本氏族成员的死亡等。血族复仇的原始形式是以同态复仇为主，随着私有制的出现和发展及价值观念的确立，产生了交付赎命金的办法，即可以用货币、实物或人来抵偿受害者一方的损失。所谓同态复仇即甲氏族杀死了乙氏族的一个人，乙氏族在进行复仇时，要杀死甲氏族一个人，不管此人是不是杀人凶手，只要和乙氏族被杀人的条件相当即可。

例如，大约在1930年，博嘎尔部海多氏族玉容家族的达玛，借了米林县藏族领主乌金的钱，许久未还。一天乌金在路上遇见了达玛，两人吵了起来。乌金持刀朝达玛脖子上砍去，达玛因刀伤过重，回家后不久便死了。为了复仇，海多氏族的根保召集氏族会议，研究对策，组成了由二十多人参加的、包括奴隶在内的战斗队，自备口粮和武器，择定吉日，高唱战歌，杀向乌金的牧场。当时乌金不在，于是便杀死了乌金的儿子，抢走了一个放牧员和九头犏奶牛。

再如在1950年前后，萨及氏族和东乌氏族发生了一次械斗，起因是东乌氏族的更人杀害了萨及氏族的一个人。死者的弟弟达乌英布杀猪备酒，请氏族首领召集同族人，合力进行复仇。头人召集了三十多人的战斗队伍，奔向东乌氏族住地，向更人家奔去，正巧更人不在家，达乌英布等人便把更人新买来的妻子及两头牛一起抢走。对此东乌氏族的人不答应，后经过调解、再械斗的反复，把抢走的两头牛夺回了事。达乌英布把抢来的更人的妻子纳为己妻。[①]

五、高山族的械斗

有些高山族地区，有以两造的父系家族直系血亲为中心，临时纠集复仇团体来解决杀人、通奸等纠纷的习惯法，一般解决程序如下：

（1）发难咒骂：被害者之父上自己住家的屋顶上，高声地咒骂杀人凶手（或其他罪人）及其家人、直系亲属。

（2）邀集复仇团体：上述的悲愤填胸的咒骂声音，与最先闻讯者的奔走传言，使本社的血仇团体立即向被害者家前庭聚集起来。这时凶手的家人、直系血亲们也自然警觉起来，调查事实详情，准备应对方针。

（3）埋葬尸体：尚未复仇之尸体，由直系血亲用布包后搬运到墓地边上埋葬。尸体竖置于墓穴内，将其上身头部露在地上，意为让他监视着凶手的近亲，索还血债。

（4）焚毁凶手的家屋：被害者之复仇团体在找不到复仇对象时，往往首先焚毁其房屋，毁损其器具。

（5）请求和解：凶手的血仇团体找出一位与双方都有一样远近的姻亲出面向被害者提出，凶手自愿献纳赔偿以求和解了事。

（6）和解禳祓与共食礼仪：谈好赔偿条件以后，约定日期由凶手的父亲或兄弟拿赔偿的金铂及禳祓用的猪，由和解者的族长陪同到被害者家，先把赔偿金交割。其时两方的直系血亲、近亲皆被邀参加，双方男性亲属皆持枪参加，围着禳祓用的祭猪持枪指着，被害方当事人对猪念咒语以枪刺杀之。随后将猪抬到野外烧熟再抬回来分食。

① 参见王玉平：《珞巴族》，10～11页，北京，民族出版社，1997。

另外，有些高山族地区还有部落内的冲突和地域群内的冲突，这种冲突的程序主要有：咒骂挑战；决斗；邀集作战团体；以石相击；木棒相击；短剑相刺；停战复仇；奔走和解；和解禳拔仪式。①

第五节　简评

少数民族司法是民族习惯法与社会生活的纽带和中介环节，它连接着习惯法与社会生活中的个别性事件。司法的过程是运用习惯法解决个案纠纷，将习惯法适用于个案的过程。案件的司法解决意味着个别性事件获得普遍性，普遍性在个别性事件中得以实现。

少数民族司法在瑶族的社会冲突的解决中具有重要作用，教育与惩罚相结合，对于少数民族社会纠纷的处理、社会秩序的维持、民族认同的形成、社会公正的实现具有积极意义。故《靖州乡土志》对侗族地区就这样评价："其款禁甚严，峒无偷盗，秉性朴直，皇古之良民也。"

从民族内部的生产、生活实际情况出发，少数民族司法具有内生性，具有比较强的群体认同。少数民族的调解和审理的习惯法秉承自然公正观念，强调客观的纠纷事实的发现，追求客观的实体正义。经验、资历在少数民族调解和审理及习惯法的形成、实施中具有突出的地位。

少数民族司法在处理纠纷时比较灵活、方便，有较高的效率，且成本较低。少数民族司法注重运用调解手段来解决纠纷不仅可以迅速化解社会矛盾，而且也节约了纠纷解决费用，有助于少数民族习惯法的实现。

少数民族司法受原始宗教的影响较大，突出对神明力量的信奉，有的裁决方法不科学，具有明显的神灵色彩。

在具体规范方面，少数民族司法较为简单，制度比较粗略、不很完善，程序方面不很严格，有些执行方式和执行手段也较为野蛮。

集体共识、集体执行成为少数民族司法的效力保障。不过，由于少数民族社会发展阶段的限制，作为一种自治规则的少数民族司法一般仅在民族内部比较小的地域范围有效，法的普遍性方面存在一定的局限。

少数民族司法具有比较明显的直观性，运用社会生活中的日常用品、具象物件、格言警句、历史事件等表达习惯法、理解习惯法、实施习惯法，不断增加习惯法的生动、形象、合辙押韵的色彩，使之具有强烈节奏感、形象化，使民族成员能够易于接受调解和审理。

由于民族和民族支系的不同，少数民族司法的具体内容各有差异；由于包含着该民族的社会心理、思想观念、行为意识等，因而在对待和处理具体纠纷的原则和方式上，各民族自有各民族不同的特点。

少数民族司法具有相当的稳定性，许多内容一直沿袭下来，为民族成员所遵从。随着社

---

① 参见陈国强等：《高山族文化》，108～114 页；陈国强：《高山族风情录》，166～167 页。

会的发展，少数民族司法在民主性、内容、效力等方面也有一定的变化。

少数民族司法在当今的民族地区还有一定的表现和影响。① 有些与国家司法原则、司法活动相一致，有的与国家司法存在一定的矛盾和冲突，对国家法律的权威有消极影响。②

随着社会的发展，少数民族司法的许多内容已经失去了规范意义，但不少内容对当代中国的法治建设仍有其借鉴意义③，有利于国家制定法在少数民族地区的实施和发挥作用，需要全面总结、认真吸纳。

---

① 如1989年2月，四川省美姑县巴普区龙作乡夏俄普村发生了一起纠纷：阿侯某某家有人结婚，吉牛某某应邀参加完婚礼后回到自己的家中，发现自己开的百货店里的货物被人偷了，损失比较惨重。在经过自己的一番了解后，将怀疑对象锁定在举办婚礼的阿侯家。这种猜疑传到阿侯家后，阿侯家认为是很不合理的，也是对他们家的莫大耻辱。因此，吉牛某某无法承受压力就服毒自杀了。于是，吉牛某某的家支成员就强行杀死了阿侯家的5头猪，并砸烂房屋，将阿侯某某打伤住院。公安局过问此事后逮捕了死者吉牛某某的父亲和叔叔二人，在吉牛家支的人交纳3000元的保证金后将两人释放。事隔一年之后，吉牛某某妈妈娘家的家支（即吉牛某某的舅舅家）向阿侯家提出赔偿。在此情形之下，吉牛家主张先解决吉牛家与阿侯家的矛盾，然后再解决吉牛舅舅家与阿侯家的问题。两位德古曲比波合和吴奇拖且受此委托进行调解，经过昼夜相连的两天多时间到第三天，双方达成了协议。德古根据彝族的习惯法则作出了如下裁决：（1）赔命金5.5锭银子，折合人民币165元；（2）杀牲畜进行赔礼道歉（死者家属较忙，不愿实际宰杀，因此将所杀牲口折合人民币200元。按习惯法规定，所杀牲口两家各得一半，吉牛家实际得到100元）；（3）赔酒道歉（因有事无时间喝酒，将酒折合成人民币，死者得到30元）；（4）给死者父母的擦眼泪马一匹，折合成人民币100元；（5）死者的家支长辈（叔伯等）应得擦眼泪马一匹，但鉴于此案死者也有责任，此项赔偿就免去。两天后，舅舅家支与阿侯家的矛盾也进入调解过程，以舅舅家得到赔礼酒平息了矛盾。参见袁春兰：《来自"坎下法庭"的启示》，载《社会科学家》，2005（4）。

② 周相卿认为国家法和苗族习惯法一直处于一种互相磨合的状态中，有国家法对苗族习惯法让步的情况，也有苗族习惯法补充国家法的不足并不断向国家法靠近的情况，不能将苗族习惯法看作法治的对立面，并欲遏制之或以现代法取代之。从社会秩序形成的角度而言，苗族习惯法是对国家法的补充。在内容上与国家法有冲突的习惯法是在国家法能够容忍的限度内存在的，同时这种习惯法符合地方性的文化价值观，当地人认为其存在是合理的。参见周相卿：《黔东南雷山地区国家法与苗族习惯法关系研究》，载《贵州民族学院学报》（哲学社会科学版），2006（3）。贺玲认为习惯法在普米族乡土社会纠纷的解决中起着不可替代的作用，其存在一定的合理性、必要性。如何协调纠纷解决机制作为少数民族习惯法与国家制定法之间的冲突是我国法治进程中不容忽视的重大课题。参见贺玲：《普米族民间纠纷解决机制探微》，载《甘肃政法成人教育学院学报》，2006（4）。

③ 张晓辉、王启梁根据2000年对云南25个少数民族村寨民间法的调查，认为民间法（习惯法）的变迁包括在内容上的变迁、在权威上的变迁、在语言上的变迁。影响少数民族民间法变迁的因素：制度的变革是导致民间法变迁的根本因素，替代文化的存在是民间法变迁的重要条件，宗教的因素是部分民间法存在和变迁的基础，教育的因素是民间法变迁过程中导致自觉行为的条件，社会生活的变迁是民间法变迁的基本动力。在少数民族村寨的社会控制方式中，民间法扮演着重要的角色：保持和强化本民族的传统文化，建构民族村寨的社会结构，维护村寨的公共利益和村民的个人利益，组织生产活动和其他社会活动。参见张晓辉、王启梁：《少数民族民间法在现代社会中的变迁与作用》，载张跃主编：《跨世纪的思考——民族调查专题》，159～197页，昆明，云南大学出版社，2001。

第二十一章

宗教司法

宗教作为一种信仰体系，不仅对人们的心理、行为有重要的影响，而且对世俗社会的司法也有重要的影响。现代西方社会的司法体制、法庭程序、法官服饰、法庭用具、乃至法院建筑无不具有明显的宗教色彩。尤为重要的是，借助宗教力量，将法律信仰与宗教信仰合而为一，渗透到人们的心灵深处，对民众的守法意识、法制观念产生了强大的威慑作用。中国作为世界文明古国，早在西周时期就已摆脱神权的束缚，以现实的目光关注人类命运和纷繁的自然界。[①] 但是，这并不意味着中国不存在宗教。事实是，除了东汉时从印度传入的佛教，唐宋时期传入中国的伊斯兰教，清代嘉庆年间传入中国的基督教[②]，还有诞生于汉代的本土宗教——道教。西方学者也将产生于春秋战国时期的儒家学说称为儒教。[③] 在民间，还存在与广大民众生活有重大影响的民间信仰体系。宗教在不同地区、不同民族，其内容、表现千差万别。无论是本土宗教还是外来宗教，由于宗教教义、崇拜仪式等差异，其内部都或多或少存在着一些冲突或纠纷。同时，不同宗教之间，也由于教义、信仰的巨大差别，也有强烈的冲突或纠纷。有冲突和纠纷，必然就有相应的解决纠纷的机制。在解决宗教纠纷方面，官府，特别是中央王朝起着决定性的影响。就其对中国司法的影响而言，以儒教（儒家思想）、佛教、道教、民间信仰最为强烈。又由于中国是一个以农业为主的封建专制集权的国家，故而水利宗教在基层社会生活中也发挥着重要的作用。

---

① 夏商时期，人们相信只要敬仰神灵，神灵就会庇护有天命的人统治天下民众；凡是违反天命的人，就会受到上天的惩罚。这就是典型的"天命"、"天罚"思想。然而，夏商王朝的灭亡，使继其后的西周统治者认识到"天命"并不可靠，唯有德者才能保有天下。

② 参见姚民权、罗伟虹：《中国基督教简史》，1页，北京，宗教文化出版社，2000。另外，唐朝时期传入中国的聂斯脱里派（或译涅斯多留教派），起源于今日叙利亚，也称为亚述东方教会，被视为最早进入中国的基督教派域。唐朝时曾一度在长安兴盛，并在全国都建有"十字寺"，但多由非汉族民众所信奉。唐建中二年（781年）吐火罗人伊斯出资于长安义宁坊大秦寺立《大秦景教流行中国碑》（现存陕西省博物馆），内有"真常之道，妙而难名，功用昭彰，强称景教"数语，可能是取"基督"的谐音。敦煌遗书中有《大秦景教三威蒙度赞》，也是景教在中国流传的重要证据。明朝万历十年（1582年），天主教耶稣会派来利玛窦，他被允许在广东肇庆定居并传教，曾一度成功地使天主教在中国得以立足。清朝雍正五年（1727年），东正教开始在中国传播。1807年，新教派遣马礼逊来华传教，新教也开始在中国传播。鸦片战争以后，基督教以沿海通商口岸为基地迅速发展。

③ 即使以宗教之名称其为"儒教"的学者，也承认"儒教，就像佛教一般，只不过是种伦理——道，相当于印度的'法'（Dhamma）——罢了"。[德] 韦伯：《中国的宗教：宗教与世界》，220页，桂林，广西师范大学出版社，2004。

第一节
道教戒律及其纠纷解决机制

一、道教戒律向法律形态的转化①

宗教戒律是教徒行为的规范。道教在充实发展自身教义的同时，也建立了一套完备的宗教戒律，其目的是开度众人，防非止恶，积善得福。道教的戒律有不少是来自于佛教，如五戒、八戒、十戒等，但与宣扬"沙门不敬王者"的佛教不同，道教戒律受儒家影响，将忠孝礼仪等宗法伦理道德也纳入必须遵守的教规。

戒和律在教门内是有区别的，戒条主要以防范为目的，律文主要以惩罚为手段。道教戒律名目繁多，内容丰富，涉及各个方面，在社会控制中，发挥着类似法律的功能。

如在《要修科仪戒律钞》中有大量的关于道教徒如不尊师敬长的处罚条例。如"弟子见师不敬不恭、无礼语言，我汝魂魄在水官拘闭六十日考竟减算二纪"②，"弟子见师敬事如父母，违律，罚算各一纪"③，"弟子闻师有疾病厄急贫穷彫悴不能创心则无仁孝，违负誓言考五十日，重病一百日"④，"弟子别经一月已下皆冠带执笏问讯，不得白服随时，违律罚油三斗，拒不输者杖二十"⑤。对道教弟子要求之严格，细微之处亦有相关规定。"道民与师主共言语，称道民不得称名，违律考一十"⑥，"弟子与师共房不得先在师前眠，不得在后起，违律考病五十日"，"弟子别师主经月晦朔及三元日不见师，须拜三拜，违律师罚考一十"⑦。以上律文尽显弟子在方方面面皆要尊其师，以至重其道，这亦是其修道之本。

如道教经典《道法会元》卷二五一、卷二五二所载《太上混同赤文女青诏书天律》⑧，详细规定了神界戒律，成为控制神界秩序的法律条文。该戒律对神仙世界各级神灵的权利进行了严格的界定，对违反规定者订立了法律化的惩处措施。被它界定权利、设立惩罚不轨之措施的神灵，包括了各个等次。各等次的神灵及生民，如果违背"天律"，都将受到严肃的惩治，其刑罚从杖刑、徒刑、流放，到针决、处死（处斩）、分形、天行不等。⑨

《道法会元》卷二五二《太上混洞赤文女青诏书天律》中，专门设立有一项关于"生民"的规定，其下所述十七款，系为"生民"可能犯的罪过所设立的惩治办法。对"毁谤正法、

---

① 详细内容参见任继愈主编：《中国道教史》，上卷，370 页及以下，北京，中国社会科学出版社，2001；姜生：《论宗教伦理向法律形态的演变》，载《世界宗教研究》，1997 (1)。

② 《道藏辑要》张集，《要修科仪戒律钞》第二十六卷。

③ 《道藏辑要》张集，《要修科仪戒律钞》第二十六卷。

④ 《道藏辑要》张集，《要修科仪戒律钞》第二十七卷。

⑤ 《道藏辑要》张集，《要修科仪戒律钞》第二十七卷。

⑥ 《道藏辑要》张集，《要修科仪戒律钞》第二十八卷。

⑦ 《道藏辑要》张集，《要修科仪戒律钞》第二十七卷。

⑧ 参见《道藏》第 30 册，537～555 页。

⑨ 转引自姜生：《论宗教伦理向法律形态的演变》，载《世界宗教研究》，1997 (1)。

背正向邪者"等违反"天律"的"生民",以减其寿命、殃及祖先和后裔为惩罚形式。"生民"诸如过经文符箓所在之处腥言秽语者,茹荤饮酒对上真者,病苦求觅符水而心不至诚者,妄效法官步履星斗者,妄祀鬼神及不干祀典鬼神者,以及怨望君相、不孝二亲、不友兄弟、不信师友、不睦夫妇、不恤贫穷及憎凌辱者,均要受到"天律"所规定的多年徒刑惩治。①

《道法会元》卷二六七、卷二六八所载《泰玄酆都黑律仪格》② 系酆都地狱的法律。卷二六七所列诸条,是酆都地狱冥世法庭考判鬼神的法律依据。卷二六七对"三阶九品"各级"法官"的职务和职辖范围都有明确界定。各级"法官"神吏必须认真负责,方能得到"上帝"的认可乃至奖赏;如果失职,造成危害,则将遭到从贬职直至处死和灭形的惩处。

《云笈七签》卷三十八"说戒·说十戒"向人们提出了十项严格的宗教戒律,要求信仰者们必须谨慎遵循。此"十戒"即:不得违戾父母师长,反逆不孝;不得杀生,屠宰割截物命;不得叛逆君王,谋害家国;不得淫乱骨肉,姑姨姊妹及佗(他)妇女;不得毁谤道法,轻泄经文;不得吁污漫净坛,单衣裸露;不得欺凌孤贫,夺人财物;不得裸露三光,厌弃老病;不得耽酒任性,两舌恶口;不得凶豪自任,自作威利。卷三十八所载另一"十戒"文为:一者不杀,当念众生。二者不淫犯人妇女。三者不盗取非义财。四者不欺,善恶反论。五者不醉,常思净行。六者宗亲和睦,无有非亲。七者见人善事,心助欢喜。八者见人有忧,助为作福。九者彼来加我,志在不报。十者一切未得道,我有不惜。诸如此类的道教戒律还有很多,其主要戒目都有相当多的共同之处。

上述的道教戒律在其发展过程中表现出了明显的法律性质,而且同中国古代的国家法律条文相比较,在许多条目上,都有惊人的相似之处。如上述"十戒"的内容与隋唐以后被列入封建法典的"十恶"③ 就具有共同的价值取向及社会目的,某些规范甚至达到了完全的一致。

二、道教戒律与教徒的内部纠纷解决机制

对于道教内部的争议解决办法,道藏中记述较少,其戒律经文大部分皆为"不得"、"勿"的禁止性语句和"当"的倡导性语句,对于违反戒律的具体处罚,我们只有从清规中略见一二。下面以《教主重阳帝君责罚榜》、陕西张良庙的《清规榜》和北京白云观的《清规榜》为例,以求探究有关道教内部争议的解决的相关规定。后两份清规以《教主重阳帝君责罚榜》为基础,是前者的衍生物,但其中的规定更为具体和明确,表现在处罚方式的多样性以及对轻重标准方面作出了较为细致的区分。

(一)《教主重阳帝君责罚榜》

《教主重阳帝君责罚榜》(以下简称《责罚榜》)收录于《全真清规》中,为王嚞所撰,出于金元时期。内容如下:"(1)犯国法遣出。(2)偷盗财物遗送尊长者,烧毁衣钵,罚出。

---

① 参见姜生:《论宗教伦理向法律形态的演变》,载《世界宗教研究》,1997(1)。

② 参见《道藏》第30册,638~648页。

③ "十恶"条目为:一曰谋反;二曰谋大逆;三曰谋叛;四曰恶逆;五曰不道;六曰大不敬;七曰不孝;八曰不睦;九曰不义;十曰内乱。

（3）说是非，扰堂闹众者，竹蓖罚出。（4）酒、色、财、气、食荤，但犯一者，罚出。（5）奸猾、慵狡、嫉妬、欺瞒者，罚出。（6）猖狂骄傲，动不随众者，罚斋。（7）高言大语，做事燥暴者，罚香。（8）说怪事戏言，无故出庵门者，罚油。（9）干事不专，奸猾慵懒者，罚茶。（10）犯事轻者，并行罚拜。"①

此十条按道士所犯戒的轻重作出了概括性的规定，从中我们可看出当时的惩戒措施有"遣出"、"罚出"、"罚斋"、"罚香"、"罚油"、"罚茶"、"罚拜"七种，但对于具体的违犯情节无具体描述，亦无相应的量罪举措，可操作性不强，属于原则性规定。显而易见的是，清规对于道教徒们的约束要严于古代法律对于民众的要求，大部分清规条款在普通社会生活中并没有列为法律的管辖范围，但鉴于道教是以得道成仙为目的的宗教组织，戒律清规则是道教徒入道修持的规范与根本，因此教徒们也只有付出比普通人更多的代价，接受更为严格的自我约束，才能达到性合乎"道"的"真人"境界。

（二）陕西张良庙的《清规榜》

陕西张良庙的清规于清道光二十二年（1842年）成文。除了有《全真清规》中规定的处罚外，还多样化了违反戒律的种类和处罚方式，具体条文为：（1）朔望祝当今圣寿，答报水土之恩，云集不至者，跪香。老病公事者免。（2）违犯国法，奸盗淫杀，玷辱道风者，按清规重责四十，炙断眉毛，逐出。（3）左道惑众，毁谤正法者，顶清规，摈出。（4）刁唆是非，两面取好，离间伤情，使众不睦着，顶清规，摈出。（5）偷盗常住银钱粮食应用物件，炙断眉毛，摘去衣领，逐出。（6）欺抗尊长，违令公务，恃强港分者，重责三十扁拐逐出。（7）荤酒违禁，不顾道相者，责罚摈出。（8）扬恶隐善，假公济私者，责罚跪香。（9）倚上读下，不分曲直，横行凶恶者，责罚跪香。（10）奸猾慵懒违误执事动不随众者，责罚跪香。（11）无故生端，言语浮躁，闹事惊众者，责罚跪香。（12）公私出入不白监院客堂及回不消假者跪香。（13）常住请坡板响三阵不至者，罚香。老病公事可免。（14）晚课诵报钟三板不至者罚香，疾病公务可免。（15）斋毕各执其事，凡无执事者，或聆教学习，或看经，须衣冠整齐，或端坐，亵渎者跪香。（16）三五成群，交头接耳，斗玩戏谑者跪香。（17）赴斋言语，筷落碗响者，罚跪香。（18）公报私仇，或假传命令者跪香。（19）擅举手，不管有理无理，先打人者，罚香迁单。（20）诱引少年童子者，顶清规重责三十扁拐逐去。（21）领执事，不候期满，不准强辞，无故生端者跪香。（22）厨房早晨，头五板烧开水，开静大众并行人等俱起汤农净面，违者罚香。（23）刁唆秽言污清毁德者，顶清现重责，或罚逐出。（24）晚止静，二一板响，息火止灯，不得审寮闲谈，违者跪香。（25）常住大众，公用饮食物件，乃十方膏脂，粒米同餐，私偏众者罚香。病老者免。（26）在堂大众，既入宫门，便登真人箓，常要道尊德贵，谨言慎行，不得经忽言笑，行止乖张，犯者罚香。（27）大众当弱己饶人，恭敬一切，不得心高气傲，欺侮平等，犯者罚香。（28）大众常住，不得荤酒赌钱，败坏教相，如违犯者，重责逐出，甚者炙眉。（29）大众既入丛林，俱系同胞，不得另外结拜道友以助党翼，犯者跪香抽单。（30）大众须要自己检点身心。不许谈国家等事并阴阳炉火，旁门小术，犯者跪香抽单。（31）十方常住，上下执事人等，贤愚必依清规，如有散淡。习惯自然，未能遵依者，听其他住，不必强留。（32）接待十方，原系祖师慈悲教相，

---

① 《道教辑要》张集，《全真清规》第八十九卷。

大众必须各发道心重兴盛地，共结良缘，倘有任性纵横，擅生事非者摧单。（33）大众不许无故窜单，狂言戏语，高声喧哗，犯者跪香。（34）常住米麦不可抛撒，故违者罚香，重者迁单。（35）同寮执事，但有些分小事，不须厉声怒色，致伤和气，犯者跪香。（36）大众须要遵依清规条款，如有不服不约束者，抽单。

此 36 条比之《责罚榜》细致很多，对于违反戒律的具体事实有了一定程度的界定，尤其处罚措施增多，增加了罚香、炙断眉毛、顶清规等处罚方式。这里的跪香与罚香不同，跪香是指点燃香后，受罚的道士开始跪在地上，等香燃烧完了，方准站起身来；而罚香与上文的罚油、罚茶同解，意为处罚违犯戒律的道士交纳各具体实物抵罪。迁单，类似于逐出，就是将受罚道士驱逐出庵观。最值得一提的是，在清规中除了对具体违犯事实做以陈述外，还规定了可以豁免的情形，如第 1 条、第 14 条和第 25 条有"老病公事者免"、"疾病公务者可免"、"病老者免"，表现了极为可贵的人道主义精神，与当代立法精神十分相近。总体而言，张良庙的清规仍承袭了《责罚榜》的体例，以简洁的语言表述违反情形和处罚方式，对于违反情节具体程度的界定则无，如第 34 条中的"重者迁单"，至于何为"重"，则基本依靠处罚者的心定。

（三）北京白云观的《清规榜》

北京白云观的《清规榜》写于清咸丰六年（1856 年），虽晚于张良庙清规，但仍属同一时代的产物，在条文数目上较前者稍少。具体条文如下："（1）开静贪睡不起者，跪香。（2）早晚功课不随班者，跪香。（3）早午二斋不随众过堂者，跪香。（4）朔望云集祝寿天尊不到者，跪香。（5）止静后不息灯安袱者，跪香。（6）三五成群，交头给党者，迁袱。（7）失误自己执事，错乱钳锤者，跪香。（8）奸猾慵懒，出坡不随众者，跪香。（9）上殿诵经礼斗，不恭敬者，跪香。（10）本堂喧哗惊众，两相争者，跪香。（11）出门不告假，或私造饮食者，跪香。（12）毁坏常住物件，照数包补者，仍跪香。（13）越职管事，倚上倚下，横行凶恶者，跪香。（14）厨房抛撒五谷，作践物料饮食者，跪香。（15）公报私仇，假传命令，重责迁袱。（16）毁谤大众，怨骂斗殴，杖责逐出。（17）无故生端，自造非言，挑弄是非，使众不睦者，逐出。（18）违令公务，霸占执事者，逐出。（19）茹荤饮酒，不顾道体者，逐出。（20）赌博引诱少年者，逐出。（21）偷盗常住物件，及他人财物者，逐出。（22）犯清规不受罚者，杖责革出，永不复入逐出。（23）违犯国法，奸盗邪淫，坏教败宗，顶清规，火化示众①。"②

由于此榜文与前者为同一时代的产物，违反事实表述以及惩罚措施大同小异，此不赘述。值得强调的是，后者在顶清规的基础上，对于"违反国法、奸盗邪淫、坏教败宗"的道士处以极其严厉的死刑——"火化示众"，同时还起到了杀一儆百的作用。看来在道教这样的特定群体中，不须经国家法律惩处，教门的领导者即有权依照清规对道士执行死刑，他们掌握着一定的死刑执行权。

道教宣扬行善止恶的思想除了体现在戒律中，还表现在一些功过格中，如《警世功过格》

---

① 即处以死刑，用火焚其尸，此时将清规置于犯人顶上，故有此罚名。
② 傅勤家：《中国道教史》，北京，团结出版社，2005。

开篇即有"凡诸过恶而能改行迁善者其功十倍"①。道教主张"修仙"即"修德",将其"重德"的思想演变为具体的、可操作的条款即是道教戒律,给人的行为的道德判定提供终极的善恶根据。道教徒须严格遵照戒律行事,以自身的修行、止欲,达到清静无为,最终修成正果。

<h1 style="text-align:center">第二节
佛教与中国古代司法及其内部的纠纷解决机制</h1>

一、佛教与中国古代司法

在中国大法律发展的过程中,在立法思想上占主导地位的仍然是儒家思想,佛教对古代立法的影响较小,但其对古代刑事司法制度的影响则较大。

(一)佛教的因果报应论对国家司法思想的影响

佛家讲究的是"出世",认为世间的一切都是苦的,强调佛教徒的无欲无求,这种种空的理念显然与"世俗"的法律不同,法律惩罚的永远是人们的行为,而对于人们心理的惩戒作用则永远比不上佛教。最主要的是佛教提倡因果报应论,这使得人们在害怕世俗法律的同时开始害怕地狱的惩罚,这不仅影响了人们的犯罪心理,还使得官吏开始审视自己的行为,佛教在司法领域的影响也就由此展开。

在中国的佛教徒看来,因果报应论可谓是佛教的"实理"和"根要"。东晋的王谧说:"夫神道设教,诚难以言辩,意以为大设灵寺,示以报应,此最影响之实理,佛教之根要。今若谓三世为虚诞,最福为畏惧,则释迦之所明,殆将无寄矣。"这里的"三世"就是前世、现世、来世。"罪福"就是报应。"实理"就是真实的道理。"根要"就是根本指要。这段话告诉人们排除了因果报应学说,也就排除了佛教的真实理论和根本要义。可以说,因果报应论是佛教用以说明世界一切关系的基本理论,它认为时间和一切事物都由因果关系支配,强调每个人的善恶行为必定会给自身的命运带来影响,产生相应的回报,善因必生善果,恶因必得恶果。由此引起人在前世、现世和来世三世间轮回,相继在前世、现世世界和死后的世界生活。② 这对当时人们思想的影响可谓是巨大的。"王公大人观死生报应之际,莫不瞿然自失。"③ 佛教在司法领域的影响也就由此展开。

(二)佛教对具体司法制度的影响

1. 佛教的断屠月和十斋日不准行刑

在中国古代司法制度中,与"赏以春夏、罚以秋冬"相呼应,还有所谓断屠月和禁杀日(十斋日)不许刑杀。这是东汉以来佛教输入后受佛教影响的产物。

根据佛教教义,每年的正月、五月、九月应持长斋,同时,每月的初八、十四、十五、

---

① 《道藏辑要》张集,《警世功过格》第六十卷。
② 参见方立天:《中国佛教哲学要义》(上),76～113,北京,中国人民大学出版社,2002。
③ 《后汉记》卷十。

二十三、二十九、三十（如果是小月则改为二十八）这六天应进行"八关斋戒"①。斋戒日要严格遵循八戒的要求，即不杀生、不偷盗、不淫欲、不妄语、不饮酒、不著香华鬘、不香油涂身、不歌舞倡伎、不故往观听、不坐高广大床、不非时食。因而在斋戒日是不允许杀生的，这对当时死刑的行刑日期产生了一定程度的影响。《通典》载南朝陈武帝令尚书郎范泉参定律令，又令徐陵等知其事，制律三十卷，其中记载："当刑于市者，夜须明，雨须晴；朔日、八节、六斋日，月在张心日，并不得行刑。"② 后来的唐朝也有类似的规定，唐律规定："其所犯虽不待时，若于断屠月及禁杀日而决者，各杖六十。待时而违者，加二等。"③

唐初不仅制定了以宗教慈悲禁杀为出发点的断屠月、日，同时也将这些日子里的禁止屠杀推广到刑罚上，也就是在禁屠月里不执行死刑，并且明订了违犯此法的罚则。

见诸文字记载，最早将佛教斋日和刑罚连在一起的是陈武帝，虽然存世的文献中并没有陈武帝制定佛教六斋日为断屠日的记录，不过《文献通考》记载他命令范杲、何徐陵参定律令，其中便规定六斋日和八节（也就是八王节）不得行刑："当刑于市者，夜须明，雨须明晴，朔日、八节、六斋、月在张心日……不得行刑。"④ 由此推测陈朝有可能沿袭着梁朝六斋日断屠的政策，并且将此禁杀的精神反映在律令上。

唐代初年，高祖下断屠诏的前后，也重新制定法律，武德二年（619 年）下令在断屠月、日，也不得执行死刑。《新唐书》卷五十六《刑法志》记载："唐兴，高祖入京师……及受禅，命纳言刘文静等损益律令。武德二年，颁新格五十三条……凡断屠日及正月、五月、九月不行刑。"

至唐太宗时，则在断屠月日之外，又增加了一些不行刑的日子："太宗又制在京见禁囚，刑部每月一奏。从立春至秋分，不得奏决死刑，其大祭祀及致斋、朔望、上下弦、二十四气、雨未晴、夜未明、断屠日月及假日，并不得奏决死刑。"⑤ 太宗时，"立春至秋分不得奏决死刑"，是受到汉章帝以后立春后不得报奏死刑的影响。⑥

《唐律疏议》对"狱官令"作进一步的解说："从立春至秋分，不得奏决死刑，违者徒一年；若犯'恶逆'以上及奴婢、部曲杀主者，不拘此令。其大祭祀及致斋、朔望、上下弦、二十四气、雨为晴、夜未明、断屠月日及假日，并不得奏决死刑。其所犯虽不待时，若于'断屠月'，谓正月、五月、九月，及'禁杀日'，谓每月十直日，月一日、八日、十四日、十五日、十八日、二十三日、二十四日、二十八日、二十九日、三十日。虽不待时，于此月日，亦不得决死刑，违而决者，各杖六十。'待时而违者'，谓秋分以前、立春以后，正月、五月、九月及十直日，不得行刑，故违时日者，加二等，合杖八十。"⑦

唐代在断屠月里不得执行死刑的法律规定，也延续到以后的某些朝代。五代时也有断屠月，在刑法上还是沿用唐律在断屠月日不执行死刑。宋代初年，也还是沿用唐律，《宋刑统》

①　智旭注：《佛说斋经》，续藏 106 册，751 页。
②　（唐）杜佑：《通典·刑法典·刑法二》。
③　《唐律疏议·断狱》。
④　《文献通考》卷一六五，刑四，刑制，南朝宋至隋。另见《隋书·刑法志》，703 页。
⑤　《旧唐书·刑法志》卷五十。
⑥　参见钱大群、艾永明：《唐代行政法律研究》，345 页，南京，江苏人民出版社，1996。
⑦　《唐律疏议·断狱》。

是在北宋初年成书的，它的规定和唐代完全一样。《宋刑统·杂律》规定："若于'断屠月'，谓正月、五月、九月。及'禁杀日'，谓每月十直日，月一日、八日、十四日、十五日、十八日、二十三日、二十四日、二十八日、二十九日、三十日。虽不待时，于此月日，亦不得决死刑。"

辽、金时期都禁止在六斋日屠杀，《辽史·道宗本纪》载："（清宁十年）十一月辛未，禁六斋日屠杀"。金朝也比照唐代法令，在断屠月（金代是六斋日）和三长斋月不行刑。明代十斋日仍旧禁刑，违者笞四十。此外，遇有盛大祭礼也要停刑。

由上可知，从唐代将宗教斋日定为断屠日，并且将这些日子里的禁杀推广到刑法上，到宋代一直延续到明代，虽然不再于三个长斋月禁止执行死刑，但是却一直维持着在每个月的斋日禁止行刑。

2. 佛教教人为善的教义与大"赦"天下

"赦"为旧时君主发布的减免罪刑或赋役的命令，君主在登基、立后、立储等重大事件时一般会大赦天下，因而赦是我国古代法律体系中一个重要的组成部分。佛教传入中国后，帝王参与佛事活动也成为大赦的原因之一。在佛教盛行的魏晋南北朝时期，受佛教教人为善、慈悲之心、普度众生思想的影响，这一时期君主在"赦"的运用上也有着上升趋势，尤其是在极度崇佛的梁武帝时代，伴随着佛事的盛行，其在受佛戒、舍身、设法会、设无遮大会时都实行大赦。在他在位期间，曾进行过 37 次"大赦"[①]，这恐怕与其佛教思想不无关系。

3. 对刑讯方式的影响

刑讯自魏晋以来一直存在，至南北朝合法化，而北朝刑讯更加残酷，《魏书·刑罚志》记载"太和五年时，法官及州县多重枷，复以缒石伤肉至骨，勒以诬服"，可见当时刑讯完全是合法化的，而且非常残酷。北朝时刑讯入律，《神麚律》有"拷讯不踰四十九杖"的规定。北齐的刑讯更加残酷，用车辐挣杖，夹指压踝，又迫囚犯站立在烧红的犁车上，或用烧车缸穿串手臂。文宣帝本人也恣行暴酷，把大镬、长锯、剉碓等刑具列于宫廷内，若不合意，便亲手屠裂人。北周的刑讯也有过之而无不及。宣帝时，鞭杖之制高达二百多，又作磁砺车吓唬妇人。[②] 魏晋时期刑讯之风的兴盛不能不说与当时佛教的盛行有一定的关系。佛教重视佛教徒全身心的皈依，希望通过教义的宣传教人为善，尤其是佛教的因果报应理念更是通过向人们展示一幅可怕的地狱画面从而使人们产生恐惧心理，殊不知，这样的描绘，无形之中反而使现世的统治者借鉴了诸多可怕的刑讯手段。佛教典籍《密宗法义精要》中有这样的描述：上八大狱，各有四门，门各有四狱，铁城围绕，为十六近边地狱。在大狱中受苦欲逃，先循东方思得凉风，至即入糠煻地狱，不知纪年；又循而南，思得水食，至即入尸海，沉下沸热，铁兽甚多，争食其髓，不知纪年；又循西方见绿草场，为刀刃道，至地足断，举则复生，与彼相近，见树木林，思入其中，至则风起叶落，割肢截体，彼诸众苦，次第受已，复至北方有无极河，灰水沸煮如煮豆等。又次有山，山下树叶杀人，山上则铁雕鹰等，啄食髓眼，山下见红火聚成男女相，近则为猛兽争食，如犯五戒、沙弥、比丘小乘戒等，均受此山之苦，苦乃无期也。入佛子菩提行论云："地狱四周铁墙苦，罪人呼号业所成。""静

---

① 韩阳：《两晋南北朝时期的佛教与法律》，苏州大学硕士学位论文，2007。
② 参见《中国通史·第五卷》，三国两晋南北朝。

言之思此等重苦，如身当之，如何承受？宁不恐怖？又思我幸未堕，亦思其中有呼号者，非我过去父母耶？现在已死之父母亲属，其中未尝无有。我今求法，要离开众苦，即身成就，不可再到此中，先当发愿，不再种地狱之因，励力修善所修功德，回向众生，此三时发心，至为切要！"这样的描述与这一时期大肆盛行的刑讯应该说是有着密切联系的。

4. 对刑罚适用主体的影响——僧侣犯罪的特殊适用

封建的法律虽然有着等级之分，对皇族贵族有着这样那样的特权，但一般来说还是具有普遍适用性的，然而在魏晋南北朝时期，由于佛教的盛行，佛教徒这样一种特殊人群的大量存在，实际上这一时期的法律在对于是否适用于佛教徒这一问题上是有着特殊规定的。出家之人首先遵守的是佛家的戒律，佛教戒律在佛教徒种种不守戒的行为上都有着严格的惩罚规定。北魏宣武帝永平元年（508 年）下诏说："缁素既殊，法律亦异。故道教彰于互显，禁劝各有所宣。自今以后，众僧犯杀人以上罪者，仍依俗断。余犯悉付昭玄，以内律治之。"僧侣犯罪因此而遵照僧律处理。到了后来的唐朝，《唐律疏议·名例》有这样的规定："若诬告道士、女冠应还俗者，比徒一年。其应若使者，十日比笞十。官司出入者，罪亦如之。"可见唐律对于僧、尼、道士、女冠是有着特别规定的。自唐至清，后来历代法律在僧侣犯罪问题上所采取的态度基本是：僧侣犯罪，官方得强使之还俗而不再为僧道。这样有异于一般人的处罚规定也成为了我国古代法律在管理僧侣方面一个比较特殊的方法。[①]

二、佛教戒律与教徒的内部纠纷解决机制

佛教戒律是佛教"三藏"[②]之一，主要集中在三藏中的"律藏"中，主要包括佛所制定的律仪和教团生活的规则。梁代慧皎形容戒律"慧资于定。定资于戒。故戒、定、慧品义次第。故当知入道即以戒律为本"[③]。可见佛教戒律对于佛教的深远意义。戒律是规范佛教徒入教以后以及日常生活的内部条约，可以说，一个佛教徒时时刻刻都在受着佛教戒律的规范，这不仅是指其不得为戒律不允许的行为，而且还包括其内心为了修取佛果而在精神上的受戒。

从东汉末年佛教传入我国以来，佛教就受到了统治阶级的关注，这就出现了所谓的"佛教外规范"，这一概念的出现一方面从侧面证实了当时佛教在中国历史上的盛行，另一方面也向世人展示了这样一种情况，就是从佛教传入中国以后，中国的佛教一直受着政府法令的管理，在法律法令中出现了一系列规范佛教的规定。与之相对的就是"佛教内规范"，也就是通常所说的戒律。按照今天法理学的一般原理来看，佛教戒律的确就是佛教的一个内部规定，它一方面不公开，另一方面只适用于佛教徒这样的特殊人群。至此，我们可以发现，作为佛教徒的僧尼其实是受着世俗法律和佛教戒律的双重规范的。

中国传统的律师，通常把戒律分为两类："止持"与"作持"。前者指的是"禁止性质"的规范，如淫、盗、杀、妄语等禁戒，主要包括"五戒"、"十戒"等；后者指的就是"犍度"，属于"应作为性质"的规范，例如，僧团如何安居，如何会议，如何处理犯戒事件，

---

① 参见劳政武：《佛教戒律学》，252～259 页，北京，宗教文化出版社，1999。
② 即经藏、律藏、论藏。
③ 《高僧传》卷十一，《明律篇·总论》；《大正藏》第 50 册，403 页。

如何处理内部纠纷等等。① 只是这一部分的内容，在不同律文中的表述不同而已，如《四分律》中的"拘弥睒犍度"是因拘睒弥的比丘相诤，形成团体分裂，佛劝他们和好之事而制定的规范，《十诵律》中的"俱舍弥法"、《铜鍱律》中的"灭诤犍度"是关于比丘之间止息诤执的规定。可见，戒律中的"作持"主要是奉行佛家"善"的信仰，使得佛教徒之间能够和睦相处，安居乐业。

佛教的戒律对佛教徒的日常生活可以说是事无巨细地进行了规定，但是这些戒律在真正实施的时候更多靠的还是佛教徒的自觉，虽然到魏晋时期已经开始设立寺院戒律监察组织，但是由于这些组织的局限性，本身并未发挥十分强大的功能。② 佛教僧尼虽然内心受到诸多戒律的约束，但是在日常生活中难免会出现诸如世俗社会的侵权与纠纷，正所谓寺院本身就是一个小社会，一旦出现纠纷其实最直接的就是破坏了寺院内部安居乐业的和谐状态，于是作为佛教内道德最高标准的戒律首先从犯戒的角度定义了这样的问题。关于佛教徒之间纠纷③的解决主要存在于"作持"之中，也就是"犍度"之中，现存的"犍度"主要包括《十诵律》、《四分律》、《铜鍱律》、《五分律》、《根有律》、《摩诃僧祇律》。

以《四分律》为例，主要有以下规定：十三僧残第 6 条规定，无主自作屋，不将诸比丘指授处所，过量作戒；第 7 条规定，有主为己作大房，不将余比丘指授处所戒；第 8 条规定，瞋恚所覆故，非波罗夷比丘，以无根波罗夷法谤戒；第 9 条规定，以瞋恚故，于异分事中取片，非波罗夷比丘，以无根波罗夷法谤戒；第 10 条规定，欲坏和合僧，受破僧法，三谏不舍戒；第 11 条规定，伴党助破和合僧，三谏不舍戒；第 12 条规定，依聚落城邑住、污他家，行恶行，反谤羯磨如法僧，三谏不舍戒；九十单提法第 12 条规定，妄作异语恼它戒；第 13 条规定，嫌骂比丘戒；第 55 条规定，恐怖他比丘戒。这些规定在今天看来，涉及诸多名誉权、人身权和财产权的内容，因而为纠纷的解决提供了依据。④

同时，按引发争论的缘由分类，僧尼之间的纠纷主要可分成四大类：（1）"言诤"，因谈论法相而起的诤论；（2）"觅诤"，觅求同修所犯的罪相而起的诤论；（3）"犯诤"，评议同修所犯罪的虚实、轻重而起的诤论；（4）"事诤"，在羯磨会议中，评议如法或不如法而起的诤论。

古人云："丛林以无事为兴盛，山门以清净为庄严"。处理这些琐碎的纠纷其实是十分困难的。寺院在解决这些问题上的主要目标还是受"无有争讼"思想的影响，佛教戒律少数如犯波罗夷重罪必须逐出僧团外，其他犯戒行为一般都是通过"忏悔"来处罚的，这在我们今天看来是十分唯心的做法，主要体现了佛教教人为善的观念。佛教认为一个懂道理的人完全是可以通过内心的悔悟来达到心灵的进化的。于是，犯戒行为一般都是通过其内心悔悟来达到彼此之间内心的平静而解决的。这里，佛教戒律的"七灭诤"法大致向我们展示了佛教解

---

① 参见劳政武：《佛教戒律学》，140 页。
② 参见严耀中：《佛教戒律与中国社会》，194～206 页，上海，上海古籍出版社，2007。
③ 此处的纠纷不包括刑事纠纷，刑事纠纷因涉及世俗法律的运用，故已不完全属于佛教徒内部的纠纷范畴。
④ 参见劳政武：《佛教戒律学》，224～251 页。

决纠纷的方法，佛教僧团常常用这七种方法解决僧人的纠纷。[①]

"七灭诤法"是从僧团的生活经验中所归纳出来的止诤法，各部广律都有提到，只是详略不一，且有所出入，参考《四分律》卷四十七、灭诤犍度第十六之一、《五分律》卷二十三、第四分灭诤法，《十诵律》卷二十、七灭诤法初，大致可以分为以下几类：（1）现前毗尼。现前毗尼灭诤法，即当要判定某人犯某罪时，需集合僧众及共诤人现前，并熟悉以何法、以何律、以何佛教灭除诤论。（2）忆念毗尼。忆念毗尼灭诤法，允许被诉者在大众面前忆念、说明事情缘由，澄清众疑，以灭诤端。（3）不痴毗尼。不痴毗尼灭诤法，让被诉者在神智正常时，有机会在大众面前申诉他在心神错乱时无法记忆犯戒之事，若全属实，则不予追诉所犯罪行。（4）自言治毗尼。自言治灭诤法，令该犯罪比丘坦诚自白所犯，然后治他的罪，不应在他尚未坦诚自白犯罪，就治他的罪。（5）觅罪相毗尼。觅罪相灭诤法，即纠集众僧听取举发对象的过失，并让他陈述事实，大众当场共同来验证是否有所违犯。（6）多觅毗尼。僧团中发生意见分歧，而不易裁决时，则集合大众利用投票（行筹）方式来作决断。（7）如草覆地毗尼。如草覆地灭诤法，即集合争执的比丘集团，宣说再争执下去必然"大失非得，人衰非利，大恶不善"，出家求道，求涅槃解脱，当自屈意，该现前发露过失、悔过者，即在僧中悔过除罪，之后，诸比丘不可再提及此诤议的事。这算是一种消极的、不得已的灭诤法，但这一灭诤法也能化解僧团瓦解的危机，而重归和合，安乐无诤。[②]

第三节
官府对不同宗教派别纠纷的裁决

就我们目前所发现的宗教史实来看，基本看不到同一宗教内部将纠纷诉诸官府或中央政府的实例。但是，不同宗教之间因为各种原因而引发的纠纷较为常见。对这一类宗教争端，虽然地方官僚拥有较大的发言权，然而最终的决定权操之于封建皇帝。这也就是为什么在不同的王朝，随着不同的皇帝的即位，封建国家对宗教的态度也会发生相应的变化。中国历史上三次排佛，都与皇帝个人对佛教的态度密切相关。但是，这只是事物的表象。实际上每一次排佛事件的背后，都隐藏着佛教、道教、儒教（或儒家学说）的激烈冲突和竞争。

一、佛教与道教之间的冲突与裁决

佛教自东汉传入中国，其发展总是大起大落，时而被捧上天，时而又被打入地狱。造成这一局面的原因，除了社会政治、经济因素[③]、历代帝王对佛教的态度等因素外，佛教与道

---

① 佛教戒律一个很突出的特点就是会依据具体的事件来制定戒律，因而很多戒律的规定都是对具体行为的分析。

② 参见张慈田：《七灭诤法》，载《新雨月刊》，第40期。

③ 太武帝灭佛，在政治上，有利于争取信奉儒教的汉族地主阶级的支持；在经济上，有利于控制全国人口，使其脱离佛教僧侣集团的控制。参见任继愈主编：《中国佛教史》，第3卷，57页，北京，中国社会科学出版社，1988。

教争夺社会资源的竞争不能不说是一个重要原因。东汉后期，由于政治腐败、黑暗，老百姓生活困苦，许多人，包括士大夫纷纷将其内心的痛苦和烦闷寄托于宗教。魏晋南北朝时期，"人类惨祸，未有过于彼时者也。一般小民，汲汲顾影，且不保夕，呼天呼父母，一无足怙恃。闻有如来能救苦难，谁不愿托以自庇？其稔恶之帝王将相，处此翻云覆雨之局，亦未尝不自怵祸害"①。社会矛盾、民族矛盾的激化，政局的动荡，使得佛教的因果报应学说能够满足人们建立一个统一、太平、稳定社会的心理需求。封建帝王，也将其看成维护封建统治的工具。"帝王既信，则对于同信者必加保护。"② 信教的其他群体也逐渐多了起来，佛教赢来了其发展的第一个黄金时期。但是，即使在这样一个十分推崇佛教的时代，也出现了北魏太武帝的灭佛事件。事实上，太武帝即位之初，曾非常崇信佛教，甚至还广修庙宇，实行繁荣佛教的政策。史载："世祖初即位，亦遵太祖、太宗之业，每引高德沙门，与共谈论。于四月八日，舆诸佛像，行于广衢，帝亲御门楼，临观散花，以致礼敬"③。然而，到了太延中，太武帝一改其对佛教的宽容政策，发布诏书禁止佛教徒的活动。后又公然以武力迫害教徒，"诸有佛图形像及胡经，尽皆击破焚烧，沙门无少长悉坑之"④。

那么，我们不禁要问，造成这一戏剧性转变的原因是什么呢？毋庸置疑，其根源并不仅仅是太武帝个人性格的善变，而与其宗教信仰的转变有极大的关系。而这又与道教势力的扩张，以及儒家代表人物对佛教违背中国纲常礼教的指责有关。当时，"对佛教批评的有道教，也有一部分儒者。道教攻击佛教是为了争取统治者的崇信，扩大社会影响。一部分儒者批评佛教则往往从治国安邦，维护纲常名教着眼"⑤。太武帝之前，佛教已在北魏皇室和士大夫中取得了优势地位。随着北魏国力的强盛，其与汉族地主阶级的融合的完成，在统治集团内部，一方面，重用信奉儒家学说的汉族士大夫，爱屋及乌，对汉族地主阶级信奉的儒教也格外重视；另一方面，对佛教占据大量土地、劳动力的社会现状也越来越不满。与此同时，道教经过改造后，特别是去除了反抗朝廷的内容之后，已非常适合统治阶级的利益。再加之，寇谦之、崔浩等人的蛊惑，老子是道教教主，是国师，而佛教乃"西戎之法"，佛为胡神，应严禁其传播。寇谦之还宣称"太上老君"授其"天师之位"和《云中音诵新科之诫》二十卷，又从老子玄孙处接受了《录图真经》六十余卷。他又结交明元帝时的士族权臣崔浩。崔浩将历代治乱兴衰之事说与其听。寇谦之在此基础上，结合道教知识，形成了符合北魏统治阶级需要的宗教。太武帝始光初年（424 年），寇谦之将道书献给朝廷，但并没有被采纳。在这种情况下，崔浩又上书说，寇谦之所献道书乃太武帝"俦（足从）轩黄，应天之符也，岂可以世俗常谈，而忽上灵之命"⑥。在二人的反复劝说之下，太武帝开始信奉道教。不仅如此，太平真君二年（441 年），寇谦之上奏曰："今陛下以真君御世，建静轮天宫之法，开古以来，未之有也，应登受符书，以彰圣德。"⑦ 太平真君三年（442 年），"帝登道坛，亲受符

---

① 梁启超：《佛教研究十八篇》，5 页，桂林，广西师范大学出版社，2005。
② 梁启超：《佛教研究十八篇》，5 页。
③ 《魏书·释老志》。
④ 《魏书·释老志》。
⑤ 任继愈主编：《中国佛教史》，第 3 卷，49 页。
⑥ 《魏书·释老志》。
⑦ 《魏书·世祖纪》。

箓，备法驾，旗帜尽青"①。此后，太平真君开始信奉道教，但佛教并没有被禁止。太平真君六年（445年），卢水胡人盖吴在杏城（今陕西黄陵西南）起义，其部众有十万之多。次年，太武帝率兵前往镇压。连队行进到长安（今西安），在一佛寺中发现大量兵器、酿酒器具、州郡牧守富人寄存的财物、妇女等，便怀疑寺内僧人与盖吴造反有联系。太武帝下诏曰："朕承天绪，属当穷运之弊，欲除伪定真，复羲农之治。其一切荡除胡神，灭其踪迹，庶无谢于风氏矣。自今以后，敢有事胡神及造立像泥人、铜人者，门诛。虽言胡神——有司宣告征镇诸军、刺史，诸有佛图形像及佛经，尽皆击破焚烧，沙门无少长皆坑之。"② 由此，一场大规模的废除佛教的行动在魏国展开。经此劫难，北魏境内"土木宫塔，声教所及，莫不毕毁矣"③。这是中国历史上三武一宗大规模灭佛活动的开端。在寇谦之等人的扶持下，道教在北魏获得发展。在这一轮的佛教与道教的斗法过程中，天平倾向了道教。而皇权在这一过程中，自始至终起着决定性的作用。当然，道教教主、信徒的积极参与也对皇帝的最终裁决起了关键性的作用。

北齐建立初期，佛、道并重。但是，天保六年（555年），高洋下令禁绝道教。北周统治者是依靠关西汉族地主阶级建立的，特别强调儒学，同时，对道教也格外重视。北周诸帝中，周武帝宇文邕对道教最为热心。他不仅礼遇楼观道士，还于建德时期发动了中国历史上第二次废佛事件。这次废佛决策与北魏的废佛决策有明显的差异，这次废佛花费了较长的时间，听取了儒、释、道各家的意见，并进行了七场辩论，最后由周武帝作出裁决。但是，就其实质来看，仍然隐藏着儒教、佛教、道教三家的竞争，特别是佛教与道教的竞争。而且，道教教徒在其中扮演了不光彩的角色，正如有学者评价的："周武帝是在道士张宾的煽动下对佛教产生偏见的。"④ 当然，还俗僧人卫元嵩也起了推波助澜的作用。天保四年（569年）三月，周武帝召集儒者、名僧、道士及百官二千余人于正殿论三教关系。这是中国历史上第一次罕见地让三大教派同堂论理。但是，在这场貌似公平的形式下，却隐藏实质的不公正。因为，辩论尚未开始，判决书已经作出。周武帝开言便讲："三教以儒教为先，佛教为后，道教最上，以出于无名之前，超于天地之表故也。"⑤ 由于当日的辩论并没有结果，他又召集了一次辩论会，并在会后作出了结论："儒教道教，此国常遵，佛教后来，朕意不立。"⑥最终对这场长期以来困扰朝野的论争画上了句号。但是，朝廷中信仰佛教的大臣并没有就此放弃对佛教的坚持。次年，甄鸾作《笑道论》，道安作《二教论》，对道教教义的荒诞不经，道术的荒唐淫乱，经典的胡编乱抄提出了尖锐的批评，认为佛教高于儒教，儒教优于道教，反对周武帝的排佛之议。但是，周武帝的排佛之意已决，二人的意见并不能改变当时日渐紧张的局势。但是，由于他们对道教的批判，也不是无的放矢，因而周武帝在灭佛的同时，下诏罢黜道教："初断佛、道教二教，经像悉毁，罢沙门、道士，并令还民。并禁诸淫祀，礼典所

---

① 《魏书·世祖纪》。
② 《魏书·释老志》。
③ 《魏书·释老志》。
④ 牟钟鉴、张践：《中国宗教通史》（上），458页，北京，社会科学文献出版社，2000。
⑤ 《广弘明集》卷八，《叙周武帝集道俗议灭法事》。
⑥ 《广弘明集》卷八，《叙周武帝集道俗议灭法事》。

不载者，尽除之。"① 在这场由道教徒推动的排佛事件中，佛教受到了一定的冲击，道教也同时被禁止。因此，这是一个没有胜利者的较量。面对皇权高压，佛教徒据理进行了抗争，如慧远和尚就直斥武帝，"恃王力自在，破灭三宝，是邪见人"，将受"阿鼻地狱之苦"②。客观地说，周武帝灭佛对北方过分膨胀的佛教狂热有一定的降温作用，有利于社会经济文化的发展。同时，这次灭佛并没有对佛教徒采取人身消灭政策，只是下令让他们还俗。

　　这一时期南朝也发生了道教与佛教间的激烈斗争。但是，与北朝相比，其佛道之争，只是义理上的争辩，没有诉诸武力。这场辩论起因于南齐道士顾欢著《夷夏论》。该书详细论述了佛教与道教的异同、优劣得失。他以化胡论为基础，认为佛教、道教都是老子创立的，且佛教是从道教派生的，即"道则佛也，佛则道也"③。这一观点遭到佛教徒的反对。因为其观点与佛教、道教的起源事实并不符合。顾欢还以中国传统的夷夏之防思想为出发点，贬佛教为戎法，褒道教为圣教，反映了他貌似公允的言辞下排佛的实质。值得庆幸的是，虽然南朝也有道、佛之争，也有排佛之议，但是，没有演变为你死我活的激烈冲突。相反，在排佛、倡道之议外，还有折中儒、佛、道三教的主张。如陶弘景就主张："夫万象森罗，不离两仪之育；百法纷凑，无越三教之境。"④ 因此，在南朝，并没有出现大的宗教冲突，佛、道二教呈现出相互吸收、相互融合、和谐相处的景象。

　　唐代是佛教在中国发展的另一个重要时期，唐初几乎所有的皇帝都要去长安以西的法门寺进香，并举行盛大的安奉佛骨法事。但唐武宗即位后，一改以前的惯例，不仅不供奉佛祖，反而酿成了会昌五年（845 年）的灭佛事件，史称"会昌法难"。这是中国历史上的第三次排佛活动。这次排佛事件对佛教的打击甚大，从此之后，佛教便进入了衰落期。唐武宗的排佛，看似出于偶然。但是，却有其必然，即道教教士的推动。早在隋朝，道教就受到统治者的重视。不论是隋文帝、还是隋炀帝，均实行重道轻佛、儒的政策。虽然，佛教在统治集团内部仍有一定的地位，但是，无法和道教并驾齐驱。究其缘由，是因为道士张宾、焦子顺在杨坚篡位过程中以符箓科谶制造舆论，受到提拔和重用，最终带动了道教在隋代的兴盛。时人在评价二者关系时说："佛，日也；道，月也。"⑤隋末，在群雄割据的局面中，许多道士投身李渊父子，助其取得了天下。因此，王朝更替之后，他们中的很多人理所当然地进入统治集团，成为统治阶级的一员，对唐代宗教政策的制定发挥了重要的影响。例如，楼观道士歧晖以观中财物资助李渊，茅山道士王远知向李渊"密传符命"⑥。后予授歧晖紫金光禄大夫，歧晖坚持不受，高祖乃许其为楼观观主，并多次谒拜，以示尊敬。王知远予授朝散大夫，赐金缕冠和紫色霞披，显赫一时。同时，为了证明李姓与道家创始人李聃的宗亲关系，许多道士不惜歪曲宗教教义，奉迎李唐王朝的宗亲之说。高祖即位后，便投桃报李，不惜一切代价提高道教的地位。他曾三次召集道、儒、佛三教人士进行道、佛先后的辩论，并提出

① 《周书·武帝纪》。
② 《广弘明集》卷八，《叙周武帝集道俗议灭法事》。
③ 《夷夏论》，载《南齐书》卷五十四，《顾欢传》，932 页，北京，中华书局，1973。
④ 《道藏》（第二十三册），651 页。
⑤ 《大正藏》卷四十九，360 页。
⑥ 《旧唐书》，5125 页。

"道大佛小"的观点①，实际上是对辩论结果做了官方定性。在《问慧乘诏》中，他借用道士潘诞的话说："悉达太子不能得佛，六年求道，方得成佛。是则道能生佛，佛由道成，道是佛之父师，佛乃道之子弟。故佛经云：'求于无上之正真之道。'又云：'体解大道，发无上意。'外国语云'阿耨菩提'，晋音翻之'无上大道'。若以此验，道大佛小，于是可知。"②武德八年（625 年），李渊下诏曰："老教孔教，此土先宗，释教后兴，宜崇客礼。令老先、次孔、末后释宗。"③也就是说，以诏令的形式确立了道教至高无上的宗教地位。不仅如此，李渊还以种种方式影射、攻击佛教。他说："佛教弃父母之须发，去君臣之服章，利在何间之中？益在何情之处？"④而且，僧尼以卑贱之身，"规自尊高，浮惰之人，苟避徭役。妄为剃度，托号出家，嗜欲无厌，营求不息。出入闾里，周旋阛阓，驱策田产，聚积货物。耕织为生，估贩成业，事同编户，迹等齐人。进违戒律之文，退无礼典之训。至乃亲行劫掠，躬自穿窬，造作妖讹，交通豪猾。每罹宪网，自陷重刑，黩乱真如，倾毁妙法"⑤，"近代以来，多立寺舍，不求闲旷之境，惟趋喧杂之方。缮采崎岖，栋宇殊拓，错舛隐匿，诱纳奸邪。或有接延廛邸，邻近屠酤，埃尘满室，膻腥盈道。徒长轻慢之心，有亏崇敬之义"⑥。在对佛教徒广积田财、蔑弃礼教、违法乱纪等行为进行严厉指责后，最后规定，京城留寺三所，其余天下诸州，留一所，"余悉罢之"⑦。因此，在此诏书下达后，佛教在唐初受到了严重的打击。

但是，这仅仅是唐朝排佛的开始。继李渊之后的唐太宗李世民，也将道教奉为国教。这当中除了和老子攀扯血缘关系这一众所周知的原因外，还有当时现实的政治考虑。在唐初争夺帝位的斗争中，以法琳为首的佛教徒是李建成的坚定支持者，而以王远智为首的道教徒却是李世民的坚强后盾。李世民取得帝位之后，便向道教徒示好。贞观十一年（637 年），唐太宗下诏对道、佛关系作了安排。该诏书除了沿袭中国历代王朝对佛教是外来宗教，不及道教优越，不适合中国国情的说辞之外，其中心意思便是肯定道教与李唐王朝的特殊关系。为了照顾这一特殊的关系，规定："自今以后，斋供行玄法，至于称谓，道士女冠可在僧尼之前。庶敦本之俗，畅于九有；尊祖之风，贻诸万时。"⑧从表面来看，似乎对佛教影响不大，只是强调佛教排在道教之后，实际上，下达了抑佛教的国策。因此，诏书一下，引起了佛教徒的强烈抗议。一些有重要影响的佛教徒，如智实、法琳、法常、慧净等亲赴朝廷，上表力争。但是，由于唐太宗李世民的主意已定，大局已无可更改。甚至，朝廷不惜运用严刑，对不遵守抑佛旨意的佛教徒进行镇压。至此，在唐朝道教与佛教争夺宗教统治地位的斗争中，道教赢得了第一回合的胜利。如果说，唐太宗最初接受道教只是处于统治策略的考虑的话，那么，随着其对道教了解的深入，逐渐迷恋上了道教的长生方术。客观地讲，历代皇帝或多或少都有对长生的追求，不过有的比较理性，有的比较极端。唐太宗晚年的情况，恰好如此。受此影响，唐王朝的许多皇帝都对道教优礼有加。因此，从唐太宗开始，唐王朝采取了许多

---

① 参见《大正藏》卷五十，634 页。
② 《大正藏》卷五十，634 页。
③ 《大正藏》卷五十，634 页。
④ 《广弘明集》，294 页，上海，上海古籍出版社，1991。
⑤ 《旧唐书》，16～17 页。
⑥ 《旧唐书》，16～17 页。
⑦ 《旧唐书》，17 页。
⑧ 《文渊阁四库全书》（四二六册），789 页，台北，"商务印书馆"，1986。

措施，提高道教的政治地位。如，尊封老子为"太上玄元皇帝"，并立庙加以祭祀；尊《道德经》为上经，令百官学子传习，作为科举考试的内容；兴建、扩建道观，提高道士的社会地位；将道教节日作为天上共同的节日，以示纪念；积极开展对道教经典的搜集整理，促进道教经典的理论化和系统化；大力倡导斋醮，规范道教仪式，整理、制作道教乐曲。经过几代君主的推动，到唐玄宗时期，"奉道之风发展到极致。在社会上造成了非同一般的奉道风气。仅就社会上层来看，当时的一些公主妃嫔，多有入道为女道者，杨贵妃亦被度为太真宫女道士。朝臣中，请舍宅为观，或请为道士者也大有人在。如：宰相李林甫即请舍宅为观，太子宾客贺知章、著名诗人李白等也加入了道教。就道教宫观的数量来看，仅长安城中就有道观三十所之多。道士升官晋爵者亦不乏其人，故时有'终南捷径'之讥"①。道教在唐代之兴盛，由此可见一斑。

唐代崇道行为发展的顶峰是武宗的排佛事件。唐武宗的崇道动机除了继承其先辈的老子"化胡说"，其先祖与老子有血缘关系等说辞外，其直接原因是他本人比较迷信道教的神仙方术。史载："上好神仙之术，遂起望仙台以崇朝礼，复修降真台，春百宝屑以涂其地，瑶楹金栱，银槛玉砌，晶莹炫耀，看之不定。内设玳瑁帐、火齐床，焚龙火香，荐无忧酒，此皆他国所献也。上每斋戒沐浴，召道士赵归真已下，共探希夷之理。由是室内生灵芝二株，皆如红玉。又渤海贡马脑檀、紫瓷盆。马脑檀方三尺，深色如茜所制，工巧无比，用贮神仙之书，置之帐侧。紫瓷盆量容半斛，内外通莹，其色纯紫，厚可寸余，举之则若鸿毛。上嘉其光洁，遂处于仙台秘府，以和药饵。"②必须说明的是，武宗迷信道教方术，固然有李唐王朝一以贯之的崇道的传统，武宗个人的性格因素，以及道士赵元真等人的鼓动。但是，更为重要的是，寺院经济对李唐王朝的财政收入造成了很大的冲击。实际情况是，早在代宗时期，不少有识之士就指出必须对影响唐王朝赋税收入的寺院经济进行限制。但是，这些建议在当时并没有引起足够的重视。到武宗时，这一矛盾变得更加尖锐。武宗曾正告臣下说："九州山原，两京城阙，僧徒日广，佛寺日崇。劳人力于土木之功，夺人利于金宝之饰，遗君亲于师资之际，违配偶于戒律之间。坏法害人，无逾此道。且一夫不田，有受其饥者；一妇不蚕，有受其寒者。今天下僧尼，不可胜数，皆待农而食，待蚕而衣。寺宇招提，莫知纪极，皆云构藻饰，僭拟宫居。晋、宋、齐、梁，物力凋瘵，风俗浇诈，莫不由是而致也。况我高祖、太宗，以武定祸乱，以文理华夏，执此二柄，足以经邦，岂可以区区西方之教，与我抗衡哉！贞观、开元，亦尝厘革，铲除不尽，流衍转滋。朕博览前言，旁求舆议，弊之可革，断在不疑。而中外诚臣，协予至意，条疏至当，宜在必行。惩千古之蠹源，成百王之典法，济人利众，予何让焉。其天下所拆寺四千六百余所，还俗僧尼二十六万五百人，收充两税户，拆招提、兰若四万余所，收膏腴上田数千万顷，收奴婢为两税户十五万人。隶僧尼属主客，显明外国之教。勒大秦穆护、祆三千余人还俗，不杂中华之风。于戏！前古未行，似将有待；及今尽去，岂谓无时。驱游惰不业之徒，已逾十万；废丹臒无用之室，何啻亿千。自此清净训人，慕无为之理；简易齐政，成一俗之功。使六合黔黎，同归皇化。尚以革弊之始，日用不知，下制明廷，宜体予意。"③从上述诏书不难看出，武宗

① 卿希泰、唐大潮：《道教史》，113~114 页，南京，江苏人民出版社，2006。
② 《文渊阁四库全书》（一〇四二册），615~616 页。
③ 《旧唐书》，605 页。

排佛的根本原因并不是所谓的"胡教"对中华文明的祸害，而是寺院经济与封建专制国家的经济之间的利益冲突。唐玄宗李隆基对道教的尊奉也有经济方面的考虑。现存青城山常道观三皇殿内的《大唐开元神武皇帝书碑》，便是明证。玄宗时，为解决山下飞赴寺僧人强占青城山道观"天师洞"的纠纷，下诏"勿令相侵，观还道家，寺依山外旧所，使道佛两所各有区分"①，并刻石立碑。该碑高 1.4 米，宽 0.7 米，厚 19 厘米，上书唐玄宗开元十二年（724 年）解决飞赴寺与常道观寺产的诏书。该碑已成为道教受到皇家庇护的圣物，至今仍立于常道观的三皇殿中。该案看起来是一个单纯的民事纠纷，但是，由至高无上的最高统治者以诏令的形式处理一个案情并不复杂的民事案件，无论是在重刑轻民的中国古代社会，还是在私法高度发达的现代社会，都是不可思议的。仅从这一点来看，该案绝不是一个单纯的民事纠纷。但是，如果我们将其放在唐代扬道抑佛、打击佛教寺院经济的大背景下，就很好理解了。

在唐朝崇道的大背景下，有一个例外，那便是武则天的崇佛运动。前面我们谈到，李唐王朝排佛崇道有一个重要原因就是想和老子攀上关系，从而证明其是华夏正统的继承者。武则天出于取代李唐王朝的考虑，便反其道而行之，崇佛抑道。高宗自显庆（656—661 年）以后，苦于风疾，朝政皆决于武则天。从此，武则天内辅国政数十年，威势与高宗无异，时称"二圣"。中宗即位后，她便谋划篡位。垂拱四年（688 年），武承嗣伪造瑞石，上有"圣母临人，永昌帝业"字样。武则天名此石为"宝图"，后改名为"天授圣图"②。同年六月，又于汜水得所谓刻有《广武铭》的瑞石，铭文暗示武则天是"化佛空中来"，当取代李唐为女主。③ 进一步暗示武则天当作天子，并把它说成是佛的意志。天授元年（690 年），"东魏国寺僧法明等撰《大云经》四卷，表上之，言太后为弥勒佛下生，当代唐为阎浮提（人世）主，制颁于天下"④。是年九月，她就成为大周圣神皇帝。武则天在夺取李唐王朝帝位过程中，得到了佛教及佛教徒的鼎力拥护。于是，在即位之后，从政策、用人等方面照顾佛教及佛教信徒。值得玩味的是，同样仿效武则天的中宗后韦氏，为了达到干政的目的，依靠佛教势力，排斥道教。因此，在唐代无论是道教还是佛教，绝不是单纯的信仰问题，它还是统治者推行其政策的重要工具。

北宋道教地位较高，特别是太祖、徽宗尤其热衷于道教。但是，其对佛教并没有采取极端措施。这一格局一直延续到元代。元初，是道教全真道发展的黄金时期。正如学者评论的："今东尽海，南薄汉淮，西北历广漠，虽十庐之聚，必有香火一席之奉。"⑤ 足见全真道在元代的盛况。到元宪宗初年，佛教和道教之间的斗争达到了水火不容的地步。为了解决二教之间的冲突，元宪宗五年（1255 年），佛教与全真教在御前展开辩论。佛教徒首先对道教攻击道教的经典论著《化胡经》和《老子十八图》进行诘难，拉开了元代佛教与道教辩论的序幕。佛教徒认为《化胡经》和《老子十八图》是虚妄的说教，没有事实依据。更为重要的是，佛道攻击道教徒利用道教，排斥异己，图谋不轨。例如，佛教徒说："道士

---

① 《大唐开元神武皇帝书碑》，现存青城山常道观三皇殿内。

② 《旧唐书》卷六，《则天皇后本纪》。

③ 参见《道藏》（第十九册），747 页。

④ 《资治通鉴》卷二。

⑤ 陈垣：《道家金石略》，476 页，北京，文物出版社，1988。

欺负国家，敢为不轨。"①还说："道士欺谩朝廷辽远，倚着钱财旺盛，广买臣下，取媚人情。"②面对这一敏感、带有浓厚政治色彩、超越宗教教义的诘问，以李志常为首的全真教徒百口莫辩，为了不给对手落下政治谋反的口实，保存实力，全真道自认失败。御前辩论之后，道教被迫烧毁经版，退还佛寺三十七处。这还不是问题的终结。宪宗八年（1258 年），佛教与道教又爆发了一次大辩论。这次辩论，双方人数达到了创纪录的五百余人。为了精心准备这一对双方命运有着决定性影响的辩论，佛教、道教各自派出了由十七名优秀选手组成的辩论阵容。由于有大批西僧、多位国师加入佛教的辩论队伍，使得双方的势力发生了微妙的变化，天平开始朝佛教一方倾斜。在佛教徒的猛烈攻击下，道教一方只有招架之势，毫无还手之力，最终败在以那摩国师为首的佛教一方。忽必烈按照其事先规定的处罚方法，即"僧道无据，留发戴冠；道士义负，剃头为释"③，判令道士樊志应等十七人去龙光寺削发为僧，焚毁佛经 45 部，归还佛寺 237 所。全真教受到沉重打击。

二、佛教与儒教的争论及解决

　　儒学是一个形成于春秋战国时期的学派，其创始人是著名的政治家、思想家、教育家孔子。其在战国时期的代表人物是孟子和荀子。虽然，该学派在先秦及秦代遭受了一定的挫折，但是，其标榜的以"仁"为核心的思想体系和以德礼为根本的治国方略，终于在西汉受到统治者的青睐。从此，确立了其在中国意识形态中的正统地位。但是，这一局面，并没有维持多久，便受到了来自印度的外来文化佛教的挑战。于是，爆发了中国历史上长达五百多年的儒、佛争斗与融合。

　　第一场争论发生在东晋，争论的主要问题是沙门要不要向王者跪拜。根据佛教徒的宗教传统和礼仪，他们只拜佛祖，不拜任何其他世俗之人。换句话说，即使亲如父母者，尊如帝王者，也不跪拜。但是，在封建社会，君主享有至高无上的地位，任何人遇见君主都要行跪拜之礼。这样，本土文化与外来文化在跪拜之礼上发生了激烈的冲突。庾冰、何充是东晋的两位名臣。两人对佛教的立场尖锐对立：庾冰反佛，何充崇佛。庾冰主张僧尼也应该严守中国名教、礼仪，应忠君孝父，而何充则主张应利用佛教教义，维护王权，不应过分苛求佛教徒。为了获得奉儒教为主流意识形态的封建国家的支持，慧远支持佛教徒要尽忠尽孝。在慧远对佛教经义作出新解之后，执掌东晋国事的桓玄放弃了沙门跪拜王者的要求。在这一回合的较量中，我们看到了双方妥协共处的愿望和要求。与传统礼教相关的另一个问题，僧尼弃父母而出家，是否与传统的孝道抵触。佛教信仰者，"多以佛也有'报恩父母'、劝人为孝的教导，佛教以立身行道，永光其亲，因而是最根本的孝道等等，以此来证明佛教的出家并不违背传统在家的孝道"④。

　　第二场争论发生在刘宋、齐梁时期，主要围绕神灭还是不灭而展开。宋初，沙门慧琳作《黑白论》（又名《均善论》），论儒教与佛教的异同，但是其论点和佛理相去甚远，为众僧所摈斥。但何承天却大为赞赏，并让宗炳评判。宗炳复书，驳斥了慧琳的观点。在与何承天辩

　　①　《大正藏》卷五十二，768 页。
　　②　《大正藏》卷五十二，768 页。
　　③　《大正藏》卷五十二，771 页。
　　④　楼宇烈：《漫谈儒释道"三道的融合"》，载《文史知识》，1986（8）。

难过程中，他又作《明佛论》（又名《神不灭论》），倡导"精神不灭，人可成佛，心作万有，诸法皆空"之说。① 何承天作《达性论》反对说："生必有死，形毙神散，犹春荣秋落，四时代换。"② 颜延之又作《释达性论》，认为："神理存没，傥异于枯荄变谢。"③ 这样的辩论前后达三次。其主要争点都以神灭或不灭为核心。齐末，范缜又作《神灭论》，主张："神即形也，形即神也；是以形存则神存，形谢则神灭也。"④ 萧琛、曹思文、沈约等和范缜往复论难，力主神不灭。后来梁武帝即位，命当代硕学答复范论，当时作答者六十五人，都迎合武帝的意旨，主张神不灭。这是南朝儒、佛关于神灭不灭的论争。

上述论争，双方是在心平气和的氛围下进行的，最高统治者没有亲自参与。结果表明，在当时的背景下，儒教与佛教不仅同为统治者治理国家所必需，而且，二者能够和平相处。即使双方在某些问题上有分歧，也不必上升到你死我活、残酷无情的竞争状态。另外，我们还需要说明的是，道教自东汉顺帝、桓帝之际产生，经历了从民间走向上层统治集团，并主动与儒教整合，又走向民间的这样一个发展道路。同时，作为中国唯一的本土宗教，如果说开始它和儒教还不那么融洽的话，最终它认识到要在以儒教为主流意识形态的话语权中占据一席之地，和儒教必要的妥协、整合是必须的。否则，它永远摆脱不了受迫害、被驱逐的命运。

需要指出的是，同为中国本土信仰和学说的道教与儒教也有斗争和竞争，道教在起源阶段，也受到儒家正统学说的严厉批评。但是，经过长期的争论与实际政治斗争的洗礼，道教领袖意识到要在儒教占据统治地位的封建社会谋得生存之地，最好的办法不是去挑战儒教的统治地位，而是道教本身必须作出适应性的转变，特别是对它所"采取的与主流社会和话语权力的对抗姿态"作出改变。⑤ 否则，将会给道教在社会上的公开存在带来灭顶之灾。事实上，那些来自巫觋方士的道教传统，曾让道教屡受抨击和指责。例如，五道米教尚存在原始巫教血亲复仇、诛除异己、互相虐杀的陋习。孙恩、卢循起义曾利用早期道教的这一特点，反抗东晋王朝的统治。但是，他们的一些做法，如"烧仓廪，焚邑室，刊木堙井，掳掠财货"，"其妇女有婴累不能去者，囊籠盛婴儿投于水，而告示之曰：'贺汝先登仙堂，我寻后就汝'"⑥，等等，虽然短期之内，对农民起义军的发展壮大起了一定的作用，但是，却使五斗米教受到重创，失去了宗教的感召力，受到儒家正统思想的批判和责难。儒家学说对道教的批评主要集中在宣扬巫术、迷信思想，与政府对立等。佛教批评其教义虚幻、荒诞。因此，道教为了在逆境中求得生存，开始了一系列的改革。其内容主要集中在两个方面：一方面，在教法戒律宗教仪式方面，剔除原始五斗米教中落后、芜杂的东西，进行完善提高，使其成为正规的宗教；另一方面，摒弃那些应劫起事、反抗当局者统治的伪法，增加忠孝节义的内容。这一过程，主要是通过对道教经典的整理和编纂来完成的。其中，有两个人物起了决定性的作用。一是东晋的葛洪，反对邪妖淫祀，主张严肃的士族神仙道教；二是魏晋南北

---

① 参见《全宋文》卷二十一，《明佛论》。
② 《弘明集》卷四。
③ 《全宋文》卷三十七，《释何衡阳达性论》。
④ 《梁书》卷四十八，《列传》第四十二。
⑤ 参见葛兆光：《中国思想史》，第一卷，350页，上海，复旦大学出版社，2001。
⑥ 《晋书·孙恩传》。

朝时期的寇谦之，主张恢复道统，反对伪法。经过葛、寇改造后的道教教义，与原始道教的神秘主义思想相结合，形成了诸如太上老君降世、君权神授等有利于封建统治的内容。必须说明的是，这一时期也是佛教势力快速扩张的一个时期，特别是佛教教义博大精深的思辨特征，对士大夫产生了强有力的吸引力。因此，要使道教赢得更充分的发展空间，必须使其理论体系超越原始道教的体悟式传道方式，而必须使其教义具有类似佛教教义的思辨特征。因此，汉代以后，道教吸收儒教学说中有关维护封建统治的内容，并对其教义中具有浓厚原始平等内容的教义进行修正。经过修正后的教义不仅深受统治者喜爱，也能为广大民众所接受，特别是其教义中有关劝诫民众行善做好事的内容，成为老百姓日常生活的行为准则。

因此，从表面上看，中国历史上的宗教竞争呈现出儒、佛、道三强争雄的局面。但是，儒教自汉代以来形成的正统地位，以及本土文化的天然优势地位，是其他二家无法撼动的。因此，三家争雄更多地以佛、道二教争雄的态势出现。

三、宗教管理机构及其司法权

当然，在皇帝之下，各级行政机构既是管理中央和地方事务的衙门，同时，也是相应审级的司法机关。因此，它们理所当然地拥有对一方宗教事务的管理与司法审判权。需要说明的是，由于宗教问题的特殊性、复杂性，南北朝之后，历代王朝均设立专门的宗教事务管理机构，一方面进行宗教事务的管理，另一方面协助处理宗教纠纷。从文献资料的记载来看，最迟在西周时期，就设有专门官员负责管理宗教事务，如卜、史、宗、祝等，"在对天地诸神与祖宗之神的祭祀仪式中，执行着沟通神人之间事务"[①]。这是中国历史上有明确记载的、最早的宗教管理官员。秦汉时的奉常，属九卿之首，地位很高，掌管宗庙礼仪，具有一定的宗教管理职能。这一制度为后世王朝所继承。魏晋南北朝时期，佛教力量不断壮大，出于管理的需要，设立了僧官。晋代的僧侣管理机关称"僧司"，其高级官员称为"都维那"。南朝的僧官也称为"都维那"，但他不是一种独立的官职，而是高级僧官的副手。北魏僧官名为"道人统"。秦姚兴弘始三年（401年，相当于东晋安帝隆安五年）的敕立僧䂮为"僧正"，是秦姚立僧官的起点。"和平初（460年），师贤卒。（沙门）昙曜代之，更名沙门统"。这时专为佛教设立的"僧祇户"、"粟"，遍布全国。此外，还设有专门管理各级地方僧祇户、粟的僧官。到孝文帝初年，在全国各州、镇都已经有"维那"之设置，在京师除沙门统之处，还有"都维那"的设置。说明这一时期，全国各州、镇早已设置地方僧官系统。南朝的僧官体制直接继承自东晋，但有所发展。南朝在中央设有宗教管理衙门，称为僧司、僧局、僧省等。主管官吏称僧正或僧主。其主要职责是："总领天下僧徒，主持经业的传授，法事的举行，主持翻译、抄撰经籍，参与选拟下层僧职，训勖、简汰徒众。"[②]僧正下设副职悦众，又名都维那。主要职责是维持僧尼纪律，督察佛律寺规的执行，纠举违犯戒律，并进行惩治。需要说明的是，南朝中央宗教机构由皇帝直接统辖，不隶属于世俗行政、司法系统。地方僧官分为根据行政区划设立的州郡僧官和跨州郡设立的僧官两类。在中央和地方僧官体制之外，南朝还建立了由皇帝或官府委任的寺职，由寺主、上座和维那组成，分别负责寺内宗教

---

① 葛兆光：《中国思想史》，第1卷，37页。
② 牟钟鉴、张践：《中国宗教通史》（上），406页。

活动、经济收入和僧侣戒律的执行。此外，还针对妇女出家，设立尼僧之官。

隋唐佛教比过去有更大的发展，僧官制度也相应发生了各种变化。隋文帝改变北周官制，仿北齐僧官制度，中央设立昭玄寺，置昭玄大统（又称大沙门统、国统）、昭玄统、昭玄都等僧官，州置统都、沙门都、断事、僧正等，分别管理全国和地方僧尼事务，对外国僧侣还设有外国僧主。炀帝即位，郡、县佛寺，改为道场，置监、丞进行管理。唐代初建，僧官制度一承隋制。天下僧尼隶鸿胪寺（一度改称司宾寺）。武则天延载元年（694 年），令天下僧尼转隶礼部祠部。凡试轻度僧，由祠部给牒。僧人簿籍，三年一造。天宝六载（747 年）至德二载（757 年），置祠部使，典领佛教事务。贞元四年（788 年），复置左右街大功德使、东都功德使、修功德使，管理僧尼簿籍及役使。元和二年（807 年），又于左右街功德使下设僧录司，置僧录等职，例由僧人充任，掌全国寺院、僧尼簿籍以及僧官补授等事。会昌二年（842 年）至六年以僧尼隶礼部主客，但基本上仍以两街功德使掌管佛教事务的体制。州、县之佛教政令，通常由州功曹、司功曹掌管。此外，各州皆置有僧正一职，具体掌管一州僧务。由此可见，僧侣事务基本上由僧官和俗官共同管理。

北宋时期，中央设左右街僧录司，掌寺院僧尼簿籍及僧官补授之事；州、县、则分别设有僧司，掌管僧尼事务。南宋偏安，鸿胪寺并入礼部，佛教事务由礼部祠部郎官统一掌理。金代管理僧尼事务的最高僧官，称国师，北京、南京、东京、西京各设僧录、僧正，州设都纲，县设维那，任期均三年，以德行学问较高的僧人充任。元代崇尚藏传佛教，以宣政院管理全国佛教事宜，置有院使、同知、副使及其他官属多人。总制院、宣政院的职事是掌管全国佛教事宜和西藏地区政教事务。地方设行宣政院，各州府置僧录、判正、副都纲等僧官。至顺二年（1331 年），撤销宣政院，设立广教总管府十六所掌管僧尼事务。元统二年（1334 年），设广教总管府，别置行宣政院于杭州，不久又废。

明清时期，佛教虽较之前衰退，但僧官制度却比前代更为细密周详。明代僧官始设于明太祖时期。洪武元年（1368 年），朱元璋在南京天界寺设立善世院司掌佛教，又置统领、副统领、赞教、纪化等，负责全国重要寺庙住持的任免。洪武十五年（1382 年），又重新组建中央和地方僧官组织，中央设僧录司，有左右善世（正六品）、左右阐教（从六品）、左右讲经（正八品）、左右觉义（从八品）各二人，由礼部任命，掌管天下僧务。府设僧纲司，有都纲（从九品）、副都纲各一人，州设僧正司，有僧一人，县设僧会司，有僧会一人，归僧录司统辖，分掌地方僧务。有关全国佛教政令，大体循前代旧制，由礼部祠祭司郎官总领。清代僧官制度，承袭明制。所有中央和地方的佛教管理机构以及各级僧官的名称、人数、品秩、职事等都和明代基本相同，佛教事务之政令，也由礼部祠祭清吏司郎官执掌。

道教管理机构较早的当属张鲁在巴汉建立的政教合一的政权形式。他在统治区域内设立了二十四台治（后改为三十二台治），每台设道官、祭酒，管理道民，道民均“编户著籍，各有所属”①。张鲁之后，道教管理，语焉不详。隋朝设令、丞，管释道二教。炀帝时罢署，在郡、县宫观直接设玄坛监。唐朝恢复，开始隶属鸿胪寺，开元二十四年（712 年）改属宗正寺，专掌宫观及道冠簿籍、斋醮之事。贞元四年（788 年），崇玄署左右街功德使，管理道教与佛教。宋代以开封府尹兼功德使掌道官选授，以尚书省礼部的属司之一祠部管道冠、

---

① 《道藏》第二十四册，780 页。

童行籍帐和披戴文牒。神宗元丰改制，取消功德使，祠部"实行本司事"，置祠部郎中、祠部员外郎各一人。祠部之外有鸿胪寺，兼管道教、佛教。州、府设州道正司和府道正司管理地方道教事务。基层宫观，也有具体的执掌。元代，至元十三年（1276）忽必烈命天师张宗领江南道教，赐银印。次年（1277 年），又醮于长春宫，赐号"演道灵应冲和真人"，给二品银印，命主江南道教事，准许自给牒度人为道士。明代府道设纪司，都纪一人（从九品），副都纪一人；州道正司，道正一人；县道会司，道会一人。俱设官不给禄。另外，道士有大真人、高士等封号，赐银印蟒玉，加太常卿、礼部尚书及宫保衔，甚至有封伯爵的。到了清代，认为道教为汉人的宗教，重佛抑道，限制天师职权，取消其道教之首的地位，由二品降至五品，并禁止其差遣法员传度。到了道光年代，又取消了传统的张天师朝觐礼仪。道教失去了与朝廷的联系，其地位逐渐下降。

从理论上讲，上述佛教、道教管理机构，隶属于中央王朝。中国古代的各级衙门都有不同程度的司法权，因此，道教管理机构也具有类似的权限。但是，从文献记载来看，其实际介入宗教审判的情形很少。但是，毫无疑问，在处理具体宗教事务方面，包括宗教纠纷、冲突方面，上述机构具有优先性。这是中国历代王朝既要小心翼翼维持宗教与世俗的分野，又要将其纳入世俗统治范畴的必然结果。

在中国古代，宗教派别之间的冲突，其裁决并不适用普通的司法程序，也不是由普通的司法官作出判决。而是由最高统治者根据自己的宗教倾向，以及治理国家的现实需要作出裁决。而且，在这一过程中，由于国家没有调整此类纠纷的正式法典和法规，也没有适用于解决此类冲突的程序法规范。因而，其判决和决定往往有很大的随意性和不确定性。虽然如此，宗教领袖面对不利的判决总是能够通过自己的努力，在形势极为不利的情况下，保存实力，积蓄力量，为下一次复兴积聚火种。至于基层司法系统，其主要职责是运用国家权力镇压所谓的邪教，以保证其管辖范围内国家组织、社会组织的正常运转，很少参与宗教纠纷的解决。

第四节
巫术信仰及其惩处

巫术作为一种古老的、具有神秘色彩的祈福、禳灾、治病、厌胜等多种功能的法术，在世界各民族历史文献中都已有记载。作为一种奇特的民间信仰，对中国古代司法产生了深远的影响。在中国历史长河里，其最远可追溯到人类思维的产生。商代达到鼎盛，但也渐渐增加了"巫蛊"等有害人的身体、灵魂的内容。西周以后，巫术渐渐失去了其在思想领域的统治地位。迨止西汉，儒家正统地位确立，巫术的发展又经历了一次大的转折。一方面，以祭祀为内容的巫术为官方所垄断，并禁止民间私自进行；另一方面，民间的巫术继续沿着祈福、禳灾、治病、造蛊甚至厌胜等途径继续演进，并不断遭受官府镇压，转入地下。到了明清时代，巫术与政治的结合时分时合，而官府对其镇压也达到了一个新的高度。本节以明清律典中的规定为依据，对明清巫术犯罪进行初步的分析。

一、巫术在中国的演变

要搞清楚巫术的产生及发展变化的脉络，就必须搞清楚巫术的概念。因为，在目前的研究论述中，关于巫术概念的论述是非常混乱的。概念的分歧影响了有关讨论的深入进行，甚至产生了不必要的纠纷。因而，在展开叙述之前，对"巫术"一词做一解释、限定是非常必要的。巫术曾被称为魔术，在原始时代，人们认为有一种超自然的力量支配着自然界。人类为了生存，便凭借着对大自然的一些神秘与虚幻的认识，创造了各种法术，以期能够寄托和实现某些愿望，这种法术就叫巫术。① 总结中国历史上的巫术，大致可分为四类。第一类是交感巫术，即施法术给一物，而同样的另一物就会感受到魔力，这种巫术我们称为交感巫术。交感巫术又分为两种，一种是人体分出去的各个部分，仍然能够继续得到相互的感应，叫做"顺势巫法"，如施法术于头发、指甲、眉毛等，就能影响于人体；一种是凡曾经接触过的两种东西，以后即使分开了，也能够互相感应，这叫做"接触巫法"，也叫"接触律"或"触染律"②，如一个人的脚印、衣物因为接触过这个人的身体，施法于脚印、衣物，这些脚印、衣物也能与人体互相感应，影响人体。第二类是模仿巫术，也叫"相似律"③，即施法术给一种象征的人（纸人、泥人、蜡人等），而这个人本身却受到了魔术力。模仿巫术也分两种形态，一种是同类生死巫法，如仿照某人形态做一木偶，此木偶便与某人同类，假如置此木偶于死地，便象征某人也已死亡。另一种是同类相疗巫法，即吃动物的某一部分，便能补救人的某一部分。第三类是反抗巫术，即巫术中使用的物品及其扮演的驱邪者，对巫师欲反对的对象具有照显的反抗性质。例如，我国民间放爆竹，挂避邪物，带护身符，跳驱鬼舞，对鬼邪来说就有反抗的魔力。清代秘密社会的巫术也属此类。第四类是蛊道巫术，即巫师用一种特殊的毒虫左右人的一切，服务于某一种目的。它有四种不同的形态，即毒虫蛊、动物蛊、植物蛊、植物蛊。巫术是人们对大自然的魔术性和魔力的敬畏的产物，巫术是人类与大自然斗争的产物，它凝聚了人面对大自然的积极争斗心态，而不是宗教的消极回避。正是在这个意义，人们往往将其称为"伪科学"，是对自然现象的非科学的解释。进而，我们不难理解，在很长一段时间里，巫术及巫师是人类知识的载体和传承者，是漆黑的蒙昧时代里划过夜空的点点星火，在绝望里给人以希望。正如我们所看到的，"当原始人与自然斗争的经验、技能派不上用场的时候，当事情到了走投无路的时候，当愿望大受挫折的时候，强烈的欲求使他感情汹涌，于是，他攥紧了拳头，向想象中的敌人打去，或者把身边的陶罐摔个粉碎，或者把手中的木棍一折两段，同时，发出愤怒的咒骂以求发泄怒火，或者号啕大哭，高举双臂，猛烈振动——其中有一次，与这一系列行为同时，敌人倒霉了，矛盾解决了，目的达到了。于是聪明的原始人认真地回忆这次成功的每一个细节：陶罐的形制，木料的品种，咒骂的内容，动作的顺序……他们相信只要完整地重复这一套动作，就能取得类似的效果。如果没有达到目的，那是仪式不周或咒语有误，或者是遇到了力量更为强大的反巫术。"④

---

① 参见高国藩：《中国巫术史》，1 页，上海，上海三联书店，1999。
② ［英］弗雷泽：《金枝》，19～20 页，北京，中国民间文艺出版社，1987。
③ ［英］弗雷泽：《金枝》，19～20 页。
④ 臧振：《蒙昧中的智慧——中国巫术》，1～2 页，北京，华夏出版社，1994。

　　从巫术的产生可以看出，巫术的施行有一套严格的仪式，否则就会失灵。早期的巫术是比较简单的，一族之中，几乎人人可为，没有许多引人入胜的过场，如狩猎前的仪式，宰杀前的厌劾术。在稍后一些的时候，由于乞吁的目的逐渐复杂，法术一再失灵，巫术变得复杂，只能由少数善于表达并有资格掌握法术的人来实施。到了距今约五千年至四千年前，即中国传说中的五帝时期，特别是颛顼时期——他对上古巫术和原始宗教进行了整理改造，使图腾崇拜转为祖先崇拜。他"绝地天通"，禁止小民祀天，把巫术与宗教区别开来，"家为巫史"的时代宣告结束。夏王朝建立后，为保证统治地位的稳定，继续尊重巫术的地位，甚至还形成了专门性的巫书——《山海经》，足见巫术在夏王朝社会政治生活中地位的重要。夏启祈雨，在迫不得已之际，将生身母亲献上祭坛，但仍未取得上天哀怜。启之后，夏王朝的短暂失国，也与其巫术的失效，未能解除长期干旱有关。四百年后，商汤为祈雨，将自己送上祭坛，演出了巫术史上更为悲壮的一幕。幸运的是，他祈到了雨，从而免于被焚身的命运。周王朝建立后，周公"制礼作乐"，整顿了官制、礼制、音乐。经他一番整顿，巫师从最高统治集团下降为士和庶人。巫术也由最重要的统治手段沦落为无足轻重的辅助手段。促成这一变化的原因是迷信上天的夏王朝的灭亡。西周统治者认识到不修政治，专伺上天是不行的。于是，他们提出了"以德配天"的主张，即重视统治者个人的修行及对百姓施行仁政，否则，天命也会转移。然而，到了春秋时期，随着王权的衰落，政治生活中出现了权力真空，巫术便以变化了的形式来弥补这一空缺。巫术在春秋政治史上又发挥了重要作用。众所周知，春秋时期，除了战争就是会盟。这二者都与巫术有密切的联系。春秋这三百年，仅《春秋左氏传》一书所载会盟，就不下三百次。盟誓过程虽无专职巫师参与跳、唱，但其庄严神秘及杀牲歃血的气氛，令有叛变思想的人受到无形而强大的威力。这在原理上，与巫术是一致的。战国是一个"流血千里，伏尸百万"的时代，古老的国度经历着新旧嬗变的阵痛，巫术也在这阵痛中凋零。秦朝也是巫术荒芜的时代。西汉初年，"董仲舒用巫术理论改造了儒学，同时也丰富和发展了巫术"①。进入魏晋时代，魏武帝曹操在镇压黄巾起义之后，大力"除奸邪鬼神之事，世之淫祀，由此逐绝"②。后来，魏武帝曹操也信奉巫术。曹丕继位，反对巫术，"但是民间巫术活动始终没有停止过"③。吴大帝孙权迷信巫术是众所周知的，吴国也因此巫术盛行。隋代，巫术再一次成为政治斗争的工具，也为杨氏皇族带来了空前灾难。唐代宫廷信巫成风，地方官吏却大反巫师。宋代宫廷与唐朝情况类似，地方反巫思潮却胜过唐朝，巫师不仅没有地位，巫术活动也是违法的。元代宫廷、民间巫术都较为流行。明、清两代宫廷、地方对巫术均采取严禁的态度，但民间巫术始终畅行无阻，甚至被农民起义军、秘密社会用来作为反抗官府的工具。正因为如此，明清对巫术采取严厉的限制措施。

二、大明律有关巫术犯罪的规定

　　中国古代典籍对巫术记载最早的当推《山海经》。此后，关于巫术的记载就多了起来。对巫术犯罪的记载，尚无从考究，但较早且较著名的是西汉武帝时的巫蛊之祸，牵连的人数多达两万余人。但由于汉律的失传，这一方面的法律规定，我们只能根据后人的记载窥其大

---

①　臧振：《蒙昧中的智慧——中国巫术》，81页。
②　《三国志·魏书·武帝纪》，210页，北京，中华书局，1974。
③　高国藩：《中国巫术史》，210页。

概。唐律是我国古代传世法典中最完整的一部，而且，明、清律是以唐律为蓝本修纂的。所以，我们要论述明清律典中的巫术犯罪，唐律是一个重要的参照。

（一）《大明律》——巫术犯罪立法的历史渊源

先秦时期的重要典籍《山海经》、《周礼》已有关于巫术的记载。[①]《法经》、《秦律》对巫术犯罪的规定我们不得而知，但由于汉承秦制，通过对《汉律》现存部分的梳理，我们仍可窥知《秦律》关于巫术犯罪的概况。程树德在《汉律考》中摘录的一些片段，可以为证，如"坐妻为巫蛊族"，"后坐巫蛊族"[②]，"广陵厉王胥，五凤四年坐祝诅上，自杀"，"高侯舟、征和四年，坐祝诅上要斩。澎侯屈釐坐为丞相祝诅要斩。平屈节侯曾、五凤四年，坐父祝诅上免"，"嗣曲周侯终根祝诅上，要斩。嗣阳河侯其仁、征和三年坐祝诅，要斩。嗣戴侯秘蒙、后元年坐祝诅上大逆，要斩。嗣弓高侯韩兴坐祝诅上，要斩"[③]，"十三年，除秘祝"，"祝官有秘祝，有灾祥，辄祝祠移过于下"[④]。按王安石的解释，"文帝除秘祝法，为萧何法之所有"[⑤]。上述记载清楚地表明，汉代不仅有惩治巫术犯罪的规定；而且处刑非常严厉。魏律也有关于巫术犯罪的规定："黄初五年十二月，诏曰：叔世衰乱，崇信巫史，至乃宫殿之内，户牖之间，无不沃酹，甚矣其惑也。自今其敢设非祀之祭，巫祝之言，皆以执左道论。著于令典。"[⑥]《晋书·载记》载，"咸康二年，禁郡国不得私学星谶，有犯者诛"[⑦]。另外，《晋律》"不道"有关于巫蛊犯罪的规定。[⑧]南朝陈的法律中也有关于巫术的规定："叔坚不自安，稍怨望，乃为左道厌魅，以求福助。刻木为偶人，衣以道士之服，施机关，能跪拜，昼夜于日月醮之，祝诅于上。其年冬，有人上书告其事，案验并实。后主召叔坚囚于西省。将杀之，其夜令近侍宣敕，数之以罪"[⑨]。后魏法律中对于类似罪行的处罚规定稍有不同，根据《窦瑾传》记载："有诽谤咒诅之言，与弥陀同诛"[⑩]。《古弼传》记载："有怨谤之言，其家人告巫蛊，俱伏法"[⑪]。《北齐律》中有"重罪十条"，其六为"不道"，其中关于巫术犯罪的规定，后为《唐律》"十恶"之"不道"一条所吸收，其语曰："不道，谓杀一家非死罪三人及肢解人，造畜蛊毒，厌魅。"[⑫]此处的"造畜"、"蛊毒"、"厌魅"就是中国古代巫术中的蛊道巫术和模仿巫术。《唐律》第 262 条规定："诸造畜蛊毒及教令者，绞；造畜者同居家口虽不知情，若里正知而不纠者，皆流三千里。造畜者虽会赦，并同居家口及教令人，亦流三千里。即以蛊毒毒同居者，被毒之人、父母、妻妾、子孙不知造蛊情者，不坐。"[⑬]同条疏议曰：

① 参见《周礼》，355 页，长沙，岳麓书社，2001。
② 程树德：《九朝律考》，63 页。
③ 程树德：《九朝律考》，103 页。
④ 程树德：《九朝律考》，144 页。
⑤ 程树德：《九朝律考》，144 页。
⑥ 程树德：《九朝律考》，203 页。
⑦ 程树德：《九朝律考》，234 页。
⑧ 参见程树德：《九朝律考》，234 页。
⑨ 程树德：《九朝律考》，328 页。
⑩ 程树德：《九朝律考》，370 页。
⑪ 程树德：《九朝律考》，376 页。
⑫ 钱大群：《唐律译注》，6 页，南京，江苏古籍出版社，1988。
⑬ 长孙无忌：《唐律疏议》，337 页，北京，中华书局，1983。

"造畜蛊毒者，虽会赦，并同居家口及教令人，亦流三千里。"①律文第 268 条规定："诸造妖书妖言者绞。造，谓自造休咎及鬼神之言，妄说吉凶，涉于不顺者。"②同条疏议曰："造妖书妖言者，谓构成怪力之书，诈为鬼神之语。'休'谓妄说他人及已身有休微。'咎'，谓妄言国家有咎恶。观天画地，诡说灾祥，妄陈吉凶，并涉于不顺者，绞。"③律文第 264 条规定："诸有所憎恶，而造厌魅及造符书咒诅，欲以杀人者，各以谋杀论减二等。"④这些规定，不仅对巫术犯罪处刑较重，而且遇赦也不减罪，足见唐代统治者对此类犯罪的高度重视。《宋刑统》几乎完全承袭了唐律中对巫术犯罪的规定和处罚，如"十恶"中的"不道"⑤，律文中的"造畜蛊毒"等。《大元通制条格》也有关于巫术犯罪的规定，如"妖书妖言"一条记载："延祐元年五月，中书省御史台称：沔阳府陈兴祖告，傅万一妻阿李傅抄写天降经文，该写今岁山崩地陷，人死九分，根捉到印经人李行余等，取讫招伏，钦遇释免。刑部议得：印造无根经文，盖因切名僧道之徒不修戒行，往往撰造妖言，拾施符水，苟图钱物惑世诬民，关系非轻，理合遍行禁治。若有似此违犯，罪及寺观主首，其有不居寺观，四方游荡，恣为邪说这流，亦令所在官司常加警察。都省准拟。"⑥在"禁书"一条下，载有三条关于"太乙雷公式"、"阴阳禁书"、"推背图"、"五公符"、"血盆"等违禁之书⑦，实际上，其内容属于巫术中的反抗巫术。元代对巫术犯罪的规定采用的是例的形式，即详细列举了有关巫术犯罪的四个典型案例。这在立法技术上是一个倒退，但符合元代立法的实际。因为，元代法典编撰体例实际上就是许多例的大杂烩。

总之，明清之前历代王朝关于巫术犯罪的立法，特别是《唐律》巫术犯罪立法——由"十恶"中的"不道"、"礼律"中的"仪制"、"盗贼"律中的有关规定所组成的立法体例，为明、清两代的巫术犯罪立法提供了丰富的经验，使明、清巫术犯罪立法向合理化、科学化方向发展。可以这样说，没有明清以前历代王朝的立法实践，就没有明清巫术犯罪立法的成果。

（二）《大明律》中有关巫术犯罪的规定

《大明律》在"十恶"第五有言曰："不道，谓杀一家非死罪三人及肢解人，若采生、造畜蛊毒、厌魅。"⑧该规定和《唐律》、《宋刑统》的规定几乎没有差别，仅增加"若采生"三字。很显然，其内容有所扩充，是对唐、宋模仿巫术犯罪的发展，有重要意义。"禁止师巫邪说"条规定："凡师巫假降邪神，书符咒水，扶鸾祷圣，自号端公、太保、师婆，及妄称弥勒佛、白莲社、明尊教、白云宗等会，一应左道乱正之术，或隐藏图像，烧香集众，夜聚晓散，佯修善事，煽惑人民，为首者绞；为从者，各杖一百，流三千里。若军民装扮神像，鸣锣击鼓，迎神赛会者，杖一百，罪坐为首之人。里长知而不首者，各笞四十。其民间春秋

① 长孙无忌：《唐律疏议》，338 页。
② 长孙无忌：《唐律疏议》，345 页。
③ 长孙无忌：《唐律疏议》，345 页。
④ 长孙无忌：《唐律疏议》，340 页。
⑤ 《宋刑统》，329 页，北京，法律出版社，1999。
⑥ 《大元通制条格》，327～328 页，北京，法律出版社，2000。
⑦ 参见《大元通制条格》，328 页。
⑧ 《大明律》，2 页，北京，法律出版社，1999。

义社，不在禁限。"①从这条的规定来看，《大明律》对巫术犯罪的禁止，重在维护封建统治秩序，以防有人利用巫术聚会、结社，危害封建政权。《大明律》"礼律""仪制"中有"收藏禁书及私习天文"条。该条规定："凡私家收藏玄像器物、天文图谶、应禁之书，及历代帝王图像、金玉符玺等物者，杖一百。若私习天文者，罪亦如之。并于犯人名下，追银一十两，给付告人充偿。"②这是典型的对模仿巫术犯罪的处罚。《大明律》"术士妄言祸福"条规定："凡阴阳术士，不许于大小文武官员之家，妄言祸福。违者杖一百。其依经推算星命、卜课者，不在禁限。"③该条明确区分犯罪对象，即根据犯罪对象的不同，决定是否构成犯罪，而对一般老百姓则不予追究。以上规定，唐律、宋律、元律均无。"造妖书妖言"条规定："凡造谶纬、妖书、妖言及传用惑众者，皆斩。若私有妖书隐藏不送官者，杖一百，徒三年。"④"造畜蛊毒杀人"条规定："凡造畜蛊毒，堪以杀人，及教令者，斩。造畜者，财产入官。妻子及同居家口，虽不知情，并流二千里安置。若以蛊毒，毒同居人，其被毒之人父母、妻妾、子孙，不知造蛊情者，不在流远之限。若里长知而不举者，各杖一百；不知者，不坐，告获者，官给赏银二十两。若造厌魅、符书、咒诅，欲以杀人者，各以谋杀论。因而致死者，各依本杀法。欲令人疾苦者，减二等。其子孙于祖父母、父母、奴婢、雇工人于家长者，各不减。若用毒药杀人者，斩。买而未用者，杖一百，徒三年。知情卖药者，与同罪；不知者，不坐。"⑤与唐律、宋律相比，该条析出了"采生折割人"内容，而且，在罪状描述方面更加详细，且规定了不同情况下，应处罚或免于处罚的情况，显示了《大明律》将打击重点指向危害封建统治秩序的特点。

《大明律》在规定巫术犯罪的同时，明确规定了官方垄断某些祭祀的特权。"亵渎神明"条规定："凡私家告天拜斗，焚烧夜香，燃点天灯七灯，亵渎神明者，杖八十。妇女有犯，罪坐家长。若僧道修斋设醮，而拜青词表文及祈禳火灭者，同罪。还俗。若有官及军民之家，纵令妻女于寺观神庙烧香者，笞四十，罪坐夫男，无夫男者罪坐本妇，其寺观神庙主持及守门之人，不为禁止者，与同罪。"⑥这一条从消极方面规定了对神明应尊敬，否则，将承担一定的刑事责任。这可以看作对巫术犯罪的补充。

在《真杂犯死罪例》"斩罪"里，有两条是关于巫术犯罪的规定，即"造畜蛊毒杀人及教令者""造厌魅符书，咒诅杀人者"，均处斩刑。⑦在《问刑条例》"禁止师巫邪术条例"中规定："各处官吏军民僧道人等，来京妄称谙晓扶鸾祷圣、书符咒水，一切左道乱正邪术，煽惑人民，为从者，及称烧炼丹药，出入内外官家，或擅入皇城，夤缘作弊，希求进用，属军卫者，发边卫充军，属有司者，发口外为民。若容留潜住及荐举引用，邻甲知情不举，并皇城各门守卫官军不行关防搜拿者，各参究治罪。凡左道惑众之人，或烧香集徒，夜聚晓散，为从者，及称为善友，求讨布施至十人以上，并军民人等，不问来历窝藏接引，或寺观

① 《大明律》，89 页。
② 《大明律》，95 页。
③ 《大明律》，95 页。
④ 《大明律》，135 页。
⑤ 《大明律》，153 页。
⑥ 《大明律》，89 页。
⑦ 参见《大明律》，275 页。

主持，容留披剃冠簪，探听境内事情，及被诱军民舍与应禁铁器等项，事发，属军卫者，俱发边卫充军，属有司者，发口外为民。"①《问刑条例》对巫术犯罪的处罚明显轻于"不道"及"盗贼律"中的规定，甚至也轻于《真杂犯死罪例》的量刑。

三、《大清律例》有关巫术犯罪的规定

《大明律》和《大清律》均采用七篇结构，但由于《大清律例》采用的是律例合一的编纂体例，所以，《大清律例》在巫术犯罪的规定方面也有律与例之分别。

1. 在"十恶"第五"不道"罪中，有"采生折割，造畜蛊毒、厌魅"之规定。②所谓"采生折割"，不是一般地剥夺人的生命，而是出于某种妖术、巫术的目的，摘取活人的耳、目、脏、腑或分割人的肢体。上述规定从用词到内涵和《唐律》、《大明律》的规定无任何差别，可以说是完全照搬，是对唐、宋、明三朝立法成果的直接继承。在司法实践中，也严格区分巫术致人死亡与一般刑事犯罪致人死亡的界限，如嘉庆年间，安徽张良壁采生致使十五名女婴死亡、一人致残案。安徽巡抚钱楷比照"采生折割人"凌迟处死罪，量减，拟斩立决。结果，被皇帝质问，"庇护人妖，是何意见？——著由四百里传谕钱楷，接奉此旨，即先将该犯凌迟正法，示众——所有张良壁家产并著抄没"，"钱楷错拟罪名，著交部察议"③。该案中，张良壁被四百里传谕凌迟处死，罪有应得，本无可厚非。安徽巡抚钱楷却因没有以"采生折割人"的罪名，而是以"比照采生折割人"的罪名，被"交部察议"，就有点处罚过重之嫌，但这恰恰说明了清王朝对巫术犯罪的严打态度。

2. 在"盗贼"，"造妖书妖言"中规定："凡造谶纬、妖书、妖言，及传用惑众者，皆斩。若私有妖书，隐藏不送官者，杖一百，徒三年。"④该条下有四个例，其中有一个是关于巫术犯罪的。"凡安布邪言，书写张贴，煽惑人心，为首者，斩立决；为从者，皆斩监候。"⑤从上述规定，我们可以看出，例的规定要重于正律，如对"安布邪言，书写张贴，煽惑人心，为首者，斩立决"⑥。这与正律的量刑一致。"为从者"，正律有监候、流两种处罚，而在例的处罚里，归为单一的"皆斩监候"。在"人命"、"造畜蛊毒杀人"条中规定："凡造畜蛊毒堪以杀人，及教令者，斩。造畜者，财产入官，妻子及同居家口，虽不知情，并流二千里安置。若以蛊毒，毒同居人。其被毒之人，父母、妻妾、子孙不知造蛊情者，不在流远之限。若里长知而不举者，各杖一百；不知者，不坐，告获者，官给掌银二十两。若造厌魅符书咒诅，欲以杀人者，各以谋杀论，因而致死者，各依本杀法。欲令人疾苦者，减二等，其子孙于祖父母、父母、奴婢、雇工人于家长者，各不减。"⑦上述规定和《大明律》规定完全一致，没有任何变化。该条后未附条例。在实际司法中，量刑不仅要考虑犯罪后果，还要看是否有犯罪故意。嘉庆年间发生的三例"造妖书妖言"犯罪，都受到了严厉的惩罚。其中值得注意的

---

① 《大明律》，388～389 页。

② 参见《大清律例》，85 页，北京，法律出版社，1999。

③ 祝庆祺：《刑案汇览》卷二十八，上海，上海鸿文书局，清光绪十五年（1889 年）。

④ 《大清律例》，368 页。

⑤ 《大清律例》，368 页。

⑥ 《大清律例》，368 页。

⑦ 《大清律例》，429～430 页。

是，河南革生杨英辰"妄布邪言"，按律应处斩监候，后"经本部驳令复审，讯明杨英辰实系醉后戏言，并无存心不轨、传播惑人情事"，"将杨英辰依妄布邪言、不及众、拟遣例"，"量减一等，拟杖一百，徒三年"①。该判决之所以量刑较轻，就是充分考虑了行为人是"酒后醉言"，没有犯罪故意的实际情况。

3.《大清律例》"礼律"，从两方面对巫术犯罪做了规定：一方面规定"凡私家告天拜斗，焚烧夜香，燃点天灯七灯，亵渎神明者，杖八十，妇女有犯，罪坐家长。若僧道修斋设醮，而拜奏青词表文，及祈禳火灾者，同罪，还俗"，即不允许个人亵渎神明。②另一方面规定，只有官方才拥有对特定神明的祭祀权，禁止个人私自祭拜，违者严惩。《礼律·祭祀·禁止师巫邪说》规定："凡师巫假降邪神，书符咒水，扶鸾祷圣，自号端公。太保、师婆，及妄称弥勒佛、白莲社、明尊教、白云宗等会，一应左道异端之术，或隐藏图像，烧香集众，夜聚晓散，佯修善事，煽惑人民，为首者，绞，为从者，各杖一百，流三千里。若军民装扮神像，鸣锣击鼓，迎神赛会者，杖一百，罪坐为首之人。里长知而不首者，各笞四十。其民间春秋义社，不在此限"③。该条几乎全部抄自《大明律》，唯增加"其民间春秋义社，不在此限"。实践中，此类民间活动是没法禁止的，于是，统治者只好睁一只眼，闭一只眼。与《大明律》相比，体现了一定的灵活性，反映了《大清律例》调整巫术犯罪水平的提高。该条下有例六条，对正律做了进一步的补充和修正：

一、各处官吏军民僧道人等，来京妄称谙晓扶鸾祷圣，书符咒水，一切左道异端邪术煽惑人民，为从者；及称烧炼丹药出入内外官家或擅入皇城，夤缘作弊，希求进用，属军卫者，发边卫充军，属有司者，发边外为民，若容留潜住，及荐举引用，邻甲知情不举，并皇城各门守卫官军不行关防搜拿者，各参究治罪。

一、凡左道惑众之人，或烧香集徒，夜聚晓散，为从者；及称为善友求讨布施，至十人以上，并军民人等不问来历窝藏接引，或寺观主持容留披剃冠簪，探听境内事情，及被诱军民舍与应禁铁器等项，事发，属军卫者，发边卫充军，属有司者，发边外为民。

一、习天文之人，若妄言祸福煽惑人民者，照律治罪。

一、凡端公道士，作为异端法术，医人民致死者，照斗杀律拟罪。

一、邪教惑众，照律治罪外，如该地方官不行严禁，在京，五城御史；在外督抚，徇私不得纠参，一并交与该部议处。旁人出首者，于各犯名下并追银二十两充赏。如系应捕之人拿获者，追银十两充赏。

一、凡有奸匪之徒，将各种避刑邪术，私相传习者，为首教授之人，拟绞监候；为从学习之人，杖一百，流三千里。若事犯到官，本犯以邪术架刑者，照规避本罪律，递加二等，罪止杖一百，流三千里。其犯该绞斩者，仍照本罪料断，至事犯到官，本犯雇人作法架刑者，亦照以邪术架刑例治罪。并究出代为架刑之人，照作教诱人犯法与犯人同罪律，至死减一等。得赃，照枉法从重论。保里邻里知而容隐不首者，照知而不首本律，

---

① 祝庆祺：《刑案汇览》卷十二。
② 参见《大清律例》，276 页。
③ 《大清律例》，277 页。

答四十。地方官不行查拿者，照例议处。①

从上述规定可以看出，该例重点防范有人利用巫术危害封建统治秩序。在这一点上，它和《大明律》的规定并无不同。但问题是，清王朝以少数民族——满族入主中原所建，除了固有的阶级矛盾外，民族矛盾比以往任何时候，不一定更加突出，但更为重要。因此，在巫术犯罪的预防方面，更加警惕有人利用巫术进行反清活动。②由于过分敏感，往往对巫术犯罪作扩大解释，并加重处罚的力度。③这样做的结果，使清王朝的民族矛盾更加尖锐。民族矛盾的尖锐反过来又促使满清统治者采取更加严厉的手段打击巫术犯罪，形成了恶性循环。

总之，明清时期，由于阶级矛盾、民族矛盾的尖锐，巫术常常被用来作为反抗王朝统治的秘密手段，并对封建统治造成了严重的威胁。因此，明清统治者一改历朝统治者对巫术的容忍态度，加大了对所谓巫术犯罪的惩罚力度。这反映了封建王朝后期，封建统治者对社会控制的加强；也反映了被统治者对社会现实的不满达到了无法容忍的程度，利用一切可能的手段和方法反抗封建统治和压迫。而且，清王朝的民族压迫和歧视政策，使得他们对巫术及巫术犯罪采取更加警惕的态度，不仅加大了处罚的力度，而且对巫术犯罪进行扩大解释。所有这一切都使得明清时期的巫术犯罪及处罚不同于历史上的任何时期，具有鲜明的时代特点。

第五节
水权纠纷的宗教解决

中国古代社会的经济是以小农的自然经济为主、辅之以简单家庭手工生产的模式。在这一生产模式下，水利占据着重要的地位。为了争夺水源，家庭与家庭、宗族与宗族、村社与村社、上下游之间常常展开激烈的争斗。但是，争夺的结果，往往是两败俱伤。因此，水利社会的民众往往借助宗教的权威预防和减少水权纠纷的发生。因此，水神崇拜及其巧妙利用是中国法律文化的一个奇特景象。

所谓水权纠纷的宗教解决机制是指通过水利宗教的训导功能，培养水利共同体的节水意识，从而在水资源有限的条件下，达到水资源利用效率的最大化。同时，向民众灌输恪守地方水权习惯，以及水册、水利章程等规定的义务，从而避免水权纠纷。水利宗教是以中国传统神话为基础，结合地方水利社会的英雄史诗所形成的祈雨镇洪、抑制纠纷、共享水资源的多神崇拜。水利宗教通过营造和谐的社会氛围，将水权纠纷消灭在萌芽状态。从这个意义上讲，它实际上是一种预防机制，而不是纠纷解决机制。其目标是通过构建公平用水、节约用水的社会环境，从而解决水权纠纷。中国古代著名的水利工程，都附建有各种水利宗教设施。这些设施名称不一，功能不一，但都有祈求风调雨顺，农业丰收的宗教功能。水利宗教

---

① 《大清律例》，277～278 页。
② 参见 〔美〕孔飞力：《叫魂——1768 年中国妖术大恐慌》，63 页，上海，上海三联书店，1999。
③ 参见 〔美〕D. 布迪、C. 莫里斯：《中华帝国的法律》，238 页。

非常重视仪式，特别是灌溉仪式。在某种程度上讲，灌溉仪式不仅是水利宗教的组成部分，也是水权运行机制的主要内容。《国语》曾言："夫圣王之制祀也，法施于民则祀之，以死勤事则祀之，以劳定国则祀之，能御大灾则祀之，能捍大患则祀之。非是族也，不在祀典。"[①]通过演练灌溉仪式提高民众参与水利建设的热情，并对作出贡献的人员进行褒奖，甚至将其神圣化。魏特夫认为，以寺庙为中心的宗教崇拜，在东方水利社会有着重要的地位和作用。因为它能将神与其世俗代表有机地结合在一起，从而为世俗统治提供强大的宗教外衣。[②]

一、水利宗教的世俗表象

水利宗教具有明显的地域特征。由于各地自然环境的差异，产生了具有浓郁地方特色的水利宗教。这一现象与宗教产生的社会背景相吻合，也就是说，现实需要促使人们创造出能够慰藉自己心灵的神。正是由于干旱地区民众对水资源超乎寻常的渴望，产生了能够帮助他们实现这一需求的想象物——水利神。为了便于讨论，我们用类型学的方法，对中国各水利区水利神及其宗教功能作一疏理。

山陕地区，水利神主要是祈雨水神，其代表是龙王、尧山圣母等。由于地域差别，这些神灵的名称，及其所代表的水利文化也有着相当大的差异。陕西关中地区，水利神以二郎神、尧山圣母等为代表。所谓的二郎神，就是唐卫公李靖。因为他是陕西三原人，三原县又干旱少雨，水权纠纷较为频繁，所以他就理所当然地成为三原，乃至陕西的水利神。当然，二郎神的传播，与小说《封神演义》的广泛流传有极大的关系。由于这部小说对李靖的本领进行了非常夸张的神化，所以，使人们将其和传说中的二郎神合而为一，加深了人们对其特异功能的想象。人们有理由相信，既然他那么有神力，给百姓带来一点雨水也不是什么难事。正是由于当地民众对其神力的超越现实的想象，不但将李靖视为神，甚至其兄弟也受其神力庇佑，成为神灵。每逢节日祭祀时，人们总是将其兄弟三人一同祭祀，合称三郎神。它虽与四川都江堰二郎神同名，但从起源来看却并非一人。尧山圣母是关中东部地区，如澄城、蒲城、富平等县，民众崇拜的水利神。尧山圣母主庙在尧山，但当地几乎每一个村社都有尧山圣母庙。该山之所以被称为尧山，是因为据传尧曾在此山顶规划治水。围绕尧山，分布着十一个社。这些社除了共同供奉主庙圣母，还在各自分庙里面供奉圣母。遇有庆典，由十一个社轮流供奉主庙圣母。祭祀尧山圣母有严格的仪式，包括迎神、送神、社火、庙会、祈雨等。其中祈雨活动是各项仪式中最重要的一项，也是官方参与的唯一祭祀活动。需要指出的是，祈雨活动中，妇女是主角，也是唯一的表演者。祈雨一般发生在天气特别干旱，又无法灌溉的情况下。此时，民间水利共同体就会自发组织起来，上山求雨。根据当地民俗，由三五个寡妇至尧山庙磕头、烧香、求雨。由于经常能够求到雨，所以尧山圣母的名声越来越大，成为陕西东部地区最有名的水利神。不仅本地人四时祭祀，甚至外地人也前来供奉。山西水利神主要是龙王。这也是全国性的水利神。洪洞、介休、霍州、赵城等县水利设施附近都建有龙王庙，以便于祭祀。四社五村水源地就

---

① 《展禽论祭爰居非政之宜》，载《国语译注》，薛安群、王连生注译，173 页，长春，吉林文史出版社，1991。

② 参见［美］卡尔·A·魏特夫：《东方专制主义——对于极权力量的比较研究》，32 页，北京，中国社会科学出版社，1989。

建有水神庙，里面供奉着龙王。^① 河北定县"龙王庙里供的是水神龙王爷。乡民说龙王爷住在海里的水晶宫，能把海水吸上天去然后就能往陆地上下雨。龙王爷有海龙王、江龙王、河龙王、井龙、雨龙王等。乡民在天旱的时候，常向龙王求雨，有时特别给龙王唱戏"^②。需要说明的是，并不是所有的水神庙，都供奉龙王。如洪洞县所属的霍利渠，其所谓的水神，就不是龙王，而是"明应王"。"明应王"本为霍山山神之子的封号，因霍山下有霍泉，神庙又在霍泉海场旁，于是山神之子便衍为水神，后明应王就成为水神的封号。^③ 介休县水利神是一组群像。介休县东南洪山下有一山泉，俗称源泉，水出绵山后，北流注入汾河。此泉水分东、中、西自南而北流，介休人民多用此水灌溉农田。山上有一庙，名叫源神庙。正殿除供奉、尧、舜、禹外，历史上著名的水利专家，如孙叔敖、西门豹、李冰、郑国、文彦博等配祭。每年二月二，必先在这里举行祭神仪式，然后才能开渠放水。^④ 农谚有"二月二，龙抬头"之说。这是北方开春的日子，从此，开始一年的农业生产。因此，在这一天，举行祭神仪式，其寓意是诉求水神保佑风调雨顺，取得农业生产大丰收。

四川盆地水利神是李冰父子。李冰父子被神化固然与其开发四川和建设都江堰水利工程有关，但这并不是唯一的原因。都江堰水利工程与北方水利工程既有相同点，也有不同点。相同点是同样受旱季缺水问题的困扰，不同点是汛期经常遭受洪水侵扰。因此，其水利神兼具祈雨与镇水两大功能。当然，我们不否认，北方河流在汛期也会带来灾害，但它绝没有岷江对成都平原的破坏那样严重。李冰父子的宗教地位有一个不断神化和提升的过程。李冰祭祀始于东汉，从晚唐五代开始，道教借李冰在民间的声名，将流传于长江上游的二郎神与李冰父子合而为一，演绎出李冰父子治水的神话。因此，二王庙不仅是官方、民间祭祀水神的场所，也是通过祭祀活动，将都江堰灌区"师法自然，天人合一"治水理念灌输到普通民众中去的宣讲活动。因此，我们不能简单地将其看作祈雨禳灾的场所，它还是管理地方公共资源，协调灌区水利事务的议事场所。一般来说，都江堰水利工程浩大，费用庞大，再加之水利事业本身的风险。要动员民众参与到这一艰辛的工作中来，单凭世俗社会的动员机制是不够的。借助宗教力量，对其进行神化，不仅可以减少工程阻力，而且可以激发民众的参与热情。因此，将水资源分配、物料分摊、工役承担、纠纷解决等世俗活动，与民间宗教活动结合起来，变成一种民间习俗，寓水利建设于民俗表演，既是水利实践的需要，也是民间习俗的需求。每年一度的祭祀，既是一次严肃的祭祀水神的礼仪活动，也是民间社会借此机会进行农业技术交流、联络亲友感情等民间狂欢的休闲娱乐活动。通过祭祀仪式的演练，"为制度的实施，官民之间、用水户之间的沟通和合作注入了人文内涵。以农业为经济主导的社会，一家一户是最基本的生产单位，都江堰灌区依据宗教的力量，通过这些民俗化的仪式为灌区行政区域管理与灌区民间组织提供了相互沟通的机会，有助于维持灌区用水制度和工程管理秩序"^⑤。除了李冰父子，成都平原还祭祀另一个水神赵昱。赵昱隋代在乐山为官，因治

① 参见《四社五村田野调查报告》，载董晓萍：《不灌而治——山西四社五村水利文献与民俗》，268 页，北京，中华书局，2003。
② 李景汉：《定县社会概况调查》，419～420 页，上海，上海世纪出版集团、上海人民出版社，2005。
③ 参见《洪洞水神庙霍泉水利碑刻汇编》，载黄竹山：《洪洞介休水利碑刻辑录》，11 页，北京，中华书局，2003。
④ 参见《介休源神庙水利碑刻注释》，载黄竹山：《洪洞介休水利碑刻辑录》，173 页。
⑤ 谭徐明：《都江堰史》，198 页，北京，科学出版社，2004。

理水害，深得民心。在他死后，地方民众将其视为神明。同时，赵昱隐居青城山的道教背景，使其逐渐由一个世俗官吏变成了能降妖除害、超乎自然的水神。不仅如此，宋代以后，他又被附会为二郎神，即李冰之子。这样，赵昱身份完成了中国人对于水神的精神想象。再加上民间故事的附会、地方戏曲的演绎，赵昱的身份成为继李冰父子之后又一个水神，不仅在四川有很大的影响，在浙江、江苏等地区也有一定的影响力。赵昱能成为水神是现实需要的产物。成都平原缺水与洪灾共存的自然条件，使人们意识到仅有一个祈雨之神是不够的，还需要一个专职的镇水之神。而赵昱在四川乐山抗洪的经历，以及其身上所表现出来的道教背景，符合人们的现实诉求。这样，赵昱被演绎为为民请命、力斩巨龙的水神。

南方地区的水利神是以大禹、妈祖为核心的一组群像。南方地区的水神谱系比较复杂，除了南北方共同供奉的龙王，还有一些具有地方文化特色的神灵。大禹，是中国上古的治水专家，为了降服洪水，他三过家门而不入，终于成功地治理了洪水对先民生存的危害。他一心治水的事迹至今仍是中华民族自强不息，征服自然的精神象征。因此，南方很多庙宇里，我们可以看到他的身影。此外，江、河、淮、济四大河流都有各自的水神。妈祖，是东南福建、广东一带的水神。在很大程度上，她更像是一个海上平安神。由于其在民间的强大影响，她在沿江、沿河地区，和其他水神一同供奉。此外，还有湘君、湘夫人、屈原、河伯、大姑、小姑等等，水神之多让人眼花缭乱。这一现象与南方地区水系发达有密切联系。因此，南方民众除了供奉共同水神龙王外，根据水利行业分工，重点供奉本地水神。当然，这与中国传统的自然崇拜和多神崇拜也不无关系。由于南北气候差异，即北方多干旱灾害，南方多洪涝灾害，所以南北水神的世俗功能也不一样。如果说北方水神的世俗功能以祈雨为主，成都平原以祈雨兼防洪为主的话，那么南方水神的世俗功能则以防洪为主。

二、水利宗教的教化功能

水利宗教对水权纠纷的解决体现为通过宗教教义和宗教仪式，营造一种遵守水规、习惯、合同、章程的社会氛围；同时，对违犯水规、习惯、合同、章程的行为进行舆论谴责，达到避免纠纷的目的。从这个意义上说，它是水权纠纷的预防机制，而非解决机制。水利宗教在中国传统社会发挥着重要作用，由于中国近代社会转型缓慢，使得这一机制在中国近代基层社会仍然发挥着影响。

1. 水利宗教通过仪式展示，具有向民众灌输水资源共享理念的教化作用。水利宗教的核心价值要求人们要正确面对缺水现实，和谐共处，避免争水，共同应对大自然的考验。不同利益的民众，通过共同祭祀，可缓解彼此对立情绪，为水资源共享奠定心理基础。无论北方，还是南方，祭祀水神时，都有严格的程序和庄严的仪式。这些表象化的仪式，看似没有什么实质意义。但在一年一度的水利宗教展示过程中，不同地区的民众会产生我们是同一个祖先的假定。因为，祭祀水神的仪式与传统的祭祖仪式非常相像。当民众面对同一水神，在拟制血亲式的互动过程中，水权纠纷的解决就变得容易了，做一些让步也可以接受。同时，大家都来祭祀水神，其中隐含的寓意是大家都是水资源的享有者。因为水资源既然可以由神灵来操控，而水神既然接受了人们提供的牺牲，就没有理由厚此薄彼。正是由于上述原因，祭祀水神仪式往往非常烦琐。以都江堰灌区20世纪30年代祭祀李冰的仪式为例，仅程序有十七道之多。这还不包括之前的准备工作及其后的后续活动。形式较为简单的山西四社五村民间祭祀，也有八道程序。在山西四社五村，"能够把灌溉制度和水权管理整合在一起的权威机器是水利簿的祭祀仪式，这是更深刻的精神活动，可以把神授水权和祖先显灵等神秘文化都调动出来，对整个地方小社会起到震慑作用"①。

2. 维护业已形成的水册、水规、章程等水权习惯。如果说宗教仪式展示的是形式教化的话，那么对水册、水规、章程的宣传，则是水利宗教核心内容的展示。以四社五村为例，祭祀活动分为祈雨祭祀与水利簿祭祀。水利簿祭祀又分为大祭和小祭。小祭于每年四月清明节前后举行，一般是农历四月一日到二日，大祭一般是四月五日。小祭的前期工作主要是发鸡毛信、祭祀的筹备；正式仪式有五项。除了正式祭祀，还有小祭会议。小祭是为了减少财务支出，而设计的变通做法。小祭时，最重要的议程是小祭仪式之后的小祭会议。小祭会议的参加人主要是各社的社首、副社首、放水员、总放水员等，仪式有七项：（1）宣布会议开始；（2）致词；（3）宣读当年水规新制度草案并征求意见；（4）说明上年度工程项目与经费支出；（5）讨论检查工程的情况，对不足之处提出批评；（6）提出下年度工程摊派方案；（7）会议总结。② 小祭会议议程最重要的是（3）、（4）、（5）、（6）四项。这四项内容不仅关系到每一个社的具体利益，而且还关系到每一个附属村的利益。虽然，这四项内容涉及各个村社的具体物质利益，但没有哪一项能与第（3）项内容的重要性相提并论。因为它不仅可能对每一个村社的当前利益有影响，甚至对其以后的利益也会带来实质影响。但是，如果能在公平前提下，根据时代发展变化对具体的规章制度作出合理妥善安排，则不仅可以改变目前存在的不公正，还将对未来可能的纠纷起到抑制作用。至于工程摊派、账务支出、工程检查等议题，也都涉及具体物质利益。因而，也是小祭的核心问题。大祭仪式与小祭仪式基本相同，所谓"大"、"小"主要是指祭祀规模的大小。小祭参与人主要是五个水权村，而大祭不仅包括水权村，还包括附属村。另外，大祭之后，还有传统的戏剧表演。民众可借此休闲、娱乐一番。小祭仪式在水权村之间举行，是一个决策机构；大祭仪式在所有享有水资源的村社进行，其主旨是将小祭会议形成的决议传达给各村社。因为是在祭祀活动过程中进行，减少了执行的阻力，所此，执行水利规章自始至终是祭祀仪式的核心内容。正如义旺社社首乔新民所说："在实践中，他们把注意力更多地集中在执行水规上。祭祀仪式的意义被他们藏在心里，操作得越简化，越表示要保留下去，所以仪式的地位反而很高。社首们对我们说：'祭祀要改，但不能没有，没有了，别的水规也执行不了，它是最高的水规。'"③ 可见，把水规、章程的执行视为祭祀的核心是四社五村水利祭祀的主要宗旨。其他灌溉区，开水之前，也必须祭祀。山西洪洞县李卫村，因水规不举，"于道光二十七年集众公议，按地稽查，重整旧模，献戏祀神，统归协办"④。可见，祀神与整理水规是联系在一起的。陕西韩城三村九堰，"每年三村堰长，于惊蛰节前五日到堰敬神毕，即到龙骨堰商开渠事件"⑤。

3. 对违犯水权习惯、水规、章程行为的公开处罚，可形成公众监督，并借助水利宗教，维护水权秩序。水资源匮乏地区，制度可在一定限度内发挥作用。但是，由于人们对水资源

---

① 《四社五村田野调查报告》，载董晓萍：《不灌而治——山西四社五村水利文献与民俗》，207 页。

② 参见《四社五村田野调查报告》，载董晓萍：《不灌而治——山西四社五村水利文献与民俗》，208～211 页。

③ 《四社五村田野调查报告》，载董晓萍：《不灌而治——山西四社五村水利文献与民俗》，214 页。

④ 孙焕仑：《洪洞县水利志补》，119 页，太原，山西人民出版社，1992。

⑤ 《三村九堰公议规程碑文》，载渭南地区水利志编纂办公室编：《渭南地区水利碑碣集注》，内部发行，1988。

的强烈诉求，超出了维护制度所要付出的成本。在这种情况下，利用宗教力量，干预民众行为，就成为维护水利秩序的较好选择。对违规行为的惩戒，一般选择在祭祀场所公开进行。这样做的好处有两点：一方面，管理者借助宗教场所的神圣氛围，强化民众记忆力，从而产生心理威慑；另一方面，利用宗教祭祀场所对违犯水规的行为惩罚，可产生区域轰动效应，有利于维护水权秩序。而且，在宗教狂欢活动中，处理违犯水规事件，通过人们口耳相传，可产生放大效应，使惩罚本身为更多民众知晓，从而达到类似现代传媒的作用。如果说宗教惩罚以较为正式的方式进行的话，那么舆论评判则以非正式、戏谑的方式进行。这样，等于一个行为经受了两次处罚。对当事人而言，没有比这更严厉的惩罚了。当然，对水权管理者来说，每年一度的水利祭祀活动，既可享受民众依赖所带来的荣誉感，也要经受民众对其管理工作的检验。因此，要赢得民众尊敬，只能以民众利益为先，兢兢业业，管好水权事业，否则，不仅不能赢得人们的尊敬，而且，还会带来舆论长时间的谴责。当然，在很多情况下，对水权管理人员的处罚，是以较为隐蔽的方式进行的，以免其影响水利共同体威信，进而影响水权管理。以四社五村为例，小祭之后，"他们在内部又召开了一个小会，会上批评上社的工程经费不实，工程质量较差，据说争执得很激烈，都是按祖规办的，但不能对外公开"①。

4. 一年一度的祭祀活动，不仅是一次又一次水权神授的仪式，同时，通过这一仪式，完成了对水利共同体领导层的培训和培养。祭祀过程中，较年长的社首、香首、渠长对较年轻者进行指导，使其熟悉祭祀礼仪。同时，对年青一代领导层执行水规的能力，以及处理违规事件的能力进行考察、评估，并提出必要的意见，建议他们改进。而且，礼仪本身就是水规的重要组成部分，因此，要求社首每年准确完整，一丝不苟，顺利完成。然而，不经过专门训练，反复演练，要做到这一点是不容易的。因为上述烦琐仪式，并没有完整的书面记载，是通过社首世代口耳相传，反复实践流传下来的。因此，要掌握它，就必须认真实践。祭祀过程中，顺利、流畅地完成整套仪式，是风调雨顺的象征；而仪式中的差错，可能被解释为水神不高兴，对民众心理产生消极影响。财务公开，水利费用分摊等事项均需学习，伴随这一过程，完成了水利共同体领导层的新老交替，也完成了水利共同体向心力的重塑。不同村庄的社首、渠长利用这一机会，交流感情，讨论下一年度水资源分配计划，以及水权管理方面的其他议题。从这个意义上说，水利祭祀就是培养水利管理人才的学校。通过这一活动，人们收获的不仅是现实的物质利益，而且也获得了宝贵的精神遗产。

水利宗教的教化功能是中国水权纠纷预防机制的组成部分，在中国近代仍然具有重要社会价值。通过祭祀活动，水利社会的民众懂得了水资源共享的重要性。同时，学会了节约用水，合理用水。水利祭祀活动是维护世代相传的水权习惯、水权章程，处罚违法行为的裁判过程，也是训练水利共同体领导团体的学校。其中，祭祀礼仪是学习内容的基础，水册、水规的管理、执行是学习的重点。水利宗教活动，虽然并不能真正解决水权纠纷，但是，上述几个方面的共同作用可降低水权纠纷发生的概率。正是在这个意义上，我们认为水利宗教是解决水权纠纷的重要手段。

---

① 《四社五村田野调查报告》，载董晓萍：《不灌而治——山西四社五村水利文献与民俗》，213 页。

第六节　简评

　　以上我们探讨了中国古代社会中较为特殊的宗教司法现象。在写作过程中，笔者常常不自觉地问自己：这是一个真实的问题，还是我们自己想象出来的一个命题。但是，当就要结束这一章节的写作的时候，笔者确信已找到了这一问题的答案。确实，如果我们用西方的标准来衡量的话，在中国古代根本不存在所谓的宗教司法。可问题是，我们谁也无法否认宗教因素对中国传统社会的强大影响力。几乎所有的农民起义背后都隐藏着宗教或民间信仰的憧憧身影。在司法领域，凡是涉及死刑或命案的判决，那沉淀在法官心理中的福报观念、善恶轮回观念，像久雨未见天日的阴霾，总也挥洒不去，让他们饱受灵魂的折磨。更不要说，道教、佛教、儒教在笼络信众，争取封建帝王支持时的钩心斗角与相互利用。而封建帝位，总是超然于三者之上，时而抑佛，时而抑道，但万变不离其宗——维护其视为私产的江山。最终在这场看似眼花缭乱的角逐中，没有输家，也没有完胜者。因为，无论是佛教、道教抑或是儒教，它们只能作为具有无限包容性的中华文化的组成部分而存在，而不可能以排他的、绝对的胜者的角色出现在古老的东方大地上。

第二十二章

行业司法：清代的工商行业

　　在中国传统诉讼法律文化中，多元的诉讼体系和司法机构是中国传统法律文化中司法制度文化的显然特征之一。这其中，清代工商行业的司法活动，既是中国传统诉讼法律文化的有机组成，也充分体现出中国传统诉讼法律文化共同的价值取向和原则，同时又因为诉讼主体社会身份的特殊性、该类诉讼法律关系中双方主体的权利与义务内容以及社会活动的差异性，而形成独特的司法方法和原则——与西方商人法的起源及西方商人自治中实施的司法活动产生之情形相似，并比之一般的民事诉讼活动具有更突出和鲜明的民间诉讼意识和倾向。而这样的情形，是符合法律发生学中关于任何法的产生及其运行都有其一定的社会政治、经济、文化以及社会组织根源这一基本原理的。必须指出的是，清代工商行业司法活动的进行与清代商人社会用于规范和调整清代商事活动及其秩序的商事法（清代中国商事习惯法）的已然产生和体系已经建立的法律发展的进程是密切相关的。按照有些外国学者的研究，中国明末清初发生了"第二次商业革命"（second commercial revolution），并引发了"一系列意义重大的新发展"①；清代商品经济发展的状态已颇具规模和程度，清代的资本主义生产方式和生产关系在局部地区也已相当普遍，社会资本呈现出农业资本、工业资本、商业资本和金融资本并存的状态；相应的是中国的商事习惯法的产生及其内容体系的建立，以及在这一法律体系之下形成的特殊的司法活动——行业司法活动。可见，清代商事习惯法的产生及商人社会的行业司法活动的产生和进行，有其特定的政治、经济、文化和法制的历史基础。

---

　　① 美国罗·威廉（Wiliam T·Rowe）认为这一系列意义重大的新发展包括："远距离市场的产品生产的专门化、向大规模商业企业的发展趋向、采取追逐利润并建立评估利润所必需的会计制度的明确取向、诸如复杂而灵活的合伙制以及股票的发行与透支银行信贷制等等资本动员的新形式、更为精巧地运用契约保证人、以及工资雇工的更为大量的雇用。"基于此，他认为："清朝也具有一些早期现代欧洲的明显的社会经济特征，这些方面的发展比中国此前任何时期都要大。"［美］罗·威廉：《晚清帝国的"市民社会"问题》，载邓正来、［英］J.C.亚历山大编：《国家与市民社会——一种社会理论的研究路径》，407 页，北京，中央编译出版社，1999。

第一节
清代行业司法的历史基础

一、中国的商人

各国法律关于"商人"概念的界定，主要是在对商事行为的外延以及由此产生的对商人的分类等方面存在差异，但对商人"从事商业经营或为商事法律行为而成为商事法律关系的主体"这一基本法律属性的认识还是一致的。法律发展的历史传承性使得各国法律对"商人"这一社会阶层[①]及其特性的认知也呈现出发展变化："凡此种种，都毫无例外地打上了时代和地域的烙印。"[②] 而清代商人社会进行的行业性司法活动无不与清代商人鲜明的"时代和地域的烙印"密切相关。

提到历史上中国商人的社会角色，人们必定会想到中国"重农抑商"的传统和中国商人被贬抑、被歪曲的形象。事实上，抑商、贱商、商人法律地位低下的历史现象，并非中国特有。相比于欧洲历史上曾弥漫着的抑商的浓雾[③]，以及欧洲社会对犹太商人的压迫[④]，即便是莎士比亚这样的有着鲜明的人文主义倾向的大师也在自己的戏剧中将威尼斯犹太商人的形象贬抑、丑化至极；相形之下，中国统治者所采取的措施却一直是比较明智的，即通过立法对商人及商业活动加强管理、控制——实际上这种管理与控制对于保障交易安全、维护市场秩序，有着客观意义。

文献记载，上古时期，中国的统治阶级就开始对商人及其商事活动进行控制与管理。《逸周书·程典解》记载有周文王曾说过的一段话：

> 士大夫不杂于工商，商不厚，工不巧，忠不力，不可以成治；士之子不知义，不可以长幼；工不族居，不可以得官，族不乡别，不可以入惠；族居乡别，业分而专，然后可以成治。[⑤]

---

① 从西欧历史发展来说，中世纪及其后的"商人"与"新兴资产阶级"基本上是同位语。

② 郑远民：《现代商人法研究》，22 页，北京，法律出版社，2001。

③ 如泰格、利维在他们的著作中曾经描述的："在公元 1000 年左右，商人在西欧初次出现时……被称为 Pies poudreux——'泥腿子'，因为他们带着货物徒步或骑马四处奔波……在封建领主的大厅里，商人乃是嘲笑、侮弄、甚至憎恨的对象"；对于封建社会的法律制度而言，"商人乃是社会的弃儿"。[美] 泰格、利维：《法律与资本主义的兴起》，3～4 页，上海，学林出版社，1996。

④ 又如罗布代尔也曾再现欧洲犹太商人的遭遇："犹太商人和犹太资本家……西欧不允许他们在金钱、土地和官僚之间做出选择……印度的银行家兼商人的境遇与犹太人相似。他们在种姓制的限制下，只能经营钱财，不能改业。同样，日本大阪的富商很难挤进贵族行列。他们因此限于本业，无力自拔……穆斯林社会不等资本积累完成，便把资本家扼杀，莱比锡商人在他们资本积累的第一阶段，即 16 和 17 世纪期间也处于同样情况。"[法] 布罗代尔：《15 到 18 世纪的物质文明、经济和资本家》，第 2 卷，527 页，北京，三联出版社，1992。

⑤ 黄怀信：《逸周书校补注译》，77、78～79 页，西安，三秦出版社，2006。

这种对社会职业和社会阶层的划分①,可以说是中国商人身份法的雏形:商人作为一个专事商业贸易活动的阶层的社会属性,及其作为商事法律关系主体的法律属性,由此被界定出来,并传及后代。这种划分,不仅有利于统治阶级对商人进行控制,也有利于国家对商业活动进行有效管理。

回顾秦汉以后中国法制史的发展历程可以看出,封建统治阶级从立法入手,制定出一套管商、卡商、压商的法律制度——例如"市籍"制度;这些调整我国古代商业社会商人商事活动的商法规范普遍具有既管事又管人、管人为主、管事为辅的鲜明特点。所以,有学者言简意赅地指出中国古代统治者关于商业管理立法的价值取向在于:"发展商业,抑制商人,这是中国历代统治者对商贾的基本策略。"②

中国的"商人阶层—商人社会"从其发端起,经过历史上几次大的商业发展机遇,至清代已发展成为"典型形态的中国旧式商人阶层",且具备如下特点:(1)商人阶层的发展与城市经济的发展相联系,即城市经济的发展促使商人阶层的发展;商业和商人又成为促使城市经济繁荣的活水源头。(2)中国商人有着悠久的自治传统。中国商人阶层很早就有自己独特的行会组织,他们既受同业行会组织内部一定的约束,又具有相当大的自主经营和竞争空间。商人的行会组织发展到清代,其范围、领域、规模都有了很大的发展。有些行业即使并未形成严密的组织形式,也不乏经常性的松散的联系和不定期的集议活动;这些活动都体现了中国商人自治性的特点。(3)中国城市商人通常是五方杂处,籍贯复杂。所以商人之间既可以用"同乡之谊"为纽带拉帮结伙——建立地缘性的商人组织,又可以用"共同利益"为旗帜,进行行业间的联合与相互制约——建立行业协会。由此形成中国的商人社会。(4)中国古代城市的特点是经济中心、军事中心、政治中心合一,尤以政治中心为突出。在大小城市中,商人阶层特有的思想文化、生活方式等无不对其所在城市的经济、政治、文化等各方面产生影响。③

一方面背负着中国传统文化的"重义轻利"观念,另一方面迫于生活的无奈而奔波于商场,另一方面唯利是图,相时而动,另一方面小心翼翼地随时注意保护自己。即如有学者描述的"素性圆滑"、"避乱趋安"④。有时候又踌躇满志,随时准备以管仲为鉴。这就是清朝商人传承于历史的文化基因而呈现出的普遍特点。总的来说,中国历代商人不仅在具体的商事活动中小心翼翼地尽量避免在行为上与统治阶级产生直面的冲突,且在维护自己所处的商事秩序和环境时,其所定规则也尽可能地不违背统治阶级的意志,从而避免任何来自统治阶级和社会其他方面的打击,以比较好地保护自己。这样的心态历程,既导致了商人在自治过程中对国家制定法的依赖,也保证了制定法在商人自治过程中的权威和有效性——反之,也

---

① 此处所指阶层,是指古代法律划分出人的身份地位和社会等级,而非政治经济学中关于社会阶级的划分。在这一点上,本文与郭建、姚荣涛、王志强所著《中国法制史》(141页,上海,上海人民出版社,2000)中的观点不约而同。

② 宋小庄编著"商贾"词条,载《北京大学法学百科全书·法制史卷》,693页,北京,北京大学出版社,2000。

③ 参见马敏:《官商之间——社会剧变中的近代绅商》,32页,天津,天津人民出版社,1995.

④ 马敏教授在其博士学位论文中曾评价中国早期资产阶级具有"经济上的相对稚弱"和"政治性格的极端保守和妥协"的特点。参见马敏:《过渡形态:中国早期资产阶级构成之谜》,32~39页,北京,中国社会科学出版社,1994。

使商人自治过程中产生的规则经常得到统治阶级认可。

清代商人自治及其自治规则的产生及内容与清代商人所处的社会结构和生活的生活环境密切相关。

二、清代商人的社会关系

清代商人作为一个社会职业群体有着其内部形成的各种社会关系，同时也作为一个阶级或社会群体而与外部其他阶级或群体之间产生各种社会关系。

首先看清代商人社会内部关系，大致存在着以下几种具体情形：

之一：商人个体（商号）与行（栈）之间的关系。"行"（行栈）的形象代表通常是指牙人（牙行）。[①] 从清代商人对"行"的理解，即"诸货之有行也，所以为收发客装；诸行之有会馆也，所以为论评市价"[②]，可以说明："行"——牙行、行栈在清代经济生活中对于商品流通环节的衔接作用和多重职能。[③] 在代买代卖的活动中，牙行行使控制物价、行情的权力，也因此就会产生以牙行为一方当事人的许多种商事关系。在清代商业社会的特殊背景下，商个体（商号）必须依托"行"才能进入市场交易；而"行"的生存发展，也离不开商个体"号"的支持和协助。然而，"行"的这种特征，又往往给执掌"行"的行头、行伙等以欺行霸市的潜在可能性；有时，也会有一些实力较强的"号"相互联合而挑战"行"的地位。大量的碑刻资料记载了此类纠纷案件，说明一般商人与（牙）行的矛盾在清代商业社会各类矛盾中占据着重要地位，是清代商事习惯法调整的重要商事关系之一。

之二：商人与商人之间的关系。形式上通常表现为商号（铺户）与商号（铺户）之间的关系。同行业的商铺之间，进出同样的货物，分享同一客户群体，难免出现种种竞争。这种竞争性的商事关系属于商人制度调整的主要内容。

之三：商人（东家、老板）与商业辅助人（学徒、伙友等）——雇主与被雇佣者、委任者与被委任者之间的关系。从碑刻资料反映的情况来看，在清代的商业社会，这种以雇用和委任方式形成的关系，不仅仅是关涉某个东家的个人行为或一般商事组织内部管理的问题，而且是对于商业社会其他商人都具有一定影响的社会行为——它往往会牵涉到其他商人（商号）乃至整个行业的利益、甚至生存和发展（至少在其他商人心目中，这种影响是显然存在的），因而成为各行各业商人自治予以规范的重要内容。[④]

---

①　按照牙行在清代商业社会以居间业为主的经济职能分析，牙行的商事法律属性应该属于商中间人之类。但中国清代的牙行与一般商法理论中的居间人又有不同，中国的牙行从业人员比起其他国家的居间人的商中间人的职能具有更明显的官方色彩，因此在商事活动中往往与一般商人形成实际上的不平等关系，对于正常商事秩序有极大的影响力；反映在碑刻资料中的有关牙行与一般商人的纠纷占有很重的分量，所以此处单独列出分析。

②　《颜料行会馆碑记》（道光十八年二月立石），载李华编：《明清以来北京工商会馆碑刻选编》，7 页，北京，文物出版社，1980。而这样的界定与清朝国家制定法中关于"行"的法律界定是一致的，具体参见下文关于"市廛"五条的分析。

③　具体参见本文关于牙行制度的分析。

④　这正好印证了英国社会学家齐尔格特·鲍曼提出的观点：社会学将人类行为看作是广泛的整体结构的要素，"在相互依靠的错综复杂的关系中紧密相连的行为者的非随机集合"，因而社会学应该关注和研究的就是"结构、相互依靠的错综复杂的关系网、行为的相互制约以及行为者的自由扩张或受限"。[英] 齐尔格特·鲍曼：《通过社会学去思考》，高华、吕东、徐庆、薛小源译，8 页，北京，社会科学文献出版社，2002。

之四：行业内的派别关系。例如苏州城"花素缎机生业，向分京（南京）苏（苏州）两帮，各有成规，不相搀越"，做生意时"各归主顾，不得紊乱搀夺"；因而当原属京帮的机户转向做与苏帮同类的生意时，则被指斥为"钻谋暗夺"、"侵谋"、"夺业"而告至衙门。衙门裁定此案时，对行业内部这门派问题，竟似持保护态度。其中一个很重要的因素是出于控制民众"各安生业"以维护社会治安的考虑。①

之五：会馆、公所等行业机关的经理者与行业内其他商人的关系。会馆、公所经营管理的状况，往往反映了行业组织的凝聚力和发展状况；且会馆、公所等行业机关的住所，一般都是商人集资而建成的公产，因而必然成为商人们关注的事物，并且往往间接或直接影响到商人们的精神面貌和经营活动；此类纠纷及调整规则也是本章节研究的内容。

之六：行业与行业之间的关系。一般来说，行业与行业之间应该是井水不犯河水、互不往来。但对于具有鲜明的社会化分工和社会化合作性质的商业活动来说，没有哪一个行业能够截然独立于其他行业之外，尤其是当行业与行业之间呈现为某一货品生产、流转相邻的环节或衔接关系时，行业间的商事行为就会对彼此造成很大影响。生产的社会化程度越高，这种关系越密切。以清代苏州丝织业为例，"机户染作、织匠各有攸司。如经纬不细净，缺乏料作，致误织挽……机户颜色不鲜明，责在染坊；织造稀松，丈尺短少，错配颜色，责在织匠。"②其中所谓的机户、织匠、染坊等并不是简单的分工协作关系，而是具体商事主体所为商事行为之间的关系；这些关系反映了商品流转的过程。各国商法都注意商事行为的法律界定，其原因就在于此。虽然各个国家分别以自己的方式，或用分类法，或用列举法，以及其他方法去尽可能地将形形色色的商事行为规划入法律调控范围中，但仍然没有脱离"产品生产——交换——分配——消费"这一经济学的基本原理。这一原理也适用于本文中关于清代商人行业间关系的分析。

行业间最突出的关系之一，就是处于商品流转环节的牙行、行纪等与直接以货物之所有权的交换转移为目的的商品买卖行业等之间的关系，这在清代商业社会中居于极为重要的地位，也是产生矛盾和纠纷最多的一对商事关系；在行业司法活动中，以牙行之特殊矛盾为核心的案件往往成为司法难点。

大量的碑刻资料反映，上述产生于商人社会内部的各种关系，是商人在自治过程中制定的各种商事规则调整的主要对象，也是商事纠纷相对集中的方面。而处理这些纠纷，往往由商人在行业自治过程中运用商人自己的规范和行业内部司法活动来解决。清代商事习惯法中那些出自商人商事活动实践中的商事规则，其调控的效力集中作用于对商业社会内部秩序的维护上。

其次，在清代商业社会结构中，商人社会与外部的关系及其矛盾也对商业的发展产生主要的影响；商人社会与外部的关系，主要是指商人所处的社会生活环境。这些外部的关系包括商人与地方政府的关系，商人与"衙蠹"、"衙胥"的关系，官匠与散匠的关系，以及商人与社会其他群体的关系等之间的矛盾和冲突，等等。但实际上，清代的商人社会与外部的关

---

① 《长洲元和吴三县谕禁苏庄缎机应用结综摺泛一项向系顾承宗承做各缎庄及机户人等不得搀夺碑记》（光绪二十四年九月立石），载江苏省博物馆编纂：《江苏省明清以来碑刻资料选集》，18 页，北京，三联书店，1959。

② 《织造经制记》（顺治四年十二月立石），载江苏省博物馆编纂：《江苏省明清以来碑刻资料选集》，2 页。此碑文虽然是为官方织造过程订立的规条，但所说的几个织造环节，在民间却由于资本的限制而分为不同的行业，则行业间的合作就显得格外重要，因而引以为例。

系，却是那些产生于商事习惯和商人自治规范的调控效力所不及的范围。

现有文献资料显示，对于商人社会内部平等的商事主体之间的关系，商人们能够在利益原则的旗帜下，通过不同形式的自治途径进行平衡和处理，行使行业自治中的最大司法权能来维护行业内部的交易秩序。

而在与整个社会环境的互动中，在中国"重农抑商"传统下发展起来的清代商人始终处于弱势群体而被社会上其他势力欺压。对于这些关系的平衡和处理，靠产生于商人自治过程中的规范，根本无济于事。只能依靠国家制定法来实现最低限度的保障，并同时保障商人商事习惯法在自治中的效力。

三、制定法背景

有学者勾勒出一个以"礼"为核心的中国古代民商法律体系的结构，认为其内容主要有：（1）法律：即律、令、格、式中有关钱粮田土债等民商事规范性条款；（2）调整民商事活动的行政性规范和制度；（3）民商事判例，如宋朝的"断例"、"指挥"等；（4）民间民商事规约惯例等所形成的习惯法；（5）调整民商事活动、规范民商事秩序的"礼"；（6）契约法（在中国传统法律体系中，契约具有法律效力，已成为重要法源）。[①] 该体系说明，制定法中的商事法规范在整个调控体系中居于主体内容的地位。如果我们仔细分析制定法中所有管理商人及商业活动的法律的立法宗旨时，不难看出，古代中国的制定法中并不缺少调整商事活动的法律规范。包括唐律、明律乃至清朝的律例中，所有关于调整和控制商业活动的规范，其立法的根本宗旨都在于将商人作为社会群体放在统治阶级的掌控之中，并通过对商人行为的控制来维护商业运行秩序，而非维护商事交易最大获利机制。这意味着商人自治法和商事交易惯例对于商人交易利润的取得具有极为重要的意义，同时也意味着商人在自治中进行行业内部的自治性司法活动的不可缺位。对此，我们只要对清律中有关商业活动管理的律条略作分析即可得知。

从现有古代法律文献来看，最晚也是从唐代开始，国家律典已经制定出一套有着内在联系的民商事法律体系。不仅有关于钱债、契约、物权、质权等一般民事法律关系的法律规定成为商事活动的基本调整规范，还有一些直接调整商事活动的法律规范。《唐律疏议·杂律》中规定的"校斛斗秤度"、"器用绢布行滥"、"市司评物价"、"私作斛斗秤度"、"买卖不和较固"五条律文，调控目的非常明确，旨在通过运用刑法手段来调整民事主体之间的关系，从而使这些商事法规范带有公法的属性和调控力度。这些内容与上文所述中国上古时代关于商事活动和市场管理制度的宗旨和原则，几乎是一脉相传。在唐代律典里集中出现的这五条规范，及其与刑法规范相粘连的特殊结构方式，在其后几个朝代直至清朝的律典中，得到了稳固的继承，成为中华法律传统的一大特点。

明朝法律对唐律中的这五条规范进行了发展和完善。其方法是先将有关商业活动管理的五条律文单独编目为"市廛"；然后对原有五个条款进行删、增、并，制定出新的五条关于商业活动的法律规范："私充牙行埠头"、"市司评物价"、"把持行市"、"私造斛斗秤尺"、"器用布绢不如法"。明朝的这五条商业管理的法律规范为清代统治阶级直接借鉴。

---

① 参见李功国：《商人精神与商法》，载《商事法论集》，第 2 卷，49 页，北京，法律出版社，1997。

顺治四年（1647年）颁行的《大清律集解附例》中规定的调整商事活动的五条规范系直接照搬《明律》。[①] 到雍正六年（1740年）颁行的《大清律集解》，及至乾隆五年（1740年）完成的《钦定大清律例》——被称为"清代最为系统，最有代表性的成文法典"、"中国历朝法典发展最高阶段的标志"[②]，有关调整商事关系的法律规范，依然沿用《明律》中的条款，只字不易。乾隆更谕令将"今后每五年纂修条例一次"以及对律文"不得擅改成书"作为定制。因此，乾隆五年（1740年）以后，直至终清之世，虽然条例的数目叠加，同治九年（1870年）修律时，条例已达一千七百八十二条之多，但"市廛"五条律文，始终不变。透过清朝对明代商事管理法律制度的法律形式予以直接继承的这种现象，我们所看到的是清朝对明朝关于商人及商业活动管理手段和目的的认同：管人不管事；重秩序不重商业利润最大化的合理获得机制的建立和维护。

受聘于北洋政府的法国法学专家爱师嘉拉，对《大清律例》一语中的地指出："此律例颇古……仍保存起刑法的性质。如到期不还债务，亦受刑法制裁……"，并断定"违禁取利、费用受寄财产、市廛及私充牙行埠头各条……殆为刑法及警察的规则，非私法之条例也"[③]。足可见他虽然看出了中国古代法与西欧近代法的巨大差异，但他并不能理解为何中国的法律体系对于显然属于平等民事主体间的法律规范却要以公法手段予以保证。

考察专制统治时代、自然经济占支配地位时期的中国商业的发展，我们不难确认"市廛"五条对于维护商人开展商业活动所需的安全、公平、合法、等价等市场秩序的作用，而非保证商事交易能够安全、平等、顺利而便捷地获利的秩序。对于专制统治者来说，最惧怕的是社会纠纷和公共生活的失序。只要商人们之间没有什么纷争，只要社会秩序不受到破坏，只要统治权力还牢牢在握，"民间的金银、朱麦、布帛诸物价钱，并依时值，听从民便"[④]。明律制定"市廛"五个条款时的宗旨，亦成为清律对商业管理的目的。这种价值取向也正是中国历代专制统治一贯的选择和积极追求的目的。清代在立法时，既然照搬了明律的条文，说明他们当然也基本上认可了明朝有关商事立法的指导思想和价值取向，也就延续了中国古代法律的传统。

如果将《大清律例》中用以调控商人及商业活动的五条律文，与在商人自治中产生的商事规则的运行情况结合起来进行考察，我们会发现，前者对于后者具有当然的宪法性意义。"市廛"五条所调整的对象基本上属于有关市场经济秩序的内容，所涉及的法律关系非商人自治性规范效力所及，而必须依靠具有强制性本质的国家制定法才能调整，则该五条规范当然成为所有调整商事关系的规范中起统领作用的"帝王条款"，其所具有的纲领性作用，使得这些规范对于一切破坏商事秩序的行为具有"超级调整"[⑤] 的作用，成为其他一切调整商

---

　　① 因此遭到清初史学家谈迁的批评："《大清律》即《大明律》改名也。"谈迁：《北游录·纪闻》。转引自田涛、郑秦点校：《大清律例》，3页，北京，法律出版社，1999。

　　② 田涛、郑秦点校：《大清律例》，5页。

　　③ ［法］爱师嘉拉：《中国私法之修订》（1922年9月发表于北京《法学会杂志》第8期），载王建编：《西法东渐——外国人与中国法的近代变革》，195页，北京，中国政法大学出版社，2001。编者对原文重新编目。

　　④ 《大明律·户律》仓库门，钱法。

　　⑤ "帝王条款"及"超级调整"，语出德国法学家罗伯特·霍恩、海因·科茨、汉斯·J·莱塞等所著，楚建译的《德国民商法导论》（147～159页，北京，中国大百科全书出版社，1996）中对于"诚实信用原则"可以"适用整个《德国民法典》"和"其他大多数德国法律"的这样一种支配性地位的比喻。

事关系之规则的宪法性依据。这可以从对该五个条款内容的具体分析中得见。

"私充牙行埠头"。清律规定：牙行埠头，必须具备法律规定的条件并进行注册以取得合法资格——"官给印信文簿"，即"牙帖"，才能从业。从清初律学家沈视之奇于康熙年间对《大清律》所作辑注，及清末著名律学家薛允升在其所撰《唐明律合编》第二十七卷之《明律》"私充牙行埠头"律条后评析中可知，由于政府赋予牙行埠头以不同于一般商人的职能，将本应由政府行使的一些职能让渡予牙行，诸如对物价的掌控，对于往来贸易情况的统计，以及对于赃物价值的评定等职能，使得牙行在一般商业活动中有着重要作用和影响。牙行在商事交易中的引导作用及获利的机会致使该行业成为一般商人都向往的行业，同时也最容易出现投机与冒险的不法者。所以，清政府将牙行的注册与管理纳入政府的行政制度中，而将其他绝大多数的商事行为的管理交予行业自治机构。从现有关于清代商人社会中行业纠纷处理的材料及学者的研究中，我们还没有发现在行业司法有对于此类破坏商事活动秩序的案件进行处理的事例，倒是有许多政府的告示及刊立的禁碑以强硬的词语对私充牙行埠头者予以禁止或追究拿问的案例。

"市司评物价"。按照沈之奇的注解："诸色货物之美恶，时价之高低，以行人（即牙人）评估为准，故曰市司。"[①] 可见清律对牙行从业者的注册管理的意义所在。物价的核准与确定，一般属于国家行政的权能。而清政府以立法的方式将一部分国家进行物价和市场管理的权力授予牙行，由牙行评估交易物品的价格，是为了统一市场交易行为、减少纷争、促进交易迅捷。律文同时明确规定，牙人评估物价时如果因为主观动机而出现"令价不平"的状况时必须承担法律责任，责任方式在国家法律中明确予以规定。而这样的规范其所有的调控力度，亦非商人自治规范及行业司法的效力所及。

"把持行市"。在唐律中表述为"买卖不和较固"的内容，在明清律典中则表述为"把持行市"，从所附的"例"来看，明、清律中的该条内容对唐律既有沿承，又有发展，清律中更以"例"作为补充和完善。[②] 按《大清律例》的规定，"把持行市"的表现有三种。其一："凡买卖诸物，两不和同，而把持行市，专取其利"——"公然恃强以取利"（沈之奇语）；其二："贩鬻之徒，通同牙行，共为奸计，卖己之物以贱为贵，买人之物以贵为贱"——"暗地作弊以谋利"（沈之奇语）；其三："见人有所买卖在旁，混以己物。高下比价，以相惑乱而取利"——"惑乱取利"（沈之奇语）[③]。上述三种情形，其结果是"皆扰害市廛"（沈之奇语），因而为清政府厉行严禁。这充分说明该条规范的立法旨意在于严禁"专取其利"（即垄断）、"分外多得"、"扰害市廛"，从而维护市场经济秩序。

"私造斛斗秤尺"。从唐律开始，明律沿承，至《大清律例》，该条规范的制定正如沈之奇所评注："同律度量衡，王制也。"[④] 事实上，类似于这样的统一度量衡的规定，也只有国

---

① 沈之奇撰，怀效锋、李俊点校：《大清律辑注》，375 页，北京，法律出版社，2000。

② 《唐律·杂律》中的"买卖不和较固"条规定："诸买卖不合而较固取者，及更出开闭，共限一价；若参市，而规自入者：杖八十。已得赃重者，计利，准盗论。"正如清代律学家薛允升指出的，其实该条内容与明清律典"市廛"五条中的"把持行市"律条，在立法旨意上"略同"。参见薛允升撰，怀效锋、李鸣点校：《唐明律合编》，737 页薛允升批注，北京，法律出版社，1999。

③ 对于该第三种情况，沈之奇有律后注云：在旁故以物之价钱高下比并，以惑乱买卖之人，因而于中规取牙利，虽非把持，其情可恶……

④ 沈之奇撰，怀效锋、李俊点校：《大清律辑注》，379 页。

家颁布的法律才具有"帝王条款"般的绝对权威。首先,按律文规定,斛斗秤尺的"平",就是统一于定并由官办企业制造。私造或者是官办企业制作的不合乎要求,都属于"不平",则都将受到法律的制裁。"若官降不如法者,官吏、工匠杖七十",量刑甚至重于民间私造。其次,从制度运行环节上堵漏:"提调官失于校勘者,减一等"。最后,对于胆敢欺法灭宪"私自增减官降斛斗秤尺"者,如果是官吏,就"杖一百",如果系一般商民,则仅视做"私造"且"不平"而杖六十。关于统一度量衡的社会和经济意义,众所皆知;其商事法律价值却在于用法律的权威性来维护商事交易的公平性、效益性、便捷性及防止和严惩欺诈行为。这样的法律本身就具有极强的公法性,非由政府直接干预和控制不可。

"器用布绢不如法"。沈之奇先生评注该条规则时有〔律上注〕特别强调:"此市廛之法也。若官府则别有造作不如法之条。"说明该律条是专门以"民间"的商事活动和商事关系为调整对象,显现了制定法规范对于民间商事关系的特别关注。从沈之奇所作〔律后注〕"器用布绢,亦皆有法。不牢固真实,纰薄短狭几不如法也,造织而卖者,近于诈欺"① 来看,显然,清政府不仅规定统治者自己使用之器物的质量,也规定民间交易之器物的"如法"制作,其主旨和作用在于维护市场秩序。而这样的规范也只能由国家的强制力来保证落实。

通过对《大清律例·户律·市廛》五个条款的分析,我们不难看出,虽然该五条规范以在商事活动中发生的商事法律关系为调整对象,但维护市场秩序、控制商人的一般行为不对社会造成危害,从而不会危害到统治阶级的国家管理才是其根本立法宗旨。而该五条规则的构成方式,更类似于行政法规范和刑法规范,显现出行政法或刑法的属性,即公法的属性。

较之以前的朝代,清朝整个皇权体系的统治更富有策略性,更讲求管理的实效。与上述规定在律典中的五个条款相配套的制定法规范共同发挥对市场秩序进行调控的,还有一些"间接维护"商业社会正常秩序的规定:一是在《大清律例》的条文中,凡涉及商人问题的法律规范,其所规定的内容都是有利于商人正常贸易生计和盈利的规定。二是对商人自治过程中产生的各种维护商业社会秩序的规则予以肯定和支持。三是在制定法没有规定的问题上,以民间习惯规则为依据对商人之间的纠纷进行裁决。四是逐渐调适政府与商人之间的不同关系,诸如区分行政关系、商事关系等。

规定在《大清律例·兵律·关津》中的"关津留难"律②、"盘诘奸细"律后的条例③,即是比较有代表性的间接维护商人及其商事活动的规范之一;而综观清廷最高统治者维护

---

① 沈之奇撰,怀效锋、李俊点校:《大清律辑注》,380 页。

② 该律条内容为:"凡关津往来船只,守把之人不即盘诘验引文放行,无故阻挡者,一日笞二十,每一日加一等,罪止笞五十。坐直日。若取财物,照在官人役取受有事人财例,以枉法计赃科罪。若官豪势要之人,乘船经过关津,不服盘验者,杖一百。若撑驾渡船梢水,如遇风浪险恶,不许摆渡。违者,笞四十。若不顾风浪,故行开船,至中流停船,勒要船钱者,杖八十……"

③ 参校沈之奇辑注的康熙朝《大清律》中,尚无此条例;到乾隆朝《大清律例》,始出现于"盘诘奸细"律后,这说明至少是到乾隆朝时期,关津守把的官兵借故为难过往商人的事例相对集中且严重而导致朝廷续纂增补了此条例,说明清代统治者对于商业发展的逐渐重视和保护力度的加强。该律后的"例"的内容为:"凡盘获形迹可疑之船,货物、人数不符税单牌票者,限三日内查明。果系商船,即速放行。如系贼船,交与地方官审鞫,有无行劫,按律例分别治罪。如巡缉官兵以商船作为商船释放者,照讳盗例治罪;以商船作为贼船扰害者,照诬良为盗例治罪。索取财物者,拿问。该管上司失察,照例议处。"

商事秩序以保障商业发展的策略，在其各级政府官员的思想意识和行政作为中也有所反映。嘉庆年间，给事中何学林《请禁奸商》一折提到"京城钱铺，与钱市通同一气，兑换钱文，每千多有短少……并有狡猾铺户，多出钱票，陡然关门逃匿，致民人多受欺骗"，因此，他主张"严立章程"，凡"开张钱铺者，必令五家互出保结，遇有铺潜逃之事，即令保结之家，照票分赔……如有任意短少，许换钱之人，扭禀地方官，随时究治。以儆奸欺，而便民业"①，以杜绝卖空买空，大量发行空头帖票，关门携款潜逃等罪恶行径。这种维护交易安全，维护社会秩序，稳定民心的事情，成为各级地方政府工作的内容之一。

朝廷更以立禁碑、张贴告示等方法，向广大商民表达政府保护合法贸易，维护自由公平的交易活动的态度。从大量碑刻资料的记载可知，清政府对于民间的买卖贸易活动，原则上是采取"各该行务各遵照定章，设立行场。按照帖载地段，任客投行买卖，公平交易，照章抽用"② 的"不干涉"态度和做法。

政府的"不干涉"政策，还表现在对形成于民间的习惯法之效力的认可。按照拉蒙·H·迈耶斯的概括，就是"国家既允许习惯法对交易起作用，也通过习惯法来裁决交易中的争端"。

清代中期以后，伴随着商业的发展，政府越来越倚重商人自治自律，致使商人联合自治从范围到规模都有很大的发展，因而有关会馆、公所越建越多；另外，社会经济和社会生产关系的发展，也使清朝统治者不得不重新考虑对商人的策略，以更好地利用商人及其对社会经济极大的影响力，从而为专制统治阶级的利益服务。因而，所有依法建造的会馆、公所等，都受到政府的保护。乃至有些行业的会馆、公所等因为年代久远，在"所置业产各契，全行散失，所存何处，无从追溯"的情况下，仍能应商人公议之请求"叩赐给示勒石"而发出"此示仰该保甲及商民人等知悉：所有后开房屋田地，永为会馆公产，不准盗卖"③ 的告示，并勒石公告"以垂久远"。有学者将清政府对于商人会馆、公所的保护与清初起实行的减轻商税的"恤商"政策、康熙后期的整顿牙行、雍正朝的整顿关税等等举措，都视作"恤商"的表现。④ 然而如何看待满清王朝恤商、护商的举措呢？郑秦先生说得很透彻："全部法律的出发点，就是要维持专制权力和等级制度，这样才能上下有别，保持稳定，社会生活得以正常进行和向前发展。"⑤ 究其实质，这些恤商政策仍然是为了"裕国课而安商业"。

但清政府这些"恤商"的意思表示，至少在客观上给了商人一定的自我调整空间，并给商人们维护自身权益提供了有力的依据，以致商人们经常向官府衙门提起"恤商"的诉请，且往往奏效。从官府受理此类案件的途径来看，绝大部分案件是由商民自行呈控而起，可见政府对于商民与商民、商民与衙门中各类差人之间的纠纷和矛盾采取的是一种"不告不理"

① 《清实录》，《嘉庆卷·嘉庆十五年》。

② 《常熟县正堂示禁粪行碑》（光绪二十八年九月二十九日立石），载王国平、唐力行主编：《明清以来苏州社会史碑刻集》，646 页，苏州，苏州大学出版社，1998。

③ 《上海县为泉漳会馆地产不准盗卖告示碑》（道光十一年五月立石），载彭泽益选编：《清代工商行业碑文集粹》，90 页，郑州，中州古籍出版社，1997。

④ 参见张晋藩主编：《清朝法制史》，385～389 页，北京，法律出版社，1994。

⑤ 郑秦：《中国法制史》，3 页，台北，文津出版社，1997。

的诉讼原则。对于有些比较严重的问题，如经官府出具禁令，则往往一方面"许被索（或被扰害）之人立即赴县（或赴府等）喊控，以凭提案严究，不准稍涉宽纵"，同时"仍饬县随时查拿惩办，以安民业"等之类，表明政府的坚决态度和手段。有关这一类的碑文，在各地碑刻资料中也为数不少。而这些碑文在记载了官府恤商的作为的同时，也无不反映出封建统治阶级无时无刻不对民间商事活动实行着直接干预。

由于一些特殊的商事活动对社会生活秩序有种种影响，所以，这些商事活动如有什么异常变化，就往往会引起官方的注意直至直接干预。以那些由政府控制的诸如榷盐、榷茶、铁铜等专卖商品为例，当参与这些物品交易的商人的商事行为与既定的规则有差异或违背时，就会遭到官府的干预；即使这些变化是市场规律作用的结果，但由于这些活动会破坏既有的秩序，也将遭到干预和制止。《松江府为所属七邑酱坊按照分定疆界计缸销引造酱货卖告示碑》① 就是这样一篇颇有意味的公文。

江浙一带制作酱菜是颇有传统和美名的，但这本应该属于民间细故，为何在这篇碑文中，却受到如此的重视，竟先后有松江府"正堂加三级蔡"、"盐驿道陈"、"署浙盐院永"、"苏抚部院王"、"宫保大学士总督两江部堂高"、"布政使司郭"、"分巡苏松太道申"、"提督军门武"等大小八位官员作出批示，涉及地方行政部门、行业管理部门、法律实施的保障部门共十一个之多。原因在于制作酱菜要大量地使用"盐"——国家专卖物品，使"酱菜"几致具有与盐同等意义的消费地位，并由政府出面，在整个酱菜行业制定了一套分区售卖、计划管理的制度，规定：松江府所属的华亭、奉贤、娄县、金山、上海、南汇、青浦七邑的酱品制造商和销售商，必须"按照分定疆界，只许本地酱坊计缸销引，造酱货卖，不得……连樯结伙，越境贩卖，致妨引课"。如果仅仅把如此隆重的干预解释为害怕"致妨引课"以保护朝廷盐引的顺利销售，笔者认为是不够的。即使我们把政府出面为商人划分经营的疆界并规定生产规模数量，进一步地解释为是防止"私灶之弊，实与引课攸系"，也似不够充分。问题的关键在于："连樯越境贩酱，侵害引地"，引起商人之间的纠纷，导致社会秩序的不稳定。所以，政府必须对此给予高度重视，哪怕是采取强行的手段，"如敢故违，许该巡缉文武员役，查拿究报。船酱入官抵绩"。

在清朝，凡涉及诸如盐业及盐类产品之类国家控制的物资和商品，任何问题一出现，不待商人呈控，就会引起各级政府及管理部门的高度注意和紧急处置，逐级批示，定下规条。凡属政府专权物品，其调整市场交易的法律规范，基本上出自政府的规定，且有很强的公法意味；既有别于纯属"民间细故"之类的买卖活动中产生的习惯和惯例，又对民间的交易规范产生影响。

在维护商事活动有序有效地进行方面，一方面有制定法的相关法的规范起着调控作用，另一方面却是大量源自民间法、习惯法形态的商人社会特有的商事交易规则调整着属于商人社会内部的种种纠纷。

---

① 《松江府为所属七邑酱坊按照分定疆界计缸销引造酱货卖告示碑》（乾隆十七年十月立石），载上海博物馆图书资料室编：《上海碑刻资料选辑》，128 页，上海，上海人民出版社，1980。

第二节
清代工商行业内常见的纠纷起因

清代商业社会的社会结构特点，导致产生出诸如"禁止把持"问题、"禁止私牙"问题、定价问题、度量衡、商品质量问题、开业纠纷、徒伙收受及行业内部劳动分工（生产环节中各司职能）的问题等等。其中，"禁止把持"、"禁止私牙"乃至度量衡之类的问题，发生的情形不仅多，且对市场秩序的干扰大，一旦成讼牵连面也比较广泛；但对这几项扰害市廛的纠纷的处理却往往离不开"市廛"五条等制定法的权威性和国家强制性发挥作用，充分体现出制定法的秩序价值和保障商业发展的重要意义。

而那些虽不会即刻对社会秩序形成显然危害，但处理不好却会影响到商人群体及群体之间获利机制的正常运行的纠纷，政府的整体政治策略和管理措施一般倾向于忽略或者不告不理，致使商人们必须建立相应的机制和措施来排除对商人们预期的交易秩序的妨害，商人自治及商人社会内部的行业司法即应运而生。

作为清末时期法律馆纂修的朱汝珍在其致友人函中写道："见贵省行商皆有同业规条，团体所集，恒能自为裁判，扩而充之，即吾国商法之泉源。"[1] 行业司法的效力通常发挥在下列几类纠纷的解决中：

一、开业

开业纠纷问题，其实所涉及的是商事登记问题。有清一代，商事登记的制度逐渐成形，出现登记范围的扩大和登记管理机构的多层次情况，基本上是无业不管，无市不登记。即使在少数民族地区，村镇设立墟市，亦须到官府申请，得到批准并颁发执照才能开张理事，并规定"生意须以公平交易，以广招徕"[2]。从清代苏州丝织绸缎业的管理来看，早在清朝初年，即有对机户、铺户、牙行、经纪等"勘产造册，达部已有定案"，便于"按户给帖输税"[3]。此处的"册"，应该就是商事登记簿了。《大清律例》中也有商事登记的规定，如关于牙行、埠头必须具备规定的条件并进行注册以取得合法资格——"官给印信文簿"（即"牙帖"）才能从业的规定。[4] 在清代工商各业中，诸如牙行和埠头之类的行业因其特殊性，往往由制定法来规制。进行公法性登记的事例如，雍正六年（1728年）规定开设当铺须向地方政府登记请领当帖，并凭帖缴纳"当税"，才能进行营业。[5]

---

① 章开沅、刘望龄、叶万忠主编：《苏州商会档案丛编（一九〇五年——一九一一年）》，第一辑，248页，武汉，华中师范大学出版社，1991。

② 《太平土州批准弄零等村设立墟市执照碑》（宣统二年八月立石），载广西民族研究所编：《广西少数民族地区石刻碑文集》，79页，南宁，广西人民出版社，1982。

③ 《苏州府规定花素缎业按户给帖输税毋许市棍借端滋扰碑》（康熙十八年十月立石），载江苏省博物馆编：《江苏省明清以来碑刻资料选集》，11页。

④ 参见本章关于"市廛"五条的分析。

⑤ 参见《辞海》，3165页。

除此之外，更多的商事登记规则，是由商人自治中的行业组织（或同一行业的工商业者为了共同利益集议）制定的，以期成为同行共同遵守的行为标准。从碑刻资料和其他有关清代工商行业的行规来看，行业制定的商事登记规则，其本质上属于商人自治的产物，显然不具有公法性。并且，非由制定法规定而产生的开业及商事登记方面出现的纠纷和矛盾，当然也就由行业自治的途径解决。

行业自治性的商事登记行为，一般只需到行业机关（通常以会馆、公所之类的地方作为依托）办理商事登记即可；商人自治性质的商事登记，形式多样而更富于特色。①

例如北京的药行，"新开铺子，傢伙字号银每百两捐银一两"②。这种登记费用包含了对新开张者拥有的有形资产与无形资产的认可与保护。大部分行业对于新开业者须收取登记费。

又如猪店"凡设立猪店者，曾有议规……新开猪店者，在财神圣前献戏一天，设筵请客同行之人，方准上市生理"，"如不献戏请客，同行之人，该不准其上市生理"。从"各店卖猪一口，积钱六文"中出。"在财神圣前献戏"与"设筵请客"③，可说是集公示、庆贺以及联谊等意义于一体，极富人情意味和中国特色。风俗画式的公示方式，表明行业对于新登记者的认可；得到这种认可，是登记者的目的。

凡欲从事某一行业的经营活动，必须到商人自治性行业组织申请并缴纳一定的登记费，否则，就会受到该行业人的阻拦，而致无法开张。有的行业出于交易安全的考虑，对入行登记者规定担保的条件。如北京的油粮行规定："城外各乡镇，入市挂号者，得有同行两家铺号介绍，捐助规费现洋十五元。内外城香油坊，入市挂号者，得有两家铺保介绍，捐助规费现洋十元……"④ 牛骨行规定："本行会员另立新字号及分号者，交行中铜圆八十枚。"⑤

经过登记的字号，可以获得行业集体的保护，以对抗行业外的各种不法侵害，并在生老病死或家庭变故时得到行业内的帮助。"如未入行……概不管棺椁"⑥。如北京当行规定："现开旧基各当，倘有尚未请由单，为交过报效当税之家，原系私开；倘因漏报，发生事端，或与外国人往来交易，日久失和者，公议一概不管。"⑦ 这个事例还反映了清朝末期民族矛盾对日常商事活动带来的影响。

二、牙行

在清代的商业社会中，牙行（人）是一个特别值得注意的商事主体群体。一方面是商人对"牙行"的怨声载道，另一方面是许多商事活动离不开牙行的存在。这说明"牙行"在社

---

① 这种由行业机关负责商事登记事务的例子，非惟清代中国特有，从罗尔夫·施托贝尔博士所著《商事登记簿与行会》中可知：在德国商法发展历史上，商事登记一度归行会负责；并且到今天，在世界商法发展逐渐呈现出公法化趋势的情况下，德国的商法学界仍然在探讨是否有可能将商事登记的事务重新交由行会负责的问题。这可见商事登记制度在其起源之初与行业机关的密切关系。

② 《重建药行公馆碑记》（嘉庆二十二年立石），载李华编：《明清以来北京工商会馆碑刻选集》，93页。

③ 《猪行公议条规碑》（道光二十九年立石），载彭泽益选编：《清代工商行业碑文集粹》，34页。

④ 《临襄油市原起》（民国三年六月立石），载彭泽益选编：《清代工商行业碑文集粹》，52页。

⑤ 《牛骨行公会碑》（民国十九年立石），载李华编：《明清以来北京工商会馆碑刻选编》，160页。

⑥ 《牛骨行行规碑》（光绪十九年二月立石），载李华编：《明清以来北京工商会馆碑刻选编》，159页。

⑦ 《当商公会条规碑》（光绪二十八年二月立石），载李华编：《明清以来北京工商会馆碑刻选编》，110页。

会经济生活中扮演着一个非常重要的角色，对清代商业社会的商事活动秩序产生极大的影响。

关于"牙行"的释义有很多①，但牙行的主要业务是交互说合，洽谈买卖，代储代运，为客商提供住宿等。大量的碑刻资料显示，在清代的商事活动中，持有官府特许营业执照的牙人、牙行，被赋予了"同度量，而评物价，懋迁有无，民用攸赖"②等方面的职责，具体概括如下：

1. 代替官府收税的职能。牙人由此有"税牙"③之称。然而，碑刻资料关于牙行收税情况的许多记录却是牙行利用政府所赋税收之职责借机扰民累商谋私利的恶行。因而也是引起纠纷的源头之一。

2. 批发商的职能。④即如牙人开设的"行"与"栈"等，其市场职能以批发为主，对商品流通起到了集散的作用。

3. 经纪人的职能。从分别刊刻于光绪二年（1876年）、光绪三年（1877年）的两则《炉圣庵碑》⑤中有关商人控告不法牙人单锡朋"攒买牙帖，冒充经纪，添设重税"以及该牙人"愿当堂缴销牙帖来转咨顺天府告退经纪"等语中可知，牙人（行）具有经纪人的职能。该二则碑文既说明牙人的商事行为即为经纪人行为；同时说明，虽然政府三令五申须以政府颁发的牙帖为凭从事合法经营，但仍然有"私立行规"、"霸持□夺"、破坏"定例"的行为，以致"扰累商民"、"致滋事端"，由此引起纠纷则在所难免。

刊刻于宣统三年（1911年）的《创办青韭园行历年功绩碑》⑥中，记载了创建"自嘉庆迄道光"的北京青韭园行的牙人与一般商户的纠纷。旧例"经纪倒付商人水钱二成，以一成扣作店费"，后因社会经济的发展，该行迁于街市而成为买方市场，"该经纪卖满钱，付客人九六不足"。至道光二十五年（1845年），本行商人，"屡次与经纪力净，而商人始得九八与九九"。后因故经过一场上官诉讼，"始行经纪赔补"。当该行"实业日增"，成为卖方控制市场后，"合行公同会议，将菜店水钱提作祀神献戏之用。每年于九月念五日起，由经纪手扣留二成"。"迨至光绪丙戌"，"彼时经纪，钱色银价，格外取巧"，行业集议司法的结果，是市场交易秩序的恢复。

4. 鉴定货物等级，评准核定物价的职能——评估物价，即"市司"。如"诸色货物之美恶，时价之高低，以行人评估为准"（沈之奇语）。由牙人对市场交易物品的价格进行核定的职能，还延伸出牙人在社会生活中对赃物进行价值评估这一特殊职责。如对于"窃盗人衣服什物，受人缎疋器玩之类，皆须估计所值之价，以定赃数之罪"，牙人对赃物价值的评估，往往成为法官量刑定罪的依据。因此，法律规定，如果牙人"其为估赃不实，以致罪有轻重者，以故出入人罪论"。

---

① 具体参见孙丽娟：《清代商业社会的规则与秩序》，157～163 页，北京，中国社会科学出版社，2005。

② 《乾隆上谕条例》第十五册，《牙行歇业》，载李华编：《明清以来北京工商会馆碑刻选编》，前言 35 页。

③ 如在《苏松太兵备道为禁止牙行留难进出客船告示碑》中有"讵近来税牙顾诚信、李裕昌、郑同兴把持私闯"等语句即是有力的说明，参见上海博物馆图书资料室编：《上海碑刻资料选辑》，71 页。

④ 参见《元和县示禁脚夫索扰米行碑》（同治十三年十二月立石），载王国平、唐力行主编：《明清以来苏州社会史碑刻集》，602 页。

⑤ 载彭泽益选编：《清代工商行业碑文集粹》，3 页。

⑥ 载李华编：《明清以来北京工商会馆碑刻选编》，162 页。

5. 牙行代为报关的职能。港口码头通常也是商事交易活动比较集中的地方;清代的港口码头都有牙行或者是埠头。刊刻于道光二年 (1822 年) 的《苏松太兵备道为禁止牙行留难进出客船告示碑》①记载:船商 "在籍给牌造驾商船","遵例入港择牙报税,出港则具舱单请(牙行)验给牌"。该碑文所述案情,即是由于 "各客船装货请验出 (港) 口,而牙行搁不报关。即报验挂发,又兜留牌照不交,必俟皆报皆发,方肯给付",导致 "船户等候滋累",因而发生船户与牙行之间的纠纷,其结案规定:"嗣后凡遇该商船户等进口,听其随客投行,先报先验……如装货出口,一经挂号发出牌照,应即随时交给,不得稍有留难。"可见,港口码头处的牙行具有代为报关的职能和检验放行的作用。

上述牙行的职能和管辖权限基本上来自于户部制定 "章程",由 "藩司" 具体执行办理,并制定有牙行的行为规则:(1)遵照部颁斛戥砝码秤尺;(2)公平交易;(3)毋得把持行市,高抬物价,拖欠客本,扰累商民。"共敦市价不二之风,一成各得其所之盛"。清朝关于牙行的规则,其实是牙行与一般商人之间常见纠纷的总结。

由于牙行经常利用手中的权力,在收税及行使其他职能时乘机勒索商人,如有些港口的牙行、埠头职能特点往往诱使一些利欲熏心的不法之徒 "攒买牙帖,冒充经纪":"商船入闽抵次,税牙阳奉阴违,留难揞报,致使舡不得验,货物发霉,商人坐困"②;更有甚者,一些地方上的棍痞也 "串通兵书,借称埠头名色,科敛扰累铺户"③。非法的 "私设牙行" 使 "商民不胜其苦",纠纷频繁,严重扰乱交易秩序。清朝皇帝屡下谕旨严禁而不能绝。

三、徒伙

在清代工商业方面的碑刻资料中,关于收徒的规则及其纠纷相当多,足可见徒伙问题在清代的商业社会有着特别的意义。

为徒者本身并不能成为商事活动的承担者;"学徒" 只是一个人进入职业人生前的一个学习与准备的阶段;但徒伙还是一个可以长期支配的极为廉价的劳动力。如果将收徒行为视作一种社会行为(而非某个商人的个人行为),则收徒问题的处理对清代商业社会既有秩序有着直接的影响;发生在同治年间的苏州金箔业上百人集体咬死一违反收徒行规的董司的血腥事件即是最有力的证明。如此,清代商人在自治中围绕收徒问题进行的调整与控制的努力,并制定出以下一系列关于收徒的规则和制度,对维护行业秩序和为我们提供研究视角就有着极为重要的意义。

1. 许多行业都规定,收徒要进行登记注册。

收徒的店铺必须到行业机关进行登记,其登记事项包括报名、行业内部公示、登录簿册等内容。例如北京牛骨行规定 "本行新收徒弟,是日入行报名,通知合行入簿上名"④,该牛骨行到民国时期又重申行规,再次规定:"各号添一学徒,须报告行中登账,并交纳铜圆四

---

① 参见上海博物馆图书资料室编:《上海碑刻资料选辑》,71 页。
② 《江南海关为商船完纳税银折合制钱定价告示碑》,载上海博物馆图书资料室编:《上海碑刻资料选辑》,68 页。
③ 《嘉定县为禁光棍串通兵书扰累铺户告示碑》(康熙二十四年五月立石),载上海博物馆图书资料室编:《上海碑刻资料选辑》,97 页。
④ 《牛骨行行规碑》(光绪十九年二月立石),载李华编:《明清以来北京工商会馆碑刻选编》,159 页。

十枚。"

2.许多行业对于学徒的进出都有提供担保的要求。

"就习惯雇佣伙友……向由送人头庄龙德保荐，从无遗误……系同业往来，伙友多其素识；为人诚实，尤为同业信孚。"①

作保原则体现在两个方面：一是收徒弟之时，介绍人须为徒弟人选作保；二是在徒弟出师后荐工之时由其学徒所在地的东家作保："学徒虽学满出号，无本号掌柜作保，他号不准用。"②

3.有些行业为了限制收徒，还对收徒的店作进行资格限定。

或以经营经历为条件："新开店作满年后，每年均准收徒一人，以体旧章也"③；或以资产状况（即经营规模）为依据："大作（坊）仍照向章，以捐足十二千文，收用一徒。小作以六年准收一徒。如果捐钱不足十二千者，由作（坊）主（人）如数凑足。立议呈核，应准照办"④。

4.关于学徒学制规定。

学徒学制的长短，因行而异；但各行各业都规定有一个具体的年限，未满师者，不准在外称工。例外的情况下，特殊处理。如上海乌木业规定，当"铺家乏本，无木进作，存徒未满期者，亦准其在外称工。倘又添本贸易，仍许前徒满师，方可再收后徒"⑤。

上述种种关于徒伙问题制定的规则，其实也往往就是清代工商行业内部因为徒伙而发生纠纷相对集中的问题。对于行业内部的徒伙纠纷，其裁决权基本上由行业机构行使，因此行业司法中处理和审查有关徒伙方面的规则的实施情况，占有很重要的分量。

四、会馆、公所抽用

会馆在商人联谊方面不仅仅是作为一个聚会的场所，它在行业组织中也是行业机关的所在地——行业内议事（这种议事在很多时候促使了行业内部商事规则的产生）、调处纠纷、祀神求福的所在，在商人们心目中有着职业生涯稳定的象征作用而为情感所系；因此，会馆、公所等公共资产经营管理的效绩，就成为商人自治联谊和良好商事秩序之恒久的表征。这其中，一方面固然离不开商人们保持公益热情，贯彻行业规章，如自觉缴纳既定的厘捐银两等；另一方面，按时收缴和逐渐建立起一套有关会馆、公所等公共财产的经营管理制度，管好并盘活公共资产（包括固定资产和非固定资产），保持会馆、公所等的吸引力，成为清代商人在长期的行业自治历程中的一项很重要的工作。

从碑刻等文献资料反映的情况来看，会馆（公所）营运资金的来源主要有：

（1）抽厘。如北京猪行"各店买猪一口，积钱六文……所积钱文，每年于三月十六日，

---

① 《吴县布告饭菜馆业梁溪公所恢复送人头碑》（民国八年十二月二十五日立石），载王国平、唐力行主编：《明清以来苏州社会史碑刻集》，606页。

② 《牛骨行公会碑》（民国十六年六月立石），载李华编：《明清以来北京工商会馆碑刻选编》，160页。

③ 《上海县为乌木公所重整旧规谕示碑》（光绪十八年七月立石），载彭泽益选编：《清代工商行业碑文集粹》，62页。

④ 《蜡烛业公议规条碑》（光绪二十年六月立石），载彭泽益选编：《清代工商行业碑文集粹》，132页。

⑤ 《上海县为乌木公所重整旧规谕示碑》（光绪十八年七月立石），载彭泽益选编：《清代工商行业碑文集粹》，62页。

公庆，财神圣前献戏一天之用"①。

（2）新开业者入行的登记注册手续费。

（3）罚金。行业公所的活动经费有一部分来自对违规者的处罚金。

（4）房地产经营（租金）所得。

会馆、公所的银钱出入，皆归司年经理，登付清册。每年正月十三日（具体时间，各行各业规定不一）公同算帐移交。倘有妄付（不当给付），司年自认（自己承担责任）。接手司年甘心徇隐，代认其罚。所谓"经理钱文"，如《重建药行公馆碑记》（嘉庆二十二年立石）②中记载的："各项捐钱，除每月费用之外，余钱……交殷实（钱庄）存用生息……如遇有存钱一百千，值月司月，领用利八厘起息"，即将公共资产增值的行为；经理钱文还包括经理会馆、公所的其他资产，如田地、房屋等，如《玉行长春会馆碑记》③中的描述：长春会馆"历经先贤几度修建，扩充房间招商税居，收入租金，储备修葺专款"。

清代的行业活动中，涉及上述公共财产的抽用和积聚的具体过程中，会因为商人个体素质和觉悟的不一致而产生许多诸如拖延缴费或其他形式的抽用纠纷，成为行业司法的重要内容。

五、竞业禁止

"竞业禁止"，字面意思为营业竞争行为的禁止，即特定地位的人不得实施与其所服务的营业具有竞争性质的行为；又叫"同业禁止"，即就同一行业竞争行为的禁止；也有叫做"竞业避止"或"不竞争条款"。俗话称作"挖墙脚"。从清代众多行业规则中，我们发现以下有关竞业的规定。

1. 有关开业方面竞业禁止的情形。

例一，丝线业关于新开业店作竞业禁止的规定："同业凡新开码头，务宜距已开之处左隔一家，右隔一家，对面须隔三家……设或停歇即将该码头作废，不得顶替再开，以示限制。"④

例二，典业对新创之典，必须同业集议，基址离老典前后左右一百间（具体计算为一百四十丈）外，方可互相具保。该规定对于违反者的法律效力是：（1）同业不能具保开业；（2）同业联名禀官禁止；（3）所有（诉讼）费用，公同酌派，"受害者"（其实是真正的受益者，因其距新开之典距离最近）应多出一份。⑤

例三，剃头业"新开店业，须得让开老店十家门面。此款以老店上下首算。只让十家门面。对岸亦照此让十家"⑥。

此类关于开业方面竞业禁止的规定，几乎各行各业都有。

---

① 《猪行公议条规碑》（道光二十九年九月立石），载李华编：《明清以来北京工商会馆碑刻选编》，151页。

② 载李华编：《明清以来北京工商会馆碑刻选编》，94页。

③ 载李华编：《明清以来北京工商会馆碑刻选编》，117页。

④ 《丝线店条规（省城）》（宣统元年七月禀请立案），载彭泽益主编：《中国工商行会史料集》，256页，北京，中华书局，1995。

⑤ 参见《典业公所公议章程十则碑》（光绪三十年十二月立石），载彭泽益选编：《清代工商行业碑文集粹》，89页。

⑥ 《长洲县规定剃头业行规凡新开店业及附居挑担营生者向公所捐钱用作善举碑记》（同治四年六月立石），载彭泽益选编：《清代工商行业碑文集粹》，185页。

2. 有关收徒方面竞业禁止的情形。

在笔者收集的碑刻资料中，有关收徒问题的规定和关于收徒问题而引起的纠纷是比较多的，因而各行各业皆就收徒事项规定了竞业禁止；可见这个问题对于清代商业活动之重要。而学术界对清代商业社会收徒问题的评价，也各持己见，存有争议，更说明收徒问题的特殊性。

3. 关于徒伙竞业禁止的情形。

一是规定不许店伙、学徒私自在外做工。"店作收徒上工，其司徒不得在外称工，私自发做，以及调工，各宜自重，遵守旧章，以免争执"①；并且，"倘有学师未满，不得私往别店"② 这种规定，既对被雇佣者有效，也对东家有效。③ 二是禁止收买别店徒伙私自拿出的货料等物："柜作伙徒如有私取货料，至他家兑换者，宜互相纠察，不得贪图便宜，随手收买。"④ 三是禁止挖人才。

4. 关于经纪、代理中竞业禁止的情形。

吴县纱缎经纪行业内有关竞业禁止的规定如下：（1）"我辈同业者，不与现在行家弟兄亲戚，以及管帐之人合伙合业，以防明充暗顶之渐，违者公罚。"（2）"同行中在前原有印帖，后经缴出更替者，不得仍旧在行执业，违者罚。"（3）"行家走账及亲戚之人，向机户私相对手买缎，无论有无识面（即彼此认识熟悉），察出□查实据，仍向机户索取用金，同业知而不举者，公罚。"⑤ 规定在吴县纱缎业经纪人行业中的这几条竞业禁止内容，与西方商法代理法中竞业禁止规定的法律理念很相似。

5. 关于销售方面竞业禁止的情形。

《松江府为所属七邑酱坊按照分定疆界计缸销引造酱货卖告示碑》⑥ 规定的"按照分定疆界，只许本地酱坊计缸销引，造酱货卖，不得……连樯结伙，越境贩卖，致妨引课"等就属于竞业禁止的情形。又如杭州锡箔业中宁、绍两帮也有"恪守旧章，安全生理"按帮分地销售的规定。⑦

当然，清朝社会产生竞业禁止纠纷的情况远不止这些，以上仅举几例以说明清朝的商人已经在运用竞业禁止的理念来维护商事活动的秩序，通过行业司法来制止不正当竞争行为对商业社会交易秩序的破坏，这的确是难能可贵的。

六、"禁止把持"

在清代有关社会经济活动记载的碑刻及其他文献资料中，"禁止把持"一语使用频率相

① 《上海县为乌木公所重整旧规谕示碑》（光绪十八年七月立石），载彭泽益选编：《清代工商行业碑文集粹》，62 页。

② 《陶艺花盘行规》（光绪二十五年立石），载《明清佛山碑刻文献经济资料》，254 页，广州，广东人民出版社，1987。

③ 如佛山陶艺花盘行规定："长年（即合同期以年计算者）……年内不得私自往别店散播；或有私请别店长年散播，每名罚银二大元。"《陶艺花盘行规》（光绪二十五年立石），载《明清佛山碑刻文献经济资料》，255 页。

④ 《银楼业安怀公所议定简章十则》（光绪三十二年立石），载彭泽益选编：《清代工商行业碑文集粹》，117 页。

⑤ 《吴县纱缎业行规条约碑》（雍正元年立石），载彭泽益选编：《清代工商行业碑文集粹》，110 页。

⑥ 参见《松江府为所属七邑酱坊按照分定疆界计缸销引造酱货卖告示碑》（乾隆十七年十月立石），载上海博物馆图书资料室编：《上海碑刻资料选辑》，128 页。

⑦ 参见《锡箔分地销售碑》（光绪二十四年立石），载彭泽益选编：《清代工商行业碑文集粹》，198 页。

当高。这意味着在清代的商业社会，把持行市的事情发生得很频繁且普遍。虽然中国有着"无讼"、"息讼"的传统，但在反对"把持行市"方面，商人们似乎毫不妥协；而从官府的角度，涉及"把持行市"的呈控，也往往一告即准；即使是由行业内部产生的规则，如果被某个商人到官府控诉有"把持行市"之嫌，该规则往往也会遭到禁止。[①] 无论是府衙官员，还是呈控的商人，其对于"把持行市"的鲜明态度和立场，都是以《大清律例·户律·市廛》中"把持行市"律为依据，即："保护行业的经营，从某种意义上说也是为维护地方政府的经济利益，禁止任何侵扰行业生产的行为是政府所全力支持的。"[②]

刊刻于康熙十一年（1672年）六月十二日的《官用布匹委官办解禁扰布行告示碑》所记之案，即为"批发布牙刘纯如、张宾候、姚达呈词到府"[③]。"据牙户张恒隆、潘仁丰、陈源茂禀称：业等在治九都十二图绿水桥地方领帖开张米行，凡粜籴米石，向系业等自雇工手……为此示。仰该处脚夫人等知悉：自示之后，各米行须用脚夫，概听行主自便，断不准藉□差徭，任意把持需索。倘敢日久玩生，仍蹈前辙，甚或故违禁令，种种诈扰，许该牙户随时指名禀县，以凭究办。"

从一般文献和碑刻资料的记载来看，商人们处理上述纠纷的方式首先是通过行业内部的自治规约予以仲裁和解决，"市廛"五条是这些规约的效力得以成立的制定法依据，也就是我们前面所说的"市廛"五条是清代中国传统商事法的根本法。其次，当行业自身力量无法解决时，再求助于官府"究治"——由官府按律裁处，其结果通常就是我们熟知的用刑事方式来解决本属于平等主体之间的纠纷。对后一点需要说明的是，凡属行业内部难以解决的纠纷，其性质往往已严重于平等主体之间的正常纠纷，非"禀官究治"不能维护正常的商事交易秩序以及商事活动的外部社会环境秩序。

第三节
清代行业司法的基本制度

一、商人习惯法与行业自治之秩序的建立

清代的商人习惯法的产生与发展与清政府制定法的简约和缺省密切相关。显然，《大清律例·户律·市廛》中的五条规范，对于已经实现全国性商品流通的清代的市场来说是远远不够的。大量的碑刻资料和清代工商业活动的文献记载的许多诉讼案件，以及这些纠纷的解决所依据的规则及效力促使我们将目光投注到清代的商人习惯法及其形成的机制和途径等方面，并再次感觉到制定法中有关商事规范的缺省，连同清政府对于民间细故采取"俯顺舆情"的政治策略和粗放式的管理，都给予了清代的商人以自在自为的生活方式，及进行行业

[①] 著名的"金箔作董司违规收徒而被同行咬死"案中，官府对此案前后审理的情况以及判处将金箔作董司害死的为首者因此抵命的结局，正说明官府严禁"把持行市"的坚决态度。

[②] 冯贤亮：《明清江南地区的环境变动与社会控制》，371页，上海，上海人民出版社，2002。

[③] 上海博物馆图书资料室编：《上海碑刻资料选辑》，88页。

自治的空间。

由于清朝制定法中的商事法规范，本质上属于调整国家在管理社会经济活动中与经济主体发生的管理与被管理关系的规范——本质上属于商事公法规范。这些规范重于管人，轻于管事，重于维护市场秩序，轻于维护商事主体合法的获利机制，所以，在外国学者眼里，清朝政府事实上"仅仅是一个征税和维持秩序的机构"①。但清朝的商人却得以以 制定法为背景，既利用政府对于秩序的重视而积极营造有序的经营环境，又利用政府粗放式的管理空间，建立适合商人自己所需的交易准则和交易秩序的原则，从而实现行业自治。笔者认为这就是清代中国商人的"自在自为"性；其表现形式与哈耶克的"自生自发秩序"的寓意有着某种契合。

那位曾经对于"中国的文明在这么多方面优于我们西方人，而我们居然可以在这样一个国度里寻求治外法权"感到迷惑不解的英国女学者斯普林克尔，在对《大清律例》做了一番深入细致的研究之后，也注意到"在《大清律例》中，仅有不多几条涉及这些问题（即商事法规则）"；但她发现，"律典对工商业相对规定不多，原因在于，把具体管理工作留给了工匠及商人们的协会去做。这些协会就是人们通常所说的'行'"②。英国学者何四维也持此论："中国的这个传统法的特点是，如体现在法典里的那样，只涉及公共事务，是行政和刑事性质的。与家庭、贸易和非国家垄断的商业有关的私法，则被置于公共事务当局的管辖之外，而继续被风俗习惯所控制。"③

虽然对于"把具体管理工作留给了工匠及商人们的协会去做"这一状况的动因是否真如作者所认为（如果不是翻译的缺陷，希望笔者此处没有误会作者的本意）的那样是政府的"刻意"所为，笔者尚且存疑，但至少可以这样说：朝廷律例中有关商事法规则的缺乏的确与工商行会对商事活动的具体管理之间，是有一定因果联系的。

另外，商业社会自身对规范与秩序的需求——行业间既联合又相互制约及共同御外的需求和努力④，却是清朝商人实行自治行为的内在动力。正是由于清朝制定法中有关商事法规范的缺位，致使商人们不得不自己组织起来，因此习惯和惯例以及自己制定所需的规则就具有了特别的意义。

1843 年来华的美国浸礼会传教士玛高温（D. J. Macgowan）考察了中国商业和工商业生活后，对中国的工商业者称赞道："最值得注意的显著特征是他们的联合能力"，"对于他们

---

① 1874 年，美国人马士（H. B. Morse，1855—1934）从哈佛大学毕业后来到中国，进入中国海关工作。马士以一个西方人的眼光详细考察了清代中国的工商业发展状况，其所著《中国行会考》颇有独到的观察视角和见解。参见彭泽益主编：《中国工商行会史料集》。文中所引之句参见该书第 66 页，系作者在将中国、英国及欧洲的工商业行会的情况进行一番比较后得出的结论。

② ［英］S. 斯普林克尔：《清代法制导论——从社会学角度加以分析》，张守东译，111～112 页，北京，中国政法大学出版社，2000。

③ ［英］崔瑞德、鲁惟一编：《剑桥中国秦汉史》，第九章"前汉法律"，564 页，北京，中国社会科学出版社，1992。这段评价笔者认为不应仅仅看作是对秦、汉而言，其反映的情况是这整个时期的特点。

④ 这种需求的心态及其物化的过程——即商事习惯法产生与形成的过程，其实是世界各国商事法历史上都曾经有过的阶段。因为这恰好是商事法发展的规律；仔细审读哈罗德·J·伯尔曼所著《法律与革命》及泰格、利维合著的《法律与资本主义的兴起》（纪琨译，上海，学林出版社，1996）两部巨著，我们不难发现在西方发达资本主义国家商事法发展的历史上，商人的这种心态与他们的商事法的产生和发展之间的内在、真切、直接的联系。这两本巨著的写作目的其实也就是要昭示这种联系或曰揭示二者之间的因果关系。

来讲，组织和联合行动是极易做到的，这是因为他们对于权威有着一种与生俱来的敬畏和守法的本能。他们的驯顺不是属于精神世界的沮丧低沉或是缺乏阳刚之气的民族的情况，而是来自于他们的自我控制，以及得自于地方公社或市政事务的自治的结果"①。该传教士对于中国商人的感觉和分析，在许多方面应该说是既客观又比较细微的，并且觉察到，中国商人从政府专制又粗放的统治中"认识到的是'自立'"——自治的意义。

西方学者对于清代中国商人社会所形成的各种自治性的行业组织之"独立于国家的自治性"问题，存在一定的争议；但对于行业组织的作用以及行业组织建立的制度"无处不在"这一事实却基本有共识。② 罗·威廉认为："晚清帝国在总体上既没有能力也不想直接控制中国社会的日常运作过程（尽管它在特殊情况下集中全力予以关注的时候，能获得惊人的有效结果）。相反，鉴于实施一系列俗世统治的需要，国家反而依赖于各种各样的处于官僚体制之外的社团组织。因此，这些社团组织的力量得到了有效的加强，它们的较为狭隘的利益也得到了实现。自治与国家控制之间的平衡虽说从没有得到明确的界定，但是在实践中，自治与国家控制间的平衡却通过那种不断讨价还价或谈判协调的过程而得到了实现。"③

同时，我们还应该特别仔细地关注和研究清代商人是如何在商事习惯和行业自治的过程中建立起一套适用于商人社会内部的商事法规范的。

大量的碑刻资料证明，商人们往往或以业缘、或以地缘、或者根据实际商事活动的需求而建立起所需要的会馆、公所等机构，并依托会馆、公所等有形的存在而有效地组织行业内部的商业活动和监管交易过程，从而保护交易活动的正常进行；而商人们所实施的全部这种组织、保护或监管的行为都离不开相应的规则的制定，这些规则的形式和内容通常都是以"行规"、"业规"、"规约"等等表述方式和形式出现的。从下面三则有关长、元、吴三县丝业公所运作情况的碑文中，我们可以窥见商人自治规则产生的一般情形和过程：《吴县纱缎业行规条约碑》（雍正元年立石）④、《长元吴三县苏城厘捐局为丝业拟订经伙经纪章程请予立案晓谕各丝经牙行遵守碑记》（同治十年十一月十九日立石）和《长元吴三县为丝业议呈经纪取保条约丝经牙行经伙经纪务各遵守晓谕碑记》（同治十年十二月二十六日立石）。⑤

吴中纱缎业历史悠久，清朝立国初年，由"钦命督理苏杭等处织造工程部右侍郎陈有明"组建官方的"织染局"和"总织局"并制定了九款规章⑥，又顺治十年（1653年）"钦命督理苏州等处织造工部右侍郎周天成"重修织造公署时，将一部分杂设于民间的公家织机收回，形成了公家织机统一管理的局面。⑦ 然而，真正撑起吴中纱缎业的还是民间的经营行为。而民间纱缎业的运行，一方面按照公署颁布的质量标准进行生产，另一方面组织起行业管理机构实行自治，维护行业内的生产经营秩序；使该行业成为苏州地区经济发展的主导性

① 彭泽益主编：《中国工商行会史料集》，51页。

② 参见邓正来、［英］J.C. 亚历山大编：《国家与市民社会——一种社会理论的研究路径》。

③ ［美］罗·威廉：《晚清帝国的"市民社会"问题》，邓正来、杨念群译，载邓正来、［英］J.C. 亚历山大编：《国家与市民社会——一种社会理论的研究路径》，411页。

④ 参见彭泽益选编：《明清工商行业碑文集粹》，110页。

⑤ 参见江苏省博物馆编：《江苏省明清以来碑刻资料选集》，30、31页。

⑥ 参见《织造经制记》（顺治四年十二月立石），载江苏省博物馆编：《江苏省明清以来碑刻资料选集》，1页。

⑦ 参见《重修织造公署碑记》（顺治十年十二月立石），载江苏省博物馆编：《江苏省明清以来碑刻资料选集》，3页。

产业。其生产过程与销售过程大致如下列图示：

商品生产环节：

收丝←——经纪——→染作←——经纪——→机户（纺纱）←——经纪——→机户（织缎）

商品销售环节：

本地机户〔纱缎——牙行〔←——钱〕外地客商←——钱（经纪）纱缎——〕

上图显示，无论是生产环节还是销售环节，都离不开中间人（纱缎经纪）的中介衔接工作。"客商之来，必投行主；而造作之家，□由机户。两者相须（需），而一时未必即能相□，此纱缎经纪所由设也"；交易方式为先"客商托以银钱"向经纪订货；"机户交以纱缎"委托经纪售卖。[①] 然而，这样的环节，难免有缝隙和漏洞，事实上也的确发生过中间人不遵业德使"客商或隐忍而受其不堪之货，机户亦饮恨而蒙其侵渔之累"之类的案件。如何能使"织纴者各安于杼轴之勤，商贾者得□其负贩之利，即吾侪经纪□人，亦□安其生理，守其□业"，对于所有纱缎业活动者，都是一个共同的问题。因而，以规范"纱缎经纪人"商事行为为突破口，产生了清代苏州纱缎业的行业自治机构及相关规则。

根据上述三则碑文，结合其他行业类似的碑文记载，基本上可以看出行业自治机构组建的情形：众商集议组建行业会议及其机构（行会），公举行业内的牵头人或代表（行头、会首、董事等），众人捐资营建一行业会议之处所（会馆、公所等）作为行业机关办公、集议之地，并决议该处所管理经营者的产生方式——或选派或依商铺号轮值以负责处理会中日常之事及经营管理会产；而且拟定"行规条约"是行业结构组建过程中的一项重要内容。

会馆、公所等的建成，标志着行业自治硬设备的完善和行业自治的正规化；行业规条的出台，标志着行业管理的规范化、秩序化和定型化。

二、作为司法机关的行业会馆、公所

商人们的自我组织和自律性行业司法，往往要依托以下两个要素，一是会馆（或者是公所）的建设——行业自治的硬件设置；二是行业规则的集体议定——行业自治的软性条件。二者相辅相成，实现了商人行业自治所需要的主、客观因素及各种组织性要素的有机统一。

首先，我们考察一下会馆、公所的建设对于行业自治所具有的意义。

修建一个"集会之所，饮食燕乐之地"，加强行业间的往来，对于远离故土谋生他乡的商人们来说，一部分原因是出于情感上的需求："不创造一公所，则吾乡之人，其何以敦洽比，通情愫，且疾痛疴痒，其何以相顾而相恤。"[②] 没有这样一种情感上的慰藉和支撑，对于许多商人来说，也是非常难堪以致会丧失在战场般的商场上的斗志。"商人重利轻别离，前夜浮梁买茶去"的另一面，是"屈指其人，孰在孰亡，孰得孰失，岂不肺肺乎生故旧之思而动其怀土恋本之情也哉"[③]；可见，"旧国旧都，望之畅然"之叹，并非庄子独兴。商人为生计所付出的辛酸艰难，既超乎常人，而又不为常人所理解。另一部分的原因，也是最主要的，就是为了实现联合，进行自治。摆脱孤军作战的艰辛，既是情感需求，也是生存的需求。

---

① 参见《吴县纱缎业行规条约碑》。
② 《正乙祠碑记》（康熙五十一年三月立石），载李华编：《明清以来北京工商会馆碑刻选编》，10 页。
③ 《正乙祠碑记》（康熙五十一年三月立石），载李华编：《明清以来北京工商会馆碑刻选编》，10 页。

所以，探讨清代商人的行业自治行为，首先必须考察在商人自治中占有重要地位和具有特别意义的会馆、公所等的建设。正是会馆、公所等的产生及普及化，标志着清代商业发展的程度，及商人行业自治机制的形成和普及化。然而，众所周知，对于行业自治，对于会馆、公所的作用，传统说法一般认为是为了限制竞争、维护垄断利益。从碑刻资料反映的情况来看，或更进一步地分析那些反映在碑刻资料中的维护清代商业社会商事秩序的规则的意义，不难发现，传统的"限制竞争、维护垄断利益"之说脱离了社会学的角度以及历史唯物主义方法，而难免片面。①

以商人集资共建的固定资产——会馆、公所等为托足之地，从而形成行业内部的联合。由于参与了"集资共建"，会馆、公所在商人心目中就具有了"我也有一份"的这样一种利益与共、利益捆绑、互利互惠、联系情谊的含义和象征，并极其关注关心会馆、公所的兴衰存亡。商人们经常积聚在会馆、公所里，或"通商易贿，计有无权损益，征贵征贱，讲求三之五之之术"②，或使"吾乡人之至者，得以捆载而来，僦赁无所费，不畏寇盗，亦不患燥湿"，或议立行规、组织行业内商事活动的分工与合作，会馆也因此成为调处、仲裁商人之间纠纷等事宜的场所、机构。

其次，为了使行业自治持久，商人们议立了一整套关于会馆公产及管理者的制度，以维护会馆兴旺不衰。

会馆公产经管者的称谓在各行业有所不同。有的行业叫做"司年"，有的行业称为"值年"，也有的叫做"会首"、"首事"（又称"首士"）。也有"经理"或"经理人"之称谓，多以个人为单位（偶尔同时标注商号名称③）；性质上类似"司月"。另有"纠首"一称谓，根据其所在上下文之意，应为某一事件动议及操办的牵头者，与"会首"应该有所差别。④ 为行文方便，以下皆以"司年"代替。

（1）司年选任的方法。所谓司年，是指由行业内选举出来的以一年为期负责会馆等公产的管理和行业机关日常办公事务的人。司，主管之意；年者，一年为限。实际上当值的期限，各行业规定不一，基本上有年期和月期两种。如北京药行公馆规定"众首事按月输值，每逢初一日，上下首事，齐到会馆交代银钱"⑤，这种按月当值的行业会馆，其公产的经营帐目"逐月总帐"。然而大部分行业以年为期。

关于司年的选任方法，各行各业略有差异。

方法之一，"轮值"。"各帮议派司年司月，挨次阄轮"⑥。例如典业，以签定次序由各典

① 范金民指出：江南相当部分的行业公所与中世纪西方的行会在产生目的、成立时的社会背景等方面都不一样。在江南各行业的规约中，有关限制竞争、垄断市场的内容"很难"见到，因而不可能"限制内部竞争，垄断了外部市场，严重阻碍了生产的发展"。范金民：《明清江南商业的发展》，260～271 页，南京，南京大学出版社，1998。

② 《吴阊钱江会馆碑记》（乾隆三十七年正月立石），载江苏省博物馆编：《江苏省明清以来碑刻资料选集》，24 页。

③ 参见李华编：《明清以来北京工商会馆碑刻选编》，8 页。

④ 参见《重修仙翁庙碑记》（嘉庆二十四年立石），载李华编：《明清以来北京工商会馆碑刻选编》，4 页。

⑤ 《重建药行公馆碑记》（嘉庆二十二年立石），载彭泽益选编：《清代工商行业碑文集粹》，26 页。

⑥ 《上海县为水木业重整旧规各匠按工抽厘谕示碑》（同治七年立石），载彭泽益选编：《清代工商行业碑文集粹》，58 页。

轮值（住所在乡里的典店，因路途遥远，一向不参与值年）；可见，值年是各典的一种义务和责任。方法之二，"公请公辞"。"于同业中择殷实可靠者，拈阄充当"①。有的行业给当值者发"束修工食"，有的不发，因行而异。

（2）司年选任的条件。一是要"于同业中择殷实可靠者"；二是要"公正老成厚望之人"；三是要"子孙如何贤能，不得接替承办馆事"②，即避免家族式继承，体现了会馆、公所等"公"的性质。

（3）司年的义务（或曰职责）。总的原则为"事有专司，责无旁贷，规矩不立，趋向莫由"，因而"一典中公举总理一人，原以专责任也"③。许多行业刊碑勒石，明确规定会馆当值的义务。如北京银钱业规定："现年会首，一岁之内，大小事件，务要相闻。殿宇墙垣，应修应补，不时巡查。及守祠之人……或罚或黜，俱要当年裁夺。其公中公务，应用等物，公首预为查点。"④

对于罚金的管理，也是会馆经营管理者的责任之一。

关于应对痞棍欺诈的事情（即商事纠纷）：关碍大局的事，同业"推诚助理"，所花诉讼等费用，同业公所公贴一半（如果所贴之钱还包括经济损失的话，则这种"公贴"就含有一种保险的意味）；对待纠纷，如过错在商人一方，则责任自负。此外，对于行业内的违规事件，亦必须及时处理，所谓"或罚或黜，俱要当年裁夺"，反映了行业自治中行业机关进行商事仲裁的职能。

三、行业司法的操作规程

显然，清代行业司法制度的定义，只能在广义上来界定；而广义的清代行业司法制度所涵盖的内容，也不能脱离具体历史阶段的特征和局限。综合我们所掌握的清代工商行业在自治和行业司法活动中的内容及特点，我们试图这样界定清代行业司法制度的概念：在清朝制定法背景下的清代工商行业自治组织适用国家法和商人习惯法（商事习惯和行业自治规则）处理商人内部的商事纠纷和其他相关事务所制定的一系列制度，包括调解、仲裁制度、公证、行业制裁等制度等。这些制度相互结合，构成了清代商业社会工商行业司法活动的制度体系和基础。清代行业司法的功能和目的，就是在清代商业社会内部特有的商事交易和商业活动的环境和历史条件下，通过行业司法机关而进行的具体的有关司法制度、程序和行业内部的法律性活动，这些活动有其特定的司法理念为指导而得以实现，并由此确定和建立起行业司法的依据之内容和体系。

首先，根据文献资料反映的情况来看，清代社会工商行业的行业司法权的法律依据主要来源于习惯法、行业内部的授权和政府制定法的默许。其次，从清代行业司法权的行为所表现的特征来看，以行使裁判权为主——即对于一定的行为或对于具体的法律关系中的权利义务内容的确认和评价；但文献资料同时也反映出，清代的行业司法不仅会对一般纠纷给予结论性裁定，更会对行业规则的违反者进行制裁，即行业机关拥有一定限度的制裁权。再次，

① 《上海县为旧花业公议章程谕示碑》（光绪十六年立石），载彭泽益选编：《清代工商行业碑文集粹》，70页。
② 《玉行规约》（光绪二十九年），载彭泽益选编：《清代工商行业碑文集粹》，32页。
③ 《典商条规》，载彭泽益主编：《中国工商行会史料集》，206~208页。
④ 《正乙祠公议条规》（康熙六十年立石），载彭泽益选编：《清代工商行业碑文集粹》，35页。

从司法权的归属来看，清代的行业司法显然是基于约定俗成的行业内部的公共意志的反映，具有一定的社会权力的属性。虽然在具体司法活动中体现的行业司法的技术水平或者说是组织结构的严密度上，我们完全不能以现代的司法技术进行评判，甚至也不能与当时的清朝政府在行政作为中体现的司法实践水平和能力进行比较，但清代工商行业的司法活动对于清代商业社会的商事活动秩序、商事交易秩序及商人获利机制的维护，其作用都是不可低估的，尤其是这些司法活动都是在政府相关作为缺位的情况下，尤见其难能可贵。

清代行业司法的体制，其实并不像现代司法体制这样具有完善而全面的体系和制度，但却与当时商业社会维护基本的商事活动秩序的需要相一致。概括来讲，大致有如下内容。

1. 召集制度规程：每个行业会馆都建立有行业内的议事制度。"行中遇有要事酌议，当班主会代为传帖通知。如遇有关于行内紧要事者，必须先与董事者酌量而后行帖，不得擅自散帖，以滋事端。倘有违例，公同议罚"①。行业议事制度的执行，由司年具体负责。又如典业规定：凡有互商事宜，即由司年通知各典齐集公所议事；倘因公出差，须委托他人到会；如需乡典集会，通知应于五日前发出；如需质业一同集议，也需要发出邀请，同赴公所会议。这样的制度，当实施于对行业内部纠纷的公众裁决之时，就具有了司法程序上的特别意义，体现的是行业司法的程序性规范。

2. 议事制度规程：该制度确定的是行业司法活动的管辖范围，也即行业的司法有确定而清楚的管辖范围。

3. 行业成员协助诉讼制度规程：该制度涉及的案件往往属于行业间及本行业与社会上其他关系之间的纠纷，超出了行业司法的能力范围。许多行业都规定有对办理了入行登记的字号协助诉讼的制度，就是当本行业内的某一已注册的字号与外部社会其他人发生纠纷时，只要过错不在该字号，则行业内部将为该字号赴官理论，并资助一定的诉讼费用。而有的行业对于已登记字号，遇有经营上的危机，则行业内部将设法帮其打点以渡难关。这些行业内部的扶助，往往只针对登记了的字号。正是因为有这些措施，才使由商人自治而设立的商事登记制度得以在许多行业内得到广泛的认同而获得一定约束力。

4. 行业公议制裁制度：最能体现清代工商行业司法的意义和作用的还在于行业对于违规者所形成的一系列制裁措施。清代工商行业的司法活动中的制裁制度的建立充分体现了"法律制裁问题，总的来说是同法律的秩序作用及其增进正义的目的联系在一起的"②。

第四节
行业制裁及国家保障

清代工商行业自治中制裁机制的有效运行，基于商人们的共识："窃维家国一理，实现

① 《陶艺花盘行规》（光绪二十五年立石），载《明清佛山碑刻文献经济史料》，254 页。
② ［美］E. 博登海默：《法理学—法律哲学与法律方法》，邓正来译，340～347 页。

同情，故民社立规条，无异朝廷制法律，凛不可犯，犯则取祸招辱，势必不免。"① 违反行规，理应"取祸招辱"，受到来自行业内部的制裁。所谓"祸"，主要是指钱财上的损失，"辱"，就是当众丢面子或向众人示软赔罪，即为折辱损害名誉。从各类文献记载的情况来看，商人自治规则中规定了对违规者进行制裁的两种不同性质的处罚方式：经济制裁方式和名誉制裁方式。美国浸礼会传教士玛高温就曾经这样评价行会内部司法的效力："在行会法庭，道德的因素比机械的考虑更为重要；并且，他们并不想被认为是帐房内的坏蛋。"②

一、财产型处罚

"漆油有假，查出归值年首士在公所内熬化"，"油费及罚项各钱，存值年首人铺内，当泗王庙会期办会，同众算帐"③。

前面所举北京猪行之例，新开张时如不按照行内公议的规定，"不献戏请客，同行之人，该不准其上市生理"。同样的规定，又见苏州小木业行："倘有不交行规私开，照规加倍。"④ 清代商事习惯法中，也大量地规定着本属于国家司法机关专权的财产刑罚方法。这样的制裁方式颇类现代法律制度中的"财产刑"（property punishment）。

例如刊刻于光绪三十四年（1908年）的《严禁奸商漆油掺假碑》⑤ 中规定：

> 漆油掺水作假，查出每百斤罚钱二串，违者禀官究治。
> 油坊打油，及打客榨和水作假，油房知情不禁，查出轻则酌罚，重则禀官惩治。
> 漆油有假，查出归值年首士在公所熬化。
> 生漆用油和水及药功作假，查出禀官惩治。
> 生漆照古秤每斤加四两为定，如有作假者，查出每百斤罚钱八串，违则禀究。
> 油费及罚项各钱，存值年首人铺内，当泗王庙会期办会，同众算帐。

上述由行会内部共同议定的对于掺假者的财产处罚规则中，既有罚金处罚，又有没收货物的处罚。虽然根据所犯问题的性质和严重程度而确定的罚金数额不等，但处罚原则和方法基本上是一致的，即以减损掺假者的经济利益而示惩戒为宗旨。反映在清代碑刻资料中的以财产处罚方法惩治敢于违反由商人团体集议的行业规则的情况非常之多，适用的范围也很广泛。可以这么说，财产处罚的方式，是清代商业社会商人行业自治的最主要的制裁方式。

如《苏州哔布司同业章程碑》（同治九年立石）⑥ 中规定："徒弟不准捐入乱规，倘徒弟捐入乱规者，罚洋一百元，捐入公所"；其数额可谓重矣，足可见对徒弟捐入乱规一事的痛恨程度。又如江苏《小木业公议各项条规碑》（道光二十四年立石）⑦ 中对于违反商事登记规

---

① 《金洋堰重整旧规碑》（民国十六年立石），载《汉中碑石》，424页，西安，三秦出版社，1996。该书第436页《金洋堰重整堰规碑》（民国二十三年立石）中载有："社团立条规，无异国家定刑法，刑律严则治安多。"
② 彭泽益主编：《中国工商行会史料集》，36页。
③ 《严禁奸商漆油掺假碑》（光绪三十四年立石），载《安康碑版钩沉》，154页，西安，陕西人民出版社，1998。
④ 《小木业公议各项条规碑记》（道光二十四年立石），载彭泽益选编：《清代工商行业碑文集粹》，120页。
⑤ 载《安康碑版钩沉》，154页。
⑥ 载江苏省博物馆编：《江苏省明清以来碑刻资料选集》，62页。
⑦ 载江苏省博物馆编：《江苏省明清以来碑刻资料选集》，107页。

则的"倘有不交行规（登记之手续费）私开，照规（费）加倍"。连行业内首事开会迟到都有罚款规定，如刊刻于嘉庆二十二年（1817年）的《重建药行公馆碑》中规定："众首事按月输值，每逢初一日，上下首事，齐到会馆交代银钱，毋得迟延。如午刻不到，罚银二两。"[①] 真正体现了商人的金钱时间观。

二、名誉型处罚

清代的商业社会还流行一种比较有特色的惩罚方式。即罚违规者花钱请同行的人喝酒，或是花钱请戏班子给大家演一台神戏（通常并非全演神戏）。如刊刻于道光七年（1827年）的《上海县西帮商行集议规条碑》[②] 中对于违反"银串照市划一，不许申上就下，致有两相退傲唇舌。倘不照议，查出，罚船号经手者，神戏各一台"；对于"贪酬失察"严重失职导致税收出现漏缺者，则给予"罚银三十两充公，并罚神戏一台，以昭炯戒"的双重处罚。

罚违规者摆酒席，或者出钱请戏班子为大家演戏，看似滑稽可笑之举，然而，这样一种处罚的意义和效果却是多重的。"以昭炯戒"即言简意赅地揭示了罚戏罚酒席的目的：所谓"昭炯戒"者，彰明昭著以示警戒之意。这样的处罚效果一箭双雕：不仅让违规者花费了钱财——财产型惩罚，又让违规者公开对大家进行了赔礼道歉——民事制裁中的名誉型处罚方式；还让违规者的所作所为尽人皆知，富于警戒、警示他人——法律教育的效果。实在是一种极其富有中国民间特色的法律制裁方式。玛高温也注意到这种富于中国特色的"行会的惩罚"，并进行了这样的述评：

> 昔人把欢宴和惩罚搅和在一起乃是一种谋略。这种和稀泥式的巧妙方式——可以增进礼让与和睦相处——当然不是现代人的发明创造。这不仅仅是将对玩忽职守和难以驾驭的行会和工会成员的惩罚寓于节庆之中，而且对一般违例之人也是如此。当争端一起，仲裁人就介入或受请参加调停，他谴责并宣布对挑衅寻事者须罚款支付一台戏和一桌酒席的费用；酒席排在看台里，可以边吃边看戏（客人们是仲裁者、诉讼的当事双方，以及邀来作陪的朋友们），同时，天井则对公众开放，免费看戏。虽然这项强制的招待和酒席对主人而言不啻是一种侮辱，然而他却由于作为主人受到有礼貌的对待而心满意足。[③]

更有北京《老羊皮会馆匾额》所记之行规内容，可谓是奇文共欣赏。该碑文就三项内容定有六条规定，每项内容后有禁止性的规则表述，但没有具体的处罚方式，而是通通以"不遵行规，男盗女娼"这样谩骂性的语句来代替在其他行业的行规中通常是具体处罚规定的内容。这说明清代的商人对于声誉格外珍视的特点。

从各种史料的记载来看，行业处罚方式不止上述两种，有的处罚方式甚至非常残忍和血腥，最著名的事例就是苏州金箔作董司被众匠人咬死的例子。

三、禀官究治

行业制裁的力度和贯彻不奏效时，行业还有一个特别的制裁方法，即合力将违规者扭送

---

① 李华编：《明清以来北京工商会馆碑刻选编》，93页。

② 参见彭泽益选编：《清代工商行业碑文集粹》，99页。

③ 彭泽益选编：《清代工商行业碑文集粹》，49页。

官府，"禀官究治"——进入国家司法诉讼程序。如我们在《严禁奸商漆油掺假碑》中所看到的内容："漆油掺水作假，查出每百斤罚钱二串，违者禀官究治。"该句中所谓"违者"，是指"漆油掺水作假"者被发现后拒绝接受"每百斤罚钱二串"的处罚，因而将迫使行会中人采取"禀官究治"的途径；而这往往会产生巨大的威慑力。

经常出现在碑文所刊行业规则中押尾的这句话，并非毫无意义的一般性恫吓，它所表达的含义其实显现了商人对政府无奈的依赖，商人们既将"禀官究治"作为制裁方法之一，又以之作为对前两项制裁方法的保障。事实上是，民间议定的规则，在遇到社会邪恶势力干扰时，的确需要官府予以重申和保证。

刊刻于嘉庆十七年（1812年）的一则碑文《苏州府示谕枫桥米市斛力碑》所记载的一个关于运米斛力钱的案子，就是一个典型的事例。苏州商人"在楚贩米回苏，在枫镇经行发卖，向给斛力，每石米五合……付给斛力，米便于银。在楚写船之时，已将斛力米五合交付舟人代给"。由于"犯棍余党"、"聚集匪类"，"起觊觎"之心，"遂致米无人斛，船不能留，米价腾贵"，不得已，商人徐昌期等告到官府，才"经议详藩宪，俯准徐昌期所请，出示晓谕遵办，并请移咨楚省，一体出示晓谕外，合行出示晓谕。为此示。仰枫镇各省米客及船户牙斛人等知悉：嗣后在楚写船，不得再将斛费交付舟人代给，应听米客自行将银发给斛手，不得从中影射弊混。自示之后，该船户倘敢挟勒不遵，一经访闻，或被告发，定即按名严拿究办，决不姑宽。凛之。特示"①。

因而有学者认为："各业行规中往往载有所谓'违规禀究'的话，意指违反了行规规定，要禀官究办。这使行规就同法令一样的具有约束力了。"②

"禀官究治"的威慑力来源之一，在于官方对商人业规法律效力的认可。《吴县布告水灶业同业公会碑》中记有：吴县水灶业同业公会成立后，曾将章程业规名册等呈报县党部，"并蒙核准备案，认为合法团体"，"通令，所有各业业规，饬几径呈主管官署立案"，承认"业规乃为业务之法规，又为公会之基础，凡在同业，莫不重视"，因而"颁发布告，俾得同业咸资遵守"③。又如道光七年（1827年）刊刻的《上海县为商行船集议关山东各口贸易规条告示碑》中所记载的"商行船集议关山东各口贸易规条，环求勒石永遵"，商人们集议的规条不仅经官府"册存"，且"取碑摹送查"，然后"批转饬刊碑"④。

"禀官究治"威慑力的来源之二，在于任何"私立行规、行簿"的行为，将被官府严厉禁止，不仅"吊行簿行规板片销毁"，且立碑"合行出示永禁"⑤。这样的碑文在清代比比皆是。"私立"行为不仅是对于商人行业群体的挑战，还包括对政府管理部门的挑战，因为任何行业团体所立规及其刊刻的碑文按正常的程序，必须得到官府衙门的批准并备案才能得

① 《苏州府示谕枫桥米市斛力碑》（嘉庆十七年十二月立石），载王国平、唐力行主编：《明清以来苏州社会史碑刻集》，599页。

② 彭泽益主编：《中国工商行会史料集》，198页。

③ 《吴县布告水灶业同业公会碑》（1932年立石），载王国平、唐力行主编：《明清以来苏州社会史碑刻集》，607页。

④ 《上海县为商行船集议关山东各口贸易规条告示碑》（道光七年立石），载上海博物馆图书资料室编：《上海碑刻资料选辑》，72页。

⑤ 《吴县禁止板箱业作伙私立行规、行簿倡众停工碑》（道光三十年四月二十八日立石），载王国平、唐力行主编：《明清以来苏州社会史碑刻集》，675页。

到政府的支持和司法保障。

第五节
"神明崇拜"与行业司法

一、神明崇拜与清代商业社会

仅从字面意义，很难理解"神明崇拜"与清代商人自治之行业司法之间有什么联系。但对清代碑刻资料比较熟悉的人都会依稀记得，清朝的商人不吝耗费地树庙供神、春秋祭祀之类的事情相当普遍，而且这些事情在商人们的生活中占据了十分重要的地位。"神者何，灵化之真宰者也"①，则"庶人力尽而神以妥灵，神道彰而人必获福"②，且往往成为行业活动的常例内容："常年三节致祀，同业一体拈香，自诚虔敬"③。

关于清代商业社会奉行的神明之种类和渊源，说法不一。④ 但这并不影响本文研究"神明崇拜"与清朝商业社会及其商事活动秩序之间的联系。而从清朝商业社会普遍崇拜神灵这一现象中，我们或许可以窥见那些通常被视为"钻进钱眼里去了"或"认钱不认人"的清朝商人们内心世界生活中十分精彩的一部分内容；概言之，就是：行业精神、乡土观念、富贵欲望的糅合。

商事活动中诸多不确定因素，经营中潜藏着的许多不可预料的风险且有时甚至是不可抗力，往往使泛舟于风波迭起的商海中的经营者有一种"凡天地间，事之有成有败，有兴有丧，自有物焉以主之。岂人所得为力也"⑤ 的宿命感，并油然而生一种对冥冥之神的畏惧与祈求。轮回观、善恶报应观、天命不可违的心理时在提醒着这些商人有不可测的风云存在。商人们由于各种偶尔或必然的际遇（例如行情波动价格难以把握；交易环节出纰漏导致亏损；天灾人祸导致生意难以维系等等），更将这种宿命的思想演化成为固定的宗教仪式，用以警示自己、慰藉自己并自欺欺人地洗白自己。深藏在祈祷者内心的企图却是希望借这样的宗教仪式，一方面可以暂时地摆脱内心世界的压力；另一方面则是对于未来的希冀——所谓"祀神饮福"。"祀神"与"饮福"，反映的是商人们内心世界因果报应观的影响及由此演绎出的逻辑："其积德愈久，其店业愈隆，而神之福之者亦愈厚。然则神□□⑥福愈厚，店之

---

① 盐业《灵庆公神堂碑阴记》，载李乔：《中国行业神崇拜》，31 页，北京，中国华侨出版公司，1990。

② 《北直文昌会馆碑》（光绪三十四年七月立石），载李华编：《明清以来北京工商会馆碑刻选集》，123 页。

③ 《上海县为乌木公所重整旧规谕示碑》（光绪十八年七月立石），载彭泽益选编：《清代工商行业碑文集粹》，62 页。

④ 按照李华的研究，清朝商人祭祀的神有三类：（1）祭祀本行业的祖师。（2）祭祀本心土的神。（3）崇拜福禄财神（参见李华主编：《明清以来北京工商会馆碑刻选编》，前言31 页）。另有李乔中认为："从行业神崇拜的整个历史看，行业神可以大致分为两大类：一为祖师神，一为单纯保护神。"（李乔：《中国行业神崇拜》，2 页）。

⑤ 《正乙祠碑记》（康熙五十一年三月立石），载李华编：《明清以来北京工商会馆碑刻选编》，10 页。

⑥ 李乔所著《中国行业神崇拜》第 31 页亦有此句的引用，在笔者所引之"□□"处，李乔有"降之"二字，未知其出处。

业愈隆，而诸君子之德之积，亦将愈久而无穷也。"①

"每逢节期朔望，焚香瞻拜"②；每一次的"祀神饮福"，对商人们都是一次内心世界的宣泄和精神上的松绑，以及对挑战未来的勇气和力量的补给、加能。由于这些宗教活动对于清朝的商人们具有调整、平衡内心世界和精神状态这样的重要作用，所以，敬神活动在清朝的商业社会中，非常盛行，几乎所有的工商行业，所有的会馆、公所、公会，都有一定的崇拜偶像。所有的工商业者都会在自己家中供奉着自己所虔信的神。

然而，清朝商业社会中的宗教行为如果仅局限于上述意义，则该宗教行为就仅仅是商人们的个人行为，其行为结果也仅仅是满足商人个体的内心需求，却与本章所探讨的清朝商业社会的规则与秩序毫无关系，或关系不大，那么此处的笔墨将花费得毫无意义。事实上，清朝商业社会秩序的建立，其规则——即本章正在致力研究的清朝商事习惯法的规则——创设的宗旨、内容、体系的确定、运作及其对于被规制者从内心世界的导引，到外在行为的约束，以及这一切作用的实际效力，都与敬神的制度紧密结合。可以说，在晚清商事立法之前，清朝的商业社会所适用的那一整套商事习惯法及其较为有效的运行，与当时盛行于商人社会的宗教仪式是分不开的。这种说法应该是符合历史事实的。对于清朝商业社会的商人来说，正如伯尔曼在其《法律与宗教》中所论述的："法律和宗教是两个不同然而彼此相关的方面，是社会经验的两个领域……任何一方的繁荣发达都离不开另外一方。没有宗教（就我们所赋予这个词的意义而言）的法律，会退化成机械僵死的教条；没有法律（就我们所赋予这个词的意义而言）的宗教，则会丧失其社会有效性。"③

相同的宿命感，一样的人生追求，和对于社团力量的依赖，使工商业者在敬奉神明与有序高效地做生意之间连接上了一条色泽鲜明的红线。"正乙祠……浙人懋迁于京者创祀之，以奉神明，立商约，联乡谊，助游燕也"④ 这段碑文告诉我们：在清朝商人的心目中，"奉神明，立商约"并行不悖，具有同样重要的意义。即如伯尔曼所希望的那样：将宗教融入了法律——即将奉神明结合进立商约之中；将法律的规则引进宗教——即立商约之时蕴涵有宗教的意义。这样，商人们所希望的"法律以其稳定性制约着未来；宗教则以它的神圣观念向所有既存社会结构挑战……法律赋予宗教以其社会性，宗教则将其精神、方向和法律赖以获得尊敬的神圣性给予法律……"⑤ 的局面就会出现。此时，立商约、奉神明已经不再是个人行为，而是社会行为；而奉神明之类的宗教仪式一旦具有了社会意义，便会同时具有对个体行为给予约束的意志力作用，即具有了法律的规制性，从而更增添了宗教仪式的威严与震慑

---

① 《重修正乙祠碑记》（同治四年立石），载李华编：《明清以来北京工商会馆碑刻选编》，11 页。

② 《重修晋翼会馆碑记》（光绪八年仲夏立石），载李华编：《明清以来北京工商会馆碑刻选编》，30 页。

③ ［美］哈罗德·J·伯尔曼：《法律与宗教》，梁治平译，25 页，北京，三联出版社，1991。按照伯尔曼的理解，"法律不只是一整套规则，它是在进行立法、判决、执法和立约的活生生的人。它是分配权利与义务，并据以解决纷争，创造合作关系的活生生的程序"。而"宗教也不只是一套信条和仪式；它是对人生的终极意义和目标表现出共同关切的活生生的人。它是对各种超验价值之共有的直觉与献身"。如此，则法律与宗教的功能表现为："法律能够为社会提供一种结构，一种完型，它需要维持内部的聚合，它一贯与无政府状态为敌。"而"宗教能够为社会提供它需要以面对未来的信仰；它总是向颓废挑战"。这里，伯尔曼提出的有关法律对社会的"聚合"、"结构"等功能和宗教的精神鼓舞等作用，恰好能解说本章中清朝商业社会的秩序规则与神明崇拜的关系。

④ 《重修正乙祠碑记》（同治四年），载李华编：《明清以来北京工商会馆碑刻选编》，11 页。

⑤ ［美］哈罗德·J·伯尔曼：《法律与宗教》，38 页。

力。在这种意义上来研究清代商业社会中的崇拜神灵——宗教氛围，我们就会发现：其实，在清代的商业社会，这种宗教仪式不仅已经制度化，而且已经成为建立和维护清朝商业社会秩序的特殊力量，成为调控清代商事习惯法之规则体系的一部分。①

然而，宗教的这种调控力量是怎么形成的呢？

哈罗德·J·伯尔曼关于法律与宗教的共同因素的探讨，也许正可以说明笔者所研究的问题的情形：

> 法律与超验价值（注：作者此处指"宗教"）联系和沟通的主要方式有四：首先，通过仪式，亦即象征法律客观性的形式程序；其次，经由传统，即由过去沿袭下来的语言和习俗，它们标志着法律的延续性；再次，依靠权威，也就是说，法律依赖的是某些成文的或口头的渊源，这些东西在人们看来是至善至真，必得服从的，正是它们赋予法律以约束力；最后是凭借普遍性，这是指法律所包含的那些概念或洞见都须是普遍有效的，这体现了法律与绝对真理之间的联系。这四种要素——意识、传统、权威和普遍性——存在于所有法律体系，一如它们存在于所有宗教里面。②

从现有碑刻资料中，我们大约也可以描述出上述情形，即反映在清代商业社会中，神明崇拜是如何获得法律的属性的；反之则是商人们进行自制的规则又是如何凭借神明崇拜的仪式而获得神圣性的——增强了这些规则的约束力。

二、"神明崇拜"在行业司法中的意义

（一）行业秩序维护中"神明崇拜"的约束意义

"任何个体的现象从根本上讲都是由它周围的各阶层的人的无可估量的影响决定的。"③在清代的商业社会，即使是当神明崇拜尚处于个人行为时，比如在自己家中个人或与家人一起祈福之时，该行为的导因仍然是来自于社会生活中既有的其他商人的行为。行业组织的成立，将个人行为的神明崇拜变成团体行为，并将团体祀神与团体中所有个人的行为相结合，在一般议事程序中加入祀神的内容，在祀神的仪式中融入对行业规则的确定，"神明崇拜"由此从清代商人精神上的一种需要变成为一种组织性的需要，行业组织在举行的一系列祀神活动的仪式中实现了对于商人思想和情感的一定程度的把握或控制。为了保持这种控制，祀神活动在行业组织活动中达到了普遍化。每当修建新的会馆或公所等，完工的标志并不以主体工程的完结与否来确定，"庭构既就，栱栌载饰，神妥其灵，人乐其阴，庶俾来哲，有所躔行"④；而是以神灵的牌位安放妥当与否判断。如果出现会馆因年代久远而损坏坍塌，则

---

① 正当本章节初稿刚刚完成，偶尔从同门师弟手中发现了李乔所著《中国行业神崇拜》（北京，中国华侨出版公司，1990）一书，该书作者通过研究行业神崇拜问题，从一般社会学的意义上探索了行业神崇拜的原因、目的和作用：（1）两种压迫和求神保佑；（2）祖先崇拜与崇德报功；（3）借神自重；（4）团结和约束同业同帮；（5）对业务活动和社会习俗的影响。然而，在清代的商业社会，商人们进行的神明崇拜，对一般商人们的商事行为具有极强的自律和约束作用，这分明是法律规则的功能。

② ［美］哈罗德·J·伯尔曼：《法律与宗教》，46页。

③ ［德］盖奥尔格·西美尔：《社会学——关于社会化形式的研究》，林荣远译，1页，北京，华夏出版社，2002。

④ 《重修仙城会馆碑记》（同治元年正月立石），载李华编：《明清以来北京工商会馆碑刻选编》，21页。

与会之人往往首先想到的是"虑圣神之无依"①，因而想方设法，多处筹措，进行修葺，"庶神庙可期巩固，而祀事不虑废坠"，其根本目的是不愿意让祭祀神灵的活动受到阻断。由此可见商人们对于会馆、公所反复修缮的初衷在于大家能于此共祭神明的意义已经无须赘言。

"会馆而有庙，有庙而春秋祭祀，遵行典礼者"②，这种奉神行为在清代的商业社会极为兴盛，且占有极为重要的地位。在笔者所见到的有关行业活动的碑刻资料中，诸如奉神活动（诸如敬香祀神、演神戏等）之组织安排、神戏之演出确切时间及程序要求等方面的规定，往往都相当具体地写进行会的规条和章程之中，刊刻于石碑之上，严禁更易，以示郑重和虔敬。

在这类敬神的活动中，严格按照大小商人的资深条件来程序化地组织全部敬神的形式和内容；在程序的执行中，严格规定商人们的行为准则，使商人们在经过一次次的敬神活动后会产生对于自身有意识的约束，从而达到维护行业秩序的目的。

敬神的举措相当隆盛，仅以各公馆、会所的建筑物中神殿一项所占面积即可说明。以创建于雍正十三年（1735 年）仲夏时节的北京晋翼会馆为例③，"……会馆，西向，凡四层（四进），前后廊舍共二十五间"。其中面积最大的三间用来作为神殿，"中厅关夫子像，左间火神、金龙大王，右间玄坛财神"，可见神殿在会馆中的分量。也正是这种分量保留了大家对会馆的热情，此即利用神明崇拜来实现的行业的凝聚力④；行业组织的凝聚力，行业组织在商人心目中的信任度，是行业规则得以普遍遵守的重要因素。这就使得清代商事习惯法中产生于商人自治中的那一部分规则获得了相当的效力。

惟其敬神举措的隆盛和普遍化，更有利于达到广泛、深远和持久的约束意义。

特别需要强调的是，中国清代时期商人社会通过敬神活动而达到对商人群体的约束，其实并非偶然或者是因时而生，而是与中国法制发展的历史、与中国传统法制文化的传承密切联系，甚至就是传统文化的继承，就是中国文明早期形式的基因化体现。

（二）行业诉讼中的仪式意义

"常年三节致祀，同业一体拈香，自诚虔敬"⑤，"会馆而有庙，有庙而春秋祭祀，遵行典礼者"⑥，这些在碑刻资料里比比皆是的语句，反映了清代商人社会在敬神活动中极为重视"仪式"的特点。而碑刻资料显示的在仪式中的"拈香"、"虔敬"，也会出现在具有司法意义的行业活动中。有时候一些行业司法活动也就是选在常年的三节致祀之时。

在笔者所掌握的碑刻资料中所形成的商人社会的敬神仪式的语言体系或曰语境中，无处不显现出中国传统的礼仪文化及其源于周公制礼时期即已奠定的"礼"的法制取向；而中国

---

① 《重修临襄会馆碑记》（光绪十四年立石），载李华编：《明清以来北京工商会馆碑刻选编》，24 页。

② 《泉漳会馆兴修碑记》（道光十二年立石），载彭泽益选编：《清代工商行业碑文集粹》，91 页。

③ 参见《创建晋翼会馆碑记》（雍正十三年仲夏立石），载李华编：《明清以来北京工商会馆碑刻选编》，29 页。

④ 李乔在研究行业神崇拜的原因、目的和作用时，认为"各行各业，特别是行业组织（有会馆、公所、公会等名称的行会或行帮）供奉行业神的重要目的和作用之一，是通过供神团结和约束同业或同帮人员，从而达到维护行业或行帮利益的目的"。李乔：《中国行业神崇拜》，40 页。

⑤ 《上海县为乌木公所重整旧规谕示碑》（光绪十八年七月立石），载彭泽益选编：《清代工商行业碑文集粹》，62 页。

⑥ 《泉漳会馆兴修碑记》（道光十二年立石），载彭泽益选编：《清代工商行业碑文集粹》，91 页。

传统文化中的礼治文化更鲜明突出地呈现出以礼为法、以法入礼的礼法结合的法律思想和法律制度设计。而正是在一系列的仪式活动中，作为行为标准的礼及其他规则获得了作为一定利益集团意志的体现和普遍约束力这一法的基本属性。我们承认清代行业司法中建立的规则体系的法的属性，就是对有关法律起源的多种说法的验证。而我们以法律起源说的种类作为依据或标准来考量清代商人社会的习惯法内容，也当然就会得出清代的行业司法所具有的法律属性；而无论是何种起源说都充分肯定了法律在其源头时期所具有的仪式的特性，且这种特性流淌于各国的法律文化的源流之中。

"正如没有宗教的法律会丧失它的神圣性和原动力一样，没有法律的宗教将失去其社会性和历史性，变成纯属个人的神秘体验……"①。这是伯尔曼在极力证明宗教仪式与法律获得威严和震慑力之间的联系和关系，而这位已故的用灵魂去感知法律之应该庄严、应该被人们神圣地去尊崇的学者也启示了我们，即如果我们能以这种眼光看清代商业社会的"神明崇拜"现象的话，也许我们就不难理解为什么碑刻资料所记载的行业活动总离不开各种各样的敬神活动和仪式。

对于清代的许多行业神，以我们今人的眼光看来未免牵强附会或曰子虚乌有。其实，何止是我们今人，便是当时，亦有智者一语道破天机。刊刻于乾隆十一年（1746 年）的《重修炉神庵老君殿碑记》②的撰者——督察院左副都御史、山右合河人孙嘉淦，当其乡人攀附其官势而请之为刚刚修葺一新的行业神庙作记时，他一方面毫不客气地戳穿了这种"臆说"出来的神之"可笑"，使得修庙之事变得滑稽而意义顿失；另一方面，又从祀神者精神生活的实际需求予以理解，以及身为统治阶级官僚分子控制与管理社会和人民的职业本能和实用主义出发，希望借此"收摄人心，生起敬畏"，商人们"货力不私，以急公上，勤孝养时"。最后不免要拿出其高人一等的优越感来教训同乡之人：

> 老君之为炉神，于史传无所考。予尝揆以意，或世传道家丹灶，可铅汞致黄白故云尔，抑亦别有据耶？……予思先王神道设教，使百姓由而不知。后世求福情胜，不核祀典，往往创为臆说，曰谋事某神司主，某业某神主之。支离附会，其可笑如老君之为炉神，何可殚述。然苟其不列于淫祀，类足以收摄人心，生起敬畏，而移其敬畏神明之念；货力不私，以急公上，勤孝养时，乡里匮乏，固其所优为，则吾乡人之共成此举，其可嘉止自有在……丹灶之说，固不足信，即有其求，当夫青牛仙去，方将□名养拙于无何有之乡，广漠之野。而犹寓意尘世，博后来崇奉，棲神红炉赤谚间哉！此其老掌故……吾并揭而出之示乡人，俾知老君自有可世祀，而祀老君者，不必其在炉神也。

即便是如此，这位官员也情不自禁地感叹"神明崇拜"对于商业社会"收摄人心，生起敬畏，而移其敬畏神明之念"的意义之"不必其在炉神也"，这位专制统治阶级中的官员深谙"神明崇拜"对于整饬商事活动秩序的社会意义。

其一，是业即有行业所崇拜之神明。如同李乔指出的："行业神崇拜是随着社会分工和行业的发生、发展，以及行业观念在从业者头脑中的确立而出现的。有了社会分工和各种行业，各行业也就有了自己的利益和要求，也就需要制造出适应本行业特点和需要的、用来保

---

① ［美］哈罗德·J·伯尔曼：《法律与宗教》，95 页。
② 参见《重修炉神庵老君殿碑记》（乾隆十一年立石），载李华编：《明清以来北京工商会馆碑刻选编》，40 页。

佑本行业利益的行业神。"因而，"三百六十行各有自己崇拜的神祇"①。至于各行各业所崇拜之神是一个、两个抑或是三个或更多，则是无所谓的。从碑刻资料记载的实际情况看，清代商业社会行业敬神有的是一业多神，有的是多业一神；这对尚处于以农业为主的自然经济状况下的实行封建专制统治的清代社会，是很正常和很自然的现象。因为在当时的历史条件下，在中华民族多民族、多宗教传统的文化影响下，神明数量有很多，也的确难以整齐划一。正如伯尔曼所说：

> ……人类有着多种不同的宗教和许多各不相同的法律，每一种宗教都带有特定信仰团体的印记，每一种法律也都具有特定社会秩序的印痕。为一个社会的成员带来对未来之信仰和社会内聚力的，绝非某种理想的宗教和理想的法律，而是特定社会宗教与法律的信仰和实践。而特定社会宗教与法律的信仰和实践又总是与这个社会独特的经验、与它独特的历史发生密切的关联。②

清代的商业社会及其行业内所有的行业神崇拜和行业规条，就是清代商人在自己特殊的生活环境中"宗教与法律的信仰和实践"，是他们特定的生活历史的发展结果；且符合人类社会发展的普遍规律。即如伯尔曼下面这段论述：

> 在所有已知文化当中，都存在着法律价值与宗教价值的相互作用。在某种意义上，一切都是宗教；在某种意义上，一切又都是法律——恰如一切皆为时间和空间一样。③

其二，敬奉神明的活动贯穿于清代商人社会的几乎全部社会生活之中。按照李乔先生的研究，行业神的供奉有助于行规帮法的执行，从而起到约束、控制同业同帮的作用。④ 结合碑刻资料来看，其具体途径主要有：（1）为约束同行共同遵守行业规则而设祀供神。（2）将议事制度与供神程序相结合，在神坛前议决行业事宜。包括：神前会商行事、规约；神诞日在神前议增工资、裁断纠纷；神前议定行会负责人等。（3）借神威惩戒违反行规帮法的人。无论是先举行祭神仪式再进行具体处罚，还是按规定由违规者花钱请戏班子在神前演戏以示惩罚，这种利用神威来惩戒违规者的做法，必须是在"神明崇拜"加强了行业的凝聚力及行业规则借一次次的敬神仪式而增强了约束力的背景下，才会产生预期的效果和意义。也就是使敬奉神明获得了法的效用，从而成为社会秩序的保障手段之一。

诚如伯尔曼所说："……任何一种宗教都具有并且必定具有法律的要素——确切地说有两种法律要素：一种与信仰某一特定宗教之群体的社会程序有关，另一种则关系到宗教群体只是其中一部分的更大群体的社会秩序。"⑤ 而这正是本章研究清代商人的"神明崇拜"与清代商业社会的秩序之间关系的契合之处。

由此我们也就不难理解，为什么出现对于胆敢违反行规者有时会采用罚其出钱请戏班子演神戏为惩罚手段的现象，即如本章前面关于名誉方面的制裁问题中所举之例；这就是借用神明的威慑力来达到警醒其他人不可越雷池半步，以避免重蹈覆辙。

---

① 李乔：《中国行业神崇拜》，1～5 页。
② ［美］哈罗德·J·伯尔曼：《法律与宗教》，66 页。
③ ［美］哈罗德·J·伯尔曼：《法律与宗教》，63 页。
④ 参见李乔：《中国行业神崇拜》，42～44 页。
⑤ ［美］哈罗德·J·伯尔曼：《法律与宗教》，97 页。

(三) 行业制裁中的惩罚意义

法律的威慑力取决于惩罚力度与制裁概率的乘积。在现实中，惩罚力度总是有限制的。提高威慑力的办法更主要是提高制裁的概率。惩罚的限度还受法律内部激励相容的约束。对于行业内部秩序的渴求是清代行业司法的基础和目的。在商事活动中建立起来的习惯和规则一旦被商人阶层（行业群体）所确认，就具有了反映整体阶层或商人社会群体的思想意志乃至群体利益的属性。那么，对那些违逆行业内部规则的商人予以制裁，就像西方中世纪时人们对于那些不信上帝的人所给予的惩罚一样，以惩罚为司法目的在清代的行业司法活动中也具有普遍化的倾向，也就意味着行业制裁中的惩罚具有示范性目的，往往达到了预期的对其他欲图不法者的警戒性的意义。①

行业司法人员根据行业规则对故意的恶意的不法行为实施惩罚，这种惩罚主要是通过给不法行为人强加一定的经济负担来制裁不法行为，其功能在于制裁过错行为，制裁对于群体性和行业道德性的悖逆和伤害；并且，与现代法律制度中的法官裁量惩罚性赔偿的实际数额不同的是，实行于清代行业司法中的惩罚性制裁的额度通常是由行业公议而制定出的行规所规定好了的，即具有当事人自由约定的特性——通过给不法行为人以经济上增加负担或受损来制裁不法行为人，并遏制其他人发生同样的不法行为，以实现对行业秩序的维护。

如上文列举的《严禁奸商漆油掺假碑》② 中规定的由行会内部共同议定的对于掺假者的财产处罚规则中，既有罚金处罚，又有没收货物的处罚。虽然根据所犯问题的性质和严重程度而确定的罚金数额不等，但处罚原则和方法基本上是一致的，即以减损掺假者的经济利益而示惩戒为宗旨。

又如前面分析过的苏州布业对"徒弟不准捐入乱规，倘徒弟捐入乱规者，罚洋一百元"的规定，显而易见是为了对违规者实施惩罚，且惩罚极有力度。相较之下，在清代的行业司法中，真正属于对被侵害者所受损失予以补偿性惩罚的案例竟属稀见。

第六节　简评

既有行业自治中的制裁，又有官府出于"禁止把持"而实施的一系列的对欺行霸市者的"禀究"，更有行业组织利用"神明崇拜"所达到的对商人精神世界的震慑，这说明在清代的商业社会的行业自治和行业司法中，存在着多元化的法律渊源和制裁机制。西方中世纪商法发展时期虽然也存在着商法渊源多元化和制裁机制多元化的状况，但在西方封建专制时期的多元化的制裁机制中，出于商人自治性司法中的制裁，与出于官方或封建乃至教会的司法与制裁司法之间，很少能达到清代中国商业社会中商人行业自治性司法中的制裁与官府的"禀官究治"司法活动互为倚重和互为前提的这种比较协调的关系，这恰好反映了清代中国

---

① 记载于清代碑刻资料中的惩罚性制裁，其原理乃至法律的价值取向颇类似于现代民法中的惩罚性赔偿等制度的基本理论和价值判断。

② 载《安康碑版钩沉》，154 页。

商人与国家和政府之间的关系状态，而这也正是中国商事习惯法区别于西方中世纪时期商事习惯法的鲜明突出的特点。

从法律的效力等级方面来看，运作于行业组织内部的司法与制裁，由于其运行的基础是习惯和惯例的作用，以及群体的利益和意志的需要，行业自治中本身不具备暴力机关作为司法结果的保障，所以行业内部的司法与制裁的效力往往缺乏强制性和威严，仅对于自愿服从行业管理者发生作用，正所谓俗话中"防君子不防小人"者。相对于有一定的法定生息空间的清代中国商人而言，受封建贵族严重排斥的西方中世纪的商人其自治和自卫性的商事规则对于行业内部制裁的效力就高一些。因此，对于清代中国商业社会的商人自治来说，国家强制力的后盾作用就相当重要且在所难免了。

"神明崇拜"对于清代中国商业社会秩序的意义，应该说是处于"law merchant"时代的中国传统商法具有"时代和地域的烙印"的典型反映。因为处于中国封建社会专制统治时代末期的中国商人，其世界观的构成当然不可能摆脱那个时代思想文化的束缚和浸润，所以，"神明崇拜"对他们来说并非现代人之烧香拜佛以寄托内心愿望那么简单和形式化，而是对他们精神世界有主宰作用的一种力量。当这种力量与商人社会的群体利益相结合时，就获得了一种约束的意义和效力。

第二十三章

地域司法：明清时期的徽州

20 世纪 50 年代，徽州文书被大量发现，并由此出现了一门对徽州文书进行综合性研究的学科——徽学（或者徽州学）。从现存的徽州文书来看，其最大特色便是它的民间性和系统性。民间性使得徽州文书保持了官方正史中难以具备的多姿多彩，系统性则赋予徽州文书具有较强的解释功能。而对于明清时期徽州地域法律问题来讲，徽州文书的出现使得我们关于这一问题的研究尤其是微观的研究成为可能。尽管学者们的研究往往超出了徽州地域，但其基本的素材和理论基点却仍然是徽州的。一般说来，关于明清徽州法律问题的研究包括两个层面：一是对徽州自身的法律文化现象的解读，二是运用徽州的法律文献史料来解读明清时期的中国传统法。关于前者的研究重点主要集中在明清时期徽州特有的诉讼观念和法律文献史料的分类整理及其结构分析上，后者所关注的主要是清代的民事审判问题并借以探讨中国传统国家（国法）与社会（民情）之间的关系。本章的研究，将上述两个方面结合起来，在总结分析明清徽州的自然地理环境和社会文化特征的基础上，提出"徽州地域司法"这一概念。在论述过程中，首先从传统的诉讼观念入手，围绕史学界提出的明清时期健讼风俗问题，就明清时期徽州民间纠纷的种类、起因、特征和解纷机制等几个涉及地域司法核心问题展开研究，重点探讨徽州地域性司法在纠纷的种类、纠纷主体之间的关系、纠纷的起因、纠纷的最终解决等问题，着力就官民互动与民间纠纷解决问题提出自己的看法，同时选取一些典型的法律文献资料进行实证性研究。

第一节
徽州文书与徽州地域法律文化

处于万山之中的徽州地域，在明清之际出现了极为罕见的经济繁荣、政治鼎盛、文化绚烂独特的文化现象，逐渐形成了尊祖、敬儒、精商、崇仕的地域文化传统，而承继这一文化传统的，就是留存至今数以万计的徽州文书和各种历史文献。而大量的徽州文书的出现，以物态的方式保存了鼎盛时期的徽州文化原生态。

一、徽州属于特定地域概念

历史上的徽州，原本属于南直隶的一个府，下辖六个县。在明清时期特定历史时空条件下，徽州已经演变成一个特定的地域概念，它不仅限于原有徽州行政地区，可以用"大徽州"来理解。[①] 历史地理学者认为，徽州是传统中国研究中最具典型意义的区域社会之一。[②] 在历史文化学的视野中，徽学又是与久负盛名的敦煌学、藏学齐名的中国三大地方学之一。而从单纯的文化学的角度来看，徽州文化无疑又是一个独特的文化区域，可被视为中国地域文化的一个典型代表。[③]

按照学界一般的理解，地域文化（regional culture）或称"区域文化"，是一门研究人类文化空间组合的地理人文学科，在某种意义上大致同于文化地理学（geoculturelism）。它们都是以广义的文化领域作为研究对象，探讨附加在自然景观之上的人类活动形态，文化区域的地理特征，环境与文化的关系，文化传播的路线和走向以及人类的行为系统，包括民俗系统、经济体系、宗教信仰、文学艺术、社会组织等等。但在某些方面，地域文化又与文化地理学有着明显的区别。一般说来，文化地理学是以"地理学"为中心展开文化探讨的，其中的"地区"（district）概念具有极强的地理学意义，它疆域明确，系统稳定，与现实的"地区"是吻合的。而地域文化是以"历史地理学"为中心展开的文化探讨，其"地域"（region）概念通常是古代沿袭或俗成的历史区域，它在产生之初当然是精确的，但由于漫长的历史逐渐泯灭了它们的地理学意义，变得疆域模糊，景物易貌，人丁迁移，只剩下大致的所在地区了。岁月的流逝虽然改变了古代区域的精确性，但这种模糊的"地域"观念已经转化为对文化界分的标志，深深地积淀在人们的头脑之中，并且产生着深远而广泛的影响。显然，我们不应忽视或轻视这个文化范畴的存在。[④]

使用"地域文化"这一概念可以弥补以往文化研究过程中"线性"的理解模式所造成的缺憾。一个基本的学术基点就是：传统的文化学研究深受文化载体的影响，基本上是按照时间的先后来叙述文化的生成与发展变迁过程。但这种"线性"的研究方式无法涵盖人类文化的全部，必须在文化与地理所构成的三维空间中进行立体的研究。因此，学界提出了一整套地域文化的概念，并依据上述标准，把国内一些特定的文化地区做了明确的划分，总共列出了 23 个不同的地域文化。分别是三秦文化、齐鲁文化、中州文化、荆楚文化、燕赵文化、

---

① 参见安徽大学徽学研究中心编：《徽学研究通讯》，2000（1）。关于"大徽州"和"小徽州"的提法最早是根据胡适先生所主张的"大绩溪"和"小绩溪"而引申出的。胡适在探讨编修绩溪县县志时，提出"应注重邑人移徙经商的分布与历史"，不可但见那"小绩溪"，而不看那更重要的"大绩溪"。胡适的这一提法实际上抓住了徽州文化的实质。参见方利山：《徽州学散论》，282 页，香港，香港天马图书有限公司，2000。文中所述徽学不仅属于地域文化，对中国传统文化更具有普遍意义，可能正是本文所追求的一个趣旨。

② 参见王振忠：《徽州社会文化史探微——新发现的 16—20 世纪民间档案文书研究》，1 页，上海，上海社会科学院出版社，2002。

③ 从 1990 年开始，辽宁教育出版社编辑出版了一套"中国地域文化丛书"，共 24 种。其中高寿仙先生的《徽州文化》（沈阳，辽宁教育出版社，1993）也名列其中。

④ 参见高寿仙：《徽州文化》，"编者札记"1～2 页，沈阳，辽宁教育出版社，1993。

台湾文化、吴越文化、两淮文化、三晋文化、巴蜀文化、江西文化、八桂文化、八闽文化、滇云文化、关东文化、草原文化、琼州文化、陇右文化、西域文化、岭南文化、青藏文化、陈楚文化、黔桂文化。①

二、徽州文书与徽州地域文化

徽州文书决定了徽州地域文化。徽学不仅仅是地方学，徽学之所以能够成立，最重要的原因在于，徽州所保存的文书、文献、文化遗存以及其鲜明的文化特征具有明清文化的标本价值。这主要体现在三个方面：一是丰富的徽州文书与历史文献，集中反映了明清历史文化的具体面貌；二是大量的徽州文化遗存，不仅仅是文书文献，还包括宗祠、民居、牌楼、雕刻、街景登，是明清文化的物态反映；三是徽州文化的若干特征，属于特定历史时期形成的，典型地反映了明清文化的诸特征。②

徽州文化决定了徽州地域司法的诸特征，而徽州文化本身来源于徽州特殊的社会环境和经济基础。徽州文化的典型性还表现在她的文化内涵上。徽州文化是中国传统文化的典型反映，在徽州，能够看到儒家思想、释家学说和道家观点等诸文化的印迹。从宋代以后尤其是明清时期，徽州人在文化领域里的建树，创造了许多流派，这些流派几乎涉及当时文化的各个领域，并且都以自己的特色在全国产生极大影响。其内容主要有：新安理学、徽州朴学、新安画派、徽州篆刻、徽派版画、徽剧、徽州刻书、新安医学、徽菜、徽派建筑十大流派，还有徽派雕刻、徽派盆景、徽州漆器、徽州竹编、文房四宝、徽州方言等。

徽州文化不仅内涵十分丰富，而且其遗存也非常广泛，最能体现的是大量古文物的遗存。据《徽州地区简志》记载（未包括江西婺源县），市区有地面文物五千余处，其中省级以上重点文物保护单位 36 处，县市级重点文物保护单位 185 处；馆藏文物五万余件，藏品有玉石器、陶瓷器、铜器、金银器、竹木漆器、骨牙器、钱币、丝绸纺织品、文具、书画、图书、契约文书、建筑雕刻构件等。其中市博物馆收藏各类文物一万四千余件，古籍五万余册（列为全国善本书编目的七百八十余册，省市善本书编目的一千余册），明、清存契约二万八千余册。

徽州文化的另一个显著特征就是民间参与，特别是民间收藏有大量传世文物，私家收藏风行一时。在徽州现存地面文物中，大量的、最有特色的是古建筑。据不完全统计，境内现有古建筑四千七百余处。古建筑中最多的又是古民居，有近四千幢。古徽州人尤其是明清时期的徽州人，讲究的是"学而优则仕"、"仕而优则商"或"学而困则商"的传统。他们在外谋生，或起仕途，或精商道，或仕商兼通，当他们经过艰苦努力，创造了富甲天下的物质生活条件并成为富贾之后，便投资故里，或建设家宅、或购置田地、或修筑桥路、或捐资办学、或建祠堂庙宇、或树碑立传等，一来光宗耀祖，二来博取名声，三来修身养性。徽商资本和官宦资本是徽州文化的经济基础。

与同时代的其他地域相比较，徽州文化具有如下的特点：一是文化保存较好，文物数量多，留存量相对较大。根据现在各地收藏的情况，学者们最保守估计，目前徽州留存的各种

---

① 参见高寿仙：《徽州文化》，"编者札记"1～2 页。

② 参见朱万曙：《徽州文化：明清文化的标本》，载安徽大学徽学研究中心编：《徽学研究通讯》，2000（1）。

文物，以卷、册、张计算，总数不下 20 万件。二是文化的地域性十分显著。徽州地区，对文化遗存起到一定的保护作用。徽州的强宗大族，历来聚族而居，尊祖敬宗、崇尚孝道，封建宗族组织等级森严，封建宗法制度强固，尊卑分明。纵向从上到下有：族长——房长——家长——家众；横向则有嫡房——庶房——强房——弱房之分。族长有擅专一族之权，尊祖是宗法制的原则，族有宗规，家有家法，这些都浸透着程朱理学思想，囊括了忠孝节义的道德信条，以及修身、齐家、敦本、和亲之道。在当时历史条件下，封建宗法制对维护徽州文化起到了不可忽视的作用。三是徽州人文化素质高，对徽州文化的继承和发展起到了十分重要的作用。徽州受程朱理学影响至深，教育发达。不仅社学遍地，书院林立，而且缙绅之家还自编教材，大兴家族塾学之风。"十户之村，不废诵读"，有"东南邹鲁"之称。据记载，在康熙年间，整个徽州府有社学 562 所、县塾 5 所、书院 54 所。

三、徽州法律文书

徽州法律文书是徽州文书的重要组成部分。因此，作为徽州地域司法文化载体的徽州法律文书，是研究明清时期徽州地域法律文化极为重要的第一手资料。从现存的明清时期的徽州文书来看，不仅数量巨大，而且种类繁多，同时在记载历史事件、社会活动和社会现象等方面还具有连续性、完整性等特点，从而构成了对该时期特定地域条件下较为完整的历史图像。

明清徽州法律文献史料的典型性至少表现在两个方面：从文献史料的内容看，明清徽州法律文献史料具有强烈的地域特征、人文属性和实践品格，它产生于明清徽州特定的地域环境和历史语境中，反映了徽州文化的厚重与多彩，真实地记录了普通民众在解决自身的纠纷过程中所展现的诉讼观念和诉讼实践活动。徽州民间每次诉讼以后，都将诉讼状纸加以誊录，作为家族档案永久保存，有的称为"案底"、"词底"。除了独立成卷的诉讼案卷以外，还存有一些单张或零散的诉讼词稿和其他具有法律意义的各种文书。从文献史料的形式看，明清徽州法律文献史料同时具有多样性、连续性和完整性的特点。① 仅就多样性而言，明清徽州法律文献史料广泛存在于官府文书、地方档案、宗族文书、私人文集、民间记事、方志宗谱中，表现为各种各样的案例、判语、谳词、碑示、禁牌、帖文、典约、佃约、状文、回禀、禀状、呈文、审单、推票、拘票、禀文、批文、宪牌、县票、信票、公票、钱票、贴文、抄贴、甘结、谕文、会单、甘罚文约、伏罪书、互控文书、诉费合同、息讼合同、弭患告示、应役文书、投主文书等近四十种文献。

徽州法律文书大体可以划分为四大类别：即告状文书、审案文书、干证文书和息讼文书。其中状文、回禀、禀状、呈文等属于告状文书类。案例、判语、谳词、碑示、禁牌、审单、推票、拘票、禀文、批文、宪牌、县票、信票、公票、钱票、甘结、谕文、会单等属于审案文书类。典约、佃约、批文、贴文、抄贴、甘结、谕文、甘罚文约、伏罪书、诉费合

---

① 已故著名的徽学学者周绍泉先生早在 1997 年召开的"国际明史国际学术研讨会"上曾撰文指出，明清时期的徽州诉讼案卷，其特点主要有五个：一是多为私家收藏，二是历史时代早，三是延续时间长，四是品种多，五是相关资料丰富。其中关于"品种多"一节，周先生列举说，在徽州诉讼案卷中，有官府收藏之卷宗、有由县衙书办代为抄录并钤县印的"抄招"、有家族辑录的讼词稿、有家族单独刊刻成书的案卷、有家族撰辑并收于家谱中的案卷、由乡里书手收藏的地方讼词稿等。参见周绍泉：《明清徽州诉讼案卷与明代地方裁判（梗概）》（打印稿）。

同、弭患告示、应役文书、投主文书等属于干证文书类。甘罚文约、伏罪书、诉费合同、息讼合同、弭患告示、应役文书、投主文书等属于息讼文书类。除此之外，还有一些零星法律文书兼有上述四大类文书的内涵。

离开徽州文书来研究徽学是不可想象的。因为各种徽州历史文书承载的，是一种历史的事实，而这些事实记载的，又是明清徽州社会所特有的文化。通过对这"事实"的研究，可以展现旖旎的徽州文化图景。正如滋贺秀三先生所言："社会事实的内部必然有着某种在更广泛意义上的思想。正是在这种事实的深处，或许存在着比思想家们雄辩地主张着争论着的各种命题更为本原的思维框架和条理。这种思维的架构和条理不待某人特意提出并加以阐释就被人们视为理所当然，而对于相互对立的思想家的任何一方都是共同的了解和前提。而且某种事实以及支持着该事实的思维架构如果是某一历史阶段的某一社会所特有，或者说即使不完全是特有的但却特别显著地表现出来的话，就可以说这种东西不是自然本身而正是文化。"① 因此，徽州地域司法正是通过对明清徽州法律文献史料所反映的基本特征、内在逻辑、法律价值取向以及所反映出的各种法律信息的研究，来探索明清时期徽州地域社会中具有特色的诉讼观念、法律意识、法律实践活动和民间解纷机制。

第二节
明清徽州民间纠纷（上）
——以 38 件民间契约为中心

中国传统诉讼法律文化是一幅绚丽多姿的历史长卷。在这幅长卷中，地域的特征、时代的印记和民族的风格都尽显其中。中国传统法律的"文本意义"和"实践价值"历来相去甚远，尤其是在社会意识层面，普通民众在日常生活行动中所遵循的法律和所反映出的意识倾向与官方所倡导的法律意识存在一定的背离。法律条文的规定是一回事，法律的实施又是另一回事。或者说，法律的实际效果并不是法律条文所规定的那样，法律对于普通民众社会生活的影响也不能简单地从条文中得到印证。因此，理解中国传统诉讼文化，在关注国家正典刑宪的同时，更要关注不同地域环境中和不同的历史条件下所形成的独特的诉讼观念、法律意识及相关的民间社会解纷机制和诉讼实践状况。②

一、38 件徽州民间契约的基本统计

自古以来，民间纠纷普遍而客观地存在着。用一种最为朴素的观点讲，民间的争占、钱债、婚姻、骂詈等纠纷以及由此所引发的各种民间械斗，在传统的民间社会中应当是广泛地存在着。因此，长期以来如何化解纠纷，就成为历代王朝治国理政时必须给予高度关注的一

---

① ［日］滋贺秀三等：《明清时期的民事审判与民间契约》，王亚新等译，1～2 页，北京，法律出版社，1998。
② 对于这个问题，国内的法律史学者已经给予一定的关注。详见王志强：《中国传统法的地域性论略》，载《复旦大学学报》（社科版），2002（3）。

件大事。当然，不同的时代，不同民族、地域条件，化解民间纠纷的路径和手段是不同的，都显示了自身的特点。从法律文化学的角度看，可以通过民间社会中的纠纷及其解决为主要的关注点，来考察中国传统法律中的"实践意义"。在这一点上，明清时期的徽州有其独特的优势。为此，本节选择自宣德二年（1427年）到崇祯十年（1637年）共210年间的38件徽州契约文书来加以分析，借以说明明代徽州基层社会民间纠纷的自我解决机制的一般状况。①

先看一下这38件民间契约的基本情况：

表 23—1　　　　　　　　　　明代 38 件民间契约与民间纠纷处理情况一览表②

序号	文书名称	纠纷原因	基 本 情 况	双方关系	纠纷处理方式与处理结果	资料来源
1	宣德二年（1427年）祁门谢希升退契	重复卖地	谢希升卖谢荣祥的一号山地，后来谢振安又卖的同号山地。两家以文契验证，确实是重复买卖。	同族村邻	谢希升在见人胡仕恭、谢思政等调停下自立退契，谢荣祥退还买银。	周绍泉退契文
2	宣德二年（1427年）祁门十西都解决重复典卖文书	重复卖地	十西都的谢应祥等三兄弟于永乐二十年（1422年）将一号山地出卖给本都的谢则成。后来谢应祥的兄弟谢荣祥又将上述山地内一半卖给本都的谢希升。谢则成的儿子谢振安投告到本都的老人谢尹奋处，请求解决。	同族村邻	理判老人谢尹奋判谢荣祥退还价银，谢希升立下退契。见人有谢从政等五人，号押人有谢荣祥、谢应祥等五人。	千年契约（宋元明编）
3	正统八年（1443年）祁门方寿原退还重复买山地契约	重复卖地	十西都方寿原的父亲于永乐二十二年（1424年）买得本都谢孟辉的山地，而此地已被本都的谢能静在永乐十八年（1420年）买去。谢能静状告至本都老人处，请求解决。	村邻	方寿原凭亲眷李振祖等言说，将山地退还先买人，价银收回，并立下退契。	周绍泉退契文

① 毕竟有明一代，自洪武元年（1368年）到崇祯十七年（1644年）共历276年。虽然单单从时间上看，似乎已经满足了"充分"的条件，但38个民间契约在多大程度上能够代表着整个明代徽州人的法律需求和纠纷解决机制的选择，这或许是个大大的悖论。所以，暂且只能从这些契约文书所展现的内容来加以分析和叙述了。

② 本文选择38个民间契约的资料来源有：（1）王钰钦、周绍泉主编：《徽州千年契约文书》（宋元明编），石家庄，花山文艺出版社，1991。（2）安徽省博物馆编：《明清徽州社会经济资料丛编》，第一集，北京，中国社会科学出版社，1988。（3）安徽省博物馆藏：《明嘉靖郑氏誊契簿》。（4）南京大学历史系资料室藏：《不平鸣稿——天启、崇祯年间潘氏词讼稿》。（5）安徽省博物馆藏：《明万历洪氏誊契簿》。（6）周绍泉：《退契与元明的乡村裁判》，载《中国史研究》，2002（2）。（7）章有义编著：《明清及近代农业史论集》，北京，中国农业出版社，1997。（8）周绍泉、赵亚光：《窦山公家议校注》，合肥，黄山书社，1993。（9）叶显恩：《明清徽州农村社会与佃仆制》，合肥，安徽人民出版社，1983。（10）安徽省博物馆的部分契约文书的抄件。

续前表

序号	文书名称	纠纷原因	基 本 情 况	双方关系	纠纷处理方式与处理结果	资料来源
4	天顺三年（1459 年）郑德宽、郑德勋等立保护祖坟合同文约	侵越坟地	祁门县郑德宽与郑思广共有一块山地，山上葬有祖坟，郑德勋迁居此处后，侵越郑德宽的坟地，被郑思广状告到县。知县批，委托里老人等现场勘验。郑德宽不愿素繁，情愿凭中人和亲眷立下保祖合同文约，以息争端。	同族村邻	在亲眷、比都老人、排年老人共 16 人的见证下，郑德宽、郑德勋、郑思广等立下合同。如违，罚花银二十两入官公用。	明嘉靖郑氏誊契簿
5	成化五年（1469 年）祁门程济民、程安民重立文约	重复卖山	十五都程济民兄弟将祖传的山卖予本都的郑仕美为业。成化四年（1468 年），郑厚将亡妻葬在同一号山上，被郑仕美状告到县。知县批，委托里老人现场勘验。程济民将卖山情形回复到县，郑厚也出据了洪熙元年（1425 年）从程济民的叔祖程爽买受此号山的文契一纸。证明郑厚的买地行为在程济民卖山之前，是程济民重复卖山。	同族村邻	程济民、程安民兄弟重新立下文约，约定除山上祖坟外，皆听郑厚管业，并将此重立文书交给郑厚执照。	明嘉靖郑氏誊契簿
6	成化九年（1473 年）祁门吴隆应立还文书	骂言	十二都吴隆应的曾祖将一块山地卖予十五都郑良宝的曾祖，但是吴家的祖坟并没有迁出。九年三月间，吴隆应等到山标祀祖坟，并与郑良宝的家人发生争骂，被郑良宝状告到县。	村邻	吴隆应不愿素繁，情愿托本都胡用达、汪启况从中调解，自愿立还文书，并保证日后子孙不再侵扰郑良宝的山地。	明嘉靖郑氏誊契簿
7	成化十九年（1483 年）祁门汪芹批约	买卖山地	祁门县城的汪芹于成化十八年（1482 年）价买五都洪景福的一块山地，因洪景福卖地没有经过洪氏族人的同意而被状告到县。在劝谕里长的说合下，汪芹将上述山地尽数退给洪氏告人汪达、洪沿，洪景福退还价银。	村邻	汪芹画押为立批约人，劝谕里长周正、谢友政、谢友珍、谢芳、谢以清等共同画押。	明万历洪氏誊契簿
8	弘治九年（1496 年）休宁县郑英汪三息讼合同	地界不清	休宁县的郑英与汪三等共同买得郑可昂的一块山地，因地界不清导致私砍他人家的树木，被状告到县后未能得到处理。双方立下息讼合同。	村邻	双方托凭郑叙、郑玉等从中调处，并立下合同。如违，甘罚银十两入官公用。	明嘉靖郑氏誊契簿

续前表

序号	文书名称	纠纷原因	基本情况	双方关系	纠纷处理方式与处理结果	资料来源
9	弘治十一年（1498年）歙县火典吴福祖等服辨文书	佃不应主役	三十三都九图吴福祖等，其祖上投到黄姓宗族为佃仆，住主屋、佃主田、葬主山。因祭祀之日，吴福祖等自行逃躲，不去伺候，房东黄姓族人状告到县。吴福祖等自知理亏，自愿托里长、老人从中说合，立下服役文书。	主佃	里长洪永贵、老人黄堂显说中。自十二年始，所有黄姓祭祀之物用、劳力皆由吴姓负担。如违，甘罚白米五石入祠，卖猪羊祭祖坟，愿自受责八十。	叶显恩书之附录
10	弘治十八年（1405年）祁门郑仲刚、郑仕斌等立合同文书	地界不清	郑仲刚、郑仕斌等祖上，在至正年间葬在上山，后因多次买卖，产生纠纷。为聚合本族的人心，立下合同文书。	同族兄弟	今后子孙，如违合同，甘罚文银十两入官公用。	明嘉靖郑氏誊契簿
11	正德十年（1515年）祁门唐常等与郑孟高等争业文书	地界不清	十五都的唐常等与本都郑孟高等皆称买受同一号山地，互相争业。双方凭亲族胡中粲等，据实查看，因无簿册可据，情愿凭中劝谕，自相含忍，不愿絮繁。	村邻	在中见亲邻胡中粲等说合下，双方订立文约，埋石为界，各守管业。如违，听遵守人赏文告理，并罚银三十两入官公用。	明嘉靖郑氏誊契簿
12	嘉靖元年（1522年）祁门郑珍、郑佩、郑珠等立合同文契	地界不清	十五都郑珍等，其父亲郑宪新与本族的郑良等，一起买得郑宏道的山地。因地界不清，郑珍等将父亲的灵柩安葬在山上，被郑良状告到县。蒙本堂族老的劝谕，郑珍愿意将本家的山地与郑良的山地对换，以息争端。	同族村邻	郑珍等人立下合同文书，族老郑卷等八人在文书上签字。并约定对换之后，各宜遵守，如违罚银一百两入官公用。	明嘉靖郑氏誊契簿
13	嘉靖元年（1522年）歙县叶文广立还文约	重复卖山	十三都叶文广的父亲叶思宪于上年间，将二号山场出卖给十五都汪立的名下为业。至今年，叶思宪听信三都谢赤的引诱，将前项山地和苗木又重复立契出卖予休宁县三十三都的方理政。原买受人汪深状告到县	村邻	本身思系父卖子绝，自情愿托本管康汝珍，恳凭立还文约前去取赎，并不累及汪深，如违，听自告理无词。	明清徽州社会经济资料丛编，第一集，563～564页
14	嘉靖十三年（1534年）祁门李帅保、李渭立还文约	盗砍林木	十二都李帅保等人的外祖母郑英才，在洪武年间买受郑氏山地一块，安葬其夫。后李帅保将其姐李子彬一同安葬山上，因山界不清，二月间李帅保上山盗砍，被状投到里长处。	姻亲村邻	李帅保不愿絮繁，由劝谕里长胡元、亲眷胡镐等调停，自立还文书，如违罚银十两。	明嘉靖郑氏誊契簿

续前表

序号	文书名称	纠纷原因	基本情况	双方关系	纠纷处理方式与处理结果	资料来源
15	嘉靖十六年（1537年）祁门郑镒、郑产立还文书	盗砍林木	十五都郑产等，盗砍了郑仕平家山场中的松木五十根。郑仕平委托里长勘察记明。郑镒、郑产立还文书，里长郑符、郑珠在文约上签字。	同族村邻	双方不愿索繁，自情愿将所砍山木由仕平自行卖掉，并立下文约为凭。	明嘉靖郑氏誊契簿
16	嘉靖十六年（1537年）祁门郑豪立还文书	盗砍林木	十五都郑豪盗砍了郑德良家山场中的松木。郑豪自知理亏，托里长郑符、郑珠说合。里长郑符、郑珠在文约上签字。	同族村邻	郑豪情愿赔偿郑德良银七钱。郑豪日后不得入山砍树。	明嘉靖郑氏誊契簿
17	嘉靖十六年（1537年）祁门郑油立还文书	盗砍林木	十五都郑油等盗砍了郑德良家山场中的松木。郑油托里长郑符、郑珠说合。里长郑符、郑珠在文约上签字。	同族村邻	郑油赔偿郑德良七钱，已还六钱，尚欠一钱。	明嘉靖郑氏誊契簿
18	嘉靖十六年（1537年）祁门郑玄右、郑新应、郑优应立还文书	盗砍林木	十五都郑玄右、郑新应、郑优应等盗砍了郑德良家山场中的松木二十余根，郑德良状投到里长处。郑玄右等立下文书，里长郑符、郑珠在文约上签字。	同族村邻	不愿索繁，托凭里长立下文书，倍还前木价格。	明嘉靖郑氏誊契簿
19	嘉靖三十二年（1553年）谢和、邵明等息讼合同	租银纠纷	谢和的祖上与邵明的祖上在永乐二十一年（1423年）签订有租赁山地契约。后来，谢、邵两家在嘉靖十七年（1538年）重新订立租银合同，嘉靖三十年（1551年）因双方子孙索要租银和私自入山砍伐竹木而产生纠纷，后双方自愿在嘉靖三十二年（1533年）订立息讼合同。	村邻	谢邵两家在中见人黄允、程馥礼的证明下，在劝谕老人凌璋的调停下，由代书人胡宗和写定了合同，保证日后子孙各不相犯，遵守原订合同文书。	安徽省博物馆抄件
20	嘉靖三十六年（1557年）祁门十四都冯初保同男冯得儿立服役文约	背主逃走	祁门县十四都冯得儿是谢采的家仆。嘉靖三十五年（1556年）冯得儿背主逃到碗窑地方，因无法生活，又回到原主家。谢采认为冯得儿的逃走是逆主之行，将冯得儿状告到里长谢香处。于是，冯得儿与父亲冯初保立下服役文约。	主仆	冯初保央求谢家敦本堂三大房出备礼银还付谢采，冯得儿再次成为敦本堂三大房的宗祠奴仆，子子孙孙应主使唤。	千年契约（宋元明编）

续前表

序号	文书名称	纠纷原因	基 本 情 况	双方关系	纠纷处理方式与处理结果	资料来源
21	万历二年（1574年）祁门谢承恩等退契	重复买地	十西都八保谢承恩兄弟，误买了七保谢富闰、谢祖述名下的山地，谢富闰的子孙谢敦（本堂）准备状告到县。	同族村邻	谢承恩等不愿到官，自情愿凭中李满、李早立下退契，永远毋词。	周绍泉退契文
22	万历五年（1577年）祁门朱钿立还限约	背主逃走	十四都火佃朱钿，因身食难度，携妻小背主逃走，被房主抓获。房主准备状告到县，朱钿央中说合，情愿立下服役文约。	主佃	限约规定：侯正差之年自行擎家小回宗当差，应付无违。如有违抗，听自呈官究治。	章有义书
23	万历九年（1581年）祁门汪天护等立甘罚文约	盗伐林木	五都的汪天护、汪将恕等，原承租洪姓山地一号，汪天护、汪将恕等私自入山砍伐苗木。被洪姓家主得知，家主要状告到官。汪天护、汪将恕等不愿文繁，托凭甲长从中说合，自立甘罚文约。	主佃	甲长凭中说合，罚出银三钱。立约人汪天护等、私砍人汪将应、甲长毕隆保、中见人分别签押。	明万历洪氏誊契簿
24	万历十一年（1583年）胡乞保立还文书	盗葬	五都的胡乞保为洪姓的庄仆，其族亦葬在洪姓的山上。万历十年（1582年），胡乞保未经房主的同意，自行将母枢盗葬于洪山上，洪主状告到县。胡乞保自知理亏，托里长出面说合，将枢扛移他处，并立下文约。	主仆	在老人谢福、里长洪坚的主持下，胡乞保立下文，称日后"子孙毋私自道赃，如违听自呈官理治"。	明万历洪氏誊契簿
25	万历十一年（1583年）休宁仆人朱法、朱得旺等二十二人连名戒约	背主	十二都三图的朱法、朱得旺、方运来等二十二名家仆，不服主人约束，"纠众倡乱"、"蹂戕家主"。众家主急忙呈官理治。知县派官将上述人等拘解到堂，分别枷锁，并勒逼他们当堂押立"连名戒约"，保证永远应主服役。	主仆	汪尚嗣等家主生怕"各仆异姓相聚，心野难训，反侧前迹"，要求县令将戒约矜印，以"世世珍守"。	千年契约（宋元明编）
26	万历十二年（1584年）祁门许毛、许三保等服役文约	仆不应主役	许毛、许三保等原系谢廷松的庄仆，后被卖予洪姓为仆，许毛等不应主役，被洪主具告到县。许毛、许三保等自知理亏，自愿托凭本管里长从中说合，恳求息讼。	主仆	在本管里长谢学甫的中见下，许毛等24名许氏族人立下文约，保证子孙永远应役，如违，听自本主呈官理治，甘罚无词。	叶显恩书之附录

续前表

序号	文书名称	纠纷原因	基 本 情 况	双方关系	纠纷处理方式与处理结果	资料来源
27	万历十三年（1585年）祁门汪社等立还文书	仆不应主役	汪社等八人系洪姓的庄仆，洪主备银五十两送八人学习鼓乐，并立下文约，规定八人要随时伺候房主。后汪社等屡不安分，洪主准备状告到县，追讨所出的银两和递年的稻谷。汪社等自知理亏，情愿托里从中说合，重立文约。	主仆	自立文约，汪社辞去县皂，仍就在家不时应付，不得违文背主。其他七人亦同。如违，听房东赍文告理，甘罚无词。	明万历洪氏誊契簿
28	万历十四年（1586年）程五十、程钫等息讼合同即"竹岩公青龙山合同"	山界纠纷	因程五十、程钫祖坟毗连山界，大风折断松木，两家都认为是自家的树木，双方告到县。后经亲族相劝，两家都认为，本系一脉，应当劝谕息讼。于是，二家托中共同到山，三面勘明定界。并央中间人到县请求和息，埋石为界。	同族村邻	在亲族中人陈招保、程梅龄、程大中、程登嬴、程良科等人的劝息下，双方立下息讼合同，埋石为界。二家保存合同，各收为照。	窦山公家议之附录二
29	万历十八年（1590年）祁门胡喜孙等立还赔偿盗木文书	盗伐林木	五都的胡喜孙等，是洪姓的庄仆，胡喜孙等私自将庄屋后的山木盗砍，价值纹银一两。洪房主准备告到县，胡喜孙等自知理亏畏法，请求房主宽免，并情愿照价赔偿。	主仆	自立还书文约，并承诺自立文以后"小心看守洪主柴禾，再不敢私自盗砍，如违，听自赍文告理，甘罚无词"。	明万历洪氏誊契簿
30	万历二十四年（1596年）祁门叶寄护退契	重复买地	十二都叶寄护等的父亲，买受同都丁荣鸾等的山地五号。但，此山地却是李公伏、胡廷石名下的产业。	村邻	在里长胡大受、胡允中的主持下，叶寄护自立退契，收回原价，销毁原契，永无异词。	周绍泉退契文
31	万历二十六年（1598年）祁门郑秋保甘罚文约	盗窃祭谷	十五都的佃仆郑秋保，盗窃房主的祭谷，被房主发现，并状投到里长处，郑秋保被迫卖掉田地来赔偿，同时立下甘罚文约。	主仆	郑秋保立还文约，保证以后再不敢为非分之事。	明嘉靖郑氏誊契簿
32	万历二十六年（1598年）祁门倪运保甘罚文约	盗伐林木	十五都佃仆倪运保，因盗砍房主郑权秀的坟山树木三根，被房主状告到县。	主仆	倪运保立下服约保证"日后小心服待，不敢仍前逆主"。	明嘉靖郑氏誊契簿
33	万历三十一年（1603年）祁门王成等六人甘罚文书	损毁林木	王成等是洪姓的庄仆，一直负责看守洪姓的祖坟、阴木。因王成等盗挖坟脑的松木一大根，房主准备告官。王成自知理亏，恳求房主宽免。	主仆	王成等央主宽恕初犯，情愿甘罚银一两三钱入寿公匣。	明万历洪氏誊契簿

续前表

序号	文书名称	纠纷原因	基 本 情 况	双方关系	纠纷处理方式与处理结果	资料来源
34	万历三十二年（1604年）祁门胡喜孙等甘罚文书	损毁林木	五都胡喜孙等，是洪姓的庄仆，一直负责看守洪姓的祖坟、阴木。因胡喜孙等私自盗挖坟脑的松木，房主准备告官。胡喜孙等自知理亏。央主宽恕初犯，情愿甘罚银一两三钱。	主仆	立下文约，并承诺自立文以后"子孙永远小心看守，不敢私自侵损，如违，听主呈官理治，甘当背逆情罪无词"。	明万历洪氏誊契簿
35	万历三十五年（1607年）祁门县洪廷谙等立族产会约	盗卖祖产	洪氏祖上留下坟山、祠屋、祭田、牌坊、基址、宅第等，不孝子孙希图盗卖，已经告府。	同族	洪氏的族长洪廷谙具告到府，恳给执照，并合族立下族产会约，违者执此经公，以不孝论。	明清徽州社会经济资料丛编，第一集，566页
36	天启五年（1625年）祁门县庄人康具旺等立还约	私自占地	庄人康具旺、李六保等，因先年摅山一号，未知房东有分，潜地据造窑柴发卖，房东得知要行告理，自知理亏，情愿托中纳粮还价。	庄仆	承佃本山，前去砍拔锄种花利，遍山栽插松山苗禾，不得抛荒寸土。今恐无凭，立此为照。	明清徽州社会经济资料丛编，第一集，460页
37	天启六年（1626年）祁门县仆人陈社魁等立限约	意图盗葬	陈社魁同侄子陈周发，都是洪姓的庄仆。天启五年（1625年）二月，陈社魁同侄子陈周发，将祖母的棺木一具，私厝洪主的祖坟旁边，一直过了两年都没有报告给房主，意图侵葬。	主仆	立下服罪文约，求主山地安葬祖母。今恐无凭，立此限约为照。	明清徽州社会经济资料丛编，第一集，460页
38	崇祯十年（1637年）休宁县七都一图潘余息讼合同	找价	天启四年（1624年）潘、余两姓，因价买庄屋、佃仆等事，造成"六年三讼"。历经休宁县、徽州府的四次判决，仍没有解决纠纷，后双方立下息讼合同。	村邻	在十五年后，潘、余两姓自愿立下息讼合同，以杜纷争。	不平鸣稿

二、38件徽州民间契约的基本分析

下面从订立契约的原因与纠纷的种类、双方的关系、纠纷解决的方式三个方面对38个民间契约与纠纷的解决作一简单的统计分析。

第一，立契的原因与纠纷的种类。

就传统民间社会中"细故"来说，其纠纷的发生基本上都是民众在最基本的生产生活中所实际发生的事情。因此，按照学者们的一般分类，传统的民间纠纷主要分为土地纠纷（包括田界、租佃、典卖、赎典、庄稼等）、债务纠纷（包括借贷、买卖、典押等）、婚姻纠纷（包括赡养等）、继承纠纷（包括宗祧继承、财产继承等）四大类。[①] 对于明代的徽州社会来讲，其大体状况既符合上述的分类，又具有自身的一些特点，带有鲜明的地域性的特征。

表 23—2　　　　　　明代 38 件民间契约所反映的纠纷原因一览表[②]

序号	纠纷种类		数 量	总数及所占比例	备 注
1	田土纠纷	重复买地	8	14 件，占 36.8%	
		山界不清	5		
		私自占地	1		
2	山林纠纷	盗伐林木	8	10 件，占 26.3%	
		损毁林木	2		
3	主佃纠纷	仆不应主役	3	6 件，占 15.8%	
		背主逃走	3		
4	坟葬纠纷	盗葬	2	4 件，占 10.5%	侵越坟地与地界不清有关
		侵越坟地	1		
		骂言	1		
5	钱债纠纷	找价	1	2 件，占 5.2%	找价起因于出卖房屋
		租银	1		
6	窃盗纠纷	盗卖族产	1	2 件，占 5.2%	
		窃盗房东祭谷	1		

从上表可以看出，明代徽州的民间纠纷主要有田土纠纷、山林纠纷、主佃纠纷和坟葬纠纷，其中，民间的田土纠纷带有一定的普遍性，而山林纠纷、主佃纠纷和坟葬纠纷则具有一定的徽州特征。

在山林纠纷中，以"盗伐林木"而引起的纠纷为最多，这是徽州地区最为明显的一个民间纠纷类型。在山多地少的徽州地域，林木是家庭或者家族最重要的财富。同时，蓄养林木又是一个十分漫长的过程，在这一过程中，私家的财富受到各种侵害的机会是很多的，因为侵害不仅来自于外姓他族人和佃户之手，如第 33 号、第 34 号契约的记载，更有来自于本族

---

① 有的学者将明代徽州的民间纠纷也分为四大类：即田宅、山林、坟地和水利纠纷；租佃纠纷；合伙和债务纠纷；婚姻、继承和家庭纠纷。参见卞利：《明代徽州的民事纠纷与民事诉讼》，载《历史研究》，2000（1）。

② 对纠纷原因的归类是以发生纠纷的主要原因为标准的，在归类时，不可避免会有一定的重复。

本家之人，如第 15 号、第 16 号、第 17 号等契约的记载，于是即便是一根松木也可以引起一次纠纷。这正是此类纠纷在民间十分繁杂的一个原因。

在民间纠纷中，主佃纠纷也是徽州地域十分普遍的一类纠纷，而这类纠纷突出体现的是主佃之间的矛盾，因为无论是"仆不应主役"还是"背主逃走"，其根源皆是那世世不移的人身依附关系，而这种依附关系到了明代中期以后逐渐有了松动。这样，对于主家来说总是想方设法维持原有的主佃关系，而作为社会下层的佃户，总是力图摆脱主家的控制，纠纷于是便不可避免。

坟葬纠纷是徽州地域最为典型的一类纠纷。虽然此类纠纷在整个纠纷中所占的比例不是很大，但其后果往往是最严重的，明代徽州历史上一些所谓的大案要案皆因坟葬纠纷而起。这既与徽州人重视风水有关，也与生活在山多地少环境中的徽州人对于作为自己最重要的财产——土地与山地的关注有关，因为许多坟葬方面的纠纷，都与侵越坟地或者与山界相连、地界不清有关。

在各类纠纷中，因重复买卖山地的原因而产生的纠纷所占比例较大，其中最为重要的原因可能是民间对土地买卖中有关"活卖"与"绝卖"的认识存在一定误区。① 按照明代的民间习惯，土地包括房产、山地的买卖一般分为两种：一种是卖者在日后可以在一定的条件下回赎或者找价，此种买卖一般称为"活卖"。在这种情况下，双方在买卖契约中一般都会注明"日后听原价取赎"等行文。另一种被称为"绝卖"，也就是在买卖成交以后杜绝一切干系，它在法权关系上体现得一目了然，即一次性交割，实现权属的完全转移。这种情况下，买卖契约往往写明："自绝之后，永为某某世业，与原始无干，再无异言。尤恐无凭，立此杜绝契存照。"或者在议价绝卖后，干脆在契上注明："欲后有凭，立此永远割藤拔根杜绝卖屋文契，永远存照。"虽然是活卖还是绝卖对当时的交易双方来讲是很明确的，但时间一长，尤其在交易契约中没有注明是活卖还是绝卖，以及当事一方或一方的子孙有意混淆活卖和绝卖的情况下，造成重复买卖的情况也就不足为奇了。

解决这类因重复买卖土地而发生的民间纠纷较为容易，其中最为重要的就是原有的买卖契约是否注明活卖和绝卖字样。如果有所注明，那么，理亏的一方一般不会纠缠下去，更不愿意去见官，往往会仰中立下退契，以此来解决相互之间的纠纷。在上述八起因重复买卖土地而发生的纠纷中，有六件是立下退契，另外两件是立下类似的文约。因此，研究有关田地买卖租赁文契，不能拘泥于契文本身。如有的契约文书上写得很清楚，属于绝卖，但民间习俗上却又允许找贴，成为变相的"活卖"或"典卖"。可以说，因重复买卖而发生的纠纷，在很大程度上是由于买卖价格上出现了新的争议，其中最主要的就是原业主以为吃亏而再次立契出卖。

在明代徽州的民间纠纷中，很少能够看见一些纯粹意义上的户婚纠纷，包括分家、赡养、嫁娶等方面的纠纷，只有一些因继承关系而发生的纠纷。其原因可能是徽州人在分家、赡养和嫁娶等方面的事情，往往都是通过家人之间和家族内部的和平解决，很少产生纠纷。而另外一些纠纷，诸如家族成员之间关于继承以及亲属之间关于意外死亡等事件而引起的纠纷，往往又无法通过民间调处的方式了结，尤其是无法通过当事双方的平等协商来解决彼此

---

① 笔者曾抄录一张正德元年（1506 年）黟县王成、王雄投状。状文大意是：王雄、王成是陕西的军户，因倒死官马，拟将祖上应当在永乐二十年（1422 年）回赎的山地再行回赎。因该山地在弘治三年（1490 年）已经被转卖，所以两人投状上告，请求县爷差排年解卫查明。黟县官批：照契收税，买在执照。原件藏于安徽省博物馆。

之间的纠纷，因为纠纷本身就带有一定的欺诈和诓财的成分。

第二，纠纷主体之间的关系。

由于受自然环境和社会发展条件的限制，传统中国社会尤其是基层乡里社会是一个相对封闭的团体。这种封闭性集中体现在，身处基层乡里社会的一般民众，其日常生产、生活和社会交往的圈子往往被严格限定在一定的地域范围和一定的身份关系之内。因此，对于一般的民间纠纷而言，尤其是一些相对简单而且是通过当事双方彼此协商解决的民间纠纷，其当事方基本上也是严格限定在上述的范围之中。

古代的官方一般将民间纠纷视为"民间细故"，这其中除了纠纷的起因和争议的本身较为简单之外，更重要的可能正是纠纷的当事各方存在着一定身份和地域联系，而这种身份和地域上的联系，从某种意义上说正是民间的纠纷解决机制发生作用的合理依据。因此，在倡导"缘俗而治"的古代中国社会的官方意识中，将这些基层民间社会中的"自己的纠纷"，交给民间社会"自己去处理"，这样做的好处是，既不妨碍王朝统治的大局，同时也更加符合建立稳定的基层社会统治秩序的需要。

需要说明的是，在明代徽州民间纠纷的各当事方中，基于同族关系而引起的民间纠纷数量较多。这既与徽州地区民间村落多是聚族而居的传统有关，而更重要的是如此比例的发生在宗族成员之间的民间纠纷，恰恰说明了民间纠纷的广泛性和客观性，同时也反映了宗族在解决民间纠纷尤其是本宗族内部纠纷的过程中所处的一种两难的境地：一方面，任何一个宗族总是在力图维持一种形式上的和谐，于是努力通过各种手段，包括订立各种保业合同、齐心合同、由过错一方立下甘罚文约等，来实现上述目标。另一方面，宗族成员之间基于保护和维护自身的经济利益和财产权益而产生了诸多不可避免的纠纷，宗族在解决上述纠纷的过程中总是难以两全，于是只好由高于宗族权威的里保长和更广泛意义上的亲属直接共同参与下，才能将纠纷一一化解。这一点，在《明嘉靖郑氏誊契簿》中所记载的几份民间契约最具有典型性。

表 23—3　　　　　　　　明代 38 件民间契约所反映的纠纷当事人情况一览表

序号	纠纷当事人关系		数量	总数及所占比例	备注
1	亲属之间	族亲	13	14 件，占 36.8%	包括同族村邻的关系
		姻亲	1		
2	主佃之间	主仆	11	14 件，占 36.8%	
		主佃	2		
		主庄	1		
3	村邻之间	村邻	10	10 件，占 26.3%	

第三，民间纠纷的解决方式与解纷过程。

如前所述，民间纠纷的发生是民间社会一种客观存在的社会现象，它的多发性与其复杂性一样，在今天看来往往令人难以置信。但相对于民间纠纷发生原因的多样性和纠纷过程中的复杂性而言，解决民间纠纷的渠道却不是唯一的，相反是多样的，甚至可以说呈现出一种多姿多彩的特征。在这纷繁的解决方式中，围绕着民间纠纷的不同类型、纠纷争议的程度、纠纷当事双方的关系、纠纷争议对象的严重性等，人们往往会选择更适宜的一种或者几种解纷方式来解决相互之间的纷争，而这种选择的过程往往也是乡民们一种满足自身"法律需求"过程中的"博弈"，其核心就是解决彼此的纠纷而不问解纷的方式，这似乎也印证了明代民间社会中的普通民众所具有的一种朴素的"价值选择"。

表 23—4 明代 38 件民间契约所反映的纠纷解决方式一览表

序号	纠纷解决方式		数量	总数及所占比例	备注
1	里长调处	里长调处	8	14 件，占 36.8%	主要是以里长作为主要的纠纷解决人
		里长、老人共同调处	2		
		里长、中见人共同调处	2		
		里长、亲眷共同调处	1		
		状投里长	1		
2	中见人调停和证明		6	6 件，占 15.8%	
3	官府间接调处		5	5 件，占 13.1%	
4	自立和解文约		4	4 件，占 10.5%	
5	老人调处	理判老人调处	1	3 件，占 7.9%	
		劝谕老人中见人共同调处	1		
		老人亲眷共同调处	1		
6	亲眷调停		3	3 件，占 7.9%	
7	众立合同		2	2 件，占 5.2%	
8	族老调停		1	1 件，占 2.6%	

三、民间纠纷解决的基本规律

从上述 38 件契约文书所反映的明代民间纠纷及其解纷过程和解纷方式，我们可以发现其中的一些基本规律。

第一，通过"中见人等"解决民间纠纷是徽州民间纠纷的基本处理方式。在民间纠纷的解决过程中，当事各方更愿意在更高的权威人物的参与和更多的中见人等的见证下来处理彼此的纠纷，而且身份关系越近，中见人等一般就越多，以此来增加解纷方式的合理性和合法性，并实现纠纷的真正解决。就前者来说，明代基层乡里社会主要有老人、里长、保长、甲长以及族老和辈分较高的亲眷、亲属等，这些权威人物在上述文书中都有记载。在上述 38 件契约中，第 26 号契约记载的参与人最多，在里长的见证下，共有 24 名许氏的族人参与立约行动。而第 4 号契约记载的参与人和见证人最多，共有 21 人之多，其中立约人 5 人，中顺大夫、劝议亲眷 2 人，比都老人 2 人，排年老人 12 人。契约记载的尽管是郑氏宗族内部的坟地之争，但涉及的人员却远远超出郑氏本族的范围。在另一份家族内部于万历二十五年（1597 年）签订的"众立保业合同文书"① 中，共立合同文书 19 纸。其中，还包括知县的批示，以及 5 位 "家长"、7 位 "家众"、6 位 "斯文"、5 位 "管理" 共计 23 人的签字画押。

第二，解决民间纠纷的过程中，"情理" 和 "实力" 是两个关键因素。在一些所争议的权属比较明确的民间纠纷中，得理的一方往往要行 "呈官究治"，而理亏的一方往往是 "不愿素繁"，这为双方解决彼此的纠纷提供了可能，而双方实力的差距也为纠纷的最终解决提供了和解的途径。也就是说，在民间纠纷的解决过程中，"情理" 和 "实力" 是两个关键的解纷因素。就 "情理" 而言，主要是指客观存在的而且双方都认可的一种事实。而 "实力" 则表现在主佃之间、辈分高的与辈分低的族众之间、大姓与小姓之间、名门望族和单门小家之间的实力上的差距。在上述 38 件民间契约中，此类的民间纠纷为最多，其中我们几乎看不到那些因无赖、土棍的敲诈和贪婪而发生的纠纷。换言之，那种 "无理痞三分"、"无谎不成状" 和 "种肥田不如告瘦状" 式的民间纠纷，是无法通过双方的和解、乡里权威人物的参与和中见人的见证来解决的，因为所谓的 "乡里权威" 对于那些无赖、土棍等边缘人群来说，是没有什么权威可言的。当然，没有无赖、土棍等边缘人群参与的纠纷，并不意味着纠纷者不会采取类似的无赖手法和以强欺弱的暴烈手段。因此，在自愿和解的民间纠纷中，我们经常会看到如下的字眼：自立文以后 "子孙永远小心看守，不敢私自侵损，如违，听主呈官理治，甘当背逆情罪无词"；"在中见亲邻说合下，双方订立文约，埋石为界，各守管业。如违，听遵守人赍文告理，并罚银三十两入官公用"；自立还书文约以后 "小心看守洪主柴禾，再不敢私自盗砍，如违，听自赍文告理，甘罚无词"；立下文约后 "保证子孙永远应役，如违，听自本主呈官理治，甘当背义情罚无词"；等等。这其中既有 "情理" 的作用，更有 "实力" 的支撑，否则纠纷的解决往往就难以实现。

第三，官府介入对民间纠纷的解决起到十分重要的威慑作用。在一些真正属于 "细故" 的民间纠纷中，官府的处理能力是有限的，其作用仅仅表现为一种因 "官方的参与" 而产生的 "官方的威吓"，纠纷各方往往正是在这种 "官方的威吓" 作用之下，通过彼此的退让或增加有 "理" 而无 "力" 的一方的实力来解决自身的纠纷。在这种情况下，官府的受理只是表明有 "理" 一方的 "理" 得到了官方的支持。而官方的支持，无形中又增加了有 "理" 一方的 "力"。"理" 与 "力" 的结合最终促使纠纷的解决。如，第 24 号契约中，作为洪姓庄仆的胡乞保未经房主同意，自行将母枢盗葬于洪山上，洪主状告本县，自知理亏，托里长出面说合，将枢扛移他处，并立文约。在第 26 号契约中，许毛、许三保等原系谢廷松庄仆，后被卖与洪姓，许毛等不应主役，被洪主具告到县主张爷台下，自知理亏，自愿托凭本管里长，恳求息讼。在第 28 号契约中，因程五十、程钫为宅里坞里外祖坟毗连山界，界边风折松木，告争在县张爷台下。亲族思得二家一脉，劝谕息讼。二家听允，同中到山，三面勘明定界已讫。二家复央中人当官告准和息，回家议行埋石。官方的参与对于民间纠纷的解决的另一个作用，就如同第 38 号契约所表明的那样，在官方的解决已经无望的情况下，纠纷的双方只好选择一种相互之间的退让来解决彼此的纠纷。② 在这种情况下，官方的这种近乎 "无能" 的表现，更增加了民间势力参与解决民间纠纷的积极性和实际解决民间纠纷的可

---

① 《窦山公家议》卷五 "山场议"，载周绍泉、赵亚光：《窦山公家议校注》，90～91 页。
② 此类的息讼合同在徽州契约文书中也属常见。如 "嘉靖四十二年（1563 年）谢祖昌等息讼合同"，参见《徽州千年契约文书》（宋元明编），第 2 卷，341 页，石家庄，花山文艺出版社，1991。

能性。

第四，民间各种权威势力在民间纠纷的解决过程中发挥了"潜规则"式的作用。即便是自行解决的民间纠纷，其处理过程也越来越多地依赖一个相对独立的第三方，形成类似于现代解纷制度中的框架结构和制度安排。明代初期旨在建立"以良民治良民"的过程中所创设的里老人理讼制度，严格意义上说从洪武朝以后就很难发挥其制度创设之初时所发挥的作用。① 从明朝中后期以后，基层社会关于民间纠纷的解决和处理机制体系中，形成了三个相对固定的"第三方势力"圈②，即以保长、里长和甲长为核心的"半官方"的权威人物圈，以老人、族老、乡老为核心的民间道德权威人物圈和以纠纷双方当事人为核心的村邻、乡邻和亲属人物圈。如果再将官方的势力列入其中的话，"第三方势力"就有四个，从而形成了在民间纠纷的解决过程中的解纷机制链条：官方的受理——里保甲长的参与——族老的调停——村邻和亲属人等的中见。在明代徽州文书中，很难看到没有任何第三方的势力参与其中的解纷过程。在上述 38 件契约文书中，有 4 件是通过当事方的自行和解来解决纠纷的，而这 4 件文书的当事方都是主仆关系，立约人皆是自知理亏的仆人一方。因为，在主仆名分极为严格的徽州地区，无论是仆不应主役、背主逃走还是盗葬占主山田、损毁主家山林，都是较为严重的亏损名分之事，若是告到官府，定要治以重罪。如此之下，处于劣势地位的家仆根本无法与处于强势地位的主家争辩，自行达成和解并愿认罪服法或许是他们的最佳选择。

第三节
明清徽州民间纠纷（下）
——以 38 个坟葬纠纷为对象

查阅明清徽州法律文书，归纳民间纠纷所展示的种种现象，可以发现一个基本的问题：关于坟葬方面的民间纠纷在整个民间社会纠纷中所占的比例是很高的，而且往往正是这些坟葬案件，包括盗葬、盗挖祖坟、盗伐阴木以及一些田地买卖中所涉及的坟葬纠纷等，最终或酿成一些所谓的"惊天大案"，或成为一些累讼不休的难解之案。因此，对于明清徽州时期基层民间社会中的纠纷及其解纷机制问题的研究，不能不对这一独特的法文化现象进行更深入的分析。

一、徽州人的风水观与坟葬纠纷

明朝万历时期，关于徽州人的诉讼事件和致诉原因，时人就有"民讼多山木、坟茔、嗣

---

① 参见韩秀桃：《〈教民榜文〉所见明初基层里老人理讼制度》，载《法学研究》，2000（3）。相关摘要参见《中国社会科学文摘》，2001（2）。

② 有学者对中国传统民事契约中的"中人"进行了专门的研究，指出：中人在民事契约中的作用大体相当于交易的一个支点，使得双方在交易的过程中，暂时地、局部地处于一个相对平等的状态，从而促进交易的展开。参见李祝环：《中国传统民事契约研究》，载韩延龙主编：《法律史论集》，第 2 卷，92 页，北京，法律出版社，1999。

继"之说。① 显然这是与徽州的自然地理环境和人文社会环境密切相关的。在中国古代，风水问题与人们的日常生活息息相关，传统中国人不相信风水的极少。但在徽州，却曾因风水问题引起如此多的官司，这在全国其他地方则是极为少见。② 几千年来，风水作为一种文化传统，不仅仅体现在中国古代城市、庙宇、乡村、道路、住宅、坟墓的选址和规划布局中，而且渗透、积淀为中国人心理层面的审美文化取向，成为普通中国人世代相传的一种风俗习惯。

徽州山多地少，地形地貌复杂多样，客观上赋予风水术士以用武之地。同时，徽州居民多是从中原迁来的望族，有着深厚的文化沉淀，文化水平较高，这又为风水之术的探讨研究提供了丰富的文化背景。从风水的角度来看，自然环境中的山石草木皆被认为与人的命运息息相关的，不可轻动。所以，徽州的家法族规中都有禁止私自砍伐风水林木的规定。"升官发财"往往也被认为是与风水相关的。无论是科举入仕还是经商发财，其成败往往被视为与自己的住宅（即阳宅）和祖宗的坟墓（阴宅）密切相关。徽州宗法制的稳定和强固推动了风水活动。科举入仕和经商发财是维持名门望族的重要支撑。为了取得成功，除了现实的努力之外，还往往乞灵于风水，乞灵于祖宗的庇佑。③ 于是，保住本村、本族甚至本宗的"风水龙脉"，防止他人盗砍盗伐阴木，以致出现伤及"人丁命脉"或者严重的"斩龙绝脉"现象，往往成为徽州人愤然兴讼而且一讼到底的最佳理由。

徽州人历来习惯于"聚族而居"，而且是"尤重先茔"④。寻找到一块好的风水地要历经几代人的努力，实属不易，更何况好的风水地，"不仅求安，且欲以求福利"⑤。所以，明代的傅岩说："徽尚风水，争竞侵占，累讼不休……结而复起。"⑥ 清代的赵吉士指出："风水之说，徽人尤重之，其平时构争结讼，强半为此。""祖坟阴木之争，辄成大狱。"⑦到中华民国时期，徽州人"俗多负气，讼起微纱，而蔓延不休。然单户下民，畏权忍气，亦复不少。顾其讼也，非若武断者流，大都坟墓之争，十居其七。比年此风亦稍息矣"⑧。于是，在明清徽州留存的各种文书中，各种因盗葬、损毁祖坟、盗砍阴木、损伤龙脉、截杀龙气等原因而起诉的事件比比皆是。为了保住自己宗族的祖坟和龙脉，许多宗族立下了众心合同或者保家公约，力保自家的祖坟龙脉不被他人破坏。

清朝康熙年间，休宁县知县廖腾煃在给徽州府道两院的详文中，曾就革除休宁地方政弊提出建议，其中即有"侵占坟墓之弊"。详文中说道："休宁百姓，强半经□□□，至有

---

① 参见万历《祁门县志》卷四，《人事志·风俗》。

② 参见贺为才：《试论古代徽州造宅观》，载朱万曙主编：《徽学》（2000年卷），281～293页，合肥，安徽大学出版社，2001。

③ 参见贺为才：《试论古代徽州造宅观》，载朱万曙主编：《徽学》（2000年卷），281～293页。

④ 光绪《婺源县志》卷三，《风俗》。

⑤ 康熙《徽州府志》卷二，《舆地志下·风俗》。

⑥ （明）傅岩：《歙纪》卷五，《纪政绩》。

⑦ （清）赵吉士：《寄园寄所寄》卷十一，《故老杂记》。

⑧ 《歙事闲谭》卷十八，《歙风俗礼教考》。为了对比说明问题，我们可以选取其他地区的词讼种类作个比较。根据《清史稿》卷二九四《宪德传》记载："宪德奏：'四川昔年人民稀少，田地荒芜。及至底定，归复祖业，从未经勘丈，故多所隐匿。历年既久，人丁繁衍。奸猾之徒，以界畔无据，遂相争讼。川省词讼，为田土者十居七八，亦非勘丈无以判其曲直。'"转引自邓建鹏：《健讼与息讼——中国传统诉讼文化的矛盾解析》，载《清华法学》，第四辑"二十世纪汉语文明法学与法学家研究专号"，176～200页，北京，清华大学出版社，2004。

十年一归、数十年一归者，而祖宗坟墓□为茂草。每当春秋无人祭扫，每有土豪□□动□串同其家族众，竟将坟垅擅行变□，及□回乡省墓，而由己变为童土，墓已平为□□。孙寻祖骨，子爱父骸，雪涕星奔，呼天抢地，□□可言。每有此等告发，不论豪族势宦，必须立断起迁，处以律□，方为情理允合。乞望宪台颁行禁示，庶泽及枯朽，万姓沾恩。"①

日本学者滋贺秀三先生在论及坟墓对于传统中国人的意义时，曾说道："对于中国人来说，坟墓是具有极为重要意义的存在。明显象征着视祖先和子孙为一个'气'之展开的中国人的世界观的就是坟墓。祖先不是作为个人而生作为个人死去，而是作为无形之'气'的一个环节曾生存过。如果这个'气'成为许多子孙目前正在繁荣者的话，祖先也就继续活在他的子孙之中。像这样死了而又继续活着的祖先的住处便是坟墓。在把坟墓称作'阴宅'、与此相对的把活着的人们的住宅称为'阳宅'的用词方法也明显地表达出了对坟墓的人们的意识。和阳宅要慎重地选择地形方位来建设一样，比其更强烈得多的是关心坟墓要卜到吉地来营造。这一地相的吉凶或管理的良否被认为左右着子孙的命脉。"② 有了这样的意义，我们也就不难理解这些合族文约、风水文约的意义和价值了。

先看下面一则徽州地区最常见的一种合族保护风水文约的书契：

歙县胡宗朝等保护风水文约③

立齐心合同文书胡宗朝等，今因长湾口墓山来龙则合族之干，系命脉之所，开祖以来向无侵害。今因王姓侵犯兹土，皆因人心不一，以致外人相欺。今合门人等齐心约束，歃血定盟。自立以后，俱要同心，毋得结外害内，官司等事，必要挺身为祖，毋得徇情躲缩。如有以上此情查出，合族人等呈送官理，定以不孝罪论。恐后无凭，立此文约为照。

顺治七年四月初四日立齐心文约人胡宗朝等

明清徽州地区类似的保护风水文约，大体上在上述的文约中都有一定的反映。具体来说，典型的保护风水文约，一般要表达的意思有三层。一是叙述拟要保护的风水对于本族、本宗或者本家的意义，大多会以"命脉之所"、"龙脉所系"等语相标榜。二是拟要保护的风水龙脉已经或者将要遭受到外姓或者外族的欺凌，其欺凌的方式主要有盗挖、盗葬、侵占坟地、盗伐阴木等等。三是对本宗、本族或者本家之内的人员所作的要求，大体上会要求本宗族的人齐心协力，一致对外，如果违反，定要呈官理治，治以不孝之罪。

除了上述合族保护风水文约以外，一些村民也会出于保护本村的风水着眼，私下签订一些保护性的文约，以保护本村的"人丁命脉"。

乾隆三十六年金若海等立合同④

立议合同禁墨人金若海、陈佑三、朱红三、金耀沧等，情因石佛本村来龙，土名□竹圆主林山，土山胡家林。石佛□□来脉敝遮比风，保护合村人丁命脉。先年朱江两姓，合有议墨，禁止打石，由来久矣。今□秀之母将□□出卖打石，族长朱歧昌知觉，

---

① （清）廖腾煃：《海阳记略》卷下，清康熙刻本。
② ［日］滋贺秀三：《中国家族法原理》，张建国、李力译，304 页，北京，法律出版社，2003。
③ 安徽省博物馆编：《明清徽州社会经济资料丛编》，第一集，567 页。
④ 参见王钰欣、周绍泉主编：《徽州千年契约文书》（清·民国编），第 1 卷，372 页，石家庄，花山文艺出版社。

邀同金耀沧、陈佑三等承买保存，遵朱江祖禁保全。□不意殷实窑户，谋买并凿石烧灰肥己。不顾合村人丁命脉受害，阴使朱廷超生端妄控在案。岂意朱廷超旧冬将股分划，卖陈光美打石烧灰。不思光美昔年受买江姓主林山地打石，不止将抛坟荃骸骨。今又买此人丁命脉，必受其害。身等集议合禁，齐心鸣官究处朱廷超划卖，以杜后害，请示严禁。如若推诿私罚，执此鸣官，甘罪无辞。今恐无凭，立此合同禁墨一样四纸，各执一张，永远存照。

乾隆三十六年　　月　　日立议禁墨合同人朱红三

金若海

陈佑三

金耀沧

朱歧昌

江景华

　　在宗族伦理思想十分顽固的明清徽州地区，一些强宗大族为了保护祖宗传下来的好风水，保护自己的祖宗龙脉，除了定有上述的保护风水文约之类的契约文书之外，还会将一些因风水坟地之争而"终成大狱"的坟葬案件，以及与案件有关的各种文书、材料和官方的批示、存照等加以汇编成册，并且分发给本宗族的各个家支，其目的也仍然是警示后人、收族保宗。其中最为典型的材料，当推《罗氏杨干院归结始末》一书。是书编撰于明朝嘉靖年间，所记载的基本内容是：徽州府歙县十四都二图罗氏家族，因坟基地事，与僧人法椿等发生争执，造成人命大案，引发了一场历时 8 年的官司。在这起因祖坟被毁而奸控不已，前后相讼 8 年的案件中，最有特色的一点乃是由编撰者罗显向徽州府歙县县衙所提起的诉状。这份诉状中，罗显极其标准地用了 57 个字来表述双方诉讼的起因。[1] 该"诉因"的全文如下："直隶徽州府歙县十四都二图民籍臣罗显谨奏为奸僧朋灭祖坟打死人命贿官翻异抚按勘明奏案颠倒诬枉恳乞天恩毁灭淫祠辩明冤枉事"。[2]

　　正是因为坟葬案件数量多、矛盾尖锐，在处理相关纠纷的过程中，官府和纠纷的当事人对纠纷的最终处理都格外慎重，上述由家族编辑的"讼状汇编"等和各种形式的保护风水文约应当是这种慎重的表现之一。同时，在纠纷中获胜的一方当事人，往往还会请求官府给据准照，或印发各家，或勒石为碑，永为遵守，以为日后杜绝再起讼端的凭证。此时，官府往往会遵照当事人的意思，或颁给凭据，或出据保业帖文，或挂出告示，或抄出案底和判语

---

①　这个长达 57 个字的"诉因"也是笔者所见到的徽州诉讼材料中最长的一个。

②　（明）罗显等编撰：《罗氏杨干院归结始末》，嘉靖十七年（1538 年）刻本。转引自武新立编著：《明清稀见史料叙录》，58～59 页，南京，金陵书画社，1983。原件藏于中国社会科学院历史研究所图书馆。此书是一起人命案的结案材料汇编。内容是徽州府歙县十四都二图罗氏家族，因坟基地事，与僧人法椿等发生争执，造成人命大案，引发了一场历时 8 年的官司。罗氏家族祖上是唐朝末年人罗秋隐，其墓地在歙县通德乡南三里许黄龙山麓之阳，名叫杨干院的地方。罗氏家族的八世孙罗彦济、十三世孙罗鼐曾是高官。书中记载罗鼐在宋朝宝祐六年（1258 年）立下罗氏新建杨干院碑石事。此案件最终由罗氏艰难地胜讼。为了让子孙后代知道此事，罗显特撰刻此书。正如罗显在是书的《引》中所言："始祖坟墓，僧特党扶，图谋泯没，奸奏七本，首尾八年，始得归结。后世子孙，不知今事之原委，受祸之惨烈，一或保守有未至，又何以杜窥伺之邪心？众欲概将历问卷宗，镌刻示监。但案牍烦隐，辞重语复，观者厌倦，惟刻归结一本，而前数本之大略，皆不外是矣。以是散之本族，家藏一帖，时便观览，水本本源，未必不兴感警创，以动其孝思，亦期永保久远之一助也。"

等，以绝日后再滋纠纷，这也体现了官府对待此类涉及民风民俗和宗族伦理的纠纷的一种小心翼翼的态度。《徽州千年契约文书》（清·民国编）中就收录了两份休宁县的告示，虽然告示所显示的内容并不是什么大的纠纷，但却显示了官府对待此类事件的重视程度。同时，汪姓族人有了这两份告示，其"保祖护冢"也就更有所依靠了。

乾隆四十年休宁县告示①

署休宁县正堂加三级记录五次金为乞禁强横谋占坟地纵放牛畜屡害无休事。据十八都三图贡生汪大瑗、职员汪得志呈称：缘生等祖茔葬在土名庄基林，系坐字二千四十九号，山税一分七厘，历今数十载，每逢祭扫，见坟茔踏贱不堪，甚至坟顶泥堆被牛畜踏卸，几见棺椁，目观心伤。更可惨者，生祖坟地缘与义地毗连。虽定界碑，屡有不法之徒，瞰生等男丁外远，明欺妇女，籍义地毗连之空隙，越界刨挖，为生家知觉出论，彼即认以误挖服礼。若或失察，则造谋占。是以生家连年造□，皆因伤害祖坟命脉所致。若不□恩赏示严禁，势必祖茔刨暴，牛畜贱害，人鬼含冤。为此，环叩垂怜，赏示等情到县，据此合行示禁。为此，示仰该处地保山邻人等知悉，嗣后如有不法之徒，仍蹈前辙，在于该生祖茔纵放牛畜，践踏坟冢及越界刨挖等事，该地保山邻人等报知本家，指名赴县陈禀，以凭严拿究治，决不宽贷。各宜凛遵毋违。须至示者：

右仰知悉

乾隆四十年二月二十九日示

乾隆五十一年休宁县告示②

特授休宁县正堂加五级记录十次记功一次徐为签叩赏示泽及泉□蓄阴保祖存疫均戴事。据十八都三图贡生汪大瑗、抱呈汪升具禀前事呈称：缘生有祖墓，坐落十七都四图，土名郁源西充塘等处，系陶字四千六百二十三、四、五、三十八、四十一号等号，均属全税全业，赤契，炳据李生居写，远上蓄阴木，屡被砍伐，曾经禀叩前宪，未沐缉□，以致近山居民，仍蹈前辙，兼之纵放牛畜，践踏坟茔，害及切肤，欺生外贸，家仅女流，肆行周忌，莫可如何。生见伤心，□难忍隐，欲行禀究，无处问津，情不得已，为此签叩宪大父师，给示严禁，保祖蓄阴，惠及泉□，讴□乐只望光上禀等情到县。据此，除批示外，合给示禁。为此，示仰该处山邻保甲人等知悉，自示之后，倘有无知匪徒，砍伐该山阴木，以及纵放牛畜践踏坟茔者，许即指名赴县陈禀以凭，立拿究处，决不宽贷。各宜凛遵毋违。须至示者：

右仰知悉

乾隆五十一年三月二十八日示

① 王钰欣、周绍泉主编：《徽州千年契约文书》（清·民国编），第1卷，414页。

② 王钰欣、周绍泉主编：《徽州千年契约文书》（清·民国编），第1卷，415页。此类文书在徽州的各个县具有一定的普遍性，而且数量较多。同类型的文书还有：乾隆十四年（1749年）歙县唐县主颁发保护洪姓族坟的告示（第1卷，310页）、乾隆二十六年（1761年）祁门县吴县主颁发保护康姓族坟的告示（第1卷，336页）等。

徽州人注重风水还带来一个可能是徽州地区独有的另一个现象——"棺柩浮厝"①。对于贫穷人家的人来说，造成这一现象往往是迫不得已。因为本身就是那种"上无片瓦，下无立锥之地"的状况，想找一块能称得上是"风水宝地"的地方来安葬故去的亲人实在不是一件容易的事情。但在当时的风俗习惯下，也不能随随便便就掩埋了。于是，他们一般会有两个常见的办法来解决。一是卖身主家，以求得一块好地。但是，主家因担心自己祖上的风水被破坏，一般都不会允许仆户人家立即下葬，这又加重了棺柩浮厝现象。② 二是暂时将亲人的灵柩存放在山地上，待买到一块好风水地再下葬。棺柩浮厝的结果，是大量的棺柩露天摆放，有的因长时间不能下葬而毁坏。乾隆五十七年（1792 年）十二月初三日，歙县县令吴殿华针对歙县风俗中停柩殡厝的现象，特地制定了一部《劝谕埋馆札》。通过这道劝谕札，我们大体也可以看出当时"棺柩浮厝"现象的严重性。

劝谕埋馆札③

札各图士民知悉：照得收葬骸骨，仁政所先。掩埋骼□，《月令》备载。此固仁人君子之用心，而父母斯民者之更易亟举也。本县因公赴乡，留心查看，见沿途殡厝累累，经数十年而未葬者颇多。甚至厝屋倾颓，棺身尽露，仅用片瓦掩覆，或以束草遮盖。其最惨者，骨摊椁外，树长棺头，种种暴露，情实可伤。查此等暴棺，或系无主，或缘赤贫，又有惑于风水，因而久停误事者。窃思死者以入土为安，风水之说，本属无据，且将祖父已朽之骸，要子孙未来之福，轻重已属悬殊，而况迁延岁月以致暴露？清夜自思，于心何忍！合行剀切晓谕，札到即便查明图内暴露馆柩。如有主者，劝令该亲属急行安葬。若无主及子孙赤贫者，即就该图广行劝谕积善之家，代为掩埋。倘图内实无殷实之户，而多暴露之棺，准即协同地保，验明棺数，开呈本县，自行捐廉，给付埋塞。士民切当认真查看，不可遗漏。如果踊跃遵行，使诸棺得免暴露之惨，则不啻自行阴德也。是所厚望。来年清明节后，本县当亲赴各乡，挨图察勘，分令家丁点验，以期实惠。该士民人等切勿视为具文，负本县一片婆心。幸甚望甚！

乾隆五十七年十二月初三日特札

令人感兴趣的是，"棺柩浮厝"现象并没有国家法律的依据，相反仅仅是民间社会的一

---

① 尽管如此，我们不能说这一现象就是明清时期徽州人所独有的一种风俗。根据民国时期的民事习惯调查，当时的陕西省镇巴县就有"讨送阴地"的习惯。"贫乏之人无力购买坟地，则须向有余地之人讨地葬坟，地主处立送字，亦有不立字据者。坟主可以植树护坟，年湮日久，地主与坟主因境域及树木涉讼者，往往有之。"兹录清朝同治三年（1864 年）陕西省镇巴县的"送纸（契约）"（原文参见胡旭晟、夏新华、李交发点校：《民事习惯调查报告录》（上册），379 页，北京，中国政法大学出版社，2000）如下：

立出送阴地字人周承志，今因见建富先祖从川入陕，年湮故后，乏地埋枢，央凭亲邻并备酒礼、孝帛钱五串，作成立约，向其讨要县北离城里许柿子树下断旱地一块，周围砌石注明丈尺，穿心以丈三尺为度，境内任由讨地之家埋坟，培植各色树株，送地人不得阻拦。恐口无凭，特立送字一纸，凭众付于讨地人，存执为据。

李大贵

凭证人：周承先

陈文德 笔

同治三年八月十二日出送字人周承志面立

② 参见叶显恩：《明清徽州农村社会与佃仆制》，217 页。

③ 《歙事闲谭》卷十八，《歙风俗礼教考》附录。

种习惯性做法，而这种做法正是被官方法律所严格禁止的。《大明律》"丧葬"条明清规定："凡有丧葬之家，必须依礼安葬。若惑于风水及讬故停柩在家，经年暴露不葬者，杖八十。其从尊长遗言，将尸烧化及弃置水中者，杖一百。卑幼并减二等。若亡殁远方，子孙不能归葬，而烧化者，听从其便。"①《大清律例》在继承明律的相关规定的基础上，再次重申了上述规定。《大清律例》"丧葬"条规定："凡有（尊卑）丧葬之家，必须依礼（定限）安葬。若惑于风水及讬故停柩在家，经年暴露不葬者，杖八十。（若弃毁死尸，又有本律。）其从尊长遗言，将尸烧化，及弃置水中者，杖一百；从卑幼，并减二等。若亡殁远方，子孙不能归葬而烧化者，听从其便。"②

明清时期徽州人的"棺柩浮厝"没有法律依据及其现象本身也许并不可怕，可怕的是许多人借此兴讼，纠缠不已。实际上，明清时期徽州人的"棺柩浮厝"习俗一直延续到民国以后。根据民国时期的民事习惯调查所载："祁俗迷信风水，往往惑于星家之言，将棺柩浮厝在山，停滞不葬。如购买葬地，往往卖主索价甚昂，视葬者之家资，定地价之高下。亦不良习惯也。"③当然，这一不良习俗也从一个侧面反映了徽州人（甚至包括徽州周围的一些地域）的风水观和由此而引发的大量讼案与纠纷，而且这种习俗的危害直到近代以后仍然存在。④

二、明清 38 个坟葬纠纷的基本统计

虽然民间纠纷的生成具有一定的客观性，但某一类民间纠纷在某一特殊时期和特定地域条件下的发生，其中必然包含着一种客观的环境因素和潜在的观念因素所起到的支配作用。因此，在宏观上考察明清时期徽州人的风水观和民间纠纷的关系之后，有必要对上述问题进行一定的实证分析和研究，以期得到一个更具说服力的结论。为此，笔者收集了从明朝天顺三年（1459 年）到清朝乾隆五十一年（1786 年），共 327 年间的 38 起坟葬纠纷案件，并对其做一简单的统计分析。

需要说明的是，由于受资料的限制，本文所选择的案例带有很大的局限性，尤其是作百分比的分析时，其所反映的情况与历史的客观之间差距更大。因此，材料的选择和结果的得出基本上是作为一种描述性的叙述来加以运用的，而很少考虑它的价值性和所代表的纠纷类型的典型性。

---

① 《大明律》卷十二，《礼律·仪制·丧葬》。

② 《大清律例》卷十七，《礼律·仪制·丧葬》。参见田涛、郑秦点校：《大清律例》，296 页。

③ 参见施沛生编：《中国民事习惯大全》，第六编"杂录·棺柩浮厝（祁门县习惯）"，上海，上海书店，2002。

④ 南京国民政府在进行民商事调查时，就注意到安徽省的桐城、怀宁、潜山、望江、庐江、英山等县地域有"宗谱刊载坟地境界"的习俗："宗谱刊载坟地境界：皖俗迷信风水，民事诉讼关于坟山争执者，实居多数，有同一坟茔而两造均指其为祖先者，有甲指为祖坟而乙造谓系无主占墓者，有因遮山截脉而生讼事者。至其祖先为某名某氏葬于某地，某地基址界限若何，则一一刊列族谱，以为考证，其巨室大家之备有此项宗谱无论矣，即贫民小户亦多有精印之谱牒。自遭洪杨兵燹，各户契据遗失者不知凡几，因而所有权之根据，多无契约可以证明。故每一涉讼即持谱以为凭证，但其记载亦未必尽实，间有同一事件，甲姓族谱与乙姓族谱所述之事实互相冲突者，且以谱为告争坟山之凭证。揆之现行律载近年碑谱、不足为据之法意窒碍殊多。按：桐城、怀宁、潜山、望江、庐江、英山等县，因坟山纠葛，涉讼于安徽高等审判厅及怀宁地方审判厅者，每月有数起或十余起不等，提出之证据以宗谱为最普通。"详见胡旭晟、夏新华、李交发点校：《民事习惯调查报告录》（上册），226 页。

表 23—5　　　　　　　　　　明清徽州坟葬纠纷及其处理情况一览表①

序号	时间	案名	起因	处理结果	资料来源
1	天顺三年（1459年）	祁门县郑德宽、郑德勋等立保护祖坟合同文约	侵越坟地	被状告到县后，蒙县帖里老等勘验，不愿索繁，情愿凭中人和亲眷立下甘罚文约。	明嘉靖郑氏誊契簿
2	成化九年（1473年）	祁门县吴隆应立甘罚文约	拆毁坟碑	被状告后，不愿索繁，自情愿凭中人立下甘罚文约。	明嘉靖郑氏誊契簿
3	成化十九年（1483年）	祁门县郑寿立甘罚文约	侵越坟地	被状告到县后，蒙县帖里老等勘验，不愿索繁，情愿凭中人和亲眷立下甘罚文约。	明嘉靖郑氏誊契簿
4	弘治九年（1496年）	徽州府因李薄霸占风水帖文	霸占风水	府给帖文，以保祖护冢。	卷一，274 页
5	弘治十八年（1505年）	祁门县郑仲刚、郑仕斌等立保护祖坟合同文约	因祖坟而争讼	合同约定，各家子孙日后不得侵越坟界，如违，罚银十两入官公用。	明嘉靖郑氏誊契簿
6	嘉靖三年（1524年）	吴氏向休宁县提呈的告状	发掘御葬官坟，打毁坟碑	当投里长，拘集邻佑，赃证明白。并赴县主爷案前，乞差勘验，追偿人兽，收竖还业，负屈得伸，望明来告。	茗洲吴氏家记
7	嘉靖十三年（1534年）	休宁县李帅保立甘罚文约	盗砍阴木	状投里老，李帅保不愿索繁，自情愿凭中人立下甘罚文约。	明嘉靖郑氏誊契簿
8	隆庆五年（1571年）	祁门县洪廷高告洪成周、洪继周、洪天桂等盗砍阴木事	盗砍阴木	祁门县主曹爷判洪成周等归还阴木，并罚银六钱二分五厘入官库。	明万历洪氏誊契簿
9	隆庆五年（1571年）	祁门县洪廷高告洪成周、洪天达等盗砍阴木事	盗砍阴木	祁门县主曹爷判洪成周等罚银十五两，并追盗四根大木入祠。	明万历洪氏誊契簿
10	万历十年（1582年）	祁门县胡胜、胡住、胡初、胡九等告胡寄、胡乞保等保祖冢剪刁顽安良善事	盗葬	当投邻里阻止，并赴县主张爷案前，恳乞给身印照。	明万历洪氏誊契簿

---

① 对于本表的资料出处特作如下说明：（1）"卷一，274 页"是指王钰欣、周绍泉主编：《徽州千年契约文书》，第 1 卷，274 页。余同。（2）"海阳纪略，卷下"是指廖腾煃：《海阳纪略》，卷下，清康熙刻本。原件藏于中国科学院图书馆。（3）《茗洲吴氏家记》出自 [日] 中岛乐章：《从〈茗洲吴氏家记〉看明代诉讼处理程序》，载周绍泉、赵华富主编：《1995 年国际徽学学术讨论会论文集》，175～183 页，合肥，安徽大学出版社，1997。（4）《明嘉靖郑氏誊契簿》，原件藏于安徽省博物馆。（5）《明万历洪氏誊契簿》，原件藏于安徽省博物馆。（6）《窦山公家议》附录二"布政公誊契簿·竹岩公青龙山合同"，载周绍泉、赵亚光：《窦山公家议校注》，295 页。

续前表

序号	时 间	案 名	起 因	处 理 结 果	资料来源
11	万历十四年（1586 年）	竹岩公青龙山合同	谋占阴木	程五十、程钫为宅里坞里外祖坟毗连山界，界边风折松木，告争在县张爷台下。亲族思得二家一脉，劝谕息讼。同中到山，三面勘明定界，钉桩为界。	窦山公家议校注
12	顺治十六年（1659 年）	祁门黄祖户状纸	贿占祖坟	黄祖户状告黄忠元、黄珍、黄宗等贿占祖坟。	卷一，47 页
13	顺治十六年（1659 年）	祁门黄忠元状纸	谋占风水（吉穴）	黄忠元告黄祖户私祭祖坟，意图谋占吉穴。	卷一，48 页
14	顺治十六年（1659 年）	祁门黄宗状纸	谋占风水（吉穴）	黄宗状告黄祖户私在祖坟边盗葬，意图谋占吉穴。	卷一，49 页
15	顺治十六年（1659 年）	祁门黄昆状纸	贿占祖坟	黄昆状告黄忠元、黄珍等贿占族坟，意图谋占吉穴。祁门县县主批：右给本告黄昆准此。即颁黄昆保祖重坟之抄招。	卷一，50 页
16	康熙十二年（1673 年）	祁门县正堂发给李梦鲤保业帖文①	挖损祖坟	李梦鲤原是李姓义男，近居吴氏庄地。祁门县发给李梦鲤保业帖文。	卷一，71～79 页
17	康熙二十九年（1690 年）前后	李彩控张为锦占葬坟山案	侵占坟地	断令张为锦砌石为界，永不相争。	海阳纪略，卷下
18	康熙二十九年（1690 年）前后	孙孚等控程兆纯占坟山案	侵占坟地	严缉程兆纯归案，尽法以处，追价清洁。	海阳纪略，卷下
19	康熙二十九年（1690 年）前后	监生俞所学告俞象九盗葬看语	盗葬	俞象九盗葬，按律当科以杖，念属乡愚，断举还地，从宽宥释。	海阳纪略，卷下
20	康熙二十九年（1690 年）前后	孙君宜、王新控争坟山看语	侵占坟地	杖孙君宜，令其起迁。	海阳纪略，卷下

---

① 此案件包括一系列文书，主要有康熙十二年（1673 年）祁门县李梦鲤告李应明状纸、康熙十二年（1673 年）祁门县李梦鲤告朱宗泰状纸、康熙十二年（1673 年）祁门县李应明告李梦鲤朱宗泰状纸、康熙十二年（1673 年）祁门李开告吴仪沚状纸、康熙十二年（1673 年）祁门县李梦鲤禀文、康熙十二年（1673 年）祁门县吴自祥禀文等。参见王钰欣、周绍泉主编：《徽州千年契约文书》，第 1 卷，71～79 页。

续前表

序号	时 间	案 名	起 因	处理结果	资料来源
21	康熙二十九年（1690年）前后	勘审张绥、张德泓坟山看语	侵占祖坟	断张德泓起迁。	海阳纪略，卷下
22	康熙二十九年（1690年）前后	王龙告高乡若	厝棺	休宁县廖县主勘审王龙状告高乡若争占坟地案。判将高乡若枷责示儆。	海阳纪略，卷下
23	康熙二十九年（1690年）前后	汪杨命案审语	因葬而伤及龙脉	休宁县廖县主勘审汪杨两姓占坟山而致人命案。杨姓以诬告律拟，汪姓迁葬。	海阳纪略，卷下
24	康熙五十八年（1719年）	祁门县吴家驹状纸	谋占祖坟	吴家驹告汪大团等谋占祖坟，县批：候承送牌示勘。	卷一，180页
25	康熙五十八年（1719年）	祁门县正堂审单	谋占坟地	吴家驹告汪大团等谋占祖坟，县判"一杖示儆，法无枉纵，取供立案，以杜后起之争端"。	卷一，181页
26	康熙五十九年（1720年）到雍正三年（1723年）①	祁门郑、倪二姓互控状纸	毁损祖坟龙脉遭屠	此案共33件诉讼文书。	卷一，183～218页
27	雍正三年（1723年）	祁门郑、倪二姓互控状	盗葬	此案共3件诉讼文书。县断：倪姓划地迁葬。	卷一，234～236页
28	雍正七年（1727年）	休宁程晋玉禀文	毁损祖坟	程晋玉的祖坟在康熙五十九年被朱殿先损毁，屡告不准，此次由官代书执笔再告。县批：存房。	卷一，249页
29	雍正八年（1728年）	休宁程晋玉呈文	毁损祖坟	程晋玉状告朱殿先毁损族坟案的禀文，并没有及时处理，后再禀休宁县和歙县知县恳求处理。	卷一，253页
30	雍正八年（1728年）	歙县正堂票	盗砍阴木	着差逐一查明，不得延迟。	卷一，252页
31	雍正十一年（1733年）	祁门倪光阳状纸	盗占祖坟	倪光阳状告倪昭禄盗占祖坟案，"倪昭禄等是否无分盗葬，仰族约确查即覆"。批：仰族约确察。	卷一，262页

---

① 参见王钰欣、周绍泉主编：《徽州千年契约文书》，第1卷，183～218页。这一系列诉讼文书记载的是从康熙五十九年到雍正三年（1719年～1723年）间，徽州府祁门县郑、倪二姓因坟地之争而发生互控的各类状纸、禀文等，前后历时6年，保留下33件诉讼文书。

续前表

序号	时 间	案 名	起 因	处理结果	资料来源
32	雍正十二年（1734 年）	祁门倪国希禀状	盗占祖坟	倪国希禀状告倪光阳背父违约欺占坟地案。知县批：候讯。	卷一，264 页
33	雍正十三年（1735 年）	祁门胡开发禀文	盗窃阴木	胡开发祖坟上一株"蓄阴庇祖"大树被程相、汪福窃取。县爷批示：仰捕衙查报。	卷一，268 页
34	乾隆七年（1742 年）	休宁示禁弥患告示	盗葬、盗砍阴木	汪美玉的父母之坟被富保、彪俚越占盗葬案，以致"斩龙绝脉"，状告到府，府委县审断，休宁县周知县发此弥患告示。	卷一，295 页
35	乾隆八年（1743 年）	祁门县信票	盗篡祖冢	叶夏玉控告王章盗篡祖冢，祁门县郑知县下信票，差保正邻右协助查证此事。	卷一，299 页
36	乾隆三十八年（1773 年）	祁门县主断案批文	盗阴戕祖	张锦翼等状告胡学文盗阴戕祖案，判定将原卖契销毁以绝讼端，盗砍阴木的胡麻佑等免议，胡姓不得再侵越张姓族冢。	卷一，378 页
37	乾隆四十年（1775 年）	休宁县告示	坟顶泥堆被牛畜踏卸，不法之徒越界刨挖	示仰该处地保山邻人等知悉，嗣后如有不法之徒，在于该生祖茔纵放牛畜，践踏坟冢及越界刨挖等事，指名赴县陈禀，以凭严拿究治，决不宽贷。	卷一，414 页
38	乾隆五十一年（1786 年）	休宁县告示	阴木屡被砍伐，纵放牛畜践踏坟茔	示仰该处山邻保甲人等知悉，自示之后，倘有无知匪徒，砍伐该山阴木，以及纵放牛畜践踏坟茔者，许即指名赴县陈禀以凭，立拿究治。	卷一，415 页

三、明清 38 个坟葬纠纷的初步分析

如前所述，徽州地域独特的自然条件和人文环境造就了徽州地域坟葬纠纷事件的频频发生，而导致纠纷的原因大体上包括侵占坟地、侵越坟地、损毁祖坟、盗占和盗葬、霸占风水、厝棺浮殡等。从引起纠纷的起因上看，其中两个最重要的因素就是对风水的信赖和对山地及其附着物的追求，而从实际发生的纠纷过程中看，这两者往往又合而为一或者相互竞合。同时，一些最终酿成大案的纠纷，往往都是因风水而起。而单纯的对于坟地上的树木和

山林之争，其本意并非是坟地本身，而往往是借坟地的重要性来强调说明几方的利益的重要，并以此来唤起官府对自己支持的意思表示。也就是说，如果仅仅是单纯的山林纠纷，未必能够引起官府的注意，而一旦与祖坟风水有关的事情，官府一般都会顺应当地的风俗习惯给予必要的关注。下面一份正堂审单和正堂票所反映的内容即属此类：

康熙五十八年祁门县正堂审单

审看得汪大团，乡愚藐法，恃强逞害。生员吴家驹，有坟山一号，土名万字山中带。于康熙四十一年间，买受倪姓之业为茔葬之地，赤契炳据，与团无涉，本可相安无事也。乃因两姓山地相蒙，大团遂起谋占之意。于本年二月间，猝将石碑暗立吴地，以为侵占之基。致该生员有势占惨屠之控□。经查勘质讯字号，个别其山□，吴姓不问自明，大团虽百□狡饰，焉能释其罪戾乎？一杖示徽，法无枉纵，取供立案，以杜后起之争端，该生之可永远保业矣。

康熙五十八年六月二十二日

雍正八年歙县正堂票

歙县正堂加一级□□□为盗阴屠坟等事：据十都一图监生江天□抱呈、江寿具呈前事，据此，合饬查覆。为此，票仰该保前去，即将监生江天□呈控毕公美、毕公冉等盗砍坟阴一案，禄由立剖，逐一查明，定限　　日内赴县，据实回覆，以凭核夺施行，毋□偏拘迟延。致于差提未便速上须票：

计开

毕公美　毕公冉　毕圣诚以上被犯新砍□□原立包约

干证江天□（原呈）　江寿（抱呈）

右票仰该保　准此

雍正八年四月初六日具
县　　定限　　日

在本节所收录的 38 件有关坟葬事件的纠纷中，只有嘉靖十三年（1534 年）休宁县李帅保立甘罚文约没有官方参与处理的印记，其余全部都经过了徽州府和各县知县的具体处理。虽然说官府对于盗砍阴木这类事件比一般的盗砍行为要重视许多，但相比较于那些严重的损毁祖坟、侵占坟地或者谋占风水的事件，官府的重视程度仍然是较低的。歙县正堂的这张信票是直接下发给该保的保正，用于保正调查事情真相、拘传两造人犯和干证的依据。但就州县官对待民间纠纷的态度而言，通过委托里甲保正来进行纠纷调查的情况，一般都是州县官认为并不是一个十分严重的纠纷事件的情况下才会出现。

表 23—6　　　　　　　　　明清徽州 38 件坟葬纠纷种类情况一览表

序号	纠纷种类	数量	所占比例	在表 23—5 中的序号
1	侵占坟地	8	21%	17、18、20、21、24、25、31、32
2	盗砍阴木	8	21%	7、8、9、11、30、33、36、38
3	侵越坟地	7	18.4%	1、3、5、12、13、14、15

续前表

序号	纠纷种类	数量	所占比例	在表 23—5 中的序号
4	损毁祖坟	7	18.4%	2、6、16、26、28、29、37
5	盗葬	5	13.2%	10、19、27、34、35
6	厝棺	1	2.6%	22
7	霸占风水	1	2.6%	4
8	损害风水	1	2.6%	23

　　但不管怎样，有一点似乎可以肯定，即相对于普通的纠纷事件而言，官府对于坟葬纠纷事件还是比较重视的。在各种有关坟葬纠纷事件的文书中，很少看到官府将当事方的状文直接驳回或者不了了之。相反，州县官在受理有关纠纷事件以后，一般都会给据信票，差衙役或令保正、邻右、族亲等协助查证有关事实。而稍微重大的一些纠纷，知县会亲自到现场进行勘验，以示慎重。在解纷的过程中，双方都要提交相关的契约文书、干证，以备验证。对两造相争的事实认定，官府一般都会给据一个明确的"说法"，或者是判令理亏的一方迁葬，或者在勘界后埋石为界，以杜后患，而胜诉的一方往往还会直接向官府请求给具帖文，或者准许抄出判词，以此作为几乎拥有该坟地的"合法依据"，同时也为今后可能发生纠纷事件划定了界限。这一点对于官府来说，也更愿意看到争诉的子民能够相安无事，通过给具正式的官府帖文，从而杜绝"讼端"，免致纠葛，而最终的目的当然还是实现民间社会的"和谐"与"稳定"。这一点从下述列表中可以得到印证。

表 23—7　　　　　　　　　明清徽州 38 件坟葬纠纷处理结果情况一览表

序号	处理结果	数量	所占比例	在表 23—5 中的序号
1	府县给具帖文	8	21%	4、10、15、16、34、36、37、38
2	府县给信票，差衙役、保正、邻右、族亲查证	7	18.4%	24、28、30、31、32、33、35
3	判令一方迁葬	6	15.8%	19、20、21、23、26、27
4	无结果	6	15.8%	6、12、13、14、18、29
5	一方立下甘罚文约	4	10.5%	1、2、3、7
6	徽示	2	5.2%	22、25
7	罚银	2	5.2%	8、9
8	勘示后定界	2	5.2%	11、17
9	双方立下保业合同	1	2.6%	5

　　官府对坟葬纠纷的重视，也直接影响着民间对纠纷的解决。即纠纷的双方在官府受理状文以后，明知理亏的一方往往会通过合息的方式解决纠纷，而不愿意再次审告到县。这一点，与黄宗智先生所言的"民间大部分纠纷都是在介于官方的正式制度和民间的非正式制度之间'第三领域'里解决"这一判断，大体相符。但必须明确的是，这种在官府正式受理之后再由民间进行调解来处理彼此纠纷的方式，往往是发生在宗族成员之间或者一个较大的家族内部，当事

方之间一般都会有一定的关系，或亲属、或主佃、或主佣。天顺三年（1459年）祁门县郑德宽、郑德勋等立保护祖坟合同文约、嘉靖十三年（1534年）休宁县李帅保立甘罚文约和万历十四年（1586年）休宁县竹岩公青龙山合同应是这一情况的典型。

保护祖坟合同文约

十五都郑德宽与兄思广等，众有墓山一段，坐落本都六保，土名查木段。原葬七世祖重一公夫妇在上。因德宽迁居彼处，己田内造物住歇，有犯祖墓。思广、思熙令男后□具告本县。蒙里帖老汪兰玉等勘，报间二家，后思敦陆之义，不愿索繁。今凭亲眷康汝芳等劝议，自后坟茔禁步内外及来龙四周山场，务要长木成材，庇荫风水，不许栽种茶果桑植，窥图微利，侵犯祖墓。及坟前田一亩，新立埋石。东至埋石，抵德宽基地，西至坑□，南至山水。至埋石抵德宽田并十六都八五婆坟前基地荒熟一段，俱各众存，日后子孙不许侵占。□□八五公安葬，土名部令口住后，嫡祖□重一孺人，安葬七保土名西坑，俱各众不许侵犯……自立之后，家家各宜遵守，如有忘背宗族之义，仍蹈前非故违者，甘罚花银二十两入官公用，仍依此文为准。今人□倍，立此合同文约，各执为照。

天顺三年四月二十一日立约人郑德宽　德熏　思广　思□　永新

中顺大夫　劝议亲眷　康汝芳　程万忠

比都老人　陈福　胡庸敬

排年老　汪兰玉　汪彦清　汪克谐　郑升　方森　郑志道　康从礼　胡景辉

　　　　汪□　胡振宏　汪则宽　汪守庸

休宁李帅保立甘罚文约

十二都李帅保等，原洪武年间，有十五都外祖母旧郑英才，买受本都五保，土名冯四坞西坞口山地一条，于内安葬外祖郑秀云公在上。是母旧英才，思念姐妹之情，与生李文彬，将母安葬郑氏坟一所在上。至今年二月间，是帅保不知上祖来历，到山朦胧砍折柴木，是英才子孙郑德良等得知，状投里老，帅保不愿索繁，自情愿央凭中人，立还文约。以后再不敢砍□侵犯其余空闲山地并四周。郑英才长养庇树木尽系英才子孙永远管业，本家自后并无侵犯，其祖□郑氏坟一所听本家标祀，自立文之后务宜遵守，如违听自英才公子孙□文告理，罚银十两入官公用，仍以此文为始。今恐无凭，立此文约为照。

嘉靖十三年二月十七日立文约人李帅保　李渭

　　　　　　　　　　　　　　　　　劝谓里长　胡元

　　　　　　　　　　　　　　　亲眷　胡镐　胡景仓

竹岩公青龙山合同[①]

亲族中人陈招保、程梅龄、程大中、程登赢、程良科，今因程五十、程钫为宅里坞

---

① 《窦山公家议》附录二"布政公誊契簿·竹岩公青龙山合同"，载周绍泉、赵亚光：《窦山公家议校注》，295页。誊契簿中所用的"号"，指的是花押，有的簿中写作"押"，其基本意思是一致的。

里外祖坟毗连山界，界边风折松木，告争在县张爷台下。亲族思得二家一脉，劝谕息讼。二家听允，同中到山，三面勘明定界已讫。二家复央中人当官告准和息，回家议行埋石。因时月不利，凭中将界批明，逐一丈量。其风折松木桩过中三尺，钉楔为界。其泰坟青龙山培丫大松木直上降一丈三尺钉楔为界，界内俱系泰业，界外俱系宿业。再杉木一根，泰、宿二家均业界木。再杂木一根，泰、宿二家均业界木。又山脚下自泰批龙外宣直出七尺钉楔为界，其山脚下楔直上抵杂柴木界。前限界至开明，侯冬埋石。后将二家保存合同，眼同缴付，各收为照。

万历十四年六月初六日

亲族中人陈招保（号）程梅龄（号）程大中（号）程登赢（号）程良科（号）

第四节
明清徽州民间纠纷的地域特征

司法的终极价值在于有效解决民间社会中的各种纠纷，从杀人偿命的"命案"，到田土细故的"琐事"，司法都必须给予一个合理解决的路径。提出徽州地域司法这一特定的历史地理概念，其最终目的乃是标示明清时期在徽州特定的历史地理环境中，民间社会创设了一系列旨在解决自身纠纷的模式，这些模式足以在中国传统法律文化发展史上留下自己独特的地位。

一、解纷类契约文书的法律分析

在中国传统法律文化史上，私力解决民间纠纷的传统历史悠久。这一点，已经得到大量史料的充分印证。其中，各种反映司法素材的契约文书最具有典型性。古往今来，与政治社会始终致力于寻找管理路径和社会控制方法一样，民间社会一直都在寻求一种自力解决各种纠纷的途径。而在"不伤和气"的前提下达成某种约定，并由此解决彼此间的纠纷，始终都是草根社会的首选，这也是古代中国民间社会格外重视契约的一种表现。所以，自汉代开始，民间社会就有"民有私约如律令"的说法，隋唐时期更有"官有政法，人从私契，两共平章，书指为记"的提示，即所谓"官有政法，民从私约"①。这也从一个侧面反映了在民间社会中，契约对于确定普通百姓的权利归属以及解决相互之间的纠纷都具有十分重要的作用。

现有史料记载，早在西周时期，民间的契约行为就开始出现并日渐活跃。秦汉以降，随着"大一统"的法典编纂模式的出现，民间契约所涉及的范围逐渐扩大，民间契约获得了长足的发展。宋代印刷术的出现，使得格式化的民间契约成为可能，于是宋代出现了"官颁契纸"，从而把民间较为散乱的契约格式进一步规范化，由此开创了中国传统民间契约的标准化之路。元、明、清以后各朝，继承了宋代关于契约的格式要求，并将民间契约与官颁契约

---

① 张传玺：《中国历代契约汇编考释》，上册，215～216 页，北京，北京大学出版社，1995。

相结合，形成了一些独具特色的契约制度。① 但，前文所述的民间契约文书，所记载的是各种纠纷以及纠纷的解决，在传统的契约类型中具有一定的典型性和特殊性。因此，有必要对其做些分析。

解决民间纠纷的民间契约，可以将其统称为"解纷类契约文书"。在某种程度上说，这是一种具有"准司法性质"的格式文书，包含其中的是民间社会私力解决自身纠纷的一种基本诉求。与一般的买卖契约虽有相似之处，但自身的一些特征则更加鲜明。

1. 立契人的姓名。与买卖合同一致的是，立契人在那些旨在解决民间纠纷的民间契约中属于必要要件。但与买卖合同不同，旨在解决民间纠纷的各种契约文书，对立契人并没有过多的限制，这是两者之间的根本差别。因为只要是民间纠纷的当事一方，即可以就纠纷的解决提出自己的意见，并通过文书表达出来。而在买卖契约中尤其是一些不动产的买卖契约，如果当事一方要出卖自家的房产，必须经过亲族人等的同意，否则可能会因为亲族人等的异议而使得已经订立的契约归于无效。上述 38 件契约文书中，由于文书所反映的纠纷性质的不同，立契人的称呼也是不同的，有的叫"立约人"，有的称为"立合同人"，但其基本意思都包含有纠纷当事方的含义，有的契约文书立约人还能说明契约的种类。

2. 立契的原因或者事因。在买卖合同文书中，一般都是出卖方会简单说明出卖的原因，诸如"用钱无度"、"讼费无措"等等。相反，在那些旨在解决民间纠纷的契约文书中，对于立契原因的叙述都是十分详细，这也是两类契约在内容上的一个重大差别。在叙述立契原因的时候，当事人一方或者双方一般都要将纠纷的前因后果作一仔细的梳理。在叙述的过程中，一般还对有过错的一方作出一些倾向性的表述。

3. 事发经过。这一要件一般是解纷类契约文书的一个独特的内容。与立契原因的叙述不同，对于事发经过的叙述重点表达的是纠纷的真正起因和基本过程。受当时条件的限制，对于纠纷起因的叙述是十分简约的，但这丝毫不影响当事方会使用一些夸张的语言来描述这一过程，以强化有过错一方的责任，以便为纠纷能够最终通过双方和解方式来加以解决打下基础。

4. 事主提出要经官处理或另一方自知理亏。这是解纷类契约文书能够在解决民间纠纷过程中发挥作用的一个十分重要的前提条件，即一方拟通过官方的途径来寻求对自身权益的保护，而另一方在明知自己已经理亏或者自身实力明显不济的情况下，一般也会主动要求私下和解，而这一选择往往对纠纷的双方都有好处。正因为此，在解纷类契约文书中，经常可以看到一方要"经官理治"，而另一方则"自知理亏"，和解正是在施加压力和受到理亏压力的双向作用下最终达成。

5. 里甲、宗族或民间头面人物的调停。在一个相对闭塞的乡村社会中，发生纠纷的频率应当是很高的，而每一个纠纷的发生，周遭的民众基于不同的立场，诸如血缘关系的亲疏远近、是否为亲属和故友等，都会作出不同的纠纷表示。这其中一些乡村社会中的头面人物往往会成为纠纷解决的关键因素，而他们解纷的手段也是多样的，其基本的因素正是前述的"情理"和"实力"两个方面。但需要说明的是，这一条件并不是解纷类契约文书的必要要

---

① 关于中国传统民事契约的基本渊源，参见李祝环：《中国传统民事契约研究》，载韩延龙主编：《法律史论集》，第 2 卷，69～107 页，北京，法律出版社，1999。

件，有的解纷契约文书是将此类人员列入中见人的范畴。

6. 立契人申明不愿经官以及悔约惩罚。在解纷类契约文书中，理亏的一方在表述愿意通过私下的和解方式来解决彼此的纠纷时，一般都会套用"不愿索繁"、"不愿经官"这一基本原因，同时还要写明自己的悔约责任。诸如"如违，听主递官理治无词"，或者甘罚文银若干两入官公用等，且要注明"今恐无凭，立此为照"的字样。

7. 其他附注事项。解纷类契约文书所涉及的都是乡民之间的各类纠纷，而各种纠纷的出现和解决都要依赖不同的证据文书。如相关契约证书、官方的批示、田单、推单、担保人的附证等。同时还要写明，本契约文书的保存方式，一般都是纠纷各方皆保留一份，以此来证明各方所拥有的平等的处置权利。

8. 立契时间。与买卖契约中注明立契时间仅仅起到证明作用不同，在解纷类契约文书中，立契时间的标注则是表明纠纷各方的权利的重新界定，这为以后可能发生的纠纷解决提供了参考性的标准。

9. 立约人和参与纠纷解决的各方人等的签字画押。与买卖契约不同的是，在解纷类契约文书中，其当事方可能是一方，也可能是两方，或者是多方。但是，凡是参与立约的人，包括立约当事人（一般就是指纠纷的当事人）和中见人等，都必须要在契约文书上签字画押，以示对文书内容的认可，同时也是表示对履行契约内容的一种保证或者承诺。而各中见人的签字画押行为，实际上也是一种对当事方履约行为的一种见证、督促和监督。

10. 中见人等。在中国传统民事契约的发展过程中，尽管有关中见人的称谓不同，但其作为第三人而参与契约的订立和所起到的中介和见证作用则基本相同。[1] 在明清徽州地域社会中，中见人等不能仅仅被看作是各种契约中的一个固定化的、程序化的要件，而应被视为在经济和法律领域都具有重要作用的一种人性化因素。其人性化就在于，中见人等是作为"人"出现在契约中的，而并非像国家法律或者地方习俗一样具有强制力和必然影响力的作用，它同地方官吏、乡约、老人一起，从人的角度构筑了对民间社会秩序的影响与维护。[2] 在解纷类契约文书中，能够担当中见人角色的人是很多的，如前述的半官方的里甲保长、作为道德权威的老人和宗族头面人物，以及一些纠纷当事人的亲属和邻里等等。就乡里社会而言，相对封闭的社会环境和相对简单的社会关系，使得参与解决纠纷的第三人是有限的，往往那些与纠纷本身或者与纠纷当事一方有着这样或那样关系的人，都有可能在民间纠纷的解决中发挥着积极的作用。

在民间社会中，纠纷是纷繁而复杂的，这一点似乎已经成为民间社会的一个不可分割的组成部分。而探究纠纷的起因，也可以从中看到当时社会的种种形态和民间社会的基本生活状况。正是从这一意义上说，一份契约尤其是解纷类契约文书，给我们展现的就是一幅生动的民间普通百姓的生活画卷，内涵丰富，描述生动。正因为此，我们常常说，一份普通的契约文书尤其是解纷类契约文书，寥寥数百字，包含的内容不仅相当丰富，而且也比较严密，为我们展示了一条基层民众通过"自力"的方式来解决自身纠纷的途径。

---

① 参见李祝环：《中国传统民事契约研究》，载韩延龙主编：《法律史论集》，第 2 卷，93 页。

② 参见吴欣：《明清时期的"中人"及其法律作用与意义——以明清徽州地方契约为例》，载《南京大学法律评论》，2004 年春季卷。

二、"法理"与"私情"之间的民间纠纷解决方式

在明清时期的徽州地域，由于其独特的自然环境和人文环境的影响，出现了一些较为独特的民间纠纷类型和民间纠纷解决办法。对于明清的徽州人来讲，并不是"健讼"之风的盛行使得民间纠纷和民事诉讼有增无减，恰恰相反，正是民间纠纷的必然性和必要性促使民众选择调解或者诉讼。为此，我们可以按照"需求——选择——行动"这一分析模式来解释上述问题。换言之，既然明清时期的徽州民间社会中各种民间纠纷是客观存在的，那么当纠纷发生时，普通民众面临的选择并不是唯一的，解决纠纷的方式也是多层次、多角度，这种选择的过程实际上也是乡民们用最质朴的方式进行博弈的过程。①

更令人关注的是，从上述思考路径出发，我们是否可以对明清时期的徽州地域、对广大基层乡里社会中的普通民众关于纠纷及其解决方式提出如下设问：基层乡里社会中的普通民众在其生产生活过程中有没有解决其相互之间纠纷的需求？如果有，他们在纠纷发生以后会作出什么选择？是什么因素影响并最终决定了他们的选择？当他们选择以后，他们又会采取什么行动？而在采取一系列的行动以后，他们又会得到什么？一句话，明清时期的徽州人，当他们面对并且试图处理日常的问题、困难和纠纷时，他们是通过何种方式来实现以及最终能否实现自己的目的。本章所述民间纠纷及其解决方式，大体可以帮助我们来理解这些问题。

在明清徽州的许多家法族规中，种种"避讼"、"厌讼"字眼比比皆是，劝导之恳切、规定之详备，为后世所叹服。作为一种理想的伦理政治秩序的"无讼"说在这里也找到了它的支点："讼也者，鸣己之不平，而亦人情之所不得已也。可已不已，谓之好讼。反复诘告，谓之健讼。"② 当然，这种"远距离想象"，无法真实描绘出徽州乡民的真实法律生活图景。对于类似于徽州的传统民间社会，强大的国家权力系统根本无力也无法延伸到此，民间社会似乎是一种"有秩序而无法律"的所谓"天（国家）高皇帝（王法）远"的生活状态。如此一来，频繁发生、各式各样的民间纠纷完全依赖国家权力和王朝法律来加以解决的设想，即便不是一种纯粹的空想，也是一种根本无法实现的制度安排。因此，大量民间纠纷的解决大抵依据的是民间自发形成的、遵从当时皇朝法律秩序的一种内在的公平与公正的逻辑，这就是"法理"与"私情"的合力而为，完成了对民间社会纷繁复杂纠纷的合理化解决。

明清时期徽州民间社会纠纷的解决来源于代表"法理"利益的官方集团和代表"私情"利益的民间社会这两个方面的合力。作为一对抽象的概念，"法理"与"私情"建立在传统的礼法文化社会背景之上，同时不能脱离民间社会纠纷及其解决这样一个大的社会关系网络，否则我们便无法理解其基本意义和解释价值。

"法理"是国家正式权力体系的一个象征，不仅仅包括国家的律典，而且也不仅是立法

---

① 参见赵旭东：《权力与公正——乡土社会的纠纷解决与权威多元》，2 页，天津，天津古籍出版社，2003。赵旭东先生在实地考察了河北某村自 1949 年以来发生在村子里的各种纠纷及其解决的过程后，给他留下的最深刻的印象就是乡村中村民纠纷解决的大体途径。"一起发生在乡村社会的纠纷其经历的过程大体是一致的：最初或许是谋求在邻里之间获得解决，若此路不通，便会由村里的调解委员会来出面调解，再不行，才会上诉法庭，寻求由国家法律权威来作出判决。"

② 《古歙城东许氏世谱》卷七，《许氏家规》。

的产物，它也包括国家各级有关机构订立之规则、发布之告示和通过之判决①，其至包括威严的州县衙门和衙门中的诸色人等给民间社会所传达出的权威与不可抗逆性，以及州县官在处理具体纠纷的过程中所坚持的一些处理民间词讼事件的诸如用语、仪式、程式等方面的"潜规则"。

"私情"不仅仅是民间社会成员之间的交情，它也是民间社会权威的象征，是建立在民间社会内在公正与公平逻辑之上的一种民间化的权力关系组织，其权威来源于民间社会长期以来形成的一套规则体系、运作机制和秩序结构。这些规则体系是建立在血缘伦理基础之上的，是特定利益集团基于其自身的利益考量而设定的。其运作机制更多的是地缘关系在发生作用，它必须充分考虑特定的地域环境下其权力体系的现实可操作性。其秩序结构的基本点乃是在充分考量其血缘因素和地缘影响的前提下，努力保持特定的社会组织群落的平衡，以及为了实现这种平衡而对上述的规则体系和运作机制所作的限定。在民间纠纷解决的过程中，我们并没有看到"法理"与"私情"之间存在着不可调和的冲突，相反两者更多地表现为相互的协作甚至妥协，而正是这种妥协维持了实现基层社会的和谐与平衡所应有的张力，"法理"的尊严与"私情"的脸面在具体的纠纷处理过程中得到了几乎同样的肯定。这正是在高度统一的社会政治条件下，实现身处不同地域环境和人文环境中的基层社会之和谐共存的关键所在。

第五节　简评

法律文化，从某种意义上说是一种法律传统，这种传统是经过长期的历史沉积所形成的，在这个过程中，政治因素、经济条件、自然环境、民情风俗等深刻地影响着文化的生成和发展的走向。正因为此，一般来说，文化包括法律文化都具有强烈的地域特征和民族品性。徽州文化是中华传统文化的一个生动的历史印证。从现存的徽州文化中，能够看到中华文化的特色、风姿和辉煌。同样，从现存体现徽州文化的大量实物和史料中，我们可以分析出徽州人的信仰、风俗、风尚、生活方式、生产方式、思维方式、价值观、道德观等，而这也正是中国传统文化真实的存在。

正因为此，要真正理解中国古代法与当时社会之间的内在关系及其在中国传统法律发展史上的意义和价值，我们不仅要立足于国家正典刑宪和官方正史，更要关注不同地域环境中和不同的历史条件下所形成的独特的诉讼观念、法律意识及其相关的民间社会解纷机制和诉

---

① 参见梁治平：《清代习惯法：社会与国家》，127~128 页，北京，中国政法大学出版社，1996。梁治平先生从知识传统的角度对国家法和习惯法作出一个对比性的划分。他认为："习惯法是这样一种知识传统：它生自民间，出于习惯，乃由乡民长时期生活、劳作、交往和利益冲突中显现，因而具有自发性和丰富的地方色彩。由于这套知识主要是一种实用之物，所以在很大程度上为实用理性所支配。习惯法的这些特征明显地不同于国家法。广义地说，国家法并不只是律典，而且也不仅是立法的产物，它也包括国家各级有关机构订立之规则、发布之告示和通过之判决。这种意义上的国家法可以被看成是一种受到自觉维护的和更具统一性的精英知识传统。它有很强的符号意味，并且表现出相当显著的文化选择色彩。"

讼实践状况。法律史大家瞿同祖先生曾言："研究法律自离不开条文的分析，这是研究的根据。但仅仅研究条文是不够的，我们应注意法律的实效问题。条文的规定是一回事，法律的实施又是一回事。某一法律不一定能执行，成为具文。社会现实与法律条文之间，往往存在着一定的差距。如果只注重条文，而不注重实施情况，只能说是条文的、形式的、表面的研究，而不是活动的、功能的研究。我们应该知道法律在社会上的实施情况，是否有效，推行的程度如何，对人民的生活有什么影响等等。"① 徽州文书的大量出现为我们理解中国传统法律实际运作状况提供了最佳的例证。

在徽州地域司法实践的研究中，透过一个个诉讼文书，将明清时期徽州民间社会法律生活场景鲜活地表现出来，很好地印证了在传统的民间社会生活中国家法律和民间习俗如何共同控制和约束着乡民行为这一社会事实。因为，在一些西方人看来，"中国古代虽然制定了很多、而且具有较高水平的法典，但传统的中国社会却不是一个由法律来调整的社会"②。因为，每当纠纷发生时，"古代中国人为了寻求指导和认可，通常是求助于这种法律之外的团体和程序，而不是求诸正式的司法制度本身"③。这就需要我们通过对发生在某一地域或者某一时期内比如说徽州法律文献史料的统计分析，研究分析明清时期国家正式的司法制度在州县一级的运作状况，尤其是国家正式的司法制度在处理民间社会民事纠纷时的态度和作用，以探讨其内在的运作机制。

研究徽州法律文献史料，我们可以发现，传统的司法，其制度设计的主要目标是"解决问题"，而不是"分配权利"；其制度的终极价值取向是"实现和谐"，而不是"分清是非"。就官府来讲，除非一些命盗重案，否则官府对待任何民间纠纷的基本态度都是"不告不理"；就民间来说，官方的消极态度事实上是"鼓励"了民间通过私力的方式来解决彼此之间的纠纷。但上述传统司法制度的设计，全然没有妨碍州县官在具体的纠纷处理和案件审判过程中会采取更加严谨的问案方式并遵从既定的审理程序来处理生动的民间纠纷和基层社会司法实践。更重要的是，在具体的审判实践中，州县官并不需要严格地遵守王法的规定，刻板地依法判决。相反，他们更加关注解决纠纷。其结果，在大部分案件的判决中，虽然我们很难看到州县官运用具体的法律条文的情形，但这也并不意味着州县官的判决可以任意为之。事实上，王朝"法理"的精神时时闪现于各种案件的处理之中，即便是一些诸如因两家小孩争吵打架而发生的"民间细事"纠纷也不例外。虽然州县官在判决中大多顺应了（而不是依据了）"法理"的要求，但在具体的惩罚措施中，州县官所采取的方式同样也是最大限度地顺应民间社会中"私情"的要求，以至于许多判罚体现了更多的温情色彩。

徽州地域的司法实践给予的另一个启示就是，在任何社会条件下，法律制度的创设和运行首先必须符合其存在的社会环境。正如孟德斯鸠所言：没有绝对好的法律，好的法律是指适合国情条件的。就徽州地域的民间纠纷及其解决机制来说，一方面，官方的说教和倡导力图尽量避免民间纠纷的发生和最终解决民间纠纷，以恢复和谐的民间社会秩序。另一方面，作为一套民间性、地方性的关系规范，乡民之间的权利义务通过一种无须言说即可大致界定的方式得到了民间社会的认可和遵从，这是调整和解决他们之间利益冲突的基本点。因此，

---

① 瞿同祖：《中国法律与中国社会》，导论。
② ［美］D. 布迪、C. 莫里斯：《中华帝国的法律》，2 页。
③ ［美］D. 布迪、C. 莫里斯：《中华帝国的法律》，3 页。

就民众的角度来讲，无论官方的倡导多么地具有欺骗性，尽量避免发生纠纷，以及发生纠纷以后尽量不要通过正式的诉讼途径来解决，应该是一条更为明智的解纷之道。与此相适应，州县官力图通过各种方式来规劝民众尽量避免纠纷和尽量避免通过官方途径来解决纠纷，而一旦受理民间词讼以后，州县官则会更加关注于对争议的双方尤其是过错方进行道德批评和伦理判定，而追究其法律责任反而是一个次要的问题。

第二十四章

厂卫司法

明代锦衣卫掌"侍卫",是皇帝的贴身卫队,同时拥有缉捕、刑狱的司法权,东、西厂是由宦官管理的专门侦查机关。按《明史·刑法志》记载,"东厂之设,始于成祖。锦衣卫之狱,太祖尝用之,后已禁止,其复用亦自永乐时。厂与卫相倚,故言者并称厂卫"①。厂卫享有特别司法权,因而具有特种司法机关的性质。明代的法外酷刑大都是由厂卫施行的。

第一节 概述

"刑法有创之自明,不衷古制者,廷杖、东西厂、锦衣卫、镇抚司狱是已。是数者,杀人至惨,而不丽于法。踵而行之,至末造而极。举朝野命,一听之武夫、宦竖之手,良可叹也。"②《明史·刑法志》此段可谓厂卫司法最为精炼的概述。《明史·刑法志》列举廷杖、东西厂、锦衣卫镇抚司狱三项内容,而廷杖属锦衣卫职能,所以仍属厂卫司法。厂卫司法惟明代所有,侵越法司职权,滥刑,法外酷刑。历朝虽有所消长,但从其趋势而言,日益严重,明代末期达到顶峰。大臣、平民刑狱惨烈。

厂卫之称起于后期。锦衣卫先于东西厂而设。洪武初年(1368年),禁止宦官预政典兵,只供洒扫给役,犯法严惩驱逐。洪武十五年(1382年)设置锦衣卫,皇帝直属亲军有二十六京卫,不隶属都督府,以锦衣卫为首。因太祖实行重典,故在锦衣卫设有监狱,关押囚犯。因锦衣卫滥施刑讯,洪武二十年(1387年)焚锦衣卫刑具,将狱囚送刑部审讯。二十六年(1393年)重申此禁,内外狱尽归三法司。永乐初年(1403年)复置锦衣卫狱。

与其他京卫一样,锦衣卫有指挥使一人、指挥同知二人、指挥佥事四人、校尉数万之众,有千户所十七个,设千、百户、总旗。锦衣卫所属南北两镇抚司,南镇抚司理本卫刑名

---

① 《明史》卷九十五,《志第七十一·刑法三》。
② 《明史》卷九十五,《志第七十一·刑法三》。

及军匠，而北镇抚司专治诏狱。锦衣卫狱附于卫治，天顺门达掌问刑，又于城西设狱舍，天顺八年（1464年）二月门达败后，毁去新狱。

东厂始设于永乐十八年（1420年），厂址在东安门北。弘治元年（1488年），曾有大臣请废东厂。东厂由司礼监管理，提督东厂，有掌印太监一人。一般由司礼秉笔出任东厂提督。东厂无专官，掌刑千户一人，理刑百户一人，亦谓之"贴刑"，皆锦衣卫官。其隶役悉取自于锦衣卫。西厂设于成化年间，两度置废。成化十三年（1477年）正月始设西厂，由太监汪直提督，所领缇骑倍东厂，五月罢，六月复设，成化十八年（1482年）三月再罢。先后六年，势远出卫上。正德元年（1506年）又设西厂，由谷大用提督。刘瑾又改惜薪司外薪厂为办事厂，荣府旧仓地为内办事厂，自领之。刘瑾被诛，西厂、内行厂俱革，而东厂如故。

锦衣卫有侍卫、缉捕、刑狱三项职能，其中缉捕、刑狱属司法。锦衣卫具体的司法职能主要有侦查缉捕、刑讯、廷杖、会审、监督死刑执行、监狱管理。侦查缉捕盗贼奸宄是锦衣卫的主要职能之一，由官校执行。锦衣卫侦查办案范围极为广泛，主要是缉查不轨妖言、人命、强盗重事，世宗时曾限制其参与其他词讼及在外州县事。妖书图本的侦查缉捕尤被注重。对妖书图本的侦查缉捕，诬告的现象十分严重，"坐妄报妖言"也被纵容。锦衣卫侦查之事，也可以直接报告皇帝。缉捕的另一项重要职能是奉旨提取罪犯。提取罪犯应从刑科给驾帖，都察院给批。有时不用驾帖。锦衣卫还参与巡捕之事。

刑讯是锦衣卫的另一项职责。刑讯案犯的来源有三：其一是为本卫所缉捕者。其二是为东厂所缉捕者。其三是皇帝所交办的大狱，即所谓"诏狱"。分管刑讯的是镇抚司。成化十四年（1478年）增铸北司印信，治诏狱不关白卫帅，仍自具奏。嘉靖时大臣对镇抚司刑讯常有异议。

廷杖是锦衣卫的第三项职责，由官校实施。执杖失仪大臣是锦衣卫的重要内容。嘉靖时有大臣谏言废除，不被采纳，直致万历才停止。锦衣卫还可以参加会审，本卫堂上官同三法司官在午门外或京畿道会问罪囚。锦衣卫从刑科给驾帖，差官监督死刑执行。锦衣卫有自己的监狱进行管理。

东厂的主要职责是侦缉谋逆、妖言、大奸恶，即政治犯罪。实际上东厂的司法侦查权极为广泛。上至官府，下至民间皆在其侦查范围之内。东厂还采用收买情报的方式。东厂侦查之事，随时直接报告皇帝，无须经过任何手续。正德时东、西厂竞争，遣逻卒刺事四方，足迹遍及远州僻壤。内行厂虽东、西厂皆在伺察中。司礼监太监可以参与法司会审。内官参与会审始于正统六年（1441年）。

厂卫经常侵越法司职权。厂卫由皇帝直接指挥，享有特殊司法权，三法司往往屈从于厂卫，东厂、镇抚司送审案件无敢擅改，冤屈、诬告不敢平反。司礼太监在大审中的地位实际上高于三法司。这在不同的时期程度有所不同。

滥刑是厂卫司法的重要特征，诬告、株连、冒功请赏以及假番泛滥。锦衣卫狱内刑罚异常残酷。诸如设断脊、坠指、刺心、"三曰"之刑，立枷重达一百五十斤，枷者不数日辄死。而全刑械、镣，棍、拶、夹棍，五毒备具。

从1368年至1644年，明代共存277年，历十七朝，厂卫司法在不同的时期，情况不尽相同。锦衣卫狱在洪武年间只是短暂存在。建文年间则无东厂，锦衣卫也无狱。锦衣卫狱复置于永乐初年。纪纲任锦衣卫指挥使，"司诏狱"。酷吏被视为忠臣而受宠任。锦衣卫指挥使纪纲"纲觇帝旨",广布校尉,"日摘臣民阴事"、诬陷、滥刑,尤其诬陷致死浙江按察使周新。但与陈瑛大兴靖难之狱、希旨论劾勋戚大臣相比,大为逊色。久而"宠任"渐疏,永乐九年(1411年)陈瑛有罪下狱死,永乐十四年(1416年)纪纲亦因遂谋不轨被劾诛死。纪纲死后,锦衣卫狱如故,但已收敛。东厂设于永乐十八年(1420年),已是纪纲死后四年。对宦官"渐加委寄",但犯法辄置极典,不敢放肆。因此永乐后期,虽厂卫并立,却无大害。洪熙、宣德两朝,厂卫均受约束。

锦衣卫"复张"于正统年间,但受制于东厂。东厂的跋扈始于正统后期。王振虽于正统初年掌司礼监,然而尚受阁臣所制约。锦衣卫使"谨饬",而锦衣卫指挥马顺则附王振。正统七年(1442年)至正统十四年(1449年)"土木"兵败,为乱兵所杀,王振擅权七年。王振采用授意、指令、受案的方式,摭小过,兴大狱。尽管王振诱导英宗使用重刑,正统刑狱也不少,但实际处死的不多,大部分是论死系狱,减死谪戍,或削为民,甚或释狱。死刑的数量似乎少于宣德。

景泰年间,景帝初,鉴于校缉事之弊,禁止"诬罔",厂卫平静,而当时阁臣劝用轻刑。

天顺年间的特点之一是倚重锦衣卫,逯杲、门达先后受到宠信。天顺初年袁彬为锦衣卫指挥使;门达为指挥同知,专任理刑;逯杲为锦衣卫校尉。袁彬行事安静。门达经历了从平反重狱到屡兴大狱的变化。逯杲因"摭群臣细故以称帝旨",屡受升迁,势出门达之上。阁臣李贤亦数次被罗织,而廷臣会讯,"畏杲不敢平反"。逯杲遣校尉侦事四方,"无贿者辄执送达,锻炼成狱"。门达反为之所用。因奏告忠国公石亨致死,并复奏总督京营太监曹吉祥、昭武伯曹钦阴事,天顺五年(1461年)七月,曹钦造反,逯杲被斩杀。逯杲死,"达势遂张。欲踵杲所为",因"武臣不易犯",故"文吏祸尤酷"。门达"恃帝宠",势倾朝野,廷臣"多下之"。因袁彬"不为达下"而"达诬以罪",调南京锦衣卫,带俸闲住。宪宗嗣位,门达贬官都匀。袁彬复原职,仍掌卫事。随后,门达下狱,充军南丹。

成化虽因西厂汪直提督西厂,重法酷刑,最终被罢,锦衣卫则持平无冤。弘治虽中官"势稍绌",廷议"尤为所挠"。成化年间,《明史》所载与司法有关的宦官有掌司礼监怀恩、掌西厂汪直、掌东厂尚铭、陈准。可分为两类:汪直、尚铭为一类。东西厂"势远出卫上",但西厂置而复废,调汪直南京御马监。西厂废后,尚铭专东厂事,因卖官鬻爵事发,籍家,谪充南京净军。怀恩、陈准为一类。怀恩"性忠鲠无所挠",因掌司礼监职位在前,汪直等人"咸敬惮之"。宪宗欲诛员外郎林俊,怀恩固争而释。陈准代尚铭掌东厂,非大逆勿预。弘治年间,孝宗励精图治,委任大臣,但"势积重不能骤返"。《明史》记述了发自东厂的两大狱案,法司屈从东厂,原审人员因此获罪。满仓儿一案发生于弘治九年(1496年),张天祥一案发于弘治十七年(1504年)。

正德年间,厂卫司法可分为两个阶段。第一阶段是正德元年(1506年)十月至五年(1510年)八月,即前期,以刘瑾为首的东、西厂和内行厂。刘瑾通过左右武宗,操纵内阁成员去留,造成部分内阁大臣,及包括三法司在内的众多廷臣依附,实际权力已超越司礼监,凌驾于内阁之上。阉党焦芳等人导刘瑾为恶,而阁臣李东阳、王鏊虽处境艰难,却尽力救狱,使刑狱有所轻缓。刘瑾大起刑狱,有罚米、削籍、除名、为民、戍、杖、谪、籍、荷重枷。先后有数十人被廷杖,数人被杖死。《明史·刑法志三》称,荷重枷官吏军民非法死者数千。正德五年(1510年)刘瑾以谋反下狱伏诛。第二阶段是正德五年(1510年)以后至钱宁下狱。太监张锐领东厂缉事，钱宁掌锦衣卫，典诏狱，厂卫并称，势虽炽，钱宁似无大过恶。张锐，未见具体记载。正德十四年（1519 年）宁王宸濠谋反，钱宁以通逆下狱世宗即位，磔于市。

嘉靖和隆庆、万历和泰昌厂卫相对安静。嘉靖年间，世宗"驭中官严，不敢恣"，厂权远不及卫使陆炳。嘉靖初，朱宸掌锦衣卫，未久罢。代者骆安，继而王佐、陈寅，王佐尝保持张鹤龄兄弟狱，有"贤声"，陈寅亦谨厚不为恶。嘉靖十八年（1539 年）陆炳代陈寅，权势远出诸人之上。陆炳因救驾得宠，并助阁臣严嵩排挤阁臣夏言，以及发仇鸾密谋和军功，屡获升迁，进左都督，太保兼少傅，掌锦衣如故。"三公无兼三孤者，仅于炳见之"。世宗数起大狱，陆炳多所保全，未尝构陷一人。陆炳嘉靖三十六年（1557 年）缉司礼李彬、东厂马广阴事。嘉靖三十九年（1560 年）卒官，赠忠诚伯，谥武惠。

万历初年，冯保以司礼太监兼提东厂，冯保与内阁张居正兴王大臣狱，"欲族高拱"，锦衣卫使朱希孝"力持之，拱得无罪"。万历中，东厂张诚、孙暹、陈矩皆"恬静"。陈矩治妖书狱，"无株滥"。陈矩二十六年（1598 年）提督东厂至三十四年（1606 年）卒，"多所平反"。因提督东厂冯保、张诚、张鲸相继获罪，其党不敢大肆。而神宗亦恶之，有缺多不补。晚年，司礼无人，厂卫狱中至生青草。

天启年间，"厂卫毒极"。天启三年（1623 年）十二月，魏忠贤提督东厂，并引顾秉谦、魏广微入内阁。东林与邪党及魏忠贤互劾。大狱发生在后期。以杨涟奏劾魏忠贤二十四大罪为转折点。魏忠贤复用廷杖，杖死万燝以立威，逼去阁臣叶向高，随后罢韩爌、朱国祯。顾秉谦为首辅，票拟皆徇魏忠贤之意。先后有汪文言案、熊廷弼案、周起元案等，多为诬指或伪造，而刑部尚书皆希魏忠贤指，坐以重辟。锦衣卫使田尔耕、镇抚许显纯等"五彪"使用酷刑，死者大多拷毙于诏狱。迄熹宗崩，毙者二十余人，谪戍数十人，削夺三百余人。

崇祯时，厂卫获思宗倚用，王德化掌东厂，大行告密之风，惨刻肆虐，侦阁臣阴事，薛国观、周延儒之死，皆因厂卫刺事而起，廷臣深结中贵自保，镇抚梁清宏、乔可用朋比为恶。然并无大害。吴孟明掌锦衣卫印，慑东厂之威，不敢违东厂之意，但时有纵舍，骆养性接掌锦衣卫，虽多肆虐，亦有可称之处。姜埰、熊开元因建言下狱，思宗谕潜杀之，骆养性封还密旨。姜埰、熊开元移刑官定罪。厂卫缉事之权亦曾奏罢。

第二节
厂卫的设置及职能

一、厂卫的设置

厂卫的设置分为锦衣卫的设置及东厂、西厂及内厂的设置两部分。"厂卫"是后人所称，锦衣卫的设置在先，所以也先行论述。

（一）锦衣卫的设置

《明史·职官志五·京卫》记载，洪武、永乐、宣德间，设"上直卫亲军指挥使司，二十有六"。"名亲军，以护宫禁，不隶五都督府"。锦衣卫为二十六卫之首，其官职与其他京卫相同。有指挥使一人，正三品；指挥同知二人，从三品；指挥佥事四人，正四品。而锦衣卫因主巡察、缉捕、理诏狱，以都督、都指挥领之，"盖特异于诸卫焉"①。

按《明史·兵志一》记载，洪武十五年（1382年）罢府及司，置锦衣卫。所属有南北镇抚司、千户所十四所，所隶有将军、力士、校尉，掌直驾侍卫、巡察、缉捕。锦衣所隶将军，初名"天武"，后改称大汉将军，共一千五百人。设千、百户，总旗七员。其众自为一军。"月糈二石，积劳试补千、百户，亡者许以亲子弟魁梧材勇者代，无则选民户充之。"②按《明史·职官志五·京卫·锦衣卫》记载：锦衣卫，洪武十五年（1382年）置，统有千户所十七个，"恒以勋戚都督领之，恩荫寄禄无常员"③。按《明史·世宗本纪》记载，正德十六年（1521年）六月"革锦衣卫冒滥军校三万余人"。七月，"革锦衣卫所及监局寺厂司库、旗校、军士、匠役投充新设者，凡十四万八千余人"④。此一记载虽未明言其中革除锦衣卫所旗校、军士的具体数目，但也足以反映其人数众多。

《明史·兵志》解释了锦衣卫参与刑狱的原因："太祖之设锦衣也，专司卤簿。是时方用重刑，有罪者往往下锦衣卫鞫实，本卫参刑狱自此始。文皇入立，倚锦衣为心腹。"⑤按《明史·职官志五·京卫·锦衣卫》记载：洪武二十年（1387年），因治锦衣卫者多非法凌虐，乃焚刑具，出系囚，送刑部审录，并诏内外狱均归三法司，罢锦衣狱。成祖时复置。⑥按《明史·太祖本纪》记载，焚锦衣卫刑具在洪武二十年（1387年）春正月癸丑。⑦《明史·刑法志三》亦有所记述："太祖时，天下重罪逮至京者，收系狱中，数更大狱，多使断治，所诛杀为多。后悉焚卫刑具，以囚送刑部审理。"而诏"内外狱毋得上锦衣卫，大小咸经法司"，则是在洪武二十六年（1393年）"申明其禁"。之所以"申明其禁"可能因为在洪武二十年（1387年）至二十六年（1393年）仍有内外狱上锦衣卫之事。《明史·刑法志三》认为，永乐锦衣卫复典诏狱是因成祖"幸纪纲，令治锦衣亲兵"。而"纪纲遂用其党庄敬、袁江、王谦、李春等，缘借作奸数百千端"。后来，纪纲因罪被处以族刑，"锦衣典诏狱如故，废洪武诏不用矣"⑧。按《明史·成祖本纪》记载，锦衣卫指挥使纪纲有罪伏诛在永乐十四年（1416年）七月乙巳。⑨纪纲之事参见下一节。

按《明史·兵志》，锦衣卫所属南北两镇抚司，"南理本卫刑名及军匠，而北专治诏狱。凡问刑、奏请皆自达，不关白卫帅"⑩。设北镇抚司有洪武、永乐两说。按《明史·刑法志三》，镇抚司职理狱讼，初止立一司，与外卫等。"洪武十五年添设北司，而以军匠诸职掌属

①　《明史》卷七十六，《职官志五·京卫》。
②　《明史》卷八十九，《志第六十五·兵一》。
③　《明史》卷七十六，《职官志五·京卫·锦衣卫》。
④　《明史》卷十七，《本纪第十七·世宗一》。
⑤　《明史》卷八十九，《志第六十五·兵一》。
⑥　参见《明史》卷七十六，《职官志五·京卫·锦衣卫》。
⑦　参见《明史》卷三，《本纪第三·太祖三》。
⑧　《明史》卷九十五，《志第七十一·刑法三》。
⑨　参见《明史》卷七，《本纪第七·成祖三》。
⑩　《明史》卷八十九，《志第六十五·兵一》。

之南镇抚司，于是北司专理诏狱。"① 按《明史·职官志五·京卫·锦衣卫》：成祖"增设北镇抚司，专治诏狱"。按《明史·神宗本纪》，万历四十五年（1617 年）"三月辛未，镇抚司缺官，狱因久系多死，大学士方从哲等以请，不报"②。

按《明史·宪宗本纪》，天顺八年（1464 年）二月"丙寅，毁锦衣卫新狱"③。此事亦见《明史·刑法志三》，"初，卫狱附卫治，至门达掌问刑，又于城西设狱舍，拘系狼藉。达败，用御史吕洪言，毁之"④。

（二）东厂、西厂及内厂的设置

东、西厂是由宦官管理的特务机关，专门从事侦查。而其管理者司礼太监，参加会审。

1. 东厂的设置

按《明史·成祖本纪》载，永乐十八年（1420 年），"始设东厂，命中官刺事"⑤。《明史·刑法志》解释了东厂设置的原因。"初，成祖起北平，刺探宫中事，多以建文帝左右为耳目。故即位后专倚宦官，立东厂于东安门北，令嬖昵者提督之，缉访谋逆妖言大奸恶等。"弘治元年（1488 年），员外郎张伦请废东厂。不报。⑥

按《明史·职官三·宦官》，东厂设于司礼监，司礼监为宦官十二监之首。有提督太监一人，掌印太监一人，秉笔太监、随堂太监、书籍名画等库掌司、内书堂掌司、六科郎掌司、典簿无定员。提督掌督理皇城内一应仪礼刑名，及管理长随、当差、听事各役，关防门禁，催督光禄供应等事。掌印掌理内外章奏及御前勘合。秉笔、随堂掌章奏文书，照阁票批朱。提督东厂，有掌印太监一人，掌班、领班、司房无定员。贴刑二人，掌刺缉刑狱之事。旧选各监中一人提督，后专用司礼秉笔第二人或第三人为之。其贴刑官，则用锦衣卫千百户为之。司礼监权力极大，"掌印，权如外廷元辅；掌东厂，权如总宪。秉笔、随堂视众辅"⑦。

按《明史·刑法志》，司礼监掌印，其属称之为宗主，而东厂提督为督主。东厂无专官，掌刑千户一人，理刑百户一人，亦谓之"贴刑"，皆锦衣卫官。其隶役悉取自于锦衣卫，"最轻黠狷巧者乃拨充之"。役长曰档头，专主伺察。其下番子数人为干事。⑧ 按《明史·兵志》，"东厂太监缉事，别领官校，亦从本卫拨给，因是恒与中官相表里"⑨。

2. 西厂、内厂的设置

《明史·宪宗本纪》记载了成化年间西厂两度置废。成化十三年（1477 年）正月己巳，"置西厂，太监汪直提督官校刺事。夏四月，汪直执郎中武清、乐章，太医院院判蒋宗武，行人张廷纲，浙江布政使刘福下西厂狱。五月甲戌，执左通政方贤下西厂狱。丙子，大学士商辂、尚书项忠请罢西厂，从之。六月甲辰，罢项忠为民。庚戌，复设西厂。丁巳，商辂致

① 《明史》卷九十五，《志第七十一·刑法三》。
② 《明史》卷二十一，《本纪第二十一·神宗二》。
③ 《明史》卷十三，《本纪第十三·宪宗一》。
④ 《明史》卷九十五，《志第七十一·刑法三》。
⑤ 《明史》卷七，《本纪第七·成祖三》。
⑥ 参见《明史》卷九十五，《志第七十一·刑法三》。
⑦ 《明史》卷七十四，《志第五十·职官三》。
⑧ 参见《明史》卷九十五，《志第七十一·刑法三》。
⑨ 《明史》卷八十九，《志第六十五·兵一》。

仕"。十八年（1482 年）三月"壬申，罢西厂"。十九年（1483 年）"六月乙亥，汪直有罪，调南京御马监"。十九年（1483 年）八月"壬申，谪汪直为奉御，其党王越、戴缙等贬黜有差"①。再罢西厂为阁臣万安之故，详见《明史·刑法志》：

> 　　至宪宗时，尚铭领东厂，又别设西厂刺事，以汪直督之，所领缇骑倍东厂。自京师及天下，旁午侦事，虽王府不免。直中废复用，先后凡六年，冤死者相属，势远出卫上。会直数出边监军，大学士万安乃言："太宗建北京，命锦衣官校缉访，犹恐外官徇情，故设东厂，令内臣提督，行五六十年，事有定规。往者妖狐夜出，人心惊惶，感劳圣虑，添设西厂，特命直督缉，用戒不虞，所以权一时之宜，慰安人心也。向所纷扰，臣不赘言。今直镇大同，京城众口一词，皆以革去西厂为便。伏望圣恩特旨革罢，官校悉回原卫，宗社幸甚。"帝从之。尚铭专用事，未几亦黜。②

　　据《明史·刑法志》记载：正德元年（1506 年）杀东厂太监王岳，以丘聚代之，又设西厂由谷大用提督。刘瑾又改惜薪司外薪厂为办事厂，荣府旧仓地为内办事厂，自领之。刘瑾被诛，西厂、内行厂俱革，独东厂如故，张锐领之，与卫使钱宁并以缉事恣罗织。厂卫由此著称。③ 按《明史·武宗本纪》，立内厂于正德三年（1508 年）八月。④ 另请参见下节"厂卫司法的历史分期"相关部分。

二、厂卫的司法职能

　　厂卫的司法职能分为锦衣卫的司法职能和东厂职能两个部分。锦衣卫还有其他职能，此处只专述其司法职能。东厂是设于司礼监内的侦缉机关，其职能即属司法职能。

（一）锦衣卫的司法职能

　　锦衣卫有三项职能，侍卫（包括仪仗）是锦衣卫的主要职能之一，缉捕、刑狱之事则属司法。锦衣卫具体的司法职能主要有侦查缉捕、刑讯、廷杖、会审、监督死刑执行、监狱管理。现分述如下：

1. 侦查缉捕

　　侦查缉捕盗贼奸宄是锦衣卫的主要职能之一。按《明史·职官志五·京卫·锦衣卫》："盗贼奸宄，街途沟洫，密缉而时省之。"⑤ 这一职能由官校执行。《明史·兵志》载，"锦衣缉民间情伪，以印官奉敕领官校"⑥。万历《明会典》载有锦衣卫缉捕盗贼奸宄的具体规定：凡缉访京城内外奸宄，本卫掌印官奉敕专管。领属官二人，旗校八十名。其东厂内臣奉敕缉访，别领官校，具本卫差拨。凡缉捕京城内外盗贼，本卫指挥一人奉敕专管，领属官五人，旗校一百名。凡五城兵马地方每季委千户一人，百户十人，旗校二百五十名分管。城外地方，千户五人，百户十人，旗校二百五十分巡。各缉捕盗贼。凡京城内外喇唬凶徒每季委千

---

　　① 《明史》卷十四，《本纪第十四·宪宗二》。
　　② 《明史》卷九十五，《志第七十一·刑法三》。
　　③ 参见《明史》卷九十五，《志第七十一·刑法三》。
　　④ 参见《明史》卷十六，《本纪第十六·武宗》。
　　⑤ 《明史》卷七十六，《志第五十二·职官五》。
　　⑥ 《明史》卷八十九，《志第六十五·兵一》。

户一人，百户一人，旗校五十名缉捕。①

锦衣卫侦查办案范围极为广泛。世宗时曾谕缉事官校，只缉查不轨妖言、人命、强盗重事，其他词讼及在外州县事不得参与。按《明史·刑法志三》，世宗"复谕缉事官校，惟察不轨、妖言、人命、强盗重事，他词讼及在外州县事，毋得与"。既然需要诏令限制其范围，说明在嘉靖以前其侦查范围涉及"他词讼及在外州县事"②。在此之后也没有材料表明这种限制被继续坚持。

妖书图本的侦查缉捕尤被注重，《明史·刑法志三》亦有详载：

> 成化十年，都御史李宾言："锦衣镇抚司累获妖书图本，皆诞妄不经之言。小民无知，辄被幻惑。乞备录其旧名目，榜示天下，使知畏避，免陷刑辟。"报可。缉事者诬告犹不止。十三年，捕宁晋人王凤等，诬与瞽者受妖书，署伪职，并诬其乡官知县薛方、通判曹鼎与通谋，发卒围其家，榜掠诬伏。方、鼎家人数声冤，下法司验得实，坐妄报妖言，当斩。帝戒以不得戕害无辜而已，不能罪也。③

对妖书图本的侦查缉捕，诬告的现象十分严重，"坐妄报妖言"也被纵容。"是时惟卫使朱骥持法平，治妖人狱无冤者"。同东厂一样，锦衣卫侦查之事，也可以直接报告皇帝，但须履行一定手续。"须具疏，乃得上闻。以此其势不如厂远甚。"④

缉捕的另一项重要职能是奉旨提取罪犯。按《明会典》，"凡奉旨提取罪犯，本卫从刑科给驾帖，都察院给批，差官前去。其差官就该直千百户内具名上请"。"凡锦衣卫差人勘提囚犯到京，礼科给事中引奏请旨。"⑤ 嘉靖年间刑科给事中刘济曾因驾帖之事与锦衣卫官发生过冲突。按《明史·刘济传》，"故事，厂卫有所逮，必取原奏情事送刑科签发驾帖"。"千户白寿赍帖至，济索原奏，寿不与，济亦不肯签发。两人列词上。帝先入寿言，竟诎济议。"⑥ 有时甚至不用驾帖。按《明史·刑法志三》，成化十二年（1476年）大学士商辂奏言："近日伺察太繁，法令太急，刑纲太密。官校拘执职官，事皆出于风闻。暮夜，不见有无驾帖。人心震慑，各怀疑惧。"嘉靖时官校提人恣如故。给事中蔡经等论其害，愿罢勿遣。尚书胡世宁请从其议。⑦

锦衣卫还参与巡捕之事。《明史·兵志》载："京城巡捕有专官，然每令锦衣官协同。地亲权要，遂终明之世云。"⑧

2. 刑讯

刑讯是锦衣卫的另一项职责。刑讯案犯的来源有三：其一是为本卫所缉捕者。其二是为东厂所缉捕者。按万历《明会典》载，凡东厂及锦衣卫各处送到囚犯，弘治十三年（1500

① 参见《明会典》卷二二八，《锦衣卫》。
② 《明史》卷九十五，《志第七十一·刑法三》。
③ 《明史》卷九十五，《志第七十一·刑法三》。
④ 《明史》卷九十五，《志第七十一·刑法三》。
⑤ 《明会典》卷二二八，《锦衣卫》。
⑥ 《明史》卷一九二.《列传第八十·刘济》。
⑦ 参见《明史》卷九十五，《志第七十一·刑法三》。
⑧ 《明史》卷八十九，《志第六十五·兵一》。

年）令镇抚司从公审察究问。务得真情。有冤枉，即与办理。不许拘定成案，滥及无辜。① 按《明史·刑法志三》，"既东厂所获，亦必移镇抚再鞫"②。其三是皇帝所交办的大狱。按《明史·刑法志三》，"锦衣卫狱者，世所称诏狱也"③。

按《明史·职官志五·京卫·锦衣卫》："凡承制鞫狱录囚勘事，偕三法司。"④刑讯始于洪武中。洪武二十年（1387 年）焚毁刑具时停止，洪武二十六年（1393 年）申明其禁，内外刑狱尽归三法司。《明实录》的记载较为详细。洪武二十年（1387 年）春正月癸丑，焚锦衣卫刑具。先是，天下官民有犯者俱命属法司，其有重罪逮至京者，或令收系锦衣卫，审其情词。用事者因而非法凌虐。上闻知怒曰："讯鞫者，法司事也，凡负重罪来者，或令锦衣卫审之，欲先付其情耳。岂令其锻炼耶？而乃非法如是。"命取其刑具悉焚之，以所系囚送刑部审理。洪武二十六年（1393 年）九月丁酉，申明锦衣卫鞫刑之禁："凡所逮者，俱属法司理之。"⑤

成祖时，重置锦衣狱，恢复刑讯，分管刑讯的是镇抚司。按《明史·刑法志三》，"而外廷有扞格者，卫则东西两司房访缉之，北司拷问之，锻炼周内，始送法司。即东厂所获，亦必移镇抚再鞫，而后刑部得拟其罪"⑥。

按万历《明会典》载，凡问刑悉照旧例，径自奏请，不经本卫，或本卫有事送问，问毕，仍自具奏，俱不呈堂。凡鞫问奸恶重情得实，具奏请旨发落。内外官员有犯送问亦如之。⑦ 治诏狱不关白卫帅，则在成化间。⑧ 按《明史·职官志五·京卫·锦衣卫》："成化间，刻印畀之，狱成得专达，不关白锦衣，锦衣官亦不得干预。"⑨ 按《明史·刑法志三》，成化十四年（1477 年）"增铸北司印信，一切刑狱毋关白本卫。即卫所行下者，亦径自上请可否，卫使毋得与闻。故镇抚职卑而其权日重"⑩。

《明史·刑法志三》记载了嘉靖时大臣对镇抚司刑讯的异议：

（世宗）事多下镇抚，镇抚结内侍，多巧中。会太监崔文奸利事发，下刑部，寻以中旨送镇抚司。尚书林俊言："祖宗朝以刑狱付法司，事无大小，皆听平鞫。自刘瑾、钱宁用事，专任镇抚司，文致冤狱，法纪大坏。更化善治在今日，不宜复以小事挠法。"不听。俊复言："此途一开，恐后有重情，即夤缘内降以图免，实长乱阶。"御史曹怀亦谏曰："朝廷专任一镇抚，法司可以空曹，刑官为冗员矣。"帝俱不听。六年，侍郎张璁等言："祖宗设三法司以纠官邪，平狱讼。设东厂、锦衣卫，以缉盗贼，诘奸宄。自今贪官冤狱仍责法司，其有徇情曲法，乃听厂卫觉察。盗贼奸宄，仍责厂卫，亦必送法司

---

① 参见《明会典》卷二二八，《锦衣卫》。
② 《明史·刑法志三》。
③ 《明史·刑法志三》。
④ 《明史》卷七十六，《志第五十二·职官五》。
⑤ 《太祖实录》卷一八〇、卷二二八。
⑥ 《明史》卷九十五，《志第七十一·刑法三》。
⑦ 参见《明会典》卷二二八，《锦衣卫》。
⑧ 参见《明史》卷七十六，《职官志五·京卫·锦衣卫》。
⑨ 《明史》卷七十六，《职官志五·京卫·锦衣卫》。
⑩ 《明史》卷九十五，《志第七十一·刑法三》。

拟罪。"诏如议行。①

3. 廷杖

廷杖是锦衣卫的第三项职责，由官校实施。廷杖时，"众官朱衣陪列于午门西墀下，左中使，右锦衣卫，三十员。下列旗校百人，皆衣臂衣，执木棍"②。南京的廷杖时亦"令锦衣卫诣南京午门房前"杖之，而"守备太监监之"③。

执杖失仪大臣是锦衣卫的重要内容。嘉靖时有大臣谏言废除，不被采纳，直致万历才停止。《明史·刑法志三》详载其事：

> 詹事霍韬亦言："刑狱付三法司足矣，锦衣卫复横挠之。昔汉光武尚名节，宋太祖刑法不加衣冠，其后忠义之徒争死效节。夫士大夫有罪下刑曹，辱矣。有重罪，废之、诛之可也；乃使官校众执之，脱冠裳，就桎梏，朝列清班，暮幽犴狱，刚心壮气，销折殆尽。及覆案非罪，即冠带立朝班。武夫捍卒指目之曰：某，吾辱之，某，吾系执之。小人无所忌惮，君子遂致易行。此豪杰所以兴山林之思，而变故罕仗节之士也。愿自今东厂勿与朝仪，锦衣卫勿典刑狱。士大夫罪谪废诛，勿加笞杖锁桎，以养廉耻，振人心，励士节。"帝以韬出位妄言，不纳。祖制，凡朝会，厂卫率属及校尉五百名，列侍奉天门下纠仪。凡失仪者，即褫衣冠，执下镇抚司狱，杖之乃免，故韬言及之。迫万历时，失仪者始不付狱，罚俸而已。④

4. 会审

按《明会典》，锦衣卫还可以参加会审。"凡奉旨与午门外或京畿道鞫问罪囚，本卫堂上官同三法司官会问。""凡每年秋后承天门外审录罪囚，本卫堂上官同三法司官及各衙门官会审。""凡奉旨差官出外勘问事情，会同三法司堂上官者与指挥内具名上请。会同科道部属官者于千户内具名上请。"⑤ 另据《问刑条例》，"遇有重囚称冤，原问官吏辄难辩理者，许该衙门移文会同三法司、锦衣卫堂上官，就于京畿道会问办理"。为此，在嘉靖年间大理寺复核时，因犯"二次不服，止照条例，会同三法司及锦衣堂上官会审"⑥。按《明史·刑法志三》，锦衣卫使亦得与法司午门外鞫囚，及秋后承天门外会审，而不与大审。每年决囚后，画诸囚罪状于锦衣卫外墙，"令人观省"⑦。

5. 监督死刑执行

按《明会典》，凡奉旨处决重囚，锦衣卫从刑科给驾帖，差官同法司监决。其因人家属或奏诉姑留者，校尉从刑科批手，驰至市曹停刑。⑧

6. 监狱管理

按《明会典》，在明代大部分的时期内锦衣卫有自己的监狱。按规定凡锦衣卫囚人病故，

---

① 《明史》卷九十五，《志第七十一·刑法三》。
② 丁易：《明代的特务政治》引《叔子文集》。
③ 《明史》卷九十五，《志第七十一·刑法三》。
④ 《明史》卷九十五，《志第七十一·刑法三》。
⑤ 《明会典》卷二二八，《锦衣卫》。
⑥ 黄绾：《论刑狱疏》；黄绾：《明臣奏议》。
⑦ 《明史》卷九十五，《志第七十一·刑法三》。
⑧ 参见《明会典》卷二二八，《锦衣卫》。

监察御使、刑部主事同往相视。其有奉钦依相视者，次日早赴御前复命。①

（二）东厂职能

东厂的主要职责是侦缉谋逆、妖言、大奸恶，即政治犯罪。实际上东厂的司法侦查权极为广泛。《明史·刑法志三》对东厂侦缉作了详细记载。"自京师及天下，旁午侦事，虽王府不免。"上至官府，下至民间皆在其侦查范围之内。"每月旦，厂役数百人，掣签庭中，分瞰官府。其视中府诸处会审大狱，北镇抚司拷讯重犯者曰'听记'；他官府及各城门记缉曰'坐记'；某官行某事，某城门得某奸，胥吏疏白坐记上之厂曰'打事件'。"

东厂还采用收买情报的方式："京师亡命，诓财挟仇，视干事者为窟穴。得一阴事，由之以密白于档头，档头视其事大小，先予之金。事曰'起数'，金曰'买起数'。既得事，帅番子至所犯家，左右坐曰'打桩'。"

东厂侦查之事，随时直接报告皇帝，无须经过任何手续。"至东华门，虽黄夜，投隙中而入，即屏人达至尊，以故事无大小，天子皆得闻之。家人米盐猥事，宫中或传为笑谑，上下惴惴无不畏打事件者。"天启时，曾有四人夜饮密室，一人酒酣，谩骂魏忠贤，其三人噤不敢出声。"骂未讫，番人摄四人至忠贤所，即磔骂者，而劳三人金。三人者魄丧不敢动。"经侦查之后可以执捕案犯并加刑讯，移送镇抚狱。经镇抚司再次拷讯后送法司定罪。②

正德时，东、西厂"两厂争用事，遣逻卒刺事四方"。足迹遍及"远州僻壤"。南康吴登显等只因"戏竞渡龙舟"，而"身死家籍"。而内行厂，"虽东西厂皆在伺察中，加酷烈焉"③。崇祯时，而王体乾、王永祚、郑之惠、李承芳、曹化淳、王德化、王之心、王化民、齐本正等相继提督东厂，告密之风盛行。王之心、曹化淳因缉奸有功，而使弟侄荫官锦衣卫百户，王德化及东厂理刑吴道正等侦阁臣薛国观阴事，薛国观由此而死。④

司礼监太监可以参与法司会审。内官参与会审始于正统六年（1441 年）。"时虽未定大审之制，而南北内官得与三法司刑狱矣。"景泰六年（1455 年）命太监王诚会三法司审录在京刑狱。成化八年（1472 年）命司礼太监王高、少监宋文毅两京会审。同时在这一年确定司礼太监参与京外会审。成化十七年（1481 年）太监怀恩同法司录囚。弘治九年（1492 年）大审没有内官参加。十三年（1496 年）又复命会审。成化二年（1466 年）命内官临斩强盗宋全。⑤

三、侵越法司职权

司礼监及锦衣卫均由皇帝直接指挥，享有特殊司法权，尽管品位不高，但在实际上却有很高的地位。这种地位无论是在案件送交法司定罪还是在会审之时都明显地表现出来。虽然镇抚司只管刑讯并不定罪，但对法司的量刑起决定性的作用，亦即法司完全听从于厂卫。如

① 参见《明会典》卷二二八，《锦衣卫》。

② 参见《明史》卷九十五，《志第七十一·刑法三》。

③ 《明史》卷九十五，《志第七十一·刑法三》。

④ 参见《明史》卷九十五，《志第七十一·刑法三》。薛国观一事可参见尤韶华：《明代司法续考》，北京，中国人事出版社，2005。

⑤ 参见《明史》卷九十五，《志第七十一·刑法三》。

嘉靖二年（1523 年）刘济所言，"自锦衣镇抚之官治理诏狱，而法司几成虚设"①。

许多大臣都曾论及此事。按《明史·孙盘传》，孙盘在刑部三年，"见鞫问盗贼，多东厂镇抚司缉获。有称校尉诬陷者，有称校尉为人报仇者，有称校尉受首恶赃而以为从、令傍人抵罪者。刑官洞见其情，无敢擅更一字"②。按《明史·胡献传》，"中言东厂锦衣卫所获盗，先严刑具成案，然后送法司，法司不敢平反。请自今径送法司，毋先刑讯。章下，未报"。而主东厂者言车梁从父郎中车霆先因罪为东厂所发，挟私妄言。"遂下梁诏狱，给事御史交章论救，乃得释，终汉阳知府"③。另据《余冬序录》载，法司于东厂及锦衣卫所送问者，不敢一毫为平反，刑部尚有何人而能少易抚司之按语乎。

《明史·刑法志三》记述了司礼太监在大审中的地位：

> 凡大审录，赍敕张黄盖于大理寺，为三尺坛，中坐，三法司左右坐，御史、郎中以下捧牍立，惟诺趋走惟谨。三法司视成案，有所出入轻重，俱视中官意，不敢忤也。成化时，会审有弟助兄斗，因殴杀人者，太监黄赐欲从末减。尚书陆瑜等持不可，赐曰："同室斗者，尚被发缨冠救之，况其兄乎？"瑜等不敢难，卒为屈法。万历三十四年大审，御史曹学程以建言久系，群臣请宥，皆不听。刑部侍郎沈应文署尚书事，合院寺之长，以书抵太监陈矩，请宽学程罪。然后会审，狱具，署名同奏。矩复密启，言学程母老可念。帝意解，释之。其事甚美，而监权之重如此……内臣曾奉命审录者，死则于墓寝画壁，南面坐，旁列法司堂上官，及御史、刑部郎引囚鞫躬听命状，示后世为荣观焉。

另在嘉靖中，内臣犯法，诏免逮问，而下司礼监。刑部尚书林俊言宫府一体，内臣所犯，宜下法司，明正其罪，不当废祖宗法，不被采纳。④

四、滥刑

按《明史·宪宗本纪》，成化十三年（1477 年）秋八月壬戌，锦衣卫官校执工部尚书张文质系狱，宪宗知而释之。⑤ 这也许属于极端，但也并非少见（可参见下节"厂卫司法的历史分期"相关部分）。而《明史·刑法志三》记述了"飞诬株连"、冒功请赏以及假番等事。

锦衣旧例，缉不轨者可获功赏。"其后冒滥无纪，所报百无一实"。隆庆初年，给事中欧阳一敬极言邀功升授之弊："有盗经出首幸免，故令多引平民以充数者；有括家橐为盗赃，挟市豪以为证者；有潜构图书，怀挟伪批，用妖言假印之律相诬陷者；或姓名相类，朦胧见收；父诉子孝，坐以忤逆。所以被访之家，谚称为划，毒害可知矣。"因请定制，不得"虚冒比拟"，情罪不明，"必待法司详拟成狱之后，方与纪功"，使"功必覆实，访必当事，而刑无冤滥"。但欧阳一敬之言"时不能用也"⑥。

---

① 《明史·刘济传》。
② 《明史·孙盘传》。
③ 《明史》卷一八〇，《列传第六十八·胡献》。
④ 参见《明史》卷九十五，《志第七十一·刑法三》。
⑤ 参见《明史》卷十四，《本纪第十四·宪宗二》。
⑥ 《明史》卷九十五，《志第七十一·刑法三》。

崇祯时"帝疑群下,王德化掌东厂以惨刻辅之"。镇抚梁清宏、乔可用朋比为恶。缙绅之门,必有数人往来踪迹。"故常晏起早阖,毋敢偶语。旗校过门如被大盗,官为囊橐,均分其利"。京城中奸细潜入,佣夫贩子"阴为流贼所遣",无一举发,而高门富豪"踽踽无宁居"。其徒黠者恣行请托,"稍拂其意,飞诬立搆,摘竿牍片字",株连至十数人。

崇祯十五年(1462年),御史杨仁愿历陈"假番"之害:

> 所阅词讼,多以假番故诉冤。夫假称东厂,害犹如此,况其真乎?此由积重之势然也。所谓积重之势者,功令比较事件,番役每悬价以买事件,受买者至诱人为奸盗而卖之,番役不问其从来,诱者分利去矣。挟怨首告,诬以重法,挟者志无不逞矣。伏愿宽东厂事件,而后东厂之比较可缓,东厂之比较缓,而后番役之买事件与卖事件者俱可息,积重之势庶几可稍轻。后复切言缇骑不当遣。帝为谕东厂,言所缉止谋逆乱伦,其作奸犯科,自有司存,不宜缉,并戒锦衣校尉之横索者。然帝倚厂卫益甚,至国亡乃已。①

五、酷刑

锦衣卫狱内刑罚异常残酷。按《狱中杂记》,"入诏狱百日,而奉旨暂发刑部者十日,堂之乐矣"。而"荼酷之下,何狱不行?"②《明史·刑法志三》记述种种酷刑,稍列一二,举重以明轻:

> 正德时,刘瑾创例,罪无轻重皆决杖,永远戍边,或枷项发遣。枷重达一百五十斤,枷者不数日辄死。官吏军民非法死者数千。尚宝卿顾璿、副使姚祥、工部郎张玮、御史王时中,濒死而后谪戍。而御史柴文显、汪澄以微罪至凌迟。③ 所创立枷,锦衣狱常用之。神宗时,御史朱应毂具言其惨,请除之,未被采纳。天启时魏忠贤更为大枷,又设断脊、坠指、刺心之刑。锦衣卫指挥田尔耕、镇抚许显纯,拷打杨涟、左光斗等人,"坐赃比较,立限严督之"。两日为一限,"输金不中程者,受全刑。全刑者曰械,曰镣,曰棍,曰拶,曰夹棍。五毒备具,呼詈声沸然",血肉溃烂,宛转求死不得。每一人死,停数日,苇席裹尸出牢户,虫蛆腐体。"狱中事秘,其家人或不知死日"④。

另正统时锦衣卫有"三琶",参见下节"厂卫司法的历史分期"。

第三节
厂卫司法的历史分期

厂卫的设置及职能是对厂卫司法进行静态的探讨,而要全面地了解厂卫司法就必须对其

---

① 《明史》卷九十五,《志第七十一·刑法三》。
② 《狱中杂记》。
③ 《明史》卷九十五,《志第七十一·刑法三》。
④ 《明史》卷九十五,《志第七十一·刑法三》。

作动态的分析研究。所以对厂卫司法的发展过程作历史分期是十分重要的。本节按皇权、阁权、卫权、厂权的彼此消长及刑法的冤滥酷烈情况略加划分，目的只是了解厂卫司法历史的线索，其划分标准的合理性仍可斟酌。

一、洪武、建文

洪武时禁止宦官预政典兵。按《国朝典汇·朝端大政·中官考》，洪武元年（1368 年）三月，太祖谓侍臣，"开国承家，小人勿用"，宦官在宫禁，"止可使之供洒扫，给使令，传命令而已，岂宜预政典兵"。认为"汉唐之祸，虽曰宦官之罪，亦人君宠爱之使然。向使宦官不得预政典兵，虽欲为乱，其可得乎？"洪武四年（1371 年），太祖又重申，"宦竖在宫禁，司晨昏，供役使而已"。"岂可假以权势，纵其狂乱，吾所以防之极严。但犯法者必斥去之，不令在左右"①。

锦衣卫狱设及废可参见上节厂卫的设置及职能。建文年间锦衣卫无狱，不设东厂。

二、永乐

永乐复锦衣卫狱并设东厂。按《明史·佞幸传》，成祖即位，"知人不附己，欲以威慑天下"，特任纪纲为锦衣，"寄耳目"。纪纲"刺"廷臣阴事，"以希上指"，成祖"以为忠"，被残杀者不可胜数。按《明史·刑法志三》，东厂与锦衣卫均权势，"盖迁都后事也"。而锦衣卫指挥纪纲、门达等大幸，"更迭用事，厂权不能如"②。设东厂事可参见上节"厂卫的设置及职能"。

纪纲列《明史·佞幸传》之首。纪纲，临邑人，"为诸生"，燕王起兵过其县，纪纲叩马请自效。"王与语，说之"。纪纲善骑射，"便辟诡黠，善钩人意向。王大爱幸"升，授忠义卫千户。既即帝位，擢升纪纲锦衣卫指挥使，"令典亲军，司诏狱"。"纲觇帝旨"，广布校尉，"日摘臣民阴事"。成祖"悉下纲治，深文诬诋。帝以为忠，亲之若肺腑"。擢升都指挥佥事，仍掌锦衣。永乐十四年（1416 年），纪纲因"谋不轨被诛"。其传载有纪纲刺事、诬陷、滥刑诸事：

> 纲用指挥庄敬、袁江，千户王谦、李春等为羽翼，诬逮浙江按察使周新，致之死。帝所怒内侍及武臣下纲论死，辄将至家，洗沐好饮食之，阳为言，见上必请赦若罪，诱取金帛且尽，忽刑于市……构陷大贾数十百家，罄其资乃已。诈取交址使珍奇。夺吏民田宅。籍故晋王、吴王，乾没金宝无算……欲买一女道士为妾，都督薛禄先得之，遇禄大内，挝其首，脑裂几死。恚都指挥哑失帖木不避道，诬以冒赏事，捶杀之。腐良家子数百人，充左右。诏选妃嫔，试可，令暂出待年，纲私纳其尤者。吴中故大豪沈万三，洪武时籍没，所漏赀尚富。其子文度蒲伏见纲，进黄金、龙角、龙纹被、奇宝异锦，愿得为门下，岁时供奉。纲乃令文度求索吴中好女。文度因挟纲势，什五而中分之。③

---

①　《国朝典汇·朝端大政·中官考》。
②　《明史》卷九十五，《志第七十一·刑法三》。
③　《明史》卷三〇七，《列传第一百九十五·佞幸·纪纲》。

三、洪熙、宣德

洪熙、宣德两朝，厂卫受约束而收敛。《明史·刑法志三》未提及洪熙、宣德两朝厂卫之事，而有"盖自纪纲诛，其徒稍戢。至正统时复张"语。而按《明史·刑法志二》，"至仁宗性甚仁恕"；"宣宗承之，益多惠政"①。又按《明史·王振传》："初，太祖禁中官预政。自永乐后，渐加委寄，然犯法辄置极典。宣宗时，袁琦令阮巨队等出外采办。事觉，琦磔死，巨队等皆斩。又裴可烈等不法，立诛之。诸中官以是不敢肆。"②

四、正统

东厂在正统前期受阁臣所制约，后期跋扈，锦衣卫使"谨饬"，而锦衣卫指挥马顺则附王振。按《明史·英宗本纪》，宣德十年（1435 年）九月，王振掌司礼监。③ 按《明史·刘中敷传》：英宗"冲年践阼，虑臣下欺己，治尚严"。司礼监王振"假以立威，屡摭大臣小过"，诱导英宗"用重典"，大臣"下吏无虚岁"④。而按《明史·刑法志三》，英宗初，理卫事者刘勉、徐恭皆谨饬。而王振用指挥马顺流毒天下，枷李时勉，杀刘球，皆顺为之。⑤

按《明史·王振传》，王振"少选入内书堂"，侍英宗东宫，"为局郎"。及英宗年少即位，"振狡黠得帝欢"，于是"越金英等数人"掌司礼监，"导帝用重典御下，防大臣欺蔽"。因而大臣"下狱者不绝"，王振以此得以"市权"。但当时，"太皇太后贤，方委政内阁"。阁臣杨士奇、杨荣、杨溥，皆累朝元老，王振"心惮之未敢逞"。正统七年（1442 年），太皇太后崩，阁臣三杨荣老退病死。新阁臣马愉、曹鼐"势轻"，王振"遂跋扈不可制"。英宗方倾心"向振"，曾"以先生呼之"。王振"权日益积重"，公侯勋戚"呼曰翁父"。畏祸者"争附"王振免死，"赇赂辐集"。兵部尚书徐晞等"多至屈膝"。振擅权七年，正统十四年（1449 年）王振挟英宗亲征，与"土木"兵败，王振为乱兵所杀，英宗被俘。廷臣"击杀"马顺等。郕王命裔王山于市，并王振之党被诛之，族人"无少长皆斩籍其家"。其传载有王振滥刑诸事：

> 侍讲刘球因雷震上言陈得失，语刺振。振下球狱，使指挥马顺肢解之。大理少卿薛瑄、祭酒李时勉素不礼振。振摭他事陷瑄几死，时勉至荷校国子监门。御史李铎遇振不跪，谪戍铁岭卫。驸马都尉石璟詈其家阉，振恶贱己同类，下璟狱。怒霸州知州张需禁饬牧马校卒，逮之，并坐需举主王铎。又械户部尚书刘中敷，侍郎吴玺、陈瑑于长安门。所忤恨，辄加罪谪。内侍张环、顾忠，锦衣卫卒王永心不平，以匿名书暴振罪状。事发，磔於市，不覆奏。⑥

五、景泰

厂卫平静。按《明史·刑法志》，"景帝初，有言官校缉事之弊者，帝切责其长，令所缉

---

① 《明史》卷九十四，《志第七十·刑法二》。
② 《明史》卷三〇四，《列传第一百九十二·宦官一·王振》。
③ 参见《明史》卷十，《本纪第十·英宗前纪》。
④ 《明史》卷一五七，《列传第四十五·刘中敷》。
⑤ 参见《明史》卷九十五，《志第七十一·刑法三》。
⑥ 《明史》卷三〇四，《列传第一百九十二·宦官一·王振》。

送法司，有诬罔者重罪"①。

六、天顺

按《明史·刑法志》，"盖自纪纲诛，其徒稍戢。至正统时复张，天顺之末祸益炽，朝野相顾不自保。李贤虽极言之，不能救也"。英宗复辟，曾召李贤，"屏左右"，而问时政得失。李贤因"极论"官校提人之害。英宗"然其言，阴察皆实，乃召其长，戒之"。随后缉弋阳王"败伦"事虚，复申戒之。但当时指挥门达、镇抚逯杲"怙宠"，李贤亦数次被罗织。门达遣旗校四出，逯杲又"立程督并"，以获多为主。千户黄麟至广西，"执御史吴祯至，索狱具二百余副，天下朝觐官陷罪者甚众"。逯杲死，门达兼治镇抚司，诬告指挥使袁彬，"系讯之，五毒更下，仅免"。朝官杨瑄、李蕃、韩祺、李观、包瑛、张祚、程万钟等人"皆银铛就逮，冤号道路者不可胜记"②。

《明史·刑法志》所载线索不甚明了，需从门达、袁彬、逯杲三人的关系变化中加以探讨。天顺初年袁彬为锦衣卫指挥使；门达为指挥同知，专任理刑；逯杲为锦衣卫校尉。随后发生重大变化。

按《明史·门达传》，门达经历了从平反重狱到屡兴大狱的变化。景泰末年，门达为锦衣卫指挥佥事，佐理卫事兼镇抚理刑。英宗复辟时随从"夺门"，天顺改元，因功进指挥同知，旋进指挥使，专任理刑。理刑千户谢通，"佐达理司事"，用法仁恕，受门达倚信。重狱多平反，有罪者以"下禁狱为幸"，朝士"翕然称达贤"。但当时英宗"虑廷臣党比，欲知外事"，倚锦衣官校为耳目。因此逯杲得"大幸"，门达反为之所用。最初，逯杲"给事达左右，及得志恣甚。达怒，力逐之"。逯杲随后复官，"欲倾达，达惴惴不敢纵"。天顺五年（1461年）门达已掌卫事，仍兼理刑。曹钦造反，逯杲被杀，门达以守卫功，进都指挥佥事。逯杲死，"达势遂张。欲踵杲所为，益布旗校于四方。告讦者日盛，中外重足立，帝益以为能"。因"武臣不易犯"，故"文吏祸尤酷"。宪宗嗣位，"言官交章论其罪"，论斩系狱，发广西南丹卫充军。该传详载其酷烈之事。③

按《明史·逯杲传》，逯杲以锦衣卫校尉为指挥使门达及指挥刘敬之心腹，从"夺门"。

---

① 《明史》卷九十五，《志第七十一·刑法三》。
② 《明史》卷九十五，《志第七十一·刑法三》。
③ 《明史》卷三〇七，《列传第一百九十五·佞幸·门达》载："外戚都指挥孙绍宗及军士六十七人冒讨曹钦功，达发其事。绍宗被责让，余悉下狱。盗窃户部山西司库金，巡城御史徐茂劾郎中赵昌、主事王珪、徐源疏纵。达治其事，皆下狱谪官。达以囚多，狱舍少，不能容，请城西武邑库隙地增置之，报可。御史樊英、主事郑瑛犯赃罪。给事中赵忠等报不以实。达劾其徇私，亦下狱谪官。给事中程万里等五人直登闻鼓，有军士妻诉冤，会斋戒不为奏。达劾诸人蒙蔽，诏下达治。已，劾南京户部侍郎马谅，左都御史石璞，掌前府忻城伯赵荣，都督同知范雄、张斌老瞆，皆罢去。裕州民奏知州秦永昌衣黄衣阅兵。帝怒，命达遣官核，籍其赀，戮永昌，榜示天下。并逮布政使侯臣、按察使吴中以下及先后巡按御史吴琬等四人下狱，臣等停俸，琬等谪县丞。御史李蕃按宣府，或告者擅挞军职，用军容迎送。御史杨瑄按辽东，韩琪按山西，校尉言其妄作威福。皆下达治，蕃、琪并荷校死。陕西督储参政娄良，湖广参议李孟芳，陕西按察使钱博，福建佥事包瑛，陕西佥事李观，四川巡按田斌，云南巡按张祚，清军御史程万钟及刑部郎中冯维、孙琼，员外郎贝钿，给事中黄瑄，皆为校尉所发下狱。瑛守官无玷，不胜愤，自缢死，其他多谪戍。湖广诸生马云罪黜，诈称锦衣镇抚，奉命葬亲，布政使孙毓等八人咸赙祭。事觉，法司请逮问，卒不罪云。达初欲行督责之术，其同列吕贵曰：'武臣不易犯，曹钦可鉴也。独文吏易裁耳。'达以为然，故文吏祸尤酷。"

英宗大治奸党，"逮杲缚锦衣百户杨瑛，指为张永亲属，又执千户刘勤于朝"，"奏其讪上"，两人并坐诛。因杨善荐，授本卫百户。以捕妖贼功，进副千户。又用曹吉祥荐，擢指挥佥事。英宗以逮杲"强鸷，委任之"，逮杲"乃摭群臣细故以称帝旨"。天顺三年（1459 年）有诏尽革"夺门"功，门达、逮杲"言臣等俱特恩，非以亨故"。英宗"优诏"留任，以逮杲"发亨奸"，益加倚重。"杲益发舒，势出达上。白遣校尉侦事四方"，文武大吏、富家高门"多进伎乐货贿以祈免，亲藩郡王亦然"。天下朝觐官大半被谴，逮一人，数大家立破。四方奸民诈称校尉，"乘传纵横，无所忌"。"廷臣会讯，畏杲不敢平反"。逮杲本由石亨、曹吉祥得以晋升，"讦亨致死，复奏吉祥及其从子钦阴事"，曹吉祥、曹钦大恨。天顺五年（1461年）七月，曹钦反，"入杲第斩之，取其首以去"。事平，赠逮杲指挥使，给其子指挥佥事俸。所谓门达反为之所用，指逮杲"侦事"，门达理刑，"无贿者辄执送达，锻炼成狱"。其传详载逮杲"侦事"之事。①

按《明史·袁彬传》：正统末，袁彬以锦衣校尉随英宗北征。土木之变，"也先拥帝北去，从官悉奔散，独彬随侍"，不离左右。英宗还京，景帝仅授袁彬锦衣试百户。天顺复辟，擢升指挥佥事。该年十二月进指挥使，与都指挥佥事王喜同掌卫事。随后，王喜坐失囚解职，袁彬遂掌卫事。"掌锦衣卫者，率张权势，罔财贿。彬任职久，行事安静"。天顺五年（1461 年）秋，以平曹钦功，进都指挥佥事。当时指挥使门达已掌卫事，仍兼理刑。门达"恃帝宠"，势倾朝野，廷臣"多下之"。袁彬"恃帝旧恩，不为达下"。门达因此衔恨袁彬。"达诬以罪"，请逮治。"帝欲法行"，任门达"往治"，但要求以"活袁彬还我"。于是门达锻炼成狱。赖漆工杨埙讼冤，使狱得解，调南京锦衣卫，带俸闲住。两个月后，英宗崩，门达得罪，贬官都匀。召彬复原职，仍掌卫事。随后，门达下狱，充军南丹。袁彬"饯之于郊，馈以赆"②。门达诬告袁彬事详见《明史·门达传》：

> 廉知彬妾父千户王钦诳人财，奏请下彬狱，论赎徒还职。有赵安者，初为锦衣力士役于彬，后谪戍铁岭卫，赦还，改府军前卫，有罪，下诏狱。达坐安改补府军由彬请托故，乃复捕彬，搒掠，诬彬受石亨、曹钦贿，用官木为私第，索内官督工者砖瓦，夺人子女为妾诸罪名。军匠杨埙不平，击登闻鼓为彬讼冤，语侵达，诏并下达治。当是时，达害大学士李贤宠，又数规己，尝谮于帝，言贤受陆瑜金，酬以尚书。帝疑之，不下诏者半载。至是，拷掠埙，教以引贤，埙即谬曰："此李学士导我也。"达大喜，立奏闻，请法司会鞫埙午门外。帝遣中官裴当监视。达欲执贤并讯，当曰："大臣不可辱。"乃止。及讯，埙曰："吾小人，何由见李学士，此门锦衣教我。"达色沮不能言，彬亦历数

---

① 《明史》卷三〇七，《列传第一百九十五·佞幸·逮杲》载："英国公张懋、太平侯张瑾、外戚会昌侯孙继宗兄弟并侵官田，杲劾奏，还其田于官。懋等皆服罪，乃已。石亨恃宠不法，帝渐恶之，杲即伺其阴事。亨从子彪有罪下狱，命杲赴大同械其党都指挥朱谅等七十六人。杲因发彪弟庆他罪，连及者皆坐，杲进指挥同知。明年复奏亨怨望，怀不轨，亨下狱死。"鼓城伯张瑾以葬妻称疾不朝，而与诸公侯饮私第。杲劾奏，几得重罪。杲所遣校尉诬宁府弋阳王奠壏母子乱，帝遣官往勘，事已白，靖王奠培等亦言无左验。帝怒责杲，杲执如初，帝竟赐奠壏母子死。方舁尸出，大雷雨，平地水数尺，人咸以为冤。指挥使李斌尝构杀弘农卫千户陈安，为安家所诉，下巡按御史邢宥覆谳，石亨嘱宥薄斌罪。至是，校尉言：'斌素藏妖书，谓其弟健当有大位，欲阴结外番为石亨报仇。'杲以闻，下锦衣狱，达坐斌谋反。帝两命廷臣会讯，畏杲不敢平反。斌兄弟置极刑，坐死者二十八人。"

② 《明史》卷一六七，《列传第五十五·袁彬》。

达纳贿状，法司畏达不敢闻，坐彬绞输赎，塓斩。帝命彬赎毕调南京锦衣，而禁锢塓。①

七、成化、弘治

成化虽因西厂汪直提督西厂，重法酷刑，最终被罢，锦衣卫则持平无冤。弘治虽中官"势稍绌"，廷议"尤为所挠"。两朝有所不同，又可分为两个阶段。

（一）成化

东、西厂"势远出卫上"，但西厂置而复废（参见上节"厂卫的设置及职能"）。按《明史·刑法三》，成化十三年（1477年），令锦衣卫副千户吴绶于镇抚司同问刑。吴绶"性狡险，附汪直以进"。后知公议不容，凡文臣非罪下狱者，不复加箠楚。"忤直意，黜去"。但当时锦衣卫使朱骥持法平，治妖人狱"无冤者"。诏狱下所司，独用小杖，"尝命中使诘责"，不为改。世以是称之。②

《明史》所载与司法有关的宦官有掌司礼监怀恩、掌西厂汪直、掌东厂尚铭、陈准。他们可分为两类：汪直、尚铭为一类，事见《明史·汪直传》：宪宗因欲知外事而设西厂，汪直以其能"摘奸"受宠幸。在此情况下，汪直屡兴大狱。商辂等奏，宪宗不得已一罢西厂，但眷直不衰，又复开西厂。汪直诬奏项忠、陷马文升。尚铭将汪直泄禁中秘语奏之宪宗，使其开始疏远汪直，此后汪直宠幸日衰，因万安所奏，再罢西厂，调汪直南京御马监。《明史》作者以"直竟良死"来评论汪直的结局。西厂废后，尚铭遂专东厂事，因卖官鬻爵事发，籍家，谪充南京净军。

其本传载有汪直重法酷刑之事：

> 建宁卫指挥杨晔，故少师荣曾孙也，与父泰为仇家所告，逃入京，匿姊夫董玙所。玙为请英，英阳诺而驰报直。直即捕晔、玙拷讯，三邕之。邕者，锦衣酷刑也。骨节皆寸解，绝而复甦。晔不胜苦，妄言寄金于其叔父兵部主事士伟所。直不复奏请，捕士伟下狱，并掠其妻孥。狱具，晔死狱中，泰论斩，士伟等皆谪官，郎中武清、乐章，行人张廷纲，参政刘福等皆无故被收案。自诸王府边镇及南北河道，所在校尉罗列，民间斗詈鸡狗琐事，辄置重法，人情大扰。直每出，随从甚众，公卿皆避道。兵部尚书项忠不避，迫辱之，权焰出东厂上。③

怀恩、陈准为另一类。怀恩"性忠鲠无所挠"，因掌司礼监职位在前，汪直等人"咸敬惮之"。怀恩曾固争林俊之狱，不以贿进镇抚，事见《明史·怀恩传》："员外郎林俊论芳及僧继晓下狱，帝欲诛之，恩固争。帝怒，投以砚曰：'若助俊讪我。'恩免冠伏地号哭。帝叱之出。恩遣人告镇抚司曰：'汝曹诣芳倾俊。俊死，汝曹何以生！'径归，称疾不起。帝怒解，遣医视恩，卒释俊。""进宝石者章瑾求为锦衣卫镇抚，恩不可，曰：'镇抚掌诏狱，奈何以贿进。'"④

---

① 《明史》卷三〇七，《列传第一百九十五·佞幸·门达》。
② 参见《明史》卷九十五，《志第七十一·刑法三》。
③ 《明史》卷三〇四，《列传第一百九十二·宦官一·汪直》。
④ 《明史》卷三〇四，《列传第一百九十二·宦官一·怀恩》。

陈准代尚铭掌东厂，非大逆勿预，事见《明史·汪直传》："而陈准代为东厂。准素善怀恩，既代铭，诚诸佼尉曰：'有大逆，告我。非是，若勿预也。'都人安之。"①

（二）弘治

按《明史·刑法三》，"孝宗仁厚，厂卫无敢横"，司厂者罗祥、杨鹏，奉职而已。弘治十三年（1500 年）诏法司，凡厂卫所送囚犯，从公审究，有枉即与辩理，勿拘成案。② 按《明史·胡煊传》，成化时，"宦官用事"。孝宗嗣位，虽间有罢黜，而势积重不能骤返。"忤之者必结党排陷，不胜不止。"③ 按《明史·王献臣传》，孝宗励精图治，委任大臣，中官"势稍绌"。而张天祥及满仓儿事皆发自东厂，廷议尤为所挠云。④

《明史》记述了皆发自东厂的两大狱案，法司屈从东厂，原审人员因此获罪。满仓儿一案发生于弘治九年（1496 年），事见《明史·孙磐传》：该案原由刑部经办，原告袁璘因出言不逊被笞而死，经验尸埋葬。原告之妻讼冤于东厂中官杨鹏，涉案人员被唆使作假供。镇抚司坐罪审验人员。虽经府部大臣及给事、御史廷讯得实，仍坐以罪。郎中丁哲因公杖人死，罪徒。员外郎王爵、御史陈玉、主事孔琦杖。刑部典吏徐珪疏劾中官杨鹏。指该案，女诬母仅拟杖，而丁哲等无罪反加以徒，皆东厂威劫而致轻重倒置。徐珪历数东厂之弊，请罢东厂，丁哲进阶洗冤，或推选谨厚中官居之。因都御史闵珪等因拟徐珪以"奏事不实，赎徒还役"，受责夺俸。徐珪赎徒为民。丁哲给袁璘埋葬银，发为民。王爵及孔琦、陈玉俱赎杖还职。⑤

张天祥一案发生于弘治十七年（1504 年），事见《明史·王献臣传》：辽东都指挥佥事张天祥劫营掩杀三十八人冒功，与其祖张斌皆论死，张天祥毙于狱。因张天祥叔父张洪屡次讼冤，孝宗令东厂查核，东厂"还奏"原审皆诬。孝宗信以为真，欲尽反前狱。内阁刘健以狱经法司审谳，公卿士大夫之言可信，再三争执，但不敢深言东厂之非。孝宗于午门亲鞫原审大理丞吴一贯等，欲抵一贯死。经闵珪、戴珊力救，乃谪嵩明州同知。其他原审人员亦谪官。⑥

八、正德

正德年间，厂卫司法可分为两个阶段：第一阶段是正德元年（1506 年）十月至五年（1510 年）八月，即前期，以刘瑾为首的东、西厂和内行厂。第二阶段是正德五年（1510年）以后至钱宁下狱。

（一）三厂横行

《明史》作者认为党人依附加剧宦官之祸。"明代阉宦之祸酷矣，然非诸党人附丽之，羽翼之，张其势而助之攻，虐焰不若是其烈也。中叶以前，士大夫知重名节，虽以王振、汪直之横，党与未盛。至刘瑾窃权，焦芳以阁臣首与之比，于是列卿争先献媚，而司礼之权居内

---

① 《明史》卷三〇四，《列传第一百九十二·宦官一·汪直》。
② 参见《明史》卷九十五，《志第七十一·刑法三》。
③ 《明史》卷一八九，《列传第七十七·胡煊》。
④ 参见《明史》卷一八〇，《列传第六十八》。
⑤ 参见《明史》卷一八九，《列传第七十七·孙磐》。
⑥ 参见《明史》卷一八〇，《列传第六十八·王献臣》。

阁上。"①

正德初的一场政治斗争，决定了正德刑狱的基本走向。正德元年（1506年）十月，外廷谏除宦官刘瑾事败，反使刘瑾掌管司礼监。刘瑾通过左右武宗，操纵内阁成员去留，造成部分内阁大臣，及包括三法司在内的众多廷臣依附，实际权力已超越司礼监，凌驾于内阁之上。

武宗十五岁即皇帝位，在东宫时，有侍于左右，以旧恩得幸，人号"八虎"，刘瑾为之首。谏除缘起八人诱帝游宴，外廷屡谏不听。谏除之所以失败，第一个原因是措施过急。八人深得武宗宠信，因外廷疏请诛刘瑾，武宗不得已，议遣刘瑾等居南京，大学士刘健却坚持不可。第二个原因是机密泄露。吏部尚书焦芳将外廷的计划告知刘瑾，使之得以事先说动武宗。谏除事败的结果是刘瑾掌握内廷司法权，主张谏除的外廷重臣大多被逐，而告密者入阁。刘瑾本传载："立命瑾掌司礼监，永成掌东厂，大用掌西厂，而夜收岳及亨、智充南京净军。旦日诸臣入朝，将伏阙，知事已变，于是健、迁、东阳皆求去。帝独留东阳，而令焦芳入阁，追杀岳、亨于途，箠智折臂。时正德元年（1506年）十月也。"刘瑾乱政，《明史》记载颇多，最详亦为《刘瑾传》。武宗专事嬉戏，少理朝政，中外大权悉归刘瑾，权擅天下，宣示奸党、清除异己，屡起大狱，索取重贿，立内行厂，创用枷法、罚米法。谷大用在刘瑾掌司礼监时提督西厂，本传记其诬江西南康民吴登显擅造龙舟而籍其家。焦芳等人导刘瑾为恶，而阁臣李东阳、王鏊虽处境艰难，却尽力救狱，使刑狱有所轻缓。正德五年（1510年）四月，宦官张永、都御史杨一清计除刘瑾。因刘瑾诛，谷大用辞西厂。

请参见上节"厂卫的设置及职能"的相关部分。

（二）厂卫并称

按《明史·刑法志》，"正德时，锦衣卫卫使石文义与张采表里作威福，时称为刘瑾左右翼"。然石文义"常侍瑾，不治事，治事者高得林。瑾诛，文义伏诛，得林亦罢。其后钱宁管事，复大恣，以叛诛"②。按《明史·钱宁传》，太监张锐领东厂缉事，"横甚"；钱宁掌锦衣卫，典诏狱，"势最炽"。中外称之"厂卫"。钱宁幼时为太监钱能家奴，冒钱姓。钱能死后，"推恩"家人，得授锦衣卫百户。正德初年，"曲事"刘瑾，"得幸"于武宗，赐国姓，为义子，升锦衣千户。刘瑾败后，用计免罪，历指挥使，掌南镇抚司，迁左都督，掌锦衣卫事，典诏狱，言无不听。本传记其逮林华、沈光大，属东厂发刑部他事，占据赵经姬妾、帑藏等数事：

> 司务林华、评事沈光大皆以杖系校尉，为宁所奏，逮下锦衣狱，黜光大，贬华一级。锦衣千户王注与宁昵，挺人至死，员外郎刘秉鉴持其狱急。宁匿注于家，而属东厂发刑部他事。尚书张子麟丞造谢宁，立释注，乃已。厂卫校卒至部院白事，称尚书子麟辈曰老尊长。太仆少卿赵经初以工部郎督乾清宫工，乾没帑金数十万。经死，宁佯遣校尉治丧，迫经妻子扶榇出，姬妾、帑藏悉据有之。中官廖常镇河南，其弟锦衣指挥鹏肆恶，为巡抚邓庠所劾，诏降级安置。鹏惧，使其嬖妾私事宁，得留任。

① 《明史》卷三〇六，《列传第一百九十四·阉党》。
② 《明史》卷九十五，《志第七十一·刑法三》。

钱宁得宠的途径是献乐："引乐工藏贤、回回人于永及诸番僧，以密戏进。请于禁内建豹房、新寺，恣声伎为乐，复诱帝微行。帝在豹房，常醉枕宁卧。百官候朝，至晡莫得帝起，密伺宁，宁来，则知驾将出矣。"

钱宁因江彬发其通逆之状而致下狱。影响正德刑狱的佞幸主要有钱宁、江彬二人。钱宁因刘瑾得见，江彬因钱宁得见。二人均投武宗所好而得宠。其后，江彬之势远超其上。而谏南巡百余廷臣被杖，事起江彬。江彬于嘉靖即位时被诛。①

九、嘉靖、隆庆、万历、泰昌

厂卫相对安静。又分为嘉靖和隆庆、万历和泰昌两个阶段。隆庆、泰昌相对短暂，分别附于嘉靖、万历。

（一）嘉靖、隆庆

按《明史·刑法志》，因世宗衔恨张鹤龄、张延龄，奸人刘东山等"乃诬二人毒魇咒诅"。世宗大怒，下诏狱。刘东山"因株引素所不快者"，锦衣卫使王佐探得其情，"论以诬罔法反坐"。王佐枷刘东山等关门外，"不及旬悉死"。时人以王佐比牟斌。牟斌，是弘治年间锦衣卫指挥。李梦阳因论张延龄兄弟不法事下狱，牟斌"傅轻比，得不死"。世宗中年，锦衣卫使陆炳"为忮，与严嵩比，而倾夏言。然帝数兴大狱，而炳多保全之，故士大夫不疾炳"。世宗"驭中官严，不敢恣"，厂权远不及卫使陆炳。但东厂芮景贤"任千户陶淳，多所诬陷"。嘉靖二年（1523 年），给事中刘最"执奏，谪判广德州"。御史黄德"用使乘传往，会有颜如环者同行，以黄袱裹装"。芮景贤"即奏，逮下狱，最等编戍有差"。给事中刘济言："最罪不至戍。且缉执于宦寺之门，锻炼于武夫之手，裁决于内降之旨，何以示天下。"不报。

《明史·刑法志》作者评论说："故厂势强，则卫附之，厂势稍弱，则卫反气凌其上。陆炳缉司礼李彬、东厂马广阴事，皆至死，以炳得内阁嵩意。及后中官愈重，阁势日轻，阁臣反比厂为之下，而卫使无不竞趋厂门，甘为役隶矣。"②

按《明史·陆炳传》，陆炳，嘉靖十八年（1539 年）"从帝南幸，次卫辉。夜四更，行宫火，从官仓猝不知帝所在。炳排闼负帝出，帝自是爱幸炳"，擢都指挥同知，掌锦衣事。帝初嗣位，掌锦衣者朱宸，未久罢。代者骆安，继而王佐、陈寅，皆以兴邸旧人掌锦衣卫。"佐尝保持张鹤龄兄弟狱，有贤声。寅亦谨厚不为恶"。及陆炳代陈寅，权势远出诸人之上。帝数起大狱，炳多所保全，折节士大夫，未尝构陷一人，以故朝士多称之者。嘉靖三十九年（1560 年）卒官，赠忠诚伯，谥武惠。

陆炳因救驾得宠，并助阁臣严嵩排挤阁臣夏言，"发言与边将关节书，言罪死，嵩德炳"，以及发仇鸾密谋和军功，屡获升迁，进左都督，太保兼少傅，掌锦衣如故。"三公无兼三孤者，仅于炳见之"。陆炳任豪恶吏为爪牙，悉知民间铢两奸。富人有小过辄收捕，没其家。积赀数百万，营别宅十余所，庄园遍四方，势倾天下。当时严嵩父子尽揽六曹事，炳无所不关说。文武大吏争走其门，岁入不赀，结权要，周旋善类，亦无所吝。

陆炳缉司礼李彬、东厂马广阴事在嘉靖三十六年（1557 年）。"疏劾司礼中官李彬侵盗工所物

---

① 参见《明史》卷三〇七，《列传第一百九十五·佞幸·钱宁》。

② 《明史》卷九十五，《志第七十一·刑法三》。

料，营坟墓，借拟山陵，与其党杜泰三人论斩，籍其赀，银四十余万，金珠珍宝无算。"①

按《明史·穆宗本纪》，隆庆三年（1569 年）"十二月己亥（1557 年），命厂卫密访部院政事"②。

（二）万历、泰昌

按《明史·刑法志》，万历初年，冯保以司礼太监兼提东厂，在东厂"东上北门之北"另建新厂，称"内厂"，而以初建者为"外厂"。冯保与内阁张居正兴王大臣狱，"欲族高拱"，锦衣卫使朱希孝"力持之，拱得无罪，卫犹不大附厂也"。万历中，矿税使数出为害，"建言及忤矿税璫者"，辄下诏狱。而东厂张诚、孙暹、陈矩皆恬静。矩治妖书狱，无株滥。"时颇称之"。其末年，"会帝亦无意刻核，稍宽逮系诸臣"，"告讦风衰，大臣被录者寡"刑罚用稀，而锦衣狱渐清，厂卫狱中至生青草。③

按《明史·宦官传》，因提督东厂冯保、张诚、张鲤相继获罪，"其党有所惩，不敢大肆。帝亦恶其党盛，有缺多不补"。至晚年，"用事者寥寥"，司礼无人，以故侦卒稀简，东厂狱中至生青草，"中外相安"④。按《明史·张鲸传》：冯保被逐，张宏遂代冯保掌司礼监。张宏无过恶，以贤称。万历十二年（1584 年），张诚代掌司礼监。十八年（1590 年）掌东厂张鲸为御史何出光劾罢东厂，私家闲住，张诚兼掌东厂，二十四年（1596 年）春，因诚联姻武清侯，擅作威福，降奉御，司香孝陵，籍其家，弟侄皆削职治罪。⑤ 冯保以司礼太监兼提东厂，冯保与内阁张居正兴王大臣狱，"欲族高拱"，锦衣卫使朱希孝"力持之，拱得无罪"。

《明史·刑法志》还提到冯保的王大臣狱和陈矩的妖书狱。王大臣案发生在万历元年（1573 年），张居正、冯保欲拘杀高拱得免，王大臣坐斩。按《明史·冯保传》："冯保既掌司礼，又督东厂"，"兼总内外，势益张"。内阁高拱授意六科给事中程文、十三道御史刘良弼等，"交章数其奸"，而给事中雒遵、陆树德又"特疏论列"。高拱准备"疏下即拟旨逐保"。而冯保藏匿其疏，"呕与居正定谋，遂逐拱去"。高拱去后，"保憾犹未释"。万历元年（1573 年）正月，有叫王大臣的人，"伪为内侍服"，入乾清宫，被获下东厂。冯保欲"缘此族拱"，与张居正定谋，"令家人辛儒饮食之，纳刃其袖中，俾言拱怨望，遣刺帝。大臣许之"。锦衣都督朱希孝等会鞫时，王大臣疾呼："许我富贵，乃掠治我耶！且我何处识高阁老？"因朱希孝畏惧，不敢鞫而罢。而吏部尚书杨博与都御史葛守礼"力为解"。张居正亦迫于众议"微讽保，保意稍解"。王大臣移送法司坐斩，高拱获免。"由是举朝皆恶保，而不肖者多因之以进。"⑥ 另见《明史·葛守礼传》⑦、《明史·杨博传》⑧。

妖书一案，事详《明史·陈矩传》。万历中，陈矩为司礼秉笔太监。万历二十六年（1598 年）提督东厂。为人"平素识大体"，曾奉诏收书籍，中有侍郎吕坤所著《闺范图说》，神宗以

---

① 《明史》卷三〇七，《列传第一百九十五·佞幸·陆炳》。

② 《明史》卷十九，《本纪第十九·穆宗》。

③ 参见《明史》卷九十五，《志第七十一·刑法三》。

④ 《明史》卷三〇五，《列传第一百九十三·宦官二》。

⑤ 参见《明史》卷三〇五，《列传第一百九十三·宦官二·张鲸》。

⑥ 《明史》卷三〇五，《列传第一百九十三·宦官二·冯保》。

⑦ 参见《明史》卷二一四，《列传第一百二·葛守礼》。

⑧ 参见《明史》卷二一四，《列传第一百二·杨博》。

赐郑贵妃，"妃自为序，镂诸木"。当时皇太子未定，有人作《闺范图说》跋，定名《忧危竑议》，"大指言贵妃欲夺储位，刊阴助之"。三年后立皇太子。万历三十一年（1603年）十一月由出匿名书《续忧危竑议》，言贵妃与大学士朱赓等相结，"谋易太子"，"矩获之以闻，大学士赓奏亦入。帝大怒，敕矩及锦衣卫大索"，必得造妖书者。"时大狱猝发，缉校交错都下，以风影捕系，所株连甚众。之桢欲陷锦衣指挥周嘉庆，首辅沈一贯欲陷次辅沈鲤、侍郎郭正域，俱使人属矩。矩正色拒之。"随后百户蒋臣捕京师无赖㿟生光。因其"尝伪作富商包继志诗，有'郑主乘黄屋'之句"，以讹诈郑贵妃之父郑国泰及包继志，"故人疑而捕之"。"酷讯不承"，妻妾子弟皆掠治无完肤。陈矩心念㿟生光即冤，但前罪已当死，"且狱无主名，上必怒甚，恐辗转攀累无已"。礼部侍郎李廷机亦以㿟生光前诗与妖书词合。"乃具狱"，㿟生光坐凌迟死。鲤、正域、嘉庆及株连者，皆赖陈矩得全。陈矩三十三年（1605年）仍掌司礼监、督厂如故。神宗欲杖建言参政姜士昌，以陈矩谏速止。云南民杀税监杨荣，神宗欲尽捕乱者，亦以陈矩言获免。"明年奉诏虑囚"，御史曹学程"以阻封日本酋关白事，系狱且十年"，法司"请于陈矩求出，矩谢不敢。已而密白之，竟得释，余亦多所平反"①。此案又见《明史·郭正域传》②、《明史·戴士衡传》③、《明史·后妃传》。④

十、天启

按《明史·熹宗本纪》，天启三年（1623年）十二月"庚戌，魏忠贤总督东厂"⑤。按《明史·刑法志》，"天启时，魏忠贤以秉笔领厂事，用卫使田尔耕、镇抚许显纯之徒，专以酷虐钳中外，而厂卫之毒极矣"⑥。天启之狱，从表面上看是魏忠贤东厂之祸，就本质而言，却非如此。天启狱案的产生与发展，最根本在于朋党纷争，党同伐异，而为奸人所用。东林自为清流，议论三案，目异己为邪党，大加排斥。而邪党与宦官相倚，力击清流。尽管熹宗不辨忠奸，若非邪党依附，魏忠贤亦恐难成势。⑦

东林缘起万历后期，当时叶向高、方从哲相继为首辅。因神宗在位日久，少理政事，廷臣渐立门户。党争起于叶向高当政之时，诸臣树党相攻，排斥异己。无锡吏部文选郎中顾宪成因故削籍，家居无锡，建东林书院讲学，声誉日显，朝士从游甚众，有以被谪贬者为多，由此，有"东林"之名。当时齐、楚、浙党人控制"言路"，交通吏部，将被劾者视为"东林"罢斥。方从哲时，齐、楚、浙三党，通过丁巳京察，尽斥东林。《明史》作者将东林称为"清流"、"正人"，齐、楚、浙三党为"群小"。

天启初年，因红丸一案，方从哲被劾，刘一燝、韩爌辅政，内廷王安持正，天启元年（1621年）十月叶向高还朝，复为首辅。周嘉谟为吏部尚书，大起废籍，朋奸乱政者渐自引去。赵南星先为左都御史，后为吏部尚书，起用罢斥，《明史》称"东林势盛，众正盈朝"。

---

① 《明史》卷三〇五，《列传第一百九十三·宦官二·陈矩》。
② 参见《明史》卷二二六，《列传第一百十四·郭正域》。
③ 参见《明史》卷二三四，《列传第一百二十二·戴士衡》。
④ 参见《明史》卷一一四，《列传第二·后妃二》。
⑤ 《明史》卷二十二，《本纪第二十二·熹宗》。
⑥ 《明史》卷九十五，《志第七十一·刑法三》。
⑦ 这部分请参见尤韶华：《明代司法续考》，北京，中国人事出版社，2005。

魏忠贤少时无赖，被恶少所欺，自宫入为太监，私通熹宗乳妈客氏，熹宗即位得宠，封客氏奉圣夫人，迁魏忠贤司礼秉笔太监。因忌掌司礼监王安持正，谋杀之。客氏因大婚出宫，复召入。魏忠贤因引嬉玩被劾。

天启元年（1621年）至四年（1624年）初，邪党依附有两方面的原因：一是魏忠贤为言官所劾，谋结外廷诸臣。二是议梃击、红丸、移宫三案，东林过激，其异者目为邪党，废斥殆尽，及魏忠贤得势，其党依附以倾东林。二者联合，而熹宗不辨忠佞，阁臣刘一燝及尚书周嘉谟被邪党劾去。其时叶向高、韩爌辅政，廷臣与魏忠贤对抗者则倚之，被劾者大多赖叶向高救免。天启三年（1623年）春魏忠贤将顾秉谦、魏广微引入内阁。此时东林在朝廷仍占优势，但力量对比正在转换。

东林之祸起于天启四年（1624年）六月至天启七年（1627年）熹宗崩。"邪党"先是攻击东林，其后凡是与此相异的，均诬为东林。初始魏忠贤并未顾及争三案及辛亥、癸亥两京察与熊廷弼狱事，而邪党以东林将害魏忠贤为由，促使魏忠贤参与。

天启四年（1624年）四月第一次汪文言狱，企图罗织东林，为叶向高，一说为黄尊素所解。因魏忠贤忌惮叶向高旧臣，止罪汪文言。杨涟上疏劾魏忠贤二十四大罪，叶向高深以为非，黄尊素亦认为除君侧应有内援。魏忠贤惧，求解于韩爌，而韩爌不应。魏忠贤于帝前泣诉，而客氏、王体乾从旁调说，熹宗懵然不辨也，留魏忠贤，而责杨涟。魏大中等七十余人上疏，企图决胜。叶向高念魏忠贤未易除，欲以阁臣从中挽回，冀无大祸，与礼部尚书翁正春请遣忠贤归私第以塞谤，不被采纳。万燝杖死，黄尊素劝杨涟归退，杨涟不从。魏大中将劾魏广微，黄尊素曾劝止，而魏大中不从，致使魏广微进一步依附魏忠贤。同时，东林以乡里分朋党，魏大中驳劾甚广，多有不悦。如此种种，致起大难。

魏忠贤欲尽杀异己，王体乾倡廷杖立威。天启四年（1624年）六月工部郎中万燝以劾魏忠贤杖死，又命廷杖御史林汝翥以辱叶向高，逼其致仕。韩爌、朱国祯相继为首辅，未久皆罢，顾秉谦代其位。一时罢斥东林，复用邪党。五年（1625年）三月复兴汪文言狱，诬杨涟等六人受熊廷弼贿，掠死于狱，又杀熊廷弼。六年（1626年）二月伪浙江太监李实奏，逮杀应天巡抚周起元等七人。天启六年（1626年）以咒诅魏忠贤斩扬州知府刘铎。削籍、充军、追赃者数百人。其结果，《明史》称"善类为一空"，"忠贤之党遍要津"。

掌锦衣卫事田尔耕、掌镇抚司许显纯、锦衣指挥崔应元、东厂理刑官杨寰、东司理刑孙云鹤五人号"五彪"，专司酷刑。按《明史·田尔耕传》：田尔耕，天启四年（1624年）十月代骆思恭掌锦衣卫事。"狡黠阴贼"，魏忠贤斥逐东林，数兴大狱。田尔耕广布侦卒，罗织平人，锻炼严酷，入狱者率不得出。天启四年（1624年），刘侨掌镇抚司，治汪文言狱，失忠贤指，得罪，以许显纯代之。"显纯略晓文墨，性残酷，大狱频兴，毒刑锻炼"。杨涟、左光斗、周顺昌、黄尊素、王之寀、夏之令等十余人，皆死其手。[①]

魏忠贤掌东厂，《明史·魏忠贤传》记载了东厂横行之事：

> 当是时，东厂番役横行，所缉访无论虚实辄糜烂。戚臣李承恩者，宁安大长公主子也，家藏公主赐器。忠贤诬以盗乘舆服御物，论死。中书吴怀贤读杨涟疏，击节称叹。奴告之，毙怀贤，籍其家。武弁蒋应阳为廷弼讼冤，立诛死。民间偶语，或触忠贤，辄

---

① 参见《明史》卷三〇六，《列传第一百九十四·阉党·田尔耕》。

被擒戮，甚至剥皮、刲舌，所杀不可胜数，道路以目。①

魏忠贤威权倾朝。按《明史·魏忠贤传》，自内阁、六部至四方总督、巡抚，遍置死党。"所有疏，咸称'厂臣'不名。大学士黄立极、施凤来、张瑞图票旨，亦必曰'朕与厂臣'，无敢名忠贤者。"按《明史·顾秉谦传》：内阁顾秉谦"票拟，事事徇忠贤指。初矫旨罪主考丁乾学，又调旨杀涟、光斗等。惟周顺昌、李应升等下诏狱，秉谦请付法司，毋令死非其罪"。"自秉谦、广微当国，政归忠贤。其后入阁者黄立极、施凤来、张瑞图之属，皆依媚取容，名丽逆案。"② 按《明史·王体乾传》："故事，司礼掌印者位东厂上。体乾避忠贤，独处其下，故忠贤一无所忌。"③

十一、崇祯

崇祯年间复用内臣，锦衣卫善恶兼之。按《明史·刑法志》："然帝倚厂卫益甚，至国亡乃已。"④ 厂卫虽获思宗倚用，惨刻肆虐，薛国观、周延儒之死皆因厂卫刺事而起，然并无大害。掌卫骆养性封还潜杀姜埰、熊开元密旨。厂卫缉事之权亦曾奏罢。

（一）复用内臣

思宗因廷臣纷争，而复用内臣，为此东厂由大行告密之风，侦阁臣阴事廷臣深结中贵自保，而锦衣卫慑东厂之威，卫使不敢违东厂之意。事见《明史·魏忠贤传》、《张彝宪传》、《刑法志》、《陈新甲传》。崇祯年间复用内臣，锦衣卫善恶兼之。

廷臣树党是崇祯复用内臣的主要原因。按《明史·张彝宪传》："张彝宪，庄烈帝朝司礼太监也。帝初即位，鉴魏忠贤祸败，尽撤诸方镇守中官，委任大臣。既而廷臣竞门户，兵败饷绌，不能赞一策，乃思复用近侍。"崇祯四年（1631年）吏部尚书闵洪学率朝臣具公疏争，帝曰："苟群臣殚心为国，朕何事乎内臣。"众莫敢对。⑤ 又《明史·魏忠贤传》载："帝亦厌廷臣党比，复委用中珰。"⑥

按《明史·刑法志》，崇祯时，"告密之风未尝息"，锦衣卫俯首东厂。（参见上节"厂卫的设置及职能"。）另按《明史·陈新甲传》：兵部尚书陈新甲"雅有才，晓边事，然不能持廉，所用多债帅。深结中贵为援，与司礼王德化尤昵，故言路攻之不能入"⑦。

（二）锦衣卫善恶

吴孟明、骆养性先后掌锦衣卫。士大夫与吴孟明往还，以为狱急之赖。骆养性虽多肆虐，亦有可称之处。姜埰、熊开元因建言下狱，思宗谕潜杀之，骆养性封还密旨。姜埰、熊开元移刑官定罪。事见《明史·刑法志》、《姜埰传》。"镇抚梁清宏、乔可用则朋比为恶"事，参见上节"厂卫的设置及职能"。

---

① 《明史》卷三〇五，《列传第一百九十三·宦官二·魏忠贤》。
② 《明史》卷三〇六，《列传第一百九十四·阉党·顾秉谦》。
③ 《明史》卷三〇五，《列传第一百九十三·宦官二·王体乾》。
④ 《明史》卷九十五，《志第七十一·刑法三》。
⑤ 参见《明史》卷三〇五，《列传第一百九十三·宦官二·张彝宪》。
⑥ 《明史》卷三〇五，《列传第一百九十三·宦官二·魏忠贤》。
⑦ 《明史》卷二五七，《列传第一百四十五·陈新甲》。

《明史·刑法志》记有锦衣卫可称之事：万历初，刘守有以名臣子掌卫，其后皆乐居之。士大夫与往还，狱急时，颇赖其力。刘守有之子刘承禧及吴孟明是其中显著者。崇祯初，吴孟明掌锦衣卫印，时有纵舍，然观望东厂之意，不敢违背。姜埰、熊开元下狱，"帝谕掌卫骆养性潜杀之。养性泄上语，且言：'二臣当死，宜付所司，书其罪，使天下明知。若阴使臣杀之，天下后世谓陛下何如主？'会大臣多为埰等言，遂得长系。此养性之可称者，然他事肆虐亦多矣"①。

姜埰案详见《明史·姜埰传》。姜埰为礼科给事中，崇祯十五年（1642 年）上疏。思宗当时正时忧劳天下，"默告上帝，戴罪省愆，所颁戒谕，词旨哀痛，读者感伤。埰顾反覆诘难，若深疑于帝者，帝遂大怒，曰：'埰敢诘问诏旨，藐玩特甚。'立下诏狱拷讯"。而行人熊开元亦以建言下锦衣卫。"帝怒两人甚，密旨下卫帅骆养性，令潜毙之狱。""养性惧，以语同官。同官曰：'不见田尔耕、许显纯事乎？'骆养性乃不敢奉命"，私下告诉同乡给事中廖国遴，国遴转告同官曹良直。曹良直即疏劾骆养性归过于君，而自以为功。"陛下无此旨，不宜诬谤；即有之，不宜泄。"请并诛骆养性、开元。"养性大惧，帝亦不欲杀谏臣，疏竟留中。会镇抚再上埰狱，言掠讯者再，供无异词。"骆养性亦封还密旨。乃命移刑官定罪②。

（三）奏罢缉事

大学士吴甡、周延儒、御史杨仁愿先后奏厂卫之害，东厂所缉止谋逆乱伦，作奸犯科，则归有司。事见《明史·吴甡传》、《周延儒传》及《刑法志》。《明史·吴甡传》："后帝论诸司弊窦，甡言锦衣尤甚，延儒亦言缇骑之害，帝并纳之。"③《明史·周延儒传》："初，延儒奏罢厂卫缉事，都人大悦。"④ 御史杨仁愿之事参见上节"厂卫的设置及职能"。

第四节 简评

按《明史·刑法志》，"太祖之制，内官不得识字、预政，备扫除之役而已。末年焚锦衣刑具，盖示永不复用。而成祖违之，卒贻子孙之患，君子惜焉"⑤。厂卫司法是明代的一大特点，但历朝各异。在多数情况下，只是其缉事权和审讯权与法司有冲突，特别是侵夺刑部的权限。厂卫的势力也经常受到抑制。厂卫司法的出现和走向，有一定的政治、历史成因，并有一定的规律可循。

各朝君主的背景、年龄、性格、情绪、喜怒、用人以及明代内阁政治的发展对厂卫司法具有决定的作用。明代内阁在司法中起很大的作用。洪武十三年（1380 年）罢丞相不设，权归六部。内阁置于永乐成祖之时，阁臣"参与机务"。内阁的职责主要是"拟票"，即拟定皇帝诏

① 《明史》卷九十五，《志第七十一·刑法三》。
② 参见《明史》卷二五八，《列传第一百四十六·姜埰》。
③ 《明史》卷二五二，《列传第一百四十·吴甡》。
④ 《明史》卷三〇八，《列传第一百九十六·奸臣·周延儒》。
⑤ 《明史》卷九十五，《志第七十一·刑法三》。

书,但要经内监批红,经皇帝审阅批准后下达。嘉靖以后,阁臣位六部之上,六部承奉意旨。

一、皇权因素

厂卫司法权,可以作为皇权的一部分。明代皇帝与历代一样,掌握最高司法权。这种最高司法权表现为死刑复核权、重大疑难案件决定权,对一定级别官员拘捕、审讯、用刑或量刑的决定权,即对官员司法处置的权力。锦衣卫掌管"诏狱",皇帝对一定级别官员拘捕、审讯,是由锦衣卫执行的。用刑,主要是廷杖,均由皇帝指令而由锦衣卫执行。厂卫被视为耳目,因而厂卫的缉事权,即侦查权,亦应作为皇权的一部分。明代十七朝,大多数皇帝自操威权,特别是洪武太祖、永乐成祖、嘉靖世宗、崇祯思宗始终掌握最高司法权。但也有皇权旁落的,典型的是正德武宗、天启熹宗,而刘瑾曾矫旨用刑,魏忠贤则更为严重。正统英宗、万历神宗在前期亦皇权旁落。

而锦衣卫受宠的,永乐时有指挥使纪纲,天顺时先后有逯杲、门达,大兴狱案。永乐因篡位,天顺因复辟。成祖"知人不附己,欲以威蓍天下",特任纪纲为锦衣,"寄耳目"。英宗"虑廷臣党比,欲知外事",倚锦衣官校为耳目,因此逯杲得"大幸"。嘉靖世宗以藩王入主帝位,严驭中官,以兴邸旧人掌锦衣卫,厂权远不及卫使陆炳。"三公无兼三孤者,仅于炳见之"。

正统、正德、万历、天启四朝均为幼君即位,故而倚重宦官。但又有所异同。正统、正德、天启相近。正统司礼监王振、正德司礼监刘瑾、天启掌东厂魏忠贤专权。倚重宦官始于英宗。正统的特点是幼君、宦官相结合,施用重典。英宗幼年即位,而太监王振因曾侍英宗于东宫,而掌司礼监。二者互相依靠,英宗虑臣下欺己,而王振假以立威,倾向采用重典。这是正统区别于正德、天启的第一点。正德武宗、天启熹宗皆耽于嬉戏,少理朝政,宦官刘瑾、魏忠贤专权。武宗十五岁即皇帝位,性喜游宴,刘瑾为首的侍于东宫的宦官八人诱之,因此得宠。熹宗即位年仅十六,其母已亡,依赖乳母客氏,宦官魏忠贤因私通客氏,引熹宗嬉玩并宠。

二、内阁因素

正统英宗虽依赖宦官王振,但阁臣杨士奇、杨荣、杨溥,即三杨,为太皇太后所重,王振尚有所顾忌,在不同的程度上对重刑的施行有所缓解。正统七年(1442年),太皇太后崩,三杨或卒或退,王振才开始跋扈。

这一点与万历有相近之处,但区别也是挺大的。万历内阁张居正、司礼监冯保为内外顾命大臣,太皇太后管教严厉,神宗畏惧张、冯。张居正、冯保又属互助、同谋关系。冯保虽得势,并有王大臣之狱,但无过多的举动。内阁张居正、冯保被逐,其后,张宏、孙暹、张诚、陈矩"恬静","无株滥"。

正德、天启两朝相近之处更多。正德内阁焦芳、刘宇依附宦官刘瑾,成为阉党,刘瑾所为皆其所导。天启党争,阁臣各为其党,顾秉谦依附宦官魏忠贤而为首辅,票拟事事徇指。《明史·阉党传》认为,"明代阉宦之祸酷",是由于党人依附,致使司礼之权居内阁之上。这只是表面现象。正德刘瑾、天启魏忠贤专权的过程不同,但有两点是一样的。其一,正德时外廷行为过激,天启时东林行为过激。正德初外廷疏请诛刘瑾,武宗不得已,议遣刘瑾等居南京,大学士刘健却坚持不可,致使事态发生逆转。起于神宗的朋党之争,为是非之辨而相互清洗，日益扩大，天启时已趋激烈。东林尽逐"邪党"，邪党依附魏忠贤复归。初始魏忠贤并未顾及是非争议。而邪党以东林将害魏忠贤为由，促使魏忠贤参与。杨涟上疏劾魏忠贤二十四大罪，把矛头对准魏忠贤。魏忠贤与邪党相倚日紧，全力反扑，杀戮东林。在一定的意义上，刘瑾、魏忠贤的行为属于自保，毕竟刘健、杨涟欲杀刘瑾、魏忠贤在先。其二，正德武宗、天启熹宗皆耽于嬉戏，少理朝政，致使皇权旁落，刘瑾、魏忠贤得以矫旨肆为。"阉党"依附大抵因此而起。

然而，正德、天启亦有两点不同，导致了其酷烈程度的差异。其一，正德时，外廷反抗程度较低。而天启时，党争激烈。正德年间，廷臣并未结党，"知事已变"，阁臣刘健、谢迁、李东阳皆求去。帝独留李东阳。阁臣李东阳、王鏊虽处境艰难，却尽力救狱，使刑狱有所轻缓。而东林势力强盛，寻求决战，前赴后继，视死如归。而采取的却是不可取胜的方式。东林的奏劾，很少能到达熹宗手里。其二，正德时宦官内讧，计除刘瑾的是宦官张永、都御史杨一清。张永原为刘瑾之党，"八虎"之一，因恶其所为而不附之，曾为其所陷，由此二人不合。正德五年（1510年）八月都御史杨一清为张永划策，以计奏刘瑾不法事，执刘瑾，谪居凤阳。

弘治之前的阁臣多比较持正。景泰时阁臣劝用轻刑，锦衣、太监亦无大害。而成化时汪直掌西厂，两次被阁臣商辂、万安奏罢，时间不长。天顺间，锦衣官校恣横为剧患，阁臣李贤累请禁止。万历时阁臣张居正逐高拱，与东厂冯保合谋，欲以王大臣事拘杀之。崇祯时依旧纷争，阁臣树党倾轧，致使思宗复用厂卫。

三、厂卫为害的间隔

明代有十七朝，厂卫有大害的，主要有永乐的纪纲、正统的王振、天顺的逯杲和门达、成化的汪直、正德刘瑾、天启魏忠贤，共六朝。除天顺、成化相连外均有间隔。在这六朝中也只占其中一段，相对明代277年，就总体时间而言，并不是很长。同时，也有治妖书狱无株滥、多所平反的陈矩、未尝构陷一人的陆炳。

综上所述，看待厂卫司法应当客观全面，尤其不应以天启的魏忠贤来说明整个明代的厂卫司法，也不应该把天启的酷烈简单完全归因于魏忠贤。

第二十五章

涉外司法

第一节
古代中国人对于世界的观念

一、天圆地方的宇宙观

在科学尚不发达的时代，人类对于宇宙的观念，多半出于直观的猜想和推测。古代中国也是如此。古代中国人认为天是圆的，地是方的，天就像一个圆形的斗笠一样，笼罩在四方形的大地上。天的中心是北极，也就是北斗星所在的位置，天上最尊贵的神——太一就在那里。四方形的大地就像一部棋盘，中心在"王畿"，也就是今天洛阳一带，地上最尊贵的人——王就在那里。成书大约于战国时代的《尚书》记载了当时中国人对于世界的看法。《尚书·禹贡》有"九州"、"五服"的说法。九州指的是冀州、兖州、青州、徐州、扬州、荆州、豫州、梁州和雍州。这些地方大体上包括了今天的河北、山东、江苏、湖北、湖南、四川、陕西和山西等省。这是禹治水时所关注的天下，所以这些地方又合称"禹域"。"五服"说的是，以"王畿"为中心，每五百里做正方形边界，由近及远依次划分区域为"甸服"、"侯服"、"绥服"、"要服"和"荒服"。从《尚书》的记载来看，当时中国人对于世界的认识，类似于一个"回"字形，世界是从中心的"王畿"一圈一圈地发散开去的地域。

这种观念在战国时期已经获得了普遍认同。在《楚辞》、《庄子》、《穆天子传》、《山海经》等等书籍中，都有这种观念的印迹。《国语·周语》中也有"五服"的记载（甸、侯、宾、要、荒）。《周礼·夏官·职方氏》则进一步扩展了这种看法，它把"五服"扩大了，变成了"九服"，中央为王所在地——王畿，四周层层蔓延，分别为侯、男、甸、采、卫、蛮、夷、镇、藩等"九服"。《周礼》中的这种看法，在本质上和《尚书》一致，那就是：从地理位置上讲，地域从中心向边缘逐渐延伸；从文化层次上讲，文化从中心向四周逐步辐射，并且随着地域的延伸，文化的等级逐步减弱。

中国特殊的地理位置，很自然让人们产生这样的观念。它的东面是浩瀚无边的太平洋，西面是连绵万里的沙漠，南面是蜿蜒盘旋的高山，北面一直都是冰天雪地的荒漠和冻土地带。在这种地理环境下，中国人一直没有遇到过比自己更为先进的文明。放眼望去，尽是"东夷"、"西戎"、"南蛮"、"北狄"。虽然在某些时候，北方的游牧政权能够凭借武力战胜中原王朝，但是要不了多久，这些民族就会为中华文明所吸引，采用中华文物制度，逐渐被同化，由"蛮夷"转变为"华夏"。所以，孟子说："吾闻用夏变夷者，未闻变于夷者也。"① 在这种情况下，古代中国人认为自己处于世界的中心。这里的"中心"不仅是世界地理的中心，更为重要的是，它还是世界文明的中心。边缘地区无论在物质上，还是在文化上，都低于中心地区，并且随着地域的延伸，富裕程度和文明程度都依次降低。所以，古代中国人在看待其他地方人时，带有一种天然的优越感，认为他们都应该学习自己，有时候甚至认为他们应该受到中心地区的管辖和治理，因为这种高层次的治理有助于他们提升自身的物质和文化水平。

二、中国人对于国家的观念

在上述宇宙观的影响下，古代中国人对于国家的概念也有着自己的特征。在传统观念中，"国"这一概念，在春秋战国时期大致指各个诸侯国，如齐、楚、燕、韩、赵、魏、秦之类，在秦之后指的则是各个朝代。《大学》中讲"修身、齐家、治国、平天下"，其中"家"和"天下"这两个概念和现在大致相同，但是，"国"所指的并不是今天所说的民族国家。②梁启超认为：

> 吾人所最惭愧者，莫如我国无国名一事。寻常通称，或曰诸夏，或曰汉人，或曰唐人，皆朝代名也；外人所称，或曰震旦，或曰支那，皆非我所自命名也。以夏、汉、唐等名吾史，则戾尊重国民之宗旨；以震旦、支那等名吾史，则失名从主人之公理。曰中国，曰中华，又未免自尊自大，贻讥旁观。虽然，以一姓之朝代而诬我国民，不可也；以外人之假定而诬我国民，犹之不可也。于三者俱失之中，万无得以，仍用吾人口头所习惯者，称之曰"中国史"。虽稍骄泰，然民族之各尊其国，今世界之通义耳。我同胞苟深察名实，亦未始非唤起精神之一法门也。③

也就是说，中国人的观念中，只有唐朝、宋朝、明朝、清朝之类的朝代观念，没有自己的国家观念，甚至连自己的国名都没有。梁漱溟在《中国文化要义》一书中，专门写了一章"中国是否一国家"，来讨论传统社会中的国家形态。在进行了仔细的探讨之后，梁先生得出结论说，"中国不像国家"④。

既然古代中国人的观念中并没有西方17、18世纪兴起的那种民族国家观念，那么，是什么维系着中国长达五千年的延续，使得它不像其他文明古国（如古埃及、古希腊、古印度等）一样成为过眼烟云呢？经历了明清朝代变更的顾炎武说："有亡国，有亡天下。亡国与亡天下奚辨？曰，易姓改号，谓之亡国；仁义充塞，而至于率兽食人，人将相食，谓之亡天下……是故知保天下，然后知保其国。保国者，其君其臣肉食者谋之。保天下者，匹夫之贱，与有责焉耳矣。"⑤ 也就是说，古人有着自己的朝代认同和文化认同，朝代的更替是亡

---

① 《孟子·滕文公上》。
② 参见梁漱溟：《中国文化要义》，162～188 页，上海，学林出版社，1987。
③ 梁启超：《中国史叙论》，载《饮冰室合集》，北京，中华书局，1989。
④ 梁漱溟：《中国文化要义》，162 页。
⑤ 顾炎武：《日知录》，卷十三《正始》，石家庄，花山文艺出版社，1990。

国，文化的丧失则是亡天下。在此，顾炎武还区分了两种责任，那就是，保证朝代兴盛的责任主要在统治者，而维护文化传统的责任则人人有之。由此来说，与西方的民族国家相对应，古代中国人所持的国家观念大致就是一种文化国家观，也就是说，古人对于国家的认同并不局限于一个种族建立一个国家，或者相近的种族建立一个国家，只要这个朝廷尊奉中华文化，民众就会认可这个政权。可见，虽然古代中国不是一种民族国家，但能够称得上是一种文化国家，即古代中国不是建立在民族观念之上的，而是建立在文化观念之上的。

依照现代国际公法的一般观念，构成国家的要素主要有四个，即固定的居民、确定的领土、政府和主权。其中，主权是区分国家和它的地方单位或者成员的根本标志，至于居民数量的多少、领土面积的大小、边界是否完全正式划定以及政府的组织形式如何对一个国家的形成并不具有决定性影响。① 而古代中国没有主权观念，人们的观念中只存在王权观念。中国古代的王权是对内最高、对外也最高的，正所谓"王者无外"。这与现代的主权观念大相径庭。现代的主权被认为是对内最高、对外平等的。两者相比较，可以认为中国古代的王权是一种"超主权"，古代中国是一个超主权国家。

说到底，古代中国人只认同王朝这一概念，而且在王朝之内，没有现代意义上的民族观，没有形成一个个严格区分的民族，当然，更没有那种近代从西方传进来的"民族国家"观念，也没有那种对内最高、对外平等的主权观念。对古人的误解，往往缘于语言的差异，缘于同一个词语在历史演变中意义的变化。古人说"中国"，今人也说"中国"，然而"在古为橘，在今为枳"。

无论国家形态如何，国与国之间都要交往，国际关系在古代同样存在。比如战国时期，各诸侯国之间的关系就是一种国际关系。汉朝和匈奴的关系，也是一种国际关系。司马迁自述作《匈奴列传》的原因道："自三代以来，匈奴常为中国患害；欲知强弱之时，设备征讨，作《匈奴列传》第五十。"② 匈奴地处河套一带，这一带已入现在版图之内，当时匈奴则是独立的政治实体。司马迁把匈奴国史写成"列传"，恰如今天修史，在国史中写"美国列传"、"英国列传"一样。在后来的三国之间、南北朝各并立国之间、宋金西夏之间、清和沙俄之间就是一种国与国的关系。只是在这种关系中，天平有时会倾斜于某一方。当然这也正常，现代的民族国家之间，也存在着霸权主义和强权政治。

第二节
"化外人"司法制度的建立

一、唐宋时期的开放政策

唐宋时朝是中华历史的一个鼎盛时期，文治武功都达到了前所未有的高度。唐朝和宋朝

---

① 参见［英］詹宁斯、瓦茨修订：《奥本海国际法》，王铁崖等译，92~93 页，北京，中国大百科全书出版社，1995。

② 司马迁：《史记》卷一三〇。

都是中国历史上较为开放的朝代，唐宋统治者一改秦汉以来限制商业发展的"抑末"理念，积极鼓励发展商业和对外贸易，推行对外开放政策。

唐政府"主动遣使下海番以招番夷"，开辟广州、福建、扬州等东南沿海城市和唐都长安、洛阳等地为通商集散地。对于外国人移居中国，唐政府曾在 737 年专门作出政策规定："化外人归朝者，所在州镇给衣食，具状送省奏闻。化外人于宽乡附贯安置。"另外，还可免去他们十年的赋税。① 另外，"委节度观察使常加存问，除舶脚、外市、进奉外，任其来往流通，自为交易"②，并"接以恩仁，使其感悦……其岭南福建及扬州番客，宜委节度观察使常加存问，除舶脚收市进奉外，任其来往通流，自为交易，不得重加率税"③，从而为外国商人创造有利的经商环境。

到了宋朝太宗雍熙四年（987 年），皇帝"遣内侍八人，赍敕书金帛，分四路，招致南海诸番国，勾招进奉，博买香药、犀牙、真珠、龙脑。每纲赍空名诏书三道，于所至处分赐之"④。体现出当时统治者在对外开放和招徕远人方面的决心和作为。南宋统治者则更清楚地认识到市舶之利的丰厚。宋高宗说："市舶之利最厚，若措置得宜，所得动以百万计，岂不胜取之于民？""市舶之利，颇助国用，宜循旧法，以招徕远人，阜通货贿"⑤，并采取放宽对番舶的限制、减轻关税等优抚政策吸引番商来华贸易。

唐宋政府对外商的一系列宽大政策，大大激发了外国商人，特别是具有经商传统的阿拉伯等地的穆斯林商人来华贸易的热情。他们从"古丝绸之路"和"海上丝绸之路"抵达中国，积极从事珠宝、药材和香料等行业的经营贸易活动。他们中巨商大贾不断涌现，如"番商辛押陀罗……家资数百万缗"⑥。这种巨额利润的诱惑吸引了更多的穆斯林商人来华经商，他们如鱼得水，乐而忘返，安居不欲归者"或四十余年"，或"数十年矣"。再加上一些留华不归的阿拉伯贡使、大食兵、避难归附者以及被掠到中国的穆斯林，在华外国商人与日俱增。《旧唐书·邓景山传》记载上元二年（761 年）正月，田神功兵马讨贼："会刘展作乱，引平卢副大使田神功兵马讨贼。神功至扬州，大掠居人资产，鞭笞发掘略尽。商胡大食、波斯等商旅死者数千人。"⑦ 在这一场混乱当中，仅扬州一地的外国人就死亡数千人。当时全国的外国人人数之多，可想而知。宋代来华的穆斯林总数达到几万至十几万之多。⑧ 而且定居的规模、范围不断扩大，形成"波斯人村寨"、"番邦"、"番浦"等穆斯林居住区。随着外国人不断增多，涉外纠纷不可避免。因此，涉外司法制度在唐宋时期得到了长足发展。

二、"化外人"与外国人

在外来人员逐渐增多、涉外纠纷不断发生的情况下，国家法典中有了相应的处理措施。《唐律疏议·名例》规定："诸化外人，同类自相犯者，各依本俗法；异类相犯者，以法律

---

① 参见《通典》卷六。
② 《唐大诏令集》卷十；《全唐文》卷七十五。
③ 《全唐文》卷七十五。
④ 《宋史》卷一八六，《食货志》。
⑤ 《宋会要辑稿·职官》四四之二三。
⑥ 顾炎武：《天下郡国利病书》，卷一〇四《海獠》，台湾，台湾艺文印书馆，1956。
⑦ 《旧唐书》卷一一〇。
⑧ 参见余振贵：《中国历代政权与伊斯兰教》，51 页，银川，宁夏人民出版社，1997。

论。"梁启超在《论中国成文法编制之沿革得失》一文中称，"化外人相犯"的规定，"为唐律所特有，还是因袭前代成文，今不可考"①。

这一规定，《宋刑统》完全继承，未作任何改变。辽制、金律同条的律文，虽然在字句上有些差异，但是它们所采取的模式，仍与唐律相同。②

1. 文化意义上的"化外人"

从律文来看，这一法律制度的适用对象是"化外人"。其中的"人"，当然指的是自然人，但是什么是"化外"呢？要界定哪些人属于"化外人"，首先要界定的就是"化外"这一概念。

《中庸》说："动则变，变则化。"朱注："动者，诚能动物。变者，物从而变。化，则有不知其所以然者。盖人之性无不同，而气则有异，故惟圣人能举其性之全体而尽之。其次则必自其善端发见之偏，而悉推致之，以各造其极也。曲无不致，则德无不实，而形、著、动、变之功自不能已。积而至于能化，则其至诚之妙，亦不异于圣人矣。"③《周礼·春官·大宗伯》"以礼乐合天地之化"，郑玄疏："以礼乐并行以教，使之得所，万物感化，则能合天地之化，谓能生非类也。"又"故云能生非类曰化也。《易》云'乾道变化'，亦是先变后化，变化相将之义也"④。《孟子·离娄上》说："舜尽事亲之道而瞽瞍厎豫，瞽瞍厎豫而天下化，瞽瞍厎豫而天下之为父子者定，此之谓大孝。"化是较变更为深刻、更为形而上的转化，是一种质变。化的结果就是要形成人们内化的一种行为模式。

这种深层次的转化依靠什么来完成呢？对于"化外"，《辞源》解释为："旧时统治阶级的偏见，指中国教化达不到的地方。"⑤《辞海》解释为："旧时统治者称政令教化所达不到的地方为'化外'。"⑥ 这两部辞典分别提到了"教化"和"政令教化"。对于"教化"，《辞源》解释为："政教风化"和"教育感化"⑦。对于"政令教化"，《辞海》解释为："政教风化，也指教育感化。"⑧《礼记》中说："修其教不易其俗，齐其政不易其宜。"汉代经学家郑玄注："教谓礼义，政谓刑禁。"⑨ 也就是说，政教指的是法律和礼义，也就是中国传统社会中的一种行为规范。

中国传统社会中明文规定的行为规范除了法律之外，还有礼，这是中华文明特有的规范形式。礼和法紧密结合在一起，"化民之道，礼教为先，礼教所不能化者，则施刑罚以济其穷，此法律所由设也"⑩。"礼"最早是从原始氏族社会中人类祭祀祖先和神的仪式中产生出

① 梁启超：《论中国成文法编制之沿革得失》，载《饮冰室合集》。

② 辽制规定：凡四姓相犯、皆用汉法；本类自相犯者，用本国法；金律规定：诸同类自相犯者，各从本俗法（诸字依意补充）。参见徐道邻：《唐律通论》，45 页，台北，"中华书局"，1966；蔡敦铭：《唐律与近世刑事立法之比较研究》，340 页；［日］仁井田陞：《东亚法典的形成》，霍存福、丁相顺译，载《法制与社会发展》，2003（1）。

③ 朱熹：《四书章句集注》，33 页，北京，中华书局，1983。

④ 《周礼注疏》卷十八，中华书局十三经注疏本。

⑤ 《辞源》，合订本，210 页，北京，商务印书馆，1988。

⑥ 《辞海》，477 页，上海，上海辞书出版社，1979。

⑦ 《辞源》，1343 页。

⑧ 《辞海》，3362 页。

⑨ 《礼记·王制》："修其教不易其俗，齐其政不易其宜。"注："教谓礼义，政谓刑禁。"正义："齐其政者，谓齐其政令之事，当逐物之所宜，故云不易其宜。教主教化，故注云教谓礼义；政主政令，故注云政谓刑禁也。"

⑩ 《清末筹备立宪档案史料·浙江巡抚增韫奏折》，856 页，北京，中华书局，1979。

来。《礼记·祭礼》中说，"凡治人之道，莫急于礼，礼有五经，莫重于祭"。在社会生产力水平很低下的情况中，对于很多自然现象，人类都无法理解，自然而然就要求助于外力的保佑。我们祖先选择的崇拜对象是天地鬼神，尤其重鬼，也就是自己死去的祖先。他们认为只有敬重天地鬼神，才能消除很多自己无法理解的灾祸，才能得到天地鬼神的保佑和庇护。因此，在这种祭祀天地鬼神的活动中所形成的礼，就成为人们求平安、保富贵的社会活动的共同规范。

夏商周时代，礼开始形成，内容不断丰富。公元前 21 世纪正式的国家组织——夏朝首次形成，此后的一千多年历史进程中，夏、商、周三个部族逐渐在语言文字、地域经济和服饰习俗等方面趋为一体，形成华夏族的雏形。他们活动于黄河流域，主要从事自给自足的农业生产，组成了以宗法血缘为纽带的社会组织，并形成了独具特征的"礼教"文化系统。孔子说，"殷因于夏礼，所损益可知也，周因于殷礼，所损益可知也"①，只是由于文献的不足，孔子虽能言之，但不能征之。② 到了西周的时候，在周公的主持下，以周族原有的习惯为基础，同时吸收夏礼和商礼，制定了包括以"亲亲"、"尊尊"为核心的宗法制、分封制和国家活动方面的典章制度，以及人们日常生活方面的各种行为规范，这就是通常所说的"周礼"。这一套礼仪规范维护宗法等级制度，重视血缘家族和基本伦常、婚丧和节日礼仪，强调祭祀天地鬼神。在随后的历史发展中，礼的地位越来越重要，甚至成为其他行为规范的判断标准，例如人们在评价唐律时，都说它"一准乎礼，得古今之平"。在中国传统社会中，礼不仅是治国安邦的一个要素，还成为中国人的精神支柱，构成了中华文明的核心内容。它"已铭刻在中国人的心灵和精神里"③，"构成了国家的一般精神"④。

在东亚这片大陆上，远古时期有多个民族在此休养生息，在后来的发展中，各民族逐渐融合，形成了以华夏族也就是汉族为主体、多民族并存的形势。"远古文化遗存，表明中国境内在那遥远的时代，曾经在不同的地区发展着不同系统的文化。"⑤ 春秋经传就曾记载了除夏族、殷族、周族以外的戎、蛮、狄、夷、濮等民族的史事。他们生活在不同地域，使用不同的语言，形成了自己的风俗习惯、思想观念和宗教信仰，组合在不同的社会组织中，从而在生产方式、生活方式和文明程度上与夏、殷、周三个部族都有不同，特别是形成了"礼差"⑥。

《尚书·禹贡》有"八百里蛮"的记载，孔颖达疏引王肃云："蛮、慢也，礼仪简慢。"《春秋》僖公二十九年，"春，介葛卢来"。《公羊传》："介葛卢者何？夷狄之君也，何以不言朝？不能乎朝也。"何休注："不能升降揖攘也。"又《春秋》襄公十八年，"春，白狄来"。杜预注："不言朝，不能行朝礼"，"介葛卢与白狄不能行朝礼，盖因其部落内部君臣之分未严，尚无朝礼之习"⑦。《孟子》中说："夫貉，五谷不生，惟黍生之。无城郭宫室、宗庙、祭

---

① 《论语·为政》。
② 参见《论语·八佾》。
③ ［法］孟德斯鸠：《论法的精神》（上册），313 页。
④ ［法］孟德斯鸠：《论法的精神》（上册），315 页。
⑤ 白寿彝：《中国通史》，卷一，1 页，上海，上海人民出版社，1987。
⑥ 苏钦：《唐明律"化外人"条辨析》，载《法学研究》，1996（5）。
⑦ 陈戌国：《先秦礼制研究》，54 页，长沙，湖南教育出版社，1991。

祀之礼，无诸侯布帛饔飧，无百官有司，故二十取一而足也。今居中国，去人伦，无君子，如之何其可也？……欲轻之于尧舜之道者，大貉小貉也。"① 这些居住在四方的夷蛮戎狄也有自己的祭祀、丧葬、婚姻等习俗文化，被华夏族称为"夷人之礼"。正因为有这些不同，才出现了以礼义区分内外、区别华夷的观念，出现了将没有被礼教浸润的地区称为"化外"这样一个概念。

从文化的意义上讲，可以从"化外"一词中看出两种韵味：第一，古代中国人的自我中心观。也就是说，认为自己的文化层次最高，周边地区随着距离的变远，文明程度依次降低，距离中原越远越野蛮。在中国的历史长河中，中华文明确实一直遥遥领先，这也无怪乎古代中国人会产生这种想法。"不与夷狄之执中国"②，古代中国人总以天朝上国的眼光来看待这些"四夷"，在一些无关礼制的地方，总会对他们采取怀柔和抚的政策。

第二，"化外"中的"化"一词，还含有改变、变化的意思。"渐也、顺也、靡也、久也、服也、习也，谓之化。"③ "不向化者，则斥之为夷狄。"④ 化内人"生于中州而行戾乎礼义，是形华而心夷也"⑤。"化外人"不是一成不变的，只要一心向教化，则可以转化为"化内人"。只是，在古代中国人的观念中，他们强调这种转化的单向性，也就是"用夏变夷"。孟子说："吾闻用夏变夷者，未闻变于夷者也"⑥，他们在很早的时候就形成了以华夏为中心一统天下的思想，所谓"春秋之义，王者无外，所以域四海而安天下也"⑦。《尔雅·释地》："九夷、八狄、七戎、六蛮，谓之四海。"虽然古代中国人把夷狄看成是"非我族类"而甚轻视之，但仍把他们看成是同生天地间的臣民。他们虽然未沐浴到礼教文明，处于"化外"，但仍要去教育感化他们，使其接受"礼义"，变为"化内"⑧。

"化"既可以是名词，也可以是动词。名词的"化"指的是教化，也就是政教风化，动词的"化"则是一种高级的上升和转变。"化外"就指在古代社会中，没有贯彻实施中华政教风化的地方。"化内"则指贯彻实施了中华政教风化的地方。所以，"化外人"指的就是那些没有完全贯彻实施中华礼义的地方的人。

中国古代"化外人"一词反映了由于华夏族的"礼教文化"与周边民族习俗文化的差异而形成的"内""外"观念，蕴涵着文明之间存在高下之分的观念，还蕴涵着古代中国人既承认这种区别的客观存在，又要采取教育感化的方式使其逐渐通晓中华礼义的意向。

2. 法律意义上的"化外人"

唐律和宋刑统的疏文对"化外人"是这样解释的："化外人，谓番夷之国，别立君长，各有风俗，制法不同。其有同类自相犯者，须问本国之制，依其俗法断之。异类相犯者，若高丽之与百济相犯之类，皆以国家法律，论定刑名。"

① 《孟子·告子下》。
② 《左传》定公十年。
③ 《管子·七法》。
④ 清世宗：《大义觉迷录》，载中国社会科学院历史研究所清史研究室编：《清史资料》，第4辑，5页，北京，中华书局，1983。
⑤ 陈黯：《华心》，载《全唐文》卷七六七。
⑥ 《孟子·滕文公上》。
⑦ 《册府元龟》卷九九九，《外臣部》。
⑧ 苏钦：《唐明律"化外人"条辨析》，载《法学研究》，1996（5）。

由此可见，"化外人"即为"番夷之国"的人。因此，要界定"化外人"，首先就要界定"番夷之国"这一概念。

在传统社会中，对于有一定独立性的政权，中国人的称呼通常有这样几个词：番、番国、番夷之国。番和番国为同义词。在中国古代典籍中，许多民族都被通称为"番夷"，而古代对于"国"的理解与今天并不相同。中国古代的"国"是个多义词。西周初，金文中出现的"或"字与"国"相通，仅指天子所居之城邑。中国历史上曾出现过的各对峙政权皆称国，一些民族建立的地方政权也称国，如唐朝时的突厥汗国、回纥汗国、吐蕃国等。此外还有许多分封的"诸侯国"等，所以不能一提到"国"就与今天的主权国家相提并论。①

唐朝贾公彦在注《周礼·夏官·职方氏》中的"九服"时说：自蛮服以内是九州的范围，自蛮服以下皆夷狄。夷狄即《周礼·秋官·大行人》所谓"九州之外，谓之番国"。郑玄注："九州之外，夷服、镇服、藩服"，"服，服事天子也"②。番，又通藩，指为国藩屏，保卫王室的意思。"唐兴（西域各国）以次修贡，盖百余，皆冒万里而至，亦已勤矣！然中国有报赠、册吊、程粮、传驿之费，东至高丽、南至真腊、西至波斯、吐蕃、坚昆，北至突厥、契丹、靺鞨谓之'八番'，其外谓之'绝域'，视地远近而给费。"③这里所说的"番"，指的是唐代在原居住地上所建立的羁縻州，隶属各都护府。唐朝要建立"王者无外"的天下秩序，承认各民族统治者对各自地区的实际统治地位。如《册突厥必伽骨咄禄为可汗文》载："开元二十八年，乃瞻防方，代有君长，至于应我盛礼，荣彼殊邻，必悍其人谅无虚授，咨尔突厥必伽可汗自继承旧业……"④《封契丹李失活、奚李大酺制》载："契丹松漠都督李失活，奚饶乐都督李大酺等……乃连茹而同归。怀柔有章，宠渥斯在。俾侯利建，宜应胙土之荣；上将师贞，仍允斋坛之拜。失活可封松漠郡王，食邑三千户，行左金吾卫大将军。大酺可封饶乐郡王，食邑三千户，行右金吾卫大将军。"⑤《封蒙归义云南王制》载："古之封建，誓以山河，义在畴庸，故无虚授。西南蛮都大酋帅特进越国公赐紫袍金钿带七事归义，挺秀西南，是称酋杰……戎功若此，朝宠宜加。俾膺胙土荣，以厉捍城之士。"⑥内地的诸侯国，只是一种虚封，即，封给一定的食邑，受封者仅仅享受相当于食邑内的户数的租税而已。而唐朝在边疆将在番各族的居住地分封给各族的首领，却是一种实封，"谅无虚授"。受封的这些少数民族首领并没有爵位，例如对于靺鞨，唐朝只封了一个都督称号，并没有授予爵位。到了宋朝，还是延续唐朝的羁縻州制。史载，"太平兴国二年……五溪统军都指挥使田汉度而下十二人来贡"，"太平兴国八年，锦、溪、叙、福四州蛮相率诣辰州，言愿比内郡输租税……卒不许"⑦。

"番国"这一概念不仅包括"在番"各族，而且还包括"入附"的各族。入附的各族设置在各都督府内，成为"侨治羁縻州"，这种侨治羁縻州的首领没有实际的领地。唐太宗授

① 参见苏钦：《唐明律"化外人"条辨析》，载《法学研究》，1996（5）。

② 《周礼注疏》卷三十三。

③ 王治来：《中亚史纲》，232页，长沙，湖南教育出版社，1986。

④ 《全唐文》卷四十，423页。

⑤ 《全唐文》卷二十一，249页。

⑥ 《全唐文》卷二十四，277页。

⑦ 《宋史》卷四九三，《蛮夷传》。

突利可汗为右卫大将军，封北平郡王，"以下兵众置顺、祐等州"，也就是在其领地中设置了督护府，其后，"（突利）率部落还番"①。当然这种侨治羁縻州还是不同于内地的州县，它们有相当大的自治权，租赋不交到户部，"贡赋版籍多不上户部"，而是与"在番"各族一样，交到礼部，"户部以诸州贡物陈于太极门东东、西庙……礼部以诸番贡物可执者，番客执入就位，其余陈于朝堂前"②。

番国这一概念在唐宋时期还包括附属国，例如百济、高丽、新罗等。唐初，高丽请求成为唐朝的附属国，唐高祖说："名实之间，理须相副。高丽称臣于隋，终拒炀帝，此亦何臣之有！……何必令其称臣，以自尊大。"但是最终他们又认为不能"……降尊，俯同藩服"③。高宗《与百济王义慈玺书》中称："昔齐恒列土诸侯，尚存亡国，况朕万国之主，岂可不恤危藩？王所兼新罗之城，并宜还其本国……三番无战争之劳……高丽若不承命，即令契丹诸番度辽泽入抄掠，王可深思朕言。"④《赐百济王璋玺书》中称："王世为君长，抚有东藩……新罗王金真平，朕之藩臣。"由此可以看出，附属国属于番国。

朝贡国也属于"番国"。比如真腊，与唐朝并没有实际的隶属关系，但是它们也要根据"甸服者祭，侯服者祀，宾服者享，要服者贡，荒服者王。日祭、月祀、时享、岁贡、终王"的传统观念⑤，向中国朝贡，按照规定，享有权利，承担义务。依据"王者无外"的观念，所有国家都应承认中央王朝天下共主的地位。对于那些与中央王朝没有任何关系的国家，它们也有承认其天下共主地位的义务，至少有名义上的义务。

可以看出，"番国"这一概念，包括了羁縻州、附属国和朝贡国三种形式。在当时统治者的心目中，所有的国家都可以归入上述类型。当然，在现实中，是否真的名实相符，就不一定了。尤其是朝贡国这种形式，虽然在名义上，诸多国家都可以归入朝供国的范围，但是由于时代的不同，国力的不同，在实际中执行的力度就有很大的区别。至于敌国，在中国人的心目中，则不是一种常态，汉以后的最高统治者，尤其是有为的统治者，基于历史使命，都会努力将不臣者变为臣属，将敌国转化为属国。

但是，《唐律疏议》、《宋刑统》在解释"化外人"时所称的"番夷之国"是否与"番国"为同一概念呢？

依照番夷之国后面的文字解释，可以看出番夷之国的法律要件有三个：第一，"别立君长"；第二，"各有风俗"；第三，"制法不同"。这就是说，法律条文对于"化外人"已经有了明确的法律界定，不应再从其他方面去推测到底如何界定"化外人"这一法律概念。

这三个法律要件中的"各有风俗"，是以社会一般人的观念来界定"化外人"，也就是说，看一个人是否属于"化外人"，要依照当时人的一般观念，断定他原本是否遵守当地通行的风俗习惯。这个要件的可操作性不强，在司法实践中，很难想象如何才能够查明是否"各有风俗"。但是，其余的两个要件却相当地明了，易于操作，那就是，案件的审理者能够查明涉案的当事人所属的国家是否"别立君长"以及是否"制法不同"。

---

① 《旧唐书》卷一九四，《突厥上》。
② 《新唐书》卷十九，《礼乐》。
③ 《旧唐书》卷一九九。
④ 《全唐文》卷十五。
⑤ 参见《国语·周语上》。

"君长"这一概念在古代，可以包括皇帝、国王、可汗和酋长。《新唐书·回鹘传》载："袁纥者……其人骁强，初无酋长……臣于突厥……有时健俟斤者，从始推为君长。"① "永隆中……伏帝匐。开元中，承宗、伏帝难，并继为酋长。"② 回鹘首领在开元年间还是酋长，可以认为，时健俟斤被推为君长，也可以说是被推为酋长。在这件事上，两个词同义。

但是，在君长这个词之前，还有一个限定词，那就是"别立"。只有从"别立"这个词，才好理解条文中"化外人"所属的"番夷之国"。

臣服于唐朝的各族首领，并不是因为自立为可汗、国王而有国，他们都是因统一本族，或者因征服其他的地区而建立了事实上的国家，唐朝对这些统治者的册封是对其统治地位合法性的承认，而未经中央王朝的册封而自立为国王和可汗的则是非法行为，是一种叛乱。调露元年（679 年）十月，"单于大都护府突厥阿史德温傅及奉职二部相率反叛，立阿史那泥熟匐为可汗，二十四州首领并叛"③。唐派兵征讨，裴行俭大破突厥于黑山，擒其首领奉职。泥熟匐为其部下所杀，传首来降。④ 这些首领就不是律文所称的"别立君长"。

别立的君长中，包括皇帝所立的君长，当然还包括其他没有任何隶属关系国家的首领。

另外一个要件——制法不同，通常也是伴随着"别立君长"这一要件而生的。只要有"别立君长"，通常就会"制法不同"。所以，可以这么说，在唐宋时期，只要是被认为是"别立君长"的国家，就是律文所称的"番夷之国"，这种国家的人就是律文名例中所称的"化外人"。

疏议中还提到了两个番夷之国，那就是高丽与百济。它们为界定番夷之国提供了很好的例子。根据《旧唐书·东夷列传》中的记载，先来看看高丽：

> 高丽者，出自扶余之别种也……其官大者号大对卢，比一品，总知国事，三年一代，若称职者，不拘年限。交替之日，或不相祗服，皆勒兵相攻，胜者为之。其王但闭宫自守，不能制御。次曰太大兄，比正二品。对卢以下官，总十二级。外置州县六十余城。大城置傉萨一，比都督。诸城置道使，比刺史。其下各有僚佐，分掌曹事。衣裳服饰，惟王五彩，以白罗为冠，白皮小带，其冠及带，咸以金饰。官之贵者则青罗为冠，次以绯罗，插二鸟羽，及金银为饰，衫筒袖，裤大口，白韦带，黄韦履。国人衣褐戴弁，妇人首加巾帼。好围棋投壶之戏，人能蹴鞠。食用笾豆、簠簋、尊俎、罍洗，颇有箕子之遗风。其所居必依山谷，皆以茅草葺舍，惟佛寺、神庙及王宫、官府乃用瓦。其俗贫窭者多，冬月皆作长坑，下燃；煴火以取暖。种田养蚕，略同中国。其法：有谋反叛者，则集众持火炬竞烧灼之，燋烂备体，然后斩首，家悉籍没；守城降敌，临阵败北，杀人行劫者，斩；盗物者，十二倍酬赃；杀牛马者，没身为奴婢。大体用法严峻，少有犯者，乃至路不拾遗。其俗多淫祀，事灵星神、日神、可汗神、箕子神。国城东有大穴，名神隧，皆以十月，王自祭之。俗爱书籍，至于衡门厮养之家，各于街衢造大屋，谓之扃堂，子弟未婚之前，昼夜于此读书习射。其书有《五经》及《史记》、《汉

---

① 《新唐书》卷二一七，《回纥传》。
② 《旧唐书》卷一九五，《回鹘传》。
③ 《旧唐书》卷五。
④ 参见《旧唐书》卷八十四，《裴行俭传》。

书》、范晔《后汉书》、《三国志》、孙盛《晋春秋》、《玉篇》、《字统》、《字林》，又有《文选》，尤爱重之。

对于百济国的记载如下：

> 百济国，本亦扶余之别种……其王所居有东西两城。所置内官曰内臣佐平，掌宣纳事；内头佐平，掌库藏事；内法佐平，掌礼仪事；卫士佐平，掌宿卫兵事；朝廷佐平，掌刑狱事；兵官佐平，掌在外兵马事又外置六带方，管十郡，其用法：叛逆者死，籍没其家；杀人者，以奴婢三赎罪；官人受财及盗者，三倍追赃，仍终身禁锢。凡诸赋税及风土所产，多与高丽同。其王服大袖紫袍，青锦裤，乌罗冠，金花为饰，素皮带，乌革履。官人尽绯为衣，银花饰冠。庶人不得衣绯紫。岁时伏腊，同于中国。其书籍有《五经》、子、史，又表疏并依中华之法。

可以看出，这两国的君长都是别立的，由此带来的制法也与中国不同，因此，其国人属于"化外人"。这两国的人相犯，属于异类相犯，要依照中国的法律来处决。

另外需要指出的是，在唐宋的羁縻州中，也存在着"番夷之国"，这些地区的人也属于"化外人"。在唐代，这种"番夷之国"多存在于安西都护府中。例如，唐高宗上元中，唐立焉耆国原国王龙突骑支弟婆伽利为王，以其地为焉省都督府。婆伽利死，国人请还前王突骑支，高宗许之。拜左卫大将军，归国。死，龙嫩突立……贞观二十一年，太宗命阿史那社尔执龟兹国王诃黎而失毕，高宗复封诃黎布失毕为龟兹王，与那利、揭猎颠还国。此后，以其地为龟兹都督府，更立子素稽为王，授予右骁大将军，为都督……于阗国王姓尉迟氏，高宗时以其地为毗沙都督府，析十州，授伏阇雄都督，死，武后立其子璥……死，复立尉迟伏师战为王……①故安西都护府内的于阗、龟兹、疏勒、焉耆四国，在建立羁縻州时都保留有原有的国家建制。另外"龙朔元年，西域诸国，遣使来内属，乃分置十六都督府，州八十，县一百一十，军府一百二十六，皆隶安西都护府，仍于吐火罗国立碑以纪之"②。这些都督府包括乌飞府都督府即护蜜国，国王名沙钵罗颉利发，被任命为刺史。至拔州都督府国即俱蜜国、天马都督府即解苏国、悦般州都督府即石汗那国，高附都督府即肯咄国、王庭州都督府即久越得键国、姑墨州都督府即怛没国等等。唐朝对这些地区的统辖主要是通过本地统治者（即任命其王为都督、刺史等）而实现的，并不直接参与当地的行政与司法。这种治理方式，明确了唐律中"化外人"相关规定的执行机构，能够使得这些规定得到更好的实施。通过这种怀柔的治理方式，唐朝统治者无论在名义上还是实际上都已经把这些地区列入了自己的版图。

三、"化外人"司法的具体实施

唐宋的涉外司法，主要有两种实施途径：一种途径是通过普通的司法机关进行司法处理；另外一种途径是由番坊进行司法处理。

1. 普通司法机关的涉外程序

从唐律和宋刑统的规定中，可以推断出，由普通司法机关管辖的涉外纠纷发生在"化外

---

① 《新唐书》卷二二一，《西域上》。
② 《旧唐书》卷四十四，《志第二十·地理三》。

人"异类相犯以及"化外人"和"化内人"相犯这两种情形下。当然,所谓"相犯",并不单单指人身侵犯和犯罪行为,还包括发生财产纠纷。在有犯罪行为或者纠纷发生时,依照行为发生地、罪行的轻重、被告的身份来确定管辖的司法机关。《唐律疏议》引《狱官令》规定:"杖罪以下,县决之;徒以上,县断定送州复审讫;徒罪及流,应决杖笞,若应赎者,即决配征赎。"《资治通鉴》记载:路元睿为广州都督,"有商船至,僚属侵渔不已。商胡诉于元睿,元睿索枷,欲系治之。群胡怒,有昆仑袖剑直登听事,杀元睿及左右十余人而去"①。广州都督的下属任意侵犯番商的利益,番商为此而起诉,但由于广州都督的偏袒,引发番商的愤怒,最后竟然有人袖中藏剑杀死了都督和十多个下属。这一记载就透露出这样的信息,广州都督府能够管辖涉外案件,处置相关纠纷。

唐大历十年(775年)秋,有回鹘人在横道杀人,京兆尹将其拘捕,唐代宗诏令宽恕之。同年九月,又有回鹘人白昼刺伤他人腹部,竟致大肠流出,官吏拘系之于监狱。回鹘酋长赤心冲入狱中,砍伤狱吏,劫囚而去,唐代宗亦下令不予追究。② 这些零星的记载都表明,对于这类案件,普通司法机关拥有管辖权。最终没有追究责任,也许是出于其他方面的考虑。并且,这必须经过皇帝的同意。

2. 特殊机构的涉外司法程序

唐宋时期在"化外人"聚居的地方,设置了一些自治机构,由这些机构来管理入华者。今天,无从详细认知具体有多少机构,但见于史料的尚有如下几种类型:一是管理粟特人的萨宝府,二是管理伊斯兰人的番坊,三是管理新罗人的勾当新罗。这些机构的特点是,设置在"化外人"的聚集区,由本族人担任管理者,这些管理者由中国政府任命。这些机构有权依照本俗法,处理本族法律事务。

(1)粟特人与萨宝府

粟特位于中亚地区阿姆河和锡尔河之间的泽拉夫善河流域,地处东西交通的枢纽。其后,部分人口迁移到东突厥地区,聚族而居。粟特人以经商著称,借助于优越的地理位置,在东西方经济文化交流上扮演了重要的角色。关于粟特人的极大流动性和善于经商的特色,多有史书记录。《隋书·康国③传》记载:"善于商贾,诸夷交易多凑其国。"《新唐书·康国传》记载:"善商贾,好利,丈夫年二十,去傍国,利所在无不至。"《大唐西域记·窣利地区总述》记载:"大抵贪求,父子计利,财多为贵,良贱无差。"《旧唐书·西戎传》中对康国人的一段描述,堪称经典:"善商贾,争分殊之利。男子年二十,即远之傍国,来适中夏,利之所在,无所不到。"这里的"利之所在,无所不到"一语,不但表现出粟特人尤其长于商业活动,并且为了钱财不怕辛劳,愿意背井离乡。如此描绘尽管有夸张,却深刻地刻画出了萨特人的性格和特征。在汉文史料中,一般不是直接称呼他们为"粟特人",而是称之以"昭武九姓"。这一名称始见于《隋书·西域传》。"凡以'昭武'为姓的民族,都被目之为粟特人……'昭武'之姓有康、安、镪汗、米、史、何、乌那曷、穆、漕、曹、石、火寻、戊地、东安等十四国。鉴于古代汉人多以域外政权之'国姓'为该国居民个人之姓,故诸如

① 《资治通鉴》卷二〇三,《则天后光宅元年》。
② 参见《资治通鉴》卷二二二。
③ 中文史料一般不直接称之为"粟特人",而是称作"昭武九姓"。这一名称始见于《隋书·西域传》,该书还提到了"康国",即今撒马尔罕为中心的一个地区,是典型的粟特地区。

康、安、米、史、何、穆、曹、石等姓的域外人，往往被视同于粟特人。"①

粟特人的经商路线主要沿用丝绸之路的主干道，即由粟特本土出发，分为中、北、南三道：向东至拔汗（今费尔干纳盆地），翻过葱岭，经疏勒、龟兹、焉耆到高昌多向北由石国入伊犁河谷，经突厥可汗庭、铁勒部、蒲类海（今巴里坤湖）到伊吾；向南入吐火罗，越过葱岭，经喝盘陀（今塔什库尔干）、朱俱波（今叶城）、于阗、都善到敦煌，再经河西走廊到长安洛阳。5～6 世纪，由于北魏控制了河西走廊，粟特商人与南朝的交往更多地依赖于青海路，即由吐谷浑控制下的柴达木盆地进入四川。②

贞观四年（630 年），唐朝军队平定东突厥后，迁到突厥地区的这部分昭武九姓牧民各以部落为单位归属唐朝，移居"河曲"地域中西部。唐朝在那里建置六个羁縻州——鲁、丽、塞、含、依、契，以管理当地的粟特人。③ 时人对上述六羁縻州笼统称为"六胡州"。这些羁縻州在行政上划归灵州都督府监管。后来，州的数量有所改变，但是粟特人所在的区域没有太大的变化。④

《隋书》记载了北齐的官阶："鸿胪寺，掌蕃客朝会，吉凶吊祭。统典客、典寺、司仪等署令、丞。典客署，又有京邑萨甫二人、诸州萨甫一人。"⑤ 该史书也记载了隋朝的官制："又有流内视品十四等：……雍州萨保，为视从七品……诸州胡二百户已上萨保，为视正九品。"⑥《旧唐书》记载唐代的职官时，也提到了萨宝："流内九品三十阶之内，又有视流内起居，五品至从九品。初以萨宝府、亲王国官及三师、三公、开府、嗣郡王、上柱国已下护军勋官带职事者府官等品。开元初，一切罢之。今惟有萨宝、祆正二官而已。又有流外自勋品以至九品，以为诸司令史、赞者、典谒、亭长、掌固等品。视流外亦自勋品至九品，开元初惟留萨宝祆祝及府史，馀亦罢之。"⑦《通典》也记载了唐代的这一官职："视流内：视正五品，萨宝；视从七品，萨宝符（府）祆正……视流外：勋品，萨宝府祓（祆）祝；四品，萨宝率府；五品，萨宝府史。"⑧

显而易见，这里所言的"萨甫"、"萨保"、"萨宝"，指的是同一种官职，对此不必赘言。另外，正因为同一官职而具有若干种发音相近的异名，故有充分的理由将此称衔视作非汉语的异译名。对于这点，也是毋庸置疑的。⑨

萨特人信仰祆教，也称索罗亚斯德教（zoroastrianism）、拜火教、火教、火祆教、明教。《通典·职官二十二》在记述"萨宝"之后又提到了"萨宝符（府）祆正"，并且非常详细地

---

① 芮传明：《"萨宝"的再认识》，载《史林》，2000（3）。
② 参见唐长孺：《南北朝期间西域与南朝的陆道交通》，载《魏晋南北朝史拾遗》，168～195 页，北京，中华书局，1983。
③ 参见艾冲：《论唐代前期"河曲"地域各民族人口的数量与分布》，载《民族研究》，2003（2）。
④ 参见艾冲：《唐代"六胡州"与"宥州"故地新探》，载《中国方域》，2003（2）。
⑤《隋书》卷二十七，《百官中》。
⑥《隋书》卷二十八，《百官下》。
⑦《旧唐书》卷四十二，《职官志一》。按，原文最后一句中的"萨宝祆正"被标点成"萨宝、祆正"二职。芮传明先生认为，因视流内诸官中已有"萨宝"之职，故此处的"萨宝祆正"不是"萨宝、祆正"二职，而是"萨宝府祆正"一职。本书从之。
⑧《通典》卷四十，《职官二十二·大唐官品》。
⑨ 参见芮传明：《"萨宝"的再认识》，载《史林》，2000（3）。

解释了"祆":"祆，呼朝反。祆者，西域国天神。佛经所谓摩醿首罗也。武德四年置祆祠及官，常有群胡奉事，取火咒诅。贞观二年置波斯寺。至天宝四年七月敕：波斯经教，出自大秦，传习而来，久行中国。爰初建寺，因以为名。将欲示人，必修其本。其两京波斯寺，宜改为大秦寺。天下诸州郡有者，亦宜准此。开元二十年敕：末摩尼法，本是邪见，妄称佛教，迸惑黎元，宜严加禁断。以其西胡等既是乡法，当身自行，不须科罪者。"此外，在"视流外"类的职官中，接连提到"萨宝府祆祝"、"萨宝率府"和"萨宝府史"。

根据《旧唐书》和《通典》的这些记载，学界有些人认为，萨宝是祆教的一个职务，是宗教性质的官职。[①] 但是，另外有一些学者，对此提出了质疑，认为萨宝完全是政府的官员，萨宝府完全是一个政事机构，只是这个机构设置在祆祠中，下设管理宗教事务的官员祆正。[②] 第二种说法较为确实，因为具有管理宗教职能的机构并不是宗教机构。萨宝下设视为流内的萨宝府祆正，以及视为流外的萨宝府祆祝、萨宝率府和萨宝府史。萨宝为正五品，祆正为从七品，祆正只是萨宝的一个属官，祆正负责祆教事务，但不能由此得出结论说萨宝就是一个教职。另外，由于萨宝府设置在祆祠内，也很容易给人造成萨宝是政教合一型首领的假象。

现在学界的通说认为，"萨宝"源自梵文的"sārthavāho"，义即"商队之长"或"商主"，且和见于佛经中的"萨薄"乃是同名异译。[③] 藤田丰八首倡其说："至此，予辈以为萨宝（即萨保）不外即梵文 sārthavāho 对音也。在《贤愚经》（一曰《贤愚因缘经》）中，有萨薄一语……在此，中国译文中，见有萨陀婆诃之'商主'说明，盖不外乎梵文之 sārthavāho 也。然则萨薄即萨陀婆诃之省略，其为 sārthavāho（即商主）之音译，殆无疑义可言……普通译 sārthavāho 为商主，乃'队商之长'或商贾之义也。原来，此语由 sārtha 与 vāha（vāho）之二语相合而成。sārtha 者，乃商贾或巡礼旅行之一队，乃队商、兵队、群众等之意，即有权力或有富力之谓也。vāha（vāho）者，即引导之意。然 sārtha 为商主或富商，今犹存于 Urdu 语中。是以予辈以为萨宝或萨保，不过为此萨薄之一种异译耳。"[④]

从上述的讨论中，可以看出，萨宝来源于萨特人商业活动中的首领。只是在与中原王朝的交往中，朝廷任命这些首领为政府的官员，授予这些官员管理萨特人相关事务的权力。其机构称为萨宝府，设置于祆祠当中。从国都到各州，凡是有萨特人聚居的地方，均设有萨宝府。这一机构下设若干属官，其中的祆正专门管理萨特人的宗教事务。

萨宝府是处理萨特人之间的纠纷的机关，具有司法职能。这一点，在史料中，也有若干记载。在上述引用《通典》对"祆"字的注释中，能看到这样的话："武德四年置祆祠及官，常有群胡奉事，取火咒诅。贞观二年置波斯寺。至天宝四年七月敕：波斯经教，出自大秦，传习而来，久行中国。爰初建寺，因以为名。将欲示人，必修其本。其两京波斯寺，宜改为大秦寺。天下诸州郡有者，亦宜准此。开元二十年敕：末摩尼法，本是邪见，妄称佛教，迸惑黎元，宜严加禁断。以其西胡等既是乡法，当身自行，不须科罪者。"尤其是最后一句

① 参见陈垣：《火祆教人中国考》，载《陈垣学术论文集》，第一集，319 页，北京，中华书局，1980；龚方震、晏可佳：《祆教史》，277 页，上海，上海社会科学院出版社，1998。

② 参见 [日] 藤田丰八：《西域研究》，39～43 页，北京，商务印书馆，1937；姜伯勤：《敦煌艺术宗教与礼乐文明》，482～483 页，北京，中国社会科学出版社，1996。

③ 参见芮传明：《"萨宝"的再认识》，载《史林》，2000（3）。

④ [日] 藤田丰八：《西域研究》，43～44 页。

"以其西胡等既是乡法，当身自行，不须科罪者"，完全符合唐律疏议中所称的"其有同类自相犯者，须问本国之制，依其俗法断之"，"乡法"也就是"俗法"，"当身自行"，也就是由萨特人的首领萨宝来处理他们的纠纷。

《隋书·西域传》"康国"条中记载："有胡律，置于祆祠，决罚则取而断之。重者族，次罪者死，贼盗截其足。"① 唐去隋不远，制度大致相仿。由此可以推断，萨宝府就是按中央王朝律法的规定，依萨特人的法律来处决萨特人之间的民事和刑事案件的机关。今天已经无法详细得知胡律的具体内容，但有一点可以肯定，那就是它一定和祆教的教义关系密切，就如同伊斯兰法与《古兰经》、古印度法与婆罗门教五大经典的关系一样。粟特人的法律与祆教关系密切，所以粟特人的很多法律事务都在祆祠中进行。穆格山出土粟特文书 No3 和 No4 是一份订于康国王突昏十年（710 年）的婚约，正文和附件分别在两个皮张上双面书写，共90 行。一式两份，现存文书为女方持有的副本。新郎是突厥化贵族乌特特勤，新娘是竹奴赤建城主之女查托。缔约地点在"律堂"，有五名证人在场。正文除规定夫妻各应承担的责任外，No3 背面第 16～18 行规定，非经嫡妻同意，丈夫不得另置偏房或拼居；正面第 22 行和背面第 2～9 行谈及离婚细节，明确区分"妻弃夫"和"夫休妻"两种法律责任，同时承认赔偿之后，夫另娶、妻再嫁的合法性。附件则规定新郎对新娘监护人（岳父）所承担的义务。② 缔约场所是 pwmtyʼ nkvʼ stʼ ny，意即"律堂"，相当于中古波斯语 xva rstan，即"誓证处"③。这个地点有认为是祆祠，有认为是拔或跋的对音，似可求之律堂的第一个音节。祆是祠名。拔指祆祠中置胡律的小舍，名为律堂，简译作"拔"④。无论何种观点，缔约地点都与祆祠有关。康国王突昏十年（710 年）即唐睿宗景云元年，当时康国上层社会的婚姻生活，已经具备相当完备的法律形态。在婚前，他们不仅约定婚姻生活事项，而且约定离婚的条件和责任，不能不让人惊讶这个民族对商业活动的重视。

当然，萨宝还具有管理粟特人的行政职能，这也是由中国古代社会的地方机关中，司法和行政职能通常都由同一个机关行使的特点所决定的。

（2）穆斯林和番坊

中亚穆斯林大量来华，其中以阿拉伯和波斯人为主。这些人都信奉伊斯兰教。伊斯兰教是一种积极入世的宗教，它的最大特点是将宗教信仰与人的社会活动、日常生活融为一体，形成一种神圣与世俗、信仰与实践一体化的生活方式。这就决定了伊斯兰教总是伴随着穆斯林的迁徙而传播，而且不论穆斯林移居到哪里，都必须按教法、教规规定的信念去履行自己的天命和义务。来华留居的阿拉伯、波斯等地的穆斯林番客，主观上也需要一个能够满足信仰、保存习俗、方便其宗教生活和现实生活的居住区。另外，穆斯林番客来华后，面对陌生的汉文化环境，彼此之间源于共同的宗教信仰，自然会产生一种强烈的文化认同和归属感。由于伊斯兰文化与汉文化是两种不同质的文化，在相遇碰撞后，必然会产生一些文化冲突。这种冲突事实上也普遍存在于官方外交和民间日常生活之中。而这种文化冲突对于身处根深

---

① 《隋书》卷八十三。
② 参见［俄］里夫什茨：《穆格山出土粟特法律文书》，47 页，莫斯科，1962。转引自蔡鸿生：《唐代九姓胡与突厥文化》，23～24 页，北京，中华书局，1998。
③ 蔡鸿生：《唐代九姓胡与突厥文化》，10 页，北京，中华书局，1998。
④ 蔡鸿生：《唐代九姓胡与突厥文化》，10 页。

蒂固的汉文化环境中的穆斯林来说无疑是一种强大的文化压力，这在一定程度上反而促使穆斯林积极谋求同族聚居。

这种客观情况为唐宋的统治者管理这些人提供了便利。因此，统治者就在穆斯林的聚集区设置了番坊，任命这些人中的首领为"番长"，来处决穆斯林事务。

番坊首领"番长"的产生采用选举和任命相结合的方式：根据对海外贸易的贡献大小，由众番客在番客中推选德高望重者，上报唐宋政府，由皇帝或皇帝委托地方官任命。这些地方官通常是与番坊有密切联系的节度使、经略使、采访使和市舶使。9 世纪时苏莱曼在其游记中说："各地回教商贾既多聚广府，中国皇帝因任命回教判官一人，依回教风俗，治理回民。"① 此"判官"即番长，他是由中国皇帝任命的，向中国政府负责。而且他是以中国官员身份出现的，可以着官服，"巾袍履笏如华人"。宋袭唐制，沿用其任命番长的方法，如番商辛押陀罗，熙宁中"统察番长司公事，诏广州裁度"②。可见，番长是由中国政府任命的，若未得授命，任何番客个人不得过问番坊公务。且番长无世袭权，而是以品德才干见居。如番商辛押陀罗，宋廷"以尔尝诣阙庭，躬陈珍币，开导种落，岁致梯航，愿自比于内臣"③，而任为番长，授"归德将军"。而"大食国都番首（即都番长）蒲陀婆离慈表令男麻勿奉贡物，乞以自代"，却未得到到批准。④

唐宋政府在羁縻府州遵循"依故俗治"的原则，其法令一般不及于羁縻府州居民。羁縻府州首领"遵照吾先人法制而整顿此民众"⑤。由于这些地区是他们的世袭领地，他们"世有其土，世有其民"，因此对属民拥有生杀予夺之权。而中央王朝由于力有不逮，只要羁縻府州首领"奉正朔"，承认中央王朝的"宗主"地位，不侵扰省地，朝廷对他们的所作所为，一般不予过问。正如宋代统治者所说，朝廷设置羁縻府州，不过是"禽兽畜之，务在羁縻，不深治也"⑥。在这种政策的指导下，朝廷对羁縻府州官员的权力，自然是放手不管。故《桂海虞衡志·志蛮》中说："大抵人物犷悍，风俗荒怪，不可尽以中国教法绳治，姑羁縻之而已。"⑦

按照唐宋法律的规定，番长就掌管了番坊内部"同类自相犯者"的各项法律事务。据《苏莱曼游记》记载："（唐宣宗大中五年，即 851 年）中国商埠为阿拉伯人麇集者曰康府（广州），其处有回教掌教一人，教堂一所……各地回教商贾既多居广府，中国皇帝因任命回教判官一人，依回教风俗治理回民，判官每星期必有数日与回民共同祈祷，朗读先圣的训诫，终讲时，辄与祈祷者共同为回教苏丹祝福。判官为人正直，听讼公平。一切皆能依《可兰经》、圣训及回教习惯行事。故伊拉克商人来此方者，皆颂声载道。"⑧ 同书的相同段落在另一个译本中被翻译为："在商人云集之地，中国官长委任一位穆斯林，授权他解决这个地区各穆斯林之间

① 刘复译：《苏莱曼东游记》，卷二，载《地学杂志》，1928（2）、1929（1）、1929（2）；亦见张星烺编注：《中西交通史料汇编》，第 2 集，201 页，北京，中华书局，1977。
② 邱树森：《中国回族史》，104 页，银川，宁夏人民出版社，1996。
③ 苏轼：《苏东坡外制集》卷中。
④ 参见《宋会要》，《神宗熙宁六年六月》。
⑤ 参见《和硕·柴达木碑文》，载［法］勒内·格鲁塞：《草原帝国》，142 页，北京，商务印书馆，1998。
⑥ 《宋史》卷九十七，《蛮夷列传三》。
⑦ 《文献通考》卷三三〇，《四裔考七》。
⑧ 《苏莱曼游记》，载张星烺编注：《中西交通史料汇编》，第 2 集，201 页。

的纠纷，这是按照中国皇帝的特殊旨意办的。每逢节日，总是他带领全体穆斯林作祈祷，宣读教义，并为穆斯林的苏丹祈祷。此人行使职权，做出的一切判决，并未引起伊拉克商人的任何异议。因为他的判决是合乎正义的，是合乎至高无上的真主的经典的，是符合伊斯兰法律的。"① 这两段翻译的内容大体一致，只有一点差别，那就是前一个译本称："中国皇帝因任命回教判官一人，判官每星期必有数日与回民共同祈祷……判官为人正直"，而在后一个译本中，判官全部被称为"一位穆斯林，他……此人……"。前一个译本中的判官二字，应不会是译者自己擅自添加，而后一个译者对判官一词却深表怀疑。

从这本书对唐代的官制的了解程度来看，判官一词应该不是早期译本的译者自己添加的，而是原文中的一个词。可以说，早期的译本更为可信。《苏莱曼游记》称阿拉伯番长处理其本国人民内部事务的原则是："依回教风俗，治理回民……一切皆能依《古兰经》圣训及回教习惯行事。"②《唐国史补》亦称，广州南海舶"有番长为主领，市舶使籍其名物，纳舶脚，禁珍异，番商有以欺诈入牢狱者"③。对唐王朝在法律上这一尊重民族习惯的政策，苏莱曼赞扬道："故伊拉克商人来此方者，皆颂声载道也。"④

宋代的制度基本继承了唐，但也有若干变动。如"番人有罪，诣广州鞫实，送番坊行遣，缚之木梯上，以藤杖挞之，自踵至顶……徒以上罪，则广州决断"⑤。案件的管辖机关有所变动，按其所犯罪行为的轻重来确定案件的管辖机关，即以"徒"刑为界限，"徒"以下罪由番长裁决，"徒"以上罪则由"广州决断"。桑原骘藏就认为，"宋代则尤宽，番汉之间有犯罪事，苟非重大之件，亦听以彼等法律处分"⑥。

唐宋政府的这些法律规定，是由番坊的特殊性决定的。因为穆斯林番客是一个特殊的群体，有不同的习俗，他们在短时期内难以完全适应中国的法律制度，所以唐宋政府根据实际情况，制定了一套特殊的法律。这样，既维护了国家的主权和利益，又有效地保证了番坊内部的治安和外侨个人的正当权益。

（3）新罗人与新罗村坊

7世纪40年代以后，高句丽流民先后大量迁移到唐朝内地。今日河北、山东和江淮一带迁入了大量的朝鲜居留民，他们通常形成集居的生活圈。《资治通鉴》有如下记载：贞观十九年（645年），"徙辽盖岩三州户口，入中国者七万人"，"诸军所虏高丽民万四千口，先集幽州"⑦。总章二年（669年），"敕徙高丽户三万八千二百于江淮之南及山南并凉以西诸州空旷之地"⑧。据《旧唐书》归记载："总章中置，处海外新罗，隶幽州都督。旧领县一，户一九五，口六二四。归义，在良乡县之右广阳城，州所治也。"⑨ 又据《新唐书》记载："归义

① 《中国印度见闻录》，卷一，7页，北京，中华书局，1983。
② 《苏莱曼游记》，载张星烺编注：《中西交通史料汇编》，第2集，201页；《中国印度见闻录》，卷一，6页。
③ 李肇：《唐国史补》卷下。
④ 《苏莱曼游记》，载张星烺编注：《中西交通史料汇编》，第2集，201页。
⑤ 朱彧：《萍州可谈》，卷二，文渊阁四库全书本，1038册，290页，台湾，"商务印书馆"，1983。
⑥ ［日］桑原骘藏：《蒲寿庚考》，陈裕菁译注，47页，北京，中华书局，1954。
⑦ 《资治通鉴》卷一九八，《贞观十九年十月》。
⑧ 《资治通鉴》卷二〇一，《总章二年四月》。
⑨ 《旧唐书》卷三十九，《地理志·归义州》。

州归德郡，总章中，以新罗户置，侨治良乡之广阳城。"①

新罗人的分布地域广、规模大。据刘希为教授的统计，在唐新罗人的居留地域大体是关内、河南、河北、淮南、剑南、山南、江南等七道和归义、徐、泗、海、登、密、青、淄、莱、兖、金、江、台、楚、扬、池、宣等十七个州，京兆、成都二府，尤其是集居在京都长安、河北道、河南道、淮南道沿海诸州、县、村。②

在唐的新罗居留民人数众多、阶层复杂。"（真平王）四十三年（621年）秋七月，王遣使大唐，朝贡方物"③，"自此朝贡不绝"④。按照赫治清教授的统计，在唐朝289年统治期间，新罗以朝贡、献方物、贺正、表谢等名义，唐朝以册封、答赍等名义，两国之间互派使节的次数达160次。⑤ 特别是在圣德王时期，即自701年至736年的36年期间，新罗先后派37次遣唐使。

新罗人在唐多从事商业、农业，尤其是海上运输业，取得了很大的成就，唐、罗之间官方贸易被称作"诸番之最"⑥。翦伯赞教授在《中国史纲要》中说："九世纪中叶，在今山东、苏北沿海诸县，有许多新罗坊，是新罗侨民聚居的地方。侨居中国的朝鲜人民有的经营水运，有的务农力作，他们对中国东部沿海的经济、文化发展有所贡献。新罗商人的船只来往于今山东、江苏沿海之间，并常常航行到日本。"⑦ 商业的兴盛，以山东半岛为起点，已形成李正己、李师道、张保皋等具有相当规模和实力的贸易商集团。⑧

根据日本佛教僧侣圆仁所著的《入唐求法巡礼行记》一书的记载，登州、莱州、密州、青州、淄州、泗州、海州、楚州、扬州以及长安等地，在新罗侨民的留居地，存在着新罗村、新罗院、新罗坊、新罗馆、勾当新罗押衙所等组织。⑨ 新罗馆是唐朝政府设立的用以专门接待新罗官方使节的宾馆，设在登州城内，属于唐朝的驿运系统。新罗院是新罗侨民在佛寺内设立的专门用以接待客僧的院馆。再结合唐代的地方政府的建制来看，《旧唐书》中说："百户为里，五里为乡。两京及州县之郭内分为坊，郊外为村。"⑩《唐六典》中说："两京及州县之郭内分为坊，郊外为村。"⑪ 自此可以看出，新罗村设置在郊外，新罗坊设置在城内，都是唐政府设置的管理新罗侨民的组织，类似于上文探讨过的萨宝府和穆斯林番坊。

这种新罗侨民组织享有一定的自治权，组织内设有村老、村长、村正、板头等管理人员，这些人一般由新罗侨民来担任，管理组织内部事务，处理新罗侨民之间的纠纷，具有一定的司法功能。但同时还必须接受当地政府的管理，如唐代楚州设有新罗坊总管、文登县设有勾当新罗所押衙等官员，专门来管理新罗事务。村老、村长、村正、板头这些人还要受到

① 《新唐书》卷四十三（下），《地理志·羁縻州》。
② 参见刘希为：《唐代新罗侨民在华社会活动的考述》，载《中国史研究》，1993（3）。
③ 《三国史记》卷四，《新罗本纪真平王九年》。
④ 《旧唐书》卷一九九（上），《新罗传》。
⑤ 参见赫治清：《历史悠久的中韩交往》，载《韩国学论文集》，第2辑，北京，北京大学出版社，1993。
⑥ 《唐会要》卷九十五，《新罗》。
⑦ 翦伯赞：《中国史纲要》，第2册，251页，北京，人民出版社，1965。
⑧ 参见朴文一：《试谈唐新罗坊的特点及其性质》，载《延边大学学报》，2000（3）。
⑨ 参见《入唐求法巡礼行记》，上海，上海古籍出版社，1986。
⑩ 《旧唐书》卷四十三，《职官志》。
⑪ 《唐六典》卷三，《户部尚书》。

这些政府官员的管制。当然，政府有时也任命新罗人来担任新罗坊总管、勾当新罗所押衙等职务。① 担任上述职务的新罗人就得到了唐人的身份，属于朝廷的公职人员。

第三节
"化外人"司法的发展

一、"化外人"并依律拟断的司法模式

到了明代，关于"化外人"的律文发生了变化。明律本条的条目为"化外人有犯"，该条规定："凡化外人犯罪者，并依律拟断。"② 即，条目从唐律的"相犯"改为"有犯"，内容不再像唐律那样分为同类和异类，凡涉及"化外人"，一律依照明律的规定处理。沈家本注释此条时说："此条本《唐律》。唯唐律有同类、异类之分，明删之，则同类相犯亦以法律论矣。"③ 与《唐律》相比，明代的规定发生了较大的变化，按照现在的说法，就是由属人管辖和属地管辖相结合的原则转向了无限制的属地管辖原则。④

对于这样的变化，洪武时，何广著的《律解辨疑》这样解释："化外人犯罪，谓胡俗之种，外番夷狄之人。若东夷、西戎之两相犯罪，两种之人习俗各异，夷狄之法各有不同，不可以其胡种之法断罪，还以中华之政决之。如蒙古人、色目人本类自相嫁娶，依中原之律科之。故云，并依律拟断。"⑤ 此说界定"化外人"为"胡俗之种，外番夷狄之人"，具体的外延则没有界定，只是在后面的例子中列举了东夷、西戎、蒙古人和色目人。

天顺时，张楷著的《律条疏议》解释道："化外谓外夷来降之人及收捕夷寇散处天下者。"⑥

正德时，胡琼著的《大明律集解》解释说："凡土官、土吏、化外夷人有犯，与中国一例拟断。"此说界定了"化外人"的外延，即"土官、土吏、化外夷人"⑦。

嘉靖时，《大明律疏附例》一书认为："化外人，如蒙古人、色目人及土夷散处中国者；若四方来廷远人、犯边番寇皆是。"⑧ 此说列举了五种"化外人"：蒙古人、色目人、土夷、来廷远人和番寇。

万历时，杨简著的《明律集解》解释为："言此等人，原非我族类，归附即王民，如犯

---

① 《入唐求法巡礼行记》，会昌五年八月唐武宗敕书、会昌五年七月楚州、大中元年六月楚州。

② 《大明律集解附例》卷一。

③ 沈家本：《历代刑法考》。

④ 最早得出这样的结论的是日本学者仁井田陞，参见其《东亚法典的形成》一文，汉译文载《法制与社会发展》，2003（1）。

⑤ 何广：《律解辨疑》卷三，明洪武丙寅刻本。

⑥ 张楷：《律条疏议》卷一，明嘉靖二十三年重刊本，载杨一凡编：《中国律学文献》，第一辑第三册，哈尔滨，黑龙江人民出版社，2005。

⑦ 胡琼：《大明律集解》卷一，明正德十六年刻本。

⑧ 《大明律疏附例》，明隆庆二年重刊本。

轻重罪名，询问明白，并依常律拟断，示王者无外也。"① 此说认为"化外人"为原非我族类而后归附者。

明律没有官方的注解，上述的这些解释都是私家解释，虽然有些作者具有官方身份，但并不能说哪种解释绝对准确。不过通过这些解释，大概可以看出"化外人"这一概念的外延在明代包括：土官土民、蒙古人、色目人、来廷远人和番寇。

其中的土官土民是指中央政府在延边地区设置的地方政府官员和民众。土官是"以州府县等官隶验封；宣慰、招讨等官隶武选……文武相维，比于中土也"②。土民是在这些官吏管理之下的民众。在华的蒙古人和色目人，是元朝统治遗留下来的问题，可以认为这些人已经属于明王朝的子民。本章主要从涉及外国人的案件出发，探讨中外交往中的司法问题，所以并不探讨涉及这类人案件的司法问题。剩余的来廷远人和番寇，当时通常用一个更为上位的概念"夷人"统称之。

虽然律文规定"并依律拟断"，但在后来出现的《问刑条例》中，情况并不如此：

1. 弘治《问刑条例》一款规定：

> 在京在外军民人等，与朝贡夷人私通往来，投托管顾，拨置害人，因而透露事情者，俱问发边卫充军。军职有犯，调边卫带俸差操；通事并伴送人等，系军职者，从军职之制，系文职有脏者，革职为民。③

嘉靖《问刑条例》该款同此④，万历《问刑条例》该款，将文职下"有脏"二字删去。⑤王肯堂《大明律例笺释》解释为："旧例，文职下有'有脏'二字。近议：此等情本重，不必论脏之有无，今删改加上；然有脏者，还尽坐赃，论追本法，然后引例。"

2. 弘治《问刑条例》又一款规定：

> 会同馆内外四邻军民人等，代替夷人收买违禁货物者，问罪，枷号一个月，发边卫充军。

嘉靖及万历《问刑条例》该款与此相同。

3. 弘治《问刑条例》又一款规定：

> 弘治十一年二月十五日，节该钦奉圣旨：迤北小王子等，差使臣人等赴京朝贡，官员军民人等与他交易，止许光素紵绢布衣等物；不许将一应兵器并违禁铜铁等物。敢有违犯的，都拿来处以极刑。钦此。⑥

嘉靖和万历《问刑条例》与此相同。⑦

4. 弘治《问刑条例》又一款规定：

---

① 杨简：《明律集解》，万历年间浙江官刊本。

② 《明史》卷三一三，《云南土司列传》。

③ 黄彰建：《明代律例汇编·明代律例刊本钞本知见书目》，弘Ⅴ：42：1，台湾，台湾精华印书馆股份有限公司，1979。以下引本书直称《明代律例汇编》。

④ 参见黄彰建：《明代律例汇编》，嘉Ⅱ：22：1。

⑤ 参见黄彰建：《明代律例汇编》，万Ⅱ：22：1。

⑥ 黄彰建：《明代律例汇编》，弘Ⅴ：43：2。

⑦ 参见黄彰建：《明代律例汇编》，嘉Ⅲ：82：2；万Ⅲ：82：1。

> 凡军民人等，私将应禁军器卖与夷人图利者，比依将军器出境，因而走泄事情律，各斩；为首者，仍枭首示众。①

嘉靖《问刑条例》该款与此相同。万历《问刑条例》该款，在"夷人"二字之上，加"进贡"二字；又改"各斩"为"斩"②。王肯堂对此解释为："旧例无'进贡'二字，又比律各斩，仍将为首枭首，似太重，今改，方与成化十一年兵部题准例□协。"③

5. 弘治《问刑条例》又一款规定：

> 凡夷人朝贡到京，会同馆开市五日，各铺行人等将不系违禁之物入馆，两平交易；染作布绢等项，立限交还。如除买及故意拖延骗勒，夷人久候不得起程，并私相交易者，问罪；仍于馆前枷号一个月。若各夷故违，潜入人家交易者，私货入官；未给赏者，量为递减。通性守边官员，不许将曾经违犯夷人起送赴京。

这一条的规定，为嘉靖《问刑条例》所延续。万历《问刑条例》对此略有改动，把"若各夷故违"改为"若不依期日及引诱夷"，把"私货入官"改作"私货各入官"，把"未给赏者，量为递减"改为"铺行人等照前枷号"。对此，王肯堂解释为："旧例有云：各夷故违，潜入人家交易者，私货入官；未给赏者，量为递减。近议：潜入人家，必系铺引诱引，自应并罪，况货入官，又复减赏，无乃太重乎？今删改。"④

6. 嘉靖《问刑条例》一款规定：

> 凡兴贩私茶，潜往边境，与番夷交易；及在腹里贩卖与进贡回还夷人者，不拘斤数，连知情歇家牙保俱发烟瘴地面充军。其在西宁、甘肃、河州、洮州贩卖者，虽不入番，一百斤以上，发附近；三百斤以上；发边卫，各充军；不及前数者，依律拟断，仍枷号两个月。军官、将军纵容弟男、子侄人等兴贩，及守备、把关、巡捕等官知情故纵者，各降一级，原卫所带俸差操；失觉察者，照常发落。若守备、把关、巡捕等官自行兴贩私茶通番者，发边卫；在西宁、甘肃、洮河贩卖至三百斤以上者，发附近，各充军。⑤

万历《问刑条例》该款，在"洮州"下增"四川、雅州"四字，在"军官、将军纵容弟男、子侄"下增"家人军伴"四字。⑥王肯堂解释为："旧例不及四川雅州，亦无家人军伴字面，今增。"⑦

7. 嘉靖《问刑条例》又一款规定：

> 凡夷人贡船到岸，未曾报官盘验，先行接买番货，及为夷人收买违禁货物者，俱发边卫充军。若打造违式海船，卖与夷人图利者，比依私将应禁军器下海，因而走泄事情

---

① 黄彰建：《明代律例汇编》，弘Ⅴ：43：9。
② 黄彰建：《明代律例汇编》，嘉Ⅴ：43：5；万Ⅴ：43：7。
③ 王肯堂：《大明律例笺释》卷十五。
④ 王肯堂：《大明律例笺释》卷十五。
⑤ 黄彰建：《明代律例汇编》，嘉Ⅲ：72：2。
⑥ 参见黄彰建：《明代律例汇编》，嘉Ⅴ：43：5；万Ⅴ：43：7。
⑦ 王肯堂：《大明律例笺释》卷八。

律，处斩，仍枭首示众。①

万历《问刑条例》该款，自"若打造违式海船"以下，均予以删除。② 王肯堂解释为："旧例有造船卖与夷人一款，今删附下条。"③

这七款规定④，都涉及夷人尤其是朝贡使臣犯罪问题。但是，具体对于夷人的司法处置，只有上述第5款作出了明确的规定，即"若各夷故违，潜入人家交易者，私货入官；未给赏者，量为递减"。其余各款，只规定了对国内民众的处置。然而这仅有的一款规定，后来的万历《问刑条例》居然予以删除。从当时订立条例的原始案例中，可以看出事情的原委。

1. "各处军民人等交通进贡往来外夷，并投托拨置害人者，俱发边卫充军"例：

> 成化十七年七月二十三日，都察院右都御史戴等题，为略买人口、兴贩私盐事。广西道呈刑科抄出总督漕运兼巡抚凤阳等处左都御史张奏，据直隶淮安府问得犯人贾兴儿，招系南京沈阳左卫前所军充快船小甲，成化十六年正月内，有暹罗国使臣奈赖捧沙，带领通事人等奈孛思利等四十余人，进贡黑象宝物，来到广东地方。有数内火长李王老为因无人使唤、雇到广州东莞县千户所百户王胜义男王进才使唤。本年六月初三日，行至南京，又雇到徐州府家人朱成，俱各不合越关跟伊赴京。本年七月初四日，南京兵部差拨兴儿、南京府军左等卫小甲孙佐等，快船装载花草，赴京交割回还。闻知奈赖捧沙等事毕回还，兵部摘拨南京旗手等卫小甲唐清等快船四只装送彼。有孙佐商同兴儿等一十九名，要得倚势沿途讨要人夫钱物；各不和潜投奈赖捧沙等，分装行李等物，影射同行。本年十月初二日，回至地名直沽，因见彼处盐贱，各人不合诱哄奈赖捧沙等出备本银，买装私盐；替伊沿途货卖，觅利分用。本月内，回至济宁等处地方，有缺食人民各将幼男小女鬻卖。奈赖捧沙等要买使用，在地人民嫌夷人不肯成交；各将银两托付兴儿等，各不合依听出名，假称乞养过房名目，买到男女王收儿等共三十二名口，俱与各夷，改换番名，为奴使唤。又有江宁县寄籍回回人张哈三、徐州民马钢，各不合自号光棍名色，陆续投跟奈赖捧沙使唤。本年十一月初六日，行至宿迁县守冻间。本月初七日，孙佐引领奈赖捧沙上岸，到于不知名人店内买酒吃饮。有卖酒人讨要酒钱，无与；奈赖捧沙嗔怪，用刀将脸耳砍伤。后到桃源县，节次上岸，恃强砍伐沿河官载柳树及搬抢军民堆积草束烧用。成化十七年正月初二日，经过淮安，致仕同船军余刘能将情具状，赴巡抚张都御史处告发。有礼部原差押送行人林则方，亦将兴儿等兴贩私盐、收买人口等项违法事情具呈。张都御史行委淮安府卫同知孟林等公同行人林则方亲诣各船，[将]原买男女、私盐，通行查拘，盘送在官，连人札发淮安府。兴见问拟备招，申报前来。又据本府申蒙总军官平江伯陈锐批，据巡捕指挥管瓛呈称，成化十七年正月十二日，在于本府西门河下，见有一起苏门塔刺进贡回还夷人船内，买有人口；随即上船，盘获男女朱【眠】儿等九名；各称在于临清等处，被夷人收买，在船使唤。连人具

① 黄彰建：《明代律例汇编》，嘉Ⅴ：43：3。
② 参见黄彰建：《明代律例汇编》，万Ⅴ：43：3。
③ 王肯堂：《大明律例笺释》卷十五。
④ 这七款规定为巨焕武先生整理。参见巨焕武：《明代律例关于化外人的犯罪规定》，载杨一凡总主编：《中国法制史考证》，乙编第一卷，北京，中国社会科学出版社，2003。

呈，批本府查将在官银两，照数给还夷人，赎取男女在官等因……据此会同镇守淮安漕运总兵官平江伯陈锐议得：暹罗、苏门喀喇二国，俱在数万里之外。彼中国王各备方物，潜人进贡；其敬顺朝廷之心，固可嘉尚。伏蒙皇上特赐优容，劳以筵席、下程，赏以金银、缎帛、冠带、衣服；沿途往回，官给船只、廪给；各潜行人官护送待宴出境。其怀柔远人之意，已为过厚。奈何通事夷人不知感激……诚恐日后各番仿效相承，贩卖不已，非惟贻累后来，抑且有伤国体。除拘各起通事带领夷人奈孛思利等到官，谕以朝廷恩威厉害，另给下程等项慰劳，并将拘去男女人口查支官钱，照依原价给还各夷收领，赎回人口，给予口粮，差人送发各该原籍官司，给亲收领完聚，并将问过人犯贾兴儿等发落外，乞敕该部计议，请敕开谕诸国：今后差人进贡，务要选择谙晓大体、持守[礼]法通事番人。每起一二人、量带夷伴，省令安分往回，勉循以小事大之体；仍行各该都布按三司，验其方物多寡，定与夷人名数；仍差的当官，伴送来京；多余之人，俱令在彼伺候，进贡毕日，一体抚遣回还。并彼处沿途地方巡按御史，严加体审，但有前项投托受雇之人，交通夷人在船，即为擒拿禁治。若各夷原带军器弓弩之类，俱收在彼；候使臣回日，给还收领。仍乞敕都察院通行出榜晓谕，严加禁约：今后各处军民人等，但有似前交通外夷，投托使唤、拨置害人者，从重定与罪例。若伴送行人等官，不行禁治，容令违法作弊者，一体究治。仍将今次招出投跟之人老刘等，行移各该巡按御史查据追问重罪。庶得法令昭明，人知警惧，大体不亏，外患自息等因。具本。该本院右都御史戴等于奉天门钦奉圣旨：都察院知道。钦此。钦遵……看得总督漕运兼巡抚凤阳等处左副都御史张（某），镇守淮安漕运总兵官平伯陈锐各奏称，暹罗、苏门喀喇二国通事夷人夹带快船装载私盐、收买人口等情……肆无忌惮，有伤国体。奏乞该部计议……一节，诚为有理。拟合通行出榜晓谕禁约，欲行引各处巡抚都御史、巡按御史着落各该都布按三司，今后各处夷人进贡，务要看验方物多寡，照依礼部奏准事例，每起夷人止许量送五、七名，不过十五名赴京。其余夷人，除乌思藏等处陆路接近，照例省谕回还，听候给赏，其暹罗等国，海洋隔涉，暂留在彼等候；原带军器什物官为收贮，听候使臣回日，抚遣给赏。其有巡抚去处，备咨巡抚官，如无巡抚去处，就仰巡按御史各出榜，通行晓谕各处军民人等，不许与各夷交通来往，投托管顾，拨置害人。敢有故违，照依兵部奏准事例，正犯俱发边卫充军。其通事头目夷伴来往之间，悉听伴送官并押送行人等官约束；不许似前生事，扰害人民。如违，及传送、押运官员不行钤束，在内听锦衣卫官校缉访参究；在外听巡抚、巡按并所在官司拿问；中间应参奏者，奏请提问。如此，则国法昭彰，人知惊惧。具题。次日，奉圣旨：是。钦此。[①]

这就是制定前面所引的弘治《问刑条例》中"在京在外官民"这一款的依据，从中可以看出，虽然朝廷"怀柔远人之意，已为过厚"，但是暹罗国使臣奈赖捧沙、通事奈孛思利等人"不知感激，公然夹带船只，装载私盐；沿途收买人口，改名为奴，奸淫污辱；又倚外夷名目，吃酒撒泼，刀伤平人；砍伐官树，抢民柴草；多带兵器，争夺洪闸，阻当官民船只；其沿途经过驿递，分外强要酒食供给，稍有不从，辄便凌辱官吏，殴打水夫"，这样的违法行为，按照"并依律拟断"的规定，应该追究其罪责。然而看遍全文，没有看到如何追究使

---

① 皇明成化十七年条例。

臣责任的说法，只是令"通事带领夷人奈字思利等到官，谕以朝廷恩威厉害"，而对于"投作各夷家人"、"沿途拨置害人"和"隐情投托，装载私货，教唆夷人兴贩私盐、略买人口、诓骗财物"的本国臣民则捉拿问罪。整个案件中最重要的人物奈赖捧沙，并没有被追究罪责。事后，总督漕运兼巡抚凤阳等处左副都御史张某奏请、都察院右都御史戴某覆准的预防和应对今后类似情形的措施中，也没有涉及夷人犯罪时具体如何处理的规定。

2. "禁约交通夷人，私自买卖"例：

> 弘治三年二月十五日，礼部尚书耿（裕）等题为夷情事。该哈密卫指挥同知火只阿力奏：奴婢自远路照例进马，多受辛苦……曾带银鼠皮四百六十张，作价银八十五两，又缎子十四匹，被人诓去，说四月□付还。这林顺、林广哄他（?）是叔伯兄弟，同居住，同吃饭。如今他每逃走了，都有亲戚作保……奴婢每艰难……乞追还与奴婢每回去等因。奉圣旨：该部知道。钦此。钦遵。查得本部奏准见行事例：凡迤西夷人到京给赏后，本部题过出给告示于会同馆，开市五日，惧要见钱，不许赊卖；敢有赊买，故意拖延，致使夷人不得依期起程者，拿送法司从重问拟；仍于馆前枷号示众。如各夷故违，潜自赊买与人，后告诉不与追给。又查得弘治二年五月内，因迤西夷人伙只给辛等收买食茶箭茶等件，该会同馆举呈到部。本部为照迤西进贡夷人，多系累次赴京进贡，熟于买卖，得利久惯。沿途则伴送人员人单力薄，不能禁制；私下广为交易。幸而不发，安生取利；设或事发，不过将通事馆夫伴送并本管官吏参提问罪；夷人止是行移大通事省谕而已。其人即不治罪，其货复又给价。罪徒坐于华人，私无亏于夷使。私买之弊，何由而止。议得：今次盘出伙者哈幸马里麻等食茶箭竹，合无俱照潼关盘检事例，通行入官，不与价值；茶斤送光禄寺，箭竹送工部，俱作数充用。仍行大通事晓谕在馆夷人，务要遵守国法，不许仍蹈前非。如有故违禁例，私买货物，事发，私货照例入官。夷人未给赏者，就将赏赐量为递减；已给赏者，通行管边官员，后次各夷进贡，不许曾经违法犯之人起送赴京；如有朦胧其送者，本部审验得出，就将守边验放官员参奏治罪，仍将使臣赏赐减去。奉圣旨：是。钦此……今本爵又奉前因，合无再行申明条约。今后，夷人到馆，不系开市之日，不许一应人员及在京久住回达人等私与往来，勾引交易。违者，悉照节次奏钦依事理，参究治罪。奉圣旨：准议。钦此。①

这就是制定前面所引的弘治《问刑条例》中"凡夷人朝觐到京"这一款的依据，从中可以清楚地看出，当时对于违反朝廷法律的进贡夷人，除了"行移大通事省谕"之外，"其人即不治罪，其货复又给价。罪徒坐于华人，私无亏于夷使"。这样一来，朝贡的使臣越发有恃无恐，"私下广为交易"，结果只是"将通事馆夫伴送并本管官吏参提问罪；夷人止是行移大通事省谕而已"。

在这里，对进贡夷人规定的处罚措施就是："凡迤西夷人到京给赏后，本部题过出给告示于会同馆，开市五日，惧要见钱，不许赊卖；敢有赊买，故意拖延，致使夷人不得依期起程者，拿送法司从重问拟；仍于馆前枷号示众。如各夷故违，潜自赊买与人，后告诉不与追给。"但是在正式编制《问刑条例》的时候，这一规定却没有编入。

---

① 《皇明条法事类纂》卷下。

可以看出，大明律中"凡化外人有犯，并依律拟断"的规定，在后来的《问刑条例》中，有所变化。尤其对于来华朝贡的使臣，即使他们有依律应该追究罪责的行为，也不会追究他们的刑事责任，而是"行移大通事省谕"，也就是进行批评教育。

明朝为什么要这样优待朝贡使臣呢？从第一个案例中可以看出答案：这样做可以"法令昭明，人知警惧，大体不亏，外患自息"。可见，当时统治者是从国家形象的角度考虑问题，试图通过"怀柔远人"的对外措施来达到"大体不亏"的目的，并认为这样就能够"消除外患"。

二、化外来降人司法模式

清律在"化外人有犯"这一条上，基本沿袭了明律的规定。在制定顺治三年律时，在化外二字之下增加小注"来降"两个字，律文变成了："凡化外（来降）人犯罪者，并依律拟断。"雍正三年（1725 年）修律时，又在该条之下增加了后半段："隶理藩院者，仍照原定蒙古例。"

乾隆五年（1740 年）修律时，增加了两个条例：

1. 蒙古案件，有送部审理者，即移会理藩院衙门，将通晓蒙古言语司官派出一员，带领通事，赴刑部公同审理。除内地八旗，蒙古应依律定拟者，会审官不必列衔外，其隶在理藩院应照蒙古例科断者，会审官一体列衔。朝审案内，如遇有蒙古人犯，知会理藩院堂官到班会审。遇有照蒙古例治罪者，亦一体列衔。

这一条是雍正十一年（1733 年）的例，乾隆五年（1740 年）修律时增入。①

2. 青海蒙古人有犯死罪应正法者，照旧例在西宁监禁。其偷窃牲畜例应拟绞解京监候之犯，俟部复后，解赴甘肃按察使衙门监禁，于秋审时，将该犯情罪入于该省招册，咨送三法司查核。

这一条乃乾隆五年（1740 年）军机大臣议复总理青海夷情副都统巴陵阿巴奏定例。②
乾隆二十六年（1761 年），又增加一个条例：

3. 蒙古与民人交涉之案，凡遇斗殴、拒捕等事，该地方官与旗员会讯明确，如蒙古在内地犯事者，照刑律办理。如民人在蒙古地方犯事者，即照蒙古例办理。

这一条是乾隆二十六年（1761 年）刑部议复山西按察使索琳条奏定例。③
嘉庆二十三年（1818 年），增加了第四个条例：

4. 蒙古地方抢劫案件，如俱系蒙古人，专用蒙古例，俱系民人，专用刑律。如蒙古与民人伙同抢劫，核其罪名，蒙古例重于刑律者，蒙古与民人俱照蒙古例问拟；刑律重于蒙古例者，蒙古与民人俱照刑律问拟。

这一条是嘉庆二十三年（1818 年）奉旨编纂定例。
道光二十九年（1849 年），增加了第五个条例：

① 薛允升：《读例存疑》卷五，90 页，北京，中国政法大学出版社，1994。
② 薛允升：《读例存疑》卷五，90 页。
③ 参见薛允升：《读例存疑》卷五，90 页。

5. 热河承德府所属地方，遇有抢夺之案，如事主系蒙古人，不论贼犯是民人，是蒙古，专用蒙古例。如事主系民人，不论犯贼是蒙古，是民人，专用刑律。倘有同时并发之案，如事主一系蒙古，一系民人，即计所失之脏，如蒙古所失脏重，照蒙古例问拟，民人所失脏重，照刑律科断。

这一条是道光二十九年（1849 年）刑部会同理藩院议复热河都统惠丰奏热河地方蒙古抢夺案件变通办理折内奏准定例。

从这五条的情况来看，全部涉及蒙古，其中，第一条和第二条是程序性规定，第三、第四和第五条为冲突规范性质的规定，所指向的实体法有两部，一是刑律，二是蒙古例。

薛允升认为，大清律例中涉及"化外人有犯"的条例不止这五条，他说："此门所载各条均指蒙古有犯而言，其苗猺等夷人有犯均散见各门，似不画一，应将例内苗蛮等项及土司有犯各条，均移入此门。"[1] 接下来，他又列举了应该移入该处的十一个条例："一，土蛮猺獞有仇杀劫掳凶惨已甚。一，云南、贵州苗人犯徒流军遣。一，苗疆地方民人捏称土苗希图折枷免徒者。一，土司有犯徒事以下者，一，各省迁徙土司，本犯身故。均见徒流迁徙地方。一，苗猺蛮户不许带刀出入，见私藏应禁军器。一，土官土人如有差遣公务事越外省，见私越冒渡关津。一，苗人伏草捉人横加枷肘，勒银取赎，见恐赫取财。一，苗人自相争诉之事，照苗例归结，见断罪不当。一，苗人图财害命，照强盗杀人例斩枭，见谋杀人。一，蒙古遣犯脱逃改调，见徒流人逃。"[2]

从薛允升的观点来看，清代的"化外人"主要包括土蛮猺獞猓苗以及蒙古人等，他并没有提到外国人，但从清朝对待外国人的司法措施上看，外国人也归入了"化外人"的范畴。这一点，可以从两广总督阮元的一份奏折中看出：

奏折内容是他处置 1821 年涉及"陀巴士号"（Topaze）战舰几名英国水手的杀人案。奏折毫不含糊地宣称，中国法律可以适用于欧洲人："夷兵在内地犯事，即系化外人有犯，应遵内地法律办理。"[3]

从清末大员林则徐、邓廷桢、关天培三人联名的奏折中对待英国人的态度上也可以看出这一点：

惟现值南风司令，各国本年贸易夷船，正应陆续到粤，计自彼国开船尚在数月以前，未必遽知天朝如此严禁，其历年夹带鸦片，本已习为故常，此次来船，恐亦难免。惟一时未便即置于法，仍须责令一并缴官。臣等现又严谕该领事义律，将新来载货夷船，随到随查，如无鸦片，即具保结请验，倘有夹带，自行首缴免罪，如敢蒙混隐瞒，查出不许开舱，驱逐回国。俟奉到部行新例之后，即当拟具檄谕底稿，恭呈御览，照会该国（按：指的是英国），明示限期。如届期再有带来，应遵照大清律例所载，化外人有犯并依律科断之语，与华民同照新例一体治罪，货物没官，始可杜其尝试之念。[4]

在此，林则徐等首先采取了一个权宜措施，"惟一时未便即置于法，仍须责令一并缴

① 薛允升：《读例存疑》卷五，91 页。
② 薛允升：《读例存疑》卷五，91 页。
③ 《两广总督阮元奏究办英吉利夷人伤毙内地民人一案折》，载《清代外交史料：道光朝》，卷一。
④ 中国第一历史档案馆编：《鸦片战争档案史料》，第一册，543～545 页，上海，上海人民出版社，1987。

官",接着明确指出：如果英国人再次输送鸦片来华，蒙混隐骗，则按照"化外人有犯并依律科断"的规则处理。

清廷除了对蒙古地区制定专门的《蒙古律例》之外，另外针对回疆和西藏地区也制定了专门的法律。如针对青海等地藏族制定《西宁青海蕃夷成例》等。这些法律都是在理藩院的统一调配之下，由各地方具体实施的。为何在律文中只提到蒙古例，没有提到针对其他地区的法律呢？其实，这是由律例的修订规则决定的。乾隆五年（1740年）修订的律例规定，以后律文不准再作改动，条例则三年一小修、五年一大修，后来又执行五年一小修、十年一大修的规则。律文不得再改动这一谕旨，得到了其继承者的严格遵守。而针对其他地区的法律大多是在这次修律之后逐步完善起来的，比如《回疆则例》是在嘉庆朝编纂的。所以，由于修律规则的限制，律文中无法再增入蒙古例之外的其他法律。这些法律只能通过条例的方式反映出来。

因此，可以这么说，雍正三年（1725年）修律虽然增入的是"隶理藩院者，仍照原定蒙古例"，但实际上，由于修律规则的限制，蒙古例之外的法律无法在律文中再显示出来，而只是通过条例的方式出现。所以，此处的蒙古例可以理解为所有"化外人"地区的区域性法律，包括蒙古、青海、回疆、苗疆和西藏等地区的专门法律。

至于清律中的小注"来降"二字的意义，有些学者说"化外人"就是"来降"人①，认为"来降"是"化外人"的一个法律要件。从上述奏折中，可以看到恰恰相反的结论。由此就可以探知"来降"并不是"化外人"的必要条件，只是"化外人"的充分条件。

由此，可以看出清代"化外人"这一概念的外延就是：蒙古人（包括青海）、回疆人、苗人、藏人和外国人。

沈家本对清律"化外人有犯"的规定评价道："今蒙古人自相犯，有专用蒙古例者，颇合《唐律》各依本俗法之意。"康熙《大清会典》说："遐陬之众，不可尽以文法绳之。国家之待外藩，立制分条，期其宽简，以靖边檄。"乾隆《大清会典》中说："国家控驭藩服，仁尽义至。爰按蒙古风俗，酌定律例。"②清代对于边疆的某些地区分别制定了相应的成文法，而不再听凭其原来的俗法，如针对蒙古制定了《蒙古例》，针对青海等地藏族地区制定了《西宁青海蕃夷成例》，针对信仰伊斯兰的民族制定了《回疆则例》，针对苗族等西南少数民族制定了《苗例》，以及管理蒙、回、藏等地区民族事务的通例——《理藩院则例》。值得注意的是，其中的《回疆则例》并不像大清律例那样以刑事法律为主，而《苗例》不是指的一部法典，恰是规定要适用本俗法，光绪《大清会典》中所说的"苗例"指的是《大清律例》中涉及苗疆地区的二十九则条例。③虽然其中的成文法是依照当地的习俗制定的，但它们已经被上升为国家法的高度。这就说明，清人处理民族事务的方法更加成熟，既照顾到民族地方的实际，又能维护国家法制的统一。这种做法虽然与唐宋时期的"同类自相犯者，各依本

---

① 参见范忠信：《自然人文地理与中华法律传统之特征》，载《现代法学》，2003（3）。

② 中国社会科学院边疆史地研究中心：《大清会典·理藩院·理刑清吏司》，卷一四五，清代理藩院研究资料辑录，全国图书馆文献缩微复制中心，1988。

③ 参见苏亦工：《明清律典与条例》，88~89页，北京，中国政法大学出版社，2000；刘广安：《清代民族立法研究》，111页，北京，中国政法大学出版社，1993；张晋藩主编：《中国法制史研究综述》，402页，北京，中国人民公安大学出版社，1990。

俗法；异类相犯者，以法律论"处理方式有相通之处，但两者的旨趣大相径庭。这也从另一方面说明了清代的中央权力更加集中，国家权力控制力逐步加强。

虽然上述的规定只是针对边疆的少数民族而制定的，依照当代国家主权的学说来看，与处理涉外纠纷事务的规定并没有太大的关系，但是，"在明清人的眼里，葡萄牙人、荷兰人、英国人，与中国周边的各蛮夷族群相比，除了鼻子高一些、眼睛深一些、毛发多一些，恐怕也没有什么实质的区别"。"最初到中国的欧人，以其来自西方，通名之曰番人或夷人，在中国人的心目中，番人不过是距中国辽远的藩属，其不同于朝鲜、安南者，仅入贡的时期不一定而已。"①

因此，对于清代来华贸易的大批欧洲人，政府处理涉及他们的纠纷时，采取的措施也类似于处理边疆的民族事务。具体如下：

1. 外国人之间的犯罪案件

（1）同属一国的外国人之间发生的犯罪

这种情况下，由该国自行处理。1735 年，一艘在中国海岸失事的荷兰船上的六名水手背叛了他们的船长，清政府要求英国人将六名荷兰反叛者扣押在一条英国船上，待荷兰船只到来后再把他们带回去接受处罚。②

（2）不同国家的外国人之间发生的犯罪

这种情况清政府原则上不加干涉。1754 年，一名法国军官杀死了英国水手查尔斯·布朗（Charles Brown）。③ 法国人要求英国人同意他们将罪犯送到法国受审，但英国的商务负责人却认为，如果他们顺从法国人的要求，已经骚动的英国水手就会叛乱，会自己去实施法律。因而，他们正式要求中国当局调查此案，惩罚法国军官。两广总督试图说服英国人撤回起诉，但毫无用处。之后，他举行了审判。不久，一名法国人（据英国人说是有罪军官的替罪羊）被引渡给中国人受审，并被判处死刑，然后拘押在广州的监狱里，等候皇帝对判决的批准。但是，乾隆皇帝不同意对该案行使中国的管辖权，他清楚无误地阐明了对这类案件的处理原则：

> 外洋夷人，互相竞争，自戕同类，不必以内地律法绳之。所有时雷氏一犯，著交该夷船带回弗兰西国，并将按律应拟绞抵之处，行知该夷酋，令其自行处治。该督抚仍严切晓谕各国夷船，嗣后毋再呈凶滋事，并不时委员弹压，俾其各知畏法，安分贸易可也。④

但也有例外。1870 年，一名法国水手杀死了一名葡萄牙水手，广东巡抚逮捕了这名法国水手，并处以死刑。⑤ 马士的《东印度公司对华贸易编年史》中记载的理由是"（巡抚）负责维持治安；如果依照请求，将被告解回本国审讯，就无法保证被告会受到应得的惩罚；而对那些'沉醉于酒、暴乱及吵架'的水手，只有用严刑才能使他们就范"⑥。中文的资料对于这

---

① 苏亦工：《中法西用——中国传统法律及习惯在香港》，20 页，北京，社会科学文献出版社，2002。
② 参见［美］马士：《东印度公司对华贸易编年史》，第 1、2 卷，234 页，广州，中山大学出版社，1991。
③ 参见［美］马士：《东印度公司对华贸易编年史》，第 4、5 卷，428～432 页，广州，中山大学出版社，1991。
④ 《史料旬刊》，第 12 册，425～426 页。
⑤ 参见［美］马士：《东印度公司对华贸易编年史》，第 1、2 卷，381～382 页。
⑥ ［美］马士：《东印度公司对华贸易编年史》，第 1、2 卷，382 页。

个案件也有记载,《大清律例会通新纂》中记载了此案的大致情况,令人意外的是,杀人者是在犯罪地"照夷法处死"的。①

2. 涉及外国人的中国人犯罪案件

这种情况一般按中国的法律(清律)定罪量刑。为了维护在华欧洲人的合法权益,乾隆皇帝于1777年向所有的将军、总督和巡抚发布敕令说:

> 中国抚驭远人,全在秉公持正,令其感而生畏……而有事鸣官,又复袒护民人,不为清理,彼既不能赴京控诉,徒令蓄怨于心……且或虑粤商奸恶,致呼吁仍复成空,将来皆裹足不前,洋船稀至,又复成何事体!……各该将军、督、抚等,并当体朕此意,实心筹办,遇有交涉词讼之事,断不可徇民人以抑外夷。②

1828年,法国商船 NAVIGATEUR 号在中国海岸失事,为法国人所雇用的一些福建人因为不堪忍受法国人的辱骂,再加上金钱的诱惑,杀死了十三名法国人。③ 幸存的一名法国人逃到了澳门,向中国政府告发。两广总督兼广东巡抚李鸿宾飞咨浙江和福建两省的文武官员及广东沿海各县官员,命令他们全力捉拿凶犯。当大多数罪犯被捕捉后,皇帝下令将他们全部送往广东受审。幸存的法国人和通事及几名中国证人,也一起从澳门被带到了广州。那几名证人一直被拘禁候审。广东按察使下令广州知府,在幸存法国人和中国证人出席的情况下审讯被告。接着,按察使复审了这次审讯的书面记录。最后,在按察使和道台的陪同下,两广总督亲自讯问了被告。最终有17人被认定为"图财谋杀",16人被处以斩立决枭首,主犯则被凌迟处死。之所以处以这样的极刑,是因为审理者认为"同坐一船"的法国水手"与一家人无异",而按《大清律例》的规定,杀一家三口以上者应被凌迟处死。行刑时还邀请了几名外国人到场。对于这个案件,东印度公司的日志记载:

> 主犯由幸存者芒吉庞纳(Franciso Mangipane)在公所大堂上指证,该处有广州府及一些其他警务长官特为此案开设的一个法庭。中国政府表现要将这些犯人加以惩办的积极与努力,引起巨大的惊奇,并值得最高的赞赏。他们意图给予外国人以最大满意,已在程序的每一步骤上强烈地表现出来,我们知道这是皇上最明确的命令的效果……自由进入该处[在公所大厅]开设的法庭,就是政府特意将这次事件的程序予以公开的一个证明。必须承认,假如他们固执地要外国人血债血偿,一命偿一命,他们已在当前的事例中表明,无论如何,最初会表现出难以克制的困难,他们对他们本国的罪犯,将实行一种互相公平的处理……而我们只能遗憾,中国的司法行政不能将严厉与明辨同样调和。④

3. 涉及中国人的外国人犯罪案件

这种情况下,有两种处理模式:一种是澳门模式,另一种是广州模式,即行商协助司法模式。

---

① 参见姚雨芗原纂,胡仰山增辑:《大清律例会通新纂》,卷四,台北,文海出版社,1987。
② 《清实录·乾隆实录》卷一〇二一。
③ 本案的中方资料详见《清代外交史料:道光朝》,卷三《两广总督兼署广东巡抚李鸿宾奏审明谋杀弗兰西人之闽省凶匪分别办理折》。西方资料详见[美]马士:《东印度公司对华贸易编年史》,第4、5卷,186~187页。
④ [美]马士:《东印度公司对华贸易编年史》,第4、5卷,187页。

（1）澳门模式

中国人对欧洲人行使刑事管辖权，最初是针对葡萄牙人的。1510 年，葡萄牙人在印度的果阿建立殖民地以后，在几个地点打开了对中国的贸易，包括上白浪岛、浪白澳、泉州、福州和宁波。然而，由于他们行为不轨，明朝皇帝将他们从所有这些地方赶了出去。1577 年，葡萄牙人撤到了澳门半岛，中国的地方当局允许他们在那里建立一个贸易货栈，这个货栈很快扩展为一个有数千人的中葡混杂的居民区。[①] 18 世纪中叶，当英国在广州的贸易不断增长的时候，澳门成了英国商人的冬季故乡，因为在贸易的淡季，他们不得留在广州。此外，由于外国妇女不得进入广州，结过婚的欧洲商人也不得不把家属留在澳门。

中国当局一直享有对澳门的主权，但是在司法管辖问题上，由于清政府不直接派官驻扎澳门，再加上葡萄牙方面不断贿赂清朝官员，所以在早期的文献中，看不到清朝政府处理涉外纠纷的案件。但是，到了 1743 年，新任两广总督策愣，积极作为，他向乾隆皇帝上了一个奏折，称：

> 广州一府，省会要区，东南远接大洋，远国商贩络绎。所属香山之澳门，尤夷人聚居之地，防范不可不周。县丞一员，实不足以资弹压。查前山寨现有城池衙署，请以肇庆府同知移驻前山寨，专司海防，查验出入海船，兼管在澳民蕃……香山县丞应移驻澳门，专司稽查民蕃词讼，仍详报该同知办理。[②]

这个奏折得到了皇帝的批准。1743 年年末，一名葡萄牙人与一名醉酒的中国人发生争执，葡萄牙人拔刀刺死了这名中国人。[③] 受害人的家属将此案告到了香山知县那里。知县在审讯了嫌疑犯以后，要求将之交由中国人审判和惩处。葡萄牙驻澳门总督拒绝了这一要求，并将犯人自行收管。知县立即密禀上司，并说明葡萄牙总督不让步的理由是"西洋夷人犯罪，向不出澳赴审"。

两广总督和广东巡抚严令斥责香山知县，要求将犯人移送广州，并依中国法律审判犯人。香山知县再次禀报，并附带禀报了葡萄牙总督的请求，即拒绝接受中国管辖的理由，请求允许自行审理。这个请求没有获得准许。两广总督指派广州知府和香山知县前往澳门，监督葡萄牙当局绞死罪犯。

在给皇帝的结案奏折中，策愣说明了澳门地区的特殊性质，指出地方官有着不上报夷人犯罪的习惯，所以百年以来，从无澳夷杀死民人抵命之案。他说，在处置眼下这桩特殊案件时，如果坚持要求交出嫌疑犯，可能"致夷情疑惧，别滋事端"。因此，他对今后处理类似案件提出了建议措施，夷人杀害中国人的犯罪，必须依据斩首或绞刑的规定予以惩处，考虑到情况的特殊性，这个建议就是：由皇帝制定特殊程序处置澳门外国人的犯罪，以后外国人杀害中国人，罪犯应在澳门或其附近拘押和审问，由中国人和葡萄牙人共同监督。验尸报告、被告的供述、证人的证词，以及初步拟定的判决，都应上报两广总督。总督复核上述文

[①] 参见［美］爱德华：《清朝对外国人的司法管辖》，载高道蕴等编：《美国学者论中国法律传统》，增订版，456~457 页，北京，清华大学出版社，2004。

[②] 《香山县志》卷四，《海防》。

[③] 本案详情参见印光任、张汝霖的《澳门纪略·官守篇》所引的奏折；姚雨芗原纂、胡仰山增辑的《大清律例会通新纂》卷四中的边注；郭廷以的《近代中国史》第 1 册第 524~527 页。

件，以确保正确适用法律，并命令香山知县连同"夷目"（葡萄牙总督）一起，当着受害人家属和全体外国人的面处决罪犯。然后，总督将案子上报皇帝，并报刑部备案。策楞预言说，这样做将会"上申国法，下顺夷情……"。

刑部建议批准策楞奏折，同时指出清律规定中国法律应适用于在华的外国犯罪者。关于处置外国人的案件，刑部又说："但期于律无枉无纵，情实罪当，其他收禁成招等项节目，原不必悉依内地规模，转致碍难问拟。"

乾隆皇帝批准了策楞所建议的程序，并且将这样的程序著为令，让所有的官员遵循这一程序来处置同类案件。这个获得皇帝批准的奏折确立了清朝政府处置涉及外国人杀害中国人案件的基本原则。

其他西方国家似乎从未与葡萄牙订立过政府间的协议，以保护它们在澳门的国民的权利，所以，这些人完全依赖于澳门政府的友善和该政府与中国当局达成的涉及刑事管辖权、出入境许可及其他事务的协议。由于中国政府对所有的西方人基本同等对待，把他们全都称为"外夷"，所以，针对澳门的葡萄牙人而制定的规则和程序，有时也适用于与广州的贸易有关的其他欧洲人。①

上述的做法只是针对中国人被杀害的案件，其他案件，包括其他刑事案件和民事案件，官府的管辖一般不太积极，多是外国人出钱与对方私了。在一些奏折和上谕中，在提及外国人的轻一些的犯罪时，有时也援引《大清律例》中的有关规定，向外国人头目（夷目）发布指令，要求他们按中国法律规定的刑罚处罚罪犯②；而在另一些案子中，则仅仅命令"（夷目）照夷法究办"，常常还命令他们将罪犯遣回本国。③

（2）广州模式，即行商协助司法模式

清政府收复台湾后，于康熙二十三年（1684年）废除禁海政策，宣布开海贸易。次年，在东南沿海设立江、浙、闽、粤海关作为对外贸易和征收关税的机构。从此以后，对外贸易得到迅速发展。但在乾隆二十年（1755年）至二十二年（1757年）间，发生了英国东印度公司代理人洪任辉率武装商船北上，要求到浙江宁波一带贸易一案，接着外国商船更是不断地到达江浙一带进行私自贸易活动，引起了清政府的严重不安，乾隆皇帝认为："浙民习俗易嚣，洋商错处，必致滋事，若不立法堵绝，恐将来到浙者众，宁波又成一洋船市集之所。"④ 所以清廷于乾隆二十二年（1757年）规定，当年到达宁波的船仍可贸易，"而明岁赴浙之船必当严行禁绝……将来只许在广州收泊交易，不得再赴宁波，如或再来，必令原船返棹至广，不准入浙江海口⑤。这就明文规定了当时欧美的"西洋船"必须统一到广州进行经商，不能擅自前往其他口岸进行贸易活动，后来，东南亚到中国贸易的"东洋船"也收泊于广州进行统一的外贸管理，这就是所谓的一口通商。这种局面维持了将近一百年的时间，直到道光二十二年（1842年）才废止。

---

① 参见［美］爱德华：《清朝对外国人的司法管辖》，载高道蕴等编：《美国学者论中国法律传统》，增订版，462页。
② 参见《两广总督阮元等奏明审办英吉利夷船水手放枪伤毙民人一案折》，载《清代外交史料：嘉庆朝》卷六。
③ Ta Tsing Leu Lee, Sir George T. Staunton transl. , London, 1810，p. 523.
④ 《清高宗圣训》卷二八一。
⑤ 《清实录》卷五五〇，乾隆二十二年十一月戊戌。

　　康熙二十五年（1686 年），在广州西关设立十三行，由十三行代理对外贸易事务。除了贸易事务之外，十三行肩负着沟通外商和政府、协助政府处理涉外行政司法事务等任务。

　　在清人的观念中，与十三行相对应的机构就是"公班衙"，即清人认为外国"公班衙"是外国政府的派出机构，有权管理这些国家的在华侨民。"公班衙"一词是清人对英文"company"一词的翻译。在清末，西方很多国家都出现了垄断本国对华贸易的公司机构，其中以"东印度公司"命名的就有英国、法国、荷兰等多个国家。英属东印度公司就是其中规模最大的。1731 年，该公司在广州成立了由其名下商船的大班（supracargo）所组成的联合委员会来管理其在华贸易事务。① 大班受雇于东印度公司，是负责公司名下各条商船营运事务的高级商务主管，分为数个等级，即所谓"大班"、"二班"、"三班"等等。他们最初只是从公司领取定额佣金，18 世纪以后，他们以个人名义投资公司对华贸易，所以又具有公司合伙人身份。18 世纪晚期，又出现了一个管理机构，即"特选委员会"（select committee），这个委员会由大班中选出少数资历较高者所组成。②

　　在清人的眼中，这些机构和人员都是外国政府派驻中国政府的官员，即使不是，也类似于中国行商，即由政府审批的特定机构和特定人员。也就成了所谓的"公班衙"、"大班"、"二班"，也就是说，清人认为他们是英国衙门和英国官员，有权管理涉及侨民的事务。只要有涉外的纠纷发生，这些机构理应承担司法协助任务，即如果侨民违反中国法律，公班衙就要承担协助追捕罪犯、移交罪犯、收集和移交证据等任务。

　　在这个问题上，双方争执不下。清人坚持认为公班衙能全权管理侨民事务，而公班衙则对此表示否认，尤其在散船、私船和英国军舰问题上，双方分歧更大。乾嘉时期，闽粤一带洋面海盗盛行，往来商旅深受其害，英国政府遂派军舰为本国商船队护航。清朝规定："商船准其进口，在黄地方，兵船则在澳门外洋湾泊，不许擅入。"③ 外国兵船到粤后，须停泊于澳门一侧伶仃洋碇泊所，不许驶入珠江口。兵船与省城之间的物资及人员往来须通过小型船只运输。1799 年发生了马德拉斯号事件。④ 这年的 1 月 26 日，英国兵船"马德拉斯"号所属一艘小型驳船替东印度公司运载贸易资金到达黄埔码头，准备交付商馆代表。当日夜间，该船警卫发觉有人企图割断该船缆绳，便开枪射击，据称有一名当地百姓受伤后死去。官府一如既往地要求东印度公司负责将肇事者交出受审。该公司驻广州特选委员会主任霍尔试图与该"马德拉斯号"舰长迪尔克斯交涉时，遭到对方拒绝。迪尔克斯认为，军舰是王权的代表和象征，作为商业主体的贸易公司无权管辖，应该"将争论留给英伦国王和中国皇帝"，"他肯定地认为，当前的争论完全属于皇家船的，所以解决这一问题，当然是他本人与这个政府之间的事"。特选委员会迫于官府在贸易上施加的压力，并未就此罢手，他们与行商共同召开会议，再次试图干预，迪尔克斯再次声称："为了公司大班而要他下令将他管辖下的人交出来，对他来说是不合理的……他也不会将这个问题向任何人进行解释，除非他是代表办理此事的政府官员——出席的各位先生，全是商界的——而他作为国王的一位官员，是不能屈从于他们的干预或调解的。"面对舰长的强硬态度，官府再一次以停止贸易相威胁，行商与特选委员会则往来奔波调解，充

---

① 参见［美］马士：《东印度公司对华贸易编年史》，第 1、2 卷，202 页。
② 参见［美］马士：《东印度公司对华贸易编年史》，第 1、2 卷，65～76 页。
③ 梁廷枏：《粤海关志》，卷二十六，台北，成文出版社，1968。
④ 该案详情参见［美］马士：《东印度公司对华贸易编年史》，第 1、2 卷，645～653 页。

当说客。经过一番讨价还价，双方达成解决方案：舰长须先交出肇事者，官府在举行完一次虚张声势的会审之后，找借口将其释放了事。

另外，清政府还要求公班衙对于其本国在华商民的不法行为负连带责任。一旦有外国人犯法而无法查获，官府要切断公司所属商船、商馆的给养供应，直至断绝与外商的所有贸易往来；在不能及时抓获外国案犯的情况下，公司必须交出其他外国人抵罪。

1784 年的休斯夫人号事件中，乾隆皇帝明确表达了这种态度。这年的 11 月，一艘来自孟买的英籍散商船只"休斯夫人号"（Lady Hughes）在广州黄埔下碇，当月 24 日发生了意外："有一艘领有执照的驳船在船旁下碇，在船鸣炮致敬时，不幸误中一弹，损失惨重，该艇三名中国人受伤，其中一名特别严重；翌日，据称已死去。这个炮手虽然不是有意犯罪，但了解到中国政府对此不加区分，会同样处以极刑的，所以逃匿了。"① 此案发生以后，该消息在各国商旅之间迅速传开，并很快报到乾隆皇帝面前，引起了他的重视。前文已经交代过，康熙末年朝廷与罗马教廷交恶，到雍正以后，全国禁教，唯独澳门例外，很多因非法传教被抓获的外国教士，通通被驱赶到澳门圈管。在这期间，不少省份的教徒一再与澳门教会和教士们取得联系，试图继续扩大宗教传播，对此，最高统治者十分重视，多次严旨缉查。就在休斯夫人号案发生的前一个月，官府刚刚缉获焦振纲、秦禄等多人组织天主教经卷、书信等物品，由西南赴广东联络传教的案件②；没过几天，又查出几十名西洋传教士从广东出发，潜赴各省传教的重大案件。这一系列事件让乾隆皇帝感到，必须抓住处理休斯夫人号案件这一机会，向不安分的各国夷人昭示天朝刑罚的严厉，在他的强硬干预下，地方官很快就迫使英国商船交出一名叫做"些啊哗"的船员听候审判。乾隆很快下诏，特别叮嘱地方官："寻常斗殴毙命案犯，尚应拟抵……现在正当查办西洋人传教之时。尤当法在必惩，示以严肃"，只要能"将该犯勒毙正法，俾共知惩儆"，那名被交出抵命的水手，"亦不必果系应抵正凶"③。最终，这名叫"些啊哗"的水手在一片争吵声中被判处绞刑。在此案的处理中，乾隆皇帝的强硬手段确实产生了震慑效果，根据外国人记述："这件事的一个直接后果，就是当下一季度第一艘来船到黄埔时，各国的管理会都决定禁止他们的船只放礼炮。第二个后果，就是英国人不再把他们船上的被控者移交给无监督权的中国当局的司法机关。"④

4. 民事案件的处理

民事案件一般不会引发太多的麻烦。同外国人发生纠纷的中国人是特定的，因为中国有对外贸易权的商行是由政府核准的，只有这些商行才有权和外国人进行交易。因而交易的主动权掌握在中国商人的手中，这样一来，一般不会出现因外国商人的故意或者过失而引发的民事案件，涉外民事诉讼主要集中于外国商人对中国商人贷款纠纷上。

行商与外商之间的借贷关系，很早就引起清朝方面的注意。1760 年，清政府向行商下达了不得借贷外债的禁令。当时广东巡抚李侍尧曾向朝廷奏准："内地行店有向夷人违禁借贷勾结者，照交结外国诓骗例问拟，所借之银查追入官。"⑤ 李侍尧在奏折中的本意，并不是担

---

① ［美］马士：《东印度公司对华贸易编年史》，第 1、2 卷，421 页。
② 参见《高宗纯皇帝实录（十六）》卷一二一六，《乾隆四十九年十月上》。
③ 《高宗纯皇帝实录（十六）》卷一二一八，《乾隆四十九年十一月上》。
④ ［美］马士：《东印度公司对华贸易编年史》，第 1、2 卷，428 页。
⑤ 梁廷枏：《粤海关志》，卷二十六，8 页。

心华洋借贷将来会引发国际争端，而是唯恐通过这种借贷关系，沿海中国商民与洋人"久之互相勾结，难免生端"，以致危及清廷的统治。① 但此等措施，并不能有效断绝华洋商人之间的借贷关系。为防止行商负欠洋债以致无法清偿，清政府还多次三令五申，限制行商与外商之间的贸易赊欠，要求"行商与夷商交易，每年买卖事毕，令夷商将行商有无尾欠报明粤海关存案，各行商亦将有无尾欠，据实具结报明粤海关查考"，"所有应偿尾欠银两，应伤令行商具限三个月内归还"②。然而由于行商经济处境日益维艰，华洋商人之间的赊欠贸易自是屡禁不止。

至于清政府对"行欠"的理赔办法，则如粤海关监督德庆在嘉庆十八年（1813年）的奏折中所提到的："惟查旧卷，见从前办理洋商（按：指行商）欠饷之案，俱移督抚，将乏商家产查封变抵，其不敷银两，着落接办行业之新商，代为补足。如行闭无人接开，众商摊赔完结。倘再有亏欠夷人银两，即会同督抚专摺奏明，从重治罪，历来办理无异。"③ 大体说来，清政府对"行欠"的理赔主要采取以下两种途径：

（1）将亏欠倒闭的行商查抄变卖家产，余款由接办行业之新商代赔，或由众行商承担连带赔偿责任。行商有因负欠过巨而倒闭者，通常将其家产抄没抵债，其本人往往被发配至伊犁永远安插。余额则由众行商使用公行积金代为清偿。"所有债务总数，经折减后，由通商附加税所抽丝茶每担银一两二钱，红茶每担六钱二分，丝每担六两之款内拨还。"④ 但是，随着行商倒闭的日益频繁，"行欠"数量的骤增，公行积金已不敷偿还，于是这种纠纷便不可避免使中英双方政府卷入其中。纠纷的双方当事人中，"有呈请英国政府主持者，亦有享请粤督理处者"⑤。

（2）由清政府动用国库直接偿还。乾隆四十二年（1777年），行商倪宏文赊欠英商货银一万一千余两，"监追无着，给伊胞兄倪宏业外甥蔡文观代还银六千余两，余银五千余两遵旨于该管督抚司道及承审之府州县，照数赔完，贮库侯夷商等到粤给还"⑥。

第四节　简评

一、"化外人"司法模式符合传统中国人对法律的看法

唐宋时代规定，即使是刑事案件，"化外人"也可适用本俗法，明清时代虽然规定"并依律拟断"，但在实际操作中，相当一部分案件仍然各依本俗法。对于这样的做法，古代中国人并不认为会损害王权。原因是，中国人认为法律是习俗逐渐发展的结果，不像罗马

---

① 参见中国第一历史档案馆：《清代广州"十三行"档案选编》，载《历史档案》，2002（2）。
② 梁廷枏：《粤海关志》，卷二十九，34～35页，台北，成文出版社，1968。
③ 姚贤稿编：《中国近代对外贸易史资料》，上册，185页，北京，中华书局，1962。
④ 顾维钧：《外人在华之地位》，16页，南京，南京宪兵书局，1936年翻印本。
⑤ 顾维钧：《外人在华之地位》，18～20页。
⑥ 梁廷枏：《粤海关志》，卷二十五，2～3页，台北，成文出版社，1968。

人——认为法律是自然正义的体现，也不像现在——认为法律是统治阶级意志的表现。

法律产生于习俗，而中国的风俗就是礼，礼也就是"化"的工具。《礼记》中说："礼以导其志，乐以合其声，教以一其行，刑以防其奸，礼乐刑政，其极一也，所以同与民而出治道也。""达而不悖，则王道备也。"① 礼乐刑政，是一体的，礼法是相互结合的，"化民之道，礼教为先，礼教所不能化者，则施刑罚以济其穷，此法律所由设也"②。制定法律的主要目的就是规范无法教化的人。"礼之所去，刑之所取，出礼入刑。"③ 法律发展到了盛唐时代，就产生了一部"一准乎礼，得古今之平"的唐律。④

中外"各有风俗"，因此"制法不同"。法律的不同是由于习俗的不同而造成的，法律并非国家权力的象征，而是习俗演变的结果。"中华者，中国也，亲被王教，自属中国，衣冠威仪，习俗孝悌，居身礼义故谓之中华，非同远夷狄之俗，被发左衽，雕体文身之俗也。"⑤ 风俗不同，所以"圣人但抚之教外，不以中华强之不能也，故许听其俗"⑥，这就是"修其教不移其俗，齐其政不易其宜"⑦。

在这样的法律观念下，外国人在华犯罪而适用外国的法律，并不会损害中国法律的完整性，这种处理方式反而是中国司法制度的一个有机部分。

二、"化外人"司法模式与帝王权威

对于国家四周各种形式的政权，中国人历来采用怀柔埖抚的手段，"天子守在四夷"，凡是有作为的君主总是宣称"王者无外"。《国语》中说："甸服者祭，侯服者祀，宾服者享，要服者贡，荒服者王。日祭、月祀、时享、岁贡、终王，先王之训也。有不祭则修意，有不祀则修言，有不享则修文，有不贡则修名，有不王则修德，序成而有不至则修刑。于是乎有刑不祭，伐不祀，征不享，让不贡，告不王。于是乎有刑罚之辟，有攻伐之兵，有征讨之备，有威让之令，有文告之辞。布令辞而又不至，则又增修于德无勤民于远，是以近无不听，远无不服。"⑧

在这样的秩序之下，中原王朝和周边政权能够和平相处，共同发展。只要周边的政权不主动使用武力，尊奉中国为上国，"奉正朔"，"求册封"，"定名分"，就能够获得中原王朝的承认和保护，名正言顺地进行统治。对于中原王朝来说，则以这些周边政权为屏藩，维护天朝的稳定和安宁。"天生四夷，以御魑魅，故前代圣王，羁縻勿绝，禽兽而畜之……自汉以来，乃有向慕风教，震惧威烈，因其衰弱，相率内附。而乃诏谕之以礼，申于抚纳；怀柔之

---

① 《礼记·乐记》。
② 《荀子·七法》。
③ 《后汉书》卷四十六，《陈宠传》。
④ "唐律一准乎礼"是《四库全书总目提要》对唐律特征的经典概括。苏亦工教授对这个问题进行了深入研究，认为唐律所据以为准的"礼"是秦汉以来繁衍变异了的唐礼，这种"礼"与孔子所倡导的礼已经有了实质性的差别，因此，应当辩证地看待唐律的这个特征以及中国法律儒家化的特征，以确定名副其实的儒家化和形式主义的儒家化。具体参见苏亦工：《唐律"一准乎礼"辩证》，载《政法论坛》，2006（3）。
⑤ 王元亮：《唐律释文》，载刘俊文点校：《唐律疏议》，626页，北京，中华书局，1982。
⑥ 王元亮：《唐律释文》，载刘俊文点校：《唐律疏议》，629页。
⑦ 《礼记·王制第五》，中华书局十三经注疏本，726页。
⑧ 《国语·周语上》。

以德，厚其存恤。以至张官置吏，设亭筑塞，锡之以衣冠印缓，振之以增絮菽粟。因以饵兵息役，开疆拓土。斯皆得来远之道、达御戎之要者焉。"①

具体到统治措施上，中原王朝则允许周边政权的首领依照适合他们的方式进行统治，他们可以拥有独立的官僚系统、法律系统。唐代的羁縻州府制度、元明清的土官土司制度、现在的民族自治和一国两制都可以看作是这种思维的延伸。

通过这种思维来处理民族关系、中央与地方关系、外交关系等问题是很有效的，取得了唐、宋、明、清各朝令人瞩目的成就。具体到处理涉外司法问题上，这种方式也是恰当的，所以才会出现唐律中规定"诸化外人，同类自相犯者，各依本俗法；异类相犯者，以法律论"。以这种方式处理涉外纠纷，能够达到"大体不亏，外患自息"的效果。到了明清时代，虽然律文的内容有所变化，但通过条例、圣旨等形式，在实际运作过程中，对于相当部分涉外案件还是"各依本俗法"。

在处理对外关系中，逐渐由此而形成了一整套措施。"中国之于夷狄，羁縻而已。若乃殊邻绝党之国，钦风慕化而至，深賨维旅，鞮译以通，解辫而习宾仪，保塞而请内属。由是推怀柔之道，开抚纳之意，优其礼遇，厚其赐予，以笃其好而厌其心焉。汉氏之后，乃复加以侯王之号，申之封拜之宠；备物典册，以极其名数，持节封建，以震乎威灵。至于告终称嗣、抚封世及，必侯文告之命，乃定君臣之位。"②"先王之御夷狄也，接之以礼，示之以信，濡之以惠泽，耸之以威德，羁縻勿绝而已……三代而下，因其慕向，厚加恩纪，以申抚纳。或优厥赠贿，或被以官带，赐印绶以异其数，班币帛以将其意。以至殊馆谷之待，加优戏之娱，纤车驾以临会，命公卿而祖道。"③

自秦朝建立之后，中国的政治一直向更为专制的方向发展，政治权力不断集中到皇帝的手中。"二十四史，二十四姓之家谱也！"整个国家似乎都是皇帝一个人的财产，为了表现帝王的风范，也多会采用抚化的手段来优待外国人。这也在另一方面塑造了中国处理涉外案件的基本司法模式。

所以，在古代中国的眼中，外国人在华犯罪而适用外国法的做法并不会损害王权，相反，这只会增加"天子"的威仪，体现王者的胸怀，展示"天朝上国"的优越性。

三、"化外人"司法模式与国家主权

依照现在的主权国家观念来看，这种处理涉外案件的模式，确实损害了国家主权。但是，在中国的传统观念中，并不存在国家主权的概念。

国家主权观念的出现与具体实施，始于欧洲。

虽然早在亚里士多德的著作中，就出现了对主权的若干描述。④ 但近代意义上的主权概念，是由荷兰学者博丹提出的。博丹说，国家主权"是超越于一切公民与属民之上的不受任何限制之最高权力"⑤。由这个主权定义出发，博丹认为，主权创造法律，一切人不论任何信

---

① 《册府元龟》卷九六三。
② 《册府元龟》卷九六三。
③ 《册府元龟》卷九六三。
④ 参见［美］梅里亚姆：《卢梭以来的主权学说史》，毕洪海译，1～2页，北京，法律出版社，2006。
⑤ ［法］博丹：《论主权》，1页，北京，中国政法大学出版社，2003。

仰都必须服从于法律，但国家主权本身不受任何法律约束，因此，主权是"一个国家之绝对的与永恒的最高权力"①。在他看来，国家主权是绝对的，也是不受限制的，虽然主权者的权力是有限的。关于主权的内容，博丹列了九类：第一，立法权。这是主权中最重要的权力。主权者是一切法律的唯一渊源，主权者就是立法者，一切服从者都不能参与立法权。第二，宣布战争与和平、缔结和约的权力。第三，任免官吏权。第四，最高裁判权。第五，赦免权。第六，对臣民提出忠节、顺从的权力。第七，货币铸造权。第八，度量衡的决定权。第九，课税权。②

这种主权观念的具体实施也经历了很长的时间。1618 年，欧洲列强之间开始了长达 30 年之久的战争。这场战争的残酷使得越来越多人认识到博丹等人主权理论的合理性。经过这三十年的洗礼，筋疲力尽的欧洲列强终于愿意坐下来通过会议的方式解决各方之间的争端，会议的结果就是签署了《维斯特伐利亚条约》。1648 年《维斯特伐利亚条约》的签署具有划时代的意义，创立了以国家之间会议的方式和平解决国际争端的模式。条约的内容打破了罗马教皇神权统治下的世界主权论，确立了国家主权至上、国家独立平等、国家领土完整等一系列国际关系准则③，这成为了近现代西方以主权国家为单位的国际秩序的基础。

从此，主权理论得到逐步的实施，国家之间开始以平等的地位交往。由于国家主权意味着对内的最高和对外的平等，所以对于涉及外国人的案件，各国都以关系国家主权的名义要求案件的管辖权，绝对不会允许犯罪的外国人在本国适用他们自己的法律，更不会允许涉及外国人的案件由他们自己在本国的首领来审判和处决。因为这样做就会违背一国在其领土上拥有至高无上的权力这一主权原则。凡是在本国领土上发生的案件，或者涉及本国利益的案件，主权国家都是基于主权原则要求案件的管辖权，司法主权构成国家主权中重要的一部分。

反观中国，在与西方产生冲突之前的漫漫历史长河中，中国一直没有遇到可以在文化上相抗衡的实体，在对外关系中总处于优越的地位。在这种现实状态下，无法产生主权国家的观念。在这种地位下，根本就不需要这种观念，更不需要这种观念的落实措施。由古代中国对于周边政权的地位而孕育出的"化外人"司法模式完全符合当时的实际情况，能够适应现实的需要。

但是，在中西交往深入之后，尤其是在西方人带来了可以与中华文明相抗衡的希腊罗马文化后，中国人开始接触西方的"民族"、"主权"和"国家"等观念，并慢慢接受并内化。在这种情况下，中国原先的这些建立在文化优越地位上的"化外人"司法模式就无法适应这种新形势的变化。因为只要接受了主权的概念，就不应"各依本俗法"，这会损害国家的主权。这就是清朝末年，在中国尚未了解主权观念的时候，允许外国在华享有领事裁判权的原因。这也是后来中国人在接受了主权概念、完善主权国家过程中，废除领事裁判权的原因。

---

① ［法］博丹：《论主权》，1 页。
② 参见 ［法］博丹：《论主权》，56～81 页。
③ 具体参见王绳祖主编：《国际关系史资料选编》，上册第一分册，3～12 页，武汉，武汉大学出版社，1983。

第二十六章

调　解

在中国传统社会的各种"特殊司法"中，调解尤其具有独树一帜的风格和意义。如果说"春秋决狱"主要是文人士子们的作为，属于雅文化或"精英文化"之列，而"家族司法"主要是乡绅耆老们的生活，属于俗文化或大众文化之列，那么"调解"（或称调处）则是文人士子与乡绅耆老们共同的事业，属于雅俗与共的主流文化之列。尽管调解的范围仅限于民事案件和轻微刑事案件，也尽管古代中国的法律条文极少提及调解，但事实上，调解构成了传统中国法律生活中最经常、最主要的内容之一①，而且，更重要的是，它是古中国最具有文化代表性和最富于文化韵味的司法形式，其内涵之丰富与深邃远非其他司法形式可比；当然，同样重要的是，调解乃是中华民族亘贯古今、最具生命力、也最为世界所注目的法律传统。

第一节　源流

一、调解的原始形式

我国的调解源远流长，最早可以追溯至原始社会。

在原始社会中，没有阶级，也没有国家和法律，但在这个人类初级的社会形态里，却有组织和秩序。人们在生产生活中也不可能完全避免矛盾和纠纷的产生，社会的存在和发展要求人们采取不同形式和方法去调整人与人之间的关系，解决彼此之间的纷争。恩格斯曾指出：一切争端和纠纷，都由当事人的全体即氏族或部落来解决，或者由各个氏族相互解决……在大多数情况下，历来的习俗就把一切调整好了。这段话告诉我们，原始社会虽然是一个无阶级的社会，但也存在争端和纠纷；这些纠纷和争端的解决办法主要不是诉诸武力，

---

① 清代名幕汪辉祖在《佐治药言》中说："词讼之应审者十无四五。"这即是说，"词讼"之中，十之五六付诸调解息讼，而"词讼"（即民事案件和轻微刑事条件）在任何一个社会都占据着法律纠纷的大多数。

而是依靠协商调解。大致情况是，当时社会存在于人与人之间的一切争端和纠纷，通常是由当事者所在的氏族或部落互相协商解决的；部落之间的纠纷和争端，则由有关部族的首领按照原始社会长期形成的风俗、习惯，互相协商解决。而对本氏族个别不遵守习惯的人，则是依靠社会舆论和社会道德的力量，采取调和的办法，使其归顺，认识错误，达到平息矛盾、排除争纷、调整好相互间的关系、维持正常社会秩序和生产秩序的目的。可以说，这就是调解的原始形式。

二、调解的演变

进入阶级社会后，整个社会结构和人与人之间的关系发生了根本的变化，原始状态的礼也逐渐由氏族的习惯演化为具有法的性质和作用的强制性规范，原来用以区别血缘关系亲疏尊卑的礼，同时成了确定人们在国家组织中等级地位的法。随着国家和法的产生，原始的调解无论在性质上还是在形式上都发生了新的变化。

奴隶社会，奴隶主阶级也把调解作为调整和改善人们相互关系，解决矛盾的一种方式，一方面建立了由国家政权机关组织主持的调解制度，即官府调解，旨在调整奴隶主、贵族和平民间的一般民事权利义务关系；另一方面也认可和保留了平民百姓之间排难解纷的民间调解形式，初步建立了古代基层的调解制度。

据史料记载，周代的地方官吏中就有"调人"之设，其职能是"司万民之难而谐合之"[①]。所谓"调人"，就是我们今天所说的专司"谐合"、调解纠纷的人。西周中期的《曶鼎》曾记载了发生在奴隶主贵族之间的土地租赁纠纷和债务纠纷的调解案例。《曶鼎》的第二段铭文说明：民事纠纷必须到地方长官那里起诉。参与诉讼的有争执双方的代理人，有与案件有关系的第三方，还有作为证人的中介人。审理带有调解的性质。胜诉的一方给第三方一些好处，并且以羊酒钱酬谢参与调解的人。春秋时期的孔子是提倡调解息讼的先驱人物，他憧憬着"必也使无讼乎"[②]的社会。孔子当鲁国司寇时，竭力主张用调解方式处理家庭内部的讼争。《荀子·宥坐》记载了一件父告子的案件，孔子把人拘捕起来，但拖了三个月不判决，当父亲请求撤销诉讼时，孔子马上把儿子赦免了。

由此可见，在奴隶社会，无论是官方调解还是民间调解，都要依据奴隶制的法律和道德观念，与原始公社时期的调解相比，已经在性质和内容上发生了根本变化，打上了阶级社会的烙印。

在封建社会，调解始终是封建统治阶级推行礼治和德化教育的工具。在这个漫长的历史时期，虽然封建制法律对社会关系各主要方面都作了明确的规定，但调解不仅在民间延续不衰，而且仍为官方所重视。一般民事纠纷大都是当地里正、社长和族长仲裁或调解解决的。秦朝时期，县以下的基层组织有乡，乡设有秩、啬夫和"三老"，即农老、工老、商老，掌管封建道德"教化"，调处民间争讼。汉朝时期，调解已被作为一项诉讼制度普遍应用到处理民事纠纷上。《汉书·百官公卿表》："乡有三老、有秩、啬夫、游缴……啬夫职听讼。"说明乡啬夫是乡级机构中民事诉讼的主管人。但"乡啬夫只调解争讼，不具有初审性质"[③]。又

---

①　《周礼·地官》。
②　《论语·颜渊》。
③　孔庆明等编著：《中国民法史》，171 页，长春，吉林人民出版社，1996。

据《后汉书·吴佑传》记载，吴佑在山东做官时，就主张调解。"君民有争讼者"，他往往亲自了解情况，讲道理，"重相和解"，"争息"，"息讼"。唐朝乡里讼事，则先由里正、村正、坊正调解。宋代的陆九渊做官时，对争议"酌情决之"，"而多所劝释……惟不可训者，始置之法"①。元朝时，乡里设社，社长负有调解职责。明朝的乡里调解，更具有特色。每个里都定有乡约。每当会日，里长甲首与里老集合里民，讲谕法令约规。有的里设有申明亭，里长有不孝不悌或犯奸盗者，将其姓名写在亭上，以示警戒，当其改过自新后就去掉。里老对于婚户、田土等一般纠纷，有权在申明亭劝导解决，即"凡民间应有词状，许耆老里长准受于本亭剖理"②。正因为调解有利于减少诉讼和封建统治秩序的稳定，故历代封建统治者一直很重视，直到清末制定《大清民事诉讼法典》，仍有以调解结案的规定。

第二节
运行机制

一、主体与客体

所谓调解，就是指当双方发生纠纷时，由第三者出面主持，依据一定的规范，用说明、教育、感化的方式进行劝解、说和，使当事人双方深明大义，互谅互让，协商解决纠纷，以达到息事宁人、和睦相处，维护社会安定与和谐的目的。

根据上述定义，结合中国古代诉讼实践，我们认为调解运行中的主体和客体应包括这样一些内容：

（一）主体

调解过程中的主体指主持调解的第三者，包括自然人或团体，以及发生纠纷时要求或接受调解的当事人双方。

1. 第三者

调解过程中的第三者在开始时，是由具有崇高威信的氏族或部落首领来充当的，到阶级社会，逐渐演变为由德高望重的人以及民间自治团体、宗族、国家行政机关、司法机关等来承担调解的职能。如西周专司"谐合"的"调人"，秦汉时的"乡啬夫"，南北朝时北魏的"里长"、"里正"，元代的"社长"，清初的"里老"、"甲长"、"保正"等。这里所说的"里长"、"耆老"等都是乡里德高望重之辈或大家族之族长，或财绅。宗族等民间势力在调解息讼过程中有比官府更有利的地方，即一般婚姻家庭和继承钱债等民事问题，通常须先交由宗法家族以"家法治之"，所谓"一家之中，父兄治之；一族之间，宗子治之"③。当然，这些家长、宗子治家、治族的方法不外乎以家法族规为依据，以调解方式为执行手段，充分发挥

---

① 《宋史·陆九渊传》。
② 《大明律集解附例》。
③ 顾炎武：《日知录》卷六。

调解主体的作用。

2. 当事人双方

调解过程中当事人双方的范围很广泛，可以是发生争端或纠纷的自然人之间，也可以是自然人与团体之间，团体与团体之间等，总之，当事人双方愿意选择调解方式解决彼此之间的争端或纠纷，以达到息事宁人、和睦相处的目的。因此，当事人双方必须发挥主体的举证责任，也必须履行调解协议。

（二）客体

这里所说的客体是指调解所指向的对象。中国古代诉讼中调解的客体包括几乎全部民事纠纷和一部分轻微刑事案件。民事案件主要以私权利益为标的，其内容多为土地、借贷、继承、婚姻等纠纷，故习惯上又称之为"田宅户婚钱债"案件或"户婚田土案件"。此外，有关差役、赋税、水利等纠纷也属于民事案件之列。这些案件多发生在州县基层，因此也常称之为"民间细故"。在统治者看来，这些"民间细故"并不危及政权的根本，因此，国家常常把此类客体的处理移交给基层司法机关、特别是宗族，由他们调解息讼。至于斗殴、轻伤等轻微刑事纠纷也大多以调解方式解决。

二、一般程序

诉讼程序与诉讼方式是相辅相成的。与调解方式相适应的调解一般程序是：

（一）受理纠纷

调解的第一步是受理纠纷。受理纠纷的途径有两种，一是纠纷当事人主动申请调解，二是调解人主动介入纠纷的解决。当事人主动申请调解的，申请时，当事人可口头陈述，也可递交书面材料。如前述西周中期《曶鼎》铭文所载一起奴隶买卖违约争讼案，"曶……以限讼于井叔"。宋真宗时，同皇族有姻亲关系的人中间，发生了分财不均的诉讼，还进宫直接到皇帝面前说理。[1] 调解人主动介入的案子通常是影响较大，危及四邻，或者是当事人出于面子不好意思请外人来化解的案件，在这种情况下，调解人主动前去调解，有利于纠纷的调解。如东汉人仇览作亭长时，"亭人陈元之母告元不孝，览以为教化未至，亲到元家与其母子对饮，为陈说人伦孝行，与《孝经》一卷，使诵读之。元深自痛悔，母子相向泣，元于是改行为孝子"[2]。又如清嘉庆年间，顺天府宝坻县孀妇孙张氏诉故夫堂兄孙文降霸占其土地，投状县衙。知县尚未及升堂问理，原、被告双方的 6 名亲友就主动出面调停，表示"不忍坐视"宗族因讼损及族望。于是他们先邀双方到一起评理，经过查看地契，弄清了原委，最后一切纠纷得以和解。知县也以此为乐。[3]

（二）对当事人进行训导

调解不是民事诉讼的必经程序，它没有严格的调查举证、开庭审理的程序，而重在诉外和解，故调解人受理纠纷后，在着手进行调解时，一般都把对当事人的训导作为必经程序。

---

① 详见司马光：《涑水见闻》卷七。

② 《后汉书·循吏列传·仇览传》。

③ 清顺天府宝坻县刑房档案，转引自倪正茂等：《中华法苑四千年》，414 页，北京，群众出版社，1987。

例如，清康熙时，陆陇其任河北灵寿县知县，每审民事案件时，均传唤原告、被告到庭，训导双方说："尔原、被非亲即故，非故即邻，平日皆情之至密者，今不过为户婚、田土、钱债细事，一时拂意，不能忍耐，致启讼端。殊不知一讼之兴，未见曲直，而吏有纸张之费，役有饭食之需，证佐之友必须耐劳，往往所费多于所争，且守候公门，费时失业。一经官断，须有输赢，从此乡党变为讼仇，薄产化为乌有，切齿数世，悔之晚矣。"① 双方听了此番训导，往往"俱感激涕零"，"情愿"当堂作出保证，息讼止争。类似这种通过调解训导，最后以情动人，调解结案的民事案例，以宝坻县为例，就占到了所有结案的一半之多。

以上是官府训导调处之一典型事例。民间调解过程中的训导则更有特色。费孝通先生在《乡土中国》中记述了他曾目睹的乡村调解过程："……差不多每次都有一位很会说话的乡绅开口，他的公式总是把那被调解的双方都骂一顿：'这简直是丢我们村子里脸的事！你们还不认个错，回家去。'接着教训了一番，有时竟拍起桌子来发一阵脾气。他依着他认为'应当'的告诉他们。这一招却极有效，双方时常就和解了。有时还得罚他们请一次客。"②

由此可见，对当事人的训导是调解成功的不可或缺的一环。

（三）促成当事人和解并达成调解协议

经过调解人的训导或开导后，当事人双方在原则问题上已经统一了认识，具备了达成调解协议的思想基础，和解就有了可能。如前述顺天府宝坻县孀妇孙张氏诉故夫堂兄孙文降霸占其地亩一案，"调解委员会"查清有争议的八亩地原系孀妇之故夫典给了堂兄孙文降，直到死时还无力赎回，调解的亲友向孙张氏说明了原委，又经过一番例行的训导之后，孙张氏自知理亏，自愿息讼。本应到此结束了，但调解的亲友们又觉得孀妇可怜，遂劝孙文降量力资助一下孤儿寡母。孙文降听了众人劝说，大发慈悲，表示"念及一脉，骨肉相关"，情愿将原告之夫出典的土地白让原告收回为业，并新立字据，表示"俟后各守各业，永无争执，均敦族好"。一场纠纷，经过调解人的劝导、调解就这样取得了圆满的结果。

经司法机关调解了结的案件，有时原、被告双方还须具结，以表示悔过、和解、服输等。清嘉庆十六年（1811 年）《宝坻县全宗》有如下对甘结的批文：

> 甘结。具甘结人胡瑞今于与甘结事。依奉结得：武宽禀身赖伊耕毁豆子争吵一案，蒙恩审讯完结，身回家安分度日，再不敢争吵滋事。所具甘结是实。
>
> 嘉庆十六年元月二十四日
> 胡瑞（画押）
>
> 批：准结。③

此外，宝坻县档案材料中，还有"准息，附卷"；"既经尔等调理，两造均已允议，准。据票销案"等批词，均说明调解的完整程序。

---

① （清）吴炽昌：《续客窗闲话》卷三。转引自张晋藩等：《论清代民事诉讼制度的几个问题》，载《政法论坛》，1992（5）。
② 费孝通：《乡土中国》，56 页。
③ 转引自张晋藩：《清代民法综论》，298 页，北京，中国政法大学出版社，1998。

三、各种调解形式及相互关系

(一) 官府调解

官府调解是在行政长官的主持下对民事案件或轻微刑事案件的调解,是诉讼内的调解。主持调解的主体主要是州县官和司法机关,由于中国古代行政官员兼理司法的传统,故司法机关的调解包含在官府调解形式之内。

自唐以来,官府调解就已产生良好的社会效果,如唐开元年间,贵乡县令韦景骏在审理一母子相讼的案件时,对当事人反复开导,并痛哭流涕地自责"教之不孚,令之罪也",还送给他们《孝经》,于是"母子感悟,请自新,遂称慈孝"①。

官府调解息讼到清代备受重视。康熙的《圣谕十六条》明确要求:"敦孝悌以重人伦,笃宗族以昭雍睦","和乡党以息争讼……息诬告以全良善"②。而州县官因为调解息讼是考察其政绩的重要指标,故对于自理案件,首先着眼于调解,调解不成时,才予以判决。乾隆时,袁枚为上元县令,"民间某娶妻甫五月诞一子,乡党姗笑之,某不能堪,以告孕后嫁诉其妇翁"。此案备受民众关注,"翌日,集讯于庭,观者若堵墙"。而袁枚坐堂后,并没有抖出县太爷的威风开始讯问,而是"公盛服而出,向某举手贺",致使"某色愧,俯伏座下"。经过袁枚一番谈经论道,和风细雨般劝导,最后的结局是"众即齐声附和,于是两造之疑俱释,案乃断,片言折狱,此之谓矣"③。

(二) 官批民调

官府在审理案件过程中,如认为情节轻微,不值得传讯,或认为事关亲族关系,不使公开传讯,有时即批令亲族人等加以调处,并将调处结果报告官府。如清乾隆二十五年(1760年),武定土司民那贡生死后,其遗孀安氏与唐氏相争,"各要独抚两子,掌管那家之业",双方在亲友的支持下诉至官府。因此案牵涉面广,官府转而批示安家亲族"尔可邀请族亲,传齐头目,酌议妥协,联名具呈"。最后多方议定:"安氏抚子显宗,唐氏抚子耀宗,两申氏各随子安身,不致失所。家业田产,安氏六分,唐氏四分。"调处结果上报官府后,官府又词批如下:"……既已各愿,即将田产家私妥议照四六公平均配。写立合同送赴州署钤印,发给收执管业,日后永杜争端。"④ 有时官府也当堂批令乡保调解,如清光绪十五年(1889年)宝坻县知县章某在张立志、张洪园因五尺土地争殴的呈状上批示:"伤微事细,即自招乡保,首事妥了,毋轻涉讼。"⑤ 这种官批民调形式,具有半官方性质,也是一种常见的有效形式。乡保如调解成功,则请求销案;调解不成,则需要禀复说明两造不愿私休,由官府提讯一干人证。

---

① 《续通志·循吏韦景骏传》。
② 《圣祖实录》康熙九年十月。
③ 参见伍承乔编:《清代吏治丛谈》,265 页,台北,文海出版社,1966。转引自张晋藩:《清代民法综论》,287~288 页。
④ 《安德顺等为祈天赏谁和息立嗣给照,永杜后患事》,载《武定土司档案》。
⑤ 档案《顺天府全宗》107 号。转引自张晋藩主编:《清朝法制史》,57 页。

（三）民间调解

民间调解的形式由来久远，具体方式是争讼者找亲邻、族、乡保解决，不达官府；或者有一方已告官，乡里抢先调解成功，即请求销案，泯纠纷于乡村族里之中。前者如前引费孝通先生在《乡土中国》中所述一例，后者如前述清宝坻县民孙张氏诉孙文降霸占土地之案例。

与官府调解相反，民间调解是诉讼外调解，明清时称为"私休"。清代民间调解的主要形式有宗族调解和乡邻调解，而以宗族调解最为普遍。族内纠纷一般先由族长剖决是非，不得轻易告官涉讼，如安徽桐城《祝氏宗谱》规定："族众有争竞者，必先鸣户尊、房长理处，不得遽兴讼端，倘有倚分逼挟恃符欺弱及遇事挑唆者，除户长禀首外，家规惩治。"江西南昌《魏氏宗谱》也规定："族中有口角小愤及田土差役帐目等项，必须先径投族众剖决是非，不得径往府县诳告滋蔓。"由此可见，民间发生的大量民事纠纷，在告官兴讼之前，往往在家族内部经族长调处化解了。

这种民间调解，一方面是民间宗族、村社、宗教等为了维护自己团体的体面而采取的主动积极的行动，另一方面则是出于朝廷及各级官府的有意鼓励，同时，也常由于争讼者自己也希望这样体面地终讼而主动要求民间势力调解的结果。①

（四）相互关系

官府调解、官批民调与民间调解是中国古代最主要的三种调解形式，都受到历代统治者的重视。

官府调解的主体是各级司法行政官员，是诉讼内的调解，带有一定的强制性，虽然法律并没有规定官府调解是必经程序，但在具体司法实践中，它仍具有"优先性"，即司法行政官员基于政绩考核指标的考虑，对自理案件的审理必定是先着眼于调解，调解不成，才予以判决。另外，根据档案材料，在当事人"所请"息讼的甘结中，双方都声明自己是"依奉结得"，即遵命和息。

官批民调介于官府调解与民间调解之间，具有半官方性质，是堂上堂下相结合的形式。案件诉至堂上，堂上批令堂下调解，堂下经亲族乡邻调解后，再回到堂上具结。官府有时还加派差役协同乡保"秉公处理"，调解后回禀县衙销案，可谓官府和乡邻的力量一体动员，为调解息讼而努力。

民间调解的主体主要是乡绅、里正、里长、族长、宗正等人，与官府调解不同的是，它是诉讼外调解，不具备诉讼性质。其形式多种多样，没有法定的程序，因各地乡情风俗习惯而异，因调解人的身份地位而异，或祠堂公所，或田头村舍，只要能使纠纷平息，什么样的形式都是可以的。它取代官府的决讼功能，是一种相当和缓、体面的调解息讼方式。

但是，无论是官府调解还是官批民调，抑或是民间调解，都需要严格遵循以下原则：第一，调解的范围是民事案件和轻微的刑事案件，超出此范围即为法律所不许。第二，都是在国家权力机构的制约下进行，尽管具体的主持人有别，但都是由统治阶级所掌握的政权组织主持的。第三，都是以统治阶级的法律和伦理道德规范为准绳，故依法调解与依礼调解不仅

---

① 参见范忠信等：《情理法与中国人》，191 页，1992。

不矛盾，而且是互相补充的。

所以，官府调解、官批民调与民间调解是把堂上的审判和堂下的和解结合在一起，并且充分调动了各种社会力量参与调解息讼，"在和解息讼的温情纱幕下，掩盖着严酷的阶级压迫实质"①。

第三节
原则与精神

中国传统社会的调解，不论是民间调解，还是官批民调或官府调处，尽管形式各样、程序不一，但无不贯穿着大致相同的原则和精神，其中之要者有："息事宁人"（或曰"息讼"）原则、道德教化原则、和谐精神。

一、"息事宁人"原则

"息事宁人"是古代调解的首要原则，也是其首要的直接目标。对于调解者们来说，他们的主要目的并不是明断是非，而是平息争端，将大事化小、小事化了，以防矛盾扩大，影响社会安定。清道光年间，宝坻县厚俗里马营庄陈六的妻子李氏（年仅十六岁）因"不能做重活"以及不堪婆母和丈夫的"终日折磨打骂"而离家出走。陈家状告到官，知县传齐陈、李两家找回李氏，即予调处。公婆表示："素日打骂是有的，并不折磨，以后好好教导。小的猜疑（儿媳）被人拐逃，是错了，不该混告。"陈六亦表示："小的将李氏领回教训，并不折磨。"李氏也不得不表明态度："现情愿跟公公回家，听公公、婆婆、男人教训，不敢有违。"在公婆、丈夫、妻子三方表示服从调处之后，各自具结销案。② 其"甘结"自然全部出自官代书之手，然而李氏真的心甘情愿么？她以后是否真的不再被打骂？对于官府来说，这些都不重要，重要的是，经过调解，一场家庭纠纷平息了，一个分裂的家庭又"团圆"（但未必"和睦"）了。

事实上，古时调解（不论民间还是官府），所谓"息事宁人"，多半是混淆是非的"和稀泥"。对此，清代名幕汪辉祖曾有一番解说："勤于听断善矣。然有不必过分皂白可归和睦者，则莫如亲友之调处。盖听断以法，而调处以情。法则泾渭不可不分，情则是非不妨稍措……或自矜明察，不准息销，似非安人之道。"③ 这里的"调处以情"不就是"不分皂白"、"是非稍措"的"和稀泥"么？而现实中的调解往往正是如此。清代姚一如任成都守时，有兄弟争产成讼。开庭前，一绅士前来拜谒姚太守，馈金六千两，嘱其袒护兄长，姚佯许之。及开庭，两造到堂，该绅士亦在侧。姚乃谓其兄弟二人曰："尔系同胞，为手足；我虽官长，究属外人。与其以金援我，何如一家相让！今金俱在，尔等自思。兄有亏还尔六千金，弟有亏受此六千金，俱可无讼。"兄弟"两人感悟，投地饮泣"。姚又对那绅士训斥道：

① 陈光中、沈国峰：《中国古代司法制度》，140 页。
② 参见《顺天府全宗》档案 99 号，国家历史第一档案馆藏。
③ 汪辉祖：《学治臆说·断案不如息案》。着重号系引者所加。

"尔系伊家至戚，昆季奈何分彼此而辄上下其手？平时不能劝导，又欲宵行嘱托，陷我于不义。今他弟兄已和好，以后稍有龃龉，即惟尔是问！"① 在这里，姚一如拒贿金不失清官之誉，但兄弟争产总有是非应辨，然而此案的调处却不加辨析，这不是在"和稀泥"么？更有甚者，有的司法官为了息事宁人，还不惜自我解囊来"平此两造"。清同治年间，蒯子范任长州知州，有人状告婶母因借贷未成而打人。蒯知州验得原告伤甚轻微，便婉言相劝："你贫苦人家，婶母还来借贷，说明她更穷苦，一旦升堂审讯，不仅婶母受累，你也须在县城守候。衙门胥吏差役索钱是现在之急，田地荒芜是将来之苦，何必为一时之气而绝两家生计？"说罢便赏原告两千文钱，让其回家，其人感泣而去。② 在此案中，法官的做法虽不无可取之处，然同样是不管是非曲直，但求息事宁人。

二、道德教化原则

古代调解的另一重要原则是道德教化，这也是最重要的调处方法。中国传统社会里官吏办案的第一原则就是："人有争讼，必（先）谕以理，启其良心，俾悟而止。"③ 这是因为，古人认为讼之根源在于道德堕落，故调处息讼之上策乃是对争讼者进行道德感化，不仅"谕以理"，而且"以道譬之"，即使用通俗易懂的方式向老百姓宣讲纲常道德之原理，使其品德由卑劣变高尚，以促其良心自觉、自省、自责，从而止讼。在古人看来，这是正本清源之法，因而，儒家经典、诗文对于此道阐发、宣扬得最多，历代司法官们调处息讼也基本不离此道，而古时的那些贤臣循吏更大多均以善用此法而闻名于世。前述东汉著名循吏仇览作"亭长"时所办陈元之母告元不孝一案，仇览便认为是"教化未至"，故"亲到元家……为陈说人伦孝行，与《孝经》一卷，使诵读之"④。同样的画面在后世的司法实践中不断地重复出现。唐朝开元年间循吏韦景骏调处母子相讼一案时不但对当事人反复开导，并痛哭流涕地自责"教之不孚，令之罪也"，而且还送给他们《孝经》诵读，终使"母子感悟，请自新，遂称慈孝"⑤。

以道德教化来调处息讼，这在中国古代不仅事例极多，不胜枚举，而且是一般司法官吏的办案原则。东汉时，"鲁恭为中牟令，专以德化为理，不为刑罚"，其教化所至，当事人"皆退而自责，辍耕相让"⑥。宋代思想家陆九渊知荆门军时，百姓有争讼，每多方劝说。尤其对于父子兄弟之间的纠纷，他总是以儒家"纲常礼教"来开导、启发，最后往往使他们感动得自己撕掉状子，重归于好。⑦ 为了达到教化息讼的目的，有的司法官们还常常花样百出，各使妙招。清代康熙年间，陆陇其任某地知县，有兄弟二人为争财产相讼至县衙，这位陆知县根本不按正常诉讼程序审讯，而是"不言其产之如何分配，及谁曲谁直，但令兄弟互呼"，"此唤弟弟，彼唤哥哥"，"未及五十声，已各泪下沾襟，自愿息讼"⑧。"令兄弟互呼"，实是

① 详见（清）诸晦香：《明斋小识》。
② 详见（清）蒯德模编：《吴中判牍》。
③ 《金华黄先生文集·叶府君碑》。
④ 《后汉书·循吏列传·仇览传》。着重号系引者所加。
⑤ 《续通志·循吏韦景骏传》。
⑥ 《后汉书·鲁恭传》。着重号系引者所加。
⑦ 详见《宋史·陆九渊传》。
⑧ 《陆稼书判读·兄弟争产之妙判》。

促其醒悟兄"友"（爱护）弟"悌"（敬重）之儒家伦理，从而以此调处息讼。同时，儒家的纲常伦理还广泛地融入到各地的乡规民约、家法族规之中，成为基层民间调解纷争的准则。

三、总的原则、方法与精神

总之，中国的调解传统，其总的原则和方法无非是"动之以情"、"晓之以理"。所谓"动之以情"（或如汪辉祖所称"调处以情"），乃是以亲情、人情去打动双方当事人，使之忘却是非曲直，从而达到"息事宁人"之目的。由于中国传统社会实乃"熟人社会"，"亲情"、"人情"充斥于各种人际关系之中，故"动之以情"往往最为有效。历代朝廷非但不反对、反而鼓励民间社会调处争讼（包括已诉至官府的争讼），其主要原因亦在于此，因为"乡党耳目之下，必得其情；州县案牍之间，未必尽得其情。是在民所处，较在官所断为更允矣"①。所谓"晓之以理"，即以儒家纲常伦理进行劝导，使当事人"重义轻利"，甚至"见义忘利"，从而不再为财货"细故"而相争讼，以达"道德教化"、安分守己之目的。历代官府调处与民间调解往往并不依法而为，其主要原因亦在于此。所以有学者认为，"对于生活在专制权力下的从事小农自然经济的人民来说，调处息讼培养的不是'公民的法律意识'，而是传统的道德伦理观念"②。而儒家伦理道德也恰恰是古代调解的指导思想和根本精神。

除以上主要原则之外，中国古代的调解还贯穿着一些其他的原则，比如调处优先原则、强制调处原则，以及堂上堂下相结合的原则等等。③ 尽管古代法律并未规定调处息讼是必经程序，但各地家法族规都通常规定须先经家族调处，然后才可告官；而州县自理案件的审理必定是先着眼于调解，只有实在无法"和解"方才加以判决。同时，州县的调处往往并不以当事人自愿为条件，而主要体现着官府"息讼"之意图，故多半带有强制性，即便是当事人吁请息讼的"甘结"也须申明是"依奉结得"，显属"遵命和息"。为了促成和解，州县官们有时还采取"不准"状（即不受理）之法，迫使兴讼者考虑官府意图，与对方和解。州县官受理"词讼"之后，调处息讼常是堂上堂下相互结合，或者是州县官认为事属细微，不必在堂上调处，乃批令乡里亲族调解（即所谓"官批民调"），有时还加派差役协助，调处后再回禀县衙销案；或者是当堂不能和解，则命堂下亲族乡邻调解，然后再回到堂上具结，从而体现出官府与族邻、社会精英与乡绅耆老共同努力调处息讼的原则和精神。

最后必须指出的是，从以上分析中可以看出，不管采用何种调解方式，也不管是"动之以情"还是"晓之以理"，中国传统社会的调解无不贯彻着"和乡党以息争讼"、"明礼让以厚风俗"④ 的精神，贯彻着中国传统诉讼文化的最高价值导向——"和谐"精神与"无讼"理想。⑤

---

① （清）徐栋辑：《牧令书》卷十七，《乡民和事是古义》。
② 郑秦：《清代司法审判制度研究》，225 页。
③ 参见郑秦：《清代司法审判制度研究》，218～220 页。
④ 康熙《圣谕十六条》，载《圣祖实录》，康熙九年十月癸巳。
⑤ 参阅本卷第一章"价值导向"，尤其是该章第一节。

第四节
理论与观念基础

作为一种长久的文化传统，调解在中国古代绝不是一个孤立的文化现象；假如没有强大的理论体系和社会观念作为基石，调解绝不可能如此普遍而深入地发展开来，更不可能成为文人士子与乡绅耆老们共同的事业，并踏入雅俗与共的主流文化之列。

从上文的分析中可以看出，调解的内在精神和原则其实主要是如下四点：一是讲折中，倡调和，尚中庸；二是重道德轻法律，重人心人情轻制度；三是重义轻利；四是求"不争"、"无争"之人生哲学。倘若以此为基点再进行考察，我们就会发现，从理论层面来看，中国古代的调解传统以孔子"仁学"体系为坚实基础，董仲舒以后的"德主刑辅"正统政治法律理论更为之提供了强有力的支撑点，而主张"无为而治"的道家理论也同样为之提供了支持；从观念层面来看，调解乃是中国古代以"和"为美的古典审美意识与"和为贵"的传统社会观念在法律（诉讼）领域的折射。

一、理论基础

从表面看，历史上似乎无人为调解大张旗鼓地鸣锣开道，但其实，早在西周，周公的"礼治"学说就以其对"礼"和"德"的崇尚为它埋下了伏笔。周公提出并加以推行的"礼治"以"亲亲"、"尊尊"为基本原则，其"明德慎罚"思想强调劝民为善，重视道德教化，这些均融入到后世调解的精神和原则之中。

以西周礼制和周公思想为基础，孔子建构了自己庞大的"仁"学理论体系，该思想体系以"血缘基础"、"心理原则"、"人道主义"和"个体人格"为其四大要素。[1] 其中的"血缘基础"、"心理原则"和"人道主义"正构成了后世"调解"传统的主要支柱（当然，"调解"的实际效果也往往取决于调解者的"个体人格"），而由此衍化出来的"中庸"之道与重德轻刑和重教化思想更为调解提供了直接的依据和原则。

众所周知，"复礼"是孔子的人生目标，他讲"仁"是为了解释"礼"、维护"礼"。而"礼"是以血缘为基础、以等级为特征的氏族统治体系，孔子将"孝"、"悌"作为"仁"的基础，把"亲亲尊尊"作为"仁"的标准，这不过是在思想上缩影式地反映了"礼治"这一古老的历史事实。在这里，孔子实际上是把"礼"的氏族血缘关系和历史传统转化为"仁"这样一种意识形态上的自觉主张，并对这种起着社会结构作用的血缘亲属关系[2]作出明朗的政治学解释，使它摆脱特定氏族社会的历史限制，强调它具有普遍和长久的社会学的含义和作用。仁学体系的这一理论要素具有重要意义，因为这一"血缘基础"使得后世中国的各种政治法律制度及其现实运作（包括司法）都必须格外地重视亲属关系和伦理亲情；所谓"调

---

[1] 详见李泽厚：《中国古代思想史论》，"孔子再评价"，北京，人民出版社，1986。下文关于孔子"仁"学体系前三大要素的分析主要参考了该书第16～33页的观点。

[2] 恩格斯曾说：亲属关系在一切蒙昧民族和野蛮民族的社会制度中起着决定作用。

处以情",其理论依据正在于此。

西周的"礼"原本是一套对个体成员具有外在约束力的规范体系,其中既包含着道德规范,也包含着后世所谓的"法律"。在春秋时期对"礼"的各种解说中,孔子的解释最为独特、并且意义也最为深远。比如,他在解释"三年之丧"时,便将这一传统礼制直接归结为亲子之爱的生活情理①,从而把"礼"的基础直接诉之于心理依靠。这样,孔子既把整套"礼"的血缘本质规定为"孝悌",又将"孝悌"建筑在日常亲子之爱上,这就把"礼"以及"仪"从外在的规范约束,解说成人心的内在要求,将原来的僵硬的强制规定,提升为生活的自觉理念,从而使伦理规范与心理欲求融为一体。"礼"由于取得了这种心理学的内在依据而人性化了。孔子的这一"心理原则"在孟子"仁政"理论中又被发扬而推至极端,并终于成为古代儒学中占主导地位的"内圣"传统。而这种贯穿于古代中国正统意识形态中的"心理原则"一方面固然重视将社会的外在规范转化为个体的内在自觉,但另一方面也导致了对个体内在心理的过分重视与对社会外在规范(特别是法律)的轻视和忽略,从而使得中国传统社会往往将社会关系的调整更多地诉诸人心,而非求于法律制度。"调解"正是在这种理论背景下产生的一种重人心感应、轻制度(法律)规范的文化机制。

孔子的"仁"学体系在政治方面要求以血缘宗法为基础,在整个社会建立一种既有严格的等级秩序,又具有某种"博爱"精神的人道关系。这样,他就必然强调全社会上下左右、尊卑长幼之间的秩序、团结、和睦、互助和协调。这种原始的"人道主义"乃是孔子仁学的外在方面。也正因为如此,孔子才绝少摆出一副狰狞的面目。《论语》中的大量论述清楚地表明,孔子的政治主张是,一方面极力维护周礼的上下尊卑等级秩序,另一方面又强调这一体制中所留存的原始民主和原始人道主义,坚决反对过分的压迫和过分的暴力。而这,也就是他所谓的"中庸"之道。孔子的"中庸",其实质就是要求在保存原始民主和人道的温情脉脉的周礼体制之下进行阶级统治。正是从这里出发,孔子阐述了他极其温和的政治法律思想,包括重视教化、反对"不教而杀"以及重德轻刑等等主张。正是这种珍惜原始民主、看重人际温情、强调中庸和睦的仁学理论,不仅使中国古代始终保存着"仁政"的理想和"仁道"的诉讼原则,而且也始终滋润着独具风采的"调解"传统,因为,相比较于官老爷们高高在上、断然判决来说,调解(不管是乡邻亲族调解,还是州县官们亲自调解)总要显得更富于原始民主和人际温情,也更为社会大众所喜爱。

总之,正是以孔子"仁学"体系为坚实基础,"调解"这一既富于原始民主精神,又直接诉之于亲情和心灵的温和手段,才于中国古代化解社会纠纷时获得了强大的生命力。而孔子理论体系中所包含的"道(导)之以政,齐之以刑,民免而无耻;道之以德,齐之以礼,有耻且格"②的重教化与重德轻刑主张,到董仲舒以后更加理论化、系统化,并上升为在法律领域居统治地位的"德主刑辅"学说,这对于以"合情合理"、"合乎道德"(而非"合乎法律")为首要标准的调解无疑是个极大的支持。

除儒家学说之外,道家思想作为中国传统文化的另一重要主干也同样给予"调解"以理论上的支持和促进,特别是道家的人生哲学在崇尚淡泊、宁静的同时主张"和之以是非",

---

① 详见《论语·阳货·宰我问三年之丧》。

② 《论语·为政》。

并强调"不争"、"居下"、"取后"、"以屈求伸"、"以退为进",其社会政治哲学主张"处无为之事,行不言之教"①,强调"我无为,而民自化,我好静,而民自正"②,并反对人定法,反对"人为物役"等等,这些都对古代中国的调解、尤其是对有关当事者的心理和态度,产生了深刻影响。

二、观念基础

从观念层面来看,调解即"和解",它的基石乃是古代中国独特的"和"的观念,包括传统社会对于"和"的独特理解,以及由此产生的以"和"为美的审美观念与"和为贵"的社会意识。

由于古代中国社会生产和社会结构的狭小、简单等等特殊的历史条件,传统社会的"和"观念极大地强调对立面的均衡统一,而把均衡的打破以及对立面的互相矛盾和冲突视为应予竭力避免的灾难,由此,调和与折中矛盾便成为古代中国人最基本的生活理念;也多少是因为这一原因,"和"在中国古代的观念世界里有着格外的重要性:它既是美与艺术的理想,又是社会与政治的理想,而这两者又是相互贯通、相互结合的。

美学史界的研究表明,在中国古代哲学和美学中,"和"的观念最为典型地体现了中国"古典美"的理想,这种理想曾经支配了中国艺术发展的漫长时期;而以"和"为美,实质上就是对合规律性与合目的性的统一这一美的本质的朴素认识。③ 但中国古代这一审美观念的独特之处在于,它的"和"不只是涉及美的外在感性形式,而且更强调了其所具有的社会伦理道德的意义。早在春秋初期,单穆公、州鸠和晏婴等人提出艺术之"和"时,就曾指出"和"与人内心的精神状态、以至国家的政治状况均有密切联系;后世论"和"者亦无不带有某种道德比附的说教色彩。这种传统使得古代中国高度强调美与善的统一,使得"和"不仅成为美与艺术之理想,而且成为社会与政治之理想(即所谓"政通人和"是也),并且相互贯通;也使得古代审美观念对矛盾和冲突的排斥与厌弃直接波及政治法律领域,并导致对调和与折中的推崇和追求;还使得以"和"为美与以"和为贵"、审美观念与社会意识既互为因果、又彼此强化、甚至相互融通,从而共同促进传统文化(包括调解与无讼)的发展。

上述"和"的审美观念与社会意识在孔子仁学体系中发展为"中庸"之道。就其社会伦理含义而言,孔子的"中庸"原则要求在保存原始民主和人道的温情脉脉的周礼体制下进行政治统治。在这里,孔子看到了统治者与被统治者之间——类推于"诉讼"则是双方当事人之间——所存在的尖锐矛盾,但他要求使矛盾的双方处于和谐的统一之中,每一方都不片面突出而压倒另一方,双方的发展都有其适当的限度而不致破坏均衡统一。这正是中国古代"和"观念的真谛所在,也恰恰是传统"调解"机制的内在原理。所以孔子特别强调"中",强调不"过"又非"不及",运用刑罚也同样如此。④ 这里的"中"同样包含不"过"又非"不及"的美学意蕴。在孔子看来,"中庸"原则的实现,使社会生活中种种互相矛盾的事物和谐统一起来,从而达到一种均衡,这是其政治学的最高追求。于孔子而言,美是离不开这

---

① 《老子》第二章。
② 《老子》第五十七章。
③ 详见李泽厚、刘纲纪:《中国美学史》,第一卷第二章第一节,北京,中国社会科学出版社,1984。
④ 《论语·子路》曰:"礼乐不兴,则刑罚不中,刑罚不中,则民无所措手足。"

一原则的，违背了"中庸"或破坏了和谐与均衡，就不会有美；故《论语·学而》曰："礼之用，和为贵，先王之道斯为美"，审美评价不仅直接深入社会政治领域，并且，"先王之道"之所以美，也正在于它能通过"礼"的功用使社会臻于和谐统一。而这种和谐统一的实现，便是"中庸"原则的实现。"和为贵"一语之所以在中国社会具有广泛的影响力和长久的生命力，恐怕也主要应归功于其所蕴藏的美学内涵与"和谐"理想境界。

既然整体社会的和谐统一是美的，而对均衡的破坏以及事物对立面的相互矛盾和冲突则是应当竭力避免的，这就难怪孔子要提出"无讼"的理想，而民众要视"诉讼"（打官司）为灾难了，因为，就其本质而言，"诉讼"恰是对立双方（原告与被告）的相互矛盾和冲突，正是对均衡与和谐的打破；抑或说，诉讼之发生，虽有其自身的逻辑与必然，因而具有合规律性，但于社会来说，却是对和谐统一的破坏，因之不具有（严格地说是违背了）合目的性。所以，在中国古人的审美观念中，"诉讼"不仅不美，而且恰恰是对美的破坏，是"丑"的表现（用老百姓的话说是"丢丑"或"献丑"）；反之，消除了纷争和刑杀、实现了高度和谐与统一的"无讼"境界（如果降低一点标准，那也包括经调处而"息讼"）才是美的体现。

然而，尽管诉讼的发生或纠纷的出现被视为是对美（"和"）的破坏，但它们有时又似乎并不以人的意志为转移，正如人们所说："自生民以来莫不有讼也。讼也者，事势所必趋也，人情之所断不能免也。传曰：（有）饮食必有讼。"① 既然已经出现，那就得尽力消除，这也是"和"的需要；至于消除之手段，最佳者自然还是莫过于体现着"和"的"调解"（或称"和解"）了。最初是民间调解，企盼将纷争化解于成讼之先，不讼而能和解，那也是美事一桩，这是官方鼓励民间调处或"官批民调"的重要考虑之一；但有些纷争终究化解不去，而非诉诸官府不可，当然，"和"的精神与原则是无论如何也不能放弃的，于是又有了法庭调解；倘若遇上个"认真"的父母官，法庭调解达半年乃至数年之久也是常有的。总之，不到一切希望全无，不会诉诸法律和判决。在古人看来，调解作为一种化解纠纷的社会机制，既能促使各方当事人较为"合理"地解决矛盾，又能最大限度地保证当事人不因此而伤害感情（即所谓"不伤和气"）。在这里，是非对错的计较常常是第二位的，人际关系的"和谐"才是首要的考虑。调解这种"特殊的司法"就是在这种"和"的独特观念背景之下在中国长盛不衰、并发展为一种文化传统的。直至20世纪下半叶，中国社会千千万万民间调解人员最强大的动力和理由恐怕依然是"和为贵"之类的古老观念。这也或多或少地表明，调解这种由中立的第三者通过协调与说服来化解纷争和诉讼的传统，恰恰凝聚着传统中国对社会和谐与人际温情的追求。

第五节
深层文化背景

严格说来，中国古代独特的"和"的观念（尤其是以"和为美"与以"和为贵"的社会

---

① （清）崔述：《无闻集·讼论》。

意识）已经属于"调解"传统的深层文化背景了，只不过，这里要着重阐述的，乃是古代调解的社会心理基础和社会根由。而通过分析，我们发现，从心理层面来看，调解以中国古代法观念的褊狭为基础，蕴涵着对法制（尤其是"诉讼"）的厌弃心理、抗拒心理和对伦理道德的崇敬心理、依赖心理；从社会根由来看，调解乃是原始宗法氏族血缘关系在中国古代长期延续的结果。

一、社会心理背景

众所周知，中国古代法通常都是作为一种阶级镇压的手段和赤裸裸的暴力工具而出现，在社会功能上几乎仅限于"刑"。这从法家的法律主张中看得最为清楚。法家开山祖李悝在编纂古代中国（目前所知）第一部法典《法经》时，其指导思想是"王者之政莫急于盗贼"（后世历朝立法的指导思想也大致如此），而其中所着重强调的，正是"刑"、是惩罚、是暴力、是阶级统治。后来商鞅、韩非等法家代表人物谈论法律时，他们所展示出来的仍然是对"禁"的突出、对义务的强调和对暴力统治的关注。不但法家如此，其他各家也不例外。儒家虽系法家的坚决反对者，但它与法家的分歧只是"法律"在治国中的具体位置和作用大小，两家关于法律内涵和本质的基本理解则是始终相通的。即便是最为出世的道家，他们在描述法律时，也无不是使用"赏罚"、"盗贼"、"治之末"、"窃"、"诛"一类的字眼，从而显露出法即为刑的基本理念。《说文解字》称"法者，刑也"，这恐怕是道出了中华民族在古代社会的一种共识。当这种源于社会现实的褊狭的法观念与孔孟主流文化相遇时（二者其实原本共生、共存于同一文化母体之中），人们从心理情感上厌弃和拒斥法律就势不可免。

在孔子（及其后继者）的观念中，法与"刑"合而为一，常常与赤裸裸的暴力镇压相连，因而难免染上几股血腥味；可他的"仁学"体系却偏偏带有浓厚的原始民主性和人道主义色彩，其"中庸"之道使得他强烈反对残酷的、赤裸裸的暴力与镇压；他所向往的乃是一种既具有严格的等级秩序，但又极富于人情味的温情脉脉的阶级统治。由此，孔子以及后世儒家主流排斥"法律"、向往"刑措不用"乃是可想而知。而道家（尤其是庄子）从保全人的自然本性出发批判法律最为激烈，主张抛弃法律也最为坚决，这种对待法律的态度与儒家可谓殊途同归。儒道之间相反相补、相辅相成的"互补律"深深地支配着中国传统法律文化的主流，在这种主流文化影响下，人们习惯于将"法"等同于"刑"，而"刑"又与"罪"和"监狱"（或者"坐牢"）有着内在的必然联系，于是，民众在心理上便自然地生出对"法"与官府和"诉讼"的厌弃和抗拒。作为中国传统诉讼文化之重要的价值取向，古代中国的"厌讼"、"贱讼"之诉讼心理正由此而产生，并从反面对人们的"调解"（和解）倾向起着推波助澜的作用。

而在人们厌弃和拒斥法律与诉讼的同时，是对伦理道德的崇敬和依赖。在孔、孟、荀等儒学大师那里，礼义道德有着与法律（"刑"）决然不同的形象和地位，所谓"礼之用，和为贵，先王之道斯为美"[①]，所谓"道（导）之以政，齐之以刑，民免而无耻；道之以德，齐之以礼，有耻且格"[②]，如此等等，其抑扬褒贬之情溢于言表。非但如此，礼义道德还是人之为

[①] 《论语·学而》。

[②] 《论语·为政》。着重号系引者所加。

人，或者说是人区别于禽兽的本质所在。① 正是基于这种对人本质的道德化界定，一方面，中国人对于"人心"和"人性"始终充满信任，"人之初，性本善"一语的广泛流传即是明证；另一方面，当时的人们大多认为，一个社会"刑措不用"，一个人远离法律和诉讼，那都是道德高尚的表现，但是，倘若人没有礼义道德，那就"近于禽兽"了，伦理道德在中国古代正因此而获得了根本的重要性。有关这类的道理，中国历代儒士讲得既多且滥，在这种强大而长久的宣传攻势之下，就连一般民众也往往将道德视为安身立命之本，以做道德完人为人生理想，从而生发出对伦理道德的崇敬心理和依赖心理，并在日常的生活中重道德义务的践履、而轻国家法律的遵守。因此，在古代中国人的心理天平上，一边是对法律和诉讼的厌弃，另一边则是对道德与和谐的向往，孰轻孰重，可想而知。这种社会心理又势必影响社会现实，其结果，人们耻于将纠纷诉诸司法，而更多地求助于自我解决，求助于情理和道德；再加上"家丑不可外扬"、"屈死不告状"、"宁可'私了'不愿'官了'"等等其他各种社会心理的影响，调解传统已然是呼之欲出了。

但更进一步的问题在于，假如说调解传统的缘起在于古中国视"法"为刑和暴力的法观念、法心理，在于社会上下对于道德和人心的过分崇敬和信赖，在于广大民众对于血缘亲情的过分依恋，在于主流文化中那种极其独特而又极其发达的"和"观念，那么，凡此种种，这一切又因何而起？也许，对这一深层次问题的思考需要溯及中国远古"国家"的产生以及传统中国的社会根基。

二、深层社会根基

文化史的研究表明，在中国远古时代，"国家"的产生并非以宗法氏族组织的瓦解为代价，相反，旧的氏族组织与新的国家形态融合为一，国家权力严格说来并不表现为凌驾于全社会之上的公共权力，而仅仅是氏族之间赤裸裸的强力征服与暴力镇压；国家施行强力统治的手段则是"内行刀锯，外用甲兵"：对外征战以刀兵相加，是为大刑；对内镇压以刀锯鞭扑，是为中刑、薄刑。《夏刑》、《汤刑》、《九刑》等等均成为当时各朝各代全部法律的总称绝非偶然。而国家与法所产生的途径不仅决定了国家的组织方式，同时也规定了法的社会功能，并进而制约着人们的法观念、法心理。

然而，在中国奴隶制国家的发展中，真正重要的还是对原始氏族公社传统的继承和延续。特别是在西周，以周公为代表的统治者们自觉利用原始氏族公社的传统和风习来缓和阶级矛盾，大行宗法礼制。这无疑适应了当时尚不足以彻底打破氏族公社制度的生产力状况，既保护和推动了生产力的发展，又存留了氏族社会某些优良的传统风习，从而创造出灿烂的周代文明。但是，这种政治策略也极大地妨碍了古中国彻底摧毁原始氏族传统的束缚，以获得如古希腊奴隶社会那样的充分发展。不过，从总体上看，西周文化既为奴隶主统治服务，又洋溢着某些原始氏族社会中自然生发的民主和人道精神，这于古代国人自有无穷的魅力，

---

① 儒家有关这方面的论述很多，这里仅举几例。《孟子·滕文公上》："人之有道也。饱食暖衣、逸居而无教，则近于禽兽……教以人伦……"《孟子·离娄下》："人之所以异于禽兽者几希，庶民去之，君子存之。舜明于庶物，察于人伦，由仁义行，非行仁义也。"《荀子·非相》："人之所以为人何也？曰：以其有辨也。"《荀子·王制》："水火有气而无生，草木有生而无知，禽兽有知而无义；人有气、有生、有知并且有义，故最为天下贵也。"着重号系引者所加。

孔子的仁学体系便是直接承继这一文化而建构起来的。

按照氏族血缘关系组织起来的西周社会具有某些对后世影响极深的显著特征：首先，人与人的关系不仅仅是统治与服从的关系，同时还是一种与氏族血缘相联系的伦理道德上的情感关系，而且两者须臾不可分离；伦理道德原则由此而成为人际关系的最高准则。其次，个体与社会的关系被认为在本质上是统一的，因此，人与人之间应当建立起和谐的关系（与此同时，由于商代对"神"的畏惧崇拜已被"人"所冲淡，因而人与自然的统一也开始得到肯定）。再次，与阶级统治融为一体的氏族血缘关系有着相当的狭隘性和等级性，它限制着"个人"的发展，尤其阻碍了个人"权利"观念的生长。

上述特点在很大程度上由自然经济所派生，更为古中国长期延续的自然经济所强化，它们深刻地影响着先秦以及后世中国文化（包括诉讼文化）的发展。比如，在法律文化领域，与夏商法律思想专重刑杀、不重德教不同，西周所强调的是"明德慎罚"和"礼治"。后世儒家反对"法治"和刑杀，主张"德治"和教化；历代统治者以"德主刑辅"作为立法、司法的指导思想，等等，都渊源于此。更重要的是，从这样一种传统里导衍出重道德轻法律、重人情轻制度、重调解轻判决，以及"重义轻利"之类，那都是很自然的事情。而在哲学和美学领域，则使得先秦的观念从一开始就以强调人与自然、个体与社会的统一（"和"）作为前提，力求从这种统一（"和"）之中寻求美与善，从而孕育出发达的以"和为美"、以"和为贵"之社会文化观念。

周平王东迁洛邑以后，古中国的奴隶主统治渐趋崩溃，礼治思想亦遭非难，一切都呈现出大变革的景象。然而，在动荡之后，古中国仍然是一农业社会，家族依然承担着特殊的职能，全社会仍旧实行着普遍的等级身份制度，根本性的东西都没有变，尤其是原始氏族血缘关系由于没有经历类似希腊航海活动的那种瓦解冲击因而长久地流传后世，只不过，先秦的宗法制到秦汉变为宗族制，至明清又演为家族制，虽然形态各异，但基本结构与基本精神一直不变，以致中国人至今仍习惯于以血缘（而非地缘：法律在本质上是地缘的）来确定公民的身份。

总之，在历经春秋战国的动荡之后，古中国依然不得不直接承续青铜时代的文化传统，尤其是西周所极力推崇的伦理道德原则更支配了后世的政治法律实践，而"家"始终是中国传统社会的核心组织，"国"也不过是"家"的放大，并由皇帝这个大家长以及各级"父母官"们来实行"父权制"管理。

"家"基于自然（主要是血缘）关系而组成，维系自然的基本价值正是"和"与"安"。所以，在中国人的价值观里，和谐与安宁是正道，矛盾与冲突则属变道，"息事宁人"、以"和为贵"乃是最基本的人生哲学；解决争端的最佳手段是和解，和睦与调解在观念之中优于诉讼与判决。

第六节　简　评

通过上文的分析我们获知：调解在中国有着深厚的历史文化背景，中国人视其为"传家宝"实在顺理成章；而西方社会尽管也曾有过调解的历史，却终因缺乏坚实的社会文化基础而无以成为一种长久的传统。但是，于中国人而言，调解绝不仅仅是一种历史的沉淀和传统中的事实，它更与当今中国社会息息相关。穿过历史的面纱与现实的纷繁，我们可以透视出调解的悲与喜。

人们时常感到困惑：20 世纪以来，富于法治传统的西方社会为何纷纷热衷于调解？现代中国有关调解的法律规定可谓完备，然而司法实践中调解的弊端却也不少。另一方面，法律界对调解所表现出来的热情始终不衰。这些现象需要人们冷静地思索。

一、调解充分体现着中华民族的价值追求，它是人类合目的性的需要

正如上文所述，在建构仁学体系时，孔子要求整个社会以血缘宗法为基础，保存、建立一种既有严格等级秩序又具有某种"博爱"精神的人道关系。其"中庸"之道实质上也不过是在企求一种保存了原始民主和人道的温情脉脉的阶级统治，这可视为中国古人的政治理想和价值追求。而调解既是上述价值的一个体现，又是实现理想的一种途径。当庄子抗议"人为物役"、发出人类历史上最早的反异化呼声时，调解所蕴涵的原始人道、民主精神与亲情风味就更显出可贵的价值；特别是当人们在调解与弥漫着血腥味的"法"（刑）之间面临选择时，天平的倾斜无疑不可避免。无论如何，人类对自身的价值和目的应当有清醒的认识。而从历史发展的经验与教训中，人类得到的启示是：当社会朝着新的阶段进化时，我们的确应该为自己创造一个富于人情味的温情脉脉的生活环境。如果说，这一目标于西方社会还只是一种现实的追求，那么，对中华民族而言，它却早已存在于既往的传统之中了。当西方社会沉浸在对"法"的崇拜之中，将一切诉之于一种硬性的、冷冰冰的外在行为规范时，中华民族则更多地关注于一种柔性的、富于温情的规范（法）外途径，并谋求人际关系的和谐。因此，当西方社会经过数百年的世态炎凉和法的"奴役"之后发现别有洞天时，它们不得不为"东方经验"所折服。更何况调解还有"大化小、小化了"的预防功能和"消化"功能，这对于西方司法界堆案如山的痼疾不啻是一剂稀世良药。中国人的自豪里既有情感的因素，也有理性的思考。当代中国的法治建设必须高度重视调解机制所蕴藏的丰富的社会价值，亦须给予调解以应有的一席之地！同时，可以预言，在人类未来的历史发展中，调解必将更加得到高扬。

二、历史的困惑与现实的思考

但是，历史毕竟留下了它的种种困惑与遗憾：在社会政治问题上诉诸人心而非求于制度，诉诸道德而非求于法律，这是中国古代政治法律（包括司法）的最大特色，难道不也是其最大悲剧所在？和谐的终极根源在于事物内部对立面的矛盾，一个民族若片面强调与追求"和"，而轻视与鄙弃造就和谐的矛盾与冲突，这不仅在哲学上是一大缺陷，而且不利于民族的健康发展！法观念的褊狭会束缚法制的全面发展，对法制与诉讼的厌弃心理和抗拒心理会损害法律的尊严，对伦理道德的过于倚重则会阻碍人们对法的信仰！历史证明，原始氏族血缘关系瓦解得彻底与否，是对各民族发展影响极大的分岔点；一种文明能否生发出发达的契约观念、权利观念、法治观念、民主观念也与之密切相关；而这些观念正是现代社会健康发展的前提条件。对调解的现实思考不应脱离上述种种问题。

自 20 世纪中叶以来，我国在调解的规范化方面取得了很大的成功，以致今日的调解仅就法律规定而言几乎已无懈可击。然而，对法律制度的考察与评价，不应脱离社会环境。就调解而论，一方面，作为历史文化传统的积淀，它深含着种种陈旧的心理和观念；另一方面，我们的民众少受现代观念的冲击，种种旧的法观念和法心理还有广阔的温床，它甚至是当今社会环境的构成部分。两方面结合之下，"一伙粗暴的事实谋杀一个美丽的理论"的生活悲剧便有了演出的可能。至少，我们寄予调解的种种希望能否实现令人怀疑。而作为社会观念的调解与司法外的调解，则更是传统法观念与法心理的堡垒。另就调解的本质属性而言，其弹性太大，"自由度"过高，与作为"准则"的法律在本质上相悖，其适用范围应受限制。判决与调解应是原则性与灵活性的关系。主张"调解为主"（或"着重调解"）是一种失误，而以调解结案率作为衡量法官水平的重要尺度更是失误！任何事物均有其历史的阶段性，任何社会都基于特定的历史条件而进行选择。20 世纪以来西方社会热衷于调解是由于它们有着完全不同于当今中国的社会背景。因此，我们认为：当历史进入 20 世纪之后，中国社会的首要任务应是高扬法的权威，树立民众对法的信仰；过分地强调调解，不利于法律制度的完善，不利于社会观念（尤其是法观念）的转变，从根本上讲，不利于现代法治的健康发展。

本卷后记

《狱与讼：中国传统诉讼文化研究》是由我的导师中国人民大学法学院名誉院长曾宪义教授主持的国家教育部哲学社会科学研究重大课题攻关项目暨国家新闻出版总署"国家重大图书出版项目"《中国传统法律文化研究》中的一个分支课题（第五卷）。它从立项到拟写提纲、再到最后完成，经历了一个十分漫长而曲折的过程。

1994年4月，我到中国人民大学法学院参加完博士生入学考试之后，曾宪义教授邀请我参与由他主持的国家教委"八五"课题《中国传统文化与法律制度》项目的研究。同年9月入学后，曾师召集课题组主要成员对总课题进行了讨论和规划，并指定我负责"诉讼"分卷。随后，我拟写了一个《中国传统诉讼文化研究》的初步大纲，并于是年底、翌年春先后邀请了湘潭大学李交发教授、南京师范大学夏锦文教授与我共同承担该分卷的研究工作。

1995年8月，在南京参加全国法律史年会期间，我与李交发教授、夏锦文教授对我草拟的大纲初稿进行了认真的讨论和修改，在此基础上形成了大纲第二稿，并于同年秋季提交曾宪义教授进行了审阅。

1996年秋，曾师再次召集课题组核心成员（包括郑定、赵晓耕、范忠信、夏锦文、王云霞诸位博士及我本人）对总课题及各分卷做了更深入的讨论和更具体的部署，并厘定了各卷（加上总论共计六卷）最后的正式写作提纲。

根据1996年秋季会议的分工安排，夏锦文教授转而负责《中国传统法律文化的近代转型》分卷的研究，而《中国传统诉讼文化研究》一卷则由我与李交发教授及时任中国人民大学出版社副总编的刘志先生承担（但主要写作任务由李交发教授承担）。至1998年8月，刘志先生因行政与编辑事务过于繁重而不得不退出，其所负责的写作任务由我邀请湘潭大学法学院的夏新华先生和胡之芳女士承担。

至1998年深秋，《中国传统诉讼文化研究》按当时确定的大纲撰写完毕，全书除"引论"之外，包括第一编"精神与原则"（含第一章"价值取向"、第二章"理论指导"、第三章"诉讼原则"）、第二编"运行机制"（含第四章"司法组织与诉讼参与人"、第五章"司法官"、第六章"诉讼程序"、第七章"司法判决"）与第三编"特殊的司法"（含第八章"春秋决狱"、第九章"家族司法"、第十章"调解"）以及"结语：中国传统诉讼文化之特质"，共三十七八万字。全书经我统稿后上交至总课题组。

到2005年，该总课题在教育部和国家新闻出版总署重新立项，且规模（卷数）与篇幅将在原有基础上大大扩充。接到通知后，我随即在原来的基础上加入"判词"、"诉讼艺术"及"附录：中国古典文学中的诉讼文化"等章节，提出了新的写作大纲。2005 年 8 月，曾师在北京召集第一次项目实施研讨会，与会各位学者对包括本卷在内的各卷之结构框架进行了深入的分析和论证，尤其是会议期间韩秀桃、袁兆春、夏新华、史永丽、马晓莉诸君的高见使本卷得以增加"地域司法"、"孔府司法"、"司法监察"、"诉讼证据"、"讼师"等内容，结构更趋完善，主体部分扩至十八章。

从 2005 年秋至 2006 年春，我一方面盛情邀请部分中青年学者加盟本卷的研究，另一方面则在广泛征询学界朋友意见的基础上对大纲进行了反复的推敲和修改，随后又在湘潭大学召集在湘课题组成员进行了研讨，因之，整体结构由原有的三编改为四编（"司法机构与诉讼参与人"单独扩充为一编），主体部分由十八章增至二十二章（新增"民间诉讼意识"、"刑名幕吏"、"监狱"、"诉讼基本制度"、"民族司法"等五章，删去一章）。

至 2006 年 7 月，在北京召开第四次项目实施研讨会期间，本卷的结构与写作提纲得以最终确定，其中第四编"特殊的司法"中又新增了"宗教司法"、"行业司法"、"厂卫司法"、"军事司法"与"涉外司法"五章，"中国古典文学中的诉讼文化"亦由"附录"扩充为第五编（下含"中国古典文学中的清官司法"、"《窦娥冤》与《金瓶梅》中的诉讼文化"、"《活地狱》与晚清州县司法"等章）。

至 2007 年 8 月，总课题组召开第七次项目实施研讨会时，本卷的大部分作者均已完成各章初稿。会后，各位作者继续完成或修改各章的稿件。至 2008 年年初，大纲中的"军事司法"一章因未寻找到合适的承担者而不得不放弃，同时，第五编"中国古典文学中的诉讼文化"亦因徐忠明教授分身无术而只能留待今后去补上。

随后，我作为本卷主持人开始进行统稿工作。不过，鉴于本卷的大部分作者均是学界颇有成就的中青年法学家，因而我的统稿工作主要是技术性的：一是尽可能保持编排格式上的大致统一，二是尽力删除各章之间不必要的重复，三是对各章可能存在的一些技术上的疏漏予以弥补。至于各章的基本框架、主要学术观点以及文字表述风格，我原则上均尊重作者的选择。

本卷的写作分工如下（以撰写章节先后为序）：

胡旭晟：引论、第一章、第二十六章之第三～六节；

李交发：第二章、第十八章；

夏新华：第三章、第二十六章之第一、二节；

徐忠明：第四章；

李鼎楚：第五章、第十七章；

刘军平：第六章、第十三章；

郭　建：第七章；

党江舟：第八章；

张兆凯：第九章；

郑牧民：第十章、第十二章；

胡之芳：第十一章；

汪世荣：第十四章；

王晓天、毛健：第十五章；

胡平仁：第十六章；

袁兆春：第十九章；

高其才：第二十章；

田东奎、蒋传光：第二十一章；

孙丽娟：第二十二章；

韩秀桃：第二十三章；

尤韶华：第二十四章；

苏亦工、张晓庆：第二十五章。

最后需要说明的是，虽然本卷的筹备与写作时间极长，但由于种种主观与客观的原因（比如作者队伍较为庞大又十分分散，且多数均是本职工作十分繁忙的学界精英，从而给组织工作带来较大的难度），我个人感到仍然留下了不少遗憾：一是各章之间的风格存在较大差异，学术水平亦难免高下有别；二是早先构想的某些章节（除前述"军事司法"之外，还有"皇家司法"、"帮会司法"等等）因一时无合适的作者而不得不放弃。这些对于本卷的整体学术质量或多或少产生了某些不利的影响。当然，其责任无疑主要应当由我来承担，在此谨向曾宪义教授及课题组其他同仁致歉！

尽管如此，我还是要说，本卷能够得以较为顺利地完成，其中凝聚了许许多多学界师长与学友的关怀、指点和帮助。首先，我必须以无比崇敬与感恩的心情表达对曾宪义教授的谢意，曾师不仅始终指导和督促着我们的研究，而且给予了我们最大的宽容和理解。同时，我还须向为本卷的总体布局提出了许多宝贵意见的诸位课题组同仁，特别是郑定博士、夏锦文博士、范忠信博士、赵晓耕博士、徐忠明博士、李交发教授、夏新华博士、韩秀桃博士、袁兆春博士、胡平仁博士，向在百忙之中不辞辛劳、鼎力相助的本卷各位合作者，表示我最诚挚的敬意和谢意！此外，胡平仁教授为我分担了部分章节的统稿工作，郭成龙君根据党江舟教授的委托代写了第八章"讼师"并草拟了"引论"第二节的初稿，在此一并致谢！

胡旭晟

2010 年 8 月于长沙

图书在版编目（CIP）数据

狱与讼：中国传统诉讼文化研究/胡旭晟主编 . —北京：中国人民大学出版社，2012.1
（中国传统法律文化研究）
ISBN 978-7-300-15015-4

Ⅰ.①狱…　Ⅱ.①胡…　Ⅲ.①诉讼-传统文化-研究-中国　Ⅳ.①D925.02

中国版本图书馆 CIP 数据核字（2011）第 271593 号

"十一五"国家重点图书出版规划
教育部哲学社会科学研究重大课题攻关项目资助
中国传统法律文化研究
总主编　曾宪义
狱与讼：中国传统诉讼文化研究
主　编　胡旭晟
Yuyusong：Zhongguo Chuantong Susong Wenhua Yanjiu

出版发行	中国人民大学出版社		
社　　址	北京中关村大街 31 号	邮政编码	100080
电　　话	010 - 62511242（总编室）	010 - 62511398（质管部）	
	010 - 82501766（邮购部）	010 - 62514148（门市部）	
	010 - 62515195（发行公司）	010 - 62515275（盗版举报）	
网　　址	http://www.crup.com.cn		
	http://www.ttrnet.com（人大教研网）		
经　　销	新华书店		
印　　刷	涿州星河印刷有限公司		
规　　格	185 mm×240 mm　16 开本	版　　次	2012 年 1 月第 1 版
印　　张	57.5 插页 1	印　　次	2012 年 1 月第 1 次印刷
字　　数	1 140 000	定　　价	158.00 元